Liber Amicorum
Pedro Pais de Vasconcelos

Liber Amicorum
Pedro Pais de Vasconcelos

VOLUME II

2023

Pedro Leitão Pais de Vasconcelos
(Organizador)

ALMEDINA

***LIBER AMICORUM* PEDRO PAIS DE VASCONCELOS**

ORGANIZADOR
Pedro Leitão Pais de Vasconcelos

EDITOR
EDIÇÕES ALMEDINA, S.A.
Avenida Emídio Navarro, 81, 3D
3000-151 Coimbra
Tel.: 239 851 904 · Fax: 239 851 901
www.almedina.net · editora@almedina.net

DESIGN DE CAPA
FBA.

PRÉ-IMPRESSÃO
EDIÇÕES ALMEDINA, S.A.

IMPRESSÃO E ACABAMENTO

Março, 2023

ISBN

DEPÓSITO LEGAL

ALMEDINA | GRUPOALMEDINA

Capítulo I
Direito Comercial

Aquisição potestativa *versus* alienação potestativa

António Pereira de Almeida

A **aquisição potestativa** é o instituto jurídico que, verificadas certas condições de maioria qualificada, faculta ao sócio dominante o direito de aquisição das participações sociais dos sócios minoritários, mediante uma justa contrapartida (*squeeze-out*).

A **alienação potestativa**, por seu lado, faculta aos sócios minoritários a saída da sociedade visada, recebendo a justa contrapartida, fazendo adquirir as respectivas participações sociais pelo sócio dominante que não tenha exercido o direito de aquisição potestativa, nos termos legais.

De acordo com o regime português vigente, verificados os respectivos pressupostos, quer a aquisição, quer a alienação, constituem "direitos potestativos", porquanto, o sócio que exerça o seu direito coloca a contraparte numa situação de sujeição.

Os sujeitos activo e passivo são sócios ou accionistas da sociedade visada e não a própria sociedade, não dependendo de qualquer deliberação desta.

A aquisição potestativa e a alienação potestativa encontram-se associadas, quer no CSC, em sede de sociedades em relação de grupo (artº 490º/CSC), quer no CVM em sede de ofertas públicas (artº 194º e 196º/CVM).

É a aquisição potestativa que pode desencadear (*trigger event*) a alienação potestativa, isto é, a aquisição potestativa é uma condição *sine qua non* da alienação potestativa.

Contudo, o regime é diferente consoante se trate de sociedades fechadas – por quotas ou acções – ou de sociedades abertas (artº 13º/CVM).

Em qualquer dos casos, uma primeira questão que se pode suscitar é a de saber se a aquisição potestativa apenas respeita a quotas ou acções da sociedade dominada, ou se deve ser extensível a outros valores mobiliários que confiram direito à subscrição de acções, designadamente **obrigações convertíveis em acções** da sociedade dominada.

Quer os artº 490º/CSC, quer o artº 194º/CVM, apenas se referem a quotas ou acções.

Todavia, o artº 368º/CSC veda à sociedade emitente de obrigações convertíveis em acções, nomeadamente, a amortização de acções (nº 1), bem como "*praticar qualquer outro acto que possa afectar os direitos dos obrigacionistas que venham a optar pela conversão desde que sejam assegurados direitos iguais aos dos accionistas*" (nº 3).

Nesta conformidade, a sociedade dominante não poderá exercer a aquisição potestativa enquanto estas obrigações não atingirem a sua maturidade – podendo, até, acontecer que, com a conversão, se ultrapasse o limiar dos 10% das acções remanescentes – a menos que a aquisição potestativa também abranja as obrigações convertíveis.

1. Constituição do direito de aquisição potestativa

Nas **sociedades fechadas**, o direito da aquisição potestativa constitui-se logo que a sociedade dominante, por si ou conjuntamente com sociedades por ela dominadas (artº 483º, nº 2/CSC) alcance quotas ou acções representativas de, pelo menos, 90% do capital social da sociedade visada[1], devendo comunicar o facto, a esta, no prazo de 30 dias (artº 490º, nº 1/CSC).

Enquanto, nas **sociedades abertas**, a aquisição potestativa depende, para além do pressuposto do lançamento de uma OPA geral, da verificação de 2 condições cumulativas (artº 194º, nº 1/CVM):

a) *O oferente atinja ou ultrapasse, directamente, ou por imputação de direitos de voto (artº 20º nº 1/CVM), 90 % dos direitos de voto correspondentes ao capital social; e*

b) *90 % dos direitos de voto abrangidos pela oferta.*

Saliente-se que o que conta são os direitos de voto possíveis, descontando-se as acções próprias (artº 324º, nº 1 al. a)/CSC), não contando as acções preferenciais sem voto (artº 341º/CSC) e atendendo-se às limitações estatutárias do direito de voto (artº 384º, nº 2 al. b)/CSC), sem prejuízo do estabelecido no artº 182º-A, nº 2/CVM.

[1] Em direito francês, a maioria necessária para a *OPR* é de 95% (Cfr. infra).

Todavia, basta a verificação da primeira das referidas condições para a sociedade dominada poder **perder a qualidade de sociedade aberta** (artº 27º, nº 1 al. a)/CVM), mediante requerimento à CMVM, pela sociedade ou pelo oferente (artº 27º, nº 2/CVM), com a consequente exclusão da negociação em mercado regulamentado das acções da sociedade e dos valores mobiliários que dão direito à sua subscrição ou aquisição, ficando vedada a readmissão no prazo de um ano (*delisting*) (artº 29º, nº 2/CVM).

Por outro lado, a **perda de qualidade de sociedade aberta** pode também resultar de uma **deliberação da assembleia geral** tomada por uma maioria não inferior a 90% do capital social, contanto que a sociedade *indique um accionista que se obrigue (artº 27º, nºs 3 e 4/CVM):*

a) a adquirir, no prazo de três meses após o deferimento pela CMVM, os valores mobiliários pertencentes, nessa data, às pessoas que não tenham votado favoravelmente alguma das deliberações em assembleia;

b) mediante uma justa contrapartida calculada nos termos do artigo 188º/CVM; e

c) caucione a obrigação por garantia bancária ou depósito em dinheiro efectuado em instituição de crédito.

Naturalmente que a CMVM não proferirá decisão favorável à perda da qualidade de sociedade aberta se não se verificarem os referidos requisitos.

Contudo, neste caso, se a CMVM tiver proferido decisão favorável, os accionistas minoritários, que não votaram favoravelmente a perda de qualidade de sociedade aberta, não têm um direito potestativo de alienação, mas apenas a faculdade de requererem a anulação da deliberação em causa, no prazo de 30 dias, por violação dos citados artigos da lei (artºs 58º, nº a al. a) e 59º, nº 2/CSC), quer por falta de oferta de aquisição, quer por insuficiência da contrapartida (artº 27º, nº 4/CVM).

Mas, os accionistas que não quiseram aceitar a proposta de aquisição não se podem vir a socorrer da alienação potestativa prevista no arº 490º, nº 5/CSC, uma vez que esta disposição respeita apenas a sociedade fechadas (cfr. artº 490º, nº 7/CSC) e o facto constitutivo do direito de alienação ocorreu enquanto a sociedade era aberta. De contrário, criar-se-ia uma situação de desigualdade entre accionistas.

De qualquer forma, a perda da qualidade de sociedade aberta determina a consequente exclusão da negociação em mercado regulamentado das acções da sociedade e dos valores mobiliários que dão direito à sua subscrição ou aquisição, ficando vedada a readmissão no prazo de um ano (*delisting*) (artº 29º, nº 2/CVM).

2. Dos procedimentos de aquisição e alienação potestativa

A **aquisição potestativa**, verificados os condicionalismos atrás referidos, resulta de uma decisão do sócio ou accionista dominante, de acordo com os procedimentos a seguir indicados.

A **alienação potestativa** fica dependente da falta de exercício da aquisição potestativa pelo sócio dominante, verificados os respectivos pressupostos, ou da insuficiência da contrapartida proposta.

Verificadas as condições legais, a sociedade dominante **pode** – mas não é obrigada – desencadear a aquisição potestativa, nos prazos legais.

Mas, se não o fizer, fica sujeita às alienações potestativas dos sócios (accionistas) remanescentes.

Contudo, os procedimentos variam conforme se trate de sociedades fechadas ou de sociedades abertas.

a) Sociedades fechadas

A sociedade fechada que atinja a referida maioria de 90% do capital da sociedade participada deverá comunicar o facto nos 30 dias seguintes (artº 490º, nº 1/CSC).

Caso pretenda exercer o direito de **aquisição potestativa,** deverá designar um ROC independente – que não seja o ROC da própria sociedade ou da sociedade visada – para elaborar um relatório de avaliação, que servirá para avaliação da contrapartida (artº 490º, nºs 2, 3 e 4/CSC).

Nos 6 meses seguintes à comunicação do atingimento da maioria, deverá, então, tornar pública a proposta de aquisição, bem como a contrapartida, a qual deverá ficar consignada em depósito, promovendo o respectivo registo, no Registo Comercial, juntamente com o depósito do relatório do ROC, o qual deverá também ser patenteado aos interessados nas sedes das duas sociedades.

Como bem refere Evaristo Mendes[2], ao Conservador competirá verificar se o valor da contrapartida se encontra consignado em depósito e se foi depositado o relatório do ROC independente, devendo recusar o registo se tal não se verificar.

[2] In Aquisições potestativas no artigo 490 do CSC após a Reforma de 2006 e procedimento justo (V Congresso DSR – 2018).

Mas, caso a sociedade dominante não exerça a aquisição potestativa no prazo indicado, cada sócio (acionista) remanescente da sociedade visada poderá, **em qualquer altura**, exercer o direito de **alienação potestativa** exigindo, por escrito, que a sociedade dominante lhe faça, no prazo de 30 dias, oferta de aquisição das suas participações sociais, mediante uma contrapartida satisfatória, em dinheiro, quotas ou acções da sociedade dominante (artº 490º, nº 5/CSC).

Na falta da oferta ou sendo esta considerada insatisfatória, os sócios remanescentes poderão **requerer ao tribunal**, no prazo de 30 dias, que declare as acções ou quotas como adquiridas pela sociedade dominante, fixe o seu valor em dinheiro e condene a sociedade dominante a pagar (artº 490º, nº 6/CSC).

Repare-se que, enquanto, nas sociedades abertas, a alienação potestativa dependia de mera declaração dos accionistas remanescentes, nos termos atrás descritos, nas sociedades fechadas é necessário um processo judicial.

Naturalmente que esta ausência de fixação de um prazo *ad quem* para cada sócio ou acionista remanescente exercer o seu direito de alienação potestativa é susceptível de causar fortes injustiças quanto ao valor da contrapartida que cada um tem o direito de receber ao longo do tempo.

Na verdade, para além da volatilidade dos mercados, a administração da sociedade dominada, sendo integralmente designada pela sociedade dominante, dada a forte maioria de que dispõe, tanto pode administrá-la valorizando os seus activos, como pode servir-se dela numa perspectiva de interesse do "grupo" a longo prazo. Refira-se que o artº 64º, nº 1 al. b)/CSC até privilegia os "*interesses de longo prazo dos sócios*".

b) Sociedade abertas

Nas sociedades abertas, verificadas as condições legais, o accionista dominante pode desencadear o processo de **aquisição potestativa**, nos 3 meses subsequentes ao apuramento dos resultados, devendo publicar de imediato anúncio preliminar e enviá-lo à CMVM para efeitos de registo (artº 196º, nºs 1 e 3/CVM).

A publicação do anúncio preliminar obriga o sócio dominante a consignar a contrapartida em depósito junto de instituição de crédito, à ordem dos titulares das acções remanescentes (artº 196º, nº 5/CVM).

A aquisição potestativa implica, em termos imediatos, a perda da qualidade de sociedade aberta da sociedade visada e a exclusão da negociação em mercado regulamentado das acções da sociedade e dos valores mobiliários que a elas dão direito, ficando vedada a readmissão durante um ano (artº 195º, nº 4/CVM).

Porém, na falta de proposta de aquisição potestativa pela sociedade dominante, ou se a contrapartida em dinheiro não for considerada satisfatória, qualquer acionista remanescente poderá desencadear o processo de **alienação potestativa**, nos 3 meses subsequentes ao apuramento dos resultados da oferta pública, devendo, para o efeito, dirigir por escrito ao accionista dominante convite para que, no prazo de 8 dias, lhe faça proposta de aquisição das suas acções (artº 196º, nº 1/CVM).

Conforme bem decidiu o Tribunal Central Administrativo Sul – Acórdão de 14/07/2016 (Nuno Coutinho), *os titulares de ações adquiridas após o apuramento dos resultados da oferta pública de aquisição não têm o direito a exigir uma alienação potestativa. Assim, tais ações estão excluídas do conceito de ações remanescentes.*

Ao contrário das sociedades fechadas, aqui, respeitando o princípio da igualdade (artºs 15º e 197º/CVM), a lei estabelece um prazo para os accionistas remanescentes desencadearem a aquisição potestativa.

Na falta da resposta pelo accionista dominante ou se esta não for considerada satisfatória, qualquer titular de acções remanescentes que tenha formulado o referido convite pode declarar à CMVM a **alienação potestativa**, juntando (artº 196º, nº 2/CVM):

a) *documento comprovativo de consignação em depósito ou de bloqueio das acções a alienar;*
b) *indicando a contrapartida calculada nos termos dos nºs 1 e 2 do artigo 194º.*

Verificados pela CMVM os requisitos da alienação, esta torna-se eficaz a partir da notificação por aquela ao accionista dominante e a certidão comprovativa da notificação constitui título executivo (artº 196º, nºs 3 e 4/CVM).

Poderá, todavia, acontecer que o oferente não tenha alcançado, na oferta pública geral, 90% dos direitos de voto correspondentes ao capital social, mas venha, posteriormente, através de aquisições, a obter essa maioria. Nesse caso, não está obrigado a lançar nova OPA (artº 189º, nº 1 al. a)/CVM), nem se verificam os requisitos para a aquisição potestativa (artº 194º, nº 1/CVM).

Mas, pode socorrer-se da faculdade prevista no citado artº 27º, nº 1 al. b)/CVM para deliberar a perda da qualidade da sociedade aberta, com as consequências atrás descritas, facultando-se sempre aos accionistas minoritários o direito de se apartarem da sociedade, mediante uma justa contrapartida, nos termos do citado artº 27º, nº 3/CVM.

3. Do conceito de justa contrapartida

O apuramento da justa contrapartida é uma peça fundamental, quer da aquisição potestativa, quer da alienação potestativa e varia conforme se trate de sociedades fechadas ou abertas.

No caso das **sociedades fechadas**, a "justa contrapartida" é calculada por um ROC independente (artº 490º, nº 2/CSC), nos termos dos artºs 105º, nº 2/CSC e 1.021º/Código Civil, ou seja o "*book value*", no momento da avaliação e pode consistir em dinheiro ou em quotas, acções ou obrigações da sociedade dominante.

Mas, no caso das **sociedades abertas**, a "justa contrapartida" é paga em dinheiro, não podendo ser inferior ao mais elevado dos seguintes montantes (artº 188º, nº 1/CVM):

a) O maior preço pago pelo oferente ou por qualquer das pessoas que, em relação a ele, estejam em alguma das situações previstas no nº 1 do artigo 20º pela aquisição de valores mobiliários da mesma categoria, nos seis meses imediatamente anteriores à data da publicação do anúncio preliminar da oferta;

b) O preço médio ponderado desses valores mobiliários apurado em mercado regulamentado durante o mesmo período.".

Porém, se as acções não estiverem admitidas à negociação em mercado regulamentado e o maior preço resultar de negociações particulares, ou se as acções em causa tiverem liquidez reduzida no mercado regulamentado, ou este tiver sido afectado por acontecimentos excepcionais, a contrapartida será fixada por auditor independente designado pela CMVM (artº 188º, nºs 2 e 3/CVM).

Assim, nas sociedades abertas, o valor da contrapartida é sindicado pela CMVM.

Nas **sociedades fechadas,** embora o artº 490º/CSC o não diga, os sócios remanescentes poderão impugnar judicialmente o valor declarado, nos termos do artº 1.068º/CPC (cfr. artº 1.069/CPC)[3].

[3] No mesmo sentido, Evaristo Mendes, in ob. cit.

Em qualquer dos casos de aquisição potestativa, para garantia dos destinatários, a contrapartida deverá ser previamente **consignada em depósito** (artºs 490º, nº 4/CSC e 194º, nº 5/CVM).

A consignação em depósito é feita numa instituição de crédito, a favor dos sócios/accionistas remanescentes, não se exigindo que seja feita judicialmente[4].

4. Conclusão

Fazendo uma justa ponderação dos interesses em causa, afigura-se-me que a aquisição potestativa é uma contrapartida racional da alienação potestativa, tendo em atenção os princípios da certeza e da igualdade e a protecção das minorias. Isto é, não seria razoável atribuir aos accionistas minoritários o direito de se apartarem *ad nutum* da sociedade, sem que se conceder ao accionista dominante a faculdade antecipatória de provocar essa saída, mediante uma justa contrapartida, verificadas as mesmas condições.

Em direito francês, a oferta pública de saída – *Offre Publique de Retrait (OPR)* pode partir da iniciativa, quer do grupo maioritário que atinja 95% dos direitos de voto, como uma OPA ou OPT, quer dos accionistas minoritários.

Neste último caso, os accionistas minoritários deverão dirigir o pedido à AMF (Autorité de Marchés Financiers), que decidirá, após verificar se o mercado das acções não tem liquidez. Se aceitar o pedido, notifica os accionistas maioritários para apresentarem uma OPR com uma contrapartida razoável, que os vincula se for aceite pelos minoritários[5].

Pelo contrário, o grupo maioritário só pode lançar uma OPR obrigatória, se a fasquia dos 95% for obtida através de uma OPA, sendo mesmo possível que a OPA contemple logo uma OPR obrigatória[6]

Como é sabido, nas sociedades comerciais, o princípio da igualdade não funciona *per capita*, mas em função das percentagens de capital social ou de direitos de voto.

Assim, para além dos direitos especiais (artº 24º/CSC), os direitos sociais variam em função das percentagens de capital social ou dos direitos de voto. Por exemplo, uma percentagem de 5% do capital social faculta a

[4] Cfr. Acórdão do STJ de 3/02/2005 (Oliveira Barros).

[5] Therry Bonneau e outros, In Droit Financier, 2017, LGDJ, Lextenso éditions, pág. 700.

[6] Thierry Bonneau et France Drummond, in Droit des marchés financiers, 2002, Troisième édition, pág. 944.

interposição da acção social *ut singuli* (artº 77º, nº 1/CSC) – 2% nas sociedades com acções admitidas à negociação em mercado regulamentado – bem como a convocação de assembleias gerais ou a inclusão de assuntos na ordem do dia nas sociedades anónimas (artºs 375º, nº 2 e 378º/CSC) e, nestas sociedades, uma percentagem de 10% confere o direito colectivo à informação (artº 291º, nº 1/CSC).

Por outro lado, uma percentagem de 75%, nas sociedades por quotas e de 66% nas sociedades anónimas, constituem uma maioria qualificada que faculta a alteração dos estatutos e até a dissolução da sociedade (artºs 265º, nº 1, 270º, nº 1 e 386º, nº 3/CSC).

Mas, em qualquer caso, a titularidade de participações sociais representativas de mais de 50% do capital social ou dos direitos de voto constitui uma relação de domínio (artºs 486º, nº 2 als. a) e b)/CSC e 21º , nº 2 als. a) e b)/CVM), ou até menor se as acções estiverem dispersas, com todas as consequências daí advenientes.

Acresce que o legislador, com a preocupação da protecção das minorias, fazendo-as aceder ao chamado "prémio de controlo", impôs a OPA geral obrigatória nas sociedades abertas, a quem, directamente ou nos termos do artº 20º, nº 1/CVM, atinja 50% dos direitos de voto ou um terço nas sociedades com acções admitidas à negociação em mercado regulamentado (artº 187º/CVM), sendo a contrapartida equivalente à das aquisições potestativas (artº 188º/CVM).

Como resulta do exposto, os direitos integrantes das participações sociais – quotas ou acções – são de "geometria variável" em função da própria lei, dos estatutos, das percentagens do capital social ou dos direitos de voto e da própria dinâmica societária.

Como bem refere Pedro Pais de Vasconcelos[7]:

"A mobilidade do conteúdo da relação jurídica que se estabelece entre o sócio e a sociedade decorre de várias causas. Por um lado, o contrato, pacto ou estatuto da sociedade pode ser modificada por deliberação social e até a própria lei que os rege pode ser alterada. Por outro lado, as deliberações tomadas pelos órgãos sociais têm influência no conteúdo concreto da posição jurídica do sócio. Finalmente as circunstâncias que envolvem a vida da sociedade e do sócio podem ser de molde a modificar o conteúdo da sua posição jurídica."

[7] In A participação social nas sociedades comerciais, Ed. Almedina – 2ª Ed. – pág. 67.

O princípio da igualdade é uma primeira barreira para prevenir abusos, mas este próprio princípio admite excepções, desde logo, na atribuição do direito fundamental aos lucros (artº 22º/CSC).

Por isso, o legislador viu-se na necessidade de criar institutos especiais para protecção das minorias, como é o caso das OPAs obrigatórias e das alienações potestativas.

Como é evidente, o atingimento de uma maioria avassaladora de 90% do capital social ou dos direitos de voto constitui uma alteração qualitativa das relações internas de forças, permitindo um domínio absoluto do sócio dominante e uma volatilização das participações minoritárias, com a consequente dificuldade da sua alienação, vendo-se o legislador na necessidade de facultar a saída potestativa dos sócios remanescentes, mediante uma justa contrapartida.

A aquisição potestativa acaba por ser um instrumento para facultar a saída dos sócios remanescentes, seja directamente, aceitando a oferta, seja através da alienação potestativa, mediante uma justa contrapartida, estabelecendo, ainda, alguma ordenação, através, dos prazos legais, tanto mais que aos accionistas minoritários é difícil verificar, com rigor, o atingimento dos patamares em causa, dadas as participações indirectas relevantes.

Os sócios, quando subscrevem ou adquirem uma participação social, devem estar cientes da "mobilidade" do seu conteúdo, quer através da lei, dos estatutos ou da dinâmica societária, que pode culminar, mesmo, na sua extinção, seja por força de amortização de quotas ou acções, exclusão de sócios, fusões e aquisições ou aquisições potestativas.

Por essa razão, não obstante a participação social beneficiar da protecção do direito de propriedade, nos termos do artº 62º, nº 1 da Constituição, como direito equiparado a um direito fundamental, bem decidiu o douto Acórdão nº 491/02 de 26 de Novembro (Paulo Moita Pinto) do Tribunal Constitucional, ao não declarar a inconstitucionalidade da norma do artº 490º, nº 3 do CSC (Aquisição potestativa).

Como refere o douto Acórdão: *"Seja como for, pode concluir-se – em suma – que o instituto em causa não comprime, a partir do exterior, a "propriedade corporativa" em que se traduz o direito sobre participações sociais, mas antes surge como um aspecto da sua conformação interna pelo legislador. A norma do artigo 490º, nº 3, do CSC não é, assim, regulativa – no sentido de regulamentação de uma realidade "antecedente" – da "propriedade corporativa" do sócio das sociedades de capital, mas constitutiva dessa mesma propriedade."*

Acresce que o direito de propriedade não é absoluto e tem de se conformar com outros direitos com idêntica garantia constitucional (artº 18º, nº 2 da Constituição), como é a iniciativa privada económica (artº 61º da Constituição), que também pode ser afectada pela alienação potestativa.

Em suma, o regime vigente constitui um justo equilíbrio entre direitos constitucionais com idêntica garantia.

Responsabilidade civil de intermediário financeiro por danos imputáveis a um agente vinculado

Henrique Sousa Antunes[1]

I. Nota prévia

1. O estudo que agora se publica reproduz um parecer concluído em janeiro de 2020[2]. A reflexão sobre o enquadramento jurídico a dar a um pedido de indemnização com fundamento na responsabilidade de um intermediário financeiro pelos danos imputáveis à atuação de um agente vinculado tomou como referência os pressupostos da consulta:

a) o agente excedeu os poderes de representação que lhe tinham sido atribuídos pelo intermediário, praticando atos com eventual relevância criminal;
b) os lesados não agiram com a diligência adequada;
c) a relação dos lesados com o agente prolongou-se durante vários anos;
d) a indemnização exigida alcança a quantia perdida pelos lesados na relação com o agente, designadamente a soma dos montantes destinados à realização de investimentos não efetuados com a quantia correspondente à rentabilidade prometida pelo agente, ou à taxa corrente, e com os juros moratórios à taxa legal sobre essas verbas.

[1] Professor Associado da Faculdade de Direito da Universidade Católica Portuguesa.

[2] Com este texto, associamo-nos à justíssima homenagem prestada ao Senhor Professor Doutor Pedro Pais de Vasconcelos.

2. No plano da responsabilidade civil, a prática de uma lesão pela atuação fundada na aparência da representação de poderes tem suscitado a questão da identificação dos fundamentos normativos da imputação de um dever de indemnizar ao *falsus procurator*, ao terceiro e, também, ao *dominus*[3]. A responsabilidade do pseudo-representado é aquela que, agora, nos convoca.

Em tese, a habilitação procurada assenta na *culpa in contrahendo* e, na ausência de culpa do pretenso representado, vacila entre o artigo 500º do Código Civil, sobre a responsabilidade civil do comitente, e o artigo 800º do mesmo diploma, acerca da responsabilidade civil do devedor pelos atos dos seus representantes legais ou auxiliares[4]. Como veremos, as implicações da falta de poderes de representação, a identificação das especificidades impostas pela construção de uma tutela da confiança, a descoberta de uma exigência de simetria entre as condições de vinculação negocial e de responsabilidade do representado e, de qualquer forma, a necessidade de boa fé do terceiro lesado limitam a pertinência do debate sobre a competência das normas em causa na situação que é objeto deste texto.

Crê-se, no entanto, adequada uma tomada de posição sobre o tema, em benefício do percurso que trilharemos e, assim, da reflexão que o tema da consulta de nós requer. Impõe-se como questão prévia a análise da natureza da figura dos agentes vinculados.

II. Caracterização da figura do agente vinculado

3. O agente vinculado descobre a sua origem na Diretiva dos Serviços de Investimento (Diretiva nº 93/22/CEE, de 10 de maio de 1993 – DSI), embora a definição de um regime para o exercício da sua atividade apenas tenha surgido com a Diretiva dos Mercados de Instrumentos Financeiros (Diretiva nº 2004/39/CE, de 21 de abril de 2004 – DMIF). Confortado pelo princípio da subsidiariedade, o Estado português terá decidido não regulamentar a figura, estando, pois, o agente vinculado ausente do direito nacional até à transposição da DMIF[5]. A ausência desse regime não impedia, é claro,

[3] Em termos mais rigorosos, a expressão *falsus procurator* refere-se às hipóteses em que a falta dos poderes de representação é conhecida do pseudo-representante (Manuel A. Domingues de Andrade, *Teoria Geral da Relação Jurídica*, vol. II (*Facto jurídico, em especial negócio jurídico*), Coimbra, 1960, págs. 302 e seguinte.

[4] Se do contexto não resultar entendimento diverso, os preceitos sem indicação da fonte referem-se ao Código Civil português em vigor.

[5] Veja-se Sofia Nascimento Rodrigues, *Agentes vinculados* (tied agents): *uma introdução à figura*, in «Direito dos Valores Mobiliários», vol. IX, Coimbra, 2009, pág. 195.

que os intermediários financeiros outorgassem poderes de representação para a promoção ou a comercialização de serviços de investimento[6].

4. Estabelece o Código dos Valores Mobiliários, aprovado pelo Decreto-Lei nº 486/99, de 13 de novembro, e sucessivamente alterado, a previsão da figura do agente vinculado por referência à publicidade e à prospeção destinadas à celebração de contratos de intermediação financeira ou à recolha de elementos sobre clientes atuais ou potenciais [artigo 292º, alínea b)][7]. Reconhecendo a competência dos intermediários financeiros para estas atividades [artigo 292º, alínea a)], a legitimidade dos agentes vinculados é delimitada pelos artigos 294º-A a 294º-D.

5. Podem atuar como agentes vinculados as pessoas singulares estabelecidas em Portugal, se não estiverem integradas na estrutura organizativa do intermediário financeiro, e as sociedades comerciais com sede estatutária em Portugal, desde que não se encontrem em relação de domínio ou de grupo com o intermediário financeiro (artigo 294º-B, nº 2). Exige-se que o agente vinculado seja idóneo e possua a qualificação e aptidão profissional adequadas, devendo ainda cumprir os requisitos previstos no artigo 305º-G (preceito aditado pela Lei nº 35/2018, de 20 de julho), se prestar informações ou consultoria para investimento sobre instrumentos financeiros (artigo 294º-B, nº 3). Cabe ao intermediário financeiro a verificação dos requisitos enunciados (artigo 294º-B, nº 4).

6. A atuação do agente vinculado realiza-se em local diverso do estabelecimento comercial, compreendendo a comunicação à distância, feita diretamente para a residência ou local de trabalho de quaisquer pessoas, ou a existência de um contacto direto do agente com o investidor, num espaço

[6] Sofia Nascimento Rodrigues, *Agentes vinculados* (tied agents): *uma introdução à figura*, cit., pág. 195.

[7] Em sentido crítico, e justamente, escreve Sofia Nascimento Rodrigues: «Julgamos, contudo, ser equívoca a inserção da figura do agente vinculado a propósito do artigo 292º porquanto reduz significativamente a atividade do agente vinculado à do prospetor. A inserção sistemática confunde o agente com a atividade: o agente vinculado exerce uma atividade confluente com a publicidade e prospeção mas que vai além dessa mesma atividade. Entendemos assim que a categoria profissional do agente vinculado teria merecido autonomização no processo de revisão do Cód. VM» [*Agentes vinculados* (tied agents): *uma introdução à figura*, cit., pág. 201].

físico diferente das instalações do intermediário [artigo 294º-A, nº 1, alínea a), e nº 2].

7. O exercício da atividade está dependente da celebração de um contrato escrito entre o agente vinculado e o intermediário financeiro onde, de forma expressa, se prevejam as funções atribuídas ao agente vinculado, em especial as enunciadas na alínea b) do nº 1 do artigo 294º-A (artigo 294º-B, nº 1). Segundo o artigo 294º-A, nº 1, o intermediário financeiro pode atribuir poderes de representação na prestação dos serviços seguintes: «a) Prospeção de investidores, exercida a título profissional, sem solicitação prévia destes, fora do estabelecimento do intermediário financeiro, com o objetivo de captação de clientes para quaisquer atividades de intermediação financeira; e b) Receção e transmissão de ordens, colocação e consultoria sobre instrumentos financeiros ou sobre os serviços prestados pelo intermediário financeiro». Torna-se inequívoco o acolhimento da proteção dos investidores como finalidade do contrato escrito: «A exigência do contrato assegura a necessária formalidade e segurança à relação de representação, assim como à proteção dos potenciais ou efetivos clientes da empresa de investimento que se faz representar pelo agente vinculado»[8].

Serve, também, a finalidade de proteção do investidor a delimitação negativa das competências do agente vinculado. É vedado a este (artigo 294º-A, nº 3): a delegação em terceiros dos poderes que lhe foram conferidos pelo intermediário financeiro [alínea b)]; a celebração de contratos em nome do intermediário financeiro, sem prejuízo da autorização que seja concedida em relação aos negócios previstos na alínea b) do nº 1 do artigo 294º-A [alínea c)]; a receção ou a entrega de dinheiro ou instrumentos financeiros, exceto se esses atos forem autorizados pelo intermediário financeiro [alínea d)]; a atuação ou a tomada de decisões de investimento em nome ou por conta dos investidores [alínea e)]; a aceitação de remuneração efetuada pelos investidores [alínea f)].

8. Em linha com o desiderato de tutela do investidor, o artigo 294º-C define a responsabilidade e os deveres do intermediário financeiro. Desde logo, responde por quaisquer atos ou omissões do agente vinculado no exercício das funções que lhe foram confiadas [nº 1, alínea a)]. Na relação interna, são

[8] Sofia Nascimento Rodrigues, *Agentes vinculados* (tied agents): *uma introdução à figura*, cit., pág. 198.

deveres do intermediário financeiro o controlo e a fiscalização da atividade do agente vinculado, submetendo-se este aos procedimentos internos daquele, e a adoção das medidas necessárias a prevenir que o exercício pelo agente vinculado de atividade distinta da prevista no nº 1 do artigo 294º-A possa ter sobre esta um impacto negativo [nº 1, alíneas b) e c)]. Finalmente, nos termos do nº 2 do artigo 294º-C, se o intermediário financeiro permitir aos agentes vinculados a receção de ordens, deve comunicar à Comissão do Mercado de Valores Mobiliários os procedimentos tomados para garantir o cumprimento das normas aplicáveis a esse serviço [alínea a)] e a informação escrita destinada aos investidores sobre as condições de receção de ordens pelos agentes vinculados [nº 1, alínea b)].

9. São elementos essenciais do contrato a existência de poderes de representação e a exclusividade: no exercício da sua atividade, o agente não pode atuar em nome e por conta de mais do que um intermediário financeiro, exceto se entre estes existir uma relação de domínio ou de grupo [artigo 294º, nº 3, alínea a)]. Acresce a onerosidade, remuneração a prestar pelo intermediário financeiro.

Sem prejuízo da atuação em representação do intermediário financeiro, a lei impõe ao agente vinculado deveres próprios de prestação na relação com os investidores (artigo 294º-A, nº 4): ao agente vinculado cabe identificar-se perante aqueles, devendo, ainda, transmitir-lhes notícia sobre o intermediário financeiro em nome e por conta de quem exerce a atividade [alínea a)]; deve o agente vinculado entregar um documento escrito com uma informação completa, nomeadamente a respeito dos limites a que está sujeito no exercício da sua atividade [alínea b)].

10. A relação contratual entre o intermediário financeiro e o agente vinculado exibe as características gerais do contrato de agência. Recolhe-se na doutrina os traços da figura[9]. Assim sucede com o vínculo criado entre o

[9] Entre outros, vejam-se Maria Helena Brito, *O Contrato de Agência*, in «Novas Perspetivas do Direito Comercial», Coimbra, 1988, págs. 113 e segs., M. Januário Costa Gomes, *Apontamentos sobre o Contrato de Agência*, in «Tribuna da Justiça», 3 (abril/maio de 1990), págs. 15 e segs., Carlos Lacerda Barata, *Sobre o Contrato de Agência*, Coimbra, 1991, págs. 35 e segs., e 99 e segs., Pedro Romano Martinez, *Contratos Comerciais (apontamentos)*, Estoril, 2001, págs. 14 e segs., António Pinto Monteiro, *Direito Comercial – Contratos de Distribuição Comercial*, Coimbra, 2009 (3ª reimpressão), págs. 86 e segs., e *Contrato de Agência – Anotação ao Decreto-Lei nº 178/86, de 3 de*

intermediário financeiro e o agente vinculado: tem por finalidade a promoção de contratos; o agente desenvolve a sua atividade sem subordinação ao intermediário financeiro; o agente atua por conta do intermediário financeiro; a atividade é exercida com continuidade; o agente é remunerado.

Nas palavras de Sofia Nascimento Rodrigues: «Os agentes vinculados não são empregados nem colaboradores das empresas de investimento mas sim profissionais (uma categoria profissional autónoma) que atuam por conta da empresa de investimento para promover o negócio desta em contrapartida de uma remuneração»[10]. É um contrato de agência, com especificidades: «(...) em razão do objeto (promover e concluir contratos financeiros), dos sujeitos (o principal deve ser sempre uma empresa de investimento habilitada a exercer a profissão) e do conteúdo (a exclusividade é elemento definidor da figura)»[11].

11. Feita uma breve análise da relação entre o intermediário financeiro e o agente vinculado, tem sentido apreciar que regime do direito civil complementará ou integrará, àquela luz, a responsabilidade, de aplicação ainda incipiente, prevista no artigo 294º-C, nº 1, alínea a), do Código dos Valores Mobiliários, designadamente quando os danos são causados pelo agente vinculado na prática de factos que excedem os seus poderes de representação. Considere-se, ainda, que, nos termos do artigo 165º do Código Civil, «as pessoas coletivas respondem civilmente pelos atos ou omissões dos seus representantes, agentes ou mandatários nos mesmos termos em que os comitentes respondem pelos atos ou omissões dos seus comissários». Esta remissão alarga-se à responsabilidade do devedor pelos atos dos seus representantes legais ou auxiliares (artigo 800º do Código Civil)[12].

julho, 8ª edição, Coimbra, 2017, págs. 55 e segs., e José A. Engrácia Antunes, *Direito dos Contratos Comerciais*, Coimbra, 2019 (6ª reimpressão), págs. 440 e seguintes.

[10] Agentes vinculados (tied agents): uma introdução à figura, cit., pág. 205.

[11] Sofia Nascimento Rodrigues, *Agentes vinculados* (tied agents): *uma introdução à figura*, cit., pág. 205.

[12] Neste sentido, pronunciam-se José de Oliveira Ascensão/Manuel A. Carneiro da Frada, *Contrato celebrado por agente de pessoa coletiva. Representação, responsabilidade e enriquecimento sem causa*, in «Revista de Direito e Economia», nºs 16 a 19, 1990 a 1993, págs. 63 e seguintes.

III. Entre a responsabilidade do comitente e a responsabilidade do devedor

12. A responsabilidade civil do comitente pelos factos danosos praticados pelo comissário foi consagrada na lei civil portuguesa como uma responsabilidade pelo risco, autonomizada, pois, de um juízo de censura. Ao comitente é imputado o dever de indemnizar do comissário, mesmo tendo aquele agido sem culpa. Constitui, na verdade, uma responsabilidade pelo facto de outrem. Diversamente sucede com o regime das pessoas obrigadas à vigilância de outrem em razão da incapacidade natural destas (artigo 491º do Código Civil), considerando que, neste contexto, a previsão de uma presunção de culpa assinala a existência de uma responsabilidade por facto próprio.

13. No artigo 800º, os factos danosos são atribuídos ao devedor, afirmando-se a responsabilidade deste de acordo com o regime geral de responsabilidade contratual, subjetiva. Se, apreciando a diligência e as aptidões exigíveis ao devedor, a lesão mereceria um juízo de censura, apuram-se irrelevantes as especificidades do terceiro que justificassem, porventura, um juízo diverso de responsabilidade. A lei estabelece uma ficção, associando o facto à esfera jurídica do devedor, e, nessa medida, prescindindo da responsabilidade do terceiro. Ou seja, divergindo da responsabilidade do comitente, o devedor responde por facto próprio: «Tudo se passa, pois, como se fosse ele a atuar, como se a culpa fosse dele» [13]. Exclui-se, ainda, a exigência de uma relação de comissão.

14. Nas hipóteses de lesão causada a terceiro pela ineficácia do negócio jurídico em razão da falta de poderes de representação, descobre-se na doutrina a invocação de uma responsabilidade pelo interesse contratual negativo do *falsus procurator* por *culpa in contrahendo*. Essa vinculação ao dever de indemnizar serve, ainda, para chamar à responsabilidade o pretenso representado, com culpa ou, em alternativa, como comitente ou devedor[14] [15].

[13] José Carlos Brandão Proença, *Lições de Cumprimento e Não Cumprimento das Obrigações*, 3ª edição, Porto, 2019, pág. 329.

[14] Indicam-se Carlos Alberto da Mota Pinto, *A responsabilidade pré-negocial pela não conclusão dos contratos*, Coimbra, 1961, pág. 111, e Cessão da Posição Contratual, Coimbra, 1982, pág. 351 e seg., Ana Prata, *Notas sobre Responsabilidade Pré-contratual*, Lisboa, 1991, págs. 132 e segs., e 183 e segs., Raúl Guichard Alves, *Notas sobre a falta e limites do poder de representação*, in «Revista de Direito e de Estudos Sociais», ano XXXVII (1995), nºs 1, 2 e 3, pág. 32, Maria Helena Brito, *A Representação nos Contratos Internacionais (Um contributo para o estudo do princípio da coerência em*

Segundo a lição do direito comparado, a responsabilidade por *culpa in contrahendo* do representante sem poderes prescinde de culpa, embora a censurabilidade da sua conduta possa justificar o agravamento sancionatório da substituição do dever de indemnização do interesse contratual negativo pela obrigação de ressarcimento do interesse contratual positivo[16]. No direito português, cabendo falar da vinculação do *falsus procurator* ao cumprimento dos deveres pré-negociais emergentes da boa fé, vem a doutrina defendendo a aplicação do regime geral do artigo 227º do Código Civil[17]. É exigida a culpa do pseudo-representante. Sem prejuízo dessa exi-

direito internacional privado), Coimbra, 1999, págs. 164 e segs., e Rui Paulo Coutinho de Mascarenhas Ataíde, *A Responsabilidade do "Representado" na Representação Tolerada (Um problema de representação sem poderes)*, Lisboa, 2008, págs. 160 e seguintes.

[15] Sobre a responsabilidade pré-contratual do *dominus*, recusando a figura da procuração aparente, Raúl Guichard, *Da Relevância Jurídica do Conhecimento no Direito Civil*, Porto, 1996, págs. 64 e segs., nota 90 da pág. 61, e *O instituto da "procuração aparente" – algumas reflexões à luz do direito alemão*, in "*Juris et de Jure*. Nos vinte anos da Faculdade de Direito da Universidade Católica Portuguesa – Porto", Porto, 1998, págs. 223 e seguintes.

[16] Veja-se uma análise de direito comparado em Maria Helena Brito, A Representação nos Contratos Internacionais (Um contributo para o estudo do princípio da coerência em direito internacional privado), cit., págs. 167 e seguintes.

[17] Segundo Rui de Alarcão, a ausência de regulamentação da responsabilidade do representante sem poderes teve como propósito remeter a questão para as regras gerais da responsabilidade pré-contratual [*Breve motivação do anteprojeto sobre o negócio jurídico na parte relativa ao erro, dolo, coação, representação, condição e objeto negocial*, in "Boletim do Ministério da Justiça", nº 138 (1964), pág. 114]. Vejam-se, designadamente, Ana Prata, *Notas sobre Responsabilidade Pré-contratual*, cit., págs. 130 e segs., Rui Pinto, *Falta e Abuso de Poderes na Representação Voluntária*, Lisboa, 1994, págs. 94 e segs., Raúl Guichard Alves, *Notas sobre a falta e limites do poder de representação*, cit., págs. 22 e segs., Carlos Alberto da Mota Pinto, *Teoria Geral do Direito Civil*, 4ª edição (por António Pinto Monteiro e Paulo Mota Pinto), Coimbra, 2005, pág. 549, e Paulo Mota Pinto, *Interesse Contratual Negativo e Interesse Contratual Positivo*, vol. II, Coimbra, 2008, págs. 1304 e segs. Há acordo entre os Autores a respeito da individualização do *falsus procurator* no contexto da relação pré-contratual. Em síntese da reflexão, escreve Maria Helena Brito: «Nem a *ratio* do artigo 227º nem a utilização da expressão "quem negoceia..." impõem uma interpretação que faça excluir da sua previsão a atuação de uma pessoa na qualidade de representante. Em conformidade com os princípios dogmáticos subjacentes ao direito da representação na ordem jurídica portuguesa, o representante é necessariamente uma pessoa distinta do representado, que atua autonomamente e emite uma declaração própria. Sobre a pessoa do representante impendem, por isso, os deveres de informação e de lealdade exigíveis na fase pré-contratual» [*A Representação nos Contratos Internacionais (Um contributo para o estudo do princípio da coerência em direito internacional privado)*, cit., pág. 173, nota 243].

gência, defendem alguns a diferenciação do alcance da indemnização, distinguindo entre o desconhecimento culposo (ressarcimento pelo interesse contratual negativo) e o conhecimento da falta de poderes de representação (indemnização pelo interesse contratual positivo)[18] [19].

Verificada a culpa do *falsus procurator*, preenche-se uma condição de responsabilidade do comitente, a obrigação de indemnizar do comissário. Salienta, entretanto, alguma doutrina que, mesmo faltando a culpa do representante, sempre restará a responsabilidade contratual do *dominus* pelos atos dos seus representantes legais ou auxiliares[20] [21]. O artigo 800º requer, é certo, um vínculo entre o pseudo-representado e o *falsus procurator*[22].

[18] Neste sentido, Paulo Mota Pinto, *Aparência de poderes de representação e tutela de terceiros*, in «Boletim da Faculdade de Direito» (Universidade de Coimbra), vol. LXIX, 1993, pág. 594, nota 10 da pág. 593, Maria Helena Brito, *A Representação nos Contratos Internacionais (Um contributo para o estudo do princípio da coerência em direito internacional privado)*, cit., pág. 174, e Carlos Mota Pinto, *Teoria Geral do Direito Civil*, cit., pág. 549.

[19] Em sentido diverso, escreve Carneiro da Frada: «A indemnização do dano de cumprimento do contrato não consideraria o facto de que, normalmente, a observância dos deveres pré-contratuais de lealdade e correção de comportamento faria com que o representante se não apresentasse a contratar sem poderes (ao menos em o manifestar), e que um negócio nunca seria eficazmente concluído havendo oposição do representado. Deste modo, a construção de uma responsabilidade do *falsus procurator* pelo dano de cumprimento advogada por alguma doutrina (...) parece ter de inspirar-se antes na ideia de uma tutela de índole sancionatória destinada a promover e realizar as expectativas geradas no tráfico jurídico quanto à celebração de negócios através da representação, rompendo os quadros comuns da *culpa in contrahendo*, orientados para prevenir expectativas infundadas» (*Teoria da Confiança e Responsabilidade Civil*, Coimbra, 2004, pág. 642, nota 693 da pág. 641). Também Raúl Guichard: «Como encontrar arrimo para, com base no art. 227º, proceder a uma diferenciação de tratamento dos casos em que o representante desconhece com culpa a falta de poderes daqueles outros em que a conhece (indemnização, nos primeiros casos, apenas do interesse contratual negativo e, nos segundos, também do interesse contratual positivo)? Não passando a diferenciação exclusivamente por este critério, poder-se-á sugerir a aplicação do art. 494º» [*Notas sobre a falta e limites do poder de representação*, cit., págs. 28 e seg., e nota 54 da pág. 29].

[20] Veja-se, designadamente, Oliveira Ascensão/Carneiro da Frada, *Contrato celebrado por agente de pessoa coletiva. Representação, responsabilidade e enriquecimento sem causa*, cit., págs. 69 e seguintes.

[21] Encontra-se uma resenha doutrinal e jurisprudencial sobre a aplicação do artigo 800º à responsabilidade do pseudo-representado pelos atos do *falsus procurator* em Pedro de Albuquerque, *A Representação Voluntária em Direito Civil (Ensaio de Reconstrução Dogmática)*, Coimbra, 2004, págs. 1047 e seguintes.

[22] Veja-se, por todos, Maria Helena Brito, *A Representação nos Contratos Internacionais (Um contributo para o estudo do princípio da coerência em direito internacional privado)*, cit., págs. 166 e seguinte.

15. A orientação que se descreve pressupõe, no entanto, que a aparência de funções está, sem mais, compreendida na tutela dos artigos 500º e 800º do Código Civil. Sobre o alcance dos atos de terceiro que são imputados ao comitente ou ao devedor há identidade na aplicação das normas: «(...) só se verifica se o facto do representante que provocou o dano (a conduta de se apresentar a contratar sem poderes) se deu no exercício das funções que lhe foram cometidas na empresa. Esta delimitação da responsabilidade por parte de terceiro é, na responsabilidade (delitual) do comitente, explicitamente prevista pelo art. 500º/2, ao exigir que o facto danoso seja praticado no exercício das funções do comissário. Quanto à responsabilidade do devedor (comitente) pelo seu auxiliar, que se efetiva através do art. 800º/1, o requisito não é apontado expressamente pela lei (...), mas não oferece dúvidas, atenta a *ratio* desta responsabilidade»[23].

Ora, como veremos ao longo da nossa exposição, só a construção de uma tutela da confiança, com as especificidades que lhe são inerentes, permite vincular o representado à indemnização do dano de confiança associado à atuação do agente com uma procuração aparente. A questão torna-se, ainda, mais premente quando o *falsus procurator* é dotado de autonomia, escapando, pois, ao fundamento habitual do risco da empresa.

16. A ligação umbilical da aparência à boa fé do terceiro denuncia, de forma esclarecida, a impropriedade da construção que pretenda simplificar a responsabilidade do pretenso representado com a mera associação da *culpa in contrahendo* do representante à responsabilidade por facto de terceiro. Se a relevância delitual da aparência é uma expressão da confiança, como pretende, geralmente, a doutrina, a culpa do lesado deve ser apreciada na imputação de responsabilidade e não na determinação do montante indemnizatório, solução a que, no entanto, a *culpa in contrahendo*, fundamentada na violação de deveres de lealdade ou de informação pré-negociais, conduz[24] [25].

[23] Oliveira Ascensão/Carneiro da Frada, *Contrato celebrado por agente de pessoa coletiva. Representação, responsabilidade e enriquecimento sem causa*, cit., pág. 71.

[24] Leia-se, por exemplo, em Ana Prata: «Quem contrata como representante, sem para tal ter poderes ou excedendo os limites deles, tem obrigação de dar disso conhecimento ao outro contraente. Este, por seu turno, tem o ónus de exigir ao pseudo-representante a justificação dos seus poderes, nos termos do artigo 260º. A consequência do não cumprimento deste ónus é o risco da eventual ineficácia do contrato face ao representado, que o não ratifique; não é a exclusão da responsabilidade pré-contratual a consequência negativa da omissão do ónus, embora a apreciação do comportamento do *deceptus* tenha de ser realizada para efeitos de

17. Ouçamos Carneiro da Frada: «(...) se o Direito comina a necessidade de adotar um certo comportamento destinado a realizar ou a não defraudar representações alheias, isso significa já de si o reconhecimento de que a confiança a proteger se revela digna de tutela; não há qualquer espaço para a averiguação da necessidade de sopesar a confiança à luz da sua justificabilidade. (...) (Diversamente) considerando que a proteção da confiança não depende da infração de um dever de respeitar a confiança alheia. Apenas desse modo a justificação da confiança pode reivindicar o relevo de pressuposto dogmático autónomo da atendibilidade das representações pela ordem jurídica que a doutrina em regra lhe atribui. Assim, verificada uma situação objetivamente indutora de confiança, mesmo não se reclamando do confiante a comprovação positiva da sua diligência e sensatez, a tutela deve negar-se se vier todavia a demonstrar-se a imprudência do sujeito»[26]. Em termos práticos, como se referiu: «(...) com a exigência de uma justificação para a confiança depositada, se houve imprudência ou ligeireza do confiante não se verifica o pressuposto da proteção e, deste modo, fica em

aplicação do artigo 570º (...)» (*Notas sobre Responsabilidade Pré-contratual*, cit., págs. 130 e seg.). A Autora retomou, recentemente, o que antes escrevera: «Caso o representante – por ação ou omissão – criar ou mantiver em erro a outra parte sobre a existência dos seus poderes, responderá, nos termos do art. 227º, nº 1 (responsabilidade pré-contratual), se estiverem reunidos os restantes pressupostos. Se um sujeito intervier num negócio tornando claro que o faz em nome alheio, está a agir como representante. Cabe à outra parte certificar-se de que ele tem legitimidade representativa, exigindo-lhe prova da existência dos seus poderes (art. 260º). Se não o tiver feito, a responsabilidade em que o representante sem poderes fique constituído pode ser atenuada ou eliminada por culpa do lesado (art. 570º)» [*Código Civil* Anotado, vol. I (artigos 1º a 1250º), 2ª edição, Coimbra, 2019, pág. 360].
Em defesa da aplicação do artigo 570º na responsabilidade pré-contratual, rejeitando, embora, que ela se fundamente na omissão da exigência de justificação dos poderes de representante, veja-se Raúl Guichard Alves, *Notas sobre a falta e limites do poder de representação*, cit., pág. 27 e nota 47 dessa página, *Da Relevância Jurídica do Conhecimento no Direito Civil*, cit., págs. 68 e seg., nota 90 da pág. 61 e *O instituto da "procuração aparente" – algumas reflexões à luz do direito alemão*, cit., págs. 241 e seguinte.

[25] Sem prejuízo de recorrer ao artigo 570º, resguardando a verificação da responsabilidade pré-contratual da culpa do lesado, Raúl Guichard entende que os resultados práticos se aproximam: «(...) a margem dentro da qual tal ponderação se há de realizar não será demasiado lata, porquanto logo deixará de existir uma base legítima para a confiança da contraparte se esta (só) por culpa sua não se apercebeu da inexistência de poderes representativos» (*Da Relevância Jurídica do Conhecimento no Direito Civil*, cit., pág. 69, nota 90 da pág. 61. De igual modo, em *O instituto da "procuração aparente" – algumas reflexões à luz do direito alemão*, cit., pág. 242).

[26] Carneiro da Frada, *Teoria da Confiança e Responsabilidade Civil*, cit., págs. 593 e seguinte.

princípio excluída qualquer indemnização. Ao passo que, erigindo-se a infração de deveres em fundamento da responsabilidade, a culpa do lesado do art. 570 não o atinge (o que é dizer que ela não leva necessariamente à exclusão da indemnização, que pode muito bem manter-se ou ser simplesmente reduzida)»[27].

18. Esta diferença está patente na análise da responsabilidade pré-contratual, acompanhando, ainda, Carneiro da Frada: «(...) a ponderação da culpa do lesado na *culpa in contrahendo* é evidentemente de subscrever, pois aquela é (...) uma responsabilidade pela violação de deveres. Deste modo, o desconhecimento culposo da realidade não conduz automaticamente à preclusão de uma pretensão indemnizatória com esse fundamento. (...) Por isso, também não deve erigir-se a boa fé do lesado – enquanto ausência de imprudência de uma certa representação – em requisito geral da responsabilidade pré-contratual»[28].

Ou seja, o entendimento que, conjugando a *culpa in contrahendo* do representante com os regimes da responsabilidade do comitente e do devedor por factos de terceiro, procura encontrar no *dominus* uma garantia adicional para a indemnização da contraparte dilui a exigência da confiança, que, contudo, serve de fundamento a essa mesma tutela[29]. A solução parece contraditória nos seus termos. Resguarda-se, é claro, a orientação daqueles que

[27] Carneiro da Frada, Teoria da Confiança e Responsabilidade Civil, cit., pág. 595.

[28] *Teoria da Confiança e Responsabilidade Civil*, cit., pág. 596.

[29] São palavras de Oliveira Ascensão e Carneiro da Frada: «Ponto é que o terceiro possa ainda, razoavelmente, interpretar a conduta do dependente (que atua, na realidade, sem poderes) como comportamento que respeita o quadro geral das funções que (aparentemente) lhe foram atribuídas» (*Contrato celebrado por agente de pessoa coletiva. Representação, responsabilidade e enriquecimento sem causa*, cit., pág. 72). É, ainda, a perspetiva de Maria Helena Brito: «Em face do direito português, a responsabilidade do pretenso representado, nos termos do artigo 227º do Código Civil, assenta na culpa do próprio (...). Exige-se (...) a demonstração de que tenham sido violados pelo representado os deveres de informação e de lealdade em situações suscetíveis de criar a confiança da contraparte na atribuição de poder de representação ao agente (...)».[*A Representação nos Contratos Internacionais (Um contributo para o estudo do princípio da coerência em direito internacional privado)*, cit., págs. 165 e seg.]. Veja-se, também, Ana Prata, que, defendendo a substituição de um pressuposto referido à boa fé do terceiro pela aplicação do regime da culpa do lesado, observa porém: «embora entre o terceiro e o *falsus procurator* não se conclua nenhum contrato, é inequívoco que entre eles se estabelece uma relação (...) que se justifica seja submetida à boa fé, determinando, se concorrerem os respetivos pressupostos e, em particular, a razoável confiança do terceiro na qualidade de representante do outro sujeito,

reinterpretam a responsabilidade por facto de terceiro em razão das especificidades da tutela da confiança[30]. Nesses casos, porém, reconhece-se a insuficiência dos caminhos tradicionais...

19. Tomando o que se escreveu como pano de fundo, crê-se relevante saber, para crítica, se serve de referência à responsabilidade do intermediário financeiro pela atuação do agente vinculado em representação sem poderes a disciplina civil da responsabilidade delitual ou o regime civil da responsabilidade contratual. A letra da lei [artigo 294º-C, nº 1, alínea a), do Código dos Valores Mobiliários] recebe uma clara inspiração do artigo 500º do Código Civil. Importa, no entanto, indagar se, substancialmente, prevalece a adequação da disciplina delitual. É este, antecipa-se, o nosso entendimento.

20. A aplicação do artigo 800º supõe a existência de uma obrigação em sentido técnico e é com esse alcance que a ficção de atribuição dos comportamentos do representante legal ou do auxiliar ao devedor emerge. Considera-se, aliás, duvidoso que se pretenda ver na promoção negocial em execução de um contrato de agência o cumprimento da obrigação a que o artigo 800º do Código Civil se refere[31] [32]. Para efeitos de recurso a esse

a emergência de deveres pré-negociais entre eles» (*Notas sobre Responsabilidade Pré-contratual*, cit., págs. 133 e seg.).

30 Assim Maria Helena Brito, quando, acerca da responsabilidade do representante por *culpa in contrahendo*, escreve: «De exigir será também, como pressuposto da obrigação de indemnizar a cargo do representante, a confiança da contraparte na legitimidade do agente (na existência e na extensão do poder de representação do agente). Requisito indispensável será portanto a boa fé (subjetiva) da contraparte» [*A Representação nos Contratos Internacionais (Um contributo para o estudo do princípio da coerência em direito internacional privado)*, cit., pág. 173].

31 Neste sentido, e bem, escreve Gonçalo André Castilho dos Santos: «(...) não estamos ainda perante uma relação obrigacional entre o intermediário financeiro e um cliente, mas sim perante uma relação pré-contratual entre o intermediário financeiro e um potencial cliente, desenvolvida com recurso à intervenção de um terceiro (prospetor). Vedada, assim, a aplicação do artigo 800º, movemo-nos, com efeito, na responsabilidade civil objetiva do intermediário financeiro como comitente do prospetor» (*A Responsabilidade Civil do Intermediário Financeiro Perante o Cliente*, Coimbra, 2008, pág. 233).

32 Entende-se possível conceber o contrato celebrado entre o intermediário financeiro e o agente vinculado como um contrato com eficácia de proteção para terceiros, mas, ainda assim, subsiste a falta de vinculação do intermediário financeiro a deveres de prestação perante os investidores. Divergimos, pois, do que defende Maria Helena Brito: «Quanto à responsabilidade *in contrahendo* do pretenso representado, assente na culpa do representante, por via do

preceito, a obrigação deve referir-se a uma vinculação estabelecida entre o pseudo-representado e o terceiro, em vez de uma relação entre o pseudo--representante e a contraparte.

Além do mais, se o direito português acolhe um regime de responsabilidade objetiva no plano delitual, afigura-se justificado apartar da responsabilidade do devedor pelos atos dos representantes legais ou auxiliares a violação de deveres acessórios de conduta. Essa inclusão da violação de deveres de proteção na responsabilidade contratual tem sentido em sistemas jurídicos em que a responsabilidade delitual por facto de terceiro é subjetiva, como acontece no direito alemão[33] [34].

21. De qualquer forma, é excluída a legitimidade da imputação de responsabilidade ao devedor se os danos corresponderem à violação de deveres específicos e autónomos de prestação positiva ou negativa do representante ou do auxiliar perante o credor. A existência daqueles deveres delimita uma relação obrigacional própria do terceiro perante o credor e, assim, enxerta uma pluralidade de devedores perante o credor. Eis o que sucede na relação triangular entre o intermediário financeiro, o agente vinculado e o investidor. O artigo 800º supõe que o representante legal ou o

artigo 800º do Código Civil (correspondente ao § 278 BGB), ela só será de admitir na hipótese de o pretenso representante, com conhecimento do dono do negócio, mas sem poder de representação, iniciar negociações com a outra parte, em execução de uma relação interna existente entre pretenso representado e pretenso representante, por exemplo um contrato de mandato ou de agência subjacente a essas negociações. O pretenso representado responderá pelos prejuízos causados à contraparte, independentemente de culpa própria, se o representante sem poderes tiver violado com culpa deveres de informação ou de lealdade pré-negociais» [*A Representação nos Contratos Internacionais (Um contributo para o estudo do princípio da coerência em direito internacional privado)*, cit., pág. 166].

[33] Neste sentido, Luís Manuel Teles de Menezes Leitão, *A Responsabilidade do Gestor perante o Dono do Negócio no Direito Civil Português*, Lisboa, 1991, págs. 299 e segs., e, em especial, nota 2 da pág. 301, e *Direito das Obrigações*, vol. III (*Transmissão e Extinção das Obrigações. Não Cumprimento e Garantias do Crédito*), 12ª edição, Coimbra, 2018, págs. 261 e seguinte.

[34] A aplicação do artigo 500º do Código Civil apresenta-se como uma solução perfeitamente satisfatória para a tutela do lesado. Neste sentido, vejam-se António Menezes Cordeiro, *Da pós-eficácia das obrigações*, in «Direito e Justiça», vol. II (Volume de Homenagem ao Prof. Doutor Manuel Gonçalves Cavaleiro de Ferreira), 1981/1986, págs. 156 e segs., e Mário Júlio de Almeida Costa, *Responsabilidade Civil pela Rutura das Negociações Preparatórias de um Contrato*, Coimbra, 1984, págs. 95 e seguintes.

auxiliar é alheio à relação obrigacional[35]. Só esse entendimento permite aceitar a ficção de atribuição dos factos danosos ao devedor.

Lembra-se que, nos termos do artigo 294º-A, nº 4, alínea b), do Código dos Valores Mobiliários deve o agente vinculado entregar ao investidor um documento escrito com uma informação completa, nomeadamente a respeito dos limites a que está sujeito no exercício da sua atividade. Este dever legal específico determina uma vinculação autónoma do agente, esbatendo as razões daqueles que pretendam descobrir no artigo 800º a fonte de responsabilidade do pseudo-representado, com base no risco da empresa[36].

22. A lógica da responsabilidade delitual, condicionada à obrigação de indemnizar do comissário, melhor se harmoniza com a imposição ao agente vinculado do dever de prestar referido. A previsão expressa de um dever de informação sobre os limites da representação interpõe uma vinculação específica do agente em relação ao investidor no contexto da relação que

[35] Como escreve Brandão Proença: «(...) contrariamente ao que sucede no domínio de aplicação do art. 500º, o art. 800º não permite outra responsabilização que não seja a do devedor, ou seja, da pessoa obrigada perante o credor. Assim como terceiros, lesados pela atuação dos auxiliares do devedor, apenas podem invocar o fundamento da responsabilidade extracontratual individual ou assente na existência de uma possível relação comitente-comissário, também o credor só logrará uma responsabilidade dos autores diretos caso prescinda da via oferecida pelo art. 800º» (*Lições de Cumprimento e Não Cumprimento das Obrigações*, cit., págs. 324 e seg.).

[36] Nesse sentido, escrevem Oliveira Ascensão e Carneiro da Frada: «(...) na responsabilidade obrigacional, dada a técnica da ficção empregue na lei de figurar o comportamento do auxiliar na pessoa do devedor, o que importa saber é se o devedor, se tivesse sido ele a praticar o ato, se poderia considerar responsável, e independentemente, portanto, de o auxiliar ser ou não, ele mesmo, responsável também. (...) Parece razoável impôr ao representado (a empresa) uma responsabilidade que não possa sem mais ser excluída pelo facto de, por qualquer circunstância, o representante sem poderes não se apresentar ele próprio como responsável. É que, nesses casos (...) parece que o representado há de também ter de suportar esse dano, se a atitude do representante se puder configurar para ele como risco da empresa (risco da participação da empresa no tráfico jurídico). Ora quem, no âmbito da sua atividade comercial, se socorre de outras pessoas, incumbindo-as de funções às quais se ligam, segundo as conceções do tráfico, poderes representativos, parece dever responder por danos causados por essas pessoas quando elas se apresentam a contratar como representantes, embora não tendo para tal recebido efetivamente poderes, sem se poder desculpabilizar com circunstâncias liberatórias da responsabilidade dessas pessoas eventualmente existentes. Opõe-se à exequibilidade plena deste pensamento do risco da empresa no plano delitual, criticavelmente aliás, a exigência da dupla imputação prevista no art. 500/1» (*Contrato celebrado por agente de pessoa coletiva. Representação, responsabilidade e enriquecimento sem causa*, cit., págs. 70 e seg., e nota 61 da pág. 71).

ligue o intermediário financeiro e a contraparte, atribuindo ao cumprimento desse dever um espaço próprio na definição dos alicerces da responsabilidade do representado[37]. Estamos perante a realidade da dupla imputação.

IV. A disciplina da responsabilidade do comitente e a falta de poderes de representação do agente vinculado

23. Com os fundamentos assinalados, a disciplina aplicável ao comitente orienta o intérprete na indagação sobre a responsabilidade do intermediário financeiro pela atuação sem poderes do agente vinculado[38]. A competência do artigo 500º já foi reconhecida na jurisprudência, designadamente em Acórdão do Supremo Tribunal de Justiça de 19-06-2019[39]. Sublinhe-se, entretanto, que a conclusão é reforçada se o comportamento do agente vinculado constituir a prática de um crime, estabelecendo-se a sua responsabilidade como a violação de uma norma penal de proteção (artigo 483º, nº 1, do Código Civil).

[37] Sobre a compatibilidade entre a violação de obrigações próprias pelo comissário e a aplicação da disciplina da responsabilidade do comitente (artigo 500º do Código Civil), vejam-se Pedro Nunes de Carvalho, *A Responsabilidade do Comitente*, Lisboa, 1990, pág. 25, nota 22, Pedro Ferreira Múrias, *A responsabilidade por atos de auxiliares e o entendimento dualista da responsabilidade civil*, in «Revista da Faculdade de Direito da Universidade de Lisboa», vol. XXXVII (1996), nº 1, págs. 191 e segs., e Maria da Graça Trigo, *Responsabilidade Civil Delitual por Facto de Terceiro*, Coimbra, 2009, págs. 232 e seguintes.

[38] Em harmonia com o que se escreveu, considere-se o exemplo do direito italiano: consagrou-se a responsabilidade solidária do intermediário financeiro e do agente vinculado (Filippo Durante, *Intermediari Finanziari e Tutele dei Risparmiatori*, Milano, 2009, págs. 242 e seg.). É, desde logo, uma hipótese de responsabilidade delitual, acolhendo os ilícitos penais do agente vinculado: «*(...) la giurisprudenza ha precisato che trattasi di una forma di responsabilità "rinforzata" rispetto a quella prevista dall' art. 2049 C.C.*» (Filippo Durante, *Intermediari Finanziari e Tutele dei Risparmiatori*, cit., pág. 243).

[39] Processo 21171/18.9T8LSB.L1.S1 (Relator: Paulo Sá). Em jeito de parêntesis, ressalve-se, contudo, a eventual descoberta de um regime menos gravoso para o intermediário financeiro, pelo alinhamento da responsabilidade com a afirmação dos deveres de controlo e de fiscalização que lhe cabem, pelo silêncio sobre a natureza da responsabilidade [lê-se no artigo 500º: "(...) independentemente de culpa (...)"] e acerca do exercício de um direito de regresso em relação ao agente vinculado, e pela ausência de extensão da responsabilidade aos atos praticados com violação negligente ou dolosa das ordens ou instruções dadas pelo intermediário. Revelar-se-ia, na verdade, justificável a afirmação da natureza subjetiva daquela imputação, sem prejuízo, é certo, da responsabilidade do Estado pelo incumprimento da obrigação de transposição adequada da Diretiva.

24. De acordo com o artigo 500º do Código Civil, o comitente responde, sem culpa, pelos danos causados a terceiros pelo comissário, desde que estejam reunidos três pressupostos: a verificação de uma relação de comissão, a existência da obrigação de indemnizar do comissário e a prática do facto danoso no exercício das funções que foram atribuídas ao comissário[40].

O último pressuposto indicado é formulado no nº 2 do artigo 500º: «A responsabilidade do comitente só existe se o facto danoso for praticado pelo comissário, ainda que intencionalmente ou contra as instruções daquele, no exercício da função que lhe foi confiada». É longo e vivo o debate que, na doutrina e na jurisprudência, vem suscitando a determinação do conteúdo daquele pressuposto.

25. Em abstrato, a responsabilidade do comitente pelos atos do comissário permite a configuração de, pelo menos, três cenários possíveis. Desde logo, a imputação dos danos ao comitente verificarseia sempre que a lesão tivesse ocorrido por ocasião das funções. Em alternativa, a responsabilidade do comitente limitar-se-ia aos danos causados pelo comissário em cumprimento das ordens e instruções daquele. Finalmente, a responsabilidade encontraria o seu fundamento no exercício da função, ainda que o comissário agisse em desrespeito das ordens e instruções dadas pelo comitente.

[40] Apesar da autonomia que caracteriza a posição do agente (veja-se, por todos, Pinto Monteiro, *Contrato de Agência – Anotação ao Decreto-Lei nº 178/86, de 3 de julho*, cit., págs. 61 e seg.), a atuação daquele no interesse e por conta do principal e a necessidade consequente de o agente se conformar com as instruções deste recebidas preenchem os indícios do conceito de comissão. Se necessário é «que a função praticada pelo comissário possa ser imputada ao comitente, por os atos nela compreendidos serem praticados exclusivamente no seu interesse e por conta sua, ou seja, suportando ele as despesas e os ganhos dessa atividade» [Luís Manuel Teles de Menezes Leitão, *Direito das Obrigações*, vol. I (*Introdução. Da Constituição das Obrigações*), 15ª edição, Coimbra, 2018, pág. 368], assim se verifica no contrato de agência: «O agente exerce, com autonomia e independência, uma atividade de gestão de interesses alheios (do principal). A sua obrigação não consiste, por isso, numa mera prestação a outrem, antes coenvolve a prossecução e defesa dos interesses do principal» (Pinto Monteiro, *Contrato de Agência – Anotação ao Decreto-Lei nº 178/86, de 3 de julho*, cit., pág. 60). E, naturalmente, se o poder de emitir orientações sobre o exercício da atividade reforça a identificação da comissão [«(...) é o facto de o comitente dispor da faculdade de controlar a atuação dos seus comissários, através da emissão de ordens ou instruções, que constitui como que o "eixo" da sua responsabilização» (Maria da Graça Trigo, *Responsabilidade Civil Delitual por Facto de Terceiro*, cit., pág. 269)], o artigo 7º, a), da disciplina do contrato de agência estabelece a obrigação de o agente «respeitar as instruções da outra parte que não ponham em causa a sua autonomia»..

Na primeira hipótese, a verificação de um nexo temporal ou local entre as funções atribuídas e o dano representaria uma condição suficiente para a vinculação do comitente ao dever de indemnizar. Se o motorista de uma empresa de transportes agride o funcionário de uma portagem em deslocação ao serviço da empresa, esta responde pelos danos causados. Na segunda hipótese, a responsabilidade do comitente restringe-se aos factos praticados pelo preposto que respeitem as ordens e instruções daquele. Assim, se o comissário realizar uma escavação num terreno sem respeitar as indicações técnicas que lhe foram dadas para o efeito e motivando, por essa causa, o desmoronamento de um edifício contíguo, o comitente não é responsável. Oposta é a solução aplicável se a responsabilidade do comitente abranger os factos que o comissário haja praticado em incumprimento das ordens e instruções que lhe foram dadas, mesmo quando de comportamentos dolosos se trata.

26. Entende-se que o legislador português afastou o critério da responsabilidade pelos factos praticados por ocasião das funções. Sendo uma responsabilidade objetiva, escolha diversa careceria da demonstração de um proveito do comitente, benefício que, por definição, está associado aos atos praticados no exercício das funções, e restringiria excessivamente a liberdade de atribuição a terceiros de serviço ou de comissão[41]. Do mesmo modo, revelar-se-ia desadequada a limitação da responsabilidade ao cumprimento dos deveres funcionais, «visto que os atos ilícitos dos prepostos constituem sempre ou normalmente uma evasão das funções»[42].

27. No direito português, o comitente responde, pois, pelas lesões praticadas no exercício das funções, embora em desrespeito das ordens e instruções dadas ao comissário. Trata-se dos comportamentos que se integram no «quadro geral de competência do preposto»[43]. Com esta fórmula, a responsabilidade do comitente é justificada se a lesão descobre a sua causa nas funções atribuídas ao comissário, aplicando o critério da causalidade adequada: «Sempre que as funções do comissário, segundo um critério de

[41] Adriano Paes da Silva Vaz Serra, *Responsabilidade Contratual e Responsabilidade Extracontratual*, in «Boletim do Ministério da Justiça», nº 85 (abril de 1959), págs. 180 e seguinte.

[42] Vaz Serra, Responsabilidade Contratual e Responsabilidade Extracontratual, cit., pág. 181.

[43] Vaz Serra, Responsabilidade Contratual e Responsabilidade Extracontratual, cit., pág. 181.

experiência, favoreçam ou aumentem o perigo da verificação de certo dano, deverá o comitente arcar com a respetiva responsabilidade»[44].

Nestes termos, «respondem, do mesmo modo, como comitentes a empresa que manda o operário reparar a avaria da instalação elétrica a casa do cliente pelos danos que ele cause (ainda que intencionalmente) na execução da reparação, e o dono da casa pelos ferimentos que o operário causou a um transeunte, deixando cair as telhas de cima do telhado. Mas, no primeiro caso, a empresa já não responde pelos danos provenientes do incêndio que o operário provocou com a ponta do cigarro que inadvertidamente deitou fora; tal como o Banco não responde pelo prejuízo do furto que o seu empregado cometa, aproveitando a presença do cliente»[45].

28. Não se desconhece a existência de opiniões diversas, propondo interpretações mais amplas do pressuposto em apreço. Em especial, Menezes Leitão defende o critério da ocasião de funções, considerando a letra da lei[46].

Considere-se, porém, que a fórmula recebida no artigo 500º, nº 2, do Código Civil descobre a sua origem em Vaz Serra, funcionalizada, então, à exigência de um nexo de causalidade entre as funções e o dano, designadamente quando o interesse do comitente é alheio à lesão praticada pelo comissário[47].

29. O tema convoca, necessariamente, a questão do abuso de funções. Verifica-se quando a atuação do comissário é legitimada pelas competências que lhe foram atribuídas, mas o preposto prossegue um objetivo diverso do fim que justificou a comissão. Nessas hipóteses, a conduta do comissário é, em geral, dolosa, agindo intencionalmente contra as ordens ou instruções do comitente.

Na comunidade jurídica portuguesa, há um consenso favorável à responsabilidade do comitente pelos atos praticados em abuso de funções pelo comissário[48]. Reconheça-se, porém, que turvas são as águas quando a aná-

[44] Pires de Lima/Antunes Varela, *Código Civil Anotado*, vol. I, 4ª edição, Coimbra, 1987, pág. 509.

[45] João de Matos Antunes Varela, *Das Obrigações em Geral*, vol. I, 10ª edição, Coimbra, 2000, pág. 643, nota 2.

[46] *Direito das Obrigações*, vol. I, cit., pág. 369.

[47] Responsabilidade Contratual e Responsabilidade Extracontratual, cit., págs. 180 e seguintes.

[48] Veja-se, por todos, Maria da Graça Trigo, *Responsabilidade Civil Delitual por Facto de Terceiro*, cit., págs. 314 e segs. O que se escreve não prejudica as ressalvas que alguma doutrina faz à

lise requer a diferenciação entre as formas diversas que o abuso de funções pode assumir.

30. Não se julga temerário distinguir entre as lesões favorecidas pela natureza das funções e os danos que apenas encontram uma relação de causalidade com os instrumentos confiados ao comissário para o desempenho das suas atribuições. A este respeito, é clássico o exemplo da utilização lesiva de um automóvel.

Tome-se como referência uma citação de Vaz Serra: «Se B provoca intencionalmente um acidente com o carro do seu patrão, para satisfazer um sentimento de inimizade para com a vítima, deverá responder o patrão, atendendo a que as funções do preposto é que tornaram possível ou facilitaram o facto ilícito? Não parece (...), pois não há então entre as funções do preposto e o facto ilícito uma relação causal, dado que este podia ter sido praticado mesmo sem elas, além de que, ao confiar ao preposto as funções do condutor do veículo, o patrão não era razoável que devesse contar com um facto tão anormal»[49]. A exclusão da responsabilidade do comitente na situação que se descreveu é uma solução replicada pela generalidade dos autores[50].

Nesse caso, a ausência de implicação das atribuições do comissário na prática da lesão justifica a imunidade do comitente. Afigura-se que a esta orientação subjaz a apreciação dos interesses prosseguidos. Escreve Rui de Alarcão: «Como critério prático, parece-nos que será útil atender à finalidade da conduta do preposto, o qual, para além das inúmeras nuances resultantes da especificidade de cada caso, poderá constituir um critério de análise relativamente seguro sobre a existência de uma relação causal entre o ato e a função»[51].

exclusão da responsabilidade do comitente se o abuso for manifesto, recorrendo à teleologia do artigo 334º do Código Civil (sobre o abuso do direito). Assim, Pedro Nunes de Carvalho, *A responsabilidade do comitente*, Lisboa, 1990, pág. 49.

[49] Vaz Serra, Responsabilidade Contratual e Responsabilidade Extracontratual, cit., pág. 182, nota 148.

[50] Neste sentido, por exemplo, Carlos Mota Pinto, *Teoria Geral do Direito Civil*, cit., pág. 323, e Antunes Varela, *Das Obrigações em Geral*, vol. I, cit., pág. 643.

[51] *Direito das Obrigações* (texto elaborado pelos Drs. J. Sousa Ribeiro, J. Sinde Monteiro, Almeno de Sá e J. C. Proença, com base nas lições do Prof. Dr. Rui de Alarcão ao 3º Ano Jurídico), Coimbra, 1983, pág. 304.

31. Diferente é a resposta nos casos em que o quadro de competências legitimou a prática do facto danoso. Numa abordagem menos circunstanciada ao tema do abuso de funções, veremos que os exemplos de alguma jurisprudência parecem legitimar a diluição da aparência, convertendo-a numa modalidade daquele abuso. Neste caso, a prática abusiva descobriria os seus traços em relação jurídica estabelecida entre o comissário e o lesado.

A conclusão é errada. A aparência de funções não é subsumível à figura do abuso de funções. São realidades distintas, a justificar um tratamento diverso. A aparência exige a verificação de uma situação de confiança, a boa fé do terceiro. Nas palavras de Mota Pinto acerca da responsabilidade das pessoas coletivas e escrevendo sobre os atos que se integram formalmente nas funções do comissário: «Parece que será ir longe de mais responsabilizar a pessoa coletiva, se o ato foi intencionalmente praticado para realizar um objetivo meramente pessoal, sem conexão com os interesses da pessoa coletiva. É que, nessa hipótese, há um nexo de mera ocasionalidade entre as funções do órgão ou agente e o ato. (...) Só será legítimo ir mais longe e responsabilizar uma sociedade por atos dolosos dos seus órgãos ou agentes, praticados em vista de fins pessoais, mas integrados formalmente no quadro geral da sua competência, se o agente aproveita uma aparência social que cria um estado de confiança (boa fé) do lesado na lisura do comportamento daquele (...)»[52].

32. O abuso pressupõe o desvio das funções atribuídas para a obtenção de um resultado diferente da finalidade que justificou a sua atribuição. São «atos formalmente compreendidos no âmbito da comissão, mas praticados com um fim estranho a ela»[53]. As razões que justificam a extensão da responsabilidade do comitente aos atos que desrespeitam as ordens e instruções que aquele haja dado ao comissário são, ainda, fundamentos de restrição da imputação: «Numa responsabilidade civil fundada na especificidade de uma particular relação intersubjetiva, faz pleno sentido que a limitação da sua área objetiva se faça – precisamente – através da consideração daquilo que mais essencialmente a identifica, o quadro da atividade adotada ou, noutra perspetiva, o âmbito material da incumbência feita ao comissário»[54].

[52] Teoria Geral do Direito Civil, pág. 324.

[53] João de Matos Antunes Varela, *Das Obrigações em Geral*, vol. I, cit., pág. 643.

[54] Sofia de Sequeira Galvão, Reflexões acerca da responsabilidade do comitente no direito civil português a propósito do contributo civilista para a dogmática da imputação, Lisboa, 1990, pág. 128.

33. A definição do regime da responsabilidade do comitente é o resultado de um compromisso entre a necessidade de tutela dos lesados e a identificação de um fundamento para a oneração do património daquele com o dever de indemnizar os danos causados por facto de um terceiro. A orientação que claramente prevalece, e bem, na doutrina e na jurisprudência portuguesas exclui, como vimos, a legitimidade da imputação do dever de indemnizar ao comitente se a lesão tão-só apresenta uma ligação temporal ou local ao exercício das funções. É necessária a existência de uma relação direta, interna, causal entre o facto praticado e as funções atribuídas[55]. No outro extremo da equação situa-se o abuso de funções. A responsabilidade do comitente abrange os atos praticados em desrespeito das ordens e instruções do comitente, com negligência ou dolo.

34. Em comum à exigência de causalidade ou à admissibilidade do abuso de funções está o enquadramento do facto praticado no exercício de poderes atribuídos pelo comitente ao comissário. A responsabilidade do primeiro estará dependente do preenchimento desse pressuposto formal: a atuação lesiva dos poderes compreendidos na atribuição de funções. Escreve, neste sentido, Antunes Varela: «(...) a lei quis afastar da responsabilidade do comitente os atos que apenas têm um nexo temporal ou local com a comissão. Mas, acentuando ao mesmo tempo que a responsabilidade do comitente subsiste, ainda que o comissário proceda intencionalmente ou contra as instruções dele, mostra-se que houve a intenção de abranger todos os atos compreendidos no quadro geral da competência ou dos poderes conferidos ao dito comissário. (...) Cabem na fórmula da lei os atos ligados à função por um nexo instrumental, desde que compreendidos nos poderes que o comissário desfruta no exercício da comissão (como no caso de o empregado bancário, encarregado de prestar informações ao público, dar uma informação falsa para lesar outrem)»[56].

O exemplo citado é bem elucidativo do que se pretende dizer. A averiguação da responsabilidade do comitente pressupõe a análise dos direitos e deveres funcionais do comissário, de modo a determinar a esfera de atribuições que a vontade do comitente legitimou. A própria natureza da sua qualidade o determinará: «Esta ideia (necessário será que a função praticada

[55] Manuel de Andrade, *Teoria Geral da Relação Jurídica*, vol. I (*Sujeitos e objeto*), Coimbra, 1960, pág. 151.

[56] *Das Obrigações em Geral*, vol. I, cit., pág. 643.

pelo comissário possa ser imputada ao comitente) está expressa na expressão comitente (do latim *commitens*, "aquele que confia"), que implica que alguém, tendo que desempenhar determinada tarefa, a confiou a outra pessoa. A responsabilidade do comitente por atos do comissário resulta assim de aquele ter confiado a este uma função que originalmente lhe caberia, e da qual continua a tirar proveito»[57].

35. Considerando, ainda, a identidade, já referida, entre os artigos 500º e 800º sobre o alcance dos atos de terceiro que são imputados ao comitente ou ao devedor, escreve, de forma elucidativa, Ana Prata: «Quando o auxiliar seja um representante, haverá que usar de particular cautela na definição do âmbito de atos que podem constituir em responsabilidade o seu representado. Em princípio, são os poderes conferidos na procuração que delimitam o âmbito da atuação do representante que é constitutiva de responsabilidade para o representado nos termos do art. 800º, nº 1; a atuação do representante fora dos poderes só responsabilizará o representado se este, nos termos do art. 268º, a ratificar»[58].

A definição do âmbito das funções delegadas não se mostra compatível com análises impressionistas sobre o alcance da atividade do comitente, mas, antes, requer uma avaliação dos poderes que o comitente atribuiu ao preposto para o desempenho das suas funções. E se é certo que a apreciação das implicações do exercício das competências pelo comissário depende do contexto geral em que essas funções são exercidas, a ausência de uma transferência de poderes tão-só legitimará uma aparência de funções, jamais um abuso de funções.

Repare-se que, no exemplo de Antunes Varela, a qualidade de empregado bancário é insuficiente para responsabilizar o banco pela lesão causada com a prestação de uma informação falsa. E embora o contexto em que a informação é prestada seja de molde a gerar a convicção sobre a legitimidade funcional do comissário, o comitente só deve ser, primariamente, respon-

[57] Menezes Leitão, *Direito das Obrigações*, vol. I, cit., pág. 368, nota 838.

[58] *Cláusulas de Exclusão e Limitação da Responsabilidade Contratual (Regime geral)*, Coimbra, 2005, pág. 746. Em nota, continua: «É orientação da jurisprudência italiana a de que o ato do representante sem poderes – porque os excede – seja ainda constitutivo de responsabilidade para o representado perante o seu credor, quando o próprio representado tenha culposamente criado no credor a convicção de que os poderes representativos conferidos eram mais amplos e recobriam o ato em causa» (pág. 746, nota 1361).

sável pela atribuição de competências efetivamente realizada ou permitida. O banco só foi responsabilizado porque o funcionário tinha sido encarregado de prestar informações ao público. As funções que lhe foram formalmente atribuídas justificaram a responsabilidade do comitente.

36. Esta abordagem encontra-se alinhada com os vários critérios que vêm sendo propostos acerca da fundamentação da responsabilidade civil do comitente entre nós, pois, na verdade, aqueles pretendem, essencialmente, legitimar a opção pela responsabilidade objetiva[59]. Sabendo que a responsabilidade sem culpa é, por definição, excecional (artigo 483º, nº 2, do Código Civil), outro relevo adquire a intenção do legislador. Ora, lê-se nos trabalhos preparatórios de Vaz Serra acerca da delimitação do exercício das funções como pressuposto da responsabilidade do comitente: «(...) parece de excetuar o caso de o terceiro lesado saber (ou dever saber) que o comitido agia fora do exercício da comissão e o dano resultar de relações voluntariamente tomadas pelo lesado com o comitido»[60] [61].

[59] Vejam-se, entre outros, Rui de Alarcão, *Direito das Obrigações*, cit., págs. 293 e segs., Pedro Nunes de Carvalho, *A Responsabilidade do Comitente*, cit., págs. 7 e segs., Sofia de Sequeira Galvão, *Reflexões acerca da responsabilidade do comitente no direito civil português a propósito do contributo civilista para a dogmática da imputação*, cit., págs. 63 e segs., Pedro Ferreira Múrias, *A responsabilidade por atos de auxiliares e o entendimento dualista da responsabilidade civil*, cit., págs. 212 e segs., Raúl Guichard, *Anotações sobre a responsabilidade do comitente e a responsabilidade pelo risco no Código Civil português*, in «Revista de Ciências Empresariais e Jurídicas», nº 10 (2007), págs. 61 e segs., Nuno Morais, *A responsabilidade objetiva do comitente por facto do comissário, a análise do artigo 500 do Código Civil – seus pressupostos e regime*, in «Julgar», nº 6 (2008), págs. 46 e segs., e Maria da Graça Trigo, *Responsabilidade Civil Delitual por Facto de Terceiro*, cit., págs. 395 e seguintes.

[60] Responsabilidade Contratual e Responsabilidade Extracontratual, cit., pág. 185.

[61] Julga-se possível extrair interpretação aproximada sobre o direito vigente das seguintes reflexões de Nuno Morais: «(...) devem considerar-se abrangidos os factos ocorridos, ou atos praticados, em abuso de funções. E isto porque, por definição, o abuso de funções implica o seu uso, ou seja, uma prática excessiva das suas próprias funções, o que manifestamente determina a existência de uma relação causal entre as funções do comissário e o facto danoso. (...) Devem-se excluir apenas aqueles casos em que se demonstre que o terceiro lesado tinha conhecimento de que o comissário agia no seu próprio interesse, ou contra ordens do comitente. De facto, nesta situação, a posição do terceiro não merece tutela, a partir do momento em que ele próprio sabe que o comissário não está a agir no exercício de uma comissão, podendo, se disso for caso, tomar as devidas precauções acrescidas para se poupar a qualquer dano que aquele comissário pudesse provocar na sua esfera de direitos» (*A responsabilidade objetiva do comitente por facto do comissário, a análise do artigo 500 do Código Civil – seus pressupostos e regime*, cit., págs. 57 e segs.).

37. A imputação ao comitente da lesão emergente de um comportamento do comissário que haja excedido os poderes que lhe foram formalmente atribuídos amplia a responsabilidade do comitente em razão da tutela do lesado. Observe-se, no entanto, que, aceitando essa orientação, também a mera ligação ao tempo ou ao local do exercício das funções se apresentaria como uma condição suficiente para tal responsabilidade. Não seria essa opção mais coerente com uma lógica de distribuição de riscos?

38. A vinculação do comitente ao dever de indemnizar o lesado relativamente a atos que divergem da comissão, ou seja, dos direitos e deveres que foram atribuídos pelo comitente para a satisfação dos seus fins, exige uma reflexão diversa da ensaiada a respeito do abuso de funções, situação em que a confiança abstrata do lesado se afigura título suficiente de responsabilidade. Numa perspetiva relacional, só vence a ausência de uma iniciativa do comitente a boa fé subjetiva, concretamente verificável, do lesado.

39. Sucede, porém, que, com alguma frequência, a referida confiança abstrata parece revelar-se suficiente para firmar a responsabilidade do comitente, mesmo quando este não transferiu os poderes ao abrigo dos quais o comissário causou o dano.

Na jurisprudência, servem de exemplos os Acórdãos do Supremo Tribunal de Justiça de 15-12-2011[62] e de 19-06-2019, já citado. Em qualquer dos casos, carecia o comissário de legitimidade para o exercício das funções que serviram de instrumento à prática da lesão em benefício próprio.

40. No aresto de 2011, «o réu (...) invocou a sua qualidade de gestor de conta para conseguir a confiança da autora, levando-a, assim, ao convencimento de que estaria no âmbito das funções daquele o aconselhamento e realização das operações de compra e/ou venda de títulos em bolsa, o que efetivamente não era verdade». Considera-se haver «um exercício abusivo da função que (...) foi confiada (ao réu) cujo conhecimento foi escamoteado intencionalmente à autora com o objetivo conseguido de a burlar num processo continuado que se arrastou durante algum tempo».

Segundo o Supremo Tribunal de Justiça, essa prática fraudulenta é bastante para justificar a condenação do comitente, pois, no essencial, esta

[62] Processo 2635/07.1TVLSB.L1.S1 (Relator: Salazar Casanova).

«desenvolvia, no âmbito da sua atividade bancária, operações de investimento em aplicações financeiras dos valores detidos pelos seus clientes, dispondo de serviços especializados nas áreas de operações de compra e/ou venda de títulos, em bolsa (...) e, por conseguinte, o abuso de funções do gestor exerce-se dentro dum quadro funcional da atividade prosseguida pela instituição bancária, criando, por conseguinte, a convicção no lesado de que o preposto está a agir no exercício da função que lhe foi confiada por não existir razão alguma que permita supor o contrário».

41. A tutela do lesado descobre-se, simplesmente, num quadro geral de competências do comitente, dissolvendo naquele a importância das atribuições do comissário: «(...) quando o preposto se aproveita das facilidades que as suas funções lhe proporcionam para praticar o facto danoso, ainda que no seu próprio interesse ou de terceiro, ademais inserindo-se o abuso de funções dentro do quadro geral de atividades que o comitente exerce, deve entender-se que existe a relação adequada de que fala Antunes Varela (...)».

O Acórdão referido manifesta, porém, sensibilidade para a circunstância de o entendimento proposto constituir um alargamento excessivo da responsabilidade do comitente. Nesse sentido, a necessidade de averiguar a participação do comitente na lesão excede o mero enquadramento institucional, procurando descobrir uma concausalidade nas competências efetivamente atribuídas ao comissário: «Sublinhe-se que o preposto, gestor da conta da autora, tinha acesso e conhecimento das contas de depósito a prazo e à ordem da autora. As instituições de crédito quando confiam aos seus empregados determinadas funções, facultando-lhes o conhecimento da situação patrimonial dos clientes, que está garantida pelo segredo bancário, possibilitam elas próprias ao preposto a oportunidade de se aproveitar desse conhecimento e de praticar atos ilícitos – por via do abuso das suas funções – suscetíveis de causar danos àqueles que confiaram na instituição bancária». Conclui-se, pois, que «a circunstância de, nas atribuições conferidas pela instituição de crédito ao seu gestor, não figurar o aconselhamento e realização de operações de compra e/ou venda de títulos, em Bolsa, atividade prosseguida por essa instituição, não afasta o entendimento de que o gestor atuou no exercício da função que lhe foi confiada (...) uma vez constatada a especial e adequada conexão entre os atos ilícitos praticados (burla e falsificação de extratos bancários, tendo em vista levar a vítima a libertar depósitos para supostas aplicações financeiras) e a posição do comissário no quadro funcional dessa instituição bancária».

Do mesmo modo, procura-se densificar a confiança do lesado mediante o estabelecimento de um nexo de causalidade com as atuações concretas do comissário. Da aparência criada resulta «a presunção de que o empregado bancário se conduz no âmbito dos poderes, não sendo comum, nem exigível, que os clientes os confiram (...)».

42. No Acórdão de 19-06-2019, julgava-se a prática de ilícitos no exercício da atuação do comissário como agente vinculado. Enfim, a situação que justificou o parecer que se redigiu.

De novo, a caracterização institucional do comitente parece servir de base à responsabilidade deste. Lê-se, no sumário: «(...) o Banco que tem ao seu serviço agentes vinculados, para prosseguir a sua atividade bancária, em geral, e de intermediação financeira, em particular, por ausência de balcões de atendimento ao público, claramente permite que estes exorbitem, sem censura da sua parte, as respetivas funções».

Foi evidenciado que a demonstração da falta de poderes do comissário constituía facto irrelevante para a imputação de responsabilidade ao comitente: «(...) através da criação de uma aparência do exercício regular das funções de representante ou agente (...), mas em abuso das mesmas (já que lhe estava vedada a receção de dinheiro por parte dos AA.), (...) a mesma logrou a prática dos atos ilícitos em questão (a apropriação da quantia de € 70.000,00 dos AA). (...) Em proveito próprio, tirou partido desta forma de organização dos meios de produção da R., ganhando a confiança dos AA. E levando-os a entregar-lhe a referida quantia, para ser aplicada num anunciado mas inexistente seguro de capitalização da Companhia de Seguros..., pretensamente comercializado pela R. e reservado a clientes "especiais". Foram, pois, tais atos ilícitos praticados no desempenho, embora abusivo, das funções que lhe foram confiadas pela R.».

43. Entre os dois Acórdãos citados, há uma distinção que não é despicienda: se, na decisão de 2011, a ausência de funções é um efeito da falta de atribuição de competências, no aresto de 2019, a ilegitimidade da ação descobre o seu fundamento numa proibição, e de origem legal. Em qualquer dos casos, a ancoragem da responsabilidade num quadro geral de competências do comitente significou converter a responsabilidade do comitente pelo facto danoso do comissário numa responsabilidade pelo risco da organização ou da empresa. Uma responsabilidade que, em geral, seria motivada pela dificuldade de identificação do autor da lesão causada no exercício

de uma atividade empresarial ou, mais amplamente, de uma organização, pelo efeito cumulativo da ação de vários agentes pertencentes à estrutura coletiva na produção do dano e, em geral, pelas disfunções operativas da organização[63]. No fundo, o risco que inevitavelmente acompanha o exercício de qualquer atividade estável apoiada numa organização de homens e de meios[64].

44. Longe está, porém, a disciplina vigente em Portugal desse alcance[65]. Como refere Carneiro da Frada: «(...) prescindindo agora de que a aceitação geral de uma responsabilidade objetiva da empresa não se harmoniza facilmente com outras disposições legais – colocando-se logo a questão de saber por é que havia de relevar limitadamente aqui, na responsabilidade do comitente –, ela fica no nosso domínio claramente a meio caminho: por que razão se haveria de insistir nesse caso em que os requisitos objetivos e subjetivos da responsabilidade se têm de reunir na pessoa do comissário? Para além de que ela não justifica todas as situações de responsabilidade do comitente, a qual continua a carecer assim de outras fundamentações»[66].

45. Destas notas críticas que se vão introduzindo pretende-se extrair a necessidade de delimitação das hipóteses de aparência de funções relativamente às situações de abuso de funções[67]. Reitera-se que a responsabilidade do comitente, mesmo quando o comissário atua com negligência ou, mesmo, dolosamente, exige uma atribuição expressa ou tácita de funções ao preposto, condição de que a expressão "(...) no exercício da função que

[63] Pietro Trimarchi, *La Responsabilità Civile: Atti Illeciti, Rischio, Danno*, Seconda edizione, Milano, 2019, págs. 296 e seguinte.

[64] Pietro Trimarchi, La Responsabilità Civile: Atti Illeciti, Rischio, Danno, cit., pág. 298.

[65] Veja-se Carneiro da Frada, Contrato e Deveres de Proteção, Coimbra, 1994, págs. 208 e seg., e A responsabilidade objetiva por facto de outrem face à distinção entre responsabilidade obrigacional e aquiliana, in «Direito e Justiça», XII (tomo 1), 1998, págs. 306 e seguintes.

[66] Contrato e Deveres de Proteção, cit., pág. 209.

[67] A mesma lógica preside ao aproveitamento da eficácia negocial dos atos praticados. Os pressupostos de proteção do terceiro nas hipóteses da falta de poderes de representação são mais exigentes do que os pressupostos de tutela dos terceiros nas situações de abuso da representação. Nestas, é suficiente a boa fé da contraparte, naquelas, como veremos, a apreciação das circunstâncias de facto e a contribuição do representado para a confiança do terceiro são requeridas [veja-se Maria Helena Brito, *A Representação nos Contratos Internacionais (Um contributo para o estudo do princípio da coerência em direito internacional privado)*, cit., pág. 135, nota 143].

lhe foi confiada" impõe ao intérprete. É a condição de que depende a apreciação da causalidade adequada entre a atividade do comissário e os danos sofridos pelo terceiro.

Esclareça-se que, embora a ilicitude do comportamento do comissário demonstre, em princípio, a ausência de poderes para o ato, a avaliação a que nos referimos antecede a execução do facto danoso. Trata-se de saber se o comissário está legitimado para a prática do ato que instrumentaliza em proveito próprio. É essa legitimação formal que motiva a responsabilidade do comitente. Na verdade, o pressuposto da comissão não se sobrepõe à exigência do exercício das funções confiadas e a conceptualização desta última exigência não pode ser moldada pela concorrência de um facto ilícito do comissário (considerando que a lesão demonstraria o desrespeito das funções).

46. Salvo o devido respeito, obscurece a intencionalidade do pressuposto relativo à atribuição de funções o que se escreve no Acórdão do Tribunal da Relação de Lisboa de 10-11-2016[68] (o funcionário de um Banco apropriou-se das quantias que o cliente entregara para investimento): «É que, mau grado o disposto no (...) artigo 258º C. Civil, para que o negócio vincule o representado é não só necessário que o representante aja em seu nome como o ato praticado possa caber dentro dos poderes conferidos, que nunca incluem os de praticar atos ilícitos. Se os praticar deixa de agir nos limites dos seus poderes, excedendo a moldura da sua competência. Por isso fica excluída a responsabilidade negocial do representado, ficando (...) a responsabilidade da pessoa coletiva sujeita ao regime legal da responsabilidade civil baseada no risco (...). Então a responsabilidade objetiva, no limite da relação de comissão, surge por força da aparência social que (...) cria uma convicção de confiança do lesado na licitude da conduta do agente, não obstante tratar-se de ato doloso em proveito pessoal»[69].

47. Concede-se, é certo, na necessidade de descobrir uma solução que tutele o lesado nas situações em que o enquadramento funcional do comis-

[68] Processo 13-13.2TCFUN-L1-6 (Relator: Maria Manuela Gomes).

[69] E, no entanto, lê-se no sumário do Acórdão, trazendo a relação de confiança para um plano concreto: «Quem contacta um bancário para realização de operações de banca está presuntivamente convencido que este atua em nome, e representação do Banco, não lhe sendo exigível que verifique a licitude ou os poderes da sua atuação interna».

sário criou para o terceiro uma aparência de funções. Nesses casos, porém, o comitente, ou a lei, silenciara, ou negara, a atribuição ao comissário das competências por este exercidas de forma danosa. A lesão não ocorreu no exercício da função que lhe foi confiada, circunstância que veda a aplicação, sem mais, do artigo 500º do Código Civil. Há, a esse respeito, uma insuficiência do direito. Ao exercício da função, geradora de uma confiança abstrata do terceiro, deve equiparar-se a confiança que, concretamente, a atuação do comissário criou na esfera jurídica do lesado.

V. A proteção da confiança como fundamento da responsabilidade

48. Na construção de uma responsabilidade pela confiança procura-se responder às necessidades de justiça da situação particular: «A sua consagração dogmática assume-se, no fundo, como instrumento de reequilíbrio de um conjunto de normas que, sem ela, sacrificaria demasiadamente a justiça à segurança»[70]. Verifica-se uma correção das desigualdades induzidas pelo desenvolvimento das relações humanas, satisfazendo exigências de nivelamento das partes, a que o sistema normativo nem sempre consegue responder de forma satisfatória, designadamente por razões de certeza jurídica. Nas palavras de Carneiro da Frada: «(...) a responsabilidade pela confiança compensa a específica forma de vulnerabilidade que acompanha a confiança como elemento articulador da ação humana. (...)»[71].

Acompanhado a lição de Carneiro da Frada, trata-se de um desenvolvimento *praeter legem* do Direito, em superação do dogma do positivismo normativista: «A responsabilidade pela confiança transcende verdadeiramente esse nível (da lei). Movimenta-se num espaço nesse sentido "livre" de normas, situado "para além" do seu horizonte. Segundo cremos aliás, mesmo quando se ampara em certas cláusulas gerais ou conceitos indeterminados como o abuso do direito e a boa fé. Certamente que se está aí ainda, do ponto de vista formal, no plano da aplicação de preceitos legais existentes; que, portanto, não se depara tecnicamente a presença de uma lacuna. A verdade porém é que a operação envolvida não se traduz na simples concretização de uma determinada regra, obedecendo para isso à pauta valorativa que ela contém, pois "ler" nela a responsabilidade pela confiança não é possível sem pontos de fixação exteriores a essa norma (como, de resto; às demais

[70] Carneiro da Frada, Teoria da Confiança e Responsabilidade Civil, cit., pág. 878.

[71] Teoria da Confiança e Responsabilidade Civil, cit., pág. 881.

normas), tal o grau de inconclusividade do respetivo teor no que respeita a uma responsabilidade (geral) pela confiança»[72].

49. A responsabilidade fundada na confiança desdobra-se em vários pressupostos, relativos, simultaneamente, ao responsável e ao prejudicado ou confiante[73]. De facto, aquela imputação demanda um enquadramento relacional que serve de condição ao juízo de responsabilidade: «(...) o imediato objeto da valoração jurídica é a conduta que viola a *fides* não a conduta criadora da confiança. Esta é antes um pressuposto para que se ponha sequer um problema de valoração jurídica da segunda conduta. É um mero pressuposto de facto. (...) O que significa que, na verdade, há uma importante diferença entre a responsabilidade civil de que tratam os artigos 483º e seguintes do Código Civil e a "responsabilidade pela confiança". Essa diferença está em que o problema dos danos (do ressarcimento ou da prevenção dos danos) só chega a colocar-se depois de constituído esse particular contexto relacional»[74].

50. Essa dimensão intersubjetiva serve de fundamentação da responsabilidade pela confiança: «(...) a proteção da confiança corresponde a um princípio ético-jurídico que, por estar firmemente radicado na ideia de Direito, não pode deixar de transpor o umbral da juridicidade. Há imposições tão fortes da Justiça que não os acolher significaria negar o próprio Direito, a sua razoabilidade e a sua racionalidade; imposições que se sentem de modo particular quando não há alternativa prática que evite, para além do tolerável, a ameaça de ficar por satisfazer uma indesmentível necessidade de tutela jurídica. Nestes imperativos indeclináveis e indisponíveis se situa certamente o pensamento de que quem induz outrem a confiar, deve (poder ter de) responder caso frustre essa confiança, causando prejuízos»[75].

51. Tal análise principiológica há de, no entanto, ser concretizada pela verificação das condições de operacionalidade: «Um processo necessário

[72] Teoria da Confiança e Responsabilidade Civil, cit., págs. 889 e seguinte.

[73] Às referências motivadas por citações em texto, acrescenta-se Raúl Guichard, *À volta do princípio da boa fé*, in «Revista de Ciências Empresariais e Jurídicas», nº 26 (2015), págs. 71 e seguintes.

[74] João Batista Machado, *Tutela da confiança e* "venire contra factum proprium", in «João Batista Machado. Obra Dispersa», vol. I, Braga, 1991, pág. 379.

[75] Carneiro da Frada, *Teoria da Confiança e Responsabilidade Civil*, cit., págs. 893 e seguinte.

para que possa corresponder à intencionalidade normativa que lhe subjaz e no qual se pode dizer que a "natureza das coisas" ou as necessidades do tráfico jurídico proporcionam critérios relevantes»[76]. No âmbito em que escrevemos, realça-se a vinculação do Direito às condições intrínsecas das relações sociais, a "natureza das coisas". Como refere Carneiro da Frada: «(...) a "fisiologia" da coordenação de condutas constitui um fator determinativo do Direito: corresponde deste modo à *rerum natura* a especificação, como requisitos desta responsabilidade, de um *Tatbestand* de confiança, a representação do sujeito, o seu investimento, a imputação dessa confiança e da sua frustração a outrem»[77]. *O* processo de balanceamento dos interesses das partes envolvidas obedece, então, à satisfação de quesitos do sistema.

52. No plano do responsável, é necessário que beneficie da «presença de elementos objetivos capazes de, em abstrato, provocarem uma crença plausível»[78]. Prescindem, alguns, de um comportamento ilícito e culposo[79]. Assim acontecerá, por exemplo, «quando a responsabilidade se liga (...) à titularidade ou controlo pelos sujeitos de certas organizações suscetíveis *per se* de criar convicções enganadoras (com independência de uma determinação sua nesse sentido), em vista dos benefícios que eles delas retiram (...)»[80].

53. A respeito do prejudicado, requer-se que a confiança tenha fundamentado a tomada de decisões que se vieram a revelar danosas para o confiante: «Um investimento de confiança consistente em, da parte do sujeito, ter havido um assentar efetivo de atividades jurídicas sobre a crença consubstanciada, em termos que desaconselhem o seu preterir»[81].

Fundamental é, porém, que o estado de confiança seja legitimado pela boa fé do lesado, pelo seu estado de desconhecimento não culposo sobre a impropriedade da aparência criada: «Uma situação de confiança conforme

[76] Carneiro da Frada, Teoria da Confiança e Responsabilidade Civil, cit., pág. 894.

[77] Carneiro da Frada, *Teoria da Confiança e Responsabilidade Civil*, cit., pág. 895, nota 1016 da pág. 894.

[78] António Manuel da Rocha e Menezes Cordeiro, *Da Boa Fé no Direito Civil*, Coimbra, 1997 (reimpressão), pág. 1248.

[79] Vejam-se Batista Machado, *Tutela da confiança e* "venire contra factum proprium", cit., págs. 414 e seg., e Carneiro da Frada, *Teoria da Confiança e Responsabilidade Civil*, cit., págs. 583 e segs., e 885 e seguintes.

[80] Carneiro da Frada, Teoria da Confiança e Responsabilidade Civil, cit., pág. 887.

[81] Menezes Cordeiro, *Da Boa Fé no Direito Civil*, cit., pág. 1248.

com o sistema e traduzida na boa fé subjetiva e ética, própria da pessoa que, sem violar os deveres de cuidado e de indagação que ao caso caibam, ignore estar a lesar posições alheias»[82].

54. Enquadrada na proteção da confiança, a tutela da aparência tem relevância primária na dimensão negocial. Supre a insuficiência dessa resposta a responsabilidade. Escreve Carneiro da Frada: «Figure-se o problema da procuração aparente no mundo das empresas: a decisão de onerar o respetivo detentor com o risco da falta de poderes de representação de quem atua em nome da empresa compensa a falta de transparência da estrutura de atribuição da legitimidade representativa no seu seio. A observação aplica-se, além do âmbito estrito da tutela da aparência (mediante o reconhecimento de efeitos decalcados sobre os negociais na ausência dos pressupostos do negócio), também a uma proteção essencialmente indemnizatória que atenda a esses critérios justificativos. O simples ressarcimento de danos é, mesmo na conceção que sufragamos de que a tutela positiva da confiança representa uma *ultima ratio*, a consequência-regra da problemática envolvida»[83].

55. Compreende-se, pois, que o debate sobre a relevância da aparência venha sendo, preferencialmente, feito a respeito da eventual atribuição de eficácia ao negócio celebrado pelo *falsus procurator*. A solução indemnizatória é uma resposta subsidiária, ponderada em razão do prejuízo causado ao terceiro com a ausência de vinculação do pseudo-representado. Nestes termos, é no contexto negocial que os índices da confiança são mais aprofundados, justificando-se uma referência prévia, embora breve, ao tema. A essa luz, consideram-se, designadamente a contribuição do *dominus* para a aparência, e, a jusante, a boa fé do lesado.

VI. A procuração tolerada e a procuração aparente

56. Nos termos gerais da representação voluntária, a atuação em nome de outrem é ineficaz em relação a este se faltarem os poderes de representação (artigo 268º, nº 1, do Código Civil)[84]. Diversamente, pode o negócio

[82] Menezes Cordeiro, *Da Boa Fé no Direito Civil*, cit., pág. 1248.

[83] *Teoria da Confiança e Responsabilidade Civil*, cit., págs. 887 e seg., e nota 1004 da pág. 888.

[84] Além disso, de acordo com o artigo 260º, nº 1, o risco da falta de poderes de representação é do terceiro: «Se uma pessoa dirigir em nome de outrem uma declaração a terceiro, pode este

vinculá-lo se os poderes de representação tiverem sido atribuídos, apesar da modificação ou extinção da procuração, ou do abuso da representação. Esta diferença de regimes assenta na necessidade de proteger os terceiros que negociaram com o procurador, estando, assim, a eficácia do negócio dependente do estado subjetivo do terceiro.

Segundo o artigo 266º, «as modificações e a revogação da procuração devem ser levadas ao conhecimento de terceiros por meios idóneos, sob pena de lhes não serem oponíveis senão quando se mostre que delas tinham conhecimento no momento da conclusão do negócio» (nº 1). Ainda, «as restantes causas extintivas da procuração não podem ser opostas a terceiro que, sem culpa, as tenha ignorado» (nº 2). Estabelece, também, o artigo 269º que o negócio celebrado em nome de outrem com abuso dos poderes de representação só é ineficaz em relação ao *dominus* se o terceiro «conhecia ou devia conhecer o abuso».

57. Em face deste enquadramento, torna-se necessário delimitar as várias situações que se descreveram e, especialmente para o tema que versamos, entre representação sem poderes e abuso da representação. Se no tocante à modificação ou à extinção da procuração nos encontramos perante vicissitudes da representação, a falta de poderes ou o abuso da representação denunciam o alheamento integral do *dominus* em relação à conduta do agente.

O abuso da representação requer que o comportamento seja legitimado pela existência de poderes de representação para a prática do ato jurídico. O que o caracteriza é a promoção desse ato para a satisfação de um objetivo diverso do fim indicado pelo representado: «(...) neste caso, por definição, ao abusar dos seus poderes representativos o representante age com poderes, isto é, no quadro formal dos seus poderes (dentro do seu "*können*", dizem os alemães), apenas agindo materialmente contra os fins da representação (fora dos limites do que lhe é, pois, lícito, para lá do seu "*dürfen*") (...)»[85].

Na representação sem poderes, carece o agente da legitimação que a atuação em nome de outrem descobre na procuração. Em consequência, o negócio jurídico é ineficaz. Entre estes dois fenómenos, a possibilidade de

exigir que o representante, dentro de prazo razoável, faça prova dos seus poderes, sob pena de a declaração não produzir efeitos».

[85] Paulo Mota Pinto, Aparência de poderes de representação e tutela de terceiros, cit., pág. 599, nota 19.

o agente vinculado ter praticado factos que exorbitam dos seus poderes de representação mais adequadamente reflete uma representação sem poderes do que um abuso da representação: «A falta de poder de representação abrange os seguintes tipos de situações: (...) – o representante, embora legitimado para agir em nome do representado, pratica um ato que excede os limites dos seus poderes tal como foram conferidos no ato de procuração (o representante tem poderes para comunicar aos eventuais interessados o preço de venda de um imóvel de que é proprietário o representado e para receber quantias a título de "reservas" – entenda-se, importâncias necessárias para o início de negociações conducentes à respetiva venda em nome do representado –, mas celebra um contrato-promessa tendo como objeto a venda do mesmo imóvel)»[86].

58. Longo vem sendo o debate sobre o alargamento das hipóteses de tutela do terceiro perante a ausência de poderes de representação, considerando a lei civil e, também, a lei comercial. Entre nós, há uma abordagem maioritária claramente favorável ao reconhecimento de outras situações em que se justifica a proteção negocial do terceiro, resgatando-as, pois, à solução de o risco da falta de poderes onerar o terceiro (artigo 260º do Código Civil)[87] [88]. Tal seria especialmente evidenciado pelo artigo 23º do Decreto-Lei nº 178/86, de 3 de julho, que estabeleceu o regime do contrato de agência[89]. Desempenha um papel fundamental neste tema a experiência do direito comparado[90].

[86] Maria Helena Brito, A Representação nos Contratos Internacionais (Um contributo para o estudo do princípio da coerência em direito internacional privado), cit., pág. 154.

[87] Veja-se, neste sentido, a resenha da doutrina e jurisprudência nacionais efetuada por Pedro de Albuquerque, *A Representação Voluntária em Direito Civil (Ensaio de Reconstrução Dogmática)*, cit., págs. 995 e segs., nota 1669 da pág. 995.

[88] Em razão da referência implícita à boa fé no artigo 266º, exclui a excecionalidade da norma e, desse modo, o alargamento a outras hipóteses carecidas de tutela, Menezes Cordeiro, *Da Boa Fé no Direito Civil*, cit., pág. 1245, nota 147 da pág. 1244.

[89] E, desse modo, vencendo a rejeição da procuração aparente pelo princípio da tipicidade dos negócios jurídicos unilaterais (artigo 457º do Código Civil), em argumentação de uma certa doutrina. Veja-se Heinrich Ewald Hörster/Eva Sónia Moreira da Silva, *A Parte Geral do Código Civil Português*, 2ª edição, Coimbra, 2019, pág. 539, pág. 693.

[90] Numa perspetiva histórica, veja-se Hubertus Schwarz, *Sobre a evolução do mandato aparente nos direitos romanísticos. Seu significado para o direito português*, in «Revista de Direito e de Estudos Sociais», ano XIX (1972), págs. 99 e seguintes.

59. Naquela orientação maioritária, vence-se a tese da completude do sistema fundada na teleologia da autonomia privada: «Dir-se-ia que o legislador regulou com algum pormenor a possibilidade de o terceiro exigir a justificação dos poderes do representante precisamente para excluir outra tutela face à aparência de existência de procuração. (...) O que, aliás, não seria mais do que o natural reconhecimento da prevalência absoluta, fora dos casos de proteção de terceiros que se previram, do fundamental interesse do representado em não lhe serem impostas vinculações negociais contra vontade, pois este pensamento liga-se ao próprio núcleo da ideia de autonomia privada»[91].

Neste sentido, e sem prejuízo da bondade das demais reflexões que vêm sendo apresentadas em forma de contra-argumentação às alegações da doutrina que vê na regulamentação existente uma *lex completa*, um enfoque particular merece a relevância da contribuição do *dominus* para o estabelecimento da confiança. São palavras de Paulo Mota Pinto: «Quanto ao sacrifício dos interesses do representado, é verdade que ele seria excessivamente gravoso se devesse bastar para se considerar vinculado o *dominus negotii* qualquer confiança de um terceiro na aparência de legitimação representativa. Mas já não é assim, por exemplo, se se exigir para essa tutela um contributo do representado para a criação da situação de aparência, ou mesmo a sua culpa (*v. gr.* pelo conhecimento da atuação do representante). Neste caso, a aparência ser-lhe-á imputável, e ele "não terá que se queixar". A sua posição pode então ser menos merecedora de proteção do que a de terceiros»[92].

60. Os casos são diversos e as respostas ensaiadas diferentes. Comecemos por aqueles: um excurso pela doutrina e jurisprudência estrangeiras permite reconhecer a bondade de extensão da tutela de terceiros nas hipóteses de procuração tolerada e de procuração aparente. Ocorre a primeira quando o representado conhece a atuação do representante sem nada fazer para a impedir, tolerância que, de acordo com a boa fé e os usos normais do tráfego, é interpretável como a atribuição de uma procuração. Verifica-se a segunda se o representado desconhece o comportamento do representante, desconhecimento devido à falta de diligência adequada do interessado e

[91] Paulo Mota Pinto, Aparência de poderes de representação e tutela de terceiros, cit., pág. 612.
[92] Paulo Mota Pinto, Aparência de poderes de representação e tutela de terceiros, cit., pág. 615.

comportamento que, considerando o cuidado que ao representado é exigível, o terceiro de boa fé imputa a uma sua transigência.

É significativo o desenvolvimento da construção destas figuras no direito alemão (*Duldungsvollmacht* – procuração tolerada; *Anscheinsvollmacht* – procuração aparente). Assim, «o critério é (...) o do conhecimento da conduta do representado, havendo na "procuração por aparência", não só uma, mas duas inferências permitidas ao terceiro: do comportamento do representante para o dever do representado de o conhecer, e da consequente atuação deste para a sua tolerância»[93].

61. Acerca das respostas ensaiadas, o panorama é caleidoscópico. Entre a configuração de uma procuração tácita, a simulação, a disciplina da reserva mental, o erro na transmissão da declaração, a *culpa in contrahendo*, o regime geral da responsabilidade delitual, a disciplina da responsabilidade do comitente, a gestão de negócios ou a invocação genérica da tutela da confiança, os instrumentos de vinculação do pseudo-representado ao negócio celebrado pelo representante sem poderes em ordenamentos jurídicos como o alemão, o italiano, o francês, o espanhol ou de *common law* vêm sendo, na verdade, bastante diversificados[94]. Assume, contudo, relevância a construção dos pressupostos daquela vinculação, independentemente da configuração dogmática que lhe seja atribuída. Em especial, acerca da contribuição do representado para a aparência e a respeito do estado subjetivo do terceiro.

62. Desde logo, sobre o subsídio do *dominus* para a aparência. O fundamento primário encontra-se na culpa do pseudo-representado. Recorta, aliás, Paulo Mota Pinto esse pressuposto no enquadramento da proteção do terceiro perante a ausência de poderes de representação no abuso do direito (artigo 334º do Código Civil): «Já quando o dono do negócio não soube que outrem agia em seu nome, parece que uma sua vinculação poderia chocar frontalmente com os princípios que devem valer nesta matéria. Assim, mesmo que haja culpa sua na ignorância, ela não relevará em princípio para uma proteção positiva da confiança, que não se conseguirá

[93] Paulo Mota Pinto, Aparência de poderes de representação e tutela de terceiros, cit., págs. 620 e seguinte.

[94] Vejam-se, nomeadamente, Paulo Mota Pinto, Aparência de poderes de representação e tutela de terceiros, cit., págs. 619 e segs., e Pedro de Albuquerque, A Representação Voluntária em Direito Civil (Ensaio de Reconstrução Dogmática), cit., págs. 1001 e seguintes.

através do critério do abuso do direito»[95]. A imputação subjetiva da aparência ao representado parece irrenunciável: «(...) as exigências a fazer deverão ser diversas consoante se esteja no direito civil ou no domínio comercial. Compreende-se que um comerciante fique mais facilmente vinculado se organiza negligentemente a sua atividade, ou se não vigia diligentemente a atuação de outras pessoas na esfera da sua empresa. Mas é certo que a ideia de risco parece um pouco mais difícil de fazer entrar pela porta do abuso do direito, não parecendo, por outro lado, possível fazer apelo para isso a uma ideia de autorresponsabilidade, a qual pressuporia, pelo menos, a culpa do representado»[96].

63. No direito alemão, a *Anscheinsvollmacht* caracteriza-se pelo desconhecimento com culpa, existindo, porém, quem proponha a restrição da sua relevância ao direito comercial, mas, nessa sede, acolhendo, alguns, a vinculação negocial do representado com fundamento no risco de organização ou o risco de empresa[97].

Escreve, então, Carneiro da Frada: «A negligência do representado poderia justificar imputar-lhe os efeitos do negócio, mas vai-se mais longe, convocando o princípio do risco – o risco da empresa, o risco de organização – para o onerar. Afinal, é o representado quem tira o (maior) benefício das vantagens da reunião de esforços e da organização da empresa, é ele aquele que introduz esse risco, é ainda ele quem o pode ordinariamente controlar e eventualmente absorver nas melhores circunstâncias (como critérios da distribuição do risco deve com efeito atender-se à dominabilidade e capacidade de absorção do risco)»[98].

No sistema jurídico português, avulta, no entanto, o disposto no artigo 246º do Código Civil: «a declaração não produz qualquer efeito, se o declarante não tiver a consciência de fazer uma declaração negocial ou for coagido pela força física a emiti-la; mas, se a falta de consciência da declaração foi devida a culpa, fica o declarante obrigado a indemnizar o declaratário». Serve este preceito para rejeitar a vinculação negocial baseada no risco.

Acompanhando, ainda, Carneiro da Frada: «Incontornável é, entre nós, o caráter inequívoco com que o art. 246 recusa qualquer eficácia a uma

[95] Aparência de poderes de representação e tutela de terceiros, cit., pág. 637.

[96] Aparência de poderes de representação e tutela de terceiros, cit., págs. 637 e seguinte.

[97] Veja-se, designadamente, Paulo Mota Pinto, *Aparência de poderes de representação e tutela de terceiros*, cit., págs. 621 e 638.

[98] *Teoria da Confiança e Responsabilidade Civil*, cit., págs. 50 e seg., nota 40 da pág. 49.

declaração negocial no caso de o sujeito não ter a consciência de fazer uma declaração. (...) Por outro lado, a fundamentação, na procuração aparente, da eficácia do negócio pela violação de um dever de cuidado ou diligência por parte do representado – a quem caberia a permanente vigilância dos seus colaboradores para evitar que atuassem como representantes – contraria também a sanção prevista para a culpa na falta de consciência da declaração. Como preceitua o art. 246, esta consiste apenas numa obrigação de indemnizar, não criando portanto deveres primários de prestação»[99].

64. Revelando-se a culpa insuficiente para a vinculação fundada na aparência, excluída é a legitimidade de efeitos negociais com apoio na ideia de um risco da empresa ou da organização. Aliás, o preceito reforçará a legitimidade da relevância da aparência em *venire contra factum proprium* do representado.

65. Em alternativa, o artigo 23º do Decreto-Lei nº 178/86 submete a representação aparente a pressupostos de natureza, simultaneamente, objetiva e subjetiva[100]. Dispõe: «1. O negócio celebrado por um agente sem poderes de representação é eficaz perante o principal se tiverem existido razões ponderosas, objetivamente apreciadas, tendo em conta as circunstâncias do caso, que justifiquem a confiança do terceiro de boa fé na legitimidade do agente, desde que o principal tenha igualmente contribuído para fundar a confiança do terceiro; 2. À cobrança de créditos por agente não autorizado aplica-se, com as necessárias adaptações, o disposto no número anterior».

66. De acordo com um entendimento maioritário, o artigo 23º da disciplina do contrato de agência apresenta uma força expansiva sobre a tutela da aparência no ordenamento jurídico português[101]. Neste sentido, observa

[99] Teoria da Confiança e Responsabilidade Civil, cit., pág. 53, nota 41 da pág. 52.

[100] A disciplina foi retomada no regime jurídico do contrato de seguro (artigo 30º do Decreto-Lei nº 72/2008, de 16 de abril).

[101] Vejam-se, na doutrina, por todos Pedro de Albuquerque, *A Representação Voluntária em Direito Civil (Ensaio de Reconstrução Dogmática)*, cit., págs. 1054 e segs., e, na jurisprudência, o Acórdão do Supremo Tribunal de Justiça de 15-03-2005 (Relator: Moreira Alves), in «Coletânea de Jurisprudência- Acórdãos do Supremo Tribunal de Justiça», ano XIII (2005), tomo I, págs. 137 e segs. Em sentido diverso, entre outros, Raúl Guichard, *Da Relevância Jurídica do Conhecimento no Direito Civil*, cit., pág. 66, nota 90 da pág. 61, e *O instituto da "procuração aparente" – algumas reflexões à luz do direito alemão*, cit., págs. 236 e seg., e José de Oliveira Ascensão, *Direito Civil.*

Carneiro da Frada: «No caso da procuração aparente, a existência de uma previsão legal que a consagra numa situação particular permite que, através do princípio da igualdade, se justifique de modo particularmente nítido a aceitação de uma lacuna nas situações que, por força desse mesmo princípio, devam ser resolvidas de modo não divergente ou similar»[102]. O alargamento dar-se-á, pelo menos, à representação aparente em contratos de cooperação ou de colaboração, no domínio comercial[103] [104].

Teoria Geral, II (*Ações e factos jurídicos*), Coimbra, 1999, pág. 241, invocando, ambos, a natureza excecional da norma em causa. Na jurisprudência, veja-se o Acórdão do Tribunal da Relação de Lisboa de 14-12-2006 (Relator: Ana Luísa Geraldes), in «Coletânea de Jurisprudência», ano XXXI (2006), tomo V, págs. 133 e segs. Replica Carneiro da Frada: «(...) importa cuidar que não se dê por sabido aquilo que importa indagar: o que urge é perguntar se a ordem jurídica portuguesa fecha efetivamente o espaço à lacuna, ou a qualquer lacuna. Não o cremos, pois não existem razões para confinar a *ratio* do artigo 23 ao contrato de agência. Se assim for, a submissão ao art. 11 pode redundar em conformismo com uma conceção que reduz o Direito ao império e à manipulação do legislador, numa atitude que o art. 11, em rigor, nos não parece reclamar)» (*Teoria da Confiança e Responsabilidade Civil*, cit., pág. 59, nota 41 da pág. 52).

[102] Teoria da Confiança e Responsabilidade Civil, cit., pág. 59, nota 41 da pág. 52.

[103] É, nomeadamente, a opinião de Maria Helena Brito, A Representação nos Contratos Internacionais (Um contributo para o estudo do princípio da coerência em direito internacional privado), cit., pág. 139, Carlos Mota Pinto, Teoria Geral do Direito Civil, cit., pág. 551, e Pinto Monteiro, Direito Comercial – Contratos de Distribuição Comercial, cit., pág. 92, e Contrato de Agência – Anotação ao Decreto-Lei nº 178/86, de 3 de julho, cit., págs. 116 e seg. Nesse sentido, vejam-se, na jurisprudência, o Acórdão do Tribunal da Relação do Porto de 06-10-1992 (Relator: Araújo de Barros), in «Coletânea de Jurisprudência», ano XVII (1992), tomo IV, págs. 245 e segs., e o Acórdão do Supremo Tribunal de Justiça de 01-04-2014 (Processo nº 4739/03.0TVLSB.L2.S1. Relator: Paulo Sá).

[104] Sobre a relevância acrescida da aparência no domínio comercial, vejam-se, entre outros, Rita Amaral Cabral, *A teoria da aparência e a relação jurídica cambiária*, in «Revista da Ordem dos Advogados», ano 44 (1984), págs. 627 e segs., Oliveira Ascensão/Carneiro da Frada, *Contrato celebrado por agente de pessoa coletiva. Representação, responsabilidade e enriquecimento sem causa*, cit., págs. 43 e segs., Carneiro da Frada, *Teoria da Confiança e Responsabilidade Civil*, cit., págs. 56 e segs., nota 41 da pág. 52, Helena Mota, *Do Abuso de Representação (Uma análise da problemática subjacente ao artigo 269º do Código Civil de 1966)*, Coimbra, 2001, págs. 168 e segs., e Pedro Leitão Pais de Vasconcelos, *A Preposição. Representação Comercial*, 2ª edição, Coimbra, 2018, *passim* [pronunciando-se sobre o contrato de agência a págs. 373 e segs. A este respeito, observe-se que, em nossa opinião, o Autor introduz uma clivagem entre a lei comercial e a lei civil que silencia factos objetivos e subjetivos justificáveis numa adequada ponderação de interesses. Assim, António Menezes Cordeiro, *Tratado de Direito Civil*, V (*Parte Geral. Exercício Jurídico*), 3ª edição, Coimbra, 2018, págs. 146 e seg.].

67. A disciplina do contrato de agência parece seguir os pressupostos que a doutrina favorável à tutela da aparência vem, genericamente, exigindo[105]. Nesses termos, julga-se convocável a culpa do representado: «(...) dispensar-se-á o conhecimento da atuação do agente, abrangendo, portanto, também os casos de "representação aparente", na Alemanha tratados sob a epígrafe "*Anscheinsvollmacht*"? A letra da lei não exige o conhecimento efetivo da atuação do principal, parecendo que pode bastar o facto de este, se tivesse procedido com a devida diligência, ter podido conhecê-la – e tenha-se ainda em conta que para o direito comercial toda a doutrina alemã aceita a "*Anscheinsvollmacht*". Por outro lado, é certo que basta um comportamento omissivo do principal. (...) Porém, será lícito ir mais longe, responsabilizando o principal independentemente de culpa, pelo risco (...), dizendo que, se o principal desfruta dos *commoda* da atuação do agente, deve igualmente suportar os *incommoda* correspondentes? Temos algumas dúvidas quanto a essa possibilidade»[106].

68. Adverte-se, porém, que, mesmo admitindo prescindir da culpa do representado, a contribuição do *dominus* há de exceder a mera celebração do contrato de agência: «Observe-se (...) que uma extensão da proteção de terceiros a partir do artigo 23 nº 1 do diploma referido deve considerar os dois requisitos de que essa disposição faz depender aquela proteção. Por um lado, requer-se a presença de razões ponderosas que justifiquem a confiança do terceiro. Por outro, exige-se "que o principal tenha igualmente contribuído para fundar a confiança de terceiro". Tal significa que não é o risco em si inerente à relação de agência, com a respetiva diferenciação de funções e o perigo indistinto de que o agente atue como *falsus procurator*, que chega para justificar a tutela de terceiros através da procuração aparente. Afigura-se necessária uma razão suplementar e qualificada em relação a esse risco. (...) O preceito aponta para que a representação aparente não se

[105] Escreve, neste sentido, Paulo Mota Pinto: «Deve notar-se que o legislador do Decreto-Lei nº 178/86, de 3 de julho, talvez intuitivamente (pois não se refere especificamente aos requisitos formulados pela doutrina), correspondeu notavelmente no art. 23º, nº 1, às exigências (...) que são geralmente feitas, tendo considerado a formulação de requisitos análogos "a forma mais equilibrada e sensata de enfrentar o problema" (assim, A. Pinto Monteiro, no *Anteprojeto, cit.*, p. 68)» (*Aparência de poderes de representação e tutela de terceiros*, cit., pág. 636, nota 95).

[106] Paulo Mota Pinto, Aparência de poderes de representação e tutela de terceiros, cit., pág. 642, nota 102 da pág. 640.

baste com um risco indiferenciado de empresa e de atividade»[107]. Em síntese, citando, ainda, Carneiro da Frada: «Não cremos que seja necessário admitir que a "contribuição" do principal na criação da confiança do terceiro requeira uma conduta *apertis verbis* censurável; é comportável pela letra do preceito que apenas lhe seja imputável a criação de uma situação de risco acrescido de surgirem situações enganosas para terceiros»[108].

69. Interpretando o pensamento de Pedro de Albuquerque, descobrimos, de novo, apoio para a insuficiência da celebração do contrato de agência na fundamentação da aparência. Com base na necessidade de um comportamento voluntário e consciente do representado (artigo 246º do Código Civil), escreve: «(...) o risco ao qual aludimos como forma de fundar a imputação de uma procuração aparente nos termos do artigo 23º é precisamente um perigo acrescido de proporcionar enganos, resultante da consciente criação de um *Tatbestand* aparente ou situação de confiança, e não aquele decorrente da simples divisão de trabalho»[109].

70. Finalmente, o estado subjetivo do terceiro. A proteção da confiança parece repousar num equilíbrio entre a imputação da aparência ao *dominus* e a boa fé da contraparte. Sobre a procuração aparente no direito alemão, informa Pedro de Albuquerque: «(...) se o *dominus* não conhecer a atuação do falso representante, mas se usando da diligência normal, pudesse conhecer e impedir a representação do "procurador", os tribunais alemães consideram dever o principal ficar vinculado perante terceiros de boa fé (em princípio a culpa leve já conduzirá à má fé) em virtude da existência de uma *Anscheinsvollmacht* (procuração aparente)»[110].

71. São inequívocas as vozes que, entre nós, excluem a juridicidade da aparência se houve culpa, mesmo leve, do terceiro [111]. Escreve, designada-

[107] Carneiro da Frada, *Teoria da Confiança e Responsabilidade Civil*, cit., págs. 59 e seg., nota 41 da pág. 52.

[108] Teoria da Confiança e Responsabilidade Civil, cit., pág. 59, nota 41 da pág. 52.

[109] A Representação Voluntária em Direito Civil (Ensaio de Reconstrução Dogmática), cit., pág. 1066, nota 1823 da pág. 1061.

[110] A Representação Voluntária em Direito Civil (Ensaio de Reconstrução Dogmática), cit., pág. 1009.

[111] Edificando um regime genérico de tutela de terceiros perante falhas de representação a partir da boa fé do terceiro, Menezes Cordeiro alarga o que dispõe o artigo 23º do Decreto-Lei

mente, Paulo Mota Pinto: «É claro, porém, que para se impedir o representado de invocar a ineficácia em relação a si dos atos do representante sem poderes, a contraparte do procurador no negócio representativo deverá estar de boa fé, ou seja, terá de ignorar sem culpa a falta de legitimidade, pois qualquer culpa sua fará com que não mereça ser protegida»[112]. Ou, noutro momento: «(...) é exigido o conhecimento pelo terceiro da situação de aparência e a sua boa fé. Isto é, o terceiro não deve conhecer a realidade, não tendo também culpa no desconhecimento. Deve operar-se com um terceiro de diligência média, e a culpa afastará a sua proteção»[113]. E a respeito do artigo 23º do Decreto-Lei nº 178/86: «No que toca ao terceiro, a sua boa fé, traduzida no desconhecimento não culposo (segundo um padrão de um terceiro com diligência média, mas devendo ser apreciado em concreto, para ter em conta fatores como, por exemplo, a experiência comercial ou profissional do terceiro, etc.) da falta de legitimação representativa do agente, não parece levantar grandes dificuldades»[114].

VII. As ilações para a responsabilidade pela confiança do intermediário financeiro

72. Concluída esta visita ao regime da procuração aparente, têm as soluções assinaladas influência na definição de uma disciplina de responsabilidade do intermediário financeiro pela aparência de funções do agente vinculado?

Reconhece-se que os planos considerados são diferentes. Na dimensão negocial, pretende-se vincular o representado à produção dos efeitos jurídicos correspondentes ao negócio celebrado pelo representante sem poderes. Na dimensão ressarcitória, trata-se de compensar o dano negativo ou de confiança. A resposta à questão acima enunciada tão-só será negativa se as condições de responsabilidade divergirem dos pressupostos da eficácia negocial e, simultaneamente, faltarem razões para a sua confluência. Vejamos.

nº 178/86 ao conceito de representação institucional: «Esta surge sempre que uma pessoa, de boa-fé, contrate com uma organização em cujo nome atue um "agente" em termos tais que, de acordo com os dados sócio-culturais vigentes e visto a sua inserção orgânica, seja tranquila a existência de poderes de representação» [*Tratado de Direito Civil*, V (*Parte Geral. Exercício Jurídico*), cit., pág. 146].

[112] Aparência de poderes de representação e tutela de terceiros, cit., pág. 635.

[113] Aparência de poderes de representação e tutela de terceiros, cit., pág. 636, nota 95.

[114] Aparência de poderes de representação e tutela de terceiros, cit., pág. 641, nota 102 da pág. 640.

73. No contexto em que escrevemos, adquire um especial significado o artigo 246º do Código Civil, já citado, preceito que, sabe-se, relevante doutrina nacional utiliza para enquadrar a tutela da aparência. A norma, lembra-se, distingue a responsabilidade dos efeitos negociais, estabelecendo uma obrigação de ressarcimento perante a ineficácia da declaração. Ponderando que a responsabilidade civil por factos ilícitos é, por defeito, o regime aplicável à imputação a terceiro dos danos causados e que a culpa é, simultaneamente, pressuposto daquela e, ainda, do dever de indemnizar em suprimento da ineficácia negocial da confiança, a autonomização de uma responsabilidade pela aparência relativamente aos termos da vinculação negocial afigurar-se-ia, por definição, prejudicada. Nas palavras de Pedro de Albuquerque: «Indemnização (...) a qual nem sequer existirá se faltar a culpa do pseudo-representado, num fenómeno decorrente das regras gerais e dobrado, entre nós, pelo regime do artigo 246º do Código Civil no tocante aos casos de ausência de consciência da declaração»[115].

74. À margem da culpa e, assim, da tutela negocial da aparência, encontra-se, porém, um ensaio de autonomização da responsabilidade fundada na confiança gerada pelo risco de organização ou da empresa[116]. Já o sabemos. Lê-se: «(...) a falta de consciência da declaração, ainda que censurável, não é sucedâneo suficiente da declaração negocial; *a fortiori*, também o risco não gera efeitos negociais, mas apenas responsabilidade (...). Parece que se justifica tutelar terceiros de boa fé, não apenas havendo desconhecimento culposo do representado, mas também quando se lhe não pode apontar nenhuma censura na celebração do negócio entre o procurador aparente e terceiro, na medida em que a sua vinculação pelos atos do *falsus procurator* seja de entender como risco próprio da atividade que exerce, atentas as circunstâncias que a rodeiam. Responde-se então de modo mais pleno à complexidade e falta de transparência das organizações e empresas modernas (...)»[117].

[115] A Representação Voluntária em Direito Civil (Ensaio de Reconstrução Dogmática), cit., págs. 1045 e seguinte.

[116] Veja-se Carneiro da Frada, *Teoria da Confiança e Responsabilidade Civil*, cit., págs. 51, nota 40 da pág. 49, 54, nota 41 da pág. 52, e 887 e seguinte.

[117] Carneiro da Frada, *Teoria da Confiança e Responsabilidade Civil*, cit., págs. 51, nota 40 da pág. 49, e 54, nota 41 da pág. 552.

75. Assinale-se que o recurso à interpretação por maioria de razão do artigo 23º, nº 1, do Decreto-Lei nº 178/86 na construção da relevância do risco da organização evidencia a menor adaptabilidade daquele risco à atividade de agência: «(...) o agente é visto como um colaborador autónomo da empresa (...) e não enquanto membro da empresa. Assim sendo, compreende-se que o sujeito deva suportar com maior facilidade efeitos através da procuração aparente quando estejam em causa condutas de elementos da própria empresa. A opção do legislador em sede do contrato de agência não é, do ponto de vista da coerência racional, condicionadora de uma (mais ampla) admissão de uma imputação pelo risco nos casos em que o *falsus procurator* pertence à própria organização»[118].

76. Em especial, a legitimidade de uma responsabilidade dos intermediários financeiros fundada no risco da empresa é, em relação aos agentes vinculados, negada pela autonomia destes agentes e pela regulamentação legal da sua atividade. Já o observámos. Tais características privam, na verdade, de sentido os alicerces de uma imputação pelo risco da organização nesta sede: «(...) lançar sobre o detentor de uma empresa comercial o risco da organização interna da empresa e da observância efetiva da divisão interna de poderes e funções por parte das pessoas e unidades de competência de acordo com as suas instruções (...). Na verdade, a distribuição de poderes e funções no seio de uma empresa de estrutura complexa não é, muito frequentemente, transparente para os terceiros que contratam com ela»[119].

77. Observe-se, entretanto, que, mesmo na pretendida bifurcação, há um elemento comum à proteção positiva da confiança e à tutela indemnizatória. Em qualquer dos casos, a satisfação do interesse do terceiro depende da boa fé do lesado[120]. É esclarecedora a seguinte passagem de Carneiro da Frada: «(...) o desconhecimento "culposo" da realidade por parte do confiante conduz em princípio à exclusão de uma responsabilidade pela confiança. As representações do sujeito só são em regra de tutelar se forem justificadas e se apresentarem portanto como irremovíveis para quem aja com

[118] Carneiro da Frada, *Teoria da Confiança e Responsabilidade Civil*, cit., págs. 60, nota 40 da pág. 49.

[119] Carneiro da Frada, *Teoria da Confiança e Responsabilidade Civil*, cit., págs. 50, nota 40 da pág. 49.

[120] Carneiro da Frada, *Teoria da Confiança e Responsabilidade Civil*, cit., págs. 54, nota 41 da pág. 52, 390 e segs., e 592 e seguintes.

a diligência exigível. Por conseguinte, quando tiver havido "negligência" dele na avaliação da situação, não chegam a verificar-se os pressupostos da proteção da confiança»[121] [122].

78. Sabendo, porém, que a identificação da aparência com o risco da empresa apresenta força atrativa na doutrina e na jurisprudência portuguesas, estará, desse modo, legitimada a responsabilidade do *dominus*, apesar da ineficácia dos negócios celebrados pelo *falsus procurator*? Nos termos antes referidos, serão os artigos 500º ou 800º arrimo dessa pretensão?

79. A eventualidade de uma resposta afirmativa dependeria da verificação da boa fé do terceiro, com o alcance que foi, antes, assinalado, e exigiria que o ressarcimento do dano de confiança divergisse da indemnização do dano de cumprimento[123]. O pedido deve ser, necessariamente, rejeitado

[121] *Teoria da Confiança e Responsabilidade Civil*, cit., pág. 391. A competência do regime da culpa do lesado pressupõe uma responsabilidade fundada na violação de um dever de conduta, como antes salientámos: «Diferentemente se a responsabilidade radica na violação de um dever de comportamento. Aqui, a leviandade ou ligeireza daquele que o dever visa proteger implicará apenas uma ponderação do seu concurso para a produção do dano que sofreu ao abrigo do art. 570 do Código Civil; não exclui necessariamente a indemnização, que pode manter-se na íntegra ou limitar-se a ser reduzida. O que é coerente: a culpa do lesado não atinge na realidade o fundamento da responsabilidade, a violação de uma adstrição por outrem» (*Teoria da Confiança e Responsabilidade Civil*, cit., págs. 391 e seg.).

[122] A lição já é antiga: «Na representação contratual, deve também presumir-se que o terceiro conhecia os poderes do representante, ora porque estes foram publicados ou registados, como acontece com os poderes estatutários ou as procurações dos diretores ou gerentes das sociedades comerciais, ora porque o terceiro tem o direito de exigir ao representante a apresentação dos seus poderes; não fazendo tal exigência, deve queixar-se só de si próprio. E mesmo que tenha lido a procuração, se o terceiro interpretou erradamente os seus termos, embora de acordo com o representante, sofrerá as consequências do seu equívoco, salvo se o mandato for concebido em termos deveras ambíguos e a urgência do contrato não permitia pedir esclarecimentos ao mandante» (Cunha Gonçalves, *Tratado de Direito Civil*, vol. IV, Coimbra, 1931, pág. 202).

[123] O dano de confiança corresponde ao prejuízo que o lesado não teria sofrido se não tivesse confiado na eficácia do contrato para o representado. Tutela-se, pois, o interesse contratual negativo, ou seja, a situação patrimonial de que a contraparte beneficiaria se não houvesse atuado em função da relação contratual ineficaz. Ilustram esse prejuízo: «(...) (o) dispêndio de energias físicas e intelectuais durante um largo lapso de tempo afetado à realização da prestação acordada no contrato, e nos gastos correspondentes a salários pagos a colaboradores e a outras despesas imprescindíveis para essa realização, sem que, por outro lado, a tal esforço

quando através da indemnização do interesse contratual negativo se alcança a eficácia do negócio jurídico negada pela lei. A autonomia privada pressupõe que os regimes devam ser coerentes, designadamente que a sanção indemnizatória acompanhe as condições de vinculação do *dominus* nas hipóteses de atuação de um *falsus procurator*. Seria indefensável que, na ausência de uma norma legitimadora, o intérprete negasse a existência de uma vinculação negocial pela confiança e, em alternativa, impusesse uma indemnização que servisse de sucedâneo à impossibilidade daquela vinculação.

80. A conclusão é uma evidência: «(...) não se deve chegar por via indemnizatória a resultados inconciliáveis com a decisão legal de considerar o negócio ineficaz para o representado»[124]. Também Oliveira Ascensão e Carneiro da Frada o declaram: «O perigo de colisão entre a ordem da responsabilidade e a que define as condições da imputação da declaração do representante à empresa dar-se-á (...) nos casos em que o interesse contratual negativo equivalha substancialmente ao interesse na eficácia do contrato (veja-se, como exemplo, o caso de quem concede crédito contando com a eficácia de uma garantia prestada por terceiro). Deve de facto entender-se que não se pode dar por via indemnizatória o que se nega através da cominação da ineficácia do ato»[125]. Ou Raúl Guichard: «Seria ("esquizofrenicamente") contraditório, do ponto de vista sistemático, pretender-se obter por via indemnizatória um resultado (prático) equivalente àquele que a lei denega, reconhecendo a não existência ou validade da vinculação negocial»[126]. Enfim, Maria Helena Brito: «A responsabilidade do representado (...) não pode exceder o interesse negativo, pois, de outro modo, con-

corresponda um contrapartida económica (juridicamente, a contraprestação), dada a ineficácia do contrato; um dano, em suma, adveniente dos investimentos feitos para cumprir um contrato ineficaz e que se revestiram de uma inutilidade económica completa» (Oliveira Ascensão/Carneiro da Frada, *Contrato celebrado por agente de pessoa coletiva. Representação, responsabilidade e enriquecimento sem causa*, cit., pág. 62).

124 Raúl Guichard/Catarina Brandão Proença/Ana Teresa Ribeiro, *Anotação ao Artigo 268º*, in «Comentário ao Código Civil – Parte Geral», Lisboa, 2014, pág. 657.

125 Contrato celebrado por agente de pessoa coletiva. Representação, responsabilidade e enriquecimento sem causa, cit., pág. 73.

126 *Da Relevância Jurídica do Conhecimento no Direito Civil*, cit., pág. 69, nota 90 da pág. 61. No mesmo sentido, em *Notas sobre a falta e limites do poder de representação*, cit., pág. 32, e *O instituto da "procuração aparente" – algumas reflexões à luz do direito alemão*, cit., págs. 247 e seguinte.

duziria a um resultado que se aproximaria da eficácia do negócio, contrariando o princípio geral constante do artigo 268º, nº 1, do Código Civil»[127].

É o que se verifica quando os lesados peticionam uma indemnização correspondente à soma dos valores perdidos em investimentos não efetuados pelo *falsus procurator* com os rendimentos por aquele prometidos, ou à taxa corrente, e com os juros moratórios à taxa legal sobre essas verbas. São quantias que, justificadas pela indemnização do dano de confiança, os lesados receberiam se os negócios fossem considerados eficazes[128].

81. Não está em causa a legitimidade de um pedido de indemnização pelo interesse contratual positivo, se a reconstituição natural mediante a atribuição de eficácia aos negócios jurídicos está vedada em termos materiais ou jurídicos[129]. O que se rejeita é a possibilidade de a indemnização em dinheiro satisfazer o lesado em medida equivalente à restauração natural, subtraindo-a, contudo, ao cumprimento dos pressupostos que a natureza meramente sucedânea da indemnização em dinheiro determinaria[130] [131].

[127] *A Representação nos Contratos Internacionais (Um contributo para o estudo do princípio da coerência em direito internacional privado)*, cit., pág. 167.

[128] Considerando que o comitente não recebera as verbas que são agora peticionadas, a entrega desses montantes tem a natureza de uma verdadeira indemnização pelo interesse contratual negativo, escapando, pois, a um qualquer mecanismo restitutório que fosse, em abstrato, aplicável. Escreve Paulo Mota Pinto: «(...) se o lesado apenas é titular do direito à restituição mas não consegue efetivamente reaver o que prestou (...) subsiste, nessa medida, o dano ressarcível, incluído no ressarcimento correspondente ao interesse negativo» (*Interesse Contratual Negativo e Interesse Contratual Positivo*, vol. II, cit., pág. 1003).

[129] Em aplicação dessa equivalência na falta da ratificação devida de um contrato, veja-se António Menezes Cordeiro/Manuel Carneiro da Frada, *Da inadmissibilidade da recusa de ratificação por* venire contra factum proprium. *Anotação ao Acórdão da Relação do Porto de 18 de novembro de 1993*, in «O Direito», ano 126º (1994), III-IV, pág. 698.

[130] Embora em referência marginal, escreve Oliveira Ascensão acerca do artigo 23º da disciplina do contrato de agência: «É uma regra excecional, pois admite a eficácia do próprio negócio, e não apenas o dever de o principal indemnizar» (*Direito Civil. Teoria Geral*, II, cit., pág. 241).

[131] Acompanha-se, pois, Rui Ataíde na defesa da congruência entre a indemnização pelo interesse contratual positivo e a confiança do lesado: «O terceiro que se apresta a negociar com um procurador, confia, antes de mais, na efetiva existência dos poderes representativos de cuja titularidade este se arroga e, por consequência, na imputação automática ao *dominus* dos subsequentes efeitos negociais. Dado que a ineficácia do negócio representativo, com base em recusa de ratificação, se produz, por definição, uma vez concluído o negócio (...), momento em que a confiança da contraparte se direcionava já às vantagens inerentes à celebração de um negócio perfeito e eficaz, não se vê por que razão, *a priori*, a satisfação do interesse de confiança

82. A resposta não é diversa se o comportamento do agente vinculado corresponder à prática de um crime. O preenchimento do tipo penal verifica-se na execução de uma relação obrigacional aparente, sendo os danos um efeito da confiança. Sabendo que a falta de poderes de representação exclui a aplicação dos regimes de responsabilidade por facto de terceiro, o dever de indemnizar do representado descobre o seu fundamento numa responsabilidade por facto próprio, alheia, pois, ao alcance da ilicitude do comportamento do pseudo-representante.

83. Articulemos estas reflexões com o regime especial de responsabilidade ditado para os agentes vinculados, à luz da consulta. Apura-se a necessidade de aplicação dos pressupostos da vinculação negocial pela aparência ao pedido de indemnização efetuado, sabendo que este apresenta um valor substancialmente equivalente ao aproveitamento dos negócios realizados.

84. Lembra-se, contudo, que, nos termos do artigo 294º-C, nº 1, alínea a), do Código dos Valores Mobiliários, «o intermediário financeiro responde por quaisquer atos ou omissões do agente vinculado no exercício das funções que lhe foram confiadas». Os termos da norma suscitariam, na verdade, a pergunta sobre a bondade das considerações precedentes neste contexto específico.

O legislador europeu não incluiu, porém, as situações de aparência no regime da responsabilidade. Aliás, nem teria de o fazer, considerando a competência dos direitos nacionais a esse respeito.

85. Na Diretiva DMIF, ficou claro que a responsabilidade do intermediário financeiro se circunscreve às atuações no exercício dos poderes de

deverá conduzir à reconstituição do estado patrimonial que se verificaria se não tivesse ocorrido a fase pré-negocial e não à situação em que se encontraria o lesado, não fora a frustração do efetivo objeto da confiança depositada: a eficácia do negócio com a consequente obtenção do interesse de cumprimento» [*A Responsabilidade do "Representado" na Representação Tolerada (Um problema de representação sem poderes)*, cit., págs. 184 e seg.]. Objetando o Autor à restrição proposta pela doutrina em geral ao ressarcimento pelo interesse contratual negativo, parece-nos que a falta de equivalência de perspetivas esvazia o sentido da divergência. Tomando, apenas, por indicação a boa fé do terceiro, se esta constitui uma condição da proteção da confiança, é, como culpa do lesado, reduzida a mero critério de graduação da indemnização na utilização dos regimes da responsabilidade pré-contratual, e do comitente ou do devedor. Não existe, pois, uma confiança que a medida do ressarcimento deva acompanhar.

representação. Considere-se que é elemento essencial da definição de agente vinculado a atuação em nome da empresa de investimento [artigo 4º, nº 1, 25)]: «(...) uma pessoa singular ou coletiva que, sob a responsabilidade total e incondicional de uma única empresa de investimento em cujo nome atua, promove serviços de investimento e/ou serviços auxiliares junto de clientes ou clientes potenciais, recebe e transmite instruções ou ordens de clientes relativamente a serviços de investimento ou instrumentos financeiros, coloca instrumentos financeiros e/ou presta um aconselhamento aos clientes ou clientes potenciais relativamente a esses instrumentos ou serviços financeiros».

Estabelecendo, então, o artigo 23º, nº 2, § 1, que «os Estados-Membros devem determinar que, caso uma empresa de investimento decida nomear um agente vinculado, deverá assumir a responsabilidade plena e incondicional por qualquer ação ou omissão desse agente vinculado, sempre que atue em nome da empresa», esta menção final só pode ter sentido diverso da caracterização do agente vinculado, referindo-se, pois, à delimitação da responsabilidade pela atuação do agente dentro do âmbito formal dos poderes de representação atribuídos.

Esse pressuposto de exercício dos poderes efetivamente conferidos, ainda que em abuso de representação, é reiterado no § 2 do artigo 23º, nº 2, referido, já citado[132]: «(...) os Estados-Membros podem autorizar os agentes vinculados registados no seu território a proceder ao processamento de fundos e/ou instrumentos financeiros do cliente em nome e sob plena responsabilidade da empresa de investimento para a qual atuam no respetivo território ou, em caso de operações transfronteiras, no território do Estado-Membro que autoriza o agente vinculado a proceder ao processamento de fundos do cliente».

86. Na Diretiva DSI que, sem a regulamentar, previra, anteriormente, a figura dos agentes vinculados nos considerandos (8º), a referência à respon-

[132] Lembra-se que o abuso de representação se distingue da falta de poderes de representação. É a última situação que está excluída do âmbito de regulamentação pela Diretiva DMIF e sobre a qual nos vimos pronunciando neste texto. Diversamente, o abuso de representação «supõe a existência de uma procuração válida, atribuindo determinados poderes ao representante, e a atuação do representante dentro dos limites formais desses poderes, "mas de modo substancialmente contrário aos fins da representação"» [Maria Helena Brito, *A Representação nos Contratos Internacionais (Um contributo para o estudo do princípio da coerência em direito internacional privado)*, cit., pág. 154].

sabilidade parece, aliás, sobrepor-se à indicação de que o agente atua em nome da empresa de investimento: «Considerando que uma empresa de investimento autorizada no seu Estado-membro de origem pode desenvolver as suas atividades em toda a Comunidade pelos meios que considere apropriados; que a empresa pode, para este efeito, se o julgar necessário, recorrer a agentes vinculados que recebam e transmitam ordens por sua conta e sob a sua responsabilidade total e incondicional; que, nessas condições, a atividade desses agentes deve ser considerada como sendo a da empresa (...)».

VIII. As condições da responsabilidade pela confiança do intermediário financeiro

87. Com o enquadramento da consulta, a reclamada aplicação da disciplina da responsabilidade do comitente (e dos regimes nele fundados) tem de se acomodar aos pressupostos a que se subordina a tutela negocial da aparência. Na monografia de Maria da Graça Trigo sobre a responsabilidade civil do comitente, aparece já com evidência a emergência dessas especificidades. Vale a pena determo-nos em algumas das reflexões da Autora.

88. Desde logo, a distinção entre abuso de funções e aparência de funções. Se no abuso o comissário age, formalmente, no exercício das funções que lhe foram confiadas, atuando, porém, contra os fins da comissão, na aparência «o comissário faz crer ao terceiro que lhe foram atribuídas funções pelo comitente quando de facto não o foram – nem de forma expressa, nem de forma tácita ou consentida»[133]. Em comentário a um Acórdão do Supremo Tribunal de Justiça, resguarda a singularidade da aparência, escrevendo: «(...) se os factos só ocorreram porque o arguido-comissário exorbitou das suas funções, então é evidente que, no caso concreto, falha o pressuposto de que o facto danoso seja praticado no exercício das funções»[134].

89. A prática de atos sem a legitimidade conferida pela atribuição de funções diverge da legitimidade formal subjacente ao pressuposto do exercício das funções confiadas ao comissário. A aparência constitui, pois, um fundamento autónomo de responsabilidade. Escreve Maria da Graça Trigo: «Qual é no fundo o cerne de um substrato que faz nascer aquilo que se pode qualificar como "aparência" tutelável? Não é (...) o facto de o comitente

[133] Maria da Graça Trigo, Responsabilidade Civil Delitual por Facto de Terceiro, cit., pág. 348.
[134] Maria da Graça Trigo, *Responsabilidade Civil Delitual por Facto de Terceiro*, cit., pág. 357.

admitir que o seu comissário possa atuar de forma a criar esse estado de aparência; isso seria uma "autorização tolerada ou consentida", cujos efeitos se aproximam dos da "autorização tácita ou implícita", ou seja, efeitos de responsabilização. Também não é na atitude de ingenuidade do terceiro lesado que se pode encontrar o fundamento da "aparência", porque a culpa deste destrói a justificação da "aparência". Resta-nos portanto o comportamento do próprio comissário (...). Porém, em nosso entender, há um outro elemento necessário para que se possa falar em "exercício aparente das funções" (...): o comportamento mediante o qual o comissário "aparenta" estar a exercer as funções não pode ser apenas uma criação sua, antes se deve basear também em algum fator de ordem material (ou de outra ordem) com origem na pessoa do comitente, de modo a que o comissário consiga construir a imagem de aparência que poderá merecer tutela jurídica»[135].

90. Depois, realça, ainda, Maria da Graça Trigo a relevância do estado subjetivo do terceiro no delineamento da responsabilidade em hipóteses de aparência de funções: «(...) se o terceiro lesado sabe ou devia saber que o comissário não está autorizado a praticar aqueles atos, não estamos perante um problema de "culpa do lesado", mas antes de elementos factuais que impedem a formação de uma situação de "autorização aparente". (...) A confiança que o terceiro deposita nos factos constitui elemento essencial do fenómeno da autorização aparente para o exercício de funções»[136].

91. À luz de tudo o que se escreveu, é o regime do contrato de agência que orienta a resposta à consulta realizada, pois essa é a natureza da relação que se estabelece entre o intermediário financeiro e o agente vinculado. Sabendo que a indemnização pedida corresponde, substancialmente, à eficácia dos negócios jurídicos celebrados pelo *falsus procurator* com os terceiros, importa revisitar os pressupostos da tutela positiva da confiança previstos no artigo 23º, nº 1, do Decreto-Lei nº 178/86.

Na jurisprudência, encontram-se exemplos claros do percurso que agora se traça e, eventualmente, até por maioria de razão. Vejamos.

92. Em já citado Acórdão do Tribunal da Relação do Porto de 06101992 (Relator: Araújo de Barros), julgou-se o litígio emergente da ineficácia do

[135] *Responsabilidade Civil Delitual por Facto de Terceiro*, cit., pág. 358.

[136] *Responsabilidade Civil Delitual por Facto de Terceiro*, cit., pág. 354.

negócio de compra e venda de um automóvel num *stand*, havendo o comprador entregue, para o efeito, um sinal em cheque, utilizado, no entanto, em proveito próprio pela pessoa que aquele contactara no estabelecimento de exposição e venda de automóveis[137]. Concluiu-se que seria possível qualificar a relação entre o estabelecimento comercial e o indivíduo que dissipara em seu benefício o montante do cheque como um vínculo estabelecido por contrato de agência.

O lesado, a quem fora negada a entrega do veículo pelo *stand*, adquirira, entretanto, um carro noutra empresa, considerando a necessidade imperiosa do veículo. Ao *stand* que recusara a entrega do automóvel pedia o lesado uma indemnização pelos danos sofridos. O Tribunal, reconhecendo que a «indemnização a pagar ao autor será a correspondente ao dano da confiança ou ao interesse contratual negativo»[138], fundamentou a sua decisão no preenchimento dos pressupostos do artigo 23º da disciplina do contrato de agência[139]. Fê-lo mesmo com independência da avaliação de uma hipotética equivalência substancial entre a indemnização pelo interesse contratual negativo e a eficácia do negócio jurídico: existindo um sinal, a indemnização correspondeu ao seu dobro.

93. Em também citado Acórdão do Tribunal da Relação de Lisboa de 14-12-2006 (Relator: Ana Luísa Geraldes), pedia o autor a condenação de uma companhia de seguros ao pagamento de uma indemnização correspondente ao valor que, para a subscrição de um seguro de vida e de invalidez daquela entidade, entregara a um indivíduo que se apresentou como representante da ré, sem o ser[140]. A ré nunca recebeu a quantia em causa.

Tratando-se, uma vez mais, da indemnização pelo interesse contratual negativo, censura a instância à decisão recorrida a aplicação analógica do regime do contrato de agência, designadamente a disciplina da representação aparente (artigo 23º). Entende-se, porém, que, a ser aplicável, constituiria

[137] Publicado, recorda-se, na «Coletânea de Jurisprudência», ano XVII (1992), tomo IV, págs. 245 e seguintes.

[138] Na pág. 251.

[139] Acrescentando: «(...) ainda que considerássemos não ser aplicável a este contrato o preceito do nº 1 do art. 23º do Dec. nº 178/86, a solução seria a mesma, através do recurso – que nos é permitido – ao princípio geral da boa fé, nomeadamente no que concerne à tutela da confiança e à proteção de terceiros» (pág. 250).

[140] Publicado, recorda-se, na «Coletânea de Jurisprudência», ano XXXI (2006), tomo V, págs. 133 e seguintes.

fundamentação adequada à atribuição da indemnização pedida (uma vez mais, sem apelo a uma comparação com o valor correspondente ao interesse contratual positivo): «(...) foi com base em tal normativo que o Tribunal "a quo" acabou por condenar a Ré no pedido. O que, embora não repugne, em sede de conclusão, não deixa também de ser verdade que não existem fundamentos jurídicos que permitam a aplicação deste regime jurídico com fundamento na analogia. É que: ou os seus pressupostos estão preenchidos e se decide pelo regime jurídico do contrato de agência, ou não estão, e, então, deve ter-se em atenção os restantes institutos jurídicos vigentes no nosso ordenamento jurídico para aplicação e decisão do presente caso concreto, estando vedado o recurso, sem mais, à figura da analogia»[141]. A solução foi, então, extraída, simplesmente, do princípio da boa fé, tendo, assim, a Relação alterado a fundamentação da condenação da ré ao pagamento da quantia pedida pelo lesado: «(...) independentemente da qualificação contratual jurídica existente (contrato de agência? contrato inominado? falsa representação ou representação sem poderes?) a verdade é que em sede geral de direito está consagrada a noção ética e jurídica do princípio geral da boa fé, nomeadamente no que concerne à tutela da confiança e à proteção de terceiros»[142].

94. A pretendida indistinção de disciplinas parece contrariar a afirmação corrente da abertura prestada pelo regime do contrato de agência, no seu artigo 23º, à solução geral do abuso do direito[143]. Sabendo, no entanto, que

[141] Na pág. 115.

[142] Na pág. 116.

[143] Veja-se, por todos, Pinto Monteiro, *Direito Comercial – Contratos de Distribuição Comercial*, cit., pág. 92, e *Contrato de Agência – Anotação ao Decreto-Lei nº 178/86, de 3 de julho*, cit., pág. 116. Na jurisprudência, vem sendo reconhecida a utilização do abuso do direito como o fundamento alternativo para a atribuição de relevância jurídica à representação aparente: «No contrato de agência, estabelece-se que (...), havendo aparência de representação, o negócio é eficaz perante o representado (principal). Está em causa a necessidade de tutelar a legítima confiança de terceiros, solução a que também se poderia chegar, em sede geral, pelo recurso ao instituto do abuso de direito» [Acórdão do Supremo Tribunal de Justiça de 20 de maio de 2015 (Processo nº 752-F/1992.E1-A.S1. Relator: Lopes do Rego)].
No Acórdão citado, julgava-se a venda efetuada em processo de falência por entidade sem poderes de representação do administrador da falência, tendo aquela subtraído à massa falida o preço da venda. Este Acórdão motivou um recurso extraordinário de uniformização de jurisprudência, por contradição com a interpretação dada em Acórdão anterior do Supremo Tribunal de Justiça sobre o abuso de direito na modalidade de *venire contra factum proprium*. Lê-se, a

a relação estabelecida entre o intermediário financeiro e um agente vinculado apresenta as características de um contrato de agência, que responsabilidade pode, então, ser imputada ao intermediário pelos danos causados pelo agente que exorbitou das suas funções?

95. É pressuposto objetivo do preceito a existência de razões ponderosas que alicercem a confiança, apreciadas de forma objetiva e em função das circunstâncias do caso concreto. Constituem pressupostos subjetivos a contribuição do principal para a criação da confiança e a boa fé do terceiro.

96. Repete-se, a mera celebração do contrato de agência é insuficiente para justificar o regime do artigo 23º, nº 1. É a atuação do principal que, criando a confiança na legitimidade do agente, serve de fundamento à sua responsabilidade[144].

97. Acerca da contribuição do principal, escreve Paulo Mota Pinto: «(...) a conduta do principal terá que ser adequada a causar a situação de aparência (e não só esta adequada a despertar a confiança), (...) caso contrário, ele não poderá ficar vinculado»[145]. Ilustra esta citação o esclarecimento de Pedro Albuquerque sobre o risco atendível na construção da procuração aparente: «(...) se a simples emissão de uma declaração não pode servir de

respeito do aresto acima convocado: «(...) a circunstância de o acórdão recorrido ter feito apelo às figuras da representação aparente e da representação tolerada como forma e instrumento da demonstração da ocorrência de uma efetiva e gravosa lesão do princípio da confiança no comércio jurídico possa, sem mais, ultrapassar a existência de um conflito ao nível da interpretação normativa da cláusula geral do abuso de direito: na verdade, o apelo feito àquelas figuras não traduziu uma via de solução jurídica autónoma e diversa relativamente ao instituto do abuso de direito – e como tal suscetível de fundamentar autonomamente, fora dos quadros do instituto do abuso de direito, a solução jurídica de ininvocabilidade de certo vício do negócio no confronto dos adquirentes de boa fé – situando-se ainda na órbita dessa cláusula geral: na realidade, o apelo aos referidos institutos da representação aparente e tolerada configura-se como meramente instrumental da demonstração de que ocorreu, no caso, uma inadmissível e desproporcionada lesão da confiança de terceiros/adquirentes, integrável na figura do abuso de direito» [Acórdão do Supremo Tribunal de Justiça de 05-07-2016 (Uniformização de Jurisprudência. Processo nº 752-F/1992.E1-A.S1-A. Relator: Lopes do Rego].

[144] Assim, Maria Helena Brito, *O Contrato de Agência*, cit., pág. 128. Veja-se, ainda, o Acórdão do Tribunal da Relação de Guimarães de 19-12-2007 (Processo nº 2138/07-2. Relatora: Rosa Tching).

[145] *Aparência de poderes de representação e tutela de terceiros*, cit., pág. 642, nota 102 da pág. 640.

ponto de apoio para a distribuição do risco já parece possível perguntar se aquele contra quem corre a responsabilidade pela confiança criou um perigo acrescido àquele já inerente a toda a declaração, ou, se não o domina melhor do que a outra parte. Isto acontece em particular naquelas hipóteses nas quais alguém conhece a incorreção ou deficiência da respetiva declaração. Em casos como esse parece adequado e justo, porquanto se assiste a uma situação em que o declarante criou, conscientemente, um perigo superior ao normalmente associado ao tráfego jurídico negocial, imputar ao emissor da declaração, a título de risco, uma responsabilidade pela confiança eventualmente depositada por terceiros na aparência criada»[146].

98. Julga-se que a interpretação do artigo 23º do Decreto-Lei nº 178/86, aqui aplicável, determina a exigência de culpa do intermediário financeiro relativamente à atuação em representação sem poderes pelo agente[147].

[146] *A Representação Voluntária em Direito Civil (Ensaio de Reconstrução Dogmática)*, cit., pág. 1064, nota 1823 da pág. 1061.

[147] Nesse sentido, veja-se o Acórdão do Supremo Tribunal de Justiça de 14-06-2012 (Relator: Serra Batista), in «Coletânea de Jurisprudência- Acórdãos do Supremo Tribunal de Justiça», ano XX (2012), tomo II, págs. 123 e seguintes. Ou, acolhendo a aplicação do artigo 23º do Decreto-Lei 178/86 à responsabilidade de uma seguradora pela lesão imputada a um mediador, o citado Acórdão do Supremo Tribunal de Justiça de 01-04-2014 (Processo nº 4739/03.0TVLSB.L2.S1. Relator: Paulo Sá), onde se lê: «Estes pressupostos (do artigo 23º) encontram-se preenchidos no caso em apreço, pois o tomador do seguro confiou legitimamente na atuação daquele mediador, com o qual mantinha uma relação comercial estável e duradoura, e o segurador não podia desconhecer o modo de atuação deste mediador e pactuou com situações pouco corretas, em especial a aceitação, como sendo uma declaração negocial do tomador, do reenvio pelo mediador de um fax (forjado), com mais de um ano e com dados insuficientes». Ainda, considerando a pretendida equivalência entre a tutela da representação aparente no contrato de agência e, em geral, pelo abuso do direito, lê-se no citado Acórdão do Supremo Tribunal de Justiça de 20 de maio de 2015 (Processo nº 752-F/1992.E1-A.S1. Relator: Lopes do Rego): «A circunstância de a relevância e efeitos da figura da representação aparente serem menos amplas e intensas no domínio do direito civil, relativamente ao que ocorre em direito comercial, não significa, porém, que não possam verificar-se situações excecionais em que a tutela da fundada confiança do terceiro de boa fé na existência de poderes representativos de quem outorgou no negócio imponha a vinculação do próprio representado aos efeitos do ato: tal ocorrerá, nomeadamente quando a desproteção do terceiro traduzisse uma insuportável lesão da confiança, incompatível com os ditames da boa fé e com a proscrição do abuso do direito – decorrente da simultânea existência de uma muito fundada aparência de poderes representativos e de uma reprovável negligência do representado na criação dessa mesma aparência fundada».

Na verdade, referindo-se a lei à contribuição do principal para a situação de confiança, à agência deve juntar-se, pelo menos, um desconhecimento censurável a respeito da conduta do agente. Nas palavras de Maria Helena Brito: «(...) a exigência de autovinculação do principal relativamente a uma conduta anterior tanto pode verificar-se em caso de comportamento positivo (atitude de tolerância por parte do principal perante a atuação do agente, própria da *Duldungsvollmacht*), como em caso de simples comportamento por omissão do principal (omissão pelo principal do dever de diligência que lhe permitiria conhecer e impedir a atuação do agente, característica da *Anscheinsvollmacht*)»[148].

99. Só a contribuição da culpa do representado permite vencer o obstáculo que o regime da falta de consciência da declaração supõe (artigo 246º do Código Civil), determinando, agora, a natureza comercial do contrato de agência que a aparência produza efeitos negociais e não apenas compensatórios. Reconheça-se, entretanto, que, aproveitando a reflexão de alguma doutrina, o mero desconhecimento com culpa da conduta ilegítima do agente pode revelar-se insuficiente para a verificação da contribuição do principal para a aparência.

100. Argumenta-se que a exigência de forma escrita para a atribuição de poderes representativos ao agente exclui a legitimidade de uma procuração "tácita", restringindo, assim, o artigo 23º às hipóteses de procuração aparente: «(...) o apelo do art. 23º ao comportamento do principal (nº 1, *in fine*)

A uniformização de jurisprudência motivada pela prolação do Acórdão de 2015 acima citado veio confirmar a dependência da tutela da confiança relativamente à medida da contribuição do *dominus* para a aparência: «Age com abuso de direito, na vertente da tutela da confiança, a massa falida, representada pelo respetivo administrador, que invoca contra terceiro – adquirente de boa fé de bem imóvel nela compreendido – a ineficácia da venda por negociação particular, por nela ter outorgado auxiliar daquele administrador, desprovido de poderes de representação (arts. 1211º e 1248º do CPC, na versão vigente em 1992), num caso em que é imputável ao administrador a criação de uma situação de representação tolerada e aparente por aquele auxiliar, consentindo que vários negócios de venda fossem por aquela entidade realizados e permitindo que entrasse em circulação no comércio jurídico certidão, extraída dos autos de falência, em que o citado auxiliar era qualificado como encarregado de venda» [Acórdão do Supremo Tribunal de Justiça de 05-07-2016 (Uniformização de Jurisprudência. Processo nº 752-F/1992.E1-A.S1-A. Relator: Lopes do Rego)].

[148] *A Representação Voluntária em Direito Civil (Ensaio de Reconstrução Dogmática)*, cit., pág. 137.

gera algumas dificuldades, já que parece apontar para uma hipótese de representação tolerada ou consentida, pois é nesta (e não em sede de representação aparente) que o "representado" tolera o comportamento do "representante". No entanto, a tutela da confiança de terceiros nos quadros da representação consentida esbarra, em sede de contrato de agência, com a exigência de forma escrita para esse "consentimento" (art. 2º), facto a que não foi alheia a opção do legislador: a consagração de um caso de representação aparente, muito embora com relevância da conduta do "representado" que, mais do que subsumível a uma ideia de "procuração tácita", traduz a responsabilidade do principal face ao terceiro com base nos princípios da aparência e da tutela da confiança»[149]. Ajuíze-se, porém, que o preenchimento dos critérios do artigo 23º sempre afastaria a alternatividade de uma procuração "tácita" em relação à disciplina legal.

101. Observa-se que, nos trabalhos preparatórios do regime do contrato de agência, é salientada a robustez que o regime estabelecido no artigo 23º traz ao mero acolhimento da procuração "tácita", sem, necessariamente, prescindir da relevância do conhecimento naquele contexto normativo. São palavras de Pinto Monteiro: «Não andará, assim, a "representação aparente" – objetar-se-á – muito longe da "representação tolerada ou consentida", em virtude de ter de se atender, igualmente, ao comportamento do principal. Mas sempre terá a vantagem de, neste caso, pelo menos, se assegurar, sem equívocos, a proteção da confiança de terceiro, ultrapassando-se, do mesmo modo, a dificuldade de apurar, em certas situações, se se está perante uma verdadeira declaração tácita do "representado", ou perante um mero silêncio, sem valor declarativo. Acresce, por outro lado, que a solução do problema, através da "representação tolerada ou consentida", depararia ainda, no domínio da agência, com outro obstáculo: necessidade de documento escrito, de onde pudesse retirar-se, implícita ou tacitamente, o consentimento do principal»[150].

102. Esta "neblina" sobre a medida necessária da contribuição do principal para a situação de aparência requer, pois, que o julgador seja meticuloso

[149] Carlos Lacerda Barata, *Sobre o Contrato de Agência*, cit., pág. 56, análise depois retomada em *Anotações ao Novo Regime do Contrato de Agência*, Lisboa, 1994, pág. 63.

[150] *Contrato de agência (Anteprojeto)*, in «Boletim do Ministério da Justiça», nº 360, novembro de 1986, pág. 67.

no estabelecimento da vinculação do principal quando este desconhece a atuação do agente. Os factos terão de atestar um claro desvio da conduta do *dominus* em relação ao padrão de diligência convocável na apreciação do desvalor daquele comportamento. E cabe ao terceiro demonstrar os factos que revelam a contribuição do principal exigida pela lei[151].

103. Quanto à boa fé do terceiro, a doutrina reconhece, de forma consensual, que a tutela da confiança exige um desconhecimento não censurável da falta de poderes de representação. Prevalece um conceito de boa fé em sentido ético e não meramente psicológico. A ignorância negligente sobre a inexistência de poderes de representação deve onerar a contraparte, considerando que, nos termos do artigo 268º do Código Civil, a ausência daqueles poderes torna o negócio jurídico ineficaz. São inequívocas as passagens de alguns textos[152].

104. Define Pessoa Jorge a proteção da aparência, sem prejuízo de, ao tempo, negar um princípio geral que, no direito português, a reconhecesse: «(naquela) a lei tutela todas as pessoas que, sincera e desculpavelmente, confiaram numa situação de facto como sendo jurídica»[153]. Escreve Batista Machado: «Nos casos em que a base da confiança é uma aparência, ou seja, nos casos em que a intenção aparente do responsável pela confiança diverge da sua intenção real (tais as hipóteses de dissenso oculto e de procuração aparente), a confiança do terceiro ou da contraparte só merecerá proteção jurídica quando esta esteja de boa fé (por desconhecer aquela divergência) e tenha agido com cuidado e precauções usuais no tráfico jurídico»[154]. Entende Maria Helena Brito: «Requer-se também sempre a boa fé da contraparte, pois apenas existe situação de confiança quando o terceiro desconheça a divergência entre a realidade (não outorga de poder de representação por parte do pretenso "representado") e a situação aparente (aparência de procuração) e quando tenha agido de harmonia com os deveres de cuidado exigidos

[151] Veja-se Paulo Mota Pinto, *Aparência de poderes de representação e tutela de terceiros*, cit., pág. 643, nota 102 da pág. 640.

[152] Além das passagens citadas, consulte-se, ainda, Durval A. Fonseca e Castro Ferreira, *Do Mandato Civil e Comercial. O Gerente de Sociedades (na lei – novo Código Civil); na jurisprudência e na doutrina; no direito comparado*, Vila Nova de Famalicão, 1967, págs. 169 e segs., e o já citado Acórdão do Tribunal da Relação de Guimarães de 19-12-2007 (Processo nº 2138/07-2. Relatora: Rosa Tching).

[153] A Proteção Jurídica da Aparência no Direito Civil Português, Lisboa, 1951/52, pág. 11.

[154] *Tutela da confiança e* "venire contra factum proprium", cit., pág. 418.

na prática dos negócios»[155]. Lê-se, em Carneiro da Frada: «É justificada ou razoável aquela crença em que o sujeito incorreu sem que se lhe possa assinalar nenhuma ligeireza ou negligência na averiguação ou julgamento da realidade a que se reporta a sua representação. (...) A (...) falta (da justificação da atitude concreta de confiança) levaria à consequência perversa de premiar a leviandade e o descuido sobre a prudência e a sensatez. Só merece em princípio ser considerada a confiança que se apresente como consistente para o sujeito que agiu com a diligência devida»[156].

105. No caso *sub judice*, acresce que, na relação entre o investidor e o agente vinculado, deve este entregar àquele um documento escrito com uma informação completa, nomeadamente a respeito dos limites a que está sujeito no exercício da sua atividade [artigo 294º-A, nº 4, alínea b), do Código dos Valores Mobiliários]. Esta previsão legal certamente vincula o agente à prestação referida, mas alerta o investidor para a importância acrescida do ónus de exigir ao representante a prova dos poderes de representação (artigo 260º do Código Civil). E de o responsabilizar, se a informação foi, na verdade, prestada.

106. O artigo 294º-A, nº 4, alínea b), do Código dos Valores Mobiliários serve, ainda, para excluir a bondade das reflexões que pretendem responsabilizar o intermediário financeiro com fundamento no risco da organização ou da empresa. O contrato escrito entre o intermediário financeiro e o agente vinculado confere clareza aos poderes atribuídos e a falta de publicidade dessa partilha de competências só ao agente é imputável. São factos dispostos pelo legislador e, assim, atendíveis. Nas palavras de Raúl Guichard, a respeito do abuso de representação: «(...) "dever de conhecimento" não significa, neste contexto, mais do que o conjunto das circunstâncias que, segundo a valoração do legislador, fazem surgir como justo ou adequado o facto de alguém, que ignora certos factos, ser tratado como quem dispõe do conhecimento (efetivo) dos mesmos (ou seja, para a situação em causa, as circunstâncias que justificam que o terceiro que não sabe do abuso venha afinal a ser equiparado àquele que sabe)»[157].

[155] A Representação nos Contratos Internacionais (Um contributo para o estudo do princípio da coerência em direito internacional privado), cit., pág. 136.

[156] *Teoria da Confiança e Responsabilidade Civil*, cit., pág. 592.

[157] *Notas sobre a falta e limites do poder de representação*, cit., pág. 38, nota 64 da pág. 35. No mesmo sentido, em *Da Relevância Jurídica do Conhecimento no Direito Civil*, cit., págs. 43 e seguinte.

107. E que diligência é exigível? A lei prevê que o terceiro possa requerer a justificação dos poderes de representação (artigo 260º do Código Civil e artigo 242º do Código Comercial). No contrato de agência (artigo 21º do Decreto-Lei nº 178/86) ou no regime do agente vinculado (artigo 294º-A, nº 4, do Código dos Valores Mobiliários), a informação sobre o alcance dos poderes constitui um dever do agente. Entende-se, porém, que a constituição de um dever de prestar da contraparte não preclude a autotutela dos interesses, sempre que as circunstâncias do caso o justifiquem.

108. Em termos gerais, aponta-se para uma atuação de acordo com o critério do bom pai de família (artigo 487º, nº 2, do Código Civil). Lê-se, sobre o dever de conhecimento do abuso da representação (artigo 269º do Código Civil): «A diligência requerida deve medir-se *in abstrato* e objetivamente. Perguntar-se-á, pois, se um parceiro negocial normal e correto, colocado naquelas circunstâncias, se teria apercebido do abuso»[158].

109. Há uma relação direta entre o investimento na confiança e a atenção que é requerida ao confiante. Assim, quanto maior for o envolvimento patrimonial da contraparte, maior é a diligência exigida ao interessado. São palavras de Batista Machado: «(...) o cuidado e as precauções a exigir dessa contraparte que reivindica a proteção da sua boa fé serão tanto maiores quanto mais vultosos forem os "investimentos" (iniciativas, atos de disposição, decisões) feitos com base na confiança. Sobretudo quando circunstâncias particulares façam suscitar dúvidas sobre a verdade da situação aparente. Nos negócios de grande vulto, que exigem uma atividade preparatória rodeada de muitas precauções, será menos desculpável a crença nos poderes de um procurador aparente do que nos negócios correntes da vida»[159].

110. Do mesmo modo, em contextos negociais que se prolongam no tempo, os sinais de desvio em relação à normalidade dos procedimentos, tal como ela é formatada à luz do critério do bom pai de família, tornam menos aceitável a passividade da contraparte. Esse comportamento significaria

[158] Raúl Guichard/Catarina Brandão Proença/Ana Teresa Ribeiro, *Anotação ao Artigo 269º*, in «Comentário ao Código Civil – Parte Geral», cit., pág. 659.

[159] *Tutela da confiança e* "venire contra factum proprium", cit., págs. 418 e seguinte. No mesmo sentido, Maria Helena Brito, *A Representação nos Contratos Internacionais (Um contributo para o estudo do princípio da coerência em direito internacional privado)*, cit., pág. 136, nota 147.

"fechar-se" ao conhecimento, sabendo que a informação se mostrava acessível. Haveria, no mínimo, um comportamento negligente, que determinaria a má fé: «(...) talvez haja aqui que distinguir entre aqueles casos onde quem se recusa a tomar conhecimento supõe ou admite que seria informado da situação real e aqueles outros em que a recusa não é acompanhada dessa suposição: na primeira hipótese existiria, *tout court*, má fé; enquanto na segunda, a pessoa em causa estaria ainda de boa fé, tendo, porém, que se questionar se ela poderia invocar de modo legítimo a sua ignorância»[160]. Ou mesmo dolo: «(...) se alguém, dispondo da possibilidade de adquirir o conhecimento relevante, a ele se subtrai intencionalmente, não será legítimo essa pessoa, posteriormente, invocar o seu desconhecimento. Tal decorre (...) do princípio da boa fé e do instituto do abuso do direito. Tomemos um exemplo: alguém, suspeitando que a situação real "não lhe é propícia", "fecha-se" a um tal conhecimento, recusando-se, nomeadamente, a falar com quem pretende informá-lo sobre a situação real»[161].

111. A instantaneidade dos contactos pode diminuir a exigência de uma indagação sobre a legitimidade da atuação. Diversamente, uma relação corrente de negócios obriga a uma averiguação dinâmica a respeito da bondade da conduta do representante, sempre que as suspeitas, permitidas pelo tempo, surjam. De outra forma, o desconhecimento perde justificação. Enfim, falta a legitimidade do erro: «Impõe-se, para que seja possível invocar a instituição do mandato aparente, que a aparência do mandato seja suficientemente forte para iludir os terceiros de boa fé. (...). Necessário se torna (...) que os terceiros tenham agido com a diligência que lhes era exigível, ou seja, que o erro destes tenha sido "legítimo", como afirmam hoje a doutrina e jurisprudência francesas, que ao menos em sede de mandato aparente parecem preferir esse critério ao do erro "comum". Esse erro aprecia-se em função das circunstâncias e, muito particularmente, atendendo aos usos»[162].

112. Não é, ainda, aceitável que se repute um terceiro de boa fé se descurou a utilização das salvaguardas que, mesmo perante a regularidade de

[160] Raúl Guichard, *Da Relevância Jurídica do Conhecimento no Direito Civil*, cit., págs. 30 e seguinte.

[161] Raúl Guichard, *Da Relevância Jurídica do Conhecimento no Direito Civil*, cit., pág. 30.

[162] Júlio Manuel Vieira Gomes, *A Gestão de Negócios – Um Instituto Jurídico numa Encruzilhada*, in «Boletim da Faculdade de Direito» (Suplemento XXXIX), Coimbra, 1995, pág. 528.

representação da contraparte, são acolhidas pela generalidade dos utilizadores de serviços bancários e/ou financeiros. Havendo uma relação de causalidade entre a exposição do lesado ao risco e a verificação do dano, perde legitimidade a invocação de um erro sobre a seriedade da contraparte na relação com o pseudo-representado.

113. Na apreciação do comportamento exigível ao investidor não profissional atende-se à sua integração na categoria ampla de consumidor. Parece bem fundamentada a extensão da proteção jurídica que, para o consumidor, a lei prevê à pessoa que negoceia em bens e serviços financeiros, designadamente valores mobiliários[163]. Nesse contexto, não se pode, porém, prescindir do critério do consumidor informado, do consumidor que toma decisões sustentadas numa atuação diligente. Esta abordagem faz parte do *acquis* do direito europeu[164].

114. A fundamentação da obrigação de indemnizar de um intermediário financeiro na tutela da confiança é incompatível com a aceitação de um critério inferior ao do consumidor informado. A solução apenas seria outra se os lesados integrassem a categoria de pessoas particularmente vulneráveis, que, em razão da idade, de doença mental ou física ou de credulidade, agissem de forma correspondente aos traços típicos da conduta do grupo de indivíduos que compõem.

Lê-se no considerando 34 da Diretiva 2011/83/UE do Parlamento Europeu e do Conselho, de 25 de outubro de 2011, relativa aos direitos dos

[163] Vejam-se, nomeadamente, Sofia Nascimento Rodrigues, *A Proteção dos Investidores em Valores Mobiliários*, Coimbra, 2001, 29 e segs., e Gonçalo Castilho dos Santos, *A Responsabilidade Civil do Intermediário Financeiro Perante o Cliente*, cit., págs. 42 e seguintes. José Engrácia Antunes chama, todavia, a atenção para as cautelas a observar nessa identificação: «(...) a equiparação legal genérica do investidor não profissional ao consumidor (art. 321º, nº 3 do CVM) não é automática, devendo ser devidamente cotejada caso a caso, quer com a natureza jurídica e económica de cada investidor ("maxime", pessoa singular ou coletiva, objeto legal ou estatutário, natureza profissional ou não da atividade de investimento), quer com os bens e serviços financeiros concretamente prestados, quer ainda com a eventual sobreposição ou duplicação das esferas de proteção das normas jusmobiliárias e jusconsumeristas» (*Direito do Consumo*, Coimbra, 2019, pág. 173).

[164] Veja-se, por exemplo, Norbert Reich/Hans-W. Micklitz/Peter Rott/Klaus Tonner, *European Consumer Law*, 2nd edition, Cambridge/Antwerp/Portland, 2014, págs. 45 e segs., e 94 e seguinte.

consumidores[165]: «O profissional deverá prestar ao consumidor informações claras e completas antes de o consumidor ficar vinculado por um contrato celebrado à distância ou fora do estabelecimento comercial, por um contrato diferente de um contrato celebrado à distância ou fora do estabelecimento comercial, ou por uma oferta contratual correspondente. Ao fornecer essa informação, o profissional deverá ter em conta as necessidades específicas dos consumidores que sejam particularmente vulneráveis, devido a uma enfermidade mental, física ou psicológica, idade ou credulidade, de uma forma que se poderá razoavelmente esperar que seja prevista pelo profissional. No entanto, o facto de se ter em conta essas necessidades específicas não deverá dar origem a níveis diferentes de proteção do consumidor».

Cita-se, ainda, o considerando 18 da Diretiva 2005/29/CE do Parlamento Europeu e do Conselho, de 11 de maio de 2005, relativa às práticas comerciais desleais das empresas face aos consumidores no mercado interno[166]: «De acordo com o princípio da proporcionalidade, e a fim de possibilitar a aplicação efetiva das proteções previstas na mesma, a presente diretiva utiliza como marco de referência o critério do consumidor médio, normalmente informado e razoavelmente atento e advertido, tendo em conta fatores de ordem social, cultural e linguística (...)». Tem sido relevante a jurisprudência europeia a este respeito, desenvolvendo o conceito relatado[167].

115. Ao padrão que se descreveu, de um consumidor médio que é razoavelmente bem informado e razoavelmente atento e prudente, acolhe a avaliação da diligência do investidor não profissional. Este deve ser autoresponsável pelas suas decisões. Como observa Sofia Nascimento Rodrigues, «(...) nem o mercado de valores mobiliários nem a autoridade que o supervisiona podem funcionar como "tutores" do investidor, evitando que ele tome decisões erradas de investimento, seja qual for, nesta matéria, o seu nível de cultura e de conhecimento. Está, portanto, implícita na assunção

[165] Alterada, recentemente, pela Diretiva (UE) 2019/2161 do Parlamento Europeu e do Conselho, de 27 de novembro de 2019 (destinada a assegurar uma melhor aplicação e a modernização das regras da União em matéria de defesa dos consumidores).

[166] Também alterada pela citada Diretiva (UE) 2019/2161 do Parlamento Europeu e do Conselho, de 27 de novembro de 2019.

[167] Veja-se, por exemplo, Hans-W. Micklitz/Jules Stuyck/Evelyne Terryn (general editors)/ Dimitri Droshout (coordinating editor), *Cases, Materials and Text on Consumer Law*, Oxford and Portland, Oregon, 2010, págs. 10 e segs., 39 e seg., 42, 89 e segs., e 107 e seguinte.

da proteção dos investidores como desiderato da atividade de supervisão da CMVM a recusa de um comportamento paternalista em relação a estes»[168].

Conclusões

Após a análise precedente, sintetizamos os resultados a que se chegou, indicando os lugares do texto em que se encontram referidos:

I. A relação contratual entre o intermediário financeiro e o agente vinculado exibe as características gerais do contrato de agência: tem por finalidade a promoção de contratos; o agente desenvolve a sua atividade sem subordinação ao intermediário financeiro; o agente atua por conta do intermediário financeiro; a atividade é exercida com continuidade; o agente é remunerado (ponto 10);

II. Nas hipóteses de lesão causada a terceiro pela ineficácia do negócio jurídico em razão da falta de poderes de representação, descobre-se na doutrina a invocação de uma responsabilidade pelo interesse contratual negativo do *falsus procurator* por *culpa in contrahendo*. Essa vinculação ao dever de indemnizar serve, ainda, para chamar à responsabilidade o pretenso representado, com culpa ou, em alternativa, como comitente ou devedor (ponto 14);

III. A orientação que se descreve pressupõe, no entanto, que a aparência de funções está, sem mais, compreendida na tutela dos artigos 500º e 800º do Código Civil (ponto 15);

IV. Ora, só a construção de uma tutela da confiança, com as especificidades que lhe são inerentes, permite vincular o representado à indemnização do dano de confiança associado à atuação do agente com uma procuração aparente. A questão torna-se, ainda, mais premente quando o *falsus procurator* é dotado de autonomia, escapando, pois, ao fundamento habitual do risco da empresa (ponto 15);

V. A ligação umbilical da aparência à boa fé do terceiro denuncia, de forma esclarecida, a impropriedade da construção que pretenda simplificar a responsabilidade do pretenso representado com a mera associação da *culpa in contrahendo* do representante à responsabilidade por facto de terceiro. Se a relevância delitual da aparência é uma expressão da confiança, como pretende, geralmente, a doutrina, a culpa do lesado deve ser apreciada na imputação de responsabilidade e não na determinação do montante indemnizatório, solução a que, no entanto, a *culpa in contrahendo*, fundamentada

[168] *A Proteção dos Investidores em Valores Mobiliários*, cit., pág. 34.

na violação de deveres de lealdade ou de informação pré-negociais, conduz (ponto 16);

VI. Ou seja, o entendimento que, conjugando a *culpa in contrahendo* do representante com os regimes da responsabilidade do comitente e do devedor por factos de terceiro, procura encontrar no *dominus* uma garantia adicional para a indemnização da contraparte dilui a exigência da confiança, que, contudo, serve de fundamento a essa mesma tutela. A solução parece contraditória nos seus termos (ponto 18);

VII. Tomando o que se escreveu como pano de fundo, crê-se relevante saber, para crítica, se serve de referência à responsabilidade do intermediário financeiro pela atuação do agente vinculado em representação sem poderes a disciplina civil da responsabilidade delitual ou o regime civil da responsabilidade contratual. A letra da lei [artigo 294º-C, nº 1, alínea a), do Código dos Valores Mobiliários] recebe uma clara inspiração do artigo 500º do Código Civil. Importa, no entanto, indagar se, substancialmente, prevalece a adequação da disciplina delitual. Constitui este o nosso entendimento (ponto 19);

VIII. É excluída a legitimidade da imputação de responsabilidade ao devedor se os danos corresponderem à violação de deveres específicos e autónomos de prestação positiva ou negativa do representante ou do auxiliar perante o credor. A existência daqueles deveres delimita uma relação obrigacional própria do terceiro perante o credor e, assim, enxerta uma pluralidade de devedores perante o credor. Eis o que sucede na relação triangular entre o intermediário financeiro, o agente vinculado e o investidor (ponto 21);

IX. A previsão expressa de um dever de informação sobre os limites da representação interpõe uma vinculação específica do agente em relação ao investidor no contexto da relação que ligue o intermediário financeiro e a contraparte, atribuindo ao cumprimento desse dever um espaço próprio na definição dos alicerces da responsabilidade do representado. Estamos perante a realidade da dupla imputação (ponto 22);

X. Com os fundamentos assinalados, a disciplina aplicável ao comitente orienta o intérprete na indagação sobre a responsabilidade do intermediário financeiro pela atuação sem poderes do agente vinculado (ponto 23);

XI. De acordo com o artigo 500º do Código Civil, o comitente responde, sem culpa, pelos danos causados a terceiros pelo comissário, desde que estejam reunidos três pressupostos: a verificação de uma relação de comissão, a existência da obrigação de indemnizar do comissário e a prática do facto danoso no exercício das funções que foram atribuídas ao comissário (ponto 24);

XII. Verifica-se um abuso de funções quando a atuação do comissário é legitimada pelas competências que lhe foram atribuídas, mas o preposto prossegue um objetivo diverso do fim que justificou a comissão. Nessas hipóteses, a conduta do comissário é, em geral, dolosa, agindo intencionalmente contra as ordens ou instruções do comitente (ponto 29);

XIII. Na comunidade jurídica portuguesa, há um consenso favorável à responsabilidade do comitente pelos atos praticados em abuso de funções pelo comissário (ponto 29);

XIV. Numa abordagem menos circunstanciada ao tema do abuso de funções, veremos que os exemplos de alguma jurisprudência parecem legitimar a diluição da aparência, convertendo-a numa modalidade daquele abuso. A conclusão é errada. A aparência de funções não é subsumível à figura do abuso de funções. São realidades distintas, a justificar um tratamento diverso. A aparência exige a verificação de uma situação de confiança, a boa fé do terceiro (ponto 31);

XV. A definição do âmbito das funções delegadas não se mostra compatível com análises impressionistas sobre o alcance da atividade do comitente, mas, antes, requer uma avaliação dos poderes que o comitente atribuiu ao preposto para o desempenho das suas funções. E se é certo que a apreciação das implicações do exercício das competências pelo comissário depende do contexto geral em que essas funções são exercidas, a ausência de uma transferência de poderes tão-só legitimará uma aparência de funções, jamais um abuso de funções (ponto 35);

XVI. A vinculação do comitente ao dever de indemnizar o lesado relativamente a atos que divergem da comissão, ou seja, dos direitos e deveres que foram atribuídos pelo comitente para a satisfação dos seus fins, exige uma reflexão diversa da ensaiada a respeito do abuso de funções, situação em que a confiança abstrata do lesado se afigura título suficiente de responsabilidade. Numa perspetiva relacional, só vence a ausência de uma iniciativa do comitente a boa fé subjetiva, concretamente verificável, do lesado (ponto 38);

XVII. Concede-se, é certo, na necessidade de descobrir uma solução que tutele o lesado nas situações em que o enquadramento funcional do comissário criou para o terceiro uma aparência de funções. Nesses casos, porém, o comitente, ou a lei, silenciara, ou negara, a atribuição ao comissário das competências por este exercidas de forma danosa. A lesão não ocorreu no exercício da função que lhe foi confiada, circunstância que veda a aplicação, sem mais, do artigo 500º do Código Civil. Há, a esse respeito, uma insuficiência do direito. Ao exercício da função, geradora de uma confiança abstrata do terceiro, deve equiparar-se a confiança que, concretamente, a atuação do comissário criou na esfera jurídica do lesado (ponto 47);

XVIII. Na construção de uma responsabilidade pela confiança procura-se responder às necessidades de justiça da situação particular. Verifica-se uma correção das desigualdades induzidas pelo desenvolvimento das relações humanas, satisfazendo exigências de nivelamento das partes, a que o sistema normativo nem sempre consegue responder de forma satisfatória, designadamente por razões de certeza jurídica. Acompanhado a lição de Carneiro da Frada, trata-se de um desenvolvimento *praeter legem* do Direito, em superação do dogma do positivismo normativista (ponto 48);

XIX. A responsabilidade fundada na confiança desdobra-se em vários pressupostos, relativos, simultaneamente, ao responsável e ao prejudicado ou confiante. De facto, aquela imputação demanda um enquadramento relacional que serve de condição ao juízo de responsabilidade (ponto 49);

XX. Enquadrada na proteção da confiança, a tutela da aparência tem relevância primária na dimensão negocial. Supre a insuficiência dessa resposta a responsabilidade (ponto 54);

XXI. Compreende-se, pois, que o debate sobre a relevância da aparência venha sendo, preferencialmente, feito a respeito da eventual atribuição de eficácia ao negócio celebrado pelo *falsus procurator*. A solução indemnizatória é uma resposta subsidiária, ponderada em razão do prejuízo causado ao terceiro com a ausência de vinculação do pseudo-representado. Nestes termos, é no contexto negocial que os índices da confiança são mais aprofundados, justificando-se uma referência prévia, embora breve, ao tema. A essa luz, consideram-se, designadamente a contribuição do *dominus* para a aparência, e, a jusante, a boa fé do lesado (ponto 55);

XXII. Longo vem sendo o debate sobre o alargamento das hipóteses de tutela do terceiro perante a ausência de poderes de representação, considerando a lei civil e, também, a lei comercial. Entre nós, há uma abordagem maioritária claramente favorável ao reconhecimento de outras situações em que se justifica a proteção negocial do terceiro, resgatando-as, pois, à solução de o risco da falta de poderes onerar o terceiro (artigo 260º do Código Civil). Tal seria especialmente evidenciado pelo artigo 23º do Decreto-Lei nº 178/86, de 3 de julho, que estabeleceu o regime do contrato de agência (ponto 58);

XXIII. Neste sentido, e sem prejuízo da bondade das demais reflexões que vêm sendo apresentadas em forma de contra-argumentação às alegações da doutrina que vê na regulamentação existente uma *lex completa*, um enfoque particular merece a relevância da contribuição do *dominus* para o estabelecimento da confiança (ponto 59);

XXIV. Um excurso pela doutrina e jurisprudência estrangeiras permite reconhecer a bondade de extensão da tutela de terceiros nas hipóteses de procuração tolerada e de procuração aparente. Ocorre a primeira quando o representado conhece a atuação do representante sem nada fazer para a impedir, tolerância que, de acordo com a boa fé e os usos normais do tráfego, é interpretável como a atribuição de uma procuração. Verifica-se a segunda se o representado desconhece o comportamento do representante, desconhecimento devido à falta de diligência adequada do interessado e comportamento que, considerando o cuidado que ao representado é exigível, o terceiro de boa fé imputa a uma sua transigência (ponto 60);

XXV. O fundamento primário da vinculação encontra-se na culpa do pseudo-representado. São inequívocas as vozes que, entre nós, excluem a juridicidade da aparência se houve culpa, mesmo leve, do terceiro (pontos 62 e 71);

XXVI. De acordo com um entendimento maioritário, o artigo 23º da disciplina do contrato de agência apresenta uma força expansiva sobre a tutela da aparência no ordenamento jurídico português (ponto 66);

XXVII. A disciplina do contrato de agência parece seguir os pressupostos que a doutrina favorável à tutela da aparência vem, genericamente, exigindo (ponto 67);

XXVIII. À margem da culpa e, assim, da tutela negocial da aparência, encontra-se um ensaio de autonomização da responsabilidade fundada na confiança gerada pelo risco de organização ou da empresa (ponto 74);

XXIX. Sabendo que a identificação da aparência com o risco da empresa apresenta força atrativa na doutrina e na jurisprudência portuguesas, estará, desse modo, legitimada a responsabilidade do *dominus*, apesar da ineficácia dos negócios celebrados pelo *falsus procurator*? Nos termos antes referidos, serão os artigos 500º ou 800º arrimo dessa pretensão? (ponto 78);

XXX. A eventualidade de uma resposta afirmativa dependeria da verificação da boa fé do terceiro, com o alcance que foi, antes, assinalado, e exigiria que o ressarcimento do dano de confiança divergisse da indemnização do dano de cumprimento. O pedido deve ser, necessariamente, rejeitado quando através da indemnização do interesse contratual negativo se alcança a eficácia do negócio jurídico negada pela lei (ponto 79);

XXXI. A autonomia privada pressupõe que os regimes devam ser coerentes, designadamente que a sanção indemnizatória acompanhe as condições de vinculação do *dominus* nas hipóteses de atuação de um *falsus procurator*. Seria indefensável que, na ausência de uma norma legitimadora, o intérprete negasse a existência de uma vinculação negocial pela confiança e, em alternativa, impusesse uma indemnização que servisse de sucedâneo à impossibilidade daquela vinculação (ponto 79);

XXXII. É o que se verifica quando os lesados peticionam uma indemnização correspondente à soma dos valores perdidos em investimentos não efetuados pelo *falsus procurator* com os rendimentos por aquele prometidos, ou à taxa corrente, e com os juros moratórios à taxa legal sobre essas verbas. São quantias que, justificadas pela indemnização do dano de confiança, os lesados receberiam se os negócios fossem considerados eficazes (ponto 80);

XXXIII. Articulemos estas reflexões com o regime especial de responsabilidade ditado para os agentes vinculados, à luz da consulta. Apura-se a necessidade de aplicação dos pressupostos da vinculação negocial pela aparência ao pedido de indemnização efetuado, sabendo que este apresenta um valor substancialmente equivalente ao aproveitamento dos negócios realizados (ponto 83);

XXXIV. Lembra-se, contudo, que, nos termos do artigo 294º-C, nº 1, alínea a), do Código dos Valores Mobiliários, «o intermediário financeiro responde por quaisquer atos ou omissões do agente vinculado no exercício das funções que lhe foram confiadas». Os termos da norma suscitariam, na verdade, a pergunta sobre a bondade das considerações precedentes neste contexto específico. O legislador europeu não incluiu, porém, as situações de aparência no regime da responsabilidade. Aliás, nem teria de o fazer, considerando a competência dos direitos nacionais a esse respeito (ponto 84);

XXXV. Com o enquadramento da consulta, a reclamada aplicação da disciplina da responsabilidade do comitente (e dos regimes nele fundados) tem de se acomodar aos pressupostos a que se subordina a tutela negocial da aparência. Na monografia de Maria da Graça Trigo sobre a responsabilidade civil do comitente, aparece já com evidência a emergência dessas especificidades (ponto 87);

XXXVI. À luz de tudo o que se escreveu, é o regime do contrato de agência que orienta a resposta à consulta realizada, pois essa é a natureza da relação que se estabelece entre o intermediário financeiro e o agente vinculado. Sabendo que a indemnização pedida corresponde, substancialmente, à eficácia dos negócios jurídicos celebrados pelo *falsus procurator* com os terceiros, importa revisitar os pressupostos da tutela positiva da confiança previstos no artigo 23º, nº 1, do Decreto-Lei nº 178/86. Na jurisprudência, encontram-se exemplos claros do percurso que agora se traça e, eventualmente, até por maioria de razão (ponto 91);

XXXVII. É pressuposto objetivo do preceito a existência de razões ponderosas que alicercem a confiança, apreciadas de forma objetiva e em função das circunstâncias do caso concreto. Constituem pressupostos subjetivos a contribuição do principal para a criação da confiança e a boa fé do terceiro (ponto 95);

XXXVIII. A mera celebração do contrato de agência é insuficiente para justificar o regime do artigo 23º, nº 1 (ponto 96);

XXXIX. Julga-se que a interpretação do artigo 23º do Decreto-Lei nº 178/86, aqui aplicável, determina a exigência de culpa do intermediário financeiro relativamente à atuação em representação sem poderes pelo agente. Na verdade, referindo-se a lei à contribuição do principal para a situação de confiança, à agência deve juntar-se, pelo menos, um desconhecimento censurável a respeito da conduta do agente (ponto 98);

XL. Só a contribuição da culpa do representado permite vencer o obstáculo que o regime da falta de consciência da declaração supõe (artigo 246º do Código Civil), determinando, agora, a natureza comercial do contrato de agência que a aparência produza efeitos negociais e não apenas compensatórios. Reconheça-se, entretanto, que, aproveitando a reflexão de alguma doutrina, o mero desconhecimento com culpa da conduta ilegítima do agente pode revelar-se insuficiente para a verificação da contribuição do principal para a aparência (ponto 99);

XLI. Esta "neblina" sobre a medida necessária da contribuição do principal para a situação de aparência requer, pois, que o julgador seja meticuloso no estabelecimento da vinculação do principal quando este desconhece a atuação do agente. Os factos terão de atestar um claro desvio da conduta do *dominus* em relação ao padrão de diligência convocável na apreciação do desvalor daquele comportamento. E cabe ao terceiro demonstrar os factos que revelam a contribuição do principal exigida pela lei (ponto 102);

XLII. Quanto à boa fé do terceiro, a doutrina reconhece, de forma consensual, que a tutela da confiança exige um desconhecimento não censurável da falta de poderes de representação. Prevalece um conceito de boa fé em sentido ético e não meramente psicológico. A ignorância negligente sobre a inexistência de poderes de representação deve onerar a contraparte, considerando que, nos termos do artigo 268º do Código Civil, a ausência daqueles poderes torna o negócio jurídico ineficaz (ponto 103);

XLIII. No caso *sub judice*, acresce que, na relação entre o investidor e o agente vinculado, deve este entregar àquele um documento escrito com uma informação completa, nomeadamente a respeito dos limites a que está sujeito no exercício da sua atividade [artigo 294º-A, nº 4, alínea b), do Código dos Valores Mobiliários]. Esta previsão legal certamente vincula o agente à prestação referida, mas alerta o investidor para a importância acrescida do ónus de exigir ao representante a prova dos poderes de representação (artigo 260º do Código Civil). E de o responsabilizar, se a informação foi, na verdade, prestada (ponto 105);

XLIV. O artigo 294º-A, nº 4, alínea b), do Código dos Valores Mobiliários serve, ainda, para excluir a bondade das reflexões que pretendem responsabilizar o intermediário financeiro com fundamento no risco da organização ou da empresa. O contrato escrito entre o intermediário financeiro e o agente vinculado confere clareza aos poderes atribuídos e a falta de publicidade dessa partilha de competências só ao agente é imputável. São factos dispostos pelo legislador e, assim, atendíveis (ponto 106);

XLV. A respeito da diligência exigível, aponta-se, em termos gerais, para uma atuação de acordo com o critério do bom pai de família (artigo 487º, nº 2, do Código Civil) (ponto 108);

XLVI. Há uma relação direta entre o investimento na confiança e a atenção que é requerida ao confiante. Assim, quanto maior for o envolvimento patrimonial da contraparte, maior é a diligência exigida ao interessado (ponto 109);

XLVII. Do mesmo modo, em contextos negociais que se prolongam no tempo, os sinais de desvio em relação à normalidade dos procedimentos, tal como ela é formatada à luz do critério do bom pai de família, tornam menos aceitável a passividade da contraparte. Esse comportamento significaria "fechar-se" ao conhecimento, sabendo que a informação se mostrava acessível. Haveria, no mínimo, um comportamento negligente, que determinaria a má fé. Ou mesmo dolo (ponto 110);

XLVIII. A instantaneidade dos contactos pode diminuir a exigência de uma indagação sobre a legitimidade da atuação. Diversamente, uma relação corrente de negócios obriga a uma averiguação dinâmica a respeito da bondade da conduta do representante, sempre que as suspeitas, permitidas pelo tempo, surjam. De outra forma, o desconhecimento perde justificação. Enfim, falta a legitimidade do erro (ponto 111);

XLIX. Não é, ainda, aceitável que se repute um terceiro de boa fé se descurou a utilização das salvaguardas que, mesmo perante a regularidade de representação da contraparte, são acolhidas pela generalidade dos utilizadores de serviços bancários e/ou financeiros. Havendo uma relação de causalidade entre a exposição do lesado ao risco e a verificação do dano, perde legitimidade a invocação de um erro sobre a seriedade da contraparte na relação com o pseudo-representado (ponto 112);

L. Na apreciação do comportamento exigível ao investidor não profissional atende-se à sua integração na categoria ampla de consumidor. Parece bem fundamentada a extensão da proteção jurídica que, para o consumidor, a lei prevê à pessoa que negoceia em bens e serviços financeiros, designadamente valores mobiliários. Nesse contexto, não se pode, porém, prescindir do critério do consumidor informado, do consumidor que toma decisões sustentadas numa atuação diligente. Esta abordagem faz parte do *acquis* do direito europeu (ponto 113);

LI. Ao padrão que se descreveu, de um consumidor médio que é razoavelmente bem informado e razoavelmente atento e prudente, acolhe a avaliação da diligência do investidor não profissional. Este deve ser autorresponsável pelas suas decisões (ponto 115).

Direito aplicável aos contratos internacionais de seguro

*Maria Helena Brito**

§ 1º Introdução

I. Neste texto proponho-me apresentar o regime de direito aplicável aos contratos internacionais de seguro, tal como decorre do Regulamento (CE) nº 593/2008 do Parlamento Europeu e do Conselho, de 17 de junho de 2008, sobre a lei aplicável às obrigações contratuais (Roma I)[1] – doravante, simplificadamente, Regulamento sobre a lei aplicável às obrigações contratuais, Regulamento Roma I ou apenas Regulamento, quando essa designação fique clara no contexto.

Em especial, pretendo observar o modo como, perante as soluções adotadas no domínio dos contratos internacionais de seguro, se deu concretização às finalidades enunciadas no preâmbulo do Regulamento.

Dedico este trabalho ao Professor Pedro Pais de Vasconcelos, especialista em Direito dos Seguros, meu amigo e colega da Faculdade de Direito da Universidade de Lisboa, onde ambos integrámos a equipa de Direito Internacional Privado coordenada pela Professora Isabel de Magalhães Collaço. O artigo retoma, desenvolvendo e atualizando, uma parte do texto que preparei para servir de base à Lição apresentada e discutida na Universidade Nova de Lisboa, em provas de agregação em Direito, no dia 20 de maio de 2016.

* Professora Catedrática jubilada da Faculdade de Direito da Universidade Nova de Lisboa. Investigadora do CEDIS – Centro de Investigação & Desenvolvimento sobre Direito e Sociedade da FDUNL.

[1] Publicado no *JO* L 177, de 04.07.2008, p. 6 ss.

A Comunidade Europeia fixou o objetivo de manter e desenvolver um espaço de liberdade, de segurança e de justiça. Para a criação desse espaço, têm vindo a ser aprovadas medidas no domínio da cooperação judiciária em matéria civil com incidência transfronteiriça, julgadas necessárias ao bom funcionamento do mercado interno.

A alínea *b)* do artigo 65º do Tratado que instituiu a Comunidade Europeia, na redação resultante do Tratado de Amesterdão, faz especificamente referência às medidas destinadas a "promover a compatibilidade das normas aplicáveis nos Estados-Membros em matéria de conflitos de leis e de jurisdições". Essa norma tem atualmente correspondência no artigo 81º, nº 2, alínea *c)*, do Tratado sobre o Funcionamento da União Europeia.

O princípio do reconhecimento mútuo das decisões judiciais, considerado como "pedra angular da cooperação judiciária em matéria civil", pressupõe a existência, no espaço da União, da harmonização das normas de conflitos de leis.

Com efeito, tal como se refere no preâmbulo de alguns dos atos normativos adotados neste domínio, "o bom funcionamento do mercado interno exige que, para favorecer a previsibilidade do resultado dos litígios, a certeza quanto à lei aplicável e a livre circulação das decisões judiciais, as normas de conflitos de leis em vigor nos Estados-Membros designem a mesma lei nacional, independentemente do país em que se situe o tribunal no qual é proposta a ação"[2].

Reconheceu-se então também que "dever[ia] ser evitada a dispersão por vários instrumentos das normas de conflitos de leis e as divergências entre essas regras", mas que o Regulamento "não dever[ia] excluir a possibilidade de, em matérias específicas, se incluírem normas de conflitos de leis relativas a obrigações contratuais em disposições de direito comunitário"[3]. Ao mesmo tempo, admitiu-se que o Regulamento "não dever[ia] prejudicar a aplicação de outros instrumentos que contenham disposições destinadas a contribuir para o bom funcionamento do mercado interno, na medida em que estas não possam ser aplicadas em conjugação com a lei designada pelas regras do presente regulamento"[4].

[2] Veja-se, concretamente, o considerando 6 do Regulamento.

[3] Assim, o considerando 40, 1º parágrafo, e a regra geral contida no artigo 23º do Regulamento.

[4] Considerando 40, 2º parágrafo, 1ª frase, do Regulamento. Vejam-se também os artigos 25º e 26º, no que se refere às relações do Regulamento com convenções internacionais existentes.

II. No que em especial diz respeito aos contratos de seguro, o Regulamento incluiu um regime especial no artigo 7º, com o intuito de substituir e simplificar a regulação dispersa por numerosas Diretivas[5] e de assim contribuir para a harmonização do regime conflitual aplicável. Esse desígnio encontra-se expresso no artigo 23º do Regulamento, onde, sob a epígrafe "Relação com outras disposições do direito comunitário", se determina que "à exceção do artigo 7º, o presente regulamento não prejudica a aplicação das disposições do direito comunitário que, em matérias específicas, regulem os conflitos de leis em matéria de obrigações contratuais".

Ao mesmo tempo, o preâmbulo do Regulamento, depois de anunciar que "no caso dos contratos celebrados com partes consideradas vulneráveis, é oportuno protegê-las através de normas de conflitos de leis que sejam mais favoráveis aos seus interesses do que as normas gerais" (considerando 23), declara que, "devido à natureza específica dos contratos [...] de seguro, disposições específicas deverão assegurar um nível adequado de proteção de [...] tomadores de seguro [...]" (considerando 32).

III. As normas de conflitos do Regulamento Roma I[6] indicam o direito competente para reger os contratos de seguro abrangidos no seu âmbito material de aplicação, celebrados a partir da data da respetiva entrada em vigor.

[5] As Diretivas mais relevantes serão oportunamente mencionadas neste texto. Não obstante a harmonização do direito da supervisão dos seguros operada através de tais Diretivas, o Mercado Único dos seguros não é ainda uma realidade (como foi sublinhado por GIESELA RÜHL, "Common Law, Civil Law, and the Single European Market for Insurances", *ICLQ*, 2006, p. 879 ss). Algumas das Diretivas adotadas continham normas de conflitos para a determinação do direito aplicável aos contratos de seguro a que se reportavam. Veja-se a referência em RUI MANUEL MOURA RAMOS, "Direito Internacional Privado e Direito Comunitário. Termos de uma interacção", in *Estudos de Direito Internacional Privado e de Direito Processual Civil Internacional*, vol. II, Coimbra, 2007, p. 145 ss (p. 158 s e nota 18). Sobre a transposição para o direito interno de alguns Estados-Membros das normas de conflitos incluídas nas Diretivas que ao tempo se encontravam em vigor, consulte-se *The Implementation Provisions of the EC Choice of Law Rules for Insurance Contracts. A Commentary. Belgium, France, Germany, Italy, The Netherlands, Spain, United Kingdom* (ed. Marco Frigessi di Rattalma, com a colaboração de Francesco Seatzu), The Hague, 2003.

[6] É muito vasta a bibliografia sobre o Regulamento Roma I. Consultem-se, na doutrina portuguesa, com amplas referências bibliográficas: LUÍS DE LIMA PINHEIRO, *Direito internacional privado*, vol. II – *Direito de conflitos. Parte especial*, 4ª ed., Coimbra, 2015, p. 314 ss; ID., "O novo Regulamento comunitário sobre a lei aplicável às obrigações contratuais (Roma I) – Uma introdução", in *Estudos de Direito Internacional Privado*, vol. II, Coimbra, 2009, p. 401 ss; ID.,

Neste domínio, não pode também deixar de se considerar o Regulamento relativo à lei aplicável às obrigações extracontratuais (simplificadamente, Regulamento Roma II[7]), e ainda os Regulamentos relativos à competência judiciária, ao reconhecimento e à execução de decisões em matéria civil e comercial (simplificadamente, Regulamento Bruxelas I[8] e Regulamento Bruxelas Ibis[9]).

"Rome I Regulation: Some Controversial Issues", in *Grenzen überwinden – Prinzipien bewahren. Festschrift für Bernd von Hoffmann zum 70. Geburtstag am 28. Dezember 2011*, Bielefeld, 2011, p. 242 ss; R. Moura Ramos, "O Direito Internacional Privado das Obrigações Contratuais na União Europeia", in *Estudos de Direito Internacional Privado da União Europeia*, Coimbra, 2016, p. 73 ss; M. Helena Brito, "Determinação da lei aplicável aos contratos internacionais: Da Convenção de Roma ao Regulamento Roma I", in *Estudos em Homenagem ao Professor Doutor José Lebre de Freitas*, Coimbra, 2013, vol. I, p. 427 ss; Id., "Direito aplicável aos contratos internacionais: Algumas considerações sobre as regras gerais incluídas na Convenção de Roma e no Regulamento Roma I", in Constança Urbano de Sousa (coord.), *O espaço de liberdade, segurança e justiça da UE: desenvolvimentos recentes – The EU area of freedom, security and justice: recent developments*, Lisboa, 2014, p. 195 ss; Id., *Breves notas sobre o Regulamento relativo à lei aplicável às obrigações contratuais ("Roma I")*, Comunicação apresentada no Colóquio dedicado ao tema "Direito europeu: Análise dos regulamentos europeus relativos a competência internacional, responsabilidade contratual e extracontratual e direito sucessório", organizado pelo Centro de Estudos Judiciários, que decorreu em Lisboa, em 12 de dezembro de 2014 (disponível em http://elearning.cej.mj.pt/file.php/214/Documentacao_apoio_MHB/texto_comunicacao/texto_Maria_Helena_Brito.pdf). Para outras indicações, veja-se o meu livro *Direito Internacional Privado sob influência do Direito Europeu*, Lisboa, 2017, notas 153 e 154 e lugares para onde aí se remete.

[7] Publicado no *JO* L 199, de 31.07.2007, p. 40 ss. Sobre o Regulamento Roma II, vejam-se, na doutrina portuguesa: R. Moura Ramos, "Le droit international privé des obligations extracontractuelles", in *Estudos de DIP e de DPCI*, vol. II, cit., p. 79 ss (p. 90 ss); Id., "O Direito Internacional Privado das Obrigações Extracontratuais na União Europeia", in *Estudos de DIP da UE*, cit., p. 109 ss; L. Lima Pinheiro, *Direito internacional privado*, vol. II, cit., p. 471 ss; Id., "O direito de conflitos das obrigações extracontratuais entre a comunitarização e a globalização – Uma primeira apreciação do Regulamento comunitário Roma II", *O Direito*, 2007, p. 1027 ss; Id., "Choice of Law on Non-contractual Obligations between Communitarization and Globalization. A First Assessment of EC Regulation Rome II", *Rdintpriv.proc.*, 2008, p. 5 ss; Elsa Dias Oliveira, *Da responsabilidade civil extracontratual por violação de direitos de personalidade em direito internacional privado*, Coimbra, 2012, p. 206 ss; Anabela Susana de Sousa Gonçalves, *Da responsabilidade extracontratual em direito internacional privado*, Coimbra, 2013, p. 226 ss; José Carlos Moitinho de Almeida, *O Regulamento Roma II (Lei Aplicável às Obrigações Contratuais)*, Cascais, 2017. Para outras indicações, M. Helena Brito, *DIP sob influência do Direito Europeu*, cit., notas 151 e 152 e lugares para onde aí se remete.

[8] Publicado no *JO* L 12, de 16.01.2001, p. 1 ss. Sobre o Regulamento Bruxelas I, vejam-se, na doutrina portuguesa: Miguel Teixeira de Sousa, "Âmbito de aplicação do Regulamento

Na verdade, o objetivo de coerência entre estes atos de fonte europeia é sublinhado no considerando 7 do Regulamento Roma I. Esta questão não tem passado despercebida à doutrina[10]. Na sua jurisprudência, o Tribunal

nº 44/2001, de 22 de dezembro de 2000 (Regulamento Bruxelas I)", in *Estudos em Homenagem à Professora Doutora Isabel de Magalhães Collaço*, Coimbra, 2002, vol. II, p. 675 ss; Id., *Direito Processual Civil Europeu*, policop., Lisboa, 2003, p. 62 ss, 169 ss; R. Moura Ramos, "The New EC Rules on Jurisdiction and the Recognition and Enforcement of Judgements" (2002), in *Estudos de DIP e de DPCI*, vol. II, cit., p. 7 ss (p. 22 ss); Dário Moura Vicente, "Competência judiciária e reconhecimento de decisões estrangeiras no Regulamento (CE) nº 44/2001" (2002), in *Direito internacional privado. Ensaios*, vol. I, Coimbra 2002, p. 291 ss; Id., "Comércio electrónico e competência internacional" (2004), in *Ensaios*, vol. II, 2005, p. 263 ss (p. 269 ss); L. Lima Pinheiro, "Competência internacional em matéria de contratos com consumidores" (2002), in *Estudos de DIP*, Coimbra, 2006, p. 295 ss (p. 297 ss); Id., "Competência internacional em matéria de litígios relativos à Internet" (2003), in *Estudos de DIP*, cit., p. 311 ss (p. 313 ss); Id., *Direito internacional privado*, vol. III – *Competência internacional e reconhecimento de decisões estrangeiras*, 2ª ed., Coimbra, 2012, p. 70 ss, 376 ss; Id., "General presentation of the european «procedural» regulations", in *Nuevos reglamentos comunitarios y su impacto en el derecho catalán* (dir. Carmen Parra), Barcelona, 2012, p. 51 ss (p. 57 ss). Para outras informações, M. Helena Brito, *DIP sob influência do Direito Europeu*, cit., notas 139 e 140 e lugares para onde aí se remete.

9 Publicado no *JO* L 351, de 20.12.2012, p. 1 ss. Sobre o Regulamento Bruxelas I-bis, vejam-se, na doutrina portuguesa: R. Moura Ramos, "Competência judicial e execução das decisões na União Europeia. A reformulação do Regulamento Bruxelas I pelo Regulamento (UE) nº 1215/2012, de 12 de Dezembro de 2012", in *Estudos em Memória do Conselheiro Artur Maurício*, Coimbra, 2014, p. 1269 ss (também em *Estudos de DIP da UE*, cit., p. 287 ss); A. Sousa Gonçalves, "A revisão do Regulamento Bruxelas I relativo à competência judiciária, ao reconhecimento e à execução de decisões em matéria civil e comercial", in *Estudos em Comemoração dos 20 anos da Escola de Direito da Universidade do Minho*, Coimbra, 2014, p. 39 ss; L. Lima Pinheiro, *Direito internacional privado*, vol. III, tomo I – *Competência internacional*, 3ª ed., Lisboa, 2019, p. 74 ss; tomo II – *Reconhecimento de decisões estrangeiras*, 3ª ed., 2019, Lisboa, p. 71 ss. Para outras informações, M. Helena Brito, *DIP sob influência do Direito Europeu*, cit., notas 176 e 177 e lugares para onde aí se remete.

10 Assim: Anna-Kristina Bitter, "Auslegungszusammenhang zwischen der Brüssel I-Verordnung und der künftigen Rom I-Verordnung", *IPRax*, 2008, p. 96 ss; Francisco J. Garcimartín Alférez, "The Rome I Regulation: Much ado about nothing?", *The European Legal Forum*, 2008-2, p. 61 ss (p. 62, 70 s); Andrea Bonomi, "The Rome I Regulation on the Law Applicable to Contractual Obligations. Some General Remarks", *Yearbook of PIL*, vol. X (2008), p. 165 ss (p. 166); Eva Lein, "The New Rome I / Rome II / Brussels I Synergy", *Yearbook of PIL*, vol. X, cit., p. 177 ss; Hughes Kenfack, "Le règlement (CE) nº 593/2008 du 17 juin 2008 sur la loi applicable aux obligations contractuelles («Rome I»), navire stable aux instruments efficaces de navigation?", *Clunet*, 2009, p. 3 ss (p. 10 s); Carine Brière, "Le droit international privé européen des contrats et la coordination des sources", *Clunet*, 2009, p. 791 ss (em especial,

de Justiça tem igualmente chamado a atenção para a necessidade de harmonia na interpretação e aplicação dos conceitos utilizados nos referidos Regulamentos[11].

São ainda eventualmente atendíveis na regulação de determinados contratos internacionais de seguro: a Diretiva sobre o comércio eletrónico[12]; a Diretiva relativa à comercialização à distância de serviços financeiros

p. 793 ss); FAUSTO POCAR, "Some Remarks on the Relationship between the Rome I and Brussels I Regulations", in FRANCO FERRARI, STEFAN LEIBLE (ed.), *Rome I Regulation. The Law Applicable to Contractual Obligations in Europe*, Munich, 2009, p. 343 ss; BERNARD HAFTEL, "Entre «Rome II» et «Bruxelles I»: l'interprétation communautaire uniforme du règlement Rome I", *Clunet*, 2010, p. 761 ss; MARKUS WÜRDINGER, "Das Prinzip der Einheit der Schuldrechtsverordnungen im Europäischen Internationalen Privat- und Verfahrensrecht. Eine methodologische Untersuchung über die praktische Konkordanz zwischen Brüssel IVO, Rom I-VO und Rom II-VO", *RabelsZ*, 2011, p. 102 ss; ELIZABETH B. CRAWFORD, JANEEN M. CARRUTHERS, "Connection and Coherence Between and Among European Instruments in the Private International Law of Obligations", *ICLQ*, 2014, p. 1 ss; JÜRGEN BASEDOW, "Kohärenz im Internationalen Privat- und Verfahrensrecht der Europäischen Union. Eine einleitende Orientierung", in *Kohärenz im Internationalen Privat- und Verfahrensrecht* (org. Jan von Hein, Giesela Rühl), Tübingen, 2016, p. 3 ss (em especial, p. 15 ss). No que em particilar diz respeito à matéria de seguros e à necessidade de coordenação entre o Regulamento Roma I e o Regulamento Bruxelas I, cfr.: HELMUT HEISS, "Insurance Contracts in Rome I: Another Recent Failure of the European Legislature", *Yearbook of PIL*, vol. X, cit., p. 261 ss (p. 267, 282 s); EVA-MARIA KIENINGER, "Der Schutz schwächerer Personen im Schuldrecht", in *Kohärenz im Internationalen Privat- und Verfahrensrecht*, cit., p. 307 ss (p. 322 s); M. HELENA BRITO, "Coerência ou Fragmentação no Direito Internacional Privado dos Seguros?", *Themis*, 2016, nºs 30/31, p. 39 ss.

11 Vejam-se, por exemplo: acórdão de 21.01.2016, Processos apensos *"ERGO Insurance" SE contra "If P&C Insurance" AS* (C-359/14) e *"Gjensidige Baltic" AAS contra "PZU Lietuva" UAB DK* (C-475/14), nº 43 (a propósito da interpretação das noções de "obrigação contratual" e de "obrigação extracontratual"); acórdão de 31.01.2019, Processo *Agostinho da Silva Martins contra Dekra Claims Services Portugal, SA*, nº 28 (a propósito da interpretação da noção de "normas de aplicação imediata"). Esta última decisão foi comentada por MARION HO-DAC, "L'arrêt *da Silva Martins* de la Cour de justice de l'Union europénne, expression des «rapports de méthodes» dans l'ordre juridique européen", *RTDEur*, 2019, p. 869 ss (aludindo, na p. 873, à necessidade de "uma interpretação comum, ao serviço da coerência dos textos de direito internacional privado da União").

12 Diretiva 2000/31/CE do Parlamento Europeu e do Conselho, de 8 de junho de 2000, relativa a certos aspetos legais dos serviços da sociedade de informação, em especial do comércio eletrónico, no mercado interno, publicada no *JO* L 178, de 17.07.2000, p. 1 ss. Transposta para o direito interno português pelo Decreto-Lei nº 7/2004, de 7 de janeiro (já alterado).

prestados a consumidores[13]; a Diretiva relativa às cláusulas abusivas nos contratos celebrados com os consumidores[14-15].

A análise que se segue incidirá fundamentalmente sobre o regime aplicável aos contratos internacionais de seguro, decorrente do Regulamento Roma I, sem prejuízo da referência a soluções constantes de outros atos normativos que em cada caso se justifique.

§ 2º Os contratos de seguro como objeto do Regulamento Roma I

O Regulamento Roma I veio substituir, nos Estados-Membros, a Convenção de Roma de 1980 sobre a lei aplicável às obrigações contratuais (conforme estabelecido no artigo 24º do Regulamento).

As normas de conflitos do Regulamento Roma I vigoram diretamente na ordem interna e prevalecem sobre as da LCS[16], nas matérias contempladas

[13] Diretiva 2002/65/CE do Parlamento Europeu e do Conselho, de 23 de setembro de 2002, publicada no *JO* L 271, de 09.10.2002, p. 16 ss (com modificações posteriores). Transposta para o direito interno português pelo Decreto-Lei nº 95/2006, de 29 de maio (já alterado).

[14] Diretiva 93/13/CEE do Conselho, de 5 de abril de 1993, publicada no *JO* L 95, de 21.04.1993, p. 29 ss (também com modificações posteriores). Em Portugal, a adaptação a esta Diretiva do regime jurídico das cláusulas contratuais gerais, instituído pelo Decreto-Lei nº 446/85, de 25 de outubro, foi realizada através do Decreto-Lei nº 220/95, de 31 de agosto.

[15] Podem igualmente assumir relevância: a Diretiva 2009/103/CE do Parlamento Europeu e do Conselho, de 16 de setembro de 2009, relativa ao seguro de responsabilidade civil que resulta da circulação de veículos automóveis e à fiscalização do cumprimento da obrigação de segurar esta responsabilidade, publicada no *JO* L 263, de 07.10.2009, p. 11 ss (no direito português, o Decreto-Lei nº 291/2007, de 21 de agosto, tal como alterado, não teve de ser modificado para de adaptar à Diretiva de 2009); a Diretiva (UE) 2016/97 do Parlamento Europeu e do Conselho, de 20 de janeiro de 2016, sobre a distribuição de seguros (reformulação), publicada no *JO* L 26, de 02.02.2016, p. 19 ss (transposta para o direito interno português pela Lei nº 7/2019, de 16 de janeiro.

[16] Regime jurídico do contrato de seguro, aprovado pelo Decreto-Lei nº 72/2008, de 16 de abril (simplificadamente, LCS). As normas de conflitos constam dos artigos 5º a 10º. Para a análise pormenorizada dessas normas de conflitos, ver Nuno Andrade Pissarra, "Breves considerações sobre a lei aplicável ao contrato de seguro", *CDT* (Octubre 2011), vol. 3, nº 2, p. 10 ss, disponível em e-revistas.uc3m.es/index.php/CDT/article/download/1323/546, em especial, p. 21 ss; Id., "Direito aplicável", in Margarida Lima Rego (coord.), *Temas de Direito dos Seguros. A Propósito da Nova Lei do Contrato de Seguro*, Coimbra, 2012, p. 65 ss. Vejam-se ainda: L. Lima Pinheiro, *Direito internacional privado*, vol. II, cit., p. 321 s, 386 ss; Id., "Sobre a lei aplicável ao contrato de seguro perante o Regulamento Roma I", in *Estudos em Homenagem a Miguel Galvão Teles*, vol. II, Coimbra, 2012, p. 681 ss (p. 700 ss); Arnaldo da Costa Oliveira, "Anotação aos artigos 5º a 10º", in Pedro Romano Martinez & O., *Lei do Contrato de Seguro. Anotada*, 3ª ed.,

por ambos os diplomas, tendo em conta o disposto na Constituição Portuguesa (artigo 8º, nºs 3 e 4) e considerando igualmente o caráter universal do Regulamento.

Os termos dessa prevalência determinam-se em função do âmbito de aplicabilidade material, espacial e temporal das regras do Regulamento.

I. O âmbito material do Regulamento Roma I encontra-se definido, em termos gerais, no artigo 1º.

De acordo com o nº 1 do artigo 1º, o Regulamento aplica-se às obrigações contratuais – aos contratos – em matéria civil e comercial. Não se aplica às obrigações contratuais em matéria fiscal, aduaneira e administrativa.

Tal como a Convenção de Roma, o Regulamento Roma I não define em qualquer das suas disposições "obrigação contratual" nem "contrato". Para decidir sobre a recondução ou não de certa matéria ao âmbito de aplicação do Regulamento, não pode atender-se a critérios próprios da *lex fori*; deve proceder-se a uma interpretação autónoma, utilizando o método comparativo, único suscetível de ter em conta a natureza e a origem europeia das normas de conflitos que estão em causa.

A jurisprudência do TJUE tem repetidamente afirmado a necessidade de construir os conceitos utilizados nos atos normativos da União segundo critérios uniformes e autónomos, por referência à sistemática e à finalidade desses atos.

Sobre a interpretação das noções de "obrigação contratual" e de "obrigação extracontratual", delimitadoras do âmbito de aplicação respetivo do Regulamento Roma I e do Regulamento Roma II, considerou o Tribunal de Justiça que "o conceito de «obrigação contratual», na aceção do artigo 1º do Regulamento Roma I, designa uma obrigação jurídica livremente consentida por uma pessoa para com outra", deste modo se distinguindo de "«obrigação extracontratual», na aceção do Regulamento Roma II, uma obrigação que tem origem num dos acontecimentos enumerados no artigo 2º deste regulamento" ["obrigações decorrentes de um dano, isto é, todas as consequências decorrentes da respon-

Coimbra, 2016, p. 43 ss. As disposições contidas no ante-projecto que deu origem à LCS foram objeto de apreciação crítica por parte de J. C. Moitinho de Almeida, "O Direito Internacional Privado aplicável ao contrato de seguro: Comentários ao ante-projecto de Decreto-Lei sobre o contrato de seguro", in *Contrato de seguro. Estudos*, Coimbra, 2009, p. 191 ss.

sabilidade fundada em ato lícito, ilícito ou no risco, do enriquecimento sem causa, da *negotiorum gestio* ou da *culpa in contrahendo*"][17-18].

São excluídos do âmbito material do Regulamento Roma I certos contratos, no domínio civil e comercial, referidos nas diversas alíneas do nº 2 do artigo 1º.

O contrato de seguro está, naturalmente, abrangido no campo de aplicação material do Regulamento[19], ainda assim com a exclusão mencionada no artigo 1º, nº 2, alínea *j)*.

Por força desta disposição, o Regulamento Roma I não se aplica "aos contratos de seguro decorrentes de atividades levadas a efeito por organismos que não as empresas referidas no artigo 2º da Diretiva 2002/83/CE do Parlamento Europeu e do Conselho, de 5 de novembro de 2002, relativa aos seguros de vida[20],

[17] Acórdão de 21.01.2016, Processos apensos *"ERGO Insurance" SE contra "If P&C Insurance" AS* (C-359/14) e *"Gjensidige Baltic" AAS contra "PZU Lietuva" UAB DK* (C-475/14), já antes citado, nºs 43 a 46. Reiterando o entendimento de que a noção de "matéria contratual" pressupõe "a determinação de uma obrigação jurídica livremente consentida por uma pessoa para com outra": acórdãos de 08.05.2019, Processo *Brian Andrew Kerr contra Pavlo Postnov, Natalia Postnova* (C-25/18), nº 25, e de 05.12.2019, Processo *Ordre des avocats du barreau de Dinant contra JN* (C-421/18), nº 26 (nestes dois últimos casos, relativamente à interpretação da noção de "matéria contratual", utilizada no artigo 7º, nº 1, alínea *a)*, do Regulamento Bruxelas I-bis, no domínio da competência jurisdicional internacional).

[18] Veja-se ainda, por exemplo, a propósito da interpretação da noção de "país em que o trabalhador presta habitualmente o seu trabalho", utilizada na norma de conflitos do artigo 6º, nº 2, alínea *a)*, da Convenção de Roma, o acórdão do Tribunal de Justiça, de 15.03.2011, Processo *Heiko Koelzsch contra Estado do Grão-Ducado do Luxemburgo* (C29/10), nº 32 – com comentário de R. Moura Ramos, "Lugar da prestação habitual do trabalho e direito internacional privado da União Europeia", *RLJ*, 142º, 2013, nº 3981, p. 378 ss.

[19] A exclusão das matérias administrativas, determinada no artigo 1º, nº 1, 2º parágrafo, do Regulamento, abrange a segurança social e as relações de seguro de natureza jurídico-pública. Cfr. D. Martiny, "Art. 7 Rom I-VO", *MünchKommBGB*, Bd. 12 – *Internationales Privatrecht II*, 7ª ed., München, 2018, p. 302 ss, An. 7; L. Lima Pinheiro, "Sobre a lei aplicável ao contrato de seguro perante o Regulamento Roma I", cit., p. 681 ss (p. 685).

[20] A remissão para a Diretiva "vida" 2002/83/CE deve atualmente entenderse como dirigida à Diretiva 2009/138/CE do Parlamento Europeu e do Conselho, de 25 de novembro de 2009, relativa ao acesso à atividade de seguros e resseguros e ao seu exercício (Solvência II) (publicada no *JO* L 335, de 17.12.2009, p. 1 ss), conforme resulta dos respetivos artigos 309º, nº 1, 2º parágrafo, e 310º, 2º parágrafo, a partir da data de entrada em vigor das disposições nacionais de transposição da mesma Diretiva 2009/138/CE e da data de revogação de certas outras Diretivas [essas datas, inicialmente fixadas em 1 de novembro de 2012, foram diferidas para 1

cujo objetivo consista em fornecer prestações a assalariados ou a trabalhadores não assalariados que façam parte de uma empresa ou grupo de empresas, a um ramo comercial ou grupo comercial, em caso de morte ou sobrevivência, de cessação ou redução de atividades, em caso de doença profissional ou de acidente de trabalho"[21]. Dizendo de outro modo, o Regulamento Roma I não se aplica aos contratos de seguro fornecidos por seguradores estabelecidos fora da União Europeia, que tenham por objeto, designadamente, a concessão de prestações a favor de trabalhadores que façam parte de uma empresa ou grupo de empresas, relacionados com os riscos "morte", "doença profissional" ou "acidente de trabalho", contratos de algum modo relacionados com a segurança social[22].

Ressalvada essa exceção, o Regulamento Roma I aplica-se a todos os contratos de seguro e de resseguro, *independentemente de o risco se situar dentro ou fora do território dos Estados-Membros*, embora com base em regimes diferenciados.

de janeiro de 2016, pela Diretiva 2014/51/UE do Parlamento Europeu e do Conselho, de 16 de abril de 2014, que altera as Diretivas 2003/71/CE e 2009/138/CE e os Regulamentos (CE) nº 1060/2009, (UE) nº 1094/2010 e (UE) nº 1095/2010 no que respeita às competências da Autoridade Europeia de Supervisão (Autoridade Europeia dos Seguros e Pensões Complementares de Reforma) e da Autoridade Europeia de Supervisão (Autoridade Europeia dos Valores Mobiliários e dos Mercados), publicada no *JO* L 153, de 22.05.2014, p. 1 ss].

[21] A propósito das operações excluídas do âmbito de aplicação do Regulamento Roma I, por força do mencionado artigo 1º, nº 2, alínea *j)*, veja-se agora também o artigo 9º, nº 2, da Diretiva 2009/138/CE.

[22] Tais contratos são por isso regidos pela lei aplicável nos termos das normas de Direito Internacional Privado de fonte interna nos vários Estados-Membros, pois não existe uma solução harmonizada a nível da União Europeia; no caso do direito português, são regidos pela lei aplicável nos termos das normas de conflitos da LCS. Todavia, na prática, esta hipótese pode não se verificar, acreditando na observação segundo a qual "Os especialistas em matéria de seguros salientam [...] que as regras relativas à livre prestação de serviços obrigam o prestador não estabelecido na União a aí eleger domicílio, submetendoo assim à regulamentação europeia". Consulte-se o *Livro Verde relativo à transformação da Convenção de Roma de 1980 sobre a lei aplicável às obrigações contratuais num instrumento comunitário e sua modernização* [COM(2002) 654 final, de 14 de janeiro de 2003, doravante citado como *Livro Verde*], p. 24. Sobre o alcance da exclusão, D. Martiny, "Art. 7 Rom I-VO", cit., An. 10; Davide Milan, "Accordi di scelta della legge applicabile", in *Atti Notarili. Diritto Comunitario e Internazionale*, vol. 2 – *Diritto internazionale privato. Persone, Famiglia, Successioni, Regime patrimoniale, Diritti reali, Contratti, Società, Leggalizzazione*, Torino, 2011, p. 671 ss (p. 695 s).

II. No que diz respeito ao âmbito de aplicação espacial, o Regulamento vigora em todos os Estados-Membros exceto na Dinamarca (cfr. artigo 1º, nº 4, e considerandos 44 a 46)[23].

Nos termos do artigo 1º, nº 1, o Regulamento disciplina todos os contratos – no caso, os contratos de seguro – que "impliquem um conflito de leis".

Com esta redação – que repete a que constava do artigo 1º, nº 1, da Convenção de Roma –, pretendeu-se atribuir às normas do Regulamento um "âmbito máximo de aplicação"[24], suscetível de abranger: contratos em contacto com várias ordens jurídicas estaduais; contratos em contacto com várias ordens jurídicas locais dentro de um mesmo ordenamento jurídico complexo (veja-se o artigo 22º, nº 1, do Regulamento); contratos em contacto com uma única ordem jurídica, submetidos pelas partes a um direito estrangeiro (como é permitido face ao disposto, e nas condições previstas, no artigo 3º, nº 3, do Regulamento); contratos em contacto com ordens jurídicas de vários Estados-Membros, submetidos pelas partes ao direito de um Estado que não seja membro da UE (com as consequências definidas no artigo 3º, nº 4, do Regulamento).

As regras do Regulamento Roma I são assim aplicáveis às obrigações contratuais em situações plurilocalizadas, no sentido que acaba de ser descrito.

Mas o Regulamento não tem efeitos limitados às situações em contacto com as ordens jurídicas dos Estados a ele vinculados; nos termos do artigo 2º, as normas de conflitos nele contidas podem conduzir à aplicação da ordem jurídica de um país que não seja Estado-Membro da União Europeia.

Com efeito, o Regulamento tem *aplicação universal*: "a lei designada pelo presente regulamento é aplicável mesmo que não seja a lei de um Estado-Membro", segundo a fórmula utilizada no artigo 2º.

Os órgãos de aplicação do direito dos Estados vinculados pelo Regulamento – Estados-Membros da União Europeia onde o Regulamento vigora – aplicam a situações internacionais que perante eles se suscitem as regras

[23] Cfr. o meu *DIP sob influência do Direito Europeu*, cit., nota 153. Sobre a situação da Dinamarca perante o Regulamento e sobre o problema que para os outros Estados-Membros resulta dessa situação, cfr. Ole Lando, Peter Arnt Nielsen, "The Rome I Regulation", *CMLR*, 2008, p. 1687 ss (p. 1689 s).

[24] Assim, quanto à norma correspondente da Convenção de Roma, P. Lagarde, "Les limites objectives de la convention de Rome (conflits de lois, primauté du droit communautaire, rapports avec les autres conventions)", *Rdintpriv.proc.*, 1993, p. 33 ss (p. 33).

de conflitos do Regulamento, ainda que tais regras remetam para a lei de um Estado não membro.

Por isso, as normas de conflitos do Regulamento são aplicáveis a situações internacionais mesmo quando a respetiva internacionalidade resulte do contacto com o direito de um país onde o Regulamento não esteja em vigor. As relações comerciais com empresas situadas num país que não seja Estado-Membro da União Europeia são suscetíveis de afetar o mercado interno e, assim, justifica-se que a norma de conflitos a aplicar a tais relações seja a mesma que rege as situações de conflitos de leis intracomunitárias[25].

A disciplina instituída no Regulamento constitui "lei uniforme" de direito internacional privado (como se encontra explícito na epígrafe do Capítulo II – "Regras uniformes"), excluindo, consequentemente, a existência, em cada um dos Estados a ele vinculados, de um duplo sistema de normas de conflitos; a disciplina de fonte europeia substitui no ordenamento dos Estados contratantes a correspondente disciplina de fonte interna[26].

Para o que agora importa, um contrato de seguro é internacional quando apresenta contactos juridicamente relevantes com mais do que uma ordem jurídica estadual; saber qual ou quais os contactos que conferem internacionalidade a um contrato é questão a que não pode responder-se em termos gerais e abstratos nem através de uma fórmula que abranja todas as situações[27].

[25] P. Lagarde, "Remarques sur la proposition de règlement de la Commission européenne sur la loi applicable aux obligations contractuelles (Rome I)", *Rev. crit.*, 2006, p. 331 ss (p. 332).

[26] Os limites em que se verifica a mencionada substituição são naturalmente determinados pelo âmbito de aplicabilidade das regras do Regulamento. Sobre o sentido e alcance desta substituição – a propósito da eficácia, na ordem jurídica portuguesa, da Convenção da Haia de 1978 sobre a lei aplicável aos contratos de intermediação e à representação e da Convenção de Roma de 1980 sobre a lei aplicável às obrigações contratuais –, ver M. Helena Brito, *A representação nos contratos internacionais. Um contributo para o estudo do princípio da coerência em direito internacional privado*, Coimbra, 1999, p. 434 ss.

[27] R. Moura Ramos, *Da lei aplicável ao contrato de trabalho internacional*, Coimbra, 1991, p. 442 ss; M. Helena Brito, *A representação nos contratos internacionais*, cit, p. 576 ss; Id., "Direito aplicável ao contrato internacional de trabalho. Algumas considerações a propósito do Código do Trabalho", in *Estudos em Memória do Conselheiro Luís Nunes de Almeida*, Coimbra, 2007, p. 105 ss (p. 107 ss); L. Lima Pinheiro, *Direito Comercial Internacional*, Coimbra, 2005, p. 67 ss; Eduardo dos Santos Júnior, "Sobre o conceito de contrato internacional", in *Estudos em Memória do Professor Doutor António Marques dos Santos*, Coimbra, 2005, vol. I, p. 161 ss (p. 181 ss). A propósito do caráter internacional do contrato de seguro: J. C. Moitinho de Almeida, "O contrato de seguro e a Convenção de Roma sobre a lei aplicável às obrigações contratuais", in *Estudos em Homenagem ao Professor Doutor Paulo de Pitta e Cunha*, Coimbra, 2010, vol. III, p. 163

O caráter internacional de um contrato é relativo e comporta graus diferentes, que podem desencadear consequências jurídicas diversas, segundo o contexto considerado.

A internacionalidade de uma situação pode resultar de alterações no tempo de algum dos seus elementos ou de alguma das circunstâncias que a caraterizam. Não podem certamente considerar-se situações internacionais as que não suscitam qualquer problema de conflito de leis e que por essa razão ficam fora do âmbito de atuação das regras destinadas a solucionar tais conflitos – as regras de Direito Internacional Privado. Por isso parece preferível aceitar uma *fórmula ampla*, de base essencialmente jurídica, que contenha a referência à *eventual necessidade de desencadear o funcionamento das regras de Direito Internacional Privado*. É internacional (é plurilocalizada), neste sentido, a relação contratual que, tendo em conta os seus elementos ou as suas circunstâncias, se encontra *em contacto com mais do que uma ordem jurídica* e que, por isso mesmo, se desenvolve *dentro do âmbito de eficácia possível de várias ordens jurídicas*[28].

Nem todos os elementos ou pontos de contacto são relevantes para provocar a intervenção das regras de Direito Internacional Privado.

Por exemplo, entende-se, em relação à generalidade dos contratos, que, perante o sistema de Direito Internacional Privado em vigor em Portugal, a nacionalidade das partes será, em princípio, irrelevante, para efeitos de determinação da ordem jurídica aplicável ao respetivo conteúdo.

No entanto, relativamente aos contratos de seguro, esta última observação não se afigura inteiramente ajustada, atento o sistema vigente. Basta pensar no caso – que adiante será referido – do seguro de vida, no âmbito do qual se admite que a escolha das partes possa recair sobre a lei do Estado-Membro da *nacionalidade do tomador do seguro*.

Saber quais os elementos ou pontos de contacto atendíveis para decidir da internacionalidade de um contrato depende portanto do problema que se discuta, do tipo ou categoria contratual que esteja em causa, bem como do sistema de Direito Internacional Privado que se tome como ponto de partida ou do ato normativo que, em cada caso, se considere.

ss (p. 165 s); N. Andrade Pissarra, "Breves considerações sobre a lei aplicável ao contrato de seguro", cit., p. 21 s; L. Lima Pinheiro, "Sobre a lei aplicável ao contrato de seguro perante o Regulamento Roma I", cit., p. 682.

[28] Cfr. João Baptista Machado, Âmbito de eficácia e âmbito de competência das leis (Limites das leis e conflitos de leis), Coimbra, 1970, reimp., 1998, p. 14; Id., Lições de direito internacional privado, 3ª ed., Coimbra, 1985, reimp., 1995, p. 11.

III. O âmbito de aplicação temporal do Regulamento Roma I é definido no artigo 28º: o Regulamento é aplicável aos contratos celebrados *a partir de* 17 de dezembro de 2009[29].

O Tribunal de Justiça teve oportunidade de esclarecer que "o legislador da União excluiu que o Regulamento Roma I tenha uma aplicação imediata, a qual teria feito incluir no seu âmbito de aplicação os efeitos futuros de contratos celebrados antes de 17 de dezembro de 2009"; consequentemente, decidiu que "o artigo 28º do Regulamento Roma I deve ser interpretado no sentido de que uma relação contratual laboral que teve início antes de 17 de dezembro de 2009 está abrangida pelo âmbito de aplicação deste regulamento unicamente na medida em que tal relação, em consequência do consentimento das partes, manifestado após essa data, foi objeto de uma alteração de tal amplitude que se deve considerar que foi celebrado um novo contrato após a referida data, o que incumbe ao órgão jurisdicional de reenvio determinar"[30].

§ 3º Determinação do direito aplicável aos contratos de seguro

1. Noção de contrato de seguro relevante para efeitos de aplicação das normas de conflitos do Regulamento Roma I

O Regulamento Roma I não oferece qualquer noção de "contrato de seguro".

Como qualquer outro conceito utilizado em atos normativos de fonte europeia, a noção de "contrato de seguro" há de ser construída com autonomia, e por isso desprendida de critérios próprios do direito do foro.

Ao dar sequência, neste domínio, a diversas Diretivas, o Regulamento Roma I exige que se considere uma categoria ampla, suscetível de abarcar os contratos respeitantes aos dois grandes ramos de seguros ("vida" e "não vida"). Por outro lado, a noção de contrato de seguro relevante para efeitos do Regulamento tem de abarcar vários tipos e subtipos de contratos: contratos de seguro que cobrem grandes riscos, contratos de seguro que cobrem outros riscos (não grandes, riscos de massa) e ainda contratos de resseguro.

Não pode considerar-se que exista uma noção europeia de contrato de seguro. O Tribunal de Justiça tem afirmado que "uma operação de seguros carateriza-se pelo facto de o segurador, mediante o pagamento de um prémio pelo segurado, se comprometer a fornecer a este último, em caso de

[29] Através da Retificação ao Regulamento Roma I, foi substituído o termo "após" contido na versão originária do artigo 28º pela expressão "a partir de" (*JO* L 309, de 24.11.2009, p. 87).

[30] Cfr. acórdão de 18.10.2016, Processo *Republik Griechenland contra Grigorios Nikiforidis* (C-135/15), nºs 33 e 39.

realização do risco coberto, a prestação acordada por ocasião da celebração do contrato"[31].

Em texto de fonte internacional, o contrato de seguro é definido como "o contrato pelo qual uma das partes, o segurador, promete à outra parte, o tomador, a cobertura de um determinado risco em contrapartida de um prémio"[32].

Estas noções não diferem, nos seus traços fundamentais, das que se encontram em obras da doutrina portuguesa ou em decisões dos nossos tribunais[33].

[31] Ver, por exemplo, em decisões proferidas no âmbito de "Pedidos de decisão prejudicial", para efeitos de interpretação de certas disposições de Diretivas relativas ao IVA: acórdão de 25.02.1999, Processo *Card Protection Plan Ltd (CPP) contra Commissioners of Customs & Excise* (C-349/96), nº 17; acórdão de 08.03.2001, Processo *Försäkringsaktiebolaget Skandia* (C-240/99), nº 37; acórdão de 20.11.2003, Processo *AssurandørSocietetet* (atuando por conta de *Taksatorringen*) *contra Skatteministeriet* (C-8/01), nº 39; acórdão de 22.10.2009, Processo *Swiss Re Germany Holding GmbH contra Finanzamt München für Körperschaften* (C-242/08), nº 34; acórdão de 17.01.2013, Processo *BGŻ Leasing sp. z o.o. contra Dyrektor Izby Skarbowej w Warszawie* (C-224/11), nº 58.

[32] Cfr. artigo 1:201(1) dos Principles of European Insurance Contract Law (PEICL) Prepared by the Project Group Restatement of European Insurance Contract Law, established by Fritz Reichert-Facilides (ed. Jürgen Basedow & O.), Munich, 2009, p. 508. Da obra mencionada consta a versão portuguesa dos "Princípios" (p. 501 ss), da responsabilidade de Pedro Pais de Vasconcelos, que integrou o Grupo Restatement of European Insurance Contract Law. A redação dos PEICL inserese no trabalho de preparação do Common Frame of Reference of European Contract Law. Segundo a intenção dos seus Autores, os PEICL vão para além de um "quadro de referência" e têm como objetivo proporcionar um "Instrumento Opcional do Direito Europeu do Contrato de Seguro".

[33] A LCS "evit[ou] intencionalmente uma definição de contrato de seguro" (cfr. Preâmbulo do Decreto-Lei nº 72/2008, V). No entanto, o artigo 1º, subordinado à epígrafe "Conteúdo típico", usando o método tipológico, contém uma descrição das características principais comuns a todos os contratos de seguro: "Por efeito do contrato de seguro, o segurador cobre um risco determinado do tomador do seguro ou de outrem, obrigando-se a realizar a prestação convencionada em caso de ocorrência do evento aleatório previsto no contrato, e o tomador do seguro obrigase a pagar o prémio correspondente". Sobre a questão, ver António Menezes Cordeiro, *Direito dos Seguros*, Coimbra, 2013, p. 428 s, que aprova a técnica legislativa utilizada pela LCS, evitando uma definição estrita, sob inspiração do § 1 da *Versicherungsvertragsgesetz* alemã, de 2008. O Autor recorda, e parece acolher, a noção perfilhada pela jurisprudência alemã – "há relação contratual de seguro quando alguém, como segurador, se obrigue, contra retribuição, a efectuar uma prestação pecuniária a outro, no caso de um acontecimento incerto, que, além disso, corresponda a um risco económico de uma pluralidade de pessoas ameaçadas pelo mesmo risco e a assunção do risco traduza um cálculo assente na lei dos grandes números" – a que acrescem ainda duas notas: o contrato de seguro "tem uma dimensão de prestação de

Pode qualificar-se como contrato de seguro "o contrato pelo qual uma empresa seguradora, mediante o pagamento de um prémio, se obriga perante o tomador do seguro a uma prestação com os limites pré-fixados, no caso de se verificar um sinistro compreendido no risco tipificado previsto no contrato"[34].

"Seguro é o contrato pelo qual uma parte, mediante retribuição, suporta um risco económico da outra parte ou de terceiro, obrigando-se a dotar a contraparte ou o terceiro dos meios adequados à supressão ou atenuação de consequências negativas reais ou potenciais da verificação de um determinado facto"[35].

"O contrato de seguro tem uma vertente fundamentalmente *aleatória* para o tomador do seguro e para o segurador, assim se justificando, respetivamente, a transferência e a assunção da responsabilidade mediante o compromisso do pagamento e recebimento de um prémio de seguro. [...] No contrato de seguro existe uma certa *assimetria informativa*, embora seja mais difícil estabelecer qual a parte que se encontra em melhores condições,

serviço" e "origina uma relação duradoura". Em texto anterior, A. Menezes Cordeiro descrevia o contrato de seguro nos seguintes termos: "No contrato de seguro, uma pessoa transfere para outra o risco da verificação de um dano, na esfera própria ou alheia, mediante o pagamento de determinada remuneração. A pessoa que transfere o risco, assumindo a remuneração, diz-se tomador do seguro ou subscritor; a que assume o risco e recebe a remuneração é a entidade seguradora; o dano eventual é o sinistro; a pessoa cuja esfera jurídica é protegida pelo seguro (e que pode, ou não, coincidir com o tomador do seguro) é o segurado; a remuneração da seguradora, devida pelo tomador do seguro, é o prémio". Cfr. "Contrato de seguro e seguro de crédito", in *II Congresso Nacional de Direito dos Seguros – Memórias*, Coimbra, 2001, p. 25 ss (p. 25).

[34] Noção apresentada por Carlos Ferreira de Almeida, *Contratos III – Contratos de Liberalidade, de Cooperação e de Risco*, 3ª ed., Coimbra, 2019, p. 236, "tendo em conta os contributos das leis e da doutrina", para abranger "uma categoria ampla, composta por vários tipos e subtipos". De acordo com a conceção do Autor, "os elementos caraterísticos comuns aos contratos de seguro são portanto os seguintes: entre as pessoas, uma empresa seguradora; como objeto, duas atribuições patrimoniais, uma certa (o prémio) e outra incerta (a prestação da empresa seguradora); uma circunstância de eventualidade (sinistro compreendido no risco tipificado); a garantia, como função económico-social" (ob. cit., p. 236 s).

[35] M. Lima Rego, *Contrato de seguro e terceiros. Estudo de Direito Civil*, Coimbra, 2010, p. 66; Id., "O contrato e a apólice de seguro", in *Temas de Direito dos Seguros*, cit., p. 15 ss (p. 18 s). De salientar que a Autora não inclui na noção apresentada a referência a que a parte que aceita cobrir um dado risco deva ser um "segurador" ou uma entidade autorizada a exercer a atividade seguradora, pretendendo deste modo proceder à separação entre o plano da qualificação de um contrato como contrato de seguro e o plano da admissibilidade de um contrato de seguro.

pois, se é verdade que é o tomador do seguro que está a par das circunstâncias que existem na ocasião em que o contrato é celebrado e que está em direta conexão com os factos geradores do risco, é o segurador que domina aspetos de ordem técnica, designadamente de natureza estatística, elementos fundamentais para a circunscrição do risco assumido"[36-37].

As partes no contrato de seguro são o *segurador* e o *tomador do seguro*. Mas outras pessoas podem ser referidas no contrato enquanto terceiros, titulares de situações jurídicas ou em diferente qualidade: o *segurado* é a pessoa por conta e no interesse de quem o tomador celebra o contrato de seguro; por outro lado, nem sempre o segurado é o beneficiário da prestação eventual do segurador ou de outra situação jurídica ativa, o *beneficiário* é qualquer pessoa, diferente do segurador, que obtenha vantagem com o seguro. São ainda frequentes outras referências pessoais em contratos de seguro, por exemplo: a *pessoa segura* (ou pessoa em risco), que é, nos seguros de pessoas, a pessoa cuja vida ou integridade física se segura; o *lesado* (ou a vítima), nos seguros de responsabilidade civil[38].

2. Distinção em função das categorias de contratos de seguro. Considerações gerais

I. Embora se tenha pretendido evitar a dispersão que resultava do sistema anterior – incluindo no Regulamento Roma I uma disposição especial uniforme sobre os contratos de seguro –, a verdade é que o regime instituído não dispensa a distinção, para a determinação do direito aplicável, entre diversas categorias de contratos.

[36] Cfr. acórdão do STJ, de 06.12.2012 (relator Abrantes Geraldes). Distinta, porque assente no conceito de indemnização, é a noção apresentada no acórdão do STJ, de 04.12.2014 (relator Granja da Fonseca): "Contrato de seguro é aquele em que uma das partes (segurador) se obriga, contra o pagamento de certa importância (prémio), a indemnizar outra parte (segurado ou terceiro) pelos prejuízos resultantes da verificação de determinados riscos".

[37] Sobre a noção de contrato de seguro, vejam-se também: Paula Ribeiro Alves, *Contrato de seguro à distância. O contrato electrónico*, Coimbra, 2009, p. 89 ss; Luís Poças, *O dever de declaração inicial do risco no contrato de seguro*, Coimbra, 2013, p. 86 ss. Observem-se ainda as considerações tecidas por Guilherme da Palma Carlos, "Valor e função social do contrato de seguro", in *II Congresso Nacional de Direito dos Seguros*, cit., p. 117 ss (p. 120).

[38] Quanto a estas e outras noções relevantes, algumas das quais são usadas neste texto, cfr.: M. Lima Rego, *Contrato de seguro e terceiros*, cit., p. 6, 46 ss, 584 ss, 708 ss; M. Lima Rego, Fernando Peña López, *Regulação do contrato de seguro em Portugal e em Espanha: análise comparada*, Santiago de Compostela, 2019, p. 23 ss, 99 ss, 157; C. Ferreira de Almeida, *Contratos III*, cit., p. 243 ss.

É certo que o Regulamento Roma I abrange a generalidade dos contratos de seguro e resseguro celebrados a partir de 17 de dezembro de 2009. É certo também que o artigo 1º do Regulamento não exclui do seu âmbito de aplicação os contratos cujo risco se situa dentro do território dos Estados-Membros da União Europeia (nem aqueles cujo risco se situa fora do território dos Estados-Membros da União Europeia). Mas não pode perder-se de vista, antes de mais, que o critério da localização do risco continua a ser utilizado como elemento diferenciador, para distinguir os contratos que ficam sujeitos às normas de conflitos especiais constantes do artigo 7º e aqueles que são submetidos ao regime conflitual geral do Regulamento.

No âmbito da disciplina estabelecida pelo Regulamento Roma I, há assim, desde logo, que distinguir entre:

a) contratos de seguro que cobrem grandes riscos;

b) contratos de seguro que cobrem riscos de massa situados no território dos Estados-Membros;

c) contratos de seguro que cobrem riscos de massa situados fora do território dos Estados-Membros;

d) contratos de resseguro.

O regime especial do artigo 7º aplica-se – como adiante se pormenorizará – aos contratos de seguro que cobrem grandes riscos, situados ou não num Estado-Membro, e aos contratos de seguro que cobrem riscos de massa situados no território dos Estados-Membros.

Para efeitos de aplicação do artigo 7º, também a Dinamarca é considerada Estado-Membro (última frase do nº 4 do artigo 1º do Regulamento). Por outro lado, o artigo 178º da Diretiva 2009/138/CE determina que: "os Estados-Membros não sujeitos à aplicação do Regulamento (CE) nº 593/2008 aplicam o disposto nesse regulamento para determinar a lei aplicável aos contratos de seguro abrangidos pelo artigo 7º do mesmo regulamento". A mesma Diretiva indica constituir "texto relevante para efeitos do EEE", estendendo portanto o seu regime aos Estados que são membros do Espaço Económico Europeu e que não integram a União Europeia (Islândia, Noruega e Liechtenstein)[39].

[39] A propósito, veja-se a Pergunta escrita apresentada por Lidia Joanna Geringer de Oedenberg (S&D) à Comissão (em 5 de novembro de 2009) – "Aplicação do artigo 7º do Regulamento «Roma I» aos Estados do EEE e à Dinamarca" – e a Resposta da Senhora Ashton em nome da Comissão (em 4 de fevereiro de 2010), admitindo que, a par dos trabalhos de

Os contratos de seguro que cobrem riscos de massa situados fora do território dos Estados-Membros e os contratos de resseguro (estes, independentemente do lugar do risco) estão sujeitos ao regime conflitual geral do Regulamento e não ao artigo 7º.

Além do mais, o considerando 33 do Regulamento esclarece que, quando "um contrato de seguro que não cubra um grande risco cobrir mais do que um risco dos quais pelo menos um se situe num Estado-Membro e pelo menos um num país terceiro, as disposições especiais do presente regulamento relativas aos contratos de seguro [isto é, as regras contidas no artigo 7º] apenas se deverão aplicar ao risco ou aos riscos situados no Estado-Membro ou nos Estados-Membros relevantes".

Em resumo, aos contratos que cobrem riscos de massa localizados nos Estados-Membros aplica-se o artigo 7º e aos contratos que cobrem riscos dessa mesma natureza localizados em Estados terceiros aplicam-se as normas de conflitos gerais do Regulamento.

Quanto a este último aspeto, o Regulamento mantém assim o essencial da distinção, que caraterizava o sistema precedente, entre:

- os contratos que cobrem riscos de massa localizados nos Estados-Membros, anteriormente sujeitos às normas de conflitos de fonte interna, adotadas em transposição das Diretivas sobre seguros ("vida" e "não vida") – que passam a ser regidos pelas normas de conflitos do

transposição da Diretiva 2009/138/CE, seria necessário adotar uma Decisão no âmbito do Comité Misto do EEE (os textos da Pergunta escrita e da Resposta encontram-se disponíveis em http://www.europarl.europa.eu/sides/getDoc.do?pubRef=-//EP//TEXT+WQ+E-2009-5454+0+DOC+XML+V0//PT). Para a discussão do problema de saber se estão abrangidos pelo artigo 7º os contratos de seguro que cobrem riscos de massa situados no território dos Estados que são membros do EEE e que não integram a UE, ver Dicey, Morris & Collins *on the conflict of laws*, 15ª ed. por Lord Collins of Mapesbury (ed. geral), Adrian Briggs, Andrew Dickinson, Jonathan Harris, J. D. McClean, Peter McEleavy, Campbell McLachlan, C. G. J. Morse, vol. 2, London, 2012, p. 1985 ss. Consulte-se também L. Lima Pinheiro, "Sobre a lei aplicável ao contrato de seguro perante o Regulamento Roma I", cit., p. 683, nota 6 ("É [...] controversa a aplicabilidade do artº 7º do Regulamento aos riscos situados nestes Estados"). Sustentando que a última frase do nº 4 do artigo 1º do Regulamento Roma I abrange não apenas os Estados-Membros da UE, mas também todos os outros Estados do EEE, H. Heiss, "Versicherungsverträge in «Rom I»: Neuerliches Versagen des europäischen Gesetzgebers", in *Die richtige Ordnung. Festschrift für Jan Kropholler zum 70. Geburtstag*, Tübingen, 2008, p. 459 ss (p. 462 s); Christian Armbrüster, "Das IPR der Versicherungsverträge in der Rom I-Verordnung", in *FS Bernd von Hoffmann*, cit., p. 23 ss (p. 24, 28 s, 34).

artigo 7º do Regulamento Roma I (sucessoras das regras contidas nas Diretivas);

– os contratos que cobrem riscos de massa localizados fora da União Europeia e os contratos de resseguro, anteriormente sujeitos às normas de conflitos dos artigos 3º e 4º da Convenção de Roma – que, quanto ao essencial, passam a ser regidos pelas normas de conflitos dos artigos 3º e 4º do Regulamento Roma I[40].

II. A terminologia utilizada e os conceitos adotados no artigo 7º como base da diferenciação de regimes – entre contratos de seguro que cobrem grandes riscos e contratos de seguro que cobrem outros riscos – provêm das Diretivas, desde a Diretiva "não vida" de primeira geração.

Na verdade, os *grandes riscos* são, de acordo com o disposto no próprio artigo 7º, nº 2, do Regulamento Roma I, os que vêm definidos na alínea *d)* do artigo 5º da Primeira Diretiva 73/239/CEE, do Conselho, de 24 de julho de 1973, relativa à coordenação das disposições legislativas, regulamentares e administrativas respeitantes ao acesso à atividade de seguro direto não vida e ao seu exercício.

Todavia, a partir da data de entrada em vigor das disposições nacionais de transposição da Diretiva 2009/138/CE – e da data de revogação de diversas Diretivas em matéria de seguros (1 de janeiro de 2016) –, a remissão para a alínea *d)* do artigo 5º da Primeira Diretiva 73/239/CEE deve ter-se como dirigida para o artigo 13º, nº 27, da Diretiva 2009/138/CE. O elenco de "grandes riscos" incluído nesta Diretiva não difere, em substância, daquele que provém da Diretiva de 1973. No mesmo sentido dispõe agora também na ordem jurídica interna o artigo 5º, nº 2, do RJASR[41].

[40] Ou seja, e como se verificará, não se conseguiu eliminar a complexidade que caraterizava o sistema anterior. A propósito das normas de conflitos do Regulamento Roma I relativas aos contratos de seguro foi escrito que nelas "o *horror conflitual* atingiu níveis impensáveis". Cfr. Federico F. Garau Sobrino, "Qué derecho internacional privado queremos para el siglo XXI?", *CDT* (Octubre 2012), vol. 4, nº 2, p. 140 ss (disponível em http://e-revistas.uc3m.es/index.php/CDT/article/view/1615/716) (p. 149).

[41] Regime jurídico de acesso e exercício da atividade seguradora e resseguradora (abreviadamente, RJASR), aprovado pela Lei nº 147/2015, de 9 de setembro (com modificações posteriores), que transpôs para o direito interno a Diretiva 2009/138/CE. [O RJASR veio substituir o RGAS, aprovado pelo Decreto-Lei nº 94-B/98, de 17 de abril, que anteriormente regulava as condições de acesso e de exercício da atividade seguradora e resseguradora no território da Comunidade Europeia, incluindo a exercida no âmbito institucional das zonas francas.

Consequentemente, compreendem-se na noção de grandes riscos, numa enumeração resumida, os riscos relativos a:

- danos sofridos por veículos ferroviários;
- danos sofridos por aeronaves;
- danos sofridos por embarcações marítimas, lacustres ou fluviais;
- danos sofridos, no âmbito de um contrato de transporte de mercadorias, pelas mercadorias ou bagagens, qualquer que seja o meio de transporte;
- responsabilidade civil resultante da utilização de aeronaves (incluindo a responsabilidade do transportador);
- responsabilidade civil resultante da utilização de embarcações marítimas, lacustres ou fluviais (incluindo a responsabilidade do transportador);
- riscos do seguro de crédito e do seguro caução (sempre que o tomador exerça a título profissional uma atividade industrial, comercial ou liberal e o risco seja relativo a essa atividade);
- danos sofridos por veículos terrestres motorizados e não motorizados (desde que o tomador do seguro exceda os limites fixados quanto ao valor total do balanço, ao montante líquido do volume de negócios e ao número médio de empregados durante o exercício);
- danos sofridos por coisas, quando causados por incêndio, explosão, tempestade, energia nuclear, aluimento de terras (desde que o tomador do seguro exceda os limites fixados quanto ao valor total do balanço, ao montante líquido do volume de negócios e ao número médio de empregados durante o exercício);
- danos sofridos por coisas, quando esse dano for causado por granizo, geada ou qualquer outro evento não referido no ponto anterior, como, por exemplo, o roubo (desde que o tomador do seguro exceda os limites fixados quanto ao valor total do balanço, ao montante líquido do volume de negócios e ao número médio de empregados durante o exercício);

O RGAS havia procedido à transposição para o direito interno da Diretiva 95/26/CE do Parlamento Europeu e do Conselho, de 29 de junho de 1995, que altera, entre outras, as Diretivas 73/239/CEE e 92/49/CEE no domínio dos seguros "não vida", bem como as Diretivas 79/267/CEE e 92/96/CEE no domínio do seguro "vida". O Decreto-Lei nº 94-B/98 foi sucessivamente alterado, a fim de transpor para a ordem jurídica portuguesa diversas outras Diretivas da UE].

- responsabilidade civil resultante da utilização de veículos terrestres motorizados, incluindo a responsabilidade do transportador (desde que o tomador do seguro exceda os limites fixados quanto ao valor total do balanço, ao montante líquido do volume de negócios e ao número médio de empregados durante o exercício);
- responsabilidade civil não relacionada com a utilização de veículos terrestres motorizados, de aeronaves ou de embarcações marítimas, lacustres ou fluviais (desde que o tomador do seguro exceda os limites fixados quanto ao valor total do balanço, ao montante líquido do volume de negócios e ao número médio de empregados durante o exercício);
- perdas pecuniárias diversas: riscos de emprego; insuficiência de receitas (geral); mau tempo; perda de lucros; despesas gerais continuadas; encargos comerciais imprevistos; perda do valor comercial; perda de rendas ou de rendimentos; perdas comerciais indiretas, diferentes das anteriores; perdas pecuniárias não comerciais; outras perdas pecuniárias (desde que o tomador do seguro exceda os limites fixados quanto ao valor total do balanço, ao montante líquido do volume de negócios e ao número médio de empregados durante o exercício).

Grandes riscos "são os suscetíveis de originar prestações de montante elevado por parte do segurador, sendo irrelevante o grau de probabilidade de verificação do risco e a menor ou maior intensidade das suas possíveis consequências. Daí que os critérios utilizados para a distinção sejam bastante semelhantes aos utilizados para delimitar o conceito de micro, pequenas e médias empresas (neste caso, são aplicados ao tomador)"[42].

Grosso modo, pode dizer-se que estão em causa contratos *Business to Business* (*B2B*), tendencialmente com grandes ou médias empresas.

Riscos de massa são os outros riscos, que não integrem a categoria de grandes riscos nos termos das Diretivas. Também *grosso modo*, pode dizer-se que estão em causa contratos com pequenas empresas e contratos *Business to Consumer* (*B2C*)[43].

[42] Esta noção é apresentada – tendo em vista a distinção, com origem no direito comunitário, entre grandes riscos e riscos de massa – por M. Lima Rego, *Contrato de seguro e terceiros*, cit., p. 131, nota 267.

[43] Cfr. C. Armbrüster, "Das IPR der Versicherungsverträge in der Rom I-Verordnung", cit., p. 30.

III. Perante o Regulamento Roma I, a *localização do risco* coberto pelos contratos tem relevância para a delimitação do âmbito de aplicação das regras de conflitos pertinentes e para a determinação do direito competente.

O lugar do risco exprime a ligação espacial do risco coberto pelo contrato; o conceito técnico-jurídico de lugar do risco estabelece portanto a conexão com uma ordem jurídica; o momento relevante para concretizar essa conexão é o da celebração do contrato[44].

Nos termos do nº 6 do artigo 7º do Regulamento, o lugar do risco é definido nos termos da alínea *d)* do artigo 2º da Segunda Diretiva 88/357/CEE relativa ao seguro direto não vida e da alínea *g)* do nº 1 do artigo 1º da Diretiva 2002/83/CE relativa aos seguros de vida. Os critérios para que remete o nº 6 do artigo 7º são atendíveis "para efeitos" de todas as normas contidas nesse artigo. Como se dirá, o lugar do risco assume especial importância relativamente a contratos que cobrem riscos de massa (atento o disposto no nº 3 do artigo 7º).

Uma vez que tais Diretivas foram revogadas, as remissões efetuadas em atos comunitários e estaduais para disposições que delas constam devem ser entendidas como dirigidas à Diretiva 2009/138/CE, a partir de 1 de janeiro de 2016. O "lugar do risco" vem definido, na Diretiva 2009/138/CE, em termos que não diferem substancialmente das anteriores Diretivas (cfr. artigo 13º, nºs 13 e 14). No mesmo sentido dispõe agora também na ordem jurídica interna o artigo 5º, nº 1, alíneas *o)* e *p)*, do RJASR.

Assim, quanto aos seguros "não vida", o " Estado-Membro onde o risco se situa" é definido nos seguintes termos:

a) o Estado-Membro onde se encontrem os bens, caso o seguro respeite, quer a imóveis, quer a imóveis e ao seu conteúdo, na medida em que este último estiver coberto pela mesma apólice de seguro;

b) o Estado-Membro de matrícula, caso o seguro diga respeito a veículos de qualquer tipo;

c) o Estado-Membro em que o tomador tiver celebrado o contrato, no caso de um contrato de duração igual ou inferior a quatro meses e que cubra riscos ocorridos durante uma viagem ou férias, qualquer que seja o ramo em questão;

d) Em todos os casos não expressamente previstos nas alíneas *a)*, *b)* ou *c)*, o Estado-Membro em que se situe, alternativamente:

[44] D. Martiny, "Art. 7 Rom I-VO", cit., An. 47.

i) a residência habitual do tomador, ou

ii) caso se trate de pessoa coletiva, o estabelecimento do tomador de seguro a que o contrato diz respeito.

Quanto aos seguros do ramo "vida", o Estado-Membro da localização do risco (designado " Estado-Membro do compromisso") é o Estado-Membro em que se situe, alternativamente:

a) a residência habitual do tomador do seguro, ou

b) caso se trate de uma pessoa coletiva, o estabelecimento do tomador do seguro a que o contrato diz respeito[45].

Tendo em conta esta enumeração, será portanto frequente que o Estado-Membro onde se situa o risco coincida com o Estado-Membro da residência habitual da pessoa singular (ou do estabelecimento da pessoa coletiva) que no caso assuma a função de tomador do seguro.

3. Contratos de seguro regidos pelas normas de conflitos especiais do Regulamento Roma I

O artigo 7º do Regulamento Roma I[46] delimita, no nº 1, o âmbito material de aplicação das regras de conflitos especiais que dele constam: os contratos de seguro que cobrem grandes riscos e os contratos de seguro que cobrem outros riscos situados no território dos Estados-Membros.

[45] Joaquín Ruiz Echauri, "El papel del domicilio en la determinación de la ley y fuero aplicables al contrato de seguro de vida", *RES*, nº 147 (julio-septiembre 2011), p. 631 ss (p. 639, 641 s).

[46] A norma de conflitos relativa à lei aplicável aos contratos de seguro não existia na proposta inicial da Comissão – observe-se a Proposta de Regulamento do Parlamento Europeu e do Conselho sobre a lei aplicável às obrigações contratuais (Roma I) [documento COM(2005) 650 final, de 15 de dezembro de 2005), em especial, o artigo 22º, alínea *a)*, e o anexo 1, terceiro e quarto travessões]. No entanto, já o *Livro Verde* dava conta das dificuldades decorrentes da dispersão do Direito Internacional Privado então em vigor no domínio dos contratos de seguro e indicava como uma das soluções possíveis a inclusão num "futuro instrumento Roma I" de "uma norma de conflitos de leis especial na matéria", "tal como o faz o Regulamento Bruxelas I" (cfr. p. 23 s). A Posição do Parlamento Europeu, aprovada em primeira leitura em 29 de novembro de 2007 (P6_TA(2007)0560), aditou ao texto em discussão uma nova disposição sobre os contratos de seguro (veja-se, no seguimento, pouco tempo mais tarde, a Proposta de Regulamento incorporada no documento PE-CONS 3691/07, de 31 de março de 2008, onde é incluída a norma especial sobre os contratos de seguro).

3.1. Contratos de seguro que cobrem grandes riscos

Quanto aos contratos de seguro que cobrem grandes riscos, no sentido acima definido, aplica-se o nº 2 do artigo 7º do Regulamento Roma I.

Esta norma de conflitos tem como objeto todos os contratos de seguro que cobrem grandes riscos, *independentemente de o risco coberto se situar dentro ou fora do território dos Estados-Membros.*

3.1.1. Lei escolhida pelas partes

Atento o disposto no artigo 7º, nº 2, 1º parágrafo, é primariamente competente a lei escolhida pelas partes contratantes nos termos do artigo 3º.

O artigo 3º reconhece relevância, com grande amplitude, ao princípio da autonomia privada em Direito Internacional Privado, "uma das pedras angulares do sistema de normas de conflitos de leis em matéria de obrigações contratuais"[47].

A escolha efetuada nos termos dessa disposição "deve ser expressa ou resultar de forma clara das disposições do contrato, ou das circunstâncias do caso" (nº 1, 2ª frase); a lei designada pode aplicar-se "à totalidade ou apenas a parte do contrato" (nº 1, 3ª frase); a designação da lei aplicável pode ser feita no momento da celebração do contrato ou posteriormente a esse momento (nº 2). Não se exige, em princípio, qualquer ligação objetiva entre o contrato ou as partes e a lei escolhida.

A maior parte da doutrina tem entendido que o Regulamento Roma I – tal como a Convenção de Roma – apenas admite a designação de uma lei estadual, não consentindo a escolha da *lex mercatoria.*

A conclusão assenta na análise do teor do artigo 3º, à luz dos trabalhos preparatórios do artigo 3º do Regulamento. Na sua Proposta, a Comissão tinha sugerido uma solução de compromisso, no nº 2 do artigo 3º, nos seguintes termos: "As partes podem igualmente escolher como lei aplicável os princípios e regras de direito material dos contratos, reconhecidos a nível internacional ou comunitário. No entanto, as questões relativas às matérias

[47] A expressão provém do considerando 11 do Regulamento. Sobre o alcance, a origem histórica, o reconhecimento e os limites do princípio da autonomia privada no Direito Internacional Privado dos contratos, ver, por todos, O. LANDO, "Contracts", *IECL*, vol. III – *Private International Law*, cap. 24, 1976, p. 13 ss. Para uma perspetiva comparada europeia e norteamericana, G. RÜHL, "Party Autonomy in the Private International Law of Contracts: Transatlantic Convergence and Economic Efficiency", in *Conflict of Laws in a Globalized World*, Cambridge, 2007, p. 153 ss [= *CLPE Research Paper No. 4/2007*, vol. 3, No. 1 (2007), disponível em http://ssrn.com/abstract=921842].

reguladas por estes princípios ou regras e que não sejam decididas expressamente mediante a aplicação dos mesmos serão reguladas de acordo com os princípios gerais em que se inspiram ou, na ausência destes princípios, de acordo com a lei aplicável na falta de escolha nos termos do presente regulamento" (veja-se a justificação na "Exposição de motivos", Artigo 3º, p. 5). Nem essa solução de compromisso foi aceite durante as negociações[48-49].

Todavia, em minha opinião, nada impede a aplicação da *lex mercatoria*, ou de modelos de regulação como são, por exemplo, os Princípios UNIDROIT relativos aos Contratos Comerciais Internacionais ou os Princípios sobre o Direito Europeu dos Contratos, com base na referência das partes[50-51]. A escolha de tais Princípios – de modo mais geral, a escolha da *lex mercatoria* – é, por natureza, uma escolha parcial, que não exclui a necessidade de determinar a ordem jurídica aplicável ao contrato segundo os critérios gerais contidos no Regulamento[52].

[48] Para a referência a esta questão, ver, por todos, O. LANDO, P. A. NIELSEN, "The Rome I Regulation", cit., p. 1694 ss (onde se censura a posição final adotada). Condenando igualmente a norma do Regulamento, com menção especial aos seguros, H. HEISS, "Insurance Contracts in Rome I", cit., p. 273; ID, "Versicherungsverträge in «Rom I»", cit., p. 470 s. Em sentido diferente, considerando que o Regulamento Roma I veio, neste domínio, alterar a solução que decorria da Convenção de Roma e permite a designação pelas partes, por exemplo, dos Princípios sobre o Direito Europeu dos Contratos como direito aplicável ao seu contrato, MARC PICAT, STESSIE SOCCIO, "L'harmonisation d'un droit européen des contrats: fiction ou réalité?", *RDAI*, 2011, p. 371 ss (p. 375, 409).

[49] Crítico quanto à doutrina da *lex mercatoria*, e quanto à admissibilidade da referência das partes à *lex mercatoria*, ALFONSO-LUIS CALVO CARAVACA, "El Reglamento Roma I sobre la ley aplicable a las obligaciones contractuales: Cuestiones Escogidas", *CDT* (Octubre 2009), vol. 1, nº 2, p. 52 ss (disponível em http://kusan.uc3m.es/CIAN/index.php/CDT/article/view/882) (p. 69 ss, 81 s).

[50] Observe-se o considerando 13 do Regulamento: "O presente Regulamento não impede as partes de incluírem, por referência, no seu contrato um corpo legislativo não estatal ou uma convenção internacional". Ver também: O. LANDO, P. A. NIELSEN, "The Rome I Regulation", cit., p. 1698; G. RÜHL, "Choice of Law and Choice of Forum in the European Union: Recent Developments", in *Civil Justice Systems in Europe: Implications for Choice of Forum and Choice of Contracts Law*, London, 2010 (disponível em http://ssrn.com/abstract=1604615), p. 15.

[51] Naturalmente, esta conclusão não constitui novidade, como é aliás sublinhado por alguns Autores: Cfr.: P. LAGARDE, ALINE TENENBAUM, "De la Convention de Rome au règlement Rome I", *Rev. crit.*, 2008, p. 727 ss (p. 736); H. KENFACK, "Le règlement (CE) nº 593/2008 du 17 juin 2008 sur la loi applicable aux obligations contractuelles", cit., p. 13; H. HEISS, "Party Autonomy", in *Rome I Regulation*, cit., p. 1 ss (p. 11).

[52] Como tenho vindo a sustentar. Ver, por exemplo, "Determinação da lei aplicável aos contratos internacionais: Da Convenção de Roma ao Regulamento Roma I", cit., p. 448.

O Regulamento também não exclui a possibilidade de um instrumento jurídico comunitário – que no futuro estabeleça um regime de natureza material para os contratos – admitir a referência conflitual às regras nele contidas, assim permitindo a designação de tais regras, pelas partes, como direito aplicável ao contrato[53].

No domínio aqui considerado, pode encararse a aplicabilidade dos *Principles of European Insurance Contract Law (PEICL)*, instrumento de natureza opcional[54], cuja relevância, num caso concreto, depende da escolha feita pelas partes no contrato de seguro[55].

[53] Isto mesmo prevê o considerando 14 do Regulamento: "Caso a Comunidade venha a aprovar num instrumento jurídico adequado regras de direito material dos contratos, incluindo termos e condições normalizados, esse instrumento poderá prever a possibilidade de as partes optarem por aplicar essas regras". Poderiam estar em causa, por exemplo: o *Common Frame of Reference of European Contract Law* (*Quadro Comum de Referência*), ainda em preparação [cfr. *Principles, Definitions and Model Rules of European Private Law, Draft Common Frame of Reference (DCFR). Full Edition* (ed. Christian von Bar, Eric Clive), 6 vols., Munich, 2009], ou um eventual Regulamento do Parlamento Europeu e do Conselho relativo a um direito europeu comum da compra e venda [como o que constava do Documento COM(2011) 635 final, de 11 de outubro de 2011, agora abandonado]. Alguns dos problemas suscitados por este tipo de soluções para a harmonização do direito europeu dos contratos são discutidos, por exemplo, em: M. Picat, S. Soccio, "L'harmonisation d'un droit européen des contrats", cit., em especial, p. 393 ss; H. Heiss, "Insurance Contracts in Rome I", cit., p. 273; Id., "Party Autonomy", cit., p. 12 ss; Id., "Transnationales Versicherungsrecht – Eine Skizze", in *FS Bernd von Hoffmann*, cit., p. 803 ss; G. Rühl, *The Common European Sales Law: 28th Regime, 2nd Regime or 1st Regime?*, 2012 (disponível em http://ssrn.com/abstract=2256661). Sobre o tema, entre nós, L. Lima Pinheiro, *Direito internacional privado*, vol. II, cit., p. 330 ss; Id., "O novo Regulamento comunitário sobre a lei aplicável às obrigações contratuais", cit., p. 418 s; Id., "Rome I Regulation", cit., p. 246 ss; Id., "Sobre a lei aplicável ao contrato de seguro perante o Regulamento Roma I", cit., p. 689. Consulte-se também o conjunto de comunicações ao Symposium "Optionales europäisches Privatrecht («28. Modell»)", organizado pela *Verein der Freunde und Förderer des Max-Planck-Instituts*, que se realizou em Hamburgo em 18 de junho de 2011 (*RabelsZ*, 2012, p. 235-442, onde se inclui, a propósito do contrato de seguro, o texto de H. Heiss, "Optionales europäisches Versicherungsvertragsrecht", p. 316 ss).

[54] Artigo 1:102 (Aplicação Opcional): "Os Princípios Comuns do Direito Europeu do Contrato de Seguro são aplicados quando as partes assim o estipularem no contrato, não obstante as limitações de escolha da lei em direito internacional privado. Sem prejuízo do disposto no Artigo 1:103, os PEICL serão aplicados na sua totalidade, não sendo admitidas quaisquer exclusões das suas disposições". Sobre o alcance da natureza opcional dos PEICL, cfr. H. Heiss, *Towards a European Insurance Contract Law: Restatement – Common Frame of Reference – Optional Instrument?*, 2006 (disponível em http://www.aidahungary.org/wp-content/uploads/2014/02/AIDA2006_11_24_Helmut_Heiss_eloadas.pdf), em especial, p. 9 ss; Id., "Introduction", in

3.1.2. Lei subsidiariamente aplicável

Não sendo escolhida pelos contraentes, é subsidiariamente aplicável a lei do país da residência habitual do segurador (artigo 7º, nº 2, 2º parágrafo, 1ª frase). Para efeitos de aplicação das normas de conflitos do Regulamento Roma I, a residência habitual é definida no artigo 19º, nºs 1 e 2, do mesmo Regulamento.

No caso em análise, o segurador é necessariamente uma pessoa coletiva[56], pelo que, na falta de escolha pelas partes, a lei aplicável aos contratos de seguro que cobrem grandes riscos é a lei do país onde se situa a administração central do segurador, a lei do país onde se situa a sucursal, agência ou outro estabelecimento do segurador no âmbito de cuja exploração tenha sido celebrado o contrato.

O momento relevante para a concretização do elemento de conexão é a data da celebração do contrato (artigo 19º, nº 3).

Se das circunstâncias do caso resultar "claramente" que o contrato apresenta conexão "manifestamente" mais estreita com outro país, é aplicável a lei desse outro país (nº 2, 2º parágrafo, 2ª frase). Fundamenta-se esta norma na figura tradicionalmente denominada "cláusula de exceção"[57] ou "cláusula de desvio"[58].

Principles of European Insurance Contract Law, cit., p. xlix ss (p. lxi ss); Id., *The Principles of European Insurance Contract Law: An Optional Instrument*, 2010 (disponível em http://www.europarl.europa.eu/activities/cont), em especial, p. 7, 9; Id., "Optionales europäisches Versicherungsvertragsrecht", cit., p. 321 s, 335 ss; Mandeep Lakhan, H. Heiss, "An Optional Instrument for European Insurance Contract Law", Merk*ourios – European Contract Law*, vol. 27/71, 2010, p. 1 ss (p. 5, 8 s). Para a interpretação das disposições dos PEICL, devem naturalmente consultar-se os "Comentários" e as "Notas" que acompanham cada uma delas.

[55] Os Princípios Comuns do Direito Europeu do Contrato de Seguro contêm regras materiais comuns à generalidade dos contratos abrangidos no seu âmbito de aplicação (Primeira Parte), regras especiais quanto ao seguro de danos (Segunda Parte) e ainda uma regra sobre admissibilidade de seguros de prestações convencionadas (Terceira Parte). Não se inclui no seu âmbito de aplicação o resseguro (Artigo 1:101(2)). Cfr. H. Heiss, "Introduction", cit., p. lii ss; Id., *The Principles of European Insurance Contract Law*, cit., p. 8, 10 ss; Id., "Optionales europäisches Versicherungsvertragsrecht", cit., p. 322 ss.

[56] Atento o disposto atualmente no artigo 17º e no Anexo III da Diretiva 2009/138/CE.

[57] Sobre as cláusulas de exceção, vejam-se, por todos, com indicação de bibliografia: R. Moura Ramos, *Da lei aplicável ao contrato de trabalho internacional*, cit., p. 402 ss, 916 s; Id., "Les clauses d'exception en matière de conflits de lois et de conflits de juridictions – Portugal" (1994), in *Das Relações Privadas Internacionais*, cit., p. 295 ss; António Marques dos Santos, *As normas de aplicação imediata no direito internacional privado. Esboço de uma teoria geral*, Coimbra, 1991,

É difícil enunciar em abstrato e antecipadamente as circunstâncias que justificam a aplicação da cláusula de exceção. Por exemplo, poderia admitir-se o seu funcionamento num caso em que a residência habitual do tomador do seguro e o risco se situem num mesmo país, diferente daquele em que o segurador tem a sua residência habitual; outros fatores a considerar (embora por si não sejam suscetíveis de afastar a conexão com o país da residência habitual do segurador) são a moeda do contrato, o lugar do cumprimento da obrigação do segurador ou a língua do contrato. Mas a decisão do órgão de aplicação do direito quanto a este assunto – e a conexão "manifestamente" mais estreita com esse outro país – há de resultar claramente "do conjunto das circunstâncias do caso"[59-60].

A referência feita pelas normas de conflitos do Regulamento Roma I dirige-se diretamente às normas materiais da ordem jurídica designada, com exclusão das suas normas de Direito Internacional Privado (artigo 20º do Regulamento).

A coincidência em princípio verificada entre a solução do artigo 7º, nº 2, e a que decorreria da aplicação das regras gerais do Regulamento – com a atribuição de competência à lei escolhida pelas partes (artigo 3º) e, na falta a escolha, à lei do Estado da residência habitual do segurador (artigo 4º, nº 2) – justifica que se questione a opção de autonomizar a disciplina desta categoria de contratos de seguro. A razão de ser da opção pode relacionar-

p. 397 ss; L. Lima Pinheiro, *Direito internacional privado*, vol. I – *Introdução e direito de conflitos. Parte geral*, 3ª ed., Coimbra, 2014, p. 451 ss; D. Moura Vicente, *Da responsabilidade pré-contratual em direito internacional privado*, Coimbra, 2001, p. 495 s; E. Dias Oliveira, *Da responsabilidade civil extracontratual*, cit., p. 510 ss; A. Sousa Gonçalves, *Da responsabilidade extracontratual*, cit., p. 422 ss; M. Helena Brito, *DIP sob influência do Direito Europeu*, cit., nº 7., V.

[58] Cfr. Maria João Matias Fernandes, A cláusula de desvio no direito de conflitos. Das condições de acolhimento de cláusula de desvio geral implícita no direito português, Coimbra, 2007.

[59] Mateusz Pilich, "Law Applicable to Insurance Contracts in the Light of the Rome I Regulation", in *Studia Iuridica*, nº 54, *Essays in International and European Law*, Warszawa, 2012, p. 187 ss (p. 210); L. Lima Pinheiro, "Sobre a lei aplicável ao contrato de seguro perante o Regulamento Roma I", cit., p. 690.

[60] Críticos quanto à cláusula de exceção contida no artigo 7º, nº 2, 2º parágrafo, 2ª frase, do Regulamento: H. Heiss, "Insurance Contracts in Rome I", cit., p. 268; Vincent Heuzé, "Le droit international privé du contrat d'assurance", in *Traité de droit des assurances*, Tome 3 – *Le contrat d'assurance* (ed. Jean Bigot), 2ª ed., Paris, 2014, p. 1273 ss (p. 1329 s; este Autor critica igualmente a cláusula de exceção prevista, quanto aos contratos em geral, no artigo 4º, nº 3, do Regulamento, p. 1293).

-se com o propósito de sujeitar os contratos relativos a grandes riscos ao regime estabelecido previsto para o seguro obrigatório no nº 4 do artigo 7º[61].

3.2. Contratos de seguro que cobrem riscos de massa situados no território dos Estados-Membros

Aos contratos de seguro que cobrem riscos de massa situados no território dos Estados-Membros é aplicável o nº 3 do artigo 7º.

3.2.1. Lei escolhida pelas partes

O nº 3 do artigo 7º estabelece que as partes contratantes podem escolher a lei competente.

Todavia, sendo objetivo do Regulamento, relativamente a esta categoria de contratos, proteger o tomador do seguro, como parte presumivelmente mais fraca[62], a liberdade de escolha não é ilimitada e a designação das partes

[61] No mesmo sentido: H. Heiss, "Insurance Contracts in Rome I", cit., p. 268; Id., "Versicherungsverträge in «Rom I»", cit., p. 465, nota 35; F. J. Garcimartín Alférez, "The Rome I Regulation", cit., p. 75; Celia M. Caamiña Domínguez, "Los contratos de seguro del art. 7 del Reglamento Roma I", *CDT* (Octubre 2009), vol. 1, nº 2, p. 30 ss (disponível em http://dialnet.unirioja.es/servlet/articulo?codigo=3097921) (p. 37); C. M. Caamiña Domínguez, José Manuel Almudí Cid, "El contrato internacional de seguro", in *Los Contratos Internacionales*, tomo XVI de *Contratos civiles, mercantiles, públicos, laborales e internacionales, con sus implicaciones tributarias*, vol. II, Cizur Menor, 2014, p. 581 ss (p. 608); V. Fuentes Camacho, "Los contratos internacionales de seguro antes y a partir del Reglamento Roma I", *RES*, nº 140 (Octubre-Diciembre 2009), p. 617 ss (p. 632); Guillermo Palao Moreno, "Los contratos de seguro internacionales en el nuevo Reglamento Roma I", in *Estudios de Derecho del Mercado Financiero. Homenaje al Profesor Vicente Cuñat Edo*, Valencia, 2010, p. 425 ss (p. 429); N. Andrade Pissarra, "Breves considerações sobre a lei aplicável ao contrato de seguro", cit., p. 40; L. Lima Pinheiro, "Sobre a lei aplicável ao contrato de seguro perante o Regulamento Roma I", cit., p. 690. Este último Autor acrescenta ainda que "a exclusão global desses contratos do âmbito de aplicação do regime dos contratos com consumidores [...] pode ter constituído uma razão adicional para esta autonomização" (com uma observação semelhante, M. Pilich, "Law Applicable to Insurance Contracts in the Light of the Rome I Regulation", cit., p. 210).

[62] O princípio da proteção da parte presumivelmente mais fraca era já adotado na Convenção de Roma em relação a alguns tipos ou categorias contratuais. Ver, por todos, entre nós: R. Moura Ramos, *Da lei aplicável ao contrato de trabalho internacional*, cit., p. 746 ss, 807 ss, 920 ss; Id., "Contratos internacionais e proteção da parte mais fraca no sistema jurídico português", in *Contratos: actualidade e evolução. Actas do Congresso Internacional organizado pelo Centro Regional do Porto da Universidade Católica Portuguesa de 28 a 30 de Novembro de 1991*, Porto, 1997, p. 330 ss (p. 338, 348); L. Lima Pinheiro, "Direito aplicável aos contratos com consumidores" (2001), in *Estudos de DIP*, cit., p. 159 ss (p. 161 ss); Eugénia Galvão Teles, "Sobre o critério da «lei

apenas pode incidir sobre as leis referidas nas alíneas *a)* a *e)* do 1º parágrafo do nº 3 do artigo 7º:

"*a)* A lei de qualquer dos Estados-Membros em que se situa o risco no momento da celebração do contrato"[63]

A opção a favor da lei do Estado-Membro em que se situa o risco tem sido considerada sem sentido útil e supérflua, uma vez que o lugar do risco determina a lei aplicável na falta de escolha pelas partes[64];

"*b)* A lei do país em que o tomador do seguro tiver a sua residência habitual"

Deve entender-se que está em causa a lei do país da residência habitual do tomador do seguro no momento da celebração do contrato. Nos seguros

mais favorável» nas normas de conflitos", in *Estudos Marques dos Santos*, cit., vol. I, p. 193 ss (p. 208 ss). Este princípio alcançou um grau mais elevado e foi-lhe reconhecida maior amplitude no Regulamento Roma I, como se verifica pela disciplina instituída em diferentes domínios e é afirmado no considerando 23: "No caso dos contratos celebrados com partes consideradas vulneráveis, é oportuno protegê-las através de normas de conflitos de leis que sejam mais favoráveis aos seus interesses do que as normas gerais". Qualificando o princípio da proteção da parte presumivelmente mais fraca como "princípio adicional" subjacente às regras de determinação do direito aplicável do Regulamento Roma I (além dos princípios da autonomia privada e da conexão mais estreita), Volker Behr, "Rome I Regulation: a – mostly – unified private international law of contractual relationships within – most – of the European Union", *Journal of Law and Commerce*, vol. 29, 2011, p. 233 ss (disponível em http://jlc.law.pitt.edu/articles/29_2/Behr.pdf) (p. 240, 248 ss, 268 s). Veja-se também a importância reconhecida a este princípio, no contexto do Regulamento Roma I, por H. Kenfack, "Le règlement (CE) nº 593/2008 du 17 juin 2008 sur la loi applicable aux obligations contractuelles", cit., p. 30 ss (com referência aos contratos de seguro, p. 33 ss). E. Lein analisa o princípio da proteção da parte presumivelmente mais fraca no âmbito dos três Regulamentos que constituem o objeto do seu estudo (cfr. "The new Rome I / Rome II / Brussels I Synergy", cit., p. 186 ss, com referência aos contratos de seguro, p. 187).

[63] O texto em português deveria dizer "*a)* A lei de qualquer Estado-Membro em que se situe o risco no momento da celebração do contrato" – por corresponder a diversas versões linguísticas e por melhor se compatibilizar com o sentido de outras normas do Regulamento (nomeadamente, com a alínea *e)* do mesmo 1º parágrafo do nº 1 e até com o nº 5, todos do artigo 7º). Para a discussão das dificuldades (acrescidas) de interpretação suscitadas pela versão portuguesa desta disposição, ver L. Lima Pinheiro, "Sobre a lei aplicável ao contrato de seguro perante o Regulamento Roma I", cit., p. 693 s.

[64] H. Heiss, "Insurance Contracts in Rome I", cit., p. 269, 272; L. Lima Pinheiro, "Sobre a lei aplicável ao contrato de seguro perante o Regulamento Roma I", cit., p. 693.

"não vida" a residência habitual do tomador do seguro pode ou não situar-se num Estado-Membro;

"*c)* No caso do seguro de vida, a lei do Estado-Membro da nacionalidade do tomador do seguro"[65]

Neste caso, a designação das partes tem necessariamente de incidir sobre a lei de um Estado-Membro (o Estado-Membro de que é nacional – ou um dos Estados-Membros de que é nacional – o tomador do seguro);

"*d)* No caso de contratos que cubram riscos limitados a eventos que ocorram num Estado-Membro diferente daquele em que o risco se situa, a lei desse Estado-Membro"[66]

Também neste caso, a escolha das partes só pode dirigirse à lei de um Estado-Membro (o Estado-Membro em que ocorre o sinistro);

"*e)* Nos casos em que o tomador do seguro de um contrato abrangido pelo presente número exerça uma atividade comercial, industrial ou uma profissão liberal e o contrato cubra dois ou mais riscos relativos a essas atividades e profissão e situados em diversos Estados-Membros, a lei de qualquer dos Estados-Membros em causa ou a lei do país em que o tomador do seguro tiver a sua residência habitual"[67].

Como pode verificar-se, em todas as situações previstas no artigo 7º, nº 3, 1º parágrafo, tem de existir uma relação espacial entre o contrato em causa ou o tomador do seguro e a ordem jurídica designada.

[65] Esta regra tem paralelo no artigo 32º, nº 2, da Diretiva "vida" 2002/83/CE ("Sempre que o tomador seja uma pessoa singular e resida habitualmente num Estado-Membro diferente do da sua nacionalidade, as partes podem optar pela lei do Estado-Membro da nacionalidade do tomador").

[66] Esta regra tem paralelo no artigo 7º, nº 1, alínea *e)*, da Segunda Diretiva 88/357/CEE ("Não obstante as alíneas *a)*, *b)* e *c)*, sempre que os riscos cobertos pelo contrato se circunscrevam a sinistros que possam ocorrer num Estado-Membro diferente daquele onde o risco se situa, tal como definido na alínea *d)* do artigo 2º, será sempre permitido às partes aplicarem a legislação do primeiro Estado").

[67] Esta regra tem paralelo no artigo 7º, nº 1, alínea *c)*, da Segunda Diretiva 88/357/CEE ("Sempre que o tomador do seguro exerça uma atividade comercial, industrial ou liberal e o contrato cubra dois ou mais riscos, relativos a essas atividades e situados em diversos Estados-Membros, a liberdade de escolha da lei aplicável ao contrato estende-se às leis desses Estados-Membros e do país onde o tomador tiver a sua residência habitual ou a sua administração central").

Se, porém, nos casos enunciados nas alíneas *a), b)* ou *e)*, os Estados-Membros a que se referem estas alíneas concederem uma maior liberdade de escolha da lei aplicável ao contrato de seguro, as partes podem invocar essa liberdade (artigo 7º, nº 3, 2º parágrafo[68])[69].

Em síntese: quanto a esta categoria de contratos a autonomia privada é limitada, devendo a escolha das partes recair sobre uma das leis referidas num conjunto circunscrito. Mas este conjunto pode vir a ser ampliado através de mecanismo a que alguns Autores chamam uma "curiosa utilização do reenvio"[70]. Em três dos casos enunciados (alíneas *a), b)* ou *e)* do 1º parágrafo

[68] A solução aqui contemplada provém das Diretivas: vejam-se o artigo 7º, nº 1, alínea *a)*, 2ª frase, e alínea *d)*, da Segunda Diretiva 88/357/CEE, bem como o artigo 32º, nº 1, 2ª frase, da Diretiva "vida" 2002/83/CE. Observe-se o comentário crítico em MAX PLANCK INSTITUTE FOR FOREIGN PRIVATE AND PRIVATE INTERNATIONAL LAW, *Comments on the European Commission's Green Paper on the conversion of the Rome Convention of 1980 on the law applicable to contractual obligations into a Community instrument and its modernization* (disponível em http://ec.europa.eu/justice/news/consulting_public/rome_i/contributions/max_planck_institute_foreign_private_international_law_en.pdf), p. 30.

[69] Parece ser o caso do direito português, conjugando o disposto nos artigos 6º, nº 1, e 7º do Regime jurídico do contrato de seguro. Com efeito, por um lado: "As partes contratantes podem escolher a lei aplicável ao contrato de seguro que cubra riscos situados em território português ou em que o tomador do seguro, nos seguros de pessoas, tenha em Portugal a sua residência habitual ou o estabelecimento a que o contrato respeita, consoante se trate de pessoa singular ou coletiva" (artigo 6º, nº 1, da LCS); por outro lado: "A escolha da lei aplicável referida no artigo anterior só pode recair sobre leis cuja aplicabilidade corresponda a um interesse sério dos declarantes ou esteja em conexão com alguns dos elementos do contrato de seguro atendíveis no domínio do direito internacional privado" (artigo 7º da LCS). Assim, se o contrato de seguro cobrir riscos situados em território português ou, nos seguros de pessoas, se o tomador do seguro tiver em Portugal a sua residência habitual, as partes podem escolher a lei aplicável ao contrato, desde que se verifiquem os pressupostos referidos. Todavia, a liberdade de escolha permitida pelos artigos 6º e 7º da LCS não pode ser dissociada dos limites resultantes dos artigos 9º e 21º do Regulamento, que se referem, respetivamente, à interferência de normas de aplicação imediata e à atuação da reserva de ordem pública internacional do Estado do foro; eventualmente, não pode também ser dissociada dos limites estabelecidos pelo artigo 9º, em especial nºs 1 e 2, da própria LCS, que salvaguarda a relevância de normas de aplicação imediata (cfr. L. LIMA PINHEIRO, "Sobre a lei aplicável ao contrato de seguro perante o Regulamento Roma I", cit., p. 695 s).

[70] Assim, STÉPHANIE FRANCQ, "Le règlement «Rome I» sur la loi applicable aux obligations contractuelles. De quelques changements...", *Clunet*, 2009, p. 41 ss (p. 61). No mesmo sentido, ver também: P. LAGARDE, A. TENENBAUM, "De la Convention de Rome au règlement Rome I", cit., p. 775 (que se referem a um "mecanismo semelhante ao reenvio"); C. M. CAAMIÑA DOMÍNGUEZ, "Los contratos de seguro del art. 7 del Reglamento Roma I", cit., p. 42 ss; C. M. CAAMIÑA

do nº 3 do artigo 7º), se a lei designada pelas partes conceder uma maior liberdade de escolha da lei aplicável ao contrato de seguro, as partes podem invocar essa liberdade mais ampla (2º parágrafo do nº 3 do artigo 7º).

3.2.2. Lei subsidiariamente aplicável

Não sendo escolhida pelas partes a lei aplicável ou não sendo eficaz a escolha efetuada (porque, por hipótese, a *professio iuris* não tem como objeto uma das leis indicadas nas alíneas *a)* a *e)* do 1º parágrafo do nº 3 do artigo 7º), será competente a lei do Estado-Membro em que se situa o risco no momento da celebração do contrato (artigo 7º, nº 3, 3º parágrafo). A situação do risco determina-se de acordo com o nº 6 do artigo 7º[71].

Se o contrato de seguro cobrir riscos situados em mais do que um Estado-Membro, no momento da celebração, decorre do nº 5 do artigo 7º que "o contrato é considerado como constituindo vários contratos relativos, cada um deles, a um só Estado-Membro".

Diferentemente do que acontece perante o nº 2 do artigo 7º, não se prevê no nº 3 qualquer "cláusula de exceção" para a hipótese de a lei aplicável não ser aquela que tem a conexão mais estreita com o contrato. Assim sendo, deve aplicar-se a lei do lugar do risco, ainda que resulte do conjunto das circunstâncias do caso que o contrato tem uma conexão manifestamente mais estreita com outro ordenamento jurídico[72].

Domínguez, J. M. Almudí Cid, "El contrato internacional de seguro", cit., p. 612 s (afirmando, em ambas as obras, que se trata de um "reenvio condicional"); Federica Falconi, *La legge applicabile ai contratti di assicurazione nel regolamento Roma I*, Milano, 2015, p. 116 ss (qualificando o mecanismo como "reenvio *sui generis*"). Afastando esta caraterização, por entender que não estão presentes na norma em causa os objetivos tradicionais da figura do reenvio, Jonathan Toro, Arnaud Viggria, *Le droit international privé des assurances*, Waterloo, 2012, p. 34.

[71] Sobre a concretização do Estado-Membro em que se situa o risco, cfr. *supra*, § 3º, 2., III. Embora concordando em geral com o critério de conexão utilizado pelo artigo 7º, nº 3, 3º parágrafo, do Regulamento para determinar a lei subsidiariamente aplicável aos contratos que cobrem riscos de massa – o critério da localização do risco (incluindo os casos respeitantes a imóveis, a veículos e a riscos ocorridos durante viagens ou férias de curta duração) –, Urs Peter Gruber, reconhece que o nº 3, 3º parágrafo, e o nº 6 do artigo 7º "são muito complexos". Cfr. "Insurance Contracts", in *Rome I Regulation*, cit., p. 109 ss (p. 118).

[72] A solução distancia-se daquela que constava do artigo 7º, nº 1, alínea *h)*, da Segunda Diretiva 88/357/CEE ("A escolha referida nas alíneas anteriores deve ser expressa ou resultar inequivocamente das cláusulas do contrato ou das circunstâncias da causa. Se não for esse o caso, ou se não tiver sido feita qualquer escolha, o contrato reger-se-á pela lei do país que com ele apresente maiores afinidades, de entre aqueles países que entrem em linha de conta nos

3.3. Disposições especiais relativas aos contratos de seguro obrigatório

Contratos de seguro obrigatório são aqueles que o segurado deve celebrar por força de norma legal imperativa[73].

O nº 4 do artigo 7º contém disposições especiais ("adicionais", na terminologia utilizada) relativamente aos contratos de seguro obrigatório – segundo a lei de um Estado-Membro – que cubram grandes riscos ou riscos de massa situados no território dos Estados-Membros.

A estes contratos é, em princípio, aplicável a lei indicada pelas regras de conflitos dos nºs 2 e 3 do artigo 7º. Mas o nº 4 estabelece limites à competência dessa lei[74], nos seguintes termos:

- por um lado, sob o ponto de vista material, determina-se que o contrato de seguro só dá cumprimento à obrigação de subscrever um seguro se respeitar as disposições específicas relativas a esse seguro que tenham sido estabelecidas pelo Estado-Membro que impõe a obrigação; no caso de existir contradição entre a lei do Estado-Membro onde o risco se situa e a do Estado-Membro que impõe a obrigação de subscrever um seguro, prevalece esta última lei (alínea *a)* do nº 4);
- por outro lado, sob o ponto de vista conflitual, permite-se a qualquer Estado-Membro determinar que o contrato de seguro seja regulado pela lei do Estado-Membro que impõe a obrigação de subscrever um seguro (alínea *b)* do nº 4)[75].

termos das alíneas anteriores. Todavia, se uma parte do contrato puder separar-se do resto do contrato e apresentar uma maior afinidade com outro de entre os países que entrem em linha de conta nos termos das alíneas anteriores, poder-se-á aplicar a essa parte do contrato, a título excecional, a lei desse outro país. Presume-se que o contrato apresenta maiores afinidades com o Estado-Membro onde o risco se situa") [*sic*, na versão portuguesa da Diretiva].

[73] Na ordem jurídica portuguesa existe um vasto elenco de seguros obrigatórios que inclui, por exemplo, os ramos acidentes de trabalho, acidentes em serviço, acidentes pessoais, danos, doença, incêndio, responsabilidade civil (abarcando, além da derivada de acidentes de automóvel, outras situações que cobrem riscos gerados pelo exercício de certas atividades económicas). Ver, por todos, A. MENEZES CORDEIRO, *Direito dos Seguros*, cit., p. 107 ss, 351 s, 765 ss, 818 s, 829 ss.

[74] Para a crítica ao nº 4 do artigo 7º do Regulamento Roma I, ver, por todos, P. LAGARDE, A. TENENBAUM, "De la Convention de Rome au règlement Rome I", cit., p. 768 s.

[75] Esta norma tem paralelo na que se encontrava estabelecida no artigo 8º, nº 4, alínea *c)*, da Segunda Diretiva 88/357/CEE ("Um Estado-Membro pode, em derrogação ao artigo 7º, determinar que a lei aplicável aos contratos de seguro obrigatório seja a do Estado que impõe a obrigação de seguro").

Portugal fez uso dessa faculdade no RGAS (artigo 193º, nº 1) e manteve a opção na LCS (artigo 10º). Assim sendo, a lei reguladora do contrato de seguro obrigatório não é a lei indicada nos termos dos nºs 2 e 3 artigo 7º do Regulamento, mas sim a referida no artigo 10º da LCS ("Os contratos de seguro obrigatórios na ordem jurídica portuguesa regem-se pela lei portuguesa [...]"). Em princípio, configurando o artigo 10º da LCS uma norma de conflitos unilateral, a remissão por ela operada dirige-se tão só à ordem jurídica portuguesa. Diferente foi a opção do direito alemão que, fazendo uso dessa mesma faculdade, adotou no artigo 46*c* da Lei de Introdução ao Código Civil uma norma de conflitos bilateral. A doutrina portuguesa tem admitido a bilateralização da norma do artigo 10º da LCS, de modo a permitir a aplicação, em Portugal, da lei de outro Estado-Membro que imponha a obrigação de subscrever o seguro, assim prosseguindo a harmonia jurídica internacional[76].

4. Contratos de seguro regidos pelas normas de conflitos gerais do Regulamento Roma I

Os contratos de seguro relativos a riscos de massa situados fora do território dos Estados-Membros e os contratos de resseguro – não abrangidos pelas regras especiais do artigo 7º, mas não excluídos do âmbito de aplicação material do Regulamento Roma I – estão sujeitos ao regime conflitual geral do Regulamento.

A propósito destas categorias de contratos de seguro, em seguida se recordam, de modo necessariamente sintético, os traços fundamentais desse regime.

4.1. Contratos de seguro que cobrem riscos de massa situados fora do território dos Estados-Membros

4.1.1. Lei escolhida pelas partes

I. O artigo 3º do Regulamento Roma I reproduz em grande medida o artigo 3º da Convenção de Roma. O princípio da autonomia privada em Direito Internacional Privado, subjacente a esses dois preceitos, vigora e é reconhecido de modo muito amplo relativamente à generalidade dos contratos[77],

[76] Nesse sentido: N. Andrade Pissarra, "Breves considerações sobre a lei aplicável ao contrato de seguro", cit., p. 43; Id., "Direito aplicável", cit., p. 101; L. Lima Pinheiro, "Sobre a lei aplicável ao contrato de seguro perante o Regulamento Roma I", cit., p. 698.

[77] Cfr. *supra*, § 3º, 3.1.1., a propósito do artigo 7º, nº 2, 1º parágrafo. Todavia, conforme resulta da análise entretanto realizada, o Regulamento fixa limites à escolha do direito aplicável aos

já que não se impõe que a ordem jurídica designada tenha ligação objetiva com o contrato ou corresponda a um interesse sério dos contraentes[78].

O acordo das partes quanto à escolha do direito aplicável ao contrato de seguro é, na maioria dos casos, expresso, constando de uma cláusula do contrato. Permitese que o acordo seja tácito, desde que resulte de forma clara das disposições do contrato ou das circunstâncias do caso.

Por exemplo, se o contrato de seguro tiver sido redigido de acordo com o modelo inspirado numa concreta ordem jurídica ou aprovado por uma instituição reguladora da atividade seguradora de certo país, ou se disser respeito exclusivamente a riscos que são cobertos por seguros típicos em determinado país[79].

A atribuição de jurisdição exclusiva aos tribunais de um Estado para decidir de quaisquer litígios emergentes de um contrato não implica, só por si, que ao contrato seja aplicável o direito em vigor nesse Estado, mas, segundo o considerando 12 do Regulamento, "deverá ser um dos fatores a ter em conta para determinar se a escolha da lei resulta de forma clara"[80]. De todo o modo, há de corresponder a um acordo real, não se admitindo uma escolha meramente hipotética.

contratos de seguro que cobrem riscos de massa situados no território dos Estados-Membros (artigo 7º, nº 3, 1º parágrafo, alíneas *a)* a *e)*).

78 Quanto a este aspeto, o Regulamento retoma a solução adotada no artigo 3º da Convenção de Roma. Distinta era a exigência do artigo 41º do Código Civil português e que, como se observou, veio a ser perfilhada no artigo 7º da LCS.

79 Neste sentido, Mario Giuliano, Paul Lagarde, *Rapport concernant la convention sur la loi applicable aux obligations contractuelles*, *JO* C 282, de 30.10.1980, p. 1 ss (p. 17); L. Lima Pinheiro, "Sobre a lei aplicável ao contrato de seguro perante o Regulamento Roma I", cit., p. 689. Assim também, perante a norma do artigo 6º, nº 3, da LCS, N. Andrade Pissarra, "Breves considerações sobre a lei aplicável ao contrato de seguro", cit., p. 24; Id., "Direito aplicável", cit., p. 79.

80 Na Proposta de Regulamento, previa-se que "Se as partes tiverem convencionado que um tribunal ou os tribunais de um Estado-Membro têm competência para decidir de quaisquer litígios que tenham surgido ou possam surgir relativamente ao contrato, presume-se que as partes escolheram igualmente a lei deste Estado-Membro" (artigo 3º, nº 1, 2º parágrafo, 2ª frase). Esse texto foi censurado, por exemplo, por P. Lagarde, "Remarques sur la proposition de règlement de la Commission européenne sur la loi applicable aux obligations contractuelles", cit., p. 335. Sobre o alcance da sugestão da Comissão relativamente a esta matéria, em comparação com a solução adotada no Regulamento, ver S. Francq, "Le règlement «Rome I» sur la loi applicable aux obligations contractuelles", cit., p. 52 s. Sublinho também a observação crítica, quanto à solução adotada, de H. Kenfack, "Le règlement (CE) nº 593/2008 du 17 juin 2008 sur la loi applicable aux obligations contractuelles", cit., p. 14. Consultem-se ainda os comentários de: P. Lagarde, A. Tenenbaum, "De la Convention de Rome au règlement

Por outro lado, podendo os interessados designar a lei aplicável à totalidade ou apenas a parte do contrato, admite-se o desmembramento ou fracionamento (*dépeçage*) da disciplina contratual por iniciativa dos contraentes. Sendo unânime na doutrina a opinião que recusa o *dépeçage subjetivo* do contrato, o fracionamento a que se refere o artigo 3º é pois o *dépeçage objetivo*. Ainda assim, o fracionamento apenas é possível se respeitar a questões separáveis, isto é, a questões que a lei trata separadamente. "Como linha geral de orientação, poderá talvez dizer-se que às partes é dado sujeitar a um estatuto especial o que corresponder à regulamentação de um interesse tipicamente protegido por lei, mas não distribuir arbitrariamente por um conjunto de legislações os vários aspetos da disciplina do mesmo conflito típico de interesses"[81].

Exige-se, em qualquer caso, que a aplicação de diversas leis ao contrato não conduza a soluções incompatíveis. Por outras palavras, só é de aceitar o *dépeçage* que não ponha em causa a unidade e a coerência do contrato[82].

II. As partes podem acordar em subordinar o contrato a uma lei diferente da que precedentemente o regulava.

Essa escolha posterior altera a lei que regia o contrato – e que tanto pode ser a lei designada pelas partes como a lei supletivamente aplicável. A escolha posterior pode ser total ou parcial, expressa ou tácita, nos termos referidos.

Qualquer modificação quanto à designação da lei aplicável, ocorrida posteriormente à celebração do contrato, não afeta a validade formal do contrato nem prejudica os direitos de terceiros.

III. Os nºs 3 e 4 do artigo 3º do Regulamento têm como objetivo salvaguardar a aplicabilidade de certas "normas imperativas", no sentido de "normas não derrogáveis por acordo"[83]:

– se, em função de todos os elementos relevantes, o contrato se encontrar em contacto com uma única ordem jurídica, no momento da

Rome I", cit., p. 735 s; A.-L. Calvo Caravaca, "El Reglamento Roma I sobre la ley aplicable a las obligaciones contractuales", cit., p. 65 s.

[81] Como já afirmava Isabel de Magalhães Collaço, *Da compra e venda em direito internacional privado. Aspectos fundamentais*, vol. I, Lisboa, 1954, p. 130.

[82] M. Helena Brito, *A representação nos contratos internacionais*, cit., p. 654 ss (p. 657).

[83] Cfr. *infra*, § 5º, 1.

designação da lei aplicável, a escolha pelas partes de uma outra lei não prejudica a aplicação das disposições não derrogáveis por acordo, contidas na lei do país com o qual o contrato se encontra em contacto (nº 3)[84];

- se, em função de todos os elementos relevantes, o contrato se encontrar em contacto com a ordem jurídica de um ou de vários Estados-Membros, no momento da designação da lei aplicável, a escolha pelas partes de uma lei que não seja a de um Estado-Membro não prejudica a aplicação das disposições de direito comunitário não derrogáveis por acordo, tal como aplicadas pelo Estado-Membro do foro (nº 4)[85].

4.1.2. Lei subsidiariamente aplicável

I. Na falta de escolha, nos termos do artigo 3º, da lei aplicável aos contratos de seguro não abrangidos pelo regime especial do artigo 7º, o direito material competente determina-se por recurso aos critérios do artigo 4º do Regulamento Roma I.

O nº 1 do artigo 4º indica a lei aplicável a certos tipos ou categorias de contratos, utilizando elementos de conexão de conteúdo rígido. Diferente era a solução do artigo 4º da Convenção de Roma, que, depois de enunciar o princípio da aplicação da lei do país com o qual o contrato apresentasse uma conexão mais estreita (nº 1), indicava presunções ilidíveis de conexão mais estreita (nº 2 – presunção "geral", assente na noção de prestação caraterística; nºs 3 e 4 – presunções "especiais").

Os contratos de seguro agora em análise – que cobrem riscos de massa situados fora do território dos Estados-Membros – não são referidos, como bem se compreende, em qualquer uma das alíneas do nº 1 do artigo 4º.

O nº 2 do artigo 4º contém uma regra subsidiária aplicável aos contratos não previstos no nº 1 e aos contratos mistos: esses contratos são regidos pela lei do país em que o contraente que deve efetuar a prestação caraterística do contrato tem a sua residência habitual[86].

[84] O nº 3 do artigo 3º repete, quanto ao essencial, o nº 3 do artigo 3º da Convenção de Roma. Tem correspondência no nº 2 do artigo 14º do Regulamento Roma II.

[85] A norma do nº 4 do artigo 3º constitui uma inovação do Regulamento Roma I, sem paralelo na Convenção de Roma, e inspirada no nº 3 do artigo 14º do Regulamento Roma II.

[86] Não obstante a diferente estrutura da norma de conflitos de conexão subsidiária contida na Convenção de Roma e no Regulamento Roma I, pode afirmar-se que o princípio geral subjacente ao Regulamento continua a ser o princípio da conexão mais estreita, concretizado, sempre que possível, através da residência habitual do devedor da prestação caraterística, no

O devedor da prestação caraterística é o segurador, necessariamente uma pessoa coletiva, pelo que a lei aplicável aos contratos de seguro não abrangidos pelo artigo 7º é, na falta de escolha pelas partes, em princípio, a lei do país onde se situa a administração central do segurador no momento da celebração do contrato (artigos 4º, nº 2, e 19º do Regulamento Roma I)[87-88].

II. Se resultar claramente do conjunto das circunstâncias do caso que o contrato apresenta uma conexão manifestamente mais estreita com um país diferente do indicado nos nºs 1 ou 2, é aplicável a lei desse outro país – é este o sentido da "cláusula de exceção" adotada no nº 3 do artigo 4º do Regulamento[89].

momento da celebração do contrato. Esta minha afirmação fundamenta-se na análise do nº 1 (observando várias das suas alíneas) e do nº 2 do artigo 4º do Regulamento e tem em conta a articulação desses dois preceitos com o nº 4 e também com o nº 3 do mesmo artigo. Em sentido semelhante, V. Behr, "Rome I Regulation", cit., p. 246. No sentido de que "a regra geral relativamente a todos os contratos incluídos no artigo 4º é um teste de «conexão mais estreita»", MPI, *Comments on the European Commission's Green Paper*, cit., p. 43. Afirmando existir entre o artigo 4º da Convenção de Roma e o artigo 4º do Regulamento Roma I uma "diferença de grau" quanto ao poder discricionário do órgão de aplicação do direito na apreciação da conexão mais estreita, Ulrich Magnus, "Article 4 Rome I Regulation: The Applicable Law in the Absence of Choice", in *Rome I Regulation*, cit., p. 27 ss (p. 30); F. Ferrari, "Quelques remarques sur le droit applicable aux obligations contractuelles en l'absence de choix des parties (art. 4 du règlement Rome I)", *Rev. crit.*, 2009, p. 459 ss (p. 477). Diversa parece ser a conclusão de L. Lima Pinheiro: "Perante o Regulamento Roma I, [...] o critério geral da conexão mais estreita só releva excecionalmente, quando há uma conexão manifestamente mais estreita com um Estado diferente do indicado pela conexão primária, ou, subsidiariamente, quando o contrato não for reconduzível às regras que estabelecem a conexão primária (art. 4º/4)" (cfr.: *Direito internacional privado*, vol. II, cit., p. 347; Id., "O novo Regulamento comunitário sobre a lei aplicável às obrigações contratuais", cit., p. 432; Id., "Rome I Regulation, cit., p. 250).

[87] Alguns destes conceitos foram antes expostos a propósito da norma de conflitos subsidiária do artigo 7º, nº 2, 2º parágrafo, 1ª frase, respeitante aos contratos de seguro que cobrem grandes riscos (*supra*, § 3º, 3.1.2.).

[88] Segundo certo entendimento, o contrato de seguro caraterizase como um contrato de prestação de serviços; consequentemente, a lei aplicável determina-se com base no artigo 4º, nº 1, alínea *b)*, do Regulamento Roma I e será a lei da residência habitual do segurador. Nesse sentido, D. Martiny, "Art. 7 Rom I-VO", cit., An. 28; Dicey, Morris & Collins *on the conflict of laws*, cit., p. 2002. Sendo diferente o fundamento jurídico, é o mesmo o resultado a que conduzem as normas de conflitos do artigo 4º, nº 2, e do artigo 4º, nº 1, alínea *b)*, do Regulamento.

[89] Na sua Proposta de 2005, a Comissão tinha abandonado totalmente a "cláusula de exceção" (cfr. Artigo 4º, e respetiva "Exposição de motivos", p. 6). Observemse os reparos formulados

Assim, por força dessa "cláusula de exceção", o contrato de seguro ficará sujeito a outra lei que não a da administração central do segurador se resultar claramente do conjunto das circunstâncias que apresenta com essa outra lei uma conexão manifestamente mais estreita.

O nº 3 do artigo 4º não fornece diretrizes para o exercício deste poder discricionário por parte do órgão de aplicação do direito[90]. Apenas se indica, no considerando 20, 2ª frase, do Regulamento, que, para determinar o país com o qual o contrato apresenta uma conexão manifestamente mais estreita, "deverá ser tido em conta, nomeadamente, se o contrato em questão está estreitamente ligado a outro contrato ou a uma série de contratos".

quanto a essa solução por P. LAGARDE, "Remarques sur la proposition de règlement de la Commission européenne sur la loi applicable aux obligations contractuelles", cit., p. 338 ss, 349. O texto final do artigo 4º do Regulamento Roma I introduziu a "cláusula de exceção", subordinando a sua atuação à verificação da existência de "uma conexão manifestamente mais estreita com um país diferente do indicado nos nºs 1 ou 2", o que indicia que a utilização desta figura poderá vir a ser, na prática, pouco frequente. Como se viu, é semelhante a fórmula utilizada no artigo 7º, nº 2, 2º parágrafo, 2ª frase, relativamente aos contratos de seguro que constituem objeto dessa disposição (mas é diferente o teor da norma respeitante ao contrato individual de trabalho, artigo 8º, nº 4). Para a referência a esta matéria, ver: O. LANDO, P. A. NIELSEN, "The Rome I Regulation", cit., p. 1702 s (que subscrevem a posição final adotada); V. BEHR, "Rome I Regulation", cit., p. 255 s (que procede à comparação entre a solução do Regulamento Roma I e a que consta do § 188 do *Restatement (Second) of Conflict of Laws*).

90 Diferentemente, quanto a este aspeto, do que estabelece o Regulamento Roma II: "Uma conexão manifestamente mais estreita com um outro país poderá ter por base, nomeadamente, uma relação preexistente entre as partes, tal como um contrato, que tenha uma ligação estreita com a responsabilidade fundada no ato lícito, ilícito ou no risco em causa" (artigo 4º, nº 3, e artigo 5º, nº 2). Nesta frase final, incluída nas normas mencionadas, a noção de conexão manifestamente mais estreita é concretizada através de uma conexão acessória, que implica a determinação da lei reguladora da eventual relação preexistente entre as partes, por exemplo um contrato, que tenha uma ligação estreita com a questão da responsabilidade civil. Sobre o tema, cfr., por todos, G. PALAO MORENO, *Responsabilidad civil extracontractual en el derecho europeo*, Valencia, 2008, p. 380 ss. Na doutrina portuguesa: M. HELENA BRITO, "O princípio do direito único como instrumento jurídico da coerência em Direito Internacional Privado", in *Estudos Artur Maurício*, cit., p. 977 ss (p. 995 ss, 1002 s); D. MOURA VICENTE, "La culpa *in contrahendo* en el derecho internacional privado europeo", *AEDIPr*, 2013, p. 53 ss (p. 61 ss), e, já antes, *Da responsabilidade pré-contratual*, cit., p. 497 ss; E. DIAS OLIVEIRA, *Da responsabilidade civil extracontratual*, cit., p. 524 ss; A. SOUSA GONÇALVES, *Da responsabilidade extracontratual*, cit., p. 412 ss.

4.1.3. Da aplicabilidade de um regime especial aos contratos de seguro celebrados com consumidores

I. Discute-se a aplicabilidade do regime especial estabelecido no artigo 6º do Regulamento aos contratos de seguro celebrados com consumidores[91], entendase aos contratos de seguro que cobrem riscos de massa situados fora do território dos Estados-Membros (e por isso não abrangidos pelo artigo 7º[92]).

A noção de "contrato celebrado por consumidores" subjacente ao artigo 6º do Regulamento não parece restringir a sua aplicabilidade relativamente a certos tipos ou categorias contratuais em função do respetivo objeto (além, naturalmente, das limitações que são referidas no nº 4 do mesmo artigo). Com efeito, a disposição aplica-se a grande parte dos contratos internacionais celebrados entre uma "pessoa que aja no quadro das suas atividades comerciais ou profissionais" e um consumidor, não se vendo nesse critério de delimitação qualquer elemento que exclua os contratos de seguro.

É certo que o considerando 32 – depois de justificar a necessidade de prever no Regulamento disposições especiais destinadas a assegurar um nível adequado de proteção de certos contraentes, entre os quais os tomadores de seguro, atenta a natureza dos contratos em que intervêm – indica, na frase final, que, "assim sendo, o artigo 6º não deverá aplicar-se no contexto destes contratos específicos".

Mas essa referência interpretativa deve relacionar-se tão só com os contratos de seguro incluídos na previsão especial do artigo 7º, que, como se verificou, pretende dar resposta ao objetivo de "assegurar um nível adequado de proteção" para os tomadores de seguro[93].

Pareceme portanto que aos contratos de seguro celebrados com consumidores, que cobrem riscos de massa situados fora do território dos Estados-Membros (e por isso não incluídos no âmbito do artigo 7º), é aplicável o

[91] Dessa discussão dá conta, pormenorizadamente, N. Andrade Pissarra, "Breves considerações sobre a lei aplicável ao contrato de seguro", cit., p. 49 s.

[92] Relativamente aos contratos de seguro abrangidos pelo artigo 7º, não se aplica o artigo 6º, ainda que sejam celebrados com consumidores. É o que resulta do texto do artigo 6º, nº 1, e do artigo 7º, que estabelece, ele próprio, um regime de proteção do tomador do seguro. A solução é questionada por: H. Heiss, "Insurance Contracts in Rome I", cit., p. 274 s; Carl Friedrich Nordmeier, "Verordnung über das auf vertragliche Schulverhältnisse anzuwendende Recht (Rom I)", in *Zivilrecht unter europäischem Einfluss. Die richtlinienkonforme Auslegung des BGB und anderer Gesetze – Kommentierung der wichtigsten EU-Verordnungen*, 2ª ed., Stuttgart, 2010, p. 2207 ss (p. 2247).

[93] Assim, com clareza, Dicey, Morris & Collins *on the conflict of laws*, cit., p. 2000.

artigo 6º do Regulamento[94], desde que, obviamente, estejam preenchidos os requisitos de que o nº 1 deste último preceito faz depender a sua aplicação. Ou seja, exige-se que o profissional: *a)* exerça as suas atividades comerciais ou profissionais no país em que o consumidor tem a sua residência habitual, ou *b)* por qualquer meio, dirija essas atividades para este ou vários países, incluindo aquele país, e que o contrato seja abrangido pelo âmbito dessas atividades.

II. Deste modo, as partes podem escolher a lei aplicável nos termos do artigo 3º, mas, segundo o artigo 6º, nº 2, essa escolha "não pode ter como consequência privar o consumidor da proteção que lhe proporcionam

[94] Neste sentido, cfr.: N. Andrade Pissarra, "Breves considerações sobre a lei aplicável ao contrato de seguro", cit., p. 49 s; L. Lima Pinheiro, "Sobre a lei aplicável ao contrato de seguro perante o Regulamento Roma I", cit., p. 688; A. Menezes Cordeiro, *Direito dos Seguros*, cit., p. 457; H. Heiss, "Insurance Contracts in Rome I", cit., p. 265 s, 279; Id., "Versicherungsverträge in «Rom I»", cit., p. 461 s, 477; Stefan Perner, "Das Internationale Versicherungsvertragsrecht nach Rom I", *IPRax*, 2009, p. 218 ss (p. 220); U. Magnus, "Die Rom I-Verordnung", *IPRax*, 2010, p. 27 ss (p. 40); C. F. Nordmeier, "Verordnung über das auf vertragliche Schulverhältnisse anzuwendende Recht (Rom I)", cit., p. 2247; D. Martiny, "Art. 7 Rom I-VO", cit., An. 13, 28, 55; P. Lagarde, A. Tenenbaum, "De la Convention de Rome au règlement Rome I", cit., p. 776; S. Francq, "Le règlement «Rome I» sur la loi applicable aux obligations contractuelles", cit., p. 60; J. Toro, A. Viggria, *Le droit international privé des assurances*, cit., p. 44 s; C. M. Caamiña Domínguez, "Los contratos de seguro del art. 7 del Reglamento Roma I", cit., p. 33, 51; C. M. Caamiña Domínguez, J. M. Almudí Cid, "El contrato internacional de seguro", cit., p. 617, 619; V. Fuentes Camacho, "Los contratos internacionales de seguro antes y a partir del Reglamento Roma I", cit., p. 632; G. Palao Moreno, "Los contratos de seguro internacionales en el nuevo Reglamento Roma I", cit., p. 430; M. Pilich, "Law Applicable to Insurance Contracts in the Light of the Rome I Regulation", cit., p. 206; Dicey, Morris & Collins *on the conflict of laws*, cit., p. 2000, 2005; F. Falconi, *La legge applicabile ai contratti di assicurazione*, cit., p. 130. Assim também, perante a Convenção de Roma: *Rapport* Giuliano/Lagarde, cit., p. 13; Florbela de Almeida Pires, "Da lei aplicável ao contrato de seguro", *Revista Jurídica*, Nova Série, 18-19, 1995, p. 259 ss (p. 285 ss); D. Moura Vicente, "Lei reguladora dos contratos de consumo", in *Ensaios*, vol. II, cit., p. 187 ss (p. 190); J. C. Moitinho de Almeida, "O contrato de seguro e a Convenção de Roma", cit., p. 173 ss; F. Seatzu, *Insurance in Private International Law*, cit., p. 106 ss. No mesmo sentido, no direito alemão: A. K. Schnyder, "Versicherungsverträge", cit., p. 1029 s; Jan Kropholler, *Internationales Privatrecht*, 4ª ed., Tübingen, 2001, p. 469; Dirk Looschelders, *Internationales Privatrecht – Art. 3-46 EGBGB*, Berlin, Heidelberg, 2004, Art. 29, An. 30; F. Ferrari, "Art. 28 EGBGB", in F. Ferrari & O., *Internationales Vertragsrecht. EGBGB, CISG, CMR, FactÜ. Kommentar*, München, 2007, An. 142; Ansgar Staudinger, "Art. 29 EGBGB", in F. Ferrari & O., *Internationales Vertragsrecht*, cit., An. 12.

as disposições não derrogáveis por acordo da lei que, na falta de escolha, seria aplicável com base no nº 1" – no caso, a lei do país em que o tomador-consumidor tem a sua residência habitual. A solução fundamenta-se no "princípio da aplicação da lei mais favorável".

Não se impõe propriamente a aplicação das disposições não derrogáveis por acordo contidas na lei da residência habitual do tomador-consumidor. Apenas se determina que certo regime de proteção é inderrogável em prejuízo do tomadorconsumidor, sendo possível aplicar uma ordem jurídica que estabeleça um grau de proteção semelhante ou mais elevado. À lei da residência habitual do tomador-consumidor compete definir o *nível mínimo de proteção* assegurado ao tomador-consumidor.

A determinação da lei mais favorável exige o recurso à comparação de direitos. A comparação não pode realizar-se norma a norma, antes deve fazer-se por complexos de normas materiais que, dentro de cada uma das ordens jurídicas, constituam unidades teleológicas ou se encontrem entre si numa particular conexão interna. Só deste modo será possível apreender a unidade de sentido da proteção assegurada por cada ordenamento jurídico[95].

Na falta de escolha, tendo em conta o disposto no artigo 6º, nº 1, é aplicável a lei da residência habitual do tomador-consumidor e não a lei chamada nos termos do artigo 4º (em princípio, como se concluiu, a lei do país onde se situa a administração central do segurador no momento da celebração do contrato)[96].

4.2. Contratos de resseguro

I. Através do contrato de resseguro, uma das partes, o ressegurador, cobre riscos de um segurador ou de outro ressegurador. O ressegurador obriga-se a pagar a um segurador (que neste contrato assume a posição de segurado)

[95] Defendendo que, para efeitos de aplicação do artigo 6º, nº 1, da Convenção de Roma, respeitante aos contratos individuais de trabalho (correspondente ao artigo 8º, nº 1, do Regulamento Roma I), deve determinar-se a lei globalmente mais favorável ao trabalhador: R. Moura Ramos, *Da lei aplicável ao contrato de trabalho internacional*, cit., p. 871, 877.

[96] Encontra-se uma disposição com estatuição semelhante à do artigo 6º no artigo 8º do Regulamento Roma I (relativamente aos contratos individuais de trabalho). É diversa a técnica jurídica utilizada para proteger os interesses do passageiro, no âmbito de um contrato de transporte de passageiros (artigo 5º, nº 2, 2º parágrafo), em certos aspetos mais próxima da que foi adotada para proteger os interesses do tomador do seguro nos contratos de seguro que cobrem riscos de massa situados no território dos Estados-Membros (artigo 7º, nº 3, 1º parágrafo, do Regulamento).

a quantia que este seja chamado a pagar nos termos de contrato de seguro conexo com o contrato de resseguro. Por isso o resseguro é um seguro de outro seguro, ou seja, é um seguro do segurador[97].

A relação entre o ressegurador e o ressegurado é uma modalidade do contrato de seguro, a que em cada ordem jurídica se aplicam, pelo menos subsidiariamente, as normas do regime jurídico do contrato de seguro com ele compatíveis[98].

II. As particularidades dos contratos de resseguro – relativamente aos contratos de seguro que constituíam objeto das Diretivas comunitárias – já tinham sido reconhecidas pela Convenção de Roma, ao considerar tais contratos abrangidos no seu âmbito de aplicação, independentemente da localização, dentro ou fora da União Europeia, do risco coberto (lembre-se o respetivo artigo 1º, nº 4).

Agora, a norma do Regulamento Roma I que delimita o âmbito de aplicação material das normas de conflitos especiais relativas a certas categorias de contratos de seguro – o nº 1 do artigo 7º – expressamente exclui desse regime especial, na última frase, os contratos de resseguro. Tais contratos ficam portanto sujeitos ao regime conflitual geral do Regulamento.

O artigo 3º do Regulamento admite a escolha, sem restrições, do direito aplicável aos contratos de resseguro; na falta de designação pelas partes, o artigo 4º, nº 2, conduz à aplicação da lei do país onde se situa a administração central do ressegurador no momento da celebração do contrato – tendo em conta que o devedor da prestação caraterística é o ressegurador[99].

[97] Cfr. C. Ferreira de Almeida, *Contratos III*, cit., p. 271 s, pormenorizando a caraterização, a função, a estrutura e as modalidades dos contratos de resseguro. Na Diretiva 2009/138/CE encontra-se uma noção de "resseguro", que abrange, desde logo, a atividade que consiste na "aceitação de riscos cedidos por uma empresa de seguros, por uma empresa de seguros de um país terceiro, por outra empresa de resseguros ou por uma empresa de resseguros de um país terceiro" (artigo 13º, nº 7, alínea *a*)).

[98] Veja-se, no direito português, o artigo 73º da LCS.

[99] Sendo o contrato de resseguro qualificado como um contrato de prestação de serviços, a lei aplicável determina-se com base no artigo 4º, nº 1, alínea *b*), do Regulamento Roma I e será a lei da residência habitual do ressegurador (na prática, a mesma lei a que conduz a norma de conflitos do artigo 4º, nº 2, do Regulamento). Esse entendimento é perfilhado por alguma doutrina: D. Martiny, "Art. 7 Rom I-VO", cit., An. 19; Dicey, Morris & Collins *on the conflict of laws*, cit., p. 2011.

Se resultar claramente do conjunto das circunstâncias do caso que o contrato de resseguro apresenta uma conexão manifestamente mais estreita com outro país, será aplicável a lei desse outro país (artigo 4º, nº 3).

III. Não se suscita, perante esta categoria de contratos, a problemática relacionada com a necessidade de conceder uma proteção especial ao tomador do seguro, atenta a natureza do sujeito que, nestes contratos, preenche essa função (o segurador).

Não é por isso aplicável aos contratos de resseguro o regime do artigo 6º do Regulamento.

§ 4º Âmbito de aplicação do direito competente

1. O "estatuto contratual" definido pelo Regulamento Roma I

I. O Regulamento Roma I, tal como a Convenção de Roma, privilegia a ideia de um "estatuto contratual" amplo[100], utilizando categorias de conexão de conteúdo muito vasto: "obrigação contratual"[101] (artigo 1º, nº 1), "contrato" (artigos 3º, 4º e seguintes).

O direito chamado pelas normas de conflitos do Regulamento Roma I rege as matérias indicadas no respetivo artigo 12º.

A enumeração constante do nº 1 deste artigo 12º, que não é exaustiva, abrange: a interpretação do contrato; o cumprimento das obrigações dele decorrentes; as consequências do incumprimento total ou parcial dessas obrigações; as diversas causas de extinção das obrigações, bem como a prescrição e a caducidade; as consequências da invalidade do contrato.

[100] Sobre a construção da noção de "estatuto contratual" perante as normas da Convenção de Roma e do Regulamento Roma I, cfr: M. Helena Brito, "Os contratos bancários e a Convenção de Roma", cit., p. 92 e nota 36, p. 96 e nota 45, p. 112 s; Id., *A representação nos contratos internacionais*, cit., p. 653 ss; Id., "Direito aplicável ao contrato internacional de concessão comercial", in *Estudos Magalhães Collaço*, cit., vol. I, 103 ss (p. 114 ss); Id., "Determinação da lei aplicável aos contratos internacionais: Da Convenção de Roma ao Regulamento Roma I", cit., p. 446, 450; L. Lima Pinheiro, *Contrato de empreendimento comum em direito internacional privado*, Lisboa, 1996, p. 628 ss; Id., *Direito comercial internacional*, cit., p. 110 ss, 124 s; Id., *Direito internacional privado*, vol. II, cit., p. 337 s, 350. Referindo-se à "vocação de regulação geral" do estatuto contratual, A.-L. Calvo Caravaca, Javier Carrascosa González, J. M. Almudí Cid, "Contratos internacionales: Competencia judicial y ley aplicable", in *Los Contratos Internacionales*, cit., vol. II, 2014, p. 31 ss (p. 314 ss).

[101] Relativamente à interpretação de "obrigação contratual" na jurisprudência do Tribunal de Justiça, ver *supra*, nota 17 e texto antecedente.

Quanto aos modos de cumprimento e às medidas que o credor deve tomar no caso de cumprimento defeituoso, há que atender à lei do país onde é cumprida a obrigação (nº 2 do artigo 12º).

São objeto de conexão autónoma: a capacidade das partes (excluída do âmbito de aplicação do Regulamento Roma I, salvo o disposto no artigo 13º); a validade formal, sem prejuízo do que a seguir se refere.

Por conexão dependente ou acessória, a lei competente para reger o contrato é aplicável: à existência e validade substancial do contrato (tal como previsto no artigo 10º)[102]; à validade formal do contrato (nos termos definidos no artigo 11º).

Atende-se ainda à lei reguladora do contrato para identificar a lei aplicável ao ato de escolha do direito aplicável (nos termos previstos no artigo 3º, nº 5) e, embora com certas limitações, à cessão de créditos e à sub-rogação contratual (artigo 14º do Regulamento), bem como à prova (artigo 18º do Regulamento).

Consequentemente, e salvo disposição em sentido diferente contida no próprio Regulamento, a lei indicada pelas normas de conflitos do Regulamento rege todas as matérias de natureza contratual, pelo menos as de caráter privado[103].

II. No que aqui interessa considerar, a lei indicada pelas normas de conflitos aplicáveis aos contratos de seguro (artigo 7º ou artigos 3º e 4º, conforme os casos) rege as matérias referidas no nº 1 do artigo 12º do Regulamento.

São suscetíveis de se reconduzir a tais normas de conflitos, se, no caso concreto, for chamado o direito português, por exemplo, e nomeadamente, disposições do Título I – "Regime comum", da LCS, relativas a:

– vigência do contrato (Capítulo III – artigos 39º a 42º);

[102] Faz-se uma ressalva quanto a este ponto. Nos termos do artigo 10º, nº 2, "um contraente, para demonstrar que não deu o seu acordo, pode invocar a lei do país em que tenha a sua residência habitual, se resultar das circunstâncias que não seria razoável determinar os efeitos do seu comportamento nos termos da lei designada no nº 1". Esta disposição tem relevância sobretudo perante a diversidade de soluções adotadas nos sistemas jurídicos nacionais a propósito do valor a atribuir a um comportamento – e, concretamente, ao silêncio – como meio declaratório.

[103] A lei competente (o estatuto contratual) rege o contrato desde o nascimento até à sua cessação (adaptando a formulação utilizada, a propósito da lei aplicável ao negócio jurídico, por Gerhard Kegel, Klaus Schurig, *Internationales Privatrecht*, 8ª ed., München, 2000, p. 535 – "*von der Wiege bis zum Grabe*").

- conteúdo do contrato (Capítulo IV – artigos 43º a 61º);
- vicissitudes (Capítulo VIII – artigos 91º a 98º);
- sinistro (Capítulo IX – artigos 99º a 104º);
- cessação do contrato (Capítulo X – artigos 105º a 118º).

A competência atribuída à lei reguladora do contrato de seguro abrange igualmente normas incluídas no Título II – "Seguro de danos" e no Título III – "Seguro de pessoas", da LCS (artigos 123º a 174º e 175º a 217º, respetivamente).

Por via do artigo 10º, nº 1, do Regulamento Roma I, podem ser chamadas disposições da LCS sobre "Formação do contrato" (contidas no Capítulo II do Título I)[104]; é o caso de certos preceitos inseridos na Secção II – "Informações", relativos aos "deveres de informação do segurador" (cfr. artigos 18º a 23º[105]) e aos "deveres de informação do tomador do seguro ou do segurado" (cfr. artigos 24º a 26º)[106-107].

Quanto à forma, vigora no direito material português dos seguros o princípio da liberdade de forma, que já decorreria do artigo 219º do Código

[104] Sobre os problemas suscitados pela celebração de contratos de seguro à distância e por meios eletrónicos, Paula R. Alves, *Contrato de seguro à distância*, cit., em especial, p. 158 ss; P. Romano Martinez, "Celebração de contratos à distância e o novo regime do contrato de seguro", in *Estudos dedicados ao Professor Doutor Luís Alberto Carvalho Fernandes*, Lisboa, 2011, vol. III, p. 235 ss (em especial, p. 258 s); L. Poças, *O dever de declaração inicial do risco no contrato de seguro*, cit., em especial, p. 79 ss.

[105] Aos deveres de informação do segurador, previstos nos artigos 18º a 21º acrescem, no seguro de vida, os que são mencionados no artigo 185º da LCS.

[106] Porém, ao abrigo do disposto no artigo 10º, nº 2, do Regulamento, o segurador, para demonstrar que não deu o seu acordo quanto à formação de um contrato internacional de seguro regido pelo direito português (nos termos do artigo 10º, nº 1), pode invocar a lei do país em que tenha a sua residência habitual, se resultar das circunstâncias que não seria razoável determinar os efeitos do seu comportamento nos termos da lei portuguesa (tendo em conta o regime do "valor do silêncio do segurador", estabelecido no artigo 27º da LCS).

[107] Veja-se uma discussão sobre a problemática geral do dever de informação do tomador do seguro, perante o direito português anterior à LCS e com referências a direitos estrangeiros, em Júlio Gomes, "O dever de informação do tomador do seguro na fase pré-contratual", in *II Congresso Nacional de Direito dos Seguros*, cit., p. 73 ss. Sobre o sentido e alcance do dever de declaração (inicial) do risco por parte do tomador do seguro ou do segurado, no direito material português, L. Poças, *O dever de declaração inicial do risco no contrato de seguro*, cit., p. 331 ss. Em especial, a propósito do dever de informação pré-contratual no contrato de seguro automóvel, José Alberto Vieira, "O dever de informação do tomador de seguro em contrato de seguro automóvel", in *Estudos Marques dos Santos*, cit., vol. I, p. 999 ss.

Civil, e que se encontra expressamente consagrado no artigo 32º, nº 1, da LCS: "a validade do contrato de seguro não depende da observância de forma especial". Todavia, se o contrato não for celebrado por escrito, o segurador deve formalizar o contrato num "instrumento escrito" (denominado "apólice de seguro") e entregá-lo ao tomador do seguro, datado e assinado (artigo 32º, nºs 2 e 3, da LCS[108]). A exigência do instrumento escrito configura assim um requisito *ad probationem*[109].

Um contrato internacional de seguro, regido, quanto à substância, por força de uma norma de conflitos do Regulamento Roma I, por uma lei estrangeira que estabeleça especiais exigências de forma, não observadas no caso, pode vir a ser considerado formalmente válido à luz do disposto no Regulamento, atento o princípio do favor negotii que inspira a norma de conflitos relativa à "validade formal", se tiver sido celebrado em Portugal (artigo 11º, nº 1), ou se, conforme o caso, alguma das partes se encontrava em Portugal – ou tinha a sua residência habitual em Portugal – no momento da celebração do contrato (artigo 11º, nº 2).

2. O recurso a normas de conflitos do Regulamento Roma II para averiguar o direito aplicável a certas questões

2.1. O direito aplicável à responsabilidade précontratual

I. Fora do âmbito material de aplicação do Regulamento Roma I fica a matéria da responsabilidade pré-contratual. Com efeito, nos termos do artigo 1º, nº 2, alínea *i)*, são excluídas do seu âmbito de aplicação "as obrigações decorrentes de negociações realizadas antes da celebração do contrato". Diz-se, a propósito, no considerando 10 do Regulamento: "As obrigações decorrentes de negociações realizadas antes da celebração do contrato são

[108] O suporte do instrumento escrito pode não ser o papel. A LCS admite que "quando convencionado, pode o segurador entregar a apólice ao tomador do seguro em suporte eletrónico duradouro" (artigo 34º, nº 2). Sobre a questão, cfr. M. LIMA REGO, *Contrato de seguro e terceiros*, cit., p. 319, nota 805, e p. 730; ID., "O contrato e a apólice de seguro", cit., p. 25 s; L. POÇAS, *O dever de declaração inicial do risco no contrato de seguro*, cit., p. 72; P. ROMANO MARTINEZ, "Celebração de contratos à distância e o novo regime do contrato de seguro", cit., p. 254 s.

[109] Cfr. acórdão do STJ, de 04.12.2014 (relatora Maria dos Prazeres Beleza), em *obiter dictum*: "A Lei do Contrato de Seguro de 2008 deixou de exigir a adoção de forma escrita para a celebração – e, portanto, para a validade – do contrato de seguro; continuou a exigir a redução a escrito da apólice, mas apenas para efeitos de prova (não de validade) do contrato. É o que resulta dos nºs 1 e 2 do artigo 32º da Lei do Contrato de Seguro, especialmente conjugados com os artigos subsequentes".

abrangidas pelo artigo 12º do Regulamento (CE) nº 864/2007. Por conseguinte, estas obrigações deverão ser excluídas do âmbito de aplicação do presente regulamento".

Ora, o artigo 12º do Regulamento (CE) nº 864/2007 (Roma II), respeitante à *culpa in contrahendo*, dispõe, em primeiro lugar, que a lei aplicável à obrigação decorrente de negociações realizadas antes da celebração de um contrato, independentemente de este ser efetivamente celebrado, é a lei aplicável ao contrato ou que lhe seria aplicável se tivesse sido celebrado (nº 1).

Isto é, a lei primariamente aplicável à responsabilidade pré-contratual é a lei que rege o contrato ou que seria aplicável ao contrato se tivesse sido celebrado.

Subsidiariamente, para os casos em que não possa determinar-se com base no nº 1 a lei competente, será aplicável:

- a lei do país onde ocorre o dano, independentemente do país em que tenha ocorrido o facto que deu origem ao dano e do país ou países em que ocorram as consequências indiretas desse facto (nº 2, alínea *a)*); ou,
- a lei do país onde as partes têm a sua residência habitual comum no momento em que ocorre o facto que dá origem ao dano (nº 2, alínea *b)*).

Se resultar claramente do conjunto das circunstâncias do caso que a obrigação decorrente de negociações realizadas antes da celebração de um contrato, tem uma conexão manifestamente mais estreita com um país diferente do indicado nas alíneas *a)* e *b)*, será aplicável a lei desse outro país (artigo 12º, nº 2, alínea *c)*)[110].

II. No âmbito do contrato de seguro, a responsabilidade précontratual pode resultar:

- para o segurador, da violação dos numerosos deveres de informação que sobre ele recaem (previstos, no direito português, nos artigos 18º a 22º da LCS)

[110] Cfr. D. Moura Vicente, *Da responsabilidade pré-contratual*, cit., p. 498 ss; Id., "La culpa *in contrahendo* en el derecho internacional privado europeo", cit., p. 64; L. Lima Pinheiro, "O direito de conflitos das obrigações extracontratuais, cit., p. 1057; M. Helena Brito, "O princípio do direito único", cit., p. 1002.

– para o tomador do seguro ou o segurado, da violação dos deveres de informação que lhes incumbem, desde logo quanto à declaração das circunstâncias significativas para a apreciação do risco pelo segurador (a que se refere, no direito português, o artigo 24º da LCS)[111].

2.2. O direito aplicável à ação direta do lesado contra o segurador e à sub-rogação legal do segurador no direito de crédito do lesado/ segurado contra terceiro responsável

É também necessário recorrer a normas de conflitos do Regulamento Roma II para averiguar o direito aplicável à ação direta do lesado contra o segurador e à sub-rogação legal do segurador no direito de crédito do lesado/ segurado contra terceiro responsável[112].

I. No que diz respeito à *ação direta do lesado contra o segurador*, nos seguros de responsabilidade civil, o artigo 18º do Regulamento Roma II estabelece que "O lesado pode demandar diretamente o segurador do responsável pela reparação, se a lei aplicável à obrigação extracontratual ou a lei aplicável ao contrato de seguro assim o previr"[113].

[111] Sobre o tema, A. Menezes Cordeiro, *Direito dos Seguros*, cit., p. 549 ss.

[112] Na verdade, no que toca à subrogação, como se dirá adiante no texto principal, o artigo 15º do Regulamento Roma I (à semelhança do artigo 13º da Convenção de Roma) contempla apenas a hipótese em que os direitos de que o credor é titular perante o devedor derivam de um contrato, excluindo do seu campo de aplicação a sub-rogação que opera no âmbito de uma obrigação de natureza extracontratual – na maioria das vezes na sequência de pagamento por um terceiro. Este entendimento é confirmado pela interpretação constante do *Rapport* Giuliano/Lagarde, cit., p. 35, onde se afirma que, sendo abrangidas pela Convenção apenas as obrigações contratuais, é "oportuno limitar a aplicação da regra contida no artigo 13º à transmissão de créditos de natureza contratual. A referida regra não se aplica portanto à sub-rogação legal quando a dívida a pagar tem origem extracontratual (por exemplo, sub-rogação do segurador de danos nos direitos do segurado contra o autor do prejuízo)".

[113] Têm teor semelhante: o artigo 40, nº 4, da Lei de Introdução ao Código Civil alemão; o artigo 141 da Lei federal suíça sobre o Direito Internacional Privado; o artigo 74 do Código de Direito Internacional Privado da Tunísia; o artigo 106 do Código belga de Direito Internacional Privado; o artigo 116 do Código búlgaro de Direito Internacional Privado. Por sua vez, o artigo 9º da Convenção da Haia de 4 de maio de 1971 sobre a lei aplicável em matéria de acidentes da circulação rodoviária dispõe que: "As pessoas lesadas têm o direito de agir diretamente contra o segurador do responsável, se esse direito lhes for reconhecido pela lei aplicável nos termos dos artigos 3º, 4º ou 5º. Se a lei do Estado da matrícula, aplicável nos termos dos artigos 4º ou 5º, não conhecer esse direito, pode apesar disso ser exercido se for admitido pela lei interna

No direito português, a possibilidade de o lesado demandar diretamente o segurador depende de se tratar de seguro de responsabilidade civil obrigatório ou facultativo. Em princípio, esse direito é reconhecido ao lesado nos seguros obrigatórios de responsabilidade civil, uma vez que a obrigatoriedade do seguro é estabelecida nas leis com a finalidade de proteger o lesado. Assim, o artigo 146º da LCS, sob a epígrafe "Direito do lesado" – inserido num conjunto de "Disposições especiais de seguro obrigatório" –, dispõe que "o lesado tem o direito de exigir o pagamento da indemnização diretamente ao segurador" (nº 1). Por sua vez, no seguro facultativo, o lesado não pode, em regra, exigir a indemnização diretamente ao segurador. Estabelece-se, todavia, no artigo 140º, nº 2, que "o contrato de seguro pode prever o direito de o lesado demandar diretamente o segurador, isoladamente ou em conjunto com o segurado"[114].

O Regulamento Roma II determina a competência alternativa da lei reguladora da responsabilidade civil extracontratual e da lei aplicável ao contrato de seguro, em benefício do lesado[115-116].

do Estado em que ocorreu o acidente. Se nenhuma dessas leis conhecer esse direito, pode ser exercido se for admitido pela lei reguladora do contrato de seguro". Estabelecendo o paralelismo com a Convenção da Haia de 1971, G. Palao Moreno, "El reglamento Roma II y el sistema español de Derecho Internacional Privado: primeras impresiones y algunas reflexiones para el debate", in *El agua como factor de cooperación y de conflicto en las relaciones internacionales contemporáneas. XXII Jornadas de la Asociación Española de Profesores de Derecho Internacional y Relaciones Internacionales, Murcia, 20 al 22 de septiembre de 2007*, Murcia, 2009, p. 411 ss (p. 421).

[114] Cfr. A. Menezes Cordeiro, *Direito dos Seguros*, cit., respetivamente, p. 765, 758 s; M. Lima Rego, F. Peña López, *Regulação do contrato de seguro em Portugal e em Espanha*, cit., p. 76 s, 171.

[115] Sobre as questões suscitadas pela qualificação da ação direta e pela determinação da lei aplicável à admissibilidade (e à extensão dos direitos emergentes) da ação direta, ver: F. F. Garau Sobrino, "El ejercicio de la acción directa ante los tribunales del domicilio del perjudicado. Un foro *contra legem* inventado por el Tribunal comunitario", *RES*, nº 140, cit., p. 681 ss (p. 682, 691 s); Pilar Jiménez Blanco, "Acción directa y protección del perjudicado en el Reglamento Roma II", *RES*, nº 140, cit., p. 741 ss; J. Toro, A. Viggria, *Le droit international privé des assurances*, cit., p. 69 ss; Evangelos Vassilakakis, "International Jurisdiction in Insurance Matters under Regulation Brussels I", in *Essays in honour of Spyridon Vl. Vrellis*, Athens, 2014, p. 1079 ss (p. 1086 ss); V. Heuzé, "Le droit international privé du contrat d'assurance", cit., p. 1377 ss; Thomas Kadner Graziano, "Le nouveau droit international privé communautaire en matière de responsabilité extracontractuelle", *Rev. crit.*, 2008, p. 445 ss (p. 506); C. Brière, "Le règlement (CE) nº 864/2007 du 11 juillet 2007 sur la loi applicable aux obligations non contractuelles («Rome II»)", *Clunet*, 2008, p. 31 ss (p. 63 s); A. Dickinson, *The Rome II Regulation: The Law Applicable to Non-contractual Obligations*, Oxford, 2008, p. 610 ss; Abbo Junker, "Art. 18 Rom II-VO", *MünchKommBGB*, Bd. 12, cit., An. 1; Markus Altenkirch, "Article 18", in Peter Huber (ed.), *Rome*

Sobre a mencionada norma do Regulamento Roma II o Tribunal de Justiça afirmou:

> "O artigo 18º do Regulamento nº 864/2007 deve ser interpretado no sentido de que permite [...] que uma pessoa lesada proponha uma ação direta contra o segurador do responsável pela reparação, nas situações em que tal ação se encontrar prevista na lei aplicável às obrigações extracontratuais, independentemente do que se encontre previsto na lei aplicável ao contrato de seguro que foi escolhida pelos contraentes"[117].

Note-se ainda que a "escolha" realizada pelo lesado em favor da lei reguladora da responsabilidade civil extracontratual ou da lei reguladora do contrato de seguro não afasta a possibilidade de o órgão de aplicação do direito tomar em consideração a outra lei ("a lei não escolhida"), no sentido de determinar os direitos do demandante. Por exemplo, o direito de agir diretamente contra o segurador nos termos da lei reguladora da responsabilidade civil extracontratual pode ser limitado pelo valor da prestação a que o segurador se vinculou perante o segurado ao abrigo do contrato de seguro; do mesmo modo, sendo o pedido fundado na lei reguladora do contrato de seguro, pode revelar-se adequado ter em conta a lei reguladora da responsabilidade civil extracontratual para decidir se estão preenchidos os

II Regulation. Pocket Commentary, Münich, 2011, p. 374 ss; Cheshire, North & Fawcett, *Private International Law*, 14ª ed. por James Fawcett, Janeen M. Carruthers, Peter North, London, 2008, p. 856; Dicey, Morris & Collins *on the conflict of laws*, cit., p. 2182 ss. Na literatura mais antiga, consulte-se Henri Batiffol, P. Lagarde, *Droit international privé*, II, 7ª ed., Paris, 1983, p. 252, 331 s. Quanto aos problemas relativos à competência jurisdicional internacional para a ação direta do lesado contra o segurador, cfr. artigo 13º do Regulamento Bruxelas I-bis.

[116] Não se exclui a possibilidade de o lesado e o segurado (como responsável pela reparação) escolherem para reger a questão da responsabilidade civil extracontratual, nos termos do artigo 14º do Regulamento Roma II, a lei de um país que admita a ação direta. Sobre esta questão, E. Vassilakakis, "International Jurisdiction in Insurance Matters under Regulation Brussels I", cit., p. 1088. Cfr. ainda: M. Altenkirch, "Article 18", cit., p. 378 (pronunciando-se no sentido de que o lesado e o segurado não podem proceder a essa escolha se a lei que em princípio seria competente não admitir a ação direta); A. Junker, "Art. 18 Rom II-VO", cit., An. 10 (sustentando que a escolha da lei só opera em desfavor do segurador quando ele concordar, sendo de outro modo a ação direta regida pela lei objetivamente aplicável à obrigação extracontratual).

[117] Cfr. acórdão de 09.09.2015, proferido no Processo *Eleonore Prüller-Frey contra Norbert Brodnig e Axa Versicherung AG* (C-240/14), nºs 40, 41 e 42, 45.

pressupostos da responsabilidade do segurado perante o lesado e para avaliar os danos indemnizáveis[118].

II. Quanto à sub-rogação legal do segurador no direito de crédito do lesado/segurado contra terceiro responsável pelos danos causados ao segurado, cobertos pelo contrato de seguro[119], rege o artigo 19º do Regulamento Roma II: "Se, por força de uma obrigação extracontratual, uma pessoa («o credor»), tiver direitos relativamente a outra pessoa («o devedor»), e um terceiro tiver a obrigação de satisfazer o direito do credor, ou tiver efetivamente satisfeito o credor em cumprimento dessa obrigação, a lei que rege esta obrigação do terceiro determina se e em que medida este pode exercer os direitos do credor contra o devedor, segundo a lei que rege as suas relações".

Desta norma resulta que a questão de saber se e em que medida é possível a sub-rogação legal do terceiro (no caso, o segurador) que satisfaz a obrigação extracontratual da pessoa civilmente responsável (o devedor/lesante) perante o credor (no caso, o lesado/segurado) é submetida à lei que rege a obrigação do terceiro (o segurador) de satisfazer o direito do credor (o lesado/segurado) – ou seja, à lei aplicável ao contrato de seguro[120].

[118] Sobre a questão, ver Dicey, Morris & Collins *on the conflict of laws*, cit., p. 2183.

[119] Esta é a hipótese que mais interessa considerar, como refere Francisco Barros Ferreira Rodrigues Rocha, *Da sub-rogação no contrato de seguro. Relatório de Mestrado Científico*, Faculdade de Direito da Universidade de Lisboa, agosto de 2011 (disponível em http://www.isp.pt/NR/rdonlyres/E0A868B6-B492-413A-AC0CBA5AE04CBFA2/0/FDULFranciscoRodriguesRochaDaSubrogaçãonoContratodeSeguro.pdf), p. 40 ss.

[120] Nos termos do artigo 10:101 dos PEICL, sob o título "Sub-rogação": "*(1)* Sem prejuízo do parágrafo (3), o segurador que tiver pago a indemnização fica sub-rogado, na medida do montante pago, nos direitos do segurado contra o responsável pelo sinistro. *(2)* O segurado que renunciar a algum direito contra esse terceiro e com isso prejudicar o direito de sub-rogação do segurador, perde o direito a ser indemnizado pelo segurador no montante do dano que assim lhe causar. *(3)* Não existe direito de sub-rogação do segurador contra membros do agregado familiar do tomador do seguro ou do segurado, nem contra pessoas numa posição análoga à de membro do agregado familiar do tomador do seguro ou do segurado, nem contra empregados do tomador do seguro ou do segurado, exceto se o segurador provar que o sinistro foi causado por essas pessoas com intenção de o causar ou com imprudência ou negligência consciente da probabilidade da sua ocorrência. *(4)* O segurador não exercerá os seus direitos de sub-rogação em detrimento do segurado". Para a análise do instituto da *subrogation* do segurador no quadro das ordens jurídicas de *common law*, Malcolm A. Clarke, *The Law of Insurance Contracts*, 4ª ed. com a colaboração de Julian M. Burling e Robert L. Purves, London, Hong Kong, 2002, p. 1019 ss; Robert Merkin, *Colinvaux's Law of Insurance*, 8ª ed., London, 2006, p. 377 ss.

No direito português, dispõe o artigo 136º da LCS, sob a epígrafe "Sub-rogação pelo segurador", no âmbito dos seguros de danos: "1. O segurador que tiver pago a indemnização fica sub-rogado, na medida do montante pago, nos direitos do segurado contra o terceiro responsável pelo sinistro. 2. O tomador do seguro ou o segurado responde, até ao limite da indemnização paga pelo segurador, por ato ou omissão que prejudique os direitos previstos no número anterior. 3. A sub-rogação parcial não prejudica o direito do segurado relativo à parcela do risco não coberto, quando concorra com o segurador contra o terceiro responsável, salvo convenção em contrário em contratos de grandes riscos. 4. O disposto no nº 1 não é aplicável: *a)* Contra o segurado se este responde pelo terceiro responsável, nos termos da lei; *b)* Contra o cônjuge, pessoa que viva em união de facto, ascendentes e descendentes do segurado que com ele vivam em economia comum, salvo se a responsabilidade destes terceiros for dolosa ou se encontrar coberta por contrato de seguro"[121].

Disse o Tribunal de Justiça a propósito da citada norma do Regulamento Roma II:

"O artigo 19º do Regulamento Roma II prevê que [...] a questão de uma eventual sub-rogação nos direitos da vítima é regulada pela lei aplicável à obrigação do terceiro – em concreto, a seguradora da responsabilidade civil – de indemnizar essa vítima". Ora, "uma vez que a obrigação da seguradora de cobrir a responsabilidade civil do segurado para com a vítima resulta do contrato de seguro celebrado com o segurado, as condições em que a seguradora pode exercer os direitos detidos pela vítima do acidente contra as pessoas responsáveis pelo mesmo dependem do direito nacional que rege o referido contrato de seguro, determinado em aplicação do artigo 7º do Regulamento Roma I". Em contrapartida, "a lei aplicável à determinação das pessoas suscetíveis de serem declaradas responsáveis e a uma eventual repartição de responsabilidade entre estas e as respetivas seguradoras continua subordinada, de acordo com o referido artigo 19º, aos artigos 4º e seguintes do Regulamento Roma II".

Consequentemente o Tribunal de Justiça decidiu que "Os Regulamentos Roma I e Roma II devem ser interpretados no sentido de que a lei aplicável a uma ação

[121] Cfr. A. Menezes Cordeiro, *Direito dos Seguros*, cit., p. 755 s. No âmbito dos seguros de pessoas, dispõe o artigo 181º, sob a epígrafe "Sub-rogação": "Salvo convenção em contrário, o segurador que realize prestações de valor predeterminado no contrato não fica, após a satisfação destas, sub-rogado nos direitos do tomador do seguro ou do beneficiário contra um terceiro que dê causa ao sinistro".

de regresso intentada pela seguradora de um veículo trator, que indemnizou as vítimas de um acidente causado pelo condutor do referido veículo, contra a seguradora do reboque que estava acoplado no momento desse acidente é determinada em aplicação do artigo 7º do Regulamento Roma I, se as regras da responsabilidade extracontratual aplicáveis a esse acidente nos termos dos artigos 4º e seguintes do Regulamento Roma II estabelecerem uma repartição da obrigação de reparação do dano"[122].

O artigo 19º do Regulamento Roma II constitui uma "disposição complementar" do artigo 15º do Regulamento Roma I: o artigo 19º do Regulamento Roma II é a norma de conflitos relativa à sub-rogação legal de um terceiro numa obrigação extracontratual (desde logo, sub-rogação legal do segurador nos direitos do terceiro/lesado contra o segurado, ou, dito de outro modo, transferência para o segurador dos direitos do terceiro/lesado contra o segurado); o artigo 15º do Regulamento Roma I é a norma de conflitos relativa à sub-rogação legal de um terceiro numa obrigação contratual (por exemplo, sub-rogação legal do garante nos direitos do credor contra o devedor, ou seja, transferência para o garante dos direitos do credor contra o devedor)[123].

§ 5º Interferência de normas imperativas e atuação da reserva de ordem pública

1. Normas não derrogáveis por acordo

I. O Regulamento Roma I – como já antes a Convenção de Roma – ressalva, em várias das suas disposições, a aplicabilidade de "normas imperativas", no sentido de "normas não derrogáveis por acordo", contidas em certas ordens jurídicas em contacto com o contrato. Estão em causa normas materiais que não podem ser afastadas pelos interessados através do exercício da autonomia privada (autonomia privada de direito interno ou material).

[122] Cfr. acórdão de 21.01.2016, já citado, proferido nos Processos apensos *"ERGO Insurance" SE contra "If P&C Insurance" AS* (C-359/14) e *"Gjensidige Baltic" AAS contra "PZU Lietuva" UAB DK* (C-475/14), nºs 57, 58 e 59, 64.

[123] Assim, A. Junker, "Art. 19 Rom II-VO", *MünchKommBGB*, Bd. 12, cit., An. 7. Segundo o Autor, os dois preceitos formam um "sistema conflitual fechado da sub-rogação legal" para os casos em que o terceiro tem a obrigação de satisfazer (ou tenha efetivamente satisfeito) o direito do credor. Veja-se também G. Palao Moreno, "El reglamento Roma II y el sistema español de Derecho Internacional Privado", cit., p. 422.

No âmbito do presente estudo, foram a esse propósito referidos os nºs 3 e 4 do artigo 3º – aplicáveis a contratos de seguro que cobrem riscos de massa situados fora do território dos Estados-Membros.

Foi também mencionado o nº 2 do artigo 6º, disposição relativa aos "contratos celebrados por consumidores" – aplicável, como se concluiu, a contratos de seguro que cobrem riscos de massa situados fora do território dos Estados-Membros, em que o tomador do seguro seja um consumidor.

II. Através do regime estabelecido nas normas referidas têmse em vista objetivos distintos:

O nº 3 do artigo 3º, relativamente a um contrato que, em função de todos os elementos relevantes, se encontra em contacto com uma única ordem jurídica, no momento da designação da lei aplicável, pretende evitar que, através da escolha de uma lei diferente, as partes se furtem à aplicação de disposições não derrogáveis por acordo contidas na ordem jurídica do país com o qual o contrato se encontra em contacto por elementos de natureza objetiva. Segundo a justificação apresentada na Proposta da Comissão, a norma [do então nº 4 do artigo 3º] visaria "a hipótese da «fraude à lei», em que não só são aplicáveis as disposições imperativas internacionais na aceção do artigo 8º [atual artigo 9º], mas também as normas imperativas na aceção do direito interno de um sistema jurídico"[124].

O nº 4 do artigo 3º, relativamente a um contrato que, em função de todos os elementos relevantes, se encontra em contacto com a ordem jurídica de um ou de vários Estados-Membros da União Europeia, no momento da designação da lei aplicável, pretende evitar que a escolha pelas partes de uma lei que não seja a de um Estado-Membro prejudique a aplicação das disposições de direito comunitário não derrogáveis por acordo, tal como aplicadas pelo Estado-Membro do foro. De acordo com a justificação apresentada na Proposta da Comissão, a norma [do então nº 5 do artigo 3º] destinar-se-ia a "prevenir a fraude ao direito comunitário"[125]. Por outras

[124] Cfr. "Exposição de motivos", Artigo 3º, p. 5. Veja-se o comentário crítico a esta opinião em S. Francq, "Le règlement «Rome I» sur la loi applicable aux obligations contractuelles", cit., p. 55.

[125] Cfr. "Exposição de motivos", Artigo 3º, p. 5. A propósito dessa fundamentação, vejam-se as observações de P. Lagarde, "Remarques sur la proposition de règlement de la Commission européenne sur la loi applicable aux obligations contractuelles", cit., p. 337 s. Para uma análise crítica da solução, Sixto Sánchez Lorenzo, "Choice of Law and Overriding Mandatory Rules in International Contracts after Rome I", *Yearbook of PIL*, vol. XII (2010), p. 67 ss (p. 77 ss).

palavras, constitui objetivo deste preceito que as disposições imperativas do direito do foro, adotadas em transposição de diretivas, sejam aplicadas sempre que o contrato tenha uma conexão pouco significativa com Estados não membros da União Europeia[126].

Com o nº 2 do artigo 6º, pretende-se evitar que, através da escolha pelas partes da lei aplicável, o contraente institucionalmente débil seja privado da proteção que lhe proporcionam as disposições não derrogáveis por acordo da lei que, na falta de escolha, seria aplicável – a "lei do ambiente" da parte mais fraca na relação contratual. Dito de outro modo, constitui objetivo deste regime assegurar um nível mínimo de proteção ao contraente institucionalmente débil, que se entende ser a proteção conferida pela lei que com ele tem a ligação mais próxima, no caso, a lei da residência habitual do tomador-consumidor.

2. Normas de aplicação imediata ou normas internacionalmente imperativas

I. Diferente é a estatuição do artigo 9º do Regulamento Roma I, porque diferente é a natureza das "normas imperativas" a que nesse preceito se pretende atribuir relevância.

O artigo 9º refere-se às "normas de aplicação imediata"[127]. Segundo a definição contida no nº 1 desse preceito, "as normas de aplicação imediata são disposições cujo respeito é considerado fundamental por um país para a salvaguarda do interesse público, designadamente a sua organização política, social ou económica, ao ponto de exigir a sua aplicação em qualquer situação abrangida pelo seu âmbito de aplicação, independentemente da lei

[126] Assim também O. Lando, P. A. Nielsen, "The Rome I Regulation", cit., p. 1718 s. Cfr. ainda P. Lagarde, A. Tenenbaum, "De la Convention de Rome au règlement Rome I", cit., p. 737 s. Todavia, na opinião de F. J. Garcimartín Alférez, "o que determina a aplicabilidade de uma disposição imperativa do direito da União não é o facto de todos os elementos da situação se situarem num ou em vários Estados-Membros, mas sim o âmbito de aplicação internacional unilateralmente definido pelo próprio instrumento normativo comunitário ou inferido por interpretação a partir do respetivo sentido e objetivo", pelo que "o artigo 3º, nº 4, do Regulamento Roma I não é muito útil" (cfr. "The Rome I Regulation", cit., p. 65).

[127] Intituladas "leyes de policia", em castelhano; "lois de police", em francês; "norme di applicazione necessaria", em italiano; "overriding mandatory provisions", em inglês; "Eingriffsnormen", em alemão.

que de outro modo seria aplicável ao contrato, por força do presente regulamento". O texto inspira-se na jurisprudência do Tribunal de Justiça[128].

A inclusão de uma noção de "normas de aplicação imediata" no nº 1 do artigo 9º constitui uma inovação e um progresso do Regulamento relativamente ao artigo 7º da Convenção de Roma[129] e implica necessariamente

[128] Cfr. acórdão de 23.11.1999, proferido no âmbito de um "Pedido de decisão prejudicial", nos Processos penais apensos contra *Jean-Claude Arblade e Arblade & Fils SARL* (C369/96) e *Bernard Leloup, Serge Leloup e Sofrage SARL* (C-376/96). Referindo-se às leis de polícia e de segurança, do direito belga, o Tribunal disse que "cabe entender esta expressão como visando as disposições nacionais cuja observância fo[r] considerada crucial para a salvaguarda da organização política, social ou económica do Estado-Membro em causa, a ponto de impor o seu respeito a qualquer pessoa que se encontre no território nacional desse Estado-Membro ou a qualquer relação jurídica neste localizada" (nº 30). Os elementos essenciais da noção foram retomados em decisões posteriores, por exemplo: acórdão de 19.06.2008, Processo *Comissão das Comunidades Europeias contra Grão-Ducado do Luxemburgo* (C-319/06), nº 29; acórdão de 17.10.2013, a propósito da interpretação dos artigos 3º e 7º, nº 2, da Convenção de Roma e de certas disposições da Diretiva 86/653/CEE sobre os agentes comerciais, Processo *United Antwerp Maritime Agencies (Unamar) NV contra Navigation Maritime Bulgare* (C-184/12), nºs 46 a 48 (onde é já mencionado o artigo 9º do Regulamento Roma I).

[129] A Convenção de Roma também admitia a interferência na lei do contrato de normas internacionalmente imperativas, distinguindo entre normas imperativas contidas na ordem jurídica do foro e normas imperativas contidas numa ordem jurídica estrangeira (artigo 7º, nºs 2 e 1, respetivamente). A distinção entre o regime de umas e outras traduz-se, antes de tudo, na situação em que se encontra o órgão de aplicação do direito: tratando-se de normas imperativas contidas na ordem jurídica do foro, o órgão de aplicação do direito *tem o dever* de as aplicar, uma vez que, nos termos do artigo 7º, nº 2, o disposto na Convenção não pode prejudicar a aplicação das regras do país do foro que regulem imperativamente a situação seja qual for a lei competente para reger o contrato. Diferentemente, quando estiverem em causa normas imperativas contidas numa ordem jurídica estrangeira – entenda-se, numa ordem jurídica que não é a *lex fori* nem a *lex contractus* – o órgão de aplicação do direito *pode*, nos termos do artigo 7º, nº 1, atribuir-lhes relevância na conformação da disciplina do contrato, mas só o fará se verificar que essa ordem jurídica estrangeira apresenta uma ligação estreita com a situação e se concluir que a atendibilidade se justifica perante a natureza e o objeto das normas imperativas bem como perante a ponderação sobre as consequências que resultariam da sua aplicação ou da sua não aplicação. A diferença de tratamento que a Convenção de Roma conferia às normas imperativas do foro e às normas imperativas estrangeiras refletia-se ainda na circunstância de o artigo 22º, nº 1, alínea *a)*, apenas admitir a possibilidade de um Estado se reservar o direito de não aplicar a norma que permite a atribuição de relevância a normas imperativas estrangeiras (artigo 7º, nº 1). Vários Estados-Membros fizeram essa reserva: Alemanha, Áustria, Luxemburgo, Reino Unido, Portugal, Lituânia, Eslovénia.

que o Tribunal de Justiça tem competência para proceder à respetiva interpretação[130].

As "normas de aplicação imediata" caraterizam-se por serem "normas materiais", "espacialmente autolimitadas" e "dotadas de particular intensidade valorativa"[131].

Atenta a noção constante do Regulamento Roma I, são de considerar "normas de aplicação imediata" as que prosseguem interesses públicos, designadamente as que salvaguardam a organização política, social ou económica de um Estado.

Há de portanto tratar-se de "normas internacionalmente imperativas", isto é, de normas imperativas que, tendo em conta os interesses essenciais que protegem, devem ser observadas mesmo em situações internacionais sujeitas a outra lei nos termos das regras de conflitos gerais do sistema do foro. As "normas de aplicação imediata" revelam sempre a incidência da intervenção do Estado na autonomia dos particulares.

Perante o direito português – e tendo em conta o disposto no artigo 9º da LCS –, são de considerar normas de aplicação imediata, entre outras, as que constam do artigo 14º do mesmo diploma. Sob a epígrafe "Seguros proibidos", esse preceito dispõe: "1. Sem prejuízo das regras gerais sobre licitude do conteúdo negocial, é proibida a celebração de contrato de seguro que cubra os seguintes riscos: *a)* Responsabilidade criminal, contraordenacional ou disciplinar; *b)* Rapto, sequestro e outros crimes contra a liberdade pessoal; *c)* Posse ou transporte de estupefacientes ou drogas cujo consumo seja interdito; *d)* Morte de crianças com idade inferior a 14 anos ou daqueles que por anomalia psíquica ou outra causa se mostrem incapazes de governar a sua pessoa. 2. A proibição referida [n]a alínea *a)* do número anterior não é extensiva à responsabilidade civil eventualmente associada. 3. A proibição referida nas alíneas *b)* e *d)* do nº 1 não abrange o pagamento de prestações estritamente indemnizatórias. 4. Não é proibida a cobertura do risco de morte por acidente de crianças com idade

[130] Sobre a importância e as consequências da inclusão no Regulamento Roma I de uma noção comum e uniforme de normas de aplicação imediata, E. Galvão Teles, "As normas de aplicação imediata no Regulamento Roma I: Uma singularidade legislativa", in *Estudos Miguel Galvão Teles*, cit., vol. II, p. 801 ss.

[131] Esta é a caraterização adotada por A. Marques dos Santos, *As normas de aplicação imediata*, cit., p. 842 ss, 897 ss.

inferior a 14 anos, desde que contratada por instituições escolares, desportivas ou de natureza análoga que dela não sejam beneficiárias."[132].

II. Por força do nº 2 do artigo 9º do Regulamento Roma I[133], "as disposições do presente regulamento não podem limitar a aplicação das normas de aplicação imediata do país do foro".

Tal significa que, sempre que normas internacionalmente imperativas do país do foro "reclamem" a sua aplicabilidade ao contrato, essas normas devem ser aplicadas pelo tribunal. Tais normas prevalecem sobre a lei normalmente competente, quer se trate de lei escolhida pelas partes, quer se trate de lei determinada pelo órgão de aplicação do direito a partir da norma de conflitos de conexão subsidiária.

Nos termos do nº 3 do mesmo artigo 9º[134], "pode ser dada prevalência"[135] às normas de aplicação imediata da lei do país em que as obrigações decor-

[132] Sobre a norma do artigo 14º da LCS, Estrela Chaby, *Contrato de seguro e liberdade contratual*, Relatório do Seminário de Direito dos Seguros I/II: Reforma do Regime do contrato de seguro, Ano letivo de 2009-2010, Faculdade de Direito de Lisboa, 2010, p. 6 ss.

[133] A norma do nº 2 do artigo 9º do Regulamento Roma I corresponde ao nº 2 do artigo 7º da Convenção de Roma e ao artigo 16º do Regulamento Roma II; repete, no essencial, o texto do nº 2 do artigo 8º da Proposta de Regulamento da Comissão, de 2005.

[134] Sem prejuízo das diferenças que a seguir se salientam, o nº 3 do artigo 9º do Regulamento Roma I tem o seu antecedente no nº 1 do artigo 7º da Convenção de Roma, cujo texto era ainda retomado no nº 3 do artigo 8º da Proposta inicial da Comissão. Durante as negociações, encarou-se a possibilidade de suprimir a referência às normas internacionalmente imperativas estrangeiras, à semelhança do que sucedeu no Regulamento Roma II (cfr. o respetivo artigo 16º). A solução encontrada – que pretendeu constituir um compromisso e foi influenciada pela prática jurisprudencial britânica – teve em vista satisfazer os Estados que formularam reservas ao nº 1 do artigo 7º da Convenção de Roma, especialmente o Reino Unido, de modo a facilitar a vinculação deste Estado-Membro ao Regulamento. Cfr. A. Bonomi, "Overriding Mandatory Provisions in the Rome I Regulation on the Law Applicable to Contracts", *Yearbook of PIL*, vol. X, cit., p. 285 ss (p. 296); O. Lando, P. A. Nielsen, "The Rome I Regulation", cit., p. 1721 s; A.-L. Calvo Caravaca, "El Reglamento Roma I sobre la ley aplicable a las obligaciones contractuales", cit., p. 127; S. Francq, "Le règlement «Rome I» sur la loi applicable aux obligations contractuelles", cit., p. 56; S. Sánchez Lorenzo, "Choice of Law and Overriding Mandatory Rules in International Contracts after Rome I", cit., p. 84.

[135] Em minha opinião, deveria dizer-se "pode ser dada relevância" ou "pode atribuir-se relevância" ("pode ser dado efeito" ou "pode atribuir-se efeito"), como defendi perante a norma contida no nº 1 do artigo 7º da Convenção de Roma (cfr. *A representação nos contratos internacionais*, cit., p. 452, nota 42). Na verdade, apontam nesse sentido as expressões usadas em outras versões linguísticas do Regulamento: "podrá darse efecto", em castelhano; "il pourra être donné effet",

rentes do contrato devam ser ou tenham sido executadas, na medida em que, segundo essas normas de aplicação imediata, a execução do contrato seja ilegal.

Para decidir se deve ser dada prevalência a essas normas, devem ser tidos em conta a sua natureza e o seu objeto, bem como as consequências da sua aplicação ou não aplicação – à semelhança do que se dizia no nº 1 do artigo 7º da Convenção de Roma.

O nº 3 do artigo 9º do Regulamento atribui poder discricionário ao órgão de aplicação do direito, mas esse poder é agora mais limitado do que perante o nº 1 do artigo 7º da Convenção de Roma. Em primeiro lugar, a conexão com o Estado cujas normas internacionalmente imperativas devem ser consideradas não é uma "conexão estreita", mas uma ligação que resulta da circunstância de as obrigações decorrentes do contrato deverem ser ou terem sido executadas nesse Estado[136]; em segundo lugar, as normas internacionalmente imperativas a ter em conta são apenas as que determinem que a execução do contrato é ilegal[137].

As diretrizes do nº 3 do artigo 9º do Regulamento Roma I são mais precisas do que as que constam do nº 1 do artigo 7º da Convenção de Roma: reconhece-se a existência de uma conexão especial para as normas internacionalmente imperativas do país onde as obrigações decorrentes do contrato devam ser ou tenham sido executadas, quando estas se oponham ao cumprimento da obrigação. Mas a interpretação do artigo 9º, nº 3, do Regulamento e a verificação dos respetivos pressupostos não são isentas de dificuldades.

O Tribunal de Justiça pronunciou-se no sentido de que o artigo 9º do Regulamento Roma, "enquanto medida derrogatória, deve ser interpretado em termos

em francês; "può essere data efficacia", em italiano; "effect may be given", em inglês; "kann Wirkung verliehen werden", em alemão.

136 A referência à "lei do país em que as obrigações decorrentes do contrato devam ser ou tenham sido executadas" surgiu na Posição do Parlamento Europeu, aprovada em primeira leitura em 29 de novembro de 2007 (P6_TA(2007)0560, já citada) – cfr. nº 3 do artigo 9º, dedicado às então chamadas "Disposições imperativas *superiores*".

137 L. Lima Pinheiro considera demasiado restritiva a formulação do artigo 9º, nº 3, do Regulamento, sustentando que "o preceito poderá ser interpretado no sentido de abranger não só as normas suscetíveis de aplicação necessária relativas à execução do contrato mas também as que estabeleçam requisitos de validade do conteúdo e do fim do contrato". Cfr. "O novo Regulamento comunitário sobre a lei aplicável às obrigações contratuais", cit., p. 466; Id., "Rome I Regulation", cit., p. 255 s; Id., *Direito internacional privado*, vol. I, cit., p. 308 ss.

estritos" e, por isso, "a enumeração, no artigo 9º [...], das normas de aplicação imediata a que o tribunal do foro pode dar prevalência é exaustiva"[138].

Em conformidade, o Tribunal decidiu que "o artigo 9º do Regulamento Roma I deve ser interpretado no sentido de que exclui que o tribunal do foro possa aplicar, como regras jurídicas, normas de aplicação imediata distintas das do Estado do foro ou das do Estado em que as obrigações resultantes do contrato devem ser ou foram executadas". Todavia, acrescentou que o artigo 9º "não se opõe a que sejam tomadas em consideração, enquanto elemento de facto, normas de aplicação imediata de um Estado distinto do Estado do foro ou do Estado em que as obrigações resultantes do contrato devem ser ou foram executadas, na medida em que uma regra material do direito aplicável ao contrato, nos termos das disposições do mesmo regulamento, o preveja"[139].

3. Atuação da ordem pública internacional do Estado do foro

I. Tal como o artigo 16º da Convenção de Roma e o artigo 26º do Regulamento Roma II, o artigo 21º do Regulamento Roma I permite ao tribunal afastar uma disposição da lei normalmente competente, indicada pelas normas de conflitos do Regulamento, "se essa aplicação for manifestamente incompatível com a ordem pública do foro"[140].

Por "ordem pública do foro" deve entender-se a "ordem pública internacional do Estado-Membro do foro". Não obstante a dificuldade (ou mesmo impossibilidade) de concretização da noção de ordem pública internacional, num Estado de Direito – e, concretamente, na ordem jurídica portuguesa, em que a Constituição da República constitui a sede dos valores básicos da comunidade e exprime a garantia dos direitos fundamentais –,

[138] Cfr. acórdão de 18.10.2016, Processo *Republik Griechenland contra Grigorios Nikiforidis* (C-135/15), nºs 44 e 49. No mesmo sentido, acórdão de 31.01.2019, Processo *Agostinho da Silva Martins contra Dekra Claims Services Portugal, SA*, nº 29, e, já antes, perante a norma do nº 2 do artigo 7º da Convenção de Roma, acórdão de 17.10.2013, Processo *United Antwerp Maritime Agencies (Unamar) NV contra Navigation Maritime Bulgare* (C-184/12), nº 49.

[139] Cfr. o acórdão de 18.10.2016, Processo *Republik Griechenland contra Grigorios Nikiforidis* (C-135/15), mencionado na nota anterior, nºs 50 e 51.

[140] Sobre a manifesta contrariedade à ordem pública internacional do Estado-Membro requerido como fundamento de recusa de reconhecimento ou de execução de uma decisão proferida noutro Estado-Membro, em matéria civil e comercial, cfr. artigos 45º, nº 1, alínea *a)*, e 46º do Regulamento Bruxelas Ibis.

a ordem pública internacional é essencialmente determinada pelas normas constitucionais sobre direitos fundamentais[141].

Pressuposto do funcionamento do artigo 21º do Regulamento Roma I é que a aplicação da lei estrangeira normalmente competente seja suscetível de conduzir a um resultado manifestamente incompatível com os princípios fundamentais da ordem pública internacional do Estado do foro[142]. Também por isso se exige uma conexão relevante da situação com o Estado do foro.

A expressão "manifestamente incompatível com a ordem pública do foro" recorda que o recurso à reserva de ordem pública deve revestir caráter excecional. Por isso a jurisprudência do Tribunal de Justiça tem afirmado uniformemente, quer no domínio da Convenção de Bruxelas, quer a propósito do Regulamento (CE) nº 44/2001, que a exceção de contrariedade à ordem pública tem se ser interpretada restritivamente, só devendo proceder em circunstâncias excecionais.

II. Aquando da preparação do Regulamento Roma II, a Comissão pretendeu introduzir uma disposição de proteção da ordem pública comunitária.

Por um lado, a Proposta inicial da Comissão[143] previa no artigo 23º ("Relação com outras disposições de direito comunitário") que "o presente regu-

[141] José de Sousa e Brito, "O que é o direito para o jurista?", in *Estudos Miguel Galvão Teles*, cit., vol. I, p. 27 ss (p. 40 ss). Para a discussão, em termos gerais, da relação entre a proteção dos direitos fundamentais e o Direito Internacional Privado, consulte-se: J. J. Fawcett, "The Impact of Article 6(1) of the ECHR on Private International Law", *International and Comparative Law Quarterly*, 2007, p. 1 ss; J. J. Fawcett, Máire Ní Shúilleabháin, Sangeeta Shah, *Human righys and Private International Law*, Oxford, 2016.

[142] Vai neste sentido o ensinamento da doutrina internacionalprivatística. Assim, na doutrina portuguesa: I. Magalhães Collaço, *Direito internacional privado*, vol. II, Lisboa, 1959, p. 419; A. Ferrer Correia, *Lições de direito internacional privado*, Coimbra, 1973, p. 568 s; Id., *Lições de direito internacional privado*, I, com a colaboração de Luís Barreto Xavier, Coimbra, 2000, p. 406, 410; J. Baptista Machado, *Lições de direito internacional privado*, cit., p. 265; A. Marques dos Santos, *Direito internacional privado. Sumários*, Lisboa, AAFDL, 1987, p. 187; R. Moura Ramos, "L'ordre public international en droit portugais", in *Estudos de DIP e de DPCI*, Coimbra, 2002, p. 245 ss (p. 254); L. Lima Pinheiro, *Direito internacional privado*, vol. I, cit., p. 664 s; E. Galvão Teles, M. Helena Brito, "Private International Law", in *Portuguese Law. An Overview*, Coimbra, 2007, p. 286 ss (p. 292); F. Almeida Pires, *Conflitos de leis. Comentário aos artigos 14º a 65º do Código Civil*, Coimbra, 2009, p. 41.

[143] Cfr. Proposta de Regulamento do Parlamento Europeu e do Conselho sobre a lei aplicável às obrigações extracontratuais (Roma II), constante do documento COM(2003) 427 final, de 22 de julho de 2003.

lamento não prejudica a aplicação das disposições constantes dos Tratados que instituem as Comunidades Europeias ou dos atos emanados das instituições das Comunidades Europeias e que [...] se opõem à aplicação de uma disposição ou disposições da lei do foro ou da lei designada pelo presente regulamento".

Por outro lado, o artigo 24º ("Indemnização sem caráter compensatório") continha uma concretização, sob a forma de regra especial, da exceção da ordem pública comunitária prevista no terceiro travessão do nº 1 do artigo 23º, ao indicar que "a aplicação de uma disposição da lei designada pelo presente regulamento que implique uma indemnização sem caráter compensatório, nomeadamente indemnizações exemplares ou punitivas, é contrária à ordem pública comunitária".

A solução foi porém abandonada no âmbito da elaboração do Regulamento Roma II[144] e não veio a ser retomada a propósito da discussão do Regulamento Roma I.

Assim sendo, o artigo 21º do Regulamento Roma I – do mesmo modo que o artigo 26º do Regulamento Roma II – apenas permite ao tribunal afastar uma disposição da lei normalmente competente, chamada pelas normas de conflitos do Regulamento, se a sua aplicação ao caso concreto conduzir a um resultado manifestamente incompatível com a ordem pública internacional do Estado-Membro do foro.

§ 6º Notas conclusivas

I. Embora o Regulamento Roma I tenha procedido à concentração num único ato normativo das normas de conflitos respeitantes a esta categoria de contratos, não conseguiu submeter todos os contratos de seguro ao mesmo regime. Pelo contrário, manteve uma pluralidade de regimes, cuja aplicabilidade varia nomeadamente em função da localização do risco e do tipo de risco coberto pelos contratos.

Porventura a existência de uma pluralidade de regimes conflituais não deve, por si só, surpreender. Ela constitui afinal o reflexo da multiplicidade e variedade de contratos de seguro que a prática negocial revela e que justifica a consideração de "uma categoria ampla, composta por vários tipos e subtipos"[145].

[144] Cfr. Proposta alterada de Regulamento do Parlamento Europeu e do Conselho sobre a lei aplicável às obrigações extracontratuais (Roma II), constante do documento COM(2006) 83 final, de 21 de fevereiro de 2006.

[145] C. Ferreira de Almeida, *Contratos III*, cit., p. 236 ss.

II. No preâmbulo do Regulamento Roma I, afirmase o propósito de proteção da parte mais fraca na relação contratual – o *tomador do seguro*. Esse propósito, que constitui um dos objetivos do Regulamento neste domínio, é prosseguido através de dois diferentes regimes consoante o risco coberto pelo contrato se situe num Estado-Membro ou fora da União Europeia (através, respetivamente, do artigo 7º, nº 3, e do artigo 6º).

III. O Direito Internacional Privado europeu atual permite, em princípio, a construção de um estatuto contratual de conteúdo muito amplo: além das matérias diretamente compreendidas no âmbito do Regulamento Roma I, a lei aplicável ao contrato de seguro é ainda chamada a reger certas questões reguladas pelo Regulamento Roma II (a responsabilidade précontratual, a ação direta e a sub-rogação legal).

No entanto, certas disposições do Regulamento Roma I conduzem à aplicabilidade de mais do que uma lei a um mesmo contrato de seguro[146].

IV. A solução geral que decorre do Regulamento Roma I em matéria de contratos de seguro não pode considerar-se satisfatória, quando analisada sob a perspetiva do princípio da coerência em Direito Internacional Privado.

Provavelmente porque os próprios negociadores consideraram o resultado insuficiente, pode ver-se no regime instituído uma solução temporária e o compromisso possível no momento da aprovação do regulamento.

Com efeito, o Regulamento contém uma "cláusula de revisão" (artigo 27º), segundo a qual "a Comissão apresenta ao Parlamento Europeu, ao Conselho e ao Comité Económico e Social Europeu um relatório relativo à aplicação do presente regulamento". Esse relatório será acompanhado, se necessário, de propostas de alteração e deve incluir, para o que agora releva, "um estudo sobre a legislação aplicável aos *contratos de seguro* e uma avaliação do impacto das disposições a introduzir, se for caso disso" (nº 1, alínea *a)*). Embora a data fixada (17 de junho de 2013) tenha há muito sido ultrapassada, não consta das informações disponíveis que tal relatório tenha sido apresentado.

146 Tive oportunidade de verificar este resultado ao analisar um contrato internacional de seguro, inspirado em situação real, em "Coerência ou Fragmentação no Direito Internacional Privado dos Seguros?", cit., com síntese na p. 65.

V. Com base no estudo realizado e considerando a perspetiva do princípio da coerência em Direito Internacional Privado, afigura-se-me que seria adequado:

- adotar uma norma de conflitos aplicável a todos os contratos de seguro que cobrem riscos de massa, evitando qualquer distinção em função do lugar da situação do risco;
- fundamentar essa norma de conflitos no critério de conexão "residência habitual do tomador do seguro no momento da celebração do contrato", embora admitindo a possibilidade de designação do direito aplicável em casos limitados;
- submeter os contratos de seguro relativos a grandes riscos e os contratos de resseguro às normas de conflitos gerais do Regulamento Roma I;
- compatibilizar as soluções de natureza conflitual com o disposto no Regulamento Bruxelas I-bis (desde logo, quanto à noção de grandes riscos)[147].

[147] Os tópicos aqui apresentados acompanham, no essencial, as propostas formuladas pelo Max-Planck-Institut für ausländisches und internationales Privatrecht e por Helmut Heiss. Cfr. MPI, *Comments on the European Commission's Green Paper*, cit., p. 109 s (Article 4*a*, destinado a integrar o Regulamento Roma I); H. Heiss, "Insurance Contracts in Rome I", cit., p. 282 s, e "Versicherungsverträge in «Rom I»", cit., p. 479 s (nova redação para o artigo 7º do Regulamento Roma I).

Sentenças *Airbnb Ireland* e *Star Taxi App*, Conceito de Serviço da Sociedade da Informação e Regulação de Plataformas Digitais

Jorge Morais Carvalho[*]-[**]

1. Introdução[1]

Os acórdãos dos casos *Airbnb Ireland*[2] e *Star Taxi App*[3] surgem no contexto de uma série de decisões do Tribunal de Justiça da União Europeia (TJUE) sobre a regulação de plataformas digitais, levantando em especial a questão de saber se o exercício da atividade por parte de uma plataforma digital pode estar sujeito a requisitos de autorização e funcionamento. No primeiro caso, a plataforma operava licitamente num determinado Estado-Membro, pretendendo saber-se se pode automaticamente operar noutro Estado-

[*] Professor da NOVA School of Law. Investigador do CEDIS e do NOVA Consumer Lab. Mais informações: www.jorgemoraiscarvalho.com.

[**] Presto com este texto a minha homenagem ao Professor Doutor Pedro Pais de Vasconcelos, um professor e um jurista que marcou e continua a marcar o estudo do Direito em Portugal, uma referência no rigor e na qualidade da análise e um exemplo a seguir.

[1] Este estudo complementa e atualiza um estudo anterior sobre o mesmo tema: Jorge Morais Carvalho, "Airbnb Ireland Case: One More Piece in the Complex Puzzle Built by the CJEU Around Digital Platforms and the Concept of Information Society Service", in *The Italian Law Journal*, Vol. 6, nº 2, 2020, pp. 463-476.

[2] Acórdão Airbnb Ireland, Caso C-390/18, EU:C:2019:1112.

[3] Acórdão Star Taxi App, Caso C-62/19, EU:C:2020:980.

-Membro. O segundo caso é puramente interno, não havendo elementos de estraneidade, o que implica, como se verá, diferenças substanciais de regime.

O TJUE já tinha sido chamado a pronunciar-se sobre esta questão anteriormente nos casos *Uber Spain*[4] e *Uber France*[5], que traçaram um rumo agora seguido (e complementado), no essencial, nos casos *Airbnb* e *Star Taxi App*.

Estas decisões devem ser analisadas à luz das batalhas regulatórias em curso, tendo sido proferidas no âmbito de processos administrativos relativos ao exercício da atividade pelas plataformas em causa. Não nos parece, portanto, que seja possível extrapolar possíveis consequências ao nível da responsabilização civil das plataformas nas relações que estabelecem com os utilizadores, nomeadamente com os consumidores, em especial no que respeita ao incumprimento das obrigações resultantes dos contratos celebrados entre os utilizadores da plataforma[6].

Uma das principais críticas que se poderá fazer ao TJUE resulta precisamente de, nas decisões proferidas nestes casos, poderem afetar indiretamente os direitos dos utilizadores na relação contratual que estes estabelecem com a plataforma. Por exemplo, a exclusão da aplicação da Diretiva sobre o comércio eletrónico (Diretiva 2000/31/CE)[7], pode ter como efeito permitir que os Estados-Membros estabeleçam mais facilmente limites ao exercício da atividade em causa, como nos casos *Uber Spain* e *Uber France*, mas podem impedir de forma radical, e sem justificação, que as plataformas em causa tenham de cumprir as regras relativas à contratação eletrónica.

Depois de um enquadramento dos casos *Airbnb Ireland* e *Star Taxi App* e de um estudo das decisões, centrada na qualificação da atividade das empresas enquanto relativas a serviços da sociedade da informação ou a serviços no domínio do alojamento e do transporte, respetivamente, sintetiza-se o estado atual da questão, identificando o caminho percorrido até ao momento pelo TJUE e perspetivando o futuro nesta matéria, nomeadamente à luz do Digital Services Act[8].

[4] Acórdão Uber Spain, Caso C-434/15, EU:C:2017:981.

[5] Acórdão Uber France, Caso C-320/16, EU:C:2018:221.

[6] O tema está, em qualquer caso, excluído do âmbito do presente estudo.

[7] Diretiva 2000/31/CE, do Parlamento Europeu e do Conselho, de 8 de junho de 2000, relativa a certos aspetos legais dos serviços da sociedade de informação, em especial do comércio eletrónico, no mercado interno.

[8] Proposta de Regulamento do Parlamento Europeu e do Conselho relativo a um mercado único de serviços digitais (Regulamento Serviços Digitais) e que altera a Diretiva 2000/31/CE (COM/2020/825 final).

2. Enquadramento do Caso *Airbnb Ireland*

Procede-se neste ponto a uma apresentação do caso *Airbnb Ireland*, descrevendo sucessivamente a Lei Hoguet, que está na origem do caso, a atividade da empresa Airbnb Ireland e de outras empresas do grupo e o litígio.

2.1. Lei Hoguet

Em França, a Lei Hoguet[9], que deve o seu nome ao deputado que a propôs (Michel Hoguet), aplica-se a todas as pessoas singulares ou coletivas que realizem ou apoiem, ainda que a título acessório, entre outras, operações sobre bens de terceiros relativas à compra, venda, procura, permuta, locação ou sublocação, sazonal ou não, de imóveis vazios ou mobilados, edificados ou não edificados (art. 1º). Estas operações apenas podem ser exercidas, nos termos do art. 3º, por quem tiver uma carteira profissional, cuja obtenção pressupõe o cumprimento de determinados requisitos. O exercício da atividade em causa[10] sem habilitação constitui um ilícito criminal (art. 14º), especialmente sancionado se a pessoa em causa receber ou detiver dinheiro (art. 16º).

2.2. Airbnb Ireland UC[11]

A Airbnb Ireland UC é uma sociedade comercial de direito irlandês, com sede em Dublin, que faz parte do grupo Airbnb, composto por várias sociedades detidas direta ou indiretamente pela Airbnb Inc., que tem sede nos Estados Unidos da América.

Em França, a Airbnb Ireland disponibiliza uma plataforma eletrónica que permite colocar em contacto anfitriões (profissionais ou particulares)[12] com alojamentos para arrendar, por um lado, e pessoas que procuram esses alojamentos, por outro lado.

[9] Loi nº 70-9 réglementant les conditions d'exercice des activités relatives à certaines opérations portant sur les immeubles et les fonds de commerce, de 2 de janeiro de 1970.

[10] Designaremos a atividade em causa como sendo de mediação imobiliária, sem pretender, no entanto, associar necessariamente este diploma legal francês ao regime português da mediação imobiliária, que parece ter um âmbito de aplicação mais restrito não abrangendo as atividades de mediação no âmbito do alojamento local. Não é, no entanto, este o objeto do nosso estudo.

[11] Neste ponto, seguimos a descrição das empresas tendo em conta o que consta da decisão do TJUE.

[12] Em Portugal, consideramos que a Lei do Alojamento Local impõe que o anfitrião seja profissional.

Os pagamentos são geridos pela Airbnb Payments UK Ltd, sociedade de direito britânico, com sede em Londres.

A Airbnb France SARL, sociedade de direito francês, presta à Airbnb Ireland serviços de promoção da plataforma, nomeadamente através de campanhas publicitárias.

Além da disponibilização da plataforma, a Airbnb Ireland propõe ainda aos anfitriões uma série de outros serviços opcionais, como a definição do conteúdo da sua oferta, o apoio no que respeita às fotografias, a utilização de um instrumento para calcular o preço, um seguro de responsabilidade civil e uma cobertura de danos até € 800 000.

Celebrado o contrato de hospedagem, o arrendatário transfere para a Airbnb Payments UK o valor da renda, acrescido de 6% a 12% desse montante a título dos encargos e do serviço fornecido pela Airbnb Ireland.

A Airbnb Payments UK apenas transfere o valor da renda para o anfitrião 24 horas após a entrada do hóspede.

A Airbnb Ireland oferece ainda um serviço de avaliações, com a possibilidade de cada uma das partes classificar entre zero e cinco estrelas, ficando a classificação disponível na plataforma.

Segundo o TJUE, cada uma das partes do contrato de hospedagem celebra dois contratos, um com a Airbnb Ireland, para a utilização da plataforma, e outro com a Airbnb Payments UK, para os pagamentos realizados através da referida plataforma[13].

2.3. Litígio

A Association pour un hébergement et un tourisme professionnels (AHTOP) apresentou uma queixa contra a Airbnb Ireland (doravante designada Airbnb) por exercício de uma atividade de mediação e de gestão de imóveis e de estabelecimentos comerciais sem carteira profissional nos termos da Lei Hoguet. Na sequência da queixa, foi deduzida acusação. A Airbnb Ireland veio defender-se com o argumento de que não exerce uma atividade de mediação imobiliária, sendo a aplicação da Lei Hoguet incompatível com o direito europeu, tendo em conta a Diretiva 200/31/CE.

O juiz de instrução do processo, em curso no *Tribunal de grande instance de Paris*, decidiu, então submeter ao TJUE, duas questões prejudiciais:

[13] Esta conclusão parece-nos bastante discutível, mas não iremos desenvolver a matéria neste âmbito, por extravasar o âmbito do estudo.

– As prestações fornecidas em França pela Airbnb Ireland através de uma plataforma eletrónica explorada a partir da Irlanda beneficiam da liberdade de prestação de serviços prevista no artigo 3º da Diretiva 2000/31/CE?
– As regras restritivas relativas ao exercício da profissão de agente imobiliário em França, estabelecidas na Lei Hoguet, são oponíveis à Airbnb Ireland?

3. Airbnb: serviço da sociedade da informação vs serviço de alojamento

Segundo a lógica definida pelo TJUE[14], a primeira questão consiste, no essencial, em saber se a atividade desenvolvida pela Airbnb em França, que corresponde à que é desenvolvida pela empresa na generalidade dos países, consubstancia um "serviço da sociedade da informação", para efeito do art. 2º-a) da Diretiva 2000/31/CE, por oposição a um serviço de hospedagem (ou, como se verá adiante, um serviço no domínio da hospedagem).

Uma resposta afirmativa determina que nenhum Estado-Membro (neste caso, a França) pode, como regra, impor restrições para o exercício da atividade, como exigir uma carteira profissional, desde que se encontrem cumpridas as disposições nacionais aplicáveis no território no qual o prestador de serviços se encontra estabelecido (neste caso, a Irlanda).

Nos casos *Uber Spain* e *Uber France*, o TJUE desenvolveu um raciocínio em torno desta questão, concluindo em ambas as decisões que a Uber, no que respeita ao serviço UberPop, que estava em causa no âmbito desses processos[15], não presta serviços que possam ser qualificados como serviços da sociedade da informação[16]. Em ambas as decisões, o TJUE considera

[14] Esta lógica vem na sequência dos casos *Uber Spain* e *Uber France*, mas é discutível, como se tenta explicar mais à frente no texto.

[15] Fica por saber o que teria dito o TJUE se o serviço em causa fosse outro, nomeadamente o da UberX, em que os motoristas são profissionais. Por maioria de razão, teria certamente concluído no mesmo sentido, mas seria interessante perceber se continuaria a qualificar a atividade da Uber como de intermediação, o que nos pareceria desadequado. No que respeita a serviços como a UberX, parece-nos que a Uber é a entidade que presta os serviços, não sendo, portanto, um intermediário no contrato de transporte.

[16] Esta decisão foi, no essencial, bem recebida pelos juristas e pela sociedade, em especial na medida em que permite aos Estados-Membros regularem o exercício da atividade em causa. Segundo Miguel Sousa Ferro, "Uber Court: a look at recent sharing economy cases before the CJEU", in *UNIO – EU Law Journal*, Vol. 5, nº 1, 2019, pp. 68-75, p. 74, "algumas das opiniões divergentes pareciam provir de vozes que, profissionalmente, se colocavam do lado da Uber".

que, para qualificar o serviço como serviço da sociedade da informação, não basta que se encontrem preenchidos os pressupostos do conceito, conforme a definição constante do direito europeu, sendo também necessário que o serviço não faça parte de um serviço global cujo elemento principal seja um serviço com outra qualificação jurídica[17]. Segundo o TJUE, o serviço de intermediação prestado pela Uber (serviço UberPop) não pode ser qualificado como serviço da sociedade da informação por se integrar num serviço global cujo elemento principal é um serviço de transporte. O TJUE não refere que a Uber presta serviços de transporte, o que seria incompatível, parece-nos, com a qualificação como intermediário, mas que presta serviços no domínio dos transportes.

Vejamos o que o TJUE conclui no que respeita à Airbnb, tratando sucessivamente das questões do conceito de serviço da sociedade da informação e do requisito adicional definido pelo tribunal de não se encontrar integrado num serviço global cujo elemento principal seja um serviço com outra qualificação jurídica, neste caso um serviço de hospedagem. No final deste ponto, refere-se de forma breve a decisão do TJUE quanto à segunda questão colocada.

3.1. Conceito de serviço da sociedade da informação

O art. 2º-a) da Diretiva 2000/31/CE não define diretamente o conceito de "serviços da sociedade da informação", remetendo para a definição constante do artigo 1º-2 da Diretiva 98/34/CEE[18], alterada pela Diretiva 98/48/CE[19]. Este diploma foi, entretanto, revogado pela Diretiva 2015/1535[20], pelo que o conceito relevante de serviço da sociedade da informação, para aplicação da Diretiva 2000/31/CE, é o que consta do art. 1º-1-b) da Diretiva 2015/1535.

[17] Christoph Busch, "The Sharing Economy at the CJEU: Does Airbnb Pass the 'Uber Test'? – Some Observations on the Pending case C-390/18 – Airbnb Ireland", in *EuCML – Journal of European Consumer and Market Law*, nº 4, 2018, pp. 172-174, p. 173.

[18] Diretiva 98/34/CE, do Parlamento Europeu e do Conselho, de 22 de junho de 1998, relativa a um procedimento de informação no domínio das normas e regulamentações técnicas.

[19] Diretiva 98/48/CE, do Parlamento Europeu e do Conselho, de 20 de julho de 1998, que altera a Diretiva 98/34/CE, relativa a um procedimento de informação no domínio das normas e regulamentações técnicas.

[20] Diretiva (UE) 2015/1535, do Parlamento Europeu e do Conselho, de 9 de setembro de 2015, relativa a um procedimento de informação no domínio das regulamentações técnicas e das regras relativas aos serviços da sociedade da informação.

Deve considerar-se "serviço da sociedade da informação" "qualquer serviço prestado normalmente mediante remuneração, à distância, por via eletrónica e mediante pedido individual de um destinatário de serviços".

São quatro os pressupostos que têm de estar verificados para o preenchimento do conceito: (i) remuneração; (ii) à distância; (iii) por via eletrónica; (iv) mediante pedido individual de um destinatário de serviços.

O tribunal considera que o serviço é prestado contra remuneração (§ 46), apesar de a comissão ser recebida, não pela Airbnb Ireland, mas por outra empresa do mesmo grupo (Airbnb Payments UK) e de apenas o arrendatário pagar.

Concordamos que se desconsidere a diferente personalidade jurídica das duas empresas do grupo Airbnb, até porque surgem perante os utilizadores como uma mesma entidade, raciocínio que deve fazer-se, não apenas para este efeito, mas também na regulação da relação entre as várias partes envolvidas, nomeadamente para efeito de responsabilidade. Também a circunstância de ser apenas o arrendatário a pagar a comissão não nos parece afastar a verificação do pressuposto da remuneração.

Também não parece existir discussão quanto a saber se o serviço é prestado à distância, ou seja, sem a presença simultânea das partes. Com efeito, nenhuma das pessoas envolvidas no esquema contratual se encontra física e simultaneamente presente, decorrendo assim todo o processo.

A mesma conclusão se deve retirar quanto à circunstância de o serviço ser prestado por via eletrónica, uma vez que as partes entram em contacto através da plataforma eletrónica.

No que respeita ao último pressuposto, é necessário que o serviço seja prestado "mediante pedido individual" de um destinatário de serviços, definido no preceito indicado como "serviço fornecido por transmissão de dados mediante pedido individual". Os destinatários do serviço são os utilizadores da plataforma, ou seja, os anfitriões e os hóspedes. O anfitrião publica um anúncio em linha, enquanto o hóspede vê e interessa-se por esse anúncio (§ 48). Verifica-se um pedido individual sempre que alguém acede à plataforma seja para colocar um anúncio seja para fazer uma pesquisa entre os anúncios colocados.

Verificam-se, portanto, os quatro pressupostos indicados.

3.2. Requisito adicional de fonte jurisprudencial: não fazer parte de um serviço global cujo elemento principal seja um serviço com outra qualificação jurídica

O TJUE defende que é ainda necessário, para concluir que se trata de um "serviço da sociedade da informação", para efeito da Diretiva 2000/31/CE, que o serviço de intermediação em causa não faça parte integrante de um "serviço global cujo elemento principal é um serviço com outra qualificação jurídica" (§ 50).

Segue-se aqui a jurisprudência traçada nos casos *Uber Spain* e *Uber France*. Como se pode ler no § 40 da decisão do primeiro caso indicado, "há que considerar que este serviço de intermediação faz parte integrante de um serviço global cujo elemento principal é um serviço de transporte", afastando-se, assim, a qualificação como "serviço da sociedade da informação". O efeito desta conclusão é arrasador, pois não se limita a afastar a aplicação do princípio da liberdade de circulação previsto na Diretiva 2000/31/CE, afastando a aplicação de todas as normas do diploma, nomeadamente as relativas à contratação, o que nos parece indesejável[21].

Regressando à decisão que estamos a analisar, a AHTOP defende que a atividade em causa "faz parte integrante de um serviço global cujo elemento principal consiste numa prestação de alojamento", prestando a Airbnb serviços característicos da atividade de intermediação em transações imobiliárias (§ 51).

Apesar de reconhecer que o serviço prestado pela empresa se destina "a permitir a locação de um alojamento", o TJUE considera que "a natureza das ligações entre esses serviços não justifica que se exclua a qualificação de «serviço da sociedade da informação» do referido serviço de intermediação e, consequentemente, a aplicação ao mesmo da Diretiva 2000/31/CE" (§ 52).

São vários os argumentos utilizados pelo tribunal para concluir neste sentido.

Em primeiro lugar, o serviço de intermediação é dissociável da transação imobiliária propriamente dita, consistindo na disponibilização de uma lista estruturada de alojamentos (§ 53).

Esta afirmação é muito discutível[22], uma vez que o fim último da disponibilização da lista é a celebração de contratos relativos a alojamento em imó-

[21] Neste sentido, v. M. Y. Schaub, "Why Uber is an information society service", in *EuCML – Journal of European Consumer and Market Law*, nº 3, 2018, pp. 109-115, p. 109.

[22] Augustin Chapuis-Dopler & Vincent Delhomme, "A Regulatory Conundrum in the Platform Economy, Case C-390/18 Airbnb Ireland", 2020 (https://europeanlawblog.

veis, sendo uma atividade de intermediação no setor do alojamento e não noutro setor. Para esta conclusão dispensaríamos até a circunstância de serem tipicamente contratados serviços adicionais, como os já referidos e que são sucessivamente desconsiderados para efeito de alteração de qualificação da atividade da empresa nos § 59 e 63.

No § 64 pode ler-se que "seria igualmente paradoxal que essas prestações acessórias de valor acrescentado prestadas por uma plataforma eletrónica aos seus clientes, nomeadamente para se distinguirem dos seus concorrentes, pudessem, na falta de elementos suplementares, conduzir a uma alteração da natureza e, consequentemente, da qualificação jurídica da atividade desta última". Não nos parece nada paradoxal. Pelo contrário, se a plataforma se destaca dos seus concorrentes por oferecer determinados serviços é à luz da sua oferta que a análise deve ser feita e não à luz das dos seus concorrentes. Não chocaria uma qualificação diferente da atividade da Airbnb face aos seus concorrentes precisamente por oferecer serviços distintos "de valor acrescentado". Esse "valor acrescentado" pode alterar a configuração do modelo de negócio e, portanto, a qualificação da atividade da empresa.

Prossegue o tribunal, referindo que a atividade de intermediação, que pressupõe "a recolha de ofertas num formato harmonizado, coordenado com instrumentos de procura, localização e comparação dessas ofertas", é de tal forma relevante que o serviço "não pode ser considerado meramente acessório de um serviço global que se enquadra numa qualificação jurídica diferente, isto é, uma prestação de alojamento" (§ 54).

Se é certo que a Airbnb não presta serviços de alojamento, sendo intermediário entre anfitrião e hóspede, parece-nos igualmente claro que presta serviços no domínio do alojamento (numa ligação ao conceito de "serviços no domínio dos transportes", nos casos da Uber). Assim, talvez se justificasse que estivesse sujeita às regras a que estão sujeitas outras empresas que prestam serviços de intermediação no domínio do alojamento, independentemente de esses serviços serem ou não prestados exclusivamente à distância e por via eletrónica. Não pretendemos contrariar a ideia do tribunal de que o sucesso do modelo de negócio da Airbnb está nas características ímpares da sua atividade de intermediação, nomeadamente a apresentação das ofertas de forma harmonizada e os instrumentos de pesquisa. Parece-nos,

eu/2020/02/12/a-regulatory-conundrum-in-the-platform-economy-case-c-390-18-airbnb-ireland).

contudo, que a circunstância de se tratar de uma apresentação original dos alojamentos não afasta a qualificação como intermediário num setor específico, que é o do alojamento[23], não se tratando de intermediação em geral, sem ligação evidente a um setor.

Defende-se ainda que o serviço em causa não é indispensável à prestação de serviços de alojamento do ponto de vista de anfitriões e hóspedes (§ 55). Não há como contrariar esta afirmação, até porque já eram celebrados contratos de hospedagem antes da existência desta plataforma de intermediação. Além dos canais indicados no referido parágrafo da decisão, o contacto também podia ser pessoal, próximo do estabelecimento, como em muitos locais de veraneio. Daqui resulta, aliás, que as plataformas digitais apenas constituem mais um canal de intermediação em serviços de alojamento, por sinal o canal que hoje domina o mercado. Considerar este canal excluído do domínio do alojamento implica privilegiá-lo, do ponto de vista da regulação, em relação a outros canais. Poderá ser este um dos problemas da qualificação como *mero* serviço da sociedade da informação.

De qualquer forma, mesmo que consideremos que não é indispensável à prestação de serviços de alojamento, é indiscutível que a Airbnb e outras plataformas que seguiram o seu modelo revolucionaram por completo este mercado, o qual deixou de ser de pequena dimensão para se tornar massivo em muitos locais turísticos, constituindo mesmo um elemento central da política urbanística na generalidade das grandes cidades europeias, que sofreram alterações por via do sucesso destas plataformas.

Discorda-se, portanto, da decisão do TJUE no que respeita a considerar-se que a Airbnb não criou um mercado[24]. Se é certo que identificar a criação

[23] TERESA RODRÍGUEZ DE LAS HERAS BALLELL, "The Airbnb Ireland Case: The Importance of Business Model in the Platform Economy", 2020 (https://es.andersen.com/recursos/doc/portal/2020/01/09/the-airbnb-ireland-case.pdf), p. 2, refere que "é, de facto, um modelo inovador que compete com outras empresas de mediação imobiliária".

[24] Neste sentido, cfr. CHRISTOPH BUSCH, "The Sharing Economy at the CJEU: Does Airbnb Pass the 'Uber Test'?", cit., p. 173; LIESBET VAN ACKER, "Case Note: C-390/18 – The CJEU Finally Clears the Air(bnb) Regarding Information Society Services", in *EuCML – Journal of European Consumer and Market Law*, nº 2, 2020, pp. 77-80, p. 79; AUGUSTIN CHAPUIS-DOPLER & VINCENT DELHOMME, "Regulating Composite Platform Economy Services: The State-of-play After Airbnb Ireland", 2020 (https://www.europeanpapers.eu/en/europeanforum/regulating-composite-platform-economy-services-after-airbnb), pp. 10 e 11; ERION MURATI, "Airbnb and Uber: Two Sides of the Same Coin", 2020 (http://www.medialaws.eu/airbnb-and-uber-two-sides-of-the-same-coin).

de um mercado é uma tarefa complexa, a Airbnb no mínimo reconfigurou um mercado de pequena dimensão, tornando-o um mercado muito significativo e relevante.

O último argumento é o de que a empresa não fixa ou limita o preço, colocando apenas à disposição dos anfitriões um serviço opcional para estimar o preço (§ 56). Esta diferença é útil para o tribunal, uma vez que permite distinguir claramente a Airbnb da Uber. A questão é se será suficiente, para este efeito, não fixar ou limitar o preço para já não se tratar de um serviço no domínio do alojamento[25].

O tribunal procede mesmo expressamente a uma distinção entre o serviço de intermediação prestado pela Airbnb e os serviços de intermediação prestados pela Uber (§ 65), o que se revela muito útil e interessante, no sentido de traçarmos a fronteira do que é um mero serviço da sociedade da informação[26], fronteira essa que está, segundo a jurisprudência do TJUE, que nos parece criticável, entre estas duas atividades.

O critério decisivo, segundo o tribunal, é o do "nível de controlo" (§ 66) ou da "influência decisiva" (§ 67) no que respeita à prestação do serviço no contrato principal (alojamento ou transporte)[27].

Do § 68 parece resultar que os serviços prestados pela Uber nas decisões referidas (UberPop) constituem a fronteira para se considerar que se está perante um mero serviço da sociedade da informação. Segundo o tribunal, os elementos constantes do processo "não permitem demonstrar que a Airbnb Ireland exerce *tal influência decisiva* nas condições de prestação dos serviços de alojamento a que se refere o seu serviço de intermediação" (itálico nosso). Parece ser necessário, portanto, que exerça "tal" influência, ou

[25] Augustin Chapuis-Dopler & Vincent Delhomme, "Regulating Composite Platform Economy Services: The State-of-play After Airbnb Ireland", cit., p. 11, falam de uma "abordagem minimalista", que lhes "parece excessivaemente simplista".

[26] Teresa Rodríguez de las Heras Ballell, "The Airbnb Ireland Case: The Importance of Business Model in the Platform Economy", cit., p. 2, salienta que "o modelo de negócio é relevante" para a análise.

[27] Liesbet Van Acker, "Case Note: C-390/18 – The CJEU Finally Clears the Air(bnb) Regarding Information Society Services", cit., p. 80; Christoph Busch, "The Sharing Economy at the CJEU: Does Airbnb Pass the 'Uber Test'?", cit., p. 174 (nas decisões relativas à Uber). Augustin Chapuis-Dopler & Vincent Delhomme, "A Regulatory Conundrum in the Platform Economy, Case C-390/18 Airbnb Ireland", cit., consideram, pelo contrário, que o TJUE não indicou ser este o critério decisivo, mantendo em aberto a questão da importância relativa dos dois critérios.

seja, no mínimo, um nível de influência ou de controlo idêntico. E não há dúvidas de que a Uber, mesmo no serviço UberPop, exerce maior controlo no contrato do que a Airbnb[28].

Julgamos, no entanto, que a fronteira deveria estar noutro ponto, considerando-se que não se está perante um *mero* serviço da sociedade da informação em situações em que a empresa que gere a plataforma, apesar de não exercer um controlo tão significativo sobre o utilizador prestador de serviços como sucede no caso da Uber, exerce ainda assim um papel muito relevante[29].

A Airbnb presta serviços de intermediação no setor do alojamento e tem um controlo significativo sobre os anfitriões, que dependem de si (para o exercício da atividade) na generalidade dos casos. Esse controlo será, aliás, em regra, mais relevante para os anfitriões do que o de outros intermediários mais antigos a atuar nesse mercado e que estarão sujeitos, em França, às regras impostas pela Lei Hoguet. Em muitos países, as próprias autoridades públicas trabalham diretamente com a Airbnb e outras plataformas digitais com vista a melhor aplicar as políticas públicas no setor do alojamento, retendo essas aplicações, por exemplo, valores relativos a impostos que devem ser pagos por anfitriões e/ou hóspedes[30]. À luz da decisão do TJUE, estas

[28] Miguel Sousa Ferro, "Uber Court: a Look at Recent Sharing Economy Cases Before the CJEU", cit., p. 75, chama a atenção para que "este teste da influência decisiva pode revelar-se uma forma conveniente para o TJUE distinguir as atividades sobre as quais acredita que os Estados-Membros devem ter controlo, daquelas sobre as quais acredita que não devem. Mas não se pode deixar de o considerar algo artificial". Segundo o autor, "não há qualquer razão para justificar a distinção entre a Uber e a Airbnb, por exemplo". Augustin Chapuis-Dopler & Vincent Delhomme, "Regulating Composite Platform Economy Services: The State-of-play After Airbnb Ireland", cit., p. 11, referem mesmo que esta parte da decisão "embora crucial, é tão curta que dificilmente é convincente", indicando (p. 12) que o tribunal "escolheu a dedo os factos do caso para concluir que a Airbnb presta um serviço da sociedade da informação". É interessante também perceber que, antes do caso *Airbnb Ireland*, havia quem previsse que a decisão do TJUE a propósito da Airbnb seria a de que exerce uma influência decisiva no que respeita ao serviço de hospedagem (Philipp Hacker, "UberPop, UberBlack, and the Regulation of Digital Platforms after the Asociación Profesional Elite Taxi Judgment of the CJEU", in *European Review of Contract Law*, nº 1, 2018, pp. 80-96, p. 93).

[29] Erion Murati, "Airbnb and Uber: Two Sides of the Same Coin", cit.; Afonso Pedro Ribeiro Café, "La Naturaleza Jurídica de las Plataformas en Linea de Alojamiento. Análisis de la Sentencia del TJUE Airbnb-Ireland", in *Plataformas Digitales en los Alquileres Vacacionales*, Reus Editorial, 2020, pp. 73-90, p. 88.

[30] Christoph Busch, "Regulating Airbnb in Germany", in *EuCML – Journal of European Consumer and Market Law*, nº 2, 2019, pp. 39-41, p. 41.

práticas estiverem previstas na lei, serão provavelmente contrárias ao direito europeu, por restringirem a liberdade de circulação dos serviços da sociedade da informação[31].

O principal problema desta decisão reside no facto de a União Europeia, por um lado, não querer regular de forma harmonizada a prestação de serviços de intermediação no domínio do alojamento e, por outro lado, não respeitar as diferenças de abordagem dos diferentes Estados-Membros, aceitando que estes regulem a matéria[32]. Esta situação gera um tratamento diferenciado entre empresas que atuam através de plataformas digitais e empresas que atuam através de outros canais.

3.3. Efeito direto da Diretiva

Seremos mais breves no que respeita à análise da resposta do TJUE à segunda questão que lhe foi colocada, que consiste em saber se a regulamentação francesa em causa no processo é oponível à Airbnb.

Prevendo a legislação francesa, em contrariedade ao direito europeu, a obtenção de uma carteira profissional para o exercício de uma atividade, a questão consiste em saber se o direito europeu é diretamente aplicável, devendo as entidades relevantes do Estado-Membro abster-se de aplicar o direito interno, ou se, pelo contrário, deve continuar a aplicar-se a legislação interna até que esta seja alterada.

Está em causa, fundamentalmente, a obrigação de o Estado-Membro que pretende impor uma medida restritiva da livre circulação de um serviço da sociedade da informação notificar previamente a Comissão Europeia e o Estado-Membro no qual o prestador de serviço se contra estabelecido.

O TJUE defende que se trata de uma obrigação clara, precisa e incondicional, pelo que deve ser reconhecida à norma que a prevê efeito direto,

[31] ERION MURATI, "Airbnb and Uber: Two Sides of the Same Coin", cit..

[32] Neste sentido, a propósito da Uber, v. MIGUEL SOUSA FERRO, "Uber Court: a Look at Recent Sharing Economy Cases Before the CJEU", cit., p. 75; ALBERTO DE FRANCESCHI, "*Uber Spain* and the «Identity Crisis» of Online Platforms", in *EuCML – Journal of European Consumer and Market Law*, nº 1, 2018, pp. 1-4, p. 4, refere que "poderá ser agora altura de reconsiderar a competência dos Estados-Membros da União Europeia para regular as condições em que serviços de intermediação como o da Uber devem ser prestados". Já na sequência do caso *Airbnb Ireland*, cfr. LIESBET VAN ACKER, "Case Note: C-390/18 – The CJEU Finally Clears the Air(bnb) Regarding Information Society Services", cit., p. 80; AUGUSTIN CHAPUIS-DOPLER & VINCENT DELHOMME, "A Regulatory Conundrum in the Platform Economy, Case C-390/18 Airbnb Ireland", cit..

podendo ser invocada por particulares perante os órgãos jurisdicionais nacionais (§ 90). Conclui, assim, o tribunal que "um particular se pode opor a que lhe sejam aplicadas, no âmbito de um processo penal com constituição de parte civil, medidas de um EstadoMembro que restringem a livre circulação de um serviço da sociedade da informação que esse particular presta a partir de outro EstadoMembro, quando as referidas medidas não foram notificadas em conformidade com essa disposição".

4. Enquadramento e análise do Caso *Star Taxi App*

Neste processo, está em causa uma aplicação para *smartphones* (Star Taxi App), que coloca em contacto utilizadores de serviços de táxi e taxistas. Depois de efetuada a pesquisa pelo cliente, a aplicação gera uma lista de taxistas, cabendo a escolha ao cliente. O preço é pago no final da viagem diretamente ao motorista. A empresa que gere a plataforma celebra um contrato com cada taxista, nos termos do qual este se obriga a pagar mensalmente o preço e aquela se obriga a disponibilizar uma aplicação e a fornecer um *smartphone* no qual a aplicação é instalada. Não é feito qualquer controlo da qualidade dos veículos ou dos taxistas pela plataforma, que se limita a garantir a inclusão apenas de taxistas autorizados e habilitados com uma licença para prestar o serviço de táxi.

O litígio surge quando a Star Taxi App é sancionada por não ter solicitado uma autorização, prevista na legislação romena, para a atividade de "expedição de táxis" ("atividade conexa ao transporte por táxi, que consiste em receber por telefone ou por outros meios os pedidos dos clientes e em transmitilos ao motorista de táxi através de um emissorrecetor de rádio"). A empresa discordou da aplicação da sanção e recorreu a tribunal, tendo este decidido submeter várias questões ao TJUE.

Pergunta o tribunal romeno, no essencial, se a regulamentação nacional em causa no processo é compatível com o direito europeu, especificando, entre outras, a questão de saber se a atividade exercida pela empresa deve ser considerada um serviço da sociedade de informação.

Sem surpresa, seguindo a orientação definida pelo advogado-geral[33], o TJUE aplica o teste utilizado nos casos *Uber Spain*, *Uber France* e *Airbnb*

[33] Para uma análise da opinião do advogado-geral, v. Agnieszka Jabłonowska, "AG Opinion in Star Taxi App and the Limits of the Principle Excluding Prior Authorisation: Was Uber Spain Really Necessary?", 2020 (http://recent-ecl.blogspot.com/2020/09/ag-opinion-in-star-taxi-app-and-limits.html); Jorge Morais Carvalho, "Star Taxi App e o Conceito de Serviço

Ireland, concluindo que se trata de um serviço da sociedade da informação. Por um lado, verificam-se os pressupostos necessários para o preenchimento do conceito (§ 48). Por outro lado, a atividade em causa não consubstancia um serviço global cujo elemento principal é um serviço com outra qualificação jurídica (§ 54). Considera o TJUE que, não só a plataforma não cria um mercado novo, como também não exerce uma influência decisiva sobre os taxistas. Como se referiu a propósito da decisão do TJUE sobre a Airbnb, dificilmente alguma plataforma digital de intermediação não será qualificada, com o teste atualmente aplicável, como prestando um serviço da sociedade da informação.

A decisão é particularmente interessante pelo raciocínio subsequente.

Uma diferença muito significativa entre o caso *Star Taxi App* e o caso *Airbnb Ireland* resulta do facto de a empresa titular da Star Taxi App se encontrar estabelecida na Roménia, país no qual pretende exercer a sua atividade e ocorre o litígio (§ 70), enquanto a que gere a Airbnb se encontra estabelecida na Irlanda, resultando o litígio do exercício da atividade noutro Estado-Membro, no caso em França.

Qualificada a atividade em ambos os casos como consubstanciando um serviço da sociedade da informação, aplica-se a Diretiva 2000/31/CE. Enquanto no caso da Airbnb se aplica o art. 3º da Diretiva, não podendo um Estado-Membro restringir a livre circulação dos serviços prestados por pessoa estabelecida noutro Estado-Membro, se estiverem cumpridas as disposições nacionais aplicáveis nesse outro Estado-Membro, no caso da Star Taxi App aplica-se o art. 4º, que consagra o princípio de não autorização prévia, o qual não afeta, no entanto, "os regimes de autorização que não visem especial e exclusivamente os serviços da sociedade da informação".

Na sua opinião, o advogado-geral defendeu que este preceito visa "evitar uma desigualdade de tratamento entre os serviços da sociedade da informação e os serviços semelhantes que não são abrangidos por este conceito" (§ 68). Neste sentido, na decisão proferida pelo TJUE, defende-se que "a proibição prevista nesta disposição só diz respeito, todavia, às regulamentações dos EstadosMembros que visem específica e exclusivamente os «serviços da sociedade da informação»" (§ 80), concluindo que o regime de autorização constante do ordenamento jurídico romeno "não equivale à criação de um novo regime de autorização prévia que vise específica e exclusivamente um serviço da sociedade da informação".

da Sociedade da Informação", 2020 (https://novaconsumerlab.fd.unl.pt/star-taxi-app-e-o-conceito-de-servico-da-sociedade-da-informacao).

A aplicação de normas diversas do regime, com efeito radicalmente oposto, em casos semelhantes do ponto de vista da desigualdade de tratamento entre os serviços da sociedade da informação e os serviços equivalentes que não sejam serviços da sociedade da informação, por a empresa estar ou não estabelecida noutro Estado-Membro, gera por sua vez uma situação de desigualdade que deveria ser evitada, até por constituir um incentivo à deslocalização[34]. Quando a mudança do local no qual a empresa se encontra estabelecida para outro Estado-Membro pode ter como único objetivo alterar a base legal da análise face à Diretiva 2000/31/CE, conclui-se que a solução a que o TJUE chegou certamente não será a mais desejável para alcançar o objetivo da justiça.

Considerando o TJUE que não é aplicável o art. 4º da Diretiva 2000/31/CE à regulamentação romena em causa no processo, procede de seguida à análise da compatibilidade do regime de autorização nela previsto com a Diretiva 2006/123/CE[35], que será aplicável por não existir, no caso, um conflito entre as duas diretivas (§ 83 e 84). O TJUE defende que cabe ao tribunal romeno avaliar o cumprimento das condições previstas nos arts. 9º e 10º da Diretiva 2006/123/CE (§ 89)[36], afirmando, no entanto, que a sujeição da emissão da autorização "a exigências técnicas inadaptadas ao serviço em causa" (§ 90), nomeadamente dispor de um emissorrecetor de rádio, poderá violará os critérios enunciados no art. 10º.

Conclui o TJUE que "os artigos 9º e 10º da Diretiva 2006/123/CE devem ser interpretados no sentido de que se opõem a uma regulamentação de

[34] Erion Murati, "Airbnb and Uber: Two Sides of the Same Coin", cit..

[35] Diretiva 2006/123/CE, do Parlamento Europeu e do Conselho, de 12 de dezembro de 2006, relativa aos serviços no mercado interno.

[36] No caso *Cali Apartments* (Acórdão Cali Apartments, Casos C-724/18 e C-727/18, EU:C:2020:743), a principal questão abordada pelo TJUE também diz respeito à aplicação destes preceitos, concluindo o tribunal que "uma regulamentação nacional que, por razões que visam garantir uma oferta suficiente de habitações destinadas à locação de longa duração a preços acessíveis, sujeita certas atividades de locação, mediante remuneração, de imóveis mobilados destinados a habitação a uma clientela de passagem que aí não fixa domicílio, efetuadas de forma reiterada e por períodos de curta duração, a um regime de autorização prévia, aplicável em certos municípios nos quais a tensão sobre as rendas é particularmente acentuada, é justificada por uma razão imperiosa de interesse geral atinente à luta contra a escassez de habitações destinadas à locação, sendo proporcionada ao objetivo prosseguido, uma vez que o mesmo não pode ser alcançado por uma medida menos restritiva, designadamente porque uma fiscalização a posteriori seria demasiado tardia para obter uma real eficácia".

um EstadoMembro que subordina à obtenção de uma autorização prévia a prestação de um serviço de intermediação que tem por objeto pôr em contacto, mediante remuneração, através de uma aplicação para smartphones, pessoas que desejam efetuar uma deslocação urbana e motoristas de táxi autorizados, quando os requisitos para a obtenção dessa autorização não satisfazem as exigências previstas nestes artigos, na medida em que impõem, nomeadamente, exigências técnicas inadaptadas ao serviço em causa, o que cabe ao órgão jurisdicional de reenvio verificar".

5. Súmula da jurisprudência do TJUE

Nos casos *Uber Spain* e *Uber France*, o TJUE definiu uma jurisprudência segundo a qual um serviço prestado por uma plataforma digital de intermediação, para ser qualificado como serviço da sociedade da informação, aplicando-se, portanto, a Diretiva 2000/31/CE, tem, não só de cumprir os pressupostos que têm de estar verificados para o preenchimento do conceito (remuneração; à distância; por via eletrónica; mediante pedido individual de um destinatário de serviços), mas também não fazer parte integrante de um "serviço global cujo elemento principal é um serviço com outra qualificação jurídica".

Para responder a esta última questão, o TJUE criou um teste que inclui dois critérios de decisão: (i) saber se a plataforma criou um mercado novo; (ii) saber se a plataforma exerce uma influência decisiva sobre os prestadores de serviços nela inscritos no que respeita as condições nas quais o serviço é prestado[37].

No caso do serviço UberPop, o TJUE considera que a plataforma, por um lado, criou um mercado novo (no domínio do transporte urbano) e, por outro lado, exerce uma influência decisiva sobre os motoristas, realçando-se para esta última conclusão o facto de fixar o preço devido.

No caso da Airbnb, o TJUE considera que a plataforma não criou um mercado novo nem exerce uma influência decisiva sobre os anfitriões, conclusões em relação às quais já manifestamos a nossa discordância.

Julgamos que, com a jurisprudência traçada no caso *Airbnb Ireland*, dificilmente alguma outra plataforma de intermediação não verá a sua ativi-

[37] Não nos parece que o tribunal indique três critérios (Philipp Hacker, "UberPop, UberBlack, and the Regulation of Digital Platforms after the Asociación Profesional Elite Taxi Judgment of the CJEU", cit., p. 85), mas apenas dois, que visam precisamente dar resposta à questão de saber se o serviço faz parte integrante de um serviço global cujo elemento principal tem outra qualificação jurídica.

dade qualificada como "serviço da sociedade da informação", visto que as fronteiras dos conceitos quer de criação de um mercado novo quer de influência decisiva estão traçados muito próximos de um dos extremos.

Esta conclusão confirmou-se no caso *Star Taxi App*, embora este caso, de entre todos os analisados, seja aquele em que é menos evidente que se tenha criado um mercado novo e que a plataforma exerça uma influência decisiva sobre os motoristas de táxi.

Este caso traz, no entanto, uma novidade em relação aos anteriores. Por se tratar de uma situação puramente interna, não é aplicável o art. 3º da Diretiva 2000/31/CE (livre circulação de serviços da sociedade da informação), mas o art. 4º (autorização prévia), que é mais flexível no que respeita à possibilidade de se prever regimes de autorização que não visem especial e exclusivamente os serviços da sociedade da informação. Podemos ter, portanto, regras (muito) distintas no que respeita ao exercício de uma atividade consoante a empresa pretenda ou não exercê-la no local onde se localiza a sua sede.

6. Perspetiva futura à luz do Digital Services Act

O complexo *puzzle* descrito no ponto anterior acaba por ser construído em torno do conceito de serviço da sociedade da informação e da consequente aplicação ou não aplicação da Diretiva 2000/31/CE, questão que não deveria relevar para este efeito (puramente administrativo), uma vez que as regras relativas à contratação eletrónica deveriam ser sempre aplicáveis a todas as plataformas digitais.

Este problema parece ter sido identificado a nível europeu, apontando o Digital Services Act no sentido da sua resolução, mas apenas de forma (muito) parcial, uma vez que se circunscreve ao seu âmbito de aplicação. Com efeito, mantêm-se em vigor, nos termos da Proposta de Regulamento, a maioria das normas da Diretiva 2000/31/CE, sendo apenas revogados os seus arts. 12º a 15º, que são substituídos por novas regras.

Nos considerandos 5 e 6 da Proposta de Regulamento, defende-se que este deve aplicar-se "aos prestadores de serviços intermediários", esclarecendo-se que esta aplicação se restringe aos serviços intermediários, não afetando os requisitos estabelecidos na legislação da União Europeia ou na legislação nacional "relativos a produtos ou serviços intermediados através de serviços intermediários, incluindo em situações em que o serviço intermediário constitua parte integrante de outro serviço que não seja um serviço intermediário, tal como especificado na jurisprudência do Tribunal de

Justiça da União Europeia". Remete-se aqui claramente para a jurisprudência do TJUE referida no presente estudo, aplicando-se o regime do Regulamento independentemente de o serviço da sociedade da informação fazer ou não parte de um serviço global cujo elemento principal seja um serviço com outra qualificação jurídica. O Regulamento não se aplicará, naturalmente, ao (outro) serviço (principal), como o de transporte ou de alojamento, que não é um serviço intermediário.

O Digital Services Act também parece dar resposta (parcial, nos termos referidos) a outro problema identificado no presente texto, que consiste na situação de desigualdade de tratamento resultante de a empresa estar ou não estabelecida noutro Estado-Membro. Pode ler-se no considerando 7 da Proposta de Regulamento que, "a fim de assegurar a eficácia das regras estabelecidas no presente regulamento e condições de concorrência equitativas no mercado interno, essas regras devem aplicar-se aos prestadores de serviços intermediários, independentemente do seu local de estabelecimento ou de residência, desde que prestem serviços na União, tal como comprovado por uma ligação substancial à União".

Se já estivesse em vigor, o Digital Services Act não alteraria, no entanto, pelo menos diretamente, a questão suscitada na jurisprudência analisada e citada neste texto, uma vez que os artigos relevantes da Diretiva 2000/31/CE neste âmbito se mantêm em vigor.

7. Conclusão

O TJUE complementa nos casos *Airbnb* e *Star Taxi App* a jurisprudência anteriormente traçada nos casos *Uber Spain* e *Uber France*.

Para ser qualificado como serviço da sociedade da informação, aplicando-se, portanto, a Diretiva 2000/31/CE, a plataforma tem, não só de cumprir os pressupostos que têm de estar verificados para o preenchimento do conceito (remuneração; à distância; por via eletrónica; mediante pedido individual de um destinatário de serviços), mas também de não fazer parte integrante de um "serviço global cujo elemento principal é um serviço com outra qualificação jurídica". Para responder a esta última questão, o TJUE criou um teste que inclui dois critérios de decisão: (i) saber se a plataforma criou um mercado novo; (ii) saber se a plataforma exerce uma influência decisiva sobre os prestadores de serviços nela inscritos no que respeita as condições nas quais o serviço é prestado.

O TJUE colocou, no entanto, a fasquia num patamar muito elevado, o que significa que quase todas as plataformas digitais são qualificadas como prestando serviços da sociedade da informação.

Esta conclusão não é, em si, inadequada, com exceção talvez, precisamente, do âmbito no qual a questão é tratada nestas decisões: o da autorização para o exercício da atividade. A confusão entre os dois problemas e a colocação da questão pelo TJUE no sentido de uma aplicação "tudo ou nada" leva a que se torne complexa a solução e demasiado casuística a análise. No caso *Star Taxi App* a questão é resolvida, mas sem qualquer inflexão por parte do tribunal, uma vez que a consideração de que se trata de uma situação puramente interna abre a porta para o estabelecimento de regras de autorização mais exigentes. Fica por resolver o problema no caso de a plataforma em causa pretender exercer atividade num Estado-Membro com um sistema de autorização diferente daquele no qual a plataforma já se encontra estabelecida. O Digital Services Act também parece identificar o problema, mas não o resolver, pelo menos diretamente.

"Responsabilidade social" na (ir)racionalidade das decisões dos administradores de sociedades comerciais*

*Ricardo Costa***

1. Mais uma vez o art. 72º, 2, do CSC em diálogo com o art. 64º, 1, do CSC

Não é de agora – num trilho que foi igualmente calcorreado pelo nosso homenageado[1] – que dedico atenção à dinâmica interpretativa do art. 72º, 2, do Código das Sociedades Comerciais (CSC). Esta foi uma norma inovadoramente introduzida pela reforma de 2006 (DL 76-A/2006, de 29 de Março) do CSC, enquanto consagração (mais ou menos plena) da *business*

* Associar-me a esta justa homenagem é um imperativo de consciência, constituindo o Professor Pedro Pais de Vasconcelos um marco na minha carreira académica (como arguente nas provas de doutoramento realizadas na Universidade de Coimbra), *et pour cause*, na minha vida. Além de tudo o mais, este contributo, numa matéria em que navegámos e aproveito agora para revisitar, é um singelo testemunho de amizade, consideração e gratidão, em sede universitária e no reduto pessoal.

** Juiz Conselheiro do Supremo Tribunal de Justiça. Professor Convidado da Faculdade de Direito da Universidade de Coimbra/Membro Investigador do Instituto Jurídico da FDUC.

[1] PEDRO PAIS DE VASCONCELOS, "Responsabilidade civil dos gestores das sociedades comerciais", *DSR*, Vol. 1, 2009, págs. 11 e ss (em esp. 16-25, 30-32), e "*Business judgment rule*, deveres de cuidado e de lealdade, ilicitude e culpa e o artigo 64º do Código das Sociedades Comerciais", *DSR*, Vol. 2, 2009, págs. 41 e ss.

judgment rule (BJR), no âmbito da disciplina da responsabilidade dos administradores e gerentes das sociedades comerciais e, portanto, em interacção com o art. 64º, 1, do mesmo CSC[2].

Estamos perante uma *causa de exclusão de responsabilidade perante a sociedade* (prevista no art. 72º, 1)[3], por via da *justificação da ilicitude e, consequencialmente, da culpa* (presumida, de acordo com a parte final desse normativo), por actos e omissões dos administradores e gerentes das sociedades – assim é, como diz a lei, se for demonstrado que a sua atuação danosa foi (i) «livre de qualquer interesse pessoal», se foi (ii) procedimentalmente informada e, por fim, se foi (iii) tomada de acordo com «critérios de racionalidade empresarial».

Tratou-se de uma medida com forte impacto na *governação das sociedades*: desde que preenchidos os requisitos legais, deve entender-se que os administradores, mesmo que não cumpram o que seria de exigir pelo *standard* do «gestor criterioso e ordenado» solicitado pela lei, não merecem ser responsabilizados numa avaliação judicial *ex post* do mérito das suas escolhas, incentivando-se desta forma um *risco económico controlado* na gestão.

Ao mesmo tempo, a reforma de 2006 modificou o art. 64º do CSC, servindo para esclarecer e determinar os deveres legais gerais dos administradores (*cuidado* e *lealdade*) e ampliar o *interesse da sociedade* que baliza tais deveres no momento da sua execução. E tal foi fulcral para se concluir que a prescrição de BJR do CSC aplica-se na tarefa de sindicação do *dever geral de cuidado dos administradores*, previsto pelo art. 64º, 1, *a)*, do CSC, enquanto normação de conduta resultante do dever de gestão. Compreende o espaço

[2] V., em conjunto, Ricardo Costa, "Responsabilidade dos administradores e *business judgment rule*", *Reformas do Código das Sociedades*, IDET – *Colóquios* nº 3, Almedina, Coimbra, 2007, págs. 49 e ss, *Os administradores de facto das sociedades comerciais*, Almedina, Coimbra, 2014 (reimp. 2016), págs. 913 e ss, "Artigo 64º", pontos 1. a 5., *Código das Sociedades Comerciais em comentário*, coord.: J. M. Coutinho de Abreu, Volume (Artigos 1º a 84º), 2ª ed., Almedina, Coimbra, 2017, págs. 764 e ss, em esp. 791 e ss, "A *business judgment rule* na responsabilidade societária: entre a razoabilidade e a racionalidade", *Governação das sociedades, responsabilidade civil e proteção dos administradores*, coord.: Maria João Antunes/Alexandre de Soveral Martins, IJFDUC – IDET, 2018, págs. 95 e ss, que aqui seguirei em síntese (bem como as correspondentes influências doutrinais).

[3] O aproveitamento do art. 72º, 2, para as acções de responsabilidade previstas nos arts. 78º e 79º, não obstante as remissões legais, é residual e analítico: Ricardo Costa, "Responsabilidade dos administradores e *business judgment rule*", *loc. cit.*, pág. 72, ID., "A *business judgment rule* na responsabilidade societária...", *loc. cit.*, nt. 27 – pág. 112. Por isso, centra-se a análise para o efeito de aplicação do regime predisposto nos arts. 72º a 77º do CSC.

de liberdade e discricionariedade, onde as decisões não são juridicamente vinculadas e se verifica o campo por excelência da autonomia de julgamento dos administradores e de incerteza nos resultados, sempre balizadas, no entanto, pela realização do aludido "interesse da sociedade". Em contrapartida, *não é, por regra e extensão, aplicável* ao *dever geral de lealdade,* previsto pelo art. 64º, 1, *b),* e aos *deveres específicos* – deveres vinculados e de execução especificada –, pois aspira a prescrever apenas que não há que, para efeitos de responsabilidade, tomar sempre as decisões mais razoáveis quando há liberdade de escolha. Só neste contexto se oferece à administração um *porto seguro de abrigo* e um regime especial de responsabilidade pela administração discricionária.[4]

É neste regime que se cria um *espaço de imunidade jurídica* dos actos dos administradores, onde a avaliação da qualidade das decisões salvaguarda a discricionariedade técnica dos administradores, que não pode ser escrutinada pelos juízes (o conhecido *subsequent second-guessing*) sob o ponto de vista da sua correcção técnica ou adequação (ao critério de diligência do «gestor criterioso e ordenado»).

Acolher a BJR implicou pois uma *suavização* do regime de responsabilidade dos administradores, na exacta medida em que os administradores invocam o reconhecimento de uma *libertação de responsabilidade pelas consequências* dos seus actos/decisões perante o *risco de administração.*

2. O decisivo "teste da irracionalidade"

Dos três requisitos que compõem o ramalhete do art. 72º, 2 (ausência de conflito de interesses em relação à decisão/deliberação do órgão e/ou ao negócio/acto celebrado; actuação em termos informados/teste da informação adequada"; decisão tomada, como já referido, «segundo critérios de racionalidade empresarial»)[5], o *teste da irracionalidade* constitui o seu âmago aplicativo.

Com este – como tenho sustentado –, passa a ser legítimo construir *dois círculos de actuação dos administradores*: o das decisões *razoáveis* (*círculo da razoabilidade*: mais restrito e definido pelo dever de actuação cuidadosa que o art.

[4] Detalhadamente, por último, Ricardo Costa, "A *business judgment rule* na responsabilidade societária...", *loc. cit.*, págs. 105 e ss.

[5] Ao qual se acrescenta o pré-requisito implícito da "decisão consciente" do administrador: com desenvolvimentos, Ricardo Costa, "Responsabilidade dos administradores e *business judgment rule*", *loc. cit.*, págs. 81-83.

64º, 1, a), exige) e o das decisões *racionais*, mesmo que irrazoáveis (*círculo da racionalidade*: mais amplo).

A irracionalidade surge se a decisão se torna tão incompreensível e incoerente que *não pode deixar de se colocar fora da fronteira permitida à autonomia dos administradores* para responder a uma dada situação. Ao administrador basta demonstrar que a sua actuação *não foi irracional, não foi incompreensível, não deixou de ter explicação coerente*. Logo, a decisão tomada tem que se inserir ainda nesse segundo círculo de escolhas, que constituem ainda alternativas disponíveis para aquela matéria por serem *objectivamente* racionais: é na diferença entre o que está fora da razoabilidade mas ainda dentro da racionalidade que se confere o conhecido *safe harbour* que evita que o administrador incorra em responsabilidade; fora desse segundo círculo, *a invocação de um direito a actuar dentro de uma margem de discricionariedade é abusivo e reprovado em última instância pelo direito*, em consonância com a investidura do juiz em entrar na análise da *exigibilidade da função administrativa*, onde o *dever de gestão razoável* (manifestação basilar do dever geral de cuidado) permanece imutável para a verificação da decisão empresarial que causou o dano.

Neste contexto jurídico-interpretativo, tenho destacado três asserções essenciais.

I. Como a decisão empresarial que beneficia da BJR é *tipicamente* uma decisão "económica" ou "com risco" (*economic or risky decisions*), a racionalidade há-de ser *económica*, assente na escolha dos objectivos e meios para os atingir – a avaliação judicial deve socorrer-se dos clássicos princípios da *economia dos meios* (consecução de um dado fim com o mínimo dispêndio de meios) e do *máximo resultado* (consecução do grau máximo de realização do fim com dados meios)[6].

II. Quando a lei portuguesa exige que a racionalidade seja «empresarial», julgo que se deve ler social (= societária), na exacta medida em que a decisão deve basear-se na sua *influência para a sociedade* em vez de atender a considerações estranhas ou a influências extrassociais (o que não invalida a importância de auscultar informação exterior de quem tem experiência e/ou competência sobre o *thema decidendum*, de atingir e viabilizar compromissos com terceiros, etc.). Logo, essa influência implica que *o administrador*

[6] Continuo a seguir Coutinho de Abreu, *Responsabilidade civil dos administradores*, 2ª ed., IDET – *Cadernos* nº 5, Almedina, Coimbra, 2010, págs. 44-45.

(na busca de uma racionalidade ainda cuidadosa) se norteie pelo interesse da sociedade (art. 64º, 1, b)) *enquanto conjugação de interesses e pela hierarquização dos interesses que nele está implicado*: em *plano principal ou prevalecente*, o *interesse social* (interesse comum a todos os sócios enquanto tais na realização do máximo lucro através da atividade da sociedade, que não se esgotem no curto prazo); em *plano secundário*, os «interesses dos outros sujeitos relevantes para a sustentabilidade da sociedade, tais como os seus trabalhadores, clientes e credores»[7].

III. É censurada a irracionalidade económico-societária *objectiva*, de tal modo que a decisão não encontre qualquer explicação coerente. Tal *método principal* não obsta a que a não irracionalidade não possa ser igualmente suportada na convicção subjectiva de que a decisão é correcta e se conforma com o interesse da sociedade – assim, o administrador alegaria a sua boa fé. Mas a racionalidade de uma decisão não pode ser sustentada *com base tão-só na boa fé*: a lei não seguiu um critério *subjectivo* mas antes um critério *padrão* de racionalidade *objectiva*, menos maleável e indiferente à crença da administração no acerto da decisão[8].

3. A conjugação dos arts. 72º, 2, e 64º, 1, do CSC no confronto das práticas de "responsabilidade social das empresas"

3.1. A aplicação da exclusão de responsabilidade do art. 72º, 2, a contextos específicos de actuação empresarial-societária deve implicar a adopção de algumas *nuances ou especialidades* (dou como exemplo as circunstâncias de crise empresarial pré-insolvência, com insolvência *provável* assente em "situação económica difícil" ou "insolvência iminente" – em que defendo um *teste da recuperação*[9] –, ou de relacionamento entre administrações de

[7] V., sobre o ponto, Ricardo Costa, "Artigo 64º", *loc. cit.*, págs. 780, 791-792.
Entre nós, Pedro Pais de Vasconcelos, "*Business judgment rule...*", *loc. cit.*, págs. 55, 58, considera que a actuação «segundo critérios de racionalidade empresarial» se enquadra no dever de lealdade, embora, formalmente, se concretize nas qualidades legais do administrador inscritas no art. 64º, 1, *a)*.

[8] Criticamente e sobre a recondução de um ponderável *duty of good faith* aos deveres gerais inscritos no art. 64º, 1, do CSC, v. Pedro Pais De Vasconcelos, "*Business judgment rule...*", *loc. cit.*, págs. 46 e ss, 55-56, 57 ("*aspecto objectivo da omissão do comportamento devido*, isto é, à ilicitude ou licitude do agir do gestor").

[9] V. Ricardo Costa, "A *business judgment rule* na responsabilidade societária...", *loc. cit.*, págs. 121-122, que transcrevo:

sociedades em relações de grupo ou de domínio simples – com os seus "interesses sociais" sobrepostos ou paralelos[10]), nomeadamente no que respeita ao *juízo de prioridade* dos *interesses atendíveis para a decisão*. Logo, nestas hipóteses, o fundamental é a mobilização do «interesse da sociedade» *global e multiforme* a que alude o art. 64º, 1, *a)*, do CSC, a fim de nutrirmos a leitura mais adequada do art. 72º, 2, do CSC.

"Nesse contexto, emerge, no que toca à valência do dever geral de cuidado, a *redução da discricionariedade gestória e da autonomia* e a *vinculação ao interesse da conservação e da promoção do valor da empresa*. Assim, chegados à fiscalização desse dever quando convocado o art. 72º, 2, percebe-se que o *círculo da racionalidade fique mais apertado*, uma vez que a coerência, a explicação e o fundamento estão guiados pela lógica de escolhas orientadas pela conservação e saneamento da empresa e pelo impedimento preventivo da insolvência. A «racionalidade económica» e «empresarial» admitida pela lei no *safe harbour* da administração gestionária está, na *moldura temporal da crise*, ancorada num equilíbrio (delicado e sensível) entre a inibição para o *"overinvestment"*, assente em operações e negócios com álea e risco excessivos e cujos resultados negativos agravarão a situação da sociedade (mediatamente, dos credores), e a inibição para o *"underinvestment"*, assente no desinteresse e aniquilamento da sociedade e cuja impossibilidade de obtenção de resultados positivos de gestão alavancará a agonia e a astenia da sociedade. É verosímil que na ponderação deste equilíbrio – fundamentalmente centrado na decisão sobre o grau de risco *em abstracto* e o fito de continuidade *em concreto* – se encontrem mais decisões possíveis como sendo qualificáveis como irracionais (desde logo por serem de grave imprudência e se colocarem ao serviço de um retardamento da insolvência efectiva). Por outras palavras, é defensável que, para aplicação do art. 72º, 2, o teste da (ir)racionalidade seja ocupado pelo *teste da recuperação* – dirigido à *comprovação da idoneidade* das medidas escolhidas para permitir a reestruturação empresarial – e esse diminua o espectro de exclusão que o art. 72º, 2, oferece. Mas não só. Também se deverá exigir neste plano a *conjugação em igual plano e paridade* (e não em plano hierarquicamente desigual, como manda o art. 64º, 1, *b)*) dos *interesses dos sócios* (interesse social) e dos *interesses dos «sujeitos relevantes para a sustentabilidade da sociedade»*. Pelo menos assim deverá ser *em regra*. De todo o modo, não é de excluir que se deva optar por, nomeadamente em certas circunstâncias (p. ex., medidas de financiamento com oneração de património social), fazer prevalecer *os interesses dos credores* em relação aos demais interesses atendíveis, uma vez que o período de crise pré-insolvencial obriga os administradores à inibição/omissão de actos que, alegadamente em homenagem a interesses (perversos ou especulativos ou oportunistas) de prossecução, sem ponderação devida, de (eventual) lucro (dos sócios, portanto) e/ou de prolongamento indefensável da actividade empresarial (dos administradores), se traduzem numa, excessiva e inadmissível, translação do risco empresarial para a esfera dos credores. Ou de outros *stakeholders* diversos dos credores, como será, em particular, o interesse dos trabalhadores na manutenção dos seus postos de trabalho."

[10] V., para essa abordagem, Ricardo Costa, *Os administradores de facto...* cit., págs. 270 e ss, 289 e ss.

É neste plano, por isso, que podemos discutir, em medida essencial à luz do nosso CSC, a assunção pela administração das sociedades comerciais de *objectivos, recomendações e práticas de carácter económico, social, ecológico-ambiental e ético, indicados* (muitas vezes através de "códigos de conduta") *pela chamada "responsabilidade social das empresas"*[11].

Na verdade, a conformação da actuação gestória com esses ditames (muitas vezes extrassociais, na relação com *partes interessadas* na sociedade) não se enquadra por si só no seio da execução dos *deveres jurídicos impostos legalmente e heteronomamente vinculantes*; ainda é, como iniciativa em espaço de discricionariedade, uma actuação de *natureza voluntária e por regra conforme com a vontade dos administradores* (ou em *execução de deliberação de auto-regulação da gestão*, também admissível a cargo dos sócios), cuja abstenção não gera à partida qualquer sanção – por pretensão que seria, em especial, dos titulares-portadores desses interesses – e origina, em consequência, uma zona de conforto quanto à inobservância dessas coordenadas de "responsabilidade social"[12].

Com efeito, num espaço em que os administradores se encontram perante alternativas de decisão (mesmo até quanto ao sentido da lei a cumprir[13]) e a possibilidade de escolher entre diversas opções de acção (ou omissão), as que correspondem à tradução da "responsabilidade social" podem – é verdade – ser correspondência de uma *tutela legal (até jusconstitucional)* – estando protegida a sua *migração para o fundamento da decisão* e nessa circunstância convocando-se a(s) *sanções correspondentes ao incumprimento*[14] –,

[11] V. CATARINA SERRA, "A responsabilidade social das empresas – sinais de um instituto jurídico iminente?", *Questões Laborais*, 2005, 25, págs. 42 e ss, MARIA ELISABETE RAMOS, "Responsabilidad social corporativa en el contexto del buen gobierno. Interés social y comportamento del órgano de administración. Especial atención al caso português", *Empresa responsable y crecimiento sostenible: aspectos conceptuales, societarios y financieros*, Dir.: Ángel Fernández-Albor Baltar/Coord.: Elena F. Pérez Carrillo, Thomson Reuters – Aranzadi, Navarra, 2012, págs. 129 e ss, ANA PERESTRELO DE OLIVEIRA, *Manual de governo das sociedades*, Almedina, Coimbra, 2017, págs. 181 e ss.

[12] COUTINHO DE ABREU, *Curso de direito comercial*, Volume II, *Das sociedades*, 7ª ed., Almedina, Coimbra, 2021, págs. 294-295, ID., "CSR – 'responsabilità' senza responsabilità (legale)?", *Giur. Comm.*, 2019, I, págs. 1088-1089, 1091-1092.

[13] V., neste sentido, ALEXANDRE DE SOVERAL MARTINS, *Administração de sociedades anónimas e responsabilidade dos administradores*, Almedina, Coimbra, 2020, pág. 254.

[14] Caso evidente é o do art. 49º do DL 133/2013, de 3 de Outubro (regime do sector público empresarial): «As empresas públicas devem prosseguir objetivos de responsabilidade social e ambiental, a proteção dos consumidores, o investimento na valorização profissional, a promoção da igualdade e da não discriminação, a proteção do ambiente e o respeito por princípios de

mas serão as mais das vezes destituídas de apoio e exigência no *espaço legal* conferido aos poderes e deveres dos administradores (mesmo no contexto, como vimos, de aplicação do art. 64º, 1) – com a consequente irrelevância quanto à *ilicitude e culpa* do acto (omissivo, nomeadamente) cuja responsabilidade indemnizatória (ou outra consequência) se viesse(m) a colocar.

Sendo assim, estará o administrador condenado a refugiar-se nos *deveres gerais fiduciários* para recusar essa ponderação e decisão, desde logo porque evita ser responsável por prejuízos causados *em face da sociedade* pela violação desses deveres? Ou poderemos encontrar neles uma solução para consagrar uma mediação de interesses que, de forma proactiva, se precipite nessa decisão gestória, à partida vedada pela concretização pura e simples do "interesse social" (do sócio ou dos sócios, mesmo que em termos de criação de "valor" ou "rendimento patrimonial" «a longo prazo», como se refere no art. 64º, 1, *b)*) em sentido potencialmente exclusivo ou prioritário?

3.2. O *dever de cuidado* legalmente exigido – enquanto obrigação reguladora de esforço, conhecimento, disponibilidade, competência e circunstâncias em concreto – fiscaliza a discricionariedade gestória, em particular no *dever de tomar decisões razoáveis e adequadas.* Neste sentido, estas decisões podem (e até devem) abranger no seu conteúdo (e não só no seu procedi-

legalidade e ética empresarial.» (em conjugação com o respectivo art. 47º: «1 – Cada empresa adota ou adere a um código de ética que contemple exigentes comportamentos éticos e deontológicos, procedendo à sua divulgação por todos os seus colaboradores, clientes, fornecedores e pelo público em geral. / 2 – As empresas públicas tratam com equidade todos os seus clientes e fornecedores e demais titulares de interesses legítimos, designadamente colaboradores da empresa, outros credores que não fornecedores ou, de um modo geral, qualquer entidade que estabeleça alguma relação jurídica com a empresa.»).

Para a compreensão dessa obrigação de actuação em consonância com a responsabilidade social da empresa *pública estadual* (*maxime,* societária; também a empresa *local*-"sociedade de responsabilidade limitada": art. 21º da L 50/12, de 31 de Agosto) no âmbito da compatibilidade do dever de lealdade do gestor público com o *princípio de observância do interesse público ou geral,* v. Ricardo Costa, "Órgãos de empresas públicas: entre o interesse público e o direito societário", *Diálogos com Coutinho de Abreu. Estudos oferecidos no aniversário do Professor,* Org.: Alexandre de Soveral Martins/Paulo de Tarso Domingues/Carolina Cunha/Maria Elisabete Ramos/Ricardo Costa/Rui Pereira Dias, Almedina, Coimbra, págs. 861 e ss ("(...) *também é desleal* a conduta, para administradores verdadeiramente investidos de uma *delegação pública,* que viola, desrespeita, comprime ou restringe a valência desse princípio de *concretização do interesse público.* E *ainda é leal* o comportamento gestório que, *em conformidade com a lei,* se pauta por tal *densificação público-colectiva.*").

mento, relativo ao cosmos da informação envolvente[15]) *uma filosofia de actuação socialmente responsável*, desde que seja de ponderar *secundária ou acessoriamente os interesses dos "stakeholders" relevantes em face do seu balanceamento com o "interesse social"* (mais restrito)[16].

Podem – no espaço da discricionariedade e da razoabilidade substancial imanente[17] quanto a dimensões de tutela social-corporativa que não são primariamente impostas pela lei. Sem prejuízo de, olhando para a integralidade do problema em algumas das *manifestações de "responsabilidade social" com efeito reputacional* (concretizada em actos e negócios gratuitos), o poder jurídico dos administradores estar condicionado pela regra da capacidade jurídica das sociedades (limitada pela especialidade de fim lucrativo no art.

[15] Outra categoria de procedimentos, nesta sede, diz(em) respeito, também com manifestações legais, à elaboração e respectiva comunicação pública de informação relevante e transparente ("balanços", "relatórios") sobre as relações e o envolvimento com os sócios e os "grupos de interesse" (v., elucidativos, os arts. 251º-B, C e D, do CVM, para "investidores institucionais" e "intermediários financeiros"), a adopção de regras de "governance" e o impacto exógeno das decisões tomadas na sociedade (particularmente no que toca às políticas de "responsabilidade social"). Neste contexto, recorro novamente ao DL 133/2013/RSPE e ao seu art. 45º, 1: «Anualmente, cada empresa informa o titular da função acionista e o público em geral do modo como foi prosseguida a sua missão, do grau de cumprimento dos seus objetivos, da *forma como foi cumprida a política de responsabilidade social, de desenvolvimento sustentável* e os termos de prestação do serviço público, e em que medida foi salvaguardada a sua competitividade, designadamente pela via da investigação, do desenvolvimento, da inovação e da integração de novas tecnologias no processo produtivo.».

[16] V., com a comunhão do "enlightened shareholder value" (revelado na normatividade da sec. 172 do *Companies Act* de 2006: "Duty to promote the success of the company") para a interpretação do art. 64º, 1, *b)*, a posição de Catarina Serra, "O novo Direito das Sociedades: para uma governação socialmente responsável", *Scientia Iuris*, Universidade Estadual de Londrina, 2010, 14, págs. 163 e ss, ID., "Entre *Corporate Governance* e *Corporate Responsability*: deveres fiduciários e 'interesse social iluminado'", *I Congresso Direito das Sociedades em revista*, Almedina, Coimbra, 2011, págs. 244 e ss (e transcreva-se o inspirador § (1): «A director of a company must act in the way he considers, in good faith, would be most likely to promote the success of the company for the benefit of its members as a whole, and in doing so have regard (amongst other matters) to (a) the likely consequences of any decision in the long term, (b) the interests of the company's employees, (c) the need to foster the company's business relationships with suppliers, customers and others, (d) the impact of the company's operations on the community and the environment, (e) the desirability of the company maintaining a reputation for high standards of business conduct, and (f) the need to act fairly as between members of the company.»).

[17] Pois a pauta do "interesse da sociedade" prevista na al. *b)* não deixa de se aplicar à al. *a)* do art. 64º, 1 (Ricardo Costa, "Artigo 64º", *loc. cit.*, pág. 780).

6º do CSC) e pela aptidão de as suas excepções o abraçarem (em especial as liberalidades "usuais" e as doações comprometidas com o lucro)[18].

E até *devem*, se entendermos que essa atendibilidade de interesses, para um certo grupo de casos, se funda num verdadeiro *dever de correcção em prol do interesse da sociedade*, que se desentranha ainda do dever de cuidado (adquirindo *natureza obrigacional*), em ordem a evitar (ou prevenir) situações-limite de "recomposição" ou (em contraponto) "falência" empresarial com prejuízo manifesto para esses sujeitos interessados (por exemplo, os trabalhadores ou os fornecedores, directos ou indirectos na contratação: interesses *internos* ou *externos*), mesmo que solução diversa comportasse uma melhor satisfação do interesse dos sócios enquanto tais[19].[20]

[18] Maria Elisabete Ramos, "Responsabilidad social corporativa...", *loc. cit.*, pág. 133, Coutinho de Abreu, "CSR – ´responsabilità` senza responsabilità (legale)?", *loc. cit.*, págs. 1090-1091.
Se a actuação se funda em deliberação dos sócios adoptada em matéria de gestão (a propósito, v. Ricardo Costa, "Artigo 64º", *loc. cit.*, pág. 71, ID., "A administração da sociedade PME e o sócio gestor", *O sócio gestor*, Almedina, Coimbra, 2017, págs. 21 e ss) ou de definição-aprovação da política de "responsabilidade social" (porventura ao abrigo de competência deliberativa "implícita", para as sociedades anónimas), teremos que, nesse caso e a montante, avaliar a validade dessa deliberação, tendo em conta igualmente a subordinação ao regime do art. 6º, 1 a 3.

[19] Esta é uma construção que dá ênfase ao edifício dogmático (no campo do desenvolvimento dos deveres fiduciários) de Francesco Denozza, "Responsabilità dell'impresa e «contrato sociale». Una critica", *Diritto, mercato ed etica. Dopo da crisi. Ommagio a Piergaetano Marchetti*, a cura di Luigi Arturo Bianchi, Federico Ghezzi, Mario Notari, Università Bocconi Editore, Milano, 2010, págs. 284 e ss, em esp. 286.
Algumas dessas situações-limite, relativas a decisões empresariais com lesão dos interesses dos trabalhadores, podem ser surpreendidas na exemplificação exposta por Coutinho de Abreu, *Curso de direito comercial*, Vol. II cit., págs. 291 e ss.

[20] Creio que é nesta senda de positivação de um dever de conduta, formatado no cuidado dos administradores e assente (fundamentalmente) na prevenção e omissão de actos causadores de "efeitos negativos", que vai a recente Proposta de Directiva relativa ao *"dever de diligência das empresas e à responsabilidade empresarial"*, constante da Resolução do Parlamento Europeu, de 10/3/2021, com recomendações à Comissão (em matéria da tutela de direitos humanos, v., em abono, Gerhard Wagner, "Haftung für Menschenrechtsverletzungen", *RabelsZ*, 2016, págs. 757 e ss).
Vejamos alguns pontos da normatividade (com sublinhado no mais pertinente):
art. 1º: «1. A presente diretiva visa garantir que as empresas abrangidas pelo seu âmbito de aplicação que operem no mercado interno cumpram o seu *dever de respeitar os direitos humanos, o ambiente e a boa governação* e *não causem efeitos negativos, potenciais ou reais, nos direitos humanos, no ambiente e na boa governação, ou para eles contribuam*, através das suas próprias atividades ou das atividades diretamente relacionadas com as suas operações, os seus produtos ou os seus

serviços de uma relação empresarial ou nas suas cadeias de valor, e que previnam e atenuem esses efeitos negativos. / 2. A presente diretiva estabelece as obrigações em matéria de *dever de diligência nas cadeias de valor das empresas* abrangidas pelo seu âmbito de aplicação, a saber, *tomar todas as medidas proporcionadas e adequadas e envidar esforços, na medida das suas possibilidades, para impedir a ocorrência de efeitos negativos nos direitos humanos, no ambiente e na boa governação nas suas cadeias de valor, e para dar uma resposta apropriada a esses efeitos negativos quando ocorram.* O exercício do dever de diligência exige que as empresas identifiquem, avaliem, previnam, cessem, atenuem, controlem, comuniquem, contabilizem, abordem e corrijam os efeitos negativos, potenciais e/ou reais, nos direitos humanos, no ambiente e na boa governação que as suas próprias atividades e as das suas cadeias de valor e relações empresariais possam representar. Mediante a coordenação das salvaguardas para a proteção dos direitos humanos, do ambiente e da boa governação, esses requisitos em matéria de dever de diligência visam melhorar o funcionamento do mercado interno. 3. A presente diretiva visa ainda assegurar que *as empresas possam ser responsabilizadas, em conformidade com a legislação nacional, pelos efeitos negativos nos direitos humanos, no ambiente e na boa governação que causem ou para os quais contribuam na sua cadeia de valor*, e destina-se a garantir que as vítimas tenham acesso a vias de recurso.»; art. 3º: «Para efeitos da presente diretiva, entende-se por: 1) «Partes interessadas»: as pessoas e os grupos de pessoas cujos direitos ou interesses possam ser afetados pelos efeitos negativos, potenciais ou reais, nos direitos humanos, no ambiente e na boa governação provocados por uma empresa ou pelas suas relações empresariais, bem como as organizações cuja finalidade estatutária seja a defesa dos direitos humanos, incluindo os direitos sociais e laborais, do ambiente e da boa governação. Entre estas podem incluir-se os trabalhadores e seus representantes, as comunidades locais, as crianças, os povos indígenas, as associações de cidadãos, os sindicatos, as organizações da sociedade civil e os acionistas das empresas; 2) «Relações empresariais»: as filiais e as relações comerciais de uma empresa ao longo da sua cadeia de valor, incluindo fornecedores e subcontratantes, que estejam diretamente ligadas às operações comerciais, aos produtos ou aos serviços da empresa; (...) 5) «Cadeia de valor»: todas as atividades, operações, relações empresariais e cadeias de investimento de uma empresa, incluindo as entidades com as quais a empresa tenha uma relação empresarial direta ou indireta, a montante e a jusante, e que: a) Forneçam produtos, partes de produtos ou serviços que contribuam para os próprios produtos ou serviços da empresa; ou b) Recebam produtos ou serviços da empresa; 6) «Efeito negativo, potencial ou real, nos direitos humanos»: qualquer efeito negativo, potencial ou real, suscetível de prejudicar o pleno usufruto dos direitos humanos por pessoas ou grupos de pessoas no que respeita aos direitos humanos, incluindo os direitos sociais, laborais e sindicais, tal como definidos no anexo (...) da presente diretiva. (...); 7) «Efeito negativo, potencial ou real, no ambiente»: qualquer violação das normas ambientais internacionalmente reconhecidas e das normas ambientais da União, tal como definidas no anexo (...) da presente diretiva. Esse anexo deve ser revisto periodicamente e ser coerente com os objetivos da União em matéria de proteção do ambiente e atenuação das alterações climáticas. A Comissão fica habilitada a adotar atos delegados, nos termos do artigo 17º, para modificar a lista que figura no anexo (...); 8) «Efeito negativo, potencial ou real, na boa governação»: qualquer efeito nega-

De todo o modo, a *sobrevalorização desses interesses, fora dessa ponderação secundária ou acessória*, é, dentro do catálogo inicial de alternativas possíveis, *irrazoável* e, portanto, *ilícita*; por outro lado, se for mobilizada no campo da actuação vinculada, *indevida*.

No entanto, poderemos ir mais longe. Como?

3.3. No que toca ao «interesse da sociedade» que baliza a acção dos administradores, a lei portuguesa permite atender a «interesses dos outros

tivo, potencial ou real, na boa governação de um país, região ou território, tal como definida no anexo (...) da presente diretiva. (...); 10) «Contribuir para»: o facto de as atividades de uma empresa, conjugadas com as atividades de outras entidades, produzirem um efeito, ou de as atividades da empresa provocarem, facilitarem ou incentivarem a produção de um efeito negativo por outra entidade. A contribuição tem de ser substancial, o que significa que estão excluídas as contribuições menores ou insignificantes. Para avaliar a natureza substancial da contribuição e compreender se as ações da empresa podem ter causado, facilitado ou incentivado a produção de um efeito negativo por outra entidade, pode ser necessário tomar em consideração múltiplos fatores.»;
art. 4º: «1. Os Estados-Membros devem estabelecer regras para garantir que as empresas observem um dever de diligência efetivo no que diz respeito aos efeitos reais ou potenciais nos direitos humanos, no ambiente e na boa governação nas suas operações e relações empresariais. / 2. As empresas devem envidar constantemente todos os esforços, dentro das suas possibilidades, para identificar e avaliar, através de uma metodologia de monitorização baseada no risco que tenha em conta a probabilidade, a gravidade e a urgência dos efeitos potenciais ou reais nos direitos humanos, no ambiente ou na boa governação, a natureza e o contexto das suas operações, nomeadamente do ponto de vista geográfico, bem como determinar se as suas operações e relações empresariais causam alguns desses efeitos negativos, potenciais ou reais, para eles contribuem ou a eles estão diretamente ligadas. (...)»;
art. 19º: «1. O facto de uma empresa respeitar as suas obrigações em matéria de dever de diligência não a exonera da eventual responsabilidade em que pode incorrer nos termos do Direito nacional. / 2. Os Estados-Membros devem assegurar que dispõem de um regime de responsabilidade ao abrigo do qual as empresas podem, nos termos do Direito nacional, ser responsabilizadas e proceder à reparação de quaisquer danos decorrentes de efeitos negativos, potenciais ou reais, nos direitos humanos, no ambiente ou na boa governação que tenham causado ou para os quais tenham contribuído por atos ou omissões. / 3. Os Estados-Membros devem assegurar que o seu regime de responsabilidade a que se refere o nº 2 seja de molde a que as empresas que provem que tomaram todas as precauções necessárias, em conformidade com a presente diretiva, para evitar os danos em questão, ou que o dano teria ocorrido mesmo que tivessem sido tomadas todas as precauções necessárias, não sejam responsabilizadas por esses danos. / 4. Os Estados-Membros devem assegurar que o prazo de prescrição para intentar ações de responsabilidade civil relativas a danos resultantes de efeitos negativos nos direitos humanos e no ambiente seja razoável.».

sujeitos relevantes para a sustentabilidade da sociedade». A lei exemplifica com os trabalhadores, credores e clientes. Mas não se esgota neles o *elenco de titulares desses interesses.* É nesses outros titulares que devem situar-se outros beneficiários das iniciativas de "responsabilidade social", nomeadamente *externa ou endógena,* desde que em *ligação com a sustentação a prazo da empresa social.* Uma vez identificados – a comunidade local, a associação de defesa de protecção ou defesa de interesses (empregadores, trabalhadores, consumidores, ambientalistas, por exemplo), a organização não-governamental, o Estado (central ou autárquico), a entidade reguladora e de supervisão, a universidade, os clientes e trabalhadores futuros potenciais, juntamente com os elencados pela lei –, são eles que *comprovam a idoneidade das medidas, iniciativas e providências escolhidas* (digamos assim) *em função do* (chamado) *"stakeholder value"*[21].

Privilegiar a situação dos trabalhadores quanto a higiene e segurança e à boa organização do trabalho, considerar a posição de parceiros empresariais, diminuir o prejuízo ambiental da exploração, interagir com os anseios de educação e saúde das populações e das comunidades onde se inserem as empresas exploradas, cumprir as recomendações da supervisão em códigos de *soft law*, investir em apoios e investigação em universidades e centros de formação são *fundamentos para as decisões e justificam procedimentos para uma adequada informação no processo interno de tomada de decisão.* Caucionam uma mobilização da discricionariedade gestória em consideração de outros referentes, como seja a conservação e a promoção do valor social da empresa e o papel sobre a rentabilidade da sociedade e competitividade empresarial numa lógica de continuidade a prazo. E nestes pode vislumbrar-se uma espécie de *cláusula de "responsabilidade social"* ancorada no "interesse da sociedade" e mobilizada na actuação dos administradores (em pauta de equilíbrio e de sustentabilidade)[22], enquanto cláusula a que subjaz uma *coligação de interesses plurais,* a tomar em conta na liberdade decisória referida à

[21] A propósito, v. FRANZISKA HUMBERT, "Corporate Social Responsability und die Frage nach staatlicher Regulierung: eine rechtspolitische Einschätscung", *ZGR*, 2018, págs. 296-298, 300-301, 315.

[22] V. GERARD SPINDLER, "Corporate Social Responsability in der AG – Mythos oder Realität?", *Festschrift für Perter Hommelhoff*, Dr. Otto Scmidt KG, Köln, 2012, págs. 1139 e ss, 1148, mas recusando que os padrões de conformidade com a "responsabilidade social" (ainda que utilizados nos limites da discricionariedade) possam funcionar como uma espécie de "social governance Kodex", que, na prática de organização e gestão da sociedade, se substituíssem às regulações legais prescritivas (sociais, laborais, ambientais) que emanam do poder legislativo.

discricionariedade da administração diligente (*não vinculada ao dever de correcção*) e, portanto, com repercussão no juízo sobre a infracção dos deveres de administração[23].

Para tal efeito, compreendemos que a regra da BJR serve como *mecanismo de ampliação da discricionariedade empresarial.* E desde logo se percebe que, *afastando-se a decisão da razoabilidade*-regra para o dever de cuidado imposto aos administradores, o *círculo da racionalidade fique mais ampliado se os ditames da "responsabilidade social" nela virem uma porta de entrada:* é verosímil que se encontrem mais decisões possíveis como sendo qualificáveis como *não irracionais* (desde que bem informadas) *tendo em conta a influência recíproca desses fundamentos sobre a actividade da sociedade.* De tal sorte que essa racionalidade admitida pela lei constituirá uma tradução normativa de *institucionalização jurídica* da "responsabilidade social", contribuindo ademais para a sua *auto-regulação no campo da gestão.*

De que forma?

Será de compreender como *racional* (*recte*: não irracional) que, em determinadas circunstâncias justificadas, se aceite a *conjugação em igual plano e paridade* (e não em plano hierarquicamente desigual, como em primeira linha manda o art. 64º, 1, *b)*) dos *interesses dos sócios* (interesse social) e dos *interesses dos «sujeitos relevantes para a sustentabilidade da sociedade».* E até, em outras circunstâncias igualmente (e bem) justificadas, se opte por fazer inclinar com privilégio na balança *estes últimos interesses,* nomeadamente porque qualquer outra decisão *seria mais onerosa para o interesse de sustentação da empresa* (ainda como *meio para atingir o fim do benefício dos sócios*) *e incompatível*

[23] V. as reflexões de Gaudencio Esteban Velasco, "Interés social, buen gobierno y responsabilidade social corporativa (algunas consideraciones desde una perspectiva jurídico-societaria)", *Responsabilidad social corporativa. Aspectos jurídico-económicos,* Publicacions de la Universitat Jaume I – Servei de Comunicació i Publicacións, Castelló de la Plana, 2005, págs. 47 e ss, em esp. 53- -54, tendo em conta o antecedente normativo na revogada *Ley de Sociedades Anónimas* do actual art. 227, 1, da *Ley de Sociedades de Capital* (dever de lealdade: «Os administradores desempenharão o seu cargo como um representante leal em defesa do interesse social, *entendido como interesse da sociedade,* e cumprirão os deveres impostos pelas leis e pelos estatutos.» – sobre esse entendimento, como consagração da "dimensão institucional do interesse social" e integração dos "outros interesses em jogo", v. Jesús Quijano González, "Dever de lealtad: régimen de imperatividade y dispensa", *Estudios sobre la responsabilidade de los administradores de las sociedades de capital a la luz de sus recientes reformas legislativas y pronunciamentos judiciales,* Dir.: Alberto Díaz Moreno/José Carlos Vázquez Cueto, Coord.: Josefa Brenes Cortés, Thomson Reuters – Aranzadi, Navarrra, 2018, pág. 26).

com a inadmissibilidade de uma translação intolerável do risco empresarial para a esfera extrassocial.

É óbvio que, em ambas as circunstâncias, *se acentua o dever procedimental de conduta informativa dos administradores* (enquanto subdever de cuidado dos administradores[24], decisivo na aplicação do art. 72º, 2[25]) no diagnóstico

[24] Ricardo Costa, "Artigo 64º", *loc. cit.*, pág. 775.

[25] Ricardo Costa, "A *business judgment rule* na responsabilidade societária...", *loc. cit.*, págs. 115 e ss:

"(...) é de advogar que, na *pauta suficiente* de *comportamento exigido* ao administrador pelo art. 72º, 2, se encontra um dever jurídico *mínimo* do administrador, que surge como *sucedâneo* do dever de tomar decisões razoáveis *para o efeito de ser julgada a sua responsabilidade pela inobservância da obrigação administrativa*: o dever de actuação *procedimentalmente* correcta e razoável em termos informativos *e* de tomar decisões *não irracionais*.

Não se trata de configurar uma obrigação alternativa ao dever principal. Nem de vislumbrar um dever conflituante. Esse dever *ambivalente* corresponde, de acordo com a lei, ao conteúdo funcional *mínimo* do dever *de cuidado, exclusivamente considerado no momento de avaliar a conduta do administrador*.

Esta ambivalência pode ser ainda melhor concretizada.

Visto na sua globalidade exegética, o art. 72º, 2, privilegia o facto de não desencorajar os administradores a tomar decisões audazes e empreendedoras, *mas não descura a exigência de se observar um dever procedimental de conduta na formulação dessas decisões* (requisito *interno*). Se o fizer, mesmo perante uma decisão não razoável, porque, em particular, demasiado arriscada, o administrador, em princípio, não será condenado, pois a decisão, ao tempo da sua assunção, não podia considerar-se irracional. Estão assim protegidas as *escolhas* de gestão *informadas*, desde que não haja abuso no processo de decisão, mesmo que haja perdas devidas a imprudência, a erros de julgamento, etc. Assim, o *cuidado devido* no contexto da escolha da decisão é um cuidado *procedimental, a razoabilidade é pedida quanto à obtenção de informação*; por outro lado (requisito *externo*), a razoabilidade decai no conteúdo da decisão em favor da racionalidade (*rectius*, não irracionalidade). Enquanto isso, ser a decisão «livre de qualquer interesse pessoal», atinente ao exame do dever de lealdade, constitui um requisito *prévio* – se houver conflito, se o administrador não esteve «livre de qualquer interesse pessoal», desde logo o administrador não poderá beneficiar da consequência do art. 72º, 2; Com ele, a eliminação ou a prevenção do conflito de interesses assegura o respeito pelo interesse da sociedade, que deve ser visto como *condição de cumprimento do dever de gestão*.

Isto quer dizer que *a ilicitude decorrente do incumprimento do dever legal de conduta* – dever de cuidado, de prestação mais exigente – previsto pelo art. 64º, 1, *a)*, pode ser afastada pelo *cumprimento desse dever (legal) mínimo de conduta*, individualizado e imposto pelo art. 72º, 2. Como se refere juscivilisticamente, esta causa justificativa não legitima a prática do dano, constitui antes a expressão de uma "faculdade de agir", que, para este efeito, corresponde às precauções exigidas pela norma jussocietária de exclusão de responsabilidade. Para este efeito, estas precauções surgem como uma espécie de cordão legal – que, para o caso, parece dever ser valorado em

ex ante das prognoses sobre a decisão a tomar[26]: em geral, informação sobre o impacto das decisões sobre os grupos de *stakeholders* e informação sobre o reflexo das decisões na exploração empresarial a prazo e no interesse dos sócios, como informação adequada a justificar a decisão *contranatura* na ponderação de interesses.

A valorização (em igual medida ou em patamar superior) desses interesses de "responsabilidade social" poderá (e deverá) ainda ser vista no âmbito da *base racional* das decisões, *suportadas no compromisso que vai para além dos mínimos de conduta relativos a regras legais, negociais, regulamentares e delituais que obrigam a sociedade*, que confere *identidade à "responsabilidade social"*[27] (por isso chamado de "sobrecumprimento normativo", isto é, para além dos parâmetros normativos vigentes ou no espaço das lacunas ou vazios legais)[28]. Se assim for, teremos ainda uma decisão não irracional que *justifica uma ilicitude* decorrente da *irrazoabilidade primária da decisão no domínio do dever geral de cuidado* e, consequentemente, logra ilidir a presunção de culpa firmada no art. 72º, 1[29].

3.4. Não obstante a BJR não actuar directamente no domínio da ilicitude do incumprimento do *dever de lealdade* – ou das suas manifestações legais

patamar axiológico-normativo *igual* ao dever que lhe é sucedâneo, pelo menos no momento da avaliação judicial do comportamento do administrador – para o fim de delimitar o mínimo de cuidado e reconhecer que o administrador fez aquilo que a ordem jurídica pode *racionalmente* exigir dele no âmbito do arbítrio gestório."

[26] Neste sentido, para o direito alemão, sem esquecer a necessária ausência de conflito de interesses (por ex., com uma entidade financiada) para o recurso à BJR (§ 93, 1, 2ª frase, *AktGesetz*, em que, recorde-se, se demanda a actuação «para o bem da sociedade» (*zum Wohle der Gesellschaft*), v. GREGOR BACHMANN, "CSR-bezogene Vorstands- und Aufsichtsratspflichten und ihre Sanktionierung", *ZGR*, 2018, págs. 235-236, 237-238, que salienta, desde logo, a consideração dos princípios de responsabilidade social no âmbito do compromisso da esfera de arbítrio gestório (maior ou menor, desde logo em função das expectativas internas e externas de cumprimento de "CSR-Belange") com o *Unternehmensinteresse*.

[27] Alargando a tutela da BJR para decisões tomadas em nome de medidas éticas impostas pelo "interesse da sociedade" e ancoradas no dever estrito de legalidade, v. JOCHEN VEITER, "Geschäftsleiterpflichten zwischen Legalität und Legitimität", *ZGR*, 2018, págs. 344 e ss, 353-354, 376-377.

[28] V. JOSÉ MIGUEL EMBID IRUJO/PAULA DEL VAL TALENS, *La responsabilidad social corporativa y el Derecho de sociedades de capital: entre la regulación legislativa y del* soft law, Agencia Estatal Boletín Oficial del Estado, Madrid, 2016, págs. 33 e ss.

[29] RICARDO COSTA, "Responsabilidade dos administradores e *business judgment rule*", *loc. cit.*, pág. 77.

transmutadas em deveres específicos –, não podemos olvidar a *valência cruzada* do dever de lealdade, guiado igualmente pela prossecução do "interesse da sociedade" e, nele, a *ilegitimidade da ponderação de interesses alheios a esse interesse* ou a *ilegitimidade da inversão do peso dos interesses distintos dos sócios.*

À primeira vista, uma sobrevalorização desses interesses – em relação ao interesse dos sócios – não deverá ser admitida e será ilícita por desleal. Compreende-se: se o dever de lealdade é pressuposto de conduta para a actuação da BJR («livre de interesse pessoal», diz a nossa lei), não poderemos por via da BJR defraudar o "interesse da sociedade" que baliza o dever de lealdade como obrigação absoluta dos administradores. Se assim fosse, poderíamos mesmo entender que o primeiro requisito colocado pelo art. 72º, 2, falece. Mesmo que assim não fosse de entender, sempre seria de sustentar que o art. 72º, 2, excluiria a responsabilidade pela violação do dever de cuidado mas não escaparia o administrador a responder pelo prejuízo causado pela violação do dever de lealdade.

Todavia, entendo que poderemos empreender um juízo de lealdade menos exigente na hierarquização de interesses ao administrador "criterioso e ordenado" sempre que haja uma racionalidade legítima no campo da gestão integrada pela "responsabilidade social". O risco que se evita é desvirtuarmos a BJR, em circunstâncias justificadas de prossecução do "interesse da sociedade", no que respeita à tutela de todos os interesses em presença (desde que não violadores da inibição de promover interesses alheios sem conexão com a sociedade, pois isso seria dar uma "carta branca" para afastar responsabilidade). Logo, não poderemos ver essas decisões como violadoras da lealdade, uma vez que ainda instrumental à prossecução global do "interesse da sociedade" a que se deve obediência. Deveremos ver essas decisões como respeitadoras de um dever de lealdade mínimo.

Em suma:

Decisão aprovada no teste da racionalidade em sede de "responsabilidade social" será decisão leal para com o "interesse da sociedade" e leal será para ser aprovada no teste da (ir)racionalidade.

Quando muito, assumindo-se a decisão como violadora da lealdade, poderemos ver uma decisão ilícita, mas sem culpa imputável ao administrador (ilidindo-se a presunção do art. 72º, 1, *in fine*)[30], tendo em conta justamente o *reflexo da fundamentação racional na exclusão de culpa para não responsabilizar pela deslealdade.*

[30] Ricardo Costa, "Artigo 64º", *loc. cit.*, pág. 792.

3.5. Em conclusão – na interacção entre os artigos 64º e 72º, 2 (e em razão da responsabilidade dos administradores para com a sociedade), do CSC:

I. a adopção de medidas de "responsabilidade social" no conteúdo das decisões gestórias, por força da ponderação secundária ou acessória dos interesses dos *stakeholders* interessados, pode ser traduzida na esfera de actuação discricionária dos administradores, fiscalizada pela actuação do dever geral de cuidado, ou é imposta por um "dever de correcção" guiado pelo "interesse da sociedade" (radicado nesse dever geral de cuidado);

II. em caso de decisão irrazoável ou indevida por (sobre)valorização ilegítima dos interesses de "partes interessadas", pode a decisão ingressar no círculo da racionalidade que exclui a responsabilidade dos administradores em sede de controlo da razoabilidade primária no domínio do dever geral de cuidado;

III. em caso de decisão não irracional e justificadora dessa valorização ou sobrevalorização de interesses de "responsabilidade social", a decisão será ainda leal para com a sociedade ou, quando muito, causa de exclusão da culpa em sede de controlo do dever geral de lealdade (compreendido em sentido mínimo).

"Quem vai, vai, quem está, está"? A tutela do sócio que permanece na sociedade face à garantia prestada através de "aval em branco"

*Carolina Cunha**

1. Considerações em torno da necessidade de tutela dos avalistas de títulos em branco perante situações-limite

Nos últimos anos, tem vindo a fazer caminho – quer na doutrina, quer na jurisprudência – a tese que admite que, no momento em que perde a sua qualidade de sócio (tipicamente, através da cessão de participações sociais), um sujeito se possa libertar de responsabilidades que, para garantia de dívidas futuras da sociedade, havia assumido através da subscrição de títulos cambiários em branco (tipicamente, na qualidade de avalista).

A via a trilhar para essa exoneração de responsabilidades é *estreita* e a sua concretização prática depara-se com *dificuldades* diversas. Desde logo, só será admissível que o sócio que cede a sua quota se desonere de responsabilidades no que concerne a *dívidas futuras da sociedade*: mantém-se, portanto, inteiramente vinculado à garantia que prestou a dívidas constituídas até esse momento[1]. Por outro lado, o *concreto exercício* da faculdade de se desvincular da sua posição de garante depara-se com *entraves* decorrentes não só

* Professora Associada, Univ. Coimbra, IJ, ORCID 0000-0002-6256-5344.

[1] É com especial gosto que me associo a esta homenagem ao Professor Doutor Pedro Pais de Vasconcelos. Faço-o através de uma pequena incursão por temas que a ambos nos são caros e

da *falta de conhecimento* da exacta formulação a adoptar na comunicação que efectua, mas ainda da *resistência passiva* do credor – que, não raro, desconsidera as manifestações de vontade emitidas pelo ex-sócio, procedendo como se este ainda se encontrasse vinculado[2].

E, apesar do acolhimento que tem merecido[3], tão-pouco se pode dizer que a tese em apreço haja logrado uma adesão unânime aos argumentos em

que com o homenageado tenho tido o enorme privilégio de discutir, no sentido mais nobre e fértil do termo.

E o momento em causa não é exactamente o da perda da qualidade de sócio, mas aquele em que comunica ao credor (tipicamente, uma entidade bancária) a sua pretensão em se desvincular, como sublinho em Carolina Cunha, "Cessão de quotas e aval: equívocos de uma uniformização de jurisprudência", *Direito das Sociedades em Revista*, ano 5, vol. 9, março, 2013, p. "Cessão de quotas e aval: equívocos de uma uniformização de jurisprudência", <style face="italic">Direito das Sociedades em Revista</style>, ano 5, vol. 9, março, 2013, p. </DisplayText><record><rec-number>21</rec-number><foreign-keys><key app="EN" db-id="5errawfeuawe2de0wt7x59x79xd05zf2twdd" timestamp="1548609394">21</key></foreign-keys><ref-type name="Journal Article">17</ref-type><contributors><authors><author>Cunha, Carolina</author></authors><subsidiary-authors><author>Carolina Cunha</author></subsidiary-authors></contributors><titles><title>Cessão de quotas e aval: equívocos de uma uniformização de jurisprudência</title><secondary-title>Direito das Sociedades em Revista</secondary-title><short-title>Cessão de quotas e aval</short-title></titles><periodical><full-title>Direito das Sociedades em Revista</full-title></periodical><volume>ano 5, vol. 9</volume><number>março</number><dates><year>2013</year></dates><urls></urls></record></Cite></EndNote>110: o momento-chave será, assim, o da "data de recepção pelo banco da declaração de desvinculação do acordo de preenchimento (art. 224º CCiv.)".

[2] Paradigmático foi o caso decidido pelo Acórdão do STJ de 16 de Maio de 2018, que tive oportunidade de comentar em Carolina Cunha, "Quando querer é poder: David, Golias e o conhecimento pelo Banco da vontade real do sócio-avalista que cede a sua quota – anotação ao Acórdão do STJ de 16 de Maio de 2018", *RLJ*, ano 148º, nº 4015, março-abril, 2019, p. 238-269. Neste acórdão, o STJ não chegou a pronunciar-se explicitamente sobre a questão da desvinculação unilateral (fosse por resolução ou por denúncia) em face do acordo de preenchimento, já que equacionou a comunicação do avalista como constituindo uma *proposta de acordo revogatório não aceite*. Limitou-se à simples afirmação de que "a mera denúncia do aval por parte dos embargantes avalistas, ora recorrentes, nunca poderia ser considerada como válida e eficaz – o que, a meu ver, não vale como pronúncia quanto à questão em análise porque, na tese expendida em texto, o negócio objecto da desvinculação não é o aval (que não existe) e sim o acordo de preenchimento.

[3] Além de ser a posição que perfilho já desde a minha dissertação de doutoramento, entregue para provas em 2009 (Carolina Cunha, *Letras e livranças: paradigmas actuais e recompreensão de um regime*, Almedina, Coimbra, 2012 , p. 610 e ss., em especial p. 613-614), é a posição manifes-

que se alicerça[4]-[5]. Recorde-se, aliás, que um dos marcos emblemáticos do

tada nomeadamente por M. Januário da Costa Gomes, "O (in)sustentável peso do aval em livrança em branco prestado por sócio de sociedade para garantia de crédito bancário revolving, Ac. de Uniformização de Jurisprudência nº 4/2013, de 11.12.2012, Proc. 5903/09", *CDP*, nº 43, Julho/Setembro, 2013, p. 15-47, p. 43, ss.; por Evaristo Mendes, "Aval prestado por sócios de sociedades por quotas e anónimas e perda da qualidade de sócio: apontamento", *RDS*, ano 7, nº 3-4, 2015, p. 587-616; e por Sara Aleixo, "O aval cambiário dos sócios em título em branco: a paradoxa solução do AUJ nº 4/2013", *RDS*, ano 8, nº 3, 2016, p. 611-641. Na jurisprudência, vejam-se, entre outros, os acórdãos RC 11-02-2020; RL 30-03-2020; RL 20-12-2017; RP 27-02-2014; ou STJ 08-07.2003 (todos os acórdãos citados neste texto estão disponíveis em dgsi.pt).

[4] O denominador comum à doutrina que se opõe à tese descrita em texto parece ser o do *primado absoluto da autonomia privada* na sua vertente de liberdade contratual, arredando qualquer intromissão *correctora* dos seus excessos ou desatenções e desconsiderando qualquer protecção da sua *vulnerabilidade*, mesmo num contexto de frequente assimetria de poder negocial. Por conseguinte, os Autores que a perfilham não fecham completamente a porta a uma desvinculação – mas apenas a admitem *se expressamente estipulada*.

Como escreve Pedro Pais de Vasconcelos, "Avales dos sócios de sociedades comerciais", *Direito das Sociedades em Revista*, Ano 6, vol. 11, 2014, p. 13-34, p. 28-29, "nada impede que seja negociado com o credor que fique estipulado no pacto de preenchimento que a obrigação emergente do aval não seja exigida nem cobrada do sócio que se tenha afastado da sociedade"; o que "o avalista não pode é pretender desvincular-se sem ter estipulado essa desvinculação em sede própria". Acrescenta o Autor, em jeito de conclusão: "antes de avalizarem letras ou livranças da sociedade, principalmente se emitidas em branco, os sócios, gerentes ou não, devem pensar muito bem no que vão fazer, porque o aval os constitui numa responsabilidade muitíssimo rigorosa" (p. 33).

Também para Alexandre de Soveral Martins, *Títulos de crédito e valores mobiliários*, Parte I – Títulos de crédito, Volume I – I. Dos títulos de crédito em geral. II. A letra, Almedina, Coimbra, 2008, p. 138, nota 228, "não é imaginável que um sócio de uma sociedade por quotas que se obriga para aval e se vincula pelo acordo de preenchimento pensasse em manter a quota na sua titularidade para todo o sempre ou que não surgisse como ao menos possível a cessão da quota num qualquer futuro"; ora, "se não exigiu que essas circunstâncias ficassem previstas nos acordos celebrados como causas de extinção das obrigações assumidas, não pode depois vir queixar-se".

Posição intermédia tem Filipe Cassiano dos Santos, "Livrança em branco, pacto de preenchimento e aval", *Revista de Direito Comercial – Edição especial "Liber Amicorum Pedro Pais de Vasconcelos"*, 2020, p. 191-321, para quem "a saída do avalista do grémio social não é uma circunstância que, por si só, e no plano da lei, constitua justa causa de resolução" (p. 223), mas o Autor admite que, verificadas certas circunstâncias, seja "imposta pela boa fé – e que se impõe mesmo a uma vontade hipotética noutro sentido – uma cláusula em que se permite a extinção por resolução do aval no caso de o avalista ter deixado de ser sócio".

[5] Na jurisprudência, particularmente tenaz na recusa da desvinculação do sócioavalista que cede a sua quota parece ser o Tribunal da Relação de Guimarães (assim RG 23-03-2017 e RG 16-06-2016), mas cfr. também RE 22-02-2018, ou RL 28-10-2014.

percurso que veio a trilhar foi precisamente o Acórdão de Uniformização de Jurisprudência (AUJ) nº 4/2013, o qual fixou jurisprudência (apenas aparentemente) contrária ao resultado que a referida tese propugna[6].

[6] Apenas aparentemente porque, na verdade, a jurisprudência fixada pelo acórdão *não inibe o resultado proposto pela tese em apreço*. Na verdade, o negócio jurídico do qual o sujeito se desvincula *não é o aval* (que, à data, nem sequer é dotado de existência jurídica), mas sim o acordo de preenchimento. E o direito exercido *não é necessariamente a denúncia* – pode ser a resolução, como realço em Carolina Cunha, "Cessão de quotas e aval", *cit.*"Cessão de quotas e aval", <style face="italic">cit.</style></DisplayText><record><rec-number>21</rec-number><foreign-keys><key app="EN" db-id="5errawfeuawe2de0wt7x59x79xd05zf2twdd" timestamp="1548609394">21</key></foreign-keys><ref-type name="Journal Article">17</ref-type><contributors><authors><author>Cunha, Carolina</author></authors><subsidiary-authors><author>Carolina Cunha</author></subsidiary-authors></contributors><titles><title>Cessão de quotas e aval: equívocos de uma uniformização de jurisprudência</title><secondary-title>Direito das Sociedades em Revista</secondary-title><short-title>Cessão de quotas e aval</short-title></titles><periodical><full-title>Direito das Sociedades em Revista</full-title></periodical><volume>ano 5, vol. 9</volume><number>março</number><dates><year>2013</year></dates><urls></urls></record></Cite></EndNote>, p. 113. Note-se, antecipando o que defenderei adiante em texto, que a posição do STJ *também não afecta a denúncia do acordo de preenchimento*, o qual não se confunde com o negócio jurídico de aval. Aliás, sobre a insusceptibilidade de denúncia do aval *enquanto* negócio jurídico cambiário, veja-se o que escrevo em "Cessão de quotas e aval", *cit.*, p. 101-103. Abertamente crítico do AUJ é também Januário Gomes, "O (in)sustentável peso do aval em livrança em branco", *cit.*, p. 32 e *passim* (em especial p. 35: "se bem lemos e vemos, o Supremo Tribunal de Justiça diz-nos, paradoxalmente, algo como o seguinte: a admissibilidade de desvinculação por parte de sócio avalista de *título em branco* conflitua com a natureza do aval em *título completo*" – sublinhados meus).

Note-se que *uma parte significativa da jurisprudência subsequente tem vindo a afastar-se da uniformização*, cujo alcance circunscreve nos termos indicados para abrir caminho à desvinculação do avalista. Cfr. as decisões mencionadas *supra*, na nota 3, em particular RC 11-02-2020 ("a tarefa de harmonizar jurisprudência numa questão como a tratada no mencionado AUJ nº 4/2013 [...] não é simples, pois a solução adequada depende da correcta consideração de diversas particularidades – não só no plano do regime cambiário aplicável, como (sobretudo) no que toca aos contornos da concreta situação"); RL 03-03-2020 ("apesar da doutrina do AUJ nº 4/2013, é admissível a desvinculação do avalista sócio-gerente por resolução por justa causa do acordo de preenchimento, a qual produzirá meros efeitos *ex nunc*"); ou RP 27-02-2014 ("não será de seguir a jurisprudência uniformizada do AUJ nº 4/2013, se interpretada como abarcando o aval aposto em livrança em branco", pois "ao contrário dos antigos assentos, os acórdãos de uniformização de jurisprudência poderão (e deverão) não ser respeitados se surgirem novas circunstâncias ou se forem aduzidos argumentos não considerados no acórdão que, pela sua marcante relevância, justifiquem uma decisão diversa") – todos em dgsi.pt.

Seja como for, há evidência de que a razoabilidade e rigor da construção em que assenta tem *impressionado favoravelmente* um número crescente de juristas, trazendo ao primeiro plano a importante tarefa de mobilizar as potencialidades defensivas do ordenamento jurídico para a adequada protecção dos *garantes pessoas singulares*[7] – *sem prejudicar* o salutar exercício da autonomia privada, mas também *sem ignorar* os evidentes efeitos nocivos a que por vezes conduz na perspectiva dos mais básicos ditames de uma ordem pública de protecção[8].

Atrevo-me a dizer que esta tarefa é particularmente urgente no que toca aos *garantes avalistas*, onerados por uma *peculiar teia de incompreensões* que rodeia o risco que assumem através da subscrição cambiária – sobretudo, quando é aposta sobre um título em branco[9]. Esta indiferença a que é votado o avalista ressalta de modo muito especial quando confrontada com a *atitude geral perante o fiador*, cuja tutela concita muito menos resistências. E repare-se que não me estou (obviamente) a referir a disparidades de protecção jurídica decorrentes das *claras diferenças estruturais entre o aval e a fiança* – como seja o facto de o fiador se poder prevalecer de meios de defesa do afiançado, ou a circunstância de a invalidade da obrigação afiançada contaminar o próprio negócio fidejussório[10]. Ou seja, não estão em causa discrepâncias de regime emergentes da contraposição entre o carácter *acessório* da

[7] Pois que os garantes *pessoas colectivas*, em particular as sociedades, já se encontram *suficientemente tutelados* pelas regras em matéria de capacidade de gozo, que determinam a *nulidade* de boa parte das garantias que constituam em favor de terceiro – veja-se o art. 6º, 3 do CSC. Chamando justamente a atenção para esta *actual vulnerabilidade comparativa das pessoas singulares*, A. Menezes Cordeiro, *Tratado de Direito Civil Português*, Tomo X, "Direito das Obrigações-Garantias", colab. A. Barreto Menezes Cordeiro, Almedina, Coimbra, 2015, p. 199-200.

[8] Como recorda João Baptista Machado, "Do princípio da liberdade contratual", *in João Bapstista Machado – Obra dispersa*, vol. I, Scientia Ivridica, Braga, 1991, p. 623-646, p. 644-644, a propósito da *ordem pública de protecção* enquanto subdivisão da ordem pública económica e social: a *ideia de proibição do excesso* nela ínsita vai justamente destinada a "evitar que algum dos contraentes fique sujeito a sacrifícios irrazoáveis ou inexigíveis", *mesmo que em última análise decorrentes da sua vontade*, pois que "o direito se recusa a dar cobertura aos exercício de uma discricionaridade manifestamente irrazoável".

[9] Incompreensões que arrancam, desde logo, dos chamados princípios (quase diria dogmas) da abstração, autonomia ou literalidade, mas que também se projectam no esquecimento a que é votado o art. 10º LULL, cujo estatuto de norma especial destinada a resolver os conflitos emergentes de uma subscrição em branco é amiúde "terraplanado" pela algo indiscriminada aplicação do art. 17º LULL.

[10] Cfr. os arts 637º e 632º CCiv.

fiança e a *autonomia* do aval[11], mas sim *a tutela reclamada por situações-limite* – como sejam a prestação de uma garantia *omnibus* ou a discussão em torno da possibilidade de desvinculação relativa à garantia de dívidas alheias ainda não contraídas.

Nestas situações extremas, a defesa do fiador tem merecido o (aliás, justo) beneplácito da doutrina, com acolhimento na jurisprudência[12]. Já o avalista tende a ser tipicamente brindado com uma breve comiseração e logo "empurrado" para o impiedoso fosso dos chamados "princípios cambiários" – com destaque para a abstração e literalidade –, os quais, diz-se, triturariam qualquer veleidade protectora[13]. Ora, não me parece que assim tenha de ser.

[11] Para um confronto comparativo, ver Carolina Cunha, *Manual de letras e livranças*, Almedina, Coimbra, 2015, p. 38, ss., e bibliografia aí citada.

[12] Cfr., desde logo, Henrique Mesquita, "Fiança (Parecer)", *Colectânea de Jurisprudência*, ano XI, tomo IV, 1986, p. 23-29, e M. Januário da Costa Gomes, "O mandamento da determinabilidade na fiança omnibus e o AUJ nº 4/2001", *in Estudos de direito das garantias*, vol. I, Almedina, Coimbra, 2004, p. 109-137.

[13] Cfr. a jurisprudência que analiso em Carolina Cunha, *Letras e livranças, cit.*, p. 610, ss., e mais recentemente, a paradigmática afirmação de que "não poderá o avalista valer-se da renovação/prorrogação do contrato de abertura de crédito para se desobrigar de uma obrigação que, pela sua *abstracção e literalidade*, se emancipou da relação subjacente para subsistir como obrigação independente e autónoma" (RG 23-03-2017).
Esta elevação a fonte de soluções concretas de princípios que apenas pretenderam condensar ou explicar características do regime cambiário inovadoras num certo momento histórico conduz a que, bastas vezes, *a única forma de romper com a manifesta iniquidade de tais soluções seja o apelo às tradicionais "válvulas de escape" do ordenamento jurídico*. Ilustrativo desta metodologia é o acórdão STJ 05-06-2018: "o Banco exequente, ao deduzir processo executivo contra o avalista duma livrança em branco, *treze anos depois* desse avalista ter abandonado a sociedade subscritora da livrança (sociedade essa que, entretanto, foi declarada insolvente), e reportando-se as responsabilidades reclamadas (só conhecidas do embargante quando foi citado para a execução), a dívidas contraídas por essa sociedade já após o seu abandono como sócio, *age com manifesto abuso de direito*, na modalidade da *supressio*" (sublinhados meus).
E, curiosamente (ou talvez não, porque amiúde as construções teóricas mais intrincadas abrem fissuras no confronto com a prática que *ex post* procuram absorver), os referidos "princípios cambiários" comportam invariavelmente uma "válvula de escape", precisamente para os casos em que nos encontramos no domínio das chamadas *relações imediatas* – ou seja, quando os sujeitos que se defrontam nas vestes de devedor e credor cambiário estão, simultaneamente, ligados por relações extracartulares. Nessas hipóteses os "princípios" deixam de se aplicar, como se a ausência de terceiros candidatos à protecção que dispensam desencadeasse uma espécie de "paralisação".

Em primeiro lugar, os referidos "princípios" são construções doutrinais arcanas, através dos quais historicamente se procurou compreender e integrar nas categorias (à data) vigentes um regime que era (à data) original, porque rompia com o cânone subjectivista-voluntarista em prol de uma acérrima defesa da confiança de terceiros. Sucede que essa postura (chamemos-lhe, por comodidade discursiva) "objectivista" deixou de ser novidade nos modernos ordenamentos jurídicos[14] Portanto, em vez de invocarmos um véu de princípios cuja força normativa é, no mínimo, discutível, *convirá atentarmos nos concretos preceitos da LULL* e na disciplina que deles efectivamente decorre, integrada no (e em plena harmonia com o) *horizonte mais vasto do actual direito privado*.

Em segundo lugar, é por demais sabido que a generalidade das soluções consagradas já lá vai quase um século na LULL têm subjacente um paradigma caracterizado pela *intensa circulação dos títulos cambiários*. Por isso se preocupam de sobremaneira com a *tutela dos terceiros* a cujas mãos o título vai chegando, protegendo a respectiva confiança (mesmo que indemonstrada e desde que não contraditada[15]) naquilo que se encontrar inscrito sobre o pedaço de papel. Por isso, também, as normas da LULL praticamente

[14] Basta pensar no regime que o nosso Código Civil (que dista umas meras três décadas da LULL) consagrou no que toca à interpretação do negócio jurídico ou à disciplina dos requisitos de relevância das patologias da vontade negocial (vícios e divergências com a declaração). Para uma minuciosa crítica e desconstrução dos princípios referidos em texto, cfr. CAROLINA CUNHA, *Letras e livranças, cit.*, p. 371, ss..

[15] Pense-se nas soluções dos arts. 10º e 16º (e, numa óptica diferente, o próprio art. 40º) da LU, que consagram regimes *prima facie* protectores de terceiro (ou, no caso do art. 40º, protegendo o *solvens* através do efeito liberatório do pagamento efectuado a um terceiro potencialmente desconhecido), apenas claudicando a tutela dispensada *quando se prove* a má fé ou falta grave desse sujeito. O art. 17º também é uma norma axial de protecção de terceiros em face da circulação do título, mas nada tem que ver com a confiança, e sim com o funcionamento do princípio *res inter alios acta*, o qual permite ao terceiro protegido *desinteressar-se* das vicissitudes de relações obrigacionais alheias. É, portanto, uma tutela independente do estado subjectivo do sujeito – não importa se conhecia ou devia conhecer a existência de excepções causais do demandado contra outro protagonista cambiário: são-lhe, em todo o caso, inoponíveis. A sua vulneração (*i.e.*, a remoção da protecção dispensada) ocorre apenas quando a conduta do sujeito revele um muito particular desmerecimento, a sindicar no quadrante da ofensa aos bons costumes: a instrumentalização do princípio *res inter alios acta* para uma *finalidade prejudicial* (proceder "conscientemente em detrimento" do demandado). Algo de não dissemelhante ao que se estuda, no quadro geral do direito das obrigações, sob a égide da "doutrina do terceiro cúmplice". Desenvolvidamente, CAROLINA CUNHA, *Letras e livranças, cit.*, p. 489, ss..

ignoram as hipóteses em que o título não circula, *deixando-as sem disciplina específica*. Ao mesmo esquecimento é votada a *repercussão sobre o plano cambiário das relações extracartulares* que intercedam entre quaisquer protagonistas do círculo cambiário.

Ora, esta omissão normativa da LULL torna-se por demais evidente em face de um paradigma como o actual, caracterizado pela *escassa ou quase nula circulação dos títulos cambiários*. Tirando um pontual endosso para desconto bancário, ou a particular situação em que o título, mais do que transmitido *ad-hoc* no sentido pressuposto pela LULL, acompanha a cessão do crédito para cuja garantia foi entregue (cfr. a previsão do art. 582º, 1, CCiv.)[16], o credor que logra obter do devedor uma letra ou livrança *não está minimamente interessado em fazê-la circular*. Isto porque, em pleno século XXI, tem ao seu dispor inúmeras opções quanto a meios de pagamento, boa parte delas

[16] Neste horizonte – circulação cambiária não *ad hoc*, mas acompanhando a circulação do crédito fundamental garantido – se enquadra o exemplo escolhido por Pedro Pais de Vasconcelos, "Aval em branco", *Revista de Direito Comercial*, 2018, p. 373-422, p. 386, para demonstrar que as letras e livranças não deixaram de circular: o "mercado de NPL (*non performing loans*), no qual, cedido o crédito em incumprimento pelo banco, é também endossada a livrança em favor do cessionário", ao que acresce "uma característica inerente a este mercado, que consiste na circulabilidade dos próprios NPLs, que são frequentemente cedidos por diversas vezes".
Trata-se de uma situação muitíssimo interessante do ponto de vista estrutural: a circulação do crédito fundamental garantido funciona, aqui, como "*motor*" da circulação do título cambiário, que aparece como meramente *acessório*. Em bom rigor, *nem será imprescindível* um endosso para investir o cessionário na titularidade do direito cartular: *o efeito translativo sempre seria automático* por força do art. 582º, 1, CCiv., gerando o (pouco) conhecido fenómeno da *transmissão extracartular do direito cambiário*, que tive oportunidade de tratar em Carolina Cunha, *Letras e livranças, cit.*, p. 80-83. É o que parece verificar-se em alguns casos recentes, como os decididos em STJ 16-05-2018, STJ 22-11-2016 ou RG 05-04-2018.
Mas, *ocorrido* um endosso (e cabe, *a latere*, perguntar se, perante múltiplas transmissões dos NPL de que a livrança é acessória, os endossantes – *players* seguramente versados nestas lides – não terão a argúcia de excluir, se não o endosso, pelo menos a responsabilidade decorrente do art. 15º da LULL), a verdade é que o endossado vai ocupar, *na relação fundamental de crédito garantida pela livrança, exactamente a mesma posição* credora até aí ocupada pelo endossante. Ou seja, *cada novo portador* vai estar, perante o devedor cambiário, em... *relações imediatas* (cuja presença supõe uma ligação extracambiária – no caso, o NPL garantido – entre dois sujeitos cambiários). *Não é este*, manifestamente, o paradigma de circulação acolhido e regulado pela LULL, o qual supõe uma circulação que "*desliga*" o título da relação fundamental que lhe deu origem. Mas atesta, pela enésima vez, a *versatilidade histórica* dos títulos cambiários e o modo como o engenho da prática "descobre" sempre acrescidas formas de derramar tão versátil vinho velho em odres novos – ou, pelo menos, continuadamente renovados.

virtual e executável em poucos segundos. Ou seja, a função que alicerçava a intensa circulação dos títulos e justificava a simétrica preocupação com a sua disciplina – isto é, a *função de pagamento*, que tornou os títulos cambiários no "papel moeda dos comerciantes"[17] – *há muito que se eclipsou.*

O que explica que as livranças (muito mais do que as letras[18]) continuem a ser abundantemente subscritas é a *função de garantia* que hoje em dia esmagadoramente desempenham[19]. E fazem-no pela confluência de dois factores. Por um lado, pelo acesso imediato que proporcionam à *via executiva*, sem necessidade de o credor preliminarmente provar ou discutir o que quer que seja (embora naturalmente os conflitos possam eclodir através da oposição à execução, cabendo ao devedor descontente o ónus de deduzir embargos). Porque, como é sabido, as letras e livranças constituem títulos executivos (art. 703º, 1, c) do CPCiv.). Por outro lado, pela facilidade com que os títulos cambiários permitem *adicionar garantes* (e respectivos patrimónios) através da figura do aval. Compreende-se, assim, que o credor que logra obter uma livrança (ou letra) assinada pelo devedor e por um conjunto mais ou menos alargado de avalistas *esteja interessado em conservá-la* – para compelir ao correcto e completo cumprimento da relação fundamental que justifica a sua emissão e, se for o caso, para maximizar as possibilidades de satisfazer o seu direito pela via coerciva.

Resta acrescentar um importante detalhe onde igualmente repousa o sucesso desta função de garantia desempenhada por títulos cambiários que não circulam: a *plasticidade decorrente da* (frequentíssima) *subscrição em branco*. Na verdade, as livranças ou letras não têm que conter *ab initio* a indicação do valor a pagar ou a referência à data de vencimento. O subscritor em branco emite uma *declaração negocial incompleta* e, entregando ao credor o suporte documental em que está exarada, confere-lhe a facul-

[17] Na célebre expressão de EINERT; sobre o apogeu desta função de pagamento, cfr. o que escrevo em CAROLINA CUNHA, *Letras e livranças, cit.*, p. 28-29.

[18] A prevalência das livranças, explica-se, estou em crer, pela *maior simplicidade estrutural* da "promessa de pagamento" no confronto com a "ordem de pagamento". A figura do terceiro tomador, historicamente de enorme importância, foi-se esbatendo gradualmente ao mesmo tempo que se difundia a prática do saque à própria ordem. O degrau seguinte desta "tendência" terá sido a migração para a livrança.

[19] Garantia em dois sentidos – em sentido amplo, pelo reforço da posição do credor; e em sentido estrito, pela adjunção de patrimónios responsáveis à dívida inicial.

dade de proceder ao preenchimento posterior *caso se justifique o accionamento da garantia* assim prestada[20].

Por conseguinte, os avalistas cuja protecção se equaciona hoje em dia são os subscritores de livranças que não circulam e cujas declarações negociais o credor originário tem o poder completar.

Como vimos, a LULL *não* prevê ou regula *especificamente* os conflitos em que tais sujeitos intervêm – o que não quer dizer que da *correcta interpretação* de alguns dos seus preceitos não consigamos extrair *diretrizes claras para a resolução dos litígios mais emblemáticos*[21]-[22].

[20] Prestada, portanto, através da *vinculação jurídica* constante do acordo de preenchimento, somada a um embrião de vinculação cambiária (consubstanciado na assinatura aposta no título) e ao inelutável *poder fáctico* de o credor portador do título o vir a preencher.

[21] Ilustro com dois exemplos.

O art. 17º da LULL apenas se ocupa da invocação das chamadas excepções causais *perante terceiros portadores do título* – ou seja, no contexto das ditas *relações mediatas* –, determinando aí a sua inoponibilidade ("as pessoas accionadas em virtude de uma letra não podem opor ao portador as excepções fundadas sobre as relações pessoais delas com o sacador ou com os portadores anteriores"). Portanto, a norma *nada estabelece* quanto à invocação de excepções causais no seio das *relações imediatas* – ou seja, quando a pessoa accionada e o portador estão ligados por uma convenção executiva ou relação fundamental. Contudo, tal não têm impedido a doutrina (tanto por cá como em outros ordenamentos que acolheram a LULL – cfr. CAROLINA CUNHA, *Letras e livranças, cit.*, p. 266) de *extrair do art. 17º*, por argumento *a contrario* e com apoio no elemento racional, *a oponibilidade de tais excepções no seio das relações imediatas* (já que implicaria um grosseiro sacrifício da ideia de justiça ignorar por completo a totalidade da relação económico-jurídica estabelecida entre dois sujeitos cambiários quando não se faz sentir qualquer necessidade de tutela da circulação).

Mas também o art. 10º da LULL, norma axial do regime da subscrição de títulos cambiários em branco, pensado que foi para a tutela da confiança de um *portador subsequente* no conteúdo inserido no título – e portanto, tipicamente para um contexto em que a letra ou livrança emitida em branco *sai das mãos do portador originário* – encerra todas as virtualidades necessárias à adequada solução dos problemas que se levantam mesmo *quando isso não acontece*. Na verdade, *a composição de interesses* que a norma consagra permanece, ainda aí, *inteiramente aplicável*: o subscritor em branco suportará o risco do preenchimento desconforme, a menos que o portador conheça a discrepância face à vontade de preenchimento que aquele manifestou ou que só por falta grava a ignore. É *uma equação clássica ao nível da tutela da confiança* (neste caso, da confiança no conteúdo do título): só merece protecção a confiança que não seja infundada ou contrária aos deveres de indagação que no caso caibam. Com a nota não despicienda da inversão do ónus da prova: o que tem de ser provado não é a confiança, mas a sua ausência ou a sua censurabilidade. É bom de ver que esta equação do art. 10º *permite resolver adequadamente todos os problemas* que a subscrição cambiária em branco levanta, *mesmo quando o título não circula*. Basta interpretar a fórmula legal "portador que *adquiriu* o título" (que o legislador uniforme terá pensado para as

Em face de tudo isto parece-me que, no actual contexto do ordenamento jurídico português, não *é possível continuar a empurrar acriticamente os avalistas* – e refiro-me em particular os que subscrevem em branco livranças que o credor conserva – *para fora do círculo básico da protecção dispensada a outros garantes pessoais perante certas situações-limite*[23].

tradicionais situações de aquisição por endosso) como abrangendo a *simples aquisição material do título cambiário* – seja por entrega *directa* do subscritor em branco ao credor, seja por entrega *indirecta* ou mediada (como sucede, por ex., nas situações em que o subscritor-avalista assina o título em branco e o entrega ao subscritor-avalizado, que, por seu turno ,o deposita nas mãos do credor).

[22] Não posso aderir, portanto, às palavras de CASSIANO DOS SANTOS, "Livrança em branco", *cit.*, p. 241-242 (sublinhados meus), quando afirma que "*tal como* estão inscritos na lei, esses instrumentos [a letra e a livrança] *não se destinam propriamente a ser usados para reforçar a posição do concreto primeiro credor* – isto é, não é esse o seu *fim típico*", pois "para isso, o ordenamento jurídico dispõe de *outros* instrumentos".
Desde logo, a letra e livrança são instrumentos com muito séculos, ao longo dos quais desempenharam diversas funções – e *nem sempre a circulação do crédito entre esferas jurídicas foi uma delas*: recorde-se que *o endosso constituiu uma "invenção" tardia* (só fez a sua aparição no séc. XVII, ou seja, quatro séculos volvidos sobre o dealbar da letra de câmbio; e ainda assim durante muito tempo apenas se autorizava um único endosso por título – cfr. CAROLINA CUNHA, *Letras e livranças, cit.*, p. 18). Ora, em 2021, é fácil de constatar que as livranças (e muito pouco as letras) são instrumentos *massivamente* usados pelos agentes económicos *precisamente para reforçar a posição do primeiro (e único) credor*, em detrimento dos tais "outros instrumentos" oferecidos pelo ordenamento jurídico. É esse *o seu fim* – se não legal, pelo menos socialmente – *típico*.
E não obstante ser evidente que a LULL se preocupa quase exclusivamente com aspectos ligados à circulação, convém não esquecer que se trata, na sua origem, de uma *convenção internacional* destinada a uniformizar aspectos importantes, *mas que não pretende esgotar o regime das letras e livranças*. O que sucedeu foi que, em Portugal, em lugar de incorporada num regime específico, que disciplinasse *também outras dimensões* (nomeadamente, aspectos das chamadas relações imediatas), a LULL foi pura e simplesmente "adoptada" *qua tale*. Portanto, nada impede – pelo contrário, até reclama – que a regulação *global* dos títulos cambiários seja integrada por normas do *regime geral do negócio jurídico* e até de alguns quadrantes do direito *das obrigações*.
Ainda assim, fruto da aturada reflexão ocorrida em Genebra (cuja elevada qualidade ficou perenemente documentada nas célebres *Comptes Rendus* dos trabalhos preparatórios do documento final), as soluções efectivamente consagradas e a composição de interesses que lhes subjaz (soluções que frequentemente escamoteiam mais do que um nível de conflito, atendendo ao contexto concreto dos sujeitos titulares dos interesses em conflito) permitem-nos, como na nota anterior ilustrei, *retirar diretrizes adequadas mesmo para resolução de problemas que não foram directamente tratados pelo legislador uniforme*.

[23] No mesmo sentido, JANUÁRIO GOMES, "O (in)sustentável peso do aval em livrança em branco", *cit.*, p. 40-41 ("não vemos razão alguma para sacrificar o garante através de aval em

2. A situação do sócio que garantiu através de "aval em branco" uma série indeterminada de financiamentos societários futuros... e permanece na sociedade

Como vimos, a situação do sócio que garantiu através de "aval em branco"[24] uma série indeterminada de financiamentos societários tem vindo a ser alvo de crescente atenção e tutela no momento em que abandona a sociedade, admitindo-se que se liberte de responsabilidades (apenas) para o futuro através de declaração unilateral dirigida ao credor garantido. Os litígios trazidos a tribunal dizem respeito a hipóteses de transmissão de participações sociais, mas nada obsta a que, *mutatis mutandis*, idêntico raciocínio se aplique a outros cenários de perda da qualidade de sócio – amortização da totalidade das participações sociais, exoneração ou exclusão[25].

A questão que gostaria de debater neste pequeno texto de homenagem ao Professor Doutor Pedro Pais de Vasconcelos, retomando outras tantas e tão diversas discussões que com o homenageado tenho tido o gosto de levar a cabo – quer por escrito, quer de viva voz – é, porém, mais delicada: *quid iuris* se o sócio... permanece na sociedade?

Formulando a questão em termos mais precisos: exactamente no *mesmo cenário de base* em que tem sido reconhecido ao sócio o direito de se libertar, por declaração unilateral, da garantia que prestou através de "aval em branco" a dívidas societárias futuras, *pode dispensar-se o "requisito" de que o sócio haja abandonado a sociedade?*

2.1. Demonstração da necessidade de tutela do sócio que permanece na sociedade

A primeira interrogação a que urge dar resposta é um singelo "porquê" – *porque necessita de tutela o garante avalista que permanece na sociedade?*

branco no altar dos princípios aplicáveis aos títulos de crédito", até porque se trata, para o efeito em causa, de um mecanismo "perfeitamente fungível com a garantia fidejussória" e "nenhum sócio esclarecido" aceitará razoavelmente "que a sua posição seja mais gravosa ou menos gravosa" em função da utilização, muitas vezes "sem critérios objectivos e definidos" de uma ou outra via).

[24] Uso a expressão entre aspas para vincar que, antes do preenchimento do título, *não existe verdadeiramente negócio jurídico de aval*, mas apenas o embrião de uma declaração negocial de aval incompleta. Ainda assim, pelo imediatismo com que transmite a situação a que se reporta, considero que se trata de uma expressão útil – e por isso a emprego.

[25] Como parece equacionar Evaristo Mendes, "Aval prestado por sócios", *cit.*, p. 589 e 609.

A protecção do sócio que deixa a sociedade, actuada através do reconhecimento da faculdade de se libertar das mencionadas responsabilidades futuras, justifica-se pela estreita ligação entre a qualidade de sócio (que acaba de perder) e a prestação do aval, aliada à circunstância de doravante não poder beneficiar dos, nem por qualquer forma controlar os, financiamentos societários de cuja garantia se liberta[26]. Funda-se, portanto, numa ideia central de *inexigibilidade*[27].

Ora, *para o sócio que permanece na sociedade tal raciocínio não colhe*. Mantém a qualidade de sócio e, com ela, a possibilidade de beneficiar dos e controlar os financiamentos futuros feitos à sociedade pelo credor garantido. Só que isto não significa que *considerações de outra ordem* não possam intervir, traçando um *diferente quadro de carência de tutela*. Vejamos.

2.1.1. A vinculação tendencialmente perpétua e o reconhecimento de uma faculdade de denúncia

A primeira nota específica desta situação é o *carácter temporalmente em aberto da garantia prestada*. Através do "aval em branco" aposto sobre um título cambiário entregue para garantia de uma abertura de crédito *revolving* (ou de qualquer outra modalidade de financiamento assente numa relação duradoura sucessivamente renovável)[28], ou mesmo para a prestação de uma

[26] Acentuando esta ideia Evaristo Mendes, "Aval prestado por sócios", *cit.*, p. 611 (a garantia do ex-sócio deixará de ser "uma garantia patrimonialmente interessada").

[27] Desenvolvidamente, Carolina Cunha, "Cessão de quotas e aval", *cit.*"Cessão de quotas e aval", <style face="italic">cit.</style></DisplayText><record><rec-number>21</rec-number><foreign-keys><key app="EN" db-id="5errawfeuawe2de0wt7x59x79xd05zf2twdd" timestamp="1548609394">21</key></foreign-keys><ref-type name="Journal Article">17</ref-type><contributors><authors><author>Cunha, Carolina</author></authors><subsidiary-authors><author>Carolina Cunha</author></subsidiary-authors></contributors><titles><title>Cessão de quotas e aval: equívocos de uma uniformização de jurisprudência</title><secondary-title>Direito das Sociedades em Revista</secondary-title><short-title>Cessão de quotas e aval</short-title></titles><periodical><full-title>Direito das Sociedades em Revista</full-title></periodical><volume>ano 5, vol. 9</volume><number>março</number><dates><year>2013</year></dates><urls></urls></record></Cite></EndNote>, p. 105, ss.., e Januário Gomes, "O (in)sustentável peso do aval em livrança em branco", *cit.*, p. 44.

[28] E note-se que a efectiva renovação do financiamento garantido não passa pela vontade do sócio-avalista, já que a faculdade de oposição à renovação pertence exclusivamente à sociedade. Ilustrativamente, veja-se RG 23-03-2017: o contrato de abertura de crédito "foi objeto de *vinte e cinco renovações*". Em RC 11-02-2020, tendo sido requerido que a exequente viesse juntar aos

garantia *omnibus* (que inclua, portanto, todas as dívidas futuras que a sociedade possa vir a ter perante um determinado credor, mesmo as provenientes de laços contratuais ainda não constituídos), *o sócio fica vinculado, enquanto garante, por tempo indeterminado*[29].

Ora, no nosso ordenamento jurídico, tem foros de cidadania o *princípio da proibição dos vínculos obrigacionais ilimitados ou perpétuos*, o qual determina que se atribua aos contraentes ligados por relações negociais com duração indeterminada a faculdade de se desvincularem *ad nutum* decorrido que seja um período de tempo considerado razoável[30]. Esta faculdade dita de *denúncia* funda-se na *tutela da liberdade pessoal ou económica* dos sujeitos[31] e é o *contraponto necessário* da estipulação de vínculos sem duração determinada. Porque "a eventual ofensa à liberdade *resultaria da impossibilidade jurídica de o sujeito se desvincular* da relação obrigacional duradoura", em rigor a "tutela da liberdade não reclama que o contrato não possa durar ilimitadamente; basta que seja assegurada ao sujeito a possibilidade jurídica de se desvincular da relação"[32]. De outro modo, como observa Baptista Machado, "uma vinculação contratual perpétua – *ainda que aceite pelo vinculado* – é contrária à ordem pública"[33].

Importa aqui precisar que a *relação contratual* em causa é a que emerge da *fattispecie* complexa em que assenta a prestação da garantia pelo sócio. Não é, por conseguinte, a vinculação decorrente *do aval* – até porque, note-se,

autos o contrato de abertura de crédito em conta corrente, datado de 1996, esta não o entregou, confessando que, *dada a antiguidade de tal contrato*, "não tem sido possível localizá-lo"...

[29] Como pertinentemente observa Evaristo Mendes, "Aval e fiança gerais", *Direito e Justiça*, vol. XIV, tomo I, 2000, p. 149-169, p. 160, trata-se da "cobertura de duração prolongada ou indeterminada do risco do crédito" – "não relativamente à conclusão de um singular negócio, mas de uma cadeia negocial que se prolonga no tempo e pode, inclusive, evoluir no sentido de uma expansão mais ou menos significativa (e, até, extraordinária ou surpreendente)". Também Cassiano dos Santos, "Livrança em branco", *cit.*, p. 195, se não for previsto um prazo, "o sujeito que se obriga a ser avalista no futuro assume um vínculo duradouro e sem prazo".

[30] Paulo Henriques, *A desvinculação unilateral ad nutum nos contratos civis de sociedade e de mandato*, Coimbra Editora, Coimbra, 2001, p. 210 e ss.

[31] Neste sentido, entre vários, J. M. Antunes Varela, *Das obrigações em geral*, vol. I, 10ª ed., Almedina, Coimbra, 2003, p. 95, nota 2.

[32] Paulo Henriques, *A desvinculação unilateral ad nutum, cit.*, p. 214, sublinhados meus.

[33] Baptista Machado, "Do princípio da liberdade contratual", *cit.*, p. 637, sublinhados meus. "De outro modo", isto é, caso se pretendesse "excluir de todo, num contrato por tempo indeterminado, a faculdade de denúncia por qualquer das partes, sujeitando ambas ou apenas uma delas a uma vinculação contratual perpétua" (p. 635).

o negócio jurídico unilateral de aval ainda nem sequer existe, o que retiraria qualquer exequibilidade ou sequer lógica a uma suposta "denúncia do aval"[34]. A declaração negocial de aval foi emitida incompleta, ao mesmo tempo que foi *contratualmente* conferida ao credor a faculdade de proceder ao seu *completamento* em face da eventual verificação de determinadas circunstâncias futuras – grosso modo, caso sobrevenha o incumprimento da relação fundamental garantida pelo título cambiário. É desta relação contratual, visivelmente corporizada pelo *acordo de preenchimento*, que defendo que o sócio

[34] Veja-se a crítica que fizemos ao AUJ em CAROLINA CUNHA, "Cessão de quotas e aval", *cit.*"Cessão de quotas e aval", <style face="italic">cit.</style></DisplayText><record><rec-number>21</rec-number><foreign-keys><key app="EN" db-id="5errawfeuawe2de0wt7x59x79xd05zf2twdd" timestamp="1548609394">21</key></foreign-keys><ref-type name="Journal Article">17</ref-type><contributors><authors><author>Cunha, Carolina</author></authors><subsidiary-authors><author>Carolina Cunha</author></subsidiary-authors></contributors><titles><title>Cessão de quotas e aval: equívocos de uma uniformização de jurisprudência</title><secondary-title>Direito das Sociedades em Revista</secondary-title><short-title>Cessão de quotas e aval</short-title></titles><periodical><full-title>Direito das Sociedades em Revista</full-title></periodical><volume>ano 5, vol. 9</volume><number>março</number><dates><year>2013</year></dates><urls></urls></record></Cite></EndNote>, p. 101, ss.; igualmente crítico, JANUÁRIO GOMES, "O (in)sustentável peso do aval em livrança em branco", *cit.*, p. 36 e ss.

Como precisamente observa EVARISTO MENDES, "Aval prestado por sócios", *cit.*, p. 597, relembrando o art. 76º da LULL (e para as letras valerá o art. 2º), "enquanto não tiverem inscrito o montante a pagar, [os documentos cambiários] *não valem como livranças*"; e, "portanto, as declarações de aval também *não valem*, em termos técnico-jurídicos, *como avales*, com as características e o regime a que a LULL os sujeita". O Autor acrescenta que a própria "ideia de provisoriedade" que poderia ser veiculada pela referência a "avales em formação ou pré-avales" nem sequer é "totalmente correcta, porque a grande maioria dos documentos de livrança em apreço nunca chega a converter-se em livrança, *em virtude de os contratos subjacentes serem pontualmente cumpridos*". Conclui, assim, que "tudo se mantém numa *espécie de limbo ou plano virtual*, a menos que ocorra um facto anómalo": o eventual incumprimento do contrato garantido (p. 608, sublinhados meus).

Também CASSIANO DOS SANTOS, "Livrança em branco", *cit.*, p. 195, considera que "não há aval até que sobrevenha o completamento do título, pois que, até esse momento, o documento 'não produz efeitos' como letra ou como livrança". No mesmo sentido, ALEXANDRE DE SOVERAL MARTINS, *Títulos de crédito e valores mobiliários ?*, Parte I – Títulos de crédito, Volume I – I. Dos títulos de crédito em geral. II. A letra, 2ª ed., Almedina, Coimbra, 2016, p. 140. Em sentido abertamente dissonante, apenas A. MENEZES CORDEIRO, "Livrança em Branco – Pacto de Preenchimento (Acórdão do Supremo Tribunal de Justiça de 3 de Maio de 2001)", *ROA*, Ano 61, Abril, 2001, p. 1039-1052, p. 1050, "só de aval poderemos falar se quisermos referir o negócio garantístico que gira à volta da subscrição da livrança [em branco]"

avalista se possa vir a desvincular por denúncia, nos termos que adiante melhor explicitarei[35].

2.1.2. Justificações suplementares decorrentes da própria dinâmica societária

Como tem sido sublinhado pela doutrina, esta tutela da liberdade pessoal ou económica por via da atribuição de uma faculdade de desvinculação de exercício discricionário não significa que os vínculos não se *possam* prolongar indefinidamente no tempo; significa, isso sim, que o sujeito não está *obrigado* a ficar indefinidamente vinculado. Se, a dado momento, "e na sequência de uma reavaliação dos seus interesses, tiver decidido libertar-se da relação", o mecanismo da denúncia permite-lhe "fazer valer juridicamente a sua decisão unilateral"[36].

Ora, no contexto societário (e note-se que a generalidade das sociedades comerciais ou sob forma comercial são elas próprias constituídas *sem limite temporal*, conforme permissão estabelecida pelo art. 15º, 1, CSC[37]) é particularmente pertinente esta *possibilidade de reavaliação do interesse liberatório por parte do sócio garante.*

Na verdade, as *condições* vigentes à data em que prestou a sua garantia a dívidas da sociedade podem ter-se *alterado substancialmente.* A condução dos negócios societários pode ter conhecido inflexões que aumentaram gradual ou até drasticamente o nível de endividamento da sociedade e, por conseguinte, o nível de risco a que o sócio-garante se encontra exposto. Alterações no substrato pessoal da sociedade (decorrentes de fenómenos como a transmissão de participações sociais ou aumentos de capital por entrada de novos sócios) podem ter diluído o peso associado à participação social por si detida, subtraindo-lhe a capacidade de ter uma voz activa (desde logo, através do voto) nas decisões sociais[38]. Modificações na composição do órgão de

[35] Cfr. *infra*, 2.2.

[36] Paulo Henriques, *A desvinculação unilateral ad nutum, cit.*, p. 215.

[37] Terá o legislador considerado, nas sociedades por quotas e anónimas, que a livre transmissibilidade das participações sociais já assegura suficientemente a liberdade dos sócios – assim Paulo Henriques, *A desvinculação unilateral ad nutum, cit.*, p. 214. Nas sociedades em nome colectivo (185º, 1, a), CSC) e nas sociedades por quotas onde seja estatutariamente proibida a cessão de quotas (art. 229º, 1, CSC), o *mecanismo da exoneração* apresenta-se como *funcionalmente equivalente a uma denúncia*, com a vantagem de ser estruturalmente adaptado às peculiaridades da sociedade-entidade (diferente de um mero contrato).

[38] Observa Evaristo Mendes, "Aval e fiança gerais", *cit.*, p. 151, que, neste contexto, "os sócios minoritários, com o evoluir da situação societária, ficam muitas vezes num simples estado de

administração (do qual pode ter deixado de ser titular[39], ou para o qual podem ter sido eleitos ou designados indivíduos que não lhe merecem total confiança) podem ter tornado o sócio apreensivo quanto ao rumo da gestão societária.

Existem, enfim um sem-número de variáveis que se podem conjugar para levar o sócio a *reavaliar a conveniência em permanecer vinculado, no futuro,* à garantia das dívidas que a sociedade venha a contrair (porque – e nunca é demais repeti-lo – continua a garantir as dívidas *já contraídas*). E, apesar de os termos desta reavaliação *não terem de ser minimamente exteriorizados* aquando do exercício da faculdade de denúncia (a qual é, precisamente, de exercício discricionário ou *ad nutum*, tornando *desnecessária* qualquer justificação), é útil tê-la presente para lograr compreender *o quão importante* se afigura, no contexto da garantia de dívidas societárias futuras pelos sócios, poder dispor de um mecanismo de desvinculação *ex nunc* assente numa decisão unilateral[40].

2.1.3. Manifestações (doutrinais e legais) de tutela do fiador contra vinculações temporalmente ilimitadas e seu relevo para a discussão

A solução que defendo para a liberação do sócio que prestou garantia a dívidas societárias futuras, num arco temporal indeterminado, por meio de aval aposto sobre título em branco – faculdade de denúncia do acordo de preenchimento transcorrido que seja um período de tempo razoável – não é, sequer, uma *originalidade* no quadro do nosso ordenamento jurídico.

Tem sido expressamente defendida pela doutrina e por alguma jurisprudência para *as situações em que a fiança é prestada por tempo indeterminado*, as quais tendem a ser reconduzidas ao quadro da fiança *omnibus*, também dita geral ou genérica – aquela que é constituída para garantia de uma plurali-

sujeição corporativa, com limitados poderes de fiscalização, deixando de ter qualquer voz activa ou intervenção na gestão".

[39] Situação expressamente referida por Evaristo Mendes, "Aval prestado por sócios", *cit.*, p. 615 (sublinhados meus), como exemplo de "possíveis *motivos subjectivos* do avalista" para o exercício do direito de desvinculação *ad nutum*. Em Evaristo Mendes, "Aval e fiança gerais", *cit.*, p. 150-151, o Autor faz uma interessante resenha das vicissitudes que "a prática tem mostrado" intercederem no contexto da prestação deste tipo de garantias – destaco o crescimento da empresa financiada, a elevação substancial e superveniente dos limites do crédito concedido, e as alterações na composição subjectiva da sociedade ou dos seus órgãos.

[40] Adicionalmente, o exame dessas razões poderá relevar no plano interno – cfr. *infra*, 3.

dade de obrigações futuras[41]. O seu beneficiário directo (o credor) tende a ser um banco e é muito comum que sejam igualmente prestadas por sócios para garantia do fluxo de endividamento societário. Ou seja, *a composição de interesses subjacente é em tudo idêntica à dos casos de aval* de que curamos. O que se revela marcadamente diferente é o *reconhecimento da necessidade de tutela do garante*, a qual é amplamente afirmada para o fiador e praticamente ignorada para o avalista. Isto apesar de não estar em jogo qualquer das peculiaridades estruturais ou funcionais que distinguem a fiança do aval[42], mas tão só a transversal manifestação de princípios gerais do ordenamento jurídico no específico domínio da prestação de garantias pessoais.

A tutela do garante *omnibus* inicia-se no momento da constituição do negócio de garantia e toma por base o requisito geral da *determinabilidade do objecto* imposto pelo art. 280º CCiv.. A partir daqui, tudo está em apurar (nomeadamente, por interpretação) se o objecto da garantia, ou seja, as obrigações futuras garantidas, são afinal, (suficientemente) determináveis. Caso contrário, o negócio de garantia será *nulo*[43]. A delimitação deve ter por base critérios ou parâmetros objectivos, contemporâneos da constituição da garantia. E, no especial caso de garantias *omnibus* prestadas pelos sócios a um fluxo de dívidas societárias futuras, a circunstância de estes co-assumirem o risco da empresa agindo no seu próprio interesse conduz a uma apreciação *sui generis* do requisito da determinabilidade.

Todas estas considerações, detalhadamente expendidas a propósito da fiança, são, é bom de ver, *transponíveis* para a prestação de garantia *omnibus* através de aval sobre título cambiário em branco[44].

[41] Ver por todos Manuel Januário da Costa Gomes, *Assunção fidejussória de dívida. Sobre o sentido e o âmbito da vinculação como fiador*, Almedina, Coimbra, 2000, p. 621.

[42] Cfr. o que dissemos *supra*, 1.

[43] Neste sentido veja-se a jurisprudência fixada pelo Acórdão Uniformizador de Jurisprudência nº 4/2001, de 23.1.2001, DR I-A Série, de 8.3.2001, segundo a qual "é nula, por indeterminabilidade do seu objecto, a fiança de obrigações futuras, quando o fiador se constitua garante de todas as responsabilidades provenientes de qualquer operação em direito consentida, sem menção expressa da sua origem ou natureza e independentemente da qualidade em que o afiançado intervenha".

[44] Transposição que tenho já vindo a fazer desde Carolina Cunha, *Letras e livranças, cit.*, p. 597, ss.. Já antes Evaristo Mendes, "Aval e fiança gerais", *cit.*, p. 158 (na "situação normal de um título nas mãos do tomador, em termos práticos, a posição do avalista "geral" não difere, para os efeitos considerados [denunciar a garantia com relação a dívidas futuras], da do fiador geral"); e posteriormente Cassiano dos Santos, "Livrança em branco", *cit.*, p. 297 ("a razão de

A construção defensiva que agora sobretudo importa considerar é, todavia, aquela que, num segundo momento, protege o garante *omnibus* do *carácter temporalmente aberto da vinculação que assume.* E essa protecção não é, mais uma vez, algo de especificamente requerido pelo particular desenho da fiança, antes decorre em linha recta do mencionado princípio da proibição das vinculações perpétuas. Como observa JANUÁRIO GOMES, "seria intolerável que o fiador tivesse de ficar necessária e perpetuamente vinculado impedido de paralisar *ex nunc* o fluxo de vinculações oriundo da relação principal entre o credor e o devedor"[45]. Esta asserção básica vale independentemente de quem preste a fiança – *i.e.*, mesmo que se trate de um "fiador diferenciado", como o sócio interessado na actividade societária garantida – e ainda que haja sido estabelecido um tecto máximo de vinculação. A faculdade de denúncia existe, também, "independentemente da sua expressa previsão pelas partes e mesmo que o regulamento contratual a proíba"[46].

O mesmo raciocínio se aplica à situação em que a fiança garante as dívidas provenientes de *uma única relação, mas que seja temporalmente ilimitada* – como sucede com a *abertura de crédito em conta corrente.* Na verdade, ainda que (como é frequente) tal contrato seja celebrado com um prazo de vigência definido, a existência de uma cláusula de renovação automática salvo oposição das partes significa a *duração tendencialmente ilimitada* da relação contratual garantida[47]. Também aqui, nem a circunstância de a abertura de crédito estar em curso, nem o facto de o banco e o creditado manterem interesse na respectiva subsistência, impedem o fiador de denunciar a fiança,

ser última pela qual se proíbem as garantias genéricas no direito comum justifica- se de igual modo no domínio dos títulos em branco").

[45] JANUÁRIO GOMES, *Assunção fidejussória, cit.*, p. 773-774.

[46] JANUÁRIO GOMES, *Assunção fidejussória, cit.*, p. 772-773.

[47] Como nota PAULO HENRIQUES, *A desvinculação unilateral ad nutum, cit.*, p. 228, o que as partes levam a cabo com tal arquitectura mais não é que uma *regulamentação convencional do regime da denúncia*: "o prazo inicial representa o período de duração mínima da relação contratual" e a partir daí o alcance prático de tal procedimento é o de regular os períodos "em cujo decurso não é admitido o exercício do direito de denúncia".
Explicitamente quanto à fiança, sublinha JANUÁRIO GOMES, *Assunção fidejussória, cit.* , p. 777, nt. 121, que "a necessidade de tratar a fiança como prestada por tempo indeterminado decorre do facto de o fiador, por um lado, não poder denunciar a abertura de crédito e, por outro, não ter quaisquer garantias de que o banco ou o creditado a irão denunciar num horizonte temporal próximo".

"uma vez que o interesse daqueles *não se sobrepõe* ao interesse do fiador em pôr termo a uma vinculação sem fim anunciado"[48].

A regra de que para *evitar* a inamissível compressão da liberdade do sujeito que assume um vínculo sem limite temporal deve ser-lhe concomitantemente *reconhecida* a faculdade de se desvincular *ex nunc* através de uma simples decisão discricionária aflora ainda, com nitidez, em *dois preceitos incluídos no regime da fiança* – que julgo útil relembrar (pelo menos[49]) como *manifestação do expresso acolhimento legal da dita regra em matéria de garantias pessoais.*

Desde logo, no que concerne à *fiança prestada para garantia de obrigação futura,* dispõe o art. 654º do CCiv. que, enquanto tal obrigação se não constituir, tem o fiador *a possibilidade de se liberar da garantia caso hajam decorrido cinco anos* sobre a prestação da fiança (quando outro prazo não resulte de convenção). Este "direito potestativo de liberação"[50] é, portanto, de exercício discricionário e funcionalmente equiparável a uma denúncia. E a sua atribuição no contexto da fiança de obrigações futuras justifica-se, como explica Almeida Costa, porque "bem pouco razoável seria que, não havendo convenção de prazo, a fiança se mantivesse pendente por tempo indeterminado"[51]-[52].

[48] Januário Gomes, *Assunção fidejussória, cit.*, p. 777 (sublinhados meus). No mesmo sentido, Luís Miguel Pestana de Vasconcelos, *Direito das garantias,* 2ª, Almedina, Coimbra, 2016, p. 106 ("sendo o contrato celebrado por tempo indeterminado, parece que nada obsta a que, *nos termos gerais,* o fiador o possa denunciar" – sublinhados meus).

[49] "Pelo menos" porque não está excluído que o regime neles contido possa também ajudar a encontrar soluções em matéria de aval – obviamente que com a metodologia correcta, que não ignore a diversidade estrutural que separa o aval da fiança.

[50] F. Pires de Lima/J. Antunes Varela, *Código Civil Anotado,* vol. I, 4ª ed., colab. Henrique Mesquita, Coimbra Editora, Coimbra, 1986, p. 672, anot. nº 2 ao art. 654º.

[51] Mário Júlio de Almeida Costa, *Direito das Obrigações OLD,* 9ª ed., Almedina, Coimbra, 2001, p. 843. No mesmo sentido Januário Gomes, *Assunção fidejussória, cit.*, p. 709: o art. 654º protege o fiador "relativamente a vinculações perpétuas, permitindo a sua desvinculação decorrido o prazo supletivo de cinco anos ou o prazo fixado".

[52] É certo que não é esse o único risco a que o mecanismo de desvinculação consagrado no art. 654º visa obviar: o preceito *também* permite a liberação do fiador "se a situação patrimonial do devedor se agravar em termos de pôr em risco os seus direitos eventuais contra este". Este outro fundamento de desvinculação está *directamente* relacionado com o risco especial de "a situação económica do devedor piorar entre a assunção da fiança e a constituição da obrigação", uma vez que, neste caso, a liberação do fiador exige prova do "agravamento da situação patrimonial do devedor", Pires de Lima/Antunes Varela, Código Civil Anotado, II, cit. p. 672, anot. nº 2 ao art. 654º.

Num plano diferente, mas dando igualmente expressão à necessidade de "evitar a duração indefinida, ou para além dum período razoável, do pesadelo que para o fiador pode constituir a fiança" (ANTUNES VARELA)[53], temos a disciplina do art. 648º, e) do CCiv. A norma permite ao fiador de uma obrigação principal sem termo *exigir a sua liberação decorridos que estejam cinco anos*[54]. Este direito à liberação dirige-se, porém, contra o devedor, ou seja, *apenas actua no plano das chamadas relações internas*[55]. Por conseguinte, terá de ser o devedor a diligenciar, subsequentemente, no sentido da satisfação credor – através do cumprimento, se viável, ou oferecendo nova e diversa

Já o decurso do prazo de cinco anos faz nascer na esfera jurídica do fiador um direito potestativo *sem necessidade de qualquer prova adicional*. Naturalmente que a decisão de o fiador se liberar decorridos cinco anos pode assentar em ponderações ligadas à situação patrimonial do devedor. Mas a ampla inclusão deste e doutros factores na *reavaliação da conveniência* em permanecer vinculado é, como vimos, *típico* da faculdade de denúncia – está, aliás, no cerne da liberdade jurídica que o mecanismo da denúncia pretende proteger. A decisão de desvinculação pode, por conseguinte, basear-se em considerações de índole muito diversa, das objectivas e/ou racionais até às subjectivas e/ou caprichosas, mas todas elas permanecem *insidicáveis* do ponto de vista do exercício do direito de desvinculação – que, exactamente por isso, se diz livre ou *ad nutum*. Por último, recorde-se que entre nós tem sido defendida a aplicação do art. 654º do CCiv. à própria fiança *omnibus*. Na verdade, "embora esta disposição tome por base uma única obrigação específica", poderá ser aplicada "aos casos de várias obrigações futuras determináveis" (PESTANA DE VASCONCELOS, *Direito das garantias, cit.*, p. 108), sob pena de se colocar "em posição de menor salvaguarda o fiador de obrigações genéricas do que aquele que garante obrigações futuras específicas" (PEDRO ROMANO MARTINEZ/PEDRO FUZETA DA PONTE, *Garantias de cumprimento*, 5ª ed., Almedina, Coimbra, 2006, p. 100, nt. 232). Contra, JANUÁRIO GOMES, *Assunção fidejussória, cit.*, p. 709, para quem "o regime do art. 654º não está pensado para a figura da fiança *omnibus*, devendo o seu âmbito de aplicação ficar acantonado aos casos de fiança de obrigações futuras específicas". Mas note-se que, na particular construção do Autor, tal não significa um decréscimo, mas antes um acréscimo de tutela do fiador *omnibus*, cuja faculdade de desvinculação assim se *subtrai* ao decurso prévio do prazo dos cinco anos: "no limite, o fiador *omnibus* pode vincular-se pela manhã e denunciar a fiança pela tarde" (p. 776).

[53] JOÃO DE MATOS ANTUNES VARELA, *Das obrigações em geral*, vol. II, Almedina, Coimbra, 2003, p. 503. Em termos menos pitorescos, mas discorrendo no mesmo sentido, JANUÁRIO GOMES, *Assunção fidejussória, cit.*, p. 863 ("pretende-se que, não tendo sido fixado um termo para a obrigação principal, que delimite a perdurabilidade da fiança, o fiador possa forçar o devedor a liberá-lo de modo a não ficar indefinidamente vinculado").

[54] Direito que também é reconhecido nos casos em que a obrigação principal possui termo, mas houve prorrogação legal imposta a qualquer das partes.

[55] Replicando de alguma forma a solução do art. 654º a nível das relações externas – assim JANUÁRIO GOMES, *Assunção fidejussória, cit.*, p. 863.

garantia que convença o credor a prescindir daquela fiança. Caso nada disto seja exequível, resta ao fiador exigir do devedor, nos termos também previstos pelo art. 648º, a prestação de caução para garantia do seu eventual direito contra ele[56].

2.2. O reconhecimento da faculdade de denúncia e a protecção do credor face ao seu exercício

De tudo quanto foi exposto, parece-me resultar a imperativa necessidade de reconhecer ao sócio que, mediante *aval aposto sobre título em branco*, prestou garantia a um *fluxo contínuo e temporalmente indeterminado de futuras dividas societárias* (sejam elas provenientes do *conjunto* das relações jurídicas constituídas ou a constituir entre a sociedade e o credor, sejam elas provenientes de *uma* relação creditícia sucessivamente renovável salvo oposição das partes – em particular quando a garantia *abrange* alterações, aditamentos e reestruturações dessa relação) *a faculdade de se desvincular através da denúncia do acordo de preenchimento*[57]-[58], transcorrido que seja um período de tempo razoável, e permanecendo o sócio, não obstante, na sociedade[59].

[56] Almeida Costa, *Direito das obrigações, cit.*, p. 838-839; Pires de Lima/Antunes Varela, Código Civil Anotado, II, cit., p. 664-665, anot. nº 1 ao art. 648º.

[57] Parece-me que a denúncia *incide concretamente sobre o acordo de preenchimento*, o qual contém a autorização do avalista-subscritor em branco para um futuro completamento a efectuar nos termos aí também definidos. Sem que isto infirme a perspectiva de que o "negócio de garantia" engloba, "complexivamente, o acordo ou autorização de preenchimento e o documento em branco [letra ou livrança] assinado pelo avalista", como observa Januário Gomes, "O (in)sustentável peso do aval em livrança em branco", *cit.*, p. 43. O que se passa é que, uma vez retirada *ex nunc*, através da denúncia , a autorização de preenchimento, qualquer completamento do título que *cubra dívidas posteriores* a esse instante será de considerar *abusivo*.
A este propósito, note -se que *o art. 10º LU não usa a expressão preenchimento abusivo*. Trata-se de uma expressão consagrada pela prática para referir o preenchimento "contrário" aos ou em "inobservância" dos "acordos realizados". Ainda assim, alguma doutrina considera que "se o acordo de preenchimento não produz efeitos ou deixa de produzir efeitos a partir de determinado momento", o subsequente completamento do título "não é verdadeiramente um preenchimento abusivo, mas um preenchimento sem poderes"; pelo que "só fará sentido falar de preenchimento abusivo relativamente a casos em que esse preenchimento viola um acordo de preenchimento que (ainda) produz efeitos" (Alexandre Soveral Martins, *Cessão de quotas*, 2ª ed., Almedina, Coimbra, 2016, p. 140-141; também assim Cassiano dos Santos, "Livrança em branco", *cit.*, p. 315-316).
Não acompanho esta perspectiva. Repare-se: o que verdadeiramente está em causa no art. 10º, quando legislador uniforme utiliza a locução "acordos realizados", é *a vontade objectivamente*

manifestada pelo subscritor em branco quanto ao futuro e eventual preenchimento (a efectuar por outrem) da sua declaração cambiária incompleta. Essa declaração de vontade tem ínsita uma *autorização unilateral*: o subscritor em branco acede a vincular-se pelo completamento do título naqueles termos, e não noutros. E essa vontade é *normalmente recolhida num acordo de preenchimento* – que é aliás a figura expressamente mencionada pelo legislador uniforme. Mas *não tem que ser assim*: em vez de um acordo, podemos estar perante uma *mera autorização unilateral* de preenchimento – assim Januário Gomes, "O (in)sustentável peso do aval em livrança em branco", *cit.*, p. 43, o nosso Carolina Cunha, *Manual de letras e livranças, cit.*, p. 181; e, já de há muito, José de Oliveira Ascensão, *Direito Comercial*, vol. III, "Títulos de crédito", Faculdade de Direito de Lisboa Lisboa, 1992, p. 114 (considerando inclusive que tal será "mais consentâneo com a unilateralidade normal dos negócios cambiários").
Em todo o caso, a existir um acordo de preenchimento, o que interessa é menos o acordo (aqui, mero repositório) do que a vontade/autorização (forçosamente unilateral) de preenchimento nele vertida. *Abusivo*, portanto, será todo o completamento do título contrário à vontade manifestada pelo subscritor em branco – *abusivo no sentido de desconforme com essa vontade, a qual fixou um "uso" à faculdade de preencher*. É este o parâmetro de um eventual "abuso".
Aliás, como já tive oportunidade de observar noutra sede (Carolina Cunha, *Manual de letras e livranças, cit.*, p. 179, e Carolina Cunha, *Letras e livranças, cit.*, p. 562, ss) *o que o art. 10º implicitamente reconhece* – e, simultaneamente, o que releva no contexto da sua aplicação – é a existência de um poder de facto *na titularidade de qualquer portador de um título em branco*, seja a contraparte do "acordo de preenchimento", seja um terceiro a cujas mãos o título chegou por preencher. Esse poder de facto é, pura e simplesmente, *o poder de preencher* os espaços vazios. Se o completamento (seja quem for que o faça) estiver de harmonia com o parâmetro constituído pela vontade manifestada, não há qualquer conflito carecido de resolução.
Pouco interessa, portanto, para efeitos de qualificar um preenchimento como abusivo ou desconforme e suscitar o conflito dirimido pelo art. 10º, que o *acordo de preenchimento* que recolheu o dito parâmetro *já* não *esteja em vigor*. Na verdade, se o subscritor em branco dele se desvinculou (como no caso que nos ocupa em texto) isso significa que *retirou a sua autorização* a um completamento do título que abranja dívidas posteriores ao momento dessa sua desvinculação. Poder-se-á então dizer que semelhante preenchimento, a ocorrer, é abusivo: o autor do completamento *"usa" a faculdade de preencher para lá dos limites re-traçados* pelo subscritor da declaração em branco. Algo de semelhante acontece nos casos a que podemos chamar de *preenchimento extemporâneo* (Carolina Cunha, *Manual de letras e livranças, cit.*, p. 202-203): aqueles em que a relação fundamental garantida é correctamente cumprida e se extingue, mas o credor conserva (indevidamente) o título em branco e o preenche para (tentar) cobrar outra dívida, proveniente de outra relação jurídica que o liga ao subscritor em branco. Também esse preenchimento será abusivo: *o único "uso" admitido* da faculdade de preenchimento dizia respeito à cobrança de dívidas emergentes *daquela* relação jurídica, que já se extinguiu.
É certo que, num caso como noutro, *também* podemos de algum modo afirmar que o preenchimento é "sem poderes", só que aí estamo-nos a reportar a uma *dimensão jurídica do poder de preenchimento que não é a regulada pelo art. 10º* LU. Senão, quando um portador-terceiro, que

não interveio no acordo de preenchimento, levasse a cabo o preenchimento do título, a sua actuação seria invariavelmente "sem poderes" (porque *juridicamente* nunca lhe foram conferidos pelo signatário), mesmo que o preenchimento ... fosse *exactamente conforme* à vontade manifestada pelo subscritor em branco e não se levantasse qualquer conflito. Com interesse para esta questão, vejam-se os acórdãos STJ 16-05-2018, STJ 22-11-2016 ou RG 05-04-2018 (em que se discute a "transmissão" do poder de preenchimento).

A questão, contudo, e no caso que nos ocupa, acaba por ser mais terminológica do que propriamente significativa em termos de regime. Na verdade, os Autores acima mencionados, ao remeter a solução para a dicotomia relações imediatas/mediatas e para os quadros do art. 17º LU, colocarão o sócio-avalista *sempre em condições de invocar a tal "falta de poderes"* de preenchimento perante o banco-credor com quem está em *claras relações imediatas* (fruto, obviamente, da participação de *ambos* no pacto de preenchimento).

[58] Em sentido análogo, cfr. desde logo Evaristo Mendes, "Aval prestado por sócios", *cit.*, p. 614-615 (reconhecendo ao sócio "o direito de, unilateralmente e sem invocar causa justificativa (*ad nutum*), declarar ao banco portador do documento de livrança que a sua garantia deixa de ter por objecto tal relação de negócios, passando a circunscrever-se à dívida existente nesse momento"; o Autor admite, ainda, que este direito pode ser "exercido por um sócio que conserva a sua qualidade de sócio"). Também Sara Aleixo, "O aval cambiário dos sócios em títulos em branco. A paradoxa solução do AUJ n.o 4/2013", *RDS*, Ano VIII, nº 3, 2016, p. 611-641, p. 631 ("é relativamente a esse vínculo duradouro e sem prazo definido, do pacto de preenchimento e da subscrição para aval, que é possível ao sócio recorrer à denúncia como forma de cessar as suas obrigações").

Dubitativo, Pais de Vasconcelos, "Avales dos sócios", *cit.*, p. 30 começa por admitir como "necessário e natural" o poder de denunciar as vinculações contraídas sem limite temporal, para em seguida reputar "problemático o alargamento do poder de denúncia à vinculação cambiária emergente do aval", nomeadamente porque "na acção judicial, o título está preenchido, tem o montante e uma data de vencimento", logo "dele não emerge uma obrigação sem prazo". Regressando ao tema em Pais de Vasconcelos, "Aval em branco", *cit.*, p. 419, o Autor reitera que, "com o preenchimento, a vinculação do avalista deixa de ser sem prazo", mas acrescenta que "antes do preenchimento, o avalista só pode invocar a incerteza do tempo de duração da vinculação *se assim o tiver estipulado* com o portador", e, aliás (ou mais do que isso), "tem todo o interesse em convencionar o tempo máximo da duração da sua vinculação". Ou seja, uma vez mais o Autor se reporta ao *cânone da autonomia* privada, não admitindo, aparentemente, outras soluções que as decorrentes do seu exercício (como vimos *supra*, na nota 4) – nem mesmo quando no horizonte se encontra o espectro da vinculação perpétua.

[59] Como aliás nota Cassiano dos Santos, "Livrança em branco", *cit.*, p. 314-315: a denúncia "não tem qualquer especial relação com a saída da sociedade: a possibilidade de exercício desse meio de extinção dos vínculos não terá qualquer conexão, no plano jurídico, com essa circunstância", pois "o fundamento da denúncia é a ausência de prazo e a proibição de vinculações perpétuas".

Tal solução, exigida pelo *núcleo* do princípio da proibição de vinculações tendencialmente perpétuas[60], não acarreta de modo algum um sacrifício excessivo dos interesses do credor. Vejamos.

2.2.1. Mecanismos de reacção do credor a uma desvinculação meramente *ex nunc*

Em primeiro lugar, a desvinculação opera *ex nunc*, ou seja, apenas para o futuro. Os avalistas garantes continuam, portanto, a responder por todas as dívidas constituídas até ao momento em que a denúncia se torna eficaz. Não esqueçamos que, na qualidade de sócios, foram "beneficiários indirectos" do financiamento até então concedido à sociedade[61], logo faz todo o sentido que continuem a garantir a sua restituição.

[60] E assim me afasto, após reflexão mais aprofundada, da posição para que me inclinava em CAROLINA CUNHA, *Manual de letras e livranças, cit.*p. 212 e 213. Na verdade, o *pressuposto* em que tal posição essencialmente assentava é, bem vistas as coisas, de *verificação consideravelmente aleatória*. Refiro-me ao pressuposto de que os sócios, permanecendo na sociedade, disporiam de outras vias, às quais deveriam "preferencialmente" recorrer para fazer face ao "espectro de uma vinculação perpétua ou indeterminada": as vias que implicavam a sua actuação no seio do órgão deliberativo interno ou de administração e que permitiriam influenciar a *decisão da sociedade* no sentido de terminar ou modificar a relação principal garantida.

Dito de outro modo: *podem* naturalmente os sócios recorrer a essas vias, consubstanciada no exercício dos seus direitos de socialidade, *mas não é simples, nem é certo, que bastem para tutelar a sua liberdade jurídica enquanto garantes vinculados por tempo indeterminado.* Por exemplo: podem não ter votos suficientes para conseguir influenciar as decisões da colectividade de sócios, ou pode estar em causa um tipo societário em que este órgão não tenha competência para dirigir instruções ao órgão de administração; podem os sócios não fazer parte do órgão de administração, e, mesmo sendo titulares dele, existe toda a conveniência em separar a sua actuação institucional, norteada pelos deveres impostos pelo art. 64º CSC, das considerações relativas ao exercício da sua liberdade pessoal.

[61] Assim EVARISTO MENDES, "Aval prestado por sócios", *cit.*, p. 603; o Autor seguidamente desenvolve com detalhe as coordenadas que explicam a "quase sistemática (p. 606) exigência deste tipo de garantias pessoais dos sócios pelos financiadores – mais do que obter outros patrimónios de garantia executáveis em caso de incumprimento da sociedade, pretendem os financiadores "comprometer os sócios com uma gestão e um comportamento da sua sociedade favoráveis ao cumprimento do contrato de financiamento" (p. 604), o que o leva a concluir que "os documentos de livrança em branco com apostas assinaturas de aval dos sócios são, acima de tudo, instrumentos de pressão, de índole compulsória".

Como relembra PAIS DE VASCONCELOS, "Avales dos sócios", *cit.*, p. 22, o argumento usado pelo banco para exigir "sempre (ou quase sempre) que os sócios, ou pelo menos os sócios-gerentes (raramente os gerentes não sócios) deem o seu aval pessoal pela sociedade" é o de que "se os

Ora, uma vez que a perda de garantias sofrida pelo credor com a desvinculação daquele subscritor em branco se projecta *apenas para o futuro*, está ao seu alcance proceder à *reconfiguração* da relação fundamental garantida nos termos que doravante melhor acautelem os seus interesses[62].

Pode exigir novas garantias, reduzir *plafonds* de crédito ou recusar legitimamente a libertação de novas *tranches* pecuniárias. Pode, no limite, fazer cessar a relação jurídica que mantém com a sociedade, ou substituí-la por outra que obedeça a um figurino bem diferente[63].

Se este cenário (em tudo semelhante ao convocado pela situação homóloga da desvinculação por resolução do sócio avalista em branco que deixa a sociedade) já seria suficiente para acautelar a posição do credor, a mobilização do instituto da denúncia traz consigo uma *protecção acrescida*.

2.2.2. Necessidade de comunicação ao credor

Desde logo, ao contrário do que sucede com as mencionadas hipóteses do sócio garante que sai da sociedade – nas quais alguma doutrina ensaia a suficiência do conhecimento pelo credor da perda da qualidade de sócio para

sócios (ou os gerentes) não acreditam na sociedade, porque é que o Banco há-de acreditar". E, em Pais de Vasconcelos, "Aval em branco", *cit.*, p. 377, nota 7, o Autor adverte que "a prática corrente bancária nacional de exigir (quase sempre) o aval" dos sócios "constitui um reflexo da descapitalização generalizada do tecido empresarial português

[62] É oportuno lembrar aqui a tendência que os bancos por vezes revelam para um certo *facilitismo* no que toca à curadoria dos seus próprios interesses, optando por soluções pouco rigorosas no que toca à análise de cada situação concreta, mas cuja *eficácia* (na perspectiva da tutela da posição do banco) é lograda através de um *sacrifício* (por vezes excessivo e indiscriminado) dos interesses dos garantes. Esta *inércia ou resistência a consumir recursos na procura das soluções mais ajustadas* ao caso *manifesta-se* não apenas no momento de que curamos em texto (resistindo a reconhecer a alteração da garantia e, portanto, a tomar as providências reclamadas pela situação), mas no próprio momento inicial, em que a relação de crédito e as respetivas salvaguardas são delineadas. Adverte com perspicácia Evaristo Mendes, "Aval e fiança gerais", *cit.*, p. 167, para "o risco de os bancos 'substituírem' o normal controlo de solvabilidade e rentabilidade económica das empresas candidatas aos seus financiamentos pela exigência das garantias mais baratas e, porventura, mais eficazes do seu ponto de vista".

[63] Vale, *mutatis mutandis*, o que digo em Carolina Cunha, *Manual de letras e livranças, cit.*, p. 218-219, com indicações de doutrina. Como pertinentemente observa Januário Gomes, "O (in)sustentável peso do aval em livrança em branco", *cit.*, p. 45, se o banco não tomar as devidas precauções "só se pode queixar de si próprio, que não dos ex-sócios e ex-garantes". Igualmente no sentido de que o credor tem na próprias mãos a eficaz tutela dos seus interesses, Sara Aleixo, "O aval cambiário dos sócios em títulos em branco", *cit.*, p. 638.

a produção da desvinculação[64] –, aqui é *sempre necessária uma comunicação do sócio ao credor*.

Porque a denúncia não se funda numa circunstância externa, susceptível de ser conhecida por outros meios, antes assenta numa *decisão interna e discricionária* que carece de ser *adequadamente exteriorizada*[65] – ainda que, obviamente, a regra geral do art. 217º CCiv. permita uma declaração tácita.

2.2.3. Necessidade de decurso de um período de duração mínima razoável

Em segundo lugar, o instituto da denúncia convoca de forma que nos parece incindível a necessidade de haver já decorrido um *período de duração razoável da vinculação assumida*.

Como bem observa Paulo Henriques[66], "o interesse liberatório *só* deve ser juridicamente tutelado *se* houver já decorrido um período razoável", porque "só a partir de então a recusa de tutela *levaria* a uma ofensa da liberdade do sujeito por assim se lhe impor um vínculo obrigacional de duração excessiva". Dito de outro modo, "na optimização da dialéctica entre a liberdade e a estabilidade", o ordenamento jurídico atribui ao sujeito o poder de denúncia *a partir do momento em que* "a imposição do vínculo obrigacional por mais tempo *implicaria* uma restrição objectivamente ofensiva da liberdade". Não me parece, portanto, que o sócio garante se possa "vincular pela manhã e denunciar pela tarde", como defende Januário Gomes nos casos de prestação de fiança por tempo indeterminado (máxime, *omnibus*) com base na ideia do particular risco envolvido pelo negócio de garantia[67].

[64] Assim, no que toca à fiança, Henrique Mesquita, "Fiança", *cit.*, p. 28-29, e Januário Gomes, *Assunção fidejussória, cit.*, p. 829.

[65] Como recorda A. Pinto Monteiro, *Contrato de agência*, 8ª ed., Almedina, Coimbra, 2017, p. 128, anot. nº 2 ao art. 28º, "a denúncia consiste, como é sabido, numa declaração unilateral receptícia (carece, portanto, de ser levada ao conhecimento do destinatário)".

[66] Paulo Henriques, *A desvinculação unilateral ad nutum, cit.*, p. 216, sublinhados meus. O Autor segue os ensinamentos de Baptista Machado, "Do princípio da liberdade contratual", *cit.*, p. 635, que refere que "consoante a economia do contrato se pode justificar um certo condicionamento da denúncia do mesmo por uma das partes", o qual redundará na "fixação de um prazo inicial do contrato durante o qual a estabilidade do mesmo não poderá ser prejudicada pela denúncia de qualquer das partes". Em sentido idêntico, alertando para que o contrato não pode ser denunciado "imediatamente ou pouco tempo após o seu início de vigência", Pinto Monteiro, *Contrato de agência, cit.*, p. 128, anot. nº 1 ao art. 28º.

[67] Januário Gomes, *Assunção fidejussória, cit.*, p. 776.

A *densificação* desse período de duração razoável deverá fazer-se *no seio de cada situação concreta*, mobilizando os contributos que pela via da interpretação e integração dela se possam extrair[68]. Factores como o plano de negócios societário, com os respectivos ciclos e necessidades de financiamento, ou a extensão inicial da concessão de crédito à qual haja sido aposta a cláusula de renovação automática *supra* analisada, bem como o número de renovações já ocorridas, serão certamente relevantes para o circunscrever.

De uma outra perspectiva, parece-me incontornável a consideração do marco dos *cinco anos* fixado pelos referidos arts. 654º e 648º, e) do CCiv.[69]. Trata-se, em meu entender, de um juízo formulado pelo legislador quanto ao que entende constituir (pelo menos em abstracto) *a duração razoável de uma garantia pessoal prestada por tempo indeterminado*. E, nessa medida, embora semelhante juízo legal tenha sido concretamente manifestado a propósito da fiança, possui um alcance mais vasto.

Repare-se que os termos da equação resolvida – a *tensão* entre o interesse *liberatório* do sujeito que assumiu uma garantia pessoal sem limite de tempo e os interesses subjacentes à *estabilidade* da vinculação assumida – são *transponíveis* para a situação homóloga do avalista em branco de uma relação fundamental sem duração determinada. Claro que não se deve proceder a uma transposição acrítica: a situação concreta pode desvendar ajustes relevantes, até porque as prestações de garantia *omnibus* são (e aqui concordo com Januário Gomes) "bem mais complexas" do que a garantia de "obrigações futuras específicas" para as quais o art. 654º CCiv. parece ir sobretudo pensado[70].

[68] De novo Paulo Henriques, *A desvinculação unilateral ad nutum*, *cit.*, p. 230. Especificamente quanto à situação do avalista geral, observa Evaristo Mendes, "Aval e fiança gerais", *cit.*, p. 163-164, que a garantia pode ter um "prazo mínimo de vigência jurisgénica" resultante "do contexto negocial global" e que o exercício do direito de desvinculação está sujeito aos limites impostos "pelo sentido da garantia e pelo princípio da boa fé", sendo "ilícito, nomeadamente, o exercício intempestivo ou contrário ao carácter 'duradouro' da garantia, que pressupõe uma duração mínima, variável consoante as circunstâncias".

[69] Retomando Baptista Machado, "Do princípio da liberdade contratual", *cit.*, p. 635, "ao fixar-se esse prazo inicial terá de *atender-se aos prazos máximos fixados por lei, quando existam*" (sublinhados meus).

[70] Januário Gomes, "O mandamento da determinabilidade na fiança omnibus ", *cit.*, p. 118.

2.2.4. Necessidade de pré-aviso

Por último, também aqui me parece ser de equacionar a necessidade de o denunciante respeitar um prazo de pré-aviso[71]. A ser assim, a declaração de denúncia não produzirá efeitos *imediatos* – *i.e.*, no momento da sua recepção pelo denunciado, como resultaria da regra geral do art. 224º do CCiv.. Isto porque o pré-aviso *difere* o *momento da produção do efeito extintivo*, o que leva a construir o período de pré-aviso como um termo inicial ou suspensivo[72].

A *função* do pré-aviso consiste em "atenuar, tanto quanto possível, os prejuízos gerados com o próprio processo de extinção do vínculo", já que "permite às partes, especialmente à denunciada, adoptar as providências concretamente necessárias e adequadas a *minorar as consequências da ruptura*"[73]. Como vimos[74], o credor tem ao seu dispor uma série de procedimentos de reacção face à diminuição de garantias provocada pela denúncia, todos eles de mobilização *fácil e expedita* – sobretudo os que assentam no exercício de direitos potestativos de resolução (incluindo a resolução-salvo-modificação) ou de faculdades contratuais (excepção de não cumprimento; recusa de liberação de novas *tranches* ou diminuição do *plafond* por alteração do risco de crédito).

[71] Novamente me afasto de Januário Gomes, "O mandamento da determinabilidade na fiança omnibus ", *cit.*, p. 119, para quem "a denúncia da fiança *omnibus* não precisa de respeitar qualquer prazo" (pelo menos "não tendo havido um pacto de pré-aviso") por especial consideração "do risco e da perigosidade" da garantia em causa; e me aproximo de Pestana de Vasconcelos, *Direito das garantias*, *cit.*, p. 107.
Repare-se, todavia, que a faculdade de livre desvinculação atribuída pelo art. 654º CCiv. não requer observância de pré-aviso, à semelhança do que sucede, aliás, com o "direito à liberação" previsto no art. 648º, e) CCiv. Existe, portanto, um apoio legal para *duvidar* da necessidade de pré-aviso numa situação como a de que curamos. Ainda assim, na ausência de norma *directamente* aplicável, parece-me mais prudente a posição para que me inclino em texto. É esta também a posição da doutrina geral sobre o exercício da faculdade de denúncia – ver, por todos, Baptista Machado, "Do princípio da liberdade contratual", *cit.*, p. 634, remetendo para um conceito indeterminado de "prazo razoável" de pré aviso e invocando o apoio normativo do art. 1172º, e) do CCiv., onde se requer uma "antecedência conveniente". Especificamente quanto à situação do sócio avalista que se desvincula, também Sara Aleixo, "O aval cambiário dos sócios em títulos em branco", *cit.*, p. 632, se inclina para a definição de um prazo de pré-aviso.

[72] Paulo Henriques, *A desvinculação unilateral ad nutum*, *cit.*, p. 237.

[73] Paulo Henriques, *A desvinculação unilateral ad nutum*, *cit.*, p. 238.

[74] Cfr. *supra*, 2.2.1.

Quer isto dizer que o prazo de pré-aviso a respeitar pelo sócio avalista não necessita de grande extensão: será um *prazo curto*[75]. O que diminui os riscos de "um 'lufa-lufa' de operações entre o credor e o devedor"[76] para "aumentar excepcionalmente (isto é, fora do normal curso da concessão do crédito)" as obrigações garantidas[77]. Em todo o caso, a cobertura de semelhantes operações pela garantia pode sempre ser eficazmente *paralisada* pelo princípio da boa fé[78].

2.2.5. Denúncia e título cambiário: preenchimento e (eventual) circulação

Em síntese, e com as particularidades enunciadas, julgo ser de reconhecer ao sócio que *permanece* na sociedade e que *garantiu*, por intermédio de aval em branco, um *fluxo* de endividamento societário com *duração indeterminada*, a faculdade de se desvincular *denunciando* o acordo de preenchimento que acompanhou a entrega do título cambiário.

E *quid iuris* quanto à assinatura que consta da letra ou livrança em poder do credor? Conservando o credor o título (o que corresponde à normalidade nos tempos actuais[79]), se algum dia o vier a preencher (o que supõe

[75] Sem qualificar directamente como um prazo de pré-aviso, sugere Evaristo Mendes, "Aval prestado por sócios", *cit.*, p. 615 (sublinhados meus), que, "havendo um contrato renovável por períodos relativamente curtos, *pode ser exigível ao sócio que exerça este direito sob a forma de uma oposição à renovação, quanto a si*". Ou seja, se bem entendemos: a desvinculação do garante produzirá efeitos sobrevindo o termo do actual período de vigência do contrato garantido, ainda que este se renove. *Aproveita-se, assim, a regulação convencional da oposição à renovação do contrato garantido como marco temporal para desvinculação do garante.*
No mesmo sentido parece inclinar-se Cassiano dos Santos, "Livrança em branco", *cit.*, p. 319, sublinhados meus (o sujeito que se vinculou a ser avalista fê-lo "para todo o prazo inicial do contrato e para todas as renovações ou prorrogações", mas possui "a faculdade de obstar a cada renovação ou prorrogação *em relação a si*").

[76] Destacados por Januário Gomes, *Assunção fidejussória*, *cit.*, p. 776 como argumento central para afastar a necessidade de pré-aviso, no caso da fiança *omnibus*.

[77] Pestana de Vasconcelos, *Direito das garantias*, *cit.*, p. 107, também para a fiança geral ou *omnibus*.

[78] Neste sentido, cfr. os Autores citados nas duas notas anteriores. Acrescenta Pestana de Vasconcelos, *Direito das garantias*, *cit.*, p. 107, densificando o conteúdo dos deveres impostos pelo mencionado princípio durante o período de pré-aviso: "a boa fé impõe ao devedor que só contraia as obrigações estritamente necessárias para regular o curso da sua actividade"; o banco, por seu lado, "também apenas deve conceder o crédito necessário a esse normal curso de actividade, e nada mais".

[79] Cfr. *supra*, 1.

que a sociedade haja incumprido a relação fundamental garantida) a possibilidade de demandar o sócio denunciante *depende da data de constituição das dívidas que legitimaram aquele preenchimento.* Como vimos, o sócio responde pelos financiamentos concedidos *até* ao momento em que a denúncia produz efeitos, mas *não* pelos financiamentos posteriores.

Se o preenchimento se reportar a dívidas pelas quais o sócio já não responde, será *abusivo* nos termos do art. 10º LULL, justificando a sua *oposição à execução* movida com base no título cambiário. Consoante o preenchimento se reporte *apenas* a essas dívidas posteriores, ou *também* (mas não só) a elas, assim se dará a *extinção total* ou (apenas) *parcial* da execução em relação ao sócio denunciante[80]. Repare-se: a partir do momento em que a denúncia é eficaz, *cessa a autorização* que o subscritor tinha concedido ao credor, através do acordo de preenchimento, para completar a sua declaração cambiária inacabada. Ou mais precisamente: cessa a autorização para completar essa declaração no que respeita a dívidas posteriores, e é precisamente isso que torna abusivo um preenchimento que as abranja[81].

Daqui decorre que, *enquanto* não estiverem integralmente cumpridas as obrigações societárias pelas quais o sócio denunciante *ainda* responde, tem o credor interesse em *manter* a respectiva assinatura sobre o título. *A partir desse momento,* todavia – *i.e.*, a partir do momento em que já não existe qualquer possibilidade de legitimamente demandar aquele sócio, na medida em que o fluxo de endividamento societário activo é todo ele posterior à eficácia da denúncia –, então a actuação correcta, honesta e leal será *riscar a respectiva assinatura*[82]. Isto é algo que apenas o credor estará em condições de levar a cabo, uma vez que o título cambiário está em seu poder.

Apesar de ser de todo infrequente na prática pelas razões que apontei[83], não está em teoria excluído que o credor possa fazer o título circular, endossando-o a outrem. Nesse caso, *as possibilidades de defesa* do sócio avalista face a um preenchimento desconforme com a vontade por si manifestada

[80] Em moldes semelhantes ao que expus para a *resolução* do acordo de preenchimento pelo sócio que deixa a sociedade em Carolina Cunha, *Manual de letras e livranças, cit.*, p. 215-216.

[81] Sobre o sentido da expressão preenchimento "abusivo", veja-se o que disse *supra*, nota 58.

[82] Já que doravante qualquer preenchimento será de reputar abusivo quanto àquele sócio, faz todo o sentido evitar que sequer ocorra. Como observei em Carolina Cunha, *Letras e livranças, cit.*, p. 615, nota 216, "a rasura dá ao subscritor em branco a segurança de não poder ser demandado em tribunal: a letra ou livrança deixa de ser título executivo contra ele".

[83] Cfr. *supra*, 1 – essencialmente, o credor pretende conservar o título para acesso à via executiva.

(*i.e.*, um preenchimento que abranja valores correspondentes a responsabilidades posteriores à eficácia da denúncia que efectuou) serão as permitidas pelo art. 10º LULL: para se *eximir* à responsabilidade cambiária, terá de *demonstrar a má fé ou falta grave do novo portador* no momento da aquisição do título[84]. É o sistema de tutela da aparência salvo prova de que não houve (ou que não devia ter havido) confiança nela, sistema que a LULL mobiliza como expediente de protecção de terceiros e, reflexamente, da própria circulação do título[85].

3. As repercussões estritamente societárias da desoneração do sócio--avalista

3.1. Quadros de análise e interesses em jogo

Não desejaria terminar esta defesa do reconhecimento de uma faculdade de desvinculação ao garante por tempo indeterminado que permanece na sociedade sem examinar, ainda que brevemente, as *repercussões* que o exercício de tal faculdade pode ocasionar *na relação desse sócio com a sociedade e com os outros sócios.*

Em termos muito esquemáticos, *tais repercussões projectam-se em dois cenários.*

Desde logo, é possível que o banco valore tão negativamente a circunstância de perder a garantia prestada por aquele sócio que *decida alterar substancialmente os termos do financiamento futuro a efectuar à sociedade.* Pode torná-lo mais oneroso (*v.g.*, fixando juros superiores ou novas comissões; exigindo a prestação de garantias adicionais) ou pode diminuir o seu montante (*v.g.*, reduzindo o *plafond* do crédito). Pode até, numa hipótese mais radical, decidir *cortar doravante o financiamento* àquela sociedade, terminando o contrato.

[84] Como detalhadamente esclareço em Carolina Cunha, *Manual de letras e livranças, cit.* p. 181-183. Abreviadamente: terá de provar que o novo portador conhecia ou apenas por grosseira negligência desconhecia a *discrepância* entre o conteúdo inserido (seja pelo antigo, seja pelo novo portador) e a vontade manifestada pelo sócio através da denúncia do acordo de preenchimento (não responder por dívidas futuras).

[85] O afastamento da confiança através da prova da má fé ou falta grave do sujeito em causa tanto no art. 10º como (em diferente contexto) no art. 16ºII. Por isso não posso concordar inteiramente com Sara Aleixo, "O aval cambiário dos sócios em títulos em branco", *cit.*, p. 632, quando afirma que "a extinção de poderes [relativos ao preenchimento] não será oponível a um portador superveniente que tenha recebido o título já preenchido": a oponibilidade *depende* da prova do estado subjectivo desse portador superveniente no momento em que adquire o título.

Por outro lado, num cenário em que o banco considere prosseguir com o financiamento da sociedade, a redução do número dos garantes pode (pelo menos se não for compensada através da prestação de outro tipo de garantias) *agravar a exposição ao risco dos outros sócios que continuam vinculados.* Na verdade, concretizando-se o risco garantido (*i.e.*, vindo os sócios a satisfazer responsabilidades da sociedade para como banco), haverá menos um património pelo qual redistribuir, internamente, o peso económico externamente suportado.

Do ponto de vista dos interesses em conflito, parece-me que a *tensão fundamental* ocorre entre o *direito à liberdade jurídico-económica do sócio,* tutelado pelo exercício da *supra*-mencionada faculdade de denúncia da garantia temporalmente indeterminada, e o chamado *dever de lealdade do sócio,* tanto para com a sociedade como para com os outros sócios[86].

Repare-se que *esta tensão não põe em causa o efeito desvinculatório da denúncia,* que é essencialmente um efeito produzido perante o banco[87] (nos termos que acima tive oportunidade de expor e de fundamentar).

A questão, por isso, equaciona-se da seguinte forma: até que ponto *a concreta desvinculação* daquele sócio em face da garantia prestada *constituirá uma violação do seu dever de lealdade?*

Face às características do próprio dever de lealdade – que, nas palavras de Pais de Vasconcelos, "é sensível, na sua concretização, não só ao tipo legal de sociedade, mas também ao seu tipo social e ainda ao tipo social do sócio"[88], reclamando por isso uma ponderação inevitavelmente individuali-

[86] Desenvolvidamente sobre este dever, ver Pedro Pais de Vasconcelos, *A participação social nas sociedades comerciais,* 2ª ed., Almedina, Coimbra, 2006 p. 312 e ss., bem como J. M. Coutinho de Abreu, *Curso de Direito Comercial,* vol. II, "Das Sociedades", 7ª ed., Almedina, Coimbra, 2021, p. 296 ss. Mais abreviadamente, mas reconhecendo-o não obstante, António Pereira Almeida, *Sociedades comerciais,* Coimbra Editora, Coimbra, 2006, p. 104-105, e José A. Engrácia Antunes, *Direito das Sociedades,* ed. do Autor, Porto, 2016, p. 412-413. Já para Paulo Olavo Cunha, *Direito das Sociedades Comerciais,* 7ª ed., Almedina, Coimbra, 2019, p. 300, "no ordenamento jurídico português não há um dever de lealdade dos accionistas, que os obrigue a assumir e praticar determinados atos".

[87] Mas veja-se adiante – *infra,* 3.3 – o que se dirá sobre um *eventual dever de comunicação* dessa extinção aos outros garantes.

[88] Pais de Vasconcelos, *A participação social, cit.,* p. 314. Também Coutinho de Abreu, *Curso de Direito Comercial, II, cit.,* p. 300, alerta para que "o conteúdo e extensão do dever variam consoante o tipo legal societário e (sobretudo) a natureza mais personalística ou capitalística da concreta sociedade (de qualquer tipo), e a posição ou poder dos sócios".

zada de cada situação – não me será possível fornecer uma resposta absolutamente unívoca.

Todavia, parece-me viável, mesmo em abstracto, mobilizar uma série de considerações que, a meu ver, *deixarão muito pouco espaço à afirmação de uma eventual deslealdade*. Como afirma o homenageado por estas páginas, "o desencontro entre o interesse do sócio e o interesse social *é banal*" – de onde decorre que "a divergência entre o interesse do sócio e o interesse social, para ser relevante enquanto deslealdade, *tem de ser grave*"[89]. E "a resposta só pode ser negativa" quando se pergunta "se o direito das sociedades exige do sócio o altruísmo perfeito, se lhe é exigido que esqueça completamente o seu interesse económico como sócio e se e se consagre, com um *desprendimento franciscano*, exclusivamente à prossecução do interesse da sociedade"[90].

3.2. As repercussões na relação sócio-sociedade

3.2.1. Apreciação geral

Analisemos, para já, a equação no contexto do primeiro cenário: perante a desvinculação daquele sócio-garante, o banco decide tornar mais oneroso, mais exíguo ou mesmo inexistente o financiamento que está disposto a conceder à sociedade. É evidente que se trata de uma *consequência desfavorável ou prejudicial* para a sociedade, quando contrastada com a situação anterior. E é uma consequência que se pode dizer *desencadeada* por um comportamento do sócio (a desvinculação da garantia). Mas isto não basta, a meu ver, para afirmar a violação do dever de lealdade.

Repare-se: *no outro prato da balança* encontramos um bem jurídico de valor pelo menos idêntico ao da lealdade: *a liberdade jurídico-económica do sujeito*[91]. Porque foi a mobilização do instituto oferecido pelo ordenamento jurídico para a defesa desta liberdade perante vinculações perpétuas (a denúncia) que gerou o prejuízo societário. Ora, *qui iure suo utitur nemine facit injuriam*: mesmo que *prima facie* pudesse parecer de afirmar uma violação do dever

[89] Pais de Vasconcelos, *A participação social, cit.*, p. 327, sublinhados meus.

[90] Pais de Vasconcelos, *A participação social, cit.*, p. 328, sublinhados meus.

[91] Se não mesmo de valor superior. Este confronto entre os bens jurídicos tutelados é relevante para o que adiante em texto se dirá quanto à actuação da causa justificativa. Como observa Jorge Ribeiro de Faria, *Direito das Obrigações*, vol. I, Almedina, Coimbra, 2003, p. 439, a antijuridicidade será excluída quando o bem jurídico tutelado pelo direito exercido for de "valor igual ou superior ao do dever sacrificado".

de lealdade (e isso, como vimos, só uma análise concreta poderia confirmar), estaríamos perante uma *causa justificativa do facto*, capaz de afastar a sua aparente ilicitude. Como é sabido, um facto, "embora prejudicial aos interesses de outrem ou violando o direito alheio", considera-se "justificado, e por consequência lícito, sempre que é praticado no exercício regular de um direito"[92].

Note-se, ainda, que situação do sócio que, no legítimo exercício da sua liberdade jurídico-económica, se desvincula *ex nunc* da garantia de duração indeterminada que prestou a dívidas societárias futuras *revela uma paradoxal simetria* com a situação do sócio que *simplesmente se recusa a prestar uma garantia pessoal* a dívidas societárias futuras. Apesar de na primeira estar em causa um comportamento/acção (a desvinculação) e na segunda uma recusa em agir/omissão (não prestar a garantia), a *valoração* que suscitam é idêntica[93].

Ora, se "o dever de lealdade, só por si e desacompanhado de outras fontes de vinculação, não constitui fundamento suficiente para *obrigar* os sócios a prestar à sociedade outras vantagens económicas a que a lei ou o contrato os não obriguem"[94], também não pode constituir fundamento suficiente para *impedir* o sócio de reconquistar essa liberdade originária. A lealdade não pode, por outras palavras, transformar-se em *perpétuo carcereiro* da liberdade jurídico-económica do sócio, amarrando-o a uma vinculação sem prazo perante terceiro.

Repare-se, aliás, que embora a prestação de garantia pessoais pelos sócios apareça, na vida dos negócios e pelas razões que enunciámos[95], quase como um "pressuposto económico e empresarial da concessão do crédito" à sociedade[96], *não se inclui propriamente dentro* do complexo de posições jurídicas integrantes das respectivas participações sociais, o que me parece tornar ainda mais difícil sindicar uma recusa da sua prestação (seja ela originária ou subsequente) como uma deslealdade[97]. Não estamos, na verdade,

[92] Antunes Varela, *Das obrigações em geral, I, cit.*, p. 552. Em sentido similar, Mário Júlio de Almeida Costa, *Direito das Obrigações*, 12ª ed., Almedina, Coimbra, 2009, p. 568.

[93] Como idênticas são, *grosso modo*, as *consequências* para a sociedade: no primeiro caso, fica comprometido ou dificultada a obtenção do crédito; no outro, fica comprometida ou dificultada a continuação do crédito.

[94] Pais de Vasconcelos, *A participação social, cit.*, p. 346.

[95] *Supra*, 1.

[96] Pais de Vasconcelos, *A participação social, cit.*, p. 347.

[97] Como nota Engrácia Antunes, *Direito das Sociedades, cit.*, p. 412-413, o que está em causa é a obrigação de o sócio "não exercer as posições jurídicas ínsitas ao seu 'status socii' num sentido antagónico ao interesse da sociedade – e, em bom rigor, a faculdade de denúncia não

perante a ponderação de uma (ausência de) cooperação económica traduzida na (recusa da) realização de suprimentos, de prestações acessórias ou suplementares ou de novas entradas num eventual aumento de capital – essas sim, posições jurídicas típicas da socialidade.

3.2.2. Circunstâncias particulares

Traçado o quadro geral da valoração das consequências da desvinculação do sócio-garante sobre a sociedade e extraída a conclusão de que a constatação de *eventuais prejuízos não é, à partida, suficiente para afirmar uma violação do dever de lealdade*, importa enunciar algumas circunstâncias que podem, porventura, perturbar essa conclusão. Circunstâncias todas elas atinentes ao *concreto contexto da desvinculação*.

Um primeiro conjunto de factores tem que ver com algo que (agora sim) é específico da desvinculação da garantia, e já não da recusa da sua originária prestação: a existência de *específicos projectos societários em curso*, que *pressupunham* a continuidade daquele financiamento, e que agora se vêm *comprometidos* (porque o financiamento *cessou*, ou porque os novos termos em que é concedido são *incomportáveis* para a sociedade).

É certo que esta continuidade já terá relevado numa etapa anterior – refiro-me à *determinação da própria existência da faculdade de denúncia*, a qual só é reconhecida após o decurso de um *período de duração razoável* do vínculo, sendo que a aferição dessa razoabilidade não prescinde da consideração do grau de concreta realização dos interesses envolvidos[98]. Pode, ainda, tal continuidade haver logrado expressão na fixação do *período de pré-aviso* a observar pelo denunciante, com o seu objectivo de evitar ruptura bruscas[99]. Estes dois crivos prévios tenderão a *reduzir* o âmbito das situações em que a sociedade sofre o mencionado prejuízo relacionado com específicos projectos em curso.

Por outro lado, não se esqueça a notória tendência de tantos projectos societários para derrapar financeiramente, consumindo muito mais fundos que os inicialmente previstos, e para protelar-se temporalmente muito para além da duração estimada. Ora, *não será a mesma* a avaliação que merece a conduta do sócio que se desvincula da posição de garante *perante* uma tal

está compreendida nesse "*status socii*', uma vez que decorre da garantia pessoal extra-societária prestada pelo sócio.

[98] Cfr. *supra*, 2.2.3.

[99] Cfr. *supra*, 2.2.4.

derrapagem temporal e financeira, sobretudo se se tratar de um sócio *minoritário*, sem funções na administração da sociedade e sem possibilidade de influenciar pelo voto a condução dos negócios societários, e a avaliação que merece conduta do sócio que se desvincula da posição de garante quando as linhas financeiras e temporais do projecto *estão a ser respeitadas*, sobretudo se se tratar de um sócio *maioritário* e/ou com uma palavra a dizer na administração e na condução dos negócios da sociedade. Tal como será diferente a ponderação de uma desvinculação que tenha um *enorme impacto* sobre o financiamento a conceder doravante pelo banco à sociedade, em termos de levar à sua extinção, à sua drástica redução ou ao seu encarecimento incomportável, da ponderação daquela que tenha um *impacto apenas moderado* (provocando apenas algum encarecimento ou redução do financiamento).

Por último, sem esquecer que a denúncia é uma faculdade discricionária ou *ad nutum*, produzindo-se o efeito desvinculatório *sem qualquer escrutínio* dos motivos que alicerçaram o seu exercício, não está excluído que, na específica equação de interesses em que nos movemos (destinada a apurar *se há violação do dever de lealdade*), não possa ser sindicada uma *motivação que torne a actuação particularmente censurável*. Pense-se em situações que patenteiem um claro *animus nocendi* para com a sociedade ou para com outros sócios; ou em manobras de alavancagem de poder destinadas a extrair benefícios injustos; ou, inclusive, na circunstância de o sócio se eximir à garantia em aberta contradição com todo o comportamento até então assumido no que toca a esse financiamento e /ou ao projecto financiado.

3.3. As repercussões na relação com os outros sócios

E no que toca aos restantes sócios, que, prosseguindo o financiamento, verão agravada a sua exposição ao risco pela diminuição do número de garantes? Haverá violação do dever de lealdade que, perante eles, seja de reconhecer, por parte daquele que se desvincula? Uma vez mais, a resposta-base afigura-se-me *negativa*.

Vale, desde logo, o argumento enunciado a propósito da relação sócio-sociedade. Estamos face ao legítimo exercício de um direito (o de desvinculação) destinado a salvaguardar a liberdade jurídico-económica do titular, que é um bem jurídico de dimensão pelo menos equivalente (se não superior) à da lealdade. Só isso já seria suficiente para afastar uma aparente ilicitude, funcionando como *causa justificativa* do facto.

Mas, para além disso, convém recordar que os restantes sócios *apenas permanecerão vinculados se quiserem:* terão normalmente ao seu dispor *o mesmo mecanismo de desvinculação* em face da garantia prestada. Ora, se escolhem não o usar, não poderão assacar, sem mais, as consequências desvantajosas da diminuição do número de garantes à actuação do sócio que se desvinculou: *sibi imputet*.

Por isso, quando muito, poderá ser assacado pela boa fé ao sócio que se desvincula um *dever lateral de informar os outros de que assim procedeu*[100] – de modo a que estes, em querendo, estejam em condições de tomar as providências necessárias à gestão do risco que assim se modifica.

Coisa diferente – e diferente porque exorbita a esfera do dever de lealdade – será a existência de um pacto *ad-hoc entre os diversos sócios-garantes*, no sentido de *todos eles prestarem garantia* àquele financiamento societário. Advirta-se, todavia, que não pode extrair-se sem mais a existência de tal pacto do *simples facto* de todos terem assinado o acordo de preenchimento, cujo conteúdo de vontade não permite, sequer tacitamente, semelhante inferência[101].

Em todo o caso, semelhante "pacto colectivo" ou acordo parassocial *não priva* a denúncia da sua eficácia extintiva face a cada garantia individualmente prestada, obviamente porque as obrigações que gera para os sócios outorgantes estão desprovidas de efeitos externos.

Por último, é altamente duvidoso que o legítimo exercício do direito de denúncia (cuja reconhecimento já supõe, como vimos, o decurso de um período de duração razoável da garantia prestada) possa consubstanciar uma violação relevante de uma tal colectiva e parassocial combinação assumida. Sempre a salvaguarda da liberdade jurídico-económica do denunciante actuaria como suficiente causa de justificação, já para não mencionar a

[100] Dever que só se afirmará de modo específico ou *ad-hoc* quando os outros sócios verdadeiramente careçam dessa informação. Se, por ex., pelo facto de desempenharem cargos na administração da sociedade tiverem imediato conhecimento da desvinculação daquele garante (mesmo que, porventura, através de informação prestada pelo banco), o objectivo da conduta imposta pela boa fé (tornar os restantes sócios-garantes cientes da desvinculação de um deles) encontra-se preenchido, pelo que não faz sentido impor uma específica repetição farisaica da informação de que já dispõem.

[101] Além de que "tanto podemos ter um contrato de preenchimento quanto tantos pactos de preenchimento quantos os (futuros) obrigados cambiários" – Januário Gomes, "O (in)sustentável peso do aval em livrança em branco", *cit.*, p. 38. Mas pense-se, por ex., na celebração de um acordo parassocial em que todos os sócios se vinculam à prestação de garantias pessoais à sociedade.

discutível validade de um pacto que tivesse como efeito a compressão temporalmente indeterminada de semelhante liberdade[102].

[102] Sobre os limites à validade e eficácia dos acordos parassociais, ver Carolina Cunha, "Comentário ao art. 17º (Acordos parassociais)", *in Código das Sociedades Comerciais em Comentário*, vol. I, J. M. Coutinho de Abreu (coord.), Almedina, Coimbra, 2017, p. 303-335, e bibliografia aí citada.

Inconstitucionalidade extemporânea do art. 398º, nº 2 do Código das Sociedades Comerciais
A abertura da caixa de Pandora

Paulo Olavo Cunha[*]-[**]

Introdução: enquadramento do tema

O presente texto constitui um apontamento sobre o estado da arte do artigo 398º do Código das Sociedades Comerciais[1] depois de proferido o

[*] Este texto corresponde a um desenvolvimento da intervenção que efetuei no Seminário de Direito Comercial, na Formação Contínua 2020-21 do CEJ (*Web* Conferência), no dia 9 de dezembro de 2020 – escassos cinco dias antes das provas públicas de agregação – e destina-se ao *Liber Amicorum* do Prof. Doutor Pedro Pais de Vasconcelos, de quem fui colega como assistente na Faculdade de Direito de Lisboa até à cessação do meu contrato, em 1998, quando o homenageado, que, entretanto, se havia doutorado, já era professor (auxiliar). Nunca tendo sido assistente do Prof. Doutor Pedro Pais de Vasconcelos, tive-o como arguente nas provas de doutoramento e com ele convivi muito de perto, durante cerca de uma década, como membro da redação da *Direito das Sociedades em Revista*, que fundou com Jorge Coutinho de Abreu e Rui Pinto Duarte. O homenageado é um ilustre professor, um excelente advogado e um magnífico jurisconsulto, que tem na imaginação fértil de que é dotado uma das suas principais qualidades. Para além de consideração e respeito, nutro muita simpatia por Pedro Pais de Vasconcelos, com quem tenho uma natural empatia e com quem partilho muitas posições comuns no âmbito do Direito Societário. Mas, para além de um excelente jurista, com uma rara compreensão prática dos problemas jurídicos e com uma obra muito relevante, Pedro Pais de Vasconcelos é, acima de tudo, um homem bom; e essa qualidade é profundamente distintiva. É, pois, com muito orgulho e satisfação que me associo a esta homenagem e lhe dedico este texto, cujo conteúdo

Acórdão do Tribunal Constitucional nº 774/2019, de 17 de dezembro de 2019 (publ. no D.R., I Série, nº 18, de 27 de janeiro de 2020) (doravante também designado apenas "Acórdão"), que apagou uma parte do respetivo nº 2.

O título da nossa intervenção é ilustrativo do desacerto da decisão do nosso Tribunal Constitucional e evidencia que neste *Forum* deveriam tomar assento juristas que extravasassem os ramos de Direito em que estão formados (e até doutorados) os excelentes juízes que habitualmente compõem este relevantíssimo órgão jurisdicional que tem o poder da vida e da morte sobre as nossas leis, e que são essencialmente constitucionalistas, administrativistas e penalistas, como se o Direito Privado não interessasse à nossa Constituição, o que não deixa de corresponder a uma visão naturalmente juspublicista do Direito.

Vamos recordar o teor do artigo 398º do CSC[2] e a decisão do Tribunal Constitucional, de que discordamos, mas que respeitamos.

evidencia inúmeros pontos de contacto com a visão que o homenageado tem da sociedade. Espero, e desejo, que o nosso convívio se mantenha por muitos anos.

** Professor associado (com agregação) da Faculdade de Direito da Universidade Católica Portuguesa (Lisboa) e advogado (sócio responsável da Área de *Corporate & Governance* da VdA).

[1] Diploma legal a que se reportam todas as disposições legais que não se encontrem especialmente referenciadas, e que daqui em diante é designado apenas pelas iniciais ("CSC").

[2] Não abordamos, nesta análise, a segunda parte do art. 398º (nºs 3 a 5), que proíbe o exercício da atividade concorrente com a da sociedade, se o mesmo não for expressamente autorizado (cfr. nº 3), impondo neste caso que a autorização defina «*o acesso a informação sensível por parte do administrador*» (nº 4); e que remete para a disposição legal relativa às sociedades por quotas (art. 254º) a caracterização de atividade concorrente (nº 5).
Sobre esta matéria, para além do nosso *Direito das Sociedades Comerciais*, 7ª ed., Almedina, Coimbra, 2019, pp. 606-607 (nº 22.6.3), pp. 782-783 (nº 26.6.3) e 817-819 (nº 27.2.2.5), vd. o nosso estudo sobre «Limitações à atividade concorrente de gestores de sociedades comerciais», AA.VV., *IV Congresso Direito das Sociedades em Revista*, Almedina, 2016, pp. 139-151, e bibliografia nele citada (pp. 140-141).
Na jurisprudência, vd. **AcRelLisboa 16 mai 2000** (Bettencourt de Faria), *CJ*, XXV, t. III, 2000, pp. 89-91, **AcRelPorto 22 mai 2001** (Afonso Correia), Proc. nº 0120692, *www.dgsi.pt*, **AcSTJ 21 mar 2011** (Serra Baptista), Proc. nº 242/09.3YRLSB.S1, *www.dgsi.pt*, **AcSTJ 28 fev 2013** (Granja da Fonseca), Proc. nº 189/11.3TBCBR.C1.S1, *www.dgsi.pt*, **AcRelPorto 24 mar 2014** (Rita Romeira), Proc. nº 9440/08.6TBMAI.P1, *www.dgsi.pt*, **AcRelLisboa 1 abr 2014** (Manuel Marques), Proc. nº 1195/08.0TYLSB.L1-1, *www.dgsi.pt*, **AcSTJ 30 set 2014** (Fonseca Ramos), Proc. nº 1195/08.0TYLSB.L1.S1, *www.dgsi.pt*, e **AcRelCoimbra 17 mai 2016** (Arlindo Oliveira), Proc. nº 1434/16.4TV8VIS-A.C1, *www.dgsi.pt*.

Está em causa apurar o que sucede relativamente a cargos e funções que o administrador designado já desempenhasse na sociedade ou em sociedade que se encontrasse com esta em relação de grupo.

Nesta sede, há que distinguir a natureza das funções anteriormente exercidas e questionar também se as exigências profissionais decorrentes das novas funções são compatíveis com um regime de acumulação.

Advirta-se que a abordagem que se segue corresponde a uma perspetiva estritamente *jus* societária e que, dada a limitação de tempo inerente à intervenção efetuada no Seminário de Direito Comercial, comprometemo-nos então a desenvolver este assunto por escrito, no *Liber Amicorum* de Pedro Pais de Vasconcelos – mentor das jornadas e verdadeiro paladino da iniciativa privada –, o que fazemos agora.

O artigo 398º, nº 1 do CSC

O art. 398º impede a acumulação de funções de administração, executivas ou não executivas, com um contrato de trabalho na sociedade (ou em sociedade que, com ela, se encontre em relação de domínio ou de grupo) na qual o administrador era, anteriormente, trabalhador (cfr. nº 1), proibindo também o aproveitamento das (novas) funções de gestão ou representação para assegurar um contrato de trabalho subsequente (cfr. nº 1 *in fine*).

Logo, decorre do nº 1 do art. 398º uma dificuldade de acesso de um trabalhador ao órgão de administração da sociedade em que exerce a sua atividade profissional laboral.

Se as funções não são cumuláveis, suscita-se a questão de saber o que acontece ao contrato de trabalho com o ingresso do trabalhador no órgão de gestão da sua entidade patronal.

Duas soluções seriam teoricamente possíveis: o contrato de trabalho cessaria com a aceitação das funções de administração – considerando-se ser objeto de resolução tácita ou caducar por incompatibilidade superveniente do seu objeto com as novas funções – ou suspender-se-ia e seria retomado no final do mandato de administração.

Importa salientar que não está em causa apurar, nesta sede, a melhor solução do ponto de vista do Direito laboral e que não vamos analisar este nº 1 e, designadamente, apurar se toda e qualquer prestação de serviços se enquadra na sua previsão.

Apenas antecipamos que, considerando o teor do nº 1 do art. 398º e o interesse social a prosseguir com o mesmo, se afigura mais correto aceitar a extinção do contrato de trabalho, para que o ex-trabalhador pudesse exercer as suas funções, de gestão e representação, de forma livre e independente.

O artigo 398º, nº 2 do CSC

Mas o nº 2 do art. 398º veio complicar a interpretação do nº 1, ao estabelecer que quando for designado administrador alguém que exercia funções ao abrigo de contrato de trabalho na sociedade ou em sociedade que, com ela, se encontre em relação de domínio ou de grupo, esse contrato se extingue se tiver sido celebrado há menos de um ano e suspende-se se tiver sido celebrado há mais de um ano.

Note-se a incorreção técnica evidente ao deixar sem tutela ou efeito jurídico a situação em que o designado seja trabalhador há exatamente um ano. Trata-se de um lapso evidente até hoje nunca corrigido e, diga-se, sem grandes consequências de ordem prática pela improbabilidade de verificação da situação[3].

Ao fazer depender da antiguidade das funções que o administrador eleito se encontrava a exercer, no contexto de um contrato de trabalho subordinado, a subsistência deste vínculo – ainda que na forma de suspenso –, a lei societária introduziu uma desigualdade de tratamento entre trabalhadores há mais de um ano e há menos de um ano.

Fê-lo conscientemente.

A lógica subjacente era a seguinte:

Se aquele que ingressa na administração tem com a sociedade administrada uma relação contratual de natureza laboral com pelo menos um ano, que poderemos qualificar de estável, então o respetivo contrato de trabalho dever-se-ia ter por suspenso e o período de funções na administração seria contabilizado na sua antiguidade[4] pelo contributo dado também na orgânica societária.

Se, diversamente, tinha um contrato de trabalho, que não tivesse o mínimo de um ano, então esse contrato resolver-se-ia *ope legis*, extinguindo-se.

[3] Chamávamos precisamente a atenção do leitor para o que qualificámos de imprecisão, porque a lei, ao referir-se apenas a contratos celebrados há *menos* de um ano e há *mais* de um ano, gerou inadvertidamente um hiato, deixando no limbo os contratos celebrados exatamente *há um ano* (*itálicos* nossos) (Paulo Olavo Cunha, *Direito das Sociedades Comerciais*, 7ª ed., Almedina, Coimbra, 2019, p. 830 e nota 1239.
Note-se que a falha já se encontrava no art. 404º, nº 2 do Projeto de Código das Sociedades.

[4] Mas esse é um efeito jurídico-laboral que, para aqui, não interessa.

Isto é, a lei societária considerava como transitórias as situações jurídico-laborais inferiores a um ano, e considerava-as resolvidas em favor do vínculo de administração, cuja assunção implicava tecnicamente a caducidade do contrato de trabalho e, consequentemente, a sua cessação, como se a mesma fosse consequência da escolha (voluntária) feita pelo trabalhador, agora administrador.

O pensamento inerente a esta opção era o de que não se justificava proteger a relação profissional preexistente quando a mesma era pouco significativa e representava essencialmente um ponto de passagem para a administração.

Com efeito, muitos administradores são providos como quadros da empresa enquanto não são objeto de eleição formal pelos acionistas, de modo que o contrato de trabalho se limita a antecipar o início das suas funções de gestão e representação da sociedade, proporcionando-lhes uma remuneração e um primeiro contacto com a sociedade enquanto não se verifica o facto designativo, permitindo-lhes frequentemente deslocarem-se para a localidade da sede da sociedade e procederem à sua instalação, mesmo antes de serem formalmente administradores.

A nossa posição

Reconhecendo naturalmente as discrepâncias de solução geradas pela diferente antiguidade do trabalhador – quando o administrador designado tinha origem nos quadros da empresa (ou de sociedade do grupo) –, sempre entendemos que nenhum trabalhador é obrigado a ser administrador[5].

Trata-se de uma faculdade de que o trabalhador dispõe, mas à qual não está vinculado, pelo que seria suficiente saber que a opção (livre) pela administração da sociedade poderia pôr em causa a subsistência da sua relação contratual de natureza laboral.

E sempre considerámos que esta regra do Código das Sociedades Comerciais pretendia acentuar claramente a separação dos domínios societário e

[5] Aliás, consideramos que são essencialmente os trabalhadores que aceitam ser suplentes à administração quando o fenómeno ocorre, visto que, em razão do seu vínculo laboral, não têm custo de oportunidade, relativamente à potencial designação para a administração de uma empresa terceira. Adicionalmente, se vierem a ser providos como administradores – por serem chamados a preencher uma vaga na administração em razão da sua suplência –, nada terão a perder, visto que, ao cessarem o vínculo orgânico, de administração, retomam as suas profissionais de caráter laboral.

laboral da empresa, nada tendo de inconstitucional, pela desigualdade introduzida. Nem sequer padeceria de inconstitucionalidade formal, porquanto a aceitar uma interpretação que qualificasse a norma de "legislação laboral" e – por não ter ocorrido a consulta (não vinculativa) das comissões de trabalhadores e das associações sindicais – apont(ass)e para a inobservância da Constituição, estar-se-ia a reconhecer o primado (constitucional) do Direito Laboral e uma invasão do Direito Privado (Comercial), o que consideramos totalmente inaceitável, pelas razões adiante expostas[6].

E acrescentávamos que nada impediria o CSC de reconhecer que a aceitação de um cargo social implicaria a resolução de um vínculo de caráter laboral, qualquer que fosse a sua duração, e atribuindo assim à escolha do trabalhador a relevância que deve ter pelo significado que reveste para a sociedade administrada e que tem, naturalmente, de prevalecer sobre a subsistência de um vínculo que, porventura, não faz sentido manter em suspenso sobretudo pela influência que, sobre o mesmo, o gestor pode ter nas suas novas funções. A tudo isto acresce que não há norma constitucional que justifique, nesta circunstância, a subsistência do contrato de trabalho, sendo o CSC e o Código do Trabalho complexos normativos equivalentes no plano da hierarquia das leis.

Já quanto à aplicação do art. 398º, nº 2 aos contratos de prestação de serviços, temos um entendimento que se afasta do que é perfilhado pela generalidade dos autores. Mas, na presente análise, não se afigura relevante estar a expô-lo. Remetemo-lo, consequentemente, para nota de rodapé[7].

[6] Chegando a idêntica conclusão, de forma substancialmente mais completa, José Engrácia Antunes, *A proibição de cúmulo administrador / trabalhador – Da sua constitucionalidade*, Almedina, Coimbra, 2018, pp. 61-117, em especial pp. 74-77.

[7] Ponderando a compatibilidade do exercício da administração com funções de natureza não subordinada exercidas na mesma empresa ou em empresa em relação de grupo, importa salientar que não reconduzimos o contrato de trabalho autónomo a uma qualquer **prestação de serviços**, pelo que esta não se encontra abrangida pelo disposto no nº 1 do art. 398º.
Assim, entendemos que a solução não está no art. 398º, mas radica em sede de deveres fundamentais dos administradores.
Na realidade, o art. 398º é omisso sobre prestações de serviços e compreende-se porquê. Estes não determinam, como o contrato de trabalho, a exclusividade de funções, pelo que a sua subsistência não compromete o desempenho adequado do cargo de administrador, não sendo com ele incompatível, a menos que os serviços prestados ponham em causa o interesse social ou não possam ser assegurados adequadamente, caso em que naturalmente são inadmissíveis.

O entendimento da doutrina portuguesa e a jurisprudência nacional
Vejamos agora como é que esta regra (o art. 398º, nº 2 do CSC) era entendida pela **doutrina** e pela **jurisprudência** antes do Acórdão, prevenindo não ser a leitura exatamente idêntica para as sociedades por quotas[8]/[9].

Mas entendemos que o prestador de serviços não pode exercer na empresa administrada funções executivas, considerando a confundibilidade que existiria entre os serviços prestados e a respetiva avaliação, na qualidade de gestor da sociedade deles beneficiária.
Deste modo, a prestação de serviços cede, por natureza, perante o exercício de funções de administração executivas, sendo incompatível com estas, que devem ser consequentemente atuadas em exclusividade.
Se o prestador de serviços for designado para um cargo não executivo, não existindo incompatibilidade legal ou estatutária para o aceitar e acumular com diferentes funções*, admitimos que possa inclusivamente ser remunerado pela prestação de serviços – e não como administrador não executivo –, desde que, na sua atividade profissional à margem da empresa, não exerça funções que possam ser enquadradas como atividade concorrente da que a sociedade administrada exerce (cfr. art. 398º, nºs 1 e 5, e art. 254º, nº 2). Note-se que até um membro do órgão de fiscalização pode prestar serviços à sociedade se os mesmos não forem significativos (cfr. art. 414º-A, nº 1, *alínea e)*). Por isso, embora seja desaconselhável que um administrador não executivo mantenha uma relação de prestação de serviços com a sociedade, essa hipótese não se afigura ilegal.
Adicionalmente, refira-se que ainda que cesse a prestação de serviços durante as suas funções, nada impede que o administrador as retome, uma vez concluído o seu mandato, se a (nova administração da) sociedade assim o decidir.
(*) – Note-se que não há sequer inconveniente na acumulação de diferentes administrações executivas, desde que as mesmas não respeitem a sociedades concorrentes.

[8] Se, nos termos do disposto no art. 398º, nº 2 do CSC, o provimento de um trabalhador no cargo de gestão (de uma sociedade anónima) suspende o respetivo contrato de trabalho, quando este tiver sido celebrado há mais de um ano, já no plano das **sociedades por quotas** a solução não é clara e muito menos uniforme.
Com efeito, se a leitura de que o contrato com mais de um ano se suspende nunca foi contestada – diversamente do que sucede com os efeitos da designação sobre as relações laborais com menos de um ano –, já a sua aplicação às sociedades por quotas está longe de ser pacífica. Assim, segundo o **AcRelGuimarães 5 nov 2015** (Alda Martins) / Proc. nº 89.14.5TTVRL.G1, *CJ*, ano XL, t. V, 2015, pp. 277-279, a nomeação de um trabalhador como gerente não suspende o contrato de trabalho, nem determina a sua caducidade. Por sua vez, o **AcRelPorto 4 dez 2017** (Rui Penha) / Proc. nº 13740/14.8T8PRT.P1, *www.dgsi.pt*, admite que o vínculo laboral subsista quando o sócio de uma sociedade por quotas for designado gerente da mesma, e o **AcRelPorto 21 jan 2019** (Rui Ataíde de Araújo) / Proc. nº 12602/16.9T8PRT.P1, *www.dgsi.pt*, afasta o impedimento da concomitância de vínculos, estabelecido no art. 398º, nº 1 do CSC (para as sociedades anónimas), admitindo que a qualidade de sócio gerente (de uma SPQ) não obsta ao reconhecimento da qualidade de trabalhador, subsistindo o vínculo laboral se for demonstrada

Antes de o fazermos, refira-se que o conteúdo e alcance da norma nunca suscitaram dúvidas, dado que a sua redação é muito clara.

Por isso, não surpreende que Raúl Ventura[10] se tenha limitado a interpretá-la e a explicá-la, aceitando o respetivo teor e a diferenciação de efeitos, com a finalidade de evitar a celebração de contratos de trabalho em data próxima à da designação para a administração, que desvirtuasse as limitações estabelecidas no número 1 da mesma regra.

As objeções colocaram-se relativamente à sua validade (constitucional), dado que, no processo da sua formação, isto é, na elaboração do Código das Sociedades Comerciais, não terão sido ouvidas as organizações representativas dos trabalhadores como seria suposto por a norma poder ser materialmente qualificada como legislação do trabalho, pelos efeitos decorrentes da sua aplicação para o contrato de trabalho que o administrador tinha com a sociedade.

Trata-se de um argumento inteligente e oportunista que alguns tribunais seguiram.

Começando pela opinião dos nossos colegas (académicos), refira-se que a mesma está longe de ser unânime, inclinando-se, não obstante, a maioria para reconduzir a norma a legislação laboral e, desse modo, concluir pela sua inconstitucionalidade formal.

a existência «*de indícios relevantes de subordinação jurídica a outros gerentes ou a deliberações da gerência no seu todo*», cabendo o ónus da prova ao "gerente (trabalhador)".
Os acórdãos acima enunciados são todos das secções laborais dos Tribunais da Relação envolvidos e, em nossa opinião, são fruto da confusão alimentada pela jurisprudência sobre cargos societários e empresariais, e da tentativa de subordinação do Direito das Sociedades Comerciais ao Direito Laboral, repetidamente afirmada por alguns juízes do Tribunal do Trabalho e das Secções Sociais dos Tribunais superiores e também pelo próprio Tribunal Constitucional.

[9] Nestas a separação entre a superestrutura da empresa, que é a sociedade por quotas, e o seu substrato necessário (a empresa) não é tão nítida, confundindo-se amiúde as duas realidades, razão pela qual o trabalhador evolui naturalmente para gerente e continua a ter o mesmo desempenho profissional, mantendo frequentemente inalteradas as suas contribuições para a segurança social (como trabalhador) e, desse modo, conservando a maior proteção que o regime dos trabalhadores por conta de outrem lhe dispensa.

[10] «Nota sobre o desempenho doutras funções por administrador de sociedade anónima (art. 398º)», *in Novos estudos sobre Sociedades Anónimas e Sociedades em Nome Colectivo* (Comentário ao CSC), Almedina, Coimbra, 1994 (pp. 187-196), pp. 192-193, publ. também na Revista *O Direito*, ano 125º, III-IV, 1993, pp. 261-266.

Assim, mesmo os cultores do Direito Societário, como é o caso de Jorge Coutinho de Abreu – considerando tratar-se de uma regra juslaboral[11] –, Paulo de Tarso Domingues[12] e Alexandre de Soveral Martins[13] qualificam a norma como inconstitucional, na parte que se refere à extinção do contrato de trabalho[14], não apresentando solução para a sua (in)validade.

Mas outros autores seguem esta interpretação, casos de Amanda Bezerra Bassani, que conclui pela «inconstitucionalidade da parte que determina a cessação dos contratos com menos de um ano»[15].

De entre os cultores do Direito do Trabalho, impõe-se salientar que alguns pendem para a derrogação do nº 2 do art. 398º do CSC pelo art. 161º do CT (*Comissão de serviço*) – casos de Júlio Gomes[16], hoje juiz Conselheiro (da secção Social) do STJ, e de Luís Miguel Monteiro[17] –, mas sem unanimidade, pois há quem adote uma interpretação restritiva da norma sobre a comissão de serviço, como é o caso de Maria do Rosário Palma Ramalho[18] e, muito recentemente, após o Acórdão do Tribunal Constitucional, de Rafael Teixeira Ramos[19].

[11] J. M. Coutinho de Abreu, *Governação das Sociedades Comerciais*, 2ª ed., Almedina, Coimbra, 2010, p. 66 (nota 163), e «Sobre o trabalhador/administrador (a propósito de Acórdão do STJ de 23/10/2013», AA.VV., *Para Jorge Leite*, vol. II – *Escritos Jurídicos*, Coimbra Editora, Coimbra, 2014, pp. 1-6, em cuja crítica – a propósito da *suspensão de contrato de trabalho em empresa participante por efeito da designação como administrador de sociedade participada* – propugna uma interpretação restritiva do art. 398º, nº 2.

[12] «Administradores trabalhadores – Breves notas», *Católica Law Review*, vol. II, nº 2, 2018, pp. 11-24, pp. 19-21.

[13] Anot. ao art. 398º, in AA.VV., *Código das Sociedades Comerciais em Comentário*, volume VI (Artigos 373º a 480º), 2ª ed., coord. por Jorge M. Coutinho de Abreu, IDET/Almedina, Coimbra, 2019, pp. 358-359.

[14] J. M. Coutinho de Abreu, «Administradores e trabalhadores de sociedades (cúmulos e não)», AA.VV., *Temas Societários*, Almedina, Coimbra, 2006, pp. 9-21, p. 16, e *Governação das Sociedades Comerciais*, 2ª ed., cit., 2010, p. 67.

[15] «O contrato de trabalho e a gestão societária: uma análise do art. 398º do CSC», *RFDL*, vol. LX, 2019/1 (pp. 171-215), p. 204.

[16] *Direito do Trabalho, I – Relações Individuais de Trabalho*, Coimbra Editora, Coimbra, 2007, pp. 169-172, em especial p. 170.

[17] Na anotação que faz ao art. 161º do CT, *in* AA.VV., *Código de Trabalho Anotado*, coord. Pedro Romano Martinez, 13ª ed., 2020, pp. 411-414.

[18] No quadro do CT de 2003, na obra *Grupos Empresariais e Societários. Incidências Laborais*, Almedina, Coimbra, 2008, pp. 527-529, mais tarde, no contexto do Código atual (de 2009), no *Tratado de Direito do Trabalho*, Parte II – *Situações Laborais Individuais*, 7ª ed., Almedina, Coimbra, 2019, pp. 80-81.

Embora integrando a doutrina minoritária, não est(áv)amos isolados.

Na nossa linha, da afirmação da substancialidade jurídico-societária da norma, e da incompatibilidade do contrato de trabalho com a relação de administração[20], que sempre perfilhámos, estão António Menezes Cordeiro – considerando a norma materialmente comercial[21] – e José Engrácia Antunes, que, na linha de Raúl Ventura, conclui assentar a 1ª parte do nº 2 do art. 398º «na presunção legal do caráter fraudulento» dos contratos celebrados há menos de um ano, procurando evitar que sejam um expediente utilizado para perpetuar o administrador na sociedade, contornando a limitação decorrente do nº 1 do mesmo preceito[22].

Não questionando a constitucionalidade do nº 2 do art. 398º, possivelmente por ter escrito antes do primeiro acórdão do Tribunal Constitucional, mas concordando aparentemente com o regime legal, que explica, Ilídio Duarte Rodrigues[23].

Também Rosário Palma Ramalho, que é uma autoridade reconhecida no mundo do Direito Laboral, pronunciando-se após as primeiras fiscalizações concretas da inconstitucionalidade, aceitou a explicação do autor do Projeto de Código das Sociedades (o saudoso Professor Raúl Ventura) – de que a extinção dos contratos com duração inferior a um ano visava «garantir que a tutela conferida pelo mecanismo de suspensão do contrato não é facilmente manipulável pelas partes»[24] –, mas estranhamente considerou que

[19] «A relação de administrador com o trabalho subordinado nas sociedades anônimas e por quotas», *DSR*, ano 12, vol. 24, 2020, pp. 211-238.

[20] Que, numa situação, conduziu o legislador a optar pela suspensão do contrato de trabalho, e noutra, quando este não tivesse completado um ano de vigência, pela sua cessação (por caducidade).

[21] *Direito das Sociedades, I – Parte* Geral, 3ª ed., Almedina, Coimbra, 2011, p. 924 (nota 2794), em afirmação que manteria depois do AcTC de 2019, na 4ª ed. deste livro, publicada em 2020 (p. 833, nota 2713), e no *Código das Sociedades Comerciais Anotado*, por si coordenado, 3ª ed., Almedina, Coimbra, 2020, em anot. ao art. 398º, conjunta com A. Barreto Menezes Cordeiro (pp. 1314-1316), p. 1315.

[22] *A proibição de cúmulo administrador / trabalhador*, cit., 2018, em especial pp. 9-34 e 71-77, que constitui o estudo mais completo nesta matéria e cujas conclusões (pp. 119-130) merecem inteiramente o nosso acordo.

[23] A administração das sociedades por quotas e anónimas. Organização e estatuto dos administradores, Livraria Petrony, Lisboa, 1990, pp. 306-311, em especial pp. 308-309.

[24] Rosário Palma Ramalho, *Grupos Empresariais e Societários*, cit., p. 524.

o nº 2 do art. 398º havia perdido a sua vigência no que se refere à I Parte, por efeito da declaração concreta da inconstitucionalidade[25].

Em qualquer caso, demonstrando conhecer a problemática que nos ocupa – relativa à inconstitucionalidade formal da norma[26], por falta de audição dos organismos representativos dos trabalhadores –, mas pronunciando-se antes do Acórdão que declarou a inconstitucionalidade parcial da 1ª parte do nº 2 do art. 398º, com força obrigatória geral, Rosário Palma Ramalho entendia que o contrato celebrado há menos de um ano pelo trabalhador designado administrador se extinguia «por caducidade, por impossibilidade legal superveniente absoluta de subsistência do vínculo»[27].

Por sua vez, a **jurisprudência** também está longe de ser pacífica.

No sentido que sufragamos, apontam alguns acórdãos dos nossos tribunais superiores, tal como o **AcRelLisboa de 29 de janeiro de 2014** (Paula Sá Fernandes) / Proc. nº 2974/11.7TTLSB.L1-4, *www.dgsi.pt*, segundo o qual «*a previsão do nº 2 do artigo 398º do CSC visa disciplinar as sociedades, não na área laboral, mas na sua vida societária, pretendendo uma especificação à regulação da administração dessa mesma sociedade, não estando em causa qualquer tipo de direitos ou deveres de trabalhadores, nem desenvolvendo o regime do contrato individual do trabalho, inclusive a sua cessação, constituindo uma norma especial para uma situação especial, não ofendendo nenhuma disposição ou princípio constitucional*».

Aliás, recusando aparentemente a inconstitucionalidade da 1ª Parte do nº 2 do art. 398º do CSC, existem vários Acórdãos do STJ e dos Tribunais da Relação[28].

Mas, em sentido inverso – considerando inconstitucional a norma na parte em que declara extinto o contrato de trabalho com duração inferior a um ano[29] –, pronunciam-se os três acórdãos do Tribunal Constitucional que estiveram na base do Acórdão de 2019 e que são os seguintes: **AcTC nº 1018/96, de 9 de outubro de 1996** (Bravo Serra), Proc. nº 714/95,

[25] Rosário Palma Ramalho, *Grupos Empresariais e Societários*, cit., p. 525.

[26] *Tratado de Direito do Trabalho*, Parte II – *Situações Laborais Individuais*, 7ª ed., Almedina, Coimbra, 2019, p. 80.

[27] *Tratado de Direito do Trabalho*, II, 7ª ed., cit., 2019, p. 73 (e nota 124).

[28] Para uma síntese dos mesmos, vd. José Engrácia Antunes, *A proibição de cúmulo administrador / trabalhador*, cit., 2018, pp. 120-121.

[29] Já o **AcTribConstitucional nº 259/2001, de 30 de maio de 2001** (Vítor Nunes de Almeida), Proc. nº 328/00 (D.R. II Série, de 24 de novembro de 2001), declarou não ser inconstitucional a parte do nº 2 do art. 398º que estatui a suspensão do contrato de trabalho com mais de um ano.

publ. no D.R. II Série, de 13 de dezembro, **AcTC nº 626/2011, de 19 de dezembro de 2011** (MARIA JOÃO ANTUNES), Proc. nº 245/2011[30], e **AcTC nº 53/2019, de 23 de janeiro de 2019** (MARIA JOSÉ RANGEL DE MESQUITA), Proc. nº 723/2018.

Finalmente, vejamos a posição de quem se pronunciou depois do Acórdão de 2019 e da respetiva declaração de inconstitucionalidade com força obrigatória geral.

MENEZES CORDEIRO fê-lo, reconhecendo o efeito da decisão do Tribunal Constitucional, mas reafirmou ser o art. 392º, nº 2 uma norma materialmente comercial[31].

Por sua vez, RAFAEL TEIXEIRA RAMOS – reconhecendo implicitamente autonomia normativa à suspensão estabelecida no nº 2 do art. 392º – concordou com a decisão e considerou que o Direito português tem mais uma causa de suspensão do contrato de trabalho[32].

Acórdão do Tribunal Constitucional nº 774/2019: a inconstitucionalidade com força obrigatória geral

Ora, depois das três decisões de inconstitucionalidade sobre questões concretas por parte do Tribunal Constitucional[33], este viria – a requerimento do representante do Ministério Público (junto desse tribunal) – a emitir, há menos de um ano (e mais de 30 anos após a entrada em vigor do CSC), um Acórdão com força obrigatória geral: o **AcTC nº 774/2019, de 17 de dezembro de 2019**.

Nesse acórdão (subscrito por unanimidade, sublinhe-se), o Tribunal Constitucional declarou – por preterição da audição das entidades representativas dos trabalhadores (comissões e associações sindicais sobre a preparação da norma – a inconstitucionalidade formal do art. 398º, nº 2 do CSC, na parte em que previa a extinção do contrato de trabalho celebrado

[30] Com uma declaração de voto de vencido do Conselheiro Carlos Pamplona de Oliveira, por considerar que a norma «não apresenta natureza laboral».

[31] *Direito das Sociedades, I*, 4ª ed., cit., 2020, p. 833, nota 2713, e *Código das Sociedades Comerciais Anotado*, 3ª ed., cit., 2020, p. 1315.

[32] «A relação de administrador com o trabalho subordinado nas sociedades anônimas e por quotas», cit., 2020, em especial pp. 229-236.

[33] As mesmas encontram-se enunciadas acima (nº 4) e no nº 1 do Acórdão (p. 4). Note-se que as decisões inerentes aos casos de fiscalização concreta da (in)constitucionalidade se fundavam na violação das normas que correspondem ao disposto nas «*atuais alíneas d) do nº 5 do artigo 54º e alínea a) do nº 2 do artigo 56º*».

há menos de um ano, com a designação (e aceitação) para a administração da mesma sociedade comercial ou de sociedade em relação de grupo ou de domínio, por se tratar de "legislação do trabalho".

Desse modo, decorridos 33 anos da entrada em vigor do Código e da norma, o Tribunal Constitucional apagou-a, ainda que parcialmente.

A nosso ver, mal, embora o tenha feito num Acórdão que tecnicamente consideramos irrepreensível e que evidencia a grande qualidade dos seus autores, para além do inegável mérito científico que têm.

Senão vejamos.

O Acórdão é relatado pela Conselheira Maria Rangel Mesquita, nossa ilustre colega da Faculdade de Direito de Lisboa, que, coincidentemente, havia sido a relatora do terceiro Acórdão que declarou a inconstitucionalidade da norma em matéria de fiscalização concreta.

Começando por reconhecer a existência «*de um princípio de incompatibilidade entre as funções de administrador e de trabalhador*» (nº 6.1, pp. 6-7), baseando a justificação em três razões, o Acórdão, louvando-se em Raúl Ventura[34] e em Engrácia Antunes[35] – autores com os quais, como referimos, concordamos genericamente – procura fundar «*a diferenciação do tratamento dos contratos celebrados há menos de um ano* (nº 6.2, p. 7), concluindo que «*o legislador presume* iuris et de jure *que a celebração de um contrato de trabalho em data próxima da designação como administrador constitui conduta fraudulenta, cujo escopo será o de acautelar a posição profissional futura do titular, a expensas da sociedade*» (nº 6.2, pp. 7-8).

No entanto, e subscrevendo diferentes leituras (J. M. Coutinho de Abreu[36], Luís Brito Correia[37] e Ricardo Costa[38]), deixa entender que haveria alternativas à regra em causa, designadamente na invalidade do próprio contrato de trabalho.

Em nossa opinião, na determinação do sentido e alcance da norma, escapa à generalidade dos autores que a mesma deve ser contextualizada no

[34] «Nota sobre o desempenho doutras funções por administrador de sociedade anónima (art. 398º)», *in Novos estudos* cit, 1994, p. 193.

[35] A proibição de cúmulo administrador / trabalhador, cit., 2018, p. 27.

[36] Governação das Sociedades Comerciais, 2ª ed., cit., 2010, p. 67.

[37] *Os Administradores de Sociedades Anónimas*, ed. autor, Lisboa, 1991, (Almedina, Coimbra, 1993), p. 590-591, admitindo que possa ser celebrado contrato de trabalho sob condição ou termo suspensivo, para vigorar depois da cessação de funções de administração (p. 591).

[38] Os administradores de facto das sociedades comerciais, Almedina, Coimbra, 2014, p. 808.

plano da (boa) governação societária e que o seu fundamento é o interesse da sociedade, o qual se opõe a situações que sejam geradoras de conflitos.

Retomando a análise, o Acórdão, na primeira parte, conclui com a discussão inerente «*ao âmbito de aplicação da norma fiscalizada*» e a sua eventual aplicação por analogia a outros tipos societários (nº 6.3, p. 8).

Em seguida, analisa os arestos do mesmo tribunal «*proferidos em sede de fiscalização concreta*» (nº 7, pp. 8-9), para delimitar o objeto da sua intervenção: a qualificação da norma como «*legislação do trabalho*», o que faz na parte central da sua fundamentação (nº 8, pp. 10-17). Nesta sede, em que procura definir o *conceito* de *legislação do trabalho*, o aresto começa por analisar a doutrina e a jurisprudência constitucional (nº 8.1, pp. 11-12), para passar a explanar as duas principais correntes em que sistematiza a doutrina em geral (jussocietária e juslaboralista) (nºs 8.2 e 8.3, pp. 12-14), tendo a generosidade de nos enquadrar numa delas (nº 8.3, pp. 13-14), para afirmar a sua posição sobre o tema (nºs 8.4 e 8.5, pp. 14-17).

Retomando a análise crítica, recorde-se que nunca desenvolvemos este tema, como o fazemos agora, pelo que reconhecemos nunca ter exposto argumentação suficiente sobre o melhor sentido a extrair da norma em análise. E agora é tarde, porque a mesma foi alterada pelo poder do Tribunal Constitucional, revelando, com o devido respeito – que é muito, note-se, considerando as incontestadas qualidades técnica e científica dos seus juízes –, uma insuficiente compreensão da matéria jurídico-societária e da sua relevância na sociedade atual; e abrindo eventualmente uma caixa de Pandora.

Não se encontra uma palavra sobre governação societária – não obstante a citação da obra precursora de Coutinho de Abreu –, nem a norma em análise é perspetivada no quadro devido do interesse que deve constituir referência no mundo das sociedades comerciais, que é o interesse social, o qual não se fica pelo interesse da sociedade, nem tão pouco dos seus acionistas, mas se matiza no interesse dos demais *stakeholders*, incluindo os trabalhadores, recorde-se.

Ora, é precisamente a sustentabilidade da sociedade subjacente à necessidade de impor normas de (boa) governação societária que explica o âmbito do art. 398º, a sua finalidade e alcance.

É verdade que o legislador (leia-se, Raúl Ventura) não o disse, mas os tempos eram outros e o ilustre mestre – a quem principalmente se deve a elevadíssima qualidade da legislação societária, porque a compreendia na *praxis* – intuiu com a formulação da regra, inspirada em legislação estrangeira, reconheça-se, a necessidade de separar os mundos laboral e societário, isto é, a vertente empresarial e a que corresponde à sua superestrutura, evitando confundi-las e procurando impedir o aproveitamento mesquinho que alguns ex-administradores têm conseguido realizar.

Para o ter feito da melhor maneira – o que, cerca de uma década sobre o 25 de abril, não era fácil –, deveria ter procurado declarar a caducidade do contrato de trabalho em todas as situações, fazendo corresponder à aceitação do cargo de administrador uma opção por parte do trabalhador; e não aceitando uma solução compromissória como a imposta pela 2ª parte do nº 2; e que é agora aparentemente regra única.

Assim, presentemente, se o nº 1 do art. 398º afasta a acumulação de funções de administração com a de trabalhador vinculado por contrato de trabalho subordinado, quando o novo administrador provém dos quadros da empresa, ou de empresa que se encontre em situação de domínio ou de grupo, o seu contrato de trabalho suspende-se pelo período correspondente ao exercício de funções de administração, qualquer que fosse a sua duração anterior, cessando a suspensão com o termo das funções de gestão e representação da sociedade.

Decorre do exposto que, se fossemos nós o juiz constitucional, a sorte do nº 2 do art. 398º poderia ter sido diferente.

Mas, e concluindo, a apreciação da realidade, isto é, do Acórdão do Tribunal Constitucional que já qualificámos, e repetimos, ser de elevada qualidade técnica, revelando uma investigação notável, importa ainda referir – antes de concluir – que o Acórdão equaciona outras duas questões: «*a concretização constitucionalmente adequada do direito de participação*» (nº 9, pp. 17-18), salientando que nunca foi evidenciada a audição dos trabalhadores, «*e os efeitos jurídicos da sua eventual preterição*» (nº 10, pp. 18-19), reconhecendo, a este propósito, que a retroatividade da sua decisão seria catastrófica, colocando em causa inúmeras decisões judiciais oportunamente transitadas (em julgado) à luz da melhor doutrina; e, por isso, limitou *os efeitos da inconstitucionalidade, de modo que se produzam apenas a partir da publicação do Acórdão.*

Como procuramos demonstrar, nesta nossa intervenção, cremos que na base de uma decisão menos feliz não está apenas em causa a perspetiva com que deve ser encarada a governação societária, mas a incompreensão da tensão que, à luz da Constituição, existe entre dois ramos de Direito, que resultam da especialização do Direito Civil ou Comum: o Direito Comercial – que em nosso entender está a evoluir para um Direito do Mercado e de que o Direito das Sociedades constitui parte especial, no quadro dos respetivos sujeitos – e o Direito do Trabalho.

Se é adquirido que o trabalho merece proteção constitucional, a verdade é que a iniciativa privada também a colhe no art. 61º e, mais tarde, no Tratado de Roma ou sobre o Funcionamento da União Europeia.

A proteção constitucional do trabalho e a iniciativa privada: a recusa da apropriação da natureza de regra substancialmente comercial

Se é inequívoco que a Constituição enquadra o direito ao trabalho nos direitos, liberdades e garantias fundamentais, a verdade é que também reconhece dignidade constitucional à iniciativa privada, hoje em estreita articulação com o Tratado de Funcionamento da União Europeia.

Com efeito, e não obstante o ambiente perturbado em que foi elaborada (em 1975), a Constituição acolhe o livre exercício da *iniciativa económica privada*, tendo em conta o interesse geral (art. 61º, nº 1)[39]. Mas não se fica por aqui.

A nossa Lei Fundamental também reconhece o primado do Direito da União Europeia e a sua aplicação interna (cfr. art. 8º, em especial o nº 4) e o Tratado sobre o Funcionamento da União Europeia consagra a liberdade de estabelecimento dos nacionais dos Estados membros em todo o espaço da União Europeia (art. 49º, primeiro parágrafo); e esse direito – porque é disso que se trata – abrange «*a constituição e a gestão de empresas e designadamente de sociedades*» (art. 49º, segundo parágrafo).

Consequentemente, não vislumbramos fundamentação para subordinar o Direito das Sociedades Comerciais ao Direito Laboral. São ramos do Direito e sectores da ciência jurídica que se posicionam em campos necessariamente diferentes, mas que, pontualmente, podem cruzar. Se tal acontecer, como sucede no âmbito do art. 398º do CSC, não há razão para privilegiar a coloração juslaboralista do preceito legal – considerando-o legislação do trabalho –, como não haveria motivo para sobrepor, às normas

[39] Consideramos as referências aos «*quadros definidos pela Constituição e pela lei*» (art. 61º, nº 1 da CRP) totalmente redundantes, porque nem vemos como poderia ser de diferente maneira, isto é, todos os direitos se devem exercer no quadro constitucional vigente com respeito pelas leis existentes.
Sobre esta norma, vd. a excelente anotação de Evaristo Ferreira Mendes, *in* Jorge Miranda e Rui Medeiros, *Constituição Portuguesa Anotada*, Tomo I, 2ª ed., Wolters Kluwer/Coimbra Editora, Coimbra, 2010, pp. 1179-1238, em especial pp. 1181-1188 e 1208-1213, e também de J.J. Gomes Canotilho e Vital Moreira, *Constituição da República Portuguesa Anotada*, vol. I, 4ª ed., Coimbra Editora, Coimbra, 2007, pp. 787-797, em especial pp. 788-792.

jus laborais, a materialidade jus societária ou mercantil de uma norma do Código do Trabalho que recaia sobre a empresa.

Aliás, o direito ao trabalho veria a sua expressão muito reduzida, se não houvesse livre iniciativa privada. Logo, não faz sentido subjugar esta e, ainda menos, pretender que as normas laborais do Código do Trabalho se devem sobrepor às regras da lei societária, a ponto de o julgador se permitir qualificar normas do Código das Sociedades Comerciais como "legislação do trabalho".

Ora, a sociedade comercial é o resultado da livre iniciativa dos cidadãos, que, no seu contexto, não se encontram obrigados a assumir o respetivo comando, mas que se acederem ao órgão de topo o fazem no âmbito da sua liberdade pessoal e de escolha.

Não faz sentido que uma leitura menos feliz à luz das normas juslaborais possa condicionar a expressão da autonomia privada dos sujeitos de Direito Comercial e daqueles que os constituem.

Estamos, pois, perante dois direitos de valor equivalente. Mas verdadeiramente não é isso que está aqui em causa, mas sim saber se é legítimo concluir sobre a natureza laboral ou mista da norma em apreço.

Cremos que não.

A norma é substancialmente comercial, caracterizando a função de administração na sociedade anónima.

Não são preocupações de caráter laboral que a justificam, designadamente de impedir ou assegurar a manutenção do vínculo contratual laboral.

O que preocupa o legislador societário é o interesse da sociedade, evitando que administradores ou futuros administradores se possam aproveitar das suas funções para colher benefícios pessoais.

Por isso, até poderíamos considerar que o contrato de trabalho deveria logicamente caducar com a aceitação do cargo de administrador da sociedade onde anteriormente se prestava serviços enquanto trabalhador.

Mas não repugna que o Direito Societário aceite que, nos casos de relação jurídico-laboral estável, o contrato não caduque e se tenha consequentemente por suspenso. Tal pode ser do interesse do trabalhador-administrador, mas também da sociedade que conserva nos seus quadros um colaborador que tem certamente qualidade, senão não teria acedido à administração.

O vínculo do contrato de trabalho e a administração das sociedades anónimas

O contrato de trabalho colhe no nosso ordenamento uma proteção quase absoluta e pôr-lhe termo é algo extremamente difícil.

Mas sendo a expressão da vertente institucional de uma empresa, não deve condicionar, nem limitar, o acesso à sua superestrutura.

Assim, estar a impor que, findo o mandato, o administrador possa regressar calmamente ao lugar que anteriormente ocupava ou equivalente, subalternizando-se em relação aos seus anteriores pares, não parece ser a melhor solução.

Mais do que isso. Imaginar que o administrador destituído (mesmo por justa causa) se mantém na empresa por ter sido trabalhador dela, ainda que por escassos dias, parece justificar que não se equacione sequer a designação de um trabalhador para a administração da empresa.

Seria, pois, preferível que o acesso à administração extinguisse o contrato de trabalho e que, paralelamente, concluído o mandato, a sociedade não tivesse limitações para contratar o ex-administrador, atribuindo-lhe as funções que fossem mais úteis, atendendo às suas qualificações e experiência.

Caso celebre novo contrato de trabalho, não repugna que as leis laborais reportem a respetiva antiguidade ao início do contrato que caracterizava a sua situação jurídico-laboral antes de se tornar administrador. Mas tudo isto faz sentido *de jure condendo*.

No quadro atual, e à luz do Acórdão *sub judice*, não se vislumbram dúvidas sobre a solução aplicável: o trabalhador que seja designado administrador vê o seu contrato suspenso, qualquer que seja a respetiva duração e precaridade. Por isso, terminado o mandato ou as suas funções, se tiver sido, entretanto, reconduzido, retoma a relação jurídico-laboral que mantinha anteriormente com a sociedade, sem que tenha necessariamente de assumir exatamente o cargo que ocupara e que pode estar já preenchido.

A inconstitucionalidade (total) do nº 2 do art. 398º do CSC

O Tribunal Constitucional, através do Acórdão que estivemos a analisar, considerou o nº 2 do art. 398º parcialmente inconstitucional, por preterição de uma formalidade essencial: a necessidade de ouvir as organizações representativas dos trabalhadores dado estar em causa legislação materialmente laboral.

Com base nesse entendimento, sufragado sem votos desfavoráveis – sublinhe-se –, o Tribunal concluiu que a parte do nº 2 do art. 398º que se refere à extinção de contratos celebrados há menos de um ano é inconstitucional; e, em conformidade, declarou essa norma parcialmente inconstitucional com força obrigatória geral.

Sucede que, a proceder a leitura do Tribunal Constitucional – o que, como vimos, recusamos –, teríamos de concluir pela inconstitucionalidade da totalidade da norma; e não apenas de parte da mesma. Com efeito, se o fundamento é a preterição da audição de entidades representativas dos trabalhadores em matéria materialmente laboral, então toda a norma deve ser inconstitucional, porque os trabalhadores não foram ouvidos sobre nenhuma das suas vertentes.

E, concluindo pela inconstitucionalidade do disposto no nº 2 do art. 398º - pela referida razão –, teremos necessariamente de considerar[40] que o contrato de trabalho caduca se o trabalhador optar por assumir funções de administrador, ainda que o faça na empresa com a qual tem um vínculo laboral.

Assim, a ser desqualificada a norma societária (o nº 2 do art. 398º), por preterição da audição das entidades representativas dos trabalhadores, ela deve sê-lo na totalidade, pelo que todo o nº 2 se deve considerar extinto. Nessa circunstância, e assumindo que o mesmo é todo letra morta, seguindo o entendimento de uma das nossas maiores juslaboralistas[41], consideramos que a assunção das funções de administrador implica a caducidade do contrato de trabalho que porventura existisse com a mesma entidade; e, nesse caso, uma vez concluída a relação de administração, o mesmo não pode ser retomado.

Fica assim aberta, senão mesmo escancarada, a porta para a sociedade declarar extinto o contrato de trabalho, por caducidade, não sendo obrigada a reintegrar nos seus quadros o ex-administrador e anteriormente trabalhador.

Nesse caso, se o ex-administrador reagir contra essa medida, alegando que o seu vínculo laboral estava suspenso e pretender ser reconduzido nas funções que desempenhava antes de ser designado administrador, a empresa deve alegar a inconstitucionalidade da parte remanescente (e ainda subsistente) do nº 2 do art. 398º do CSC, dado que, na génese do mesmo, não foram ouvidas as entidades representativas dos trabalhadores, isto é, recorrendo exatamente ao fundamento que justificou a declaração de

40 Na linha de Rosário Palma Ramalho, *Tratado de Direito do Trabalho*, II, 7ª ed., cit., 2019, p. 73 (e nota 124).

41 Citada na nota anterior.

inconstitucionalidade com força obrigatória geral: tratar-se de legislação substancialmente laboral sobre a qual não se pronunciaram oportunamente as entidades representativas dos trabalhadores.

Na realidade, a legislação não pode ser materialmente laboral para justificar a não extinção do contrato de trabalho (com menos de um ano) e não o ser no que respeita à suspensão do mesmo contrato se tiver sido celebrado há mais de um ano.

Em suma, quando concluiu a sua construção formalmente correta, o Tribunal Constitucional abriu a caixa de Pandora, que só o legislador poderá voltar a fechar.

Epílogo

O aproveitamento que fazemos da decisão do Tribunal Constitucional é o que melhor se compatibiliza com a situação em apreço, porque, tal como aquele que trilha os caminhos da administração de empresas assume o risco (pessoal) inerente às suas funções – em matéria de proteção da segurança social em caso de desemprego e na opção por um regime jurídico diferente no que se refere à sua prestação de serviços, designadamente em matéria de férias, feriados e faltas –, o trabalhador, ao optar por ascender à administração, dado que o exercício do cargo deve ser, por si, aceite, também se devia desligar do seu vínculo (contratual), sobretudo por razões de interesse social, e atuar exclusivamente no interesse da sociedade administrada sem preocupações do que será o "seu amanhã".

Aliás, é por essa razão que a lei impede os administradores (que anteriormente ao início do mandato não tivessem qualquer vínculo com a sociedade) de se auto contratarem para o período subsequente ao exercício das suas funções de gestão e representação da sociedade.

O Acórdão que apreciámos é formalmente irrepreensível, conduzindo, com passos seguros, ao fim desejado: o de, decorridos mais de três dezenas de anos sobre a entrada em vigor da norma, eliminar uma parte da sua previsão legal. Aparentemente impõe-se na ordem jurídica e não é contestável, reduzindo o âmbito do nº 2 do art. 398º e determinando que o contrato de um trabalhador designado administrador de uma sociedade anónima se suspende com a aceitação do cargo, qualquer que tenha sido a sua duração.

Se o nº 2 tivesse sido eliminado na totalidade – como deveria ter acontecido se o Acórdão fosse substancialmente irrepreensível –, seríamos conduzidos a considerar que o contrato de trabalho caducaria por manifesta impossibilidade de subsistência com a assunção de funções na superestrutura societária da empresa.

Mantendo-se a regra, ainda que amputada, devemos concluir que o contrato laboral do trabalhador designado administrador, qualquer que seja a sua antiguidade, se suspende.

Não pretendendo discutir ontologicamente se a suspensão é compatível com a incompatibilidade da concentração do vínculo societário e do vínculo laboral, dado que alguns efeitos do contrato de trabalho (suspenso) subsistem[42], nada impede que o legislador ordinário se debruce novamente sobre este preceito e o reconstrua ou revogue – porque nesse caso o contrato de trabalho caducaria por impossibilidade superveniente –, submetendo, à cautela, o projeto de alteração à apreciação (não vinculativa) das organizações de trabalhadores.

Entretanto, e enquanto nada se faz, retomemos, em jeito de síntese, o Acórdão.

Discordámos do seu conteúdo, por não nos parecer substancialmente correto, por três razões:

(i) A primeira, porque parte de uma premissa errada: a qualificação da norma legal (o nº 2 do art. 398º do CSC) como de Direito Laboral ("legislação do trabalho").

(ii) A segunda, porque, de um ponto de vista filosófico, não aceitamos que uma inconstitucionalidade formal, ainda que inquestionável, possa, decorridas três décadas sobre a entrada em vigor da norma, no quadro constitucional vigente, desfazer parcialmente um comando normativo que era dotado de eficácia social, genericamente observado e que apenas foi posto em causa pontualmente pelos interesses de quem consubstanciou um autêntico *venire contra factum proprium*, isto é, aceitou ser designado administrador tendo, com a sociedade administrada, contrato de trabalho há menos de um ano e conhecendo (ou tendo a obrigação de conhecer) a norma do art. 398º, porque, caracterizando o seu estatuto, é emblemática e ele (administrador) não é um simples *bonus pater familiae*, mas tem de ser dotado de capacidade de compreensão e conhecimento técnico compatíveis e adequados às funções a exercer. Por isso, não se afigura aceitável

42 Nesse sentido, vd. João Leal Amado, *Contrato de Trabalho. Noções básicas*, 3ª ed., Almedina, Coimbra, 2019, pp. 325-328 – que qualifica o vínculo, nessa situação, como relaxado –, em especial pp. 326-328.

que, afastado da administração, qualquer que tenha sido o motivo (fim do mandato, renúncia ou até destituição), o administrador que cessou funções trate de descobrir um argumento para desfazer uma situação em que voluntariamente se havia colocado; e

(iii) A terceira, porque qualifica a norma como de legislação materialmente laboral, mas apenas parcialmente, na parte que lhe interessa; e não com referência à totalidade do comando normativo a que pertence. Ao fazê-lo, convidou todas as sociedades interessadas a alegarem a inconstitucionalidade – exatamente com base no argumento que fundamentou a declaração de inconstitucionalidade (parcial) com eficácia geral – da parte subsistente do nº 2 do art. 398º do CSC. Sendo inconstitucional, na totalidade, esse preceito, o efeito imediato é o da resolução do contrato de trabalho de quem se disponibiliza a assumir o vínculo de administração, qualquer que tenha sido a duração deste. E, como referimos, a preterição da audição não pode ser escolhida pelo Tribunal Constitucional apenas para determinados efeitos.

Por isso, andou mal esse Tribunal, e naturalmente todos os que subscreveram a decisão, a qual – parecendo perfeita na sua construção formal – fica claramente aquém do desejável[43].

Mas, por ora, a hipocrisia na compreensão do Direito – alicerçada na convicção de que há uma vicissitude meramente técnica[44] que justifica a desconsideração do texto normativo (traduzida na falta de audição há mais de três décadas de organismos representativos dos trabalhadores, ainda que a opinião destes não fosse vinculativa) – vem a dar razão a quem alegou a inconstitucionalidade, comprovando também a parte da decisão que evita a retroatividade dos seus efeitos o desacerto do conteúdo.

Finalmente, e tal como um comando normativo que não é atuado durante longo tempo cai em desuso, também tem de existir um limite temporal para desfazer os efeitos de uma regra genericamente observada durante um período temporal extenso.

[43] Espera-se que o Tribunal Constitucional não se dedique agora – pelo menos enquanto a norma não for recriada – a justificar o injustificável.

[44] E não uma razão de fundo, como, por exemplo, a violação de princípios constitucionais fundamentais, designadamente da igualdade e da proporcionalidade.

Trata-se, contudo, de questão que, transcendendo o objetivo desta intervenção, deve ser apreciada numa perspetiva da Teoria Geral do Direito, do Direito Constitucional e da Filosofia do Direito.

Fica lançado o desafio.

Operações de crédito internacionais e COVID-19

Rui Pereira Dias[*]

1. Introdução

O contexto pandémico causado pelo novo coronavírus conduziu os Estados a tomarem medidas legislativas de urgência. Um exemplo encontra-se no Decreto-Lei nº 10-J/2020, de 26 de março de 2020, que estabeleceu "medidas excecionais de proteção dos créditos das famílias, empresas, instituições particulares de solidariedade social e demais entidades da economia social, bem como um regime especial de garantias pessoais do Estado, no âmbito da pandemia da doença COVID-19".

Antecipando um possível litígio sobre o cumprimento de obrigações contratuais assumidas no quadro das operações de crédito a que o referido diploma legal se refere, vejamos brevemente de que modo tais operações, quando sujeitas a lei estrangeira, serão ou não afetadas pelo preceituado no Decreto-Lei nº 10-J/2020.

Este diploma, como veremos, contém disposições nas quais podemos divisar verdadeiras *normas de aplicação necessária e imediata*, ou simplesmente *normas de aplicação imediata* (*lois de police, Eingriffsnormen, overriding mandatory rules*)[1]. Lembremos rapidamente o seu enquadramento geral (2.), para de seguida o confrontarmos com o disposto no Decreto-Lei nº 10-J/2020 (3.)

* Professor da Faculdade de Direito da Universidade de Coimbra

[1] Cfr., na literatura portuguesa, sem qualquer pretensão de exaustividade, Rui Manuel Moura Ramos, *Direito Internacional Privado e Constituição – Introdução a uma análise das suas relações*, Coimbra Editora, Coimbra, 1979 (3ª reimpr.: 1994), pp. 112 ss.; Rui Manuel Moura

2. Normas de aplicação necessária e imediata

Em situações plurilocalizadas, mesmo quando as partes hajam validamente escolhido a lei aplicável à relação material controvertida, podem existir, noutras leis que apresentem conexões relevantes com o caso, normas cuja particular intensidade valorativa imponha a sua própria aplicação: falamos das chamadas normas de aplicação necessária e imediata, ou simplesmente normas de aplicação imediata.

O Regulamento Roma I refere-se-lhes expressamente, dando mesmo uma definição: "As normas de aplicação imediata são disposições cujo respeito é considerado fundamental por um país para a salvaguarda do interesse público, designadamente a sua organização política, social ou económica, ao ponto de exigir a sua aplicação em qualquer situação abrangida pelo seu âmbito de aplicação, independentemente da lei que de outro modo seria aplicável ao contrato, por força do presente regulamento" (artigo 9º, nº 1)[2].

No mesmo artigo 9º, faz-se uma diferenciação consoante as normas de aplicação imediata provenham da lei do foro, caso em que as disposições do Regulamento não podem ser lidas no sentido de afastarem a aplicação de

Ramos, *Da lei aplicável ao contrato de trabalho internacional*, Almedina, Coimbra, 1990, pp. 635 ss.; António Marques dos Santos, *Direito Internacional Privado – Introdução – I Volume*, AAFDL, Lisboa, 2001, pp. 247 ss.; e sobretudo, do mesmo Autor, *ex professo*, António Marques dos Santos, *As Normas de Aplicação Imediata no Direito Internacional Privado – Esboço de uma Teoria Geral*, Almedina, Coimbra, 1991, pp. 815 ss.; Maria Helena Brito, *A representação nos contratos internacionais – Um contributo para o estudo do princípio da coerência do direito internacional privado*, Almedina, Coimbra, 1999, pp. 601 ss., 701 ss.; Dário Moura Vicente, *Da Responsabilidade Pré-Contratual em Direito Internacional Privado*, Almedina, Coimbra, 2001, pp. 625 ss.; Luís de Lima Pinheiro, *Contrato de Empreendimento Comum (Joint Venture) em Direito Internacional Privado*, Almedina, Coimbra, 2003, pp. 1088 ss.; Luís de Lima Pinheiro, *Direito Internacional Privado – Volume I – Introdução e Direito de Conflitos – Parte Geral*, 3ª ed., Almedina, Coimbra, 2014, pp. 268 ss.; Nuno Andrade Pissarra, "Normas de aplicação imediata e Direito Comunitário", in Nuno Andrade Pissarra / Susana Chabert, *Normas de aplicação imediata, ordem pública internacional e direito comunitário*, Almedina, Coimbra, 2004, pp. 17 ss.. Para referências no domínio arbitral, Gary B. Born, *International Commercial Arbitration*, Volume II: International Arbitral Procedures, 2nd. ed., Kluwer Law International, Alphen aan den Rijn, 2014, pp. 2635, 2691 ss..

[2] Para uma anotação pormenorizada, v. por todos Andrea Bonomi, "Article 9", in Ulrich Magnus / Peter Mankowski (eds.), *Rome I Regulation*, ECPIL – Commentary – Volume II, Verlag Dr. Otto Schmidt, Köln, 2017, nºs 1 ss.; no Brasil, v. breve referência à predecessora Convenção de Roma em Jacob Dolinger, *Direito Internacional Privado (Parte Especial) – Direito Civil Internacional – Volume II – Contratos e Obrigações no Direito Internacional Privado*, Renovar, Rio de Janeiro, 2007, pp. 221-222.

tais normas (nº 2); ou provenham de uma lei de um outro Estado. Aí, nova diferenciação se impõe: nos termos do nº 3 do artigo 9º, "[p]ode ser dada prevalência às normas de aplicação imediata da lei do país em que as obrigações decorrentes do contrato devam ser ou tenham sido executadas, na medida em que, segundo essas normas de aplicação imediata, a execução do contrato seja ilegal. Para decidir se deve ser dada prevalência a essas normas, devem ser tidos em conta a sua natureza e o seu objecto, bem como as consequências da sua aplicação ou não aplicação". Ou seja: as normas internacionalmente imperativas a que há de poder ser dada prevalência são apenas as que pertencem à lei do Estado do lugar da execução das obrigações decorrentes do contrato, e não quaisquer outras[3]. Não obstante, a leitura que o Tribunal de Justiça vem fazendo desta regra opera uma abertura a normas de outros Estados, que não o do lugar da execução da obrigação, por via de um outro expediente técnico: podem elas ser *tomadas em consideração*, enquanto elementos de facto, na aplicação da *lex causae*, no pressuposto de que as normas do direito material competente assim determinem[4].

3. Moratória bancária e COVID-19: o Decreto-Lei nº 10-J/2020

3.1. Introdução

A crise pandémica que começámos a atravessar neste primeiro semestre de 2020 criou um contexto particular em que vão surgindo, nas mais diversas ordens jurídicas, soluções normativas mais ou menos inequivocamente reconduzíveis à noção de *normas de aplicação necessária e imediata*.

Sendo embora o tempo e os dados ainda escassos para uma mais cuidada elaboração comparatística, identificam-se, não obstante, soluções tomadas por diversos legisladores: vejam-se, entre muitos, os casos de Itália[5] ou da

[3] Em termos diversos, cfr. o antecessor artigo 7º, nº 2, da Convenção de Roma de 1980.

[4] Nas palavras do TJUE, *República da Grécia v. Grigorios Nikiforidis*, C-135/15 (2016.10.18): O artigo 9º, nº 3, do Regulamento nº 593/2008 deve ser interpretado no sentido de que exclui que o tribunal do foro possa aplicar, como regras jurídicas, normas de aplicação imediata distintas das do Estado do foro ou das do Estado em que as obrigações decorrentes do contrato devem ser ou foram executadas, mas não se opõe a que este último tome em consideração essas outras normas de aplicação imediata como elementos de facto na medida em que o direito nacional aplicável ao contrato, ao abrigo das disposições deste regulamento, o preveja. Esta interpretação não é posta em causa pelo princípio da cooperação leal enunciado no artigo 4º, nº 3, TUE". V. Andrea Bonomi, "Article 9", cit., nºs 195 ss..

[5] V. Ennio Piovesani, "Italian Self-Proclaimed Overriding Mandatory Provisions to Fight Coronavirus", *conflictoflaws.net*, 2020.03.19, acessível via https://conflictoflaws.net/2020/

Grécia[6], que se vêm reportando, designadamente, em blogues da especialidade internacionalprivatística[7].

Ora, também em Portugal podemos encontrar uma série de diplomas legais que deram corpo a necessidades criadas pela crise pandémica. Entre eles, encontramos o Decreto-Lei nº 10-J/2020, de 26 de março de 2020, que estabeleceu "medidas excecionais de proteção dos créditos das famílias, empresas, instituições particulares de solidariedade social e demais entidades da economia social, bem como um regime especial de garantias pessoais do Estado, no âmbito da pandemia da doença COVID-19".

Dividida em cinco capítulos, a lei dedica o Capítulo II, Secção I (artigos 2º a 6º-A[8]) às *medidas de apoio e condições de acesso*. Nesses preceitos se identificam, essencialmente, as *entidades beneficiárias* (artigo 2º), as *operações abrangidas* (3º) e os traços essenciais da *moratória* assim instituída (4º)[9], nos termos da qual, assim se resume no preâmbulo do DL nº 10-J/2020, se prevê a *proibição da revogação das linhas de crédito contratadas* e a *prorrogação ou suspensão dos créditos* até 30 de setembro de 2020.

3.2. Fim normativo e conexão espacial específica

Para compreender o regime, convirá atentar de novo neste preâmbulo, onde se esclarece que as medidas urgentes assim adotadas têm em vista a *proteção das famílias portuguesas*, "em matéria de crédito à habitação própria permanente", e *das empresas nacionais*, para "assegurar o reforço da sua tesou-

italian-self-proclaimed-overriding-mandatory-provisions-to-fight-coronavirus/, consultado em 20.5.2020; no contexto laboral, Caterina Benini, "The COVID-19 Crisis and Employment Contracts: the Italian Emergency Legislation on Dismissals", *EAPIL blog*, 2020.05.11, acessível via https://eapil.org/2020/05/11/the-covid-19-crisis-and-employment-contracts-the-italian-emergency-legislation-on-dismissals/, consultado em 20.5.2020.

[6] Apostolos Anthimos, "Covid-19 and overriding mandatory provisions", *conflictoflaws.net*, 2020.04.15, acessível via https://conflictoflaws.net/2020/covid-19-and-overriding-mandatory-provisions/, consultado em 20.5.2020.

[7] Para uma primeira panorâmica, leia-se Matthias Lehmann, "Corona Virus and Applicable Law", *EAPIL blog*, 2020.03.16, acessível via https://eapil.org/2020/03/16/corona-virus-and-applicable-law/, consultado em 20.5.2020.

[8] Apesar de publicado em 26 de março, viria o DL 10-J/2020 a sofrer aditamentos – neles se incluindo o citado artigo 6º-A – logo em 10 de abril de 2020, por meio da Lei nº 8/2020.

[9] O artigo 5º define certas condições formais de *acesso à moratória*, o artigo 6º a *tutela de direitos de crédito* numa articulação com o regime insolvencial e de recuperação de empresas, e o artigo 6º-A um *dever de prestação de informação* a cargo das *instituições*, essencialmente as *instituições de crédito*, vinculadas a este regime.

raria e liquidez, atenuando os efeitos da redução da atividade económica". Não se omite que "[o] sistema financeiro tem um especial dever de participação neste esforço conjunto pela sua função essencial de financiamento de qualquer economia". E sentencia-se, ao procurar iluminar a *ratio* da instituição deste regime de urgência: "[g]arante-se a continuidade do financiamento às famílias e empresas e previne-se eventuais incumprimentos resultantes da redução da atividade económica".

Não se encontrando quaisquer *regras de conflitos de leis* no seu articulado, o DL nº 10-J/2020 não deixa de incluir esparsas alusões ao seu âmbito de aplicabilidade espacial. É assim que, entre as *entidades beneficiárias* da nova moratória, encontramos as "empresas" que, entre outros requisitos, "[t]enham sede e exerçam a sua atividade económica em Portugal" (artigo 2º, nº 1, *a*)). E encontramos também as pessoas singulares com "residência em Portugal" (artigo 2º, nº 2, *a*))[10].

Ainda relevante para desenhar o círculo de aplicabilidade de todo este regime, o artigo 3º comanda que ele se aplique a *operações de crédito*, não definidas mais proximamente[11]. Mas as contrapartes das *entidades beneficiárias* são aí identificadas – e resumidamente designadas por *instituições* – também com uma indicação espacial: são *instituições*, para este efeito, as "instituições de crédito, sociedades financeiras de crédito, sociedades de investimento, sociedades de locação financeira, sociedades de factoring e sociedades de garantia mútua, bem como sucursais de instituições de crédito e de instituições financeiras *a operar em Portugal*" (sublinhámos).

Importa atentar na caracterização jurídica da moratória assim instituída, para o que releva agora o teor dos números 1 e 3 do artigo 4º.

No primeiro, definem-se quais as *medidas de apoio* às entidades beneficiárias, "relativamente às suas exposições creditícias contratadas junto das

[10] Ainda quanto a beneficiários, veja-se por fim o nº 2, *b*), do citado art. 2º, que neles inclui os "empresários em nome individual, bem como as instituições particulares de solidariedade social, associações sem fins lucrativos e as demais entidades da economia social (...) que (...) tenham domicílio ou sede em Portugal".

[11] Conforma sublinha Madalena Perestrelo de Oliveira, na sua comunicação inserida no "1º Videocast Novo Coronavírus e Gestão da Crise Contratual", *CIDP / Faculdade de Direito da Universidade de Lisboa*, 2020.04.09, acessível via https://www.cidp.pt/publicacao/1-novo-coronavirus-e-gestao-da-crise-contratual-estrategias-juridicas/206, consultado em 20.5.2020, p. 18: "A expressão da lei é bastante ampla: refere-se a 'operações de crédito'. Parece-me, por isso, que o regime se aplica, por exemplo, à emissão de obrigações e de papel comercial em que os subscritores sejam entidades elencada neste artigo 3º".

instituições": trata-se, em resumo, de uma proibição de revogação, total ou parcial, de linhas de crédito contratadas e dos empréstimos concedidos; da prorrogação de todos os créditos com pagamento de capital no final do contrato; e da suspensão do pagamento do capital, das rendas e dos juros com vencimento previsto até ao término do período de vigência do regime (artigo 4º, nº 1, *a)*, *b)* e *c)*).

Já no segundo preceito, o nº 3 do artigo 4º, definem-se as consequências jurídicas que, perante o caso concreto, poderão resultar das medidas de apoio, vistas agora da perspetiva de cada operação de crédito. O nº 3 determina, com efeito, que "[a] extensão do prazo de pagamento de capital, rendas, juros, comissões e demais encargos referidos nas alíneas b) e c) do nº 1 não dá origem a qualquer:

a) Incumprimento contratual;
b) Ativação de cláusulas de vencimento antecipado;
c) Suspensão do vencimento de juros devidos durante o período da prorrogação (...); e
d) Ineficácia ou cessação das garantias concedidas pelas entidades beneficiárias das medidas ou por terceiros, designadamente a eficácia e vigência dos seguros, das fianças e/ou dos avales".

3.3. Aplicação necessária e imediata

Os elementos acima descritos são já relevantes para uma breve referência ao problema da aplicabilidade deste regime jurídico no espaço.

Note-se, desde logo, como as *operações de crédito* a que ele se aplica corresponderão muitas vezes a contratos de financiamento de vários tipos[12]. Contratos esses que poderão estar sujeitos a lei *diferente da portuguesa*, mormente por via de um acordo sobre a escolha da lei aplicável inserido no clausulado contratual: basta pensar na hipótese de, entre os vários contraentes que obtenham determinado empréstimo ou linha de crédito, se encontrarem uma ou várias entidades constituídas e sediadas fora de Portugal. Ou mesmo na hipótese de, não obstante as partes diretamente contratantes serem todas sediadas e exercerem as suas atividades em Portugal, existirem mais ou menos intensos *elementos relevantes da situação* (na linguagem do artigo 3º, nº 3, do Regulamento Roma I) com o espaço jurídico não português, de tal modo que uma *electio iuris* poderia ser validamente acordada[13].

[12] Cfr. de novo *supra*, n. 11.

[13] Pense-se no exemplo, ainda que não consensual, dos contratos de *swap* que uniam entidades portuguesas a um banco também português, mas filial de um banco espanhol, mas em relação

É justamente nesta constelação de factos que acabamos de imaginar – *i.e.*, os contratos de financiamento celebrados entre entidades beneficiárias sediadas em Portugal e instituições financiadoras a operarem em Portugal – que o regime jurídico da moratória instituída pelo DL nº 10-J/2020 se presta a ser arvorado em autêntica *norma de aplicação necessária e imediata.* Com efeito, muito embora a hipótese desenhada conduzisse, em condições normais, à plena aplicação da lei estrangeira escolhida pelas partes, a extensão dos prazos de pagamento, solicitada por uma delas, entidade beneficiária sediada e a exercer atividade em Portugal, não poderia ser recusada pela instituição mutuante a operar em Portugal, uma vez que, dada a importância do regime da moratória para a "organização política, social ou económica" portuguesa, não haveria como não se "exigir a sua aplicação em qualquer situação abrangida pelo seu âmbito de aplicação, independentemente da lei que de outro modo seria aplicável ao contrato" (artigo 9º, nº 1, do Regulamento Roma I). Assim, esta instituição mutuante não poderia invocar perante aquela entidade beneficiária, que eventualmente não pagasse a sua dívida no prazo contratualmente fixado (ainda sem o cômputo da moratória que requereu), um qualquer incumprimento do contrato, nem tão-pouco declarar o vencimento antecipado do crédito (citando as previsões das alíneas *a) e b)* do nº 3 do artigo 4º)[14].

aos quais os tribunais ingleses não consideraram que houvesse "elementos relevantes da situação" apenas com um único país (Portugal) diferente do país da lei escolhida (Inglaterra), o que levou à plena admissibilidade da escolha de lei: v. High Court of Justice (QB) Commercial Court, *Banco Santander Totta S.A. v. Companhia de Carris de Ferro de Lisboa S.A. et al.*, [2016] EWHC 465 (Comm) (2016.03.04); e, em recurso, Court of Appeal, *Banco Santander Totta S.A. v. Companhia de Carris de Ferro de Lisboa S.A. et al.*, [2016] EWCA Civ 1267 (2016.12.13). Para o efeito, o tribunal deu valor a um conjunto de circunstâncias, em que se inseriam a possibilidade expressamente contratada de o banco ceder a sua posição contratual à sociedade-mãe ou outras filiais-irmãs estrangeiras, o uso de clausulado-tipo (*master agreement*) comum no mercado internacional, a necessidade prática de uma relação com bancos estrangeiros para a disponibilização dos fundos ou a natureza internacional do próprio mercado de *swaps* em que os contratos foram celebrados: vejam-se alguns excertos da decisão em Rui Pereira Dias, "Auslandsbezug des Sachverhalts nach Art. 3 Abs. 3 EVÜ/Rom I-VO und *rebus sic stantibus*-Klausel des portugiesischen Zivilrechts als nicht parteidisponible Bestimmung – Entscheidung des englischen Court of Appeal vom 13. Dezember 2016", in *ZEuP*, 2019, pp. 605, 611-612, e uma muito breve análise da decisão de recurso a pp. 615 ss..

[14] Sobre as soluções do artigo 4º, nº 3, v. Miguel Pestana de Vasconcelos, "Contratos de crédito bancário e Covid 19. O regime da moratória decorrente do Dec.-Lei nº 10-J/2020", in *Revista de Direito Comercial*, 2020, pp. 1124 ss..

Temos identificadas, portanto, as feições típicas da norma de aplicação imediata: um preceito (ou conjunto deles) dotado de particular *intensidade valorativa*[15], justificando-se a sua imposição pela *essencialidade da aplicação* de regras do foro nas quais, aqui explicitamente[16], se visa atender a uma situação de exceção, na qual urge *garantir "a continuidade do financiamento às famílias e empresas"* e *prevenir "eventuais incumprimentos resultantes da redução da atividade económica"* (preâmbulo do DL nº 10-J/2020)[17].

Estamos em crer, por conseguinte, que a moratória para as operações de crédito é instituída nos termos descritos através de uma solução normativa de *aplicação necessária e imediata*.

3.4. Instituições estrangeiras e a livre prestação de serviços

Se a moratória se impõe nas relações entre, de um lado, entidades beneficiárias sediadas e a exercer atividade em Portugal e, de outro, as instituições de crédito que também neste País operam, independentemente da lei validamente escolhida pelas partes para reger os contratos de que são partes, dúvidas surgem sobre se esse regime merecerá alguma forma de atendibilidade em todos aqueles casos em que não se preencham, na totalidade, as conexões específicas que definem o seu âmbito de aplicabilidade no espaço. Entramos aqui num reduto de maior incerteza e menor convicção – como escrevia Baptista Machado a um outro propósito: "Foi exíguo o tempo de reflexão, pelo que nos tememos da ousadia. Disto queremos deixar o leitor advertido"[18].

Uma primeira dúvida pode surgir na delimitação das *instituições de crédito abrangidas pelo Decreto-Lei nº 10-J/2020*, quando pensamos na prestação de

[15] Na expressão de Malintoppi, conforme citada por António Marques dos Santos, *As Normas de Aplicação Imediata no Direito Internacional Privado*, cit., p. 898.

[16] Mas as normas de aplicação necessária e imediata podem também ver a sua "vontade de aplicação derrogatória" ser determinada, não *expressamente*, mas sim de uma forma *implícita*, carecida de ser iluminada pelo intérprete: v. por todos António Marques dos Santos, *As Normas de Aplicação Imediata no Direito Internacional Privado*, cit., p. 971 e *passim*.

[17] "Essencialidade da aplicação" de tais "comandos jurídicos do sistema do foro" ou "sua pertinência ao conjunto daquelas normas cuja observância é necessária para a salvaguarda da organização política, social ou económica de um determinado Estado" (Rui Manuel Moura Ramos, *Da lei aplicável ao contrato de trabalho internacional*, cit.„ p. 667), esta última a formulação já de Francescakis, depois recebida por jurisprudência do Tribunal de Justiça da União Europeia e cristalizada no citado nº 3 do artigo 9º do Regulamento Roma I.

[18] João Baptista Machado, *Lições de Direito Internacional Privado*, 3ª ed., Almedina, Coimbra, 1995, p. 216, n. 2.

serviços financeiros, em Portugal, por instituições sediadas noutros Estados--membros da União Europeia e não estabelecidas no nosso País[19].

É que a formulação do artigo 3º, nº 1, ao abranger um conjunto de instituições de crédito e sociedades financeiras tipificadas pelo RGICSF, às quais junta as sucursais de semelhantes instituições "a operar em Portugal", deixa em aberto o regime a impor a todas aquelas, aparentemente excluídas pela letra da lei, que exerçam a livre prestação de serviços, em Portugal, mas estando sediadas num outro Estado-membro[20].

Vencida alguma hesitação inicial, estamos em crer que estas últimas também se devem considerar incluídas[21].

A hesitação devia-se ao ponto de partida: a letra da lei. De facto, não há nela qualquer alusão às instituições financeiras em livre prestação de serviços em Portugal. E se a lei teve a preocupação de explicitar a aplicação do regime, *não apenas* a instituições financeiras com sede em Portugal (correspondentes às tipificadas no RGICSF), *mas também* às sucursais de instituições estrangeiras por essa via – a da sucursal – estabelecidas em território português, poderia duvidar-se da razão para incluir as atividades de livre prestação de serviços, sem estabelecimento.

No entanto, e em primeiro lugar ainda no plano da letra da lei, sempre se poderia considerar que a locução "a operar em Portugal" visaria todas

[19] A questão é levantada por Madalena Perestrelo de Oliveira, in "1º Videocast Novo Coronavírus e Gestão da Crise Contratual", cit., pp. 18-20. V. ainda André Figueiredo / Bruno Ferreira / Hugo Rosa Ferreira / Gonçalo dos Reis Martins / Raquel Azevedo, "Coronavírus: Moratória nos financiamentos – Análise do regime jurídico especial da moratória nos créditos e financiamentos", *PLMJ*, 2020.03, acessível via https://www.plmj.com/pt/conhecimento/notas-informativas/Coronavirus-Moratoria-nos-financiamentos/30682/, consultado em 20.5.2020, p. 4: "O regime parece excluir os créditos concedidos por entidades da União Europeia em regime de liberdade de prestação de serviços, podendo haver argumentos no sentido da sua inclusão no âmbito de aplicação deste regime".

[20] Cfr. o art. 60º do RGICSF. Sobre esta livre prestação de serviços, Bruno Ferreira, "Passaporte comunitário bancário: sucursal e livre prestação de serviços", in *ROA*, 69. (Vol. I/II), 2009, esp. nº 3.3; v. tb. Afonso Patrão, *Autonomia conflitual na hipoteca e reforço da cooperação internacional: Removendo obstáculos ao mercado europeu de garantias imobiliárias*, Livros Horizonte, Lisboa, 2017, p. 34; e em geral sobre o regime das instituições estrangeiras em Portugal, António Menezes Cordeiro, *Direito Bancário*, 6ª ed. (com a colaboração de A. Barreto Menezes Cordeiro), Almedina, Coimbra, 2016, pp. 1148 ss.

[21] Assim tb., com argumentação não inteiramente coincidente, Madalena Perestrelo de Oliveira, in "1º Videocast Novo Coronavírus e Gestão da Crise Contratual", cit., pp. 18-20.

as formas de *operação* neste País, com a consequência de que, não apenas sucursais de instituições estrangeiras estabelecidas em Portugal, mas também as entidades que aqui exercem a livre prestação de serviços, estariam incluídas.

Segundo, e ligado a essa mesma interpretação, teríamos que o artigo 44º do RGICSF, ao determinar que "[a] atividade em território português de instituições de crédito com sede no estrangeiro deve observar a lei portuguesa (...)", muito embora vise *a atividade* e não *as obrigações contratuais* assumidas pelas instituições nos negócios jurídicos que celebram com os seus clientes (sujeitas, essas obrigações, à lei que as partes, numa relação plurilocalizada, pretendam ver-lhes ser aplicada[22]), serviria como mais um importante apoio para a extensão do regime às entidades em livre prestação de serviços em Portugal: é que se a atividade destas últimas tem que reger-se pela lei portuguesa, e esta mesma lei definiu que a *operação em Portugal* fica sujeita ao regime da moratória, então esse regime identificar-se-á, mais uma vez, como de aplicação imediata, uma vez que são justamente as operações em Portugal que se veem imperativamente abrangidas pela moratória.

Terceiro, e por fim nesta breve reflexão, é de notar que a liberdade de prestação de serviços em Portugal, ao abrigo do direito da União Europeia, não é irrestrita: ela pode ser limitada com base em razões de interesse geral, desde que aplicadas de forma não discriminatória e com respeito pela proporcionalidade, nos bem conhecidos termos gerais[23]. Ora: no caso, o *interesse geral* que justifica a aplicação do regime, porque notório, não carece de demonstração; e a sua aplicação não discriminatória está totalmente assegurada pela circunstância de que as homólogas instituições de crédito e sociedades financeiras, com sede em Portugal, estão igualmente sujeitas a um mesmo regime. Ou seja: a surpreender-se este como o sentido com que a lei deve ser interpretada, ele não terá contra si o arsenal jurídico-europeu.

[22] Maria Helena Brito, "Os contratos bancários e a Convenção de Roma de 19 de Junho de 1980 sobre a lei aplicável às obrigações contratuais", in *Revista da Banca*, Nº 28, 1993, pp. 90 ss.; António Marques dos Santos, "A Convenção de Roma e as operações bancárias", in *Estudos em Homenagem ao Prof. Doutor Raúl Ventura*, vol. II, Coimbra Editora, Coimbra, 2003, pp. 48 ss.; Luís de Lima Pinheiro, "Direito Aplicável às Operações Bancárias Internacionais", in *Estudos de Direito Internacional Privado – Volume II*, Almedina, Coimbra, 2009, pp. 242 ss.

[23] V. por todos Paul Craig / Gráinne De Búrca, *EU Law – Text, Cases, and Materials*, 5th ed., Oxford University Press, Oxford, 2011, pp. 800 ss.

3.5. Outros problemas

Prosseguindo com algumas outras hipóteses, não diretamente cobertas pelo texto legislativo, pensemos agora nos *contratos entre entidades beneficiárias identificadas no artigo 2º* e *instituições não abrangidas pelo Decreto-Lei nº 10-J/2020*, começando por distinguir se esses contratos estão ou não sujeitos ao império da lei portuguesa.

Se sujeitos à lei portuguesa, e não obstante o DL nº 10-J/2020 seja, nesse caso, à partida inaplicável – uma vez não preenchida a *conexão espacial* por ele próprio definida como pressuposto material da sua aplicabilidade –, é de ponderar se não valerá, nos quadros jurídico-obrigacionais portugueses e em consonância com os ditames da boa fé, a seguinte ideia: uma eventual negação da moratória, por instituição de crédito estrangeira à entidade beneficiária portuguesa, criaria um desequilíbrio entre as prestações atentatório do princípio da boa fé. Nesse pressuposto, um instituto como o da *impossibilidade de cumprimento*, assim como o da *alteração superveniente das circunstâncias*, permaneceriam invocáveis pelos beneficiários, nos termos gerais.

Mas a solução que avançamos para este problema tem que ser articulada com a definição das instituições que consideremos vinculadas ao regime do DL nº 10-J/2020, conforme vimos há pouco: se nela incluirmos as instituições estrangeiras que recorram apenas à livre prestação de serviços em Portugal – e vimos que haverá argumentos válidos para o fazer –, esta hipótese perde grande parte, senão todo, o seu alcance prático. Se, diferentemente, entendermos excluídas do regime da moratória tais entidades estrangeiras, que aqui prestem serviços bancários ao abrigo da liberdade de prestação de serviços, então a hipótese recobra o seu interesse.

Diversamente, quando *não estejam sujeitos à lei portuguesa* os contratos entre beneficiários sediados e a exercer atividade em Portugal, de um lado, e instituições estrangeiras, de outro – sem que tais instituições estejam sediadas no espaço da União Europeia; ou, estando, sem que uma noção ampla de *operação em Portugal*, como a que acima apontámos como defensável, possa valer-lhes, por não se lhe atribuir tal amplitude –, seria agora de indagar se, no quadro dessa lei, não poderiam as regras do Decreto-Lei nº 10-J/2020 valer como autênticos *local data*, a serem *tomados em consideração* no momento da aplicação da lei estrangeira competente[24]. Esta indagação requereria o

[24] ALBERT A. EHRENZWEIG, "Local and Moral Data in the Conflict of Laws: Terra Incognita", in *Buffalo Law Review*, 16(1), 1966, pp. 55 ss.; ERIK JAYME, "Ausländische Rechtsregeln und

apoio indispensável de juristas versados na lei estrangeira aplicável, uma vez que a questão, reitera-se, seria primordialmente respondida, não pela lei portuguesa, mas sim pela *lex contractus* estrangeira. Neste contexto, e pensando de novo apenas no quadro jurídico-europeu, o argumento favorável à imposição do regime da moratória sairá fortalecido se o lugar da execução da obrigação[25] se situar em território português, porquanto esse poderá ser o fundamento jurídico para a atendibilidade do regime em outros Estados-membros: não esqueçamos os termos, acima citados, do artigo 9º, nº 3, do Regulamento Roma I[26].

4. Nota final

As considerações que acima deixámos pretendem dar conta de algumas das dificuldades que se levantam na definição do âmbito de aplicabilidade espacial do regime da moratória bancária, instituído pelo Decreto-Lei nº 10-J/2020, no seu confronto com as regras gerais de determinação da lei aplicável às operações de crédito por ele abrangidas.

De uma perspetiva prática, elas parecem redundar na constatação de que o regime apresenta uma considerável amplitude, cobrindo grande parte das operações a que assistimos na nossa prática bancária – o que poderá confortar certos mutuários. Ainda assim, registe-se, a terminar, que esta é uma leitura apresentada sempre no pressuposto de que um possível litígio relativo a essas operações de crédito seja dirimido pelos tribunais portugueses: de outro modo, os pressupostos conflituais de que partimos deixarão de estar presentes[27].

Tatbestand inländischer Normen – Betrachtungen zu Ehrenzweigs Datum-Theorie", in Erik Jayme / Gerhard Kegel (Hrsg.), *Gedächtnisschrift für Albert A. Ehrenzweig*, C. F. Müller Juristischer Verlag, Karlsruhe, Heidelberg, 1976, pp. 39 ss.; Marc-Philippe Weller, "Die Datum-Theorie. Die „personne plurielle" der Postmoderne als Herausforderung des binären IPR", in Martin Gebauer / Heinz-Peter Mansel / Götz Schulze (Hrsg.), *Die Person im Internationalen Privatrecht – Liber Amicorum Erik Jayme*, Gieseking Verlag, Bielefeld, 2019, pp. 69 ss..

[25] Mas pode não ser isenta de dificuldades a determinação deste lugar da execução: v. por todos Andrea Bonomi, "Article 9", cit., nºs 154 ss..

[26] Para um breve paralelo entre a invocação de *local data*, no quadro da *Datum-Theorie*, e o mecanismo do art. 9º, nº 3, de Roma I, Marc-Philippe Weller, "Die Datum-Theorie", cit., pp. 79-80.

[27] Sobre as regras de competência internacional mais frequentemente relevantes, as que pertencem ao Regulamento (UE) nº 1215/2012 (Bruxelas I reformulado), v. Luís de Lima

Pinheiro, *Direito Internacional Privado – Volume III – Tomo I – Competência Internacional*, 3ª ed., AAFDL Editora, Lisboa, 2019, pp. 74 ss.; sobre a admissibilidade, validade e eficácia, à luz desse mesmo quadro normativo, de pactos atributivos de jurisdição (que poderão eventualmente ser inseridos nos contratos em questão), v. tb. Rui Pereira Dias, *Pactos de jurisdição societários*, Almedina, Coimbra, 2018, pp. 137 ss..

O financiamento societário através de suprimentos, prestações suplementares e prestações acessórias

*Paulo de Tarso Domingues**

A primeira (embora não necessariamente a principal) forma de financiamento societário por parte dos sócios é através do capital social (*rectius*, através das entradas que concorrem para a formação do capital social). Os sócios poderão, no entanto, pelas mais diversas razões[1], preferir financiar a sociedade com recurso a outros instrumentos jurídicos, nomeadamente suprimentos, prestações suplementares e prestações acessórias[2]. São estas outras formas de financiamento que nos propomos abordar neste texto.

* Com o presente texto, pretendo prestar uma singela homenagem ao Prof. Pedro Pais de Vasconcelos, de quem sou devedor, *inter alia*, dos seus ensinamentos, da argúcia e elegância da sua arguição na minha tese de doutoramento e, em especial, da amizade com que hoje me honra. Não poderia, por isso, deixar de marcar presença no merecidíssimo *Liber Amicorum* que lhe é dedicado.

[1] Desde logo, porque as entradas para o capital social são as últimas a ser reembolsadas (cfr. artigos 154º e 156º CSC). Mas a opção poderá fundar-se em outros aspetos dos diferentes regimes aplicáveis às diversas formas de financiamento, nomeadamente nos diferentes custos que as mesmas implicam.

[2] Cfr. Raúl Ventura, *Sociedades por quotas*, vol. 1, Almedina, Coimbra, 1989, p. 240, s..

1. Suprimentos

O especial regime do contrato de suprimento – que teve consagração legislativa pioneira no regime alemão das *GmbH*[3] –, é justificado essencialmente pela obrigação que se entende recair sobre os sócios sobre o correto e ordenado financiamento da sociedade. Aos sócios incumbe proporcionar à sociedade os meios necessários ao desenvolvimento do objeto social. Para solucionar as necessidades de financiamento de uma sociedade, os sócios, em vez de fazerem um aumento do capital social, podem, no entanto, recorrer a outros instrumentos, *v.g.*, a empréstimos, conseguindo, desta forma, que o risco de financiamento da empresa se transfira para credores externos, alheios à sociedade.

Ora, se os sócios – em face das necessidades de financiamento da sociedade – em vez de realizarem um aumento do capital social, efetuarem empréstimos à sociedade, eles estarão, por essa via, a resolver os problemas de financiamento da empresa, sem, contudo, aumentarem a sua responsabilidade relativamente à atividade desenvolvida pela sociedade (como sucederia se tivessem financiado a sociedade através de um aumento de capital social), uma vez que – nesta hipótese – assumem, perante ela e pelo valor dos empréstimos realizados, posição semelhante à de um terceiro credor. Com uma vantagem substancial: a de poderem reembolsar os créditos quando lhes convier, na medida em que podem influir nas decisões da administração. Na verdade, numa eventual dissolução da sociedade, os

[3] Este especial regime dos empréstimos dos sócios (*Gesellschafterdarlehen*) foi consagrado nos §§ 32a e 32b GmbHG, em 1980, pela *Gesetz zur* Änderung *des Gesetzes betreffend die Gesellschaften mit beschränkter Haftung und anderer handelsrechtlicher Vorschriften*, de 4 de julho de 1980. Estas normas foram, entretanto, revogadas pela MoMiG (*Gesetz zur Modernisierung des GmbH-Rechts und zur Bekämpfung von Missbräuchen*) – lei publicada em 28 de outubro de 2008 e que entrou em vigor em 1 de novembro de 2008 – que procedeu à mais importante reforma da GmbHG de que há memória, a qual deslocou o essencial desta regulamentação da GmbHG para a lei da insolvência (InsO). Cfr. os §§ 39, 44a e 135 InsO (solução que, para além do mais, permitiu alargar o seu âmbito de aplicação, passando o regime a aplicar-se não apenas às GmbH, mas a outras entidades e sujeitos abrangidos pelo direito insolvencial alemão (cfr. §§ 3, 11 e 354, s. InsO). Sobre a reforma da GmbHG de 1980, veja-se, entre nós, M. Ângela Coelho, "A Reforma da Sociedade de Responsabilidade Limitada (GmbH) pela Lei Alemã de 4 de Julho de 1980 (*GmbH-Novelle*)» RDE, anos VI/VII, 1980/1981. Sobre o surgimento histórico dos suprimentos, pode ver-se rui pinto duarte, "Suprimentos, prestações acessórias e prestações suplementares", in Problemas do direito das sociedades, IDET, Almedina, Coimbra, 2002, p. 262, s.. Vide, sobre o regime alemão, Grigoleit/Rieder, *Gmbh-Recht nach dem MoMiG*, Verlag C.H. Beck, München, 2009, p. 87, s..

sócios apenas receberão o valor da sua participação no capital social depois de pagas todas as outras dívidas da sociedade (cfr. artigos 154º e 156º CSC), o que normalmente não se verificará dado que, por via de regra, naquele momento o ativo não chega para liquidar o passivo. Porém, quanto aos empréstimos realizados à sociedade, os sócios já se equiparam a terceiros, pelo que – por aqueles créditos – apresentar-se-ão numa veste idêntica à dos demais credores. A fim de obviar a este resultado, tem-se assistido, em direito comparado, à consagração de um regime extremamente severo relativamente aos empréstimos efetuados pelos sócios à sociedade.

É a solução que, entre nós – seguindo o regime previsto na GmbHG[4] –, foi legislativamente consagrada, no CSC, com a regulamentação dos suprimentos.

Com efeito, apesar de serem já muito comuns na nossa *praxis* societária, é com o CSC que os suprimentos passam a constituir um contrato típico, regulado nos artigos 243º e seguintes[5].

[4] Cfr. os revogados §§ 32a e 32b GmbHG e a nota anterior.

[5] Sobre o regime dos suprimentos, veja-se especialmente PAIS DE VASCONCELOS, *A participação social nas sociedades comerciais*, 2ª ed., Almedina, Coimbra, 2006, p. 282, s., RAÚL VENTURA, *Sociedades por quotas*, vol. 2, Almedina, Coimbra, 1989, p. 67, s., ID., "Suprimentos a sociedades por quotas no direito vigente e nos projectos", *RDES*, 1978, nºs 3 e 4, p. 165, s., ID., "O contrato de suprimento no código das sociedades comerciais", *O Direito*, ano 121, I, 1989, p. 7, s., COUTINHO DE ABREU, *Curso de direito comercial*, vol. 2, 6ª ed., Almedina, Coimbra, 2019, p. 317, ID., "Suprimentos", in *Estudos em homenagem ao Prof. Doutor Raúl Ventura*, Lisboa, 2003, p. 71, s., RUI PINTO DUARTE, "Contribuições dos sócios para além do capital social: prestações acessórias, prestações suplementares e suprimentos", in *Escritos sobre direito das sociedades*, Coimbra Editora, Coimbra, 2008, p. 226, s., BRITO CORREIA, *Direito comercial*, 2º vol., *Sociedades comerciais*, AAFDL, Lisboa, 1989, p. 489 s., A. MOTA PINTO, *Do contrato de suprimento – O financiamento da sociedade entre capital próprio e capital alheio*, Almedina, Coimbra, 2002, JOÃO AVEIRO PEREIRA, *O contrato de suprimento*, Coimbra Editora, Coimbra, 1997, DEOLINDA APARÍCIO MEIRA, "O contrato de suprimento enquanto meio de financiamento da sociedade", in *Revista de Ciências Empresariais e Jurídicas*, ISCAP, Porto, nº 2, 2005, p. 139, s., FÁTIMA GOMES, "E ainda os suprimentos», in *Homenagem ao Professor Doutor Germano Marques da Silva*, Universidade Católica Editora, Lisboa, vol. II, 2020, p. 785, s., JOANA FREIRE ALMEIDA, "Capital social, reservas e suprimentos: seu conteúdo, função e papel na cobertura de prejuízos", *RDS*, nºs 3/4, 2015, p. 859, s., JOÃO PEDRO MARTINS, "Os suprimentos no financiamento societário – Uma abordagem funcionalista", in *Temas de Direito das Sociedades*, Coimbra Editora, Coimbra, 2011, p. 58, s., PEDRO FERREIRA MALAQUIAS/MANUEL BARBOSA MOURA, "A Qualidade de Sócio/Acionista em Sede de Suprimentos: os Indícios Materiais", in *Actualidad Jurídica Uría Menéndez*, nº 43, 2016, p. 136, s., e HELENA SALAZAR/MARGARIDA AZEVEDO/NUNO PAIXÃO, "Prestações acessórias, prestações suplementares e suprimentos", in *Revista de Ciências Empresariais e Jurídicas*, nº

1.1. Modalidades de suprimentos. O caráter de permanência

De acordo com o nosso regime legal, o contrato de suprimento pode resultar:

i) de um empréstimo (de dinheiro ou outra coisa fungível) concedido pelo sócio à sociedade[6]; ou

ii) do diferimento do vencimento de um crédito do sócio sobre a sociedade (cfr. artigo 243º, nº 1 CSC)[7].

Em ambas as situações, é necessário que o crédito tenha caráter de permanência, presumindo-se tal característica quando seja estipulado um prazo de reembolso superior a um ano ou ainda – se não tiver sido feita qualquer estipulação quanto ao prazo ou este tenha sido estipulado em período inferior a um ano – quando o sócio não utilizar a faculdade de exigir o reembolso durante um ano[8] (cfr. artigo 243º, nºs 2 e 3 CSC).

É este caráter de permanência que justifica o especial regime dos suprimentos, porquanto é essa circunstância que revela o caráter estrutural (e não meramente pontual ou transitório) da necessidade de financiamento da sociedade.

Trata-se, porém, de uma presunção *iuris tantum*, uma vez que se admite, por um lado, a prova, por parte do credor social, do caráter de permanência do empréstimo ainda que não haja decorrido um ano; por outro, a prova, agora por parte do sócio, de que o diferimento superior a um ano se fica a dever a "circunstâncias relativas a negócios celebrados com a sociedade, independentemente da qualidade sócio"[9] (cfr. artigo 243º, nº 4 CSC).

28, 2017, p. 73, s.. Sobre a realização de suprimentos no âmbito de um PER, vide Madalena Perestrelo de Oliveira, "Suprimentos para revitalização societária: entre a subordinação e o privilégio mobiliário creditório geral", RDS, nº 2, 2017, p. 371, s..

[6] Empréstimo este que pode ser remunerado. Assim, ventura, *Sociedades por quotas*, vol. 2, p. 125, Coutinho de Abreu, *Curso de direito comercial*, vol. 2, p. 322, e Rui Pinto Duarte, "Contribuições dos sócios...", p. 228.

[7] Fala-se, a este propósito, de duas modalidades de suprimentos: suprimento ativo (o que resulta do empréstimo) e suprimento passivo (o que resulta do diferimento do crédito). Cfr. Pais de Vasconcelos, "A participação social...", p. 283. Vide também Coutinho de Abreu, *Curso de direito comercial*, vol. 2, p. 317, s..

[8] Prazo que se conta a partir da constituição do crédito e não do seu vencimento. Cfr. artigo 243º, nº 3 CSC e Ventura, *Sociedades por quotas*, vol. 2, p. 116. Para o caso de lucros, cuja distribuição foi deliberada e que não foram levantados, o termo inicial é o da deliberação que aprovou a distribuição (vide artigo 243º, nº 3 CSC, *in fine*).

[9] Veja-se, para um critério sobre a ausência desta *causa societatis* no diferimento do crédito concedido à sociedade, ventura, *Sociedades por quotas*, vol. 2, p. 121, defendendo que "o mais

1.2. Partes do contrato de suprimentos. A sua transmissibilidade

O regime dos suprimentos visa primacialmente atingir os sócios, requalificando os respetivos créditos e sujeitando-os a um especial regime. Por isso, os contratos de suprimentos têm, em regra, como Partes a sociedade e um sócio[10]. Pode, contudo, tal não suceder.

Desde logo, porque a lei equipara ao crédito de suprimento o crédito de um terceiro sobre a sociedade – com caráter de permanência (no sentido acima referido: com prazo de reembolso superior a um ano ou com a não utilização da faculdade de exigir o reembolso durante um período superior a um ano) – que, entretanto, tenha sido adquirido por um sócio. Para esta equiparação, essencial é que, no momento da aquisição do crédito pelo sócio, aquele caráter de permanência já se verifique (artigo 243º, nº 5 CSC).

Por outro lado, porque o crédito de suprimentos pode ser autonomamente alienado (desacompanhado da alienação da participação social), inclusivamente para um não sócio[11]. E, nesta hipótese, continuará a aplicar-se-lhe o regime legal dos suprimentos[12], ficando o terceiro, relativamente a este crédito, igualmente sujeito ao respetivo regime legal. E o mesmo regime será aplicável ao sócio que cede a sua participação – e, portanto, deixa de ser sócio – mantendo-se, no entanto, como credor dos suprimentos[13].

prático critério de distinção será provavelmente a igualdade de tratamento concedido (pelo sócio) ao devedor sociedade, relativamente aos devedores de créditos análogos".

[10] Cfr. artigo 243º, nº 1 CSC. Não se aplica o regime dos suprimentos a um contraente depois de ele ter deixado de ser sócio. Cfr. Ventura, *Sociedades por quotas*, vol. 2, p. 95.

[11] Vide A. Mota Pinto, "Cessão de créditos de suprimentos, prestações acessórias e prestações suplementares", em IDET, *E depois do Código das Sociedades em Comentário*, Almedina, Coimbra, 2016, p. 292, s..

[12] Assim, também K. Schmidt, *Gesellschaftsrecht*, Carl Heymanns Verlag, Köln, 2002, p 1157, Rui Pinto Duarte, "Contribuições dos sócios...", p. 246, s., e A. Mota Pinto, *Do contrato de suprimento...*, p. 286, s.. De resto, se assim não fosse, seria extremamente fácil circunvir o regime legal imperativo aplicável aos suprimentos.

[13] Com efeito, é pacificamente aceite que se possa transmitir a participação social sem os suprimentos e, inversamente que o sócio possa alienar o crédito de suprimentos sem a transmissão da participação social. Cfr., neste sentido, Ventura, *Sociedades por quotas*, vol. 2, p. 134, s., Rui Pinto Duarte, "Contribuições dos sócios...", p. 246, s., e A. Mota Pinto, *Do contrato de suprimento...*, p. 286, s., e "Cessão de créditos de suprimentos...", p. 294, s.. Vide também Ac. RP, de 02/03/1995, com o nº convencional JTPRT000100028, que se pode encontrar em <www.dgsi.pt>.

Em conclusão, o regime dos suprimentos – que visa especialmente abranger os créditos de sócios – poderá afinal aplicar-se a créditos de que sejam titulares não sócios.

Note-se que, assim como o direito dos sócios ao reembolso dos suprimentos pode ser transmitido para um terceiro[14], também o direito da sociedade relativamente à obrigação de suprimentos por parte dos sócios pode ser por ela transmitido para terceiros, embora, aqui, para este efeito, a sociedade necessite do consentimento do sócio[15].

Refira-se, por último, que a correspondente obrigação do sócio de realizar suprimentos, quando conste do pacto, acompanhará, em princípio, a transmissão da quota (é este também o regime aplicável à obrigação de prestações acessórias – cfr. infra ponto 4.5).

1.3. Forma de constituição e regime do incumprimento da obrigação de suprimentos

Uma vez que o cumprimento da obrigação de suprimentos – assim como o seu incumprimento – não afeta a qualidade de sócio, a lei não rodeia de especiais cautelas a constituição e realização destes suprimentos que poderão resultar de um simples contrato entre a sociedade e um sócio, sem observância de qualquer forma especial (cfr. artigo 243º, nº 6 CSC), e sem necessidade de uma prévia deliberação dos sócios para o efeito (cfr. artigo 244º, nº 3 CSC[16]).

É solução que sem esforço se compreende: trata-se de permitir o adequado financiamento da sociedade, sem que a operação belisque minimamente o *status socii* dos diferentes sócios – seja dos que realizaram os suprimentos, seja dos que o não fizeram –, que em nada veem alterado os seus direitos corporativos[17].

[14] Nada impedirá também que o sócio transmita a sua obrigação de realizar suprimentos para um terceiro – ainda que desacompanhada da participação social – conquanto a sociedade nisso consinta (cfr. artigo 595º CC).

[15] É essa a solução prevista para a transmissibilidade desse direito da sociedade no caso de prestações acessórias de caráter pecuniário (cfr. artigos 209º, nº 2 e 287º, nº 2 CSC) e não há razão para que se deixe de aplicar também ao caso de que agora estamos a cuidar. Vide infra ponto 4.5.

[16] A menos que o contrato de sociedade o exija (cfr. o referido 244º, nº 3 CSC). A obrigação de suprimento pode, no entanto, ser constituída por deliberação dos sócios votada por aqueles que a assumam (artigo 244º, nº 2 CSC).

[17] Uma vez que os suprimentos não são capital social e não podem ser diretamente levados a capital social, e é este que determina a medida dos direitos sociais.

Com efeito, seja a realização dos suprimentos seja o incumprimento de tal obrigação não afeta a qualidade de sócio, nomeadamente os seus direitos sociais, ou a sua posição relativa na sociedade. Esta operação não altera, de facto, os direitos corporativos de qualquer sócio, seja dos que realizam os suprimentos seja dos que os não efetuam: os direitos políticos ou patrimoniais dos sócios (de todos eles) mantêm-se absolutamente idênticos com esta operação. Por outro lado, o sócio não pode ser excluído do grémio social por não realizar os suprimentos a que se obrigou[18]. Ao incumprimento desta obrigação aplicar-se-ão apenas as regras gerais do incumprimento dos contratos. Ou seja, ainda que um sócio incumpra a obrigação de suprimentos que sobre ele recai, isso permitirá apenas à sociedade reclamar do sócio o pagamento daquele crédito, sem que, no entanto, aquele incumprimento possa afetar, em princípio, os seus direitos sociais[19].

Note-se, contudo, que se a obrigação de suprimentos estiver contratualmente prevista, ela equiparar-se-á, nesta hipótese, a uma prestação acessória, ficando, por isso, sujeitas ao respetivo regime (cfr. artigo 244º, nº 1 CSC)[20].

Se a obrigação de suprimentos resultar de uma simples deliberação dos sócios, a ela – atento o princípio da limitação da responsabilidade dos sócios das sociedades de capitais – ficarão apenas vinculados os sócios que votarem a deliberação (cfr. artigo 244º, nº 2 CSC).

1.4. Caráter oneroso ou gratuito do contrato de suprimento

Os suprimentos poderão ter caráter oneroso ou gratuito[21], conforme for convencionado (cfr. artigo 209º, nº 1 CSC, previsto para as prestações acessórias, mas aplicável aos suprimentos *ex vi* artigo 244º, nº 1 CSC). A lei não define qual o regime aplicável, nesta matéria, no silêncio do contrato, nomeadamente quanto à esta questão de saber se os suprimentos vencem

[18] A menos que os suprimentos se reconduzam a prestações acessórias, caso em que em que se aplicará o respetivo regime. Vide o que se dirá, de seguida, em texto e infra no ponto 4.

[19] Não tem aqui aplicação, p. ex., o disposto no artigo 27º, nºs 4 e 6 e 384º, nº 4 CSC.

[20] Vide regime nos artigos 209º e 287º CSC. I.é, os suprimentos estatutariamente obrigatórios reconduzem-se afinal a prestações acessórias. E, relativamente a estas, a lei permite que se possam consagrar sanções para o respetivo incumprimento (cfr. artigos 209º, nº 4 CSC e 287º, nº 4 CSC). Vide infra ponto 4.

[21] Sobe esta matéria, vide FRANCISCO RODRIGUES ROCHA, «(I)limitação da taxa de juros remuneratórios nos créditos de suprimentos? Breves notas», *RDS*, nº 1, 2018, p. 57, s..

ou não juros. O contrato de suprimento é um contrato típico, pelo que não se lhe aplicam as regras do mútuo civil ou mercantil[22]. Ao invés, e porque o regime do contrato de suprimento visa sobretudo proteger os credores sociais, deve entender-se que os suprimentos só são remunerados quando tal for convencionado[23].

1.5. Aplicação do regime a "empréstimos indiretos" dos sócios?

Na Alemanha, a lei prevê expressamente[24] que o regime do contrato de suprimento é igualmente aplicável aos chamados "empréstimos indiretos" dos sócios, i. é, às situações em que estes prestam uma garantia a terceiro, para que este conceda um empréstimo à sociedade. Trata-se de uma solução que que não está expressamente prevista no nosso CSC.

Julgamos, no entanto, possível que – no ordenamento jurídico português – solução idêntica à do direito alemão se possa considerar aplicável entre nós[25]. A tal resultado chegar-se-á por interpretação extensiva ou aplicação analógica dos artigos 243º e seguintes CSC. Com efeito, no circunstancialismo referido, tudo se passa como se fosse efetuado um empréstimo pelo sócio através de interposta pessoa. Na verdade, o terceiro não concederia o empréstimo à sociedade, fazendo-o apenas em atenção ao sócio e às garantias que ele presta[26]. Mas ao mesmo resultado chegar-se-á também, necessa-

[22] Assim, Coutinho de Abreu, *Curso de direito comercial*, vol. 2, p. 321.

[23] Neste sentido, vide Coutinho de Abreu, *Curso de direito comercial*, vol. 2, p. 322, Ventura, *Sociedades por quotas*, vol. 2, p. 125. No sentido de que, na falta de convenção sobre a matéria, os suprimentos vencem juros, vide, no entanto, Aveiro Pereira, *O contrato de suprimento*, p. 86, s..

[24] Cfr. o revogado § 32a, III GmbHG, regime que se encontra hoje – após a MoMiG – plasmada no § 135, 2 InsO.

[25] Contra, considerando, que esta solução não se pode considerar aplicável no ordenamento jurídico português, vide Ventura, *Sociedades por quotas*, vol. 2, p. 102, s., e Rui Pinto Duarte, "Suprimentos, prestações acessórias...", p. 270, s.. Contra a consagração deste entendimento no ordenamento jurídico português, estão, contudo, os trabalhos preparatórios do CSC. De facto, norma idêntica à do § 32a, III GmbHG estava prevista nos primeiros anteprojetos do Código, não tendo, porém, passado tal solução para o texto definitivo da nossa lei.

[26] Obviamente, o terceiro ficará sujeito ao regime dos suprimentos quanto à cobrança do seu crédito relativamente à sociedade. Relativamente ao sócio que presta a garantia, já não serão aplicáveis as restrições e limitações que resultam do regime dos suprimentos. Vide, para o direito alemão, o regime previsto no § 44a InsO. Cfr. Grigoleit/Rieder, *Gmbh-Recht nach dem MoMiG*, p. 87, s..

riamente, pelo instituto da fraude à lei[27], verificados que sejam os respetivos pressupostos[28].

1.6. Regime fiscal

Até 2016, a realização de suprimentos por qualquer sócio – independentemente da participação social de que fosse titular – estava isenta de imposto de selo.

A partir de 2016, com a alteração à alínea i) do artigo 7º do Código do Imposto de Selo, efetuada pelo artigo 152º da Lei nº 7-A/2016, de 30 de março, a isenção passou a ser aplicável exclusivamente aos sócios que "detenham diretamente uma participação no capital não inferior a 10% e desde que esta tenha permanecido na sua titularidade durante um ano consecutivo"[29].

Por outro lado, o legislador fiscal veio configurar[30] a realização de suprimentos como uma manifestação de fortuna a tomar em consideração para a possibilidade de recurso à avaliação indireta dos rendimentos dos sócios. Com efeito, o artigo 87º, nº 1, al. a) LGT estabelece que este tipo de avaliação será possível se "os rendimentos declarados em sede de IRS se afastarem significativamente para menos, sem razão justificada, dos padrões de rendimento que razoavelmente possam permitir as manifestações de fortuna evidenciadas pelo sujeito passivo nos termos do artigo 89º-A". Ora, nos termos da alínea c) do nº 2 deste artigo 89º-A LGT uma das manifestações

[27] Diga-se que Raúl Ventura (cfr. VENTURA, *Sociedades por quotas*, vol. 2, p. 103) acaba por aceitar que o instituto da fraude à lei possa ser aplicável à situação referida em texto. Em sentido idêntico, vide também RUI PINTO DUARTE, "Suprimentos, prestações acessórias...", p. 271.

[28] Assim, também G. B. PORTALE, *Trattato delle società per azioni*, vol. 1 **, Utet, Torino, 2004, p. 108, s., especialmente p. 111, s., que considera "che l'istituto che meglio consente la «riqualificazione forzata» dei prestiti sia quello della frode alla legge" (p. 114). Este A. dá nota de que, em Itália, na falta de normas expressas que resolvam o problema, a doutrina, acolhendo aquela solução – da equiparação dos empréstimos dos sócios a entradas de capital – avança vários fundamentos para o mesmo, nomeadamente os institutos da simulação (o empréstimo dissimulará uma verdadeira entrada de capital), do abuso de direito (do tipo contratual em causa, o mútuo), da *exceptio doli generalis*, e da fraude à lei.

[29] Ou desde que o sócio que realiza os suprimentos o seja desde a constituição da sociedade, devendo, neste caso, a participação (superior a 10%) ser mantida durante pelo menos um ano.

[30] A partir do DL nº 398/98, de 17 de dezembro, diploma que aditou a alínea c) – respeitante aos suprimentos – ao nº 2 do artigo 89º-A LGT (norma introduzida na LGT pelo Lei nº 30-G/2000, de 29 de dezembro), que veio consagrar os indícios de manifestações de fortuna relevantes para efeitos tributários.

de fortuna a tomar em consideração, para este efeito, são precisamente os suprimentos e empréstimos[31] realizados pelo sócio (ou por um seu familiar[32]) à sociedade, num determinado ano. Com efeito, se o rendimento líquido declarado pelo sócio for inferior em 30%, ou mais, relativamente ao "rendimento padrão"[33] do sócio, tal autorizará a Administração Tributária a recorrer à avaliação indireta dos respetivos rendimentos para efeitos de tributação (cfr. artigo 89º-A, nºs 1 e 4 LGT).

1.7. Reembolso dos suprimentos

Se não são levantadas dificuldades quanto à constituição dos suprimentos, o mesmo já não se passa quanto ao seu reembolso. Para este efeito, a lei estabelece agora – não se esqueça que os suprimentos desempenham uma função relativa ao ordenado financiamento da sociedade por parte dos sócios – um regime particularmente rigoroso, que se traduz fundamentalmente no seguinte:

a) na ausência de estipulação sobre o assunto, o prazo para o reembolso dos suprimentos ser fixado – nos termos do artigo 777º, nº 2 CC – pelo Tribunal que, para o efeito, deverá levar em conta "as consequências que o reembolso acarretará para a sociedade, podendo, designadamente, determinar que o pagamento seja efetuado em certo número de prestações" (artigo 245º, nº 1 CSC);
b) na impossibilidade de tais créditos justificarem o pedido de falência – hoje insolvência – da sociedade (artigo 245º, nº 2 CSC);
c) no facto de, em caso de insolvência da sociedade, só poderem ser reembolsados depois de inteiramente liquidado o restante passivo da mesma (artigo 245º, nº 3, alínea a) CSC). Trata-se, pois, de créditos subordinados de último grau (vide, em sentido idêntico, os artigos 48º, al. g) e 177º CIRE);

[31] Desde que de valor igual ou superior a 50.000€ (cfr. ponto nº 5 da tabela do nº 4 do artigo 89º-A LGT).

[32] Cfr. o referido artigo 89º-A, nº 2, al. c) LGT.

[33] A determinação do rendimento padrão consta da tabela do nº 4 do artigo 89º-A LGT. No caso dos suprimentos, a lei considera que o rendimento padrão deve corresponder a 50% do valor dos suprimentos realizados pelo sócio ou por um seu familiar num determinado ano (cfr. ponto nº 5 da tabela do nº 4 do artigo 89º-A LGT). Donde, se o rendimento declarado por um sócio, num determinado exercício, for inferior em mais de 30% a metade do valor dos suprimentos que esse sócio efetuou nesse mesmo exercício, será possível a tributação com recurso à avaliação indireta.

d) na inadmissibilidade, após a insolvência, da compensação de créditos da sociedade com créditos de suprimentos (artigo 245º, nº 3, alínea b) CSC);
e) na possibilidade de serem resolvidos a favor da massa falida os reembolsos de suprimentos efetuados no ano anterior à sentença declaratória da insolvência (artigo 245º, nº 5 CSC e 121º, nº 1, al. i) CIRE);
f) na nulidade das garantias reais prestadas pela sociedade relativas a obrigações de reembolso de suprimentos (artigo 245º, nº 6 CSC).

Note-se, no entanto, que ao contrário do que sucede com a entrada dos sócios[34], nenhum direito é reconhecido aos credores sociais para se oporem ou impedirem o reembolso aos sócios dos suprimentos.

Por outro lado, não se estabeleceu, como chegou a ser proposto por Raúl Ventura[35], que os suprimentos só pudessem ser reembolsados aos sócios quando a situação líquida não fosse – ou não se tornasse por virtude daquele reembolso – inferior ao capital social.

1.8. A aplicação do regime dos suprimentos às SA

O regime do contrato de suprimento está previsto exclusivamente para as SQ (nos artigos 243º, s. CSC), pelo que, inevitavelmente, se coloca a questão da sua aplicação analógica aos outros tipos sociais. Sem grandes detalhes, que aqui não se justificam, tem-se entendido pacificamente entre nós[36], que o regime deve igualmente considerar-se aplicável às SA[37] ou, quando menos,

[34] Cfr., para a restituição da entrada, o regime dos artigos 95º e 96º CSC.

[35] Cfr. Raúl Ventura, "Suprimentos a sociedades por quotas no direito vigente e nos projectos", *RDES*, 1978, nºs 3 e 4, p. 195.

[36] Entre nós, a voz discordante é a de A. Pereira de Almeida, *Sociedades comerciais, valores mobiliários, instrumentos financeiros e mercados*, 7ª ed., vol. 1, Coimbra Editora, Coimbra, 2013, p. 396, para quem "os suprimentos são um instituto próprio das sociedades por quotas".

[37] Assim, Pais de Vasconcelos, A participação social...", p. 285, s., Brito Correia, *Direito comercial*, 2º vol., p. 491, s. (embora entendendo este A. que a questão é delicada), Menezes Cordeiro, *Manual de direito das sociedades*, II, *Das sociedades em especial*, Almedina, Coimbra, 2007, p. 298, s., P. Olavo Cunha, *Direito das sociedades comerciais*, 7ª ed., Almedina, Coimbra, 2019, p. 968, Pinto Furtado (2004), p. 227, Aveiro Pereira, *O contrato de suprimento*, p. 115, s., e Rui Pinto Duarte, "Suprimentos, prestações acessórias...", p. 269, s., id. (2008), p. 247, s., embora este A. considere que a aplicação do regime às SA apenas se deve verificar em casos muito restritos e limitados (v.g., quando a obrigação de empréstimo por parte do acionista resulte de um acordo parassocial, a propósito do financiamento da sociedade). Admitindo também a aplicação da figura às SA (embora considerando que, dependendo da concreta situação,

que se deve considerar aplicável aos "acionistas empresários"[38] ou detentores de uma participação qualificada[39].

Por nós, entendemos que o regime dos suprimentos previsto para as SQ não pode ser aplicado, de preceito, às SA. Haverá, também para este efeito, que fazer apelo à distinção entre acionista investidor (que, afastado do poder e controle da vida da empresa, pretende fundamentalmente arrecadar os dividendos distribuídos) e acionista empresário (que tem o controle e a direção efetiva da atividade da empresa). Ora, será exagerado e irrazoável que, na eventualidade dum sócio investidor (*ab absurdo*, titular de uma única ação) emprestar determinada quantia à SA por prazo superior a um ano, fique sujeito ao regime extremamente penalizante do contrato de suprimento. Parece-nos, pois, que tal regime deverá ser aplicado, nas SA, exclusivamente aos acionistas empresários[40] que, diferentemente dos acionistas investidores, têm outras responsabilidades e interesses quanto ao destino e gestão da empresa[41].

o regime poderá ser aplicável a todo e qualquer acionista), vide COUTINHO DE ABREU, *Curso de direito comercial*, vol. 2, p. 325, s., A. que considera o regime dos suprimentos igualmente aplicável, por analogia, às SENC (com exceção do artigo 245º, nº 3 CSC – cfr. p. 328-329).

[38] É esta a posição maioritária na doutrina e jurisprudências alemãs (cfr. LUTTER, *Kölner Kommentar zum Akiengesetz*, Band 1, Carl Heymanns Verlag, Köln, 1988, § 57, p. 664, s.) e que também já tivemos oportunidade de defender para o nosso ordenamento jurídico (vide TARSO DOMINGUES, *Do capital social – Noção, princípios e funções*, BFDUC, Coimbra Editora, Coimbra, 2004, p. 228, s.).

[39] Cfr. VENTURA, *Sociedades por quotas*, vol. 2, p. 87, que defende "à falta de melhor e para evitar o arbítrio total" a aplicação daquele regime apenas aos sócios titulares de ações correspondentes a, pelo menos, 10% do capital social, solução que foi acolhida pelo nosso mais alto Tribunal, no Ac. do STJ, de 14 de dezembro de 1994, que se encontra publicado in *CJ-STJ*, 1994, III, p. 173, s., e no Ac. do STJ, tirado em 9 de fevereiro de 1999, que se encontra publicado in *CJ--STJ*, 1999, I, p. 101, s..

Na Alemanha, mesmo nas GmbH, o especial regime relativo aos empréstimos dos sócios só se aplica àqueles sócios que, não sendo gerentes, sejam titulares de mais de 10% do capital social. Cfr. §39, 5 InsO (solução que já constava do revogado § 32a, III GmbHG). Vide GRIGOLEIT/RIEDER, *Gmbh-Recht nach dem MoMiG*, p. 87, s..

[40] Sem que se possa estabelecer uma percentagem mínima fixa de participação no capital social para caracterizar este tipo de sócio, uma vez que isso dependerá de uma análise casuística de cada sociedade.

[41] Vide TARSO DOMINGUES, *Do capital social...*, p. 228, s.. Em sentido próximo, cfr. COUTINHO DE ABREU, *Curso de direito comercial*, vol. 2, p. 325, s..

2. Mútuos feitos pelos sócios à sociedade (não sujeitos ao regime dos suprimentos)

O regime dos artigos 243º, s. CSC não exclui a possibilidade de os sócios celebrarem, com a sociedade, contratos de mútuo que não fiquem sujeitos ao regime dos suprimentos[42]. Neste caso, o sócio aparece, contudo, na relação contratual como um qualquer terceiro[43]. I. é, a qualidade de sócio não determina a qualificação e o regime desta forma de financiamento. Tratar-se-ão, em princípio, de contratos de empréstimo de curto prazo, uma vez que, se estes empréstimos passarem a revestir a caraterística de permanência, acima assinalada (e que se presume quando o empréstimo vigora por um período superior a um ano), eles ficarão, *ope legis*, sujeitos ao regime dos suprimentos[44].

3. Prestações suplementares (meio privativo de financiamento, a título de capital próprio, das SQ)

Uma outra forma de financiamento da sociedade por parte dos sócios são as prestações suplementares, também comummente designadas prestações suplementares de capital. Também estas tiveram origem no direito alemão das *GmbH*[45]e também elas têm um regime legal tipificado no nosso CSC (artigos 210º a 213º CSC)[46]. Trata-se de um meio de financiamento privativo das SQ[47], o qual se aproxima em alguns aspetos do regime das

[42] No sentido de que o contrato de suprimentos não se confunde com o contrato de mútuo, vide Coutinho de Abreu, *Curso de direito comercial*, vol. 2, p. 318.

[43] Note-se, no entanto, que se o sócio for administrador da sociedade, o contrato ficará sujeito ainda ao regime do artigo 392º CSC.

[44] Sobre esta matéria, pode ver-se Coutinho de Abreu, *Curso de direito comercial*, vol. 2, p. 318, s..

[45] É um regime que segue muito de perto o regime das *Nachschüssen* previsto, desde o início, nos §§ 26 a 28 da GmbHG. Cfr. Lutter/Hommelhof, *GmbHG-Gesetz Kommentar*, Otto Schmidt, Köln, 2000, p. 361, s.. Sobre o surgimento das prestações suplementares, vide Rui Pinto Duarte, "Suprimentos, prestações acessórias...", p. 259, s..

[46] Sobre esta matéria, vide especialmente ventura, *Sociedades por quotas*, vol. 1, p. 233, s., Coutinho de Abreu, *Curso de direito comercial*, vol. 2, p. 313, s., Rui Pinto Duarte, "Contribuições dos sócios...", p. 238, s., e Sofia Gouveia Pereira, *As prestações suplementares no direito societário português*, Principia, Cascais, 2004.

[47] A regulamentação legal desta forma de financiamento está efetivamente apenas para as SQ, a qual não se deve considerar aplicável a outros tipos societários. Vide infra ponto 3.6.

entradas (embora com elas não se confundam[48]). Por isso, e dado o rigoroso regime destas prestações suplementares, nomeadamente quanto ao seu reembolso[49], elas constituem uma forma de financiamento considerada como capital próprio[50].

A preferência dos sócios pelo financiamento societário através deste instrumento, prender-se-á normalmente com duas ordens de razões: por um lado, os custos inferiores relativamente a um aumento de capital social e, por outro, a maior facilidade na sua restituição[51].

3.1. Caracterização da figura e traços essenciais do regime

As prestações suplementares de capital podem definir-se como "prestações em dinheiro sem juros que a sociedade exigirá aos sócios quando, havendo permissão do estatuto, deliberação social o determine"[52].

São, portanto, três os aspetos caracterizadores deste meio de financiamento:

a) as prestações suplementares têm de estar contratualmente previstas para que possam ser exigidas aos sócios (cfr. artigo 210º, nº 1 CSC). Se se tratar de uma alteração superveniente do contrato que introduza a obrigação de prestações suplementares, elas não poderão ser exigidas aos sócios que não tiverem votado tal alteração (cfr. artigo 86º, nº 2 CSC);
b) elas devem necessariamente ter por objeto dinheiro (cfr. artigo 210º, nº 2 CSC); e
c) têm obrigatoriamente de ser gratuitas; nunca poderão ser remuneradas (cfr. artigo 210º, nº 5 CSC).

[48] As prestações suplementares e as entradas não têm, de facto, natureza idêntica. Assim também, Raúl Ventura (cfr. Ventura, *Sociedades por quotas*, vol. 1, p. 239), que a propósito do *nomen* prestações suplementares de capital expressamente afirmava que tal designação era duplamente perigosa por, para além do mais, poder "inculcar identidade de natureza entre as prestações de entrada para capital e as prestações suplementares", e elas não poderem considerar-se equiparáveis. Este A. considerava, aliás, por a expressão não ser rigorosa, que, quando muito, se deveriam denominar prestações suplementares *ao* capital e não *de* capital. Cfr. Ventura, *Sociedades por quotas*, vol. 1, p. 239.

[49] Vide infra ponto 3.5.

[50] Vide conta 53 do SNC e a respetiva nota explicativa.

[51] De facto, o formalismo exigido para a devolução das entradas (através de uma redução do capital social exuberante) é muito mais exigente do que o previsto para a restituição das prestações suplementares.

[52] Vide Coutinho de Abreu, *Curso de direito comercial*, vol. 2, p. 313.

Note-se que a previsão contratual relativa às prestações suplementares deve fixar os elementos essenciais desta obrigação, a saber:

a) o montante máximo das prestações suplementares;
b) os sócios, sujeitos passivos de tal obrigação (não tendo, portanto, na nossa lei, a obrigação que recair sobre todos os sócios); e
c) o montante – ou critério de aferição do montante da prestação suplementar – que cada sócio está obrigado a realizar (que não terá, no nosso ordenamento jurídico, que ser proporcional à participação social de cada um).

Em todo o caso, só a falta do elemento referido na alínea a) – o montante global das prestações – é que determina a nulidade da cláusula que consagre as prestações suplementares, uma vez que os outros dois requisitos são supletivamente supridos pela lei (cfr. artigo 210º, nº 4 CSC).

3.2. Exigibilidade. A realização voluntária de prestações suplementares

A autorização estatutária das prestações suplementares é necessária, mas não suficiente para que elas possam ser exigidas aos sócios. Para este efeito, é sempre necessária ainda uma deliberação dos sócios para esse efeito (cfr. artigo 211º, nº 1 CSC)[53].

Não podendo ser exigidas dos sócios prestações suplementares, caso essa possibilidade não esteja prevista nos estatutos, nada impedirá, assim o escrevemos já[54], que um ou mais sócios possam voluntariamente realizá-las. O que o artigo 210º, nº 1 CSC proíbe é que possa recair sobre os sócios tal obrigação quando não esteja contratualmente prevista, mas nada estabelece e não impede, portanto, a realização espontânea e voluntária de tais prestações[55].

3.3. A (in)transmissibilidade das prestações suplementares

A nossa lei (cfr. artigo 212º, nº 4 CSC) expressamente determina a impossibilidade de transmissão do direito de crédito da sociedade para terceiros[56].

[53] Cfr. Coutinho de Abreu, *Curso de direito comercial*, vol. 2, p. 314.

[54] Vide Tarso Domingues, *Do capital social...*, p. 191.

[55] Assim também Rui Pinto Duarte, "Contribuições dos sócios...", p. 257, s..

[56] Raúl Ventura parece considerar que este artigo 212º, nº 4 CSC apenas impede a transmissão do direito abstrato da sociedade a exigir as prestações suplementares. Com efeito, para este A. "o crédito da sociedade por prestação suplementar já deliberada é transmissível". Cfr. Ventura, *Sociedades por quotas*, vol. 1, p. 262. Parece-nos, contudo, que ainda que se considere que aquela norma legal permite a transmissão deste direito concreto ou ativado da

Por outro lado, a lei proíbe também expressamente que os credores se possam sub-rogar à sociedade na exigência da obrigação de prestação suplementar (artigo 212º, nº 4 CSC).

Quanto à transmissão da correspetiva obrigação do sócio de realização de prestações suplementares, sendo ela elemento da participação social, a transmissão desta implicará também, em princípio, a transmissão daquela obrigação[57]. Mas já não será possível a transmissão autónoma (i. é, separada da participação social) desta obrigação do sócio de realizar prestações suplementares.

Nada impedirá, contudo, a transmissibilidade do crédito (concreto) do sócio relativamente ao reembolso da prestação já realizada, ainda que o respetivo reembolso não tenha sido ainda deliberado pelos sócios[58].

3.4. (In)cumprimento

O regime do cumprimento das prestações suplementares aproxima-se, em certos aspetos, do regime das entradas (vide artigo 212º CSC), nomeadamente:

a) quanto à impossibilidade de invocação da compensação para extinguir esta obrigação do sócio (artigo 212º, nº 2 CSC);
b) a proibição da sociedade exonerar os sócios desta obrigação (artigo 212º, nº 3 CSC). Note-se que esta proibição só existirá enquanto se mantiver a cláusula contratual que permita exigir as prestações suplementares de capital aos sócios. Nada obsta, contudo, que os sócios deliberem suprimir tal cláusula e, consequentemente, eliminem a possibilidade de lhes ser exigidas prestações suplementares de capital[59].

sociedade, ela ficará dependente do consentimento do sócio. I.é, são aqui também inteiramente aplicáveis as razões que justificam esta solução para a transmissibilidade do direito a prestações acessórias. Vide infra ponto 4.5.

[57] Recorde-se que se trata de uma obrigação que deve constar do pacto, o qual tem de estar depositado na Conservatória.

[58] Vide Ventura, *Sociedades por quotas*, vol. 1, p. 264, s., e Rui Pinto Duarte, "Contribuições dos sócios...", p. 247. Raúl Ventura, admite expressamente que se possa transmitir a quota sem o crédito das prestações suplementares e vice-versa, considerando que o acordo entre cedente e cessionário será oponível à própria sociedade, desde que o mesmo lhe seja notificado. Cfr. Ventura, *ob. loc. ultt. citt.* Vide, sobre esta matéria, infra ponto 6.

[59] Assim, Coutinho de Abreu, *Curso de direito comercial*, vol. 2, p. 315.

Contudo, diferentemente do que sucede com a realização das entradas (e à semelhança do que sucede com os suprimentos), a realização das prestações suplementares em nada afeta os direitos sociais e o *status socii* daqueles que as realizam[60]. Com efeito, apesar do *nomen* porque frequentemente são designadas na prática (prestações suplementares de capital), também as prestações suplementares não são capital social[61] e é este que determina a medida dos direitos e deveres dos sócios.

Refira-se, no entanto, que o incumprimento da obrigação de prestação suplementar de capital – ao contrário do que sucede, como vimos, com os suprimentos – poderá determinar a exclusão do quotista da sociedade (cfr. artigo 212º, nº 1 CSC que manda aplicar o regime dos artigos 204º e 205º CSC, normas que regulamentam o incumprimento da obrigação de entrada e expressamente preveem tal solução). Ou seja, tendo sido deliberada a exigência da prestação suplementar e caso a mesma não seja paga, poderá o sócio faltoso ficar sujeito à exclusão do grémio social (cfr. artigos 204º e 205º CSC *ex vi* artigo 212º, nº 1 CSC)[62].

3.5. Reembolso

Quanto ao reembolso das prestações suplementares, a lei prescreve vários requisitos que têm de ser observados para que aquele reembolso seja possível. Assim:

a) a restituição da prestação suplementar depende sempre de uma deliberação dos sócios (artigo 213º, nº 2 CSC).
b) as prestações suplementares de capital só podem ser devolvidas ao sócio que tenha a sua quota integralmente liberada (artigo 213º, nº 1 CSC);
c) as prestações suplementares nunca podem ser restituídas depois de declarada a insolvência da sociedade (artigo 213º, nº 3 CSC);

[60] Mas já não será assim em caso de incumprimento da prestação suplementar, como se verá de seguida em texto.

[61] E também elas não podem ser levadas a capital social.

[62] Note-se que, com Rui Pinto Duarte (cfr. "Contribuições dos sócios...", p. 257, s.), nos parece que na hipótese da realização voluntária de prestações acessórias já não será aplicável o disposto no artigo 212º, nº 1 CSC, i.é, a possibilidade exclusão do sócio que incumpra a prestação suplementar que voluntariamente se dispôs a realizar. Em sentido diferente, Sofia Gouveia Pereira, *As prestações suplementares...*, p. 154, s..

d) a restituição das prestações suplementares não pode pôr em causa o princípio da intangibilidade do capital (artigo 213º, nº 1 CSC)[63]; e
e) a restituição terá que observar o princípio da igualdade de tratamento (cfr. artigo 213º, nº 4 CSC).

Também aqui, no entanto, tal como no regime dos suprimentos e ao contrário do previsto para a devolução da entrada, nenhum direito é reconhecido aos credores sociais para reagirem contra o reembolso das prestações suplementares.

3.6. A inaplicabilidade do regime das prestações suplementares às SA

Finalmente, tal como sucede com os suprimentos, também as prestações suplementares estão exclusivamente previstas e reguladas para as SQ, pelo que igualmente se coloca a questão da sua aplicabilidade às SA.

Parece-nos, no entanto – com a maioria da doutrina que se tem pronunciado sobre a matéria[64] –, que este é um meio de financiamento privativo das SQ e que, portanto, não se pode estender às SA[65].

Note-se, contudo, que nas SA é possível alcançar um resultado próximo do das prestações suplementares, através das prestações acessórias de caráter pecuniário. Com efeito, os acionistas podem financiar a sociedade com dinheiro[66] convencionando-se expressamente sujeitar tal financiamento ao regime das prestações suplementares. Note-se, no entanto, que, nesta hipótese, o vínculo de destinação que resulta da posição dos sócios não é absolutamente idêntico ao que resulta do regime legal imperativo previsto para as prestações suplementares. Com efeito, trata-se aqui de um vínculo meramente subjetivo e não objetivo (como é aquele que resulta do regime legal)[67]. No limite, poderá pensar-se que o(s) sócio(s) e a sociedade poderão,

[63] I. é, a restituição das prestações suplementares não pode fazer com que a Situação Líquida da sociedade fique inferior ao valor da capital social (acrescido do valor da reserva legal).

[64] Negando a admissibilidade das prestações suplementares nas SA, vide Coutinho de Abreu, *Curso de direito comercial*, vol. 2, p. 316, Rui Pinto Duarte, "Contribuições dos sócios...", p. 259, e Sofia Gouveia Pereira, *As prestações suplementares...*, p. 187, .s.

[65] Não se deixe, contudo, de dizer que a favor da admissibilidade das prestações suplementares nas SA, se pronunciou também doutrina autorizada. Vide Pais de Vasconcelos, A participação social...", p. 262, e p. olavo cunha, *Direito das sociedades comerciais*, p. 320, s..

[66] As prestações suplementares só podem, como se disse, ter por objeto dinheiro (cfr. artigo 210º, nº 2 CSC).

[67] Vide G. Cottino, *Le società – Diritto commerciale*, I, 2, Cedam, Padova, 1999, p. 353, s..

ao abrigo do princípio da autonomia privada, revogar o acordo entre eles concluído relativo à sujeição daquelas suas contribuições ao regime das prestações suplementares. E, desta forma, conseguirão afastar o respetivo regime legal, resultado que, obviamente, não poderá ser alcançado, relativamente às prestações suplementares realizadas pelos sócios, em que o regime resulta imperativamente da lei.

4. Prestações acessórias

O financiamento por parte dos sócios pode ainda ser enquadrado no âmbito das prestações acessórias, as quais são expressamente admitidas no nosso ordenamento jurídico, e cujo regime está previsto e regulado, no artigo 209º CSC, para as SQ, e no artigo 287º CSC para as SA.

A razão originária que justificou o regime das prestações acessórias foi a de permitir impor aos sócios outras obrigações[68] para além da obrigação de entrada, em especial, obrigações de natureza não pecuniária, uma vez que para as prestações de natureza pecuniária já estavam abrangidas pelo regime das entradas e/ou das prestações suplementares.

Com efeito, os sócios (quotistas e acionistas), em princípio, não estão obrigados à realização de qualquer outra prestação patrimonial para além da realização da sua entrada[69]. Através desta figura veio permitir-se que possam ser exigidas aos sócios outras obrigações – desde que as mesmas estejam contratualmente previstas – e que se designam como obrigações acessórias precisamente porque acrescem à obrigação principal que é a obrigação de entrada.

O regime da lei portuguesa – uma vez mais inspirado no direito alemão[70] – é, como veremos, extremamente frugal e bem mais suave que o previsto para as prestações suplementares.

[68] Estão aqui em causa verdadeiras obrigações, muito embora na *praxis* e também na lei se faça, em regra, referência ao objeto das obrigações (as *prestações*). Cfr. A. Mota Pinto, "Artigo 287º", em *Código das Sociedades Comerciais em Comentário*, vol. V, 2ª ed., Almedina, Coimbra, 2018, p. 199.

[69] Vide, expressamente para as SQ, artigo 197º, nº 2 CSC.

[70] No regime das *andere Verplichtungen* previstas no § 3, II da GmbHG, igualmente designadas por *Nebenverpflichtungen* (cfr. § 55 AktG). Vide Lutter/Hommelhof, *GmbHG-Gesetz Kommentar*, p. 832, s., Rui Pinto Duarte, "Suprimentos, prestações acessórias...", p. 259, s., e A. Mota Pinto, "Artigo 209º", em *Código das Sociedades Comerciais em Comentário*, vol. III, 2ª ed., Almedina, Coimbra, 2016, p. 266, s., id., "Artigo 287º", p. 194, s..

4.1. Objeto das prestações acessórias (natureza pecuniária e não pecuniária)

O objeto das obrigações acessórias pode, entre nós, ter natureza pecuniária ou não pecuniária – conforme resulta expressamente dos artigos 209º, nº 3 e 287º, nº 3 CSC –, podendo ser da mais variada ordem[71]: obrigação de fornecimento de bens à sociedade; obrigação de compra de bens à sociedade; prestação de serviços; prestação de garantia de dívidas à sociedade; cessão de créditos ou do gozo de bens à sociedade; obrigação do exercício da atividade de gerente ou administrador; obrigação de não concorrência com a sociedade; etc.

O CSC permitiu, pois – ao contrário do que se prescreve noutros ordenamentos jurídicos[72] –, expressamente as prestações acessórias de natureza pecuniária[73], o que origina uma duplicação de regimes com finalidades idênticas, com as inerentes dificuldades que daí decorrem na determinação do regime aplicável a cada caso concreto[74].

O objeto das prestações acessórias pode, pois, ser (ou não) dinheiro; i. é, as prestações acessórias podem ter também caráter pecuniário. Esta solução[75] faz com que, nas SQ, haja uma clara zona de sobreposição entre as prestações acessórias de natureza pecuniária e as prestações suplementares de capital, permitindo aos quotistas, se assim o pretenderem, fugir ao regime

[71] Podem ser prestações de *dare, facere* ou *non facere*. Cfr. A. Mota Pinto, "Artigo 209º", p. 266, e "Artigo 287º", p. 199.

[72] Nomeadamente em Itália (cfr. artigo 2345 CCit, previsto para as SA, mas aplicável às SRL *ex vi* artigo 2478 CCit). No ordenamento jurídico alemão tal solução está expressamente consagrada para as SA (cfr. § 55 AktG). Contudo, para as GmbH, o § 3, II GmbHG – que regula as demais obrigações dos sócios, para além da entrada, estabelecendo que as mesmas devem constar obrigatoriamente do pacto –, já não estabelece tal limitação. Cfr. Lutter/Hommelhof, *GmbHG-Gesetz Kommentar*, p. 77, s., Raiser/Veil, *Recht der Kapitagesellschaften*, Verlag Franz Vahlen, München, 2006, p. 439, s., e Rui Pinto Duarte, "Suprimentos, prestações acessórias...", p. 260, s., nt 6.

[73] Cfr. artigos 209º, nº 3 e 287º, nº 3 CSC, *a contrario*.

[74] Sobretudo no que respeita ao tipo SQ, para as quais a lei expressamente regula e prevê as prestações suplementares. Por isso, a solução da nossa lei não deixou de ser alvo de críticas. Cfr. Pais de Vasconcelos, A participação social...", p. 278, s., e Rui Pinto Duarte, "Suprimentos, prestações acessórias...", p. 280.

[75] Solução que não era admitida nos Projetos de Raúl Ventura e Vaz Serra, embora já estivesse prevista no chamado Projeto de Coimbra. Cfr. Rui Pinto Duarte, "Suprimentos, prestações acessórias...", p. 261, s..

mais gravoso (nomeadamente no que ao reembolso diz respeito) previsto para as prestações suplementares de capital. Basta que qualifiquem as suas prestações de natureza pecuniária como obrigações acessórias[76]. Por isso, há quem defenda, de *iure condendo*, que não devem ser admitidas prestações acessórias de natureza pecuniária nas SQ[77].

4.2. Caracterização da figura e traços essenciais do regime

As prestações acessórias devem estar expressamente previstas no pacto (cfr. artigos 209º, nº 1 e 287º, nº 1 CSC), seja no pacto originário, seja no pacto alterado supervenientemente, sendo que, nesta hipótese, a prestação apenas será exigível dos sócios que votaram a alteração dos estatutos (cfr. artigo 86º, nº 2 CSC).

O pacto deve também fixar os elementos essenciais da obrigação (cfr. 209º, nº 1 e 287º, nº 1 CSC), nomeadamente:

a) os sujeitos passivos da obrigação (todos ou alguns sócios[78]); e
b) o conteúdo das prestações (o respetivo objeto).

Se estes elementos essenciais não forem fixados no pacto, a cláusula contratual é nula (artigo 294º CC).

Se o conteúdo da obrigação corresponder a um contrato típico, aplicar-se-á a respetiva regulamentação (cfr. artigos 209º, nº 1 e 287º, nº 1 CSC). Por isso, por via de regra, as prestações acessórias que tenham por objeto dinheiro, ficarão, em princípio, sujeitas ao regime dos suprimentos[79].

[76] Muito embora se possa defender a aplicação analógica do regime das prestações suplementares de capital a algumas prestações de natureza pecuniária dos sócios. Assim, Rui Pinto Duarte, "Suprimentos, prestações acessórias...", p. 280.

[77] Assim, Rui Pinto Duarte, "Suprimentos, prestações acessórias...", p. 280, A. que defende que o regime deveria ser idêntico, nesta matéria, para as SQ e SA. I.e., também neste tipo societário deveria ser admitida a realização de prestações suplementares e proibida a realização de prestações acessórias de caráter pecuniário. Cfr. Rui Pinto Duarte, "Prestações suplementares e prestações acessórias (uma reincidência...)", *Nos 20 anos do Código das Sociedades Comerciais – Homenagem aos Profs. Doutores A. Ferrer Correia, Orlando de Carvalho e Vasco Lobo Xavier*, vol. I, Coimbra, Coimbra Editora, 2007, p. 705, s..

[78] A obrigação de prestações acessórias não tem que ser imposta a todos os sócios por igual. O princípio da igualdade de tratamento não impede esta solução, uma vez que, como é sabido, o mesmo não impede o tratamento desigual quando consentido pelos sócios.

[79] Vide A. Mota Pinto, "Artigo 209º", p. 271, e "Artigo 287º", p. 298.

4.3. Caráter oneroso ou gratuito das obrigações acessórias

O pacto deve ainda obrigatoriamente estabelecer se as prestações têm caráter oneroso ou gratuito (cfr. artigos 209º, nº 1 e 287º, nº 1 CSC)[80]. Se esta matéria não resultar do pacto (expressa ou implicitamente), a cláusula será nula[81].

Sendo onerosa, a contraprestação pode ser paga independentemente da existência de lucros de exercício[82], mas não pode exceder o valor da prestação respetiva. É este o regime previsto para as SA (vide a parte final do artigo 209º, nº 3 CSC). Apesar de não estar expressamente consagrada para as SQ, deve considerar-se que esta solução lhes é igualmente aplicável[83].

4.4. Exigibilidade. A realização voluntária de prestações acessórias

Para que estas obrigações acessórias possam ser exigíveis aos sócios, é necessário que os seus elementos essenciais, acima assinalados, estejam contratualmente previstos. É, na verdade, fundamental, que os sócios saibam, com algum grau de certeza e previsibilidade, quais são as obrigações que podem ser chamados a cumprir[84].

Note-se que, se todos os elementos da obrigação estiverem contratualmente previstos, caberá à administração da sociedade exigir o respetivo cumprimento. Nada impede, porém, que se estabeleça que a exigibilidade das prestações acessórias ficará dependente de uma deliberação dos sócios.

80 Ou seja, ao contrário das prestações suplementares (que nunca poderão ser remuneradas), as prestações acessórias (ainda que de caráter pecuniário) poderão, p. ex., vencer juros.

81 Assim, Coutinho de Abreu, *Curso de direito comercial*, vol. 2, p. 311.

82 A lei refere que o pagamento da contraprestação pode ser efetuado, ainda que não existam lucros de exercício. Não ressalva, no entanto, este regime do princípio da intangibilidade do capital social. Parece-nos, por isso, que aquele pagamento apenas poderá ser efetuado quando a sociedade (ainda que não tenha lucros de exercício), disponha de lucro de balanço (v.g., de reservas) que permita efetuar o pagamento sem pôr em causa o mencionado princípio da intangibilidade do capital social. Em sentido contrário, vide, no entanto, Ventura, *Sociedades por quotas*, vol. 1, p. 220, e A. Mota Pinto, "Artigo 209º", p. 270, e "Artigo 287º", p. 198. Coutinho de Abreu refere que a norma deveria aludir a "lucros de balanço". Cfr. Coutinho de Abreu, *Curso de direito comercial*, vol. 2, p. 312, nt 758. De resto, era essa a expressão que constava do Projeto de Coimbra (cfr. artigo 3º).

83 Assim, Coutinho de Abreu, *Curso de direito comercial*, vol. 2, p. 312.

84 Não são, por isso, admissíveis cláusulas vagas ou genéricas nesta matéria. A. Mota Pinto, "Artigo 287º", p. 198, considera, no entanto, que o conteúdo da obrigação acessória não precisa de estar determinado no pacto, tendo apenas que ser determinável em face do disposto na cláusula contratual.

Por outro lado, ainda que não haja cláusula contratual a prever as prestações acessórias, a sua realização poderá resultar de uma deliberação dos sócios, caso em que tal deliberação apenas vinculará aqueles que a tenham votado favoravelmente[85].

Finalmente, nada impedirá ainda que os sócios, em termos idênticos aos atrás referidos para as prestações suplementares, possam realizar voluntariamente prestações acessórias[86].

4.5. Transmissibilidade

Se as prestações acessórias tiverem caráter não pecuniário, o direito da sociedade é intransmissível, conforme resulta expressamente dos artigos 209º, nº 2 e 287º, nº 2 CSC. *A contrario*, parece resultar igualmente destas normas, que, se as obrigações acessórias tiverem por objeto dinheiro, esse direito da sociedade poderá ser por ela livremente transmitido para um terceiro. A verdade é que, para o sócio, não é indiferente quem lhe pode exigir o pagamento daquelas prestações e, sobretudo, quem fica com a obrigação de lhe restituir o que prestou. Esta característica aproxima, de resto, a situação em análise de uma cessão de posição contratual. Entendemos, por isso, com Alexandre Mota Pinto[87], que à cedência do crédito da sociedade relativo a prestações acessórias pecuniárias, se deve aplicar o regime da cessão da posição contratual, sendo, portanto, necessário para o efeito, o consentimento do sócio (cfr. artigo 424º CC).

Quanto à transmissão das correspondentes obrigações acessórias, sendo elas elementos das participações sociais[88], a transmissão destas implica a transmissão daquelas[89], a menos que tenham caráter infungível[90].

[85] Assim, Rui Pinto Duarte, "Suprimentos, prestações acessórias...", p. 277, s., e A. Mota Pinto, "Artigo 287º", p. 200.

[86] Assim, A. Mota Pinto, "Artigo 287º", p. 200.

[87] Vide A. Mota Pinto, "Cessão de créditos de suprimentos...", p. 301, s..

[88] Não se olvide que a obrigação tem de constar do pacto, o qual tem de estar depositado na Conservatória.

[89] Vale aqui o princípio *acessorium sequitur principale*. Cfr. A. Mota Pinto, "Artigo 209º", p. 272, e "Artigo 287º", p. 202. Neste sentido, vide ainda Manuel Pita, "As prestações acessórias: direito das sociedades e direito da contabilidade", *I Congresso de Direito das Sociedades em Revista*, 2011, p. 95, nt 4, que aproxima a obrigação que consta do pacto das obrigações *propter rem*.

[90] Pense-se, p. ex., no exercício da gerência (cfr. artigo 252º, nº 4 CSC). Assim, também A. Mota Pinto, "Artigo 209º", p. 272.

4.6. Cumprimento

Por outro lado, tal como sucede com os suprimentos e as prestações suplementares, a realização das prestações acessórias – e ao contrário do que se verifica com a entrada – em nada afeta os direitos sociais seja dos sócios que as realizam, seja dos demais sócios[91]. Não será, p. ex., pelo facto de os sócios realizarem de forma não proporcional uma prestação acessória que – ao contrário do que sucede com a realização da entrada – verão alterado o seu *status socii*. Acresce que o incumprimento desta obrigação não afetará, em princípio, quaisquer direitos (políticos ou patrimoniais) dos sócios, como sucede, como vimos, com o incumprimento da obrigação de entrada (cfr., p. ex., o disposto no artigo 384º, nº 4 CSC). O CSC admite, no entanto, que no pacto social se estabeleçam sanções para o incumprimento das obrigações acessórias, que poderão inclusivamente afetar a "situação do sócio como tal"; i.é, a lei admite que se possa clausular nos estatutos que o incumprimento desta obrigação possa conduzir à exclusão do grémio social (cfr. artigos 209º, nº 4 e 287º, nº 4 CSC).

Finalmente, os credores sociais não dispõem, quanto às prestações acessórias, da faculdade de reagir contra a sua devolução por parte da sociedade, sendo certo que não há aqui que observar – ao contrário do que sucede com o reembolso das prestações suplementares – o princípio da intangibilidade do capital social (cfr. artigos 209º, nº 3 e 287º, nº 3 CSC).

4.7. Prestações acessórias: capital próprio ou alheio?

A lei atribui uma grande amplitude e flexibilidade às Partes (sócios e sociedade) na modelação do regime aplicável às prestações acessórias. Por isso, a sua qualificação como financiamento através de capital próprio ou alheio dependerá do concreto regime que lhes venha seja aplicável[92]. Na nossa *praxis*, as prestações acessórias (v.g., as de caráter pecuniário[93]) têm sido

[91] Também as prestações acessórias não são entradas de capital e só estas contribuem para a formação do capital social que é, como vimos, a figura que em que assenta a determinação dos direitos e obrigações dos sócios.

[92] Assim, também A. Mota Pinto, "Artigo 209º", p. 274, s., e "Artigo 287º", p. 202, s.. Em sentido idêntico, vide também Raiser/Veil, *Recht der Kapitagesellschaften*, p. 282, AA. que referem que a qualificação das diferentes formas de financiamento numa destas duas categorias poderá estar dependente das condições contratuais que lhes sejam aplicáveis.

[93] Apesar de, nos termos da parte final dos artigos 209º, nº 1 e 287º, nº 1 CSC, se aplicar, em princípio, a estas obrigações acessórias de natureza pecuniária, o regime do contrato (típico)

normalmente consideradas como um instrumento de capital próprio quando são gratuitas e como capital alheio, quando vencem juros[94]. Não nos parece, contudo, que este deva ser o critério decisivo para a qualificação da natureza do financiamento através destas prestações acessórias. Essencial para a qualificação deverão ser as regras estabelecidas quanto ao seu reembolso[95], considerando-se que elas apenas terão a natureza de capital próprio quando o seu reembolso dependa de uma deliberação da sociedade e que o seu pagamento (bem como os respetivos juros[96]) não ponha em causa o princípio da intangibilidade do capital social[97].

5. A inconfundibilidade das diferentes formas de financiamento societário por parte dos sócios

O excurso efetuado permite-nos afirmar sem quaisquer dúvidas que as diferentes formas de financiamento societário por parte dos sócios são absolutamente inconfundíveis e constituem realidades totalmente distintas e autónomas entre si[98].

dos suprimentos, nada impede que os sócios moldem casuisticamente estas obrigações com outros traços que se desviem do regime dos suprimentos.

94 Vide M. António Pita, "As prestações acessórias...", p. 111, nt 31.

95 De facto, o vínculo de indisponibilidade que é típico do capital próprio poderá manifestamente não existir nas prestações acessórias – ainda que de natureza gratuita! –, se não se colocaram quaisquer limitações ao seu reembolso (nomeadamente se não se impedir o respetivo pagamento, quando o mesmo viole o princípio da intangibilidade do capital social).

96 Embora na leitura que fazemos dos artigos 209º, nº 3 e 287º, nº 3 CSC, esse seja o regime que resulta imperativamente da lei.

97 São também estes os requisitos de que depende a devolução das prestações suplementares. Vide supra ponto 3.5. Alexandre Mota Pinto faz depender a qualificação como capital próprio ainda do facto de as prestações acessórias não poderem ser reembolsadas depois de declarada a insolvência da sociedade (cfr. A. Mota Pinto, "Artigo 209º", p. 275, e "Artigo 287º", p. 203). Não nos parece, porém, que este requisito seja decisivo para a qualificação de que estamos a cuidar, uma vez que este crédito – que é um crédito de sócios – será, na insolvência, sempre um crédito subordinado (cfr. artigos 48º, al. a) e 49º, nº 2, al. a) CIRE), não contendendo, por isso, com a situação e o pagamento da generalidade dos credores da sociedade (os credores privilegiados e comuns).

98 Sobre esta matéria, vide também especialmente, sob um enfoque sobretudo de natureza fiscal, Fernando Carreira Araújo/António Fernandes Oliveira, "O código do IRC e os conceitos de (i) capital, (ii) partes de capital, (iii) prestações suplementares e (iv) créditos pela realização de prestações suplementares", in *Estudos em Memória do Professor Doutor J. L. Saldanha Sanches*, Coimbra Editora, Coimbra, vol. IV, 2011, p. 655, s..

De resto, é a própria lei que expressamente diferencia as diversas formas de financiamento por parte dos sócios, tipificando-as e atribuindo-lhes um *nomen* e um regime próprios.

Trata-se efetivamente de realidades, quer do ponto de vista jurídico quer do ponto vista material, completamente desiguais: desempenham distintas funções, visam finalidades diversas e têm regimes e consequências diferentes. Assim, p. ex., os principais aspetos do regime da obrigação de entrada – seja quanto ao formalismo exigido para a sua realização, seja quanto aos mecanismos que visam assegurar o seu cumprimento, seja quanto aos seus efeitos, seja quanto aos direitos de terceiros, seja ainda quanto à proibição da sua restituição – não encontram paralelo em nenhuma das outras formas de financiamento dos sócios, o que sem dificuldade se aceita dada a precípua importância e as finalidades e funções mais ampliadas da obrigação de entrada.

Com efeito, para além das diferentes finalidades e funções que cada uma daquelas formas de financiamento desempenha, o respetivo regime jurídico é absolutamente distinto, nomeadamente quanto:

i) ao formalismo que tem de ser observado na constituição de umas e outras: diferentemente do que sucede com as outras formas de financiamento, a realização de entrada implica uma alteração do contrato de sociedade – o que implica que esteja sujeita a registo e publicação –, e para a qual se exige uma deliberação tomada por maioria qualificada;

ii) à alteração do *status socii*: ao contrário do que sucede com a entrada, a realização das outras formas de financiamento – ainda que efetuada de forma não proporcional –, precisamente porque estas não desempenham qualquer função de organização intrassocietária, nunca afetará os direitos políticos e/ou patrimoniais dos sócios; e

iii) Diversamente do que sucede com as restantes modalidades de financiamento, a devolução das entradas implica uma redução do capital social, que passa sempre por uma deliberação tomada por maioria qualificada, que está sujeita a registo e publicação. Por outro lado, para que tal devolução seja possível não basta a observância do princípio da intangibilidade do capital; é necessário ainda que a Situação Líquida[99] fique, após a redução, a exceder o novo capital

[99] Ou, é o mesmo, o Capital Próprio.

em pelo menos 20% (cfr. artigo 95º, nº 1 CSC). Finalmente, quanto à devolução das entradas – e só quanto a esta operação – os credores podem requerer judicialmente a limitação ou distribuição de bens aos sócios pelo período que o Tribunal considerar adequado (cfr. artigo 96º, nº 1 CSC).

Aliás, que se trata de figuras e realidades distintas, resulta ainda da circunstância de o valor dos suprimentos[100], das prestações suplementares e das prestações acessórias – ainda que de natureza pecuniária – não poderem ser convertidas diretamente em capital social e não poderem nunca, portanto, concorrer, de forma imediata, para a formação do capital social. Com efeito, a nossa lei – ao contrário de outras que são mais compreensivas[101] – é extremamente clara quanto aos recursos capitalizáveis num aumento gratuito de capital[102], estabelecendo expressamente que aquele aumento apenas pode ser efetuado "por incorporação de reservas disponíveis para o efeito" (artigo 91º, nº 1 CSC).

Daqui decorre que não é possível proceder a um aumento gratuito de capital por incorporação de outros recursos (nomeadamente prestações suplementares de capital, ou outros créditos dos sócios, *e.g.*, de prestações acessórias ou suprimentos realizados[103])[104]. Tais valores terão de ser resti-

[100] O regime excecional da conversão de suprimentos em capital social foi aprovado pelo DL 79/2017.

[101] A lei italiana, p. ex., refere a possibilidade de se imputar no capital as reservas e outros fundos inscritos no balanço, desde que disponíveis (cfr. art. 2442 CCit e CASCIO, G. LO/MUSCOLO, G./PLATANIA, F./QUATRARO, B./SAGGIO, C./VIETTI, M. – *Società per azioni*, Giuffrè, Milano, 2003, p. 499, s.); a lei francesa dispõe que é possível aumentar o capital mediante reservas, lucros ou prémios de emissão (cfr. art. L 225-219, II e RIPERT, GEORGES/ROBLOT, RENÉ/GERMAIN, MICHEL – *Traité de droit commercial*, tome 1, LGDJ, Paris, 1996, p. 1133, s.); por seu turno, na Alemanha, o § 207 prescreve que o aumento de capital pode ser efetuado através de reservas de capital ou reservas de lucros (cfr. LUTTER, *Kölner Kommentar...*, §§ 207, s., p. 418, s.).

[102] Em que não há a realização de novas entradas (de "dinheiro fresco", costuma dizer-se no jargão económico) por parte dos sócios.

[103] Refira-se, no entanto, que estes créditos dos sócios poderão, desde que sujeitos ao regime das entradas em espécie – nomeadamente à avaliação por parte de um ROC e à sujeição dos sócios à responsabilidade pela diferença (*Differenzhaftung*): cfr. artigos 28º e 25º, nº 2 CSC – ser utilizados para uma operação de aumento de capital.

[104] Também os resultados só poderão ser incorporados no capital social, depois de previamente terem sido levados a reservas. Assim, H. SCHIPPEL, – "L'aumento di capitale per autofinanziamento nel diritto tedesco", *RS*, 1961, p. 154. Em sentido diferente, PINTO FURTADO, *Curso de*

tuídos aos sócios, se e na medida em que tal for possível (cfr. regime do artigo 213º CSC, para a restituição das prestações suplementares de capital e do artigo 245º CSC para o reembolso dos suprimentos), podendo só então ser levados a capital mediante um aumento por novas entradas[105].

6. Ponto de ordem: a cindibilidade e transmissibilidade autónoma dos créditos dos sócios emergentes das diferentes formas de financiamento

A conclusão de que a entrada (e consequentemente a participação social correspondente) é uma realidade não apenas jurídico-formalmente, mas também jurídico-substancialmente distinta das outras modalidades de financiamento societário, permite mais facilmente avaliar e responder à questão de saber[106] se os créditos dos sócios emergentes dessas outras formas de financiamento[107] são cindíveis e autonomizáveis da própria qualidade de sócio e das respetivas participações sociais ou se, pelo contrário, os mesmos só podem ser transmitidos com a participação social e, correspondentemente, a transmissão das participações sociais tem necessariamente de ser acompanhada daqueles créditos[108].

direito das sociedades (com a colaboração de Nelson Rocha) 5ª ed., Almedina, Coimbra, 2004, p. 526, o qual entende que também podem ser incorporados no capital social os resultados transitados.

105 Isto não impedirá, no entanto, assim nos parece, que, no caso de o sócio renunciar ao seu crédito – qualquer que seja o crédito: de prestações suplementares, de suprimentos, ou qualquer outro (ex., resultante de fornecimentos de mercadoria, etc.) –, se possa constituir uma reserva correspondente ao mesmo (veja-se o regime previsto no artigo 295º, nº 2, al. c) CSC). Isso implicará, contudo, que aquela reserva seja constituída em benefício de todos os sócios e não apenas do sócio renunciante, o que poderá tornar a solução pouco atrativa. Esta situação de benefício já não se verificará, porém, se todos os sócios tiverem créditos proporcionais às suas participações sociais e se se constituir uma reserva correspondente aos mesmos, em resultado da renúncia manifestada por todos os sócios.

106 Permitindo também mais facilmente sustentar as respostas que fomos dando ao longo deste texto sobre a mesma (cfr. supra pontos 1.2, 3.3 e 4.5).

107 Estamos obviamente a referir-nos apenas às outras formas de financiamento societário (suprimentos, prestações suplementares e prestações acessórias de natureza pecuniária) que não as entradas, uma vez que estas, pela sua natureza estão intimamente conexionadas com a qualidade de sócio, e são, portanto, dela incindíveis.

108 Relativamente à transmissibilidade do direito da sociedade de exigir o cumprimento destas outras obrigações de financiamento da sociedade, vide supra pontos 1.2, 3.3 e 4.5.

Para que os direitos corporativos possam ser autonomamente transmissíveis, é necessário que se verifiquem cumulativamente dois requisitos:

1) Deve tratar-se de um direito de natureza patrimonial ou com conteúdo económico[109]; e
2) Ainda que se trate um direito com conteúdo económico, a sua transmissibilidade autónoma não pode esvaziar ou privar de conteúdo a socialidade, i. é, não pode pôr em causa a própria "integridade do direito social"[110]. Dito doutro modo, não poderão alienar-se direitos abstratos[111], podendo apenas ser autonomizados e transmitidos separadamente os chamados direitos concretos.

Ora, relativamente a qualquer um dos créditos emergentes das diferentes formas de financiamento societário realizados por sócios[112] – seja o crédito relativo à devolução de suprimentos, de prestações suplementares ou de prestações acessórias de natureza pecuniária – não há dúvidas de que eles têm natureza patrimonial e que, desde que já constituídos[113], se traduzem num direito concreto do sócio ao seu reembolso. É, por isso, inquestionável, qualquer que seja o enfoque que se lhes dê, que tais créditos sempre poderão ser autonomamente transmitidos.

Com efeito, para esta conclusão é absolutamente indiferente que se estabeleçam especiais restrições ao exercício do direito ou que o mesmo fique condicionado à verificação de certos pressupostos (v.g., ficarem dependentes de uma deliberação dos sócios ou de uma certa situação patrimonial da sociedade). Donde, mesmo relativamente às prestações suplementares – cujo respetivo regime legal é extremamente severo quanto ao seu reembolso – não é o facto de a sua restituição estar sujeita ao princípio da intangibili-

[109] Não são, pois, autonomamente transmissíveis os direitos de caráter político ou funcional como, p. ex., o direito de voto ou o direito à informação.

[110] Vide PAIS DE VASCONCELOS, "Direitos destacáveis – O problema da unidade e pluralidade do direito social como direito subjectivo", *Direitos dos valores mobiliários*, vol. I, Coimbra Editora, Coimbra, 1999, p. 173, s..

[111] Que precisamente por porem em causa a integridade da participação social não são cindíveis desta.

[112] E em que a qualidade de sócio é essencial e determinante para a caraterização daquele tipo de financiamento.

[113] I.é, desde que a prestação de natureza pecuniária a favor da sociedade esteja já realizada pelo sócio. Obviamente, a transmissão a favor de um terceiro não descaracteriza o crédito em questão, nem altera o respetivo regime jurídico, que continua a ser o mesmo que era aplicável antes da cessão.

dade do capital social ou de ser necessária uma deliberação dos sócios[114] que tal crédito deixa de ser autonomamente transmissível.

Na verdade, como sublinha Carlos Mota Pinto[115], não há nenhum obstáculo à transmissão de créditos já existentes, ainda que condicionados (seja a condição suspensiva ou resolutiva) ou até que se transmitam créditos futuros, ainda não surgidos[116]. Por isso, seja qual for a perspetiva com que se encare o crédito do sócio referente ao reembolso de prestações suplementares ou de prestações acessórias de caráter pecuniário[117], nada impede que seja juridicamente admissível a sua transmissão autónoma (separada da participação social[118]), conforme tem sido, de resto, também pacificamente reconhecido pela nossa doutrina que se tem debruçado sobre o assunto[119].

Assim, e em conclusão, não há nenhum entrave ou obstáculo relativamente à cindibilidade e transmissibilidade autónoma – separada da participação social – dos créditos dos sócios emergentes de suprimentos, prestações suplementares ou prestações acessórias de natureza pecuniária. Dito doutro modo, os créditos dos sócios emergentes do financiamento societário (suprimentos, prestações suplementares e prestações acessórias de natureza pecuniária) são cindíveis e autonomizáveis da própria qualidade de sócio e das respetivas participações sociais, podendo estas ser transmitidas sem aqueles créditos e vice-versa.

114 Note-se que este regime da restituição das prestações suplementares, em que obrigatoriamente se exige uma deliberação social para que tal seja possível, pode revelar-se até menos severo do que o previsto para a restituição dos suprimentos. Com efeito, no caso dos suprimentos poderá ser necessária uma decisão judicial para que seja possível o respetivo reembolso. Cfr. Ac. RG, de 20/09/2007, Proc. 887/07-01 em <www.dgsi.pt>, em cujo sumário se pode ler: "Enquanto não for fixado prazo para o reembolso dos suprimentos, o sócio credor está impedido de exercer o seu direito".

115 Vide Carlos Mota Pinto, *Cessão da posição contratual*, Almedina, Coimbra, 1982, p. 225, s..

116 No mesmo sentido, vide M. J. Almeida Costa, *Direito das obrigações*, 12ª ed., Almedina, Coimbra, 2009, p. 814, que admite expressamente a transmissão de créditos em que o cedente tenha apenas a expectativa de vir a adquirir a relação fundamental que dá origem ao crédito cedendo.

117 Como um crédito condicionado ou um crédito futuro.

118 O valor desse crédito será seguramente, atento o circunstancialismo em causa, objeto de uma redução relativamente ao respetivo valor nominal. Mas esse é outro plano – o da determinação da contrapartida a prestar pelo adquirente do crédito – que é subsequente àquele de que estamos aqui a cuidar e que respeita a uma relação extrassocial, que é uma "res inter alios acta" relativamente à sociedade.

119 Vide Ventura, *Sociedades por quotas*, vol. 1, p. 264, s., e Rui Pinto Duarte, "Contribuições dos sócios...", p. 247.

Actuação do Gerente de Comércio por Conta e Tutela da Contraparte

Manuel Carneiro da Frada[*]
Francisco Mendes Correia[**]

Dedicado a Pedro Pais de Vasconcelos,
académico e advogado.

1. Propósito geral; um caso paradigmático para um modelo de decisão paradigmático

I – No âmbito empresarial, a disciplina jurídica da substituição, ou do agir por outrem, tem uma importância particular, por isso que nele interagem organizações complexas de pessoas, importando de modo muito especial a segurança, a transparência e a univocidade da imputação dos efeitos correspondentes aos actos praticados no tráfico jurídico pelo gerente de comércio.

O presente estudo pretende chamar a atenção para algumas especificidades, não suficientemente valoradas, do nosso direito mercantil a tal respeito, colocando-as no contexto das soluções e alternativas aprestadas pelo direito comum: de modo a fazer ressaltar a particularidade da resposta que a tradição comercialística dá a problemas que não podem, nem devem ser unilateralmente perspectivados a partir dos quadros do direito civil.

[*] Doutor em Direito. Professor da Faculdade de Direito da Universidade do Porto.
[**] Doutor em Direito. Professor da Faculdade de Direito da Universidade de Lisboa.

De harmonia com o "método do caso" – que justificamos em outra ocasião –, considerar-se-á uma situação paradigmática, inspirada na prática forense em torno das relações contratuais de um certo consórcio; a fim de delinear a partir dela linhas argumentativas e modelos de solução que, valorizando o legado decantado da prática comercial e harmonizando-o com concepções já desenvolvidas noutros locais[1], o situe e esclareça melhor perante o pano de fundo do direito comum.

II – Consideremos o seguinte "caso-base"[2].

Duas sociedades (*A* e *B*) formaram um consórcio (*C*) com vista à realização de determinado empreendimento, tendo uma reputada firma de engenharia (*F*) sido encarregada por elas do desenvolvimento desse projecto.

No âmbito dessa função, a referida firma (*F*) contactou uma empresa terceira (*T*) para apresentar às sociedades em consórcio um orçamento de execução de uma empreitada requerida para a execução do aludido projecto.

Satisfeito o pedido de orçamento, *F* comunicou a *T* a aceitação da proposta apresentada por parte das sociedades consorciadas, e a contratação de *T* para a referida empreitada.

Os trabalhos iniciaram-se e desenvolveram-se, tendo sido emitidas diversas facturas, validadas por *F*, que expressamente aprovou os autos de medição subjacentes.

A sociedade *A* chegou a satisfazer a *T* várias delas.

B, contudo, recusou pagar as demais, assim como quaisquer outras que futuramente viessem a ser apresentadas.

Alegou que, em virtude do contrato de consórcio que celebrou com *A*, só lhe cabia suportar certos custos do projecto, e que não havia conferido quaisquer poderes a *F* para contratar a *T*; pelo que não se encontrava vinculada ao pagamento de tais facturas.

T entende, contudo, que *B* é solidariamente responsável com *A* pelos pagamentos a que tem direito como empreiteiro contratado para a realização da referida obra.

[1] O presente estudo foi elaborado pelo primeiro dos Autores, com a colaboração do segundo. Teve a sua origem próxima num parecer subscrito por ambos.
Nele se revisitam temas e testam orientações que foram já objecto de reflexão do primeiro dos Autores em escritos seus anteriores e que vão adiante referenciados.

[2] Para uma justificação do método do caso subjacente a este escrito, cfr. Manuel Carneiro da Frada, *Direito Civil/Responsabilidade Civil (O método do caso)*, Coimbra, 2011 (reimpr.), 133 ss.

III – A situação descrita, inspirada num conflito real, ilustra um certo tipo de problemas susceptível de surgir no âmbito daquilo que, dentro da cooperação entre sujeitos, pode genericamente designar-se o "agir por outrem" no tráfico jurídico[3] e a importância de, particularmente no domínio da vida comercial e das empresas, a ordem jurídica proporcionar soluções fáceis, seguras e expeditas para resolver a quem se devem imputar os efeitos e as consequências dos actos praticados.

Casos paradigmáticos requerem modelos de decisão paradigmáticos, mobilizando os argumentos jurídicos pertinentes, tanto para a sua resolução, como tendo em vista a resposta a variações e desvios relativamente ao padrão de referência.

2. As questões e as dificuldades de um quadro de partida

I – A questão central que se coloca, numa situação como a descrita, é a de saber quem se encontra vinculado pelas obrigações decorrentes da empreitada celebrada. E qual o fundamento dessa vinculação.

Serão, portanto, *A* e *B* responsáveis pelo pagamento da obra realizada? Ou apenas *A*, uma vez que *B* alega não ter conferido quaisquer poderes a *F*, cabendo por isso a *A* suportar sozinho esse pagamento a *T*?

De harmonia com as exigências do direito comum da representação, dir-se-ia que tudo depende de saber se foram ou não conferidos efectivamente a *F* por *B*, os poderes necessários à sua vinculação perante *T*.

II – Contudo, nem sempre é possível esclarecer suficientemente os factos. Por exemplo, se a pessoa (*F*) com quem o terceiro (*T*) contratou actuou efectivamente em nome de outrem, e de quem em concreto (no caso, A e/ou *B*), ou se ela se limitou a actuar por conta dele(s). E ainda, se, tendo agido efectivamente em nome de outrem, se encontrava realmente legitimada para o vincular.

Na verdade, a não demonstração da ocorrência de uma representação ou, caso ela tenha existido, a falta de comprovação da existência de poderes por parte de quem tenha agido como representante de alguém perante terceiro parece poder não ser – justificadamente! – suficiente, particularmente

[3] A noção é muito ampla. Para ela, cfr. Oliveira Ascensão, *Direito Civil/Teoria Geral, II (Acções e factos jurídicos)*, 2ª edição, Coimbra, 2003, 242-243. Entendemos que o agir por outrem é ordinariamente uma forma de cooperação entre sujeitos, tendo como uma das suas modalidades mais relevantes – como se verá – o mandato e a representação.

no âmbito comercial, para excluir uma vinculação do comerciante perante esse terceiro (*T*); pelo menos quando tal corresponde ao que tipicamente o terceiro pretendia verificar-se ao contratar.

São, pois, dois os problemas que podem surgir: dificuldades no apuramento da ocorrência, ou não, de uma actuação em nome de outrem, e incertezas quanto à existência de poderes representativos caso ela exista.

III – Segundo o direito comum, cabe àquele que queira deduzir pretensões contra o representado o ónus da prova, tanto da representação, como dos poderes do representante para vincular aquele.

O cumprimento deste encargo pode, todavia, ser árduo, difícil, ou mesmo impossível e, todavia justificar-se, no tráfico comercial, uma pretensão do terceiro contra o comerciante, seja ele uma sociedade comercial ou um comerciante em nome individual: por não ser razoável nem adequado aplicar-se então, em muitas circunstâncias, o regime-regra aplicável, da ineficácia do negócio em relação a eles. É, na verdade, central na nossa ordem jurídica a disposição segundo a qual, salvo ratificação, o negócio celebrado por quem não tem poderes representativos é ineficaz perante o representado, de harmonia com o disposto no art. 268º/1, do Código Civil. Mais genericamente, a ineficácia corresponde de facto à consequência-regra da falta de legitimidade do sujeito para vincular outrem.

3. O regime geral da imputação ao comerciante do negócio celebrado por um gerente de comércio

I – O vetusto e – como se verá – sábio direito comercial português oferece, porém, uma resposta inequivocamente positiva, simples e directa à questão básica que colocamos: através do regime muito esquecido, mas nem por isso menos vigente, a que se subordina a actuação dos gerentes de comércio e os seus efeitos por força dos arts. 248º e segs. do Código Comercial.

À luz desse regime, *F* deve, no exemplo posto, qualificar-se como um gerente de comércio, uma vez que, independentemente da designação, foi "proposto" por *A* e *B* para "tratar do comércio" de ambas (no lugar onde estas o exerciam ou noutro qualquer)".

Por comércio entende-se naturalmente a actividade comercial, desenvolva-se ela ou não num concreto estabelecimento de "comércio" [4].

[4] Como veremos, para efeitos do art. 248º do Código Comercial, o gerente de comércio é aquele que desenvolve e dirige (a parte ou a totalidade de) uma actividade comercial do

Ora, depois de esclarecer que o mandato que para o efeito lhe haja sido conferido pode tê-lo sido "verbalmente ou por escrito", o art. 249º do Código Comercial estabelece que ele se "presume[-se] geral e compreensivo de todos os actos necessários ao exercício do comércio para que houvesse sido dado". E tal, "sem que o proponente possa opor a terceiros limitação alguma dos respectivos poderes, salvo provando que tinham conhecimento dela ao tempo em que contrataram"[5].

A demonstração por parte do terceiro do concreto acto de atribuição de poderes por parte do comerciante não se torna, portanto, necessária para a vinculação, perante ele, desse mesmo comerciante pelos actos praticados pelo seu gerente de comércio.

Mas mais longe do que isso: o art. 252º, e o seu § único, estabelecem a vinculação do comerciante ainda quando o gerente não declarou actuar em representação do comerciante. Basta que tenha agido como gerente, isto é – adianta-se – que tenha actuado "por conta" do comerciante, como é próprio de quem gere um comércio alheio.

Com tal, o direito comercial prescinde mesmo da existência de representação para vincular o comerciante aos actos praticados pelo gerente. A prova (positiva) dos poderes de representação torna-se consequentemente desnecessária para a vinculação do comerciante.

Só não há imputação dos efeitos dos actos praticados pelo gerente ao comerciante na hipótese de ele ter actuado por conta própria: nessa situação, tal qual se prevê no art. 252º – e *a contrario* do que se estabelece no seu § único –, compreende-se que só o gerente fique vinculado: afinal, não actuou ostensivamente, aos olhos da contraparte, como gerente, mas enquanto

preponente. Nesse âmbito pode celebrar negócios atinentes a essa actividade com terceiros. Mas não tem de ser, necessariamente, o chefe do conjunto da empresa mercantil.
Sobre o nosso tema, e para diversos aspectos que a seguir abordaremos (também com conclusões que, no geral, acompanhamos), veja-se, como obra actual de referência, PEDRO L. PAIS DE VASCONCELOS, *A Preposição – Representação Comercial*, 2018, 2ª ed., Coimbra, *passim*.

[5] Num paralelo com o disposto nos arts. 268º e 269º do Código Civil, relativos à representação sem poderes e ao abuso da representação, os arts. 242º e 249º do Código Comercial tornam inoponíveis a terceiros de boa fé, respectivamente, as instruções particulares ou limitações especiais impostas pelo mandante ao mandatário comercial ou ao gerente de comércio. Vigora na gerência comercial, como veremos, um sistema de atribuição típica de poderes gerais, tendo o legislador adoptado o mandato completo como paradigma para delinear depois as soluções aplicáveis aos casos em que há instruções particulares ou limitações especiais (e, portanto, inesperadas no tráfico).

titular de um negócio próprio; os efeitos do seu acto apenas o devem atingir a ele, encontrando-se-lhes poupado o comerciante.

A solução é expedita, simples e segura, amplamente protectora de terceiros.

No nosso caso-base, tanto *B* como *A* – como proponentes que eram de *F* à frente do comércio que lhes cabia –, haveriam, portanto, de reputar-se vinculados pelos actos de *F* e, logo, ao pagamento a *T* do preço da empreitada.

E, como existia pluralidade de proponentes, a sua responsabilidade era solidária, nos termos do art. 251º § 1º do Código Comercial.

Tudo representa um patente desvio ao disposto no art. 268º/1 do Código Civil: pois no direito comum, tanto a falta de comprovação da existência de representação, como toda a limitação de poderes que venha a verificar-se, implica uma ineficácia do negócio por falta de legitimidade; ilegitimidade que é, à partida e como princípio geral, plenamente oponível pelo titular da esfera jurídica (representado) ao terceiro.

II – Vale, porém, a pena aprofundar e esclarecer melhor o modelo de decisão daqui resultante.

Tudo gira em torno da noção de gerência comercial. Parece ser este o eixo do regime jurídico-comercial, e não já, como no direito comum (civil), a representação ou o negócio atributivo de poderes representativos: pois, tal qual vimos, o direito comercial chega a imputar ao comerciante efeitos fora, ou para lá, de qualquer hipótese de representação, bastando-se com uma "actuação por conta" do gerente.

Em si, a gerência comercial pode provar-se com recurso a múltiplas circunstâncias. São, contudo, notas da gerência que o sujeito tenha sido

(*i*) encarregado de desenvolver com autonomia e poder de direcção certas tarefas e competências unificadas (um "comércio") correspondentes, ou a uma empresa[6] autónoma, ou integradas no seio de uma empresa mais vasta,

[6] Usamos a expressão em sentido amplo, sem a vincular a uma reflexão jurídica rigorosa sobre o termo e a realidade subjacente, situada fora do nosso propósito. Sobre estes, *colorandi causa*, cfr. Orlando de Carvalho, *Critério e Estrutura do Estabelecimento Comercial*, I, 1967, Lisboa, 96 e segs.; Oliveira Ascensão, *Direito Comercial*, Vol. I, 1998, Lisboa, 137 e segs.; Coutinho de Abreu, *Curso de Direito Comercial*, Vol. I, 2020 (reimpr.), 12ª ed., 201 e segs.

(ii) relacionando-se como tal com terceiros por conta e no interesse de tal organização.

III – Estabelecida a gerência comercial, os efeitos dos actos praticados pelo gerente no exercício do comércio imputam-se, à partida, ao *dominus*, o comerciante.

De harmonia com o disposto no art. 249º do Código Comercial, é o comerciante quem, caso queira eximir-se aos efeitos dos actos por aquele praticados, tem de fazer a prova positiva de que o terceiro conhecia uma hipotética inexistência ou limitação dos poderes daquele gerente. Ou, de acordo com o referido no art. 251º do mesmo preceito, há-de ser o comerciante a demonstrar que o gerente actuou em nome próprio de modo recognoscível perante terceiro.

De outro modo, tem de considerar-se vinculado em homenagem às expectativas da contraparte no negócio.

Quer dizer que o ónus da prova, para o terceiro, se "encurta": cinge-se à demonstração da gerência, a partir da qual se presume a existência de poderes do gerente; sendo que, mesmo que estes não existam, nem por isso deixa de haver imputação do acto ao comerciante se o gerente actuou por conta dele.

E, para facilitar ainda mais a tutela de terceiros face à dificuldade em identificar, caso sejam vários, os comerciantes por conta dos quais o gerente actua, refere ainda o art. 251º, § 1º, do Código Comercial, que sendo vários os proponentes – como no caso-base o eram *A* e *B* –, "cada um deles será solidariamente responsável."

Assim se reforça a tutela de terceiros que contactam em simultâneo com um comércio com pluralidade de titulares; quando se não torna claro que foi apenas um concreto de entre eles que instaurou a relação de gerência, ou não podendo eles saber se, ou distinguir por conta concretamente de quem o gerente de comércio actuava ou pretendia actuar.

4. (*cont.*) A representação e, no seu lugar, o requisito da actuação do gerente por conta como requisito suficiente

I – Conforme dispõe o § único do art. 252º, se a negociação tiver sido feita por conta do proponente, o contratante tem a "opção de accionar o gerente ou o proponente" (mas não poderá demandar ambos).

O significado da disposição parece claro: trata-se de favorecer o terceiro, não de o compelir a exigir o cumprimento do contrato do comerciante (que o recusa) se porventura preferir fazê-lo do gerente[7]. (A tutela está à sua disposição, não lhe é imposta.)

O que, se for essa a opção do terceiro, pode gerar uma responsabilidade pessoal do gerente pelo cumprimento de um negócio que não celebrou, afinal, para si, e que pode mesmo ter celebrado em representação de outrem, embora sem poderes.

Nesta última situação teremos uma hipótese similar à do § 179 do BGB; preceito que, ao contrário do que decorre dos princípios gerais do nosso direito, determina a vinculação do representante sem poderes perante a contraparte, à escolha desta, ou ao cumprimento ou à indemnização pelo incumprimento, quando o representado nega a ratificação. Em Portugal, semelhante solução não está genericamente prevista como solução de direito comum: só se contempla no âmbito da gerência comercial, não para qualquer representante fora da veste de gerente.

II – Mas voltemos à imputação da eficácia do negócio ao comerciante: do ponto de vista dogmático um aspecto ressalta: ainda quando o gerente tenha agido em nome próprio ou, actuando em nome alheio, se tenha demonstrado a ausência de poderes representativos para o efeito, há uma produção de efeitos na esfera do comerciante que decorre da simples actuação por conta do gerente no âmbito do comércio de que foi encarregado.

A actuação por conta como que toma o lugar da atribuição de poderes que acompanha a representação. Sem dúvida que na origem podem ter contribuído para a solução da lei as vicissitudes da destrinça entre a representação e a relação subjacente, que só tardiamente se impôs[8]. Facto é que, lida com olhos de hoje, essa solução faz todo o sentido, pois a actuação por conta prova-se com facilidade a partir da gerência (como nota por ela tipicamente implicada), enquanto a legitimidade representativa não.

Mas é também interessante notar que o regime vai mais além do que resulta do mandato sem representação, sabido que essencial para o mandato é, de acordo com o art. 1157 do Código Civil, a actuação por conta e não a representação.

[7] Por exemplo, também por ser difícil atingir o comerciante: pense-se no gerente de uma filial de uma empresa sedeada no estrangeiro.

[8] Cfr., em especial, Pedro de Albuquerque, *A Representação Voluntária em Direito Civil (Ensaio de reconstrução dogmática)*, Coimbra, 2004, passim.

No mandato sem representação, com efeito, o mandante deve sempre assumir as obrigações contraídas pelo mandatário no exercício do mandato que lhe conferira (cfr. o art. 1182º CC), uma vez que as obrigações em que este incorreu o foram por conta dele. Só que nada mais do que isso: no direito comum, o terceiro não tem acção directa contra o mandante.

Diferentemente tratando-se de um gerente de comércio. Aqui e à partida, basta a simples actuação por conta para vincular e fazer responder o comerciante. Presume-se certamente a representação a partir da existência de uma actuação material como gerente (por conta do comerciante). Mas não parece ser nessa presunção da existência de poderes que radica o direito de terceiro: o art. 252º § único, confere na verdade ao terceiro, ainda quando o gerente actua em nome próprio, direitos contra o comerciante, tão só mediante a prova da actuação por conta do gerente.

III – É desta forma, esquematicamente recordada, que o nosso vetusto e inteligente direito comercial responde a elementares exigências do comércio: a protecção dos terceiros que contratam com quantos actuam ostensivamente por conta de comerciantes à frente dos respectivos negócios; uma protecção que é incompatível com a pretensão daqueles que, tendo colocado à frente dos seus "comércios" certos sujeitos, vêm mais tarde alegar que lhes não conferiram poderes de representação.

5. A gerência como relação de "preposição" prototípica e as suas dimensões, interna e externa

I – Como se vê, todo o regime gravita em torno da noção de gerência.

A expressão abrange não só aqueles que, de modo ainda hoje perfeitamente ajustado à linguagem comum, merecem hoje ainda a designação de gerentes – como os muito justamente chamados "gerentes" de restaurantes, de dependências bancárias, de lojas –, mas também os que o são, em todo o caso, para o Código Comercial, como aqueles que desempenham funções profissionais de chefia em empresas: directores de departamento, de fábrica, de obra, etc.

Essencial à gerência comercial parece, assim, ser a função de direcção de um "comércio": palavra a dar um sentido amplo e diversificado, que apela para um conjunto de tarefas correspondentes, quando não a um "estabelecimento comercial", em todo o caso a uma unidade operativa no seio da empresa[9].

[9] Os termos, como se recorda, são fluidos e não ignoram a diversidade do seu emprego pela doutrina. COUTINHO DE ABREU, *Curso de Direito Comercial*, Vol. 1, cit., 211 e segs., ORLANDO

A locução não atinge, pelo contrário, os que foram encarregados de tarefas subordinadas, em organização empresarial alheia, como *v.g.*, caixeiros, viajantes ou representantes comerciais, e outros auxiliares. Estes inserem-se, tal qual os gerentes, numa organização comercial alheia, mas não detêm os poderes e a liberdade de movimento que inerem à função daqueles.

Compreende-se, contudo, que precisamente pela sua inserção na empresa comercial e pela actividade com relevo jurídico que nela muitas vezes desempenham – por exemplo, pela prática de actos jurídicos – se coloquem igualmente quanto a eles, com muita premência, problemas de imputação de tais actos ao comerciante titular da empresa. Noutro escrito tivemos já oportunidade de o apontar, e não é este o momento de o desenvolver[10].

Importa-nos apenas salientar agora que o Código Comercial, não obstante dispor de preceitos, como os dos arts. 255º a 260º, que regulam também de forma muito razoável os reflexos do desempenho dessas funções subordinadas na esfera jurídica do comerciante, se encontra basicamente centrado no regime da gerência, no âmbito do qual esses preceitos foram também formulados. Como que a sugerir que o padrão de referência é, efectivamente, o da gerência.

Dele cuidaremos, por conseguinte, apenas. Sem deixar de notar que muitas das nossas considerações se podem aplicar, com adaptações – aliás, por vezes, muito necessárias –, ao desempenho de outras funções de que alguém foi encarregado pelo comerciante.

Por palavras diferentes: a gerência é, para a lei comercial, a relação prototípica de "preposição", em que alguém é "pré-posto" pelo comerciante para tratar dos seus assuntos[11]. Daí o seu relevo dogmático, que procuraremos aprofundar.

II – Subjacentes à gerência comercial – mas também a outras situações de *preposição* em que o comerciante "pré-põe" alguém para tratar dos seus assuntos de comércio – podem existir diversos tipos de actos jurídicos, negócios ou quase-negócios, mediante os quais se instaurou a relação em causa.

de Carvalho, *Critério e Estrutura do Estabelecimento Comercial*, cit., 96 e segs. e 687 e segs.; Oliveira Ascensão, *Direito Comercial*, Vol. I, cit., 103 e segs. e 137 e segs..

[10] Cfr. José de Oliveira Ascensão/Manuel Carneiro da Frada, *Contrato celebrado por agente de pessoa Colectiva. Representação, responsabilidade e enriquecimento sem causa*, separata da Revista de Direito e Economia, vols. 16 – 19, (1990 – 1993), 45-53.

[11] Fundamental sobre o tema, entre nós, Pedro L. Pais de Vasconcelos, *A Preposição – Representação Comercial*, *cit.* 553 segs.

Não é, porém, preciso que tais actos existam ou sejam válidos, porque a gerência é, para o Código Comercial, uma realidade de facto: não depende de um título negocial válido. Pois para a sua existência apenas releva o exercício efectivo, pelo gerente, de uma certa actividade por conta, revestida de tipicidade social. Basta, via de regra, que seja exercida por incumbência ou autorização do comerciante[12].

Contudo, o habitual é que na estruturação jurídica da empresa mercantil exista um vínculo jurídico entre o "preposto" (gerente de comércio ou outro auxiliar) e o comerciante que o institui nas funções[13].

Temos pois de distinguir, na gerência (como realidade de facto), entre a relação *interna* (ou subjacente) do preposto com o comerciante, e a relação *externa*, ou as diversas relações externas, que o gerente (preposto) enceta e mantém com terceiros no exercício da sua gerência (através dos actos que pratica e dos negócios que celebra).

III – O regime dos arts. 248º e segs do Código Comercial que acima trouxemos à lembrança, considerámo-lo na perspectiva da imputação de efeitos da conduta do gerente ao comerciante que ele, logo numa primeira aproximação, possibilita, sem atendermos à relação que subjaz à gerência.

É esta que determina os direitos e deveres recíprocos entre o comerciante e o gerente: estabelecendo, *v.g.*, a obrigação do comerciante de, além ou independentemente da retribuição que possa ter sido acordada, ressarcir os prejuízos sofridos pelo gerente, ou de o reembolsar as despesas que este tenha feito; mas também vinculando o gerentes à prestação de contas e a entregar ao comerciante o que tiver obtido com a sua gerência; e responsabilizando-o pelos danos causados, ou a restituir ao comerciante aquilo com que se tiver locupletado se se apoderou do comércio alheio, aproveitando as suas oportunidades e negociando por conta própria.

[12] Excluem-se em princípio as hipóteses em que o gerente usurpou um comércio alheio. Nestas hipóteses não actuará ordinariamente por conta, pois quererá manter a situação oculta de terceiros a fim de carrear para si os benefícios da sua actuação. (Mas se, não obstante a usurpação, o gerente continuar a actuar por conta, a imputação do acto ao comerciante não resulta linearmente do regime comercial, e dependerá de ponderações mais vastas de tutela da aparência, que poderão efectivamente conduzir, a nosso ver, a uma imputação de efeitos dos actos praticados pelo gerente ao comerciante como risco do comércio deste: cfr., a respeito, o nosso *Teoria da Confiança e Responsabilidade Civil*, Coimbra, 2003, 52 ss, em nota.)

[13] No mesmo sentido, Pedro L. Pais de Vasconcelos, *A Preposição – Representação Comercial*, cit., 317 e 366-367.

São também flagrantes os paralelismos e conexões dos problemas e soluções com o regime da administração das sociedades comerciais (*de iure* ou de facto), a convocar uma maior aproximação e integração dogmático-sistemática (que a actual redacção do art. 80º do Código das Sociedades Comerciais também incentiva)[14].

Interessa-nos, contudo, agora, a dimensão externa da gerência. A relação interna pode interferir – e interfere, de facto – na construção dos termos da imputação ao comerciante dos actos praticados pelo gerente. Há, ou pode haver, nesse sentido, uma sobreposição das dimensões externa e interna da relação de gerência do ponto de vista da tutela de terceiros.

Vê-lo-emos de seguida.

6. Gerência, actuação por conta e mandato comercial

I – É certamente *natural*, ou normal, que o gerente de comércio, por isso que foi colocado à frente de um comércio que lhe não pertence, e sabido que esse comércio se desenvolve, ou só se pode desenvolver, mediante a prática de actos jurídicos, detenha poderes de representação do comerciante.

Trata-se também de um mandato geral para o comércio em causa – que pode, aliás, ser meramente verbal, assim correspondendo também às necessidades de desformalização do tráfico comercial –, nos termos do art. 249º do Código Comercial.

Mas a atribuição de tais poderes, sendo embora suficiente, não é requisito necessário, nem constitui condição *sine qua non* da gerência, nos efeitos que esta apresenta para com terceiros: pois é substituída, como vimos, pelo requisito da actuação por conta (como pressuposto suficiente de base).

Podem até existir razões para o comerciante não querer apetrechar este ou aquele seu gerente deste ou daqueles poderes de representação, sem por isso querer entorpecer o seu comércio e sem deixar de os atribuir para outros efeitos. Tal não deve, em qualquer caso, prejudicar, nem a fluência do tráfico jurídico, nem os interesses de terceiros que contratam com o gerente.

[14] Avultará, entre outras, a dimensão da responsabilidade dos gerentes e administradores das sociedades, e a obrigação de restituir o enriquecimento que tenham obtido em violação dos seus deveres funcionais. Quanto a esta última, o regime da gerência comercial pode utilmente completar aquele regime, como noutra ocasião desenvolvemos: amparando, por exemplo a doutrina do aproveitamento das oportunidades societárias e dando base legal à obrigação de restituição dos lucros obtidos pelo administrador infiel: cfr. Manuel Carneiro da Frada, «A obrigação de restituir dos administradores», in *Forjar o Direito*, 2ª edição, Coimbra, 2019, 425 segs.

Correspondentemente, a noção do art. 248º do Código Comercial não refere nem implica, verdadeiramente, a atribuição de poderes de representação, mas tão-só a actuação por conta, inerente à investidura do sujeito na gerência de um comércio alheio.

A definição da lei consente, neste ponto, uma leitura impecavelmente congruente com a concepção de fundo que inspirou o legislador ao fixar a disciplina da gerência: o regime legal subsequente abarca, na verdade, situações de imputação de efeitos ao comerciante independente da existência de tais poderes por parte do gerente de comércio. Insistindo sempre: central é antes a conduta "por conta" do comerciante à frente do seu comércio.

II – Contudo e sem prejuízo, o exercício da gerência de comércio tem normalmente subjacente um mandato, e um mandato representativo.

O Código Comercial reflecte-o. A gerência é, de acordo com a sistematização adoptada, uma modalidade do mandato comercial, que é um mandato representativo[15]: ao contrário do mandato civil em que o que releva é apenas uma actuação por conta.

Tal expressa-se igualmente na distinção entre o mandato comercial comum (que envolve representação, nos termos dos arts. 231º e segs.) e a comissão, também ela inserida na disciplina geral do mandato comercial, mas pressupondo a actuação em nome próprio, embora por conta de outrem.

Presente a linguagem do Código Comercial, o que parece distinguir, portanto, as duas situações é principalmente a ostensividade da actuação por conta: na comissão essa actuação por conta alheia não é visível aos olhos de terceiro, que nenhuma pretensão poderá por isso ter, via de regra, contra o mandante. Diferentemente na gerência, em que a actuação por conta é aparente[16].

Por outro lado, mesmo naquilo em que o regime da gerência ultrapassa a nota característica da representação, a figura do mandato marca presença: a actuação por conta à frente do comércio de outrem reconduz-se o mais das vezes, facilmente, a um mandato sem representação.

[15] Cfr. a epígrafe do Título V: "Do mandato".

[16] Cfr., por exemplo, Menezes Cordeiro, *Direito Comercial*, 4ª ed. (reimpr.), Coimbra, 2019, 289-290; Paulo Olavo Cunha, *Direito Comercial e do Mercado*, 2ª ed., Coimbra, 2018, 304-307;

III – Diversamente do que ocorre na comissão, a actuação por conta é, como se disse, ostensiva, o que significa que no regime da gerência há uma aparência, ao menos, de mandato (representativo ou não).

Tal significa que para o estabelecimento da relação por conta que corresponde à gerência comercial o que importa é a perspectiva da contraparte no negócio celebrado pelo gerente. Releva a conduta externa que é observada pelo terceiro, como ela se apresenta perceptível por ele (da gerência de um comércio alheio), e não qualquer convenção interna entre proponente e gerente. A tipicidade social é decisiva; interpretada e valorada à luz das regras da experiência ou do senso comum.

IV – Tratando-se de uma gerência comercial, está naturalmente em causa um mandato *comercial*, que tem por objecto actos comerciais (art. 231º do Código Comercial; a empreitada do exemplo-base é também um acto comercial à luz do critério do nº. 6 do art. 230º, em articulação com o artº 2º deste diploma). A gerência apresenta-se tipicamente como um fenómeno do âmbito comercial.

V – A relação entre a gerência e o mandato é, pois, complexa a vários níveis.

Aliás, pode haver gerência sem mandato, e mandato sem gerência. Se nem todo o gerente é mandatado, nem todo o mandatário é gerente.

Assim, a relação de gerência advém muitíssimas vezes, singelamente, de um contrato de trabalho.

Ou, subjacente à gerência comercial pode encontrar-se, *e.g.*, um contrato de consórcio mediante o qual, directa ou indirectamente, as entidades consorciadas encarregam outrem – tal como no nosso caso-base – de desenvolver um projecto comum.

O facto de o consórcio não ter personalidade jurídica não significa que não possa apresentar-se como externo: a actuar enquanto tal no tráfico jurídico – conduzindo-se, portanto, os seus membros visivelmente enquanto membros *em consórcio* –, e podendo usar todos os meios à disposição para investir um sujeito na posição de seu gerente comercial; por exemplo, através de um mandato comercial atribuído por todos os membros do consórcio, ou apenas por um deles enquanto chefe do consórcio[17].

[17] De harmonia com o Decreto-Lei nº 231/81, de 28 de Julho, distingue-se entre consórcios internos e externos. Partindo do regime podem identificar-se duas notas a presidir à distinção

O exemplo, sugerido pelo caso-base, mostra a complexidade que a relação interna da gerência pode apresentar.

Apesar disso, não cremos que a referenciação simples da gerência ao mandato feita pelo legislador comercial seja obsoleta. Na verdade, tanto no caso de uma relação interna nos termos de um contrato de trabalho, como no exemplo do consórcio, os elementos do mandato encontram-se presentes. O mandato constitui uma espécie de "macrotipo" contratual – um tipo contratual de base – que co-conforma outros tipos contratuais que prefigurem o exercício de funções de gestão por conta de outrem, ainda quando deles autonomizáveis ou autonomizados entretanto[18].

das modalidades: a maior intensidade da dimensão organizativa prevista para os consórcios externos (cfr. ANTÓNIO MENEZES CORDEIRO, *Direito Comercial*, cit., 755), e a invocação da existência do consórcio pelos seus membros quando actuam perante terceiros (cfr. RAUL VENTURA, *Primeiras Notas sobre o Contrato de Consórcio*, ROA, 1981, III, 651; PEDRO PAIS DE VASCONCELOS, *Direito Comercial*, Volume I, Coimbra, 2011, 155). Em sentido divergente, sustentando que podem existir consórcios que não se reconduzam a qualquer das categorias previstas na lei (consórcio interno/externo), e que não é possível utilizar os critérios referidos para distinguir as duas categorias legalmente previstas, PAULO SOUSA DE VASCONCELOS, *O Contrato de Consórcio*, 1999, Coimbra Editora, Coimbra, 101 e segs.

Ambas as notas distintivas convergem na diferenciação entre aqueles consórcios que operam visivelmente como tal perante o exterior, e os que não representam senão um acordo entre entidades distintas que continuam a actuar isolada ou separadamente no tráfico jurídico (PEDRO L. PAIS DE VASCONCELOS, *A Preposição – Representação Comercial*, cit., 426 e segs). Este o melhor ponto de partida para averiguar os termos da imputação de efeitos aos membros do consórcio.

Quanto ao carácter patente/oculto da concertação de actividades, importa sublinhar que tal concertação não tem por que se manifestar em *cada* acto externo praticado pelos membros do consórcio. A qualificação depende antes da assunção, por parte dos membros do consórcio, da sua qualidade de consorciados nas relações externas mais relevantes, mormente nas que concretizem o objecto principal do consórcio; ou então, da qualidade de chefe do consórcio expressa ou tacitamente assumida por um dos seus membros na relação com terceiros, sem a oposição dos demais.

Avulta, pois, a tipicidade social marcante, a forma como se há-de entender o comportamento de quem actua no seu todo. Não releva se o sujeito detinha ou não procuração para o efeito. O que conta é a forma como terceiros apreendiam ou podiam compreender a conduta: se do consórcio enquanto tal, se apenas de um certo sujeito isoladamente.

[18] Cfr. JANUÁRIO DA COSTA GOMES, *Contrato de Mandato*, em MENEZES CORDEIRO (Coord.), *Direito das Obrigações*, Vol. III, AAFDL, Lisboa, 1991, 315-317.

VI – Para efeito da tutela de terceiro, o que releva, portanto, é saber – voltemos ao nosso caso-base – se *F* era gerente das entidades consorciadas e se actuou como gerente do consórcio, isto é, ostensivamente por conta delas quando contratou terceiros. Por exemplo, aos olhos destes *(i)* a quem *F* prestava contas do trabalho que desenvolvia, *(ii)* a quem cabia derradeiramente, no entendimento das partes, a direcção e a orientação dos trabalhos realizados ou a efectuar no futuro, *(iii)* se foi por conta delas que *F* recolheu orçamentos para as obras a realizar, *(iv)* a quem, recolhidos eles, os dirigiu depois, *(v)* como comunicou a decisão de contratar ao empreiteiro escolhido, *(vi)* a que título fechou o contrato e, mais tarde, *(vi)* procedeu à validação dos autos de medição e da facturação, etc..

7. O regime da gerência comercial, a procuração tácita e a ratificação tácita

I – Do ponto de vista da imputação dos efeitos ao comerciante, a disciplina da gerência comercial converge em larga medida com a que resulta, segundo o direito comum, de uma procuração tácita atribuída pelo comerciante (sociedade ou comerciante a título individual) ao gerente. Mas ultrapassa-a, como se calcula, desde logo por não implicar necessariamente uma representação e/ou uma atribuição de poderes.

Para o cabal desempenho de determinadas funções comerciais pode ser imprescindível, conveniente ou normal a atribuição de poderes representativos, pelo que a assunção ostensiva do papel de gerente poderá permitir então ao terceiro que com ele contrata a ilação de que, com toda a probabilidade, foi emitida uma declaração negocial atributiva de poderes por parte daquele a quem respeita o comércio (cfr. o art. 217º/1, do Código Civil).

II – Mas há diferenças: o terceiro que invoque a procuração, ainda que tácita, tem obviamente de a provar. Impende sobre ele o ónus de demonstrar a atribuição pelo representado de poderes ao representante.

Não assim no regime da gerência comercial.

Com efeito, ao configurá-la como expressão de um mandato representativo, o legislador comercial basta-se com a tipicidade social da gerência para ficar estabelecida a existência de poderes representativos. A legitimidade do gerente dispensa consequentemente a prova da vontade do comerciante na respectiva atribuição. Apresenta-se, na realidade, baseada num regime legal correspondente – é certo – à normalidade das situações, segundo as regras da experiência e/ou o senso comum, da verificação de um acto atributivo de poderes pelo comerciante ao gerente; mas legitimidade que não deixa, nem por isso, de se alicerçar numa presunção legal (da existência da correspondente vontade) que dispensa o terceiro da prova *ad hoc* da vontade que sobre ele recairia no comum dos casos de procuração tácita.

Uma presunção – esta – que é depois completada, em pormenor de coerente recorte, pelo art. 240º do Código Comercial ao estabelecer que, avisado o mandante da execução do mandato, se este nada disser "imediatamente", "se presume ratificar o negócio [praticado pelo mandatário], ainda que o mandatário tenha excedido os poderes de representação".

Na realidade, o conhecimento pelo mandante (do acto praticado pelo mandatário), a sua adesão aos seus efeitos, pode muitas vezes ser presumido por terceiro: por exemplo, se o comerciante foi o *accipiens* da prestação a cargo dele (*e.g.*, se recebeu o dinheiro pago pela mercadoria, se aproveitou o serviço contratado pelo gerente ou se aceitou a obra encomendada pelo gerente.)

O estabelecimento pela lei, na gerência comercial, de uma procuração, não apenas tácita, mas presumida, é, pois, completado pela consagração, nas condições do preceito[19], de uma ratificação, não apenas tácita, mas presumida também. Subjacente estará, em muitas situações, uma vontade ratificativa (tácita) do *dominus* – *mutatis mutandis* quanto ao que se verifica na procuração –, que se presume, estando o terceiro dispensado da sua prova.

Mesmo, pois, que o gerente (mandatário comercial) tenha excedido o mandato, o negócio – ao contrário do que sucede no plano civil (art. 268º do Código Civil) – torna-se eficaz perante o mandante, se este não reagir atempadamente, logo que conheça da sua celebração. Assim assegura a lei rapidamente a estabilização dos efeitos jurídicos do negócio celebrado pelo *procurator*, e impõe ao representado o ónus de reagir ao excesso de representação. Ao presumir a ratificação, e tão-só pelo decurso do prazo, "blinda" a eficácia do negócio (contra o comerciante). Trata-se obviamente uma presunção *iuris tantum*, mas que em muito favorece o terceiro que, fiado na actuação por conta do gerente, assumiu estar este dotado de poderes representativos e, deste modo, vincular-se o comerciante no negócio por aquele celebrado com ele.

19 A ratificação pode naturalmente desenvolver também efeitos na relação entre mandante e mandatário, mas não curamos deles aqui.

III – Verdade seja que o regime da gerência comercial vai mais além, e simplifica tudo ainda mais[20].

É que, ainda que as presunções de legitimidade representativa anterior ao negócio, ou de legitimação posterior através de ratificação sejam ilididas, tal não exclui a vinculação do comerciante ao abrigo do art. 252º § único.

Nessa medida, a disciplina legal da gerência comercial poupa ao intérprete-aplicador a ingrata tarefa de distinguir entre a procuração tácita, a procuração tolerada, e a procuração meramente aparente que os quadros do direito comum exigiriam. Se, pelo menos a última – e dependendo do sentido que se der à "tolerada"[21] – já se não pode amparar seguramente no âmbito do art. 217º/1 do Código Civil, facto é que ela perfaz facilmente as condições da imputação ao comerciante ao abrigo do regime dos arts. 248º e segs. do Código Comercial.

8. A representação tácita, em virtude do recorte social-típico das funções cometidas, e o estatuto da gerência comercial

I – Viu-se já que o regime legal que reconhece, como regra, poderes representativos ao gerente se encontra genericamente alinhado com a doutrina comum da representação tácita.

Nessa medida, a especificidade da disciplina da gerência situa-se, neste aspecto, antes em a demonstração da atribuição de poderes se achar facilitada, por encontrar na gerência um critério simples e expedito de prova que facilita a segurança no tráfico jurídico.

Na verdade, entre os factos que revelam a atribuição tácita de poderes representativos merecem destaque aqueles que se constituem pela incumbência a alguém, por parte do comerciante, do exercício de uma posição

[20] Assim, são pensáveis exigências de forma para uma procuração segundo o direito comum que se não justifiquem no direito comercial. Nestes casos, falha a possibilidade de uma procuração tácita, face ao disposto no art. 217, nº 2, do Código Civil, mas não necessariamente a imputação do acto ao comerciante segundo o regime da gerência comercial, sempre ou na medida em que a celebração de certos negócios no comércio não seja vista como dependente dessa forma, e não haja razões que imperativamente excluam a validade do acto, por motivos formais, no comércio.

[21] A plasticidade desta expressão dificulta a sua catalogação, ou na procuração tácita, ou na procuração aparente, a primeira negocial e a outra alicerçada, por contraste, no princípio da confiança; pode ver-se, a respeito, o nosso *Teoria da Confiança e Responsabilidade Civil*, cit., 49 ss em nota.

funcional no seio da empresa que está tipicamente ligada, segundo as concepções no tráfico, à atribuição de poderes representativos.

Na concretização deste pensamento foi decidido, por exemplo, que quem confia o seu estabelecimento comercial a um empregado lhe confere com isso poderes representativos para o seu giro típico; e que quando um banco institui um balcão de recebimento de depósitos atribui ao encarregado dele poderes representativos, o mesmo acontecendo quando nomeia o director de uma filial. Em todos estes casos devem considerar-se tacitamente atribuídos os poderes representativos próprios do desempenho das funções em causa[22], de harmonia com o recorte dessas funções que se encontra presente no tráfico jurídico.

Pode discutir-se se os casos referidos se integram todos, e do mesmo modo, no conceito usual de gerência, ou se hão-de os sujeitos em causa ser considerados antes auxiliares ou caixeiros, subordinados aos gerentes, aos quais é inerente um poder de direcção do comércio de que estão incumbidos. Mas o pensamento básico é o mesmo[23].

De todo o modo, e como escrevemos noutro local, "o juízo de inferência de uma declaração negocial tácita (aqui de atribuição de poderes representativos) a partir dos factos (os factos concludentes) não precisa de ser absolutamente forçoso ou necessário, bastando que, de acordo com a interpretação usual do comportamento, a declaração deva considerar-se como emitida com toda a probabilidade"[24].

É o critério do art. 217º/1 do Código Civil.

A esta luz, pode, pois, dizer-se que a instituição de alguém como gerente de comércio implica realmente – e tal qual reconhece o Código Comercial, que faz desta normalidade uma presunção legal – a atribuição de poderes representativos correspondentes.

Para lá das regras gerais da procuração tácita, a principal especificidade está, como se disse, em que o direito comercial dispensa o terceiro da prova da declaração tácita de vontade de atribuição de poderes representativos,

[22] José de Oliveira Ascensão/Manuel Carneiro da Frada, *Contrato celebrado por agente de pessoa Colectiva. Representação, responsabilidade e enriquecimento sem causa*, cit., 43-77, 48 e, em particular, as referências da nota 7.

[23] Não se ignora o diferente estatuto destes sujeitos em matéria de representação, segundo o que dispõe a lei comercial em vigor. Contudo, a distinção entre gerentes, caixeiros e auxiliares é também relativa, e algumas similitudes existem entre elas.

[24] *Ibidem*, 48.

habilitando-o com uma presunção a partir da demonstração da conduta no âmbito da gerência.

Sendo certo, por outro lado, que o âmbito dos poderes tacitamente conferidos compreende tudo o que se relaciona tipicamente com a função em causa e para ela é susceptível de se tornar conveniente ou necessário: mais do que a vontade tácita, o que se torna objecto precípuo da prova é o recorte objectivo-típico da função.

II – Persistem, contudo, diferenças mais sensíveis, pois o estatuto da gerência comercial vai para além do alcance das declarações tácitas.

É que o art. 249º do Código Comercial apresenta-se taxativo ao estipular que o proponente não pode opor a terceiros "limitação alguma dos respectivos poderes, salvo provando que tinham conhecimento dela ao tempo em que contrataram".

Quer dizer que a limitação de poderes – que se traduz numa ausência de poderes (e não num exercício abusivo de poderes efectivamente conferidos) – não obsta à vinculação do comerciante (queira-o este ou não), excepto em caso de conhecimento do terceiro dessa limitação de poderes.

A lei possibilita, pois, a tutela do sujeito que contrata com o gerente investido no comércio independentemente da efectiva atribuição dos correspondentes poderes através de uma declaração negocial, ainda que tácita. E essa protecção só cede se o terceiro tiver conhecimento da falta de poderes: não já logo que "devesse ter conhecimento" dessa falta de poderes. (Quer dizer: o sujeito pode confiar no recorte típico das funções da gerência, sem qualquer preocupação de indagar se eles existiam ou não.)

Estamos para lá das fronteiras da comum protecção do destinatário de uma declaração negocial tácita. Dogmaticamente, ultrapassamos na verdade o âmbito da teoria do negócio para transpormos o umbral da tutela da confiança, na sua modalidade de tutela da aparência (de poderes de representação).

A abordagem deste ponto é essencial para termos uma perspectiva completa do alcance e significado do regime legal da gerência comercial.

9. O estatuto da gerência comercial para além da teoria do negócio: a procuração aparente e a protecção da confiança

I – O estatuto do gerente comercial pode com efeito, como já vimos, conduzir a uma imputação de efeitos ao comerciante, quando não houve qualquer *negócio* atributivo de poderes representativos (mandato comercial, procuração, ratificação, tácitos ou expressos).

Nesse sentido, estende-se dogmaticamente para lá dos confins da teoria do negócio.

II – Desenha-se neste campo um conflito clássico de interesses. De um lado, o interesse de autodeterminação do comerciante, que pode pretender não assumir qualquer obrigação derivada de um acto, ou actos praticados por quem não tenha investido de poderes de representação; de outro, o interesse de terceiro que contratou com o gerente em imputar ao comerciante as obrigações decorrentes do negócio que celebrou (no caso-base, a obrigação de pagamento do preço da empreitada a esse mesmo comerciante).

Como se sabe, na ausência de outros elementos, esta contraposição de interesses resolve-se, por princípio, no direito privado comum, compreensivelmente, a favor do *dominus*, em virtude da regra da ineficácia do negócio celebrado por aquele que actua em nome de outrem sem poderes de representação: art. 268º/1 do Código Civil.

Sem prejuízo, são várias – e generosas – as vias gerais de tutela de terceiros que se abrem na nossa ordem jurídica.

Interessa-nos a disciplina especial da gerência de comércio.

No que ela não abranja, e porventura a suprir também as suas limitações, encontra-se o direito comum. Não fora esta última disciplina (da gerência comercial), poderiam equacionar-se *quatro vias* mais gerais de solução que o direito luso, especial ou comum, apresta para a tutela de terceiros a fim de solucionar o nosso caso-base; a saber: a procuração aparente, a ratificação aparente, o abuso do direito do comerciante (de invocar a ineficácia decorrente da falta inicial de poderes do seu representante no comércio por ausência de procuração), e o abuso do direito de recusar a ratificação (ou de invocar a sua falta), em ambos estes casos por *tu quoque* ou por *venire contra factum proprium*[25].

Mas o estatuto do gerente é distinto e apresenta pressupostos próprios.

[25] Exploramos esta última via em ANTÓNIO MENEZES CORDEIRO/MANUEL CARNEIRO DA FRADA, *Da inadmissibilidade da recusa de ratificação por venire contra factum proprium – Anotação ao Acórdão da Relação do Porto de 18 de Novembro de 1993*, Separata da Revista "O Direito", Ano 126º, 1994, III-IV, 677 segs.

III – Como já vimos, a actuação por conta do gerente de comércio constitui um fundamento autónomo da vinculação do comerciante para tutela de terceiros, segundo dispõe inequivocamente o § único do art. 252º do Código Comercial. Corresponde-lhe uma disciplina que *(i)* não depende da existência de mandato ou de poderes de representação atribuídos pelo comerciante, *(ii)* nem da sua aparência (contando antes a tipicidade social da gerência), *(iii)* nem de qualquer apreciação da conduta do comerciante (de recusa da sua vinculação) abusiva por inaceitavelmente contraditória com uma qualquer atitude anterior dele (*v.g.*, a inculcar a convicção de que a falta de poderes do gerente não seria invocada).

Protege-se, de modo muito eficaz, a confiança de terceiro. O regime alicerça-se de modo objectivo e auto-suficiente na conduta por conta de outrem do gerente. (Embora se presuma a situação normal de aquele por cuja conta o negócio foi celebrado ter instituído ou manter o sujeito na posição de gerente de comércio, consideramos agora o art. 252º § único, que não deixa de se aplicar em caso de prova negativa de que assim não foi, porque a vinculação do comerciante é independente de tal[26].)

Assim, o *Tatbestand* de confiança deriva, não de uma qualquer declaração negocial, mas da *situação de facto* da gerência, enquanto tipicamente coligada a uma situação de existência de poderes de representação. Por outras palavras, está em causa apenas a *tutela da aparência* de uma normalidade, a da existência desses poderes. E também o nexo de imputação ao comerciante não é negocial: tanto o acto instituidor da situação de gerência, como a manutenção na gerência, constituem *actos reais*, correspondem a uma operação jurídica.

Transcende-se, pois, a tutela negocial de terceiros.

IV – Estamos no campo da protecção da confiança, para a qual se exigem certos requisitos[27].

[26] Cfr. em sentido convergente e com muito oportuna consideração de modernas formas de comércio em que se verifica um anonimato do comerciante, PEDRO L. PAIS DE VASCONCELOS, *A Preposição – Representação Comercial*, cit., 171-173 (colocando também o fundamento da imputação na actuação por contra do preponente, que releva, portanto, ainda que o preposto atue em nome próprio ou sem invocar nome algum).

[27] De modo resumido, pode ver-se, quanto ao a seguir exposto, MANUEL CARNEIRO DA FRADA, *A responsabilidade pela confiança (por ocasião do cinquentenário do Código Civil)*, in Católica Talks/ Responsabilidade, Lisboa, 2020, 93 segs.

O Direito não tutela, nem pode tutelar, acriticamente, qualquer convicção ou representação de um sujeito, sem se importar de que índole ou em que circunstância. Por isso, além da situação de confiança (traduzida na boa fé da pessoa que acredita numa declaração ou num comportamento alheio), exige-se que essa confiança seja justificada e que tenha existido um investimento de confiança por parte do confiante (e que corre o risco de se perder ou inutilizar). A protecção da confiança, por isso que opera à custa de outrem, terá naturalmente de justificar-se perante este. Requer-se, em princípio, uma imputação de sentido duplo ao sujeito: que ele tenha originado a confiança alheia, e causado também a sua frustração (merecendo, pois, suportar as consequências da frustração da confiança alheia que concitou). Quando estejam reunidos estes pressupostos, se a ordem jurídica o dispuser de modo específico ou, fora desses casos, reclamando-o impreterivelmente a justiça material, intervém uma forma de tutela que é basicamente de um de dois tipos: ou se se confere ao confiante uma posição correspondente àquela em que acreditou, apesar de não se encontrarem verificados os pressupostos de que a ordem jurídica faz depender o seu surgimento – protecção positiva da confiança –, ou se lhe atribui uma indemnização pela frustração da confiança e pela consequente perda do seu investimento (tutela negativa da confiança)[28].

V – Aplicando.

Se há gerência, a confiança do terceiro na existência dos poderes correspondentes é justificada. O investimento traduz-se também univocamente na contratação com o gerente na convicção da vinculação do comerciante. A imputação alicerça-se, por sua vez, não numa inconciliabilidade do comportamento do comerciante apreciado numa perspectiva diacrónica, mas na aparência da existência de uma concessão de poderes representativos na base do seu agir. Estamos, pois, diante de uma modalidade de *responsabilidade pela confiança em declarações*, distinta da confiança num comportamento futuro, como ocorre, nomeadamente, no *venire* (o terceiro não confia simplesmente em que o comerciante não vai arguir a falta de poderes, antes na existência de poderes representativos, ou na afirmação implícita desses poderes quando o gerente actua por conta alheia)[29].

[28] Pode ver-se, desenvolvidamente, Manuel Carneiro da Frada, *Teoria da Confiança e Responsabilidade Civil*, Coimbra, 2003, 584 ss e 690 segs.

[29] Para desenvolvimentos, cfr. Manuel Carneiro da Frada, *Teoria da Confiança e Responsabilidade Civil*, cit., *e.g.*, 53 ss, 608 ss, 741 ss, e notas, e *passim*.

Quanto ao juízo global do merecimento de tutela, ele encontra-se abstractamente traçado, em sentido favorável, pelo legislador comercial (ao estabelecer a vinculação do comerciante aos actos praticados pelo gerente): como corresponde às previsões específicas de protecção da confiança que o ordenamento português conhece. (Poupando-se ao intérprete-aplicador uma apreciação *ad hoc* à luz das exigências de uma juridicidade entendida em sentido material, mobilizando, por exemplo, cláusulas gerais como a do abuso do direito.)

E, por se tratar como eficaz um negócio em relação ao comerciante, mesmo se ele não dotou o gerente de poderes representativos (para proteger a confiança da contraparte na existência de tais poderes), o regime da gerência enquadra-se na protecção positiva da confiança. (A ordem jurídica não se limita a indemnizar a contraparte dos prejuízos sofridos com a ausência de poderes do gerente e a consequente ineficácia do negócio[30].)

10. A solidariedade dos responsáveis, na actuação por conta do gerente; o consórcio do caso-base

I – A tutela da contraparte no negócio celebrado pelo gerente não é prejudicada no caso de a contraparte não conhecer o comerciante ou de serem vários os proponentes.

Muitas vezes, com efeito, os "comércios" (à frente dos quais foram colocados os gerentes) são detidos por vários. O terceiro muitas vezes nem o sabe. E, quando o conhece, também não se encontra por dentro da articulação de esferas entre os diversos comerciantes que desenvolvem conjuntamente uma mesma empresa ou empreendimento mercantil. Facto é que, presente que lhe seja um mesmo (e único) comércio – um gerente, ainda que actuando por conta de diversos comerciantes, todos eles *domini* de um mesmo comércio –, ele precisa de ficar protegido da invocação de todas as excepções respeitantes às relações internas entre esses comerciantes.

Pela razão do texto, não cremos que o abuso do direito seja uma solução totalmente apropriada ou suficiente à tutela da contraparte no negócio com o gerente, embora lhe reconheçamos a vantagem de uma fácil recondução aos dados do direito vigente através do recurso ao art. 334º do Código Civil.

[30] Cfr., por último, Manuel Carneiro da Frada, *A responsabilidade pela confiança por ocasião do cinquentenário do Código Civil*, cit., 96 segs.

Nesse sentido, dispõe de modo lapidar o art. 251º, § 1 do Código Comercial:

"Se os proponentes forem muitos, cada um deles será solidariamente responsável".

A solução harmoniza-se com o disposto no artigo 100º do Código Comercial, ao estabelecer-se aí que nas obrigações comerciais "os co-obrigados são solidários, salvo estipulação em contrário".

A co-obrigação resulta, também agora, da co-titularidade na posição de *dominus* do comércio atribuído ao gerente. Mas vai mais longe: enquanto no caso do art. 100º do Código Comercial a solidariedade cede perante estipulação em contrário, na hipótese de uma pluralidade de comerciantes titulares de um mesmo comércio (à frente do qual colocaram gerentes), essa co-obrigação – que provoca a solidariedade – resulta imediatamente de uma valoração particular da lei, como regime especial. É neste ponto que se encontra a sua especificidade.

O Código Comercial dispõe, portanto, de uma regulamentação específica para a gerência por conta de vários (proponentes).

A solução é inequívoca: se vários confiaram a um gerente de comércio a prossecução dos seus interesses comuns, cada um deles é responsável solidariamente com os outros pelas dívidas emergentes da actuação do gerente (preposto) por conta desses interesses. Tem a sua razão-de-ser nas necessidades de segurança do tráfico jurídico que se fazem sentir no âmbito comercial.

Quem entra em contacto com um gerente de comércio não pode evidentemente ser confrontado com responsabilidades meramente parcelares se são diversos os donos desse comércio e várias as entidades por conta das quais o gerente actua. Sujeitar o terceiro às vicissitudes das relações entre os vários beneficiários da sua actividade seria fatal para a celeridade e a segurança das transacções comerciais. Tanto mais que a prestação que por sua vez efectuou acaba por beneficiar em simultâneo os vários donos desse comércio, sem que lhe seja possível distinguir muitas vezes uma afectação diferenciada da prestação que efectua, e que será aliás mesmo, muitas vezes, indivisível.

II – Testemo-lo agora perante o nosso caso-base: *A* e *B* responderiam solidariamente perante *T* pelas dívidas da empreitada.

Vale a pena desenvolvê-lo perante a hipótese – na realidade complexa, mas ilustrativa –, que ele apresenta.

Não obsta à solução apontada pelo legislador comercial o facto de estarmos ali perante um consórcio entre duas entidades, e ser o contrato de consórcio aquele que determina as relações entre elas.

É certo que, de harmonia com o disposto no artigo 19º do Decreto-Lei nº 231/81, de 28 de Julho, "[n]as relações dos membros do consórcio externo com terceiros não se presume solidariedade activa ou passiva entre aqueles membros".

Não se presume, é certo, mas não se exclui. Compreende-se certamente que o consórcio, por si só, não imponha a solidariedade entre os consorciados: esta pode existir ou não, consoante as circunstâncias.

Não haverá razoável fundamento para a solidariedade naquelas situações em que as obrigações decorrentes dos negócios celebrados pelo gerente correspondiam visivelmente à área de actividade e especialização de apenas um deles: na perspectiva de quem contrata com o gerente, este só poderia estar a actuar por conta de um dos consorciados, e não dos demais. Quando assim é, com efeito – estando em causa, também aos olhos de terceiros, *apports* específicos de apenas um deles (mas não já prestações fungíveis que por qualquer deles possam ser realizados, como o são, *v.g.*, as prestações pecuniárias) –, não sendo o consórcio externo, justificar-se-á o regime da (mera) conjunção. O consórcio também não gerará tipicamente um comércio conjunto, mas dois comércios distintos, ainda que coligados entre si, e o terceiro apercebeu-se facilmente de tal.

Essencial é, assim, a tipicidade social do comércio, o modo como surge e se exterioriza a actividade por conta do gerente, para verificar em que termos se aplica, em caso de consórcio, o regime da gerência comercial. A distinção traça-se entre a aparência de um mesmo (e único) comércio, levado a cabo por dois ou mais comerciantes consorciados, ou de diversos comércios, cada um deles pertencente "ao seu comerciante" (consorciado, ou não, com outros): no primeiro caso, há uma única actuação por conta de outrem, ainda que vários, enquanto no segundo existem diversas actuações por conta, cada uma do seu *dominus* (comerciante).

III – Certo é, em qualquer caso, que nenhuma razão haveria para privilegiar os comerciantes consorciados – dispensando-os da solidariedade só porque o são –, sobre outras hipóteses de instituição de gerentes por uma pluralidade de comerciantes. Seria inaceitável desproteger o credor, quando dois comerciantes figurem no pólo passivo de uma relação comercial, apenas porque se encontram consorciados.

A regra do art. 19º, nº 1 do citado Decreto-Lei nº 231/81 só pode ser entendida, por conseguinte, enquanto norma *neutral* relativamente ao regime das obrigações decorrentes dos membros de um consórcio[31]. Nem se afasta, nem se implica uma aplicação indiscriminada e acrítica do artigo 100º do Código Comercial. O intérprete-aplicador tem de partir da razoabilidade do legislador (cfr. o artigo 9º/3, do Código Civil) e, deste modo, de que quis satisfazer as exigências que lhe impõem a igualdade de tratamento e a proibição de discriminações injustificadas entre vários tipos de comerciantes.

Per se, o consórcio não reclama, portanto, a solidariedade activa ou passiva, nem dela exime, quando dois ou mais membros seus apareçam num dos pólos da relação instituída. A solução para a situação de pluralidade deverá, pois, ser procurada noutro plano.

E este é o correspondente ao regime consagrado pelo 251º, § 1 do Código Comercial, que, como regra especial, prevalece, sempre e em qualquer caso, no âmbito que lhe é próprio.

Assim, o que releva é saber se, na perspectiva de quem contrata com o gerente, há um único comércio respeitante a duas ou mais entidades consorciadas, ou comércios separados, cada um deles gerido autonomamente por cada consorciado (caso em que importa saber que a que concreto comércio, distinto do dos demais pertencentes aos outros consorciados, respeita o contrato celebrado).

Nem todos os consórcios têm por que implicar um comércio conjunto aos olhos de terceiros, e há certamente entidades consorciadas que desenvolvem a sua actividade sem o fazerem.

[31] Compreende-se, aliás, a fórmula descomprometida da norma, se se tiver presente, como é generalizadamente reconhecido, que o consórcio não congrega, necessariamente, apenas partes comerciais (não dando portanto, também, necessariamente lugar a situações de gerência comercial). Por todos, Raul Ventura, *Primeiras Notas sobre o Contrato de Consórcio,* cit., 634; António Menezes Cordeiro, *Direito Comercial,* cit., 753. No mesmo sentido, Paulo Sousa de Vasconcelos, *O Contrato de Consórcio,* cit., 111: "[s]aliente-se que o artigo 19º, nº 1, apenas declara que não se presume a solidariedade e o nº 2 adianta que, mesmo que sejam estabelecidas multas ou outras cláusulas penais, ainda assim a solidariedade não se presume. Ela existirá ou não consoante for determinado nas relações estabelecidas com os terceiros, podendo eventualmente ser-lhe aplicável uma presunção de solidariedade decorrente das normas gerais...". A *ratio* do artigo 19º, nº 1 é, assim, a de preservar a *neutralidade* do consórcio, e não a de "neutralizar" outros comandos normativos que imponham a solidariedade, por outras razões metodologicamente exigíveis ou teleologicamente atendíveis.

Consórcios existem, portanto, em que o art. 251º § 1º do Código Comercial se não aplica. Outros, porém, convocam essa aplicação.

11. *Ex abundanti*: o sentido globalmente convergente do regime da vinculação do comerciante por actos do gerente com as regras gerais da procuração e da ratificação aparentes

I – O resultado geral a que somos chegados expressa um sentido de global convergência com princípios e regras gerais da procuração aparente ou da ratificação aparente.

Pois o art. 252º § único do Código Comercial, tornando dispensáveis os poderes de representação desde que haja actuação por conta, inspira-se na habitual correspondência entre ambos quando há gerência comercial (isto é, na justificada e típica crença da existência de tais poderes por parte de quem contrata com um gerente de comércio que actua no âmbito das suas funções por conta do comerciante, ainda quando ele não actua explicitamente como representante nem invoca expressamente poderes de representação).

É este tipo de tutela de terceiros – da confiança legítima acalentada pelos sujeitos na existência de poderes daqueles que com eles contratam em representação de outrem – que justifica na sua raiz a doutrina geral – muito para lá das hipóteses de gerência que nos ocupam –, da procuração aparente ou da ratificação aparente.

Não é este o local para aprofundarmos tal doutrina. Ela opera, como é sabido, uma restrição à regra básica do art. 268º/1 do Código Civil: uma doutrina que não pode valer, compreensivelmente, como princípio no direito comum, pela necessidade de preservar a esfera jurídica dos sujeitos contra representações não autorizadas, mas que, não obstante, se alicerça em ponderações que permitem acorrer a incontornáveis necessidades de tutela de terceiros.

Na verdade, ela frutificou no direito comercial em vários âmbitos, e não apenas no contexto da gerência. A partir deles, com base no direito positivo, é possível construir-se efectivamente uma doutrina geral que, prudentemente, cubra situações para além das especificamente previstas[32].

[32] Pode ver-se MANUEL CARNEIRO DA FRADA, *Teoria da Confiança e Responsabilidade Civil*, cit., 49 e 52 ss, em nota, 61ss, 533, em nota, e já JOSÉ DE OLIVEIRA ASCENSÃO/MANUEL CARNEIRO DA FRADA, *Contrato celebrado por agente de pessoa colectiva. Representação, responsabilidade e enriquecimento sem causa*, cit., 56 segs.

No domínio das relações entre comerciantes, além das ponderações individuais suscitadas por cada caso, concorrem circunstâncias de ordem objectiva, que convocam interesses gerais: a necessidade de tutela do tráfico jurídico é aqui especialmente intensa, e a celeridade e o modo habitual de negociar dificultam ou impossibilitam uma verificação caso a caso dos poderes de representação invocados ou assumidos pelo representante. Mas a complexidade da empresa comercial, das suas formas de organização e os seus riscos implicam, não menos, uma tutela enérgica do não comerciante perante o titular da empresa mercantil.

12. (*cont.*) Alusão (breve) ao regime do contrato de agência a propósito da disciplina da gerência comercial e da procuração aparente

I – A protecção da aparência não é, de todo o modo, nenhum corpo estranho no direito comercial vigente, e não é só o regime da gerência comercial que o ilustra.

Não apenas, tal qual vimos, ela constituiu afinal um dos esteios de regimes gerais já consagrados no Código Comercial em vigor, como a sua afirmação se viu recentemente alargada e potenciada pelo regime do contrato de agência, aprovado pelo Decreto-Lei nº 178/86, de 3 de Julho.

Com efeito, de harmonia com o disposto no artigo 23º desse mesmo regime, se o *dominus*, embora não conhecendo que outrem actua como seu representante, devia ter esse conhecimento, em nome da boa fé e do cuidado exigível no tráfico jurídico, aceita-se a sua vinculação pela conduta de um agente sem poderes, por forma a evitar o engano de terceiros.

A imputação depende da confiança de um terceiro de boa fé na existência de poderes, fundada em razões ponderosas e objectivas, e da possibilidade de reconduzir esse investimento de confiança – ainda que parcialmente – ao principal.

Não se está perante a imputação de efeitos a alguém (representado) que cria ou deixa conscientemente criar uma situação que deve ser razoavelmente interpretada como de atribuição voluntária de poderes representativos (mediante procuração ou ratificação tácita), mas de situações em que

Para situações não linearmente enquadráveis na noção de gerência comercial (em que foram testadas vias diferentes das da tutela da aparência, mas que poderiam facilmente convocá-la), veja-se além deste último estudo, também António Menezes Cordeiro/Manuel Carneiro da Frada, *Da inadmissibilidade da recusa de ratificação por venire contra factum proprium – Anotação ao Acórdão da Relação do Porto de 18 de Novembro de 1993*, cit., 677 segs.

a necessidade de tutela de terceiros e de segurança no tráfico jurídico impõem a vinculação do putativo representado, independentemente de uma sua vontade compreendendo tal efeito.

Enquanto na procuração tácita há ainda uma conduta mediante a qual o sujeito pretende chamar a si os efeitos de um negócio celebrado por outrem – nela se realizando, portanto, a autonomia negocial do sujeito –, na procuração aparente a imputação do negócio ao sujeito em benefício de terceiros é fundada *independentemente* dele ou mesmo *contra* ele, à revelia da sua autonomia, na falta de diligência no tráfico do representado e por causa dessa falta de diligência.

II – É bem certo que o agente, pela autonomia que possui, não é um gerente de comércio[33]. Apesar da plasticidade desta última expressão, temos de distinguir, pois também não é possível usá-la para lá das fronteiras do seu natural significado sem descaracterizar um regime, dissolvendo-o numa doutrina mais geral.

Há, contudo, pontos de contacto. Assim, tal como ocorre com a preposição de um gerente, o principal envolve voluntariamente o agente no âmbito da sua organização, ao contratá-lo para promover de modo estável a celebração de contratos.

A disciplina do contrato de agência confirma, na verdade, um vector que perpassa todo o direito comercial. Presentes as múltiplas formas de colaboração dos sujeitos com os comerciantes que implicam tipicamente a celebração de negócios em nome destes (e de algum modo e nalguma medida, por conta deles, como na gerência), comporta, certamente, aplicação analógica[34].

[33] Cfr., para a distinção, José Augusto Engrácia Antunes, *Direito dos Contratos Comerciais*, Coimbra, 2009, 442; Fernando Ferreira Pinto, *Contratos de Distribuição – Da Tutela do Distribuidor Integrado em Face da Cessação do Vínculo*, 2013, Lisboa, 49 e segs.

[34] Confirma-o a existência de soluções análogas às da gerência; o que significa que, mesmo sem a coordenação desejável, o regime da agência não constitui, de forma alguma, um corpo estranho no direito comercial, revelando-se antes bem conforme com o seu espírito. Sirva de exemplo também que, no regime jurídico da agência (Decreto-Lei nº 178/86, de 3 de Julho), o artigo 22º, nº 2 confirma a regra do artigo 240º do Código Comercial, retirando uma "ratificação tácita" do silêncio do principal, quando este adquira conhecimento da representação sem poderes. Simplesmente, no caso da agência, em vez de recorrer ao conceito indeterminado "responder imediatamente" (utilizado pelo artigo 240º do Código Comercial), o legislador atribuiu um prazo de cinco dias para a reacção do principal, em homenagem à segurança jurídica.

Posição contrária partiria de um pressuposto totalmente não demonstrado: o da inexistência de lacuna nos casos não abrangidos por normas específicas (da gerência comercial ou outras), com a consequência de uma aplicação forçosa e imediata das soluções expressamente previstas no Código Civil quanto à representação sem poderes, mesmo se duras e insuportavelmente injustas ao determinarem para o terceiro, "sem apelo nem agravo", a ineficácia do negócio em relação ao representado[35]..

Soluções do tipo das do regime jurídico da agência foram, pois, sem surpresa, acolhidas entretanto no sector dos seguros, a vincular o segurador aos negócios celebrados em seu nome pelo mediador de seguros, mas sem poderes[36]; sendo de observar que o conceito de distribuição de seguros, que define a categoria de *mediador de seguros* é marcadamente amplo, abrangendo actuações por conta de outrem que poderiam não se reconduzir à relação agente-principal[37].

Discutindo o problema em sede de direito internacional privado, cfr. Maria Helena Brito, *A Representação nos Contratos Internacionais/Um contributo para o estudo do princípio da coerência em direito internacional privado*, Coimbra, 1999, 494 segs.

[35] Assinalando, no mesmo sentido, este vício de pensamento, Paulo Mota Pinto, *Aparência de Poderes de Representação e Tutela de Terceiros*, em "Direito Civil – Estudos", 2018, Gestlegal, Coimbra, 331.

[36] Cfr. o artigo 30º, n.os 2 e 3 da Lei do Contrato de Seguro (Decreto-Lei nº 72/2008, de 16 de Abril).

[37] Sobre esta matéria, as definições de "distribuição de seguros" e de "mediador" de seguros do novo regime jurídico da distribuição de seguros e resseguros ("RJDSR"), aprovado pela Lei nº 7/2019, de 16 de Janeiro (artigo 4º, alíneas *a)* e *c)*). Repare-se que o mediador de seguros é aquele que exerça de forma remunerada a atividade de distribuição de seguros (artigo 4º, alínea *c)* do RJDSR) e que a distribuição de seguros é definida amplamente como "qualquer atividade que consista em prestar aconselhamento, propor ou praticar outros atos preparatórios da celebração de contratos de seguro, em celebrar esses contratos ou em apoiar a gestão e execução desses contratos, em especial em caso de sinistro, incluindo a prestação de informações sobre um ou mais contratos de seguro (...)." O mediador pode, por isso, no limite, agir de forma independente, aconselhando o cliente, a seu pedido, sem qualquer ligação prévia a uma empresa de seguros (sendo qualificado, neste caso como corretor de seguros: artigo 9º, nº 1, alínea *b)* do RJDSR). Com efeito, ponderadas as duas categorias de mediadores de seguros – agente de seguros/corretor de seguros – apenas na primeira existirá actuação em nome e por conta de uma ou mais empresas de seguros, ao passo que na segunda a distribuição é feita de forma independente (alíneas *a)* e *b)* do artigo 9º/1 do RJDSR). Sobre a distinção entre as duas categorias, José Alves de Brito, *Anotação ao artigo 9º*, em Pedro Romano Martinez/Filipe Albuquerque Matos (Org.), *Lei da Distribuição de Seguros Anotada*, 2019, Almedina, Coimbra, 119-122.

Assim, no domínio comercial, e como princípio geral, haverá que reconhecer uma potencial aplicação das soluções plasmadas nos arts. 22º e 23º do regime jurídico da agência aos casos em que o *dominus* haja recorrido a outrem para actuar por sua conta e no seu interesse, e tenha contribuído por alguma forma para a aparência de poderes e/ou da consolidação dos efeitos do negócio celebrado pelo sujeito na sua esfera[38].

13. Sobre o regime da gerência comercial, o abuso do direito (como sucedâneo da tutela da aparência) e a inadmissibilidade da invocação da falta de poderes por *venire contra factum proprium*

I – Se convergente com o regime do contrato de agência, a disciplina da gerência afasta-se já, do ponto de vista da tutela de terceiros, do que permite a mobilização da proibição geral do abuso do direito que vigora na nossa ordem jurídica.

Uma das constelações mais relevantes do abuso é a do *venire contra factum proprium*, em que o titular de uma determinada posição jurídica a exerce, inaceitavelmente, em contradição com um comportamento anterior, que suscitou a confiança dos sujeitos envolvidos[39]. A ordem jurídica reage então à injustiça da situação que se produziria em virtude de um comportamento inconsequente, que defraudou expectativas. E pode fazê-lo de forma preventiva, impedindo o exercício em causa; precludindo, portanto (*ex ante*), o surgimento dessa injustiça[40].

Sobre a proximidade (e a autonomia) entre mediação de seguros e agência, Maria Eduarda Ribeiro, *Anotação ao Artigo 30º*, em Pedro Romano Martinez et al., *Lei do Contrato de Seguro Anotada*, 2016, 3ª ed., Almedina, Coimbra, 199-201.

[38] José de Oliveira Ascensão/Manuel Carneiro da Frada, *Contrato celebrado por agente de pessoa colectiva. Representação, responsabilidade e enriquecimento sem causa*, cit., 56 segs. Em sentido paralelo, advogando que em princípio a norma do artigo 23º é aplicável a todos os contratos de cooperação ou de colaboração com o comércio de outrem, António Pinto Monteiro, *Contrato de Agência*, cit., 117-118. Admitindo também "em termos prudentes" a aplicação da tutela de terceiros conferida pelo artigo 23º para além das fronteiras da agência, Pedro de Albuquerque, *A Representação Voluntária em Direito Civil (Ensaio de Reconstrução Dogmática), cit.* 1001 e segs.

[39] António Menezes Cordeiro/Manuel Carneiro da Frada, *Da inadmissibilidade da recusa de ratificação por venire contra factum proprium – Anotação ao Acórdão da Relação do Porto de 18 de Novembro de 1993*, cit. 700-701.

[40] Manuel Carneiro da Frada, *Teoria da Confiança e Responsabilidade Civil*, cit., 861.

Na verdade, se fosse consentido a um comerciante invocar a falta de poderes de um gerente que ele próprio colocou à frente do seu comércio, numa situação em que legitimamente tudo fazia crer que tinha atribuído a esse mesmo gerente poderes de representação, poderia caucionar-se facilmente um abuso do direito. Sendo que quanto mais tempo o comerciante tivesse deixado o gerente à frente do seu comércio, aparentando poderes que não tinha, sem reagir ou se deixar perturbar, mais a sua conduta se tornaria inadmissível.

E o abuso seria ainda maior caso o comerciante tivesse aproveitado dos negócios celebrados pelo gerente e viesse agora, apesar disso e depois de retirar benefícios do seu cumprimento, invocar a falta de ratificação de tais negócios; ao ponto de, mesmo que a confiança de terceiro não fosse justificada, poder ocorrer um abuso (com efeito, e em qualquer caso também: *equity must come with clean hands*).

Em ambas as situações perfilar-se-ia um inaceitável abuso do direito.

II – Contudo, mesmo não sendo altura de aprofundar as figuras do abuso susceptíveis de serem convocadas – *venire*, como dissemos, e também o *tu quoque*, principalmente[41] –, importa salientar que há diferenças relativamente ao regime da imputação de efeitos ao comerciante em caso de gerência sem poderes.

Assim, no abuso avalia-se um comportamento do comerciante, comparando (ainda que em termos objectivos) duas atitudes, antecedente e consequente; ao passo que na disciplina da gerência sem poderes a imputação se liga à pura e simples investidura do gerente na função de gerência. A inconciliabilidade de conduta – em qualquer das formas que possa apresentar-se – não releva *qua tale*, pode não existir ou nunca ser alegada; só há um elemento de conexão do juízo – a investidura e/ou a manutenção na gerência – , e não dois.

Mas, por outro lado, na disciplina da gerência a tutela reclama – naturalmente – a demonstração da gerência (que envolve a actuação por conta alheia); enquanto para o abuso tal não se torna, de todo, necessário, o que confere a esta figura uma latitude maior. (Daí não advém, todavia, qualquer benefício para o sujeito, uma vez que demonstrar a gerência é ordinaria-

[41] Ensaiamos uma comparação na nossa *Teoria da Confiança e Responsabilidade Civil*, cit., 411 ss (em nota).

mente muito mais fácil do que provar outras condutas pretéritas do sujeito, inconciliáveis com a alegação posterior de falta de poderes.)

Por outro lado, enquanto no abuso do direito, ao menos estando em causa a tutela da confiança, é imprescindível demonstrar a existência de um investimento de confiança justificativo da tutela, no regime da gerência tal não se revela necessário. Ou por outra: basta-se com a celebração de um negócio – qualquer que faça – com o gerente.

A confiança releva, certamente, ou não estivéssemos perante situações específicas de protecção da confiança conferidas pelo ordenamento. Mas, na construção da tutela, as "camadas normativas" são distintas, organizam-se de maneira diferente. O legislador erigiu antes a falta de confiança a requisito negativo: a confiança presume-se perante um *Tatbestand* de confiança, como a gerência, dotada de tipicidade social. Apenas se o terceiro conhecer a falta de poderes do gerente ao contratar com ele é que os efeitos do acto não são, imputados ao comerciante.

Por fim: enquanto no abuso do direito pode, em princípio, haver lugar a uma modelação das consequências a fim de as adequar na medida do estritamente necessário à protecção da contraparte – sendo por isso pensável uma tutela de tipo indemnizatório –, no regime da gerência a eficácia do negócio e a imputação dos seus efeitos ao comerciante encontra-se sempre assegurada, em benefício da contraparte (mesmo se, no caso concreto, excessiva, há um vector de "normalização" ligado à necessidade de uma defesa uniforme, enérgica e expedita do tráfico jurídico que justifica uma protecção positiva da confiança).

Além de que, na gerência, o terceiro dispõe de uma acção autónoma e alternativa contra o gerente (nos termos do art. 252º § único), enquanto o abuso o não permite.

São, pois, várias, e sensíveis, as diferenças.

Não estando em causa a reacção, como no abuso, a um comportamento dual do sujeito – comparando a sua conduta actual com uma outra antecedente que tenha tomado –, a disciplina da gerência entende-se melhor como expressão de uma responsabilidade ligada simplesmente a uma situação de facto imputável, directa ou indirectamente, a uma conduta do comerciante: ou a instituição ou a manutenção da gerência por parte dele que envolve, na normalidade social, uma dimensão declarativa implícita, de atribuição de poderes de representação. Nessa medida, como dissemos, a tutela do terceiro no regime da gerência comercial compreende-se como fazendo parte, dentro da responsabilidade pela confiança, de uma responsabilidade por declarações, *rectius*, de aparência de declarações.

14. Excurso breve sobre sucedâneos imperfeitos: responsabilidade civil, gestão de negócios e enriquecimento sem causa

I – O regime da gerência comercial, e bem assim a tutela positiva da confiança nas declarações ou, mesmo, o abuso do direito na sua consequência da preclusão do exercício de uma posição jurídica, confluem todos no reconhecimento da eficácia perante o comerciante do negócio celebrado pelo gerente com terceiro. Consoante os casos, ou porque a oponibilidade pelo terceiro dos efeitos desse negócio se dê ainda nos termos da teoria do negócio e como consequência da autonomia privada negocial do comerciante (procuração ou ratificação tácita, presumidas ou demonstradas pelo terceiro), ou então já que se transcende o âmbito da autonomia negocial do comerciante e nos situamos agora em planos dogmáticos distintos, como a responsabilidade (positiva) pela confiança.

O negócio, numa palavra, é tratado como eficaz, e os seus efeitos imputados ao comerciante, para protecção do terceiro contratado pelo gerente. Pode, pois, o terceiro exigir o cumprimento dele ao comerciante (*v.g.*, no nosso caso-base, o pagamento do preço da empreitada).

Distinta é a tutela indemnizatória do terceiro na situação de uma falta de poderes que produza a ineficácia do negócio perante ele, causando-lhe prejuízos: porque, por exemplo, realizou a sua prestação convicto da vinculação do representado, mas já não pode exigir a contraprestação por falta de poderes do representante.

De facto, nalgumas hipóteses ao menos, é possível imputar esse prejuízo ao representado (comerciante), por exemplo, a título de *culpa in contrahendo*; podendo também o representante ser chamado a responder por culpa na formação dos contratos perante o terceiro se culposamente se apresentou a negociar sem esclarecer a contraparte, ao menos, de que não tinha poderes para vincular o representado[42].

Esta forma de protecção do terceiro é alternativa à invocação da eficácia do negócio, pois implica o reconhecimento da sua ineficácia, sendo precisamente dessa ineficácia que advém o prejuízo a ressarcir.

[42] Propugnamos na verdade, a possibilidade de extensão da relação pré-negocial a certos terceiros em relação ao contrato a celebrar, por exemplo, em certas circunstâncias, a representantes. Cfr., desenvolvidamente, o nosso *Teoria da Confiança e Responsabilidade Civil*, cit., 99 segs.

O regime da gerência comercial não afasta a tutela indemnizatória do terceiro; tanto mais que ele se destina a favorecer o terceiro, não a impor-se-lhe. Nessa perspectiva, a protecção ressarcitória (designadamente através da *culpa in contrahendo*) ainda se poderia hoje acomodar, de algum modo, na expressão do art. 252º § único, ao referir-se aí a possibilidade genérica de o terceiro "accionar o gerente ou o proponente".

Compreende-se, contudo, que, conquanto se trate de uma forma de protecção colocada na disponibilidade do terceiro que contrata com o gerente, este ordinariamente não a preferirá, se beneficia da tutela forte da plena eficácia e oponibilidade do negócio ao comerciante. Tanto mais que essa tutela lhe abre ainda portas para a indemnização do interesse de cumprimento no contrato (diferentemente da invocação da *culpa in contrahendo*, que só lhe indemniza o dano de confiança decorrente da celebração de um contrato ineficaz por ausência de poderes do gerente).

II – Considerando na sua globalidade o regime da gerência, pode dizer-se que a protecção indemnizatória do terceiro – propiciada pelo ordenamento ao terceiro que contratou com um gerente sem poderes, ao abrigo à luz de regras e princípios gerais como a *culpa in contrahendo* – representa um substituto muito imperfeito e insatisfatório desse mesmo regime.

Igualmente imperfeito e insatisfatório é o regime do enriquecimento sem causa e, ainda mais, o da gestão de negócios. Mas, conquanto longe do regime da gerência comercial, ambos proporcionam, tal como a *culpa in contrahendo*, linhas para uma solução possível para o caso-base que apresentamos.

A sua consideração, ainda que breve, completará o nosso quadro de análise, fazendo ressaltar a pertinência e a importância do vetusto regime da gerência na nossa ordem jurídica.

III – A gestão de negócios apresenta contornos fluidos e desde há muito se tem objectado à sua utilização como *Allzweckinstrument*. De todo o modo (e mesmo sem nos embrenharmos nessa discussão[43]), particularmente quando o terceiro admite como possível, ou tem a consciência da falta de

[43] Ilustrando exemplarmente o tema, veja-se entre nós, como obra de referência, Júlio Vieira Gomes, *A Gestão de Negócios/Um instituto numa encruzilhada*, Coimbra, 1993. Confronta-se ainda do Autor, mais recentemente, a nota 4 ao art. 464 *do Comentário da Universidade Católica ao Código Civil/Direito das Obrigações (Das Obrigações em geral)*, Lisboa 2018.

legitimidade do gerente para dirigir o comércio alheio em causa e, não obstante, pretende actuar no interesse e por conta do comerciante, poderá (não obstante a intermediação do gerente) equacionar-se a sua actuação como gestor de negócios do comerciante. Derivando então contra o comerciante os respectivos direitos, variáveis consoante a gestão seja ou não regular.

Em si, a convocação da gestão não surpreende. Ela dá corpo, tal como o mandato, a uma actuação por conta. Na ausência de mandato conferido ao gerente de comércio, tanto pode intervir para justificar a actuação por conta do gerente, conformando a relação "interna" deste com o comerciante, como ser chamada – e é o que agora nos interessa –, a regular a relação entre o terceiro e o comerciante (*dominus*), em especial quando o terceiro saiba ou suspeite que a actuação por conta não se alicerça em nenhuma incumbência dada pelo comerciante ao gerente.

Consequentemente, se a gestão for regular, o terceiro tem direito ao pagamento das despesas em que incorreu e à indemnização dos prejuízos que tenha sofrido (cfr. o art. 468, nº. 1, do CC) [44]. De qualquer forma, caso tenha correspondido ao exercício da actividade profissional do gestor – o que ocorre facilmente quando a contraparte no negócio celebrado com o gerente for também um comerciante –, este último deve ser remunerado, nos termos do artigo 470º, nº 1 do Código Civil[45].

Não se consegue, porém, de modo algum, uma solução tão ampla e, mesmo assim, igual à da eficácia do negócio propiciada pelo regime da gerência. Só este faz valer o negócio nos exactos termos em que o terceiro que contratou o gerente o pensou. E ainda quando tenha direito a uma remuneração ao abrigo dos preceitos da gestão, a retribuição a conceder-lhe é a usual e não a efectivamente convencionada.

Só com diversas hesitações e constrangimentos, pois, a gestão será um sucedâneo possível da eficácia do negócio.

Muito instrutivo a respeito do papel da gestão de negócios nos contratos nulos, cfr. na doutrina alemã recente, Mathias Habercade/Jan Schürnbraud, *Zur Geschäftsführung ohne Auftrag bei nichtigem Vertrag*, AcP 220 (2020), 2 ss.

[44] Sem interesse (para nós) é a hipótese de o comerciante (*dominus*) ratificar a gestão praticada pelo gerente enquanto seu gestor ao abrigo do art. 471, caso em que efectivamente o negócio celebrado pelo gerente (sem poderes) com terceiro seria eficaz.

[45] Na falta de ajuste entre as partes, a remuneração é determinada pelas tarifas profissionais aplicáveis ou, na sua falta, pelos usos. Em última análise, regem juízos de equidade (cfr. o art. 1158º, nº 2, *ex vi* do art. 470º, nº 2, ambos do CC).

IV – Uma outra nota para pôr, por fim, em perspectiva o regime da gerência comercial perante o enriquecimento sem causa, que também poderia convocar-se quando o terceiro que contrata com o gerente realiza a prestação a que se obrigou, mas se vê depois confrontado com a alegação, pelo comerciante, da falta de poderes do gerente para o vincular, quando exige dele a contraprestação.

Sendo a conduta do gerente de comércio tipicamente por conta, a actividade prestacional do terceiro tem por destinatário o comerciante. Nos casos em que este tenha pessoalmente recebido a prestação que lhe era dirigida ou em que, de todo o modo, seja considerado o *accipiens* da prestação (nos termos e para os efeitos resultantes dos arts. 769 e 770 do Código Civil), enriquece se não há contrato de cobertura. Pelo que tem de restituir ao terceiro a prestação, ou o seu valor, no montante com que se encontre locupletado: pois não haverá causa que justifique a atribuição patrimonial feita pelo terceiro.

É o que decorre do disposto nos arts. 473º, 476º, nº. 1, 479º, nº. 1, e 480º, todos do Código Civil.

O enriquecimento sem causa corrige, contudo, deslocações patrimoniais, pelo que o terceiro não pode exigir a contraprestação em vista da qual realizou a sua própria prestação, tendo de contentar-se com a entrega do seu valor objectivo, se a restituição em espécie não for possível.

Mais raras, embora possíveis, serão as hipóteses em que o *accipiens* da prestação é o gerente e o comerciante apenas um terceiro, mediatamente locupletado.

As relações triangulares resultantes podem ser complexas. *Breviter*, a acção de restituição pode então ser dirigida directamente contra o gerente que se encontre locupletado; mas, verificando-se uma atribuição patrimonial indirecta ao comerciante, sem prejuízo da possibilidade de demandar o comerciante nos termos do art. 481 do Código Civil.

Em qualquer dos casos trata-se apenas de corrigir uma deslocação patrimonial realizada, estando por isso a obrigação restitutória sujeita aos limites próprios da teleologia e fins do enriquecimento sem causa. O terceiro não tem direito à contraprestação. Esta a principal – e essencial – diferença relativamente ao regime da gerência comercial.

V – Só, pois, de modo muito imperfeito, a responsabilidade civil por *culpa in contrahendo*, a gestão de negócios e o enriquecimento sem causa permitem tutelar o terceiro que contrata com o gerente comercial. Não dispensam nem substituem, de forma alguma, a disciplina do Código Comercial.

15. De volta ao caso-base: concurso de modelos de decisão, sedimentações culturais e dogmática jurídica

I – Regressando, depois deste périplo, ao nosso caso-base, verifica-se que o regime da gerência comercial permite comodamente tutelar a posição daquele que contrata com o gerente; pois esse regime vincula o comerciante, abrindo, desta forma, ao terceiro a possibilidade de o demandar directamente para cumprimento das obrigações assumidas pelo gerente por conta dele.

T podia, por isso, demandar *A* e *B* para reclamar deles o pagamento da empreitada contratada por *F*, gerente, por conta deles – sem que *A* e *B* tivessem a possibilidade de lhe opor a falta de poderes de *F* para o efeito –, com base no simples facto de terem instituído ou mantido F, como gerente, à frente do seu comércio.

É, portanto, expedita, simples e facilitadora das exigências do tráfico jurídico a solução apresentada pelo nosso antigo Código Comercial.

Nenhuma das alternativas gerais proporcionadas pelo direito comum que, mesmo que *a vol d'oiseau*, passamos em revista, lhe sobreleva. Não que o direito comum seja menos sábio que o comercial: ocorre apenas que as suas preocupações são mais gerais. Aquilo que é, efectivamente, uma *lex specialis*, um regime particular justificado para certo tipo de relações sociais típicas, decantado de uma certa experiência da realidade comercial – aliás, se bem se reparar, medular –, não o pode ser para a generalidade das situações jusprivadas, em que importa defender mais energicamente a autonomia privada de cada um, e a incolumidade da sua esfera, perante interferências daqueles que actuam indevidamente em nome, ou por conta de outros, sem para tal estarem legitimados.

Mas não há dúvida que as linhas argumentativas que conduzem à protecção do terceiro que contrata com o gerente de comércio convergem também em grande medida, podendo, mesmo, sobrepor-se. Verifica-se, pois, que uma ordem jurídica pode propiciar, para casos paradigmáticos, modelos de decisão diversos e concorrentes. Hipóteses de concurso de pretensões – ou de concurso de fundamentos de pretensões – revelam-se assim, também, como situações de *concurso de modelos de decisão*.

Resolve-se de harmonia com as regras gerais.

No nosso caso-base prevalece o propiciado pela lei (comercial): um conflito de modelos de decisão, por isso que lhe subjaz igualmente um conflito de normas, não pode deixar de se solucionar também com recurso aos critérios que dirimem estes últimos. A lei especial prevalece.

Coloca-se, no entanto, a questão de saber porque é que, perante a disponibilidade de um regime como o da gerência comercial, teimam em surgir outros argumentos, e irrompem outros modelos de decisão que (quase) parecem ignorá-lo.

A resposta é simples: o Direito corresponde a uma realidade cultural, do mundo do espírito, viva e historicamente moldada; feita de sedimentações estruturadas em momentos e contextos distintos.

Apresenta-se – sem dúvida – racional, mas a sua formação não é *more geometrico*, nem ocorre segundo um plano pré-determinado em todas as suas consequências. Desenvolve-se a partir do caso que o convoca, normalmente por tentativas (num processo de *trial and error*), ainda quando se procure construir a sua resposta a partir das coordenadas gerais do sistema. Assimilando o caso, o sistema apresenta-se assim, inevitavelmente, *in fieri*, sempre inconcluso.

É, portanto, natural, que o sistema evolua através de estratificações jurídicas díspares, provindas de necessidades e contextos distintos, correndo muitas vezes em paralelo, sem intercomunicação suficiente.

A elaboração dogmática surge posteriormente: explica, integra, corrige e potencia o desenvolvimento do sistema em ordem ao desempenho da sua função, mas não aplana a marca da origem, nem apaga a história e a cultura.

Por essa razão pode o regime específico da gerência comercial conviver com a doutrina da representação aparente. Constitui a resposta clássica do direito comercial aos problemas da vinculação do comerciante pelos actos dos gerentes, mas não exclui teorias que a dogmática do direito comum desenvolveu entretanto com outro tipo de amplitude, embora pelo preço de um menor ajustamento às especificidades de certas relações típicas.

Do ponto de vista histórico, pertence-lhe a precedência sobre esta. Só de um ponto de vista teorético, por elaboração dogmática, poderia ser considerada uma manifestação desta, como regime clássico surgido no comércio e para o comércio.

Claro está que a primogenitura do regime comercial da gerência que possa estar em causa não é, evidentemente, de cariz dogmático ou teorético. Às teorias jurídicas pertence a ordenação das estruturas jurídico-argumentativas em contextos coerentes e concatenados mais amplos, simplificando-as e contribuindo, desse modo, para a sua melhor explicitação e congruente aplicação.

Por isso, pode dizer-se que, considerando a macroestrutura da nossa ordem jurídica, o regime da gerência comercial que procuramos esclarecer se reparte entre a teoria do negócio e a teoria da confiança. A dupla filiação teorético-dogmática que daqui resulta não é, porém, dispersiva, nem se nos apresenta contraditória.

A ligá-las encontra-se a gerência comercial como situação (comercial) – ontem, hoje e, certamente, no porvir – socialmente típica, bem arreigada na estruturação da empresa mercantil: uma situação paradigmática, que por ser una, experimentou um mesmo e autónomo processo histórico de desenvolvimento jurídico: testemunhando o "serviço da vida" que, antes de tudo o mais, o Direito exerce.

O sócio garante. O artigo 198º CSC enquanto ponto de encontro entre o Direito das Sociedades e o Direito das Garantias

M. Januário da Costa Gomes[*]

1. Introdução[1]

I. Nesta hora em que são organizados estudos em homenagem ao Professor Doutor Pedro Pais de Vasconcelos, não podia deixar de associar a minha pena a tal iniciativa.

Pedro Pais de Vasconcelos deu, ao longo de muitos anos, muito de si e do seu saber à Faculdade de Direito da Universidade de Lisboa e deixa memórias e páginas que ficam, sobretudo, sem limitar, nas áreas do Direito Comercial (incluindo, naturalmente, do Direito das Sociedades) e da Teoria Geral do Direito Civil.

Fiel à boa prática de, em estudos de homenagem, privilegiar áreas trabalhadas pelo homenageado, encontrei-me na encruzilhada entre escrever um breve artigo sobre títulos de crédito, uma das "matériaspaixão" de Pedro

* Professor da Faculdade de Direito da Universidade de Lisboa.

[1] Abreviaturas mais utilizadas ao longo do texto: AUJ=Acórdão de Uniformização de Jurisprudência; BMJ=Boletim do Ministério da Justiça; CC=Código Civil; CCom=Código Comercial (1888); CIRE=Código da Insolvência e da Recuperação de Empresas; CPC=Código de Processo Civil; CSC=Código das Sociedades Comerciais; LULL=Lei Uniforme sobre Letras e Livranças; LSQ=Lei das Sociedades por Quotas (1901); RLJ=Revista de Legislação e de Jurisprudência.

Pais de Vasconcelos, ou alinhar umas ideias sobre um preceito do CSC a que o homenageado dedicou também alguma atenção, mais concretamente ao artigo 198º CSC – cuja epígrafe é "Responsabilidade directa dos sócios para com os credores sociais" – dispositivo situado algures no "paralelo" que traça as fronteiras entre tipos societários.

Porventura influenciado pela recente releitura da galeria de "tipos de frequência" de comportamentos de sócios que Pedro Pais de Vasconcelos identifica no seu "A participação social nas sociedades comerciais"[2], optei por rabiscar estas páginas que respeitam ao, digamos, *sócio garante*. Longe estamos da citada galeria, que o homenageado identificou com associação a comportamentos desleais.

Estamos, ao invés, perante um tipo de sócio – muito para além de idiossincrasias comportamentais – fortemente empenhado na vida da sociedade, que o coloca de algum modo, nos antípodas das saborosas figuras identificadas por Pedro Pais de Vasconcelos: o "sócio pirata", o "sócio flibusteiro", o "sócio parasita", o "sócio tirano", o "sócio predador" ou o "sócio assassino". É uma galeria só passível de criação por alguém que conhece a fundo o Direito das Sociedades e a prática da vida das empresas e das querelas nos tribunais.

II. Pedro Pais de Vasconcelos trata do regime do artigo 198º CSC a propósito dos "deveres dos sócios", alinhando a "prestação de garantias pessoais"[3] ao lado, entre outras situações, da "participação inicial e subsequente no capital", das "prestações suplementares", das "prestações acessórias" e dos "suprimentos".

A opção é deliberada, em função do modo de estruturação da obra, tendo o autor deixado para outro *item* – sobre "o dever de quinhoar nas perdas" – a temática da "responsabilidade perante os credores"[4], em que se centra na responsabilidade dos sócios perante os credores, que resulte diretamente do tipo societário, ou seja, a responsabilidade dos sócios de sociedade em nome coletivo ou dos sócios comanditados de sociedades em comandita.

Ou seja, ao tratar do tema do artigo 198º CSC, em sede de "prestação de garantias pessoais", Pedro Pais de Vasconcelos salienta a similitude entre a solução estatutária admitida naquele preceito e a prática "socialmente

[2] Cf. Pedro Pais de Vasconcelos, *A participação social nas sociedades comerciais*, 2ª edição, Almedina, Coimbra, 2006, 358 e ss..

[3] Cf. Pedro Pais de Vasconcelos, *A participação social nas sociedades comerciais*, cit., 273 e ss..

[4] Cf. Pedro Pais de Vasconcelos, *A participação social nas sociedades comerciais*, cit., 286 e ss..

típica" de os sócios de sociedades, sobretudo os sócios-gerentes, serem chamados, amiúde, a prestar avales ou outras garantias pessoais. E esclarece[5]: "A recusa da prestação de aval é normalmente interpretada como falta de confiança e de empenhamento do sócio, ou do sócio-gerente, na sociedade, no seu projecto empresarial, na viabilidade do seu negócio". E ainda: "É da prática bancária associar o sócio ao risco empresarial da sociedade, de modo a comprometê-lo no seu êxito e a não permitir que dele se desinteresse".

III. O regime plasmado no artigo 198º CSC permite, tal como Pedro Pais de Vasconcelos bem observa[6], questionar a sua pertença ao tipo sociedade por quotas, já que é manifesto que esse regime "traduz uma maleabilização do tipo da sociedade por quotas e uma sua aproximação ao tipo da sociedade em nome colectivo"[7].

Não temos reservas, conforme adiante se explicará[8], em concordar com Pedro Pais de Vasconcelos quando escreve[9] que a sociedade por quotas, em cujo pacto seja estipulado este regime, está ainda dentro do âmbito material do tipo, mas já muito próxima do seu limite, principalmente se a estipulação abranger todos os sócios".

Para além de podermos questionar a pertença ao tipo, o regime do artigo 198º CSC lança, no nosso entender, um outro desafio: o de saber se as soluções plasmadas no artigo 198º CSC não permitirão uma certa irradiação das suas soluções – ou de parte delas – aos casos, que constituem, seguramente, a larga maioria, em que os sócios de sociedades de responsabilidade limitada, designadamente de sociedades por quotas, são chamados a prestar garantias pessoais, as mais das vezes fianças e avales cambiários, as mais das vezes a favor de bancos financiadores da sociedade[10].

[5] Cf. Pedro Pais de Vasconcelos, *A participação social nas sociedades comerciais*, cit., 274.

[6] Cf. Pedro Pais de Vasconcelos, *A participação social nas sociedades comerciais*, cit., 274-275.

[7] Cf. Pedro Pais de Vasconcelos, *A participação social nas sociedades comerciais*, cit., 274.

[8] Cf. *infra*, ponto 3.

[9] Cf. Pedro Pais de Vasconcelos, *A participação social nas sociedades comerciais*, cit., 275.

[10] Por esta razão, a doutrina aponta para a natureza "mais teórica do que prática" da limitação de responsabilidade dos sócios nas sociedades por quotas; assim, por exemplo, António Menezes Cordeiro / José Alves de Brito, Anotação ao artigo 198º CSC, in "Código das Sociedades Comerciais anotado", coordenação de António Menezes Cordeiro, 5ª edição, CIDP, Almedina, Coimbra, 2022, 730. Partem daqui os autores, *op. cit.*, 731, para a afirmação, que temos por algo exagerada, de que "o grande atrativo" das sociedades por quotas "é o seu potencial organizativo, mais do que a limitação da responsabilidade".

Importa, ainda, um pouco na direção inversa, atentar no desafio de identificar nas próprias soluções plasmadas no artigo 198º CSC e na sua interpretação, se não soluções, pelo menos contributos, trabalhados no Direito das Garantias.

O artigo 198º CSC revela-se, assim, um interessantíssimo ponto de encontro entre o Direito das Sociedades[11] e o Direito das Garantias[12].

2. Em busca da origem do artigo 198º CSC ou a "bifurcação" do tipo sociedade por quotas no anteprojeto de Raúl Ventura

I. A origem do regime consagrado no artigo 198º CSC – sem antecedente na LSQ – está, reconhecidamente[13], no anteprojeto (primeira redação) de Raúl Ventura[14], cujo artigo 2º – com a epígrafe "Responsabilidade suplementar do sócio" – permitia (número 1), sem prejuízo da responsabilidade estabelecida no artigo 14º do mesmo texto[15], estipular no contrato que "um ou mais sócios respondem solidariamente com a sociedade, para com credores desta, até montantes determinados".

Segundo o número 3 do mesmo artigo 2º, a responsabilidade do sócio, constituída nos termos dos números 1 e 2 desse artigo, "abrange todas as

[11] Cf., na manualística recente, por todos, António Menezes Cordeiro, *Direito das Sociedades. I. Parte Geral*, 4ª edição, Almedina, Coimbra, 2020, *passim*, J. M. Coutinho de Abreu, *Curso de Direito Comercial. II. Das Sociedades*, 7ª edição, Almedina, Coimbra, 2021, *passim*, e Paulo Olavo Cunha, *Direito das Sociedades Comerciais*, 7ª edição, Almedina, Coimbra, 2019, *passim*.

[12] Cf, na manualística recente, por todos, António Menezes Cordeiro, *Tratado de Direito Civil. X. Direito das Garantias*, Almedina, Coimbra, 2015, *passim*, Luís Menezes Leitão, *Garantias das Obrigações*, 6ª edição, Almedina, Coimbra, 2019, *passim* e L. M. Pestana De Vasconcelos, *Direito das Garantias*, 3ª edição, Almedina, Coimbra, 2020, *passim*.

[13] Cf., por todos, Raúl Ventura, *Sociedades por quotas*, Vol. I, 2ª edição, Almedina, Coimbra, 1989, 55-57 e Maria Elisabete Ramos, Comentário ao artigo 198º CSC, in "Código das Sociedades Comerciais em comentário", III, coordenação de J. M. Coutinho de Abreu, 2ª edição, Almedina, Coimbra, 2016, 179-180.

[14] Cf. Raúl Ventura, *Sociedade por quotas de responsabilidade limitada. Anteprojecto – Primeira Redacção*, in BMJ 160 (1966), 75-113.

[15] O número 1 do artigo 14º do anteprojeto dispunha o seguinte: "Os sócios são solidariamente responsáveis pelas entradas de todas as contribuições". Admitia o número 3 do mesmo artigo 14º que o credor da sociedade, a quem tivesse sido devolvido o direito de nomeação de bens à penhora pudesse "exigir aos sócios o pagamento do seu crédito, até ao montante das contribuições não entradas, sem estes poderem opor-lhe as cláusulas contratuais de diferimento das entradas".

obrigações assumidas pela sociedade enquanto ele for sócio e mantém-se, para essas obrigações, embora o responsável deixe de ser sócio".

Na segunda redação do anteprojeto[16], Raúl Ventura manteve a previsão da "responsabilidade suplementar do sócio" (artigo 2º) relativamente às sociedades por quotas "limitadas pelo capital", sociedades "continuadoras" das (simples e únicas) sociedades por quotas da primeira redação do anteprojeto, as quais passaram a ter a "concorrência" das sociedades "limitadas por garantia" (número 2 do artigo 1º) – "quando a obrigação de contribuição dos sócios é condicionada pela necessidade da contribuição para satisfação de débitos sociais, depois de dissolvida a sociedade".

Pois bem, nas sociedades limitadas pelo capital – que, face ao disposto no último período do número 2 do artigo 1º, constituíam a modalidade natural e subsidiária[17] – era lícito aos sócios estipular no contrato de sociedade que um ou mais sócios respondessem "para com credores da sociedade e solidariamente com esta, até montantes determinados". Uma tal estipulação não prejudicaria a responsabilidade estabelecida pelo artigo 15º do anteprojeto, cujo número 1 previa a responsabilidade solidária dos sócios "pelas entradas de todas as contribuições". Tal como no número 3 do artigo 2º da primeira redação do anteprojeto, o número 3 do artigo 2º da segunda redação previa que a responsabilidade do sócio constituída nos termos dos números 1 e 2 "abrange todas as obrigações assumidas pela sociedade, enquanto ele for sócio e mantém-se para essas obrigações, embora o responsável deixe de ser sócio".

Tal como o número 2 do artigo 2º da primeira redação, o número 2 do artigo 2º da segunda redação permitia – agora na remissão que fazia para o número 3 do artigo 15º – que o credor da sociedade a quem tivesse sido devolvido o direito de nomeação de bens à penhora pudesse exigir aos sócios o pagamento do seu crédito "até ao montante das contribuições não entradas, sem estes poderem opor-lhe as cláusulas contratuais de diferimento das entradas".

16 Cf. Raúl Ventura, *Sociedade por quotas de responsabilidade limitada. Anteprojecto – Segunda Redacção*, in BMJ 182 (1969), 197-247.

17 De acordo com o segundo e último período do número 2 do artigo 1º, se a sociedade não fosse limitada por garantia, sê-lo-ia pelo capital: "No caso contrário, a sociedade é limitada pelo capital".

II. Ora, não obstante a redação que saiu dos trabalhos[18] não ter adotado a proposta de consagração da "sociedade limitada por garantia" da segunda redação do anteprojeto de Raúl Ventura (número 2 do artigo 1º e artigos 76º a 81º)[19], podemos dizer que essa proposta deixou claras marcas na redação final, mais concretamente, no artigo 198º CSC, passando a responsabilidade estatutária do sócio perante os credores sociais a poder ser clausulada, não só em termos solidários com a sociedade mas, em alternativa, "subsidiária em relação a esta e a efetivar apenas na fase da liquidação". Raúl Ventura assinala isso mesmo quando escreve, com referência à eliminação das sociedades limitadas por garantia no anteprojeto Vaz Serra[20]: "Além da responsabilidade suplementar consistente na solidariedade assumida no contrato de sociedade, admitiu-se a responsabilidade subsidiária a efetivar apenas na fase da liquidação da sociedade e, portanto, uma garantia semelhante à ideia básica das sociedades limitadas por garantia". E ainda, agora tendo diretamente em conta a redação plasmada no artigo 198º CSC[21]: "A responsabilidade direta para com os credores sociais que o artigo 198º permite estipular aproxima-se das chamadas «quotas de garantia», mas não coincide com elas".

3. A solução *mezzanine* do artigo 198º CSC

I. No desenho dos tipos societários do CSC, todos eles personalizados[22], há uma profunda diferença entre o modo como a lei disciplina a responsabi-

[18] Cf., v. g., Maria Elisabete Ramos, *Comentário ao artigo 198º CSC*, cit., 179-180.

[19] Para a defesa deste subtipo de sociedade por quotas, inspirado no artigo 1.2 (3) do *Companies Act* inglês (de 1948) – e que, segundo o autor, corresponderia, entre nós, "a uma prática arreigada mas por enquanto disfarçada" – cf. Raúl Ventura, *Apontamentos para a reforma das sociedades por quotas de responsabilidade limitada*, in BMJ 182, 1969 (25-196), 141-147.

[20] Cf. Raúl Ventura, *Sociedades por quotas*, I, cit., 56-57.

[21] Cf. Raúl Ventura, *Sociedades por quotas*, I, cit., 57.

[22] Cf., por todos, José de Oliveira Ascensão, *Direito Comercial*. IV. *Sociedades comerciais. Parte geral*, Lisboa, 2000, 43 e ss. e António Menezes Cordeiro, *Direito das Sociedades*, I[4], cit., 323 e ss. O autor considera a opção do legislador português (*op. cit.*, 325) como sendo "generosamente radical", no que concerne à atribuição de personalidade jurídica a todas as sociedades comerciais", cf. ainda J. M. Coutinho De Abreu, *Curso de Direito Comercial*, II[7], cit., 161 e ss., Jorge Pinto Furtado, *Curso de Direito das Sociedades*, 4ª edição, Almedina, Coimbra, 2001, 259 e ss. e ainda Diogo Costa Gonçalves, *Personalidade e capacidade das sociedades comerciais*, Principia, Cascais, 2019, *passim*. O tema continua a não prescindir da lição de António Ferrer Correia, *Lições de Direito Comercial*. II. *Sociedades comerciais*, Coimbra, 1968, 58 e ss., sendo tam-

lidade dos sócios não só perante a sociedade mas, sobretudo, pelas dívidas da sociedade.

A responsabilidade pelas dívidas sociais, estando nós perante devedores que são entes personalizados[23], é, desde logo, da própria sociedade, independentemente da natureza obrigacional ou extraobrigacional da responsabilidade[24].

A responsabilidade da sociedade perante os credores sociais é, desde logo, explicada numa pura lógica jus-obrigacional, tendo o artigo 601º CC um lugar de primeiro plano[25]: a sociedade – devedora, independentemente do tipo – responde com todo o seu património perante os credores sociais, património esse que é, na terminologia do capítulo do CC onde se insere o citado artigo 601º, a "garantia geral" dos credores[26].

Neste prisma, de responsabilidade patrimonial, não há, em rigor, "sociedades de responsabilidade limitada" e "sociedades de responsabilidade ilimitada", categorias designativas estas que, independentemente da sua expressão em letra de lei, correspondem a modos de dizer o facto de os sócios não responderem ou responderem, respetivamente, perante os credores sociais, sem prejuízo de poderem também responder perante a própria sociedade, quer por dívidas próprias quer por certo tipo de dívidas de outros sócios.

O ponto central está na admissibilidade ou não admissibilidade de, no desenho do tipo, os sócios responderem por dívidas da sociedade. Se assim acontecer, estamos, jusobrigacionalmente falando, perante responsabilidade de um terceiro, de alguém que não é devedor (principal) na relação obrigacional estabelecida entre a sociedade e o credor.

bém de revisitar as páginas de José Tavares, *Sociedades e empresas comerciais*, 2ª edição, Coimbra Editora, Coimbra, 1924, 147 e ss..

[23] Não cabe aqui focar nem as dúvidas suscitadas pelas sociedades civis, nem as particularidades de regime das sociedades comerciais antes do registo definitivo; cf., por todos, António Menezes Cordeiro, *Direito das Sociedades*, I[4], cit., 307 e ss..

[24] Naturalmente que, na medida em que se aceite a chamada "terceira via da responsabilidade civil", a mesma é também aqui incluída. Sobre esta categoria, não pacífica, cf., por todos, Luís Menezes Leitão, *Direito das Obrigações*, I, 14ª edição, Almedina, Coimbra, 2017, 348 e ss..

[25] Cf., v. g., M. Januário da Costa Gomes, *Assunção fidejussória de dívida. Sobre o sentido e o âmbito da vinculação como fiador*, Almedina, Coimbra, 2000, 5 e ss..

[26] Há que assinalar o esbatimento da importância do capital social enquanto identificado como garantia dos credores. Refere-se, a propósito, Paulo de Tarso Domingues, *O financiamento societário pelos sócios (e o seu reverso)*, Almedina, Coimbra, 2021, 44 e ss., ao "dogma" da função de garantia do capital social.

Independentemente da bondade da diferenciação entre sociedades de pessoas e sociedades de capitais[27], é apodítico, em função do desenho dos tipos societários, que, na sociedade de pessoas por excelência, que é a sociedade em nome coletivo, os sócios respondem pelas dívidas sociais, conforme decorre do artigo 175º CSC[28].

E é também insofismável que na sociedade de capitas por excelência, que é a sociedade anónima, a responsabilidade de cada sócio é limitada ao valor das acções que subscreve (artigo 271º CSC)[29].

As sociedades por quotas conhecem, no desenho do tipo plasmado no artigo 197º CSC, uma solução singular, que, de algum modo a coloca a meio caminho entre os dois tipos atrás referidos: diversamente do que acontece nas sociedades anónimas – em que os sócios só respondem perante a sociedade pelas respetivas entradas – os sócios das sociedades por quotas respondem pelas suas entradas e ainda, solidariamente, pelas demais entradas convencionadas no contrato de sociedade, conforme o disposto no artigo 207º (número 1 do artigo 197º CSC).

Já quanto à responsabilidade externa – nas relações com os credores sociais – há, no desenho normal ou comum do tipo, uma similitude entre os sócios das sociedades anónimas e os sócios das sociedades por quotas, já que eles não respondem pelas dívidas sociais, mas com a relevante diferença de o número 3 do artigo 197º CSC admitir a responsabilidade dos sócios por dívidas da sociedade, nos contidos termos do artigo 198º.

Diversamente, nas sociedades em nome coletivo, em termos externos, ou seja, perante os credores sociais, os sócios respondem *subsidiariamente* em relação à sociedade e *solidariamente* entre si[30]. Esta é uma decorrência do tipo.

[27] Cf., por todos, Raúl Ventura, *Apontamentos para a reforma das sociedades por quotas de responsabilidade limitada*, cit., 56 e ss..

[28] Cf., por todos, J. M. Coutinho de Abreu, *Curso de Direito Comercial*, II^7, cit., 68-69 e Jorge Pinto Furtado, *Curso de Direito das Sociedades*^{4}, cit., 244.

[29] Cf., por todos, Jorge Pinto Furtado, *Curso de Direito das Sociedades*^{4}, cit., 36.

[30] Cf., por todos, Pedro Pais de Vasconcelos, *A participação social nas sociedades comerciais*, cit., 288 e ss. e Coutinho de Abreu, *Curso de Direito Comercial*, II^7, cit., 68-69. A solução da subsidiariedade encontra-se também no regime dos *agrupamentos complementares de empresas*: de acordo com o número 2 da Base II da Lei 4/73, de 4 de Junho, os credores do agrupamento não podem exigir das empresas agrupadas o pagamento dos seus créditos sem prévia excussão dos bens do próprio agrupamento; sobre a figuram, cf., por último, Rui Pinto Duarte, *Formas jurídicas de cooperação entre empresas*, Almedina, Coimbra, 2022, 57 e ss..

Significa isto que, nos desenhos dos tipos, os credores das sociedades anónimas e das sociedades por quotas apenas contam, em termos de responsabilidade patrimonial, com o património da sociedade devedora, não podendo os mesmos agredir o património dos sócios para satisfação dos respetivos créditos.

Esta constatação não obsta, porém, a que:

(*i*) os credores se possam substituir à sociedade na relação entre esta e os sócios para a realização das entradas, nos termos do artigo 30º CSC[31]; ou a que

(*ii*) os credores possam, antes de estabelecerem contactos com a sociedade, dos quais possa resultar, a final, a sua posição de credores, exigir a apresentação – a prestação – de garantias dos sócios, designadamente através de fianças ou de avales cambiários, correspondendo à prática "socialmente típica" de que fala Pedro Pais de Vasconcelos[32]; ou ainda a que

(*iii*) nos termos contidos em que o instituto funciona, possa ocorrer a *desconsideração* da personalidade jurídica da sociedade, com a consequente responsabilidade de sócios por dívidas sociais[33].

II. O que traz o artigo 198º CSC de novo, neste quadro, aplicável às sociedades por quotas?

[31] Cf., v. g., Pedro Pais de Vasconcelos, *A participação social nas sociedades comerciais*, cit., 272-273 e M. Januário da Costa Gomes, *Sobre os poderes dos credores da sociedade quanto às entradas dos sócios*, in "Estudos em Homenagem ao Professor Doutor Manuel Pita", organizador Luís Vasconcelos Abreu, Almedina, Coimbra, 2022, 517-541.

[32] Cf. Pedro Pais de Vasconcelos, *A participação social nas sociedades comerciais*, cit., 274.

[33] Cf., por todos, Raúl Ventura, *Apontamentos para a reforma das sociedades por quotas de responsabilidade limitada*, cit., 116 e ss., Oliveira Ascensão, *Direito Comercial*. IV, cit., 74 e ss., António Menezes Cordeiro, *Direito das Sociedades*, I[4], cit., 368 e ss., Coutinho de Abreu, *Curso de Direito Comercial*, II[7], cit., 174 e ss. e Luís Brito Correia, *Direito Comercial*, 2º volume, *Sociedades Comerciais*, AAFDL, Lisboa, 1989, 237 e ss.; cf. ainda Maria de Fátima Ribeiro, *A tutela dos credores da sociedade por quotas e a "desconsideração da personalidade jurídica"*, Almedina, Coimbra, 2009, *passim*, Diogo Costa Gonçalves, *O levantamento da personalidade colectiva sob a vigência do Código das Sociedades Comerciais*, in "Studia. Direito Comercial. Sociedades e Mercado de Capitais", Principia, Cascais. 2021, 333-365 e, ainda, F. Cassiano dos Santos, *Desconsideração da personalidade jurídica, responsabilidade limitada e controlo plurisocietário ilícito – o abuso da desconsideração e os perigos de (tentar) escrever direito por linhas tortas*, in RLJ, ano 151, 2022, nº 4035, 377-415.

O artigo 198º vem permitir "maleabilizar" o tipo sociedade por quotas[34], ao admitir que, no contrato de sociedade, todos ou alguns dos sócios assumam responsabilidades perante os credores sociais, solução essa que, objetivamente, corporiza uma certa aproximação das sociedades por quotas às sociedades em nome coletivo, mormente quando essa responsabilidade dos sócios corresponda à primeira modalidade enunciada no número 1 do preceito, ou seja, quando a responsabilidade dos sócios seja assumida em termos de solidariedade.

Estamos, claramente, perante uma solução *mezzanine* entre o tipo sociedade por quotas e o tipo sociedade em nome coletivo. Essa natureza *mezzanine* será mais evidente quando estejamos perante uma sociedade unipessoal por quotas ou quando todos os sócios da sociedade por quotas plural tenham assumido responsabilidade direta, na modalidade de responsabilidade solidária com a sociedade.

Há, porém, quer na modalidade de responsabilidade solidária quer na que se traduz na assunção de responsabilidade subsidiária e a efetivar apenas na fase da liquidação, especificidades de relevo que analisamos na sequência.

Curiosamente, o regime do artigo 198º CSC vem permitir ainda um outro cotejo ou uma outra aproximação, quando, sendo a sociedade por quotas plural, apenas algum ou alguns sócios assumam responsabilidade direta. Teremos, então, um cenário que, não sendo seguramente confundível, se aproxima das injustamente ignoradas sociedades em comandita[35], não obstante as potencialidades que carregam, com uma "espécie" de sócios comanditados e uma "espécie" de sócios comanditários.

Por aqui se vê que o artigo 198º constitui também um interessante ponto de encontro das figuras dos tipos societários.

4. Dúvidas de regime suscitadas pelo artigo 198º CSC

4.1. Necessidade de previsão estatutária

A "responsabilidade direta" do sócio de sociedade por quotas admitida no artigo 198º CSC é estipulada no contrato de sociedade. Estamos, assim, perante uma responsabilidade de raiz estatutária[36].

[34] Cf. Pedro Pais de Vasconcelos, *A participação social nas sociedades comerciais*, cit., 274.

[35] Cf., por todos, Jorge Pinto Furtado, *Curso de Direito das Sociedades*[4], cit., 40.

[36] Usamos a expressão "estatutos" num amplo sentido, como equivalente ao contrato, não se desconhecendo a distinção, firmada por alguns autores, entre o contrato e os estatutos; cf., v. g., António Menezes Cordeiro, *Direito das Sociedades*, I[4], cit., 419-421.

O artigo 198º afastou-se do anteprojeto de Raúl Ventura (quer na primeira quer na segunda redação) ao optar pela expressão "responsabilidade direta" em vez de "responsabilidade suplementar", conforme era proposto. Nenhuma das expressões é, em rigor, melhor que a outra, já que as mesmas correspondem a ângulos ou perspetivas diferentes[37]. Nessa medida, a responsabilidade dos sócios clausulada nos termos do artigo 198º CSC é *direta* porque os sócios respondem *diretamente* perante os credores sociais, mas é também *suplementar* porque acrescenta – se soma – às responsabilidades perante a própria sociedade decorrentes do tipo e do contrato. Não deixa, porém, a expressão "responsabilidade direta" de, como escreve Maria Elisabete Ramos[38], "causar alguma estranheza" quando aplicada à segunda modalidade prevista no número 1 do artigo 198º CSC – modalidade de subsidiariedade e a efetivar apenas na fase da liquidação.

Do contrato de sociedade pode resultar a responsabilidade direta de todos os sócios ou apenas de alguns, caso este em que os sócios que assumam tal responsabilidade deverão ser necessariamente identificados.

Nada impede que a responsabilidade direta resulte de uma alteração estatutária. Naturalmente que, nos termos do número 2 do artigo 86º CSC[39], a previsão de uma responsabilidade direta dos sócios é ineficaz relativamente àqueles que não tenham consentido na alteração. Daqui pode resultar que da alteração estatutária aprovada pela maioria necessária[40], resulte a responsabilidade direta de apenas alguns sócios, ainda que tal cláusula preveja a responsabilidade de todos eles.

[37] Isto mesmo acaba por ser reconhecido por Raúl Ventura, *Sociedades por Quotas*, I, cit., 58. Por um lado, o autor salienta o facto de a expressão "responsabilidade suplementar" ser mais expressiva, uma vez que a responsabilidade assumida nos termos do artigo 198º "não afeta as outras responsabilidades assumidas no contrato"; mas, por outro lado, o autor reconhece que a expressão "responsabilidade direta", para além de focar o aspeto verdadeiro da responsabilidade direta perante os credores sociais, evita confusões com as prestações suplementares do capital.

[38] Cf. Maria Elisabete Ramos, *Comentário ao artigo 198º CSC*, cit., 181.

[39] Cf., sobre este, por todos, Raúl Ventura, *Alterações do contrato de sociedade*, 2ª edição, Almedina, Coimbra, 1988, 78 e ss.; cf. ainda, com indicações, Diogo Costa Gonçalves, / Francisco Mendes Correia, Anotação ao artigo 86º CSC, in "Código das Sociedades Comerciais anotado", coordenação de António Menezes Cordeiro, 5ª edição, CIDP, Almedina, Coimbra, 2022, 382-385.

[40] Sobre o regime do artigo 265º CSC, cf., por todos, com indicações, Francisco Mendes Correia, Anotação ao artigo 265º CSC, in "Código das Sociedades Comerciais anotado", coordenação de António Menezes Cordeiro, 5ª edição, CIDP, Almedina, Coimbra, 2022, 928-929.

Perguntar-se-á se é válida a cláusula que apenas preveja a responsabilidade direta do sócio, sem especificar a modalidade: se responsabilidade solidária com a sociedade, se responsabilidade subsidiária em relação a esta, a efetivar apenas na fase da liquidação. Para Raúl Ventura[41], uma tal cláusula é nula "por não se poder determinar o respectivo regime, uma vez que a lei não dá preferência a qualquer deles".

Não temos, porém, por segura a bondade da posição daquela grande comercialista. Na verdade, se bem interpretamos, considerando também a sequência dos trabalhos preparatórios, parece ser possível identificar uma prioridade natural da solução da solidariedade com a sociedade – a única que, de resto, quer a primeira quer a segunda redação do artigo 2º do anteprojeto previam[42] – por ser aquela que mais se aproxima, conquanto seguramente não lhe corresponda por inteiro, da responsabilidade dos sócios nas sociedades em nome coletivo ou da dos sócios comanditados nas sociedades em comandita, e onde se faz sentir o "cunho pessoalístico"[43] que a solução do artigo 198º introduz.

Fora do quadro de aplicação do regime do artigo 198º CSC estão as situações em que os sócios se vinculem em acordo parassocial, ainda que omnilateral[44], a "responder" pelas dívidas sociais, ou os acordos entre a sociedade e os sócios que possam corporizar fianças a favor de terceiros não determinados mas determináveis[45].

4.2. A modalidade da responsabilidade solidária com a sociedade

I. Conforme já foi acima dito, a primeira modalidade de "responsabilidade direta" prevista no artigo 198º CSC é a da responsabilidade solidária do sócio (ou sócios) com a sociedade.

Haverá, nessa modalidade, por essa via, *ictu oculi*, a criação de uma situação jurídica específica, através da qual o credor da sociedade conta com um novo devedor em termos de solidariedade.

[41] Cf. Raúl Ventura, *Sociedades por Quotas*, I, cit., 65.

[42] Cf. Raúl Ventura, *Sociedade por quotas de responsabilidade limitada. Anteprojecto – Primeira Redacção*, cit., 76, Id., *Sociedade por quotas de responsabilidade limitada. Anteprojecto – Segunda Redacção*, cit., 198-199.

[43] A expressão é de Maria Elisabete Ramos, *Comentário ao artigo 198º CSC*, cit., 182.

[44] Cf., sobre estes, António Menezes Cordeiro, *Direito das Sociedades*, I⁴, cit., 628-629.

[45] Sobre a figura da fiança a favor de terceiro, cf. M. Januário da Costa Gomes, *Assunção fidejussória de dívida*, cit., 365.

Apresenta-se, assim, lógico que o enquadramento da solidariedade previsto no número 1 do artigo 198º CSC costume ser feito com referência ao tipo de solidariedade passiva, nos termos do artigo 512º CC: o credor pode escolher (*libera electio*)[46] entre a sociedade e o sócio e a realização da prestação por um dos devedores libera o outro, tudo sem prejuízo do exercício do regresso, sobre o qual dispõe, de resto, o número 3 do artigo 198º[47].

Importará, porém, ir mais além, uma vez que se aceite que a técnica da solidariedade do artigo 512º e ss. CC é diferente da acessoriedade[48], característica esta que impregna a fiança[49].

Na verdade, a solidariedade aqui prevista não pode deixar de ser a solidariedade fidejussória, que encontramos, por exemplo, no artigo 101º CCom, quanto à fiança mercantil[50], ou no artigo 501º CSC, quanto à responsabilidade da sociedade diretora perante os credores da sociedade subordinada[51].

Assim, o sócio responsável solidário não pode deixar de poder invocar todos os meios de defesa da sociedade devedora, à exceção, naturalmente, dos meios de defesa incompatíveis com a função de segurança da vinculação fidejussória[52], como seja a insolvência da sociedade principal devedora, o que faz do sócio um garante fidejussório.

A responsabilidade solidária do sócio prevista no artigo 198º CSC acaba por ser mais gravosa do que a do sócio de sociedade em nome coletivo, já que o mesmo não beneficia da "moratória" da subsidiariedade determinada pelo número 1 do artigo 175º CSC. Ou seja, o sócio responsável estatutário nos termos do artigo 198º CSC não pode, diversamente do que acontece com o sócio de sociedade em nome coletivo, estribar-se, para se recusar licitamente a cumprir, na necessidade de prévia excussão do património da sociedade.

[46] Cf., em geral, por todos, ANTUNES VARELA, *Das Obrigações em geral*, I, 10ª edição, Almedina, Coimbra, 2000, 765 e ss.; cf. ainda M. JANUÁRIO DA COSTA GOMES, *Assunção fidejussória de dívida*, cit., 183 e ss..

[47] Cf. *infra*, ponto 4.6.

[48] Cf. M. JANUÁRIO DA COSTA GOMES, *Assunção fidejussória de dívida*, cit., 272-273.

[49] Cf. M. JANUÁRIO DA COSTA GOMES, *Assunção fidejussória de dívida*, cit., 107 e ss. e 121 e ss..

[50] Cf. M. JANUÁRIO DA COSTA GOMES, *Assunção fidejussória de dívida*, cit., 261 e ss. e 268 e ss..

[51] Cf. M. JANUÁRIO DA COSTA GOMES, *A sociedade com domínio total como garante. Breves notas*, in "Estudos de Direito das Garantias", II, Almedina, Coimbra, 2010, (255-274), 267 e ss..

[52] Cf. M. JANUÁRIO DA COSTA GOMES, *A fiança no quadro das garantias pessoais. Aspectos de regime*, in "Estudos de Direito das Garantias", I, Almedina, Coimbra, 2004, (7-48), 20 e ss..

De resto, o número 1 do artigo 175º não se afadiga em afirmar a responsabilidade solidária dos sócios com a sociedade, mas a responsabilidade solidária de cada sócio "com os outros sócios", já que a hipótese de responsabilidade patrimonial da sociedade está, nessa fase, "épuisée".

II. E se houver vários sócios que assumam responder nos termos da primeira modalidade prevista no número 1 do artigo 198º CSC?

A hipótese está naturalmente admitida no número 1 do artigo 198º, quando se refere a "um ou mais sócios". A dúvida estará em saber se, numa situação desse jaez, cada sócio responsável solidário com a sociedade, pode, nas relações com o credor, invocar o benefício da divisão, em aplicação do número 2 do artigo 649º CC[53], relativamente às situações em que "os fiadores se houverem obrigado conjuntamente".

Tendo-se sustentado a natureza fidejussória da responsabilidade do sócio, temos por natural a aplicação do regime da fiança, não fazendo sentido que os sócios sejam, neste particular, tratados de modo diverso do que aconteceria se, em vez de uma vinculação estatutária, nos termos do artigo 198º CSC, tivessem prestado fiança comercial, nos termos do artigo 101º CCom.

Naturalmente que, em função do cariz supletivo do regime do artigo 649º CC[54], nada obstará a que no contrato social fique expresso que cada sócio responde pela totalidade do crédito como se fora o único sócio garante – situação esta equiparável à prevista no número 1 do artigo 649º CC[55].

III. Sendo a primeira modalidade prevista no número 1 do artigo 198º CSC a responsabilidade solidária do sócio e a segunda modalidade a responsabilidade subsidiária "a efetivar apenas na fase da liquidação"[56], perguntar-se-á se é possível convencionar no contrato que a "responsabilidade direta" do sócio só possa ser atuada pelos credores *subsidiariamente*, após a excussão do património da sociedade, mas sem dependência da dissolução e liquidação da sociedade.

[53] Cf., sobre este preceito, em geral, Cf. M. Januário da Costa Gomes, *Pluralidade de fiadores e liquidação das situações fidejussórias*, in "Estudos de Direito das Garantias", II, Almedina, Coimbra, 2010, (31-65), 45 e ss..

[54] Cf. M. Januário da Costa Gomes, *Pluralidade de fiadores e liquidação das situações fidejussórias*, cit., 45 e ss..

[55] Cf. Cf. M. Januário da Costa Gomes, *Pluralidade de fiadores e liquidação das situações fidejussórias*, cit., 45 e ss..

[56] Cf. *infra*, ponto 4.6.

Sendo tal possível, a responsabilidade do sócio responsável direto aproximar-se-á mais intensamente, no que a este ponto concerne, da responsabilidade dos sócios das sociedades em nome coletivo (número 1 do artigo 175º CSC)[57].

Temos por lícita uma tal convenção. Não vemos, na verdade, razão alguma para afastar uma tal hipótese, sustentada, de resto, por Luís Brito Correia[58]: ela não prejudica o tipo, não prejudica a sociedade, não prejudica o credor em causa nem fere expetativas dos credores sociais.

Sendo convencionada tal subsidiariedade, nos termos que o número 1 do artigo 198º traça quanto à solidariedade, mas sem específica indicação de que a mesma possa ser atuada antes da liquidação, será, se bem vemos, de interpretar tal previsão como estando a correspondente responsabilidade direta enquadrada na segunda modalidade prevista no dispositivo legal.

4.3. O limite do "determinado montante"

I. É requisito da validade da cláusula estatutária que responsabiliza o sócio ou sócios pelas dívidas sociais que seja fixado um limite máximo de responsabilidade.

Assim resulta da exigência de que a responsabilidade do sócio seja "até determinado montante", expressão que, se bem vemos, não tem um significado diferente da que constava do anteprojeto de Raúl Ventura (número 1 do artigo 2º, quer na primeira, quer na segunda redação): "até montantes determinados".

Cruzando com matérias estreitamente conexas de Direito das Garantias, a exigência do número 1 do artigo 198º CSC não causa perplexidade. Ela resulta da necessidade de determinação – ou, pelo menos, de determinabilidade – da vinculação do garante, imposta pelo número 1 do artigo 280º CC e reconhecida no AUJ 4/2001[59].

A exigência legal não pode, porém, ser interpretada em termos que não considerem o "acquis" do Direito das Garantias. Assim, não se vê razão para

[57] Cf., quanto a esta, por todos, Pedro Pais de Vasconcelos, *A participação social nas sociedades comerciais*, cit., 288 e ss..

[58] Cf. Luís Brito Correia, *Direito Comercial*, 2º volume, *Sociedades Comerciais*, cit., 302.

[59] Cf. M. Januário da Costa Gomes, *O mandamento da determinabilidade na fiança omnibus e o AUJ nº 4/2001*, in "Estudos de Direito das Garantias", I, Almedina, Coimbra, 2004, 109-137. Sobre a fiança *omnibus*, cf. ainda António Menezes Cordeiro, *Tratado de Direito Civil*, X, cit., 509 e ss..

que o "determinado montante" não possa ser, até certo grau, *determinável*. Nesta lógica, será válida a cláusula estatutária em que um sócio se responsabilize por empréstimos bancários feitos à sociedade até ao limite de 500.000 euros em capital e também pelos juros que sejam devidos. A exigência do número 1 do artigo 280º CC estará, então, assegurada.

Mas já não estará certamente assegurada a determinabilidade se a cláusula estatutária não contiver uma referência central a uma quantia determinada, ainda que uma tal cláusula lograsse, porventura, passar o crivo da determinabilidade *ex vi* número 1 do artigo 280º CC. Assim, será certamente nula a cláusula estatutária em que o sócio assuma responsabilidade por dívidas bancárias da sociedade por contratos de abertura de crédito celebrados com o banco X.

Embora as preocupações que subjazem à exigência do "determinado montante" não sejam inteiramente coincidentes com as da necessidade de determinação ou determinabilidade da vinculação fidejussória[60] – sendo de salientar a preocupação do legislador em não "esticar" demasiado o tipo, em termos de o aproximar "perigosamente" da sociedade em nome coletivo – é manifesto que o "determinado montante" não pode ser, em concreto, irrealista e desajustado à realidade societária, em função, a um tempo, em termos móveis, do seu capital social, do seu objeto e da sua atividade. Se o for, a cláusula estatutária é nula e o sócio não é responsável por dívidas sociais.

II. Outra dúvida que a expressão legal suscita é a de saber se as obrigações da sociedade perante os credores têm de ter necessariamente natureza pecuniária, conforme, de resto, a expressão "determinado montante" sugere.

Também neste ponto é de salientar o necessário cruzamento com o Direito das Garantias. Conforme se escreveu noutro lugar[61], nada obsta a que um fiador garanta o cumprimento de uma obrigação de natureza não pecuniária, caso em que o credor lhe poderá exigir – antes mesmo de uma (eventual) evolução do dever de prestar para dever de indemnizar – a realização da prestação devida em termos principais pela sociedade e em termos fidejussórios pelo sócio.

E nada impede mesmo que o sócio responda pelo cumprimento de obrigações em que a prestação a cargo da sociedade seja infungível, caso em que

[60] Cf. M. Januário da Costa Gomes, *O mandamento da determinabilidade na fiança omnibus e o AUJ nº 4/2001*, 125 e ss. e 128 e ss.; Id., *Assunção fidejussória de dívida*, cit., 697 e ss..

[61] Cf. M. Januário da Costa Gomes, *Assunção fidejussória de dívida*, cit., 146 e ss..

a garantia estará, naturalmente, circunscrita ao cumprimento da obrigação de indemnização e em dinheiro[62]: ou seja, o sócio garante o cumprimento da obrigação de indemnizar quando pecuniária. Não se vê razão, dizíamos, para termos soluções diferentes no quadro de aplicação do artigo 198º CSC. Assim se a prestação a cargo da sociedade perante um seu credor tiver natureza infungível, a responsabilidade do sócio estará, naturalmente, dependente da evolução do dever de prestar para dever de indemnizar em dinheiro[63].

São estas, de resto, se bem interpretamos, as soluções que encontramos em autores como Raúl Ventura[64] e Maria Elisabete Ramos[65]. Nada disto dispensa, porém, a necessidade de determinação ou determinabilidade acima referida, sendo de vincar, também aqui em coerência com as lições do Direito das Garantias, que a exigência de determinação ou determinabilidade não é apenas vertical, mas também horizontal[66].

III. As dívidas sociais em questão podem ser as que forem e da mais diversa natureza: podem ser apenas de certo credor (o banco X), de certo tipo de credores (instituições de crédito), de certo tipo de operações (fornecimentos, empréstimos), etc.

Podem, por outro lado, as dívidas sociais ser apenas as constituídas num certo período temporal (por exemplo, até certa data).

Como bem refere Raúl Ventura[67], "a lei não impõe que a responsabilidade abranja *todas* as obrigações sociais e o preceito pode ter interesse mesmo para círculos restritos de obrigações, evitando, quanto a essa, a necessidade de garantias específicas a dar pelos sócios".

4.4. erenidade da vinculação

I. O número 2 do artigo 198º CSC traça o perímetro temporal da vinculação do sócio que tenha assumido estatutariamente a responsabilidade direta

[62] Sobre o lugar "secundário" da solução da indemnização em dinheiro e a primazia da restauração natural, cf., por todos, por último, Maria De Lurdes Pereira, *Direito da Responsabilidade Civil. A obrigação de indemnização*, Manuais da Clássica, AAFDL, Lisboa, 2021, 417 e ss..

[63] Cf., quanto à fiança, M. Januário da Costa Gomes, *Assunção fidejussória de dívida*, cit., 295 e ss..

[64] Cf. Raúl Ventura, *Sociedades por Quotas*, I, cit., 61.

[65] Cf. Maria Elisabete Ramos, *Comentário ao artigo 198º CSC*, cit., 186.

[66] Cf. M. Januário da Costa Gomes, *O mandamento da determinabilidade na fiança omnibus e o AUJ nº 4/2001*, 125 e ss. e 128 e ss..

[67] Cf. Raúl Ventura, *Sociedades por Quotas*, I, cit., 61.

pelas dívidas sociais. Mais que um *Endzeitpunkt*[68], o preceito fixa um, digamos "Endstatuspunkt": o sócio responde *apenas* pelas obrigações assumidas pela sociedade enquanto for sócio.

Assim, o sócio não responde por dívidas anteriores ao seu ingresso na sociedade ou por dívidas assumidas pela sociedade após a cessação da qualidade de sócio, qualquer que seja a fonte da mesma.

A título de exemplo, o sócio não responderá por obrigações constituídas após uma cessão da (sua) quota ou após uma situação de exoneração ou de exclusão da qualidade de sócio.

Quanto às obrigações assumidas pela sociedade antes do ingresso do sócio, a situação é clara no caso de o sócio em causa não ser sócio fundador. Há, então, um momento a partir do qual ocorre o ingresso na sociedade e a correspondente aquisição da qualidade de sócio, não sendo, *a priori*, identificáveis situações de dúvida no que respeita à correlação entre essa qualidade e a responsabilidade direta.

As coisas podem não ser tão cristalinas, porém, ainda que, numa primeira análise, possa parecer o contrário, quando o sócio responsável seja sócio fundador, tendo essa responsabilidade direta sido assumida *ab ovo* nos estatutos. A dúvida respeita à responsabilidade por negócios realizados em nome da sociedade, no período compreendido entre a celebração do contrato de sociedade e o seu registo definitivo.

Certo é que o número 1 do artigo 40º CSC consagra a responsabilidade – no caso ilimitada e solidária – dos sócios que tenham agido em representação da sociedade, bem como daqueles que tais negócios tenham autorizado, responsabilidade essa que, se bem vemos, não pode funcionar em termos mais gravosos do que a que resulta do número 2 do artigo 997º CC, gozando os mesmos do benefício da excussão[69].

A dúvida pode, porém, colocar-se relativamente a um outro sócio – que integre o elenco dos "restantes sócios" referidos no número 1 do artigo 40º – que não tenha agido em representação da sociedade nem tenha autorizado os negócios, mas que tenha assumido nos estatutos a "responsabilidade direta" para com os credores sociais, a que se reporta o número 1 do artigo 198º.

Poderá, depois, esse sócio recusar-se a responder pela sociedade com o argumento de que, à data da constituição da obrigação, a sociedade não tinha ainda personalidade jurídica plena, nos termos do artigo 5º CSC?

[68] Cf., em sede de determinação temporal do débito fidejussório, M. Januário da Costa Gomes, *Assunção fidejussória de dívida*, cit., 704 e ss..

[69] Cf., por todos, António Menezes Cordeiro, *Direito das Sociedades*, I[4], cit., 484-485.

Não nos parece que a resposta a esta questão seja linear.

Por um lado, não se pode dizer que o sócio em causa ainda não o seja, que não seja sócio, faltando, por aí, um requisito essencial para a aplicação do artigo 198º CSC. Ele é já sócio da sociedade, não obstante esta não ter (ainda) personalidade jurídica plena.

Mas, por outro lado, pode acontecer que o sócio que tenha assumido essa responsabilidade esteja indicado – enquanto direito especial ou não – como sócio gerente e que tenha aceitado essa cláusula de responsabilidade direta em função ou por causa do controlo de responsabilidades da sociedade derivado daquela sua posição.

Pois bem, num caso deste teor, admitindo que quem tenha agido em representação da sociedade tenham sido outros sócios que, num quadro de personalidade jurídica plena a não vinculariam, não parece ser possível sustentar aquela responsabilidade direta.

II. De qualquer modo, o número 2 do artigo 198º CSC é claro quanto às obrigações constituídas anteriormente à data do ingresso, conquanto não tenha, neste particular, uma redação tão cristalina – mas, neste caso, em sentido oposto – quanto a do número 2 do artigo 175º CSC, por força do qual os sócios das sociedades em nome coletivo respondem também pelas obrigações constituídas antes do seu ingresso na sociedade.

Esta diferença de regime desperta-nos para uma outra questão e para uma dúvida. Pode um sócio assumir estatutariamente responsabilidade direta pelas dívidas sociais relativamente a obrigações sociais anteriores ao seu ingresso na sociedade, respeitado que seja, naturalmente, o requisito do "determinado limite"?

A posição de Raúl Ventura[70] é a de que um tal alargamento "não é concebível", para o que apresenta a seguinte justificação: "trata-se de responsabilidade direta *de um sócio* e não de pessoa que ainda não é ou já não é sócio". E ainda: "Um novo sócio pode dar garantias para dívidas da sociedade anteriores à sua entrada na sociedade e um sócio pode dar garantias para dívidas posteriores à sua saída da sociedade, mas nenhum destes casos cai no âmbito deste preceito".

Os termos em que Raúl Ventura coloca a questão – "não é concebível" – levam-nos a concluir que, para o autor, uma tal cláusula estatutária seria nula, naturalmente na parte respeitante à sua aplicação a obrigações ante-

[70] Cf. Raúl Ventura, *Sociedades por Quotas*, I, cit., 63.

riormente constituídas. Ora, não nos parece que um tal entendimento, de um certo sabor formalista, possa ser acompanhado. Reconhece-se que uma tal cláusula não se enquadra na previsão literal do artigo 198º CSC. Não vemos, porém, razão para cominar tal cláusula com a nulidade, não constituindo a mesma uma solução gravosa para o sócio e, menos ainda, para a sociedade ou para os credores, sendo, naturalmente, de aplicar à responsabilidade direta em causa as demais exigências consagradas no número 1 do artigo 198º. Não será de menos vincar que a responsabilidade assumida pelo sócio respeita a dívidas da própria sociedade e não a dívidas de outras entidades. Do mesmo modo, não vemos impedimento a que um sócio fundador que não tenha assumido nos estatutos responsabilidade direta, venha, mais tarde, a assumi-la em termos estatutários, responsabilizando-se por obrigações constituídas pela sociedade antes da alteração do contrato.

III. O número 2 do artigo 198º regula ainda a situação de morte do sócio e a do destino, *ad nutum*, da vinculação estatutária, por um lado e da responsabilidade pelas dívidas sociais assumida pelo sócio.

O regime legal é claro: a responsabilidade estatuária não se transmite por morte do sócio, passando a correspondente cláusula a ser ineficaz relativamente à assunção de novas responsabilidades pela sociedade. Por outro lado, os sucessores respondem pelas "obrigações a que o sócio estava anteriormente vinculado".

A solução consagrada no número 2 do artigo 198º vem na linha da solução do número 3 do artigo 2º do anteprojeto de Raúl Ventura[71], mas a redação a final encontrada tem a vantagem de deixar mais clara a ineficáca, para futuro, da cláusula estatutária, regime este que é imperativo. A partir daqui, a questão está em saber para quem é transmitida a "responsabilidade direta" pelas obrigações já constituídas. A dúvida é suscitada por Raúl Ventura[72], que a resolve no sentido da aplicação do regime geral do direito das sucessões, não ficando, assim, aquele a quem a quota vier a ser encabeçada responsável pelas dívidas sociais.

[71] Era a seguinte a redação do número 3 do artigo 2º do anteprojeto (primeira e segunda redação): "A responsabilidade do sócio, constituída nos termos dos artigos anteriores, abrange todas as obrigações assumidas pela sociedade enquanto ele for sócio e mantém-se, para essas obrigações, embora o responsável deixe de ser sócio".

[72] Cf. Raúl Ventura, *Sociedades por Quotas*, I, cit., 64.

A explicação aduzida por Raúl Ventura é a de que é essa a solução que vale "relativamente a todas as dívidas do sócio para com a sociedade, por motivos sociais".

A solução suscita dúvidas, já que introduz uma espécie de "cisão patrimonial": o sucessor que beneficia da quota assume a posição de sócio mas não responde pela "responsabilidade direta" associada à posição do *de cujus* quotista; por outro lado, os sucessores que não assumem a posição quotista e que são estranhos à vida da sociedade respondem pelas dívidas desta nos mesmos termos em que o *de cujus* respondia. Por um lado, esta solução não parece fazer inteiro sentido, já que a responsabilidade em causa – de raiz estatutária, recorde-se – está associada ao *de cujus* quotista e, por essa via, dir-se-ia, à quota entretanto transmitida. Mas, por outro lado, a necessidade de previsão estatutária não parece ser base bastante para sustentar a existência de uma "obrigação real"[73] associada à quota, o que permitiria aos credores sociais responsabilizarem diretamente o novo quotista, podendo, no limite, fazer penhorar a quota do novo sócio para ressarcimento dos seus créditos.

Assim sendo, acompanhamos Raúl Ventura, não obstante resultar da mesma o novo sócio poder receber uma rosa sem espinhos.

IV. Uma outra dúvida é suscitada pelo número 2 do artigo 198º CSC, face ao silêncio da norma. Mantém-se o quotista cedente que tenha assumido a responsabilidade direta nos termos do artigo 198º responsável direto pelas obrigações constituídas antes da cessão da quota ou deve considerar-se que o mesmo fica liberado, passando a correspondente responsabilidade a ser do cessionário da quota?

A questão é analisada por Raúl Ventura[74], para quem a responsabilidade em causa não está "integrada no conteúdo da quota", pelo que entende que a responsabilidade concreta se mantém no cedente da quota, a não ser que o cessionário a assuma, nos termos gerais de direito. Para o autor, "a parte final do preceito vigente aponta uma solução para uma responsabilidade direta abstrata no caso de morte do sócio que pressupõe a pessoalidade e, sendo essa responsabilidade pessoal para uns efeitos, deve sê-lo para todos os outros".

[73] Cf., sobre esta, por todos, Manuel Henrique Mesquita, *Obrigações reais e ónus reais*, Almedina, Coimbra, 1990, 265 e ss..

[74] Cf. Raúl Ventura, *Sociedades por Quotas*, I, cit., 64-65.

Acompanhamos, também aqui, a posição do ilustre comercialista, não obstante se poder identificar, mais uma vez, um quadro de rosa sem espinhos, por falta de base normativa bastante para se sustentar a existência de uma obrigação real.

4.5. A responsabilidade subsidiária a efetivar apenas na fase da liquidação

Conforme já referido, a segunda modalidade de "responsabilidade direta" prevista no número 1 do artigo 198º CSC é a da responsabilidade subsidiária do sócio em relação à sociedade "e a efetivar apenas na fase da liquidação".

A referência à *subsidiariedade* só pode, se bem vemos, ter o sentido de a responsabilidade do sócio em causa só poder ser atuada após o esgotamento da responsabilidade patrimonial do devedor primário – da sociedade, no caso – ou seja, após a excussão do património da sociedade[75].

Isto significa que, não sendo o ativo da sociedade suficiente para pagar as dívidas da sociedade para com os credores (artigo 154º e 156º CSC)[76], estes – os credores beneficiários da responsabilidade direta do sócio[77], entenda-se – poderão então responsabilizar o sócio que tenha assumido a responsabilidade direta.

Há uma certa semelhança com a responsabilidade dos sócios das sociedades em nome coletivo, mas com a relevantíssima diferença de, nestas (número 1 do artigo 175º CSC), a atuação da responsabilidade do sócio, devedor secundário, não estar dependente ou anelada à fase da liquidação. Neste particular, poderá dizer-se que a efetivação da responsabilidade do sócio responsável direto nos termos do número 1 do artigo 198º, poderá ser longínqua, comparada com a que acontece a dos sócios de sociedades em nome coletivo.

Importa frisar, finalmente[78], que a circunscrição à fase da liquidação não permite erigir como requisito adicional ou complementar que a sociedade esteja em situação de insolvência[79] ou, menos ainda, que tenha sido decla-

[75] Cf. M. Januário da Costa Gomes, *Assunção fidejussória de dívida*, cit., 964 e ss..

[76] Cf., em especial, Raúl Ventura, *Dissolução e liquidação de sociedades*, Almedina, Coimbra, 1987, 209 e ss.; cf. também, recentemente, com referências, Joana Pereira Dias, in "Código das Sociedades Comerciais anotado", coordenação de António Menezes Cordeiro, 5ª edição, CIDP, Almedina, Coimbra, 2022, 650 e ss..

[77] Cf. Raúl Ventura, *Sociedades por Quotas*, I, cit., 65-66.

[78] Cf. também Maria Elisabete Ramos, *Comentário ao artigo 198º CSC*, cit., 183.

[79] Sobre o artigo 3º do CIRE (Situação de insolvência), cf., por todos, Luís A. Carvalho Fernandes / João Labareda, *Código da Insolvência e da Recuperação de Empresas anotado*, 3ª edição, Quid Juris, Lisboa, 2015, 83 e ss..

rada insolvente, sem prejuízo de ser certo que a declaração de insolvência da sociedade tem o efeito de dissolução da sociedade, nos termos previstos na alínea *e*) do número 1 do artigo 141º CSC, com a consequente entrada da mesma em liquidação, nos termos do artigo 146º CSC[80] e do artigo 156º e ss. CIRE[81].

Impõem-se ainda duas notas. A primeira é a de que o sócio responsável direto não pode ser considerado "responsável legal"[82], nos termos e para efeitos do CIRE, não só porque (número 2 do artigo 6º CIRE) a sua responsabilidade não decorre da lei, mas também porque o mesmo não responde "pessoal e ilimitadamente pela generalidade das dívidas da sociedade"[83].

A segunda nota é a de que, para efeitos do CIRE, os credores beneficiários não são, naturalmente, considerados "credores garantidos" da sociedade insolvente, nos termos da alínea *a*) do número 4 do artigo 47º do CIRE[84]: não só a "responsabilidade direta" não corporiza uma garantia real, como a "garantia" em causa não incide sobre "bens integrantes da massa insolvente".

4.6. A "garantia" do sócio garante

I. Não cabe aqui discorrer sobre as razões que podem justificar que um sócio de uma sociedade por quotas assuma uma responsabilidade direta, nos termos do artigo 198º CSC. As razões, sabe-as o sócio, sabe-as a sociedade. O mesmo se pode dizer, de resto, quando um sócio aceita prestar uma fiança para garantia de cumprimento de obrigações da sociedade.

Será natural que, quando uma tal responsabilidade não tenha sido assumida por todos os sócios, aquele que assuma a responsabilidade direta

[80] Cf., em geral, com referências, António Menezes Cordeiro, Introdução ao Capítulo XIII (Liquidação da sociedade) CSC, in "Código das Sociedades Comerciais anotado", coordenação de António Menezes Cordeiro, 5ª edição, CIDP, Almedina, Coimbra, 2022, 637-639. A principal obra de referência é Raúl Ventura, *Dissolução e liquidação de sociedades*, Almedina, Coimbra, 1987, 209 e ss..

[81] Cf., em geral, por todos, Luís A. Carvalho Fernandes / João Labareda, *Código da Insolvência e da Recuperação de Empresas anotado*[3], cit., 584 e ss..

[82] Cf., em especial, Luís A. Carvalho Fernandes / João Labareda, *Código da Insolvência e da Recuperação de Empresas anotado*[3], cit., 102; cf. também Maria Elisabete Ramos, *Comentário ao artigo 198º CSC*, cit., 183.

[83] Sobre o artigo 6º CIRE, cf., em geral, por todos, Luís A. Carvalho Fernandes / João Labareda, *Código da Insolvência e da Recuperação de Empresas anotado*[3], cit., 99 e ss..

[84] Cf., em geral, Luís A. Carvalho Fernandes / João Labareda, *Código da Insolvência e da Recuperação de Empresas anotado*[3], cit., 294-295.

beneficie de uma distribuição dos lucros mais vantajosa[85], uma vez que o número 1 do artigo 22º CSC admite que, por convenção, seja atribuída a um sócio uma participação nos lucros diferente da que resultaria da proporção dos valores das participações sociais no capital[86].

Temos como nulo o acordo, ainda que em cláusula estatutária, do qual resulte, *grosso modo* à semelhança do que pode ocorrer com prestações acessórias[87], a onerosidade da vinculação do sócio. De resto, o credor das prestações acessórias é a sociedade e não os credores desta, diversamente do que ocorre na situação do artigo 198º CSC, em que os credores da "prestação" a cargo do sócio são os credores da própria sociedade.

II. A questão da eventual recuperação das quantias pagas pelo sócio aos credores da sociedade está intrinsecamente associada à previsão do número 3 do artigo 198º CSC, de acordo com o qual e "salvo disposição contratual em contrário", o sócio que pagar dívidas sociais, nos termos do artigo 198º, "tem direito de regresso contra a sociedade pela totalidade do que houver pago, mas não contra os outros sócios".

O direito de regresso de que trata o número 3 do artigo 198º independe da modalidade de responsabilidade direta: ele tanto vale para os casos de responsabilidade solidária quanto para os de responsabilidade subsidiária e a efetivar apenas na fase da liquidação, embora seja manifesto que, nesta última situação, as hipóteses de o sócio poder satisfazer o seu crédito de regresso serão improváveis, se não mesmo miríficas.

Outro ponto a destacar é o facto de, salvo disposição contratual em contrário, o sócio que tenha pago as dívidas da sociedade não ter direito de regresso contra os outros sócios, o que constitui um ponto de divergência

[85] Cf. Raúl Ventura, *Sociedades por Quotas*, I, cit., 60: "a correção da desigualdade pode fazer-se mediante estipulações contratuais, designadamente quanto à repartição dos lucros"; cf. também Maria Elisabete Ramos, *Comentário ao artigo 198º CSC*, cit., 184.

[86] Cf., em geral, com referências, António Menezes Cordeiro / Miguel Brito Bastos, Anotação ao artigo 22º CSC, in "Código das Sociedades Comerciais anotado", coordenação de António Menezes Cordeiro, 5ª edição, CIDP, Almedina, Coimbra, 2022, 186-189. Em geral, sobre o poder do sócio de participar no lucro da sociedade, cf. Pedro Pais de Vasconcelos, *A participação social nas sociedades comerciais*, cit., 71 e ss..

[87] Cf., sobre estas, em geral, Pedro Pais de Vasconcelos, *A participação social nas sociedades comerciais*, cit., 278 e ss.; cf. ainda, com referências, Januário da Costa Gomes / Hugo Ramos Alves, Anotação ao artigo 209º CSC, in "Código das Sociedades Comerciais anotado", coordenação de António Menezes Cordeiro, 5ª edição, CIDP, Almedina, Coimbra, 2022, 748-751.

entre este regime e o aplicável nas sociedades em nome coletivo, nas quais, de acordo com o número 3 do artigo 175º CSC[88], o sócio que tenha pago "tem direito de regresso contra os outros sócios, na medida em que o pagamento efetuado exceda a importância que lhe caberia suportar segundo as regras aplicáveis à sua participação nas perdas sociais".

Se bem interpretamos, a previsão do número 3 do artigo 198º CSC é estabelecida no pressuposto de apenas um dos sócios ter assumido a responsabilidade direta, não nos parecendo que tal solução possa valer, nos mesmos termos, nos casos em que todos os vários sócios tenham assumido essa responsabilidade[89].

III. Importa ainda saber se o direito de regresso consagrado no número 3 do artigo 198º CSC é um direito de regresso anelado ao sentido estrito, associado às situações de solidariedade passiva (artigo 524º CC)[90] ou se não será, antes, um direito de regresso *lato sensu*, permitindo-se assim equacionar a sub-rogação do sócio na posição do credor social satisfeito, nos termos genericamente consagrados no artigo 592º CC[91].

Na nossa opinião, mais uma vez trazendo a terreiro o Direito das Garantias, não vemos razão para não retirar as devidas ilações da natureza fidejussória da responsabilidade do sócio garante, a que acima se aludiu[92], sustentando-se, assim, a sub-rogação do sócio da posição do credor satisfeito, sub-rogação essa que funciona também nas situações de pluralidade de garantes, valendo aqui o regime do artigo 650º CC[93].

IV. Uma nota final se impõe ainda relativamente à natureza do crédito do sócio que aja contra a sociedade em "regresso", nos termos do número 3 do artigo 198º CSC, em situações de insolvência declarada. A maior dúvida estará em saber se o crédito em causa é comum ou subordinado.

[88] Cf., em geral, por todos, PEDRO PAIS DE VASCONCELOS, *A participação social nas sociedades comerciais*, cit., 288 e ss..

[89] Cf. *supra*, ponto 4.2/II.

[90] Cf., v. g., M. JANUÁRIO DA COSTA GOMES, *Assunção fidejussória de dívida*, cit., 203 e ss. e 213 e ss..

[91] Cf., v. g., M. J. ALMEIDA COSTA, *Direito das Obrigações*, 12ª edição, Almedina, Coimbra, 2019, 821 e ss.

[92] Cf. *supra*, ponto 4.2/I.

[93] Cf. M. JANUÁRIO DA COSTA GOMES, *Pluralidade de fiadores e liquidação das situações fidejussórias*, 53 e ss..

Não estando nós, manifestamente, perante suprimentos[94], o que afasta a integração na previsão da alínea *g*) do artigo 48º CIRE[95], a questão está em saber se a situação não poderá ser enquadrada na previsão da alínea *a*) do mesmo artigo – "créditos detidos por pessoas especialmente relacionadas com o devedor" – considerando, mais precisamente, a previsão do número 2 do artigo 49º que considera "exclusivamente considerados especialmente relacionados com o devedor pessoa coletiva", nos termos da alínea *a*), "os sócios, associados ou membros que respondam legalmente pelas suas dívidas".

Ora, como bem referem Luís A. Carvalho Fernandes / João Labareda[96], num entendimento que afasta a qualificação como créditos subordinados, os sócios contemplados na citada alínea "são apenas aqueles cuja responsabilidade, sendo pessoal e ilimitada, respeite à generalidade das dívidas da pessoa coletiva insolvente e tenha por fonte a própria lei".

5. Sobre a irradiação de soluções do artigo 198º CSC

I. Como acima se salientou[97], o artigo 198º CSC lança o desafio de saber se as soluções aí plasmadas não permitirão um certo efeito, uma certa irradiação[98], do seu regime relativamente a situações – que, repetindo a expressão de Pedro Pais de Vasconcelos[99], constitui uma prática socialmente típica – de os sócios de sociedades ditas de responsabilidade limitada, sobretudo sócios-gerentes, serem amiúde chamados a prestar garantias pessoais a favor de certos credores, sobretudo instituições de crédito.

Independentemente, mas também sem prejuízo, de situações de *sobregarantia*[100] que, de uma tal prática, possam decorrer, é sabido que os bancos

[94] Cf., sobre estes, Raúl Ventura, *Sociedades por quotas*, II, Almedina, Coimbra, 1989, 67 e ss.; cf. ainda, com referências, Januário da Costa Gomes / Francisco Rodrigues Rocha, Anotação aos artigos 243º a 245º CSC, in "Código das Sociedades Comerciais anotado", coordenação de António Menezes Cordeiro, 5ª edição, CIDP, Almedina, Coimbra, 2022, 864-878.

[95] Cf., sobre este, por todos, Luís A. Carvalho Fernandes / João Labareda, *Código da Insolvência e da Recuperação de Empresas anotado*³, cit., 296 e ss..

[96] Cf. Luís A. Carvalho Fernandes / João Labareda, *Código da Insolvência e da Recuperação de Empresas anotado*³, cit., 303.

[97] Cf. *supra*, ponto 1.

[98] Sobre o conceito de *irradiação*, remetemos, por facilidade, para Pedro Maia, *Direito das Sociedades Bancárias*, in RLJ, ano 149º, nº 4023, 2020 (372-411), 374-375.

[99] Pedro Pais de Vasconcelos, *A participação social nas sociedades comerciais*, cit., 274.

[100] Cf., v. g., M. Januário da Costa Gomes, *Segurança, Subgarantia e Sobregarantia – Entre os três "S" do Direito das Garantias*, in "Estudos de Direito Bancário", II, CIDP, Almedina, 2018, 331-352.

exigem, com militante e, por vezes, cega frequência, a prestação de garantias adicionais às sociedades a quem concedam crédito[101], garantias essas que, as mais das vezes, se traduzem na prestação de fiança ou de avales cambiários por sócios da sociedade. Na referência genérica a avales cambiários incluímos os casos de "avales" prestados em escritos em branco, sobretudo livranças, os quais só ganham a plenitude dessa qualificação quando os escritos tiverem sido preenchidos em conformidade com o que dispõem os artigos 75º e 76º da LULL[102].

De resto, conforme já se salientou noutro lugar[103], os avales ou as fianças surgem amiúde como soluções fungíveis, tudo dependendo da prática ou dos usos das instituições de crédito de que se trate, ponto esse que não pode deixar de ser relevante para efeitos de regime.

Naturalmente que são identificáveis outras garantias na *praxis* bancária, como o penhor de conta[104] ou o penhor de participações sociais[105], entre outros.

Contudo, quando falamos no possível efeito irradiador de soluções do artigo 198º CSC, estamos a pensar nos casos de prestação de garantia pessoal, os mais próximos, sobretudo a fiança, das situações de "responsabilidade direta" regulada no artigo 198º CSC.

Não incluímos nestas considerações, em termos diretos, os casos das, digamos, "fianças acessórias" ou "fianças dependentes"[106], ou seja, das fianças prestadas por pessoas que são fiadoras por virtude de uma certa ligação a um "fiador principal", *maxime* por virtude de casamento. Ainda que essas fianças, também comuns na prática bancária, devessem ter, tipicamente, o

[101] Refere-se, a propósito, António Menezes Cordeiro, *Tratado de Direito Civil*, X, cit., 219, a "exigências de garantias verdadeiramente demenciais"; noutro passo (p. 200), o autor refere-se às garantias como "um produto perigoso". Sobre a fiança como negócio de risco ou de perigo, cf. M. Januário da Costa Gomes, *Assunção fidejussória de dívida*, cit., 116 e ss.. Sobre o caso do aval cambiário, mormente quando em branco, cf., por último, carolina cunha, *Manual de Letras e Livranças*, 2ª edição, Almedina, Coimbra, 2022, 127 e ss..

[102] Cf., por todos, Carolina Cunha, *Manual de Letras e Livranças*², cit., 182 e ss. e 186 e ss..

[103] Cf. M. Januário da Costa Gomes, *O (in)sustentável peso do aval em livrança em branco prestado por sócio de sociedade para garantia de crédito bancário revolving*, in "Temas de Direito Bancário", II, Cadernos O Direito, nº 9, 2014, Almedina, Coimbra, 13-39.

[104] Cf., v. g., M. Januário da Costa Gomes, *Assunção fidejussória de dívida*, cit., 48 e ss..

[105] Cf., v. g., L. M. Pestana de Vasconcelos, *Direito das Garantias*³, cit., 348 e ss..

[106] Cf. M. Januário da Costa Gomes, *A fiança no quadro das garantias pessoais. Aspectos de regime*, cit., 42; Id., *O mandamento da determinabilidade na fiança omnibus e o AUJ nº 4/2001*, 115.

destino da caducidade quando se extinga a "fiança principal", as mesmas não deixam de suscitar dificuldades específicas, até porque, amiúde, as cláusulas contratuais predispostas pelos bancos não assumem a relação entre o carácter principal de uma fiança e o carácter dependente da outra.

II. O primeiro efeito irradiador que resulta do número 1 do artigo 198º CSC é o da necessidade de as fianças prestadas por sócios deverem ter um limite, que o preceito do CSC designa por "determinado montante".

Importa, porém, frisar que a exigência de determinação / determinabilidade – assumida também na jurisprudência, sobretudo após o AUJ 4/2001[107] – não precisa, para se afirmar, do efeito irradiador do número 1 do artigo 198º CSC, tanto mais que aquela exigência independe de o fiador ter a qualidade de sócio.

Não obstante, podemos dizer que o efeito irradiador que promana do número 1 do artigo 198º CSC não será um efeito de inovação, mas de consolidação. Esse efeito não obsta, porém, à eventual identificação de situações especiais em função da qualidade do fiador quando esse controla o nível ou a dimensão de vinculação da sociedade[108].

Outro efeito irradiador que promana do número 1 do artigo 198º CSC é o que respeita ao *perímetro temporal* de responsabilidade do sócio fiador.

Certo é que, em sede de fiança prestada por sócio, não se colocam obstáculos a que o mesmo se vincule por obrigações constituídas antes da sua entrada para a sociedade, diversamente do que acontece, na interpretação de Raúl Ventura – que, de resto, não acompanhamos – em sede de aplicação do artigo 198º CSC[109]. O efeito irradiador que resulta do artigo 198º vai no sentido de a solução natural e lógica a aplicar em situações de dúvida – e sem prejuízo da aplicação do princípio *in dubio pro fideiussore*, que sustentámos noutro lugar[110] – ser a de as obrigações garantidas se circunscreverem às que se constituam após o ingresso do fiador na qualidade de sócio.

Também se não suscitarão dúvidas de que, em sede de contrato de fiança, é possível ao sócio fiador assumir fidejussoriamente dívidas da sociedade

[107] Cf. M. Januário da Costa Gomes, *O mandamento da determinabilidade na fiança omnibus e o AUJ nº 4/2001*, cit., *passim*.

[108] Cf. M. Januário da Costa Gomes, *O mandamento da determinabilidade na fiança omnibus e o AUJ nº 4/2001*, cit., 133 e ss.; Id., *A fiança no quadro das garantias pessoais. Aspectos de regime*, cit., 40 e ss..

[109] Cf. *supra*, ponto 4.4.

[110] Cf. M. Januário da Costa Gomes, *Assunção fidejussória de dívida*, cit., 744 e ss..

constituídas após a sua saída da sociedade, sendo que a correspondente vinculação do sócio quando nos termos do artigo 198º CSC será nula.

Ora, o efeito irradiador, não podendo ir ao ponto de obstar a uma vinculação negocial fidejussória para além das fronteiras temporais da qualidade de sócio, traduzir-se-á na interpretação que, em caso de dúvida, acentue a relação entre a qualidade de sócio e a responsabilidade fidejussória. Uma tal interpretação não poderá, é certo – conforme já se acentuou noutro lugar[111] – dispensar a necessidade de conhecimento por parte do credor da cessação da qualidade de sócio, mas constitui um importante elemento interpretativo a considerar, mormente nos casos em que, não tendo o sócio comunicado ao credor essa cessação, a mesma seja conhecida na praça.

Já no que tange à questão da transmissão das responsabilidades fidejussórias em caso de morte do sócio fiador ou no caso de cessão de quota, dificilmente se conseguirá extrair algum efeito irradiador da solução do artigo 198º CSC, sem prejuízo das dúvidas que o dispositivo suscita[112], já que, tratando-se de contrato de fiança, como é o caso, as soluções em matéria de transmissão não podem deixar de passar pelos regimes civilistas da cessão da posição contratual[113] e da transmissão de créditos e dívidas[114].

Finalmente, também não parece possível retirar algum efeito irradiador do número 3 do artigo 198º CSC, a aplicar às situações de fiança do sócio, já que a fiança contém, neste particular, um regime completo em sede de regresso, *lato sensu*[115], esse sim, potencialmente irradiador para a interpretação do citado inciso, conforme se viu[116].

IV. E tem o regime do artigo 198º CSC algum efeito irradiador nos casos de avales cambiários prestados por sócios da sociedade[117]?

[111] Cf. M. Januário da Costa Gomes, *O mandamento da determinabilidade na fiança omnibus e o AUJ nº 4/2001*, cit., 121 e ss.; Id., *A fiança no quadro das garantias pessoais. Aspectos de regime*, cit., 39 e ss..

[112] Cf. *supra*, ponto 4.4./III.

[113] Cf., por todos, Antunes Varela, *Das Obrigações em geral*, II, 7ª edição, Almedina, Coimbra, 383 e ss..

[114] Cf., por todos, Antunes Varela, *Das Obrigações em geral*, II^7, cit., 285 e ss..

[115] Cf. M. Januário da Costa Gomes, *Assunção fidejussória de dívida*, cit., 874 e ss., 884 e ss., 894 e ss., 903 e ss. e 912 e ss..

[116] Cf. *supra*, ponto 4.6.

[117] Cf., por todos, Carolina Cunha, *Manual de Letras e Livranças*^{2}, cit., 238 e ss..

Julgamos que, neste particular, importará distinguir situações. Se o aval estiver aposto em título completo, não há efeito irradiador possível, a partir do momento em que o título entre em circulação e tenhamos saído do âmbito das relações imediatas.

Se, ao invés, estivermos perante aval aposto em livrança em branco, não vemos razões para não aplicar, com as necessárias adaptações, as sumárias considerações feitas a propósito das fianças de sócios, assumido que seja que as duas soluções – fiança ou aval cambiário – se apresentam, *a priori*, como soluções fungíveis[118].

[118] Cf. M. Januário da Costa Gomes, *O (in)sustentável peso do aval em livrança em branco prestado por sócio de sociedade para garantia de crédito bancário revolving*, cit., *passim*.

Voto plural nas sociedades por quotas e anónimas: reflexões de política legislativa

*José Ferreira Gomes**

I. Introdução

I. O mercado de capitais português apresenta há muito uma tendência depressiva, refletida na redução acentuada do volume de transações, da liquidez do mercado secundário e das capitalizações bolsistas da generalidade das sociedades cotadas[1]. Paralelamente, assiste-se a uma redução igualmente acentuada no número de sociedades cotadas: o *delisting* de muitas sociedades não é acompanhado de novos IPO.

É uma situação que a todos preocupa dada a relevância central do mercado de capitais para o financiamento das empresas nacionais e, logo, para o desenvolvimento da economia e para a geração de emprego.

Neste contexto, é consensual a necessidade de simplificação do quadro normativo: exige-se uma melhor sistematização, a redução substancial do *goldplating* e a flexibilização de soluções cuja injuntividade hoje não encontre uma justificação clara, numa ponderação custo-benefício[2]. São preo-

* Professor da Faculdade de Direito da Universidade de Lisboa.

1 AEM – Associação de Empresas Emitentes de Valores Cotados em Mercado, Iniciativa AEM para o mercado de capitais: 24 recomendações para a dinamização do mercado português, 2013, 7.

2 Sobre os custos associados aos deveres de informação no mercado, veja-se o nosso "O papel da informação no direito dos valores mobiliários", in José Ferreira Gomes e Diogo Costa Gonçalves (coord.), *Manual de sociedades abertas e de sociedades cotadas*, 2018, 54-74.

cupações refletidas na recente reforma do Código dos Valores Mobiliários ("CVM") pela Lei nº 99ºA/2021, de 31-dez.

II. Entre as medidas de flexibilização mais reclamadas pelos agentes económicos está a *revogação da proibição do voto plural* que resulta dos arts. 250º e 384º do Código das Sociedades Comerciais ("CSC").

Esta medida não foi inicialmente considerada pela CMVM no anteprojeto de reforma do CVM que, na verdade, envolve ainda a alteração de cinco outros diplomas: o CSC, o Código do Registo Comercial, o Regime Geral das Instituições de Crédito e Sociedades Financeiras, o Código da Insolvência e da Recuperação de Empresas e o Regime Geral dos Organismos de Investimento Coletivo.

Este anteprojeto, enviado ao Governo no final de 2019, foi objeto de uma consulta informal a várias entidades em setembro de 2020, por ocasião da apresentação pública do relatório da OCDE sobre a revitalização do mercado de capitais português (*Mobilising Portuguese Capital Markets for Investment and Growth*)[3].

No âmbito desta consulta, a AEM – Associação de Empresas Emitentes de Valores Cotados em Mercado, tendo presente a recomendação da OCDE de revisão do CSC, no sentido da flexibilização das estruturas de voto[4], renovou uma proposta apresentada em 2016[5]: *a introdução da possibilidade de voto plural nas sociedades cotadas.*

III. Nessa altura, a CMVM solicitou-nos que, num curto espaço de tempo, analisássemos a proposta apresentada e, caso entendêssemos que a mesma devia ser acolhida, sugeríssemos as alterações que entendêssemos convenientes. Preparámos então um breve estudo de enquadramento da matéria e apresentámos uma sugestão de alteração do CSC e do CVM, com vista à revogação da proibição de voto plural tanto nas sociedades por quotas como nas sociedades anónimas.

A nossa sugestão não foi acolhida. A CMVM promoveu a revogação do voto plural apenas nas sociedades cotadas, através do recente aditamento do art. 21ºD ao CVM[6].

[3] Disponível em www.oecd.org.

[4] Cfr. pp. 15-16, 25, 43.

[5] Disponível em www.emitentes.pt.

[6] Pela Lei nº 99-A/2021, de 31-dez.

IV. Voltamos agora ao tema[7]. Sendo o direito de voto uma verdadeira "travemestra"[8] da participação social e, esta, objeto de uma das mais significativas obras do Professor PEDRO PAIS DE VASCONCELOS[9], de quem tivemos o gosto de ser assistente, justifica-se a escolha deste tema para a justa homenagem que por este meio lhe rendemos.

II. O art. 384º CSC e a regra *"one share, one vote"* nas SA: Enquadramento histórico-dogmático

I. O art. 384º/1 CSC dá corpo à regra *"one share, one vote"* no sistema jurídico português, regra esta que é tributária do **princípio da proporcionalidade** entre a exposição dos acionistas ao risco empresarial e o seu controlo sobre a sociedade.

Este princípio assenta na ideia de que as pessoas mais indicadas para conformar as decisões essenciais da sociedade são aquelas que suportam, de forma mais intensa, as consequências económicas dessas mesmas decisões[10].

[7] Excluímos expressamente o tema das "ações de lealdade" que, pelas inúmeras dúvidas que suscita, deve ser tratado autonomamente.

[8] Expressão de JOÃO LABAREDA, *Das acções das sociedades anónimas* (1988), 159-161. Traduz, no fundo, a possibilidade normativamente reconhecida a cada sócio de participar no exercício em comum da atividade societária que caracteriza o tipo "sociedade comercial", num complexo esquema de articulação interorgânica. Cfr., PEDRO PAIS DE VASCONCELOS, *A participação social nas sociedades comerciais*, 2ª ed., 2006, 29, bem como, *v.g.*, VASCO DA GAMA LOBO XAVIER, *Sociedades Comerciais*, Lições aos alunos de direito comercial do 4º ano jurídico (policopiadas) (1987), 13, JOÃO LABAREDA, "Posição do sócio alienante na deliberação sobre o pedido de consentimento para a cessão de quotas", in *Estudos em Homenagem ao Prof. Doutor Raul Ventura* (2003), 2, 467-494 (472), FILIPE CASSIANO DOS SANTOS, *Estrutura associativa e participação societária capitalística* (2006), 122, PEDRO MAIA, *Voto e corporate governance*, dissertação de doutoramento ainda não publicada (2009), 7, 21, 51, 98-105. Contra, sustentando que não se reconhece um "exercício em comum" pelos sócios nalgumas sociedades comerciais, cfr., *v.g.*, LUÍS CARVALHO FERNANDES, *Teoria geral do direito civil*, 1, 5ª ed. (2009), 487.
Tratámos este tema em José Ferreira Gomes e Nádia Reis, "O Decreto-Lei nº 20/2016 e a desblindagem dos estatutos das instituições de crédito: um diploma à prova de bala?", *RDS*, 9:2 (2017), 323-356 (337 ss.), para onde remetemos.

[9] A participação social nas sociedades comerciais, 1ª ed. de 2005 e 2ª ed. de 2006.

[10] FRANCK EASTERBROOK e DANIEL FISCHEL, *The economic structure of corporate law* (1991), 67-70. Veja-se tb. José Ferreira Gomes e Nádia Reis, "O Decreto-Lei nº 20/2016 e a desblindagem dos estatutos das instituições de crédito", cit., 328-332.

Neste sentido, os desvios ao referido princípio são suscetíveis de agravar os problemas de agência (*agency problems*)[11] no contexto da sociedade e de distorcer os incentivos de voto dos acionistas[12].

II. Historicamente, o voto plural nas sociedades anónimas já foi expressamente admitido entre nós, mas em articulação com um teto de voto imperativo que impedia – ou pelo menos visava impedir – o controlo unipessoal deste tipo de sociedades.

O voto plural foi introduzido[13] pelo **Decreto nº 1:645, de 15-jun.-1915**, que veio admitir as ações privilegiadas[14]. Nos termos do seu art. 1º:

> «*As sociedades anónimas podem, por deliberação das assembleas gerais extraordinárias, não havendo nos seus estatutos disposição proibitiva expressa, criar acções privilegiadas, conferindo aos seus possuidores preferência quer sôbre os lucros até determinada percentagem, quer sobre o capital, quer sobre ambas as cousas.*
>
> *§ 1º Nos estatutos poderá também estabelecer-se, em favor dos accionistas possuidores de acções privilegiadas, desigual representação de votos nas assembleias gerais.*
>
> *§ 2º Havendo numa sociedade anónima acções privilegiadas, cujos direitos sejam modificadas por uma assemblea geral, a decisão dessa assemblea será definitiva se fôr confirmada por outra assemblea privativa dos accionistas possuidores daquelas acções*»[15].

[11] José Ferreira Gomes, *Da administração à fiscalização das sociedades*, 2015, 33 ss.

[12] Frank H. Easterbrook e Daniel R. Fischel, "Voting in Corporate Law", *Journal of Law and Economics*, 26 (1983), 395-427 (409). Para um enquadramento desta perspetiva, veja-se, *v.g.*, Wolf-Georg Ringe, "Deviations from ownership-control proportionality: Economic protectionism revisited", in Ulf Bernitz e Wolf-Georg Ringe (coord.), *Company law and economic protectionism – New challenges to European integration*, 2010, 209-240 (216-217), e, entre nós, Carlos Osório de Castro, "Acções preferenciais sem voto", in AA.VV., *Problemas do direito das sociedades*, 2002, 281-320 (282-283).

[13] Ou, pelo menos, expressamente admitido.

[14] Um par de anos antes, escrevia Visconde de Carnaxide, *Sociedades anonymas*, 1913, 98, que não lhe repugnava – antes parecia justo – que as "acções de prioridade" (privilegiadas) incluíssem o privilégio «a certa superioridade do *numero de votos*».
Para uma análise deste regime, bem como dos termos em que o mesmo foi introduzido, veja-se José Gabriel Pinto Coelho, *Estudo sobre as acções de sociedades anónimas*, 1957, 120-123. Segundo o autor, já antes havia quem defendesse a admissibilidade das ações privilegiadas ao abrigo da liberdade de estipulação. Aliás, é o próprio preâmbulo deste diploma que declara visar sancionar uma prática existente e pôr termos às dúvidas que se suscitavam.

[15] O artigo 3º conferia preferência aos acionistas na subscrição das ações privilegiadas que fossem emitidas.

III. O teto de voto resultava inicialmente do **art. 183º, § 3 CCom**, na redação que se manteve até 1972[16], destinado a assegurar um mínimo de pluripessoalidade nas deliberações sociais[17]:

«Nenhum acionista, qualquer que seja o numero das suas acções, poderá representar mais da decima parte dos votos conferidos por todas as acções emitidas, nem mais de uma quinta parte dos votos que se apurarem na assemblea geral»[18].

Assim, apesar de um acionista poder ser titular de ações privilegiadas com votos múltiplos, não podia exercer mais do que 10% de todos os votos nem mais de 20% dos votos expressos em assembleia.

IV. Em 1972[19], o legislador eliminou a imperatividade destes *tetos de voto gerais*, alterando o referido art. 183º, § 3 CCom. Contudo, teve o cuidado de impor um *teto de voto específico* para as ações privilegiadas, através da alteração do § 4, para impedir que um acionista titular de uma minoria do capital pudesse dominar a sociedade[20]. No § 4 passou então a ler-se:

[16] Até ao Decreto-Lei nº 154/72, de 10-mai. Cfr. Pedro Maia, *Voto e corporate governance*, 2019, 228-229.

[17] Pedro Maia, *Voto e corporate governance*, cit., 277 ss.
Vasco Lobo Xavier explicava que a existência de grupos de controlo mais ou menos estáveis *«compromete de modo decisivo a eficácia prática da intervenção na assembleia do sócio da minoria, ou antes, do sócio estranho ao "grupo de controlo". Mais: isso desvirtua a própria função do colégio – ordenado por natureza à constituição de maiorias mutáveis, de maiorias que se fazem e desfazem ao sabor da livre convicção dos participantes, obtida para cada assunto através do esclarecimento mútuo que a discussão permite»*.
Cfr. *Anulação de deliberação social e deliberações conexas*, 1976, 10. Neste mesmo sentido, veja-se, mais recentemente, a interessante exposição de Pedro Maia, Voto e *corporate governance*, cit., 234-235.

[18] Foi solução que acompanhou na essência o Projeto de Veiga Beirão, cujo artigo 193º, § 3 dispunha:
«se a cada acção corresponder um voto, nenhum acionista, qualquer que seja o número das suas acções, poderá representar mais da quinta parte dos votos conferidos por todas as acções emitidas, nem mais de duas quintas partes de votos que se apurarem na assemblea geral».
Cfr. Pedro Maia, *Voto e corporate governance*, cit., 242 ss.

[19] Através do já referido Decreto-Lei nº 154/72, de 10-mai. Cfr. Pedro Maia, *Voto e corporate governance*, cit., 279 ss.

[20] Pinto Coelho, "*Estudo sobre as acções*", cit., 156-157. Esta solução acabaria refletida também no artigo 250º/2 CSC para as sociedades por quotas, que alcança idêntico resultado prático. Pedro Maia, *Voto e corporate governance*, cit., 229.

«Não obstante cláusula contratual diversa, estipulada ao abrigo do parágrafo anterior, e com reserva da excepção constante da parte final do mesmo parágrafo, os privilégios de voto não podem ser exercidos na medida em que, por força deles, um accionista represente na assembleia mais da décima parte dos votos conferidos por todas as acções emitidas».

V. Explica Vasco Lobo Xavier[21] que terá o legislador entendido que, *«tratando-se de um poder de voto que deriva de um privilégio e que, por isso, não é proporcional às acções possuídas, havia o perigo de a referida influência ser utilizada ao serviço de interesses pessoais, em detrimento do interesse comum dos associados»*.

Ainda segundo o mestre coimbrão, a imperatividade de uma tal solução encontraria fundamento na tutela dos acionistas futuros (e nas finalidades do sistema de transmissão de ações): numa sociedade anónima, sendo (por regra) as ações livre e facilmente transmissíveis, é potencialmente grande o círculo de pessoas que se podem ver afetadas; haveria por isso *«necessidade de tutelar a confiança desse público, potencialmente tão vasto, para cujo ingresso estão abertas as sociedades do tipo em questão»*[22].

Lobo Xavier entendia que não se podia contar com a diligência dos adquirentes das ações na obtenção de informação sobre o conteúdo dos estatutos e das deliberações sociais[23]. Estamos perante uma perspetiva paternalista que hoje não procede ou, pelo menos, não colhe o mesmo apoio.

Menos discutível é a afirmação do autor – ainda a este propósito – de que o regime das sociedades anónimas é tendencialmente injuntivo[24], proposição que noutros sistemas jurídicos resulta expressamente da letra da lei [cfr., *e.g.*: § 23(5) AktG].

VI. O **receio de abusos** sublinhado não só por Lobo Xavier, mas também, *v.g.*, por Pinto Coelho[25], era justificado perante os casos his-

[21] Anulação de deliberação social, cit., 155 (n. 58).

[22] Anulação de deliberação social, cit., 161-162.

[23] Anulação de deliberação social, cit., 162-163.

[24] Anulação de deliberação social, cit., 164-165:

«Quando do texto nada se infere, tal coisa não significa que deva entrar em cena o princípio da autonomia negocial (CCiv, art. 405º), e que, de harmonia com este, os sócios sejam livres de regular a seu talante o ponto em questão. Parece até dever antes valer, em regra, a solução oposta. Teremos, assim, a seguinte directiva – aliás muito genérica, e que só com particulares cautelas pode ser utilizada: no silêncio do legislador, as normas que regulam as sociedades anónimas têm carácter cogente.»

[25] "Estudo sobre as acções", cit., 144-145.

toricamente documentados em diferentes sistemas jurídicos. Este último explicava[26]:

«Se é razoável que, por motivos e com fins de ordem vária, se beneficiem os possuidores de certas acções, em relação aos possuidores de outras, o que não pode certamente fazer-se é, sob a forma de direitos de favor atribuídos a umas, deixar pràticamente outras desprovidas dos direitos básicos que da acção hão-de derivar, ou tornar tais direitos puramente ilusórios ou aparentes»[27].

Mas logo acrescentava – em termos a reter na discussão que ora nos ocupa – que o facto de o voto plural poder originar fraudes e abusos não é razão para o proibir, *«não sendo admissível que se recuse um direito pela simples razão de que o seu titular pode abusar dele»*[28].

Devia por isso ser valorizado o papel do voto plural na defesa *(i)* da empresa que necessita de capitais novos *«contra as intromissões excessivas dos elementos da última hora na direcção e orienação da sociedade»*, bem como *(ii)* dos acionistas que a promoveram contra *«as ambições dos potentados financeiros que procuram assenhorear-se das empresas mediante a adquisição calculada de massiços pacotes de acções ordinárias»*. O voto plural poderia ainda servir para captar investidores que de outra forma não investiriam[29].

O risco de abusos não justificava a proibição do voto plural, mas aconselhava a sua regulação, desde logo através da limitação do número de votos admissíveis por ação[30].

VII. Compreendida a *ratio* destas soluções legais, há que preencher o fosso entre a *law in the books* e a *law in action*.

Como resulta do próprio preambulo do diploma que, em 1972, alterou o art. 183º CCom[31], o teto de voto geral imposto até então pelo § 3º era inoperante para proteger as minorias. Na prática, era constantemente frustrado através de vários expedientes destinados a iludir a proibição da contagem

26 "Estudo sobre as acções", cit., 145.

27 No fundo, o autor alertava para o facto de a previsão estatutária de ações com voto plural não poder colidir com a proibição de cláusulas leoninas, aplicável com as necessárias adaptações a direitos de conteúdo não económico. *"Estudo sobre as acções"*, cit., 146.

28 "Estudo sobre as acções", cit., 147, 153.

29 "Estudo sobre as acções", cit., 151-152.

30 "Estudo sobre as acções", cit., 158-159.

31 Novamente: o Decreto-Lei nº 154/72, de 10-mai.

de votos acima dos limites legais. O esquema mais comum passava pela repartição das ações de um acionista por vários "acionistas pintados"[32].

A razão era simples: os investidores não estavam dispostos a investir numa sociedade anónima sem assegurar um número de votos proporcional ao seu investimento[33].

VIII. Apesar de o reconhecer, o legislador de 1972 insistiu na imposição de um teto de voto, ainda que agora especificamente dirigido às ações privilegiadas.

A rigidez da lei não impediu o tráfico comercial de encontrar outras soluções para os anseios dos investidores: num sentido, desenvolveram-se outros *control enhancing mechanisms* (com destaque para os acordos parassociais e as participações em cascata) para promover um controlo desproporcional face ao risco económico assumido; no sentido oposto, encontramos tetos de voto estatutários, destinados a impedir o controlo da sociedade por um só acionista[34].

III. O art. 384º CSC: Os trabalhos preparatórios

I. O art. 384º CSC veio alterar o cenário anterior, em conformidade com o **anteprojeto de Vaz Serra**[35]. Neste, o tema das ações de voto plural é tratado em duas partes distintas: primeiro no art. 38º, com epígrafe "Princípio da proporcionalidade"[36]; depois no art. 52º[37], com epígrafe "Acções de voto plural".

«Artigo 38º
(Princípio da proporcionalidade)

1. *O direito de voto inerente às acções de capital ou de fruição é, salvo disposição legal em contrário, proporcional à parte do capital por elas representado, dando cada acção direito a um voto pelo menos; é nula qualquer cláusula em contrário.*

[32] Expressão de A. Ferrer Correia e Vasco Lobo Xavier, "As limitações ao poder de voto dos accionistas e as acções do Estado e do I.P.E", *RLJ*, 119 (1986), nº 3745, 98-101, nº 3746, 132-134, nº 3747, 164-166 (100). Cfr. Pedro Maia, *Voto e corporate governance*, cit., 281.

[33] Pedro Maia, *Voto e corporate governance*, cit., 288-290.

[34] Pedro Maia, Voto e corporate governance, cit., 291.

[35] "Assembleia geral", *BMJ*, 197 (1970), 23-176.

[36] "Assembleia geral", cit., 74-75.

[37] "Assembleia geral", cit., 105.

2. *Os estatutos podem determinar que, pertencendo a um acionista várias acções, não pode ter ele senão um certo número de votos; podem igualmente os estatutos determinar que sejam consideradas como acções pertencentes ao acionista também as pertencentes a outrem por conta dele, bem como, se o acionista for uma empresa, que sejam consideradas como acções a ela pertencentes também as pertencentes a uma empresa dela dependente ou que a domine ou a ela ligada em consórcio, ou a um terceiro por conta dessas empresas.*
3. *As limitações previstas no número anterior não podem ser estabelecidas senão para todas as acções sem distinção de categoria; e não valem para o cálculo de uma maioria de capital exigida pela lei ou pelos estatutos.»*

«Artigo 52.º
(Acções de voto plural)

Não são admissíveis acções de voto plural, salvo se a emissão delas for autorizada pelos Ministérios das Finanças e da Economia e for exigida para defesa de interesses superiores gerais da economia.»

II. Vaz Serra explicou a sua posição em termos que, pelo seu relevo histórico, devem ser retidos:

«As acções de voto plural podem ter a vantagem de facilitar à sociedade a obtenção de capitais e a concentração de empresas e a de obstar a que a sociedade seja dominada por certos accionistas; mas têm também o inconveniente de poderem ser um instrumento de abusos.

A favor delas, pode invocar-se o permitirem assegurar a estabilidade da administração, defender a sociedade da concorrência de empresas mais poderosas e de garantir aos antigos accionistas, a quem a solidez da empresa é devida, uma proteção contra accionistas posteriores; contra elas, pode, porém, aduzir-se que asseguram o domínio da sociedade por quem nela não investiu o capital correspondente aos votos de que dispõe, etc.

O voto plural pode servir para defender a empresa, que careça de novos capitais, contra a ingerência excessiva de novos accionistas; por outro lado, quem contribui com novos capitais para uma empresa com dificuldades financeiras é natural que exija para si o domínio da administração (o simples privilégio de uma maior participação nos lucros não será suficiente, pois a empresa, por má gestão, pode não os produzir). Pode, todavia, como se disse já, dar lugar a abusos.

A constituição da sociedade é muitas vezes o resultado do esforço de poucas pessoas que, não tendo os meios necessários para essa constituição, recorrem aos aforradores particulares; entre aquelas e estes, pode existir uma divergência de propósitos, pois estes procuram receber dividendos elevados, o que pode contrariar o interesse da sociedade, ao passo que o grupo que tomou a iniciativa da constituição da sociedade tenta assegurar a solidez e o futuro desta, reduzindo o lucro distribuível, e conservar a direcção da empresa; por outro lado, o accionista que tem uma competência especial não quer que a sua vontade seja submetida à da maioria, e o accionista que investe na empresa os seus capitais, para fazer um razoável emprego deles, mas sem pretender lucros especulativos, quer que a sociedade seja administrada por aqueles em quem confiou; resultaram daqui as acções de voto plural, as quais, por se prestarem a ser instrumento de domínio, foram proibidas pelo Código italiano, que, para ocorrer à diversidade de intuitos das várias categorias de sócios, entendeu poderem eles ser satisfeitos mediante a acção de voto limitado (artigo 2351º).

Parece que as acções de voto plural não devem ser admitidas, pois levam a uma separação entre participação no capital e domínio da sociedade, a um afastamento do princípio de que a influência na administração deve depender do âmbito da participação no capital e do risco assim assumido, e a um enfraquecimento do controle da assembleia geral sobre a administração, além de poderem facilitar abusos, como, por exemplo, a falta de publicidade no balanço e nos relatórios sociais, aquisição excessiva de acções próprias, composição dos conselhos de vigilância da sociedade com demasiadas pessoas (por motivos de prestigio), que reúnem em si excessivos lugares, tomando pràticamente ineficaz o controle da administração.

Mas, à semelhança da Lei alemã (§ 12, alínea 2), poderia a emissão de acções de voto plural ser autorizada pelos Ministérios das Finanças e da Economia, quando exigida para a preservação de interesses gerais superiores da economia.

Poderiam admitir-se também acções privilegiadas de voto limitado, mediante as quais pode a sociedade obter a participação de capitais privados, sem correr o risco de os novos accionistas dominarem a gestão social, ou acções privilegiadas sem voto, que têm o mesmo fim»[38].

III. Vaz Serra não atendeu assim à reflexão de Pinto Coelho, já exposta, segundo a qual o risco de abuso não justifica a proibição de voto plural, mas tão só a sua regulação, nomeadamente através da limitação do número de votos admissíveis por ação[39].

[38] "Assembleia geral", cit., 102-104.
[39] "Estudo sobre as acções", cit., 158-159.

IV. Em conformidade com a proposta de Vaz Serra assim justificada, o **Projeto de Código das Sociedades Comerciais** (1983) de Raul Ventura incluía no seu art. 384.º[40] a solução que veio depois a constar do mesmo preceito do CSC.

IV. O art. 384º CSC: Injuntividade do princípio da proporcionalidade (também nas sociedades cotadas)

I. Em conformidade com os referidos trabalhos preparatórios, o Código das Sociedades Comerciais alterou a solução anteriormente vigente. O art. 384º/1 CSC passou a impor que *«[n]a falta de diferente cláusula contratual, a cada acção corresponde um voto»*[41].

Os desvios admissíveis são elencados no nº 2:

(i) a limitação do voto a um certo número de ações[42]; e
(ii) o estabelecimento de "tetos de voto"[43].

O primeiro visa assegurar a funcionalidade da assembleia geral, simplificando o processo deliberativo, deixando de fora os acionistas que pela diminuta expressão da sua participação, tipicamente não têm interesse em participar no processo deliberativo.

O segundo destina-se a limitar o poder de voto dos grandes acionistas, independentemente da percentagem de capital social por si detida, assegurando um maior peso relativo dos acionistas com participações minoritárias.

O voto plural é expressamente proibido pelo nº 5.

II. É uma regra que foi então enquadrada no paradigma legal da sociedade anónima, enquanto instrumento jurídico vocacionado para o financiamento de grandes projetos empresariais através da captação de aforro junto de uma massa maior ou menor de acionistas, potencialmente anónimos entre si e perante a sociedade.

[40] Cfr. 233-234.

[41] Sobre o regime transitório do artigo 531º CSC, veja-se, *v.g.*, Paulo Olavo Cunha, *Direito das sociedades*, 7ª ed., 2019, 387-388.

[42] Contanto que sejam abrangidas todas as ações emitidas pela sociedade e fique cabendo um voto, pelo menos, a cada 1000 euros de capital.

[43] Ou seja, a possibilidade de os estatutos estabelecerem que *«não sejam contados votos acima de certo número, quando emitidos por um só acionista, em nome próprio ou também como representante de outro»*. Cfr. José Ferreira Gomes e Nádia Reis, 5.

É verdade que muitas sociedades anónimas não correspondem a um tal paradigma, apresentando uma menor dimensão e um carácter fechado, frequentemente em torno de um núcleo familiar. Naturalmente, isto não pode deixar de ser tido em consideração na concretização do Direito no caso concreto pelo intérprete-aplicador.

Da mesma forma, algumas sociedades anónimas são mais abertas ao investimento do que outras, com reflexos nos regimes específicos que se sucederam, desde as sociedades com subscrição pública no Código Comercial Veiga Beirão (1888) às sociedades abertas ao investimento público no CVM (1999). Dentro destas destacam-se ainda as sociedade cotadas[44] com regras dispersas pelo CVM e algumas mais esporádicas no CSC[45].

Contudo, não encontramos fundamento para a restrição do art. 384º/5 CSC, por forma a admitir o voto plural nas sociedades cotadas[46]. Aquilo que justificou a consagração da proibição verifica-se com especial acuidade no seio destas e não encontramos qualquer desvio tipológico que justifique uma tal solução[47].

V. O art. 250º/1 e 2 CSC e a regra "*one share, one vote*" nas SQ

I. O princípio da proporcionalidade está igualmente refletido no regime das sociedades por quotas. Segundo o art. 250º/1 CSC, «[*c*]*onta-se um voto por cada cêntimo do valor nominal da quota*».

[44] Tecnicamente: sociedades com ações admitidas à negociação em mercado regulamentado.

[45] Veja-se, com extensas referências, José Ferreira Gomes e Diogo Costa Gonçalves, *Manual de sociedades abertas e de sociedades cotadas*, 2018, em especial, 23-37, 105-146.

[46] Contra: Madalena Perestrelo de Oliveira, "Direito de voto nas sociedades cotadas: da admissibilidade de categorias de ações com direito de voto plural às L-shares", RDS 7:2 (2015), 211-246, e, mais recentemente, em *Tutela do investidor perante o emitente no mercado de capitais*, dissertação de doutoramento FDUL, 2019, 492.

[47] Como bem sublinha Pedro Maia, *Voto e corporate governance*, cit., 864-865

«As legislações dos finais do século XIX, quando moldaram a anónima que vigorou durante mais de um século, já previam mecanismos de tutela dos accionistas investidores e do mercado – v.g., no regime das entradas, na impugnação das deliberações, no reforço do quorum para certas deliberações. Com certeza que, comparados com os da actualidade, esses mecanismos eram muito incipientes e muito ineficientes, mas não pode dizer-se que o regime que o movimento de corporate governance instila seja, neste aspecto, contrário àquele em que o regime da anónima se firmou, nos finais de oitocentos. Pode dizer-se que difere na intensidade e na veemência com que tutela aqueles interesses dos investidores, mas não pode dizer-se que, em si mesmo, corresponda a um novo paradigma na anónima».

É uma solução coerente com o direito precedente[48]. Na Lei das Sociedades por Quotas de 1901, dispunha o art. 39º, § 2º, que «[*a*] *cada quota corresponderá um voto por cada 250$00 de capital respectivo*»[49], em coerência com o § 47(2) GmbHG[50].

II. O art. 250º/2 CSC admite o voto plural, ao dispor que, «[*é*], *no entanto, permitido que o contrato de sociedade atribua, como direito especial, dois votos por cada cêntimo de valor nominal da quota ou quotas de sócios que, no total, não correspondam a mais de 20% do capital.*

Contudo, uma leitura mais atenta do preceito permite compreender que o mesmo não produz o efeito que aqui discutimos, *i.e.*, o controlo da sociedade com preterição do princípio da proporcionalidade entre o risco e o controlo. Permite apenas uma solução destinada a reforçar o poder de voto das minorias[51] que, sendo limitada a 20% do capital, não habilita ao controlo da sociedade.

III. Aproxima-se assim do sistema italiano e afasta-se do alemão.

Em **Itália**, os arts. 2468(2) e 2479(5) *Codice Civile* determinam a proporcionalidade entre o voto e a participação[52], sem possibilidade de derrogação estatutária.

Na **Alemanha**, diferentemente, a regra da proporcionalidade entre o direito de voto e a participação no capital social [§ 47(2) GmbHG] é mera-

[48] Lei de 11 de abril de 1901.

[49] Na versão original lia-se 5.000 reis. Sobre a opção do legislador do CSC, vejase, *v.g.*, A. Ferrer Correia, "A sociedade por quotas de responsabilidade limitada segundo o Código das Sociedades Comerciais", *ROA*, 47:3 (1987), 659-700 (667); Raúl Ventura, *Sociedades por quotas*, 2, 1999, 222-223.

[50] Sobre este, veja-se, *v.g.*, Holger Altmeppen, *GmbHG Kommentar*, 10ª ed., 2021, § 47, nº m. 36-45 e, em especial, 46-47.

[51] Nas palavras de Raúl Ventura, *Sociedades por quotas*, 2, cit., 227: «*tem como efeito primário aumentar o poder de voto de sócios minoritários, ou seja, evitar que, para um sócio deter certo número de votos tenha de ser titular de quotas no montante que se tornaria necessário por força do nº 1. (...) Provavelmente, a utilidade prática do preceito revelar-se-á para a formação de minorias de resistência, sobretudo quanto a deliberação para as quais seja exigida maioria qualificada*». Cfr. tb. J.M. Coutinho de Abreu, in *Código das Sociedades Comerciais em Comentário*, 4, 2ª ed., 2017, art. 250º, 64-65.

[52] O art. 2468(3) *Codice Civile* admite porém a atribuição de direitos especiais à administração da sociedade ou aos lucros. Francesco Ferrara Jr. e Francesco Corsi, *Gli imprenditori e le società*, 13ª ed., 2006, 906-907.

mente supletiva, podendo ser derrogada pelo contrato de sociedade, como dispõe o § 45 GmbHG desde 1892[53]. Este pode, em particular, imputar a um ou mais sócios votos múltiplos, voto de qualidade, direito de veto, etc.[54].

VI. A discussão do princípio da proporcionalidade a nível europeu

I. Vejamos agora a discussão do princípio da proporcionalidade ao nível do direito europeu desde o início deste século.

A regra *"one share – one vote"*[55] foi recomendada por alguns códigos de bom governo[56] e, sobretudo, pelo **Relatório Winter I (2002)**. Neste, pode ler-se:

> «*proportionality between ultimate economic risk and control means that share capital which has an unlimited right to participate in the profits of the company or in the residue on liquidation, and only such share capital, should normally carry control rights, in proportion to the risk carried. The holders of these rights to the residual profits and assets of the company are best equipped to decide on the affairs of the company as the ultimate effects of their decisions will be borne by them.* (...)
>
> *The holder of the majority of risk-bearing capital should be able to exercise control. Capital and control structures in a company which grant disproportionate control rights to some shareholder(s) should not operate to frustrate an otherwise successful bid for the risk-bearing capital of the company.* (...)»[57].

II. Não obstante esta recomendação, a Comissão Europeia assumiu uma postura cautelosa e – no seu **Plano de Ação "Modernizar o direito das**

[53] Altmeppen, *GmbHG Kommentar*[10], § 45, nº m. 1.

[54] Altmeppen, *GmbHG Kommentar*[10], § 47, nº m. 46; Thomas Liebscher, in *Münchener Kommentar GmbHG*, 3ª ed., 2019, § 45, nº m. 128.

[55] A *Securities and Exchange Commission* (SEC) tentou em tempos impor o cumprimento estrito desta regra nos EUA, mas sem sucesso. Referimo-nos à controversa *Rule* 19c-4, adotada em 1988 pela SEC, e rejeitada logo em 1990 pelo *District of Columbia Court of Appeals* no caso *Business Roundtable v. SEC*, 905 F.2d 406 (D.C. Cir. 1990):

> «*Securities and Exchange Commission exceeded its statutory authority in promulgating rule barring national security exchanges and associations from listing stock of corporations which nullify, restrict or disparately reduce per share voting rights of common shareholders (...)*».

[56] Veja-se, *e.g.*, a recomendação I.3.3. do Código de Governo das Sociedades da CMVM de 2007 [anotada por André Figueiredo, *Código do governo das sociedades anotado* (2012), recom. I.3.3., 79 e ss., em especial, 92], bem como a recomendações I.3 e I.4 do Código de Governo das Sociedades da CMVM de 2013.

[57] The High Level Group of Company Law Experts, *Report on issues related to takeover bids* (2002) ("Relatório Winter I"), 3, 21-23.

sociedades e reforçar o governo das sociedades na União Europeia: Uma estratégia para o futuro" (2003) – sustentou que a adoção de medidas destinadas a afirmar o princípio *one share – one vote* exigia um estudo prévio[58]. Esta perspetiva foi confirmada numa consulta a *stakeholders*[59].

A Comissão Europeia promoveu então o estudo que veio a ser refletido no **Relatório sobre o princípio da proporcionalidade na União Europeia (2007)**[60]. Este relatório conjuga uma análise empírica com uma análise detalhada da doutrina sobre o tema, bem como uma exposição comparatística do quadro normativo de dezasseis Estados-membros, Austrália, Japão e EUA. Conclui pela inexistência de uma ligação causal entre os desvios ao princípio da proporcionalidade e o desempenho económico das sociedades[61].

Perante isto, não são de todo claros os méritos da *imposição normativa* do princípio da proporcionalidade, em preterição da autonomia privada e com concomitante afastamento dos chamados *control enhancing mechanisms,* tão comuns na prática[62].

III. Ainda em 2007, o tema foi tratado pelo **European Corporate Governance Forum (ECGF)**[63] que, contrapondo as vantagens e desvantagens comummente associadas aos desvios ao princípio da proporcionalidade e secundando as conclusões do Relatório sobre este princípio, recomendou que as intervenções legislativas se limitassem à previsão de deveres de informação que assegurassem uma maior transparência societárias. Outras medidas deveriam ficar dependentes de análises mais detalhadas que as permitissem fundamentar.

As desvantagens enunciadas são:

«(i) board entrenchment (...),

[58] COM(2003) 284 final, 14.

[59] Directorate General for Internal Market and Services, Consultation and Hearing on Future Priorities for the Action Plan on Modernising Company Law and Enhancing Corporate Governance in the European Union–Summary Report (2006).

[60] Institutional Shareholder Services (ISS), Sherman & Sterling LLP (S&S) e European Corporate Governance Institute (ECGI), *Report on the proportionality principle in the European Union* (2007), em especial, 8-9.

[61] Wolf-Georg Ringe, "Deviations from ownership-control proportionality", cit., 211-212.

[62] André Figueiredo, *CGS Anotado,* cit., recom. I.3.3., 91.

[63] Cfr. Paper of the European Corporate Governance Forum Working Group on Proportionality (2007) e Statement of the European Corporate Governance Forum on Proportionality (2007), 2-3.

(ii) extraction of private benefits by the controlling shareholder (...),
(iii) incontestability of corporate control (...) and
(iv) ineffectiveness of corporate governance codes based on comply or explain (...)».

As vantagens apontadas são as seguintes:

«(i) monitoring by the controlling shareholder; there may be merit in this monitoring role but deviations nonetheless become problematic when the extraction of private benefits exceeds the benefits to other shareholders generated by such monitoring, specifically when control is entrenched by such deviations,

(ii) access to capital markets; deviations from the proportionality principle may provide an incentive to entrepreneurs to list their companies on a stock exchange in order to have access to additional capital while retaining control, but the trend appears to be to a reduced use of deviations at initial public offerings,

(iii) long term and stakeholder protection; the objectives put forward in this area are often sincere but there is doubt as to whether the means to further these objectives are always proper and justified and sometimes they may be in breach of free movement of capital and freedom of establishment and

(iv) freedom of contract and efficient competition; these arguments rightly place the onus on those who plead for regulatory intervention to justify it».

IV. Na sequência destas reflexões, que sublinham a importância da autonomia privada e da salutar concorrência interempresarial, a Comissão Europeia abandonou o seu projeto *one share one vote,* razão pela qual a **Diretriz dos direitos dos acionistas (2007)**[64] não trata este tema.

V. Aquelas reflexões foram também ponderadas pelo **OECD Steering Group on Corporate Governance** que, num relatório sobre o tema – *Lack of proportionality between ownership and control: Overview and issues for discussion* (2007) –, chegou a idênticas conclusões[65].

«– There is nothing a priori onerous about separating ownership and control. On the contrary, given the differences in expertise and resources of different

[64] Diretriz 2007/36/CE, de 11-jul.-2007, relativa ao exercício de certos direitos dos acionistas de sociedades cotadas.
[65] Cfr. 5-6.

economic agents doing so is often efficiency enhancing. However, those benefiting from a disproportionate degree of control may have incentives to seek private benefits at the cost of non-controlling shareholders. The latter can obtain full compensation through a value discount on the shares they purchase, but from a societal perspective this may represent market failure and a source of economic inefficiencies.

– The cost of regulating proportionality would be considerable. Simply ruling out voting right differentiation on companies' shares would neither be effective nor efficient. The number of alternative [Proportionality-Limiting Measures (PLMs)] that can be used to a similar effect is such that incumbent owners could simply seek other routes to the same result. To effectively achieve proportionality a broad-based regulation targeting multiple elements of the corporate governance landscape, plus most likely also tax codes and new financial instruments, would be needed. The direct cost of such sweeping measures would include the deterrence of companies controlled by owner-entrepreneurs from seeking stock market listing. Indirect costs include the effects of the multi-faceted regulation on economic activities not related to PLMs. The cost of softer regulation such as comply-or-explain, while lower, could also be excessive.

– Strengthening corporate governance frameworks is a better alternative. If the source of inefficiencies is the spectre of excessive private benefits then the first-best solution is to discourage the extraction of such benefits. This point is illustrated by the fact that PLMs apparently make less of a difference to investors in countries with strong legal and regulatory frameworks, including in terms of disclosure and enforceable rights of non-controlling shareholders. Measures to regulate related party transactions and to encourage minority shareholder participation in shareholder meetings could be considered in this context. The OECD Principles of Corporate Governance recommends corporate governance frameworks and practices that, if fully implemented, go a long way toward achieving this goal.

– Specific problems can be dealt with through carefully targeted regulation. Countries with weak corporate governance frameworks may be unable to discourage some forms of abuse and hence need to regulate certain forms of proportionality. Such regulation needs to be based on recognised principles of regulatory impact assessment, including cost-benefit analysis and a careful assessment of all available courses of regulatory action».

VI. A nível europeu, o legislador entendeu que as medidas então já adotadas ou em curso de adoção – incluindo a Diretriz das OPAs, a Diretriz das demonstrações financeiras, a Diretriz da transparência, e a Diretriz dos direitos dos acionistas – promoviam já um nível adequado de transparência, não sendo necessárias medidas adicionais[66].

Concentrou-se então em medidas como a promoção do exercício dos direitos de controlo dos acionistas minoritários e no controlo das transações com partes relacionadas, refletidas na alteração à Diretriz dos direitos dos acionistas em 2017.

VII. O *status quo* noutros mercados

I. No **Reino Unido**, dentro da grande liberdade contratual reconhecida pelo *Companies Act 2006*, as sociedades podem afastar as regras supletivas tributárias do princípio da proporcionalidade (*section* 284)[67]. Na prática, as ações com voto duplo prevaleceram até aos anos 1960, altura em que a pressão do mercado e iniciativas de investidores institucionais levaram ao seu progressivo afastamento. São hoje raras[68].

[66] Comissão Europeia, *Fostering an appropriate regime for shareholders' rights: Third consultation document* (abril de 2007), e *Synthesis of the comments on the third consultation document 'Fostering an appropriate regime for shareholders' rights* (setembro de 2007).

[67] Dispõe a *section* 284, com epígrafe "Votes: general rules":

«(1) On a vote on a written resolution–

(a) in the case of a company having a share capital, every member has one vote in respect of each share or each £10 of stock held by him, and

(b) in any other case, every member has one vote.

(2) On a vote on a resolution on a show of hands at a meeting, each member present in person has one vote.

(3) On a vote on a resolution on a poll taken at a meeting–

(a) in the case of a company having a share capital, every member has one vote in respect of each share or each £10 of stock held by him, and

(b) in any other case, every member has one vote.

(4) The provisions of this section have effect subject to any provision of the company's articles.

(5) Nothing in this section is to be read as restricting the effect of–

section 152 (exercise of rights by nominees),

section 285 (voting by proxy),

section 322 (exercise of voting rights on poll),

section 322A (voting on a poll: votes cast in advance), or

section 323 (representation of corporations at meetings).»

[68] De acordo com o já referido Relatório sobre o princípio da proporcionalidade na União Europeia (2007), n. 12, só 5% das sociedades britânicas tinham, à data, ações com votos múltiplos.

II. Na **Alemanha**, atentos os abusos associados à emissão de ações com 1.000 ou mesmo 10.000 votos, o *Aktiengesetz 1937* proibiu as ações com votos múltiplos nas sociedades anónimas, salvo se autorizadas pelo competente ministério. Esta exceção foi discutida aquando da introdução do *Aktiengesetz 1965*, mas mantida inalterada. Só em 1998 foi tal exceção abolida pelo KonTraG[69], que afastou também os tetos de voto nas sociedades cotadas. Consolidou-se assim de forma mais rígida o princípio da proporcionalidade (cfr. § 12 AktG), solução que se mantém até hoje.

Nas sociedades por quotas, como vimos já[70], o contrato de sociedade pode derrogar a regra da proporcionalidade entre o direito de voto e a participação no capital social [§ 47(2) GmbHG], como prevê o § 45 GmbHG desde 1892[71]. Este pode, em particular, imputar a um ou mais sócios votos múltiplos, voto de qualidade, direito de veto, etc.[72].

III. Em **França**, o voto múltiplo foi admitido nas sociedades anónimas até 1930. A partir de então só se admite o voto duplo[73]. Desde 1966, as ações com voto duplo assumem a forma de *ações de lealdade*: os estatutos só podem atribuir voto duplo às ações cujo valor nominal tenha sido integralmente realizado e que estejam na titularidade do mesmo acionista há pelo menos dois anos (*article* L225-123 *Code de commerce*)[74].

[69] *Gesetz zur Kontrolle und Transparenz im Unternehmensbereich*, de 27-abr.-1998.

[70] Cfr. ponto 5 *supra*.

[71] Altmeppen, *GmbHG Kommentar*[10], § 45, nº m. 1.

[72] Altmeppen, *GmbHG Kommentar*[10], § 47, nº m. 46; Liebscher, in *Münchener Kommentar GmbHG*[3], § 45, nº m. 128.

[73] Cfr. Eduardo de Melo Lucas Coelho, Direito de voto dos accionistas nas assembleias gerais das sociedades anónimas, 1987, 64-65; Paulo Olavo Cunha, Direitos especiais nas sociedades anónimas: as acções privilegiadas, 1993, 63-75 (65-68); Pedro Maia, Função e funcionamento do conselho de administração, 2002, 125; João Vieira dos Santos, "Ações de lealdade – a primazia dos interesses da estabilidade a longo prazo das sociedades anónimas", RDS, 6:2 (2014), 445-480 (449).

[74] Dispõe atualmente o article L225-123 *Code de commerce*, tal como alterado pela *Ordonnance* nº 2020-1142 *du 16 septembre 2020* – art. 3:

«Un droit de vote double de celui conféré aux autres actions, eu égard à la quotité de capital social qu'elles représentent, peut être attribué, par les statuts à toutes les actions entièrement libérées pour lesquelles il sera justifié d'une inscription nominative, depuis deux ans au moins, au nom du même actionnaire. En outre, en cas d'augmentation du capital par incorporation de réserves, bénéfices ou primes d'émission, le droit de vote double peut être conféré, dès leur émission, aux actions nominatives attribuées gratuitement à un actionnaire à raison d'actions anciennes pour lesquelles il bénéficie de ce droit.»

A partir de 1-jan.-2021, nas sociedades com ações admitidas à negociação em mercado regulamentado, a atribuição do voto duplo passou a ser automática ao fim de dois anos de titularidade das ações, salvo estipulação em contrário nos estatutos (*article* L. 22-10-46 *Code de commerce*)[75].

Nas sociedades por quotas, cada sócio tem um número de votos igual ao das partes sociais por si detidas, tendo-se por não escrita qualquer cláusula estatutária em contrário [*article* 223-28(1) e (5) *Code de commerce*].

IV. Em **Itália**, contrariamente ao que sucedia até 2014, o *articolo* 2351(iv) do *Codice Civile* admite hoje expressamente o voto plural nas sociedades anónimas, até um máximo de três votos por ação[76]. Soma-se o *articolo* 127-quinquies do TUF que veio admitir as ações de lealdade. Segundo este, os estatutos podem atribuir voto majorado, até um máximo de dois votos, às

[75] Dispõe o *article* L. 22-10-46 *Code de commerce*, tal como alterado pela *Ordonnance* nº 2020-1142 *du 16 septembre* 2020 – art. 6:

«*Dans les sociétés dont les actions sont admises aux négociations sur un marché réglementé, les droits de vote double prévus au premier alinéa de l'article L. 225-123 sont de droit, sauf clause contraire des statuts adoptée postérieurement à la promulgation de la loi no 2014-384 du 29 mars 2014 visant à reconquérir l'économie réelle, pour toutes les actions entièrement libérées pour lesquelles il est justifié d'une inscription nominative depuis deux ans au nom du même actionnaire. Il en est de même pour le droit de vote double conféré dès leur émission aux actions nominatives attribuées gratuitement en application du deuxième alinéa de l'article L. 225-123.*»

[76] A alteração foi introduzida pelo art. 20/8-bis do *decreto-legge 24 giugno 2014, n. 91*, depois convertido em lei com alterações, pela *legge 11 agosto 2014, n. 116*. A redação atual é a seguinte:

«*[I]. Ogni azione attribuisce il diritto di voto.*

[II]. Salvo quanto previsto dalle leggi speciali, lo statuto può prevedere la creazione di azioni senza diritto di voto, con diritto di voto limitato a particolari argomenti, con diritto di voto subordinato al verificarsi di particolari condizioni non meramente potestative. Il valore di tali azioni non può complessivamente superare la metà del capitale sociale.

[III]. Lo statuto può altresì prevedere che, in relazione alla quantità delle azioni possedute da uno stesso soggetto, il diritto di voto sia limitato a una misura massima o disporne scaglionamenti (2).

[IV]. Salvo quanto previsto dalle leggi speciali, lo statuto può prevedere la creazione di azioni con diritto di voto plurimo anche per particolari argomenti o subordinato al verificarsi di particolari condizioni non meramente potestative. Ciascuna azione a voto plurimo può avere fino a un massimo di tre voti (2).

[V]. Gli strumenti finanziari di cui agli articoli 2346, sesto comma, e 2349, secondo comma, possono essere dotati del diritto di voto su argomenti specificamente indicati e in particolare può essere ad essi riservata, secondo modalità stabilite dallo statuto, la nomina di un componente indipendente del consiglio di amministrazione o del consiglio di sorveglianza o di un sindaco. Alle persone così nominate si applicano le medesime norme previste per gli altri componenti dell'organo cui partecipano.»

ações que sejam detidas por um mesmo titular por um período contínuo de não menos de vinte e quatro meses[77].

[77] A redação é atualmente a seguinte:
«1. Gli statuti possono disporre che sia attribuito voto maggiorato, fino a un massimo di due voti, per ciascuna azione appartenuta al medesimo soggetto per un periodo continuativo non inferiore a ventiquattro mesi a decorrere dalla data di iscrizione nell'elenco previsto dal comma 2. In tal caso, gli statuti possono altresi' prevedere che colui al quale spetta il diritto di voto possa irrevocabilmente rinunciare, in tutto o in parte, al voto maggiorato.
2. Gli statuti stabiliscono le modalita' per l'attribuzione del voto maggiorato e per l'accertamento dei relativi presupposti, prevedendo in ogni caso un apposito elenco. La Consob stabilisce con proprio regolamento le disposizioni di attuazione del presente articolo al fine di assicurare la trasparenza degli assetti proprietari e l'osservanza delle disposizioni del titolo H, capo II, sezione IL Restano fermi gli obblighi di comunicazione previsti in capo ai titolari di partecipazioni rilevanti (2).
3. La cessione dell'azione a titolo oneroso o gratuito, ovvero la cessione diretta o indiretta di partecipazioni di controllo in societa' o enti che detengono azioni a voto maggiorato in misura superiore alla soglia prevista dall'articolo 120, comma 2, comporta la perdita della maggiorazione del voto. Se lo statuto non dispone diversamente, il diritto di voto maggiorato:
a) é conservato in caso di successione per causa di morte nonche' in caso di fusione e scissione del titolare delle azioni;
b) si estende alle azioni di nuova emissione in caso di aumento di capitale ai sensi dell'articolo 2442 del codice civile.
4. Il progetto di fusione o di scissione di una societa' il cui statuto prevede la maggiorazione del voto puo' prevedere che il diritto di voto maggiorato spetti anche alle azioni spettanti in cambio di quelle a cui e' attribuito voto maggiorato. Lo statuto puo' prevedere che la maggiorazione del voto si estenda proporzionalmente alle azioni emesse in esecuzione di un aumento di capitale mediante nuovi conferimenti.
5. Le azioni cui si applica il beneficio previsto dal comma 1 non costituiscono una categoria speciale di azioni ai sensi dell' articolo 2348 del codice civile.
6. La deliberazione di modifica dello statuto con cui viene prevista la maggiorazione del voto non attribuisce il diritto di recesso ai sensi dell' articolo 2437 del codice civile.
7. Qualora la deliberazione di modifica dello statuto di cui al comma 6 sia adottata nel corso del procedimento di quotazione in un mercato regolamentato delle azioni di una societa' non risultante da una fusione che coinvolga una societa' con azioni quotate, la relativa clausola puo' prevedere che ai fini del possesso continuativo previsto dal comma 1 sia computato anche il possesso anteriore alla data di iscrizione nell'elenco previsto dal comma 2.
8. Se lo statuto non dispone diversamente, la maggiorazione del diritto di voto si computa anche per la determinazione dei quorum costitutivi e deliberativi che fanno riferimento ad aliquote del capitale sociale. La maggiorazione non ha effetto sui diritti, diversi dal voto, spettanti in forza del possesso di determinate aliquote di capitale.»

Nas sociedades por quotas, pelo contrário, continua a valer a regra injuntiva da proporcionalidade entre o voto e a participação no capital [arts. 2468(2) e 2479(5) *Codice Civile*][78].

V. Na **Suécia**, admitem-se ações com voto múltiplo nas sociedades anónimas com mais margem do que em Itália: os estatutos podem atribuir a uma categoria de ações até dez vezes o número de votos atribuídos a outras categorias de ações (4 kap. Aktierna, § 5 *Aktiebolagslag*)[79]. O uso de votos múltiplos é muito comum na prática[80].

Mais longe ainda foram a **Finlândia** e a **Dinamarca** que tinham idêntica restrição, mas eliminaram-na há não muito tempo por considerarem ser desnecessária[81]. São por isso possíveis os votos múltiplos sem restrições quantitativas.

VI. Em **Espanha**, o *artículo* 96/2 da *Ley de sociedades de capital* (LSC) dispõe, como regra geral, que não podem ser emitidas ações que, de forma direta ou indireta, alterem a proporcionalidade entre o valor nominal e o direito de voto.

Porém, o *artículo* 188/1 LSC admite expressamente a derrogação da regra *one share one vote* pelos estatutos da sociedade de responsabilidade limitada.

Diferentemente, nas sociedades anónimas, a regra do *artículo* 96/2 é dobrada pelo *artículo* 188/2 LSC. Contudo, em 2021[82], o nº 1 do *artículo* 527 *ter* passou a prever, como exceção a esta regra, a possibilidade de os estatutos das sociedades cotadas modificarem a proporção entre o valor nominal das ações e o direito de voto, para conferir um voto duplo a cada ação de

[78] O art. 2468(3) *Codice Civile* admite porém a atribuição de direitos especiais à administração da sociedade ou aos lucros. Francesco Ferrara Jr. e Francesco Corsi, *Gli imprenditori e le società*, 13ª ed., 2006, 906-907.

[79] Cfr. versão disponível online: *Aktiebolagslag* (2005:551).

[80] Em 2010, cerca de metade das sociedades cotadas na bolsa de Estocolmo tinham ações de categoria A e de categoria B, na quase totalidade com um rácio de 10:1. Ulf Bernitz, "Mechanisms of ownership control and the issue of disproportionate distribution of power", in Ulf Bernitz e Wolf-Georg Ringe (coord.), *Company law and economic protectionism – New challenges to European integration*, 2010, 191-206 (202).
Tanto quanto pudemos perceber, não existe na Suécia um paralelo da nossa sociedade por quotas.

[81] Bernitz, "Mechanisms of ownership control", cit., 201.

[82] Por força da *Ley 5/2021, de 12 de abril*, publicada no BOE a 13-abr.-2021.

que tenha sido titular um mesmo acionista, durante dois anos consecutivos ininterruptos, desde a data de inscrição no livro de registo especial contemplado no *artículo* 527 *septies*[83].

VIII. Enquadramento da alteração proposta

I. Como vimos já, as regras previstas nos artigos 384º/1 e 5 CSC, para as sociedades anónimas, e 250º/1 CSC para as sociedades por quotas, concretizam o princípio da proporcionalidade entre a exposição dos sócios ao risco empresarial e o seu controlo sobre a sociedade[84].

Vimos também que os fundamentos que têm sido apresentados não obrigam a uma proibição nos termos hoje consagrados, podendo os riscos sublinhados ser minorados pela regulação do voto múltiplo na lei e nos estatutos.

II. Desde logo, recorde-se que face ao direito atualmente constituído:

(i) *Não há necessária proporcionalidade entre o (risco de) investimento e o direito de voto.*

Em primeiro lugar, a proporcionalidade imposta é tão-só entre o valor nominal da participação (quando exista) e o voto[85]. Não se refere à totalidade do investimento que compreende não só a entrada para o capital social (cujo valor corresponde ao valor nominal da participação, quando exista), mas também o ágio ou prémio de emissão. Ocorrendo a subscrição em diferentes momentos e em diferentes condições, «*pode bem suceder que, para adquirir o mesmo número de votos, diferentes accionistas tivessem de despender valores muito diferentes também*»[86].

Em segundo lugar, porque a lei prevê a possibilidade de os estatutos das sociedades anónimas fazerem corresponder um só voto a um

[83] Os estatutos podem ampliar, mas não diminuir, este período mínimo de titularidade ininterrupta (nº 2). Veja-se o regime depois estabelecido nos *artículos* 527 *quater* a 527 *undecies*.

[84] O "risco" é entendido aqui não como *probabilidade numérica de ganho e de perda* – neste sentido todos os acionistas assumem o mesmo risco independentemente do valor nominal da respetiva participação –, mas como *montante que cada sócio se arrisca a perder* na empresa societária. Pedro Maia, *Voto e corporate governance*, cit., 294, 322-323.

[85] Pedro Maia, *Voto e corporate governance*, cit., 215-217.

[86] Pedro Maia, *Voto e corporate governance*, cit., 461. Cfr. tb. João Vieira dos Santos, "Ações de lealdade", cit., 469-471.

certo número de ações [art. 384º/2, *a)* CSC]. Quando assim é, ao investimento dos (muito) pequenos acionistas não correspondem direitos de voto proporcionais.

(ii) *Não há necessária proporcionalidade entre o (risco de) investimento e o poder de voto.*

O que referimos sobre o "direito de voto" é agravado quando se pondera já não o direito mas sim o "poder de voto", enquanto expressão relativa da posição do sócio perante os outros sócios no processo deliberativo[87].

Em primeiro lugar, porque a proporcionalidade de alguma forma cede perante a regra da maioria (artigos 250º/3 e 386º/1 CSC): entre um número *minoritário* de votos e um número *maioritário* de votos existe uma absoluta desproporção de poder[88].

Em segundo lugar, porque a lei admite a consagração estatutária de "tectos de voto" [artigos 384º/2, *b)* CSC] nas sociedades anónimas, que limitam o poder de voto dos grandes acionistas independentemente da percentagem de capital social por si detida, assegurando um maior peso relativo dos acionistas com participações minoritárias.

Em terceiro lugar, porque a lei admite igualmente o voto plural dos minoritários nas sociedades por quotas, até ao limite de 20% do capital social (art. 250º/2 CSC).

(iii) *Não há uma necessária proporcionalidade entre o (risco de) retorno sobre o investimento e o direito de voto.*

Ao admitir ações preferenciais sem voto (artigos 341º a 344º CSC) e outras ações preferenciais que confiram um dividendo prioritário e/ou majorado (art. 302º CSC), a lei permite uma desproporção entre, por um lado, o montante investimento e o direito ao dividendo e, por outro, entre este e o direito de voto[89].

[87] Relativa porquanto dependente não só do número de votos inerentes à participação do sócio, mas também do peso relativo dos mesmos na totalidade dos votos emitidos ou suscetíveis de emissão. Cfr. J.M. Coutinho De Abreu, in *Código das Sociedades Comerciais em Comentário*, 6, 2ª ed., 2019, art. 384º, anot. 1, 129-130.

[88] Pedro Maia, *Voto e corporate governance*, cit., 217, acompanhando Herbert Wiedemann, *Gesellschaftsrecht*, 1, 1980, 406.

[89] Veja-se, *v.g.*, Carlos Osório de Castro, "Acções preferenciais sem voto", cit., em especial, 282-284, Paulo Olavo Cunha, *Direitos especiais*, cit., 157-165, *Direito das sociedades*[7], 348-349.

III. Na prática, a proibição do voto plural impede que os sócios-fundadores de sociedades de pequena dimensão, que não estão dispostos a abdicar do controlo do projeto empresarial, abram o capital à entrada de novos acionistas para financiar o projeto empresarial. Na medida em que não tenham capacidade financeira para o acompanhar, evitam aumentos de capital que determinariam a sua progressiva diluição e perda de controlo. Da mesma forma, os sócios controladores de sociedades de média dimensão, afastam liminarmente a possibilidade de um IPO que determinaria uma sua idêntica diluição.

Por isso mesmo, a AEM vem há muito propondo a alteração do quadro normativo, de forma a permitir às sociedades cotadas emitir ações com voto plural[90].

IV. Neste mesmo sentido, mais recentemente, a OCDE, no seu relatório *Mobilising Portuguese Capital Markets for Investment and Growth* (2020)[91], sustentou que:

> «*Muitas empresas e intervenientes no mercado consideram o desenvolvimento de requisitos de divulgação simplificados, procedimentos simplificados de cotação e um quadro regulamentar mais flexível em matéria de governação empresarial como passos cruciais para a criação de um ambiente de cotação em bolsa bem-sucedido. Para facilitar a utilização por parte das empresas do financiamento do mercado acionista, o governo pode considerar a modernização do quadro regulamentar, por forma a assegurar um grau de flexibilidade suficiente, tendo em conta a revisão do Código dos Valores Mobiliários realizada pela CMVM e beneficiando das isenções e opções previstas na legislação da UE. O governo também pode considerar quaisquer alterações ao Código das Sociedades que possam facilitar a cotação, incluindo a flexibilidade no que diz respeito às estruturas de voto para dar resposta às preocupações generalizadas dos proprietários e empreendedores portugueses no tocante à perda do controlo das suas empresas, como as ações de fidelidade*» (*sublinhado nosso*).

A sugestão da OCDE não se limita ao voto plural. É uma sugestão de simplificação e flexibilização global que deve ser tida em conta. Em todo o caso, concentramo-nos por ora no voto plural.

[90] Veja-se a sua proposta de 2016, disponível em www.emitentes.pt.

[91] Disponível em www.oecd.org. Cfr. 15, 23, 43.

V. É certo que, vindo a ser admitidas ações com voto plural, as sociedades que as emitam enfrentarão o desafio de convencer os investidores do mérito de uma tal solução, perante os riscos de abuso que a mesma encerra.

Contudo, em termos de política legislativa, é preferível dar espaço à autonomia privada, permitindo que as sociedades façam valer o mérito dos seus projetos, do que coartar possibilidades de crescimento – com a concomitante geração de riqueza e de emprego – com opções desproporcionadamente restritivas.

IX. Reflexões de política legislativa

I. Ponderados os riscos e os benefícios, no atual estado de desenvolvimento do nosso mercado, parece ser claramente preferível a revogação das proibições de voto plural.

Numa discussão sobre política legislativa, pode ponderar-se se essa revogação deve ser acompanhada da previsão de uma ou mais medidas destinadas a minorar o risco de abuso que lhes é inerente. Entre as medidas a ponderar destacamos:

(i) Qual o número máximo de votos admissível por ação (ou por cêntimo do valor nominal de quota)?

(ii) Qual a maioria necessária para a deliberação de alteração do contrato de sociedade, com vista à previsão de participações sociais com voto múltiplo?

(iii) Deve prever-se direito de saída dos sócios que votem contra uma tal deliberação? Se sim, como se calcula a contrapartida?

(iv) Deve o voto plural ser ineficaz em determinadas deliberações? Quais?
- *a)* Eleição dos membros do órgão de fiscalização? Se sim, como funcionaria no modelo anglo-saxónico?
- *b)* Eleição do revisor oficial de contas ou sociedade de revisores oficiais de contas?
- *c)* Alteração do contrato de sociedade, fusão e cisão?
- *d)* Saída do mercado (*delisting*), no caso das sociedades cotadas?

(v) Deve o voto múltiplo ser articulado com novas regras de designação de uma percentagem de administradores por minoritários?

II. Esta era uma ponderação que se impunha num amplo e aprofundado debate – que não aconteceu – antes da recente alteração do CVM[92], que

[92] Pela Lei nº 99-A/2021, de 31-dez.

introduziu o já referido art. 21º-D. A discussão surge agora condicionada pela opção da CMVM que analisamos no ponto seguinte.

III. Quanto à primeira questão, relativa ao **número máximo de votos**: perante os justificados receios de abuso, parece-nos adequada a limitação do número máximo de votos possíveis por ação. Como vimos, em diferentes países houve diferentes opções relativamente a um tal número máximo, sendo certo que a escolha tem sempre um certo sabor de arbitrariedade (três votos? cinco votos?).

Na recente alteração do CVM, o art. 21º-D passou a prever um limite de cinco votos por cada ação, que nos parece razoável.

IV. Quanto à segunda e terceira questões, relativas à **maioria para a deliberação e ao direito de saída**, há vários pontos que não podem ser ignorados.

Em primeiro lugar, a emissão de ações com voto múltiplo determina uma diluição dos acionistas que as não subscrevam, diluição essa que não é compensada por um aumento de capital proporcional à diluição. Ou seja, não só são diluídos como não há uma variação patrimonial positiva na esfera da sociedade que aproveite também aos minoritários.

Em segundo lugar, a emissão de ações com voto plural implica, como vimos, riscos significativos de extração de benefícios especiais de controlo. Quando o voto plural seja previsto no momento da constituição da sociedade, os minoritários têm a possibilidade de acautelar a sua posição por uma dupla via: *(i)* exigindo a previsão de soluções específicas de mitigação tanto no contrato de sociedade como em acordo parassocial; e *(ii)* aplicando ao seu investimento a taxa de desconto que considerem adequada em função do risco por si identificado. Todavia, quando o voto plural seja introduzido num aumento de capital, esta perspetiva é menos realista. O poder dos minoritários para exigir soluções contratuais de mitigação é frequentemente reduzido a zero e, na medida em que não acompanhem o aumento de capital, não poderão refletir o novo risco numa qualquer taxa de desconto[93].

[93] Neste sentido, a propósito do aumento de capital para emissão de ações preferenciais sem voto, Carlos Osório de Castro sustenta que uma tal emissão gera custos de agência que são suportados pelos acionistas (minoritários) pré-existentes, porquanto os novos acionistas *«não deixarão de proceder ao devido desconto no preço máximo que se dispõem pagar»*. Cfr. "Acções preferen-

Tudo isto vale, com as necessárias adaptações, para as sociedades por quotas.

V. Nas sociedades que venham a ser constituídas após a eliminação das proibições do voto plural, os sócios *podem* e *devem* contar com a possibilidade de os estatutos virem a ser alterados para previsão de uma tal solução.

Diferentemente, nas sociedades pré-existentes, a introdução do voto plural nos estatutos constitui uma alteração de paradigma societário que os sócios *não podiam* antever e que *pode tornar inexigível a manutenção da participação*[94]. Justificar-se-ia, por isso, o reconhecimento expresso de um direito de saída dos acionistas que não votem a favor da alteração estatutária.

VI. Este direito seria especialmente justificado nas sociedades cotadas[95], nas quais é expectável uma consequente variação negativa da cotação das ações ordinárias e uma correspetiva variação positiva do valor das ações do controlador[96]. Não vale aqui a *Wall Street rule:* neste contexto, o mercado não assegura ao acionista uma opção de saída real.

Neste sentido, na sua proposta dirigida às sociedades cotadas, a AEM sugeriu a exigência *(i)* de uma maioria deliberativa superior à da regra geral dos 2/3 dos votos emitidos (art. 386º/3 CSC) e *(ii)* da indicação de um acionista ou terceiro que se obrigue a adquirir as ações daqueles que não tenham votado a favor da emissão – como então resultava do art. 27º/3, *a)*

ciais sem voto", cit., 283. Também no caso da emissão de ações com voto plural, os acionistas pré-existentes não têm como descontar o valor correspondente aos custos de agência futuros.

[94] Pense-se, por exemplo, no caso em que os sócios tenham regulado as suas relações e previsto um específico equilíbrio de poderes através de um acordo parassocial, atendendo ao direito então vigente. Alterado o quadro normativo, o equilíbrio assim estabelecido pode eventualmente ser subvertido.

[95] Convocando a aplicação do art. 188º CVM para efeitos da determinação da contrapartida.

[96] Contra, no contexto da sua visão do Direito constituído aplicável às sociedades cotadas: Madalena Perestrelo de Oliveira, *Tutela do investidor*, cit., 497-498.

Para uma crítica dos aumentos de capital com emissão de ações com votos plurais, veja-se, *v.g.*, Jeffrey N. Gordon, "Ties that Bond: Dual Class Common Stock and the Problem of Shareholder Choice", *California Law Review*, 76:1 (1988), 3-85. Segundo o autor (8):

> *«dual class recapitalizations are likely to turn out badly for public shareholders. This claim is based on a critique of the purported benefits of these recapitalizations and is supported by empirical data that strongly suggest that the recapitalizations diminish public shareholder welfare.»*

CVM para a perda da qualidade de sociedade aberta, nos termos do art. 27º/1, *b)* CVM[97].

Parece-nos que a exigência de uma maioria superior a 2/3 dos votos emitidos introduziria um desequilíbrio sistemático sem justificação[98], em particular se a todos os acionistas for reconhecido o seu direito de preferência no aumento de capital (artigos 458º a 460º CSC) e se aos minoritários que não votem a favor fosse imputado um direito de saída[99].

Não obstante, a CMVM não foi sensível a esta questão, não prevendo qualquer direito de saída na alteração recentemente promovida ao CVM (art. 21ºD), analisada no ponto seguinte. Resta saber se esta opção condiciona o legislador na eventual revogação das proibições de voto plural aplicáveis às sociedades por quotas e demais sociedades anónimas.

VII. A quarta questão, **relativa à ineficácia do voto plural em determinadas deliberações**, também suscita fundadas dúvidas.

Nas sociedades não cotadas – sejam estas sociedades por quotas ou sociedades anónimas – parece-nos claro que deve prevalecer a liberdade contratual. Não cabe ao legislador substituir-se às partes na modelação das soluções adequadas ao controlo do risco de abuso por parte dos titulares de ações com voto plural. Justifica-se apenas a limitação do número de votos por ação ou por cêntimo do valor nominal da quota.

[97] Cfr. Jeffrey N. Gordon, "Ties that Bond", cit., 20.

[98] Segundo Paulo Olavo Cunha, Direitos especiais, cit., 186,

> *«As modificações da estrutura social, e designadamente a criação de uma nova categoria de acções privilegiadas, ainda que se repercutam quantitativamente sobre os direitos das acções existentes (privilegiadas ou ordinárias), são uma mera consequência da participação na sociedade, sendo admissíveis desde que se processem com o respeito dos valores fundamentais do ordenamento jurídico e designadamente da boa fé».*

Uma tal posição poderia desaconselhar a imputação do direito de exoneração que se defende no texto. Diferente é a posição da doutrina clássica, segundo a qual os privilégios não se podem criar nem destruir senão pelo consenso (unânime) dos sócios. Cfr., *v.g.*, Inocêncio Galvão Telles, "Acções privilegiadas", *O Direito*, 87 (1955), 301-311 (302), Raúl Ventura, "Direitos especiais dos sócios", *O Direito*, 121:1 (1989), 207-222 (215), Jorge Brito Correia, *Direito comercial*, 2, 1989, 330.

[99] Em todo o caso, a avançar-se por esse caminho, deve ser ponderado o paralelo do artigo 3º/5 CSC para a transferência da sede da sociedade para outro país: maioria de 75% dos votos correspondentes ao capital social e direito de exoneração dos sócios que não tenham votado a favor.

Já nas sociedades cotadas, numa primeira abordagem pareceu-nos que se justificaria a restrição da liberdade contratual, impondo a regra *one share – one vote* (apenas) nalgumas deliberações. O fundamento da introdução do voto plural é permitir que os fundadores do projeto empresarial mantenham o controlo da administração não obstante o financiamento da sociedade em mercado; não é permitir que possam pôr e dispor da sociedade sem mais, pelo que se justificaria assegurar a vigência do princípio da proporcionalidade:

(*i*) na eleição dos membros do órgão de fiscalização, cujo correto funcionamento é essencial à promoção dos melhores interesses da sociedade e, indiretamente, à tutela dos interesses dos seus diferentes *stakeholders*[100]; e

(*ii*) na designação do revisor oficial de contas (ROC) ou sociedade de revisores oficiais de contas (SROC), cujo papel é normativamente qualificado como de interesse público[101].

Diferentemente, não se justificaria nas deliberações de alteração do contrato de sociedade, fusão e cisão, nas quais existem já soluções de tutela dos minoritários. O mesmo se diga quanto às deliberações de saída do mercado, como veremos no ponto seguinte, ainda para mais considerando o entrave que tal representa à entrada de empresas no mercado.

VIII. Numa análise mais cuidada, concluímos que a restrição *legal* da eficácia do voto plural não se justifica sequer nas deliberações de designação dos membros do órgão de fiscalização global e do ROC/SROC. Isto porque o nosso quadro jussocietário e mobiliário é já dos mais complexos da Europa[102],

[100] Veja-se o nosso *Da administração à fiscalização das sociedades*, cit., 69-76 (75), 103-104.

[101] José Ferreira Gomes, *Da administração à fiscalização das sociedades*, cit., 143, 145, bem como in *Código das Sociedades Comerciais Anotado*, 3ª ed., 2020, art. 413º, anot. 3, 1342, art. 414º, anot. 5, 1349, 420º, anot. 23, 1388, art. 451º, anots. 9-10, 1495-1496.

[102] Recordem-se as palavras clássicas do Prof. Menezes Cordeiro, agora também vertidas no *CSC Anotado*, 3ª ed., 2020, Introdução, 46:

«Em múltiplos aspetos, o CSC, dobrado, para mais, pelo Código Civil, pode parecer inadequado, perante as realidades do País. Ele apresenta uma estrutura complexa, difícil de reter pelos agentes económicos e em permanente tensão com outros diplomas, também de grande complexidade, com relevo para o CVM: ele origina o Direito das sociedades mais complexo da Europa.»

vindo os agentes económicos há muito reclamando a sua simplificação e flexibilização[103].

Em particular, a imposição do princípio da proporcionalidade nestas deliberações suscitaria todo um conjunto de dificuldades que não podem ser ignoradas. Assim, por exemplo:

(i) Teria de alterar-se a regra da eleição dos administradores nas sociedades anónimas com modelo anglo-saxónico [art. 278º/1, *b)* CSC], para permitir a eleição separada dos membros da comissão de auditoria;

(ii) Teria de rever-se o regime mobiliário de divulgação de participações qualificadas, aplicável às sociedades cotadas (artigos 16º e 20º CVM), para definir o que sucederia se a um titular de ações ordinárias fossem imputados direitos de voto – suscetíveis de constituir uma participação qualificada – apenas para efeitos das deliberações sujeitas à regra *one share one vote*;

(iii) Teria de rever-se o regime da OPA obrigatória para definir o que sucederia se a um titular de ações ordinárias fossem imputados direitos de voto para lá dos 33%, nas deliberações sujeitas à regra *one share one vote* (nas demais dominaria o titular das ações com voto plural).

A complexidade do sistema constitui um custo que não pode ser ignorado. Na dúvida, deve dar-se espaço à autonomia privada e promover-se a desejada simplificação e flexibilização[104].

VIII. Quanto à quinta questão, relativa à introdução de **novas regras de designação de administradores por minoritários**, parece-nos não ser de acolher a proposta da AEM.

O CSC prevê já soluções que permitem acomodar as preocupações que lhe estão subjacentes quanto à designação de administradores, nos artigos 391º/2 e 392º. Aliás, nas sociedades cotadas, é obrigatória a inclusão nos estatutos de alguma das soluções previstas neste último (cfr. art. 392º/8 CSC). Eventualmente, poderiam rever-se estas soluções, em especial, a parte final

[103] Anseios também expressos recentemente no relatório da OCDE, *Mobilising Portuguese Capital Markets for Investment and Growth* (2020), já referido e disponível em www.oecd.org.

[104] Contudo, deve acompanhar-se de perto o desenvolvimento da prática empresarial e corrigir o que houver a corrigir em função do que se concluir.

do art. 391º/2 CSC, que exclui a atribuição do direito de designação de administradores a certas categorias de ações[105].

X. O novo art. 21º-D CVM que admite o voto plural nas sociedades cotadas

I. Como referimos na introdução, na recente reforma do CVM[106], a CMVM optou por **restringir a admissibilidade do voto plural** ao universo das sociedades cotadas, através do aditamento do 21º-D ao CVM. Neste pode ler-se:

«Artigo 21º-D
Voto plural

1 – As sociedades emitentes de ações admitidas à negociação em mercado regulamentado ou em sistema de negociação multilateral podem emitir ações com direito especial ao voto plural, até ao limite de cinco votos por cada ação.

2 – O número anterior é igualmente aplicável a sociedades que condicionem a emissão ou a conversão em ações com aquele direito especial à admissão à negociação em mercado regulamentado ou em sistema de negociação multilateral das respetivas ações ordinárias.

3 – A deliberação de aumento de capital através da emissão de ações com direito ao voto plural ou de conversão de ações ordinárias em ações com esse direito carece de aprovação pela maioria legalmente prevista para a alteração do contrato de sociedade das sociedades anónimas.

4 – A conversão em ações com direito especial ao voto plural observa, com as necessárias adaptações, o disposto no artigo 344º do Código das Sociedades Comerciais.

5 – Sem prejuízo de outras matérias previstas nos estatutos da sociedade, o voto plural não pode ser exercido nas deliberações relativas a exclusão voluntária de negociação, nos termos do artigo 251º-F, aplicando-se a regra estatutária do direito de voto inerente às ações ordinárias.»

II. Parece-nos claro que o tema do voto plural não devia ter sido tratado apenas ao nível das sociedades cotadas, desde logo porque o equilíbrio do sistema não é compatível com uma solução mais flexível para estas sociedades do que para pequenas sociedades por quotas e anónimas.

[105] Para além disso, as regras relativas à aprovação de determinadas deliberações pelo órgão de administração colidem com as coordenadas gerais de funcionamento deste órgão e com os consequentes pressupostos de responsabilidade civil. Não nos parece uma solução adequada.

[106] Pela Lei nº 99-A/2021, de 31-dez.

Numa perspetiva panorâmica, constata-se que o sistema reconhece uma grande liberdade contratual nas sociedades por quotas, menor nas sociedades anónimas e menor ainda nas cotadas. As restrições sistemáticas à liberdade de conformação dos estatutos nas sociedades cotadas são dirigidas à tutela da eficiência do mercado e do público investidor.

A haver restrições – o que nos parece de rejeitar –, estas deveriam ser aplicáveis apenas às sociedades cotadas, para proteção do mercado e dos investidores, e não às demais sociedades, como agora sucede. Nas sociedades nãocotadas, que não apelam ao investimento do público no mercado e não têm o mesmo impacto no interesse público, os sócios devem ser livres para modelar o projeto empresarial de acordo com os seus específicos interesses, à luz dos princípios da autonomia privada e da autorresponsabilidade.

III. Para além disso, os benefícios do voto plural são pelo menos idênticos nas sociedades cotadas e nas sociedades não-cotadas. Com efeito, este é um mecanismo importante para o crescimento das empresas portuguesas muito antes do seu acesso ao mercado de capitais.

É conhecida a dificuldade de financiamento de pequenos projetos empresariais – personificados tanto em sociedades anónimas (não cotadas) como em sociedades por quotas – pelas mesmas razões que obstam à abertura do capital de projetos de maiores dimensões: o receio da perda de controlo pelos fundadores. Diz-se, por isso, que o princípio da proporcionalidade não favorece o empreendedorismo[107].

IV. O novo art. 21º-D CVM suscita ainda uma outra questão[108]: a imposição do princípio da proporcionalidade nas **deliberações de *delisting*** – *i.e.*, nas *«deliberações relativas a exclusão voluntária de negociação, nos termos do artigo 251º-F»* (nº 5) – é uma opção que nos deixa sérias dúvidas.

O principal propósito da reforma do CVM é a revitalização do nosso mercado de capitais, trazendo mais empresas para a bolsa nacional. A admissibilidade do voto plural constitui, como já recordámos, um passo importante nesse sentido. Ao limitar a diluição dos empreendedores em sucessivos aumentos de capital, permite-lhes manter o controlo do projeto assim financiado.

[107] Neste sentido, João Vieira dos Santos, "Ações de lealdade", cit., 469.

[108] Para além da relativa à infeliz redação do nº 3.

Contudo, o seu efeito útil é de alguma forma coartado por este nº 5. Os empreendedores terão tanto maior propensão para dispersar o capital da sociedade em bolsa quanto mais seguros estiverem de poderem sair da mesma, se a evolução das circunstâncias assim o exigir. Ao impor o princípio da proporcionalidade nesta deliberação, este preceito limita o controlo dos empreendedores (titulares de direitos de voto plural) sobre esta opção.

É certo que o sistema tem de assegurar a proteção dos minoritários perante uma tão importante decisão, mas isso estava já acautelado pelo **direito de saída** previsto no art. 251º-F/3 e 4 CVM. O nº 3 faz depender a exclusão voluntária de negociação da constituição de uma obrigação de aquisição das ações daqueles que não votarem a favor da deliberação em assembleia geral. Segundo o nº 4, a contrapartida é necessariamente *(i)* em dinheiro, *(ii)* determinada nos termos do art. 188º CVM, e *(iii)* caucionada por garantia bancária ou por depósito em dinheiro em instituição de crédito.

XI. Conclusão: proposta de revogação das proibições de voto plural nas SQ e nas SA

O voto plural não é uma solução mágica que, por si, permita resolver os muitos problemas sentidos no financiamento das sociedades no mercado. Seguramente, não determinará, só por si, a revitalização do nosso mercado bolsista, nem sequer um crescimento significativo de outros mercados, como o do capital de risco. É, ainda assim, um passo há muito reclamado pela generalidade dos agentes económicos do mercado.

No atual estado de desenvolvimento do mercado, os riscos que historicamente lhe estiveram associados não têm o mesmo peso. Não se justificando hoje as proibições de voto plural tanto nas sociedades por quotas e nas sociedades anónimas, devem as mesmas ser revogadas. A nossa proposta é, por isso, de alteração dos arts. 250º[109] e 384º[110] CSC.

[109] Assim, por exemplo, no seu nº 2 poderia passar a ler-se:
«É, no entanto, permitido que o contrato de sociedade atribua, como direito especial, até cinco votos por cada cêntimo do valor nominal da quota ou quotas de sócios.»

[110] Assim, por exemplo, poderia revogar-se o seu nº 5 e alterar-se o seu nº 2 nos seguintes termos:
«2 – O contrato de sociedade pode:
a) (...);
b) (...);
c) Atribuir voto plural a uma ou mais categorias de ações, até ao limite de cinco votos por ação.»

Na ausência de tais restrições, caberá aos sócios modelar os estatutos da sociedade nos termos que considerem mais adequados ao desenvolvimento do projeto empresarial, à luz dos princípios da autonomia privada e da autorresponsabilidade.

Sublinhe-se, contudo, que a revogação destas proibições deve ser acompanhada de uma limitação do número máximo de votos[111]. Deve ainda ponderar-se, como solução de direito transitório, a imputação de um direito de saída aos sócios que não votarem a favor da alteração do contrato para introdução do voto plural nas sociedades constituídas antes da entrada em vigor da nova solução legislativa[112].

[111] O número máximo não deve ser diferente do que foi fixado na reforma do CVM (5) para as sociedades cotadas, para assegurar estabilidade e coerência sistemática.

[112] A justificação desta proposta resulta já do exposto no ponto 9 *supra*. A solução de direito transitório para as sociedades por quotas poderia ser a seguinte:

«1 – Nas sociedades por quotas constituídas antes da entrada em vigor do presente diploma, sendo alterado o contrato de sociedade para atribuição de voto plural aos titulares de uma ou mais quotas, a sociedade fica obrigada a amortizar ou a adquirir as quotas de que sejam titulares os sócios que não votaram a favor da correspondente deliberação, no prazo de três meses.

2 – Aplica-se o disposto no nº 4 do artigo 231º do Código das Sociedades Comerciais com as necessárias adaptações.

3 – A contrapartida é em dinheiro e calculada nos termos do artigo 1021º do Código Civil, por referência à data da deliberação.»

E, para as sociedades anónimas:

«1 – Nas sociedades anónimas constituídas antes da entrada em vigor do presente diploma, sendo alterado o contrato de sociedade para atribuição de voto plural a uma ou mais categorias de ações, a sociedade fica obrigada a amortizar ou a adquirir as ações de que sejam titulares os acionistas que não votaram a favor da correspondente deliberação, no prazo de três meses.

2 – Aplica-se o disposto no nº 4 do artigo 231º do Código das Sociedades Comerciais com as necessárias adaptações.

3 – A contrapartida é em dinheiro e calculada nos termos do artigo 1021º do Código Civil, por referência à data da deliberação.»

Os meios de resolução alternativa de litígios como meios idóneos de administrar a justiça: algumas notas de reflexão

Renato Gonçalves[1]

Homenagem

Neste texto de homenagem, não posso deixar de assinalar que para mim é uma profunda honra participar com o meu modesto contributo nesta obra, de gratidão ao Professor Doutor Pedro Pais de Vasconcelos, que, nas últimas décadas, marcou indelevelmente com o seu saber, a ciência jurídica em Portugal, com especial enfoque no mundo das relações comerciais, demonstrando que a academia e a prática jurídica são saberes que, se aliados e colocados conjuntamente ao serviço das pessoas, podem enriquecer significativamente e de forma produtiva a comunidade jurídica.

Esta afirmação foi comprovada empiricamente e durante décadas pelo Professor Doutor Pedro Pais de Vasconcelos, quer enquanto académico, com obra firmada em diversos ramos do saber jurídico, mas em que pontificam a teoria geral do direito civil e o direito comercial, quer enquanto advogado, área em que a sua maestria foi sempre notória, tanto na área da consultoria jurídica, como na barra dos tribunais, em que foi sempre um

[1] Jurista.
Nota: As opiniões expressas no presente texto não vinculam qualquer entidade na qual o autor tenha colaborado ou colabore, traduzindo o pensamento pessoal do autor.

gosto vê-lo pleitear a favor e em defesa dos interesses dos seus clientes, privilegiando em qualquer caso a descoberta da justiça, não apenas enquanto mero valor ideário que se proclama, mas como valor concreto que se convola em ações e numa prática reiterada de tudo fazer para dar o seu a quem lhe pertence e de viver de forma honesta, sem prejudicar os outros.

Declaro aqui e publicamente que tive oportunidade de privar com o Professor Doutor Pedro Pais de Vasconcelos no tempo em que fui estagiário e advogado em início de carreira no seu escritório e no escritório da Dra. Teresa Coutinho, período esse em que tentei absorver, em pouco tempo, o muito que me deram, quer enquanto profissional, quer, acima de tudo, enquanto pessoa.

É, por conseguinte, com o espírito impregnado de profundos reconhecimento e gratidão, que acedi com o maior gosto, a escrever algumas linhas sobre uma temática que tem sofrido grandes desenvolvimentos nos últimos anos, revelando-se campo fértil para acesos debates entre os diferentes profissionais jurídicos. Refiro-me ao papel dos meios de resolução alternativa de litígios na administração da justiça, sendo que uns entendem estes meios como necessários para aproximar a justiça dos cidadãos, enquanto outros os entendem como uma forma de desjudicializar a justiça, com prejuízo para a qualidade do sistema de justiça.

Notas de reflexão

Vejamos, muito rapidamente, qual é o atual panorama destes meios de resolução de litígios em Portugal.

Com alguns afloramentos conhecidos ao longo da história e roupagens que se foram transmutando com o devir do tempo, o direito português conhece hoje, com expressão no direito positivado, institutos como a arbitragem, a mediação, a conciliação e os julgados de paz, tendo estes institutos jurídicos sofrido profundas evoluções a partir dos anos 80 do Século passado e de forma gradual.

Esse movimento, iniciado pela arbitragem (em particular com a Lei nº 31/86 e com o Decreto-Lei nº 425/86), a que se seguiu a experiência da mediação no campo do direito da família (a partir de 1997) e por último, a experiência dos julgados de paz, reintroduzidos e reconfigurados pela Lei nº 78/2001, que entrou em funcionamento efetivo a partir de 2002, trouxe aos cultores do direito a ideia de que é possível administrar a justiça de uma forma descentralizada, mais informal e mais autocompositiva, apresentando cada um destes meios de resolver litígios características específicas que os tornam meios complementares e não concorrentes dos tradicionais modos de administrar a justiça, centrados num poder judicial centralizado, baseado nos tribunais e em jurisdições independentes em que a decisão jurisdicional é dada pelo juiz e em que os sujeitos do processo ocupavam um papel pouco ativo na resolução do seu conflito.

Diferentemente, os meios de resolução alternativa de litígios trouxeram uma visão de resolver conflitos muito mais virada para a autocomposição dos litígios, em que, mesmo nos casos em que as decisões são dadas por árbitros ou juízes de paz, a construção dessa decisão é pejada de momentos de autocomposição dos conflitos, procurando-se, em cada um dos processos em causa, desconstruir o conflito para que as partes possam, por si mesmas, resolver o seu litígio. Apenas intervém o poder jurisdicional de dar a decisão quando esses momentos de autocomposição dos conflitos não funciona, tendo este tipo de processos duas vantagens que entendo serem de assinalar: (i) maior facilidade em as partes aceitarem a decisão ou na melhor das hipóteses o acordo que seja alcançado, e (ii) mais celeridade na obtenção dessa decisão ou desse acordo.

A estas vantagens materiais que, em bom rigor, aproximam a justiça dos cidadãos, pois tornam-na mais compreensível e por isso mais aceitável, pois aproximam a resolução do litígio dos contendores que estiveram na origem desse mesmo conflito, acresce o custo reduzido para as partes em litígio para obterem um acordo ou uma decisão, o qua não é despiciendo, quando é certo afirmar-se que, atualmente, os custos da justiça tradicional são muito significativos, não se esperando que haja potes de ouro escondidos que permitam de um momento para o outro embaratecer o custos de funcionamento dos tribunais e, por consequência, do sistema de justiça, de modo a reduzir muito as taxas de justiça hoje praticadas, contrariamente ao que vai sendo propalado em muitos e sucessivos programas de Governo, sem no entanto haver daí quaisquer consequência práticas verdadeiramente visíveis, porque pela natureza das coisas o tradicional sistema de justiça, pelas garantias que oferece, tem de ter custos e esses custos são, naturalmente, pagos, nalguma medida, pelos utilizadores do sistema.

Assim, a palavra de ordem, desde há algumas décadas a esta parte, tem sido, precisamente, a de encontrar outras formas de se institucionalizarem mecanismos menos formalizados de se resolverem litígios, sendo a arbitragem, a mediação, a conciliação e os julgados de paz casos típicos deste movimento de simplificação da justiça.

Poderia argumentar-se contra estas vantagens que nos parecem evidentes dos meios de resolução alternativa de litígios a falta de qualidade do trabalho que é produzido. Não obstante, entendemos que este argumento cai completamente por terra, quando verificamos que os barómetros de satisfação que vêm sendo feitos nos últimos anos de avaliação destes meios pela Direção-Geral da Política de Justiça demonstram sempre e de forma reiterada uma grande satisfação dos utilizadores destes mecanismos.

Com efeito, desde a sua primeira edição, nos idos de 2013, até à presente data, os cidadãos que contactam com estes mecanismos de resolução de conflitos têm demonstrado grande satisfação com os resultados alcançados, não havendo, em nosso entender, melhor forma de avaliar a qualidade de um sistema de justiça que saber-se se quem os utiliza para resolver os seus conflitos ficou ou não satisfeito. Sendo muito positiva essa resposta, de forma generalizada, e sendo estatisticamente relevantes os resultados alcançados, não podemos senão entender que se vem alcançando um resultado global muito positivo com o funcionamento destes meios de resolver litígios.

Assim, poderíamos pensar que nada temos a fazer, em Portugal, para que estes meios de resolver litígios ganhem cada vez mais o seu justo papel na administração da justiça. Ora, nada mais errado, no nosso entendimento.

Com efeito, há aspetos atinentes aos meios de resolução alternativa de litígios que, do ponto de vista das políticas públicas a adotar e promover no âmbito do sistema de justiça merecem ser amplamente desenvolvidos.

Por um lado, importa divulgar a existência destes meios de forma efetiva, planeada e constante, o que, se tem sido desígnio há muito proclamado, não tem sido concretizado em termos práticos, em particular, porque do ponto de vista orçamental tal se tem revelado impossível. A opção por dotar a entidade responsável pelos meios de resolução alternativa de litígios dos meios necessários para levar a cabo esta promoção é de índole política e cabe aos decisores políticos tomar ou não tal opção. Querendo-se verdadeiramente investir nos meios de resolução alternativa de litígios a opção é clara e inequívoca a sua necessidade.

Por outro lado, importa estabilizar o financiamento público que o Estado aporta por via legal e regulamentar aos meios de resolução alternativa de litígios, em particular, aos centros de arbitragem institucionalizada apoiados financeiramente pelo Ministério da Justiça no âmbito do direito do consumo, que integram a rede de centros de arbitragem de conflitos de consumo, pois, inversamente ao que se esperava com a entrada em vigor do quadro legal e regulamentar resultante das últimas alterações introduzidas à Lei nº 144/2015, de 8 de setembro, ocorridas em 2019, é facto que o financiamento dos referidos centros de arbitragem tem sofrido alguma instabilidade, situação que se impõe corrigir, se se pretender que a atividade destes meios de resolução alternativa de litígios possa continuar a dar resposta aos cidadãos que aos mesmos recorrem.

Ora, toda a ação legislativa tem apontado neste sentido, pois é recente a possibilidade de os consumidores com conflitos até €5.000,00 poderem recorrer aos centros de arbitragem institucionalizada para resolverem os litígios que os opõem às empresas com as quais têm dado conflito de consumo (resultado da Lei nº 63/2019, de 16 de agosto). Criou assim o legislador uma situação em que as empresas ficam numa posição de sujeição jurídica perante os consumidores, que se compreende caso os centros de arbitragem de conflitos de consumo tenham os meios necessários para desenvolver de forma adequada a sua atividade. Tal apenas se pode concretizar se estes centros tiverem alguma previsibilidade quanto aos meios financeiros que se encontram à sua disposição em cada momento, sendo por isso imperioso que o Governo, em cada exercício orçamental, garanta a sua parte no financiamento destes centros, pois é notório que, pela natureza das coisas, estes centros de arbitragem não são, nem podem sê-lo, financeiramente autossustentáveis.

Em conclusão, podemos afirmar que, se no plano do ideário político os meios de resolução alternativa de litígios vêm ocupando o seu espaço como formas válidas de administração da justiça, conquista essa alcançada nos últimos anos, importa agora que sejam criadas condições para que essas ideias se materializem em atos práticos e claros de vontade, que passam, acima de tudo, por promover e divulgar a existência destes mecanismos, traduzindo-se também em dotar estes meios de resolução alternativa de litígios das condições e recursos efetivos para que possam desenvolver a respetiva missão com tranquilidade e uma qualidade cada vez maior.

Dispute Resolution in M&A Transactions

It Does not Always Have to be a Court

*Hermann Knott**
*Martin Winkler***

Company purchase agreements often contain dispute resolution clauses that are not adapted to the specific nature of any disputed issues in a transaction.[1] In all areas of business life, efficiency and a proportionality of effort and desired result are pursued. This should also apply to the choice of form and management of disputes. In M&A transactions, differences can arise at various levels. In addition, the pandemic, due to the spread of the Covid 19 virus, calls into question the economic basis of many transactions. This affects both ongoing and completed deals. Mechanisms are needed that also enable rapid conflict resolution. For example, it must be possible to clarify quickly whether the buyer was allowed to withdraw from the transaction

* Hermann Knott is a partner in Andersen Tax & Legal based in Cologne, Germany. He is a member of the German and New York Bar. His practice focuses on M&A transactions and international arbitration.

** Martin Winkler is a project lawyer with Andersen Tax & Legal in Cologne, Germany, working in the M&A team.

[1] On the frequency of arbitration clauses, see Meyding/Sorg, in: Wilhelmi/Stürner, Post-M&A Arbitration, 2019, p. 13 et seq.

due to a significant change in the target company.[2] A short-term conflict resolution mechanism can help to avoid lengthy disputes about the legal consequences of the buyer's withdrawal or reduce them to follow-up questions.

The highly divergent types of possible disputes in company acquisitions are an excellent basis for differentiating solutions. For example, differences may relate to highly economic issues, such as purchase price adjustments, or may require a quick solution that at least allows the transaction to proceed, as in the case of unexpected events occurring after closing, but before completion of the transaction[3]. This contribution is also intended to encourage the conclusion of a supplementary agreement appropriate to the circumstances, taking into account the forms of conflict resolution set out in this article, if necessary when a dispute arises.[4]

Arbitration is the most common form of alternative dispute resolution. It is particularly suitable in a cross-border context, when industry-specific knowledge of international trade has to be taken into account and legal and cultural differences demand consideration. In arbitration proceedings, it has long been common practice to conduct most of these proceedings online[5], which is another major advantage, especially in view of the social distance created by the corona epidemic.

1. Forms of dispute resolution in M&A transactions

There is a variety of forms of dispute resolution to choose from: Preceding internal escalation within the bodies of the parties, mediation (including the combination with a contentious form of conflict resolution), independent assessments by expert arbitrators, settling disputes amicably and only as a last resort by filing a claim for arbitration. Certain disputes are less complex than others, and a *fast-track arbitration* procedure may be considered. Other disputes, such as those involving breaches of confidentiality, require rapid resolution (*emergency arbitration*). A whole potpourri of mechanisms is therefore available. They only have to be used. If this is not done in advance in the acquisition contract, an additional agreement can be made for this purpose without further ado, also retrospectively in relation to the special circumstances.

[2] For so-called MAC (material adverse change) clauses, see Knott, Textbook on Business Acquisitions (in German), 6th edition 2019, para 1345 et seq. and below, No. 3f.

[3] For these situations, see Knott, (Footnote 2) para 1344.

[4] Sceptical about this Demuth, SchiedVZ 2012, 271, 272.

[5] See below 4.3.

The following tables provide an overview of the various forms of dispute resolution and makes a typified assessment:

Form of dispute settlement	Costs	Duration	Enforceability of Result
Ordinary courts	*Medium*	*Medium*	*Yes*
Arbitration	*High*	*Medium*	*Yes*
Mediation	*Medium*	*Quick*	*Complicated*
Expert Arbitration	*Low*	*Quick*	*No*

Form of dispute settlement	Protection of confidentiality	Legal quality	Online conflict resolution
Ordinary courts	*No*	*High – Instances*	*Usually not*
Arbitration	*Yes*	*High – case reference*	*Yes*
Mediation	*Yes*	*High*	*Yes*
Expert Arbitration	*Yes*	*High*	*Yes*

2. Preliminary negotiations, escalation within the bodies of the parties

On the basis of an escalation clause, the parties are first obliged to conduct negotiations on the point in dispute. The conduct of negotiations can also be left to the discretion of the parties. In this case, the responsibility for conducting negotiations is assigned to higher bodies if no solution can be found at the previous level. Only after the failure of the negotiations does the dispute escalate, and a formal procedure can be initiated to settle the dispute. For this purpose, the various forms of procedure mentioned above are available.

The escalation clause is suitable for most disputes in M&A transactions, especially those involving purchase price adjustments. For issues that need to be resolved in a hurry, the deadline should be correspondingly short.

The consequences of not complying with such a clause must be considered. Is compliance with such a clause an obligatory condition for the subsequent initiation of litigation? In this respect, it is important to specify in the clause whether conducting the negotiations is mandatory.[6]

The second question concerns the legal consequences of failure to comply with the obligation to settle a dispute amicably: Is the arbitral tribunal

[6] See the decision of the English High Court in the case of Emirates Trading Agency vs. Prime Mineral Exports, (2014) EWHC 2104, on the one hand, and that of the French Cour de Cassation, Chambre Commerciale, of 29 April 2014, Bulletin 2014, IV, no. 76, on the other.

not competent in this case[7] or must the subsequent action be considered inadmissible?[8] The difference between the two approaches is particularly important at the enforcement stage. If the jurisdiction is considered to be affected, the losing party can submit an objection of lack of jurisdiction under Art. V (1) lit. d of the United Nations Convention on the Recognition and Enforcement of Foreign Arbitral Awards[9] (New York, 10 June 1958; subsequently the **"New York Convention"**).

The approach of the German Federal Supreme Court for Civil Matters avoids lengthy, time-consuming and costly disputes about the jurisdiction of the arbitral tribunal. If other legal systems are applicable, there may be a risk. English[10] law and the law of Singapore[11] assign this question to the jurisdiction of the arbitral tribunal. It is therefore important to comply with such clauses. If necessary, the legal consequence can also be determined in the clause itself.

Escalation clauses sound very good, but they raise the legal questions described above for those not so familiar with the subject matter. For this reason, and because in practice people will always talk to each other before escalating the dispute, these clauses are not only advantageous.

3. Expert Arbitration

Disputes arising from business acquisitions often relate to financial figures or other economic or factual matters relating to company finances. The legal consequences of such disputes are usually less complex and easier to answer once the accounting issue has been clarified. One example is questions concerning the accounting balance sheet,[12] which must be prepared as of the effective date of the business purchase agreement. The question of whether a MAC (*material adverse change*) event has occurred can also be decided by an industry expert or auditor. This way, a decision can be reached which is optimal in terms of cost and time and can be used in practice. The

[7] In this sense the High Court of Singapore in the case International Research vs. Lufthansa Systems Asia Pacific, [2012] SHGC 226 para 106.

[8] In this sense the German Federal Supreme Court for Civil Matters, decision of 14.01.2016, file no.: I ZB 50/15 and of 09.08.2016, file no.: I ZB 1/15.

[9] Federal Law Gazette 1961 II p. 121.

[10] (2014) EWHC 2104 para 73.

[11] [2012] SGHC 226 para 106.

[12] See also Knott, (Footnote 2), para 288 et seq.

expert's decision forms the basis for determining the legal consequences. These can then be clarified in the contentious proceedings. However, one should also consider entrusting the decision of the legal consequences to the expert arbitrator. For example, the determination of whether a MAC event occurred allows the expert arbitrator to calculate any damages that may have been incurred by the entitled party.

In the event of a dispute regarding a MAC event relating to the business of the target company, the task of the expert arbitrator may, for example, be to determine whether the expected loss of sales due to the loss of a supplier exceeds the contractually agreed materiality threshold and whether the seller is therefore entitled to withdraw from the company purchase agreement. In times of the Corona crisis, parties to business purchase agreements are likely to increasingly invoke MAC clauses, especially if the contracts were concluded before the outbreak of the virus and are now about to be closed. Both parties then have an interest in a quick settlement of their dispute. After all, it is vital to know whether the deal is going to go through or not. If necessary, the legal consequences can be clarified in a separate, contentious procedure.

The expert arbitration clause should specify the requirements for the qualification of the expert and the way in which the expert should be selected and appointed. A panel of experts (three) may also be considered. The parties should also agree that the expert's opinion is binding on both of them. Furthermore, the clause should provide for the initiation of proceedings by the complaining party and the possibility for the other party to reply. It should also be regulated whether there should be an obligation or option to hold a hearing of the parties before the procedure of drawing up the opinion is concluded. Finally, the distribution of the costs of the expert arbitrator's activity shall be determined.

Expert Arbitration proceedings may also be conducted in accordance with the relevant regulations of the arbitration institutions.[13] According to Art. 8 No. 2 of the ICC Expert Rules Part 3 (Administration of Expert Proceedings), the findings of the expert arbitrator are not binding on the parties unless otherwise agreed. According to Art. 22 of the DIS Rules on

[13] E.g. the DIS (German Institution of Arbitration) Rules on Expert Determination of 2010, http://www.disarb.org/de/16/regeln/dis-schiedsgutachtensordnung-10-schgo-id20, or the ICC Expert Rules, https://iccwbo.org/content/uploads/ sites/3/2015/01/2015-ICC-Expert-Rules-ENGLISH-version-1.pdf.

Expert Determination, the findings of the expert arbitrator are in principle binding, but a party may make a declaration of non-recognition (Art. 23). Thereupon the expert arbitrator's opinion is subject to judicial review. The time limits for the statements of the parties are also relatively long – the DIS expert proceeding should last a maximum of six months in total. They are not tailored to a decision, which may be required quickly, as to whether a party can invoke a MAC event and withdraw from the business purchase agreement.

It is important for the enforcement of an expert opinion to implement its findings effectively. If the expert arbitrator's opinion comes to the conclusion that the buyer still has to pay EUR 10 million in arrears, it does not make sense if the decision placed in the hands of the expert arbitrator by both parties is not recognised by the losing party. This purpose can be achieved by subjecting the parties to immediate execution in the business purchase agreement (hereinafter '**SPA**') with regard to their obligation to pay a purchase price adjustment amount determined by the expert arbitrator. Under German law, such subjection with respect to the payment of an amount not yet determined at the time of the conclusion of the contract is only effective if the amount is determined in the SPA or can be determined according to it.[14]

In M&A-related disputes, expert reports are particularly suitable for purchase price adjustments and for deciding whether a MAC event has occurred. In these cases, economic and financial aspects are usually in the foreground. Legal aspects are rather insignificant. However, this statement is not true if the legal issues are complex. For example, legal issues are difficult in this context when the expert arbitrator has established a MAC event, but the parties disagree about whether the buyer caused the MAC event. Such action could be, for example, the termination of a supply contract by the buyer. One should therefore either allow a review of the expert opinion by the parties. In that case, however, the expert opinion is no longer binding and the time advantage is lost. Alternatively, when defining the term 'Material Adverse Event', the expert's assignment should include a verification that the event occurred without any action by the buyer or mismanagement by the seller. The precise definition of the scope of the expert arbitrator's mandate is therefore of great importance.

[14] Witte/Mehrbrey, NZG 2006, 241, 244.

4. Arbitration proceedings

4.1. Ordinary state courts versus arbitral tribunals

What are the criteria for determining whether the parties to the SPA should refer their disputes to a state court or a arbitration tribunal? Arbitration proceedings can be conducted confidentially; proceedings before ordinary courts are generally public. The ordinary course of law allows for appeal and, if necessary, revision. For this reason and due to the varying degrees of efficiency of the state courts, the duration of arbitration proceedings is generally significantly shorter than that of proceedings before ordinary courts. In arbitration proceedings, the parties also have the possibility to choose the applicable law more flexibly and better adapted to the circumstances of the case, for example to exclude certain areas of the actually applicable legal system. For example, rules designed to protect consumers can be excluded from application in the context of fairness control of general terms and conditions. The parties may also invoke non-national law for application, such as the *lex mercatoria*, or provide for a decision to be taken at their own discretion (*ex aequo et bono*).[15] In this context, the ICC arbitral award of 29.01.2001 is instructive.[16] It concerned a clause limiting liability in a contract for work on a special machine. The ICC Arbitration Tribunal classified this clause – contrary to the requirements of German law, – as an individual agreement. There was no economic imbalance between the contracting parties. Therefore, this clause was – as an exception in view of the circumstances of the business relations between the parties – determined to be not mandatory, even though this clause was not changed at all and was presented by the supplier of the machine as non-negotiable.

A major advantage of arbitration proceedings is that the parties can choose the judges who will decide on their dispute. In doing so, they can take into account their qualifications, specialisations and expertise. This possibility is important in disputes arising from M&A transactions. These disputes require industry-specific expertise, experience in international business transactions and knowledge of different legal cultures.

Accordingly, the parties may, when applying German law, deselect the provisions on fairness control of general terms and conditions in transactions between merchants under Sec. 1051 of the German Code of Civil Procedure (ZPO). This aspect can be important when it comes

[15] See for example No. 24.4 of the DIS (German Institution of Arbitration) Arbitration Rules.

[16] SchiedsVZ 2005, 108.

to the question of whether a provision in the SPA triggering a claim by the buyer is to be regarded as such a general contract term or condition that does not withstand the fairness control.[17] From the point of view of German law, the deselection of fairness control in arbitration proceedings is permissible. According to case law, the provisions on the control of the fairness of general terms and conditions are not among those norms which must always be observed as so-called overriding mandatory provisions because they protect public interests.[18] In French law, on the other hand, the majority of authors qualify the special provisions on fairness control of general terms and conditions in consumer contracts as overriding mandatory provisions (lois de police).[19]

It is often taken for granted that the parties in arbitral proceedings can choose the language of the proceedings. Court proceedings, however, must be conducted in the national language.[20] There is a Chamber for International Commercial Matters at the Regional Court of Frankfurt/Main. There, the proceedings can be conducted in English.

Another advantage of the arbitration procedure is its confidentiality. It must, however, be agreed upon in accordance with general German arbitration law. Otherwise it is not guaranteed. The rules of the arbitral institutions, for their part, contain their own provisions on the confidentiality of the proceedings.

For arbitration proceedings, the parties may not only adapt the rules of the law on the merits chosen by them to the needs of their business relationship; they may also choose the procedural rules applicable to the arbitration proceedings in a way that suits them best. For example, they are entitled to allow, exclude or restrict the submission of documents for discovery.[21]

In arbitration proceedings there is generally no second instance. On the one hand, this serves to speed up the process. However, depending on the complexity of the legal issues, this can also be disadvantageous. For this reason, there have recently been exceptions to this principle:

[17] On the question of whether a company purchase agreement is to be regarded as general terms and conditions, Knott, (Footnote 2), para 249.

[18] See German Federal Court of Justice for Civil Matters, ruling of 9 July 2009, ref. Xa ZR 19/08, NJW 2009, 3371, 3373.

[19] Leible, General Principles of European Private International Law, 2016, § 7.02 B.

[20] See Jäger/Zavodsky, SchiedsVZ 2019, 175, 176.

[21] See point 4.2.5 below.

Pursuant to Art. 49 of the Singapore Domestic Arbitration Act, a "party to arbitration proceedings (after notice to the other parties and to the arbitral tribunal) may bring an action before the Singapore High Court on a question of law arising out of an award made in the proceedings". The situation is similar under English law: under Sec. 69 of the English Arbitration Act 1996, a "party to arbitration (after notice to the other parties and to the arbitral tribunal) may bring an action before the Court on a question of law arising out of an award made in the proceedings". From the point of view of the plaintiffs in M&A-related arbitration proceedings (i.e. usually the buyer), such provisions are of importance: If one is unjustly defeated in regards to high claims and cannot assert the claim a second time, for instance before a regular court, this is a great loss. On the other hand, the parties can appoint the institutions or persons directly, thus ensuring the quality of the arbitrators.

Another difference between arbitration tribunals and ordinary courts relates to the enforcement of judgments/awards abroad. This aspect is very important for disputes related to M&A transactions: the parties are often domiciled in different countries, so that decisions often have to be enforced abroad. In the country itself, judgments of the courts can be easily enforced. In addition, in civil and commercial matters, decisions of state courts within the EU are recognised and enforced without "exequatur", i.e. without any further review.[22] Both domestic and EU arbitral awards have yet to be declared enforceable.[23] The New York Convention applies to arbitral awards both in relation to EU member states and other states. Outside the EU, the cross-border enforcement of arbitral awards is easier than that of court decisions. This is due to the fact that Germany currently has only three bilateral enforcement agreements for court decisions in civil or commercial matters with other states (namely Israel, Tunisia, Turkey).[24] In the absence of bilateral agreements with foreign states, the enforcement of a judgment abroad can prove to be very costly in individual cases.[25]

[22] This follows from the so-called Brussels-Regulation, EC Regulation 44/2001 of 16 January 2001.

[23] The Brussels-Regulation is not applicable to arbitral awards.

[24] BeckOK ZPO/Bach, 35th Ed. 1.1.2020, ZPO § 328 marginal no. 9.3.

[25] For an enforcement in Germany all requirements of § 328 ZPO have to be fulfilled, see e.g. for Russian judgements Higher District Court Hamburg, judgement of 13.07.2016, file no. 6 U 152/1, Higher District Court Hamm, judgement of 06.09.2016, file no. 25 U 9/14.

The advantage of an almost worldwide enforceability of arbitral awards[26] will only be compensated for judgments in civil and commercial matters when the Hague Convention of 2 July 2019 on the Recognition and Enforcement of Foreign Judgments in Civil and Commercial Matters takes effect.[27] Under this Convention, foreign judgments are to be recognised without exequatur. However, the Convention is not yet in force.[28]

4.2. Optimal structuring of the arbitration proceedings according to the specific circumstances of the M&A transaction

One of the advantages of choosing an arbitral tribunal is the flexibility of the applicable substantive and procedural law. This is important for disputes in international M&A disputes: US parties want to see elements of discovery and taking of evidence familiar to them applied even in a transaction involving Europe. Therefore, the possibilities of the individual design of the arbitral proceedings will be discussed below.

4.2.1. The role of experts

In more complex disputes concerning M&A transactions, experts support the parties in the calculation of damages. The calculation of damages and purchase price adjustment amounts is often extensive and time-consuming. For the arbitral tribunal, the question then arises as to whether it should appoint a third expert. The alternative is to form an opinion by comparing the statements of the two experts appointed by the parties. For this purpose, the arbitral tribunal may hear both experts jointly and question them by the parties and itself. This procedure is called simultaneous expert questioning,[29] colloquially also called 'hot tubbing'. It saves time and money. The arbitral tribunal will not appoint its own expert after the submission of the party's expert opinion. It demands a high degree of experience from the arbitrators. They must be able to evaluate the party assessments without external support and from their own expertise.

[26] The New York Convention has been ratified by more than 150 states.

[27] https://www.hcch.net/en/instruments/conventions/full-text/?cid=137; so far this convention has only been signed by Ukraine and Uruguay, but not ratified.

[28] The agreement will not enter into force until it has been ratified by two states.

[29] Concurrent Expert Evidence was first developed in Australia and has also become increasingly popular in English courts: See the report https://www.judiciary.uk/wp-content/uploads/2011/03/cjc-civil-litigation-review-hot-tubbing-report-2016080 1.pdf.

4.2.2. Accelerated (fast track) arbitration proceedings

The arbitration rules of the most important arbitral institutions contain special provisions for accelerated proceedings.[30] Expedited proceedings are particularly suitable for claims that have a lower value. In this case, the time limits for the constitution of the arbitral tribunal are usually shorter, the case is in principle decided by only one arbitrator, the number of submissions is limited, the oral hearing is merely optional, and the award must be made within a fixed period of time, in most cases within six months after the proceedings conference.[31] The ICC rules provide for the accelerated procedure for any claim below US-$ 2 million. However, the parties may agree to a different arrangement ('opt out'). Furthermore, the institutional arbitration rules allow for an agreement on the rules for an accelerated procedure regardless of the amount in dispute. It is also possible to make a decision on the merits of the case without an oral hearing[32]. The losing party in an expedited procedure may not successfully claim a violation of procedural principles in the subsequent declaration of enforceability proceedings if such violation results from the application of the rules for an expedited procedure agreed between the parties.[33]

In the USA, the law of the State of Delaware or New York is usually chosen as the applicable law for business purchase agreements.[34] The law of Delaware is usually also the law applicable to the corporate law relationships of the US contractual partner. With regard to disputes arising from a business purchase agreement, the accelerated procedure under the Delaware Rapid Arbitration Act is suitable for arbitration proceedings to which the law of Delaware is applicable.[35] The law focuses on the rapid resolution of disputes. Delaying tactics, for example by involving state courts, are

30 Decker, Arbitration Center 2019, 75, 80.

31 See for example the DIS Expedited Rules http://www.disarb.org/de/16/regeln/-id37; Link to the ICC rules on expedited procedures: https://iccwbo.org/dispute-resolution-services/arbitration/expedited-procedure-provisions/.

32 See for example Art. 3.5 Appendix VI to the ICC Arbitration Rules; Art. 4 sentence 2 of the DIS Rules for accelerated proceedings.

33 See Schütt, SchiedsVZ 2017, 81, 89.

34 For differences between these two state laws see https://corpgov.law.harvard.edu/2014/01/02/delaware-vs-new-york-governing-law/.

35 Title 10, Chapter 58 of the Delaware Code, https://delcode. delaware.gov/title10/c058 /index.shtml; as well as the Delaware Rapid Arbitration Rules, ttps://courts.delaware.gov/rules/pdf/DeRapidArbitraion.pdf.

eliminated. The time limit for issuing the arbitral award is generally 120 days after the sole arbitrator has been confirmed. The award is automatically enforceable (in Delaware[36]) unless challenged within 15 days on specific grounds provided by law.

The adoption of rules for accelerated procedures by the arbitral institutions indicates that the time advantage of arbitration is no longer perceived as being so great. However, the rules for expedited proceedings must also be seen against the background of the costs of arbitral proceedings. In this paper, the expert arbitrator's opinion is recommended for differences that can be quickly decided in M&A transactions, such as the existence of a MAC event and purchase price adjustments.[37] Of course, this recommendation only applies in the event that, in the context of such a dispute, the legal issues associated with the dispute are of secondary importance. Otherwise, the expert arbitrator's opinion should be provided within the framework of an arbitration procedure. In this case, the accelerated procedure may be suitable.[38] Furthermore, legal disputes in connection with M&A transactions are of a rather complex nature and usually require a more comprehensive taking of evidence. Therefore, accelerated proceedings are generally – except for cases with low amounts of damages – not considered a suitable option.[39]

4.2.3. Number of arbitrators depending on the amount in dispute

Unless the parties choose an expedited procedure, the number of arbitrators shall be three[40] or one[41] in accordance with the rules of the international arbitral institutions. The parties should provide for this issue. The number of arbitrators may still be determined when the arbitration procedure is initiated, or a party may request three arbitrators, for example when important witness statements are to be considered.

[36] Arbitral awards from one US state must be declared enforceable in other states.

[37] See above at point 3.

[38] Meyer-Sparenberg/Jäckle, Beck'sches M&A Handbook, 1st edition 2017, § 85 para. 79.

[39] See also Meyer-Sparenberg/Jäckle, Beck'sches M&A Handbook, 1st edition 2017, § 85 marginal no. 78.

[40] See point 10.2 sentence 3 DIS Rules.

[41] See paragraph 12, section 2, sentence 1 ICC Rules.

4.2.4. Significance of the seat of the arbitral tribunal

The law of the country of the seat of the arbitral tribunal – in addition to the provisions of the chosen rules and the agreements of the parties – shall apply to the procedure of the arbitral proceedings and shall determine the judicial supervision of the arbitral proceedings and the review of the award, unless the chosen rules or the agreement of the parties provides otherwise. It is particularly important in this respect to what extent ordinary courts grant interim relief as an accompanying measure.[42] In German law, Sec. 1033 ZPO expressly permits this. It is advisable to choose a seat where the legislation and the courts support the arbitration proceedings. German civil procedure law supports arbitration proceedings. According to Sec. 1050 ZPO, German courts support arbitration courts in the taking of evidence.[43] However, witnesses must then be heard in German.

The seat of the arbitral tribunal must of course have a connection with the dispute. In the case of a business acquisition between a French seller and an English buyer with respect to a target company in Germany, the parties may agree on Frankfurt as the seat of arbitration. However, Geneva, Zurich or Vienna, even Stockholm, can also be considered as alternatives. Paris and London could not be considered because of the parties' origin from these two countries. The parties are in principle also free to choose the arbitration rules. It is not necessary to choose the rules of the arbitral institution best known in the country or place of arbitration. However, the arbitrators should be familiar with the selected rules.

4.2.5. Flexible design of document production and taking of evidence

There is a great difference between the Anglo-Saxon common law and the so-called civil law legal systems, particularly with regard to the obligation to produce documents. According to common law, 'all cards are put on the table' before proceedings begin, i.e. each party can demand that the other party submit all relevant correspondence. This process, which precedes the actual trial, is called 'discovery' or 'document production'.[44] Discovery also extends to statements by potential witnesses ('depositions') who could make relevant statements.[45] In discovery proceedings, for example, the

[42] See in detail below point 4.2.6.

[43] See Saenger, Code of Civil Procedure, 8th edition 2019, § 1050 marginal no. 1.

[44] Theissen, IWRZ 2020, 10.

[45] Theissen, IWRZ 2020, 10, 11.

submission of documents may be required to substantiate or defend the claim.[46] Under German civil procedural law, on the other hand, it is up to the party bearing the burden of proof to present the evidence necessary to substantiate his claim. So-called "fishing expeditions" are not permitted under German law. Only in limited cases can a German court order the opponent or uninvolved third parties to produce documents (Sec. 142 ZPO). These differences should also be seen against the background that arbitration proceedings under common law are proceedings conducted by the parties. According to the understanding of civil law, the arbitral tribunal is the master of the proceedings and can investigate the facts of the case beyond the evidence offered by the parties.[47]

The arbitration rules remain relatively flexible. For example, the arbitration rules of the SIAC (Singapore) and the HKIAC (Hong Kong), which are issued in common law jurisdictions, provide flexible rules for document production.[48] In comparison to the principles of procedural law under common law described above, they give the arbitration tribunal a strong position for conducting proceedings. In this respect, the parties are free to make arrangements for document production in accordance with all the arbitration rules. If the parties have not reached an agreement on the taking of evidence and invoke institutional rules of arbitration, the arbitral tribunal is granted extensive discretion under most institutional rules.[49]

An agreement of the parties on discovery binds an arbitral tribunal seated in Germany.[50] The supplementary agreement should refer to the special rules on the taking of evidence, which have been designed by internationally experienced specialists in this field and are recognised in both legal systems. These rules are the IBA Rules on the Taking of Evidence in International Arbitration of 29 May 2010[51] as well as the Rules on the Efficient Conduct of Proceedings in International Arbitration[52] presented in spring

[46] See MüKoZPO/Rauscher, 5th edition 2017, EG-BewVO art. 1 marginal no. 8.

[47] So para. 28.2 of the DIS Arbitration Rules.

[48] See Rules 22. und 22.3 of the arbitration rules of HKIAC, https://www.hkiac.org/arbitration/rules-practice-notes/administered-arbitration-rules/hkiac-administered-2018-1#22, as well as Rule 19.2 of the arbitration rules of SIAC, https://www.siac.org.sg/images/stories/articles/rules/2016/ SIAC%20Rules% 202016%20 English_28%20Feb%202017.pdf.

[49] See Art. 28 DIS rules and Art. 25 ICC rules.

[50] See Schütze, SchiedsVZ 2018, 101.

[51] Available at www.ibanet.org/Documents.

[52] https://praguerules.com/upload/medialibrary/9dc/9dc31ba7799e264 73d92 961d 926948c9.pdf.

2018, which emphasize the leadership of the arbitral tribunal. In disputes in the context of international M&A transactions, the above-mentioned issues are often of importance: In order to prove the breach of a warranty under the purchase agreement, the buyer is dependent on documents which are not available to him but only to the target company.

4.2.6. Provisional measures in ongoing arbitration proceedings

In M&A-related disputes it is very important for the parties to be able to seek interim legal protection during the arbitration proceedings. Such urgent measures may be necessary in particular in connection with the violation of confidentiality obligations or non-competition obligations. They are ordered either by the arbitral tribunal or by the ordinary courts. Under most arbitration rules, the adoption of emergency arbitration measures is possible.[53]

However, such orders are ineffective if they are not complied with without coercion[54] or are not enforceable with the help of state courts. According to German law (Sec. 1041 (1) ZPO), both the ordinary courts and the arbitral tribunal are competent to order interim measures.[55] Interim orders of the arbitral tribunal are enforced. The legal situation is similar in Singapore, the largest arbitration centre in Asia. According to Art. 12 (5) of the International Arbitration Act of Singapore,[56] arbitration courts are entitled to issue interim measures with the same effect as ordinary courts. Para. 6 of this provision grants the enforceability of arbitral tribunal orders in the same way as ordinary court orders. Under English law,[57] ordinary courts shall only make interim orders if the arbitral tribunal is not legally or factu-

53 See Art. 25 DIS Rules; Art. 29 ICC rules in conjunction with appendix V (Emergency Arbitrator Rules).

54 See Art. 29(2), second sentence: 'The parties undertake to comply with the order of the arbitrator in an emergency'.

55 Saenger, Zivilprozessordnung (Civil Procedure Act), 8th edition 2019, § 1041 marginal no. 1; German law also follows the UNCITRAL Model Law in this respect, see footnote 57 below.

56 https://sso.agc.gov.sg/Act/IAA1994; Singapore follows the UNCITRAL Model Law on International Commercial Arbitration, see § 17 A through J, https://uncitral.un.org/sites/uncitral.un.org/files/media-documents/uncitral/en/19-09955_e_ebook.pdf.

57 Art. 44 (2) lit. (e), (5) English Arbitration Act 1996; http://www.legislation.gov.uk/ukpga/1996/23/section/44; see Nils Schmidt-Ahrendts/Fabian Klein, in: Wilhelmi/Stürner, Post-M&A Arbitration, 2019, p. 172.

ally in a position to do so. State courts may not issue interim measures even before the constitution of the arbitral tribunal if the parties can be granted adequate legal protection by the appointment of an urgent arbitrator by the competent arbitral institution.[58]

The arbitral tribunal may not issue measures of interim relief against third parties who are not parties to the arbitration agreement. For example, the buyer may be interested in obtaining an interim injunction against the target company for a violation of the non-competition clause. German courts may also order such interim measures to support arbitration proceedings conducted abroad[59]. Thus, if the place of arbitration is Vienna, and the violation of the non-competition clause is alleged to have occurred in Germany, German courts are empowered to issue an interim injunction upon request.

4.2.7. Multi-contract and multi-party procedures

In general, multi-party situations can arise when one or more parties on the side of the claimant or respondent are involved in an arbitration. In principle, the right and obligation to participate in arbitration proceedings exists only with respect to the parties to the arbitration agreement, in an M&A transaction usually the seller and the buyer. However, there may be several parties involved in a business acquisition, e.g. on the seller or buyer side. For example, a third party may also guarantee the obligations of the seller. In this constellation, all parties concerned will submit to the arbitration clause. The arbitration rules of most arbitration institutions deal with these multiparty situations. An important issue is the involvement of all parties in the appointment of arbitrators. For this purpose, Art. 20 DIS Arbitration Rules, for example, provides for a differentiating solution. Arbitration proceedings may also concern several contracts (multi-contract proceedings), for instance if the parties agree on the purchase of one or more companies on the basis of several contracts. For this purpose, the parties may, for example, decide whether claims arising out of more than one contract are to be dealt with in one arbitral procedure.[60]

[58] *Gerald Metals SA v Timis Trust*, [2016] EWHC 2327 (Ch). See Nils Schmidt-Ahrendts/Fabian Klein, in: Wilhelmi/Stürner, Post-M&A Arbitration, 2019, p. 173.

[59] Cf. sections 1025 (2) and 1033 ZPO.

[60] See e.g. the provision in no. 17 DIS Arbitration Rules.

Several legal relationships are also affected if the target company has a dispute with a third party, the outcome of which has an impact on the relationship between seller and buyer. For example, the owner of a patent can sue the target company for infringement. If the target company does not prevail, this triggers a claim for indemnification by the buyer under the business purchase agreement. Another example is the termination of an important customer contract of the target company, which triggers a breach of a warranty in the business purchase agreement. For this type of dispute, the SPA should contain provisions on the seller's participation in the conduct of the dispute by the target company after the closing. Furthermore, from the buyer's point of view – and in view of arbitration proceedings regarding the claim under the SPA – it is very important that the seller recognizes the final judgment in the dispute with the third party as binding on itself with regard to its liability towards the buyer.[61]

4.2.8. Inclusion of claims against R&W insurers

A particular multi-party situation arises in international M&A transactions with regard to reps & warranties insurance. Most reps & warranties insurance policies are policies taken out by the buyer, which give the buyer a direct claim against the insurance company.[62] The insurer accepts arbitration clauses for disputes arising from this relationship. The reason is the interest in confidentiality. The seller remains directly liable in the amount of the deductible of usually 1% of the purchase price and in the case of so-called 'fundamental warranties'[63]. Due to this structure, the negotiations shift from the SPA to the wording of the reps & warranties insurance policy. In the case of policies concluded by the buyer, the aim is to include the seller in the arbitration agreement between the insurer and the buyer regarding the seller's liability contribution. In this way, a uniform decision can be reached in a single procedure vis-à-vis the seller and the insurance company.

If the seller took out the insurance policy, the buyer's claims shall in principle continue to be directed against the seller.[64] However, these are

61 See in detail Drude, SchiedsVZ 2017, 224, 228 et seq.

62 However, in view of the requirement of the insurance company to submit a 'no claims declaration', the buyer can only pursue claims against the insurance company that are unknown to him at the time of the conclusion or completion of the transaction.

63 Hoger/Baumann, NZG 2017, 811, 814.

64 Gaudig, KSzW 2017, 42, 43.

linked to the seller's right of recourse against the insurance company. It is possible to assign the claims of the seller against the insurance company to the buyer.[65] As an alternative, the seller can serve a third party notice against the insurance company when the buyer asserts a claim. However, this is only possible in arbitration proceedings if the party given notice of the dispute (in this context, the insurance company) is bound to the arbitration proceedings by an existing arbitration agreement. It is therefore in the interest of both seller and buyer if the insurer is included in the arbitration clause of the SPA.

4.2.9. Confidentiality of the arbitration proceedings

According to German arbitration law, arbitration proceedings are not confidential without an agreement to this effect. The ICC Rules of Arbitration also do not impose an obligation on the parties to maintain confidentiality.[66] The DIS Arbitration Rules [67], however, provide in their Sec. 44.1 for an obligation to maintain confidentiality. According to Sec. 44.3 of the DIS Arbitration Rules an award may only be published with the prior written consent of all parties.

4.2.10. Litigation financing for M&A-related arbitration proceedings

Similar to reps & warranties insurance in M&A transactions, litigation financing serves to shift risk, in this case from the plaintiff to the insurance company. Process financing is also becoming increasingly important in arbitration proceedings. With process financing, the investor assumes the costs of the plaintiff's legal prosecution. The plaintiff remains the owner of the claim and enforces it. If the plaintiff is successful, he owes the investor a contingency fee. This arrangement is generally permissible under German law.[68]

Litigation financiers call in external lawyers to examine the prospects of success. These lawyers could later be appointed as arbitrators for arbitration proceedings concerning the same subject matter. Conflicts of interest between the members of the arbitral tribunal and the litigation financier may arise here, which could affect the arbitration proceedings if they are

[65] Gaudig, KSzW 2017, 42, 43.

[66] See Meyer-Sparenberg/Jäckle, Beck'sches M&A Handbook, 1st edition 2017, § 85 marginal no. 22.

[67] Available at: http://www.disarb.org/de/16/regeln/-id37.

[68] Rauscher, in MüKo ZPO, 5th edition 2016, introduction recital 77.

not disclosed.[69] Pursuant to Sec. 1036 (1) ZPO, a person who is approached in connection with his possible appointment as arbitrator shall disclose any circumstances which may give rise to doubts as to his impartiality or independence. A person who has already formed an opinion on the merits of the claim may be in doubt as to his impartiality. Consequently, this circumstance must be disclosed. This person can then be challenged by the parties.

4.2.11. Optimisation of the enforcement of arbitral awards

4.2.11.1 Waiver of the right to demand that the arbitral award be set aside

The efficiency of the choice of arbitral proceedings is severely limited if an arbitral award, once made, can be set aside either by the courts of the place of arbitration or in proceedings for a declaration of enforceability.

According to a decision of the Frankfurt Higher Regional Court, the party adversely affected by an arbitral award may, after the award has been made and in knowledge of the respective grounds for nonobservance, effectively waive the assertion of these grounds in any event to the extent that the grounds for nonobservance do not serve the protection of direct state interests and are thus beyond the parties' control.[70] In this respect, German law should follow the more generous approach of the French Code of Civil Procedure. Art. 1522 (1) of the French Code of Civil Procedure provides that the parties may at any time (and thus also before the award is made) by special and express agreement waive the right to demand the setting aside of the award. Similarly, Art. 192 of the Swiss Private International Law Code[71] provides that "foreign" parties may, by express agreement in the arbitration agreement or by a subsequent written agreement, waive the right to request the setting aside of the award.

4.2.11.2 Waiver of the right to object in enforcement proceedings

Under French law, a waiver of the right to request the setting aside of an award does not automatically entail a waiver of the right to challenge the declaration of enforceability of an award.[72] The right to request the setting

[69] Siehe https://www.financierworldwide.com/increasingly-mandatory-disclosure-of-third-party-funding-in-arbitration#.Xm-LM3t7mUk.

[70] Higher Regional Court of Frankfurt am Main, 10.03.2016 – 26 Sch 7/15, BeckRS 2016, 131986.

[71] See https://www.admin.ch/opc/de/classified-compilation/19870312/index. html

[72] Art. 1522 Code de Procédure Civile.

aside of an award and the right to oppose its enforcement should be treated equally in French and German law. In our view, the waiver described above should in any event be possible de lege ferenda.

4.3. Online Dispute Resolution (ODR)

In times of the Corona crisis it is almost impossible to hold physical meetings and hearings. These are not permitted due to the lockdowns and assembly bans. This aspect underlines the importance of ODR. This form of dispute resolution had already developed strongly before the Corona crisis as part of the efforts to reduce costs and increase efficiency and is evidence of the continual innovation that can be observed in the practice of arbitration. For M&A transactions with parties from many countries, the use of at least elements of an online-based process management, e.g. the Case Management Conference, provides great relief.

The advantages of ODR include the ability to conduct the procedure even in global quarantine, greater cost efficiency and time savings. Before a decision is made in favour of ODR, its admissibility under the legal systems concerned must be examined. In addition to the procedural admissibility, the issuance of the arbitral judgment in electronic form should be confirmed as sufficient.[73]

A Case Management Tool (CMT) is very useful for a procedure using ODR. The CMT guarantees all parties involved the availability of all documents, which can be searched by keywords. In the context of ODR, it is important to enable the parties involved to conduct the proceedings in an orderly manner despite the lack of a physical presence. No party may suffer any disadvantage, even inadvertently, as a result of the failure of the image and/or sound transmission, which only occurs at their premises and remains undetected by the court.[74] The proceedings must be conducted fairly. This means that the parties must always be granted equal access to all components of the proceedings. This can become problematic, for example, if one party does not have the necessary data rates for transmitting the image and sound due to poor infrastructure and is therefore unable to follow the proceedings in court, or only to a limited extent. Their ability to

[73] This is the case in all jurisdictions that leave the form of the arbitral award to the decision of the parties, such as England and Wales, the Netherlands and Switzerland.

[74] See Markert/Burghardt, Navigating the Digital Maze – Pertinent Issues in E-Arbitration, J. Arb. Stud. 2017 Vol. 27/3, 15.

understand and react can be limited. It is also harmful if one party is unable to access the essential tools used in online proceedings due to a lack of technical support or know-how. The maintenance of data security is also of central importance.[75] The use of Augmented Reality (AR) and Virtual Reality (VR) will in future be able to replace site visits or overcome the weaknesses of virtual hearings by simulating presence digitally.

All these questions must be clarified before ODR is agreed upon, and if possible even before the Case Management Conference, so that documents do not have to be saved again. As before the take-off of an aircraft, an ODR clearance checklist must be worked through before a decision is made to carry out an online procedure. No ODR may take place without all criteria being met. Furthermore, the transmitted data including all documents must be protected against disclosure or unauthorized changes. Therefore, all parties involved in the procedure should agree on uniform procedures to ensure data security and adhere to them consistently.

Online arbitration as such is not regulated by German arbitration law. The existing legislation must be applied to this rather new phenomenon. Under German arbitration law, it is up to the parties to determine the procedural rules applicable to their arbitration. Therefore, ODR, understood as negotiation via video conference, does not encounter any legal obstacles from the perspective of German law.[76] According to Sec. 1054 (1) ZPO, however, the electronically drafted arbitral award is not admissible – it must still be drafted in writing.

The institutional arbitration regulations expressly do not yet provide for any measures for a far-reaching digitisation of arbitration proceedings. The electronic management of certain individual sections of the arbitral proceedings is sensibly regulated.[77]

The Seoul Protocol on Video Conferencing in International Arbitration[78] contains principles governing all aspects of the preparation, testing

[75] See https://www.arbitration-icca.org/media/14/76788479244143/icca-nyc_bar-cpr_cybersecurity_protocol_for_international_arbitration_-_print_version.pdf.

[76] MüKoZPO/Munich, 5th edition 2017, ZPO § 1042 marginal no. 76 f.

[77] See ICC Rules Annex IV – Case Management Techniques lit. f; similar to Art.27.4(i) and Annex 3 lit. G 2018 DIS Rules; see Schäfer, in SchiedsVZ 2019, 195, 196, see in this context also https://iccwbo.org/content/uploads/sites/3/2017/03/icc-information-technology-in-international-arbitration-icc-arbitration-adr-commission.pdf.

[78] Available at: http://www.kcabinternational.or.kr/user/Board/comm_notice_view.do?BBS_NO=548D_NO=169URRENT_MENU_CODE=MENU0025OP_MENU_CODE=MENU0024.

and conduct of a video conference in international arbitration. In contrast to what is allowed during the coronavirus crisis, the protocol refers to a situation in which the majority of the participants in a meeting are gathered in one room and a minority joins in from outside. The Seoul Protocol does not regulate the entire online negotiation process, in which each participant joins in from outside. Rather, it contains regulations on procedural issues, cyber security and technical aspects of conducting a video conference. The great value of the protocol is to be seen in the fact that it deals comprehensively with the conditions for the successful conduct of a video conference in the context of an arbitration procedure which is, otherwise, traditionally structured.

5. Mediation in connection with arbitration or ordinary court proceedings

Mediation is a suitable dispute resolution mechanism if both parties are prepared to reach an amicable agreement in view of further future cooperation or for other reasons (e.g. cost savings or both sides recognise weaknesses in their positions). The following must be regulated – and this can also be done by reference to the mediation rules of an arbitration institution: At what stage of the procedure should mediation take place – or should it always be available as a possible solution to the conflict – for example, following an escalation –, should the result be binding and, if so, how can it be enforced?

Mediation is a confidential and structured procedure in which the parties, with the help of one or more mediators, voluntarily and independently seek an amicable settlement of their dispute.[79] In mediation, it is up to the parties themselves to negotiate a solution to their dispute with the help of the mediator who guides the parties through mediation but does not have the power to decide the dispute.[80] Mediation can be an appropriate dispute resolution mechanism to save costs and time or where the parties are willing to reach an amicable agreement in view of future cooperation.[81] In this respect, mediation is suitable for disputes following M&A transactions. The parties often maintain business relationships outside of the transac-

[79] Section 1(1) of the German Mediation Act.

[80] See Risse, SchiedsVZ 2012, 244, 246.

[81] See Thümmel, in: Wilhelmi/Stürner, Post-M&A Arbitration, 2019, p. 213.

tion, for example by supplying the seller's companies after the transaction has been completed.

Mediation can take place at any stage of the proceedings. It may be stipulated in the arbitration clause as being obligatory before the beginning or before the end of the contentious proceedings. However, then the maximum duration and the individual procedural steps should also be specified. If the parties agree on mediation, it is important to determine whether its' execution is mandatory before initiating arbitration or court proceedings. This is often already done in the part of the dispute resolution clause devoted to mediation but can be adapted to the specific circumstances. Furthermore, an agreement on the maximum duration of the mediation is recommended so that the resolution of the conflict is not delayed. Unnecessary loss of time can also be avoided by agreeing on the reasons why mediation should end. This includes the declaration by one party to the other party that the mediation has ended without giving reasons. The mediator may also make this declaration. The parties either appoint the mediator themselves or leave this to the arbitral or other institution. The arbitration institution is suitable for this purpose if the mediation is combined with the arbitration proceedings. The following explanations focus on this variant.

The arbitration institutions have also issued mediation rules. With regard to the costs of mediation under the ICC Rules of Mediation and the Rules of the German Institution of Arbitration, the mediator's fees are based on an hourly rate and not on the amount in dispute. Since M&A disputes typically involve considerable amounts in dispute, differences in costs must be taken into account when selecting the Rules of Mediation.

In Germany the "Mediation Act" came into force on 26.07.2012. It grants the parties a great deal of freedom of action. This is also to be welcomed in view of the great importance of the parties' own responsibility in mediation.[82] However, the legislator did not have in mind the mediation associated with a possible contentious procedure. For this reason, the Mediation Act does not contain any provisions to protect the confidentiality of the information exchanged in the mediation procedure with a view to subsequent contentious proceedings (so-called no prejudice basis) or to suspend the statute of limitations. We recommend that the parties make contractual arrangements with regard to these two points. Depending on the circumstances, the enforcement of the mediation settlement should also

[82] See Risse, SchiedsVZ 2012, 244, 254.

be regulated. A consensual arbitral award can be considered. However, an enforceable attorney settlement or, in the case of proceedings before the ordinary courts, a so-called resolution settlement can also be concluded.[83]

For the enforcement of settlement agreements in the international context, the Singapore Convention on Mediation (hereinafter referred to as the "**Singapore Convention**")[84] will become important in the future. The EU or its member states have not yet joined. It is still to be clarified whether the EU as a whole or the individual member states must be parties to the agreement.[85] The Convention applies to settlements of international trade disputes that have been reached through the use of a mediator. It therefore only concerns B2B transactions. The settlement must then be submitted to the national competent authority. There must be no reason for refusal. These reasons are formulated on the basis of the New York Convention.[86] A novelty from the point of view of German law is the possibility created by the Convention to make a document that has not been legally verified the basis for enforcement.[87] According to Art. 8, acceding states can make the reservation that the application of the Singapore Convention must be agreed in the settlement agreement. The Convention greatly enhances the effectiveness of mediation in international trade. Rapid ratification in the EU is highly desirable.

5.1. Combination of Mediation with Arbitration or with Ordinary Court Procedures

5.1.1. Med-Arb/Arb-Med

In Med-Arb procedures, the parties agree in advance that they will first try to resolve their dispute with the assistance of a mediator. In the event of failure, arbitration proceedings shall be initiated immediately. The parties

[83] Sec. 796 a to c ZPO or sec. 278 (6) ZPO; see also Risse, SchiedsVZ 2012, 244, 254.

[84] United Nations Convention on International Settlement Agreements Resulting from Mediation, available at: https://uncitral.un.org/sites/uncitral.un.org/files/singapore_convention_eng.pdf..Sie was signed by 46 states in Singapore on 7 August 2019 and will enter into force on 12 September 2020 following ratification by Qatar as the third contracting state, see https://www.straitstimes.com/singapore/key-facts-about-the-convention

[85] https://www.gtai.de/gtai-de/trade/recht/rechtsmeldung/eu/welt-atreitbeilegu ng-durch-mediation -die-singapur-konvention-128240b

[86] See the full text https://www.lto.de/recht/hintergruende/h/singapur-konvention-mediationsvergleich-international-vollstreckbar-voraussetzungen-kein-eu-beitritt/

[87] Weigand, RIW 2019, issue 11, cover section, I.

should therefore determine when the mediation has failed. Then the obligation to initiate arbitration proceedings arises. According to for example Art. 8.1 of the DIS Rules of Mediation[88] such events for the failure of mediation can be defined as follows: (1) A party declares the proceedings to be terminated, provided at least one mediation session has taken place previously or no mediation session has taken place within two months of the appointment of the mediator. (2) The appointment of the mediator(s) has not been made in due time and neither party has requested the appointment of a substitute mediator by the institution whose rules of mediation apply. (3) The mediator has declared the mediation proceedings terminated by written declaration to both parties. (4) The mediation proceedings were not conducted for a period of three months after their commencement. This is the case if neither a written preliminary clarification, a preliminary discussion nor a mediation meeting has taken place.

In Med-Arb proceedings, the appointment of the subsequent arbitrator, who initially acts as mediator, is affected if the parties disclose confidential information in individual discussions with the mediator. The mediator may not use this information as a later arbitrator. For German law, the view is expressed on this question that an agreement between the parties is not valid if it is aimed at excluding the setting aside of the later arbitral award on account of the participation of the mediator as arbitrator.[89] Other legal systems, like Singapore's, take a more liberal approach.[90] However, the flip side of this generous solution is a far-reaching disclosure obligation for the mediator who is subsequently appointed as arbitrator[91]. This duty of disclo-

[88] The mediation rules of other arbitration institutions provide similar grounds for the failure of mediation.

[89] Renate Dendorfer-Ditges, in: Klowait/Gläßer, Mediation Act, 2nd ed. 2018, part 3 N. – Mediation and Arbitration, para. 39.

[90] Dendorfer/Lack, SchiedsVZ 2007, 195, 200. Sec. 17.4 des Singapore International Arbitration Act (https://sso.agc.gov.sg/Act/IAA1994#pr17-): „No objection shall be taken to the conduct of arbitral proceedings by a person solely on the ground that that person had acted previously as a conciliator in accordance with this section."

[91] See Art. 17 Abs. 3 Singapore International Arbitration Act: „Where confidential information is obtained by an arbitrator or umpire from a party to the arbitral proceedings during conciliation proceedings and those proceedings terminate without the parties reaching agreement in settlement of their dispute, the arbitrator or umpire shall before resuming the arbitral proceedings disclose to all other parties to the arbitral proceedings as much of that information as he considers material to the arbitral proceedings."

sure may conflict with the arbitrator's obligation to maintain confidentiality. However, it is limited to information that the former mediator considers essential for the arbitration proceedings. This restriction should adequately protect confidentiality in relation to the mediation proceedings.

A variant of Med-Arb is the "Medaloa" procedure (mediation and last-offer arbitration).[92] The parties start with mediation, followed by arbitration if mediation is not successful. The arbitral tribunal then has only the choice between the last offers made by the parties in the mediation procedure for the arbitral award. This mechanism puts the parties under strong pressure to settle their conflict within the mediation procedure.

In **Arb-Med** the procedure begins with the arbitration. Compared to Med-Arb, Arb-Med has the disadvantage that it is more time-consuming, as the effort required to initiate and also conduct the arbitration proceedings is considerable.[93] On the other hand, once the pleadings have been prepared, the parties can better assess their position and distinguish strengths from weaknesses. Arb-Med induces the parties to first make a thorough assessment of the factual and legal issues by preparing the pleadings which initiate the proceedings. Afterwards, it is possible to switch to the mediation procedure at any time. This can even be done after the arbitral award has been issued, for example to speed up the enforcement.

The SIAC-SIMC Arb-Med-Arb (AMA) protocol[94] is relevant for the Arb-Med procedure: the arbitrator(s) and the mediator(s) provided for under the AMA protocol are usually different persons. They are appointed by the respective institution (SIAC or SIMC). However, the parties may agree otherwise, i.e. that one or more arbitrators shall also be mediator. If the mediation is successful, a consent award can be issued. The HKIAC (Hong

[92] See Dendorfer/Lack, SchiedsVZ 2007, 195, 196.

[93] Renate Dendorfer-Ditges, in: Klowait/Gläßer, Mediation Act, 2nd ed. 2018, part 3 N. Mediation and Arbitration Rz. 8.

[94] http://simc.com.sg/v2/wp-content/uploads/2019/03/SIAC-SIMC-AMA-Protocol.pdf. SIAC is the arbitration institution, SIMC the mediation institution in Singapore. The Model-AMA (Arb/Med/Arb)-clause is as follows: The parties further agree that following the commencement of arbitration, they will attempt in good faith to resolve the Dispute through mediation at the Singapore International Mediation Centre ("SIMC"), in accordance with the SIAC-SIMC Arb-Med-Arb Protocol for the time being in force. Any settlement reached in the course of the mediation shall be referred to the arbitral tribunal appointed by SIAC and may be made a consent award on agreed terms.

Kong) Rules of Mediation also provide for an exclusion of the mediator's activity as an arbitrator in subsequent arbitration proceedings.[95]

From the point of view of German law, arbitral awards by mutual consent are enforceable under Sec. 1053 of the Code of Civil Procedure. Conciliation awards are also expressly provided for in Art. 33 of the ICC Rules of Arbitration 2017.

5.1.2. Mediation with subsequent proceedings before ordinary courts (Med-Court)

As a rule, the parties agree before the start of mediation to treat the information disclosed during the mediation process as confidential and not to use it in subsequent proceedings, for example before state courts (no prejudice clause). Under German procedural law, such confidentiality and no prejudice agreements are generally recognized. However, it is being discussed whether the court where legal action is taken may, of its own motion, collect evidence on issues covered by the confidentiality agreement.[96] The following example will serve as an illustration: The parties are in dispute over a breach of warranty under the SPA. Before the mediation was conducted, they had agreed to keep the basis for the calculation of the purchase price confidential. The deal, which was deemed to be secure, did not materialise. In in the subsequent court proceedings the seller asserts his damages for loss of profit on the basis of the purchase price calculation communicated to him by the buyer. However, he does not submit the calculation documents. Can the court take evidence of this?

6. Summary

The contribution has shown the variety of forms of alternative dispute resolution for conflicts related to international M&A transactions. The decision which means to choose often depends on the state of circumstances at the moment of the outbreak of the conflict. Thus, only when the specific

[95] No. 14 of HKIAC Mediation Rules (https://www.hkiac.org/mediation/rules/hkiac-mediation-rules) stipulates: The parties undertake that the mediator shall not be appointed as adjudicator, arbitrator or representative, counsel or expert witness of any party in any subsequent adjudication, arbitration or judicial proceedings whether arising out of the mediation or any other dispute in connection with the same contract. No party shall be entitled to call the mediator as a witness in any subsequent adjudication, arbitration or judicial proceedings arising out of the same contract.

[96] Nils Goltermann, in: Klowait/Gläßer, Mediation Act, 2nd ed. 2018, § 4 marginal no. 24.

circumstances are known does one know whether a dispute concerning the MAC clause can be resolved by an arbitration expert outside of or within the framework of (fast track) arbitration. The parties should therefore also include an ad hoc adjustment of the dispute resolution in their planning. This allows for optimal results to be determined and implemented with regard to the quality of the solution, costs and time required.

Do passado recente ao remoto, um ano depois do "Mecanismo Nacional de Combate à Corrupção"

Leis e mecanismos vazios ou quase vazios para combater a corrupção numas poucas empresas

Miguel da Câmara Machado[1]

Tive o gosto e o privilégio de ser aluno do Professor Doutor Pedro Pais de Vasconcelos há quinze anos, nas disciplinas de Direito Comercial I e II, na Faculdade de Direito da Universidade de Lisboa. Dele recordo, com saudade, as aulas em ambiente descontraído e desafiante e o humor com que provocava o pensamento divergente que sempre valorizei na academia. Ainda hoje oiço a sua gargalhada no Anfiteatro 3 e espero que, nas várias Faculdades de Direito do mundo, sempre se cultive a alegria a ensinar e a aprender que o Senhor Professor inspira e expira.

Assim, começo este texto a recordar algumas linhas do manual que me orientava nesses tempos[2] (em que compara a participação social ao ornitorrinco descrito por Umberto Eco[3]), tentando afirmar que, tal como a parti-

[1] Assistente Convidado na Faculdade de Direito da Universidade de Lisboa. Investigador no Centro de Investigação de Direito Privado da Faculdade de Direito da Universidade de Lisboa. *Chief Legal Counsel* e Advogado no Banco de Investimento Global (BiG).

[2] PEDRO PAIS DE VASCONCELOS, *A participação social nas sociedades comerciais*, 2ª ed., Coimbra: Almedina, 2006, p. 6.

[3] UMBERTO ECO, *Kant e o Ornitorrinco*, Difel: Algés, 1999, pp. 95 e ss.

cipação social, também o fenómeno da corrupção tem «*características que são próprias de outras realidades, que costumam ser dicotomizadas, e a nenhuma das quais se consegue perfeitamente reconduzir*». No entanto, ao contrário das sociedades e das participações sociais como as conhecemos atualmente, o problema da corrupção é milenar e é um conceito antigo na História do Direito privado, tendo os mecanismos de combate, curiosamente, mais raízes no Direito privado do que no público, pelo que considero que é fundamental conhecer esse nosso passado para melhor enfrentar o futuro – algo a que o Professor Pais de Vasconcelos também sempre apelou no seu ensino de Direito comercial e em tantos outros ramos do Direito.

Um ano (e um mês) depois do "Mecanismo Nacional de Combate à Corrupção"

> «*O fenómeno da corrupção ofende a essência da democracia e os seus princípios fundamentais (...) Nas últimas décadas, assistiu-se a um esforço considerável na harmonização dos enquadramentos legais em todo o mundo, através da adoção de convenções multilaterais. Estas convenções, todavia, versaram maioritariamente sobre a repressão da corrupção, e não sobre a sua prevenção*»[4].

Um ano e um mês depois da publicação do "Mecanismo Nacional de Combate à Corrupção" (MENAC) aprovado pelo Decreto-Lei nº 109-E/2021, de 9 de dezembro, podemos afirmar que este "mecanismo" foi feito para poucos ou pouquíssimos, ignorando muito ou muitíssimo.

Há menos de cinco anos, tentámos sintetizar algumas ideias sobre os "mecanismos de combate à corrupção" antigos e atuais numa primeira versão do presente texto[5] que nos parece ser oportuno revisitar, um ano depois

[4] Excerto retirado do Preâmbulo do Decreto-Lei nº 109-E/2021, de 9 de dezembro, que aprovou o Regime Geral da Prevenção da Corrupção (RGPC).

[5] A segunda parte destas notas corresponde a uma versão atualizada e revista do texto "A corrupção não se combate com o silêncio", in *Revista Brotéria*, vol. 186, 5/6, mai./jun., 2018, pp. 654-670, em que abordámos o tema a partir de reflexões que já partem de 2011 e de um estudo de Direito comparado-histórico a partir das iniciativas anticorrupção apresentadas em 2010. Todas as posições expressas nestas linhas são estritamente pessoais e nenhuma vincula ou representa a posição ou entendimento de qualquer entidade com as quais o autor tem vindo a colaborar. Por fim, agradeço o valioso apoio da Catarina Vinagre e do Francisco Luna Vaz na revisão deste texto, tendo sido essenciais para vir de Roma até 2023. Obrigado.

do começo da "criação" do MENAC no final de 2021[6], que se prolongou ao longo de 2022, através de vários instrumentos normativos que o vieram regulamentar[7].

Desde 2018, houve vários processos "mediáticos"[8] que tiveram avanços e foram marcantes as iniciativas legislativas dos dois últimos anos, em especial o "pacote anticorrupção" e a criação deste MENAC (que 2022 viu lentamente ganhar forma), pelo que nos continua a parecer estranho que, depois de tantas "declarações de intenções" de legisladores e governantes, tenha havido poucas alterações práticas e, principalmente, que o tema tenha sido totalmente esquecido nos projetos de revisão constitucional apresentados pelos partidos no final do ano passado (apesar de alguns dos temas – como o do regime das denúncias ou a, mais importante, questão dos tribunais especializados – serem temas com a maior relevância constitucional e objeto de decisões do Tribunal Constitucional sobre a desconformidade de várias iniciativas com a Constituição da República Portuguesa)[9].

Assim, parece-nos útil retomar algumas daquelas ideias da versão original deste texto para nos juntarmos novamente a este combate, ao abrir

[6] Pode ler-se a definição que o "lexionário" do Diário da República apresenta para melhor compreender esta "entidade": «*O Mecanismo Nacional Anticorrupção foi criado pelo regime geral da prevenção da corrupção e assume a natureza de entidade administrativa independente, com personalidade jurídica de direito público e poderes de autoridade, dotada de autonomia administrativa e financeira. Tem por missão a promoção da transparência e da integridade na ação pública e a garantia da efetividade de políticas de prevenção da corrupção e de infrações conexas. A criação de um mecanismo com este tipo de funções encontra-se igualmente prevista no artigo 6º da Convenção das Nações Unidas contra a Corrupção, de 31 de outubro de 2003, ratificada pelo Decreto do Presidente da República nº 97/2007, de 21 de setembro. A existência desta entidade em nada prejudica as competências do Tribunal de Contas, em particular, e em geral, as competências previstas na lei para os tribunais e para o Ministério Público*», disponível *online* em https://dre.pt/dre/lexionario/termo/mecanismo-nacional-anticorrupcao-menac.

[7] Cfr., desde logo, a Portaria nº 164/2022, de 23 de junho, que regulou a instalação do Mecanismo Nacional Anticorrupção.

[8] Tanto a nível nacional como europeu (basta recordar as notícias com que se encerrou 2022). Sobre o fenómeno, com uma perspetiva mais global, v. Petrus C. Van Duyne, "Greedy of crime-money: the reality and ethics of asset recovery", in *Corruption, greed and crime money: sleaze and shady economy in Europe and beyond*, Oisterwijk: Wolf Legal Publishers, 2013, pp. 235-266 ou Francisco Jiménez García, *La prevención y lucha contra el blanqueo de capitales y la corrupción: interacciones evolutivas en un Derecho internacional global*, Granada: Editorial Comares, 2015.

[9] Quanto às iniciativas e políticas existentes na última década, recomenda-se *Corrupção em Portugal: avaliação legislativa e propostas de reforma* (org. Paulo Pinto de Albuquerque, Rui Cardoso e Sónia Moura), Lisboa: Universidade Católica Editora, 2021.

2023, numa luta que tem de ser constante e premente, havendo sempre trabalho a fazer, desde cada negócio jurídico[10] até às maiores empresas do Estado[11], e sendo útil "viajar no tempo" até ao Império Romano para conhecer algumas das melhores ferramentas que os pensadores do Direito já inventaram para lidar com este fenómeno.

Como em diversos outros temas que envolvem a aplicação de regras de Processo penal, o mediatismo que normalmente envolve estes processos permanece como um problema por resolver, mediante exposição inusitada e eventualmente ilegal, atraindo atenções, suscitando conversas e justificando, em nome "do interesse público", verdadeiros "processos em praça pública", com tudo o que isso tem de perigoso e contraditório com a natureza de um Estado de Direito. E, note-se, estes são os problemas jurídicos mais imediatos que se podem apontar, surgindo, posteriormente, outras consequências nefastas, como o é a perda de confiança dos cidadãos nos nossos tribunais e, em geral, nos diversos órgãos de soberania.

Apontando uma notável assimetria entre os conceitos de corrupção, responsabilidade e idoneidade prevalecentes na classe política e nos cidadãos, um estudo recente, da Fundação Francisco Manuel dos Santos demonstra que, para a maioria dos políticos portugueses no ativo, a responsabilidade política esgota-se na responsabilidade legal (senão penal). Já os cidadãos "comuns" inquiridos têm conceitos mais abrangentes, são mais exigentes e entendem que há responsabilidade ética e política mesmo quando não responsabilidade legal, manifestada nas mais diferentes formas (administrativa, civil, laboral, contraordenacional ou penal)[12]. Este estudo continua a revelar uma notável perda de confiança na classe política por partes dos portugueses[13].

[10] Sobre este tema, nesta mesma *Revista*, cfr,. PAULA COSTA E SILVA, "Corrupção e negócio jurídico", in *Revista de Direito Comercial, Liber Amicorum Pedro Pais de Vasconcelos*, pp. 21-86.

[11] Para esta perspetiva, há um recente número da revista *e-Publica*, o nº 2 do volume 9, totalmente dedicado à corrupção, contextualizando a abrir, RICARDO PEDRO, nas pp. 2 a 4, vários textos dedicados a este tema do ponto de vista do Direito administrativo. Revista disponível *online* em https://e-publica.pt/section/2904-administrative-law.

[12] Sobre os vários tipos de responsabilidade, v. PAULO SARAGOÇA DA MATTA, "Quando o Estado prefere a coima à pena", *in Política e Corrupção, Branqueamento e Enriquecimento*, Lisboa: Chiado Editora, *ebook*, 2015, locs 2232-3435.

[13] Cfr. LUÍS DE SOUSA e SUSANA COROADO, Ética e integridade na política, Lisboa: Fundação Francisco Manuel dos Santos, 2022.

Deste modo, continua a ser necessário procurar as melhores formas de "falar de corrupção" e de a enfrentar, apesar da aprovação do Decreto-Lei nº 109-E/2021, de 9 de dezembro, que aprova o Regime Geral da Prevenção da Corrupção (o "**RGPC**"), porque não podemos deixar de nos questionar se estas medidas serão suficientes ou até satisfatórias.

Infelizmente, os dados que se recolhem em relação à aplicação prática do referido diploma não são animadores ou são, pelo menos, sinalizadores de que se legisla para um universo muitíssimo reduzido. O artigo 2º define o âmbito de aplicação do Decreto-Lei supracitado, considerando-se abrangidas as entidades com mais de 50 trabalhadores com sede em Portugal ou que sejam sucursais de empresas com sede no estrangeiro que se insiram no mesmo parâmetro.

Se considerarmos as definições dadas pelo Instituto Nacional de Estatística, que facilitam a interpretação dos dados que a instituição fornece, inserem-se neste parâmetro as médias e grandes empresas[14].

De acordo com dados estatísticos apurados pelo INE e pela PORDATA, no ano de 2020 existiam, em Portugal, 1.316.256 empresas, das quais 1.312 eram grandes empresas[15], o que corresponde a sensivelmente 0,1% do tecido empresarial português. Dos 99,9% que representam as PME, incluindo as médias empresas, ou seja, as que são constituídas por mais de 50 trabalhadores e cujo volume de negócios anual ou balanço total anual excede 10 milhões de euros[16], são apenas 0,5% desse universo[17], o que se traduz em cerca de 6.575 empresas. Contas feitas, o regime estabelecido no RGPC aplicar-se-á a menos de 8.000 empresas, o que irá representar, no seu todo, menos de 0,6% do total de empresas que desempenham atividades em Portugal. É este o "alvo" da grande estratégia de combate à corrupção tão destacada pelos responsáveis governamentais em 2022.

[14] Consultar os referidos conceitos em:
https://www.ine.pt/xportal/xmain?xpid=INE&xpgid=ine_publicacoes&PUBLICACOESpub_boui=15413305&PUBLICACOESmodo=2, pp. 57 e ss. (consultado a 19 de dezembro 2022).

[15] Estudo disponível em:
https://www.pordata.pt/portugal/empresas+total+e+por+dimensao-2857 (consultado a 19 de dezembro de 2022).

[16] Cf. Artigo 2º, nº 2 do Anexo do Decreto-Lei nº 372/2007, de 6 de novembro, conforme alterado até hoje.

[17] Estudo disponível em:
https://www.pordata.pt/portugal/pequenas+e+medias+empresas+em+percentagem+do+total+de+empresas+total+e+por+dimensao-2859 (consultado a 19 de dezembro de 2022).

Das 1.316.256 empresas, apenas 15.256 são empresas financeiras, o que em termos percentuais corresponde, por arredondamento, a 1,16% do tecido empresarial. Tendo em consideração o estudo realizado pela Associação Portuguesa de Bancos, existem em Portugal (entre instituições financeiras nacionais, filiais e sucursais), 29 instituições financeiras, sendo que destas apenas duas não integram mais de 50 trabalhadores, pelo que as demais deveriam adotar políticas anticorrupção – estes dados reportam-se ao ano de 2021[18].

Relativamente ao setor empresarial do Estado[19], importa referir que as entidades públicas que empreguem mais de 50 trabalhadores também estão obrigadas a redigir e implementar políticas anticorrupção. Entre as entidades obrigadas, podemos indicar a Rádio e Televisão de Portugal, S.A. ("RTP"), a Caixa Geral de Depósitos, S.A. ("CGD") e o Instituto Português de Oncologia de Lisboa Francisco Gentil ("IPO"), cujas políticas anticorrupção podem ser consultadas nos respetivos *sites* na Internet[20].

[18] Para consultar estes e outros dados aceder a: https://www.apb.pt/content/files/Boletim_Estatistico_Anual-Dez_2021.pdf.

[19] Neste domínio, interessa ler Diogo Santana Lopes, "Planos de Prevenção de Riscos de Corrupção e Infrações Conexas na Administração Pública", in *e-Publica*, vol. 9, nº. 2, out., 2022, pp. 102-126.

[20] Como exemplos de políticas anticorrupção adotadas pela RTP, assinala-se a obrigação assumida Conselho de Administração da RTP, de manter atualizado o Plano de Prevenção de Riscos de Corrupção e de Infrações Conexas da RTP, cuja execução deve ser garantida pelos diretores de cada unidade orgânica. A aprovação e execução do plano será averiguada também pela Auditoria Interna da entidade que elaborará um relato anual de execução, com base nas respostas dos responsáveis de cada unidade. Para além disto, a RTP assume, no documento disponibilizado, que irá manter vigente e adequado à sua realidade o Código de Ética e de Conduta, aprovado pelo Conselho de Administração no ano de 2017.
Relativamente à política adotada pela CGD, por fatores que associamos à natureza financeira da empresa, observa-se um plano bastante mais detalhado em termos de avaliação das áreas mais expostas a riscos de corrupção. Deste modo, para além da adoção de um Código de Conduta e de Políticas de Prevenção da Corrupção de Infrações Conexas, a instituição bancária dispõe, entre outros, de uma Política Global de Prevenção e Gestão de Conflitos de Interesses da CGD, que se encontra em vigor desde 2014. Possui também, como parte das políticas anticorrupção, um normativo para a Aceitação ou Oferta de Prendas e Hospitalidade da CGD. O plano inclui também um conjunto de medidas a adotar, que complementam as institucionalizadas, mas que aparentam ser um reforço às que a empresa já implementara.
Numa circunstância que nos pareceu mais surpreendente, o IPO dispõe também de um desenvolvido Plano de Gestão de Riscos de Corrupção. No documento referido identificam-se os riscos associados a cada área e as maiores falhas que se têm verificado na colmatação dos mes-

Com base nesta análise, parece que estamos perante mais um caricato caso em que um Decreto-Lei, pretensamente abstrato, acaba por ser pensado para se aplicar a situações muito específicas, desenquadradas do quadro nacional existente, uma vez que, como referimos *supra*, o diploma que foi aprovado acaba por se aplicar a menos de 1% das empresas portuguesas.

A luta contra este fenómeno é tão importante como paradoxal, sendo possível identificar uma grade tentação de cair na armadilha de justificar que os processos de corrupção estivessem envoltos em maior segredo, ocorrendo mesmo "às escondidas" do público. Com a constante atenção dos jornais cresce a desconfiança nas instituições, abre-se espaço a populismos, toma-se o todo pela parte, e enfraquece-se a democracia, a legitimidade e capacidade de atuação dos políticos. Ecoam por todas as casas expressões como *"são todos iguais, são todos uns bandidos!"*, o que resulta na criação de ambientes hostis em que os bons fogem de ocupar lugares de poder e se perdem os incentivos à participação política, empenhada e ativa, não apenas como eleitos, mas também como eleitores.

Por outro lado, se todos estes riscos são uma realidade, o perigo de ter uma justiça que não se vê é ainda maior. A transparência e o controlo do público evitam corporativismos e proteções de classe. As demonstrações de realização da justiça, perseguição e punição dos infratores são, em termos de lógica básica de combate a qualquer tipo de crime, a melhor maneira de desincentivar comportamentos perversos. Queremos ver os maus a serem punidos e, por isso, somos mais tolerantes às invasões e sacrifícios de privacidade na investigação e a perseguições mais intensas, o que resulta num desejo de aplicação de penas e respostas da ordem jurídica mais severas, coincidentes com a gravidade das ofensas. No entanto, tudo isto reclama uma ponderação enorme de cada interveniente: legisladores e aplicadores do Direito, acusadores, defensores e julgadores, meios de comunicação social e cidadãos em geral.

Pela gravidade que associamos aos crimes de corrupção não podemos justificar e admitir certamente *tudo*, sob pena de acabarmos a desejar penas

mos. Neste sentido, são identificadas, nomeadamente, falhas ao nível da confidencialidade da informação dos utentes e a acumulação de funções públicas e privadas dos seus colaboradores, o que poderá potenciar uma "troca" de doentes entre o IPO e hospitais ou clínicas privadas. No mesmo quadro onde são identificadas estas circunstâncias, procura-se propor medidas de mitigação que estão classificadas de acordo com o prazo de implementação entre curto, médio e longo prazo.

de morte, a admitir um processo penal em que valem intromissões na vida privada dos suspeitos em qualquer hora do dia ou da noite, exposição dos alegados infratores e de todos os aspetos das suas vidas nas televisões ou na *internet*, sem as mínimas garantias de defesa, igualdade, paridade e proteção da dignidade da pessoa humana (qualquer uma, mesmo do criminoso mais culpado de todos), que só existem verdadeiramente nos tribunais, pensados e preparados para que haja processos em que o objetivo é a justiça e não audiências e mediatismo a todo o custo. A nossa Constituição exige e prevê isso mesmo, que se estabeleçam na lei, sujeita a um controlo democrático, restrições e medidas de combate ao crime, mas também de realização da liberdade de todos, em especial, dos meios de comunicação social para noticiarem a atividade da justiça[21]. Assim, admitimos que se façam escutas ou buscas para obtenção da prova deste tipo de crimes[22] e não de outros e asseguramos que, com exceções, se relatem circunstanciadamente atos processuais que não se encontrem cobertos por segredo de justiça (que também é limitado no tempo e justificado por fundamentos que vão desde a proteção das vítimas até acautelar os interesses da investigação), mas não devemos aceitar que se abuse desses meios de prova, sob pena de enfraquecer os processos judiciais indicados para sancionar e punir aqueles que incumprem.

Por tudo isto, embora a discussão sobre o tema da corrupção desperte uma certa tendência para falarmos rápido demais e sem pensar, não podemos deixar de nos considerar adstritos a uma ponderação especial, que nos permita decidir, de forma informada, o que queremos admitir ao Estado e escolhermos os meios mais adequados para enquadrar a corrupção e a combater. E estas tentações, de noticiar, legislar ou falar rápido, são especialmente evidentes e manifestas num tempo que quer *clicks*, quer respostas aceleradas e apressadas, em que existe pouca paciência, não apenas para ponderar os vários valores em presença, mas também para estudar e procurar respostas que, ao longo da História, já foram dadas e desenhadas há séculos nas raízes da organização do Estado e do Direito modernos, ponto de onde partimos para um apelo a que se faça uma "viagem no tempo", desde logo até à Roma Antiga, para procurar armas para esta luta. Muitos dos problemas e tentações atuais não são certamente novos.

[21] P.e., artigos 27º, 29º, 32º e 38º da Constituição.

[22] Cf. artigo 187º, nº 1 e artigos 174º e ss., respetivamente, do Código de Processo Penal, conforme aprovado pelo Decreto-Lei nº 78/87, de 17 de fevereiro.

A corrupção, como ameaça que se teme inerente às funções de governação e à própria natureza humana, terá ocupado, desde sempre, os cidadãos empenhados, os amantes do Direito e da política, e os juristas verdadeiramente preocupados com a Justiça e com o desenvolvimento de sistemas que a promovam e evitem o desvio de poderes públicos para fins privados. Apesar destes esforços, parece ser pacífico na doutrina – jurídica, sociológica ou historiográfica – que terá existido alguma forma de corrupção em todas as sociedades, sendo que, modernamente, se têm desenvolvido, por todo o mundo, pesquisas que revelam que os cidadãos consideram necessário subornar governantes ou funcionários para poderem ver as suas pretensões satisfeitas, ainda que em diferentes medidas. Note-se que, genericamente, a corrupção parece ser tanto maior quanto a amplitude da intervenção do Estado. Assim, quão mais intrusivo e determinante for o papel do Governo, da Administração e dos poderes públicos em geral, mais terão esses agentes públicos a "vender" aos administrados, na forma de favores, benefícios e vantagens, de interesse especial e particular, quebrando-se, desta forma, o princípio geral de tratamento igual de todos os cidadãos.

É quase vazio – porque tão repetidamente ouvido ou lido – dizer que a corrupção de funcionários do Governo parece ser tão antiga quanto a História registada. Quando, na Filosofia ou na Ciência Política, se estudam os poderes políticos e as formas de governação, qualquer aluno ou curioso é tentado a partir do debate ideal, algo lírico, utópico, ingénuo relativo às formas de governo e organização do Estado, mas desligado dos problemas de corrupção que se conhecem e minam o mundo real. Por esquecerem tais problemas, surgem discursos que idealizam sociedades perfeitas, onde se tenta ignorar que a liberdade, a fraternidade e a igualdade estão à mercê, nos Estados que mais as pretendem proteger, de uma simples "cunha" ou "favorzinho", aparentemente simples e sem qualquer mal, que acabam por resultar numa cultura de corrupção que mina a democracia, a república, a confiança no Direito e, assim, impossibilita a Justiça.

Procurando fugir àquelas utopias e com a crueza que caracteriza os seus textos, refletindo sobre os relatos de Lívio sobre a História de Roma e Florença, Maquiavel[23] escreveu que «*não existe República, qualquer que seja a maneira como é governada, onde haja mais de quarenta a cinquenta cidadãos que chegam a postos de comando. Ora, como é um número muito pequeno, é fácil mantê-los sob*

[23] Cfr. Nicolau Maquiavel, *Discursos Sobre a Primeira Década de Tito Lívio, Clássicos do Pensamento Estratégico*, Lisboa: Edições Sílabo, 2010, p. 55.

controlo, seja tomando a decisão de suprimi-los, seja dando a cada um a parcela de honras e empregos que lhes convém», defendendo que a corrupção é intemporal e que é impossível pensar a forma de governar sem ter em conta este fenómeno.

A História demonstra que a intemporalidade destes problemas levou a uma persistência secular nesta luta, identificando-se em Roma alguns dos mais antigos relatos destas situações e de iniciativas para a reprimir e combater. De facto, é da maior relevância a aprovação de leis contra a corrupção política pelo Senado Romano, há mais de dois milénios, que ainda hoje contêm soluções tão atuais e necessárias. Nos estudos sobre o fenómeno da corrupção, o "regresso a Roma" é comum, deixando, porém, normalmente, apetite para mais[24]. Partindo desse desejo, iniciei um estudo para procurar conhecer a forma como o problema da corrupção foi encarado em Roma, e que procedimentos característicos, normas, mecanismos e instrumentos próprios estiveram na base daquilo a que quis chamar o *Direito Romano da Corrupção*[25], cujas conclusões tentarei resumir aqui.

Nos primórdios da luta contra a corrupção, em Roma, parece ser possível identificar a criação de tribunais *ad hoc*, na discricionariedade do Senado, sem intenção de punir os infratores e fazendo-os apenas devolver as riquezas indevidamente obtidas, seguindo os processos uma forma muito semelhante à das ações civis[26], a que só os cidadãos romanos podiam recorrer[27]. Sabemos, no entanto, que esta resolução do problema *ad hoc* era excecional, sendo que cada *iudicium publicum* (julgamento público) era constituído para resolver um problema concreto, o que o tornava, por natureza, meramente provisório[28].

[24] V. J. J. Gomes Canotilho, "Pequena nótula de apresentação", in José Mouraz Lopes, *O espectro da corrupção*, Coimbra: Almedina, 2011 ou António Manuel de Almeida Costa, *Sobre o crime de corrupção – Breve retrospectiva histórica. Corrupção e concussão. Autonomia «típica» das corrupções «activa»* e «passiva». Análise dogmática destes dois delitos, Separata do número especial do Boletim da Faculdade de Direito de Coimbra – Estudos em Homenagem ao Prof. Eduardo Correia, ano 1984, Coimbra, 1987, pp. 7-13.

[25] Quanto isso, cfr. o texto onde mais desenvolvemos esta temática, em Miguel da Câmara Machado, *Meios de combate à corrupção no Direito romano e na actualidade – um regresso ao futuro*, Lisboa: AAFDL Editora, 2018.

[26] Neste sentido, ver o relato em Bernardo Santalucia, *Derecho Penal Romano*, trad. Javier Paricio e Carmen Velasco, Madrid: Editorial Centro de Estudios Ramón Areces, 1989, p. 78 e 79.

[27] V. António Manuel de Almeida Costa, *Sobre...*, cit., p. 8, nota 7.

[28] Neste sentido, cf. Théodore Mommsen, *Le Droit Pénal Romain*, Vol. I, in *Manuel des antiquités romaines*, vol. 17 a 19, trad. J. Duquesne, Paris: Albert Fontemoing, 1907, pp. 210 a 216.

Note-se que o objeto daqueles processos não era a repressão de um crime, mas a mera restituição do que havia sido exigido, como forma de compensação, pelo que não nos podemos considerar perante uma sanção de Direito penal. Estas condenações na restituição do enriquecimento, e a própria consideração do recebimento indevido como um ilícito, apresentam-se inteiramente coerentes com a ideia de gratuidade na prestação e serviço em cargos públicos na Roma Antiga, uma marca da matriz romanística de conceção da ilicitude dos atos de corrupção[29].

Numa posição que nos parece algo isolada na doutrina, BERNARDO SANTALUCIA interpreta os relatos de TITO LÍVIO[30] como uma demonstração da proteção pelo poder romano dos seus funcionários e agentes. Em primeiro lugar, afirma que a decisão do Senado em manter a responsabilidade por estes ilícitos como meramente patrimonial seria uma tentativa de evitar que os governadores pudessem sofrer consequências de carácter penal; em segundo lugar, defende também que o facto de este manter o controlo do processo nas suas mãos – ao contrário das ações civis comuns, que se desenvolviam primeiro perante um pretor e depois perante um *iudex* –, e até exigir a assistência de um *patronus* escolhido de entre os senadores, teria tido uma motivação essencialmente política, orientada para tutelar o prestígio da aristocracia dominante, mais do que a efetiva proteção das populações submetidas[31].

Seguiu-se uma primeira iniciativa legal dedicada à regulação do ilícito *repetundae*, configurando a base legal sobre a qual se viriam a elaborar as posteriores medidas de combate à corrupção, embora mantendo a natureza privada, pelo processo e pela sanção atribuída, a *lex Calpurnia*, de 149 a. C.. De acordo com os relatos de CÍCERO, esta *Lex Calpurnia* veio instituir um tribunal permanente para os casos de *repetundae*, prevendo a criação de um

[29] Assim, cf. ANTONIO PAGLIARO, *Principi di Diritto Penale – parte speciale (Delitti dei pubblici ufficiali contro la Pubblica Amministrazione)*, 4ª ed.., Milano: Giuffrè, 1986, p. 129, considerando que o modelo de matriz germânica assenta numa relação de reciprocidade ("faço isto para que me dês aquilo"), condenando, por isso, apenas a corrupção acordada antes da prática do facto. Em sentido contrário, o modelo romanístico assentaria antes numa ideia de que o cargo público é um dever cívico gratuito, condenando-se qualquer recebimento de vantagem, anterior ou posterior, e com ou sem prática efetiva do facto.

[30] Cf., traduzido do latim para inglês, TITUS LIVIUS, *History of Rome*, Vol. 6, trad. Rev. Canon Roberts, ed. Ernest Rhys, Londres: J. M. Dent & Sons. Ltd, 1905, Livro 43, ponto 2, relatando um caso paradigmático no percurso do combate à corrupção em Roma, de 171 a. C.

[31] Assim, cf. BERNARDO SANTALUCIA, *Derecho...*, cit., pp. 78.

tribunal especializado com características próprias, das quais sublinhamos três pontos:

i. A presidência por um *praetor peregrinus;*
ii. A proveniência dos jurados de uma lista anual de juízes, pertencentes à ordem senatorial, de entre os quais eram designados, à vez, os jurados para cada processo concreto, e que teriam de estar disponíveis a todo o momento;
iii. A natureza essencialmente civil do processo – *legis actio sacramenti.*

Este tribunal chamado de *quaestio perpetua* foi desenhado com um procedimento específico para julgar e sancionar unicamente este ilícito, seguindo-se a criação de outros *quaestiones perpetuae,* posteriormente, para novos tipos de crime previstos por lei.

O período que se seguiu, no final da *res publica,* terá sido de grande intensidade legislativa e vários comportamentos que consubstanciavam *corrupção,* em sentido amplo, adquiriram natureza criminal, sendo aplicadas penas, mais ou menos severas, alterando-se o procedimento em tribunal, e definindo-se por lei que tipo de comportamentos correspondiam a esses ilícitos (*repetundae, ambitus, peculatus* e *falsum).* Podemos, assim, encontrar neste período antecedentes de um verdadeiro princípio da legalidade.

Também terá sido nesta época que passou a ser possível a qualquer cidadão apresentar acusação perante o jurado, nomeadamente o lesado passa a acusar pessoalmente, como representante do interesse público. A esta possibilidade de dedução pessoal de acusação chamava-se *nominis delatio,* um procedimento através do qual o autor fazia uma acusação perante o pretor, dizendo o nome do alegado criminoso[32]. Parece, assim, ter passado a ser uma possibilidade, e não um dever, que o acusador tivesse um *patronus*[33], que não poderia estar relacionado com o réu por qualquer laço familiar, de amizade ou social, através de uma lei chamada *Tabula Bembina,* que dispunha ainda sobre outros detalhes acerca do processo em julgamento[34], nomeadamente a possibilidade de atribuição de prémios aos acusadores e denunciadores.

[32] Para uma continuação do relato do procedimento, com algum pormenor, v. em J. S. Richardson, "The purpose..., cit, p. 4.

[33] Neste sentido, v. Bernardo Santalucia, *Derecho...,* cit., p. 79.

[34] Assim, cf. Adolf Berger, *Encyclopedic Dictionary of Roman Law,* vol. 43, Parte II, Philadelphia: The American Philosophical Society, 1991, p. 675.

Outra grande alteração desta época relaciona-se com a atribuição de prémios aos acusadores e denunciadores, que este diploma previa[35]. Assim, se o processo terminasse numa condenação, a lei recompensava a pessoa que tivesse contribuído mais para o sucesso da ação, sendo essa pessoa, normalmente, o queixoso, embora o *patronus* e as testemunhas também pudessem receber *praemia*[36]. Estes prémios variavam, mas incluíam a atribuição de cidadania, ou outros importantes elementos de proteção a que só os cidadãos romanos teriam direito, sem, no entanto, significar a concessão da própria cidadania romana, uma verdadeira recompensa pelos serviços prestados à República[37]. Sobre o tema das recompensas pela condenação de funcionários públicos corruptos, Cícero apresenta vários motivos para que os particulares tomassem a iniciativa de denunciar a corrupção das autoridades[38] e de prosseguirem com uma ação criminal contra estas: o facto de terem, eles próprios, sofrido com a sua atuação ilegal; a clássica *inimicitia* com o alegado corrupto e a sua família; o desejo de glória, principalmente entre indivíduos mais jovens, que queriam ganhar nome através das intervenções em tribunal; e patriotismo. Note-se que o envolvimento pessoal com o caso não era visto como impedimento para a proposição da ação, pelo contrário, era visto como uma mais-valia, pois os autores envolvidos tinham sempre maior incentivo à investigação e recolha de provas, assim como maior facilidade em aceder a estes meios e teriam menor incentivo a cometer *praevaricatio*[39]. Não obstante, alguns autores terão considerado que estes incentivos à denúncia e acusação não eram suficientes[40], o que os levou a criar os *praemia* para promover ainda mais o combate à corrupção pelos particulares.

Importa, no entanto, não esquecer que a grande revolução daquela *lex* terá sido o facto de se prever uma pena concreta (sendo que, perante a previsão legal, o juiz se limitava a aplicá-la), passando a obrigar-se os magistrados infratores a devolver duas vezes o que indevidamente lhes fora prestado. Esta alteração principal representa a passagem de uma ação com

35 Sobre o prémio atribuído, ver, Michael C. Alexander, "Praemia in the Quaestiones of Late Republic", in *Classical Philology*, vol. 80 (Jan. 1985), pp. 20-32; e também A. N. Sherwin-White, "The Date..., cit., p. 92.

36 Cf. Michael C. Alexander, "Compensation..., cit., p. 526.

37 V. Bernardo Santalucia, *Derecho*..., cit., p. 80.

38 Cf. Michael C. Alexander, "Praemia..., cit., p. 20.

39 Neste sentido, *idem, ibidem*.

40 Michael C. Alexander, "Praemia..., cit., p. 20.

o propósito de "salvar" o magistrado submetido a processo, para um modelo de ação que tem o propósito de castigar o delito de corrupção com fortes sanções penais e grandes consequências patrimoniais e políticas em prejuízo do condenado, assim principiando um combate *penal* à corrupção[41].

Ainda quanto à definição e conceito do crime de *repetundae,* é importante considerar a *lex Iulia de repetundis,* de 59 a. C., de Júlio César, enquanto cônsul, que parece ser a primeira *lex* a especificar e detalhar os comportamentos que integravam o *crimen repetundarum,* alargando-se o âmbito de aplicação e a extensão do "tipo de crime", que se terá tornado mais duro e severo por força da *Lex Iulia*[42], que reordenou a matéria relevante e ampliou sensivelmente o número de pessoas puníveis e o conjunto de factos que se poderiam incluir no conceito de *repetundae,* ainda que mantivesse a reação – ou pena – com que se respondia aos ilícitos[43]. A partir daquela *Lex Iulia* preparada de forma cuidadosa[44], meticulosa e severa[45], ficamos ainda a conhecer o número de pessoas e os comportamentos que são abrangidos pelo *crimen,* enunciando um elenco exemplificativo de comportamentos que podem dar origem a procedimentos no tribunal permanente respetivo. Note-se que muitos, ou alguns, desses comportamentos já seriam considerados e tratados desta forma, permitindo também esta lista conhecer a "tipicidade" – prática, real e efetiva – verificada no século anterior a esta lei[46]. Assim, ali continuava a existir uma proibição geral de recebimento de quantias indevidas por funcionários governamentais[47], especificando alguns comportamentos mais comuns, e ampliando o conceito de "funcionário público", que passou a abranger (i) os magistrados romanos (nomeadamente juízes que aceitassem subornos para decidir em determinado sentido); (ii) os senadores, no exercício das suas funções públicas, enquanto assistentes de magistrados, através de votos expressos no Senado, enquanto jurados

[41] *Idem, ibidem.*

[42] Neste sentido, v. Bernardo Santalucia, *Derecho...,* cit., p. 85.

[43] Michael C. Alexander, "Compensation..., cit., p. 529.

[44] Expressão de *idem, ibidem.*

[45] Expressão de Erich S. Gruen, *The Last Generation of the Roman Republic,* Londres: University of California Press, 1974, p. 240.

[46] Cf. Andrew Lintott, *Imperium Romanum: politics and administration,* Londres: Routledge, 1993, p. 105.

[47] Neste sentido, cf. Michael C. Alexander, "Compensation..., cit., p. 532.

ou como acusadores num processo público[48] (até senadores que recebessem valores patrimoniais para expressar uma certa opinião no senado poderiam ser considerados culpados deste crime[49]); (iii) os filhos dos anteriores, caso tivessem recebido quantias relacionadas com a função dos pais (desta forma, os filhos de oficiais também seriam culpados de *repetundae* caso aceitassem valores, pretendendo exercer influência sobre a atividade dos seus pais); (iv) qualquer oficial ou funcionário público de além-mar que exercesse autoridade pública, sendo esta uma das grandes inovações.

Depois desta e das *leges Acilia, Servilia e Corneliae*, de JÚLIO CÉSAR, terão surgido as últimas das leis da República em matéria de corrupção, introduzidas entre 18 a. C. e 8 a. C., por CÉSAR AUGUSTO, que vieram densificar a definição de crimes próximos da corrupção como o peculato, pela *lex Iulia de peculatus*, de 8 a. C., que, no Direito Romano, se traduziam na apropriação de coisas que pertenciam ao Estado[50], prevendo uma pena *aquae et ignis interdictio*[51], ou seja, a exclusão do culpado da vida comum com os homens do seu país (normalmente o banimento, acompanhado de perda de cidadania e da propriedade)[52]. Já a *lex Iulia de ambitus*, de 18 a. C., regulava o crime de *ambitus*[53], que abrangia qualquer tipo de comportamentos fraudulentos em eleições, isto é, práticas corruptas dos candidatos às magistraturas. Este crime contemplava ainda subornos, banquetes, circos, campanha eleitoral em grupos de indivíduos específicos por meios ilegais, entre outros. Em suma, olhando para o que referimos – da *lex Repetundarum* às *leges* de CÉSAR AUGUSTO –, a grande marca deste período é a intensa atividade legiferante, no sentido de dar aos crimes de corrupção uma natureza penal, quer pelo agravamento das penas, quer pelo próprio procedimento

[48] Recuperando o espanto manifestado em CHARLES VICTOR DAREMBERG, *Dictionnaire...*, cit., Vol. IV, p. 638.

[49] Sublinhado de BERGER, concretizando e relacionando com o elenco de atos proibidos, na sua interpretação desta lei, v. ADOLF BERGER, *Encyclopedic...*, cit., p. 636.

[50] Neste sentido, v. ADOLF BERGER, *Encyclopedic...*, cit., p. 623.

[51] Cf. GEORGE LONG, "Peculatus", in WILLIAN SMITH, *A Dictionary of Greek and Roman Antiquities*, London: John Murray, 1875, p. 881.

[52] Mais aprofundadamente sobre esta pena, v. ADOLF BERGER, *Encyclopedic...*, cit., p. 507.

[53] Acerca deste crime, v. ANDREW LINTOTT, "Electoral Bribery in the Roman Republic", in *The Journal of Roman Studies*, vol. 80, (1990), pp. 1-16; LORENZO FASCIONE, *"Crimen e quaestio ambitus nell'età republicana"*, in *Zeitschrift* für *Papyrologie und Epigraphik*, vol. 104 (1987), pp. 791–796; J. LINDERSKI, "Buying the Vote: Electoral Corruption in the late Republic", in *Ancient World*, 11 (1985), pp. 87-94; e ainda DONALD MONTGOMERY, *Ambitus...*, cit..

(mas apenas para os crimes previstos por lei, aqui se encontrando antecedentes de um verdadeiro princípio da legalidade[54]), e no sentido de especificar, com detalhe, os comportamentos abrangidos pelas leis. De facto, o caminho do final da *res publica* parece ter sido o da segurança jurídica, da minúcia e do detalhe na regulação criminal, sendo essa a grande marca deste período, tendência que acabará por se inverter com o início do período imperial, numa "fuga à tipicidade" que aqui já não iremos desenvolver. Assim, nos seus primeiros passos, o "Direito da Corrupção" antecede e acompanha a evolução do próprio Direito penal Romano, apontando-se algumas das alterações na forma de lidar, processar e reagir a atos de corrupção como momentos-chave no desenvolvimento (e autonomização) de autênticas normas de Direito penal, e um afastamento do Direito civil, que ainda hoje influencia o Direito privado por todo o mundo ocidental.

Identificámos, então, como principais *evoluções no tempo* das medidas de combate à corrupção em Roma, as seguintes:

i. Criação de tribunais especializados para julgar qualquer um dos crimes em estudo;
ii. Alteração da natureza do ilícito, de civil para penal (ainda que mantendo finalidades compensatórias);
iii. Importância das regras de composição do júri (e consecutivas alterações na legislação que lhe dizia respeito, embora mantendo sempre a componente democrática);
iv. Progressivo alargamento do conceito de *funcionário público*, pelas *leges* da *res publica* e pela jurisprudência imperial;
v. Especificação dos tipos de comportamento que preenchem a "previsão" destes tipos de crime, e sua grande amplitude (com destaque para a proibição geral de recebimento de vantagens, sem exigência de um concreto ato a praticar);
vi. Criação e autonomização de novos tipos de *crimen;*
vii. Concessão de prémios à denúncia e acusação.

Desta "viagem no tempo", podemos retirar boas orientações para o Direito português lidar e reprimir a corrupção no presente e no futuro. Se o

[54] Percebe-se, assim, a ideia de Almeida Costa, quando defende que este *quaestio* se terá tornado uma ação pública, através da *lex Acilia* e da *lex Servilia*, apesar de, conforme vemos, não ser uma modificação da época imperial, mas ainda da época republicana, pela data em que os vários autores as procuram situar.

nosso Direito penal se tem vindo a ocupar do problema da corrupção, existindo vários tipos de crime (previstos no Código Penal e fora dele) e multiplicando-se a legislação, a jurisprudência e a doutrina que tentam compreender, enquadrar, combater e restringir este fenómeno por esse prisma, acreditamos que interessa olhar para o tema de formas novas, ainda que isso implique ir procurar soluções antigas, sendo este exercício útil por permitir refletir sobre problemas tão clássicos, como atuais. Perguntamos não apenas "o que é que vale no combate ao crime?", mas também se a ideia de "crime" é a maneira correta de enquadrar normativamente este fenómeno. Não deixando de notar que o "conceito de crime" é, tal como o conhecemos hoje, produto de outros pensadores do Direito e que falar de *crimen* é sempre falar de um antepassado muito diferente daquele conceito moderno. Se as especificidades e complexidades da corrupção levaram a que o Direito Romano construísse soluções próprias, surpreendemo-nos com a ausência de um verdadeiro *Direito da Corrupção* na atualidade – uniformizando estratégias no combate, permitindo a especialização das instâncias, criando procedimentos excecionais – verdadeiramente institucionalizados como os *quaestiones perpetuae* do século II a. C., propondo-se não apenas Direito penal e Direito processual penal novo e específico da corrupção, mas também normas de outros ramos do Direito ou até com características únicas, que traduzam a diversidade de tratamentos que Roma já mostrou serem adequados à perseguição, repressão e reação à corrupção.

Desde cedo, o combate à corrupção e o envolvimento da comunidade e de cada particular nesses processos são temas muito próximos. Contudo, parece-nos que a aceitação da participação de particulares no Direito processual penal nunca será pacífica, principalmente nos sistemas Romano-Germânicos, profundamente marcados pelas cicatrizes das experiências de denúncia obrigatória nos regimes autoritários da Europa do século XX (nomeadamente as mais terríveis práticas da Alemanha Nazi, da Rússia Soviética e das polícias, como a *Gestapo* ou a *Stasi*[55]).

[55] Relacionando o tema do "dever geral de denúncia" com a investigação criminal e mesmo o tema das linhas diretas para denúncia de corrupção criadas na sequência de um diploma americano incentivando o *whistleblowing* – ou linhas para denunciar anonimamente, entre outros ilícitos, corrupção – o *Sarbanes–Oxley Act*, de 30 de Julho, cf. Robert Gellately, *Denunciations in Twentieth-Century Germany: Aspects of Self-policing in the Third Reich and the German Democratic Republic*, pp. 931-967, disponível *online* em http://www.history.ucsb.edu/faculty/marcuse/classes/217/articles/96JMHGellatelyGestapoStasi.pdf; e Judith Rauhofer, *Blowing the whistle*

Como ouvimos dizer, em tom de brincadeira, um magistrado do Ministério Público: "*perseguir corruptos não é perseguir judeus!*"[56]. Concordamos com a ideia que está por detrás desta afirmação: o Direito, mesmo o Penal, não deve ser aéreo e desligado da prática ao ponto de, querendo tratar todos os cidadãos como inocentes, deixar de ser eficiente e eficaz. Note-se que, nem a presunção de inocência, nem os maiores defensores das liberdades individuais e de um Estado que intervenha ao mínimo na vida do cidadão, sustentam ou justificam que se absolutizem esses valores contra a segurança e o combate ao crime, devendo valorar-se as características de cada tipo de crime e responder-lhes adequadamente – ajustando a censurabilidade à complexidade de cada fenómeno.

O ponto de partida da investigação a que nos propusemos foi o da busca do que era a censurabilidade da corrupção no Direito Romano, prevendo encontrar mais comissões *ad hoc* do Senado que pré-tipicidade. Não deixou de ser com alguma admiração que nos deparámos com reais antecedentes do princípio da legalidade criminal na História da repressão à corrupção em Roma, e num verdadeiro pensamento jurídico próprio e único a que devemos ir "beber" na atualidade. Da responsabilização de políticos pela perseguição – concreta, real e limitada pelo Direito – de outros políticos em processos de corrupção, à atribuição de prémios e vantagens a quem contribuísse para as condenações de corrupção, o Direito Romano parece estar bem mais adiante das previsões do nosso tempo.

Defendemos que aquela interpretação do combate jurídico à corrupção como proteção dos políticos aos políticos (feita a partir de um caso da Hispânia, de 171 a. C.!) é obsoleta também hoje, quando se interpretam as normas e o combate à corrupção como protegendo políticos, tendo de se ultrapassar a ideia, disseminada na sociedade, de que todos os poderes se protegem contra as acusações de corrupção.

Sublinhamos que a passagem, na História de Roma, do Direito civil ao Direito penal, do tratamento jurídico da corrupção, conservou a ideia ini-

on Sarbanes-Oxley: Anonymous hotlines and the historical stigma of denunciation in modern Germany, 2007, pp. 1-18, disponível *online* em:
http://www.bileta.ac.uk/Document%20Library/1/Blowing%20the%20whistle%20on%20SarbanesOxley%20%20Anonymous%20hotlines%20and%20the%20historical%20stigma%20of%20denunciation%20in%20modern%20Germany.pdf (ambos consultados em 22.09.2018).

[56] Quanto a esta afirmação e problemática, v. outro artigo nosso, Miguel da Câmara Machado, "«Denuncie Aqui» – Vale tudo no combate à corrupção?" in *Revista de Concorrência & Regulação*, Ano V-VI, Nº 20-21, Coimbra, Almedina, out.2014-mar.2015, p. 111.

cial da restituição do que tinha sido indevidamente exigido ou apropriado, como forma de compensação – ou mesmo congratulação. Parece-nos que a atual ideia de punição não deve implicar o abandono daquelas preocupações.

Também a participação na vida política, após condenações de corrupção, deve ser limitada, restringida e, ao repensar os regimes do financiamento dos partidos políticos, das inelegibilidades e das incompatibilidades, podemos regressar aos conceitos de *ambitus, infamia* e às reações que Roma atribuiu àqueles que aatacavam, pelos seus comportamentos corruptos, a *res publica*. Dois milénios depois, também o Estado tem de ser capaz de reagir contra os que, pela sua corrupção e servindo-se dos poderes que lhes são confiados para defender o Estado, acabam por o atacar e atentar contra a democracia, a confiança e a credibilidade das instituições e do sistema político, e minam a vida em sociedade, assim eliminando a Justiça.

Se a corrupção faz parte da condição humana, a política e a justiça requerem estruturas destinadas a limitar, desincentivar, canalizar essas tendências e puni-las, quando manifestadas. A política prática e quotidiana deve ser condicionada e orientada por uma avaliação concreta e realista das crenças e dos valores dos cidadãos e a sua vontade de obedecer às leis, mesmo e principalmente quando assumam cargos públicos[57].

Temos repetido que a corrupção é uma ameaça intemporal, logo também o combate contra esse monstro deve sê-lo. Para essa luta, ainda que a vitória nunca seja total, juntar a força criativa dos juristas do amanhã com a riqueza da História do Direito Romano da Corrupção, parece-nos o melhor passo para sonhar com uma *res publica* mais livre desse flagelo e, assim, ter uma sociedade mais igual e mais justa, e servidores do Estado mais concentrados nos interesses públicos.

E regressar ao passado, seja aos nossos estudos mais ou menos recentes, seja aos estudos dos gigantes que nos antecederam continuará a ser sempre a melhor forma de pensar e construir melhor o Direito. Os "MENAC"s e outros mecanismos parecem (e serão) sempre pequenos se ignorarem as ferramentas que o Direito Comparado e a História do Direito fornecem e devem inspirar o legislador (especialmente o legislador constitucional que iremos ver atuar neste novo ano) a construir um Direito mais adequado à realidade e à corrupção que temos de enfrentar, nas nossas empresas e no Estado.

[57] Com esta concepção sobre a corrupção, cf. J. Patrick Dobel, "The Corruption of a State", in The American Political Science Review, vol. 72, n. º 3 (Sep. 1978), (pp. 958-973) p. 972.

A liquidação de bancos insolventes: algumas notas

Alexandre de Soveral Martins[1]

1. Introdução

A insolvência de bancos tem sido um tema de que muito se falou nos últimos anos e, em particular, na sequência da Grande Crise Financeira de 2007/2008. No entanto, as crises bancárias não são uma novidade, sendo até consideradas «virtually as old as banking»[2]. Mas nem todas as crises bancárias conduzem à liquidação das instituições em causa ou, pelo menos, à sua imediata liquidação. Com efeito, quando um banco está insolvente, a autoridade de resolução pode aplicar medidas de resolução se estiverem

[1] Professor Associado, Univ. Coimbra, IJ, FDUC. ORCID ID 0000-0001-6480-3492.
Este texto destina-se aos Estudos que homenageiam a carreira do Senhor Professor Pedro Pais de Vasconcelos, personalidade ímpar do mundo jurídico, Advogado, Árbitro e Jurisconsulto reconhecido e admirado. Ao longo dos anos foi com muito prazer que me sentei a várias mesas ouvindo os seus ensinamentos, acompanhados de divertidas e animadas histórias. Mas não posso deixar de confessar que a linha curricular do Professor Pedro Pais de Vasconcelos que mais admiro (e invejo) é a que diz respeito à sua atividade de marinheiro (de águas salgadas e mares altos). Julgo que é essa sua costela que o leva sempre a tentar ensinar-nos a procurar o que está para lá da linha do horizonte e também por isso fica aqui este contributo.

[2] Gerard Caprio Jr/Patrick Honohan, «Bankin Crises. Those Hardy Perennials», in Allen N. Berger/Philip Molyneux/John Wilson (ed.), *The Oxford Handbook of Banking*, 2nd. ed., OUP, Oxford, 2015, p. 701. Lembrando que que *banca rotta* tem origem no «ritual act of breaking a banker's table», Matthias Haentjens, «Work of International Organizations on Bank Recovery and Resolution: an Overview», in Matthias Haentjens/Bob Wessels (ed.), *Bank Recovery and Resolution. A Conference Book*, eleven, The Hague, 2014, p. 3 e s..

verificados os devidos pressupostos. A liquidação, no caso de um banco, pode ser bastante complexa tendo em conta os ativos típicos que nele se poderão encontrar. Desde logo, pela dificuldade em atribuir valor a muitos desses mesmos ativos[3].

No âmbito do Mecanismo Único de Supervisão (MUS), o BCE tem importantes competências no que diz respeito à revogação da autorização de instituições bancárias, assim se combatendo o risco de a decisão ser tomada ou adiada em função de agendas políticas nacionais. O art. 4º, 1, a), do Regulamento (UE) 1024/2013, de 15 de outubro de 2013 (RMUS) estabelece que ao BCE cabe, nos termos do art. 6º, exercer em exclusivo a atribuição de conceder e revogar a autorização a *instituições de crédito estabelecidas nos Estados-Membros participantes*. Essa concessão e revogação da autorização deve ter lugar sob reserva do disposto no art. 14º, que revela o papel das autoridades nacionais competentes em todo o processo. São Estados-Membros participantes os que *adotaram o euro* como moeda ou que tenham *instituído cooperação estreita* nos termos do art. 7º. Com a revogação da autorização, o banco entra em liquidação.

Antes da revogação da autorização, há que decidir se deve ou não ser adotada uma medida de resolução. A entidade poderá não ser liquidada em processo de insolvência se cumprir certos requisitos. Com efeito, a resolução não é vista, só por si, como um bem em relação à liquidação em processo de insolvência. A decisão de aplicar medidas de resolução caberá, umas vezes, ao Conselho Único de Resolução, e outras vezes ao Banco de Portugal.

No entanto, certas medidas de resolução podem levar a que seja posteriormente revogada a autorização. Se, por exemplo, o Banco de Portugal opta pela medida de resolução da al. a) ou b) do art. 145º-E, 1, do RGICSF[4] isoladamente e transfere apenas parte dos direitos e obrigações previstos no art. 145º-L, 2, do RGICSF[5], deve revogar a autorização «num prazo ade-

[3] Chamando a atenção para isso mesmo, Iris H-Y Chiu/Joanna Wilson, *Banking Law and Regulation*, OUP, Oxford, 2019, p. 603.

[4] A al. a) faz referência à alienação parcial ou total da atividade e a al. b) à transferência parcial ou total da atividade para instituições de transição.

[5] O preceito tem o seguinte teor: «Se o Banco de Portugal aplicar as medidas referidas nas alíneas a) ou b) do nº 1 do artigo 145º-E isoladamente e transferir apenas parte dos direitos e obrigações, que constituam ativos, passivos, elementos extrapatrimoniais e ativos sob gestão, deve revogar a autorização da instituição de crédito objeto de resolução num prazo adequado, tendo em conta o disposto no artigo 145º-AP, seguindo-se o regime de liquidação previsto na lei aplicável».

quado, tendo em conta o disposto no artigo 145º-AP, seguindo-se o regime de liquidação [...]». O nº 7 do art. 145º-L do RGICSF também prevê a possibilidade de a revogação ser simultânea ou imediatamente posterior à aplicação das medidas referidas.

Acresce que o art. 145º-AQ do RGICSF admite que a aplicação de uma qualquer medida de resolução não afaste a revogação da autorização e a aplicação do regime de liquidação. A liquidação pode também dizer respeito a uma instituição de transição (art. 145º-R, 1, e) e f), do RGICSF[6]).

O Conselho Único de Resolução (CUR) terá competência para aprovar o programa de resolução quanto às entidades e grupos a que se referem os arts. 7º, 2, 4, b), e 5 do RMUR (art. 18º, 1, do RMUR[7]). O programa de resolução coloca a entidade sob resolução (art. 18º, 6, a), RMUR).

De acordo com o art. 7º, 3, e), do RMUR, as autoridades nacionais de resolução podem adotar decisões de resolução nos casos ali previstos[8]. Se for o Banco de Portugal a autoridade de resolução, só pode optar pela resolução

[6] De acordo com o art. 145º-R, 1, e) e f), do RGICSF, o «Banco de Portugal determina a cessação da atividade da instituição de transição logo que possível e, em qualquer caso, quando entender que se encontram asseguradas as finalidades previstas no nº 1 do artigo 145º-C ou nas seguintes situações: [...] e) Pelo decurso do prazo previsto no nº 10 do artigo 145º-P, entrando a instituição de transição em tal caso em liquidação; f) Quando entenda que, tendo sido alienada a maior parte dos direitos e obrigações transferidos para a instituição de transição, se não justifique a sua manutenção, determinando em tal caso que a mesma entre em liquidação».

[7] O art. 7º, 3, segundo parágrafo, do RMUR estabelece também que o CUR terá ainda competência para adotar o programa de resolução se a medida de resolução requerer a utilização do Fundo Único de Resolução (FUR). No art. 7º, 2, a), i), do RMUR vemos que é ao CUR que compete adotar as decisões relacionadas com a resolução para «as entidades referidas no artigo 2º que não fazem parte de um grupo e para os grupos [...] que não são considerados menos significativos nos termos do artigo 6º, nº 4, do Regulamento (UE) nº 1024/2013 [...]». A distinção entre entidades significativas e menos significativas é feita com base no art. 6º do RMUS e tem em conta a dimensão, a importância para a economia da União ou de um Estado-Membro participante, a importância das atividades fronteiriças e se foi solicitada ou recebida diretamente assistência financeira pública do Mecanismo Europeu de Estabilidade ou do FEEF.

[8] Várias referências ao CUR feitas no RMUR *devem ser entendidas como feitas às autoridades nacionais de resolução* quando estas tenham as competências de que trata o art. 7º, 3, do RMUR (cfr. o respetivo quarto parágrafo), o que também permite, nesses casos, continuar a falar-se de uma autoridade única de resolução. Porém, o segundo parágrafo do nº 3 acrescenta que, *sempre que a medida de resolução requerer a utilização do FUR*, competirá ao CUR adotar o programa de resolução. Problema que não pode ser menosprezado é o dos requisitos para que uma decisão da autoridade de resolução seja reconhecida noutros Estados-Membros. Esse problema esteve a ser discutido no caso *Goldman Sachs International* contra Novo Banco no Reino Unido. O *High*

se a liquidação não permitir atingir com maior eficácia as finalidades da resolução previstas no art. 145º-C (art. 145º-E, 2, d), do RGICSF).

Se a autoridade de resolução é o Conselho Único de Resolução, este avaliará se a resolução é possível e necessária, tendo em conta o interesse público (art. 18º, 1, do Regulamento 806/2014, ou RMUR), mas cabe ao BCE, em regra, avaliar se a entidade está em situação de insolvência ou risco de insolvência.

Só vamos ocupar-nos agora dos casos em que tem lugar a liquidação de bancos[9], sendo necessário recorrer, em particular, ao RGICSF, ao DL 199/2006 e à Diretiva 2001/24/CE. E só teremos em conta bancos que tenham sede em Portugal[10]. Como resulta do art. 8º, 1, do DL 199/2006, a liquidação judicial das instituições de crédito que se funda na revogação de autorização tem lugar nos termos previstos naquele diploma e, quanto ao que nele não se achar previsto, nos termos do CIRE.

Na União Europeia, a instituição de crédito com sede num Estado-Membro e as suas sucursais[11] são vistas como uma unidade (uma única entidade) para efeitos da sua liquidação: é o que resulta dos Considerandos (3) e (4) da Diretiva 2001/24/CE, de 4 de abril de 2001[12], sendo reafirmado no

Court Inglês pronunciou-se sobre uma decisão de esclarecimento do Banco de Portugal que não foi reconhecida por não ser o exercício de poderes de resolução nem medida de resolução.

[9] Um banco é uma instituição de crédito (art. 3º, a), do RGICSF). Uma instituição de crédito é uma «empresa cuja atividade consiste em receber do público depósitos ou outros fundos reembolsáveis e em conceder crédito por conta própria» (art. 2º-A, w), do RGICSF; v. tb. o art. 4º, 1, 1), do Regulamento 575/2013).

[10] Isto porque o DL 199/2006 «regula a liquidação de instituições de crédito e sociedades financeiras com sede em Portugal e suas sucursais criadas noutro Estado membro [...]» (art. 1º, 1, do DL 199/2006).

[11] A sucursal não tem personalidade jurídica: v. o art. 4º, 1, 17), do Regulamento 575/2013, de 26 de junho de 2013 (CRR), bem como o art. 2º-A, ll), do RGICSF. As diferenças relativamente às filiais podem fazer surgir dificuldades na articulação entre os diversos processos de liquidação que a essas digam respeito: cfr. Gabriel Moss/Bob Wessels/Matthias Haentjens, «Principles for Cross-border Financial Institutions Insolvency», in Gabriel Moss/Bob Wessels/Matthias Haentjens (ed.), *EU Banking and Insurance Insolvency*, 2nd ed., OUP, Oxford, 2017, p. 42.

[12] Diretiva 2001/24/CE do Parlamento Europeu e do Conselho de 4 de abril de 2001 relativa ao saneamento e à liquidação das instituições de crédito (conhecida como CIWUD, ou *Credit Institutions Winding Up Directive*), cuja aplicação foi estendida ao EEE. Esta Diretiva preocupa-se fundamentalmente com a determinação da lei aplicável: salientando isso mesmo, Marjorie Eechoudt, «Le traitement de la faillite bancaire», *Revue Banque*, 2012, abril, p. 44, Gabriel

Considerando (16), que expressamente alude aos princípios da unidade e da universalidade. Significa isto que a Diretiva consagra o princípio da abordagem por entidade (*single entity approach*), sem lugar à distinção entre processo principal de liquidação e processos secundários de liquidação[13]. Encontramos ali o que tem sido designado como *full universal insolvency*[14]. Também por isso faz sentido que os processos de liquidação e os seus efeitos beneficiem do reconhecimento mútuo na União Europeia, como é realçado agora no Considerando (14).

O art. 10º, 1, da Diretiva 2001/24/CE determina que, em regra, a «instituição de crédito será liquidada de acordo com as leis, regulamentos e procedimentos aplicáveis no Estado-Membro de origem». Por sua vez, o art.

Moss/Bob Wessels/Matthias Haentjens, «The EU Financial Institution Insolvency Law Framework», in Gabriel Moss/Bob Wessels/Matthias Haentjens (ed.), *EU Banking and Insurance Insolvency*, cit., p. 4, e Birgit Weckler, «Überblick Sanierung und frühzeitiges Eingreifen», in Uwe Janh/Christian Schmitt/Bernd Geier (her.), *Bankensanierung und -abwicklung*, Beck, München, 2016, p. 5. Mas o art. 16º, 1 (direito de reclamação de créditos) tem carácter substantivo e é de grande importância o que na Diretiva está disposto quanto à identificação da autoridade competente para determinar a aplicação de medidas de saneamento a uma instituição de crédito e suas sucursais, bem como para decidir da abertura de um processo de liquidação quanto àquelas. Ainda assim, é claro que a Diretiva não trata de todas as questões relacionadas com a liquidação de instituições de crédito: como escreve Jean-Pierre Deguee, «The Winding up Directive Finally Established Uniform Private Internationa Law for Banking Insolvency Preceedings», 15, *EurBusLRev*, 2004, p. 105, «it would be foolish to think that the Directive settles all problems». A Diretiva 2001/24/CE é expressamente mencionada no Considerando 119 da Diretiva 2014/59/UE do Parlamento Europeu e do Conselho de 15 de maio de 2014 «que estabelece um enquadramento para a recuperação e a resolução de instituições de crédito e de empresas de investimento [...]». Para uma história do (longo) processo que conduziu à Diretiva, Enrico Galanti, The New EC Law on Bank Crisis», *IntInsolvRev*, 11, 2002, p. 49 e ss..

[13] Chamando a atenção para isso mesmo, Nuno Pena, «Liquidação de instituições de crédito e sociedades financeiras e resolução de atos prejudiciais», in AAVV, *Estudos em Homenagem a Rui Pena*, Almedina, Coimbra, 2019, p. 908. Quanto às atenuações que a abordagem conhece no âmbito da Diretiva da Resolução (Diretiva 2014/59/UE), Gabriel Moss/Bob Wessels/Matthias Haentjens, «Principles for Cross-border Financial Institutions Insolvency», in Gabriel Moss/Bob Wessels/Matthias Haentjens (ed.), *EU Banking and Insurance Insolvency*, cit., p. 31 e s.. Note-se que as posições manifestadas durante o processo de elaboração da Diretiva não foram unânimes quanto à adequação da alternativa seguida: sobre isto, Enrico Galanti, «The New EC Law on Bank Crisis», cit., p. 51.

[14] Beatrice Armelli, *I procedimento di liquidazione coatta bancaria*, cit., p. 46, com a identificação de vantagens e riscos.

19º, 1, do DL 199/2006 estabelece que é aquele diploma que rege a entrada em liquidação de instituições de crédito autorizadas em Portugal e que isso inclui as sucursais situadas noutros Estados-Membros da UE. Essas instituições «são liquidadas de acordo com as leis, regulamentos e procedimentos aplicáveis em Portugal» (art. 20º, 1, do DL 199/2006, sendo de destacar a exceção prevista no nº 3). Nos arts. 27º e ss. vamos encontrar normas que tratam da lei aplicável a situações especiais, que se compreendem melhor se lidas em conjunto com os arts. 20º e ss. da Diretiva 2001/24/CE[15].

O art. 20º, 3, do DL 199/2006 contém uma solução interessante e que constitui a transposição do disposto no art. 30º, 1, da Diretiva 2001/24/CE[16]. Naquele preceito determina-se que, ao contrário do disposto no nº 2, n), as normas da lei portuguesa (*lex concursus*) sobre nulidade, anulabilidade ou oponibilidade dos atos prejudiciais ao conjunto dos credores não se aplicam se o beneficiário desses atos fizer cumulativamente[17] prova de que o ato prejudicial é regulado pela lei de outro Estado membro (não é, portanto, a *lex concursus*) e que «no caso em apreço» tal lei proíbe a impugnação desse ato por qualquer meio. O regime parece abranger também as normas relativas à resolução em benefício da massa insolvente constantes do CIRE[18], deixando de ser aplicável o disposto na lei portuguesa se estiverem cumpridos os requisitos descritos.

De acordo com o referido preceito, quem tem de fazer a prova desse cumprimento é o beneficiário do ato. O mesmo resulta do art. 30º, 1, da Diretiva 2001/24/CE. No que diz respeito à resolução em benefício da massa

[15] Alertando para riscos (*agreement shopping*) envolvidos em alguns destes *carve-outs*, Gabriel Moss/Bob Wessels/Matthias Haentjens, «Principles for Cross-border Financial Institutions Insolvency», cit., p. 57. Lembre-se ainda o disposto nos Regulamentos 1246/2000 e 2015/848.

[16] Que, por sua vez, se aproxima muito da redação do art. 13º do Regulamento 1246/2000, de 29 de maio (v., hoje, o art. 16º do Regulamento 2015/848, de 20 de maio de 2015). Sobre o primeiro preceito o TJ teve oportunidade de se pronunciar várias vezes: cfr. a análise de Nuno Pena, «Liquidação de instituições de crédito e sociedades financeiras e resolução de atos prejudiciais», cit., p. 917 e ss.. O Regulamento 1246/2000 não se aplicava a processos de insolvência referentes a instituições de crédito, e o mesmo se passa com o Regulamento 2015/848.

[17] O art. 30º, 1, da Diretiva 2001/24/CE também revela que os requisitos são cumulativos, pois na parte final do primeiro deles surge a expressão «e de que».

[18] No caso *LBI hf v. Merrill Lynch International Ltd* (*Case* E-28/13), o *EFTA Court* considerou, na sua decisão de 17 de outubro de 2014, que a «expression "voidness, voidability or unenforceability of legal acts" in Article 30(1) of Directive 2001/24/EC [...] also refers to rescission in brankruptcy law on the basis of avoidance rules [...]».

insolvente, a prova normalmente terá de ser feita no âmbito da impugnação da resolução em benefício da massa que tenha ocorrido (art. 125º do CIRE), podendo o beneficiário do ato adotar a que considera ser a melhor estratégia[19] (conformando-se com a aplicação da lei portuguesa ou procurando fazer a prova exigida pelo art. 20º, 3, do DL 199/2006). Como refere Bob Wessels a propósito do art. 30º, 1, da Diretiva 2001/24/CE[20], a solução visa proteger as legítimas expetativas de credores ou outros terceiros tendo em conta a lei que regula o ato. No entanto, ao remeter para o «caso em apreço» o art. 20º, 3, b), do DL 199/2006 mostra ser necessária uma apreciação com base nas circunstâncias concretas (tendo em conta, por exemplo, prazos ou estados psicológicos relevantes[21]), o que pode dificultar a prova. Acresce que o beneficiário do ato que queira afastar a aplicação da lei portuguesa terá de provar que a lei de outro Estado membro que regula o ato proíbe a impugnação deste «por qualquer meio». Ainda assim, importa referir que parecem estar em causa apenas meios de impugnação de atos «prejudiciais ao conjunto dos credores»[22].

2. A situação de insolvência

Quando é que se pode dizer que um banco está em situação de insolvência? A definição de insolvência bancária constitui um «desafio prioritário para os operadores do setor»[23]. Se couber ao Banco de Portugal a avaliação da existência da mesma, os critérios estão previstos no art. 145º-E, 3, do RGICSF, que também se ocupa dos casos em que a instituição está em risco de insolvência. A atual redação foi dada ao preceito pela Lei 23-A/2015, de 26 de março[24]: «Para efeitos do disposto na alínea a) do número anterior,

[19] V., nesse sentido e quanto ao art. 30º, 1, da Diretiva 2001/24/CE, BEATRICE ARMELLI, *I procedimento di liquidazione coatta bancaria*, Giuffrè, Milano, 2014, p. 172.

[20] «Commentary on Directive 2001/24/EC on the Reorganisation and Winding up of Credit Institutions», in GABRIEL MOSS/BOB WESSELS/MATTHIAS HAENTJENS (ed.), *EU Banking and Insurance Insolvency*, cit., p. 114.

[21] V. tb. BEATRICE ARMELLI, I procedimento di liquidazione coatta bancaria, cit., p. 176.

[22] Chamando a atenção para isso mesmo, BEATRICE ARMELLI, *I procedimento di liquidazione coatta bancaria*, cit., p. 175.

[23] BEATRICE ARMELLI, *I procedimento di liquidazione coatta bancaria*, cit., p. 36: «una sfida prioritaria per gli operatori del settore».

[24] Que transpôs, designadamente, a Diretiva 2014/59/UE. V., desta última, e com interesse para o que nos ocupa agora, o art. 32º, 4. Aí surge, efetivamente, a expressão «situação ou em risco de insolvência». Curiosamente, a redação daquele nº 4 não é constante nas várias línguas:

considera-se que uma instituição de crédito está em risco ou em situação de insolvência quando se verifique uma das seguintes circunstâncias: a) A instituição de crédito deixar de cumprir os requisitos para a manutenção da autorização para o exercício da sua atividade ou existirem fundadas razões para considerar que, a curto prazo, a instituição deixa de os cumprir, possibilitando a revogação da autorização, nomeadamente porque apresentou ou provavelmente apresentará prejuízos suscetíveis de absorver, totalmente, os seus fundos próprios ou uma parte significativa dos mesmos; b) Os ativos da instituição de crédito serem inferiores aos seus passivos ou existirem fundadas razões para considerar que o são a curto prazo; c) A instituição de crédito estar impossibilitada de cumprir as suas obrigações ou haver fundadas razões para considerar que a curto prazo o possa ficar; d) Seja necessária a concessão de apoio financeiro público extraordinário, exceto quando esse apoio, destinado a prevenir ou conter uma perturbação grave da economia e preservar a estabilidade financeira, consista na: i) Concessão pelo Estado de garantias pessoais ao cumprimento das obrigações assumidas em contratos de financiamento, incluindo em operações de crédito junto do Banco de Portugal e em novas emissões de obrigações; ii) Realização de operações de capitalização com recurso ao investimento público, desde que não se verifique, no momento em que o apoio financeiro público extraordinário é concedido, alguma das circunstâncias referidas nas alíneas a) a c) ou no nº 2 do artigo 145º-I». Um preceito semelhante pode ser encontrado no art. 18º, 4, do RMUR quanto à avaliação que caberá, em regra, ao BCE.

Obviamente, existem muitas diferenças em relação aos critérios que resultam do art. 3º do CIRE. E só estamos a pensar nos casos em que há insolvência, deixando de lado aqueles em que apenas se verifica risco de insolvência. Compreendem-se as diferenças, pois a insolvência de um banco não pode levar a ter apenas em conta a necessidade de satisfazer os interesses dos credores[25].

«dissesto o a rischio di dissesto», «avérée ou prévisible», «es inviable o exista la probabilidad de que lo vaya a ser», «ausfallend oder wahrscheinlich ausfallend».

[25] Chamando a atenção para a necessidade de ter em conta os interesse específicos dos depositantes, bem como a realização de pagamentos e a proteção do sistema financeiro, p. ex., Dominik Schönberger, *Bankenrestrukturierung und Bankenabwiclung in Deutschland und den USA*, Duncker & Humblot, Berlin, 2018, p. 26.

3. Quando tem início o processo de insolvência de uma instituição de crédito? A revogação da autorização para o exercício da atividade de instituição de crédito

3.1. O problema e o seu relevo prático

A identificação do momento em que tem lugar o início do processo de insolvência é muito importante tendo em conta as eventuais consequências que daí podem resultar. Desde logo, para a eventual resolução em benefício da massa.

Com efeito, o art. 120º, 1, do CIRE estabelece que a resolução em benefício da massa insolvente só pode ter lugar quanto a atos prejudiciais à massa praticados nos dois anos anteriores à data do início do processo de insolvência. Além disso, as als. f), g) e h) do art. 121º, 1, do CIRE admitem a resolução incondicional em relação a atos praticados durante um certo período que é contado recuando no tempo a partir do início do processo de insolvência.

É o Banco de Portugal que pode apresentar *requerimento com vista ao início da liquidação judicial* com fundamento na revogação de autorização (art. 8º, 3, do DL 199/2006). A questão que se coloca é, então, a de saber se o processo de insolvência se considera iniciado com esse requerimento do Banco de Portugal, com a adoção de eventual medida de resolução ou com a *revogação da autorização.* O DL 199/2006 não contém uma norma que resolva expressamente aquele problema.

Consideramos, porém, que o momento em que se considera iniciado o processo de insolvência é o da *revogação da autorização.* Vários argumentos podem ser avançados para sustentar essa leitura. Antes de mais, *a letra* do DL 199/2006. Somam-se a *natureza do processo de liquidação* das instituições de crédito, a *necessidade de estabilização* das relações jurídicas, o apoio encontrado no *direito comparado,* o paralelismo que se pode estabelecer com o *processo de insolvência aberto na sequência de um PER,* o facto de o *processo de liquidação poder ser iniciado sem haver prévia medida de resolução* e o argumento que se retira do regime do *bail-in.* É de tudo isto que nos vamos agora ocupar.

3.2. O elemento literal

O art. 5º, 1, do DL 199/2006 estabelece que as instituições de crédito «dissolvem-se apenas por força da revogação da respetiva autorização, nos termos do artigo 22º do RGICSF, ou por deliberação dos sócios». O nº 2 acrescenta: «Com a dissolução, as instituições de crédito entram em liquidação, sem prejuízo do estabelecido na parte final do nº 3 do artigo 22º do RGICSF».

Lê-se ainda no art. 8º, 1, do DL 199/2006 que a «liquidação judicial das instituições de crédito fundada na revogação de autorização pelo Banco de Portugal faz-se nos termos do presente diploma e, em tudo o que nele não estiver previsto, nos termos do Código da Insolvência e da Recuperação de Empresas».

O Regulamento (UE) 1024/2013 do Conselho de 15 de outubro de 2013 «que confere ao BCE atribuições específicas no que diz respeito às políticas relativas à supervisão prudencial das instituições de crédito»[26] (RMUS), alterou o regime. Agora, como já foi dito acima, cabe ao BCE, no âmbito do MUS, *revogar a autorização* dos bancos. É o que resulta do art. 4º, 1, a), do RMUS, sendo de destacar que o art. 6º, 4, não abrange as atribuições do art. 4º, 1, a), nas que cabem às autoridades nacionais competentes quanto às instituições de crédito menos significativas (v. tb. o art. 6º, nº 6). Como resulta do art. 14º, 5, do RMUS, o BCE pode revogar a autorização por sua iniciativa na sequência de consultas com a autoridade nacional competente do Estado-Membro participante em que a instituição de crédito está estabelecida, ou sob proposta dessa autoridade nacional competente.

Resulta, por sua vez, do art. 8º, 2, do DL 199/2006 que a «decisão de revogação da autorização pelo Banco de Portugal produz os efeitos da declaração de insolvência». Mais uma vez, será agora a revogação pelo BCE que produzirá esses efeitos. Assim, o momento da *decisão de revogação da autorização* é também o momento da *dissolução* da instituição de crédito e é o momento em que esta *entra em liquidação*. E aquela decisão de revogação da autorização *produz os efeitos da declaração de insolvência*.

Tudo isto permite dizer que *o momento que deve ser equiparado à data do início do processo de insolvência é aquele em que o BCE decide retirar a autorização para o exercício da atividade de instituição de crédito à instituição e não o do requerimento com vista ao início da liquidação judicial* com fundamento na revogação de autorização. Caso contrário, teríamos uma decisão que produz os efeitos da declaração de insolvência (a decisão de revogação da autorização) proferida antes do início do processo de insolvência (na leitura rejeitada, seria o momento do requerimento do Banco de Portugal com vista ao início da liquidação judicial), o que seria absurdo.

[26] O Regulamento (UE) 1024/2013 é aquele de que resulta o Mecanismo Único de Supervisão. Sobre este, Alexandre de Soveral Martins, «O Mecanismo Único de Resolução», in Miguel Pestana de Vasconcelos (coord.), *III Congresso de Direito Bancário*, Almedina, Coimbra, 2018, p. 113 e ss..

Assim, o DL 199/2006 permite identificar o momento em que se pode dizer que tem início o processo de insolvência relativamente à instituição de crédito que foi objeto de medida de resolução. O art. 5º, 2, do DL 199/2006 estabelece que as instituições de crédito *entram em liquidação com a dissolução*. A dissolução tem lugar por força da *revogação da autorização*: art. 5º, 1, do DL 199/2006.

Para além de tudo isso, o nº 3 do art. 5º do DL 199/2006 acrescenta: «Na decisão de revogação de autorização, é indicada a hora da prática do ato, considerando-se, em caso de omissão, que o mesmo ocorreu às 12 horas, valendo essa hora, para todos os efeitos legais, como o momento da instauração do processo de liquidação».

Veja-se bem: a hora da decisão de revogação de autorização não só vale como *momento da instauração do processo de liquidação*, como *vale dessa forma para todos os efeitos legais*. Para todos os efeitos legais *e, portanto, também para os efeitos legais previstos, por exemplo, no art. 120º, 1, do CIRE*. Essa é, precisamente, uma das adaptações que é necessário fazer na aplicação do CIRE (cfr. o art. 9º, 3, do DL 199/2006).

O processo de liquidação das instituições de crédito a que foi revogada a autorização é um processo judicial: é o que diz o art. 8º, 1, do DL 199/2006. O *início do processo de liquidação* deve ser considerado o *início do processo de insolvência*: o momento do início do processo de insolvência coincide com a *dissolução* e esta tem lugar por força da *revogação da autorização*. Desta forma se consegue um regime que garante a certeza e a segurança na determinação dos momentos em causa.

3.3. A abertura do processo de liquidação

O que acabámos de escrever ajuda-nos a avançar para a análise da segunda razão que nos leva a defender que o processo de insolvência se inicia com a revogação da autorização. Essa razão reside na necessidade de ter em conta o que, nos termos do regime de liquidação das instituições de crédito, é considerado *processo judicial de liquidação*.

Com efeito, aquele regime dispõe que o processo judicial de liquidação é um «processo coletivo [...] com o objetivo de proceder à liquidação dos bens [...]» (art. 2º, 1, b), do DL 199/2006). Trata-se de uma definição que tem de ser lida tendo presente o disposto no art. 2º da Diretiva 2001/24/CE relativa ao saneamento e à liquidação das instituições de crédito: um processo de liquidação é «um processo coletivo aberto e controlado pelas autoridades administrativas ou judiciais de um Estado-Membro com o objetivo de proceder à liquidação dos bens [...]». Assim, o processo de liquidação tido em vista pela Diretiva (que o DL 199/2006 transpôs) pode ser equiparado ao processo de insolvência do CIRE.

Basta, aliás, lembrar o teor do art. 2º, c), do Regulamento 1346/2000 «relativo aos processos de insolvência» (apesar de ter sido substituído pelo Regulamento 2015/848, o Regulamento de 2000 tinha surgido antes da Diretiva 2001/24/CE): de acordo com o referido preceito, um «processo de liquidação» era «um processo de insolvência na aceção da alínea a) que determine a liquidação dos bens do devedor, incluindo os casos em que o processo for encerrado através de concordata ou de qualquer outra medida que ponha fim à situação de insolvência, ou em virtude da insuficiência do ativo [...]».

Com o Regulamento 2015/848, o âmbito de aplicação do regime é mais extenso: contudo, o seu art. 1º, 1, também revela que entre os processos coletivos de insolvência continuamos a encontrar o processo de liquidação.

Para o que nos interessa agora, justifica-se destacar uma ideia muito importante: o legislador europeu não tem dúvidas de que o processo coletivo de liquidação é um processo de insolvência.

E é desse processo de liquidação (um processo de insolvência) que se trata também no DL 199/2006, pois ficou expresso no seu art. 1º, 1, que ali se pretende transpor a Diretiva 2001/24/CE.

A origem do regime contido no DL 199/2006 também é relevante por uma outra razão. Com efeito, tratando-se da transposição da Diretiva 2001/24/CE, isso obriga a ter em conta que o direito europeu está interessado na identificação *do momento em que se considera aberto o processo de insolvência.*

O art. 9º da Diretiva 2001/24/CE ocupa-se da abertura do processo coletivo de liquidação de instituições de crédito. *Processo coletivo de liquidação que é, como vimos, um processo de insolvência.* Porém, o art. 2º da Diretiva 2001/24/CE não dá uma definição de *abertura do processo coletivo de liquidação.* Mas, como já foi dito, é ali apresentada uma definição de processo coletivo de liquidação, sendo este considerado, designadamente, um «processo coletivo aberto [...]».

Para sabermos *quando se considera aberto um processo coletivo* (como é também o processo coletivo de liquidação de instituições de crédito) temos de voltar a olhar para o Regulamento 1346/2000. Este último estabelecia, no seu art. 2º, f), que o «momento de abertura do processo» era o «momento em que a decisão de abertura produz efeitos [...]».

Por sua vez, a al. e) do mesmo art. 2º dispunha que a «decisão» seria, quando utilizada «em relação à abertura de um processo de insolvência ou à nomeação de um síndico, a decisão de um órgão jurisdicional competente para abrir um processo dessa natureza ou para nomear um síndico».

Assim, também encontramos apoio nestes últimos preceitos do Regulamento 1346/2000 para dizer *que é o momento de abertura do processo de liquidação que pode ser equiparado ao momento do início do processo de insolvência.* Não teria qualquer sentido dizer que o processo de liquidação se iniciara, mas não estava ainda aberto: o início do processo de liquidação é o momento da sua abertura. E o processo de liquidação das instituições de crédito é, como vimos, um processo de insolvência.

Mas aquele momento de abertura do processo de liquidação é, já o referimos, o momento em que tem lugar a decisão de revogação da autorização, produzindo esta os efeitos da declaração de insolvência (art. 8º, 2, do DL 199/2006). Não havendo um processo judicial de insolvência propriamente dito para instituições de crédito, o único processo *judicial* que se lhe pode equiparar é, precisamente, o processo de liquidação.

Nada impede, com efeito, que o processo de insolvência seja apenas um processo de liquidação. Pelo contrário, a resolução bancária não é um processo de insolvência[27].

Como já referimos, é extremamente relevante o facto de o art. 5º, 3, do DL 199/2006 estabelecer expressamente que *o momento da instauração do processo de liquidação é o da decisão de revogação da autorização*. Ou seja: é a própria lei que estabelece que a decisão de revogação da autorização é, simultaneamente, o momento em que se consideram dissolvidas as instituições de crédito (art. 5º, 1, do DL 199/2006), o momento em que entram em liquidação (art. 5º, 2, do DL 199/2006) e o momento da instauração do

[27] A propósito da Diretiva 2014/59/UE (Diretiva da Resolução, Bank Recovery and Resolution Directive ou BRRD) Noah Vardi, «Banking Union and European Perspectives on Resolution», in AAVV, *Le traitement des difficultés des* établissements *bancaires et institutions financiéres. Approche* croisée, LexisNexis, Paris, 2017, p. 26, escrevia precisamente o seguinte: «The *ratio* of the BRRD is that of providing a 'third way' to the alternative between 'bailouts' and insolvency procedures [...]». O próprio DL 199/2006 distingue «medidas» de resolução (consideradas medidas de saneamento: art. 2º, 3) e «processo» de liquidação (v.g., art. 2º, 1, b)). E são aquelas medidas de resolução que constituem a referida «terceira via», que não se confunde com os processos de insolvência. O processo de liquidação, esse sim, é um processo de insolvência. Por isso, o momento de adoção da medida de resolução, por se situar naquela «terceira via», não pode ser visto como o início do processo de insolvência.

processo de liquidação (art. 5º, 3, do DL 199/2006). A lei dificilmente poderia ser mais clara, garantindo assim a certeza e a segurança em matérias que delas muito carecem.

Nem se diga que o facto de a decisão de revogação da autorização produzir os efeitos da declaração de insolvência seria contraditório com o facto de a mesma data ser também considerada a data do início do processo de insolvência. Com efeito, *também o* Regulamento 1346/2000 permitia *que o momento de abertura do processo de insolvência fosse o da declaração de insolvência*, como resulta do teor da decisão proferida pelo Tribunal de Justiça no caso *Eurofood* (Acórdão de 2 de maio de 2006, Proc. C-341/04)[28].

Por aí se vê que *não é um absurdo considerar que a data do início do processo de insolvência coincide com a data da declaração de insolvência ou equivalente.* Tanto mais que o art. 2º da Diretiva 2001/24/CE define «processo de liquidação» como o «processo coletivo aberto [...]». E certamente que o legislador comunitário não ignorava aí o que resultava então do Regulamento 1346/2000.

Como o DL 199/2006 constitui transposição daquela Diretiva 2001/24/CE, não pode deixar de ser lido tendo em conta o que resulta dos lugares paralelos que encontramos no Direito da União Europeia.

3.4. A necessidade de estabilização das relações jurídicas

O terceiro argumento que convocamos obriga a lembrar a importância que tem o momento do início do processo de insolvência para se verificar se ainda é possível a resolução em benefício da massa insolvente. Isto porque sabemos que só podem ser resolvidos em benefício da massa os atos prejudiciais a esta que tenham sido praticados dentro dos dois anos anteriores à data do início do processo de insolvência.

Se o prazo de dois anos previsto no art. 120º, 1, do CIRE se contasse a partir do momento em que é tomada uma medida de resolução, *a possível gestão do momento da retirada da autorização e do momento do início da liquidação* prejudicaria a certeza e segurança jurídicas.

Com efeito, se o momento em que se considerasse iniciado o processo de insolvência fosse o da *decisão de aplicação da medida de resolução*, a verdade é que o momento da *retirada da autorização* e o momento do *início da liquidação* poderiam verificar-se muito mais tarde. E só com o início da liquidação haverá nomeação do liquidatário ou da comissão liquidatária.

[28] Sobre o tema, para mais desenvolvimentos, Alexandre de Soveral Martins, «O penhor financeiro e a alienação fiduciária em garantia no processo de insolvência», in *Estudos de direito da insolvência*, 2ª ed., Almedina, Coimbra, 2018, p. 139 e ss..

Se o prazo de dois anos para a resolução em benefício da massa se contasse a partir do momento da decisão de aplicação da medida de resolução bancária, *os terceiros seriam colocados numa situação de grande incerteza acerca da estabilidade das relações jurídicas em que intervieram*, pois poderiam decorrer muitos anos entre a prática dos atos de que resultaram essas relações e a respetiva resolução em benefício da massa, a efetuar pelo liquidatário ou pela comissão liquidatária.

Pelo contrário, a posição que sustenta que o início do processo de insolvência ocorre com a decisão de retirada da autorização é a que melhor defende o interesse da estabilização das relações jurídicas. Com esta última solução pretende-se combater eventuais demoras até à retirada de autorização: pretende-se evitar que essas demoras ainda acabem por receber um prémio.

Quanto mais tempo passa até à retirada de autorização, maior é o risco de que atos praticados antes da tomada da medida de resolução deixem de poder ser resolvidos em benefício da massa. Se, porém, se pretende que seja possível resolver em benefício da massa atos praticados durante um período mais longo a partir do momento da tomada da medida de resolução, então também é necessário *atuar de forma mais expedita* para que a revogação da autorização tenha igualmente lugar mais cedo.

O mesmo se passa no processo de insolvência regulado no CIRE: quanto mais tarde se iniciar o processo de insolvência, maior é o risco de se perder a possibilidade de resolver atos em benefício da massa insolvente.

A verdade também é que o RGICSF mostrava e mostra a necessidade de a revogação da autorização ter lugar rapidamente após a decisão de aplicação de uma medida de resolução. O art. 145º-E, 2, do RGICSF, na redação que tinha sido dada pelo DL 31-A/2012, de 10 de fevereiro, previa que os administradores nomeados pelo Banco de Portugal exercessem funções por um prazo máximo de um ano (embora prorrogável por iguais períodos).

É também esse prazo de um ano que surge previsto no art. 145º-G, 7, do RGICSF, na redação que lhe foi conferida pela Lei 23-A/2015, de 26 de março. Mas, agora, com uma diferença: a prorrogação por igual período só pode ter lugar a título excecional, assim confirmando que a lei pretende uma rápida passagem para a fase seguinte.

Contra a leitura que fazemos não se pode invocar sequer a complexidade da resolução de uma instituição de crédito: por ser complexa é que existe uma comissão liquidatária em vez de um liquidatário judicial. E os membros da comissão liquidatária têm de ser propostos «tendo em conta critérios de idoneidade e experiência de exercício de funções no sector financeiro» (art. 10º, 4, do DL 199/2006).

Vemos, assim, que a resolução em benefício da massa insolvente dos atos pode ocorrer cedo. Basta que a revogação da autorização para o exercício da atividade de instituição de crédito também ocorra mais cedo.

O que se pretende evitar ao fixar como data de início do processo de insolvência o momento da revogação de autorização é que as atuações mais demoradas sejam premiadas, com prejuízo da certeza e da segurança jurídicas.

A solução que defendemos permite conseguir a adequada ponderação, de um lado, dos *interesses subjacentes à possibilidade de adiar a retirada de autorização*, e, do outro, dos *interesses dos terceiros que querem ver estabilizadas as relações jurídicas* em que intervieram.

Nem se diga que as expetativas dos credores não devem ser atendidas nestas situações. Com efeito, é a própria Diretiva 2001/24/CE que, no seu Considerando (28), mostra que «[I]mporta proteger os credores que tenham contratado com a instituição de crédito, antes da adoção de uma medida de saneamento ou da abertura de um processo de liquidação, contra as disposições relativas à nulidade, anulação ou inoponibilidade previstas na lei do Estado-Membro de origem [...]».

É, pois, evidente que os interesses conducentes à aplicação da medida de resolução, à revogação de autorização e à posterior liquidação de uma instituição de crédito não merecem uma proteção a todo o custo: há que proceder a uma ponderação de interesses tendo em conta também os interesses de credores perante as disposições relativas à resolução em benefício da massa insolvente. Ponderação que é conseguida em termos adequados através da leitura que vê no momento da revogação da autorização a data do início do processo de insolvência.

Tanto mais que o facto de os atos terem sido praticados fora do prazo previsto no art. 120º, 1, do CIRE não significa que nada mais possa ser feito: isto é, não significa que sejam afastados os institutos gerais aplicáveis. E isso também é tido em conta pela lei (ou seja, pelo DL 199/2006) quando dela decorre, como se viu, que o prazo de dois anos previsto no art. 120º, 1, do CIRE se conta da data em que é retirada a autorização.

3.5. O direito comparado: a *Ley Concursal* espanhola

O direito comparado mostra que não é inconcebível considerar que o prazo de dois anos previsto no art. 120º, 1, do CIRE se conta da data de declaração de insolvência ou equiparada.

Como vimos, o art. 8º, 2, do DL 199/2006 estabelece que a «decisão de revogação da autorização [...] produz os efeitos da declaração de insolvência». Ora, se olharmos para o país vizinho, vemos que o art. 71, 1, da *Ley Concursal* estabelece, precisamente, o seguinte: «Declarado el concurso, serán rescindibles los actos perjudiciales para la masa activa realizados por el deudor dentro de los dos años anteriores a la fecha de la declaración [...]». Este é um claro exemplo de que a contagem do prazo de dois anos a partir da data de declaração de insolvência (ou equiparada) não constitui uma qualquer excentricidade.

Como afirma Francisco León[29], «[e]s indiferente la fecha de la solicitud; es indiferente la mayor o menor duración del proceso de declaración [...]». A justificação da escolha do legislador espanhol é dada de forma lapidar por Josefina Huelmo Reguero[30]: pretende-se «alejarse de la arbitrariedad y la inseguridad jurídica» e consagrar uma solução «de fácil aplicación» e que «garantiza la seguridad jurídica de los terceros que contratan con el deudor».

É essa segurança jurídica que se pretende também tutelar no âmbito da liquidação das instituições de crédito quando se conta o prazo de dois anos previsto no art. 120º, 1, do CIRE a partir da data da revogação de autorização. O que bem se compreende: as instituições de crédito vivem da confiança que os terceiros nelas depositam. E essa confiança só é conseguida se for garantida a segurança jurídica.

3.6. O lugar paralelo: processo de insolvência posterior ao PER

O CIRE contém o regime do Processo Especial de Revitalização (PER)[31]. O PER não é um processo de insolvência: é, isso sim, um processo que se destina «a permitir à empresa que, comprovadamente, se encontre em situação económica difícil ou em situação de insolvência meramente imi-

[29] Francisco León, «Artículo 71», in Ángel Rojo/Emilio Beltrán, *Comentario de la Ley Concursal*, T. I, Thomson/Civitas, Madrid, 2004, p. 1306.

[30] Cfr. Josefina Huelmo Reguero, *La acción rescisória concursal*, Bosch, Barcelona, 2016, p. 126.

[31] O regime do PER foi introduzido no CIRE com a Lei 16/2012, de 20 de abril. Com o DL 79/2017, de 30 de junho, o PER ficou expressamente reservado às empresas. Sobre os principais aspetos da reforma de 2017 v. Alexandre de Soveral Martins, «As alterações ao CIRE quanto ao PER e ao PEPAP», in *Estudos de direito da insolvência*, 2ª ed., Almedina, Coimbra, 2018, p. 7 e ss.. Em bom rigor, existem dois PER: o segundo está previsto no art. 17º-I do CIRE, caracterizando-se por ter sido obtido extrajudicialmente um acordo de recuperação (antes, portanto, de se iniciar o processo de homologação): cfr. o nosso *Um Curso de Direito da Insolvência*, 2ª ed., Almedina, Coimbra, 2016, p. 510.

nente, mas que ainda seja suscetível de recuperação, estabelecer negociações com os respetivos credores de modo a concluir com estes acordo conducente à sua revitalização» (art. 17º-A, 1, do CIRE).

O CIRE prevê, inclusivamente, a possibilidade de existir uma ponte (*by-pass* ou vaso comunicante) entre o PER e o processo de insolvência. O art. 17º-G do CIRE estabelece que, no caso de a empresa ou a maioria dos credores concluir que não é possível alcançar um acordo no PER, bem como no caso de ser ultrapassado o prazo previsto no art. 17º-D, 5, para a conclusão das negociações e quando a empresa põe termo às negociações (art. 17º-G, 5, do CIRE), o processo negocial é encerrado e, concluindo o administrador judicial provisório que a empresa está insolvente, deve requerer essa declaração de insolvência (art. 17.-G, 4, do CIRE). Mas essa passagem não tem de existir, pois um PER pode terminar sem dar imediatamente lugar a um processo de insolvência: este pode nunca chegar a ser aberto ou ser apenas aberto após o encerramento do PER.

Vê-se que existe, assim, alguma semelhança com o que pode suceder a um banco: também este pode ser objeto de medida de resolução e a aplicação de uma destas medidas não significa, necessariamente, que a ela se siga um processo judicial de liquidação, embora isso possa igualmente ocorrer.

No âmbito do PER podem ser celebrados negócios jurídicos. Tais negócios jurídicos são insuscetíveis de resolução em benefício da massa insolvente quando tenham por finalidade «prover o devedor com meios de financiamento suficientes para viabilizar a sua recuperação» (art. 120º, 6, do CIRE).

Apesar disso, se vier a ser requerida a declaração de insolvência da empresa a data do início do processo de insolvência a ter em conta não é o momento em que dá entrada em tribunal o requerimento para o início de um PER ou o momento em que é proferido o despacho a nomear o administrador judicial provisório naquele PER.

Ou seja: embora o regime do PER dê proteção aos negócios celebrados no âmbito daquele processo, isso *não faz recuar a data do início do processo de insolvência que eventualmente venha a ser aberto ao momento da apresentação do requerimento para o início do PER ou em que foi proferido o despacho de nomeação do AJP*.

Este é mais um argumento para afirmar que *não se justifica fazer recuar a data de início do processo de insolvência relativo a um banco ao momento em que é adotada a medida de resolução bancária*.

3.7. O processo de liquidação pode ser iniciado sem se adotar antes uma medida de resolução

Quem sustenta que a data do início do processo de insolvência é o momento da adoção de eventual medida de resolução bancária não tem na devida conta algo muito importante: *não está afastada a possibilidade de um processo de liquidação de uma instituição de crédito se iniciar sem ter sido antes adotada uma medida de resolução.*

Na redação do art. 144º do RGICSF dada pelo DL 31-A/2012, de 10 de fevereiro, podia ver-se que a *revogação da autorização* para o exercício da atividade, seguida da aplicação do regime de *liquidação,* poderia ter lugar *sem que houvesse prévia aplicação de uma medida de resolução.* O mesmo foi reafirmado com a redação que o referido preceito recebeu através da Lei 23-A/2015, de 26 de março.

Se a data do *início do processo de insolvência* fosse o momento da *adoção da medida de resolução,* daí se seguiria que no processo judicial de liquidação de uma instituição de crédito iniciado *sem prévia adoção de medida de resolução não haveria uma data para o início do processo de insolvência* e que não seria possível a resolução em benefício da massa insolvente. Um absurdo que não pode ser acolhido pelo intérprete, devendo este assumir a razoabilidade do legislador.

3.8. Entretanto, o *bail-in*...

Uma outra prova de que a data do início do processo de insolvência não é o momento da adoção da medida de resolução bancária reside no facto de que *as medidas de resolução não se destinam necessariamente a conduzir à extinção da entidade que delas é objeto.*

Com efeito, o art. 145º-U do RGICSF permite que seja aplicada à instituição de crédito a medida de *recapitalização interna*[32]. Nesse caso, o reforço de fundos próprios deve ter lugar na medida suficiente para permitir que a instituição de crédito possa voltar a «cumprir os requisitos para a manutenção da autorização para o exercício da sua atividade e obter financiamento de forma autónoma e em condições sustentáveis junto dos mercados financeiros, nos casos em que exista uma perspetiva razoável de que a aplicação da medida, juntamente com outras medidas relevantes, permitirá alcançar

[32] Sobre esta, v. Alexandre de Soveral Martins, «Medidas de resolução das instituições de crédito: a transferência da atividade para um banco de transição», in Miguel Pestana de Vasconcelos (coord.), *II Congresso de Direito Bancário*, Almedina, Coimbra, 2017, p. 47, 53, 58, 62, e Alexandre de Soveral Martins, «O Mecanismo Único de Resolução», cit., p.133 e ss..

as finalidades previstas no nº 1 do artigo 145º-C e restabelecer a solidez financeira e a viabilidade a longo prazo [...]».

O art. 145º-U do RGICSF foi aditado pela Lei 23-A/2015, de 26 de março, com início de vigência a 31 de março de 2015. A alteração constitui uma confirmação do que temos estado a escrever. Com efeito, *não faria sentido considerar como data do início do processo de insolvência um momento que pode ser também aquele em que tem lugar a recapitalização interna.*

A decisão de resolução não tem de implicar uma futura liquidação de uma qualquer entidade de transição: o *bail-in* pode ser suficiente para salvar a instituição de crédito. Logo, *não tem sentido dizer que o momento do início do processo de insolvência deve ser aquele em que é tomada a medida de resolução.*

O aditamento do art 145º-U do RGICSF confirma, assim, a leitura que defendemos. Tanto mais que não foi acompanhado por outra alteração legislativa separando as águas quanto à data do início do processo de insolvência: isto é, não se estabeleceu que vale uma data de início do processo de insolvência para os casos em que a medida de resolução é apenas a recapitalização interna do art. 145º-U[33] e outra data de início do processo de insolvência para os casos em que é aplicada diferente medida de resolução.

4. O requerimento da liquidação

Uma vez revogada a autorização para o exercício da atividade, o Banco de Portugal tem, em regra, um prazo de 10 dias para requerer a liquidação judicial da instituição de crédito (art. 8º, 3, do DL 199/2006). Essa competência é exclusiva, sendo grandes as diferenças relativamente ao disposto no CIRE quanto aos sujeitos legitimados para requerer a declaração de insolvência do devedor.

Dizemos que o prazo para o Banco de Portugal requerer a liquidação da instituição de crédito é, em regra, de 10 dias porque, se tiverem sido nomeados administradores pré-judiciais, nos termos do art. 7º-A do DL 199/2006, o prazo passa a ser de seis meses, renovável por igual período se necessária à conclusão de operações em curso em condições de eficácia e celeridade.

O requerimento do Banco de Portugal deve conter *proposta de liquidatário judicial ou comissão liquidatária.* Proposta que será ou não aceite pelo juiz, que procede à designação do liquidatário ou comissão liquidatária.

[33] O art. 145º-L, 1, do RGICSF apenas afasta a possibilidade se ser aplicada isoladamente a medida de resolução prevista no art. 145º-E, 1, c) («Segregação e transferência parcial ou total da atividade para veículos de gestão de ativos»).

Se forem nomeados administradores pré-judiciais na decisão de revogação da autorização, o requerimento da liquidação judicial será acompanhado de *lista provisória dos créditos* sobre a instituição em liquidação (art. 7º-D, 3, do DL 199/2006)[34].

5. Despacho de prosseguimento e tramitação subsequente

Recebido o requerimento do Banco de Portugal, o juiz profere *despacho de prosseguimento* se considerar que estão preenchidos os requisitos para a abertura da liquidação previstos no art. 8º do DL 199/2006[35]. Naquele despacho de prosseguimento o juiz nomeia liquidatário ou comissão liquidatária com três membros, e toma as decisões previstas em várias alíneas do art. 36º do CIRE: são elas as als. b), c) e f) a n). Como facilmente se vê, há uma grande proximidade de conteúdo entre o despacho de prosseguimento e a sentença de declaração de insolvência prevista no art. 36º do CIRE.

A *tramitação subsequente* ficará sujeita ao CIRE, que será aplicável com as necessárias adaptações, embora o art. 9º, 3, do DL 199/2006 afaste a aplicação do título IX (Plano de insolvência) e do título X (Administração pelo devedor).

6. Os liquidatários judiciais

Vimos que o despacho de prosseguimento deve conter a nomeação de liquidatário ou de comissão liquidatária. A escolha entre ter liquidatário ou comissão liquidatária depende da complexidade e dificuldade da liquidação. O liquidatário ou os membros da comissão são propostos pelo Banco de Portugal, como vimos (art. 10º, 1, do DL 199/2006), tendo em conta critérios de idoneidade e experiência de exercício de funções no setor financeiro (art. 10º, 4, DL 199/2006). Isto significa, desde logo, que um administrador da insolvência terá dificuldade em ser designado para um daqueles cargos.

Antes do despacho de prosseguimento já podem ter sido nomeados administradores pré-judiciais na decisão de revogação da autorização, nos termos dos arts. 7º-A e ss.. Como a revogação da autorização pode surgir no seguimento da aplicação de medidas de intervenção corretiva, de resolução ou da nomeação de uma administração provisória, o art. 7º-C, 2, prevê que a nomeação dos administradores pré-judiciais recai, preferencialmente, sobre os que tenham sido nomeados para o efeito no âmbito daquelas medidas.

[34] Cfr. tb. o art. 11º, 2, do DL 199/2006 quanto aos envios a realizar.

[35] O art. 9º, por lapso, contém referência ao artigo anterior, mas este é agora o ... 8º-A!

Os administradores pré-judiciais terão os poderes de administração e disposição do administrador de insolvência, sendo de ter especialmente em conta o art. 7º-D do DL 199/2006[36].

A liquidação será feita nos termos do DL 199/2006 e, quanto aos casos ali omissos, de acordo com o disposto no CIRE (art. 8º, 1, do DL 199/2006). Compreende-se, por isso, que o art. 10º, 1, do DL 199/2006 estabeleça que os liquidatários judiciais terão as funções do administrador da insolvência previstas no CIRE. A remuneração do liquidatário ou dos membros da comissão liquidatária será fixada anualmente pelo juiz, sob proposta do Banco de Portugal (art. 10º, 3, do DL 199/2006).

Os liquidatários podem requerer ao juiz a continuação parcial da atividade da instituição de crédito (art. 12º, 1), devendo esse requerimento ser acompanhado de parecer favorável do Banco de Portugal (art. 12º, 2).

A atividade do liquidatário ou da comissão liquidatária será acompanhada pelo Banco de Portugal, que tem um conjunto variado de prerrogativas (art. 14º). Pode, desde logo, requerer ao juiz o que entender conveniente (nº 1), examinar os elementos da contabilidade da instituição de crédito e solicitar ao liquidatário ou à comissão liquidatária as informações e a apresentação de elementos que considere necessários. Pode ainda apresentar relatórios e pareceres. Tem, inclusivamente, legitimidade para reclamar ou recorrer de decisões judiciais que a isso possam dar lugar. O Banco de Portugal pode também propor ao juiz a destituição ou substituição do liquidatário ou dos membros da comissão liquidatária e a substituição de um por outra e vice-versa (art. 10º, 2, DL 199/2006)[37].

A atividade do liquidatário ou da comissão liquidatária noutros Estados-Membros da UE surge acautelada pela Diretiva 2001/24/CE. Como se lê no respetivo Considerando (27), o «reconhecimento da sua nomeação e dos seus poderes em todos os outros Estados-Membros é um elemento essencial para a aplicação das decisões adotadas no Estado-Membro de origem».

7. A comissão de credores

O processo de liquidação de um banco não terá assembleia de credores, aí residindo mais uma diferença significativa em relação ao que geralmente

[36] A diferença entre o regime descrito no texto e o que encontramos no CIRE para a designação de administradores judiciais provisórios no âmbito da aplicação de medidas cautelares é considerável: cfr. o art. 32º do CIRE.

[37] São visivelmente grandes as diferenças relativamente ao regime que encontramos no art. 53º do CIRE para a escolha de outro administrador da insolvência pelos credores.

sucede nos processos de insolvência regulados pelo CIRE. O art. 13º, 2, do DL 199/2006 estabelece expressamente que as competências que o CIRE confere à assembleia de credores são exercidas pela comissão de credores. Esta é nomeada pelo juiz, ouvido o Banco de Portugal (art. 13º, 1, do DL 199/2006).

8. As reclamações de créditos

O art. 22º do DL 199/2006 contém regras sobre notificações aos credores conhecidos que tenham domicílio, residência habitual ou sede social noutros Estados-Membros, estando a reclamação de créditos a realizar por esses sujeitos prevista no art. 23º. Essa reclamação pode ser feita na língua oficial do Estado-Membro respetivo (mas v. o nº 3 do art. 24º)[38]. No art. 8º-A do DL 199/2006 vamos encontrar regras especiais sobre graduação de créditos comuns emergentes de instrumentos de dívida.

Terá de ser elaborada uma lista dos credores reconhecidos e não reconhecidos, sendo de chamar a atenção para o disposto no art. 11º quanto à comunicação a fazer ao Fundo de Garantia de Depósitos.

9. A liquidação

Os atos de liquidação ficarão a cargo do liquidatário ou da comissão liquidatária, pois terão as funções que cabem ao administrador da insolvência. Como vimos, o Banco de Portugal tem os poderes identificados no art. 14º.

A liquidação não impede necessariamente que a instituição de crédito se mantenha em funcionamento: o art. 12º, 1, do DL 199/2006 prevê que os liquidatários possam requerer a continuação parcial daquela atividade quanto isso se mostre necessário ou conveniente à liquidação.

10. Os grupos e o art. 15º-B do DL 199/2006

O art. 15º-B do DL 199/2006, aditado pelo DL 31-A/2012, de 10 de fevereiro, veio dar atenção aos casos em que existe um grupo constituído por domínio total ou por contrato de subordinação. Nesses casos, o Banco de Portugal pode também requerer a declaração de insolvência da sociedade dominante ou diretora «se tiver fundadas razões para concluir, a partir da situação patrimonial líquida da instituição de crédito dominada em liquidação, que o ativo da sociedade dominante ou diretora será provavelmente

[38] Cfr. o art. 17º, 2, da Diretiva 2001/24/CE.

insuficiente para satisfazer o passivo próprio, acrescido do passivo não pago da instituição dominada» (nº 1).

Está ainda prevista a obrigação de colaboração entre os liquidatários nomeados, «nomeadamente trocando os relatórios elaborados nos termos da lei e prestando assistência mútua com vista a maximizar a recuperação de créditos», mas «sem prejuízo dos direitos próprios dos credores nos processos de liquidação da sociedade dominante ou diretora e da instituição de crédito dominada» (nº 2) e são atribuídas competências ao Banco de Portugal no âmbito do processo de insolvência da sociedade dominante ou diretora (nº 3, que remete para o art. 14º do DL 199/2006). Não está, no entanto, prevista uma consolidação substancial nem uma consolidação processual, solução que, aliás, também não encontramos no Regulamento 2015/848.

11. Uma breve conclusão

Como vimos, o regime contido no DL 199/2006 constitui, em larga medida, a transposição da Diretiva 2001/24/CE. Esta é uma Diretiva que já viu passar muita água debaixo da ponte. Desde logo, conviveu com a Grande Crise Financeira de 2007/2008. No entanto, a Diretiva 2001/24/CE é, como vimos, sobretudo um texto que se ocupa de questões relacionadas com a lei aplicável e com a determinação da autoridade competente para determinar a aplicação de medidas de saneamento a uma instituição de crédito e suas sucursais, bem como para decidir da abertura de um processo de liquidação quanto àquelas. É bem pouco, ainda assim, e permite que existam regimes de liquidação muito diferentes nos Estados-Membros. Seria desejável uma maior aproximação, o que acabaria por trazer, muito provavelmente, alterações significativas ao direito nacional.

Sub-rogação do Fundo de Garantia Automóvel e responsabilidade pela falta de seguro obrigatório

Maria Inês de Oliveira Martins[1]

I. Um caso da jurisprudência recente como ponto de partida

A Senhora Mole Juliana era a proprietária de um veículo que não tinha formalmente retirado da circulação, mas que, por problemas de saúde, não utilizava ou tinha intenção de utilizar, e que mantinha parado no quintal de sua casa[2]. Como tal, deixou de contratar seguro de responsabilidade civil a seu respeito. Em Novembro de 2006, sem o conhecimento ou consentimento da proprietária, o seu filho apoderou-se das chaves da viatura e retirou-a do quintal, colocandoa em circulação e acabando por provocar um acidente, que causou a morte de todos os ocupantes do veículo.

[1] Professora da Faculdade de Direito da Universidade de Coimbra; Faculdade de Direito, IJ, Univ Coimbra. Pretende-se com este escrito saudar o Senhor Professor Pedro Pais de Vasconcelos, que tanto fez para iluminar os caminhos do Direito dos seguros português, e entusiasmar para a jornada.

[2] Serão usadas as abreviaturas correntes. Para designar o seguro obrigatório de responsabilidade civil por acidentes de viação, usa-se em texto a expressão abreviada "seguro de responsabilidade civil automóvel", tanto em relação aos diplomas internos, como em relação às Directivas. Referimo-nos simplesmente ao anterior regime do seguro de responsabilidade civil automóvel para designar o regime aprovado pelo Decreto-Lei nº 522/85, de 31 de Dezembro, e ao novo regime para designar aquele que foi aprovado pelo Decreto-Lei nº 291/2007, de 21 de Agosto (ambos sucessivamente alterados).

Uma vez que não tinha sido contratado qualquer seguro de responsabilidade civil por acidentes de viação, as indemnizações foram pagas pelo Fundo de Garantia Automóvel. O Fundo veio depois exercer o seu direito de sub-rogação, quer contra a herdeira do lesante (sua filha), quer contra a titular do veículo – neste último caso, com fundamento na violação do dever de contratação do seguro.

A proprietária do veículo apresentou contestação, alegando que nem era responsável pelo acidente, nem tinha dever de contratação do seguro. O tribunal de primeira instância rejeitou os seus argumentos, condenando-a solidariamente ao reembolso do Fundo. Houve recurso da sentença, tendo a Relação, diferentemente, acolhido a argumentação da Ré proprietária e decidido absolvê-la do pedido. O Fundo recorreu então para o Supremo Tribunal de Justiça, que, por sua vez, considerou que a decisão dependia da resposta a duas questões interrelacionadas[3]. Em primeiro lugar, a de saber se a proprietária do veículo tinha ou não o dever de contratar seguro. E, em caso afirmativo, a de saber se o facto de não ter cumprido essa obrigação era fundamento bastante para que o Fundo pudesse exercer contra ela o seu direito de sub-rogação, apesar de a proprietária não ser responsável pelo acidente de viação. Ambas as questões suscitavam dúvidas quanto ao modo como deveriam ser interpretadas a Primeira e a Segunda Directivas em matéria de seguro de responsabilidade civil automóvel (que se encontravam em vigor no momento do acidente), o que levou a que o Supremo Tribunal as submetesse, a título de reenvio prejudicial, à apreciação do Tribunal de Justiça da União Europeia[4].

A primeira questão apreciada pelo Tribunal de Justiça da União foi a de saber se o art. 3º da Primeira Directiva de seguro automóvel deveria ser interpretado no sentido de que a obrigação de contratar um seguro de responsabilidade civil abarca as situações em que o veículo, por opção do proprietário, se encontra imobilizado num quintal particular, fora da via pública[5]. O Tribunal respondeu afirmativamente. Um veículo que está matriculado e não foi regularmente retirado da circulação, e que está apto a circular, enquadra-se no conceito de "veículo", na aceção do artigo 1º, ponto

[3] Decisão de reenvio prejudicial de 7 de Fevereiro de 2017 (relator: Abrantes Geraldes), proc. nº 770/12.3TBSXL.L1.S1; acórdão de 8 de Novembro de 2018.

[4] Ac. de 4 de Setembro de 2018 (caso *Juliana*, proc. C-80/17), nºs 33 a 52.

[5] Por razões de clareza, não reproduzimos aqui a formulação integral das questões, que poderá ser consultada no texto do acórdão do STJ, ou do TJUE.

1, da Primeira Diretiva; quer sua utilização efectiva, quer as intenções que o seu titular tenha quanto a ela, são irrelevantes para o conceito de veículo. É esta a interpretação que permite assegurar a realização do objetivo de protecção das vítimas de acidentes causados por veículos automóveis, centralmente visado pelas directivas relativas a este seguro.

Em segundo lugar, o Tribunal de Justiça apreciou a questão de saber se o art. 1º, nº 4, da Segunda Directiva deveria ser interpretado no sentido de se opor a que a legislação nacional atribua ao organismo com função de compensação das vítimas um direito de sub-rogação contra o sujeito que tenha violado o seu dever de contratação de seguro, mesmo quando este não seja responsável pelo acidente. A resposta foi negativa. Segundo o Tribunal, a legislação europeia não pretendeu harmonizar a matéria dos direitos de acção atribuídos a esse organismo, e em particular a determinação dos sujeitos contra os quais eventuais acções poderão ser intentadas. Esta determinação é da competência dos Estados-membros, não se opondo a legislação europeia à previsão de um tal direito de sub-rogação contra o sujeito que violou o seu dever de contratação, sem que tenha sido responsável pelo sinistro.

Do ponto de vista da construção do Direito europeu, é a primeira questão aquela que merece destaque. Inserindo-se na linhagem das decisões nos casos *Candolin* (C-537/03, de 30 de Junho de 2005), *Farrell* (C-356/05, de 19 de Abril de 2007) ou *Vnuk* (C-162/13, de 28 de Novembro de 2017), a resposta do Tribunal de Justiça continua o caminho de construção do Direito harmonizado à luz da finalidade de protecção das vítimas de acidentes de viação. Não seria expectável uma resposta diferente. Como o Supremo Tribunal sublinha, do ponto de vista da protecção das vítimas, é irrelevante o modo como o condutor teve acesso ao veículo – é essa mesma ideia que subjaz à extensão da cobertura obrigatória a casos (como os de furto, roubo ou furto de uso do veículo) em que o responsável é um sujeito não expressa ou implicitamente autorizado a utilizar o veículo (art. 8º, nº 2, do anterior regime do seguro automóvel, e 7º, nº 2, ou 15º, nº 2, do actual; veja-se também o art. 13º, nº 1, al. a) da actual Directiva sobre seguro automóvel, que não se encontrava, porém, em vigor ao tempo do acidente). No fundo, enquanto o veículo permaneça matriculado e não regularmente retirado de circulação, permanece igualmente o risco da sua utilização, devendo ser contratado seguro a seu respeito.

Do mesmo ponto de vista do Direito da União, a segunda questão não reveste particular interesse. O Tribunal considera que as normas aplicáveis permitem aos Estados-membros regular os recursos do organismo de indemnização, designadamente, contra "o responsável ou responsáveis pelo sinistro", e não os impedem de determinar se esse organismo goza de direitos de acção contra quaisquer outros sujeitos. Nesta matéria, o Direito europeu recua, reconhecendo aos Estados membros competência para atribuir estes direitos e determinar a respectiva extensão.

Contudo, justamente esta segunda questão sobre a qual o Tribunal de Justiça não se debruça é a que suscita maiores dúvidas do ponto de vista do Direito interno. É nela que reside, nas palavras do Supremo Tribunal de Justiça, o "nó górdio" da decisão. Trata-se, em síntese, de saber se o Fundo de Garantia que foi chamado a indemnizar a vítima goza de direito de sub-rogação contra a pessoa que não cumpriu o dever de contratação de seguro de responsabilidade, mesmo que essa pessoa não seja responsável pelo acidente. É sobre essa questão, controversa à luz de antigas e novas regras, que o presente artigo se debruça.

II. O anterior regime do seguro automóvel, o novo regime e os argumentos para um fundamento autónomo de responsabilidade em relação ao Fundo de Garantia

1. Primeira abordagem

Os factos do caso tiveram lugar quando o anterior regime do seguro automóvel se encontrava ainda em vigor. O novo regime, aprovado em 2007, não introduziu alterações quanto à generalidade das disposições legais que são aqui relevantes. Não foi esse o caso em relação à disposição aqui central, que é a que trata o direito de sub-rogação do Fundo. Abordaremos, pois, separadamente essa disposição para cada um dos regimes, ao passo que outros aspectos da disciplina serão tratados em simultâneo.

No plano do anterior diploma, tratava-se do artigo 25º, com a epígrafe "Sub-rogação do Fundo".

> *1 – Satisfeita a indemnização, o Fundo de Garantia Automóvel fica sub-rogado nos direitos do lesado, tendo ainda direito ao juro de mora legal e ao reembolso das despesas que houver feito com a liquidação e cobrança.*
>
> *2 – No caso de falência, o Fundo de Garantia Automóvel fica sub-rogado apenas contra a seguradora falida.*
>
> *3 – As pessoas que, estando sujeitas à obrigação de segurar, não tenham efectuado seguro poderão ser demandadas pelo Fundo de Garantia Automóvel, nos termos do nº 1, beneficiando do direito de regresso contra outros responsáveis pelo acidente, se os houver, relativamente às quantias que tiverem pago.*

Foram termos que alimentaram a divergência de respostas, por parte dos tribunais, à questão que aqui analisamos – dissenso que, aliás, o Supremo Tribunal assinala na sua decisão.

Para que nos possamos situar na discussão, lembraremos brevemente quais os critérios de imputação de responsabilidade por acidentes de viação, de identificação dos sujeitos obrigados a contratar seguro, e de determinação dos sujeitos cuja actuação fica coberta pelo contrato. A final, identificaremos os casos em que o Fundo pode ser chamado a compensar as vítimas.

2. Responsabilidade civil por acidentes de viação, dever de contratação de seguro, âmbito da cobertura e casos em que o Fundo é chamado a compensar as vítimas

Recordando brevemente as regras de imputação de responsabilidade por acidentes de viação, sabe-se que a regra é a da responsabilidade por factos ilícitos e culposos (art. 483º do Cód. civil). A responsabilidade por culpa tenderá a atingir o condutor do veículo, seja ele seu titular ou não; podem também ser configuradas situações de culpa do detentor não condutor quando tenha havido violação de deveres de cuidado na manutenção do veículo, ou na escolha do sujeito a quem se permite conduzi-lo. Veremos mais abaixo que pode haver também lugar para a responsabilidade culposa, por omissão, do sujeito não condutor a que foi ilegitimamente subtraído o veículo. Há lugar a responsabilidade por culpa presumida, nos termos do art. 503º, nº 3, quando estivermos perante um condutor por conta de outrem[6].

Paralelamente, o Código prevê a este respeito, no art. 503º, nº 1, uma hipótese de responsabilidade objectiva.

O dever de responder existe, em primeiro lugar, quando o dano tenha sido *causado pelos riscos próprios do veículo*. Riscos próprios do veículo são os que se ligam quer à própria maquinaria do veículo (vg., falha de travões), quer ao meio de circulação (vg., mancha de óleo na estrada), quer à pessoa do condutor (vg., ataque cardíaco súbito)[7].

[6] Sendo também controverso o alcance da presunção aqui encerrada (para uma panorâmica, Raúl Guichard Alves, "Artigo 503º, Danos causados por veículos", *in Comentário ao Código civil, Direito das obrigações, Das obrigações em geral*, J. C. Brandão Proença (coord.), Universidade Católica Portuguesa, Lisboa, 2018, pp. 397-410, pp. 409-410).

[7] Rui de Alarcão, *Direito das obrigações (texto elaborado por J. Sousa Ribeiro, J. Sinde Monteiro, Almeno de Sá e J. C. Proença)*, s. ed., Coimbra, 1983, p. 268; João de Matos Antunes Varela, *Das obrigações em geral, I*, Almedina, Coimbra, 2000, pp. 667-669.

Este dever é assacado àquele que tiver a *direcção efectiva* de qualquer veículo de circulação terrestre e o *utilizar no seu próprio interesse*, ainda que por intermédio de comissário. A direcção efectiva é o *poder de facto sobre o veículo*, que é independente de o sujeito ter título legal que o legitime a usar o veículo, e que não se confunde com a circunstância de o sujeito se encontrar de facto a conduzir o veículo ao tempo do acidente. Tem direcção efectiva quem se encontra em posição de gozar das vantagens do veículo e a quem por isso cabe controlar e inspeccionar o seu funcionamento[8]. Por sua vez, a utilização em *interesse próprio* não exige uma utilização directa, podendo haver interesse pessoal em que *outrem utilize o veículo*, seja esse *interesse económico* – vg., no caso de uso por comissário – ou *moral* – vg., no caso de comodato do veículo a um amigo ou parente. A responsabilização em caso de *interesse puramente moral* em que outrem utilize o veículo cria um estímulo adequado ao cuidado na escolha dos sujeitos a quem se permite o uso[9]. Por outro lado, quem utiliza o veículo no interesse económico alheio, e não próprio – caso do comissário –, não tem, para efeitos legais, interesse próprio no uso do veículo.

Estas duas qualidades – direcção efectiva e uso do veículo em interesse próprio – identificam a pessoa que está em condições de controlar os riscos próprios do veículo e que por isso deve responder por eles. Pessoa que se designa, simplesmente, por *detentor do veículo*[10].

Pode haver mais do que um detentor do veículo. Normalmente, o proprietário será também o detentor: o sujeito que controla o veículo e que, ou o conduz, ou permite que outrem o conduza. Porém, se o proprietário conferir a outrem o direito a usar o veículo, esta pessoa poderá adquirir o poder de facto que consubstancia a *direcção efectiva*. Estando em causa, por exemplo, uma locação, comodato, ou constituição de usufruto, a pessoa que adquire o poder de facto sobre o veículo irá também usá-lo no seu próprio

[8] R. Alarcão, *Direito...* cit., pp. 262-263; J. M. Antunes Varela, *Das obrigações..., I*, cit., pp. 667-669.

[9] R. Alarcão, *Direito...* cit., p. 263; J. M. Antunes Varela, *Das obrigações..., I*, cit., pp. 665; Filipe de Albuquerque Matos, "Os proprietários e condutores de veículos à luz do binómio direcção efectiva e interesse próprio (Anotação)", *Cadernos de Direito Privado*, 47, 2014, pp. 38-55, pp. 48-49.

[10] J. M. Antunes Varela, *Das obrigações..., I*, cit., p. 657; Mário Júlio de Almeida Costa, *Direito das obrigações*, Almedina, Coimbra, 2009, pp. 629-630. Quanto ao que se diz de seguida, R. Alarcão, *Direito...* cit., pp. 263-264, F. Albuquerque Matos, "Os proprietários...", cit., pp. 48-51 e 54..

interesse, adquirindo a qualidade de detentor. Se, ao atribuir-lhe estes direitos, o proprietário do veículo perder o controlo do estado do veículo, o novo utilizador tornar-se-á o único detentor, e o único responsável pelos riscos próprios do veículo. Tal tenderá a ocorrer em relação a contratos a médio/longo prazo. Se, porém, o dono retiver o poder de inspeccionar e reparar o veículo (vg., quando empreste o veículo a um amigo por um período relativamente curto), não perderá a direcção efectiva. Nesses casos, haverá simplesmente dois (ou mais) detentores do veículo, que responderão solidariamente ao abrigo do art. 503º, nº 1.

Até agora, abordámos os casos de uso autorizado do veículo. Porém, este poderá também ser usado sem consentimento do seu legítimo utilizador – pense-se nos casos de roubo, furto, ou furto de uso do veículo. Ao apoderar-se do veículo, o seu utilizador não autorizado passará a obter o controlo sobre o veículo e utilizá-lo no seu próprio interesse: torna-se então o detentor do veículo. Por sua vez, o prévio utilizador legítimo perderá o controlo sobre o veículo. É certo que não o perde imediatamente – as suas verificações e reparações manterão os seus efeitos durante um certo período –, e por isso mesmo não perde imediatamente a direcção efectiva do veículo. O que o utilizador legítimo não terá, em qualquer caso, é já qualquer interesse na utilização não autorizada do veículo. Como tal, com o uso não autorizado, o anterior utilizador legítimo perde a qualidade de detentor: o utilizador ilegítimo torna-se agora o único detentor do veículo[11].

Daqui decorre que a pessoa cujo veículo é utilizado sem o seu consentimento não responde ao abrigo das regras da responsabilidade objectiva por um acidente que venha a ocorrer. Poderá, porém, ser chamado a responder na medida se aceite que o veículo é uma fonte de risco para a pessoa e propriedade de terceiros, obrigando à adopção de deveres de cuidado (deveres de segurança no tráfico) para prevenir a sua subtracção ilegítima. O sujeito desapoderado do veículo responderá, neste caso, perante as vítimas a título de negligência[12].

[11] João Calvão da Silva, "Acordão do Supremo Tribunal de Justiça de 13 de Fevereiro de 2003, Anotação", *RLJ*, 2001, pp. 192-202, p. 201; F. Albuquerque Matos, "Os proprietários...", cit., p. 49.

[12] Assim, Jorge Ferreira Sinde Monteiro, "Anotação ao acórdão do STJ de 8 Novembro de 2018", *Revista da Faculdade de Direito e Ciência Política ULP*, 12, 2018, pp. 114-148, pp. 146-147, considerando mesmo que pode proceder a presunção de culpa do art. 493º, nº 2 ; em sentido oposto, defendendo que o proprietário não enfrenta qualquer dever de prevenção da subtracção do veículo, J. M. Antunes Varela, *Das obrigações...*, *I*, cit., p. 664. O proprietário poderá

Quando assim não for, o *utilizador ilegítimo do veículo* torna-se então, não só o *único detentor*, como *o único responsável por um acidente que possa ocorrer*. Claro está que, se o acidente houver sido causado por um defeito do veículo, poderá então haver também responsabilidade do produtor.

Contra este pano de fundo, os tribunais partem normalmente da presunção de que o proprietário do veículo é o seu único detentor. Cabe-lhe então rebater essa presunção, demonstrando que perdeu o controlo sobre o estado do veículo, uma vez que permitiu, a certo título, o seu uso a outra pessoa, ou então que não tinha qualquer interesse na utilização que conduziu ao acidente, uma vez que a não consentiu[13]. Alguma doutrina considera que também a qualidade de condutor (não proprietário) deveria acarretar a presunção da qualidade de detentor – o que o condutor poderia rebater pela prova de que conduzia no interesse de outrem, como mero comissário[14]. Neste caso, a qualidade de detentor seria presumida em relação a duas pessoas.

Vejamos agora as regras relativas ao dever de contratação de seguro, que constam do Regime do seguro automóvel. O regime vigente mantém as soluções já previstas no regime anterior, prevendo como regra geral que a obrigação de segurar impende sobre o proprietário do veículo, exceptuando-se os casos de usufruto, venda com reserva de propriedade e regime de locação financeira, em que a referida obrigação recai, respectivamente, sobre o usufrutuário, adquirente ou locatário (art. 6º, nº 1, do regime vigente, e art. 2º, nº 1, do regime anterior)[15].

ainda eventualmente ser chamado a responder à luz das regras relativas à responsabilidade objectiva dos comitentes pelos actos dos seus comissários (ou das pessoas colectivas, no que toca à actuação dos seus órgãos, agentes ou mandatários), uma vez que o veículo seja usado por um seu subordinado, contra as suas instruções, mas ainda assim dentro do quadro geral das suas funções. Não abordaremos em texto esta hipótese, que não altera a argumentação expendida.

[13] Veja-se, por exemplo, o acórdão do Supremo Tribunal de Justiça de 29 de Janeiro de 2014 (Relator Azevedo Ramos), processo nº 249/04.7TBOBR.C1.S1, ou o acórdão do Supremo Tribunal de Justiça de 6 de Junho de 2019 (Relator Pizarro Beleza), processo nº 519/14.6TBEVR.E1.S1. Na doutrina, J. M. Antunes Varela, *Das obrigações…*, *I*, cit., p. 656.

[14] F. Albuquerque Matos, "Os proprietários…", cit., p. 55.

[15] Acrescem regras especiais para os garagistas, bem como quaisquer pessoas ou entidades que habitualmente exercem a actividade de fabrico, montagem ou transformação, de compra e ou venda, de reparação, de desempanagem ou de controlo do bom funcionamento de veículos, relativamente aos riscos advindos no uso de veículos no âmbito da sua actividade profissional (art. 6º, nº 3, e 7º, do regime vigente, e art. 2º, nº 2, do regime anterior). Há igualmente regras

O contrato celebrado irá, contudo, cobrir mais do que a responsabilidade do tomador: cobrirá ainda a responsabilidade dos sujeitos que utilizarem o veículo com a autorização do tomador, bem como dos que o utilizarem sem consentimento (art. 15º do regime vigente e art. 8º do regime anterior). Assim se explica porque, de entre as várias pessoas obrigadas à contratação de seguro, basta que uma delas celebre o contrato – por exemplo, se o proprietário já adquiriu cobertura, o usufrutuário está dispensado de o fazer (art. 6º, nº 2, do regime vigente, e art. 2º, nº 2, do regime anterior). Os danos decorrentes de acidente por que qualquer um deles seja responsável estarão incluídos na cobertura contratada por outro.

A *ratio* subjacente a estas soluções que se vêm mantendo tornase agora relativamente fácil de alcançar. A lei lança o dever de contratação de seguro por sobre o sujeito que com maior probabilidade se tornará, durante um período de tempo prolongado, a pessoa responsável pelos danos causados pelo veículo. Em harmonia com a abordagem seguida pelos tribunais, esse sujeito é, antes de mais, o proprietário. Porém, nas hipóteses de cedência prolongada do uso, como acontece no usufruto, locação financeira, ou venda com reserva de propriedade, pode presumir-se que o controlo geral do veículo será atribuído ao seu utilizador. Tenderá a ser ele o único detentor do veículo, cabendo-lhe também, nos termos da lei, o dever de contratação de seguro a seu respeito.

O universo dos obrigados a contratar seguro corresponde, pois, ao universo dos que, com maior probabilidade, serão também aqueles chamados a responder perante as vítimas. Os círculos não são, porém, coincidentes – basta pensar no caso em que o proprietário ceda o veículo a um amigo durante um ano, perdendo como tal a direcção efectiva, ou nos casos em que o veículo seja utilizado sem o seu consentimento. Tanto o amigo comodatário, como o sujeito que se apoderou ilegitimamente do veículo, têm a qualidade de detentores e por isso serão responsáveis pelo dano; mas nenhum deles está sob o dever de contratação de seguro. O dano que venham a causar está, sim, coberto pelo contrato celebrado pelo proprietário do veículo.

Por sua vez, o Fundo pode ser chamado a compensar as vítimas em várias hipóteses que pressupõem que o responsável não tenha sido identificado; ou que, embora se tenha identificado um responsável, este não beneficie de seguro válido e eficaz, ou que o segurador tenha sido declarado insolvente

especiais para as competições desportivas profissional (art. 6º, nº 3, e 8º, do regime vigente, e art. 9º, do regime anterior) (art. 21º, nº 2, do anterior regime, e art. 49º do novo regime)[16]. Nos primeiros dois casos, não seria possível às vítimas obter a reparação do dano de um segurador; no último caso, esse expediente não seria eficaz.

3. O direito do Fundo como um direito contra o incumpridor do dever de contratação de seguro, independentemente da sua responsabilidade pelo acidente

Podemos agora voltar-nos para o preceito que prevê o direito de sub-rogação do Fundo, começando por olhar o regime anteriormente vigente, e o seu artigo 25º, acima citado. O nº 1 previa que o Fundo ficasse sub-rogado nos direitos do lesado; ora, uma vez que os direitos do lesado se dirigem ao sujeito responsável pelo dano, ficaria claro que o Fundo apenas dispunha de direito de sub-rogação contra os sujeitos responsáveis pelo acidente.

Todavia, o nº 3 do mesmo artigo, ao referir os sujeitos contra quem o Fundo poderia exercer o seu direito, e que dispunham depois de direito de regresso entre si, não se reportava ao grupo dos responsáveis civilmente, mas sim às pessoas que "sujeitas à obrigação de segurar, não t[ivessem] efectuado seguro". Uma vez que os dois grupos não são coincidentes, dir-se-ia, numa primeira abordagem, que o Fundo poderia exercer os seus direitos mesmo contra sujeitos que não fossem responsáveis pelo acidente. Tem sido este o raciocínio de alguma jurisprudência superior[17]. O raciocínio não é

[16] Retratamos aqui as linhas gerais dentro das quais se movem o anterior e o novo regime. A principal diferença entre ambos, que não é relevante para os temas debatidos em texto, prende-se com o tipo e extensão de danos indemnizáveis nas *hipóteses em que não tenha sido identificada a pessoa responsável*. Trata-se de hipóteses em relação às quais se teme a invocação fraudulenta de sinistro, sobretudo quando não haja desincentivos especiais a provocar deliberadamente os danos em causa – desincentivo esse que existe face aos danos corporais, mas já não face aos danos materiais. Como tal, o regime anterior excluía a reparação de danos materiais pelo Fundo, nas hipóteses em apreço; já o regime actual permite-o, embora rodeie essa possibilidade de requisitos adicionais, que pretendem assegurar que o sinistro foi efectivo, e não fraudulentamente causado. Veja-se Filipe Albuquerque Matos, "O Fundo de Garantia Automóvel, Um organismo com uma vocação eminentemente social", *in Estudos dedicados ao Professor Doutor Luís Alberto de Carvalho Fernandes, I*, Universidade Católica Editora, Lisboa, 2011, pp. 559-581, pp. 567 e ss.

[17] Voto de vencido do Conselheiro Afonso de Melo, no acórdão do STJ de 2 de Março de 2004 (Relator Nuno Cameira), processo nº 03A3499; acórdão do TRC de 25 de maio de 2004 (relator: Garcia Calejo), processo nº 1474/04; acórdão do TRL, de 18 de Fevereiro de 2014 (relator: Ramos de Sousa), processo nº 8107/05.1TBSXL.L1-1. O acórdão do TRP, de 26 de Janeiro 2009 (relator: Luna de Carvalho), processo nº 0857168, é também mencionado como parte desta

infundado. Além de lhe convir a letra da lei, a verdade é que, também em primeira análise, se pode dizer que é o incumprimento do dever de contratar o seguro que dá causa ao pagamento de compensação pelo Fundo, causando-lhe assim uma desvantagem patrimonial. A lei encerraria, pois, um fundamento de responsabilização do incumpridor perante o Fundo. Na análise tríplice a que o requisito da causalidade está geralmente sujeito, segundo o critério da *condictio sine qua non*, o critério da adequação e o critério do escopo da norma violada, pelo menos os dois primeiros patamares de avaliação – critérios da *condictio* e da adequação – indicariam que o dano sofrido pelo Fundo seria efectivamente causado pelo incumpridor.

Com vista a evitar redundâncias, antes ainda de apreciar a argumentação dos tribunais, convém atentar no teor do preceito constante do novo regime. O novo preceito reafirma o direito do Fundo e mantém a epígrafe do anterior, bem como parte das suas soluções. Porém, alarga o âmbito da regulação e reformula alguns dos seus aspectos. Trata-se agora do art. 54º, cujos termos são os seguintes:

1 – Satisfeita a indemnização, o Fundo Garantia Automóvel fica sub-rogado nos direitos do lesado, tendo ainda direito ao juro de mora legal e ao reembolso das despesas que houver feito com a instrução e regularização dos processos de sinistro e de reembolso.

2 – No caso de insolvência, o Fundo de Garantia Automóvel fica sub-rogado apenas contra a empresa de seguros insolvente.

3 – São solidariamente responsáveis pelo pagamento ao Fundo de Garantia Automóvel, nos termos do nº 1, o detentor, o proprietário e o condutor do veículo cuja utilização causou o acidente, independentemente de sobre qual deles recaia a obrigação de seguro.

4 – São subsidiariamente responsáveis pelo pagamento ao Fundo de Garantia Automóvel, nos termos do nº 1, os que tenham contribuído para o erro ou vício determinante da anulabilidade ou nulidade do contrato de seguro e ainda o comer-

jurisprudência (cfr. o acórdão do TRP, de 27 de Junho de 2018, referido abaixo). Deve porém dizer-se que a argumentação do TRP não é clara a este respeito, uma vez que considera que a pessoa que não cumpriu o dever de contratar, sendo responsável perante a vítima, poderá exonerar-se perante o Fundo uma vez que prove que o veículo fora usado abusivamente, ou que, em todo o caso, não havia sido usado no seu interesse. Esta linha argumentativa não parece compatível com um dever de responder perante o Fundo com fundamento apenas no incumprimento do dever de contratar. Dir-se-á que o Tribunal se baseia, sim, na presunção de responsabilidade do proprietário do veículo, obrigado à contratação de seguro.

ciante de veículos automóveis que não cumpra as formalidades de venda relativas à obrigação de seguro de responsabilidade civil automóvel.

5 – As entidades que reembolsem o Fundo nos termos dos nºs 3 e 4 beneficiam de direito de regresso contra outros responsáveis, se os houver, relativamente ao que tiverem pago.

6 – Aos direitos do Fundo de Garantia Automóvel previstos nos números anteriores é aplicável o nº 2 do artigo 498º do Código Civil, sendo relevante para o efeito, em caso de pagamentos fraccionados por lesado ou a mais do que um lesado, a data do último pagamento efectuado pelo Fundo de Garantia Automóvel.

Neste novo cenário, encontramos na jurisprudência idêntica conclusão: a sub-rogação procede contra os incumpridores do dever de contratar, responsáveis ou não[18]. Da parte da doutrina, defendeuse inclusivamente que o preceito não poderia deixar de atribuir ao próprio lesado um direito de acção contra o incumpridor do dever[19]. Os argumentos apresentados a este respeito são de índole formal, escorando-se no facto de o nº 3 prever expressamente que as pessoas aí indicadas são *solidariamente* responsáveis perante o Fundo. Sendo já a regra geral a da solidariedade entre os vários

[18] Acórdão do TRP, de 27 de Junho de 2018 (Relator Rodrigues Pires), processo nº 634/11.8TBPNF.P1. Nos termos do aresto, ao abrigo das normas aplicáveis, o proprietário do veículo responde perante o Fundo com fundamento no facto de não ter cumprido a obrigação de contratação de seguro, mesmo quando não é responsável pelo acidente. O Tribunal considera porém que o proprietário se exonera perante o Fundo uma vez que prove que o veículo foi utilizado abusivamente, sem sua autorização, uma vez que não seria justo fazê-lo responder nesse caso. A argumentação não pode deixar de ser criticada: se se considera que o proprietário responde perante o Fundo com base apenas no incumprimento da sua obrigação de contratar, e o facto de não ser responsável pelo acidente é havido por irrelevante, então não haverá qualquer razão para o exonerar nas circunstâncias peculiares de o acidente ter sido causado por utilizador não autorizado. A final, o Tribunal parece, pois, ver-se forçado a temperar a rigidez do seu ponto de partida através de uma solução de equidade, sem apoio nas normas aplicáveis. Note-se que o acórdão do TRL, de 18 de Fevereiro de 2014, se refere igualmente ao facto de o acidente não ter ocorrido no âmbito de uma utilização abusiva do veículo (onde o proprietário seguia como passageiro) – consideração que seria irrelevante nos quadros de uma fundamentação com base estrita na violação do dever de contratar. Na doutrina, considerando que a redacção do preceito no novo regime "torna bastante difícil a defesa da tese de que o proprietário só fica sujeito à ação de reembolso por parte do Fundo quando for civilmente responsável", J. F. Sinde Monteiro, "Acórdão do STJ de 8 Novembro de 2018", cit., p. 147.

[19] Arnaldo da Costa Oliveira, *Seguro obrigatório de responsabilidade civil automóvel, Síntese das alterações de 2007 (DL 291/2007, 21 Ago)*, Almedina, Coimbra, 2008, pp. 99-100.

responsáveis civis (art. 497º), se a norma quisesse apenas referir-se aos sujeitos responsáveis pelo acidente, seria então desnecessário que a norma previsse *expressamente* a solidariedade entre os vários responsáveis. Como tal, se bem compreendemos, o direito procederia também contra incumpridores não responsáveis; e, tratando-se de um direito de sub-rogação, pressuporia a atribuição aos lesados, em primeira linha, de um direito contra esses mesmos incumpridores.

III. Apreciação dos argumentos. O direito do Fundo como um verdadeiro direito de sub-rogação

A interpretação descrita não expressa, porém, a posição prevalente na jurisprudência – posição que se tornou ainda mais vincada nos arestos mais recentes. Parece-nos que com boas razões: há, na verdade, argumentos convincentes a favor de outra leitura. Trataremos agora de os apresentar, identificando os aspectos que têm sido salientados pelos tribunais.

1. A letra dos preceitos

Antes de mais, a jurisprudência tem salientado que, da análise dos preceitos no seu todo, resulta que os destinatários do direito de sub-rogação são apenas os civilmente responsáveis pelo acidente. Antes de atentar na redacção dos preceitos, cumpre sublinhar a sua imperfeição técnica, sendo manifestas redundâncias, bem como formulações entre si contraditórias. Ainda assim, no seu conjunto, os preceitos parecem ajustar-se melhor à configuração do direito do Fundo como um direito de sub-rogação, apenas dirigido contra os responsáveis civis.

No que concerne tanto ao regime anterior, como ao actual, tal decorre desde logo do facto de a posição jurídica do Fundo ser configurada como um direito a sub-rogar-se na posição do lesado (cfr. infra, III.2).

O anterior regime fornecia aqui um outro arrimo literal, uma vez que previa que as pessoas obrigadas a segurar que fossem demandadas pelo Fundo beneficiavam depois de direito de regresso *contra outros responsáveis pelo acidente*[20]. Inferir-se-ia destes termos que quem fosse chamado a compensar o Fundo teria sido também responsável pelo acidente. De acordo com a jurisprudência, o propósito da referência específica às pessoas obri-

[20] Este argumento é usado no acórdão do STJ de 2 de Março de 2004 (relator: Nuno Cameira), bem como no acórdão do TRP de 19 de Março de 2015 (relator: Vítor Amaral), processo nº 9036-11.5T2SNT.L1-6, que cita extensivamente o acórdão do STJ de 2004 a este respeito.

gadas a contratar seguro era o de afirmar claramente, conquanto de modo redundante, que o Fundo não tinha que accionar todos os responsáveis em simultâneo, podendo escolher contra qual o faria[21].

O novo regime não prevê que os destinatários do direito do Fundo sejam os sujeitos obrigados a contratar o seguro. Porém, é facto que se refere separadamente ao detentor, ao proprietário e ao condutor do veículo independentemente de sobre qual deles recaia a obrigação de seguro (art. 54º, nº 3). Dir-se-ia que, se a norma se referisse apenas aos sujeitos responsáveis pelo acidente, deveria mencionar apenas o(s) detentor(es) e condutor. Referindo-se também ao proprietário, tal deveria significar que ele responde com fundamento em não ter contratado o seguro.

Porém, vimos acima que o proprietário pode ser chamado a responder quando não seja detentor, por violação de um dever de segurança no tráfego que tenha permitido o desapossamento por terceiro.

De resto, esta seria uma conclusão muito forte para extrair de um preceito cuja redacção é notoriamente imperfeita. Desde logo, se o proprietário devesse responder nesses termos, então o mesmo deveria valer para o usufrutuário, o adquirente com reserva de propriedade ou o locador em caso de *leasing*; porém, nenhum deles é mencionado pela norma. Acresce que a referência ao condutor sempre teria que ser restritivamente interpretada, de modo a limitá-la aos casos em que o condutor é responsável pelo acidente. Ora, o condutor não será responsável quando tenha causado o acidente sem culpa própria, apenas como comissário de outrem, pelo que não haveria fundamento para o tornar responsável perante o Fundo em qualquer caso. Tão-pouco a qualidade de condutor implica, em si, o dever de contratar seguro.

Em suma: a norma do art. 54º, nº 3, carece em qualquer caso de interpretação correctiva. Na sua interpretação, deve ser articulada com o nº 5 do preceito que, tal como o art. 25º, nº 3, do anterior regime, dá ao Fundo o direito de agir contra as pessoas responsáveis pelo acidente.

Tão-pouco nos parece que possa ser dada muita ênfase ao facto de o novo preceito estabelecer a responsabilidade solidária entre os sujeitos referidos. É facto que a previsão é redundante face à norma geral que estatui a responsabilidade solidária entre os vários responsáveis. Contudo, a redundância pode cumprir simplesmente propósitos de clarificação, especialmente pensando-se que as pessoas envolvidas podem ser responsáveis a diferentes

[21] Acórdão do STJ de 2 de Março de 2004 (relator: Nuno Cameira).

títulos – vg., a título objectivo, a título de causação directa culposa do acidente, ou a título de causação culposa e indirecta, ou por omissão, do acidente, em caso de violação de deveres de segurança no tráfico.

Perante as perplexidades que o preceito suscita, a sua interpretação mais razoável parece ser a que limita o círculo dos destinatários aos sujeitos responsáveis pelo acidente[22].

2. O direito do Fundo como um direito de sub-rogação

A letra da norma, quer no anterior regime, quer no presente, fornece um argumento muito significativo para a compreensão do direito do Fundo como um direito voltado apenas contra os sujeitos responsáveis: o de o configurar como um direito de sub-rogação. Quer no anterior, quer no actual regime, o mecanismo da sub-rogação não é apenas referido nas normas que criam o direito (cfr. o art. 25º, nº 1, e actualmente o art. 54º, nº 1), como também na própria epígrafe do preceito.

Com efeito, no caso da sub-rogação, o direito exercido é o mesmo que pertencia anteriormente a outro credor. O direito de sub-rogação afasta-se, pois, de um direito de regresso. O direito de regresso é concebido como um direito novo, geralmente atribuído em casos de responsabilidade solidária ao condevedor que foi chamado a pagar mais do que a sua quota na dívida. Trata-se de um direito definido pela quota de responsabilidade de cada condevedor, e que não existia como tal na esfera jurídica do credor originário[23].

A construção do direito do Fundo como um direito de se sub-rogar nos direitos do lesado em relação aos responsáveis amolda-se à lógica da intervenção do Fundo nos casos em que as pessoas responsáveis se encontram identificadas. Nestes casos, não é suposto que o Fundo arque em definitivo com os custos de compensação dos lesados; o seu dever de prestação serve apenas a protecção dos lesados contra a insolvência dos responsáveis,

[22] À mesma conclusão chegam o acórdão do STJ de 8 de Novembro de 2018 (relator: Abrantes Geraldes) e o acórdão do STJ de 6 de Junho de 2019 (relator: Pizarro Beleza), apontando, porém, essencialmente a referência do preceito a um direito de sub-rogação.

[23] Apresentam este argumento o acórdão do STJ de 18 de Janeiro de 2018 (relator: Helder Roque), processo nº 126/10.2TBVPV.L1.S1; o acórdão do STJ de 8 de Novembro de 2018 (relator: Abrantes Geraldes); o acórdão do STJ de 6 de Junho de 2019 (relator: Pizarro Beleza); nesta linha, cfr. também o acórdão do STJ de 23 de Maio de 2019 (relator: Oliveira Abreu), processo nº 424/13.3T2AVR.P1.S1, embora, por razões processuais, o acórdão não tenha chegado a aplicar a norma aos factos.

a quem cumpre arcar com as consequências do acidente em definitivo[24]. O Fundo actua, pois, como um garante dos lesados, que depois de prestar fica sub-rogado nos direitos desses credores originário, de modo a recuperar dos sujeitos efectivamente responsáveis o montante prestado (para um lugar paralelo, cfr. o art. 644º do Cód. civil).

O art. 54º, nº 6, do novo regime lançaria, porém, a dúvida sobre as considerações que vimos de fazer. Com efeito, este remete para o art. 498º, nº 2, do Cód. civil, que regula o direito de regresso entre os vários responsáveis solidários, prevendo que o direito prescreve no prazo de três anos a contar do cumprimento (ou seja, da prestação ao lesado). Tal não quadra com a figura da sub-rogação, em que a pessoa sub-rogada no direito alheio deveria receber este direito tal-qual este existia originariamente, sem qualquer alteração ao prazo de prescrição.

Pode, contudo, raciocinar-se ao invés, considerando que o facto de o legislador ter tido a necessidade de prever uma norma especial (o art. 54º, nº 6) para esta hipótese patenteia justamente que apenas houve a necessidade de adaptar as regras da sub-rogação neste ponto específico e que, nos demais aspectos, o direito do Fundo corresponderá simplesmente ao direito do lesado. No fundo, como é típico dos argumentos *a contrario*, este raciocínio puramente formal não se mostra probante, pois pode sempre ser revertido. A argumentação tem que se fazer num plano material. Ora, há argumentos materiais fortes no sentido de se não atribuir ao Fundo um direito com conteúdo diferente do que era da vítima, assim como há argumentos materiais fortes exigindo que as normas relativas à prescrição sejam aqui adaptadas.

Com efeito, o prazo de prescrição do direito à indemnização das vítimas, de três anos, é especialmente curto face à regra geral de vinte anos. Se o Fundo sub-ingressasse nesse prazo originário, disporia de um prazo ainda menor para exercer o seu direito contra os responsáveis pelo acidente[25]. Acresce que, no caso que aqui analisamos, a extensão do prazo prescricional operada pelo art. 54º, nº 6, não contraria expectativas legítimas dos devedores, ao contrário do que poderia ocorrer noutras hipóteses de sub-rogação. Com efeito, neste caso, o Fundo, bem como os sujeitos conside-

[24] F. Albuquerque Matos, "O Fundo...", cit., p. 563.

[25] Não muito menor, porém, já que o prazo de três anos tenderia a contar do trânsito em julgado da decisão que atribuísse compensação à vítima, por aplicação das regras sobre interrupção da prescrição constantes dos arts. 323º, 326º e 327º do Cód. civil.

rados responsáveis pelo acidente, terão sido todos parte na acção indemnizatória proposta pela vítima. Trata-se de um caso de litisconsórcio necessário passivo estabelecido pela lei, como se explicará já de seguida (III. 3). Como tal, aceitando-se que os destinatários do direito do Fundo são os sujeitos declarados responsáveis pela mesma decisão que tenha condenado o Fundo a compensar a vítima, a extensão operada pelo art. 54º, nº 6, do período durante o qual o Fundo pode exercer o seu direito contra eles não os deverá surpreender, mas antes surgir como uma decorrência da decisão do tribunal.

Em suma: a configuração deste direito como um direito de sub-rogação determina que apenas possa ser exercido em relação aos sujeitos responsáveis perante a vítima, ou seja, em relação aos responsáveis pelo acidente. Na verdade, a jurisprudência que reconhece à vítima um direito de acção contra o incumpridor do dever de segurar não responsável pelo acidente recorta-o como um direito de regresso[26]. Não se indica, porém, as razões que fundariam essa recompreensão dos termos legais – que, de resto, na jurisprudência em apreço, são ainda os termos do regime anteriormente vigente, que não forneciam argumentos para a construção de um direito de regresso.

O direito do Fundo contra os sujeitos que tenham contribuído para o erro ou vício determinante da anulabilidade ou nulidade do contrato de seguro não pode já ser concebido como um direito de sub-rogação, já que os sujeitos em causa não são responsáveis pelo acidente de viação. Trata-se, porém, de um caso especial, e não da hipótese central neste artigo; e de um caso que, como melhor explicaremos abaixo (III. V), deve ademais ser restritivamente interpretado.

3. Argumento sistemático: o direito de sub-rogação como um dos fundamentos para se ter previsto uma hipótese de litisconsórcio necessário passivo

O Tribunal da Relação de Guimarães apresenta ainda um argumento interessante a este respeito[27]. Uma vez que o Fundo e as pessoas responsáveis pelo acidente respondem solidariamente perante o lesado, este poderia normalmente optar entre interpor a acção de responsabilidade civil contra

[26] Acórdão do TRC de 25 de Maio de 2004; acórdão do TRP de 26 de Janeiro de 2009; acórdão do TRL de 18 de Fevereiro de 2014.

[27] Acórdão do TRG de 2 de Maio de 2019 (relatora: Amália Santos), processo nº 3128/15.9T8GMR.G1.

um ou alguns deles (ou os seus seguradores), não sendo forçado a interpor a acção contra todos.

Porém, não é isso que acontece nas hipóteses em que o responsável é conhecido e não beneficia de seguro válido e eficaz, e por isso a acção é proposta contra o Fundo. Neste caso, a lei prevê uma hipótese de litisconsórcio necessário passivo, devendo a acção para efectivação da responsabilidade ser proposta *contra o Fundo de Garantia Automóvel e o responsável civil*, sob pena de ilegitimidade (art. 29º, nº 6, do regime anterior, e art. 62º, nº 1, do novo regime). O tribunal explica esta regra através da atribuição ao Fundo do direito de sub-rogação. Como referido, não se pretende que o Fundo arque em definitivo com o custo da indemnização, mas sim que o recupere dos sujeitos responsáveis pelo acidente. O facto de estes serem desde logo co-réus na própria acção de condenação do Fundo serve, segundo o tribunal, o propósito de estabelecer a sua responsabilidade pelo acidente através de uma decisão judicial da qual o Fundo se pode prevalecer. Tal serve o seu direito de sub-rogação, já que, sendo os respectivos destinatários os sujeitos responsáveis pelo acidente, a sua responsabilidade fica desde logo estabelecida.

A opção do legislador pelo litisconsórcio necessário permite ao Fundo ter acesso aos argumentos e meios de prova que a pessoa considerada responsável apresenta ao tribunal, no que toca ao estabelecimento da sua responsabilidade perante a vítima. Porém, o efeito mais importante dessa regra é o de servir o direito de sub-rogação do Fundo: uma vez que este substituirá a vítima no direito que esta teria em relação ao responsável, torna-se especialmente relevante que o estabelecimento judicial dessa responsabilidade produza efeitos perante o Fundo.

4. O escopo da norma que prevê a obrigação de contratar seguro e a consequência da sua violação: incompatibilidade com o sistema da responsabilidade extracontratual, e com os critérios de justiça distributiva que o suportam

Partindo-se da configuração do direito do Fundo como um direito de sub-rogação, então não haverá razões para levar a pessoa que se limitou a não cumprir a obrigação de contratar seguro a compensar o Fundo pelas somas que desembolsou em relação à vítima. Para que se pudesse reconhecer ao Fundo um tal direito, este teria que ser colocado como consequência da infracção do dever de contratar; além, claro, de ter que se superar o facto de a lei se referir expressa e destacadamente à sub-rogação.

Tal implicaria que se pudesse tomar o regime em causa como base para a responsabilidade do incumpridor perante o Fundo – responsabilidade, é bom de ver, extracontratual, já que não há qualquer relação especial entre o obrigado a contratar e o Fundo. Perante as hipóteses de responsabilidade extracontratual que estruturam o sistema português (art. 483º e 334º do Cód. civil), não se encontra a lesão de um direito absoluto do Fundo, ou um comportamento do incumpridor que configure abuso do direito por violação dos bons costumes. Pelo que o direito do Fundo de obter compensação do incumpridor teria que se fundar no reconhecimento de que *a norma que prevê o dever de contratar seguro* configura uma *disposição legal de protecção*, incluindo os interesses económicos do Fundo no seu âmbito de protecção.

Com efeito, um sistema de responsabilidade civil extracontratual como o descrito pauta-se por uma abordagem muito restritiva da compensação de danos puramente patrimoniais. São bem conhecidas as razões para tal: trata-se de manter as "comportas" da responsabilidade extracontratual fechadas, de modo a não paralisar a vida económica. O princípio geral é, pois, o de que apenas há lugar à reparação de danos puramente patrimoniais quando estes sejam causados por conduta que viole os bons costumes de modo doloso ou pelo menos grosseiramente negligente. Ora, há um sem número de normas cuja violação provocaria com grande plausibilidade danos puramente patrimoniais na esfera de terceiros. Como tal, quando os interesses afectados sejam puramente económicos, dever-se-á ter cautela na identificação de uma norma como uma disposição destinada a protegê-los, de modo a não comprometer a lógica e equilíbrio subjacentes ao sistema de compensação de dano não patrimonial[28]. Tudo isto não preclude que esta hipótese de responsabilidade extracontratual desempenhe um papel de relevo na protecção de interesses individuais no contexto de uma economia de mercado; não se advoga uma abordagem excessivamente restritiva[29]. Todavia, será necessário que se fundamente cuidadosamente a qualificação de certa norma legal como uma disposição legal de protecção.

[28] Claus-Wilhelm Canaris, "Schutzgesetze – Verkehrspflichten – Schutzpflichten", *in FS Larenz zum 80. Geburtstag*, C. H. Beck, München, 1983, pp. 27-110, p. 58; Gerhard Wagner, "BGB § 823 Schadensersatzpflicht", *MüKo BGB*, C. H. Beck, München, 2017, disponível em http://beck-online.beck.de (consultado pela última vez a 19.11.2019), nº 476 e 504; Jorge Ferreira Sinde Monteiro, *Responsabilidade por conselhos, recomendações ou informações*, Almedina, Coimbra, 1989, pp. 255-256; Manuel Carneiro da Frada, *Direito civil, Responsabilidade civil, O método do caso*, Almedina, Coimbra, 2010, p. 75.

[29] G. Wagner, *BGB § 823*, cit., nºs 476 e 504 e ss.

A tarefa requer a interpretação da norma em causa, de modo a determinar se esta tem em vista a protecção de interesses individuais, e interesses especificamente do tipo ofendido; mas não há ainda a este respeito uma metodologia que tenha merecido aceitação geral[30].

Uma abordagem relativamente linear poderia fundar-se em argumentos de aferição objectiva – o literal e o histórico –, e prolongar directamente as suas conclusões.

Não há dúvidas de que o interesse protegido pela criação do dever de contratação de seguro foi o interesse das vítimas de acidentes de viação, como foi uma e outra vez salientado pelas Directivas e está claramente espelhado no preâmbulo ao anterior e ao actual regime[31]. Ora, devido à interferência do Fundo, as consequências da infracção desse dever deixam de se abater por inteiro sobre a posição da vítima, que passa a ser compensada pelo Fundo (embora sempre afectem a sua posição, uma vez que a vítima não receberá do Fundo tanto quanto receberia de um segurador, e os sujeitos responsáveis podem encontrar-se insolventes)[32]. O prolongamento

[30] Johannes Hager, "G. Die Verletzung eines Schutzgesetzes, § 823 Abs 2", *Staudingers Kommentar BGB, §§ 823 E-I, 824, 825 (Unerlaubte Handlungen 1 – Teilband 2)*, Sellier – De Gruyter, Berlin, 2009, disponível em https://www.juris.de (consultado pela última vez a 19.11.2019), G16 e ss. No tocante à metodologia recomendada em C.-W. Canaris, "Schutzgesetze...", cit., *maxime* pp. 75-76, e Karl Larenz/Claus-Wilhelm Canaris, *Lehrbuch des Schuldrechts, II, Besonderer Teil, 2* C. H. Beck'sche, Munique, 1994, pp. 433 e ss., apoiada em Portugal por J. Sinde Monteiro, *Responsabilidade...* cit., pp. 254 e ss., veja-se abaixo.

[31] Na verdade, com argumentos muito similares, o BGH considerou, já em 1961, que a norma que incriminava o comportamento de quem utilizasse ou permitisse a utilização de veículo não segurado configurava uma disposição legal de protecção (acórdão de 5 de Dezembro de 1961, processo nº VI ZR 121/60, em https://www.prinz.law). A conclusão do tribunal fundou-se exclusivamente no facto de tanto o preâmbulo do diploma em causa, como os relatórios apresentados durante o procedimento legislativo, afirmarem o propósito de protecção de vítimas de acidentes de viação. Esta conclusão viria a ser reafirmada pelo OLG de Munique (acórdão de 24 de Março de 1972, processo nº 10 U 1793/71, em www.juris.de), que não adicionou argumentos novos à fundamentação, e é correntemente citada como jurisprudência assente (G. Wagner, *BGB § 823*, cit., nº 526).

[32] Entende-se geralmente que a vítima pode acumular os direitos que o sistema de segurança social lhe atribui com o direito de obter reparação por parte do lesante (Paulo Mota Pinto, *Interesse contratual negativo e interesse contratual positivo, I*, Coimbra Editora, Coimbra, 2008, pp. 801-802). Quando a compensação é paga pelo Fundo, a posição da vítima é enfraquecida, uma vez que o Fundo deduz os montantes atribuídos pela Segurança Social da indemnização que por sua vez pagará (art. 51º, nº 3, do regime actual).

directo desta lógica levaria a concluir que o Fundo, sendo forçado a avançar para protecção da vítima quando o seguro não foi celebrado, é pelo menos co-titular (a par das vítimas) dos interesses que a norma pretende proteger.

Como tal, a violação da norma que prevê a obrigação de contratar seguro atribuiria ao Fundo o direito a reparação, ao abrigo da segunda modalidade da responsabilidade civil extracontratual.

Contudo, uma abordagem linear deste género não é persuasiva. Não é desde logo suficiente atender à norma em causa, uma vez que tratá-la como um fundamento de responsabilização traz consequências para a totalidade do sistema[33]. A coerência material do sistema incorpora decisões de ponderação de interesses e justiça distributiva, que uma tal solução não deve comprometer. O elemento sistemático da interpretação merece, como tal, centralidade.

"Manter as comportas fechadas" implica, antes de mais, que o desvalor da conduta não deve ser menor do que o que pauta as condutas exprobradas pelas duas outras modalidades de ilicitude (primeira e terceira). Assim, a dignidade dos bens lesados – pessoa ou propriedade de terceiro – fundará a analogia com os casos tutelados por via da primeira modalidade de ilicitude; e a seriedade da censura merecida pela conduta violadora fundará a analogia com os casos tutelados por via da terceira modalidade de ilicitude (abuso do direito por violação dos bons costumes)[34]. A exigência da gravidade da violação serve, aliás, finalidades de transparência, alertando potenciais infractores para o facto de que uma certa acção é fortemente reprovada e pode implicar consequências económicas de relevo[35].

Ao tornar à situação sob escrutínio, há que ter desde logo presente que o dano causado ao Fundo é um dano puramente patrimonial, que como tal

[33] Robert Knöpfle, "Zur Problematik der Beurteilung einer Norm als Schutzgesetz im Sinne des § 823 Abs. 2 BGB", *NJW*, 1967, pp. 697-702, pp. 699-700; C.-W. Canaris, "Schutzgesetze...", cit., pp. 47-48; G. Wagner, *BGB § 823*, cit., nº 503; J. Sinde Monteiro, *Responsabilidade...* cit., p. 252.

[34] R. Knöpfle, "Zur Problematik...", cit., p. 700; aprovadoramente, J. Sinde Monteiro, *Responsabilidade...* cit., p. 252.

[35] C.-W. Canaris, "Schutzgesetze...", cit., p. 50. O argumento da protecção de expectativas parece subjazer, por exemplo, à conclusão de que a norma que incrimina o perjúrio é uma disposição legal de protecção, uma vez que o juramento alertaria a testemunha para a seriedade da infracção, ao passo que as normas do Código civil que estabelecem o dever de responder com verdade às questões colocadas pelo tribunal não têm já essa qualidade (cfr. as pp. 59-60 da obra citada).

não comporta analogia com os bens jurídicos centralmente protegidos pelas normas da responsabilidade civil extracontratual.

No que concerne à seriedade da censura, é relevante apontar que, tanto à luz do regime anterior, como à luz do regime actual, a infracção do dever é sancionada através de contra-ordenações, e não através de penas. Tal pode ser tomado como um índice da menor gravidade da violação. Porém, devido à presente expansão tanto do Direito penal secundário, protegendo o sistema económico e financeiro, como do Direito administrativo sancionatório, que persegue as mesmas finalidades, e na falta de um critério material inequívoco que, antes de haver uma tomada de posição do legislador a esse respeito, identifique as condutas que merecem sanção criminal e as que merecem sanção meramente administrativa, trata-se de um índice que não deve ser sobre-enfatizado[36].

Porém, um dado que se destaca é, sim, o de o dever de contratação do seguro ser imposto não a sujeitos especializados em certo âmbito, mas um espectro muito abrangente de destinatários, que podem ter graus muito variados de contacto com o veículo sob seu controlo e estar informados em grau muito diferente em relação aos deveres que lhes advêm desse controlo. No que toca particularmente aos detentores que não utilizam o seu veículo regularmente, ou que não o utilizam de todo, a sua omissão de contratar seguro pode merecer apenas uma censura ligeira. O caso concreto que suscitou o acórdão de que partimos é ilustrativo das hipóteses em que um proprietário que não utiliza um veículo pode estar persuadido de que não tem dever de contratação de seguro. E, na verdade, quando os próprios tribunais têm dúvidas na matéria, torna-se questionável que se possa apontar sequer culpa ao detentor faltoso.

[36] Sobre a falta de uma verdadeira distinção de índole material entre as duas espécies de ilicitude, que pudesse preceder a decisão do legislador, cfr., já há várias décadas, Hans-Heinrich Jescheck, "Das deutsche Wirtschaftsstrafrecht", *JZ*, 15-16, 1959, pp. 457-462, pp. 460 e ss. Na doutrina portuguesa, cfr. Nuno Brandão, *Crimes e contra-ordenações: da cisão à convergência material*, Coimbra Editora, Coimbra, 2016, com um quadro geral da sua perspectiva nas pp. 939 e ss. Ter-se-á que concordar, pois, com G. Wagner, *BGB § 823*, cit., nº 477, quando o autor relativiza o critério proposto por C.-W. Canaris, "Schutzgesetze...", cit., pp. 75-76, que defendeu que, mesmo devendo ser tidos em consideração outros aspectos, a natureza penal ou administrativa da sanção cominada para a infracção da norma deveria pesar decisivamente, levando no primeiro caso à presunção de que se estaria perante uma "*Schutzgesetz*", e no segundo caso à presunção contrária. Tomando a natureza penal da norma como um mero índice para a qualificação, J. Hager, *G. Die Verletzung...*, cit., G.6.

Um outro factor a considerar é o da ponderação entre o interesse da vítima e o do incumpridor, onde se deve agora ter em conta o impacto que a reparação do dano teria para este último[37]. Não deve perder-se de vista que a extensão do direito de compensação de vítimas de acidentes de trânsito é determinada pelas normas sobre responsabilidade civil, seja por facto lícito, seja objectiva. Estas normas determinam em que circunstâncias, e em que extensão, devem certas consequências lesivas ser suportadas por um sujeito diferente do que foi directamente afectado; e fazem-no estabelecendo *critérios para determinar quais dessas consequências lesivas devem ser suportadas pelo responsável*.

Tal é notório em sede de responsabilidade subjectiva, quando está em causa responsabilidade a título de negligência simples, já que o grau de culpa se torna então um dos factores a ponderar de modo a estabelecer o montante da indemnização (art. 494º do Cód. civil); e, em termos mais gerais, o grau de censura da conduta (*maxime*, o seu carácter doloso ou meramente negligente) pode mesmo interferir com o estabelecimento do nexo de causalidade.

E é também notório em sede de responsabilidade objectiva, onde o critério da ilicitude é substituído pela conexão causal entre certa fonte de risco e um resultado danoso. Trata-se aqui de remover o dano da esfera onde ele ocorreu e obrigar outrem, que não o causou através de uma conduta desvaliosa, a responder por ele. Nas hipóteses mais centrais, tal tem por fundamento a ideia de que quem controla certa fonte de risco e retira desse facto benefícios deve responder perante terceiros pelas desvantagens que daí lhes advenham. Como tal, a obrigação de indemnizar apenas mantém a sua justificação na medida em que o dano a compensar mantenha uma conexão estreita com a fonte de risco; de outro modo, deixa de haver suporte material para a transferência das consequências desfavoráveis.

Ora, é igualmente notório que o dever infringido por quem não contratou o seguro obrigatório não repousa nos mesmos fundamentos dos deveres de cuidado no tráfego estradal, ou da previsão de responsabilidade objec-

[37] R. Knöpfle, "Zur Problematik...", cit., p. 700. A uma escala macroscópica, dialoga de algum modo com este o critério da "praticabilidade" por vezes mencionado. Nos seus termos, o direito a reparação deverá ser negado quando pudesse desencadear litigância em grande escala. Os problemas que esta coloca não parecem, porém, constituir ameaça efectiva para os sistemas de justiça europeus, considerando os actuais esforços legislativos, a nível nacional e comunitário, para fazer os agentes superar a sua apatia racional, e exigir a efectivação dos seus interesses através de acções colectivas.

tiva nesse contexto. Cabendo ao sujeito incumpridor o dever de suportar as consequências da responsabilidade, então a extensão deste dever de indemnizar seria determinada por um conjunto de valores e interesses que nada têm que ver com o dever violado, que é o de contratação. A responsabilidade que lhe adviria seria justificada por uma *posição de garante perante o Fundo, flanqueada pelo direito de regresso contra os responsáveis*. Porém, a hipótese de este incumpridor-garante ter que *suportar em definitivo no seu património as consequências do acidente* será, em muitos casos, a *mais plausível*. Será assim, desde logo, quando *não haja responsável identificado*; mesmo quando este se encontre identificado, perante os montantes indemnizatórios que estão geralmente em causa em caso de danos corporais, é sério o risco de *insolvência do responsável* – e, por arrasto, de insolvência do incumpridor.

Há, em suma, que entrar seriamente em linha de conta com a hipótese de o incumpridor suportar em definitivo no seu património as consequências do sinistro. Porém, tal distorceria o juízo de alocação de consequências negativas levado a cabo pelas normas sobre responsabilidade civil automóvel – um resultado que apenas se poderia aceitar caso fosse caucionado por argumentos probantes no plano da justiça distributiva. Como veremos em breve, não é esse o caso.

Parece ser justamente esta a linha de raciocínio da jurisprudência, quando afirma que fazer o incumpridor do dever de contratar seguro responder pelas consequências do acidente equivaleria à derrogação da norma sobre de responsabilidade civil objectiva por acidentes de viação (art. 503º do Cód. civil)[38].

Os tribunais não indicam, porém, porque consideram que a ilicitude face às normas do seguro obrigatório não justifica que essa interferência nos juízos do Código civil.

A verdade é que esse resultado não parece aceitável especialmente quando se considera que não se trata aqui de optar entre imputar o dano ao lesado ou ao obrigado a segurar. Trata-se, sim, de determinar se o dano deverá ser suportado pela colectividade, através do Fundo de Garantia, ou se deverá cair frequentemente por inteiro sobre o sujeito que não contratou o seguro.

Ora, a lei parece manifestar, em sede de responsabilidade por acidentes de viação, uma preferência pela socialização do dano. Em parte substancial

[38] Acórdão do STJ de 2 de Março de 2004 (relator: Nuno Cameira); acórdão do TRL de 19 de Março de 2015 (relator: Vítor Amaral); acórdão do STJ de 18 de Janeiro de 2018 (relator: Helder Roque).

do espectro do dano causado por acidentes de viação, o legislador tomou uma decisão clara no sentido de que as consequências danosas não deveriam cair por inteiro sobre o responsável, mas antes ser dispersadas através do mecanismo do seguro. Com efeito, as hipóteses de direito de regresso do segurador encontram-se taxativamente previstas, não sendo lícito alargá-las por contrato; e estão associadas a condutas reprováveis e agravadoras do risco de acidente ou das suas consequências, em que a lei prevê o direito do regresso do segurador (art. 27º do novo regime e art. 19º do regime anterior)[39].

Poder-se-ia aqui erguer duas objecções.

Em primeiro lugar, dir-se-ia que o sistema da responsabilidade civil automóvel não tem especificamente por escopo aliviar o fardo dos responsáveis; o seu único objectivo é o da protecção das vítimas.

Não pode, é claro, negar-se que o primeiro propósito do sistema é o de retirar o dano de onde é injusto que ele caia, por ter sido causado por conduta censurável de outrem. Porém, como se vem discutindo nas últimas décadas, a tecnologia proporcionou um conjunto de actividades que, conquanto criem riscos significativos para terceiros, são consideradas geralmente benéficas para a colectividade[40]. É justamente este o âmbito típico dos danos causados por acidentes de viação, que frequentemente ocorrem sem culpa, ou com culpa de grau leve. O escopo dos sistemas de compensação de danos deste género é, pois, abertamente não apenas a protecção das vítimas, mas também a promoção das actividades em causa, através da limitação do risco económico para os sujeitos que as levam a cabo, considerando-se que seria indesejável que o receio da responsabilização inibisse a sua prática.

A pessoa que não cumpriu a obrigação de contratar não é, como é claro, responsável pelo acidente. Não obstante, as observações precedentes dizem-lhe respeito, uma vez que põem a nu que o *sistema se funda na ideia de que, excepto em casos contados, geralmente associados a condutas reprováveis (os casos*

[39] Chama a atenção a assintonia entre a al. f) do nº 1 do art. 27º e as demais alíneas do preceito; cfr. abaixo, nota 46.

[40] Ken Oliphant, "Landmarks of no-fault in the common law", *in Shifts in compensation between private and public systems*, Willem H. van Boom/Michael Faure (coord.), Springer, Wien/NewYork, 2007, pp. 43-85, *passim*; Jonas Knetsch, *Le droit de la responsabilité et les fonds d'indemnisation, Analyse en droits français et allemand*, L. G. D. J., Paris, 2013, pp. 19-54; sobre o efeito do hábito e do stress sobre os condutores, tornando a negligência um fenómeno comum, já Ernst von Caemmerer, "Das Verschuldensprinzip in rechtsvergleichender Sicht", *RabelsZ*, 1, 1978, pp. 5-27, p. 20.

em que há direito de regresso), o dano não deve recair inteiramente sobre um só sujeito. Transpondo este juízo para as hipóteses em análise, tal aponta para que deva ser o Fundo de Garantia a suportar o dano, porquanto, no seu carácter público, no plano do financiamento e da natureza, é ele a pedra de toque do sistema de socialização do dano causado por acidentes de viação[41].

A segunda objecção referir-se-ia ao facto de a pessoa que faltou ao seu dever de contratar seguro ter exactamente falhado no tocante ao papel que lhe caberia para manter todo o sistema a funcionar, uma vez que deixou de colocar o contrato de seguro em vigor e pagar os prémios necessários para financiar a cobertura. Como tal, haveria que sancionar a sua conduta, impondo ao incumpridor, e não ao Fundo, que arcasse com o valor da indemnização. Contudo, esta observação parte de pressupostos errados: assume que, se não se impusesse ao incumpridor o dever de reembolsar o Fundo, então o seu incumprimento não sofreria qualquer sanção.

Não é contudo assim que as coisas se passam: o incumprimento do dever de contratar o seguro configura uma contra-ordenação, sancionada com coimas que são graduadas de acordo com as circunstâncias do caso. Nessa graduação, é tido desde logo em consideração o grau de culpa do incumpridor, em lugar de se aplicar uma sanção cega ao grau de culpa patenteado. Por outro lado, a lei fixa uma coima máxima aplicável, definida de acordo com a gravidade da infracção. Como tal, a sanção deixa de implicar o risco sério de insolvência que está tipicamente associado à reparação dos danos corporais sofridos pela vítima do acidente.

Estas considerações conduzem a um último argumento: o da *desproporção entre um tal dever de reparação imposto ao incumpridor, quando comparado com a gravidade da sua conduta ou grau de culpa nela patenteado.* Independentemente do grau de culpa do incumpridor, a sua omissão pode acarretar consequências muito diversas, em função do valor dos danos sofridos pelos lesados. Esta desproporção torna-se patente perante os casos em que a culpa leve de um leigo – que, vg., não celebrou o contrato por ignorância não especialmente censurável do seu dever de contratar – pudesse acarretar a sua ruína financeira.

[41] Sobre a missão patentemente social do Fundo de Garantia Automóvel, F. Albuquerque Matos, "O Fundo...", cit., pp. 564 e ss.; este papel social torna-se ainda mais proeminente quando vai para lá do próprio estabelecimento da responsabilidade civil, o que acontece quando a pessoa responsável pelo acidente não foi identificada (em termos gerais, cfr. J. Knetsch, *Le droit de la responsabilité...*, cit., pp. 146 e ss.).

De modo concordante, como o acórdão de que partimos assinala, a inadequação sistemática desta solução tem sido notada em casos em que o proprietário não é responsável pelo acidente, uma vez que o veículo foi utilizado sem o seu consentimento. Nestes casos, seria particularmente violento impor-lhe um dever de indemnizar o Fundo, uma vez que tal equivaleria a somar, ao dano patrimonial que o proprietário tinha sofrido, o risco de ruína financeira provocado pelo dever de suportar a indemnização[42].

Não se estranha, pois, que a jurisprudência que favorece a interpretação mais severa – dever de reembolso ao Fundo mesmo por parte de sujeito não responsável pelo acidente – acabe por destacar a questão de o veículo ter sido ou não objecto de uso ilegítimo, e por considerar que este facto, em si, exclui a responsabilidade perante o Fundo. Uma tal solução é, porém, incoerente com o ponto de partida adoptado, e desprovida de base legal[43]. Quando se considera que o dever de reembolsar o Fundo tem por fundamento exclusivo a violação do dever de contratar o seguro, então o facto de o obrigado, além de não ser responsável pelo acidente, ter sido ele próprio vítima de ilícito, deveria ser totalmente irrelevante.

A aplicação de coimas mostra-se, pois, o modo mais adequado de reagir à infracção. Este modo reactivo deve ser complementado por medidas preventivas, que permitam a inspecção e o controlo do cumprimento da obrigação de contratar antes da ocorrência de acidente. Esperam-se mais medidas deste tipo com a aprovação da nova Directiva sobre seguro automóvel, que se encontra ainda sob apreciação do Parlamento Europeu.

[42] A iniquidade da solução torna-se especialmente patente à luz dos factos analisados pelo STJ no acórdão de 18 de Janeiro de 2018, onde a omissão do seguro se deveu ao facto de o veículo ser mantido numa garagem enquanto se aguardava a reparação necessária a que fosse aprovado em sede de inspecção automóvel. Com efeito, nos termos do regime anterior (art. 36º), embora o segurador pudesse aceitar a cobertura de um veículo não inspeccionado, tinha o dever de comunicar a falta de inspecção às autoridades, o que desencadearia a aplicação de coimas ao proprietário do veículo. Nos termos do regime actual (arts. 17º e 27º, nº 1, i)), embora esse dever de comunicação não se encontre já previsto, é muito improvável que o segurador aceitasse segurar o veículo sem certificado de inspecção, uma vez que tal prejudicaria os seus direitos de regresso.

[43] A falta de arrimo para estas soluções é apontada pelo acórdão do STJ de 2 de Março de 2004 (relator: Nuno Cameira).

5. As hipóteses de responsabilidade subsidiária e os argumentos para uma interpretação restritiva

Por fim, deve chamar-se a atenção para a norma que prevê que são subsidiariamente responsáveis pelo pagamento ao Fundo de Garantia Automóvel os que tenham contribuído para o erro ou vício determinante da anulabilidade ou nulidade do contrato de seguro e ainda o comerciante de veículos automóveis que não cumpra as formalidades de venda relativas à obrigação de seguro de responsabilidade civil automóvel (art. 54º, nº 4, do regime actual). Esta norma foi introduzida pelo regime vigente, parecendo-nos uma opção questionável por parte do legislador de 2007. Trata-se aqui de deveres que vão para lá do direito de sub-rogação sob escrutínio. Não podem, pois, ser apontados como argumentos directos para desafiar a natureza desse direito; mas poderiam ser já apontados como testemunho de que valeria aqui a finalidade primacial de preservar o património do Fundo.

Por tudo o que se disse acima, não pareceria bem fundada uma arquitectura que desse a primazia à protecção do património do Fundo. De resto, pelo menos a primeira parte da norma parece repousar ainda num propósito de socialização do dano.

Esta primeira parte concerne aos causadores da invalidade do contrato de seguro. Embora o preceito parecesse reportar-se a um círculo indeterminado de sujeitos, a doutrina limita-o às pessoas que estão sob deveres profissionais de cuidado no que concerne à conclusão do contrato de seguro: em concreto, aos mediadores de seguros[44]. Durante o processo de contratação, impendem sobre os mediadores deveres de cuidado especialmente exigentes, o que se acentuou desde a entrada em vigor do Regime jurídico da distribuição de seguros[45]. Como contratantes profissionais, os *mediadores estão sujeitos a standards particularmente rigorosos de cuidado, respondendo por falta dele.*

Porém, tal não justificaria a sua responsabilidade subsidiária perante o Fundo: os deveres de cuidado dos mediadores são deveres para com os tomadores e segurados, e não para com o Fundo de Garantia. Poder-se-ia apelar aqui à construção do contrato com eficácia de protecção em relação a terceiro, estendendo deveres pré-contratuais de cuidado em direcção a

[44] Referindo-se a estas hipóteses, A. Costa Oliveira, *Seguro obrigatório*..., cit., p. 100.

[45] Lei nº 7/2019, de 16 de Janeiro. Como é sabido, a categoria dos distribuidores de seguros não abarca apenas mediadores de seguros, mas também as próprias empresas de seguros. Porém, quando tenha sido o próprio segurador a co-causar a invalidade do contrato em que é parte, não parece que possa depois vir recusar a cobertura, já que tal configuraria abuso do direito por *venire contra factum proprium*.

terceiro particularmente afectado pela execução do contrato. Contudo, tal careceria de fundamentação complementar para que pudesse ser contemplado, já que o terceiro tipicamente afectado pelo seguro de responsabilidade é o lesado, sendo a afectação do Fundo de Garantia um efeito indirecto.

Na verdade, ao prever esta hipótese de responsabilidade subsidiária, o legislador pode ter contemplado razões de socialização ampla do dano e justiça distributiva, uma vez que os mediadores de seguro estão obrigados a contratar seguro de responsabilidade civil para cobrir o dano causado pelo incumprimento dos seus deveres profissionais. Esta exigência foi introduzida já com o Regime da mediação de seguros, aprovado em 2006, antecedendo por pouco o actual regime do seguro de acidentes de viação; pelo que pode ter estado no espírito do legislador quando este instituiu a previsão de responsabilidade subsidiária.

Neste caso, será tipicamente o segurador de responsabilidade do mediador a suportar essas consequências. Como tal, o dano não terá que ser suportado por um único sujeito, sendo ao invés socializado.

Não se pode já dizer o mesmo em relação à responsabilidade perante o Fundo dos comerciantes de veículos automóveis que tenham entregado o veículo ao comprador sem que lhes fosse previamente apresentado documento comprovativo da realização do seguro obrigatório (art. 80º, nº 8, do novo regime). Nem há, para estes casos, um regime específico que enquadre deveres de cuidado dos comerciantes, nem a sua responsabilidade é acompanhada pela previsão de seguro obrigatório que a cubra. Tendo em conta tudo o que se disse anteriormente, a solução prevista por esta parte da norma parece altamente questionável do ponto de vista do sistema da responsabilidade extracontratual. O preceito não mereceu até agora especial atenção, mas é expectável que seja interpretado de modo muito restritivo. Em todo o caso, além de criticável, a norma, tendo um âmbito limitado, não parece razão bastante para abalar os argumentos gerais.

IV. Conclusões

A posição prevalente na jurisprudência portuguesa merece ser subscrita: apenas aqueles que não só violaram o dever de contratação de seguro, mas que foram também responsáveis pelo acidente, devem ser responsabilizados perante o Fundo[46].

46 Os argumentos expostos devem ser mobilizados para escrutinar outras normas do regime actual: não apenas o art. 54º, nº 4, que abordámos em texto, como ainda a configuração dos direitos de regresso atribuídos ao segurador, em particular pelo art. 27º, nº 1, al. f).

Obrigá-los a responder perante o Fundo independentemente da sua responsabilidade civil pelo acidente não seria inteiramente coerente com a letra dos preceitos aplicáveis. Sobretudo, não quadraria com a construção do direito do Fundo como um direito de sub-rogação no direito do lesado, uma vez que a vítima não dispõe de qualquer pretensão contra o incumpridor do dever de contatar seguro de responsabilidade. O recorte legal deste direito como um direito de sub-rogação mostra-se também consistente com o facto de a lei prever uma situação de litisconsórcio passivo necessário, forçando o lesado a interpor a acção contra o Fundo e os sujeitos considerados responsáveis pelo acidente. Tal assegura que o Fundo pode opor a mesma decisão que afirma o direito em que se sub-roga – o da vítima – face àqueles que são seus sujeitos passivos, os sujeitos responsáveis pelo acidente.

Para que se pudesse sustentar que o Fundo tinha o direito a recuperar os montantes pagos da parte do incumpridor da obrigação de segurar, não responsável pelo acidente, ter-se-ia que conceber o preceito que prevê tal obrigação de contratar como uma disposição legal de protecção do Fundo. Tal implicaria atribuir-lhe protecção contra um dano puramente patrimonial, o que apenas pode ter lugar uma vez que se mostre coerente com o sistema da responsabilidade extracontratual no seu todo.

Ora, e não é esse o caso, uma vez que tal protecção levaria a resultados que põem em causa o equilíbrio geral do sistema, e o critério de justiça distributiva que ele corporiza.

Desde logo, contraria os fundamentos das normas que prevêem a responsabilidade quer a título de culpa, quer a título objectivo, já que a pessoa que não contratou o seguro devido, não sendo responsável pelo acidente, não terá tido controlo sobre a conduta ou sobre os riscos que o causaram, ou pelo menos não terá beneficiado destes riscos. Tratar-se-ia de uma responsabilidade a título de garantia que redundaria, porém, numa sanção desproporcional do obrigado. Devido ao facto de os acidentes produzirem frequentemente danos corporais, com consequências patrimoniais e extrapatrimoniais indirectas, presentes e futuras, os montantes indemnizatórios tendem a ser elevados, sendo sério o risco de ruína financeira do obrigado. Acresce que esses montantes são determinados sem consideração pelo grau de culpa pelo não cumprimento do dever de contratação do seguro.

A solução preferível, que limita os destinatários do direito do Fundo às pessoas responsáveis pelo acidente, não equivale a deixar simplesmente a vítima suportar o dano. Implica, sim, deixar que o dano permaneça na esfera do Fundo, assim socializando o seu impacto. Não parece, de resto, que esta solução propicie a não celebração do contrato de seguro, por não desincentivar o bastante a violação do dever. Os sujeitos não cumpridores sofrerão a aplicação de coimas, que incorporam adequadamente a apreciação da culpa no incumprimento. Esta via repressiva é complementada por mecanismos preventivos de controlo e inspecção do cumprimento do dever de contratar, que se espera que sejam expandidos e refinados na Directiva sobre seguro automóvel actualmente em preparação.

Em Tempo de Pandemia um Regime Excepcional e Temporário em Matéria de Pagamento de Prémios de Seguro

O Decreto Lei nº 20-F/2020, de 12 de Maio

Filipe Albuquerque de Matos

1. O Decreto Lei nº 20-F/2020, de 12 de Maio – Delimitação do seu Âmbito Normativo

Na sequência dos enormes constrangimentos económicofinanceiros provocados pela pandemia originada com a doença Covid-19 na vida, seja das empresas, seja das pessoas singulares, aumentaram exponencialmente as situações de incumprimento da prestação principal de pagamento do prémio emergente do contrato de seguro[1].

[1] Apesar do artº 1º do novo regime do contrato de seguro não conter uma noção deste tipo contratual, certo é que o legislador enunciou as obrigações principais decorrentes para as partes da celebração do mesmo. Ora, este preceito a propósito da posição do tomador do seguro refere expressamente o seguinte: "... e o tomador do seguro obriga-se a pagar o prémio correspondente.", Cfr, MARTINEZ, PEDRO, ROMANO, *in Lei do Contrato de Seguro Anotada, 3ª ed.*, Coimbra, 2016, PEDRO ROMANO MARTINEZ E OUTROS, *anotação ao artº 1º do novo regime do contrato de seguro*, pg. 37: "Como decorre da epígrafe (conteúdo típico), não se define o contrato de seguro, indicando-se as obrigações principais e características que decorrem para as partes deste contrato. Apesar de não se apresentar (formalmente) uma noção de contrato de seguro,

Toda esta conjuntura provocou um enorme impacto na actividade das seguradoras que se viram confrontadas, de modo crescente, com as atrás aludidas hipóteses de incumprimento no pagamento dos prémios, sendo que esta realidade material acabou por colocar importantes desafios ao universo do direito dos seguros.

Em resposta à pressão suscitada por estes novos contornos desenhados pela realidade social em tempos de pandemia surgiu precisamente o regime estatuído no Decreto Lei nº 20-F/2020, de 12 de Maio[2].

A propósito da importância decisiva da actual situação socioeconómica gerada pela pandemia para o surgimento deste regime excepcional e transitório constante do Decreto Lei nº 20-F/2020, de 12 de Maio, o preâmbulo deste diploma legal refere expressamente o seguinte: "Tendo em consideração o relevante papel económico-social que o seguro desempenha, importa flexibilizar, temporariamente e a título excepcional, o regime do pagamento do prémio...".

do elenco dos deveres típicos enunciados deduz-se a noção da figura.". Também Menezes Cordeiro põe em evidência o sinalagma existente no contrato de seguro, Cfr, Cordeiro, A. Menezes, *Direito dos Seguros*, Coimbra, 2ª, 2016 pg. 479 e ss. De modo idêntico se posiciona Engrácia Antunes ao prefigurar o prémio como a contrapartida ou o reverso da cobertura do risco, vide, Antunes, Engrácia, *"O Contrato de Seguro na Lei do Contrato de Seguro de 2008"*, in Revista da Ordem dos Advogados, nº 69, 2009, pg. 847. Na mesma linha de orientação, destacando a natureza comutativa do contrato de seguro em virtude da vantagem patrimonial, quer do tomador, quer do segurador, se encontrar definida no momento da celebração do contrato, Cfr, Aulagnier, Jean, *"L`assurance vie est-elle un contrat d'assurance?"*, in Droit et Patrimoine, nº 44 (Dez. 1996), pg. 55 e ss . Em sentido diferente, considerando que o artº 1º do novo regime do contrato de seguro não descreve os deveres típicos do contrato, mas procede antes à delimitação do conteúdo típico do contrato de seguro, Cfr, Rego, Margarida Lima, O Contrato e a Apólice de Seguro, in Temas de Direito dos Seguros, Coimbra, 2016, pg 17. Uma tal perspectiva radica, desde logo, na circunstância de a autora considerar que o pagamento do prémio não corresponde a um verdadeiro dever, mas sim a uma atribuição do tomador do seguro, Cfr, Rego, Margarida Lima, *Contrato de Seguro e Terceiros. Estudo de Direito Civil*, Coimbra, 201º, pg. 309 e ss.

[2] Acerca da relevância do momento material no âmbito da teoria das fontes do Direito, Cfr, Neves, A. Castanheira, *Digesta, Escritos acerca do Direito, do Pensamento Jurídico, da sua Metodologia e Outros, Vol.I*, Coimbra, 1995, pg 56-58. De igual modo, reportando-se especificamente à influência exercida pelo substracto económico-financeiro no universo do direito dos seguros, Cfr, Martins, Inês Oliveira, *Contrato de Seguro e Conduta dos Sujeitos ligados ao Risco*, Coimbra, 2018, pg. 95: "...um tal substrato não pode ser perdido de vista para perceber que problemas práticos procuram as normas resolver e dar-lhes a interpretação teleologicamente ajustada".

Como se pode ler no trecho do preâmbulo do Decreto Lei nº 20-F/2020, de 12 de Maio, que acabámos de transcrever, o regime estatuído a propósito do pagamento do prémio consubstancia-se numa disciplina manifestamente excepcional e temporária.

Importa então neste estudo descortinar em que se traduz o regime excepcional em análise e, por quanto o tempo o mesmo irá vigorar.

Começando por analisar, num primeiro momento, o núcleo essencial do regime definido no Decreto Lei nº 20-F/2020, de 12 de Maio, torna-se mister levar em linha de conta o respectivo âmbito material que se encontra expressamente delimitado no artº 1º. Basicamente a excepcionalidade plasmada neste preceito reporta-se, como já tivemos ocasião de explicitar, aos efeitos da crise pandémica a nível da prestação principal a cargo do tomador do seguro – a obrigação de pagamento do prémio.

Não obstante o artº 1º do Decreto Lei nº 20-F/2020, de 12 de Maio se reportar apenas, de modo genérico, à questão da diminuição temporária do risco nos contratos de seguro decorrente de redução significativa ou suspensão de actividade, certo é que uma tal questão assume, como teremos ocasião de referir mais adiante, uma importância nevrálgica, para efeitos da disciplina fixada neste diploma, tendo em conta os seus reflexos na prestação a cargo do tomador consubstanciada no pagamento do prémio.

Importa então nesta sede convocar o regime previsto nos arts.os 92º a 94º da lei do contrato de seguro relativo à modificação do contrato de seguro em virtude de alterações (diminuição ou agravamento do risco), que nos conduz necessariamente para a problemática da existência no âmbito do contrato de seguro de um verdadeiro sinalagma entre o risco garantido e o prémio[3].

[3] A propósito dos deveres de comunicação do agravamento do risco ou do dever de afastamento e mitigação das consequências do sinistro, deveres esses a cargo do segurado, Inês Oliveira Martins qualifica-os como deveres de origem legal, por regra, também reproduzidos nos contratos de seguro, ou até como deveres que extravasando as positivações legais encontram o seu fundamento no Princípio da Boa-Fé. Estando enão em causa deveres de conduta ou deveres laterais, certo é que, tal como justamente sublinha a autora: "O seu sentido é, pois, o de salvaguardar a equivalência entre as atribuições, permitindo que o risco suportado pelo segurador e correspondente a um dever de prestação condicionado mantenha a equivalência com o prémio estipulado. Cfr, MARTINS, INÊS OLIVEIRA, *Contrato de e Conduta dos Sujeitos Ligados ao Risco, Coimbra,* 2018, pgs. 188-189. Ao considerar que estes deveres fundados na Boa-Fé se encontram sem dúvida ligados à prestação, visando garantir um nível de equilíbrio ou equivalência das prestações, a autora associa necessariamente as exigências da adaptação do contrato

Tudo isto, volta a insistir-se nessa ideia, para transmitir a linha de força dominante que se encontra subjacente ao regime consagrado no decreto lei que é objecto do nosso estudo: este regime visa, com efeito, responder à problemática suscitada pelos constrangimentos económicos e financeiros da pandemia da Covid-19 no tocante ao pagamento dos prémios do seguro.

Após terem sido enunciadas no artº 1º[4] as principais situações susceptíveis de desencadear a aplicação da disciplina prevista no Decreto Lei 20-F/2020, de 12 de Maio, reportando-se este preceito genericamente às hipóteses de redução significativa ou suspensão da actividade dos tomadores dos seguros, o legislador nos artigos seguintes (arts.os 2º e 3º) densificou as hipóteses previstas no preceito inicial: enquanto no artº 2º encontra-se consagrada, no essencial, a regra da imperatividade relativa do regime do pagamento do prémio de seguro, que se encontra, por seu turno, regulado, em termos gerais, nos art.os 59º a 61º da Lei do contrato de seguro, bem como a indicação das modalidades possíveis de um tratamento mais favorável para os tomadores no tocante à obrigação de pagamento do prémio, já no artº 3º estabelece-se uma disciplina respeitante aos casos de redução significativa ou suspensão de actividade, destacando-se a problemática da diminuição do risco.

Começando por nos debruçar sobre o artº 2º do Decreto Lei em análise, cumpre explicitar que um tal preceito basicamente enuncia (no seu número dois) as modalidades tidas como mais favoráveis para os tomadores dos seguros efectivarem o cumprimento da respectiva obrigação de pagamento do prémio em virtude da situação económico-financeira provocada pela pandemia da Covid-19.

Tendo em conta a formulação do nº 2 deste preceito, importa explicitar, que se encontram previstas, a título exemplificativo[5], as seguintes modali-

de Seguro às modificações ocorridas a nível do risco segurado à problemática do sinalagma que se encontra presente neste tipo contratual. Neste sentido se orienta também Luís Poças e Jean-Luc-Fagnart, Cfr, a este propósito, Poças, Luís, *O Dever de Declaração Inicial do Risco no Contrato de Seguro*, Coimbra, 2013, pg. 673 e ss, Fagnart, Jean Luc, *Le Contrat d'assurance, Waterloo*, 2012, pg 163 e ss.

[4] A propósito da delimitação do âmbito normativo do Decreto Lei nº 20-F/2020, de 12 de Maio, Cfr, a exposição muito bem organizada, dos pontos de vista substancial e sistemático, Ramos, Elisabete, *Contrato de Seguro en Tiempos de Inseguridad Pandémica la Experiencia Portuguesa*, in Revista Espanola de Seguros, números 183-184, 2020, pgs. 507-508.

[5] Com efeito, a utilização do advérbio designadamente permite concluir, sem margem para dúvidas, que a enumeração constante deste preceito é meramente exemplificativa.

dades convencionais de pagamento do prémio tidas como mais vantajosas para o tomador do seguro; a saber:

a) Pagamento do prémio em data posterior à do início da cobertura dos riscos;
b) Afastamento da resolução automática ou da não prorrogação em caso de falta de pagamento;
c) Fraccionamento do prémio;
d) Prorrogação da validade do contrato;
e) Suspensão temporária do pagamento do prémio;
f) Redução temporária do pagamento do prémio em função da redução temporária do risco.

Uma breve análise das hipóteses previstas neste preceito permite concluir, sem dificuldade, que nos encontramos perante soluções claramente mais favoráveis para o tomador do seguro, representando simultaneamente as mesmas verdadeiras objectivações da regra enunciada no nº 1 do artº 2º deste Decreto Lei, ou seja, a imperatividade relativa do regime consagrado nos arts.os 59º a 61º da Lei do Contrato de Seguro durante o respectivo período de vigência, que se encontra previsto no seu artº 7º.

Para compreender o devido alcance do preceituado no nº 2 do artº 2º, torna-se mister explicitar que o Decreto Lei nº 20-F/2020, de 12 de Maio exclui do âmbito normativo do artº 12º da Lei do Contrato de Seguro a disciplina fixada nos arts.os 59º a 61º deste diploma normativo. Ora, em relação ao pagamento do prémio do seguro, não se pode ignorar que tendo em conta os preceitos atrás mencionados, as partes não podem, por acordo, alterar o regime definido pelo legislador, mesmo quando de uma tal convenção resulte um regime mais favorável para o tomador do seguro.

Começando por analisar o regime fixado nos arts.os 59º a 61º do novo regime do contrato de seguro relativo ao pagamento dos prémios, importa evidenciar a regra do no premium no cover, que se traduz na inadmissibilidade de cobertura dos riscos garantidos pelo seguro enquanto não ocorrer o pagamento prévio do prémio inicial (artº 59º da Lei do Contrato de Seguro). De igual modo, na sequência do aviso de pagamento do prémio, cuja obrigação recai sobre a seguradora nos termos previstos no artº 60º deste mesmo diploma legal, a falta do respectivo pagamento pelo tomador do seguro tem por efeito a resolução automática (nº 1 e 3 do artº 61º) ou a não prorrogação do contrato de seguro (nº 2 do artº 61º).

Tendo o legislador neste regime excepcional e temporário afastado do elenco das normas dotadas de imperatividade absoluta os arts.^{os} 59º a 61º da Lei do Contrato do Seguro, e considerando-se, ao invés no artº 2º nº 1 do Decreto Lei nº 20-F/2020, que a disciplina respeitante ao pagamento do prémio de seguro passou a ser dotada de imperatividade relativa, não se suscitam então dúvidas que nesta mudança quanto à natureza jurídica das normas se regista uma manifesta objectivação do princípio da protecção da parte mais fraca[6].

Esta tendência para uma protecção acrescida do tomador do seguro regista-se com particular acuidade no universo dos seguros obrigatórios, uma vez que no caso de falta de acordo das partes quanto à falta de pagamento do prémio ou de respectiva fracção, o legislador prevê uma prorrogação automática do contrato por um período de 60 dias (nº 3 do artº 2).

Desta feita, uma das medidas previstas no nº 1 do artº 2º do Decreto Lei nº 20-F/2020, de 12 de Maio – prorrogação da validade do contrato de seguro – que para a generalidade dos contratos de seguro se encontra dependente de acordo das partes, no âmbito dos seguros obrigatórios surge antes *im*posta *ex lege*, ou seja, opera de modo automático.

[6] Esta distinção entre normas imperativas absolutas e normas imperativas relativas começou por afirmar-se no Direito do trabalho, onde a relevância do Princípio da protecção da parte mais fraca sempre assumiu uma importância muito significativa. No novo regime do contrato de seguro uma tal summa divisio passou a ter um particular relevo nos art.^{os} 12º e 13º . Qualquer dos tipos de normas atrás mencionadas constituem claras objectivações do Princípio da Protecção da parte mais fraca, princípio esse de profunda inspiração consumerista, que se encontra integrado no âmbito da comummente designada Ordem Pública de Protecção. Para uma análise mais desenvolvida de uma tal categoria dogmática, Cfr, Silva, J. Calvão da, *Sinal e Contrato Promessa*, 15ª ed., Coimbra, 2020, pgs. 66-67. Da análise comparativa entre a disciplina fixada no artº 12º do novo regime do contrato de seguro e aqueloutra estatuída no artº 13º do mesmo diploma legal, podemos concluir, sem margem para hesitações, que se denota uma tutela acrescida no âmbito dos riscos de massa do tomador do seguro, que como sabemos, se apresenta, por regra, neste contexto como uma pessoa particularmente vulnerável. Basta ter em conta o disposto no nº 2 do artº 12 º, no âmbito do qual se dá alguma abertura às partes para introduzirem alterações ao regime de algumas normas do nº 1 deste preceito, entre as quais se destaca o regime do pagamento do prémio previsto no artº 59º, alterações essas circunscritas ao universo dos seguros de grandes riscos, para podermos constatar que o legislador revelou uma preocupação acrescida de tutela no âmbito dos seguros de riscos de massa, onde tais derrogações convencionais ao regime do pagamento dos prémios não são permitidas, Cfr, a este propósito, Telles, Joana Galvão, *Liberdade Contratual e seus Limites – Imperatividade e Imperatividade Relativa*, in Temas de Direito dos Seguros, Coimbra, 2016, pgs. 112-113.

Bem vistas as coisas, esta protecção acrescida ao tomador do seguro no âmbito dos seguros obrigatórios reflecte claramente a relevância assumida pelos interesses sociais ou públicos[7] prevalecentes na delimitação das disciplinas jurídicas que lhe correspondem. Não constitui uma novidade deste regime excepcional e transitório a existência de derrogações ao princípio da liberdade contratual, em nome da tutela de um conjunto de interesses colectivos, sendo que a propósito da solução do nº 3 do artº 2º do Decreto Lei nº 20-F/2020, de 12 de Maio quanto verdadeiramente se regista é uma protecção legal que emerge independentemente da existência de previsão contratual.

No fundo, podemos visualizar nesta sede a existência de um regime supletivo de protecção mais intensa à parte contratualmente mais fraca.

Ora é precisamente à luz desta tutela acrescida da protecção da parte mais fraca que se encontra subjacente à disciplina estatuída no nº 3 do artº 2º do Decreto Lei nº 20-F/2020, de 12 de Maio que se pode compreender também o devido alcance de quanto resulta prescrito no número seguinte deste preceito, no âmbito do qual se prevê a faculdade concedida ao tomador do seguro de se opor à manutenção da cobertura do seguro.

Na sequência do cumprimento pelo segurador do dever de informar o tomador com a antecedência de dez dias úteis relativamente à data de vencimento do prémio, que a falta do respectivo pagamento implicará uma

[7] Exemplos paradigmáticos da relevância da tutela de interesses públicos ou colectivos no âmbito do regime dos seguros obrigatórios, podemos encontrá-los, entre outros, a propósito do regime contido no Decreto Lei nº 291/2007. Basta ter em conta as derrogações estabelecidas pelo artº 18º deste diploma à liberdade de escolha do co-contratante da seguradora para se constatar, sem hesitações, que o regime do Contrato se Seguro obrigatório da Responsabilidade Civil automóvel não se encontra dependente apenas de quanto for livremente fixado pelas partes. Com efeito, não podemos esquecer que a instituição da obrigatoriedade de celebração de seguros de responsabilidade civil teve fundamentalmente em vista o escopo de protecção das vítimas da sinistralidade automóvel, e todos também sabemos que as cifras negras neste âmbito registadas demonstram que esta realidade tem de ser encarada como um drama social. Cfr, a propósito das finalidades essenciais do seguro obrigatório de responsabilidade civil automóvel, o nosso estudo, O Contrato de Seguro Obrigatório de Responsabilidade Civil Automóvel, in Boletim da Faculdade de Direito, Coimbra, 2001, pg. 378 (nota 1). No tocante ao reflexo da função social dos seguros obrigatórios no regime fixado no artº 2º, nº 3 do Decreto Lei nº 20-F/2020, de 12 de Maio, Cfr, Ramos, Elisabete, *Contrato de Seguro en Tiempos....*, ob. cit., pgs. 507-508.

prorrogação do período de vigência do contrato por sessenta dias[8], será permitido ao tomador impedir a dita prorrogação, caso considere que a mesma não corresponde à melhor forma de tutela dos seus interesses.

Com efeito, a solução tida como aparente e abstractamente mais favorável à parte mais fraca que se encontra prevista no nº 3 do artº 2º do Decreto Lei nº 20-F/2020, de 12 de Maio, pode em face da concreta situação contratual do tomador não se lhe configurar como vantajosa. Ora, em tais hipóteses compreende-se bem que a faculdade concedida ao tomador do seguro no nº 4 do artº 2º – oposição à manutenção da cobertura até à data do vencimento – deste regime excepcional e transitório represente uma medida destinada a proteger o devedor da obrigação de pagamento do prémio.

Importa, no entanto, sublinhar que a protecção dispensada ao tomador do seguro nos preceitos atrás mencionados não vai ao ponto de o exonerar da obrigação do pagamento do prémio correspondente ao período em que o contrato haja vigorado.

Como expressamente decorre do disposto do nº 6 do artº 2º do diploma normativo em análise, na eventualidade de ocorrer a cessação do contrato de seguro em virtude da falta de pagamento do prémio ou de fracção deste até ao final do período de sessenta dias previsto no nº 3, o tomador do seguro não fica exonerado da sua obrigação de pagamento do prémio correspondente não apenas até ao momento em que ocorreu a prorrogação prevista neste preceito, como ainda do período correspondente à prorrogação dos sessenta dias.[9]

Relativamente ao cumprimento da obrigação do pagamento do prémio prevista no nº 6 do artº 2 do Decreto Lei nº 20-F/2020, de 12 de Maio, o nº 7 deste preceito estabelece um mecanismo de compensação entre um eventual crédito do tomador de seguro[10], e o crédito da seguradora decorrente da falta de cumprimento da obrigação a que reporta o nº 3 deste artigo.

[8] Como *expressis verbis* decorre do regime previsto no nº 3 do artº 2º do Decreto Lei nº 20-F/2020, de 12 de Maio, a possibilidade de prorrogação convencional do período de validade do contrato prevista no nº 1 do artº 2º deste Decreto Lei ocorrerá no âmbito dos seguros obrigatórios independentemente da existência de acordo das partes nesse sentido.

[9] Obviamente se o tomador do seguro exercer a faculdade que lhe é conferida pelo nº 4 do artº 2º, não será o mesmo obrigado a proceder ao pagamento correspondente à prorrogação dos sessenta dias.

[10] Para melhor explicitar as situações de compensação de crédito previstas neste preceito, o legislador exemplifica com o crédito do tomador do seguro decorrente da ocorrência de sinistro no período em que o contrato haja vigorado.

Bem vistas as coisas, ao permitir expressamente ao tomador ver cumprida a sua obrigação de pagamento do prémio com a oposição de créditos de que o mesmo disponha sobre a seguradora, esta previsão legislativa representa também uma medida de protecção da parte tida como contratualmente mais fraca.

Todas estas considerações anteriormente expostas em torno das derrogações estabelecidas pelo Decreto Lei nº 20-F/2020, de 12 de Maio ao regime de pagamento do prémio do seguro contido nos arts.os 59º a 61º da Lei do Contrato de Seguro reportam-se, de modo claro e expresso, ao universo dos seguros de riscos de massa e já não quanto aos seguros de grandes riscos.

Com efeito, relativamente ao regime previsto na Lei do Contrato de Seguro, e como decorre do nº 2 do artº 12º, a disciplina relativa ao pagamento do prémio fixado nos arts.os 59º a 61º que é dotado de imperatividade absoluta, não vale no âmbito dos seguros de grandes riscos. Uma tal conclusão implica uma análise conjugada dos arts.os 57º nº 2 (al. a) e b)) e do artº 58, uma vez que a sistematização adoptada pelo legislador dos seguros a propósito do pagamento do prémio não se revelou muito clara e perceptível.

Seguindo neste contexto os ensinamentos de Margarida Lima Rego pode afirmar-se que o regime geral estatuído em matéria de prémio do seguro corresponde "...na verdade, aquele que a lei designa por regime especial"[11]. Bem vistas as coisas, na Lei do Contrato de Seguro relativamente à matéria do prémio do seguro encontramos duas subsecções, sendo que uma surge designada na respectiva epígrafe por secção comum ("Disposições Comuns" – arts.os 51 a 57), e a outra aparece denominada como secção especial ("regime especial" – arts.os 58º a 61º).

Porém, uma análise atenta do disposto no nº 2 do artº 57º, permite concluir que no mesmo se encontra consagrado um regime especial tendo em conta a formulação adoptada na sua parte inicial: "sem prejuízo das regras gerais...". Todavia, em virtude de quanto se encontra plasmado na al.) a) do nº 2 deste mesmo preceito, afinal o dito "regime especial" é verdadeiramente aplicável à generalidade dos seguros.

Em face desta ambiguidade sistemática, poderemos então concluir, tal como já atrás fizemos referência, que afinal o dito "regime especial" do pagamento do prémio se aplica à generalidade dos contratos de seguro, ou dito

[11] Cfr, Rego, Margarida Lima, O Prémio, in Temas de Direito dos Seguros, Coimbra, 2016, pg. 265.

por palavras mais simples e expressivas, que afinal o regime qualificado como especial pela Lei do Contrato de Seguros corresponde ao regime geral.

Com efeito, o regime especial do pagamento do prémio reporta-se às hipóteses previstas no artº 58º da Lei dos Seguros, a saber: aos seguros de vida; aos seguros de colheitas e pecuário, aos seguros de mútuos em que o prémio seja pago com o produto de receitas e aos seguros de grandes riscos.

Tendo verdadeiramente em conta o regime legal definido nos arts.os 57º nº 2 e 58º da Lei do Contrato de Seguro, podemos então afirmar que o regime apelidado por especial corresponde à disciplina geral, e apenas tendo em conta todas estas considerações se consegue verdadeiramente vislumbrar o sentido das indicações sistemáticas adoptadas pela Lei dos Seguros, de acordo com as quais existem "disposições comuns" e ainda um "regime especial".

Após estas breves considerações de ordem sistemática em torno da disciplina legal reservada aos prémios de seguro, cumpre então explicitar que a imperatividade absoluta das normas respeitantes a esta matéria se afirma para a generalidade dos seguros (artº 57º, nº 2, al.) a)[12], uma vez que relativamente aos indicados no artº 58º da Lei do Contrato de Seguro, entre os quais se contam os seguros de grandes riscos, os efeitos da falta de pagamento do prémio serão os que decorrem das estipulações contratuais (artº 57º, nº 2, al.) b)). De resto, esta ideia surge expressamente confirmada na disciplina estatuída pelo artº 58º do decreto Lei nº 72/2008, de 16 de Abril, ao referir que o disposto nos artigos 59º a 61º de um tal diploma legal apenas se aplica aos seguros de grandes riscos quando essa mesma aplicação tiver sido estipulada pelas partes.

Assim sendo, o regime previsto a propósito do pagamento do prémio para a generalidade dos contratos de seguro não se pode considerar como disciplina supletiva para os seguros de grandes riscos.

Razão pela qual, não se aplicando o regime dos arts.os 59º a 61º da Lei do Contrato de Seguro aos seguros de grandes riscos nas hipóteses em que não houver convenção das partes num tal sentido, existe quem na doutrina se refira à verificação de uma incompatibilidade absoluta entre o prescrito no artº 58º "...salvo na medida em que essa aplicação decorra da estipulação das partes e não se oponha à natureza do vínculo" e quanto se encontra consa-

[12] No fundo, o tal regime especial como aparece qualificado no artº 57º, nº 2 parte inicial "sem prejuízo das regras gerais" traduz-se no regime geral, em virtude de quanto se encontra disciplinado no artº 58º corresponder efectivamente à disciplina especial, tal como decorre da epigrafe da subsecção onde o preceito se integra , a qual tem por denominação " Regime Especial".

grado no nº 2 do artº 12º do mesmo diploma legal , uma vez que este preceito faz inculcar a ideia que o regime consagrado nos art.os 59º a 61º corresponde à disciplina supletiva no âmbito daquele tipo de seguros.

Atenta uma tal incompatibilidade absoluta dos regimes contidos nos preceitos acabados de mencionar, este entendimento doutrinal sufraga mesmo a necessidade de proceder a uma interpretação ab-rogante do nº 2 do artº 12º[13].

Sem querer entrar em grandes discussões em torno da atrás mencionada contradição entre os regimes previstos nos arts.os 12º, nº 2 e 58º da Lei do Contrato de Seguro, sempre se dirá que mesmo quem não queira aderir à solução radical da interpretação ab-rogante do nº 2 do artº 12º do Decreto Lei nº 72/2008, em virtude do respeito devido à presunção do legislador razoável constante do artº 9º, nº 3 do Código Civil, terá necessariamente de reconhecer que o mesmo deve ser objecto de uma interpretação teleológica, procedendo-se à redução do seu âmbito normativo, de modo a permitir a sua compatibilização com a disciplina normativa estatuída no artº 58º, o qual, por seu turno, não pode deixar de ser entendido como uma objectivação do Princípio da Liberdade Contratual, em harmonia, aliás, com o estatuído no artº 11º do Decreto Lei nº 72/2008, de 16 de Abril.

Tendo em conta o disposto nos arts.os 57º, nº 2, al.) b) e 58º da Lei do Contrato de Seguro, podemos, na verdade, concluir, tal como já, de resto, tivemos oportunidade de frisar, que o regime do pagamento de prémio do seguro previsto nos arts.os 59º a 61º do mesmo diploma não se aplica supletivamente, de modo imperativo, nos termos definidos no artº 12 nº 1 do Decreto Lei nº 72/2008 de 16 de Abril, aos seguros de grandes riscos.

Desta feita, o legislador não foi muito feliz na expressão do seu pensamento, pois verdadeiramente o que quis transmitir é que no âmbito dos seguros de grandes riscos as partes gozam de ampla liberdade para a fixação do regime de pagamento do prémio, podendo recorrer às disciplina dos arts.os 59º a 61º da Lei do Contrato de Seguro se assim o entenderem e quando efectivamente assim o entenderem devem fazê-lo através de convenção expressa nesse sentido (artº 58º da Lei do Contrato de Seguro).

[13] Cfr, neste sentido, Rego, Margarida Lima, *O Prémio...*, ob. cit., pg. 266: "Atendendo a esta incompatibilidade absoluta entre esta parte do artº 58º e o nº 2 do artº 12º da LCS, não há senão que concluir pela necessidade de uma interpretação ab-rogante deste último preceito, que lhe reconheça a falta de conteúdo normativo".

Atenta a teleologia do artº 12º da Lei do Contrato de Seguro, e as referências sistemáticas atrás mencionadas, parece-nos ser este o resultado interpretativo adequado para a norma em matéria do pagamento do prémio respeitante ao universo específico dos seguros de grandes riscos.

Compreende-se, de resto, o motivo pelo qual o legislador permitiu que se excluíssem os seguros de grandes riscos do regime regra previsto nos arts.os 59º a 61º da Lei do Contrato de Seguro para a generalidade dos seguros. Não podemos, na verdade, ignorar que o poder de conformação do conteúdo contratual pelas partes é no âmbito dos seguros de grandes riscos substancialmente mais intenso, sendo estes contratos até de celebração muito frequente no comércio internacional.

Questões como a da definição de um quantitativo mínimo do prémio do seguro, bem como aqueloutra da periodicidade do respectivo pagamento surgem disciplinadas de modo muito específico e particularmente diverso de quanto é, por regra, fixado para os seguros de riscos de massa, porquanto uma tal disciplina pretende ir de encontro às exigências próprias do tráfico jurídico internacional, não existindo neste contexto uma *lex mercatória* de contornos bem definidos.

Em virtude de aos seguros de grandes riscos andarem, por regra, associadas coberturas com valores particularmente elevados[14], torna-se frequente o recurso ao expediente do resseguro, demonstrando esta realidade negocial, de um modo claro, que neste universo específico os tomadores

[14] Basta ter em conta a distinção entre "grandes riscos" e "riscos de massas" constante no artº 5º, nºs 2 a 4, do RJASR (Regime Jurídico de Acesso e Exercício da Actividade Seguradora e Resseguradora) para concluirmos que os grandes riscos são aqueles susceptíveis de originar prestações de montante elevado para o segurador, sendo irrelevante o grau de probabilidade de verificação do risco e a maior ou menor intensidade das suas possíveis consequências", contrapondo-se os mesmos à categoria dos riscos de massa, os quais surgem definidos pela negativa ou por exclusão de partes. Na verdade, no universo dos riscos de massa estão incluídos todos os riscos não abrangidos pelos nºs 2 e 3 do artº 5º do RJASR. Importa ainda sublinhar que esta *summa divisio* encontra a sua matriz fundante no Direito Europeu, tendo sido traçada pela Directiva 88/357/CEE relativa à coordenação das disposições legislativas, regulamentares e administrativas respeitantes ao seguro directo não-vida no tocante à liberdade de prestação de serviços, directiva essa que procedeu à alteração da primeira directiva 73/239/CEE respeitante ao exercício da actividade seguradora no ramo não vida. Para uma análise mais desenvolvida acerca da distinção entre seguros de grandes riscos e seguros de riscos de massa, da sua origem e evolução, Cfr, Telles, Joana Galvão, *Liberdade Contratual e seus Limites – Imperatividade Absoluta e Imperatividade Relativa* –, in Temas de Direito dos seguros, 2ª ed., Coimbra, 2016, pg. 110 e ss.

dos seguros não se encontram necessitados de uma protecção acrescida, do género daquela que é dispensada aos consumidores, leigos ou profanos.

Em função de quanto ficou exposto em termos muito sumários a propósito dos seguros de grandes riscos, não se regista, frise-se de novo, quanto aos mesmos a necessidade de uma protecção especial a dispensar aos tomadores dos seguros, tal como sucede no universo dos seguros de risco de massa.

Como a este propósito justamente sublinha Joana Galvão Telles "Do que vem sendo exposto quanto à noção de "grandes riscos", pode retirar-se que a *ratio legis* da distinção entre os últimos e os "riscos de massa" assenta, exactamente, na desnecessidade de conferir uma protecção especial e tão forte aos tomadores de seguros que lidam com os primeiros, uma vez que se presume serem, normalmente, empresas e, principalmente, pessoas informadas, com conhecimentos técnicos e especializados, habituadas a lidar com outras empresas – incluindo seguradoras – conhecedoras dos mercados, da legislação aplicável, do tipo de risco em questão, com um poder negocial senão idêntico, pelo menos semelhante ao das seguradoras, sendo desnecessária, em determinados casos, a introdução de ajustes que a própria lei impõe para a generalidade dos tomadores de seguros"[15].

2. O Regime Jurídico do Pagamento do Prémio previsto nos art.os 59 a 61 da Lei do Contrato de Seguro como Regime Excepcional Face às Regras Gerais do Incumprimento do Código Civil

Como já tivemos ocasião de amplamente explicitar, o regime consagrado no Decreto Lei nº 20-F/2020, de 12 de Maio tem natureza temporária e excepcional face à disciplina regra consagrada nos art.os 59º a 61º da Lei do Contrato de Seguro.

Uma análise adequada e atenta de um tal regime excepcional implica, por seu turno, uma ineliminável referência à disciplina jurídico-positiva por ele alterada, impondo-se, a este propósito, reconhecer que a normatividade vigente na Lei do Contrato de Seguro representa, por seu turno, um entorse face ao paradigma definido no Código Civil Português a propósito do incumprimento.

Debrucemo-nos então, conquanto em termos meramente sumários, sobre o regime definido nos art.os 59º a 61º da Lei do Contrato de Seguro a propósito do pagamento do prémio. De acordo com o estatuído no nº 1

[15] Cfr, Telles, Joana Galvão, *Liberdade Contratual e seus Limites...*, ob. cit., pg. 112.

do preceito mencionado em último lugar "A falta de pagamento do prémio inicial, ou da primeira fracção deste, na data do vencimento, determina a resolução automática do contrato a partir da data da sua celebração".

Resulta então com toda a clareza da disciplina fixada no artº 61º, nº 1 da Lei do Contrato de Seguro que à falta do pagamento do prémio inicial ou da primeira fracção deste se associa o efeito da resolução automática e da retroactividade[16] da mesma à data da celebração do contrato. Antes de proceder à análise mais pormenorizada deste regime jurídico, não podemos deixar, desde já, de sublinhar que uma tal solução legislativa constitui manifestamente uma medida destinada a proteger as seguradoras em face de eventuais situações de incumprimento pelos tomadores do seguro do dever que lhes é imposto de proceder ao pagamento do prémio.

Uma correcta intelecção do sentido e do âmbito deste preceito legislativo, implica ainda uma necessária analise do regime que se encontra previsto no artº 57º, nº 1, porquanto uma tal norma refere-se precisamente à situação jurídica em que incorre o tomador do seguro na eventualidade de não efectuar o pagamento do prémio.

Ora, de acordo com a disciplina constante no preceito em análise refere-se expressamente que o tomador do seguro que não realizar a prestação do pagamento do prémio incorre em mora.

Em face desta análise cruzada dos art.os 61º nº 1 e 57º nº 1 da Lei do Contrato do Seguro podemos então facilmente concluir que a falta do pagamento do prémio inicial ou da primeira fracção deste pelo tomador do seguro coloca-o numa situação de mora, e a mora do devedor determina, por seu turno, nos termos previstos no nº 1 do art. 61º a resolução automática do contrato de seguro. Em matéria do regime do pagamento dos prémios não podemos, na verdade, ignorar que existem vários interesses dignos de tutela entre os quais avultam os interesses das seguradoras de não se verem restringidas ao recurso à acção de cumprimento como o único meio de tutela perante o incumprimento do pagamento do prémio, sendo que uma tal solução se poderia afigurar como excessivamente onerosa. Desta feita, a solução prevista no artº 61º, nº 1 da Lei do Contrato de Seguro representa

16 A propósito do regime jurídico do pagamento dos prémios não podemos, na verdade, ignorar que um dos interesses a tutelar se relaciona precisamente com o interesse dos seguradores: "... para os quais a acção judicial, como único meio ao seu alcance se afigura solução demasiadamente onerosa...", Cfr, Almeida, J. Moitinho de, *Contrato de Seguro. Estudos*, Coimbra, 2009, pgs. 16-17.

uma medida claramente destinada a reforçar a tutela das seguradoras, não se revelando a mesma muito sensível à protecção dos interesses dos tomadores em matéria de pagamento de prémios de seguros, entre os quais se destacam os interesses de não serem colhidos de surpresa pela falta de garantia ou pela respectiva suspensão decorrente do não pagamento do prémio[17].

Esta consequência da resolução automática do Contrato de Seguro por falta de pagamento do prémio pelo tomador do seguro constitui, na verdade, a regra aplicável na generalidade dos contratos de seguro. Porém, na própria Lei do contrato de seguro, onde esta regra se contém, não deixam de se admitir soluções diversas a propósito de determinadas modalidades de seguro, entre as quais se destacam as respeitantes ao seguro de caução (artº 164º) e ao seguro de vida (artº 204º).

Em face de quanto ficou exposto, importa agora proceder ao confronto entre[18] o regime jurídico delineado no código de 66 a propósito da mora do

[17] A propósito dos interesses das seguradoras e dos tomadores de seguro considerados como particularmente relevantes no âmbito da definição do regime do pagamento dos prémios de seguro, Cfr, Faivre, Yvonne Lambert, *Droit des assurances*, Paris, 2001, pg. 329, nº 472.

[18] No tocante ao seguro de caução e ao seguro de vida, cumpre analisar o regime estatuído nos art.os 164º e 204º respectivamente. Nos seguros de caução, em relação às hipóteses em que não exista cláusula de inoponibilidade, o segurador deve comunicar ao segurado a falta do pagamento do prémio ou da fracção devido pelo tomador para que aquele querendo evitar a resolução do contrato, venha a pagar a quantia em dívida num prazo não superior a 30 dias sobre a data do vencimento. Relativamente aos seguros de vida, nas situações em que o contrato estabeleça um benefício irrevogável a favor de terceiro, o segurador deve interpelá-lo para que o mesmo, querendo, possa subrogar-se ao tomador no pagamento, sendo que a interpelação deverá ser efectuada no prazo de 30 dias após a falta de pagamento (artº 204º, nº 1 *da Lei do Contrato de Seguro). A propósito desta possibilidade concedida ao terceiro para evitar a resolução do contrato de seguro por falta de pagamento do prémio pelo tomador, o legislador dos seguros foi ainda mais longe no nº 2 do artº 204º, impedindo o segurador que não tenha procedido à interpelação do terceiro beneficiário do seguro lhe possa opor as consequências convencionadas para a falta de pagamento do prémio.* Bem vistas as coisas, neste preceito legal visa-se impedir que a seguradora se possa, de algum modo, prevalecer do incumprimento de uma obrigação que lhe era imposta. Ora, assim sendo, o legislador entendeu que quando a seguradora não tenha interpelado o terceiro beneficiário para querendo se substituir ao tomador no pagamento do prémio, e pretenda posteriormente prevalecer-se das consequências decorrentes da falta de pagamento do prémio, incorre claramente em abuso de direito sob a modalidade de *venire contra factum proprium.* Importa ainda explicitar a propósito dos regimes previstos nos art.os 164º e 204º da Lei do Contrato de Seguro, que as excepções por eles introduzidas ao regime regra consagrado no artº 61º nº 1 decorrem precisamente do relevo atribuído ao interesse dos segurados (artº 43º nº 1 da Lei do Contrato de Seguro) na celebração e manutenção da vigência do contrato de seguro. Apesar da falta

devedor (artº 804º e ss) e estoutro estatuído na Lei do Contrato de Seguro (artº 61º nº 1 e 57º nº 1), e de um tal confronto entre ambos chegamos efectivamente à conclusão já atrás mencionada, segundo a qual esta última disciplina estabelece derrogações significativas ao figurino legal definido no código civil para a mora do devedor.[19]

de pagamento do prémio pelo tomador de seguro não determinar a resolução automática do contrato automática do contrato, a verdade é que um tal efeito ocorrerá na eventualidade do segurado no âmbito dos seguros de caução e de vida não exercerem a faculdade que lhes é concedida pelos artigos supramencionados. Ora, assim sendo, a derrogação operada pelos art.os 164º e 204º da Lei do Contrato de Seguro ao regime contido no artº 61º nº 1 do mesmo diploma normativo, não se afirma irrestritamente.

19 Porém, também no código civil nos deparamos com exemplos significativos onde a ortodoxia do regime jurídico relativo ao incumprimento das obrigações é posto em causa, tal como sucede a propósito do artº 442º, nº 3, no âmbito do qual se admite a possibilidade da execução específica do contrato de promessa, que tem precisamente como pressuposto a mora, em situações em que o credor já tenha procedido à resolução do contrato,sendo que o recurso à resolução se reporta, no entanto, às hipóteses em que se regista um incumprimento definitivo. Esta contradição entre o critério jurídico-positivo constante do artº 442º, nº 3 com os fundamentos de que o mesmo parte, atentas as regras gerais vigentes em matéria de incumprimento das obrigações, suscitou sempre uma forte controvérsia, levando a que certas vozes autorizadas na doutrina tenham mesmo sufragado a interpretação ab-rogante desta norma jurídica, Cfr, neste sentido, Silva, J. Calvão, *Sinal e Contrato Promessa, 15 ª ed.*, Coimbra, 2020, pg. 97 e ss. Na verdade, este critério normativo, levando em linha de conta as contradições por si patenteadas em matéria do regime jurídico positivo definido no nosso código civil para o incumprimento, tem suscitado inúmeras dúvidas na doutrina e na jurisprudência, sendo que se regista uma certa tendência dogmática para admitir a validade da norma jurídica em análise, em virtude da presunção do legislador razoável. Segundo um tal entendimento, e com o propósito de conseguir identificar a existência de sentido útil a este critério normativo, poderão ocorrer situações em que o promitente fiel quando vem exigir o direito ao valor actualizado da coisa ainda mantém o interesse no cumprimento, admitindo-se assim a existência de mora. Em tais hipóteses, o credor da indemnização para converter a mora em incumprimento definitivo deverá recorrer à interpelação admonitória, sendo que o promitente faltoso poderá, entretanto, oferecer-se para cumprir (a comummente designada excepção do cumprimento) e quando tal suceder, não terá funcionado ainda o disposto no artº 808º do Código Civil, Cfr, Costa, M. Júlio Almeida, *Direito das Obrigações, 12ª ed.*, Coimbra, 2009, pgs. 433-444 (especialmente nota 2 da pg 444). Sem pretender desenvolver mais esta problemática, pois tal atitude extravasaria manifestamente os propósitos da presente exposição, sempre se dirá que esta viva discussão suscitada em torno desta norma, resulta da circunstância do artº 442º, nº 3 do Código Civil estabelecer uma forte derrogação ao figurino legal traçado no mesmo diploma legal para a matéria do incumprimento quanto aos efeitos.

Na verdade, a mora representa uma modalidade de incumprimento temporário[20], e, por definição, neste particular universo mantém-se o interesse do credor, e assim sendo, ao devedor sempre será permitida a realização tardia da prestação, conquanto sobre o mesmo recaia a obrigação de pagamento de juros moratórios[21]. Razão pela qual, o efeito da resolução que anda associado à falta do pagamento do prémio (artº 61º nº 1 e 57º nº 1 da Lei do Contrato de Seguro) não corresponde a uma consequência jurídica integrável no âmbito dos meios de tutela que assistem ao credor no figurino geral da mora delineado no Código Civil nos art.os 804º e ss.[22].

[20] Estamos em texto a reporta-nos à análise clássica distinção do incumprimento segundo o critério dos efeitos, onde, por um lado, nos deparamos com situações de mora, e por outro, nos encontramos confrontados com hipóteses de incumprimento definitivo. Acerca desta distinção clássica em torno das modalidades do incumprimento, Cfr, Varela, J. Antunes, *Das Obrigações em Geral, II, 7ª ed*, Coimbra, 2001, pg. 63 e ss, Oliveira, Nuno Pinto de, *Princípios de Direito dos Contratos*, Coimbra, 2011, pgs. 401-403.

[21] O pagamento de juros de mora acaba também por se traduzir numa sanção dirigida ao devedor pela circunstância do incumprimento ser imputável ao devedor. Neste sentido de considerar que a impossibilidade superveniente da prestação imputável ao devedor tem na base a valoração da conduta do devedor à luz do princípio da culpa, Cfr, Pires, Catarina Monteiro, *Impossibilidade da Prestação*, Coimbra, 2017, pgs. 611-612. Na verdade, a mora além de ser uma modalidade de incumprimento quanto aos efeitos (distinguindo-se segundo este critério do incumprimento definitivo), não deixa de ser também um tipo de incumprimento, susceptível de ser qualificado, de acordo com o critério da causa, como um incumprimento imputável ao devedor. Acerca deste critério distintivo da causa, de acordo com o qual o incumprimento se classifica ou como incumprimento imputável ao devedor ou como incumprimento não imputável ao devedor, Cfr, Varela, J. Antunes, *Das Obrigações em Geral, II, ...*, ob. cit., pg. 65 e ss. No tocante aos juros de mora a pagar pelo devedor no universo das obrigações pecuniárias (artº 806º nº 1), (uma vez que neste a indemnização corresponde "aos juros a contar do dia da constituição em mora"), a prestação do devedor deve ser qualificada como um devedor secundário de prestar coexistente com a prestação principal. Na verdade, à realização desta prestação acresce uma outra, que coexiste com a primeira. Ao invés, em relação ao dever de indemnização que recaia sobre o devedor nas hipóteses de incumprimento definitivo, está antes em causa um dever secundário sucedâneo da prestação principal. A propósito da classificação destes deveres que integram o conteúdo da relação obrigacional complexa, no âmbito da qual se devem também considerar incluídos os deveres fundados no princípio da Boa-Fé, Cfr, Varela, J. Antunes, *Das Obrigações em Geral, I*, 10ª ed, Coimbra, 2005, pg. 115 e ss. A propósito da relação obrigacional complexa no universo específico do contrato de seguro, Vide, Martins, Inês Oliveira, *Contrato de Seguro e Conduta dos Sujeitos Ligados ao Risco*, Coimbra, 2018, pg. 25 e ss, Poças, Luís, *O Dever de Declaração Inicial do Risco no Contrato de Seguro*, Coimbra, 2013, pg. 155 e ss.

[22] Acerca dos entorses registados no regime de pagamento do prémio de seguro na disciplina geral da mora, manifestando assim uma particular estranheza quanto à proclamação feita no

Com efeito, a resolução do contrato, que se traduz num modo de extinção da relação obrigacional anda antes associado às hipóteses de incumprimento definitivo, ou seja, aquelas situações em que em face do incumprimento do devedor o credor já não mantém qualquer interesse no cumprimento.

Na generalidade dos casos em que o devedor não realiza a prestação no prazo devido[23], apesar do efeito do vencimento das obrigações ocorrer com o decurso do prazo, certo é que não se considere definitivamente incumprida a obrigação, convertendo-se apenas a mora em incumprimento definitivo, após interpelação admonitória.

Através desta declaração unilateral receptícia[24] que é a interpelação admonitória, o credor concede ao devedor uma derradeira oportunidade para cumprir, razão pela qual o prazo adicional em que um tal expediente se consubstancia tem de ser configurado, atentas as exigências da boa-fé no cumprimento, como um prazo côngruo ou um prazo razoável.

artº 57, nº 1 da lei do Contrato de Seguro da existência de mora nas situações em que o tomador não efectua o pagamento do prémio, Cfr Ramos, José Luís Bonifácio, O Pagamento do Prémio na Lei do Contrato de Seguro, in Cadernos de Direito Privado, nº 39 (Julho-Setembro 2012) pgs 10-11.

[23] Referimo-nos em texto às obrigações sujeitas a prazo, uma vez que o dever de pagamento do prémio do seguro a cargo do tomador tem de ser qualificado como uma prestação sujeita a prazo certo, e com o decurso deste prazo ocorre o vencimento da obrigação. Porém, quando estiverem em causa obrigações puras (artº 777º nº 1 do Código Civil), o vencimento das mesmas dá-se com a interpelação do devedor. A este propósito há quem na doutrina fale de uma exigibilidade em sentido fraco: "Trata-se, porém, de uma exigibilidade em sentido fraco, que deverá ser precedida de interpelação: o credor deverá levar ao conhecimento do devedor o momento em que o cumprimento deve ocorrer. Assim, em princípio, o vencimento da obrigação sem momento de cumprimento pré-fixado apenas ocorre na sequência da interpelação do devedor, após a qual entra na fase da exigibilidade em sentido forte. ", Cfr, Ferreira, Bruno, *Contratos de Crédito Bancário e Exigibilidade Antecipada*, Coimbra, 2011, pg. 106.

[24] Como sugestivamente considera Antunes Varela: "Este prazo, destinado a conceder ao devedor uma possibilidade de manter o contrato (e de não ter, além do mais, que restituir a contraprestação que eventualmente tenha já recebido) tem de ser uma dilação razoável, em vista da sua finalidade.", Cfr, Varela, J. Antunes, *Das Obrigações em Geral II, 7ª ed.*, Coimbra, 2001, pg. 125, Varela, J. Antunes/ Lima, Pires de, *Código Civil Anotado, Vol. II, 4ª ed.*, Coimbra, 1997, pgs. 71-72. A propósito da caracterização da interpelação admonitória como uma declaração receptícia, vide, Silva, J. Calvão, *Cumprimento e Sanção Pecuniária Compulsória*, Coimbra, 1987, pg. 127. Segundo o autor esta intimação formal contém três elementos: "...intimação para o cumprimento; fixação de um termo peremptório para o cumprimento; admonição ou cominação de que a obrigação se terá por definitivamente não cumprida se não ocorrer o cumprimento dentro desse prazo.", ob.loc.ant.cit.

Ora, procedendo a um confronto entre o regime geral da mora do Código Civil e o estabelecido nos art.os 57º nº 1 e 61º nº 1 da Lei do Contrato de Seguro para o não pagamento do prémio inicial ou da primeira fracção dele, somos forçados a concluir, sublinhe-se de novo, que neste universo específico dos seguros ocorre uma clara derrogação ao modelo delineado no Código de 66.

Com efeito, o legislador dos seguros qualifica *expressis verbis* no artº 57º nº 1 a situação do atraso no pagamento do prémio como mora, mas relativamente aos efeitos jurídicos associados ao atraso moratório, acaba por remeter para as consequências jurídicas ligadas ao cumprimento definitivo.

Ao estatuir a resolução automática do contrato de seguro, o artº 61º nº 1[25] da Lei do Contrato de Seguro, analisado à luz regime jurídico do Código Civil a propósito do incumprimento definitivo, acaba por considerar que o credor do direito ao prémio (seguradora) perdeu o interesse no cumprimento.

Ora, como resulta do disposto no artº 808º do Código Civil, a mora converte-se em incumprimento definitivo, uma vez verificada a perda do interesse do credor na realização da prestação[26].

Revelando-se incontestável que o regime fixado na Lei do Contrato de Seguro quanto à falta do pagamento do prémio do seguro constitui um autêntico entorse ou derrogação ao modelo legal delineado no Código Civil a propósito do incumprimento, cumpre debruçarmo-nos sobre as razões justificativas para a estatuição da disciplina excepcional atrás caracterizada[27].

[25] A resolução automática do contrato de seguro por falta de pagamento do prémio não foi uma inovação introduzida pelo novo regime do contrato de seguro. Com efeito, uma tal solução encontra no artº 8º, nº 1 do Decreto Lei nº 122/2005, de 29 de Julho o seu antecedente legislativo mais próximo.

[26] Constitui entendimento pacífico na doutrina e na jurisprudência que a perda do interesse do credor deve ser apreciada em termos objectivos, Cfr, por todos, Varela, J. Antunes, *Das Obrigações em Geral II,...*, ob. cit., pg. 124, Silva, J. Calvão, *Cumprimento e Sanção Pecuniária Compulsória*,Coimbra, 1987, pgs. 126-127, Scognamiglio, Carlo, *Termine Essenziale i Interesse del Creditore*, in " Giurisprudenza Italiana", 1986, I, 1, pg. 691.

[27] Como a este propósito sublinha sugestivamente Pereira Morgado "A solução especial deste artigo (artº 61º), é, no mínimo, estranha no plano contratual...Ora, em relação ao Contrato de Seguro, em caso de falta de pagamento do prémio não há cobertura, não produzindo efeitos, e a resolução é automática apesar do incumprimento corresponder a uma hipótese de simples mora". Cfr, Martinez, Pedro Romano e Outros, *Lei do Contrato de Seguros Anotada, 3ª ed.*, Coimbra, 2016, pg. 273 (anotação de José Pereira Morgado).

Compulsados os argumentos constantes dos diplomas legais que ao longo do tempo têm regulado a matéria da falta de pagamento do prémio do seguro, podemos destacar, entre outros, exigências ponderosas de segurança jurídica, sejam as mesmas relacionadas com o propósito fundamental de diminuir significativamente o número de pendências judiciais[28] por falta de pagamento do prémio, bem como ainda o respeito que é devido às exigências sinalagmáticas do Contrato de Seguro, traduzidas basicamente na inexistência da cobertura do risco pelas seguradoras na ausência de pagamento do prémio.

Basta consultar o preâmbulo do decreto Lei nº 142/2000, de 15 de Julho que no seu artigo 8º nº 1 reduziu de 60[29] para 30 dias o período durante o qual o contrato de seguro se conservava em vigor após o não pagamento das fracções subsequentes do prémio, para constatarmos que o regime anterior definido no Decreto Lei nº 105/94, de 23 de Abril "...tem propiciado crescentes situações de incumprimento, que redundam em dezenas de milhares de acções instauradas, em cada ano, para cobrança de prémios..."[30].

Com vista a diminuir o nível de Litigiosidade decorrente da circunstância de se aplicar às situações da falta de pagamento do prémio do seguro o regime da mora, o legislador em 2000 reduziu para metade (de 60 para 30 dias) o prazo durante o qual a cobertura do seguro era garantida, apesar do tomador do seguro não ter pago o prémio.

Não podemos, com feito, ignorar que o Decreto Lei nº 142/2000, de 15 de Julho ao ter encurtado para metade o prazo durante o qual a mora do contrato conservava o contrato de seguro em vigor contribuiu significativamente para reduzir a probabilidade de cobertura de sinistros durante um período em que pura e simplesmente as seguradoras não tinham recebido a contraprestação do pagamento do prémio.

Obviamente que a aplicação das regras gerais da mora à disciplina da falta de pagamento do prémio do seguro determina, com forte probabilidade, o surgimento de inúmeras situações em que as seguradoras se vêem

[28] Cfr, a este propósito, Martinez, Pedro Romano e Outros, *Lei do Contrato...*, ob. cit., pg. 273 (anotação de José Pereira Morgado).

[29] Nos termos previstos do Decreto Lei nº 105/94, de 23 de Abril o prazo durante o qual o Contrato de Seguro se mantinha em vigor após o tomador ter entrado em mora em virtude da falta de pagamento do preço era de 60 (sessenta) dias (artº 5º, nº 1 deste diploma legal).

[30] Cfr, neste sentido, o preâmbulo do Decreto Lei nº 142/2000, de 15 de Julho.

confrontadas com a exigibilidade de cobertura de sinistros, sem terem, entretanto, recebido o prémio de seguro correspondente.

Ora, mantendo-se a situação de incumprimento no aludido prazo de 30 dias (artº 8º, nº 1 do Decreto Lei nº 142/2000, de 15 de Julho), persiste um foco de Litigiosidade entre as seguradoras e os tomadores do seguro, porquanto estes na eventualidade de ocorrência de um sinistro durante o período moratório vão certamente exigir da seguradora os prejuízos daquele decorrentes.

Desta feita, para além do perigo de aumento significativo da Litigiosidade, a admissibilidade de manutenção do contrato de seguro durante o período de mora legalmente definido suscita ainda questões sensíveis relativamente à solvabilidade económico-financeira das seguradoras.

Em face de quanto ficou exposto, a redução do período de vigência do contrato de seguro nas situações de mora representou uma medida manifestamente inspirada pelo propósito de reduzir a Litigiosidade no universo securitário. Não podemos, na verdade, esquecer, a este propósito, quanto atrás já mencionámos a propósito da acção de cumprimento se traduzir o único meio de tutela da seguradora em face do incumprimento pelo tomador do dever de pagamento do prémio: esta solução que corresponde à regra prevalecente na generalidade das situações de incumprimento das prestações, traz consigo implicada uma particular morosidade e onerosidade, que muito prejudica as seguradoras.

Num balanço efectuado em torno do impacto da reforma operada pelo Decreto Lei nº 142/2000, de 15 de Julho que levou o legislador dos seguros a introduzir novas alterações no âmbito do regime do pagamento dos prémios, com vista a alcançar o desiderato naquele enunciado de conseguir garantir um maior equilíbrio nas relações contratuais entre as empresas de seguros e os segurados, importa tecer alguns comentários, conquanto breves.

Estas novas alterações legislativas vieram a operar-se através do Decreto Lei nº 122/2005, de 29 de Julho, e consubstanciaram-se, no essencial, na eliminação da admissibilidade da manutenção da vigência do contrato após a falta de pagamento de anuidades subsequentes do prémio, ou da primeira fracção deste. Com efeito, como resultou *expressis verbis*, da redacção do artº 8º nº 1 deste Decreto Lei, "...o não pagamento de uma qualquer fracção do prémio no decurso de uma anuidade determina a resolução automática e imediata do contrato, na data em que o pagamento dessa fracção era devido".

Importa neste contexto sublinhar que verdadeiramente todas estas modificações introduzidas na legislação dos seguros resultaram do reconhecimento de que com a publicação do Decreto Lei nº 142/2000, de 15 de Julho o objectivo por ele pretendido de alcançar um maior equilíbrio nas relações contratuais entre as empresas de seguros e segurados e de diminuição do número de litígios não foi efectivamente alcançado. Como expressamente surge mencionado no preâmbulo do Decreto Lei nº 122/2005, de 29 de Julho "Este objectivo não foi atingido na sua plenitude, continuando as empresas de seguros a propor acções em tribunal para a cobrança de dívidas relativas a prémios de seguros, muitas de valor reduzido[31].

Expostas que foram as razões pelas quais a legislação do universo dos seguros a propósito do regime da falta de pagamento dos prémios introduziu fortes derrogações ao regime geral da mora, cumpre então concluir que a disciplina excepcional hoje plasmada nos art.os 57º a 61º da Lei do Contrato de Seguro teve na base preocupações estratégicas de índole processual, mas ainda, e não menos significativas que estas, considerações e exigências de ordem económico-financeiras ligadas à solvabilidade das empresas de seguros[32].

Antes, porém, de dar por concluído este breve périplo em torno do passado legislativo recente do regime dedicado ao pagamento dos prémios do seguro, cumpre explicitar que para além da progressiva afirmação do direito à resolução automática do contrato de seguro por falta de pagamento do prémio, se registou ainda desde o Decreto Lei nº 142/2000, de 15 de Julho a consagração da regra *"No premium no Cover"*, seguindo, de resto, a legislação Portuguesa neste contexto a tendência registada na generalidade dos países da União Europeia[33].

[31] Cfr, preâmbulo do Decreto Lei nº 122/2005, de 29 de Julho. Para uma análise mais desenvolvida em torno da evolução registada no Direito Português acerca do regime do pagamento dos prémios do seguro, Cfr, RAMOS, JOSÉ LUÍS BONIFÁCIO, *O Pagamento do Prémio ...*, ob. cit., pg. 5 e ss.

[32] Estas considerações acerca das razões justificativas do regime excepcional do pagamento dos prémios de seguro estatuídos nos art.os 57º a 61º da Lei do Contrato de Seguro permitem evidenciar, tal como já atrás deixámos referido, em que medida imperativos ligados à conjuntura económico-financeira se podem revelar determinantes, quer para o surgimento das leis, quer para a compreensão do sentido e do âmbito de alterações introduzidas nos regimes e disciplinas legais vigentes.

[33] Entre nós esta regra teve origem no artº 6º, nº 1 do Decreto Lei nº 142/2000, de acordo com a redacção que lhe foi dada pelo Decreto Lei nº 122/2005, de 29 de Julho. A propósito desta regra, Margarida Lima Rego considera que o pagamento do prémio é condição necessária para a cobertura das seguradoras. Ainda de acordo com o entendimento da mesma autora, o

De acordo com esta regra do direito dos seguros, o contrato de seguro, não obstante poder ter sido validamente concluído, apenas só produz efeitos após o pagamento do prémio pelo tomador do seguro.

Desta feita, o cumprimento da prestação do pagamento do prémio constitui condição de eficácia do contrato de seguro, porquanto a seguradora apenas garantirá a cobertura do sinistro se tiver sido efectuado o pagamento do prémio, tal como *expressis verbis* resulta do disposto no nº 1 do artº 6º

termo cobertura deve aqui ser entendido como "cobertura-garantia "e não como "cobertura-objecto". Reportando-se à lei do contrato de seguro, a autora considera que "Nesta, usa-se o termo "cobertura" no sentido de "cobertura-garantia: o estado de vinculação do segurador, durante o período do seguro, conducente à constituição de uma obrigação de prestar em caso de ocorrência de um desses factos que integra a cobertura – objecto, a cuja verificação usa chamar-se "sinistro", Cfr, Rego, Margarida Lima, *O Prémio...*, ob. cit., pgs. 274-275. Uma tal solução legislativa é claramente pensada como medida destinada a acautelar a posição das seguradoras, constituindo a mesma um instrumento destinado a evitar a emergência de conflitos judiciais decorrentes do não pagamento do prémio. Particularmente crítico da solução consagrada no artº 59ª da nova lei do contrato de seguro (que tem de ser analisada em articulação com o disposto no artº 61º do mesmo diploma, no qual se estatui a resolução automática do contrato de seguro desde o momento da sua celebração), por considerar não haver razões justificativas para o contrato de seguro não poder vigorar nas hipóteses em que não tenha sido pago o primeiro prémio se manifesta Moitinho de Almeida, Cfr, Almeida, J. Moitinho, *O Contrato de Seguro. Estudos*, Coimbra, 2009, pgs. 17-18. A este propósito, o autor clarifica a sua posição com o seguinte exemplo: "Assim, o tomador do seguro que tenha recebido a apólice antes do pagamento do prémio pode confiar na existência da cobertura que verificado o sinistro lhe é recusada com base numa disposição que desconhecia. E não vemos qualquer razão que justifique não serem as partes autorizadas a vincularem-se a um contrato, sem que, antecipadamente, o prémio tenha sido pago. Tal possibilidade geralmente reconhecida pelo direito comparado, explica-se pelo facto de, com frequência, serem concluídos seguros sem tal pagamento, por razões comerciais ou porque o segurador confia no cliente por si conhecido e que só por dificuldades de tesouraria momentâneas não satisfez de imediato o prémio.". Cfr, Almeida, J. Moitinho de, *O Contrato...*, ob. cit., pg. 18. De acordo com o autor, na ausência no nosso ordenamento jurídico de uma disposição semelhante à que vigora no direito suíço, de acordo com a qual se impede a seguradora de invocar a cláusula do contrato que faz depender a respectiva vigência do pagamento do prémio, quando essa cláusula não seja conhecida do tomador, o autor entende que entre nós, na falta de uma norma semelhante à Suíça, se o segurador pudesse opor uma tal cláusula ao segurado incorreria em abuso do direito, Cfr, Almeida, J. Moitinho de, *O Contrato...*, ob. cit., pg. 18 (nota 19). Suscitam-se-nos, com efeito, as maiores dúvidas em acompanhar uma tal solução, uma vez que em face da regra lapidar do nosso direito "a ignorância do direito não escusa", parece-nos não ser aceitável admitir a protecção dispensada por via do abuso do direito a quem não cumpriu uma obrigação que lhe era imposta, em virtude de um desconhecimento que ao mesmo (segurado) é imputável.

deste Decreto Lei: "A cobertura dos riscos apenas se verifica a partir do momento do pagamento do prémio ou fracção inicial...".

Este preceito do Decreto Lei nº 142/2000, de 15 de Julho tem, por seu turno, de ser analisado em articulação com o artº 4º, nº 1 do mesmo diploma legal, no âmbito do qual se estatui o seguinte: "o prémio ou fracção inicial é devido na data da celebração do contrato".

Desta leitura conjugada dos preceitos atrás mencionados não resultam então quaisquer dúvidas acerca da consagração do princípio "no premium, no cover" em matéria de pagamento dos prémios de seguro, revelando-se bastante explícito que o contrato de seguro é considerado válido desde o momento da sua celebração[34], sendo que a produção dos respectivos efeitos se encontra dependente do pagamento do prémio, representando esta regra uma medida claramente destinada a proteger a posição das seguradoras[35].

Neste percurso legislativo orientado pelo propósito de diminuir o número de litígios relacionados com o pagamento dos seguros[36], cumpre fazer

[34] Em face do regime instituído pela Lei do Contrato de Seguro (artº 32º nº 1) que revogou o disposto no artº 426º do Código de Veiga Beirão, o contrato considera-se validamente concluído com o consenso das partes, sendo que se torna necessária a entrega da apólice do seguro ao tomador. Desta feita, a apólice hoje em dia deve ser qualificada como uma formalidade *ad probationem* e não como uma formalidade *ad substantiam*. Porém, mesmo em face do regime anterior há quem entenda que a regra do artº 426º não era muito clara e poderia ser interpretada como consagrando uma disciplina jurídica idêntica à actual: "Contudo, em rigor, o preceito poderia ser interpretado no sentido que corresponde ao regime atual, na medida em que se exigia que o contrato de seguro fosse "reduzido a escrito", mas não literalmente, que fosse celebrado por escrito, Cfr, Rego, Margarida Lima, *O Contrato e a Apólice...*, ob. cit., pg. 25 (nota 29). A propósito das funções desempenhadas pela apólice no modelo em que a mesma surge delineada no artº 32º, nº 1 do novo regime do contrato de seguro (e que poderiam corresponder às funções pela mesma desempenhadas em face do regime anterior, segundo a perspectiva atrás mencionada), a autora destaca as seguintes, entre as quais se refere claramente a sua natureza probatória: "De uma forma geral, pode dizer-se que a apólice desempenha para o tomador uma função informativa sobre o teor do contrato e uma função facilitadora da sua execução. Centrando-nos na função facilitadora da execução do contrato, em abstrato podemos conceber a apólice: (i) Como documento probatório; (ii) como título de legitimação; e (iii) como título de crédito. A apólice será sempre, no mínimo, um documento probatório...", Cfr, Rego, Margarida Lima, *O Contrato e a Apólice...*, ob. cit., pgs. 26-27.

[35] Cfr, Acerca das Finalidades da regra no premium, no cover, Cordeiro, A. Menezes, *Direito dos Seguros, 2ª ed*, Coimbra, 2016, pg. 749.

[36] Este propósito de aliviar os tribunais de inúmeras pendências relativas a conflitos com o pagamento dos prémios encontra ainda uma particular justificação na circunstância da maioria destes litígios assumir uma natureza meramente bagatelar, sobretudo quando nos encontramos

ainda uma expressa menção ao reforço das exigências regulativas da regra da proibição da cobertura dos sinistros sem precedência do pagamento dos prémios, consubstanciado na eliminação pelo Decreto Lei nº 122/2005, de 29 de Julho do nº 2 do artº 4º do Decreto Lei nº 142/2000, de 15 de Julho.

Com efeito, neste preceito legal encontrava-se prevista a possibilidade de haver lugar à derrogação do princípio atrás mencionado, admitindo-se então o pagamento do prémio em momento posterior à data da celebração do contrato de seguro, ficando, porém, um tal acordo das partes dependente de quanto viesse a ser estatuído por norma regulamentar a emitir pelo Instituto de Seguros de Portugal[37].

Após uma tal eliminação do nº 2 do artº 4º do Decreto Lei nº 142/2000, de 15 de Julho, nunca mais este preceito veio a ser reposto, uma vez que como, entretanto, resultou *expressis verbis* do artº 59º da Lei do Contrato de Seguro "A cobertura dos riscos depende do prévio pagamento do prémio". Ora, como já atrás deixámos explicitado, uma tal regra apenas não logra aplicação no âmbito dos seguros de grandes riscos e nos demais seguros mencionados no artº 58º da Lei do Contrato de Seguro, porquanto no universo dos seguros de riscos de massas o regime relativo ao pagamento dos prémios de seguro goza de imperatividade absoluta.

O regime do pagamento dos prémios do seguro estatuído nos art.os 59º a 61º da Lei do Contrato de Seguro e que basicamente se funda no princípio *"no premium no risk"* e no efeito de resolução automática do contrato de seguro por falta de pagamento, na sequência da disciplina definida no Decreto Lei nº 20-F/2020, de 12 de Maio encontra-se assim sujeito a profundas alterações, quer as mesmas tenham origem em convenções das partes (nº 1 e 2 do artº 2º deste diploma transitório), quer as mesmas decorram de imposição legal (nº 3 do artº 2º do Decreto Lei nº 20-F/2020, de 12 de Maio.

Como *expressis verbis* decorre do nº 1, do artº 2º do regime fixado no mencionado Decreto Lei, a disciplina que venha a ser convencionada entre a seguradora e o tomador do seguro para o pagamento do prémio do seguro implicará a definição de um regime mais favorável para a parte contratualmente mais fraca; leia-se, o tomador do seguro, revelando-se como exem-

em face de questões suscitadas no âmbito dos seguros obrigatórios, onde, por regra, as tarifas se revelam manifestamente mais reduzidas.

[37] Tendo em conta a recente reestruturação orgânica do Instituto de Seguros de Portugal, hoje referimo-nos obviamente à ASF (Autoridade de Supervisão de Seguros e Fundos de Pensões).

plos paradigmáticos de um tal tipo de tratamento, as medidas ou soluções indicadas no nº 2 do mesmo preceito legal.

Para além das medidas previstas na norma acabada de mencionar e com as mesmas cumuláveis, o artº 3º do Decreto Lei nº 20-F/2020, de 12 de Maio veio definir um regime excepcional em caso de redução significativa ou suspensão de actividade dos tomadores de seguros em virtude das medidas excepcionais e temporárias adoptadas para dar resposta à pandemia da doença Covid-19.

Uma correcta delimitação do regime estatuído neste diploma excepcional e transitório remete-nos necessariamente, tal como resulta expressis verbis do artº 3º do mesmo, para a disciplina contida no artº 92º da Lei do Contrato de Seguro[38], no âmbito da qual se regista uma forte preocupação na salvaguarda do sinalagma[39] [40], na sequência de modificações ocorridas durante a vigência do contrato de seguro a propósito de um elemento fundamental desta relação negocial: o risco.

Para além da possibilidade de redução do montante do prémio a pagar pelo tomador do seguro aberta por esta remissão para o artº 92º do regime do Contrato de Seguro, o legislador no nº 1 do artº 3º[41], explicita ainda como

[38] Neste âmbito, Elisabete Ramos debate a importante questão prática de saber se é possível admitir em face do regime fixado no artº 3º deste regime excepcional e temporário a consagração de uma presunção legal de diminuição do risco, que beneficiaria o segurado, eximindo-o da prova da redução substancial da sua actividade, pronunciando-se, porém, a autora em termos negativos, Cfr, RAMOS, ELISABETE, *Contrato de Seguro en Tiempos...*, ob. cit., pgs. 524-525.

[39] Apesar do objectivo fundamental deste preceito se traduzir em adequar o contrato, nomeadamente o prémio a pagar, às modificações (diminuição do risco) entretanto ocorridas, certo é que não havendo acordo das partes relativamente ao novo prémio, "... assiste ao tomador do seguro o direito de resolver o contrato" (artº 92º nº 2 da Lei do Contrato de Seguro". Todavia, o preceito em análise "...deve ter-se como estando ao serviço da modificação do contrato por alteração do risco, e não da resolução *ad nutum* do contrato, particularizando, portanto, uma justa causa de resolução – que, note-se, é, não a da alteração do risco, mas a falta de acordo sobre a medida devida da diminuição do prémio...", cfr, OLIVEIRA, ARNALDO COSTA, Anotação ao artº 92º da Lei do Contrato de Seguro, *in Lei do Contrato de Seguro anotada, (Pedro Romano Martinez e Outros), 3ª ed.*, Coimbra, 2016, pg. 333.

[40] Acerca da ratio subjacente ao artº 92º da Lei do Contrato de Seguro, Cfr, GOMES, JÚLIO, *"Algumas Notas sobre o Agravamento e a Diminuição do Risco no Contrato de Seguro"*, In Revista de Direito e Estudos sociais, LVI, 2015 (nºs 1-3), pg. 7 e ss, POÇAS, LUÍS, *" O surto de COVID-19 e a diminuição do risco seguro" In Liber Amicorum Pedro Pais de Vasconcelos*, in www.revistadedireitocomercial.com, pgs. 889-890.

[41] Acerca do âmbito normativo do artº 3º do Decreto Lei nº 20-F/2020, de 12 de Maio, Cfr, RAMOS, ELISABETE, *Contrato de Seguro en Tiempos...*, ob. cit., pg. 519 e ss.

medida de tutela da parte contratualmente mais fraca o pedido de fraccionamento do prémio respeitante à anuidade em curso, medida esta, de resto, já contemplada no número dois do preceito anterior, podendo assim considerar-se redundante a menção que dela é aí efectuada.

Após se ter explicitado que à suspensão e à redução substancial das actividades dos tomadores dos seguros em virtude da adopção de medidas excepcionais e temporárias em resposta à pandemia da doença Covid-19 podem corresponder os efeitos previstos no artº 92º da Lei do Contrato de Seguro, bem como o fracionamento do pagamento dos prémios referentes à anuidade em curso, (artº 3º, nº 1 do Decreto Lei nº 20-F/2020, de 12 de Maio), torna-se absolutamente necessário debruçarmo-nos agora sobre quanto se encontra prescrito no nº 3 do artº 3º, porquanto o legislador decidiu explicitar o que entende por redução substancial da actividade, que constitui precisamente o pressuposto de aplicação da mencionada norma.

Como expressamente decorre do texto do nº 3 do artº 3º do Decreto Lei nº 20-F/2020, de 12 de Maio regista-se uma redução substancial da actividade do tomador do seguro quando este se encontre numa situação de crise empresarial. Desta feita, neste diploma convocou-se como categoria nuclear para aferir da existência da dita redução substancial um conceito indeterminado – o conceito de crise empresarial. Porém, e com o propósito de proceder à densificação do respectivo conteúdo, o legislador dos seguros explicitou em que consiste a referida crise empresarial, considerando que a mesma se verifica nas hipóteses de "...quebra abrupta e acentuada de, pelo menos, 40% da facturação" (parte final do nº 3 do artº 3º do Decreto Lei nº 20-F/2020, de 12 de Maio).

Neste esforço de concretização do conceito indeterminado de crise empresarial levado a cabo no nº 3 do artº 3º do Decreto Lei 20-F/2020, de 12 de Maio, não se consagrou, no entanto, um princípio da tipicidade[42], razão

[42] Com efeito, da formulação do nº 3 do artº 3º resulta claramente que a quebra abrupta e acentuada de pelo menos, 40% da facturação representa inequivocamente uma hipótese típica de crise empresarial, categoria omnicompreensiva da redução substancial da actividade dos tomadores de seguro a que se reporta o regime excepcional previsto no artº 3º. Na verdade, o legislador, no nº 3 deste preceito ao referir que no conceito de crise empresarial se inclui: "incluindo", a situação de quebra abrupta e acentuada de, pelo menos, 40% da facturação, está claramente a querer transmitir a ideia que estas situações constituem índices inequívocos de ocorrência de crises empresariais, o que não se quer com isto excluir do âmbito de um tal conceito nuclear outras hipóteses onde se registe uma redução substancial da actividade dos tomadores susceptíveis de se poderem também integrar no universo da referida crise empresarial.

pela qual as hipóteses de quebra abrupta e acentuada de pelo menos, 40% da facturação, não esgotam ou não preenchem o dito conceito, porquanto uma tal hipótese assume natureza meramente exemplificativa.

Não se confinando então o conceito de crise empresarial à hipótese de quebra abrupta e acentuada de facturação nos termos previstos no preceito atrás mencionado, representando antes esta situação o exemplo paradigmático de ocorrência da mesma, a tarefa de densificação de uma tal categoria encontra-se assim particularmente dependente da apreciação subjectiva do intérprete. Com efeito, a redução substancial da actividade consubstanciada na existência de uma crise empresarial transcende claramente, de acordo com a formulação legal do nº 3 do artº 3º do Decreto Lei nº 20-F/2020, de 12 de Maio, a situação típica de quebra abrupta e acentuada[43] de pelo menos 40% da facturação.

Com toda a propriedade podem trazer-se à colação nesta sede os argumentos de há muito invocados na doutrina (com particular ressonância na actividade jurisprudencial), a propósito das vantagens e dos inconvenientes do recurso pelo ordenamento jurídico positivo a conceitos indeterminados. No elenco das vantagens comummente associadas à utilização de cláusulas gerais encontram-se inequivocamente considerações de justiça, sendo que no reverso da medalha das mesmas se evidenciam as dificuldades suscitadas pelo plano da segurança ou da certeza da aplicação do direito[44].

[43] A propósito do carácter elástico e fluido das fórmulas utilizadas no artº 3º, nº 3 do decreto Lei nº 20-F/2020, de 12 de Maio, cumpre ainda fazer menção à colocação neste preceito legal dos advérbios abrupto e acentuado para caracterizar a quebra da facturação. Apesar do texto legal remeter para um certo espaço de subjectividade interpretativa, a verdade é que a margem para a afirmação do arbítrio do decidente acaba por revelar-se particularmente circunscrito, atentas as contingências económico-financeiras impostas pela crise pandémica da Covid-19. Na verdade, em virtude da propagação muito rápida dos efeitos da crise sanitária na saúde da actividade económico-financeira dos tomadores dos seguros, não se levantam particulares dificuldades na concretização da fórmula aparentemente elástica utilizada pelo legislador, porquanto na esmagadora maioria das situações os tomadores de seguros acabam por necessariamente sofrer quebras de facturação abruptas e acentuadas. Mais uma vez se repete; o enorme impacto da pandemia da Covid-19 na vida económica dos tomadores dos seguros não permite, com efeito, obter conclusão diversa.

[44] Acerca das vantagens e das dificuldades suscitadas pela consagração pelo código de 66 de conceitos indeterminados ou cláusulas gerais como a Boa Fé (artº 227º, 762º nº 2 do Código Civil) e o Abuso do Direito (artº 334º do Código Civil), cumpre começar por salientar que a adopção pelo ordenamento jurídico positivo destas dimensões axiológicas fundamentais contribuiu para uma maior eticização do direito, e muito particularmente para uma compreensão

Convocando estas considerações dogmáticas gerais para o particular domínio específico que ocupa a nossa atenção, sempre se dirá que a falta de coincidência necessária entre a categoria de crise empresarial e as hipóteses de quebra abrupta e acentuada de 40% na facturação dos tomadores dos seguros abre espaço para integrar no âmbito do conceito de crise empresarial outras situações em que materialmente seja justo a respectiva inclusão, apesar de não se verificar expressamente aquele requisito formal.

Porém, não podemos deixar de salientar no tocante à possibilidade aberta pela flexibilidade da formulação legal do artº 3º, nº 3 do decreto Lei nº 20-F/2020, de 12 de Maio, que a mesma coenvolve particulares incertezas na aplicação do preceito em causa, ficando os destinatários da norma sem saber em muitas situações com aquilo que podem efectivamente contar[45].

do mesmo de acordo com o *ethos* do Estado de Direito Social, que é fundamentalmente um Estado preocupado em corrigir os desequilíbrios e injustiças. Cfr, a este propósito, Pinto, Carlos Mota, *Teoria Geral do Direito Civil, 4ª ed.*, Coimbra, 2005, pg. 124, Neves, A. Castanheira, Digesta, Escritos acerca do Direito, do Pensamento Jurídico, da sua Metodologia e Outros, Vol. II, Coimbra, 1995, pg. 310 e ss. (o autor coloca sobretudo em relevo a influência de várias correntes metodológicas que contribuíram decisivamente para a superação do positivismo jurídico, ao denunciarem precisamente o mito da auto-subsistência lógica do Direito identificado com a lei, fazendo antes apelo à necessária e importante convocação de princípios e critérios transpositivos para a compreensão do sentido do Direito). No plano contratual também se foi assistindo à superação do dogma da liberdade contratual enquanto um mero prolongamento da liberdade económica, bem característico do liberalismo onde se exaltava fundamentalmente o individualismo, por uma concepção bem distinta, que coloca, de modo claro, em destaque as limitações impostas pelo intervencionismo do Estado de Direito Social à autonomia privada. Tais alterações no modo como o Contrato enquanto instrumento jurídico privilegiado do exercício da liberdade contratual deve ser perspectivado têm levantado interrogações na doutrina acerca de um eventual declínio ou crise do Contrato. Cfr, acerca desta matéria, Silva, J. Calvão, *Cumprimento...*, ob. cit., pg. 31 e ss, Messieno, F., *Contrato (dir.priv.)*, in Enciclopedia del Diritto, IX, pg. 802 e ss.

45 Em concreto importa, na verdade, questionar que situações de crise empresarial para além daquelas que coenvolvem uma quebra abrupta e acentuada de facturação de pelo menos 40% poderão ser incluídas no âmbito normativo no nº 1 do artº 3º do Decreto Lei nº 20-F/2020, de 12 de Maio. Nesta sede, cumpre legitimamente interrogar-nos se uma empresa de muito pequena dimensão criada pouco tempo antes da emergência do surto pandémico que venha a sofrer uma quebra de cerca de 20 ou 30% da ainda diminuída facturação poderá ser concretamente qualificada como uma tomadora de seguro cuja actividade foi alvo de uma redução substancial, susceptível assim da respectiva situação económico-financeira ser subsumível na categoria de crise empresarial. Bem vistas as coisas, neste cenário de crise económica e social

Procedendo a um breve confronto entre a opção legislativa adoptada por este regime excepcional e transitório em matéria de pagamento de prémios de seguro e outras soluções legais alcançadas quanto a outras matérias do universo dos seguros, a propósito das quais os diplomas normativos reguladores das mesmas se socorrem igualmente de categorias técnicas, tal como sucedeu no âmbito do Decreto Lei nº 291/2007(artº 49º, nº 2) a propósito do conceito de dano corporal significativo[46], chegamos à conclusão que neste ultimo contexto o legislador, ao invés de quanto se registou no nº 3 do artº 3º do Decreto Lei nº 20-F/2020, de 12 de Maio, privilegiou, de modo bem mais significativo, a segurança face às exigências de justiça.

Tendo em conta que o regime consagrado no artº 3º do Decreto Lei nº 20-F/2020, de 12 de Maio foi estatuído com o propósito fundamental de proteger a parte contratualmente mais fraca, não admira que no nº 4 deste preceito legal se considerem excluídos do respectivo âmbito normativo os seguros de grandes riscos. Com efeito, neste universo particular, os tomadores de seguro não patenteiam a fragilidade económico-financeira e a inexperiência técnico-social que caracteriza a generalidade daqueles que assumem a mesma posição no âmbito dos seguros de riscos de massa.

Aliás, no âmbito dos seguros de grandes riscos regista-se não raramente um cenário em que figuram como tomadores de seguros empresas com uma capacidade económico-financeira idêntica ou até superior à das seguradoras, revelando-se as mesmas dotadas de um *Know-how* respeitante à técnica securitária particularmente sustentado. Em resumo, não se verifica relativamente a uma tal categoria de tomadores de seguros uma particular necessidade de protecção filiada nas exigências regulativas da comummente designada ordem pública de protecção.

Não sendo feita no artigo precedente (artº 2º do Decreto Lei nº 20-F/2020, de 12 de Maio) qualquer ressalva à aplicabilidade da respectiva disciplina aos seguros de grandes riscos, questiona-se com propriedade, se faz sentido incluí-los genericamente no seu âmbito normativo de protecção?

Uma resposta adequada à questão acabada de colocar implica uma necessária referência para o disposto no artº 57º nº 2, al.) b) da Lei do Contrato

provocada pela pandemia, uma resposta positiva a uma tal questão deve ser tida como perfeitamente admissível.

[46] Com o objectivo de proceder à clarificação de quanto se entende por dano corporal significativo para efeitos de aplicação do disposto no artº 49º, nº 1, al.) c) do Decreto Lei nº 291º/2007, o legislador no nº 2 deste mesmo preceito densificou uma tal categoria jurídica.

de Seguro a propósito do regime do pagamento de prémios, no âmbito do qual resulta claro que a disciplina geral decorrente dos art.^{os} 59º a 61º da mencionada lei apenas se revela aplicável no âmbito de seguros de grandes riscos quando em tais contratos[47] houver uma expressa previsão para a mobilização desse regime.

Na ausência de indicação expressa de uma solução a propósito da problemática em análise no regime transitório e excepcional de pagamento do prémio de seguros em tempo do surto pandémico da Covid-19, poder-se-á legitimamente indagar se não se deve aplicar quanto ao regime previsto no artº 2º do Decreto Lei nº 20-F/2020, de 12 de Maio quanto se prevê em relação ao regime geral do pagamento dos prémios, uma vez que afinal a problemática nuclear subjacente aos regimes em confronto se revela substancialmente idêntica.

Relativamente a estas considerações, cumpre, desde logo, sublinhar que as mesmas se revelam demasiadamente genéricas, atenta à excepcionalidade do regime consagrado no Decreto Lei nº 20-F/2020, de 12 de Maio. Importa então que o intérprete se detenha com particular cuidado sobre o dito regime excepcional, e levando a cabo um tal esforço interpretativo, no âmbito desta mesma disciplina o que nos deparamos, com toda a clareza, é com um preceito – o nº 4 do artº 3º –, onde não se considera aplicável aos seguros de grandes riscos uma concretização particular da disciplina mais ampla contida no artº 2º do diploma legal em análise.

Seguindo então uma tal linha de raciocínio, não podemos ignorar quanto se encontra prescrito na primeira parte do nº 1 do artº 3º do Decreto Lei nº 20-F/2020, de 12 de Maio, sendo que a um tal propósito o legislador consagrou a regra do cúmulo das medidas previstas na disciplina mais genérica do artº 2º com aqueloutras constantes do artº 3º do mesmo diploma, sendo que o fraccionamento do prémio surge prevista de modo redundante neste último preceito legal.

Concretizando o artº 3º deste regime excepcional e temporário de pagamento dos prémios de seguro uma linha de orientação contida no artigo precedente, então devemos concluir pela existência de uma *ratio* comum a ambos os preceitos e que se reconduz basicamente a uma lógica de protecção da parte contratualmente mais fraca.

[47] Como já foi amplamente referido neste estudo, as considerações expendidas a propósito dos seguros de grandes riscos estendem-se igualmente às demais categorias previstas no artº 58º da Lei do Contrato de Seguro.

Desta feita, parece-nos razoável afirmar que as medidas de tutela da parte contratualmente mais fraca previstas no nº 2 do artº 2º do Decreto lei nº 20-F/2020, de 12 de Maio não sejam também aplicáveis no âmbito dos seguros de grandes riscos.

Em face de quanto ficou exposto, quer as medidas previstas no nº 2 do artº 2º do Decreto Lei nº 20-F/2020, de 12 de Maio, quer aqueloutras constantes no artº 3º nº 1 do mesmo diploma legal, representam mecanismos destinados a suavizar as consequências para o tomador do seguro decorrentes do não cumprimento do dever de pagamento do prémio.

Na verdade, quer a possibilidade que é concedida ao tomador de seguro de proceder ao pagamento do prémio em momento posterior ao da celebração do contrato de seguro, quer a prorrogação da validade do mesmo, previstas no nº 2 do artº 2º do diploma legal em análise, bem como ainda o fraccionamento do prémio e a diminuição do respectivo montante estatuídos no artº 3º nº 1 deste regime excepcional, visam evitar consequências sentidas como um sacrifício ou uma desvantagem para o tomador, sacrifício e desvantagens susceptíveis de poder redundar num benefício injustificado para a seguradora, que com os recursos económicos obtidos da cobrança dos prémio (e que em face pandémica tendem a revelar-se particularmente mais elevados que os riscos que se encontram entretanto a garantir), acabam por conseguir realizar, sem grandes esforços económico-financeiros, a prestação aleatória a seu cargo caso venha a ocorrer um sinistro: a obrigação de cobertura dos riscos previstos na apólice do seguro.

3. Da natureza jurídica do pagamento do prémio em face do regime jurídico fixado nos art.os 59º a 61 º do Novo Regime do Contrato de Seguro: Dever Jurídico ou ónus?

Apesar de com o regime consagrado nos art.os 59º a 61º da Lei do Contrato de Seguro se terem estabelecido entorses ao figurino usual a que obedece a relação jurídica creditória, deixando de se reconhecer às seguradoras o direito de recorrer à acção creditória[48] nas hipóteses em que tomador não proceder

[48] A propósito das alterações legislativas introduzidas pelo Decreto Lei nº 122/2005, de 29 de Julho com o objectivo de aplicar em toda a sua extensão o princípio "*no premium no cover*", no preambulo deste diploma pode ler-se o seguinte: "Não procedendo o tomador do seguro ao seu pagamento, verificam-se duas consequências: por um lado, o risco deixa de estar coberto pelo contrato; por outro, o valor do prémio ou fracção em dívida deixa, relativamente à generalidade dos contratos, de poder ser judicialmente exigido pela seguradora.". No mesmo sentido

ao de pagamento do prémio, o que leva vozes autorizadas na doutrina, inspirada na categoria germânica das meras incumbências ou encargos (*Obliegenheiten*), a duvidar da existência neste âmbito de verdadeiras obrigações[49], discutindo se o encargo do pagamento do prémio não deverá ser antes concebido como um ónus, certo é que, tendo em conta os traços fundamentais das figuras em confronto – ónus e deveres jurídicos –, somos de opinião que nos encontramos em face de um dever jurídico de prestar[50], como teremos ocasião de demostrar mais adiante.

Ainda a propósito da caracterização do encargo do pagamento do prémio, de seguro tem-se colocado em destaque na doutrina o traço do regime jurídico da Lei do Contrato de Seguro traduzido na suspensão da eficácia relativamente às prestações de ambas as partes até ao momento do pagamento do prémio inicial (ou do pagamento das fracções subsequentes, nos casos da respectiva renovação), para a partir daí identificar a existência de uma "condição suspensiva, na modalidade de condição potestativa arbitrária e simplesmente, é uma condição ex lege..."[51].

De acordo com este entendimento, o legislador também não andou bem ao estatuir a solução da resolução automática do contrato de seguro nas hipóteses de falta de pagamento do prémio, uma vez que verdadeiramente

se pronuncia no plano doutrinal Margarida Lima Rego acerca do alcance deste princípio fundamental consagrado no artº 59º da Lei do Contrato de Seguro: "...e, por outro lado deixa de existir uma dívida, deixando, em consequência, o pagamento pode ser exigido judicialmente pelo segurador". Cfr, Rego, Margarida Lima, *O Prémio...*, ob.cit., pg. 276. Em face desta nota característica de inexigibilidade do pagamento por parte da seguradora, uma certa doutrina aproxima o "dever" de pagamento do prémio de uma obrigação natural: "...uma vez pago o prémio, não pode exigir-se a sua restituição, mas, enquanto este não for pago, tambem não pode exigir-se o seu pagamento". Cfr, Rego, Margarida Lima, *O Prémio...*, ob. cit., pg. 285. Apenas a circunstância do cumprimento dificilmente se poder qualificar como um "dever de justiça" no momento em que vier a ocorrer o cumprimento, leva a autora a afastar-se da inclusão destas hipóteses do âmbito da categoria da obrigação natural, Cfr, Rego, Margarida Lima, *ob. loc. ant. cit.*

49 Cfr, Rego, Margarida Lima, *O Prémio...*, ob. cit., pg. 270 e ss.

50 A este propósito, Cfr, Antunes, Engrácia, *Direito dos Contratos Comerciais*, Coimbra, 2009, pg. 792.

51 Neste sentido, apoiando-se na terminologia adoptada por Manuel de Andrade, se orienta Margarida Lima Rego, Cfr, Rego, Margarida Lima, *O Prémio...*, ob. cit., pg. 275 (especialmente nota 39).

aquilo que ocorre com a falta de pagamento do prémio ou de uma fracção é um caso de caducidade, por simples decurso do prazo[52].

Em face de todas as considerações expostas, uma tal orientação admite que se possa falar de um ónus de pagamento do prémio, mas não de um autêntico dever de prestar, salvo quando as partes se vinculam no acordo contratual expressamente num tal sentido[53].

Ingressando, sem propósito de exaustividade de investigação, no seio desta discussão em torno da natureza jurídica da prestação de pagamento do prémio do seguro a cargo do tomador, ter-se-á necessariamente de reconhecer que no âmbito do contrato de seguro (atenta a disciplina contida nos arts.ºs 59º a 61º da respectiva lei) se regista a suspensão dos efeitos contratuais enquanto não se verificar o pagamento do prémio inicial ou das fracções subsequentes, em virtude do disposto na regra fundamental consagrada no artº 59º: *"no premium no cover"*. Em causa está uma hipótese de suspensão legal, que, não se integra verdadeiramente no universo das condiçoes suspensivas[54].

Porém, uma tal circunstância não faz retirar o comportamento do pagamento do prémio do âmbito da categoria do dever jurídico, porquanto a integração desta conduta no âmbito da categoria do dever de prestar ou do ónus depende fundamentalmente da análise da estrutura ou das características essenciais de um tal comportamento.

[52] Reportando-se especificamente às hipóteses de renovação do contrato, Margarida Lima Rego considera que "...num dado contrato se estipula a possibilidade de renovação, mediante declaração à outra parte, e essa declaração não é feita, o contrato extingue-se por caducidade, ainda que a cessação tenha resultado de uma opção consciente e deliberada de não declarar a renovação.", Cfr, Rego, Margarida Lima, *O Prémio...*, ob. cit., pg. 277.

[53] Cfr, Rego, Margarida Lima, *O Prémio...*, ob. cit., pg. 279: "Não nego que o tomador do seguro possa vincular-se, no contrato, a uma obrigação de pagar o prémio, entrando em mora se não o fizer em tempo. Mas tambem poderá não o fazer. Assim será, designadamente, sempre que as partes remetam para o "regime especial" de pagamento do prémio do seguro, com o limite da "natureza do vínculo", ou quando estabeleçam um regime por elas criado de raiz.

[54] Relativamente às condiçoes legais, tambem comummente designadas por *conditiones juris*, falta um dos elementos essenciais para a afirmação da existência de uma verdadeira condição: a subordinação da eficácia do negócio a um evento futuro resultar da vontade das partes e não da lei. Ora, no âmbito do regime definido no artº 59º da Lei do Contrato do Seguro, a produção dos efeitos do contrato de seguro fica única e exclusivamente dependente da realização da prestação do pagamento do prémio prevista neste preceito legal. Acerca das condiçoes legais como condições impróprias, cfr, Pinto, Carlos Mota, *Teoria Geral do Direito Civil, 4ª ed.*, Coimbra, 2005, pg. 562.

Apenas estando ciente daquilo que caracteriza o núcleo essencial do encargo que recai sobre o tomador do seguro, se revela então possível tecer considerações acerca da respectiva qualificação conceptual.

Ora, a este propósito, não podemos ignorar, por um lado, que o pagamento do prémio corresponde a um dos elementos fundamentais do sinalagma que caracteriza o contrato de seguro, tal como *expressis verbis* decorre do artº 1º da Lei do Contrato de Seguro[55], e por outro lado, este comportamento do tomador de seguro é basicamente imposto para satisfazer um interesse de outrem (o interesse da seguradora) e não um interesse do próprio tomador.

Relativamente à primeira das considerações expendidas, não podemos ignorar que o pagamento do prémio constitui a prestação principal correspectiva[56] do surgimento da prestação da seguradora – a obrigação de cobertura dos sinistros, que se traduz precisamente na prestação principal desta última.

[55] À semelhança de quanto sucede com a lei alemã dos seguros, também a nossa legislação não avançou com a noção de contrato de seguro, indicando-se antes neste preceito legal as obrigações principais que decorrem para as partes da celebração deste evento contratual, cfr, neste sentido, Martinez, Pedro Romano, Anotação ano artº 1º da Lei do Contrato de Seguro, *in Lei do contrato de Seguro Anotada...*, ob. cit., pgs. 37-39. No mesmo sentido, tendo em conta o disposto no artº 51º, onde o prémio surge expressamente tratado como uma contrapartida da cobertura acordada no contrato de seguro, ou seja, enquanto a obrigação principal a cargo dos tomadores do seguro, que corresponde a uma das prestações que integram o sinalagma deste tipo de contrato, Cfr, Morgado, José Pereira, Anotação ao artº 51º da Lei do Contrato de Seguro, *in Lei do Contrato de Seguro Anotada...*, ob. cit., pgs. 258-259.

[56] Não concordamos assim com a orientação já exposta em texto, de acordo com a qual o pagamento do prémio pelos tomadores do seguro corresponde apenas a um ónus ou a uma condição de eficácia do contrato do seguro, considerando que com a conclusão deste evento contratual apenas o segurador se encontra vinculado, convocando nesta sede a categoria dogmática dos contratos monovinculantes, ou uniobrigacionais, preferindo-se esta última designação à primeira enunciada para conseguir fugir ao pressuposto da vinculação das partes apenas a obrigações, Cfr, Rego, Margarida Lima, *O Prémio, ob. cit..., pgs. 274 e 278 (especialmente nota 49)*. Ora, de acordo com o nosso entendimento, desde o momento da celebração do contrato de seguro, recai sobre os tomadores o dever principal de pagamento do prémio, cuja ausência de cumprimento determina a sanção da resolução do contrato, sendo que, por força da lei (artº 59º da Lei do Contrato de Seguro), a eficácia do contrato encontra-se suspensa até que esse dever de pagamento se venha a efectivar. Desta feita, enquanto não houver cumprimento de um tal dever, a seguradora não realizará a cobertura de sinistro que, entretanto, venha a ocorrer.

Convocando nesta sede os contributos do clássico conceito da *Obligatio* romana (conceito este que não foi relegado para o conto das velharias inúteis pela concepção mais rica, multifacetada e ampla da relação obrigacional complexa), torna-se mister, para levar a cabo a distinção entre determinada modalidade contratual e as suas figuras vizinhas, proceder à identificação do binómio das prestações contratuais que formam o sinalagma.

Desta feita, na destrinça entre o contrato de seguro, o jogo e a aposta, a renda vitalícia e a assistência, não se pode, de modo algum, perder de vista que no âmbito do contrato de seguro são deveres de prestação principal, os deveres de cobertura dos sinistros e de pagamento do prémio.

No tocante à necessária invocação e identificação do interesse que é servido pelo comportamento do tomador do seguro quando efectua o pagamento do prémio para proceder à respectiva qualificação dogmática, importa ter bem presente, que uma tal conduta tem fundamentalmente em vista acautelar os interesses da seguradora, razão pela qual, em nome da garantia da solvabilidade de tais pessoas colectivas se registou, nos termos anteriormente expostos, uma tendência legislativa para a consagração do princípio "*no premium, no cover*".

Obviamente que ninguém nega a relevância para os tomadores do seguro de procederem ao pagamento do prémio, uma vez que sem este pagamento não podem ver garantida a cobertura dos sinistros por si sofridos.

Porém, e bem vistas as coisas, a obtenção de um tal benefício, que poderia levar a admitir a existência neste contexto de um ónus, encontra-se umbilicalmente dependente do comportamento ou conduta da contraparte – a seguradora. Ou seja, a vantagem a alcançar pelo tomador do seguro quando efectua o pagamento do prémio não se reconduz unicamente a um juízo de oportunidade por si formulado[57], porquanto a opção entre adoptar um tal comportamento ou deixar de o realizar não recai unicamente na esfera do livre arbítrio deste sujeito da relação contratual de seguro.

[57] À semelhança de quanto sucede na generalidade das hipóteses que se integram na figura jurídica dos ónus, entre os quais se destacam o ónus de impugnação e o ónus de registo da aquisição de bens imóveis, (quando tais negócios não eram abrangidos pela obrigatoriedade de o efectuar), ou o ónus do titular de um direito de o invocar dentro de certo prazo, sob pena de o não exercer plenamente (cfr, a este propósito, PINTO, CARLOS MOTA, *Teoria Geral...*, ob. cit., pg. 88). O autor sublinha a propósito da figura do ónus que o onerado, se quer evitar um prejuízo, deve comportar-se de certa forma: de outro modo, suportará o prejuízo sem que se lhe reprove o ter-se comportado assim.

Desta feita, não se nos afigura correcto considerar que o pagamento do prémio pelo tomador do seguro se possa traduzir tão somente na adopção de um comportamento imposto pelo ordenamento com vista à obtenção de uma vantagem ou a evitar a perda de uma vantagem jurídica pré-existente pelo sujeito sobre quem recai a dita adstrição[58].

Antes pelo contrário, o pagamento do prémio tem de ser necessariamente configurado como um sacrifício imposto ao tomador do seguro com vista a proporcionar uma vantagem à seguradora, sendo que a falta de adopção de um tal comportamento coenvolve a aplicação de uma sanção.

Assim sendo, podemos afirmar com segurança que o pagamento do prémio tem como principal beneficiário a seguradora[59], porquanto com o produto dos mesmos consegue obter os meios necessários para fazer face à cobertura dos sinistros, apesar de com o acto de pagamento os tomadores possam ser considerados como reflexamente beneficiados, pois de outra forma a seguradora não realizará a sua prestação.

Tendo em conta estas observações, podemos assim concluir que a resolução automática do contrato prevista no nº 1 do artº 61º da Lei do Contrato de Seguro corresponde a uma sanção infligida ao tomador, uma vez que o legislador ao optar por uma tal solução teve fundamentalmente em vista acautelar a posição das seguradoras, e do ponto de vista da valoração por si levada a cabo, a resolução automática representa uma reacção manifestamente desfavorável ao comportamento da falta de pagamento do prémio[60].

[58] Uma tal concepção de ónus jurídico corresponde à noção sufragada por Antunes Varela na sua obra Obrigações em Geral I, Cfr, Varela, J. Antunes, *Das Obrigações em Geral, I, ...*ob cit. pg. 57 e ss.

[59] Esta conclusão surge, de resto, expressamente formulada no nº 1 do artº 51º da Lei do Contrato de Seguro, onde o mesmo surge configurado como contrapartida de cobertura acordada.

[60] Poder-se-á nesta sede contestar uma tal conclusão, considerando que nem sempre a resolução automática do contrato de seguro pode ser configurada como uma sanção, bastando levar em linha de conta aquelas situações em que o tomador do seguro já não se encontrasse agradado com a actuação da seguradora e tivesse o propósito de pôr termo à relação contratual. Bem vistas as coisas, em tais hipóteses o tomador do seguro acabaria por sair beneficiado pela circunstância de pura e simplesmente não ter de fundamentar a sua decisão de desvinculação contratual. Atendendo a uma tal circunstância, Engrácia Antunes reporta-se aos efeitos perniciosos da solução consagrada no artº 61º da Lei do Contrato de Seguro, aludindo, a este propósito, a um "direito de arrependimento" de carácter permanente, que na sua perspectiva é susceptível de retirar efeito útil ao direito à livre resolução que se encontra consagrado no artº 118º da Lei do Contrato de Seguro, Cfr, Antunes, Engrácia, *Direito dos Contratos...*, ob. cit.,

No fundo, projectam-se ou transpõem-se no âmbito do contrato de seguro as considerações tecidas a propósito de toda e qualquer relação jurídica creditória, que, por natureza, são relações jurídicas de colaboração[61], e no âmbito das quais a falta de colaboração imposta ao tomador do seguro faz desencadear contra si a sanção da resolução automática.

Estas conclusões podem ser rebatidas, desde logo, pela circunstância de no âmbito do regime do pagamento do prémio do seguro previsto nos art.os 59º a 61º da Lei do Contrato de Seguro não assistir à seguradora a garantia da acção creditória que constitui a tutela privilegiada atribuída a toda e qualquer posição creditória. Em relação a estas observações críticas sempre se poderá, porém, responder que, por um lado, a consagração juspositiva do princípio *"no premium, no cover"* teve como principal desiderato evitar a ocorrência de situações de incumprimento contratual dos tomadores de seguro, e por outro lado, a resolução automática do contrato de seguro deve ser perspectivada como um plus relativamente à acção creditória.

Apesar da acção creditória assumir um papel fundamental para garantir a efectividade dos direitos de crédito, revelando-se como o instrumento sancionatório por excelência da inobservância do dever de prestar, certo é que a mesma não pode conceber-se como elemento estrutural ou conceitual do crédito[62] Razão pela qual, não se afigura correcto afirmar que a inexistência de acção de cumprimento, tal como se verifica no âmbito do regime do pagamento do prémio previsto nos art.os 59º e 61º da Lei do contrato de Seguro, torna o direito de crédito das seguradoras como um direito desprovido de coercibilidade.

Bem vistas as coisas, ao sufragar-se o entendimento acabado de expor, estar-se-ia a ignorar a relevância de outros mecanismos sancionatórios

pgs. 714-715. No mesmo sentido, vide, Ramos, José Bonifácio, O Pagamento do Prémio..., ob cit, pg. 17.

[61] Cfr, a propósito da caracterização das relações jurídicas creditórias como relações jurídicas de cooperação, Monteiro, J. Sinde, *Rudimentos da Responsabilidade Civil,* in Revista da Faculdade de Direito da Universidade do Porto, Ano II-2005, pgs. 350-351.

[62] Como a este propósito justamente enfatiza Calvão da Silva "...o núcleo fisionómico da obrigação não contém, como seu conteúdo, a acção creditória, ou o elemento sanção em geral, porque exteriores à sua estrutura...", não obstante o autor no mesmo trecho de passagem ter colocado bem em evidência a importância decisiva e capital da sanção para garantir a efectividade prática do vínculo, Cfr, Silva, J. Calvão, *Cumprimento...*, ob. cit., pg. 138.

incluídos no âmbito da comummente designada Coerção privada[63] [64] que indubitavelmente conferem efectividade prática ao direito do credor nas hipóteses de não cumprimento pelo devedor do respectivo dever de prestar. No universo desses mecanismos coercitivos, cumpre fazer menção, face à sua atinência com o regime do pagamento do prémio previsto, à cláusula resolutiva expressa.

Conferindo a cláusula resolutiva expressa um direito potestativo ao credor de resolver imediatamente o contrato, através de mera declaração unilateral à contraparte, em face do incumprimento pela mesma da prestação a que se encontrava adstrita, este mecanismo contratual assume um significativo valor coercitivo. Como neste contexto sublinha Calvão da Silva, o relevo coercitivo da cláusula resolutiva expressa decorre de dois aspectos fundamentais: "...por um lado, o devedor sabe que a resolução se seguirá automaticamente, ipso iure, à declaração unilateral do credor, de modo inelutável, dada a situação de sujeição a que a este respeito se encontra; por outro lado, o devedor não pode alimentar a esperança de apreciação benevolente do juiz, pois este, se for chamado a intervir, apenas exerce um controlo da legalidade da resolução, limitando-se a declarar a sua existência e a sua eficácia"[65].

Apesar da resolução automática prevista no artº 61, nº 1 da Lei do Contrato de Seguro não se enquadrar no universo atrás mencionado da coerção privada, uma vez que o fundamento para a mesma se encontra na lei e

[63] Constituem meios de constrangimento indirecto a cláusula penal, o sinal, a cláusula resolutiva expressa, o direito de retenção e a *exceptio non adimpleti contractus*, porquanto a sua utilização ou a simples ameaça de recurso aos mesmos pelo credor é de molde a provocar uma pressão sobre o sujeito obrigado, conduzindo este a preferir a opção pelo cumprimento de modo a evitar as consequências desvantajosas decorrentes da não adopção da adstrição a que se encontra vinculado. Nesta panóplia diversificada de mecanismos coercitivos, importa proceder à distinção entre os meios de coerção ofensivos, nos quais se incluem a cláusula penal, o sinal e a cláusula resolutiva expressa, e os meios de coerção defensivos, onde se integram a *excepti nom adimpleti contractus* e o direito de retenção. Para uma análise mais aprofundada em torno desta summa divisio, Cfr, SILVA, J. CALVÃO, *Cumprimento...*, ob. cit, pg. 247 e ss.

[64] Como a este propósito evidencia Vallimaresco a coerção privada tem –se assumido nos tempos modernos como uma importante "justiça privada auxiliar" ou "justiça privada subsidiária", na medida que permite garantir que o constrangimento público não se afigure em muitas situações como meramente platónico, Cfr, VALLIMARESCO, A., *La justice Privée em Droit Moderne*, Paris, 1926, pg. 35 e 301 e ss.

[65] Cfr, SILVA, J. CALVÃO, *Cumprimento...*, ob. cit., pg. 325.

não na vontade das partes[66], certo é, no entanto, que a previsão legislativa da resolução automática do contrato do seguro para as hipóteses de falta de pagamento do prémio inicial ou da primeira fracção deste, não altera em nada o valor coercitivo desta medida, uma vez, que tal como no âmbito da cláusula resolutiva expressa, nos encontramos perante uma situação em que o contrato se extingue automaticamente com o inadimplemento do tomador do seguro, encontrando-se assim igualmente esta parte numa situação de sujeição relativamente à produção do efeito extintivo do contrato operado com a resolução.

Bem vistas as coisas, a solução consagrada no artº 61º, nº 1 do novo regime do contrato de seguro transporta consigo uma forte carga coercitiva, que visa claramente reforçar a posição das seguradoras perante as hipóteses de incumprimento do prémio, razão pela qual, como já tivemos ocasião de atrás explicitar, encontramo-nos aqui perante um *plus* ou um *aliud*[67] face à

[66] Em face do disposto no artº 432º, nº 1 do Código Civil, a resolução do contrato tanto pode ter a sua fonte na lei, como na convenção das partes.

[67] As derrogações legislativas aos regimes que constituem a regra em determinados universos temáticos, ditadas pelo propósito de proteger certos interesses tidos como ponderosos e relevantes, tal como se verificou a propósito da disciplina consagrada nos art.os 59º a 61º do novo regime do contrato de seguros, acabam naturalmente por reforçar a posição daqueles sujeitos cuja tutela dos seus interesses era pretendida, ainda que, do ponto de vista técnico-jurídico, as soluções alcançadas possam, na aparência, levar a sustentar precisamente o contrário. Para além do exemplo paradigmático das legítimas discussões suscitadas acerca da natureza jurídica do encargo do pagamento do prémio, podemos ainda invocar neste contexto polémico de enquadramento técnico-jurídico de regimes excepcionais, as dificuldades suscitadas pelo regime constante do artº 892º do Código Civil a propósito da venda de bens alheios, o qual constitui uma manifesta derrogação ao regime regra da invocação da nulidade previsto no artº 286º do mesmo diploma legal. Com efeito, relativamente ao proprietário dos bens vendidos colocam-se, atentas as restrições previstas no artº 892º do Código Civil quanto à sua legitimidade para a invocação da invalidade, particulares dúvidas quanto à possibilidade daquele proceder à invocação da nulidade do negócio no qual não interveio, uma vez que uma tal faculdade lhe é, à partida, vedada. Apesar de na doutrina e na jurisprudência nos depararmos com posições que sufragam a possibilidade de invocação da nulidade da compra e venda de bens alheios pelo proprietário dos bens, Cfr, *Acórdão do Supremo Tribunal de Justiça de 13 de Dezembro de 1984*, de modo a tutelar a posição daquele cujos bens foram alienados independentemente e contra a sua vontade, certo é que de acordo com uma outra orientação sufragada por Antunes Varela (em sentido contrário ao Acórdão do supremo Tribunal de Justiça acabado de mencionar, Cfr, Varela, J. Antunes, *in Revista de Legislação e Jurisprudência*, ano 122º (nºs 3778-3789), pg. 243 e ss., e ainda *anotação do mesmo autor ao Acórdão do Supremo Tribunal de Justiça de 16 de Julho de 1981*, in Revista de Legislação e Jurisprudência,ano 116º (nºs 3706-3717), pg. 14 e ss., à qual, de

importante efectividade conferida ao direito do credor pela acção de cumprimento prevista no artº 817º do Código Civil.

Como já amplamente se teve oportunidade de referir ao longo deste estudo, a evolução legislativa ocorrida nas três últimas décadas a propósito do regime jurídico do prémio do seguro vem demonstrar que a solução consagrada no nº 1 do artº 61º da Lei do Contrato de Seguro representa um inequívoco reforço da posição jurídica das seguradoras, uma vez que a articulação de um tal regime com aqueloutro constante do artº 59º do mesmo diploma legal teve como desiderato fundamental evitar a ocorrência de litígios e as correspectivas pendências judiciais em torno da matéria do pagamento de prémios de seguro.

Aliás, se dúvidas restassem relativamente às considerações acabadas de expender, considerações essas que se encontram na linha de entendimento segundo a qual o pagamento do prémio se traduz num sacrifício imposto para satisfazer, de modo primacial, o interesse das seguradoras, as mesmas seriam dissuadidas com os elevados prejuízos por si sofridos, na sequência da adopção das medidas previstas no artº 2º, nº 2 do Decreto Lei nº 20-F/2020, de 12 de Maio.

Importa destacar, a este propósito, que as seguradoras portuguesas neste contexto pandémico têm desenvolvido um papel social notável, pois mesmo antes da entrada em vigor do regime excepcional e transitório objecto da nossa análise já as mesmas tinham adoptado como prática corrente a celebração de convénios com os seus tomadores medidas destinadas a facilitar o dever de pagamento do prémio, entre os quais se destacam as bonificações e as reduções nos montantes de pagamento dos prémios. Importa neste contexto sublinhar que tais medidas vinham sendo já adoptadas pelas seguradoras mesmo antes da entrada em vigor do Decreto Lei nº 20-F/2020,

resto, aderimos, considera-se que não tendo o proprietário dos bens legitimidade para arguir a nulidade, tendo em conta os termos em que se encontra formulado o artº 892º do Código Civil, atribui-se-lhe, no entanto, a faculdade de invocar a ineficácia do negócio jurídico. Ora, bem vistas as coisas, ao defender-se que a compra e venda de bens alheios é ineficaz relativamente ao proprietário dos bens alienados, então uma tal solução revela uma protecção mais intensa de quem ficou privado dos bens contra a sua vontade que aqueloutra alcançada com a aplicação do regime jurídico da nulidade. Desta feita, apesar de aparentemente o legislador não ter acautelado devidamente a posição do proprietário dos bens nas hipóteses de venda de bens alheios, o ordenamento jurídico dispõe , com efeito, de outros meios eficazes para garantir a sua tutela, que a doutrina e a jurisprudência souberam devidamente mobilizar.

sem que as mesmas tivessem sequer sido auscultadas pelo Governo Português nesta fase preparatória do diploma legal[68].

Cumpre, ainda explicitar, que a aplicação deste decreto-lei relativo ao regime de pagamento dos prémios foi ainda acompanhada da imposição de exigências informativas acerca do âmbito normativo do diploma legal, com vista a garantir o cumprimento das directrizes definidas na norma regulamentar emanada pela A.S.F (norma regulamentar nº 8/2020-12 de 23 de Junho),[69] sendo que a efectivação de tal quadro regulativo não deixou de representar um esforço significativo e adicional de organização administrativa para o sector segurador.

Verdadeiramente, o alcance de todos estes encargos impostos às seguradoras apenas podem ser devidamente compreendidos se tivermos em conta o sinalagma rico a cobrir/prémio a pagar, fazendo então na lógica do mesmo algum sentido impor às seguradoras sacrifícios e exigências para poderem vir a obter a vantagem correspectiva (o pagamento do prémio, ainda que reduzido, atenta a conjuntura excepcional que atravessamos) à obrigação de cobertura do risco por si assumida como dever de prestação principal do contrato de seguro.

Com efeito, se as medidas acabadas de mencionar não fossem prejudiciais aos interesses das seguradoras, mormente aqueles atinentes às respectivas margens de solvabilidade[70], não seriam minimamente compreen-

[68] Estes comentários baseiam-se nas afirmações de representantes da Associação Portuguesa das Seguradoras à comunicação social, mormente as que foram proferidas no dia 8 de Maio de 2020 ao Diário de Notícias /Dinheiro Vivo, afirmações essas, que atenta a credibilidade de quem as profere, não suscitam razões para das mesmas duvidar, apesar de não termos certeza da sua veracidade.

[69] Para uma análise dos objectivos que nortearam o regime jurídico definido nesta norma regulamentar, Cfr, algumas considerações retiradas do preâmbulo da mesma: "Tendo em consideração a importância destas medidas na atual situação, e que a sua eficaz implementação está dependente da uma adequada divulgação pelos potenciais interessados e informação aos tomadores de seguros, entende a ASF dever especificar os deveres de divulgação genérica aos clientes das medidas previstas no Decreto-Lei nº 20-F/2020, de 12 de maio, e de informação específica, quando devida. Acresce a densificação de um dever de diligência a cargo do segurador perante iniciativa do tomador do seguro para acionar a aplicação de uma das medidas previstas naquele diploma."

[70] Ao longo do séc. XIX foi-se intensificando a consciência das seguradoras quanto à necessidade de enfrentar a garantia dos riscos que assumem por força da celebração dos contratos de seguro com uma sustentabilidade económica assente em bases empresariais. Uma tal consciência foi determinando um progressivo afastamento dos moldes tradicionais da actividade das

síveis os comentários e apreensão dos mais reputados especialistas da área económico-financeira quanto às dificuldades económicas porque poderá vir a passar o sector segurador e Bancário, em virtude do papel providencial que neste momento se encontram a desempenhar, auxiliando o Estado, de modo indelével, no cumprimento das suas funções sociais, num contexto todo ele marcado pelas notas da excepcionalidade e da imprevisão.

4. Alterações Contratuais: deveres de informação e formalidades

Não constitui neste momento da exposição qualquer novidade afirmar que as medidas previstas nos n.os 1 e 2 dos art.os 2º e 3º do Decreto Lei nº 20-F/2020, de 12 de Maio são susceptíveis de introduzir alterações ao conteúdo dos contratos de seguro no âmbito dos quais as mesmas venham a ser integradas.

Relativamente à ocorrência de tais modificações contratuais, o legislador, com vista a manter o equilíbrio de posições das partes no âmbito da relação contratual, e de modo a acautelar exigências mínimas de prova, impôs às seguradoras o cumprimento de deveres de informação, bem como a observância de certas formalidades.

Debruçando-nos então sobre os deveres de informação a cargo da seguradora, cumpre destacar o disposto no nº 4 do artº 2º do Decreto Lei nº 20-F/ 2020, de 12 de Maio, que impõe nas hipóteses de prorrogação dos seguros obrigatórios pelo período de sessenta (60) dias previsto no número anterior deste preceito um dever de aviso com uma antecedência mínima de dez (10) dias úteis da data do vencimento do prémio para que o tomador do seguro se possa opor à manutenção da cobertura além de um tal momento.

seguradoras que radicava nas tradicionais técnicas da mutualidade, as quais não conseguiam proceder a uma quantificação prévia, com base em métodos científicos, dos riscos a cobrir. Estes mecanismos não permitiam, com efeito, determinar com bases seguras se os pagamentos certos obtidos dos segurados seriam suficientes para enfrentar a cobertura dos riscos a que os mesmos se encontrariam expostos e que foram, *ex contractu*, transferidos para as comunidades de risco que são as seguradoras. Como a este propósito sublinha Inês Oliveira Martins: "...Ora sobre os garantes, que poderiam prestar montantes de tal ordem que os deixariam em situação de insolvência. Cfr, Martins, Inês Oliveira, *Contrato de Seguro e Conduta....*, ob. cit., pg. 97. Esta margem de incerteza susceptível de afectar a sustentabilidade económica das seguradoras apenas pode ser enfrentada com " ... a incorporação das técnicas da estatística na oferta de cobertura veio permitir antecipar com aproximação razoável o dito pagamento incerto e portanto mobilizar para ele pagamentos certos em montantes bastante. Com isto, adquiriu tal garantia contra riscos a sustentabilidade necessária à sua prossecução continuada em moldes empresariais.", Cfr, ob.loc.ant.cit.

Apesar da prorrogação dos contratos de seguro obrigatórios pelo período de sessenta (60) dias representar uma medida claramente inspirada nas exigências do princípio da protecção da parte mais fraca, medida essa particularmente justificada pela circunstância de nos encontrarmos[71] perante seguros de natureza obrigatória, poderá suceder que em determinadas situações os tomadores não tenham interesse em manter aquela relação contratual. Desta feita, ao atribuir-se-lhes a faculdade de se desvincularem do contrato até à data do vencimento do prémio, acaba por permitir-lhes uma cessação, sem necessidade de motivação, da relação contratual.

Porém, a atribuição aos tomadores de seguro da faculdade prevista na parte final do nº 4 do artº 2º do Decreto Lei nº 20-F/2020, de 12 de Maio, não permite, de modo algum, convolar o dever de pagamento do prémio do seguro num ónus. A circunstância de em determinadas situações concretas as ponderações legislativas previamente definidas não serem comprovadas pela e na realidade contratual, tal não implica uma convolação ou modificação da estrutura das relações jurídicas reguladas nas hipóteses legislativas.

Bem vistas as coisas, a imposição às seguradoras[72] do cumprimento deste dever de informação não deixa de representar uma concreta manifestação

[71] Na verdade, caso não fosse prevista esta medida no artº 2º nº 3 do decreto Lei nº 20-F/2020, de 12 de Maio, a falta de pagamento do prémio determinaria a resolução automática do contrato de seguro, e uma tal solução poder-se-ia revelar particularmente penosa para os tomadores dos seguros, que em certas hipóteses veriam a sua esfera jurídica particularmente afectada, tal como sucederia no âmbito do seguro obrigatório de responsabilidade civil automóvel com a liberdade de circulação, *rectius*, a liberdade de movimentação corporal dos tomadores de seguro. Não podemos, com efeito, ignorar que a circulação com os veículos motorizados representa nos tempos modernos um instrumento privilegiado para a plena realização da liberdade corporal.

[72] A propósito dos deveres de informação a cargo da seguradora no tocante à obrigação dos tomadores de pagamento do prémio, cumpre fazer menção à evolução registada nesta sede em termos legislativos, mormente à alteração do regime jurídico estatuído no Decreto Lei nº 142/2000, de 15 de Julho pelo Decreto Lei nº 122/2005, de 29 de Julho. Como já tivemos ocasião de referir anteriormente, enquanto no primeiro dos diplomas acabados de mencionar, à falta de pagamento do prémio correspondia uma moratória legal de 30 dias, já no último Decreto Lei, a ausência de pagamento passou a determinar a resolução automática do contrato. Registou-se neste percurso legislativo uma manifesta diminuição das garantias concedidas nos tomadores de seguro nas hipóteses em que os mesmos não cumprem a obrigação de pagamento do prémio na data do respectivo vencimento. Porém, em contrapartida, no Decreto Lei nº 122/2005 estendeu-se o prazo de pré-aviso a cargo das seguradoras para que estas cumpram o dever de informar os tomadores do prazo do vencimento do prémio, estendendo-se

da regra geral consagrada no artº 18º, al.) h) da Lei do Contrato de Seguro, segundo a qual, cabe ao segurador informar o tomador do seguro acerca "Da duração do contrato e do respectivo regime de renovação, de denúncia e de livre resolução;". Cumpre nesta sede recordar que a panóplia de deveres de informação (artº 18º e ss. Da Lei do Contrato de Seguro) e de esclarecimento (artº 22º do mesmo diploma legislativo) consagrada no novo regime do contrato de seguro surgiu fundamentalmente enquadrada no âmbito de exigências de uma política consumerista, ao invés de quanto sucedeu no tocante ao dever de declaração inicial do risco a cargo do

esse prazo de 30 dias (artº 7º, nº 1 do Decreto Lei nº 142/2000), para 60 dias /artº 7º, nº 1 do Decreto Lei nº 122/2005). Compreendendo a razão justificativa para se proceder ao alargamento do prazo de pré-aviso a cargo das seguradoras, atento o maior rigor imposto pelo último Decreto Lei aos tomadores de seguro que não efectuem atempadamente o pagamento do prémio, cumpre, no entanto, sublinhar que esta medida legislativa destinada a reequilibrar o desnível da posição das partes em virtude da mencionada alteração não permite alcançar, em plenitude, o seu efectivo propósito. Na verdade, a tentativa de compensar um maior rigor de tratamento jurídico reservado ao não cumprimento de deveres de prestação, com a atribuição à parte sacrificada com uma tal situação de algumas vantagens decorrentes da imposição de deveres acessórios à contraparte, representa inequivocamente uma medida inspirada em exigências de política consumerista, à qual subjazem preocupações sociopedagógicas fundamentais. Porém, e em rigor, não se vê em que medida uma maior antecipação no dever de pré-aviso consiga produzir algum efeito útil a nível da garantia de uma maior efectividade do cumprimento da obrigação de pagamento do prémio. Talvez tivesse sido mais prudente que no trajecto legislativo atrás mencionado, o legislador dos seguros em lugar de ter estatuído, sem excepções, o regime da resolução automática do contrato de seguro por falta de pagamento do preço (artº 8º, nº 1 do Decreto Lei nº 122/2005) tivesse antes consagrado uma disciplina regra aplicável aos seguros de celebração facultativa, com a previsão de derrogações ou excepções no tocante aos seguros obrigatórios. Relativamente a estas categorias de seguros, poder-se-ia ter mantido o período moratório que se encontrava consagrado no artº 8º nº 1 do Decreto Lei nº 142/2000. A previsão de um regime excepcional para este tipo de contratos de seguro louvar-se-ia na tutela de interesses vitais dos tomadores de seguros (liberdade de movimentos, segurança no gozo do direito de propriedade no âmbito da propriedade horizontal, tal como sucede, respectivamente, no âmbito do seguro obrigatório de responsabilidade civil automóvel, e no seguro de condomínio), neles coenvolvidos. Apesar de tais medidas excepcionais não lograrem alcançar uma plena e efectiva tutela dos aludidos interesses nucleares ou vitais dos tomadores, não deixam de constituir medidas paliativas, destinadas a conceder, de algum modo, um prazo derradeiro adicional, que poderá permitir a muitos tomadores conseguir um folego temporal acrescido para obterem os meios necessários a garantir a vigência da relação contratual de seguro.

tomador do seguro[73], que se traduz numa obrigação tradicionalmente imposta ao tomador do seguro, tal como se pode comprovar pelo regime contido no artº 429º do velho Código de Veiga Beirão.

Voltando agora as nossas atenções para as formalidades impostas por este regime excepcional e transitório decorrentes das modificações ou alterações contratuais no mesmo previstas, entre as quais se destaca, desde logo, a remissão feita no artº 3º, nº 1 do Decreto Lei nº 20-F/2020, de 12 de Maio para o artº 92º da Lei do Contrato de Seguro, importa explicitar que tais exigências de formalização (art.os 2º, nº 5 e 4º do diploma legal acabado de mencionar), se reconduzem basicamente a formalidades de natureza probatória.

Considerar as formalidades exigidas nos aludidos preceitos do Decreto Lei nº 20-F/2020, de 12 de Maio como meras formalidades *ad probationem* e não como formalidades *ad substantiam*[74] encontra-se em conformidade com o regime estatuído no artº 32 nº 1[75] da Lei do Contrato de Seguro que revogou o disposto no artº 426º do velho código de Veiga Beirão.

[73] Encargo esse que também pode ser imposto ao segurado, como expressamente decorre do disposto no nº 1 do artº 24 da Lei do Contrato de Seguro, razão pela qual Júlio Gomes, entre outros argumentos avançados nesse sentido, tende a qualificar um tal encargo como um ónus e não enquanto um dever, Cfr, a este propósito, Gomes, Júlio, *O Dever de Informação do (Candidato a) Tomador do Seguro na Fase Pré-Contratual à Luz do Decreto Lei nº 72/2008 de 16 de Abril*, in Estudos em Homenagem ao Professor Doutor Carlos Ferreira de Almeida, Vol II, Coimbra, 2011, pgs. 402-403. Independentemente desta querela em torno da natureza jurídica do dever de declaração inicial do risco, torna-se bem evidente que a nível da exigível e necessária transmissão de informações decorrente da circunstância do contrato de seguro ser um contrato de *Uberrima fides*, se pode claramente constatar que tais exigências informativas deixaram de ser impostas apenas ao tomador do seguro ou ao segurado, tal como sempre sucedeu desde a génese deste tipo contratual, para passarem a recair também sobre as seguradoras. Nesta sede, cumpre ainda relembrar que a imposição desta vasta panóplia de deveres de informação e de esclarecimento a cargo das seguradoras nos art.os 18º a 22º da Lei do Contrato de Seguro resultou fundamentalmente das exigências regulativas ínsitas na comummente designada ordem pública de protecção, revelando-se um tal universo particularmente tributário das preocupações e dos princípios reitores que pontificam no Direito do Consumo.

[74] Acerca desta *summa divisio*, Cfr, Pinto, Carlos Mota, *Teoria Geral do Direito Civil*, 4ª ed. Coimbra, 2005, pg. 433.

[75] Apesar do contrato de seguro, em face desta disposição legal, passar a assumir natureza consensual, certo é porém, que nos termos do nº 2 do art-º 32º o segurador é obrigado a formalizar este contrato num instrumento escrito que se designa por apólice. Como a este propósito sublinha José Vasques; "Ao estabelecer, por um lado, que o contrato de seguro não depende de forma especial e, por outro, que o contrato é formalizado num instrumento escrito designado

Tendo em conta este novo regime instituído na Lei do Contrato de Seguro, as formalidades não deixam de se encontrar ausentes do universo desta modalidade contratual, sendo que as mesmas passam a assumir apenas relevância a nível probatório. Revelando-se a exibição da apólice importante para os mais variados efeitos, entre os quais se conta a demonstração da existência do contrato de seguro imposta numa eventual acção de fiscalização, bem como a comprovação do exacto âmbito das garantias e das especificidades do conteúdo do contrato (condições particulares e especiais da apólice), então não admira que quando na sequência da aplicação do artº 92º da Lei do Contrato de Seguro[76], sejam introduzidas modificações no clausulado originalmente acordado, as mesmas devam constar de uma acta adicional ou de condições particulares a incluir na apólice, tal como decorre do disposto no artº 4º do Decreto Lei nº 20-F/2020, de 12 de Maio.

Não se suscitam assim quaisquer dúvidas acerca da relevância probatória assumida pelas formalidades previstas neste diploma legal, uma vez que a acta adicional ou a condição referida no artº 4º do Decreto Lei nº 20-F/2020, de 12 de Maio desempenham as funções normalmente associadas à apólice, entre as quais se destaca "...uma função informativa sobre o teor do contrato e uma função facilitadora da sua execução"[77].

Ainda na senda dos ensinamentos de Margarida Lima Rego, cumpre destacar a propósito da função facilitadora da execução do contrato desempenhada pela apólice, que a mesma pode ser concebida como um documento probatório[78].

Não temos então quaisquer dificuldades em afirmar que as modificações contratuais permitidas pelo regime excepcional e transitório, na medida em que determinam uma alteração do conteúdo do contrato de seguro em vigor, devem ser devidamente formalizadas para efeitos probatórios. Com efeito, suscitando-se um eventual litígio acerca das condições contratuais,

apólice, distingue a lei entre contrato de seguro e apólice, podendo existir o primeiro sem o segundo, mas devendo este observar a forma escrita, ainda que, quando convencionado, em suporte electrónico duradouro". Cfr, Vasques, José, Anotação ao artº 32º da Lei do Contrato de Seguro, *in Lei do Contrato de Seguro Anotada*, Pedro Romano Martinez e Outros, *ob. cit....*, pg. 210.

76 A aplicação do artº 92º da Lei do Contrato de Seguro encontra-se expressamente prevista no artº 3º nº 1 do Decreto Lei nº 29-F/2020, de 12 de Maio.

77 Cfr, Rego, Margarida Lima, *O Contrato e a Apólice de Seguro*, in Temas de Direito dos Seguros, 2ª Ed., Coimbra, 2016, pg. 26.

78 Cfr, Rego, Margarida Lima, *O Contrato...*, ob. cit., pg. 26.

mormente as atinentes ao prazo e às condições de pagamento do prémio do seguro pode revelar-se fundamental proceder a um confronto entre o texto da apólice original com as modificações constantes da acta adicional ou em condição particular.

Por fim, e tendo em conta a expressa remissão feita no artº 3º, nº 1 para o artº 92º do novo regime do contrato de seguro, importa referir, a propósito da comunicação da diminuição do risco pelo tomador do seguro que nos encontramos aqui, sim, perante um ónus e não em face de um dever jurídico.

Em rigor, o legislador no artº 92º da Lei do Contrato de Seguro não estatuiu relativamente ao tomador do seguro qualquer encargo de comunicação da situação de diminuição do risco com reflexos nas condições contratuais, porquanto se refere tão somente no nº 1 deste preceito legal ao dever que recai sobre o segurador de reflectir no prémio do seguro a circunstância de que teve conhecimento; ou seja, dito por outras palavras; o dever do segurador reflectir no prémio a circunstância da diminuição do risco, da qual teve conhecimento.

Não restam assim dúvidas, em face dos termos amplos em que o preceito acabado de mencionar prevê o requisito do conhecimento pela seguradora da circunstância determinante da diminuição do risco, quanto à admissibilidade do conhecimento de uma tal alteração contratual ter na base, quer uma comunicação do tomador do seguro, quer uma qualquer outra situação em que se não registe intermediação do tomador. Com efeito, a seguradora pode, por qualquer motivo ou circunstância, ter tomado directamente conhecimento da alteração do risco garantido no contrato de seguro, e quando assim suceda, tal como nas hipóteses em que a diminuição do risco lhe tenha sido transmitida pelo tomador, recai sobre si o dever de reflectir no prémio do seguro uma tal alteração do conteúdo contratual.

Em face de quanto ficou referido a propósito do regime do artº 92º do novo regime do contrato de seguro, parece líquido que a comunicação da diminuição do risco efectuada pelo tomador do seguro constitui um ónus e não um dever jurídico, uma vez que com uma tal alteração contratual pode esta parte vir a obter realmente uma vantagem: a redução do montante do prémio a pagar.

Desta feita, a opção por comunicar ou por não comunicar uma tal circunstância à seguradora fica única e exclusivamente dependente de um juízo de oportunidade a proferir pelo próprio tomador.

Diferente se revela, no entanto, o enquadramento da comunicação do agravamento do risco prevista no artº 93º da Lei do Contrato de Seguro, onde expressis verbis se refere que em causa se encontra um dever[79] do tomador do seguro comunicar as circunstâncias que agravem o risco[80]. Em tais hipóteses este dever de comunicação é primacialmente previsto para tutelar a posição das seguradoras, de modo a que possam ser corrigidas as assimetrias ocorridas no sinalagma contratual, em virtude das alterações registadas a propósito de um elemento essencial do contrato de seguro: o risco.

Estando aqui em causa inquestionavelmente um dever jurídico, o não cumprimento do mesmo é susceptível de fazer desencadear as sanções previstas no artº 94º do mesmo diploma, mormente as constantes das als.) b) e c) do nº 1 e do nº 2 deste preceito legal, quando venha a ocorrer um sinistro que tenha sido consequência das circunstâncias geradoras de agravamento do risco e as mesmas não tivessem sido comunicadas à seguradora antes da cessação ou da alteração do contrato.

[79] Acerca desta diferença de enquadramento jurídico do comportamento do tomador do seguro nos art.os 92º e 93º-94º, configurando-se a comunicação da diminuição do risco como um ónus e a comunicação do agravamento como um dever jurídico, Cfr, Oliveira, Arnaldo Costa, *Anotação ao artº 92º do novo regime do contrato de seguro, in Lei do Contrato de Seguro anotada....*, ob. cit., pg 334.

[80] O dever de comunicação das circunstância susceptíveis de provocar um agravamento do risco não se afirma em termos genéricos, reportando-se tão somente aquelas circunstâncias tidas como essenciais, ou seja relativamente a todas aquelas circunstâncias que uma vez tendo sido conhecidas pela seguradora poderiam vir a influir na sua decisão de celebrar o contrato, Cfr, Oliveira, Arnaldo Costa, *Anotação ao artº 93º do novo regime do contrato de seguro, in Lei do contrato de seguro ...*, ob. cit., pg. 334 (o autor reporta-se, a título exemplificativo, à hipótese de ter ocorrido a resolução de um contrato de vigilância com a respectiva empresa prestadora do serviço, no âmbito de contrato de seguro de furto ou roubo de habitação).

Noções breves sobre a gestão do risco de *compliance*

Roberto Bilro Mendes[1]

I. Introdução

Princípios, cultura, normas, decisões e condutas: são esses os ingredientes principais do *compliance*.

Confiança: é esse o ingrediente principal do comércio (e, por inerência, do Direito Comercial).

[1] Diretor do Departamento de Financial Services Risk & Regulation da PwC.
Escrever um artigo para o *Liber Amicorum* do Professor Pedro Pais de Vasconcelos é para mim, simultaneamente, uma enorme honra e uma grande responsabilidade. Sem o Professor Pedro Pais de Vasconcelos a minha vida ter-se-ia, sem qualquer dúvida, afastado da prática do Direito. Foi no seu escritório, entre a aprendizagem a ver fazer e a fazer, que a natureza das coisas me fez apaixonar pela procura da correlação do ser e do dever ser e pelo ato (*quiçá* arte?) do processo concretizador da interpretação jurídica, primeiro através da subsunção e depois através da sinéptica. Foi no seu escritório, no primeiro ano do meu estágio, que nasceu a minha paixão pelo Direito Comercial e foi a partir dali (sempre demasiado longe, na minha opinião, da *"minha casa"*, do *"meu escritório"* e do *"meu Professor"*) que a minha carreira ganhou um sentido e um propósito. Se os meus dias são hoje passados a pensar e a aplicar uma das disciplinas extravagantes do Direito Comercial, devo-o, sobretudo, ao Professor Pedro Pais de Vasconcelos. Não poderia, assim, deixar de aceitar o desafio de participar nesta homenagem tão merecida. Não poderia também deixar de trazer um tema intimamente ligado aos ensinamentos basilares do Professor e à disciplina do Direito Comercial à qual me dedico diariamente (gestão do risco de *compliance* na atividade bancária, de intermediação financeira e de distribuição de seguros). Hoje, como naqueles primeiros anos, espero, no mínimo, não desiludir e, se possível, deixar o Professor orgulhoso deste seu aprendiz!

A falta de cultura (ou a cultura inadequada) e a conduta imprópria (ou a *mis-conduct*) levam ao incumprimento das normas e regras aplicáveis, à quebra de confiança com os vários *stakeholders* das instituições financeiras (clientes, acionistas, credores, fornecedores, colaboradores, entre outros) e à lesão dos bens jurídicos dos clientes, das próprias instituições e, por fim, do próprio mercado.

Por outras palavras, nesses casos o *dever ser* da confiança nunca chega a *ser*.

Sem confiança as partes afastam-se do mercado. Sem partes no mercado não existem atos de comércio e sem esses atos não existe mercado, nem comércio.

Existem várias ferramentas para a criar e proteger a confiança. A gestão adequada do risco de *compliance* é, cada vez mais, uma dessas ferramentas e, *quiçá*, uma das mais importantes para a proteção da confiança nos agentes de mercado e no próprio mercado e, dessa forma, para a proteção do mercado e do comércio. Tem sido e pode ser cada vez mais um elemento-chave para que o *dever ser* da confiança se aproxime mais do *ser*.

Mas o que é o *compliance*? E o que é a gestão adequada do risco de *compliance*?

O dever de conformidade ou o *"duty to comply"* ou, usando o conceito mais em voga, o *compliance*, existe, na verdade, desde o início da civilização, quer para deveres ou regras escritas, quer para deveres ou regras não escritas.

Traduz-se, na verdade, num conceito bastante simples cujo significante deriva do próprio significado: existem regras (legais, regulamentares, naturais, voluntárias ou outras) aplicáveis a determinadas circunstâncias e essas regras devem ser cumpridas. Para assegurar o cumprimento dessas regras, será necessário que a cultura seja adequada e a conduta seja própria (ou orientada) para o cumprimento.

Não obstante, e apesar da sua (aparente) simplicidade, o *full compliance* ou cumprimento total é uma utopia reconhecida enquanto tal pelo próprio legislador e pelas próprias normas, que, antecipando a possibilidade do incumprimento e tentando dissuadir o mesmo, usam da estatuição para identificar, de forma mais ou menos clara (dependendo, sobretudo, da capacidade do legislador), as consequências para o incumprimento das regras previstas.

Reconhecida a utopia e reconhecidas as situações de cultura inadequada e de conduta imprópria que têm acontecido, no nosso ordenamento jurídico e noutros, com mais ou menos relevo e impacto, desde o início da atividade das instituições de crédito, dos intermediários financeiros e dos distribuidores de produtos de seguros e reconhecida a importância da confiança no âmbito do comércio, percebe-se que o legislador, as empresas (comerciantes) e os seus supervisores disponham, cada vez mais, de esforços e de recursos (financeiros, humanos, técnicos e tecnológicos) para gerir o risco do cumprimento ou, na sua formulação anglo-saxónica: o risco de *compliance*.

O reconhecimento da importância do risco de *compliance* enquanto ferramenta para assegurar a confiança dos vários *stakeholders* levou ao surgimento da teoria da gestão do risco de *compliance* e ao seu aperfeiçoamento, quer na sua vertente mais teórica, quer na sua vertente mais prática.

Quando efetuada no âmbito da atividade bancária, de intermediação financeira e de distribuição de seguros, a gestão do risco de *compliance* não pode, na nossa opinião, deixar de ser considerada enquanto uma disciplina extravagante do Direito Comercial (estando intimamente ligada com a natureza das coisas) à qual se deverá aplicar (sempre) a atividade jurídica da *Prudentia* e não poderá dissociar-se da teoria do governo e do controlo interno (*internal governance*) e da gestão de riscos gerais.

O Direito Comercial é, na sua génese, eminentemente prático (sem partes não existe negócio e sem condutas tomadas pelas partes também não) e ocupa-se, em primeira instância e diretamente, da conduta e, indiretamente, da cultura das partes de um negócio jurídico, visando, sobretudo, a confiança. Assim, a identificação, a avaliação, a monitorização, o controlo e o reporte adequados das situações de incumprimento interessa (e muito) ao Direito Comercial.

Iremos dedicar-nos, no presente texto, à identificação da evolução da legislação e das boas práticas associadas à gestão do risco de *compliance* no âmbito das atividades supramencionadas, à definição e especificação do conceito e à identificação resumida de alguns dos processos fundamentais da gestão do risco de *compliance*, sempre tendo em conta os princípios do Direito Comercial e o estado atual de desenvolvimento da disciplina em cada uma das atividades.

II. Da evolução da legislação e das boas práticas associadas à gestão do risco de *compliance*[2]

Tal como dissemos acima, apesar de o tema da conformidade acompanhar, desde sempre, o Direito (desde que existe Direito que o mesmo se destina a

[2] Não são aqui citados, propositadamente, diplomas específicos de prevenção de branqueamento de capitais ou de financiamento do terrorismo ou de sanções ou prevenção de corrupção e fraude, por se entender que esses serão subriscos de *compliance*.

ser, em última instância, cumprido ou incumprido) e de podermos encontrar lugares comuns ao estudo da conformidade ao longo dos tempos, a gestão do risco de *compliance* no âmbito dos negócios parece ter tido os seus primeiros sinais nos documentos da civilização Mesopotâmica (3600 A.C.). Alguns autores referem ainda o Talmude como um dos pontos de partida. Não estamos em condições de poder confirmar que assim o seja.

Não obstante, parece-nos que o verdadeiro "nascimento" da teoria do controlo interno das empresas (mais tarde, das instituições de crédito) e, indiretamente, da gestão do risco de *compliance* se terá dado durante a revolução industrial, acompanhando as necessidades crescentes de financiamento de capital e a importância de se observar, de forma mais ou menos clara, os resultados e a posição financeira das empresas. É claro para nós que a gestão do risco de *compliance* (ainda sem esse cunho anglo-saxónico) encontrou a sua primeira casa no Código Comercial Napoleónico em 1804, chegando ao ordenamento jurídico português em 1833, após a publicação do nosso Código Comercial (a necessidade de atuar conforme as leis do comércio e os seus usos e costumes é, ainda nos dias de hoje, parte central da definição de risco de *compliance* e elemento fundamental dessa disciplina extravagante do Direito Comercial).

Noutras paragens, o tema foi crescendo de importância, principalmente nos Estados Unidos da América, durante e após os escândalos financeiros das décadas de 1920 e 1930 (incluindo o *crash* da bolsa de New York de 1929). Era, nessa altura, essencial regular e supervisionar de forma mais eficaz o mercado de capitais, com vista a garantir a adequada proteção dos investidores. O *Securities Act* (de 1933 e de 1934) e a criação, em 1934, da *Securities and Exchange Comission* (SEC) foram momentos importantíssimos para a implementação da teoria do controlo interno (a teoria moderna da auditoria interna conheceu, por exemplo, aí os seus primeiros passos) e, dessa forma, para a prossecução da conformidade enquanto um dos seus elementos fundamentais.

Foi também nos anos 30 que foi, pela primeira vez, apresentada uma definição de controlo interno (pelo *American Institute of Certified Public Accountants*), incluída na SAS nº 1 e aplicada pela SEC, onde se poderia ler o seguinte: *"Internal control comprises the plan of organization and all of the coordinate methods and measures adopted within a business to safeguard its assets, check the accuracy and reliability of its accounting data, promote operacional efficiency and encourage adherence to prescribed managerial policies"*.

A importância do controlo interno foi reforçada após os escândalos de *Watergate* e *Lockheed*, já na década de 70, mas foi nos anos 80 que foram dados alguns dos passos mais importantes no âmbito do controlo interno e, por inerência, da gestão do risco de *compliance*, após a criação e estabelecimento da *Treadway Comission* (juntando, entre outras, a American Accounting Association e o Institute of Internal Auditors), e a criação, em 1985, do *Committee of Sponsoring Organizations of the Treadway Commission* (COSO), bem como após a publicação, em 1987, do relatório *Fraudolent Financial Reporting* onde, pela primeira vez, se colocava o foco na importância dos controlos internos e na necessidade de criar critérios de análise para avaliação detalhada dos mesmos com o objetivo de atingir a conformidade com a legislação aplicável.

O primeiro momento chave acabaria por chegar em 1992, com a publicação pela COSO do documento *Internal Control – Integrated Framework* (primeiro modelo de princípios COSO), onde foi formalizado, pela primeira vez, um modelo de controlo interno com uma perspetiva de gestão de risco de *compliance*, identificando cinco elementos fundamentais para esse efeito: (i) ambiente de controlo; (ii) processo de avaliação de risco; (iii) processo de controlo; (iv) processo de informação e comunicação e (v) processo de monitorização.

A entrada em vigor nos Estados Unidos da América, em 2002, da Lei Sarbanes-Oxley (SOX) reforçou (sobremaneira) a importância do controlo interno e da gestão do risco de *compliance* para o aumento da confiança dos investidores e para a prevenção e combate à fraude (primeira interligação direta entre a conformidade e a prevenção da fraude e da corrupção).

Dois anos depois a COSO publicou o seu novo modelo de Risk *Management – Integrated Framework*, (princípios COSO II), na sequência da evolução dos estudos efetuados pela Treadway Comission, criando formalmente, nesse documento, a teoria da gestão de riscos associada à identificação, avaliação e monitorização de riscos financeiros e não financeiros. Esse modelo previa oito elementos fundamentais: (i) ambiente de controlo; (ii) processo de definição de objetivos; (iii) processos de identificação de eventos; (iv) processo de avaliação de riscos; (v) processo de resposta aos riscos; (vi) atividades de controlo; (vii) informação e comunicação e (vii) processo de monitorização de riscos.

Nessa altura, em Portugal, já a OROC, na sua Diretriz de Revisão/Auditoria 410, com entrada em vigor em 2000, aplicava os princípios COSO I e, já antes, o Banco de Portugal tinha preparado os primeiros estudos para a criação de um modelo de governo e controlo interno que viria a ser aplicável, logo a partir de 1996, às instituições de crédito sob a sua supervisão direta (Instrução do Banco de Portugal nº 72/96), aplicando a totalidade dos princípios COSO I e especificando que as Instituições de Crédito e Sociedades Financeiras deveriam dispor de um sistema de controlo interno que abrangesse a definição da estrutura organizativa, os métodos e os procedimentos adequados à minimização dos riscos de fraudes, irregularidades e erros, assegurando a sua prevenção e deteção tempestivas.

Em abril de 2005, o Basel Committee on Banking Supervision e o Bank for International Settlement acabariam por elaborar e publicar um documento absolutamente fundamental para a teoria da gestão de risco de *compliance*: o "Compliance and the compliance function in banks", onde foi definido formalmente e pela primeira vez que se deveria entender o risco de *compliance* enquanto *"the risk of legal or regulatory sanctions, material financial loss, or loss to reputation a bank may suffer as a result of its failure to comply with laws, regulations, rules, related self-regulatory organisation standards, and codes of conduct applicable to its banking activities"*. Este documento viria a ficar conhecido como o BCBS 113.

Apesar de não ser aplicável diretamente no ordenamento jurídico português, o BCBS 113 acabou por influenciar (e muito) o Banco de Portugal no âmbito da revisão e revogação da sua Instrução nº 72/96, efetuada através do Aviso nº 3/2006, em maio (que já aplicava os princípios COSO II) e na elaboração e publicação, apenas dois anos depois da entrada em vigor desse Aviso (aí revogado), do Aviso nº 5/2008, de julho, onde foi dado o primeiro grande (enorme, até) salto qualitativo face ao BCBS 113, principalmente no âmbito da identificação formal da definição de risco de *compliance*, dos princípios base para a sua gestão e da necessidade de implementação, por parte das instituições relevantes, de uma função dedicada à gestão de riscos globais e de uma função dedicada à gestão do risco de *compliance*.

Antes disso, em 2007, a CMVM tinha publicado o Regulamento nº 2/2007, que aflorava, pela primeira vez, o tema do governo e do controlo interno e, dessa forma, da gestão do risco de *compliance*, no âmbito específico da atividade de intermediação financeira, mas que acabaria por ter uma aplicação diluída no texto do Aviso do Banco de Portugal nº 5/2008, que se sobrepôs a esse Regulamento, principalmente na sua aplicação às instituições de crédito supervisionadas diretamente quer pela CMVM (no âmbito das atividades de intermediação financeira), quer pelo Banco de Portugal (no âmbito das atividades bancárias). Também em 2007 o Banco de Portugal tinha dado resposta à Diretiva nº 2006/48/CE, do Parlamento Europeu e do Conselho, de 14 de Junho de 2006, que incentivava os supervisores a desenvolver processos de avaliação das instituições focalizados na natureza e magnitude dos riscos e na qualidade dos sistemas de controlo associados, com vista a impor dotações de fundos próprios em função do perfil de risco assumido por cada instituição.

Essa resposta foi dada através da publicação do Modelo de Avaliação de Riscos (doravante o "MAR"), onde foi estabelecido, pela primeira vez em Portugal, que se deveria entender por risco de *compliance* a

> "*probabilidade de ocorrência de impactos negativos nos resultados ou no capital, decorrentes de violações ou desconformidades relativamente às leis, regulamentos, contratos, códigos de conduta, práticas instituídas ou princípios éticos. Pode traduzir-se em sanções de carácter legal ou regulamentar, na limitação das oportunidades de negócio, na redução do potencial de expansão ou na impossibilidade de exigir o cumprimento de obrigações contratuais*".

Essa definição acabaria por ser confirmada pelo Aviso do Banco de Portugal nº 5/2008 que, para a gestão desse risco, prescrevia que deveria ser instituída uma função de *compliance* "independente, permanente e efectiva, para controlar o cumprimento das obrigações legais e dos deveres a que se encontrassem sujeitas, que seja, nomeadamente, responsável: a) Pelo acompanhamento e a avaliação regular da adequação e da eficácia das medidas e procedimentos adotados para detetar qualquer risco de incumprimento das obrigações legais e deveres a que a instituição se encontra sujeita, bem como das medidas tomadas para corrigir eventuais deficiências no respetivo cumprimento; b) Pela prestação de aconselhamento aos órgãos de administração e de gestão, para efeitos do cumprimento das obrigações legais e dos deveres a que a instituição se encontra sujeita; c) Pelo acompanhamento e avaliação dos procedimentos de controlo interno em matéria de prevenção do branqueamento de capitais e do financiamento do terrorismo, bem como pela centralização da informação e respetiva comunicação às autoridades competentes; d) Pela prestação imediata ao órgão de administração de informação sobre quaisquer indícios de violação de obrigações legais, de regras de conduta e de relacionamento com clientes ou de outros deveres que possam fazer incorrer a instituição ou os seus colaboradores num ilícito de natureza contraordenacional; e) Pela manutenção de um registo dos incumprimentos e das medidas propostas e adotadas nos termos da alínea anterior; f) Pela elaboração e apresentação ao órgão de administração e ao órgão de fiscalização de um relatório, de periodicidade pelo menos anual, identificando os incumprimentos verificados e as medidas adotadas para corrigir eventuais deficiências".

No entretanto, foi publicada, no dia 17 de maio de 2006, a Diretiva nº 2006/43/CE do Parlamento Europeu e do Conselho, relativa à revisão legal das contas anuais e consolidadas (oitava Diretiva) que, no seu artigo 41º nº 2 alínea b), especificava que o Comité de Auditoria "sem prejuízo da responsabilidade dos membros dos órgãos de administração, de direção ou de fiscalização, ou de outros membros designados pela assembleia geral de acionistas da entidade examinada (...)" deveria proceder "(...) Ao controlo da eficácia dos sistemas de controlo interno, da auditoria interna, sempre que aplicável, e da gestão de risco da empresa; (...)".

Não sendo um artigo dedicado à gestão do risco de *compliance*, acabou por ser fundamental para o governo e controlo interno e, por inerência, para a gestão de risco de *compliance*, visto que, em setembro de 2010, a European Cultural and Creative Industries Alliance (ECIIA) e a Federation of European Risk Management Associations (FERMA) elaboraram e publicaram a sua *Guidance on the article 41º of the 8th EU Company Law Directive* com o subtítulo *"Monitoring the effectiveness of internal control, internal audit and risk management systems"*, onde preconizaram aquele que viria a ser conhecido como o modelo das três linhas de defesa que é aplicado, hoje, transversalmente pelas instituições de crédito após a sua receção e aplicação por parte do legislador e dos supervisores.

Esse modelo especifica que as áreas de negócio compõem a primeira linha de defesa (que deve gerir os riscos, incluindo de *compliance*, na sua atividade diária), a função de gestão de risco de *compliance* e a função de gestão de riscos enquanto funções de controlo ao nível da segunda linha e a função de auditoria interna enquanto função de controlo de terceira linha, estabelecendo um modelo em que as três linhas de defesa se integram numa coreografia complexa no âmbito da gestão de riscos globais da instituição, que tem o órgão de administração enquanto definidor e executor máximo da estratégia de risco e do apetite ao risco e originador do *tone from the top* e o órgão de fiscalização enquanto primeiro fiscalizador das práticas do órgão de administração e de toda a instituição.

Um pouco antes dessa publicação fundamental, o Committee of European Banking Supervisors (CEBS), que viria em janeiro de 2011 a dar lugar à European Banking Authority (EBA), publicou, em fevereiro de 2010, os *High level principles for risk management*, lançando as bases das Orientações que a EBA viria a emitir em setembro de 2011 (*Guidelines on Internal Governance – GL44*), onde a aplicação do modelo das três linhas de defesa já era preconizado e onde a função de *compliance* e a gestão do risco de *compliance* acabam por ser tratados com maior pormenor, indo um pouco além do Aviso do Banco de Portugal nº 5/2008).

Para a GL44 acabaria por ser também importante a publicação, em 2010, pelo Basel Committee on Banking Supervision e pelo Bank for International Settlement, do "Basel Committee October 2010 Principles for enhancing corporate governance", que acabariam por ser revistos, em 2015, pelo "Corporate governance principles for banks" (que viria a ficar conhecido enquanto BCBS 328), que se tornou numa das peças chave para a consolidação dos princípios do modelo das três linhas de defesa.

No âmbito específico da intermediação financeira e do pacote legislativo MiFID, a ESMA publicou, em 2012, as suas primeiras *Guidelines on certain aspects of the MiFID compliance function* requirements, aproveitando o BCBS 113 e as EBA GL44, como influência e definindo responsabilidades e modelos de governo para as funções de *compliance* dos intermediários financeiros à semelhança desses diplomas.

As orientações que a EBA viria a emitir em 2017 (EBA/GL/2017/11) revogando as EBA GL44, viriam a dar provimento ao estabelecido na Diretiva nº 2013/36/EU (vulgo CRD IV), transposta para Portugal pelo Decreto-Lei nº 157/2014, bem como ao preconizado no BCBS 328.

Sob a tremenda influência da CRD IV (corolário dos acordos de Basileia II e III, em conjunto com o Regulamento nº 575/2013/EU – CRR II) e do BCBS 328, as novas orientações da EBA viriam a atribuir maior relevância à gestão de risco de *compliance* e à função de *compliance*, prevendo a sua participação num maior número de temas fundamentais às instituições (código de conduta, governação de produtos, conflitos de interesses, transações com partes relacionadas, subcontratação, gestão de reclamações, *whistleblowing*, entre outras).

Essas orientações foram, entretanto, revogadas em 31 de dezembro do de 2021, após a publicação pela EBA/GL/2021/05, que tem como objetivo de reforçar as orientações de governo e controlo interno no âmbito específico da prevenção do branqueamento de capitais e do financiamento do terrorismo[3] e das regras relativas à concessão de crédito aos membros dos

[3] Para efeitos do presente texto e tendo em conta os seus objetivos, não consideramos os diplomas dedicados exclusivamente à gestão do risco de *compliance* no âmbito exclusivo da prevenção do branqueamento de capitais e do financiamento do terrorismo.

órgãos de administração e de fiscalização e que manteve as regras e o espírito das anteriores *Guidelines*.

Antes dessa publicação da EBA, já o Banco de Portugal tinha publicado o Aviso nº 3/2020 e a Instrução nº 18/2020 (que especifica as matérias de reporte do Aviso), revogando o seu Aviso nº 5/2008. Também a Lei nº 35/2018, de 20 de julho, havia transposto para o ordenamento jurídico português a Diretiva MiFID II (âmbito da atividade de intermediação financeira) e a Lei nº 7/2019), de 16 de janeiro (Regime jurídico da distribuição de seguros e resseguros), tinha transposto a Diretiva IDD, identificando, em ambos os casos, a importância da função de *compliance*.

Para além desses diplomas, a ESMA publicou as *Guidelines on certain aspects of the MiFID II compliance function requirements*, em junho de 2020 (revogando as primeiras orientações, de 2012, sobre o pacote legislativo MiFID) e a CMVM publicou o Regulamento nº 9/2020, revogando parte do Regulamento da CMVM nº 2/2007, tendo as novas orientações da ESMA e o Aviso do Banco de Portugal nº 3/2020 como base e reforçando a importância da função de *compliance* na atividade de intermediação financeira, equiparando-a, quase *ipsis verbis*, aos requisitos aplicáveis à atividade bancária.

O Aviso do Banco de Portugal nº 3/2020 reforçou, uma vez mais, a importância da gestão do risco de *compliance* (apesar de, ainda assim, apresentar algumas decisões menos felizes nesse âmbito, como veremos *infra*), bem como a relevância, para esse efeito, do órgão de administração, do órgão de fiscalização, da função de *compliance* e dos órgãos de primeira linha de defesa.

Para além das várias prescrições relativas à instituição de uma cultura e de condutas de conformidade por parte, desde logo, do órgão de administração (*tone from the top*), do órgão de fiscalização (nota especial para a introdução de uma obrigação de avaliação periódica, externa e independente sobre a cultura e a conduta da instituição e dos órgãos de administração e de fiscalização), destacamos o reforço das responsabilidades da primeira linha de defesa, tendo sido formalizado, pela primeira vez, no artigo 26º do Aviso do Banco de Portugal nº 3/2020 que:

> *"O órgão de administração, coadjuvado pelas funções de controlo interno da instituição, assegura que as unidades geradoras de negócio e demais unidades tomadoras de risco para a instituição:*
>
> *a) Tomam decisões ponderadas pelo risco subjacente e dentro dos limites de tolerância ao risco definidos na política de risco da instituição;*
>
> *b) Implementam os processos e os mecanismos de controlo necessários para assegurar que todos os riscos que assumem são devida e tempestivamente identifi-*

cados, avaliados, acompanhados e controlados, de modo a garantir que permanecem dentro dos limites de tolerância ao risco definidos nas políticas de risco da instituição;

c) Implementam os processos e os mecanismos necessários para assegurar que todos os riscos assumidos são tempestivamente reportados às funções de controlo interno relevantes."

Com esse artigo, o Banco de Portugal acabou por formalizar aquilo que já se podia interpretar do modelo das três linhas de defesa e se inferia nas várias peças da EBA e, até, do Aviso do Banco de Portugal nº 5/2008, dando assim uma *machadada final* nalgumas discussões em torno da efetiva obrigação da primeira linha de defesa conhecer os limites de tolerância ao risco, inclusive os de risco de *compliance*, de implementar controlos para identificar, avaliar, acompanhar e controlar os riscos diários (incluindo o de *compliance*) e de assegurar que todos os riscos assumidos são, tempestivamente, reportados às funções de controlo relevantes (no caso do risco de *compliance*, à função de *compliance*). Este artigo, ainda que uma gota de água no oceano do Aviso do Banco de Portugal nº 3/2020, faz toda a diferença para a gestão adequada do risco de *compliance*.

Destacamos ainda a revisão e o alargamento das principais responsabilidades da função de *compliance*, sendo agora formalmente exigido, nos termos do artigo 28º do Aviso do Banco de Portugal nº 3/2020, entre outras coisas, que essa função deve:

- Acompanhar e avaliar regularmente a adequação e a eficácia das medidas e procedimentos adotados para detetar qualquer risco de incumprimento das obrigações legais, regulamentares e outros deveres a que a instituição se encontra sujeita, bem como das medidas tomadas para corrigir eventuais deficiências detetadas;
- Aconselhar os órgãos de administração e de fiscalização, para efeitos do cumprimento das obrigações legais, regulamentares e outros deveres a que a instituição está ou estará sujeita;
- Participar na definição das políticas, procedimentos e dos normativos internos da instituição, nomeadamente em matéria de código de conduta, conflitos de interesses e transações com partes relacionadas e acompanhar a sua implementação e aplicação efetiva;
- Prestar imediatamente aos órgãos de administração e de fiscalização toda a informação de que dispõe sobre quaisquer indícios de violação de obrigações legais e regulamentares a que a instituição se encontra

sujeita, de regras de conduta e de relacionamento com clientes ou de outros deveres que possam fazer incorrer a instituição ou os seus colaboradores num ilícito de natureza contraordenacional ou causar impacto reputacional negativo;

- Participar no processo de aprovação de novos produtos e serviços, quer em momento prévio à sua aprovação, quer posteriormente à sua introdução de modo a assegurar que os mesmos cumprem com a legislação e regulamentação em vigor;
- Acompanhar e monitorizar a aplicação dos procedimentos de governação sobre a comercialização de produtos, mediante o desenvolvimento de análises periódicas a esses procedimentos e a elaboração de propostas dirigidas ao órgão de administração e demais membros da direção de topo com vista à alteração de procedimentos instituídos, caso se verifiquem riscos atuais ou potenciais de incumprimentos legais ou regulamentares;
- Efetuar testes de conformidade com as disposições legais e regulamentares, através de um programa próprio e estruturado de verificação do cumprimento, regularmente revisto e adaptado aos processos com maior risco de conformidade.

São, pois, vários os diplomas relevantes que se encontram em vigor em Portugal, com impacto direto na gestão do risco de *compliance*[4].

[4] Não são aqui referidos os diplomas de aplicação transversal (i.e. pacote legislativo de prevenção do branqueamento de capitais e do financiamento do terrorismo, pacote legislativo de gestão de dados pessoais, requisitos contabilísticos e de relato financeiro, entre outros) nem os diplomas setoriais aplicáveis às atividades bancária, de intermediação financeira e de distribuição de seguros.
– RGICSF, publicado no DR 1ª Série-A, 6º Suplemento, nº 301/1992 de 31-12-1992, disponível em https://dre.pt/dre/legislacao-consolidada/decreto-lei/1992-70072322;
– CVM, publicado no DR 1ª Série-A, nº 265/1999 de 13-11-1999, disponível em https://dre.pt/dre/legislacao-consolidada/decreto-lei/1999-34575175;
– Regime jurídico da distribuição de seguros e resseguros, publicado no DR 1ª Série, nº 11/2019 de 16-01-2019, disponível em https://dre.pt/dre/detalhe/lei/7-2019-117821873;
– EBA/GL/2021/05, disponíveis em
https://www.eba.europa.eu/sites/default/documents/files/document_library/Publications/Guidelines/2021/1016721/Final%20report%20on%20Guidelines%20on%20internal%20governance%20under%20CRD.pdf;
– ESMA Guidelines on certain aspects of the MiFID II compliance function requirements, disponível em

Em contraciclo face ao aditamento de responsabilidades no âmbito do risco de *conformidade* face ao elencar das responsabilidades da primeira linha de defesa, do reforço das responsabilidades da função de *compliance* e dos seus responsáveis e da nova necessidade de, para instituições de crédito categorizadas como outras instituições de importância sistémica (O-SII), o responsável pela função de *compliance* dever ser objeto de autorização para o exercício de funções por parte do Banco de Portugal, no âmbito do exercício de *fit & proper* especificado no artigo 33-A do RGICSF, o novo Aviso acaba por não especificar um conceito de risco de *compliance* e por incluir o mesmo numa categoria menor de "Outros riscos", como veremos no próximo capítulo

III. Da noção de risco de *compliance*

A opção de não incluir um conceito de risco de *compliance* no Aviso do Banco de Portugal nº 3/2020 criou, estranha e desnecessariamente, um problema ao intérprete jurídico, que terá agora de recorrer ao conceito especificado no BCBS 113[5] ou ao conceito previso no MAR[6], visto que o Aviso

https://www.esma.europa.eu/sites/default/files/library/guidelines_on_certain_aspects_of_mifid_ii_compliance_function_requirements.pdf;
– Aviso do Banco de Portugal nº 3/2020, publicado no DR 2ª Série, nº 136/2020 de 15.07.2020, disponível em https://dre.pt/dre/detalhe/aviso-banco-portugal/3-2020-137954757;
– Instrução do Banco de Portugal nº 18/2020, publicada no Boletim Oficial nº 7/2020 de 15.07.2020, disponível em https://www.bportugal.pt/instrucao/182020;
– Regulamento da CMVM nº 9/2020, publicado no DR 2ª Série, nº 243/2020 de 16.12.2020, disponível em https://dre.pt/dre/detalhe/regulamento-cmvm/9-2020-151322797;
– BCBS 113, disponível em https://www.bis.org/publ/bcbs113.pdf;
– BCBS 328, disponível em https://www.bis.org/bcbs/publ/d328.pdf;
– MAR, disponível em
https://www.bportugal.pt/sites/default/files/anexos/documentos-relacionados/consulta_bp_2_07_mar.pdf

[5] "The risk of legal or regulatory sanctions, material financial loss, or loss to reputation a bank may suffer as a result of its failure to comply with laws, regulations, rules, related self-regulatory organisation standards, and codes of conduct applicable to its banking activities."

[6] "Probabilidade de ocorrência de impactos negativos nos resultados ou no capital, decorrentes de violações ou da não conformidade relativamente a leis, regulamentos, determinações específicas, contratos, regras de conduta e de relacionamento com clientes, práticas instituídas ou princípios éticos, que se materializem em sanções de carácter legal, na limitação das oportunidades de negócio, na redução do potencial de expansão ou na impossibilidade de exigir o cumprimento de obrigações contratuais."

nº 5/2008, fonte de Direito hierarquicamente superior ao BCBS 113 e ao MAR (que, apesar de aplicado pelo mercado, não passou de uma consulta pública), foi revogado e, dessa forma, o conceito de risco de *compliance* deixa de estar previsto em Aviso do Banco de Portugal.

Já a integração do risco de *compliance* na categoria de "Outros Riscos", no Anexo I da Instrução nº 18/2020, acaba por não confirmar a importância que é dada à gestão do risco de *compliance* quer nas orientações da EBA, quer pelo BCBS 113 e 328, quer pelo próprio Banco de Portugal, especialmente no corpo do Aviso do Banco de Portugal nº 3/2020.

É uma decisão estranha do Banco de Portugal, que não deverá, ainda assim, tendo em conta a natureza das coisas e o próprio objetivo do legislador e do supervisor, retirar importância ao tema e ao conceito.

Assim, por forma a garantir um adequado posicionamento da gestão do risco de *compliance* nas instituições, consideramos que as instituições deverão utilizar o conceito especificado no MAR, apesar de não passar de *soft law*, por ser o conceito mais completo e, dessa forma, enquadrar o risco de *compliance* na sua gestão de riscos globais enquanto uma categoria de risco autónomo, a par com os riscos de modelo de negócio, de governo interno, de crédito, de mercado, de taxa de juro de carteira bancária, operacional e de liquidez e de financiamento.

Dessa forma, consideramos que o risco de *compliance* deverá ser considerado, tal qual como o mesmo é identificado no MAR[7], enquanto *"probabilidade de ocorrência de impactos negativos nos resultados ou no capital, decorrentes de violações ou desconformidades relativamente às leis, regulamentos, contratos, códigos de conduta, práticas instituídas ou princípios éticos. Pode traduzir-se em sanções de carácter legal ou regulamentar, na limitação das oportunidades de negócio, na redução do potencial de expansão ou na impossibilidade de exigir o cumprimento de obrigações contratuais"*.

Muito mais do que assegurar a conformidade das práticas de negócio à totalidade da legislação aplicável a cada instituição (dependendo da atividade da mesma: bancária, de intermediação financeira e/ou de distribuição de seguros), deve ser assegurado que não existem violações quanto a:

- Determinações específicas dos supervisores (dependendo da instituição, do BCE, da EBA, da ESMA, da EIOPA, do Banco de Portugal, da CMVM, da ASF, entre outros);

[7] Consulta pública do Banco de Portugal nº 2/2007 – Modelo de Avaliação de Riscos (MAR).

- Regras de conduta e de relacionamento com os clientes, previstas nos códigos de conduta e demais normativo interno das instituições;
- Contratos e práticas instituídas na indústria e de princípios éticos (cabendo aqui os usos e costumes, conforme a natureza das coisas e, até, o Direito Natural).

Mas não basta que essas violações ocorram para que o risco de *compliance* se materialize, efetivamente.

Para esse efeito, será necessário que essas violações se materializem em sanções de caráter legal, na limitação das oportunidades de negócio, na redução do potencial de expansão ou na impossibilidade de exigir o cumprimento de obrigações contratuais e que dessas situações resulte, ainda, a probabilidade de ocorrerem impactos negativos nos resultados ou no capital da instituição.

Tendo em conta o referido acima, é notório que as instituições são, efetivamente, uma das fontes mais relevantes, a par da legislação, do seu próprio risco de *compliance*, visto este risco decorrer, também, das regras escritas por si que vão para além da legislação e ainda dos contratos que celebram (com clientes e com fornecedores) e, dessa forma, o risco decorrer da sua própria cultura. Não são raras as vezes que temos identificado situações de materialização de risco de *compliance*, com enormes prejuízos para as instituições, até ao nível reputacional, devido ao incumprimento reiterado das suas próprias regras ou contratos, cujos requisitos não encontravam paralelo nem na legislação aplicável, nem nos usos e costumes da indústria.

A importância do órgão de administração e da função de *compliance* na gestão do risco de *compliance* começa exatamente aí: no momento da definição das *regras do jogo* que vão para além da legislação aplicável e dos usos e costumes. Na maioria das vezes, ser *mais papista que o papa* pode não dar bom resultado.

A aplicação do conceito de risco de *compliance* pelas instituições é efetuado, na prática, tendo em conta as suas atividades. A verificação dos requisitos legais a cumprir começa aí:

- Se a instituição se encontra registada para receber depósitos e proceder a prática de atividades bancárias, terá de garantir, em primeira instância, que as condutas da instituição garantem a conformidade de toda a legislação aplicável, quer ao nível prudencial, quer ao nível comportamental, incluindo o CRR II, o RGICSF, o Decreto Lei nº 133/2009, de 2 de junho (crédito ao consumo), o Decreto-Lei nº 74-A/2017, de 23 de junho (crédito hipotecário), a Lei nº 21/2018, de 8 de maio (serviços mínimos bancários), a panóplia de Avisos e Instruções do Banco de Portugal no âmbito da abertura de contas, do crédito e de outras matérias, o Anexo I da Lei nº 35/2018, de 20 de julho (Regime jurídico da conceção, comercialização e prestação de serviços de consultoria relativamente a depósitos estruturados), as várias orientações da EBA (quando assim for especificado pelo Banco de Portugal através de Carta-Circular), entre muitos outros diplomas que regulam tantos outros temas da atividade bancária;

- Se a instituição se encontra registada enquanto intermediário financeiro junto da CMVM (dependendo sempre dos serviços principais e auxiliares para os quais for autorizado), terá de garantir que as que as condutas da instituição garantem a conformidade de toda a legislação aplicável ao nível comportamental, incluindo o pacote legislativo MiFID II/MiFIR (mercados e instrumentos financeiros), o pacote legislativo PRIIPs (instrumentos financeiros complexos), o pacote legislativo MAD/MAR (abuso de mercado), os vários Regulamentos e Instruções da CMVM, as orientações da ESMA (quando adotadas pela CMVM), entre muitos outros (incluindo os requisitos vertidos no Código dos Valores Mobiliários); e
- Se a instituição se encontra registada enquanto agente de seguros junto da ASF, terá de garantir que as que as condutas da instituição garantem a conformidade de toda a legislação aplicável ao nível comportamental, incluindo o pacote legislativo IDD (distribuição de seguros), as várias Normas Regulamentares e Circulares da ASF, as orientações da EIOPA (quando adotadas pela ASF) entre outros.

É aqui que, normalmente, o operador da gestão do risco de *compliance* começa a sentir as dificuldades da operacionalização da gestão desse risco, esteja ele inserido no órgão de administração, de fiscalização, na função de *compliance* ou num órgão de primeira linha de defesa. Afinal, estamos a falar, na melhor das hipóteses, de assegurar o cumprimento de centenas de milhares de páginas de requisitos (só o pacote legislativo MiFID II, segundo o Financial Times, tem mais de 33 mil páginas e mais de 1,5 milhões de parágrafos), às quais acrescem ainda (i) legislações de caráter transversal (bons exemplos são o pacote legislativo de prevenção do branqueamento de capitais e do financiamento do terrorismo, o pacote legislativo de gestão de dados pessoais – RGPD, a legislação fiscal, a legislação de práticas anti concorrenciais e as IFRS – requisitos contabilísticos e de relato financeiro); (ii) as regras e práticas internas que vão além da legislação e (iii) os usos e costumes da indústria.

Na nossa opinião, as instituições deverão refletir se estão a dedicar tempo e esforço suficiente a este momento, até porque apenas através desta identificação de fontes poderá ser executado, posteriormente, o exercício de identificação do risco de *compliance*, que é um dos cinco processos principais da gestão desse risco, nos termos e para os efeitos do Aviso do Banco de Portugal nº 3/2020 e dos demais diplomas referidos *supra*.

IV. Dos processos fundamentais da gestão do risco de *compliance*

Sabemos que o elencar de responsabilidades fundamentais dos vários intervenientes identificado *supra* tem um enorme potencial para aborrecer o leitor, mas considerámos que os *prós* da sua inclusão no presente artigo superavam os *contras*, especialmente porque (i) nos permite identificar claramente que a gestão do risco de *compliance* não é um tema da responsabilidade exclusiva da função de *compliance* (este é um dos mitos mais ouvidos na nossa prática, proferidos, por vezes, por que tem responsabilidades na gestão do risco de *compliance* que, ou desconhece, ou descura) e porque (ii) nos permite melhor enquadrar o leitor para a leitura da informação que pretendemos expor de seguida sobre algumas das práticas da função de *compliance* e a forma como as mesmas, na nossa opinião, podem (e devem) ser conduzidas para obter um adequado grau de eficácia e de eficiência.

A função de *compliance* deverá assegurar uma adequada governação e organização, deverá estabelecer os meios e metodologias mais adequados face às suas responsabilidades e à atividade geradora de risco de *compliance* e estabelecer os processos e procedimentos mais adequados para atingir os seus objetivos.

Para esse efeito, a função de *compliance* deverá garantir:

(i) que a sua estrutura normativa se encontra corretamente estabelecida;

(ii) que o seu posicionamento e autoridade e que a sua independência são inatacáveis;

(iii) que acompanha adequadamente a legislação e regulamentação em vigor e a nova legislação que impacte ou venha a impactar a instituição e a sua atividade;

(iv) que identifica corretamente o risco de *compliance* nos seus vários elementos (recordamos o conceito de risco de *compliance*); (v) que tem a capacidade para avaliar e avalia efetivamente esse risco tendo em conta a probabilidade de ocorrência e a magnitude do impacto e que o consegue classificar numa hierarquia de importância ou relevância do risco;

(v) que monitoriza o risco de *compliance* numa perspetiva de *risk based approach* através de um programa próprio e estruturado de verificação do cumprimento;

(vi) que controla o apetite ao risco de *compliance* nos fatores estabelecidos pelo órgão de administração e tendo em conta os limites e as quebras definidas para esses fatores;

(vii) que reporta adequadamente os resultados da sua monitorização e controlo ao órgão de administração, ao órgão de fiscalização e, quando legalmente exigido, ao supervisor relevante;

(viii) que aconselha adequadamente os órgãos de administração e de fiscalização;

(ix) que promove a elaboração, a aprovação, a aplicação, a atualização e a verificação do cumprimento do código de conduta e participa na definição das políticas e procedimentos adequados à implementação das regras nele contidas;

(x) que participa na definição das políticas, procedimentos e normativos internos da instituição em matéria de conflitos de interesses e transações com partes relacionada;

(xi) que participa no processo de aprovação de novos produtos e produz relatórios sobre a aplicação dos processos de governação de produtos após a efetivação de análises periódicas aos mesmos;

(xii) que analisa previamente as transações com partes relacionadas;

(xiii) que mantém um registo dos incumprimentos identificados e comunicados ao órgão de administração e de fiscalização contendo as medidas de mitigação relevantes;

(xiv) que mantém um registo permanentemente atualizado das reclamações dos clientes e que procede à gestão dessas reclamações ou à verificação do cumprimento nesse âmbito caso a instituição tenha uma área dedicada a essa gestão, e

(xv) que elabora os relatórios relevantes (periódicos ou *ad hoc*) ao órgão de administração e ao órgão de fiscalização.

Para efeitos do presente artigo dedicar-nos-emos, assim, a identificar, ainda que sumariamente, algumas das práticas relevantes ligadas diretamente com o cumprimento dos processos de identificação e de avaliação do risco de *compliance*, deixando para um segundo artigo a identificação e análise de outros processos fundamentais, tais como o processo de monitorização e o processo de reporte do risco de *compliance*.

Antes disso, será relevante identificar, grosso modo, os elementos mais relevantes para o adequado posicionamento, autoridade e independência da função de *compliance*. Grosso modo, a função de *compliance* deverá:

- Ser estabelecida numa unidade de estrutura organicamente segregada das atividades que monitoriza e controla;
- Dispor de estatuto e autoridade suficiente para desempenhar as suas competências de forma objetiva e independente e de regulamento próprio aprovado pelo órgão de administração, depois de obtido o parecer prévio do órgão de fiscalização;
- Dispor de um plano de atividades aprovado pelo órgão de administração, depois de obtido parecer prévio do órgão de fiscalização;
- Desempenhar de forma independente as suas responsabilidades, não podendo os resultados das avaliações que desenvolve ser condicionados ou limitados, por exemplo, através da existência de disposições ou orientações internas quanto ao número máximo de deficiências identificadas ou do estabelecimento de qualquer relação, implícita ou explícita, entre as deficiências identificadas e a avaliação de desempenho dos colaboradores afetos à função, incluindo o seu responsável;
- Dispor de um responsável pela função e de um número suficiente de colaboradores permanentemente qualificados, bem como de recursos materiais e técnicos adequados para o desempenho eficaz das suas responsabilidades;
- Dispor de sistemas de informação adequados, com acesso às informações internas e externas necessárias para cumprir as suas responsabilidades, incluindo informações respeitantes às filiais e sucursais da instituição (se existentes);
- Dispor de acesso total, livre e incondicionado a todas as funções, atividades, incluindo funções, processos e atividades subcontratadas, instalações próprias ou dos prestadores de serviços, bens e colaboradores, informações, registos contabilísticos, sistemas, ficheiros informáticos e dados da instituição;

- Dispor de acesso direto aos órgãos de administração e de fiscalização e aos comités de apoio àqueles órgãos, quando constituídos, por sua iniciativa ou por iniciativa de qualquer membro destes órgãos;
- Dispor do poder de, por sua iniciativa, transmitir qualquer informação ou remeter ao órgão de fiscalização diretamente, qualquer documento que considerem relevante, sem necessidade de pedido ou comunicação prévia ao órgão de administração e sem que este órgão possa obstar ao acesso direto à informação ou documento em causa pelo órgão de fiscalização.

Identificados os elementos fundamentais para esse efeito, é tempo de "mergulhar" nos seus processos fundamentais:

(i) **Identificação do risco de *compliance***
O processo de identificação do risco de *compliance* apresenta diferentes níveis de complexidade e de dificuldade consoante se está perante o primeiro exercício desse tipo por parte da função (novas funções ou funções que sofreram transformações relevantes para efeitos do cumprimento da legislação e regulamentação aplicável e que irão executar o exercício pela primeira vez) ou se se está perante uma atualização anual do exercício.

O exercício de identificação deve ser efetuado pelo menos uma vez por ano. Não obstante, não basta marcar uma reunião anual e, num par de horas, identificar o risco (mesmo para os exercícios de atualização anuais partindo de exercícios prévios).

Para que esse processo seja cumprido, a função deverá identificar toda a legislação e regulamentação aplicável num determinado momento (momento zero) e estabelecer processos diários de acompanhamento de nova legislação com impacto direto ou indireto na própria função de *compliance* ou na atividade da instituição. Para esse efeito, a função terá de garantir que "lança uma rede com a malha suficientemente apertada" para identificar toda a legislação e regulamentação relevante e, tão ou mais importante, que tem recursos humanos afetos a essa atividade qualificados para interpretar os diplomas que "ficaram na rede"[8]. Para esse efeito, esses recursos humanos

[8] A título meramente exemplificativo, poderão surgir diplomas potencial impacto direto ou indireto nas instituições com atividade bancária, de intermediação financeira e de distribuição de seguros são as seguintes: Assembleia da República; Assembleia Legislativa da Região Autónoma da Madeira; Governo; Governo da Região Autónoma dos Açores; Tribunal Constitucio-

deverão ter a capacidade de executar uma adequada interpretação jurídica dos diplomas e dos seus requisitos. Verifica-se que nem sempre os colaboradores afetos à função de *compliance* têm formação jurídica, o que poderá dificultar essa interpretação, mas isso não significará que não o possam fazer, desde que tenham acesso a formação adequada para o efeito.

Mas não bastará uma interpretação jurídica "feita pela rama". Consideramos que, por forma a garantir que se identificam os requisitos relevantes dos quais decorrerão risco de *compliance* para a instituição, os colaboradores afetos a essa atividade deverão ser capazes de executar uma atividade jurídica cunhada por Martin Kriele como *Prudentia*. Não o lemos no seu original alemão, mas ficou-nos marcado na memória pelas lições do Professor Pedro Pais de Vasconcelos durante o estágio. Tivemos a oportunidade de voltar a essas lições no Congresso de Direito Comercial, organizado pela Revista de Direito Comercial e Almedina, nos dias 17 e 18 de novembro de 2017, onde o Professor especificou, uma vez mais, que a *Prudentia* tem por fim a concretização da solução justa e adequada da questão à qual se pede ao Direito uma resposta, por oposição à *Scientia*, que tem como objetivo o conhecimento e a descoberta da verdade. Continuo a subscrever as lições do Professor, reforçadas uma vez mais nesse congresso: o Direito Comercial pende mais para a *Prudentia* do que para a *Sciencia*. E isso é notório logo no artigo 3º do Código Comercial:

nal; Ministério das Finanças; Banco de Portugal; Comissão do Mercado de Valores Mobiliários; Autoridade de Supervisão de Seguros e Fundos de Pensões; Conselho Nacional de Supervisores Financeiros; Associação Portuguesa de Bancos; Associação Portuguesa de Fundos de Investimento, Pensões e Patrimónios; Associação Portuguesa de Seguradores; European Parliament and Council; European Commission; European Economic and Social Committee; Court of Justice of the European Union; European Central Bank; European Banking Authority; European Securities and Markets Authority; European Banking Authority/European Securities and Markets Authority; European Central Bank/European Systemic Risk Board; European Insurance and Occupational Pensions Authority; European Supervisory Authorities; Single Resolution Board; European Payments Council; Euro Banking Association Association for Financial Markets in Europe; European Fund and Asset Management Association; European Central Securities Depositories Association; Federation of European Securities Exchanges; European Economic Area Joint Committee; Bank for International Settlements; Basel Committee on Banking Supervision; Committee on Payments and Market Infrastructures; International Accounting Standards Board Financial Stability Board; International Organization of Securities Commissions.

Código Comercial

Artº 3º

Se as questões sobre direitos e obrigações comerciais não puderem ser resolvidas, nem pelo texto da lei comercial, nem pelo seu espírito, nem pelos casos análogos nela prevenidos, serão decididas pelo direito civil.

Este artigo, sobre o qual ouvimos várias lições do Professor no seu escritório e ao qual voltamos muitas vezes para garantir uma correta interpretação jurídica dos requisitos dos quais possam decorrer risco de *compliance* no âmbito da atividade bancária, de intermediação financeira e de distribuição de seguros, que mais não são, na nossa opinião, do que disciplinas extravagantes do Direito Comercial, é, na nossa opinião, a "chave mestra" para abrir a porta da adequada identificação do risco de *compliance*. Essa chave é a Natureza das Coisas. Não de qualquer coisa, claro. Mas, certamente, a natureza do comércio e a natureza do Direito Comercial.

As fontes para a concretização da interpretação jurídica por parte do colaborador da função de *compliance* são claras:

Em primeiro lugar, vale a lei comercial (no presente caso de estudo, todos os diplomas identificados pelo colaborador da função de *compliance* como tendo o potencial de impactar a atividade da sua instituição, independentemente do seu tipo);

Em segundo lugar, devemos atender ao espírito da lei comercial (ou ao próprio Direito Comercial);

Em terceiro lugar, teremos de tentar a analogia com a Lei Comercial;

Só esgotados estes recursos, o Direito Civil será chamado a intervir.

Significa isto que, até esgotar a possibilidade de interpretação face à perspetiva mercantil (lei comercial, o seu espírito e a analogia com essa lei), não perderemos de vista a Natureza das Coisas e não entraremos na atividade pura da *Scientia*.

Assim, não podemos deixar de concluir que a interpretação da legislação e da regulamentação aplicável quer à função de *compliance* quer à atividade da instituição terá sempre como barómetro o comércio (mercado ou atividade) em que a instituição se insere. A interpretação jurídica no âmbito da gestão do risco de *compliance* parte do comércio para a conformidade e volta ao comércio para garantir que se encontra conforme. Não se deve sacrificar o negócio pela conformidade, se a única opção for a morte do negócio e se essa opção não for razoável e justa. O texto da lei não pode ser contrário à Natureza das Coisas e sê-lo-á se não der à questão jurídica (de conformidade) uma solução razoável ou justa. Nos casos de perda de negócio sem lesão efetiva de bens jurídicos, a solução não é nem razoável, nem justa e acabará por, indo contra a Natureza das Coisas, lesar o próprio mercado.

Este parece ser, na nossa opinião, um tema pouco explorado pelos operadores da gestão do risco de *compliance* e pelos Comercialistas. Estranhamos essa situação por sempre nos ter parecido que este é um tema com uma importância única na gestão do risco de *compliance,* visto que indica o caminho para a sua operacionalização no dia a dia. O *compliance* para assegurar o comércio.

Esta parece também ser a separação fundamental entre as disciplinas de auditoria interna e de gestão de risco de *compliance.* Uma das opiniões mais comuns é a de que as duas disciplinas são uma e a mesma coisa, mas com posicionamentos diferentes no modelo das três linhas de defesa. A nós parece-nos claro que são disciplinas completamente diferentes, sendo a auditoria interna ligada diretamente à *Scientia* (enquanto descoberta da verdade e, dessa forma, enquanto disciplina forense sem ligação ao Direito Comercial) e a função de *compliance* ligada diretamente à *Prudentia* (e, dessa forma, à Natureza das Coisas, que é como quem diz ao espírito da lei comercial e, assim, ao Direito Comercial).

Para além da identificação do risco de *compliance* adveniente da legislação e da regulamentação aplicável, a função de *compliance* deverá ainda identificar, no dia a dia, em articulação com a primeira linha de defesa, os fatores, internos e externos em relação ao risco de *compliance* que a instituição está ou pode vir a estar exposta, devendo para isso identificar todo o risco de *compliance* adveniente do normativo interno, dos princípios éticos e das práticas implementadas para os cumprir, dos contratos celebrados e dos usos e costumes das atividades que executa, na medida em que a sua violação ou não conformidade pode fazer incorrer a instituição ou os seus colaboradores num ilícito de natureza contraordenacional ou limitar as oportunidades de negócio, reduzir o potencial de expansão ou impossibilitar a exigência do cumprimento de obrigações contratuais.

A função de *compliance* deve ainda assegurar que implementa um fluxo de informação adequado com a função de gestão de riscos, no âmbito da gestão de riscos globais da instituição e que se aconselha com essa função para garantir o tratamento adequado da identificação do risco de *compliance.*

São vários os fatores de risco de *compliance* existentes e não existe propriamente uma lista fechada dos mesmos. A título de mero exemplo, poderemos identificar os seguintes:

- Estrutura de governo interno inadequada;
- Comercialização indevida de produtos;
- Ausência de segregação de ativos dos clientes;
- Manipulação de mercado.

Para assegurar um tratamento adequado da identificação do risco de *compliance*, garantida que está a sua adequada interpretação jurídica, consideramos que a função de *compliance* deverá especificar uma taxonomia do risco de *compliance*, identificando categorias de subriscos de *compliance* onde os diferentes fatores poderão ser "arrumados".

A título de mero exemplo, poderemos identificar os seguintes subriscos, estando, no entanto, na disponibilidade de cada instituição o estabelecimento dos subriscos que considerar mais relevantes:

- Risco de conduta;
- Risco de governo interno;
- Risco de contratação;
- Risco de manipulação de mercado.

As atividades diárias de identificação dos fatores de risco de *compliance*, da sua interpretação jurídica e da sua classificação nos vários subriscos da taxonomia de risco de *compliance* permitem à instituição o cumprimento tempestivo do processo de identificação do risco de *compliance*, ficando a função pronta para passar ao segundo processo fundamental: o processo de avaliação.

Na nossa opinião, as instituições deverão dedicar o tempo e os esforços suficientes para identificar se o seu processo de identificação do risco de *compliance* se encontra corretamente implementado e se os recursos afetos às atividades que lhe dão corpo dispõem da formação necessária para assegurar a correta interpretação jurídica dos vários diplomas relevantes e dos restantes elementos de onde podem decorrer risco de *compliance* e se estabeleceram os fluxos de informação necessários e suficientes com a primeira linha de defesa e com a função de gestão de risco.

(ii) Avaliação do risco de *compliance*

Após o exercício anual de identificação de risco de *compliance*, que, como vimos *supra*, é resultado de um conjunto de tarefas diárias da função de *compliance*, é necessário avaliar o risco de *compliance* para cada fator de *compliance* identificado.

Não existe uma exigência legal de forma para o exercício de avaliação do risco de *compliance*, apenas a necessidade de se assegurar, a final, que os fatores pertencentes a cada subrisco de *compliance* sejam avaliados tendo em conta dois vetores fundamentais: (i) a probabilidade de ocorrência do risco e (ii) a magnitude do impacto desse risco.

São vários os modelos para chegar a esse resultado. Não obstante, da nossa experiência, tendemos a destacar o seguinte modelo, que tem em conta algumas das melhores práticas de avaliação de riscos e que tem sido experimentado e aprimorado, primeiro, pelas funções de gestão de riscos e, nos últimos anos, pelas funções de *compliance*:

O primeiro passo é dado na política de gestão de risco global da instituição, onde deverá ser definida a matriz de avaliação de riscos tendo em conta os dois vetores referidos *supra*, com uma escala de quatro níveis para cada vetor e, dessa forma, com 16 incidências possíveis:

Magnitude do impacto	Elevada	*Risco moderado*	*Risco material*	*Risco elevado*	*Risco elevado*
	Material	*Risco moderado*	*Risco moderado*	*Risco material*	*Risco elevado*
	Moderada	*Risco reduzido*	*Risco moderado*	*Risco moderado*	*Risco material*
	Reduzida	*Risco reduzido*	*Risco Reduzido*	*Risco moderado*	*Risco moderado*
		Reduzida	**Moderada**	**Material**	**Elevada**
		Probabilidade de ocorrência			

Matriz de avaliação de riscos típica nas políticas de gestão de risco global e de gestão de risco de *compliance*.

O segundo passo é dado com a inclusão de uma matriz semelhante na política de gestão de risco de *compliance*, que, dessa forma, respeita os requisitos da política de gestão de risco global (duas peças relevantes do *risk apetite framework* da instituição).

A aplicação do exercício de avaliação do risco tendo em conta as matrizes indicadas *supra* permitirá a hierarquização das subcategorias do risco de *compliance* constantes na taxonomia de risco de *compliance* da instituição e permitirá, desse forma, identificar as subcategorias materiais.

Para esse efeito, será necessária a elaboração e a utilização de uma ferramenta de avaliação de risco de *compliance* que permita recolher dois tipos de avaliação: (i) a avaliação qualitativa do risco de *compliance* da primeira linha de defesa e da segunda linha de defesa, incluindo da função de *compliance* e (ii) a avaliação quantitativa do risco de *compliance*.

A avaliação qualitativa pode fazer-se através a avaliação (ou autoavaliação) dos vários fatores de risco de *compliance* por parte dos responsáveis (Diretores) das unidades de estrutura da instituição que integrem a primeira linha de defesa e dos Diretores da função de gestão de risco e da função de *compliance*. É prática comum elaborar um questionário relativo a cada um dos fatores e obter a resposta desses *stakeholders*. A avaliação é feita tendo em conta os vetores da matriz de avaliação de risco e tendo em conta, dessa forma, uma escala de incidência que vai de 1 a 16.

Os resultados desse exercício qualitativo permitem perceber qual a visão sobre o risco de *compliance* destas linhas de defesa. É comum atribuir uma percentagem mais elevada no algoritmo (que irá permitir chegar a um resultado matemático) à visão da segunda linha de defesa e, por vezes, até um ponderador mais elevado para a função de *compliance*, mesmo face à função de gestão de riscos.

A visão qualitativa sobre o risco de *compliance* é depois confirmada pelos elementos que compõem a avaliação quantitativa, dos quais destacamos os dados históricos relativos ao acompanhamento dos indicadores de risco de *compliance* que integram o *Risk Appetite Statement* e, por vezes, os que não o integrando, são ainda assim acompanhados pela função de *compliance* no âmbito do seu apetite ao risco. As situações de aproximação aos limites de risco definidos ou de quebra desses limites são aqui bastante relevantes e deverão ter um peso também bastante relevante no algoritmo. Outros elementos que podem ser usados são a mudança histórica observada dos recursos humanos afetos à primeira linha de defesa ou à função de *compliance*, o histórico de deficiências ou incumprimentos e a evolução da legislação (volume e impacto). As boas práticas relevam ainda a importância da inclusão de cenários de *stress* para cada um dos componentes que forem utilizados (os referidos acima e outros) que permitam verificar o impacto no risco de *compliance* nesses cenários stressados.

O mais importante é que no final a ferramenta permita obter uma visão do risco de *compliance* que se encontre alinhado com a Natureza das Coisas. Caso assim não o seja, poderá ficar reservada à função de *compliance* a aplicação do seu *expert judgement* para majorar os resultados por forma a aproximar os mesmos à sua visão, desde que essa visão seja razoável e justa.

A interligação da avaliação com um catálogo de requisitos dos quais decorre risco de *compliance* (alinhado com o conceito que especificámos *supra*), com um catálogo de controlos do risco de *compliance* implementados pela primeira linha de defesa face aos requisitos relevantes e com um catálogo de testes a efetuar pela função de *compliance* face a esses controlos será um passo de gigante para garantir uma monitorização do risco de *compliance* alinhada com uma perspetiva de *risk based approach*.

Na nossa opinião, as instituições deverão verificar se dispõem de uma matriz de risco de *compliance* alinhada com a matriz de riscos globais e que permita a verificação do risco face à probabilidade de ocorrência e à magnitude do impacto, bem como uma ferramenta de avaliação de risco de *compliance* suportada com os componentes relevantes (fatores de risco decorrentes dos subriscos identificados na taxonomia de risco de *compliance*, indicadores para o acompanhamento desses riscos (a título de mero exemplo: número de situações de comercializações indevidas; número de ausência de respostas a reclamações de clientes, entre outros), um algoritmo capaz de calcular a avaliação de risco de *compliance* qualitativa e quantitativa e maturidade suficiente nas suas linhas de defesa para executar o exercício, bem como capacidade para executar testes de stress aos componentes quantitativos. Por fim, deverão ainda verificar se dispõem de catálogos de requisitos dos quais decorrem risco de *compliance* devidamente trabalhados e atualizados, catálogos de controlos de primeira linha de defesa (bem como processos de primeira linha devidamente mapeados) e catálogos de testes de *compliance* sobre esses controlos que permitam o adequado planeamento da monitorização, numa perspetiva de *risk based approach*. Como vimos acima, a execução eficaz e eficiente do processo de avaliação de risco de *compliance* depende de uma adequada execução do processo de identificação. Cumpridos corretamente os dois processos, a função de *compliance* estará, tendencialmente, capacitada para executar (numa perspetiva de *risk based approach*) a monitorização do risco de *compliance* e, a jusante, o reporte desse risco aos decisores (Órgão de Administração) e aos fiscalizadores (Órgão de Fiscalização). Parece simples... mas, na verdade, não é bem assim.

É por isso que pretendemos, num futuro artigo, complementar o atual através de uma incursão nos restantes processos fundamentais do risco de *compliance*, no seu posicionamento atual e na sua remuneração e incentivos, que nos permitirá refletir sobre a adequação ou inadequação do modelo atual de gestão *compliance*.

Direito ao lucro e tutela das minorias nas sociedades por quotas e anónimas fechadas. Apontamento

Evaristo Mendes[1]

Introdução

Na prática societária nacional (e não só), existem sociedades por quotas (SQ) – e também anónimas (SA), em parte resultantes da transformação de sociedades por quotas – de duração indefinida, com um número limitado de sócios, pessoas singulares ou, em parte, pessoas singulares detentoras de participações sociais minoritárias, cujos sócios minoritários estão arredados da gestão e da empresa social. Em muitos casos, tais sociedades constituíram-se como estruturas organizativas de efetiva colaboração na prossecução do fim comum das mesmas – a autovalorização, através do exercício de uma atividade económico-produtiva, em benefício de todos os sócios –, ocorrendo, via de regra, tal exercício, não apenas mediante o exercício das

[1] O tema que nos propomos revisitar [anteriormente, cfr. Evaristo Mendes, «Lucros de Exercício», *RDES* 1996, p. 283 e ss., e «Direito ao lucro de exercício», in *Estudos dedicados ao Prof. Doutor M. J. Almeida Costa*, UCE, Lisboa, 2002, p. 487ss.], sem intenção de revisão da literatura e jurisprudência existentes, foca-se na proteção das minorias, perante o exercício do poder corporativo maioritário; no que respeita aos lucros sociais. O tema também mereceu a atenção do homenageado: cfr. Pedro Pais de Vasconcelos, in *A Participação Social*[2], Coimbra (Almedina) 2006, p. 71 e ss., 162 e s., 320, 326 e 361. Importa realçar, contudo, que a sociedade deve, igualmente, ser protegida de minorias obstrutivas, desorganizadoras e denegritórias. A exclusão de sócios e o combate à litigância de má fé devem ser levados a sério. Cfr., por ex., nesta obra do homenageado, as páginas 352 e ss., 358 e ss.

competências próprias da coletividade social, mas também ocupando os seus membros cargos remunerados de gerência ou administração, o que lhes permitia beneficiarem das vantagens financeiras e das oportunidades de valorização e realização profissional que uma sociedade tipicamente está em condições de proporcionar. Daí que não sentissem a necessidade de – em complemento da remuneração dos cargos, não raro acrescida de importantes «gratificações» ou prémios de boa gestão – distribuir lucros e, ainda menos, adotar uma política de dividendos, no quadro do planeamento estratégico da atividade.

Porém, em virtude de vicissitudes várias – incompatibilidades e desentendimentos entre sócios, incluindo de origem pessoal, que se projetam no funcionamento da sociedade, alteração da composição da coletividade de sócios e correspondente perda de homogeneidade da mesma decorrente da transmissão de participações sociais, *mortis causa* ou entre vivos, incluindo participações maioritárias, etc. –, muitas destas sociedades passam a funcionar com dois grupos: os maioritários, detentores do poder corporativo, conferido por uma maioria de capital, e titulares de cargos sociais remunerados (além de possíveis beneficiários de outras vantagens corporativas), e os minoritários, sujeitos a tal poder e sem acesso a tais cargos (e vantagens). Ou seja, tornam-se, quanto a estes, meras estruturas de poder censitário. Mas continuam a não distribuir lucros; ou a não o fazer de forma séria.

Como se trata de organizações de cunho personalista, embora enxertado numa estrutura de poder capitalista, porque não têm política e prática de distribuição de lucros e dado que não é inerente à qualidade de sócio a titularidade de cargos sociais remunerados ou o direito a aceder aos mesmos, ficando os minoritários arredados da gestão, as respetivas participações sociais – abstratamente transmissíveis e com associados mecanismos legais destinados a ultrapassar eventuais bloqueios causados por filtros, legais e/ou estatutários, à entrada de novos sócios – não têm mercado. Apesar disso, o legislador não quis reconhecer aos sócios, nestes tipos sociais, um direito geral de exoneração por justa causa. O que se mostra especialmente gravoso quando, como é corrente, em virtude da sistemática garantia pessoal do passivo social por parte dos sócios, as sociedades em causa nem se distinguem, na prática, das sociedades em nome coletivo, onde tal direito existe.

Decorre daqui que, na realidade, os sócios minoritários estão prisioneiros na sociedade de um investimento que – sendo embora em capital de risco, sujeito a gestão alheia e cuja única forma de remuneração admitida é o lucro – nem é remunerado, porque não há distribuição de lucros, nem é suscetível de, efetivamente, ser liquidado. Se o sócio quiser, apesar de tudo, acompanhar tal investimento, conservando-se a par da gestão e exercendo os direitos sociais, a participação social – supostamente uma posição jurídica beneficiária – torna-se, em vez disso, um encargo. E, em muitos, casos, nem que queira, carecerá dos meios necessários para realizar tal acompanhamento.

Esta situação é uma anomalia: económica e jurídica. O Direito não pode ignorá-la ou ficar-lhe indiferente. O presente artigo procura dar um contributo para que a mesma seja superada. Dentro das coordenadas fundamentais do ordenamento societário relativo às sociedades por quotas (e anónimas equiparáveis), a solução passa pela afirmação de um *direito à distribuição periódica de lucros*, num montante razoável, capaz de conciliar o interesse da sociedade – na respetiva autovalorização num arco temporal tendencialmente ilimitado – e tal direito, inderrogável porque se trata de um direito de proteção das minorias. O fundamento jurídico do mesmo encontra-se, em boa medida, na própria lei: nas SQ, SA e SCA, falta um direito geral de exoneração, e, também por isso, o legislador reconheceu, na versão original do CSC, aos sócios o direito a receberem a sua quota-parte de metade dos lucros de exercício distribuíveis. Nesta sua configuração legal, tal direito apresenta uma acentuada rigidez, temperada na primeira alteração do Código, que o pacto social pode neutralizar. Porém, dado o seu caráter protecionista, mesmo que o pacto social retire aos sócios esse direito legal – de exercício anual e tendo por base de 50% do lucro de exercício distribuível – deve entender-se subsistente um mais flexível direito a uma efetiva e razoável participação periódica nos lucros.

Em alternativa a esse direito, concebe-se uma intervenção do ordenamento jurídico-societário, sobretudo, através do princípio ou dever de lealdade ou fidelidade ao fim comum; por via do qual se pode chegar a resultados análogos. Para quem não reconheça este princípio, com a extensão que atualmente tende a ser-lhe atribuída, o recurso ao art. 334 do CC, encarando o exercício abusivo do poder maioritário corporativo como uma expressão qualificada de abuso de direito, também poderá, em complemento do instituto das deliberações abusivas, ser uma via de solução.

Indo mais ao fundo do problema, a solução passa pelo reconhecimento aos minoritários de um *direito de exoneração*, fundado na justa causa específica da não distribuição razoável de lucros, ou seja, no próprio fim comum lucrativo da sociedade. Não tanto para ser exercido, mas para funcionar como mecanismo de pressão no sentido da distribuição, isto é, como instrumento regulador ou moderador do poder maioritário.

O plano gizado é o seguinte: 1. O direito ao lucro como componente da participação societária. Direito patrimonial fundamental; 2. Vertentes do direito ao lucro e seu significado. O problema da tutela das minorias; 3. Direito ao lucro de exercício e tutela das minorias; 4. Insuficiência da tutela; 5. Sociedades com garantias pessoais. Sociedades profissionais; 6. A exoneração como via de tutela; 7. SA cotadas; 8. Observações finais.

1. O direito ao lucro como componente da participação societária. Direito patrimonial fundamental

No seio das *pessoas coletivas de direito privado*, contrapõem-se comummente as entidades de caráter associativo e as de caráter fundacional ou institucional[2]. As primeiras são organizações com base ou substrato pessoal, isto é, com socialidade: dotadas de uma superestrutura corporativa que integra os respetivos fundadores, aderentes e/ou eventuais sucessores, a título individual e, coletivamente, na qualidade de titulares do respetivo órgão de base – a coletividade social, correntemente designada assembleia geral. Podem genericamente dividir-se em entidades com fim lucrativo (sociedades)[3] e organizações sem fim lucrativo (associações, incluindo ACEs e AEIEs); ocupando a maioria das cooperativas um lugar intermédio. É nelas que vamos encontrar a figura da *participação social* (ou socialidade), em que se integra o tema do presente artigo[4].

[2] Após a transformação do Montepio em sociedade anónima (e em face do atual estatuto do ensino superior privado e cooperativo), neste segundo grupo restam as fundações. No campo das organizações de índole associativa, a par daquelas que são dotadas de personalidade jurídica, também existem centros de atividade, produtiva e social, sem personalidade jurídica (pelo menos, não pessoas coletivas em sentido formal), como pode ser o caso das sociedades civis, mas o foco incidirá nas sociedades personificadas, a que se reconduzem as sociedades de direito mercantil regularmente constituídas.

[3] No presente estudo, tratamos apenas das sociedades jurídica e economicamente independentes e de fim lucrativo; e o foco incidirá sobre aquelas que são compostas por pessoas singulares ou cujos sócios minoritários são pessoas singulares.

[4] Tradicionalmente, em Portugal, como designadamente na Itália, a «participação social» é vista como uma figura do direito das sociedades. Cfr., por ex., com mais indicações, Evaristo Mendes, *(D)A transmissibilidade das ações*, I, Lisboa (tese UCP) 1989, disponível em https://www.evaristomendes.eu/ficheiros/Evaristo_Mendes_Tese_de_Mestrado_(vol_I)_rev.pdf, p. 57 e ss., Pedro Pais de Vasconcelos, *A Participação Social* (2006), cit., e Coutinho de Abreu, *Curso de Direito Comercial*, II – *Das Sociedades*[7], Coimbra (Almedina) 2021, p. 205 e ss. Ela pode, no

1.1. Participação social e participação societária

A participação social em sentido lato, enquanto instituto geral das entidades de caráter associativo e do direito associativo privado[5], consiste na posição jurídica *complexa* e de *conteúdo variável*, mas *unitária*, em que fica *investida uma pessoa que*, cumprindo as regras de aquisição da qualidade de membro de uma entidade de caráter associativo (privada), *se torna (voluntariamente) sócia, associada ou cooperadora* da mesma (enquanto tal); integrando tal pessoa a respetiva superstrutura corporativa, a título individual e na qualidade de titular do órgão de base da mesma. Nela, destaca-se a participação social em sentido restrito ou *participação societária* – relativa a organizações produtivas, tipicamente autossubsistentes e destinadas a autovalorizar-se em benefício dos membros (sócios) e em que, por isso, avulta a dimensão patrimonial ativa e, no seio desta, o direito ao lucro – objeto do presente texto.

1.1.1. Participação societária. Direito ao lucro

Tendo presente o que antecede, a participação societária pode definir-se genericamente como a posição jurídica que detém uma pessoa por ser sócia de uma sociedade, *i.e*, que a mesma possui enquanto sócia, por ela assumida em virtude desta qualidade; ou, noutros termos, o conjunto unitário de direitos e vinculações de um sócio enquanto tal[6]. Em termos mais analíticos, é a posição jurídica *complexa* e de *conteúdo variável*, mas *unitária*, tipicamente duradoura, fundamental e jurisgénica, em que fica *investida uma pessoa*, singular ou coletiva, *que*, cumprindo as regras de aquisição da qualidade de membro de uma sociedade, *se torna (voluntariamente) sócia* da mesma (enquanto tal); integrando tal pessoa a respetiva superstrutura social ou corporativa, a título individual e na qualidade de titular do órgão de base da mesma (a coletividade social). Sendo a sociedade uma organização produtiva de

entanto, ter um âmbito mais alargado, como aqui se propõe. Cfr. Evaristo Mendes, *Participação social. Noção e breve caracterização geral*, texto de apoio às aulas de mestrado, 2017, disponível em https://www.evaristomendes.eu/ficheiros/Evaristo_Mendes_Participacao_social_Nocao_e_breve_caracterizacao_(2017)Net.pdf.

[5] A teorização originária da socialidade *(Mitgliedschaft)* como figura geral do direito associativo privado encontra-se num artigo de referência de Marcus Lutter, «Teorie der Mitgliedschaft», *AcP* 1980, p. 84 e ss. Posteriormente, cfr., por ex., Karsten Schmidt, *Gesellschaftsrecht*[4], Colónia (Carl Heymanns) 2002, p. 547 e ss., e «Das Recht der Mitgliedschaft: Ist „korporatives Denken" passé?», *ZGR* 2011, p. 108-135.

[6] Cfr. também Pedro Pais de Vasconcelos, *A Participação Social* (2006), cit., p. 7 e ss., 69 e ss., 367 e ss., 392 e ss.,408 e ss., e Coutinho de Abreu, *Das Sociedades* (2021), cit., p. 205.

caráter lucrativo[7], a respetiva participação social também o é. Daí que, na respetiva componente ativa, a lei assinale enfaticamente o direito ao lucro[8]; e disponha que é «proibida toda a estipulação pela qual deva algum sócio receber juros ou outra importância certa como retribuição do seu capital ou indústria»[9].

a) Mais latamente, nessa componente ativa, podem identificar-se direitos do sócio detidos a título individual – direitos patrimoniais, direito à informação e direitos de controlo (*v.g.*, os direitos de impugnação de deliberações inválidas e de inquérito judicial) – e direitos detidos na qualidade de titular do órgão de base da sociedade: o direito geral a participar no exercício das competências que cabem a este órgão, máxime, através do seu voto e direitos instrumentais ou colaterais. No quadro dos direitos patrimoniais, também se descortina um direito geral a uma quota-parte do valor da sociedade, de que o direito ao lucro constitui manifestação primordial (cfr. *infra*, 1.1.2).

Comummente, entende-se que os direitos patrimoniais dos sócios abarcam, além deste direito ao lucro, o direito à quota de liquidação e o direito de subscrição preferencial de novas quotas e ações, que cumpre em grande medida uma função de proteção daqueles, mas, igualmente, de preservação do poder de influência do sócio no seio da coletividade dos sócios. Note-se, contudo, que o direito à quota de liquidação também integra tipicamente uma componente de lucro, o chamado lucro final; e, nesta medida, quando se fala em direito ao lucro, sem mais, está a pensar-se primacialmente no direito ao lucro de exercício, exercitável enquanto a sociedade se mantém como sociedade juridicamente ativa.

Mais latamente, no leque destes direitos patrimoniais compreendem-se ainda, designadamente: i) o direito a quinhoar nas reservas que venham a ser distribuídas – que ainda pode, em parte, reconduzir-se ao direito a quinhoar nos lucros, na medida em que as reservas em causa serão, pelo menos em regra, reservas formadas mediante retenção de lucros; ii) o direito a quinhoar no valor do capital exuberante que seja libertado da respetiva vinculação jurídica mediante uma operação de redução do capital social (eventualmente, uma operação de aumento por incorporação de reservas e redução do capital para libertação do excesso)[10]; iii) o direito ao valor da

[7] Cfr. o art. 980 do CC e o art. 6.1-3 do CSC.

[8] Cfr. os arts. 991 a 994 do CC e os arts. 21.1*a)*, 22, 217.1 e 294.1 do CSC.

[9] Art. 21.2 do CSC.

[10] Sobre o tema, cfr., por ex., R. Pinto Duarte, "A redução de capital social «para libertação de excesso»", *DSR* 6 (2014), p. 107-126.

participação em caso de exoneração (legalmente concebida como uma operação de desvinculação-desinvestimento do exonerado); e o direito a ser compensado pela respetiva perda forçada, ocorrendo a exclusão do sócio ou a sua amortização ou aquisição compulsivas por outros motivos. Constituindo o lucro um incremento de valor da sociedade resultante do exercício da atividade social e da eventual valorização de ativos sociais, na generalidade das situações, como no caso das reservas, estes outros direitos compreenderão, igualmente, uma importante componente de lucros, isto é, de valorização do património social (com a respetiva empresa).

b) Para a perfeita compreensão do direito ao lucro, importa, ainda, aludir brevemente às assinaladas características da participação social (societária). Trata-se, antes de mais, de uma posição jurídica *complexa*: i) integra uma componente ativa e passiva, incluindo-se nesta última um dever geral de promover a realização do fim comum (lucrativo), com diversos afloramentos específicos que vão desde deveres contributivos até deveres de *lealdade* e não perturbação do funcionamento da sociedade – incluindo os de não denegrição da sua imagem, de sigilo, de não aproveitamento ou apropriação de oportunidades de negócio corporativas e de não concorrência (num bom número de casos, sem necessária tipificação legal ou estatutária), de revelação de possíveis conflitos de interesse e abstenção do exercício do direito de voto em situações de conflito, etc. –, que também interessam ao presente estudo (cfr. *infra*, 3.3); ii) na componente ativa, compreendem-se múltiplos direitos, de diversa índole – patrimonial, administrativa e de informação e controlo –, uns detidos a título individual, outros na qualidade de titular do órgão de base da sociedade, como já se referiu[11].

Apesar de complexa, segundo o entendimento dominante, a posição jurídica em causa forma um todo unitário, indissociável ou *incindível*. Nesse

[11] Dado o seu significado fundamental no quadro da posição jurídica em causa, trata-se de verdadeiros direitos, de índole social-creditícia, potestativa, etc., o que leva a considerar a posição jurídica em causa, se qualificável como direito subjetivo (direito social), como direito complexo (envolvendo um conjunto articulado de direitos; e também de vinculações). No sentido da qualificação da participação social como direito subjetivo, cfr., por ex., Pedro Pais de Vasconcelos, *A Participação Social* (2006), cit., p. 9, 11 e s., 69, 237, 411, 431 e ss., e, sobretudo, 443 e ss., 448 e ss., 465 e ss., e «Concertação de accionistas, exoneração e OPA obrigatória em sociedades abertas», *DSR* 3 (2010), p. 11-48, 23 e s., que, no entanto, opta por falar em *poderes* em vez de direitos (p. 11 e s., 69 e ss.). Anteriormente, ocupando-se do assunto, mas deixando o problema em aberto, cfr. Evaristo Mendes, *(D)A transmissibilidade das ações*, cit. (1989), 106 e ss. e, ainda, 9, 12 e ss., 54 e ss.

sentido militam razões de boa ordenação societária, designadamente evitando uma dissociação entre a titularidade do interesse e do poder de influência, e, sobretudo no caso das quotas e ações, desembaraçando o respetivo tráfico jurídico-negocial dos riscos e custos de transação incomportáveis que a eventual amputação com eficácia *erga omnes* (e não publicitada) de direitos componentes acarretaria[12].

Abstraindo das sociedades pontuais ou ocasionais e das ações de mero investimento, de que não curamos, a participação societária é uma posição jurídica duradoura, fundamental – ou tronco – e jurisgénica, funcionando como pressuposto do nascimento de sucessivas situações jurídicas concretas, algumas das quais autónomas relativamente a ela. Entre essas situações jurídicas concretas, contam-se, por ex., os direitos de acesso a certa reunião da assembleia geral e de voto na mesma, e de impugnação de certas deliberações inválidas; mas também o direito de crédito correspondente a uma fração ou quota-parte do capital exuberante que a sociedade deliberou distribuir, mediante uma concreta operação de redução do capital, o direito ao dividendo deliberado, etc. Neste último grupo de casos, os direitos de crédito constituem posições jurídico-patrimoniais autónomas, passando a coexistir na esfera jurídica do sócio a par da sua participação social e formando um autónomo objeto jurídico-negocial; ainda que a autonomia seja relativa, mormente em virtude da sujeição da satisfação dos créditos ao princípio da intangibilidade do capital social[13]. Na verdade, tal como não fazem parte da empresa ou estabelecimento os créditos e débitos operacionais decorrentes

[12] O princípio da indissociabilidade [sobre ele, cfr., por ex., com mais indicações, Evaristo Mendes, *(D)A transmissibilidade das ações* I (1989), nºs 90, 92, 98 e ss., notas 193 e 195 (e, ainda, 10, 63, 78.10, nota 17), e «Direito ao lucro de exercício» (2002), p. 533 e ss., com indicações, Coutinho de Abreu, *Das Sociedades* (2021), p. 214 e ss., bem como Pedro Pais de Vasconcelos, *A Participação Social* (2006), cit., p. 11, 67, 389 e ss., e «Direitos Destacáveis – O Problema da Unidade e Pluralidade do Direito Social como Direito Subjetivo», in *Direito dos Valores Mobiliários* I, Coimbra Editora 1999, p. 167-176] apenas não permite o desmembramento de elementos *componentes* participação social – não se estendendo aos direitos patrimoniais autónomos de matriz social, de que é exemplo paradigmático o direito ao dividendo deliberado (cfr. *infra*) – e apenas proíbe esse desmembramento em sentido próprio, isto é, com eficácia real. Pode, ainda, haver acordos obrigacionais capazes de comprometer, em parte, os fins do mesmo, o que será relevante na sua apreciação jurídica; mas, em si mesmos, eles não ofendem nem derrogam o princípio. O mesmo vale, designadamente, para os empréstimos de ações, incluindo o mútuo, que compreende uma transferência da titularidade, mas não um «esquartejamento» da participação.

[13] Cfr. os arts. 31.2 e 34 do CSC.

do exercício da respetiva atividade produtiva, embora seja inegável a conexão com ela e possa haver um interesse das partes na sua passagem dos mesmos para o adquirente quando ela é transacionada, também esses créditos são uma decorrência da participação social, «frutos» juridicamente destacados da mesma (por ex., mediante a competente deliberação de distribuição de dividendos), embora com ela conexos e frequentemente transacionados com a mesma.

c) Merece, ainda, ser realçado que se trata de uma posição jurídico-*social* ou corporativa, sujeita ao ordenamento societário, dominado pelo *princípio maioritário* (de caráter censitário nas SQ, SA e SCA). Este ponto mostra-se especialmente importante para o presente artigo. Na verdade, legalmente e segundo o entendimento corrente, a relação social é uma relação de participação e colaboração na realização do fim comum. Todavia, ela facilmente pode transformar-se numa *relação de poder* ou domínio da maioria. No caso do direito ao lucro, importa, a este respeito, diferenciar: o direito a quinhoar nos lucros que a sociedade venha a distribuir (ou direito ao lucro *stricto sensu*) constitui um núcleo inderrogável do mesmo, não estando sob o império do princípio maioritário; mas já assim não sucede com o direito a uma efetiva distribuição de lucros distribuíveis, de que nos ocupamos adiante (cfr. *infra*, 1.3, 2 e 3).

1.1.2. Valor da sociedade, participação social e direito ao lucro nas sociedades fechadas. O sócio prisioneiro de um investimento estéril

Centrando mais a análise do tema que nos ocupa, importa agora aludir ao direito ao lucro no âmbito das sociedades fechadas. Sendo a sociedade o resultado do exercício da atividade profissional ou empresarial dos fundadores, *maxime* entidades privadas, e do respetivo investimento[14], ela própria – com a respetiva substância económico-patrimonial – pertence-lhes[15]. Ou, pelo menos, é deles o domínio da mesma e o respetivo valor líquido ou residual (após abatido o valor do capital alheio): coletivamente, no primeiro

[14] Cfr. os arts. 47.1 e 61.1 da CRP.

[15] Cfr. Evaristo Mendes, «Aquisições potestativas...», in *V Congresso DSR*, Coimbra (Almedina) 2018, p. 343-400, 349, com mais indicações, e, já anteriormente, F. Buchwald, «Zum Wesen des GmbH- Geschäfstanteils», *GmbH-Rundschau* 2/1962, p. 25 e s. Em sentido semelhante, se bem compreendemos o sentido do texto, cfr. também Pedro Pais de Vasconcelos, *A Participação Social* (2006), cit., p. 7, 10, 370 e ss., 417 e 436.

caso; e individualmente, *pro quota*, no segundo[16]. A participação social projeta na esfera jurídica do seu titular uma fração ou quota-parte desse valor. Daí o referido direito patrimonial geral dos sócios a uma quota-parte do valor da sociedade, como direito-chapéu dos direitos patrimoniais (cfr. *supra*, 1.1.1).

Sendo assim, poderia dizer-se que os sócios beneficiam automaticamente da valorização da sociedade (geração de lucros) e está nas suas mãos concretizar ou realizar esse benefício, alienando, no todo ou em parte, a respetiva participação. Como sucede no caso da participação acionária em sociedade cotada.

Este raciocínio não é, porém, transponível para as sociedades fechadas, sobre que incide a presente análise. Com efeito, nelas, a participação social – mormente tratando-se de uma participação minoritária e, ainda mais, numa sociedade em que a maioria abandonou a ideia de colaboração em favor de uma relação de poder –, embora dotada de valor intrínseco, enquanto representativa de uma fração do valor da sociedade, e abstratamente transacionável, a título oneroso e gratuito, verdadeiramente não tem mercado nem um *real* e autónomo valor de mercado, próximo desse valor intrínseco.

Donde a relevância especial do *direito ao lucro* – na sua dupla dimensão de direito a quinhoar nos lucros e direito à sua distribuição ou perceção efetiva – e também de mecanismos legais de criação de mercado para as participações (como sucede com o direito de/à exoneração); e a premência de tal relevância ser reconhecida e afirmada, designadamente pelos tribunais. Na verdade, o fenómeno do sócio prisioneiro de um investimento estéril – *ie.*, prisioneiro da sociedade (por falta de um direito de exoneração-desinvestimento geral e de mercado para a participação) e de um investimento que, apesar de afeto à atividade social, e sujeito ao risco inerente a esta, e ao fim lucrativo da sociedade, é um investimento improdutivo (estéril)[17] – constitui uma **anomalia**: mostra-se desprovido de racionalidade económica, contrário às razoáveis e legítimas expectativas de qualquer investidor e juridicamente injusto, podendo, mesmo, equivaler a uma (mal) disfarçada expropriação dos minoritários ou a um locupletamento à sua custa.

[16] Cfr. Evaristo Mendes, «Aquisições potestativas...» (2018), cit., p. 348 e s.

[17] Cfr. Evaristo Mendes, «Exoneração de sócios...», *II Congresso DSR*, Coimbra (Almedina) 2012, p. 13-89, 52 e ss., bem como Pedro Pais de Vasconcelos, *A Participação Social* (2006), cit., p. 163, 242 e nota 258, e «Concertação de accionistas, exoneração e OPA obrigatória em sociedades abertas» (2010), p. 16 e s.

1.2. O direito ao lucro de exercício

Infere-se do exposto que a participação societária compreende – a par de um dever geral de promover a realização do fim comum, com manifestações diversas, conteúdo e intensidades variáveis, em função dos tipos legais e sobretudo reais de sociedade – um direito patrimonial geral (individual) do sócio: o *direito a uma quota-parte do valor (líquido) da sociedade*, em regra proporcional ao valor nominal da participação. Mais rigorosamente, nele compreendem-se, designadamente, durante a vida ativa da sociedade ou na respetiva liquidação: o direito ao reembolso do valor de eventuais prestações suplementares e acessórias equiparáveis, bem como do valor nominal da participação realizado, e, com especial interesse para o presente texto, o direito a partilhar os lucros (e reservas) que a sociedade venha a distribuir, durante a sua existência ativa, e a apurar a final.

a) Por conseguinte, o direito ao lucro constitui, por um lado, uma manifestação desse direito patrimonial geral. Trata-se do direito a uma quota-parte do valor acrescentado líquido da sociedade – que resultou do exercício da atividade social e da eventual valorização de ativos. Por outro lado, sendo a sociedade (jurídica e economicamente independente), na sua configuração legal típica e de facto, uma sociedade lucrativa e, pelo menos nas sociedades de direito comercial, sendo o lucro a única forma de remuneração do capital de risco investido[18], tal direito constitui um ***direito patrimonial fundamental*** do sócio; que, em especial nas sociedades fechadas, compreende, não apenas o direito a um quinhão dos lucros que a corporação distribua, mas também, sob pena de este ser um direito sem efetividade prática, o *direito à sua distribuição.*

Para se apreender melhor este ponto, importa ter presente a existência de duas grandes espécies de lucro: o lucro de exercício – dentro do qual avulta o conceito de lucro de exercício distribuível – e o lucro final ou de liquidação. O primeiro corresponde ao incremento de valor verificado no património social durante um exercício ou ano social, resultante dos ganhos ou rendimentos obtidos com o exercício da atividade social e, eventualmente, com a valorização de ativos sociais, após deduzidos os correspondentes gastos e perdas de valor, tal como resulta das contas anuais, elaboradas segundo regras, normas e princípios legais e contabilísticos (SNC ou NIC/NIRF). Na prática constitui o saldo das demonstrações de resultados, subsequentemente inserido nas rubricas do capital próprio constantes do balanço.

[18] Cfr. os citados arts. 980 do CC, 6.1-3 e 21.2 do CSC.

O *lucro de exercício* será um lucro de exercício distribuível – e, portanto, objeto do direito em apreço – se ou na medida em que: i) for um lucro regularmente apurado pelas contas anuais (o lucro em causa é um lucro contabilístico)[19]; ii) for, simultaneamente, um lucro de balanço (ou seja, se não houver perdas ou prejuízos transitados para cobrir)[20]; iii) não resultar, sem mais, da aplicação do critério do justo valor ou do MEP (método da equivalência patrimonial)[21]; iv) não houver reservas, legais ou estatutárias, para formar ou reconstituir[22]; e v) do ativo não constarem despesas de constituição, I & D, a menos que estas se encontrem cobertas por outro capital próprio livre (reservas)[23].

b) Em termos materiais, numa sociedade de duração tendencialmente ilimitada (ou de duração alargada), ***apenas*** o direito a receber uma quota-parte do ***lucro de exercício tem significado prático***; não o lucro final, que apenas beneficiará quem se conservar sócio quando a sociedade se dissolver e liquidar. Basta pensar nas sociedades que sobrevivem a mais que uma geração de sócios.

Em tese geral, o significado do direito para os sócios deve analisar-se à luz da existência e titularidade de participações sociais que projetam na sua esfera jurídica o valor da sociedade e, portanto, também o valor do lucro gerado. Mas aqui, há que diferenciar: as participações acionárias com mercado regular, permitindo ao titular realizar o seu valor em qualquer altura, alienando-as, e voltar a adquiri-las se o entender e a sua situação financeira o permitir; e as participações sociais em sociedades fechadas, participações estas que, sendo transacionáveis, não têm verdadeiro mercado, sobretudo se são participações minoritárias (cfr. *supra*, 1.1.2).

Outro dado relevante, para apreender esse significado do direito ao lucro (de exercício), é o da existência ou não no tipo social a que a participação se reporta de um direito de exoneração – desvinculação-desinvestimento – *ad nutum*, ainda que dependente de prazo mínimo de permanência

[19] Cfr., por ex., o art. 31.2*c)* do CSC.

[20] Cfr. o art. 33.1 do CSC.

[21] Cfr. o art. 32.2 e 3 do CSC.

[22] Cfr. o art. 33.1 do CSC.

[23] Cfr. o art. 33.2 do CSC e, por ex., Evaristo Mendes, «Capital social e tutela dos credores...», in *II Encontros de Direito Civil – A tutela dos credores*, Lisboa /(UCE) 2020, p. 147-185, 170 e s., P. Tarso Domingues, Anotação ao art. 294 do CSC, in *CSC em Comentário*, V, Coimbra (Almedina) 2018, p. 290 e s., bem como os Acs.TRL de 26.01.2021 (Fátima Reis Silva) e TRG de 10.05.2018 (Maria Cristina Cerdeira).

do sócio na sociedade[24], ou, pelo menos, de um direito geral de exoneração por justa causa, exercitável a todo o tempo, desde que haja fundamento para tal. Segundo a orientação dominante, fundada no teor literal do CSC e nos respetivos antecedentes, tal direito geral não existe nas SQ, SA e SCA. Supostamente, a cessão de quotas e a alienação das ações funcionam como sucedâneo do mesmo: daí o disposto nos arts. 229.1, 231 e 329.3 do CSC. O problema está, no entanto, na mencionada falta de mercado para as participações minoritárias nas sociedades fechadas.

Os arts. 217.1 e 294.1 do CSC podem, aliás, ver-se a esta luz. Ciente de que isso é assim, o legislador, na linha do proposto em Anteprojeto de LSQ[25], reconheceu aos minoritários o direito a reclamar anualmente o seu quinhão de 50% dos lucros de exercício distribuíveis – embora admitindo a sua revogação ou atenuação, no quadro da autonomia conformadora das sociedades (*infra*, 3) –, direito que, na primeira alteração do CSC, em julho de 1987, menos de um ano após a sua promulgação, ficou reservado apenas para os sócios detentores, isoladamente ou em grupo, de mais de 25% do capital social (que, nas SQ, formam uma minoria de bloqueio).

1.3. Direito ao lucro de exercício e competência da coletividade dos sócios

A efetivação do direito ao lucro envolve a transferência de valor gerado na esfera jurídica da sociedade para a esfera jurídica individual dos sócios. Por isso,

[24] Dos arts. 185.1*a)* e 229.1 constam prazos exagerados de 10 anos, totalmente contrastantes com a contínua e acelerada alteração das relações sociais e económicas contemporâneas; que também não se afiguram razoáveis como prazos indicativos para uma eventual abstinência lucrativa tolerável (cfr. *infra*, 3). Note-se que, no Anteprojeto de Coimbra de LSQ [Ferrer Correia et al., *SQRL – Anteprojeto de Lei – 2ª redação e exposição de motivos*, separata da *RDE* III e V (1977, 1 e 2, e 1979, 1], o prazo correspondente ao atual art. 229.1 era de 3 anos (art. 57). Raul Ventura justifica o prazo em apreço com a conveniência de «evitar exonerações apressadas e, portanto, o caráter fictício da participação pessoal»: cfr. *Novos estudos sobre sociedades anónimas e sociedades em nome coletivo*, Coimbra (Almedina) 1994, p. 286 e s., a respeito do art. 185 (SNC).

[25] Anteprojeto de Coimbra de Lei de Sociedades por Quotas de Responsabilidade Limitada, citado na nota anterior. O Anteprojeto – tendo presente a controvérsia, doutrinal e jurisprudencial, que se havia gerado em face do art. 20 da LSQ [cfr., por ex., Fátima Gomes, *Direito aos lucros...*, Coimbra (Almedina) 2011, p. 298 e ss.], que, literalmente, na linha do § 29 da GmbHG alemã (até à alteração deste em 1985), consagrava uma regra supletiva de plena distribuição do lucro líquido de balanço, descontada a percentagem necessária para a reserva legal – procurou consagrar uma solução intermédia entre tal distribuição total e a ausência de um direito à distribuição.

como sucede com tais transferências de valor em geral, ela depende de um *ato social* atributivo de tal valor, realizando o fim lucrativo da sociedade e da participação dos sócios; e, como regra, a competência encontra-se, para o efeito, reconhecida à coletividade dos sócios (princípio da não afetação do património social em benefício dos sócios sem deliberação da coletividade social)[26].

Esta exigência de um ato social – em princípio deliberação dos sócios, nos casos mais importantes precedida de fiscalização por um ROC –, estabelecida pela lei para as próprias sociedades civis, compreende-se, plenamente e sem mais, nas sociedades de direito comercial, providas de personalidade jurídica, mormente nas dotadas de autonomia patrimonial perfeita (SQ, SA e, substancialmente, SCA). Mas nesse sentido militam também razões de transparência e de garantia de melhor observância dos princípios da intangibilidade do capital social e do princípio da igualdade de tratamento dos sócios.

Decorre daqui que a efetividade prática do direito em análise – a transformação do lucro enquanto valor corporativo em valor individual, fazendo nascer na esfera privada do sócio um direito de crédito ao seu recebimento – depende, em regra, da coletividade dos sócios. Se este órgão se encontra dominado por um sócio ou um grupo maioritário estável, passa pelo exercício de um *poder jurídico* privado; e este pode, designadamente, ser abusivo ou desproporcionado (cfr. *infra*, 3).

Importa referir, contudo, uma interpretação divergente da lei. A exigência de deliberação dos sócios para a distribuição de lucros está estabelecida por lei (art. 31.1 do CSC) com ressalva dos casos de distribuição antecipada de lucros e «outros expressamente previstos na lei». À primeira vista, o que se ressalva é apenas a eventual competência de outro órgão: o órgão de administração, no caso da distribuição antecipada de lucros (art. 297)[27].

[26] Cfr. os arts. 991 do CC, 31.1, 33.4 e 34.5 do CSC, bem como, com indicações de outros ordenamentos jurídicos, por ex., Evaristo Mendes, «Lucros de exercício», *RDES* 1996, p. 358 e s., 302 e ss. (308 e ss., 324 e ss., 339, etc.), e «Direito ao lucro de exercício», in *Estudos dedicados ao Prof. Doutor M. J. Almeida Costa*, UCE, Lisboa, 2002, p. 509 e ss., 520, Fátima Gomes, *Direito aos lucros...*, Coimbra (Almedina) 2011, p. 309 e ss., 317 e ss., Paulo Olavo Cunha, *Direito das Sociedades Comerciais*[7] (2019), p. 370 e ss., Menezes Cordeiro / M. Brito Bastos, in *CSC Anotado*[3] (2020), n. 10 ao art. 294, p. 1027, admitindo, no entanto, uma cláusula estatutária a prescrever a atribuição direta de lucros (nota 13). Cfr., ainda, os Acs.TRG de 29.06.2017 (Conceição Bucho) e 7.06.2018 (Maria Amália Santos) e o Ac.TRL de 26.05.2020 (Manuela Espadeira Lopes).

[27] Mesmo quanto à distribuição comum de lucros, a competência também poderia, nas SA de estrutura dualista, ter sido atribuída ao CGS; mas não foi essa a opção do nosso legislador.

Mais em geral, quanto a outros atos de afetação do património social em benefício dos sócios, podem referir-se, porventura, o art. 347.4/7 e o art. 342.5, se, neste caso, a atribuição do dividendo prioritário se considerar um ato devido do órgão de administração, sendo o correspondente dever suscetível de execução específica.

Todavia, a lei também comporta a interpretação de que haverá, ou poderá haver, casos de transferência automática de valor da sociedade para a esfera jurídica dos sócios, sem necessidade de um negócio social atributivo. Como exemplo possível, teremos o exercício de um direito potestativo de exoneração (cfr. o art. 185 do CSC). E – com especial interesse para o nosso tema – alguns autores acrescentam a situação prevista nos arts. 217.1 e 294.1, relativos à distribuição anual de lucros[28].

No que respeita a estes artigos, note-se, contudo, que o próprio teor dos mesmos vai contra tal interpretação, ao aludir, no nº 2, à deliberação constitutiva do crédito[29]. E neles também não se descobre uma norma a dispensar, *expressamente*, a deliberação da coletividade social, como se prevê no art. 31.1.

2. Vertentes do direito ao lucro e seu significado. O problema da tutela das minorias

Decorre do que antecede que, em sentido lato, o direito ao lucro compreende: i) o *direito a receber uma quota-parte dos lucros que a sociedade venha a distribuir*, durante a sua vida ativa (precípua e especificamente sob a forma de distribuição de lucros de exercício, mas também de reservas de lucros, redução do capital exuberante parcialmente formado com lucros e, inclusive, aumento do capital por incorporação de reservas e distribuição de novas quotas e ações), ou na respetiva liquidação (lucro final); em regra, proporcional ao valor nominal da participação do titular; ii) o *direito à distribuição periódica de lucros de exercício*, destinado a assegurar a efetividade prática do primeiro – e afirmando do mesmo passo a sociedade como uma organização de fim *comum* lucrativo (destinada a autovalorizar-se no efetivo benefício de todos os sócios) –, que, nas SQ, SA e SCA, assume legalmente a forma de

[28] Cfr. as indicações constantes de Evaristo Mendes, «Direito ao lucro de exercício» (2002), p. 523 e ss. [mormente, Cassiano dos Santos, e P. Tarso Domingues, cfr. também, deste autor, a anotação ao art. 294 do CSC, in *CSC em Comentário* V (2018), p. 292 e s.], e, por ex., Coutinho de Abreu, *Das Sociedades* (2021), p. 438 e ss.

[29] Note-se que, quer no art. 991 do CC quer nestes preceitos, a lei fala numa deliberação de *atribuição* de lucros.

um direito ao recebimento de uma quota-parte de 50% do lucro de exercício distribuível; e iii), embora com distinta natureza jurídica, porque se trata de um crédito autónomo, fora do poder de disposição dos órgãos sociais, o *direito ao dividendo deliberado*.

a) O primeiro pode qualificar-se como o direito ao lucro *stricto sensu*. Mesmo sendo um direito social, é um direito individual intangível[30].

O segundo – embora se afigure à primeira vista um direito dispensável e instrumental em relação ao anterior[31] –, numa sociedade fechada (em que as participações não têm verdadeiro mercado e um real ou reconhecido valor de mercado, mormente as participações minoritárias), de duração indeterminada e sem direito de exoneração geral, apresenta-se, na realidade, como necessário para a efetiva remuneração do capital de risco, a existência de uma organização com um fim *comum* lucrativo e a afirmação da igualdade material dos sócios; pelo menos quando os minoritários não têm acesso ou não estão em condições de desempenhar cargos sociais remunerados e a sociedade em causa não funciona de modo consensual mesmo em questões fundamentais como esta, mas como uma estrutura de poder plutocrática, não raro tratada pelos detentores do poder maioritário como «coisa própria». Trata-se de um direito *social* por excelência, porque envolve a colaboração da sociedade na sua efetivação – sobretudo através da coletividade

[30] Parcialmente protegido, em caso de aumento do capital social, pelo direito de subscrição preferencial de novas quotas e ações e podendo justificar, ainda, a emissão destas com prémio ou ágio. Cfr. *supra*, 1.1.1.

[31] Na verdade, o direito em causa, na sua configuração legal, pode ser derrogado pelos estatutos (cfr. *infra*, 3.2) e não existe noutros ordenamentos jurídicos próximos do nosso, embora neles haja autores a salientar a insuficiência do existente estado de coisas [cfr. Evaristo Mendes, «Lucros de exercício» (1996), p. 302 e ss.]. No caso alemão, o § 29 da GmbHG (alterado em 1985), na sua versão original, consagrava um princípio de plena distribuição do lucro de exercício distribuível, mas o atual nº 2 dispõe: Na deliberação relativa à aplicação dos resultados, podem os sócios, quando o contrato de sociedade não disponha de outro modo, levar montantes do mesmo a reservas ou mantê-los como lucro transitado. A intenção foi flexibilizar a regra preexistente, conferindo à coletividade dos sócios o poder de decidir o que fazer ao lucro apurado distribuível. Passando as minorias a ser protegidas essencialmente através das cláusulas e princípios gerais, como os da igualdade e da lealdade ou fidelidade, abrangendo este também o da proporcionalidade. Cfr., por ex., Hueck/Fastrish, in Baumbach/Hueck, *GmbHG-Kommentar*[19], Munique (Beck) 2010, p. 451 e ss, § 29, n. 29 e ss., Roth, in Roth /Altmeppen, *GmbHG-Kommentar*[8], Munique (Beck) 2015, p. 536 e s., § 29, n. 20 a 23, Pentz, in Rowedder/ Schmidt-Leithoff, *GmbHG-Kommentar*[5], Munique (Vahlen) 2013, p. 808 e ss., § 29, n. 83 e ss., com mais indicações.

social, mas também do órgão de administração, a quem cabe apresentar proposta fundamentada acerca do destino a dar aos resultados de exercício[32] – e depende, em maior ou menor medida, do poder corporativo maioritário, que pode conformar o seu conteúdo e, inclusive, pelo menos quanto à sua configuração legal nas SQ, SA e SCA, extingui-lo (cfr. *infra*, 3).

O direito ao dividendo deliberado também é frequentemente qualificado como direito ao lucro concretizado, ou direito ao lucro concreto, por contraposição aos anteriores, considerados abstratos. A terminologia é sem inconvenientes, desde que se tenha claramente presente que, ao contrário dos anteriores, ele já não tem caráter social (embora seja de fonte ou matriz social, o que lhe confere um regime especial, no confronto com os direitos de crédito pecuniários em geral, mormente o relativo à conservação do capital): não integra o conteúdo da participação social e, portanto, não está sujeito ao aludido princípio da incindibilidade desta, nem ao princípio da maioria. No tráfico jurídico, comporta-se como um objeto jurídico distinto da participação em que se funda ou de que deriva[33].

b) As observações que antecedem são importantes, designadamente, para contrariar a doutrina «corporativista» e formalista tradicional, segundo a qual o único e verdadeiro direito ao lucro é o primeiro. Na verdade, ele é apenas um direito básico, de defesa da «propriedade». A dimensão económico-produtiva e lucrativa da sociedade encontra-se no segundo. Realçando-se que, sendo o lucro a única forma legalmente admitida de remuneração do investimento em capital de risco, a concreta configuração da sociedade e das participações pode torná-lo um instrumento *necessário* para a efetiva proteção das minorias.

Este é, de resto, outro tópico a salientar: com origem no liberalismo oitocentista, prevaleceu durante grande parte do séc. XX uma conceção do direito societário eminentemente formalista, ao serviço essencialmente da sociedade enquanto produtor coletivo de riqueza. Porém, uma vez fortalecidos os tecidos produtivos nacionais, mormente na Europa, com a tomada de consciência de que o crescente poder económico privado carecia de regulação, com o refinamento da administração da justiça e com o triunfo progressivo do Direito material sobre o Direito formal (apesar das modernas tendências procedimentalistas), passou a prestar-se a devida (ou redobrada) atenção ao problema das minorias e à sua proteção, em paralelo com

[32] Cfr. o art. 66.5*f)* do CSC.

[33] Cfr., por ex., Evaristo Mendes, «Direito ao lucro de exercício» (2002), p. 531 e ss.

o que aconteceu, designadamente, com o consumidor e com os investidores em instrumentos financeiros. O presente texto insere-se nesta linha.

3. Direito ao lucro de exercício e tutela das minorias

Nas sociedades por quotas e anónimas fechadas, de restrita base social, em que os sócios, pessoas singulares, ocupam simultaneamente cargos sociais remunerados, mormente de gerentes ou administradores, existe uma prática generalizada, quer em Portugal quer noutros países, de não distribuição (formal) de lucros; ou de não distribuição regular dos mesmos, numa medida razoável, em face da situação financeira da sociedade. Ou seja, nem os gestores, nem a coletividade social incorporam, na gestão estratégica e operacional da sociedade, a remuneração do investimento em capital de risco, capital este a que acrescem frequentes garantias pessoais do passivo social de maior montante e onerosidade, mais gravosas, inclusive, no tratamento que lhes tem vindo a ser dado pelos tribunais, que as garantias legais do passivo que impendem sobre os sócios das sociedades gerais e em nome coletivo e sobre os sócios comanditados[34].

Tal prática não suscita, em geral, reservas de monta[35]. Mas já se mostra problemática em sociedades nas quais os minoritários não ocupam tais cargos sociais remunerados – e, portanto, não têm acesso às vantagens que, por essa via, a corporação proporciona aos maioritários – nem conseguem beneficiar efetivamente da valorização que a sociedade vai tendo, por via da alienação das participações, no todo ou em parte, dada a ausência de mercado para as mesmas. Acresce que, com frequência, a situação dos minoritários ainda é agravada pela circunstância de, em relação a eles, a sociedade funcionar, não como uma plataforma de colaboração na realização do fim comum, mas como uma estrutura de poder de que a maioria se serve

[34] Sobre o assunto, cfr., por ex. e com mais indicações, Evaristo Mendes, «Aval prestado por sócios de sociedades por quotas e anónimas e perda da qualidade de sócio», *RDS* VII (2015), nºs 3/4, págs. 587-616.

[35] Não assim, se, como também sucede com frequência, embora contra o disposto na lei – cfr., em geral, os arts. 29 e 62 do CCom e o DL 158/2009 (com alterações) e, em especial, os arts. 65 e ss., 451 e ss., 508-A e ss. e 528.1 do CSC –, nem sequer há a elaboração e aprovação regular das contas ou estas não respeitam os princípios e normas contabilísticos, mormente contendo propositadas e importantes reservas ocultas. O problema ainda se agrava, naturalmente, quando existem, à margem da lei, fenómenos de subfacturação e desvio «clandestino» de valor criado pela sociedade diretamente para os patrimónios de quem efetivamente a administra e domina.

para a gerir como coisa própria. Na prática, estão reféns da corporação[36], a quem se encontra confiado o seu investimento em capital de risco (porventura reforçado com as aludidas garantias pessoais), e este não tem qualquer espécie de remuneração, estando apenas ao serviço dos interesse da maioria; ou seja, a quota-parte que legal e estatutariamente lhes cabe no valor da sociedade está na disponibilidade de outrem, encontra-se sujeita ao risco associado do empreendimento social (não raro agravado pelas aludidas garantias pessoais) e representa um investimento estéril, porque não remunerado. E a situação não é substancialmente diferente quando a sociedade é dominada por um sócio coletivo, nacional ou estrangeiro, que promove uma gestão da mesma exclusivamente enquanto peça do agrupamento societário em que ela se integra.

Consciente da existência de situações deste género e não querendo reconhecer aos sócios das SQ, SA e SCA, mesmo fechadas, um direito geral de exoneração, nem sequer por justa causa e de exercício judicial, o legislador do CSC procedeu a ajustamentos no ordenamento societário em duas frentes: i) facilitou a saída e o desinvestimento dos sócios que, tendo encontrado adquirente para as respetivas quotas ou ações, esbarrem com restrições legais ou estatutárias a essa saída e desinvestimento[37]; e (ii) concedeu-lhes – nos arts. 217.1 e 294.1 – um direito a reclamarem, anualmente, a sua quota-parte de 50% do lucro de exercício distribuível, revelado pelas competentes demonstrações financeiras. A análise que se segue incide, por um lado, sobre este direito – surpreendendo a respetiva configuração e o seu alcance protetor; por outro lado, sobre os mecanismos de que, na sua falta, as minorias podem lançar mão para conseguirem uma razoável remuneração do seu investimento.

3.1. Direito à distribuição periódica de lucros como meio de tutela. Configuração legal e violação

Na versão inicial do CSC, os arts. 217.1 e 294.1 do CSC reconheciam a todos os sócios, independentemente do valor da respetiva participação, o direito a reclamar da coletividade social, ano a ano, a atribuição da sua quota-parte

[36] Cfr. também Pedro Pais de Vasconcelos, *A Participação Social* (2006), cit., p. 163, observando, ainda, que reféns podem ser, igualmente, os maioritários.

[37] Cfr. os arts. 231 e 329.3 do CSC; de inspiração francesa, dado que o ordenamento gaulês desde há muito se preocupa com a situação do sócio «prisonnier de son titre», embora este suporte o risco de (não) mercado da sua participação.

de metade do lucro de exercício distribuível. Tratava-se de um direito – na interpretação dominante dos preceitos – suscetível de ser suprimido pelo pacto social, originária e supervenientemente, como ainda hoje sucede (cfr. *infra*, 3.2)[38]; mas, embora com esta debilidade, era um direito individual, encabeçado por qualquer sócio.

A situação alterou-se logo na primeira revisão do CSC, menos de um ano após a sua promulgação: os preceitos passaram a permitir, ano a ano, uma derrogação ou afastamento *in casu* do direito, mediante deliberação tomada pela maioria qualificada de ¾ dos votos correspondentes ao capital social. Ou seja, na prática, o direito deixou de ser um direito individual e passou a ser um mero *direito de minoria*, especialmente qualificada (detentora de mais de 25% do capital), que, nas SQ, constitui uma minoria geral de bloqueio[39]. Os sócios detentores, individualmente ou em grupo, de quotas ou ações representativas de 25% ou menos do capital social não se encontram protegidos. Vejamos as duas situações.

a) Havendo uma minoria de sócios a reclamar a distribuição de lucros superior a 25%, se, ainda assim, a maioria fizer aprovar uma deliberação de não distribuição (ou distribuição insuficiente), a deliberação será anulável, nos termos do art. 58.1*a)* do CSC, por violação dos preceitos legais em apreço e do correspondente direito ao lucro neles consagrado; podendo a anulação fundar-se também em vício de procedimento, na medida em que a deliberação não atingiu a maioria legalmente exigida para o efeito. E, para além de promover a anulação, qualquer dos minoritários pode pedir ao tribunal (i) que declare atribuída a sua parte dos lucros – ou seja, constituído o seu crédito de dividendo –, substituindo-se à sociedade, nos termos do art. 830 do CC (extensiva ou analogicamente aplicado), e (ii) que condene a sociedade a pagar o valor correspondente[40] (cfr. *infra*, 3.3 e 3.4).

[38] Neste último caso, por maioria qualificada de ¾ dos votos correspondentes ao capital social, mesmo nas SA? À primeira vista, sim. O assunto requer, no entanto, maior reflexão. Cfr. Evaristo Mendes, «Direito ao lucro de exercício», p. 499 e ss. e 513, com indicações, e, por ex., Coutinho de Abreu, *Das Sociedades* (2021), p. 443 e s., P. Tarso Domingues, in *CSC em Comentário* V (2018), anotação ao art. 294, p. 294 e nota 70.

[39] Cfr. o art. 265 do CSC e, por ex., Fátima Gomes, *Direito aos lucros...*, Coimbra (Almedina) 2011, p. 306.

[40] Cfr. *infra*, 3.3 e 3.4 e, por ex., Evaristo Mendes, «Lucros de exercício» (1996), p. 284 e 296, «Direito ao lucro de exercício no CSC» (2002), p. 521 e ss., Menezes Cordeiro / M. Brito Bastos, in *CSC Anotado*[3] (2020), n. 11 ao art. 294, p. 1028.

O mesmo se aplica, *mutatis mutandis,* se a minoria reclamante for igual ou inferior a 25%, mas, apesar disso, a deliberação de não distribuição não tiver a seu favor ¾ do total dos votos existentes, designadamente porque houve abstenções ou parte dos restantes sócios não participou na competente reunião da assembleia geral[41]. Com efeito, também neste caso a deliberação é viciada e, destruída ela, os minoritários devem poder fazer valer o seu direito.

b) Se a sociedade conseguir aprovar uma deliberação de não distribuição pela referida maioria qualificada, em princípio, os minoritários oponentes não têm fundamento para a impugnar. Subsiste, contudo, o problema: estes não devem, ao menos, ser protegidos contra uma prática reiterada de não distribuição (razoável) de lucros? Se sim, com que fundamento jurídico?

O primeiro segmento da questão merece resposta afirmativa; e o fundamento mais conforme à finalidade lucrativa da sociedade e das participações sociais, bem como à tendência contemporânea para proteger as minorias, não apenas através de cláusulas e princípios gerais como os da igualdade, da lealdade e da proporcionalidade, mas também mediante a extensão dos seus direitos, será, ainda, um não escrito – e inderrogável, salvo nas sociedades cotadas e equiparáveis – direito à distribuição periódica de lucros, considerando que o mencionado direito legal à distribuição anual é apenas uma modalidade específica, rígida e derrogável do mesmo. Ou seja, além deste direito legal à distribuição anual, derrogável contra minoritários com 25% ou menos de capital, importa afirmar a existência de um *direito flexível à distribuição periódica de lucros* – numa medida razoável, isto é, operando uma concordância prática do interesse social e do interesse dos minoritários –, válido também para os casos em que os estatutos suprimam aquele direito legal (cfr. *infra,* 3.2).

Na verdade, embora se compreenda que a lei apenas reconheça o direito consagrado nos preceitos referidos, com a configuração que aí tem, quando haja uma minoria especialmente qualificada a reclamar a distribuição dos lucros (ou quando falte uma maioria qualificada de sentido contrário)[42], não se compreenderia a total ausência de um direito à distribuição periódica de lucros encabeçado por minorias menos qualificadas – que, inclu-

[41] Acerca da maioria em apreço, com diferente leitura, mas sem ter a seu favor nenhum dos elementos da interpretação das leis, cfr. o Ac.TRL de 11.12.2019 (Pedro Brighton).

[42] Não se trata do único caso em que o legislador deixa sem proteção minorias iguais ou inferiores a 25%. Cfr. também o disposto no art. 227.3 do CSC, parte final, «desajeitadamente» acrescentada ao texto de base, vindo do Anteprojeto de Coimbra de LSQ.

sive, mais carecem de proteção, porque, não detendo um poder geral de bloqueio, nem sequer estão em condições de pelo menos influenciar significativamente ou «pressionar» essa distribuição[43].

Em suma, para evitar a aludida anomalia da existência de sócios indefinidamente prisioneiros de um investimento estéril, e atendendo também às atuais preocupações protecionistas do ordenamento jurídico, deduzimos do sistema jurídico-societário – nas SQ, SA e SCA sem um direito geral de exoneração[44] e de índole fechada, cujas participações sociais, mormente as minoritárias, embora (teórica ou abstratamente) transacionáveis, não têm mercado –, como coordenada fundamental do mesmo, a existência de um direito à distribuição periódica de lucros, de caráter flexível mas inderrogável (porque constitui um instrumento fundamental de tutela do investimento e das minorias). Direito esse que aflora nos arts. 217.1 e 294.1 do CSC numa versão mais rígida, mas que, na prática, apenas protege minorias especialmente qualificadas (porque derrogável em concreto, ano a ano) e é suscetível de ser suprimido pelos estatutos.

3.2. Afastamento estatutário do direito legal. Subsistente direito à distribuição periódica de lucros(?)

Como já se notou, o direito legal consagrado nos arts. 217.1 e 294.1 do CSC é suscetível de ser suprimido pelos estatutos, originária e supervenientemente[45]. Ocorrendo esta supressão, ganha redobrada acuidade o referido

[43] A não ser, porventura, contrapondo ao «abuso» da maioria a ameaça de campanhas depreciativas da sociedade e/ou um exercício abusivo de direitos sociais, mormente os de impugnação sistemática e injustificada de deliberações sociais, à informação e inquérito judicial.

[44] Situação que ocorre na configuração legal dos tipos, segundo a interpretação dominante do CSC. Sobre o assunto, cfr. *infra*, 6.

[45] Sobre o caráter dispositivo dos preceitos em causa e a correspondente possibilidade de supressão do direito pelo pacto social, cfr., expressa e desenvolvidamente, o Ac.STJ de 12.10.2010 (Urbano Dias), bem como os Acs.TRC de 21.12.2010 (Carlos Gil) e 19.02.2013 (Henrique Antunes), e o Ac.TRG de 9.03.2010 (Rosa Tching), *CDP* 37 (2012), p. 27 e ss., com anotação concordante de P. Tarso Domingues. Já antes, cfr. o Ac.STJ de 7.01.1993 (Raul Mateus) e o Ac.TRC de 2.07.1991 (Herculano Namora), consultáveis na *RDES*, 1996, p. 257 e ss., 275 e ss., e o Ac.TRP de 11.01.1990 (António Lebre). *Contra*, cfr. o Ac.TRC de 6.03.1990 (Fernando Castanheira da Costa), *ibidem*, p. 269 e ss. Na doutrina, no sentido da possibilidade de (plena) supressão do direito, cfr., por ex., Evaristo Mendes, «Direito ao lucro de exercício» (2002), p. 497 e ss., Coutinho de Abreu, *Das Sociedades* (2021), p. 441 e ss., Menezes Cordeiro / M. Brito Bastos, in *CSC Anotado*[3] (2020), n. 8 ao art. 217 e n. 7 ao art. 294, p. 771 e 1026, todos com mais indicações. *Contra*, veja-se, sobretudo, Paulo Olavo Cunha, *Direito das Sociedades Comerciais*[7],

problema da tutela das minorias, porque agora ele respeita a todos os sócios minoritários, mesmo os detentores de participações representativas de quase 50% do capital[46]. E ao que se referiu, quanto às características das sociedades e participações sociais em questão, incluindo a observação de que o lucro é a forma legal específica e única de retribuição do investimento realizado pelos sócios em capital de risco[47], importa acrescentar que a efetiva perceção de lucros também releva do ponto de vista do papel que, numa sociedade, cabe aos sócios.

Com efeito, levando a sério esta sua qualidade de membros da corporação, é suposto – no seu próprio interesse e no interesse mais geral do bom funcionamento das sociedades – eles participarem no exercício das competências da coletividade social, acompanharem a atividade da sociedade e realizarem uma fiscalização geral da legalidade e conformidade aos estatutos (e regulamentos sociais) da mesma, impugnarem as deliberações inválidas e proporem subsidiariamente ações de responsabilidade contra os gerentes e administradores, etc. Ora, esse acompanhamento e exercício de direitos envolve naturais custos, mostrando-se estes sem justificação económica e mesmo incomportáveis, ainda que os sócios detenham percentagens de capital significativas e participações vultosas, se a sociedade não distribui lucros e, inclusive, as perspetivas de desinvestimento, mediante alienação das participações, são limitadas ou mesmo nulas. Desse modo, a participação social, em vez de ser posição essencialmente beneficiária, torna-se um encargo; o que carece de racionalidade económica, traduz uma situação

Coimbra (Almedina) 2019, p. 159, 358 e ss., defendendo que os preceitos em apreço só podem ser derrogados no sentido da exigência de distribuição de uma percentagem de lucros superior a 50% (garantia de distribuição mínima) e fornecendo ulteriores indicações doutrinais e jurisprudenciais. Para um quadro sintético das diversas posições doutrinais, veja-se Fátima Gomes, *Direito aos lucros...*, Coimbra (Almedina) 2011, p. 328 e ss.

[46] A própria supressão estatutária do direito legal existente pode ser um problema para as minorias aparentemente favoráveis à mesma, se as fórmulas utilizadas de algum modo a camuflarem. Daí a necessidade de redação cuidada do pacto social: o alcance deste deve ser facilmente compreensível para os seus destinatários. Na dúvida, em princípio, a falta de clareza há de jogar contra a sociedade. Sobre o assunto, cfr. Evaristo Mendes, «Direito ao lucro de exercício» (2002), p. 488 e ss., Fátima Gomes, *Direito aos lucros...*, Coimbra (Almedina) 2011, p. 328 e ss., com mais indicações, Coutinho de Abreu, *Das Sociedades* (2021), p. 441 e s., o Ac.STJ de 13.11.1990 (Brochado Brandão) e os Acs. TRC de 19.02.2013 (Henrique Antunes) e 21.12.2010 (Carlos Gil).

[47] Mesmo no caso do capital suplementar, acaba por ser assim: cfr. o art. 213 do CSC.

injusta para minoritários e envolve a frustração de razoáveis e legítimas expectativas dos sócios enquanto investidores. Também por esta razão, entendemos que as minorias devem ser protegidas, pelo menos contra a não distribuição sistemática de lucros (num montante razoável). Vejamos de que modo.

a) A via mais conforme com as coordenadas fundamentais do sistema é da afirmação de um subsistente *direito (flexível) à distribuição periódica de lucros*, como exposto acima (*supra*, 3.1). A supressão estatutária do direito na sua configuração legal supletiva não o atinge: apenas lhe arredonda e torna mais fluidos os contornos.

Tal obriga, naturalmente, os sócios maioritários, gerentes e administradores a definir uma política de distribuição de lucros, integrando-a no planeamento estratégico da atividade social, de modo a dar cumprimento a tal direito; que será violado por uma prática sistemática de não distribuição, em montante razoavelmente compatível com a preservação da existência e a valorização da sociedade num arco temporal de longo prazo[48]. Uma vez apurada a violação do direito – indiciariamente atestada por uma não distribuição de lucros por período superior a 3-5anos[49], apesar de eles existirem em montantes consideráveis[50], e pela falta de contemplação da variável em causa no planeamento estratégico da atividade –, a deliberação em causa é anulável e os minoritários podem obter do tribunal a constituição do crédito e a condenação da sociedade no seu pagamento (cfr. *supra*, 3.1).

b) Concebem-se outras vias de reação a uma não distribuição sistemática de lucros, como se verá a seguir (*infra*, 3.3). O caminho é, no entanto, menos linear e menos claro. Além disso, a afirmação de um direito à distribuição periódica e razoável de lucros apresenta outras vantagens. Por um lado, permite ir mais longe: uma vez constituída e consolidada a empresa social, as distribuições razoáveis em apreço deverão ser tendencialmente

[48] Há trechos na nossa jurisprudência que ainda vão mais longe, na afirmação de uma necessária política de distribuição. Cfr., por ex., o Ac.TRP de 22.02.2021 (Eugénia Cunha).

[49] Cfr. *infra*, 6, a respeito do direito de exoneração.

[50] Se, adicionalmente, a retenção de lucros se inserir numa lógica de mero entesouramento, a violação do direito torna-se patente: estando em causa lucros que não são investidos ou reinvestidos na atividade produtiva da sociedade, mas objeto de uma mera aplicação em depósitos, instrumentos financeiros, etc., a sua retenção torna-se ilegítima, porque aplicações deste tipo também as podem fazer os sócios individualmente e porque estes podem dar-lhes um destino para eles mais premente e/ou valioso.

anuais, fora períodos de crise ou conjunturas desfavoráveis, atuais ou prováveis[51]. Por outro lado, estando em confronto um *poder* privado (corporativo) – concebido essencialmente para servir o interesse social, na conservação e prosperidade da sociedade num arco temporal de longo prazo – e um direito fundamental dos sócios, o primeiro pode considerar-se sujeito ao princípio da proporcionalidade[52]. Deve haver uma concordância prática entre eles, um justo equilíbrio.

3.3. Ausência de direito à distribuição periódica de lucros e tutela das minorias

Não querendo aceitar-se a via preconizada da existência de um direito flexível, mas inderrogável, à distribuição periódica de lucros, importa ver de que modo podem os minoritários reagir contra uma sua não distribuição sistemática. Na generalidade dos casos submetidos aos nossos tribunais, é invocado no art. 58.1*b)* do CSC; mas, no contexto em apreço, raramente se verificarão os pressupostos de aplicação do mesmo; e, mesmo que isso suceda, dificilmente os minoritários conseguem fazer a competente prova. Invoca-se também com frequência o art. 334 do CC, considerando tal prática contrária aos bons costumes (STJ 1993) ou à boa fé (coordenadas fundamentais do ordenamento jurídico)[53]. Afigura-se, contudo, que o principal fundamento jurídico a considerar será o crescentemente afirmado *princípio* geral do direito societário *da lealdade ou fidelidade ao fim comum*, com expressão particularmente vincada quando está em causa o exercício do poder maioritário de caráter censitário, embora ele se estenda também ao exercício de um poder (minoritário) de bloqueio e, mais latamente, à conduta de

[51] O que aproxima a posição em causa da dos autores que entendem o direito legal como inderrogável pelos estatutos, reconhecendo aos interessados apenas uma flexibilização do direito, quanto à percentagem a distribuir. Note-se, contudo, que, no nosso ponto de vista, o direito afirmado no texto não existe – ou não é exercitável – sem mais, mas apenas no circunstancialismo ou contexto aí apontado. Além disso, embora se admita como princípio que a política de dividendos deve integrar o planeamento estratégico da sociedade, para lá de razões conjunturais, pode haver razões económicas ponderosas suscetíveis de justificar uma compressão temporária das distribuições, como o lançamento, consolidação ou recuperação de um projeto fundamental para o desenvolvimento da empresa social.

[52] Cfr. o art. 18.2 da CRP.

[53] Cfr., por ex., o Ac.TRP de 22.02.2021 (Eugénia Cunha) e, ainda, os Acs. TRP de 12.09.2011 (Soares de Oliveira) e TRL de 11.12.2019 (Pedro Brighton), bem como Menezes Cordeiro / M. Brito Bastos, in *CSC Anotado*[3] (2020), n. 12 ao art. 294, p. 1028, com mais indicações.

qualquer sócio de uma sociedade fechada, como o revela, de modo explícito, o art. 242.1 do CSC[54].

a) Através deste princípio, com os deveres específicos que o densificam, protegem-se, *in casu*, os minoritários – não num seu direito à distribuição periódica de lucros, que se considera inexistente (ou, no caso da sua manifestação legal, suprimido ou afastado) –, mas, ainda, no interesse que com tal direito seriam tutelados: o interesse na remuneração do seu investimento, através de uma distribuição razoável de lucros. Não haverá lugar, portanto, à conciliação ou concordância prática de direitos (ou de um poder jurídico e de um direito), mas ocorrerá, ainda, uma ponderação de interesses, levando em devida consideração o interesse dos minoritários, na prossecução do interesse social – entendido, pelo menos nuclearmente, como interesse comum de todos os sócios – veiculado pela maioria. E, a este respeito, importa notar que, se este interesse se identifica com o interesse comum dos sócios, de todos eles, a sua realização passa forçosamente pela partilha de lucros com os minoritários que não têm outra maneira de efetivamente beneficiarem com a sua criação pela sociedade.

Note-se, ainda, a este respeito, que – além deste princípio da lealdade ou fidelidade ao fim comum dos sócios, que, no caso, vincula a sociedade e os sócios maioritários para com os minoritários – importa levar em conta também os deveres de gestão dos gerentes e administradores, a quem cabe apresentar uma proposta fundamentada de aplicação do resultado de exercício. Na verdade, os gerentes e administradores têm o dever de gerir a sociedade no interesse de todos os sócios (art. 64 do CSC), promovendo

[54] Acerca da aplicação do princípio no contexto em apreço, cfr. já Evaristo Mendes, «Lucros de exercício», *RDES* 1996, p. 353 e ss. (a respeito do direito alemão). Cfr. também, na Alemanha, além das indicações aí registadas, por ex., Roth, in Roth /Altmeppen, *GmbHG-Kommentar*[8], Munique (Beck) 2015, p. 295 e ss (§ 13, n. 29 e ss.), 536 e s. (§ 29, n. 20 a 23), com mais indicações, e *infra*, nota 66. Em geral, com referências também a tema que nos ocupa, cfr., por ex., Pedro Pais de Vasconcelos, *A Participação Social* (2006), cit., p. 312 e ss., 320 e ss., 78 e s., Coutinho de Abreu, *Das Sociedades* (2021), cit, p. 277 e ss., 296 e ss.
Note-se que, sendo o tema do presente artigo a tutela das minorias, não tratamos do eventual exercício abusivo (ou contrário ao dever de lealdade) do direito invocado pelos minoritários; o que não exclui, naturalmente, a sua existência. Cfr. também *infra*, 6, e, em geral, Pedro Pais de Vasconcelos, *cit.*, p. 358 e ss. Contra a existência de um princípio ou dever geral de lealdade (com âmbito para além das disposições legais em que pode ver-se manifestado), cfr. Paulo Olavo Cunha, «(Acerca da) Inexistência do dever (específico) de lealdade dos sócios e acionistas», in *V Congresso DSR*, Coimbra (Almedina) 2018, p. 17-32.

a realização do fim *comum* lucrativo da sociedade[55]. Ora, nas circunstâncias que se analisam, tal implica a adoção de uma política de dividendos que contemple o interesse e as legítimas expectativas dos minoritários de efetiva remuneração do seu investimento (cfr. também *supra*, 3.2), conciliando-os ou harmonizando-os com o interesse da sociedade na preservação da sua existência e prosperidade num arco temporal de longo prazo. O objetivo da administração da sociedade não deve ser apenas a valorização desta, mas a sua valorização no efetivo (não apenas formal ou nominal) interesse e benefício de todos os sócios-investidores. Sendo o lucro a única forma legal de remuneração do capital e – nas sociedades consideradas – a única forma de efetivo acesso dos minoritários aos benefícios da valorização da corporação, há um dever de gestão de incluir nesta uma adequada política de dividendos[56].

b) O fundamento jurídico do princípio e a natureza dos correspondentes deveres podem discutir-se. Com efeito, no essencial, ele tanto pode reconduzir-se a um dever social geral de promover a realização do fim comum, de índole *contratual*, como pode ver-se nele uma manifestação qualificada do princípio da boa fé nas relações colaborativas de fim comum (mas transmutáveis em relações de poder), ou seja, um dever *legal* lateral de proteção, dos sócios e da sociedade.

Em qualquer das hipóteses, para além de poder servir de fundamento invalidante de deliberações sociais, nos termos do art. 58.1*a)* do CSC, e fonte possível da obrigação de indemnizar, admite-se que dele possam extrair-se, excecionalmente, deveres de comportamento positivo. Mas requer maior reflexão a questão de saber se dele pode deduzir-se o dever de tomar ou fazer aprovar uma deliberação que contemple o interesse dos minoritários, dever esse suscetível de execução específica (art. 830 do CC). Sendo a resposta positiva, poderá não haver grande diferença prática entre o recurso a esta via de tutela e a do indicado direito; mas não assim se for negativa. Ou seja, torna-se fácil fundamentar no princípio a anulação da deliberação de não distribuição e associados deveres de indemnizar, mas já não é claro que seja uma via, ou a melhor via, para afirmar um adicional dever de distribuir, suscetível de execução específica. Nesta medida, o reconhecimento aos sócios de um direito à distribuição periódica de lucros mostra-se mais

[55] Considerando, em geral, que a qualidade de gerente ou administrador por parte de sócio reforça o dever de lealdade deste enquanto tal, cfr. Pedro Pais de Vasconcelos, *A Participação Social* (2006), cit., p. 78 e s. e 366.

[56] Cfr. Evaristo Mendes, «Direito ao lucro de exercício» (2002), p. 506 e 516.

adequado e conforme ao estado do Direito, tal como, no seu resultado prático, tem vindo a ser declarado pelos tribunais[57].

3.4. Direito a satisfazer interesse do próprio

Em sintonia com a epígrafe, a inserção sistemática e a razão de ser dos artigos 217.1 e 294.1 do CSC – mas contra o seu teor literal, quando neles se afirma que «não pode deixar de ser distribuído aos sócios metade do lucro de exercício...» –, tais preceitos não contêm normas de ordenação societária geral: apenas atribuem *direitos* subjetivos individuais, ou seja, só impõem a distribuição necessária para satisfazer o direito dos sócios interessados a receberem a sua quota-parte de 50% do lucro de exercício distribuível. Se o órgão competente deliberar a distribuição, no todo ou em parte, do lucro, a deliberação vincula mesmo eventuais sócios que votem contra ela. Mas, se um ou mais sócios minoritários querem a distribuição, não podem pretender, exercendo o seu direito, que todos os demais sócios, mesmo contra a vontade da maioria (vontade do órgão social), também recebam o seu quinhão. Daí que, proposta uma ação, o tribunal não possa substituir-se, sem mais, à sociedade, na tomada da deliberação em falta, declarando distribuída metade do lucro distribuível.

O mesmo vale para os restantes mecanismos de tutela dos minoritários. Em todos os casos, aquilo que o minoritário pode pedir ao tribunal, além da anulação da deliberação (no todo ou em parte – cfr. a seguir), é tão-só a atribuição da sua quota-parte do lucro e a condenação da sociedade a satisfazer o crédito respetivo. Mesmo se, subsequentemente, passa a ter uma participação nas reservas diminuída[58].

3.5. Ação de anulação e renovação/modificação da deliberação

Na linha do que acaba de escrever-se, se for proposta uma ação de anulação, a sociedade deve poder evitar o efeito anulatório, renovando ou modificando a deliberação, no sentido da satisfação da pretensão dos minoritários

[57] Independentemente do fundamento adotado, os nossos tribunais têm vindo a reconhecer aos sócios contestantes das deliberações de não distribuição de lucros, não apenas o direito de provocar a destruição destas, mas o adicional direito a receberem o seu quinhão de lucros em falta. Cfr. Evaristo Mendes, «Lucros de exercício» (1996), p. 257 e ss, 284 e 290 e s., 292 e s., 296.

[58] Cfr. Evaristo Mendes, «Direito ao lucro de exercício» (2002), p. 514 e ss. Cfr. também Menezes Cordeiro / M. Brito Bastos, in *CSC Anotado*[3] (2020), n. 17 ao art. 294, p. 1029.

e de uma eventual distribuição geral se, em face da distribuição a estes, for essa a vontade de mais sócios. E pode também opor-se ao pedido, pedindo prazo para o fazer; bem como, em todo o caso, pedir que a anulação, a ser decretada, se circunscreva à parte do sócio contestante[59].

4. Insuficiência da tutela

Vejamos agora se o regime exposto é adequado e protege efetivamente as minorias contra o exercício do poder maioritário, potencialmente opressivo ou injustamente lesivo do interesse fundamental típico dos sócios e das suas legítimas expectativas enquanto investidores. Antecipando a conclusão, a resposta é negativa, embora em grau variável consoante a interpretação que se dê à lei.

4.1. A situação dos minoritários na interpretação literal e dominante da lei

Na interpretação dominante do art. 31.1, segundo a qual toda a distribuição de lucros depende de um ato social de «desafetação» de valor da sociedade em benefício dos sócios, em regra uma deliberação da coletividade dos sócios, aliás a mais conforme às coordenadas fundamentais do sistema (cfr. *supra*, 1.3), sendo o direito legalmente consagrado duplamente «derrogável» – em, abstrato, por via estatutária, e em concreto, mediante deliberação, ainda que com maioria qualificada –, mesmo que se entenda que existe um direito geral e inderrogável à distribuição periódica de lucros, do qual o derrogável direito à distribuição anual consagrado nos arts. 217.1 e 294.1 é apenas um afloramento legal específico, a tutela é insuficiente. E a insuficiência ainda se torna mais nítida se se negar tal direito, tendo os minoritários que lançar mão dos complexos mecanismos alternativos – ainda que se defenda que eles levam a resultado semelhante.

Desde logo, na respetiva configuração legal, o direito não protege quem, tipicamente, mais precisa: os detentores de participações iguais ou inferiores a 25% do capital. Mesmo considerando a existência de um mais abrangente direito à distribuição periódica de lucros, este é insuficiente para os pequenos sócios, privados de quaisquer rendimentos sociais e forçados a suportar um encargo social, a quem não compensa a litigância e uma contestação reiterada e sistemática de sucessivas deliberações de não distri-

[59] Note-se, porém, que estes comportamentos sociais têm que ser aprovados pelos sócios; não se trata de assunto da competência da gerência ou administração.

buição. Aos próprios detentores de participações qualificadas de bloqueio, quando há uma supressão estatutária do direito ou quando eles têm que contestar deliberações procedimentalmente viciadas, os valores em jogo podem não compensar.

Acrescem os problemas relativos a conceitos fluidos, de difícil e incerta aplicação, como os da não distribuição «sistemática» de lucros, em montante «razoável», operando uma «justa ponderação» e conciliação dos direitos ou interesses em confronto. O que é fonte de insegurança e gera sobrecustos de litigância.

Além disso, o mecanismo de tutela em apreço, por um lado, envolve uma ingerência excessiva dos tribunais na vida das sociedades. Por outro lado, provoca uma ocupação excessiva dos mesmos com a questão, que só tem resolução pontual, ano a ano. Todavia, algo paradoxalmente, a subsistente ameaça de recurso ao tribunal também não funciona, na prática, como mecanismo de pressão e, portanto, como dispositivo moderador do poder maioritário, sobretudo tendo em conta as dificuldades financeiras (agravadas pela privação do lucro) e processuais com que as minorias se deparam.

4.2. Outras interpretações da lei

A conclusão anterior altera-se, mas não substancialmente, se se interpretar o art. 31.1 no sentido de que, aplicando-se os arts. 217.1 e 294.1, o crédito de dividendo se constitui automaticamente, na percentagem legal (eventualmente modificada estatutariamente), com a deliberação de aprovação das contas que revela a existência de lucro de exercício distribuível[60]. Na verdade, neste caso, faltando uma deliberação tomada pela maioria legal qualificada de ¾ do total dos votos existentes, é possível defender que o crédito – já constituído – permanece na esfera jurídica dos sócios, mesmo que seja tomada uma deliberação de não distribuição por maioria inferior.

a) Porém, a ser assim, teremos dois problemas. Primeiro: há uma discrepância entre o que se encontra consignado em ata e a situação jurídico-material; que parece requerer intervenção do tribunal, no sentido de anular a deliberação, emitindo do mesmo passo uma sentença a declarar o crédito já constituído, *ope legis*, com a deliberação de aprovação das contas. Ou seja, a efetivação do crédito dificilmente deixa de passar pelo tribunal: mesmo propondo o sócio uma ação de condenação, deve pedir simultaneamente a

[60] Cfr. *supra*, nota 2.

anulação da deliberação; e, quer o faça, quer não, o problema da validade da deliberação de «retirada» do direito estará naturalmente coenvolvido. Segundo: na solução em causa, o património social é automaticamente afetado, em benefício dos sócios, concretizando o fim lucrativo da sociedade, mas contra a vontade da maioria: impondo a esta o recebimento de lucros (e pagando o respetivo imposto), mesmo contra a vontade dos seus membros. Ou seja, o efeito conjugado da interpretação da lei com o exercício do direito por parte de um minoritário leva à perceção forçada de dividendos, afetando a política de autofinanciamento da sociedade (e a inerente liberdade/autonomia de gestão). E note-se que a deliberação pode não atingir a maioria de ¾ porque um ou mais sócios se abstêm, designadamente por estarem ausentes.

b) Este resultado anómalo só será evitado se for necessária uma ação judicial de anulação da deliberação de não distribuição e condenação na satisfação do crédito, que a sociedade possa contestar solicitando a anulação apenas parcial da mesma ou opondo uma já consumada modificação dela no sentido de derrogar o direito quanto aos respetivos votantes; subsistindo apenas o crédito do reclamante (e de eventuais abstencionistas que não lhe tenham dado posteriormente o seu assentimento).

c) Além disso, esta posição doutrinal não evita a derrogação do crédito: basta que haja uma deliberação tomada pela maioria legalmente exigida, via de regra porque a minoria discordante não é titular de um poder de bloqueio. O que obrigará os minoritários a contestá-la judicialmente, se ela não é pontual mas se insere numa prática de reiterada não distribuição de lucros (em montante razoável), com base no aludido direito mais geral à distribuição periódica de lucros, em abuso de poder, violação do dever de lealdade, etc.

d) Acresce que tal posição não evita os problemas mencionados quando as normas contidas nos preceitos legais são afastadas pelo pacto social. E, admitindo-se esta autonomia conformadora, também parece de admitir, funcionando a regra legal, que ela seja modificada pelos estatutos. Em primeiro lugar, no sentido de exigir para a constituição do crédito uma deliberação (afastando a sua constituição automática). Em segundo lugar, quer neste caso, quer no da deliberação de retirada do crédito constituído com a aprovação das contas, no sentido de que a maioria necessária seja inferior à legal, podendo, inclusive, no limite, ser uma maioria simples.

e) A tutela já será mais efetiva se – contra o texto da lei e a história dos preceitos – se entender que um sócio é titular de um direito estatutariamente inderrogável a receber a sua quota-parte de pelo menos 50% do lucro de exercício distribuível[61]; donde decorre naturalmente também a imodificabilidade da regra da maioria legal de ¾ dos votos correspondentes ao capital social. Posição que, de resto, tem a seu favor o argumento da comummente afirmada inexistência nas SQ, SA e SCA de um direito geral de exoneração, mesmo ocorrendo justa causa (cfr. *infra*, 6). Ainda assim, as minorias detentoras de 25% ou menos do capital continuam desprotegidas.[62]

5. Sociedades com garantias pessoais. Sociedades profissionais

Descendo dos tipos societários legais, enquanto modelos organizativos e regulatórios abstratos, ao mundo real, com os seus tipos sociais ou reais, a retratada situação dos sócios minoritários é suscetível de sofrer um agravamento substancial – tornando a irracionalidade económica da mesma ainda mais patente – se eles se tiverem constituído pessoalmente garantes do passivo financeiro da sociedade; condição que até pode ser mais gravosa que a de um comum sócio de responsabilidade ilimitada[63]. Daí uma maior premência na demanda de uma efetiva proteção dos mesmos.

Se, pelo contrário, a sociedade é essencialmente sustentada – e lucrativa – com financiamento bancário garantido apenas pelos maioritários, tal premência já será muito menor. Em casos limites, pode até argumentar-se que a pretensão de lucros dos minoritários é abusiva ou infundada, porque o seu contributo para a sua formação é nulo ou quase nulo.

Atenção especial merece também a situação dos *sócios profissionais*, legalmente obrigados a exercer a respetiva atividade profissional no quadro da sociedade e sendo tal atividade remunerada sob a forma de lucros. Em grande

[61] É a posição, como se viu, de Paulo Olavo Cunha, *Direito das Sociedades Comerciais* (2019), cit., p. 358 e ss., que, no entanto, adota a posição dominante da necessidade de um ato social de desafetação de valor em benefício dos sócios.

[62] Além de insuficiente, a solução deve também confrontar-se com a de outros países da UE, em que o direito à distribuição periódica não é reconhecido; embora na Alemanha as minorias consigam uma razoável proteção através de uma cuidada redação dos estatutos, do dever de fidelidade e da admissibilidade, como *ultima ratio*, de um direito de exoneração, como se contempla hoje em dia, expressamente, na LSC espanhola (cfr. *infra*, 6).

[63] Acerca da situação dos sócios garantes do passivo mais significativo da sociedade, cfr., com observações críticas acerca do atual estado do Direito pátrio, Evaristo Mendes, *supra*, 3, nota 34. Note-se que os sócios de responsabilidade ilimitada têm, legalmente, um direito potestativo de exoneração (desvinculação-desinvestimento) da sociedade (cfr. os arts. 1002 do CC, 185 e 474 do CSC).

parte por isso, as sociedades profissionais[64] – diferentemente do que sucede com as empresariais – têm, no entanto, correntemente uma prática de (quase) total distribuição de lucros; pelo que nelas, via de regra, o problema que analisamos não se colocará.

6. A exoneração como via de tutela

Assinalaram-se anteriormente as insuficiências da tutela do investimento das minorias nas SQ e SA fechadas de duração ilimitada (ou de larga duração), por via do reconhecimento aos sócios minoritários para quem o recebimento de lucros é, na prática, a única via de participarem no maior valor que a sociedade já gerou e vai gerando e que pertence a todos os sócios: (i) de um direito inderrogável à distribuição periódica de lucros (não escrito, mas deduzível do sistema); (ii) do direito legal consagrado supletivamente nos arts. 217.1 e 294.1 do CSC – preceitos que, além do seu caráter dispositivo, deixam de fora os sócios detentores de participações correspondentes a 25% ou menos do capital; (iii) do dever de lealdade ou fidelidade que impende sobre os maioritários e a sociedade e assume especial intensidade quando está em causa o exercício de um poder privado (no caso, aquele que tem maior expressão e significado, o poder maioritário) e/ou de outras cláusulas e princípios jurídicos gerais. Mesmo em países como a Alemanha, em que, para além de um regime especial constante da Lei das sociedades por ações *(Aktiengesetz)*[65], as minorias são protegidas através de um desenvolvido e cortante dever de fidelidade[66], aceita-se que, embora como *ultima ratio,* estas possam beneficiar do direito de exoneração por

[64] Cfr. o art. 11.3 das Lei das sociedades profissionais (L 53/2015). O legislador português inovou na terminologia, chamando-lhes sociedades de profissionais. A terminologia usada é, no entanto, patentemente inadequada, porque nem todos os sócios das sociedades que têm por objeto o exercício associado de uma profissão (logo, sociedades profissionais – cfr., por ex., as SCP francesas e a LSP espanhola) precisam de ser profissionais.

[65] Cfr. o § 58 e, por ex., Evaristo Mendes, «Lucros de exercício», *RDES* 1996, p. 349 e ss. Cfr. também o § 254 da AktG e, por ex., Hüffer, *Aktiengesetz-Kommentar*[9], Munique (Beck) 2010, p. 1350 e s., n. 3 e ss.

[66] Cfr., por ex., Hueck/Fastrish, in Baumbach/Hueck, *GmbHG-Kommentar*[19], Munique (Beck) 2010, p. 451 e ss., § 29, n. 29 e ss., Roth, in Roth / Altmeppen, *GmbHG-Kommentar*[8], Munique (Beck) 2015, p. 536 e s., § 29, n. 20 a 23, Pentz, in Rowedder/Schmidt-Leithoff, *GmbHG-Kommentar*[5], Munique (Vahlen) 2013, p. 808 e ss., § 29, n. 83 e ss., com mais indicações.

justa causa, que a jurisprudência (com o suporte da doutrina) elevou à condição de um direito geral do direito associativo privado[67].

Também na vizinha Espanha a discussão que teve lugar sobre o assunto levou à introdução, em 2011, na Lei das sociedades de capital, do art. 348-*bis*, que, «sin perjuicio del ejercicio de las acciones de impugnación de acuerdos sociales y de responsabilidad que pudieran corresponder», reconhece aos sócios das sociedades fechadas em geral um direito de exoneração por insuficiente repartição de dividendos durante 5 anos seguidos, essencialmente como mecanismo de pressão para forçar uma distribuição dos mesmos. Embora o direito possa ser afastado pelos estatutos, a sua supressão superveniente terá que ter o consentimento de todos os sócios, salvo se se reconhecer aos sócios que se lhe oponham o direito de se exonerarem.

Este é, na verdade, o mecanismo mais simples e eficaz de proteção das minorias, sem excessiva intromissão dos tribunais na vida e na política de gestão das sociedades. Além disso, apresenta outras vantagens. Primeira: funciona, essencialmente, como meio de pressão para a incorporação na gestão da sociedade de uma política de dividendos; ou seja, constitui um mecanismo regulador que, na generalidade dos casos, não passará pelo exercício do direito em causa. Segunda: permite uma maior flexibilidade (ou menor rigor) na análise e interpretação do regime legal da distribuição de lucros (citados arts. 217.1 e 294.1) e das cláusulas derrogatórias do existente direito legal.[68, 69]

[67] Cfr., por ex., Roth, *GmbHG-Kommentar* (2015), cit., p. 536 e s., § 29, n. 21 e 21a. Acerca do caráter geral do direito, cfr., por ex., Roth, *ibidem*, p. 1178 e s., § 60, n. 61 e 68, p. 1187 e ss, n. 105 e ss., com mais indicações, e Evaristo Mendes, «Exoneração de sócios» (2012), cit., p. 66 e s.

[68] Entre nós, privilegiando uma solução deste tipo, através da reconfiguração (não necessariamente por via legal) do direito de/à exoneração nas SQ e SA, cfr. Evaristo Mendes, «Exoneração de sócios» (2012), p. 76 e ss. [já antes, «Direito ao lucro de exercício» (2002), p. 505 e s.], e Daniela Baptista, O Direito de Exoneração dos Acionistas, Coimbra Editora 2005, p. 502 e ss., 521 e ss., sobretudo, 529 e ss. Reconhecendo, também, um âmbito mais alargado do direito de/à exoneração que o previsto na lei, cfr. Coutinho de Abreu, «A proteção dos sócios minoritários no CSC: ganhos e défices», in *Congresso comemorativo dos 30 anos do Código das Sociedades Comerciais* (coord. de P. Tarso Domingues), Almedina, Coimbra (Almedina) 2017, p. 109-116, 114, e «Convergências e divergências internacionais no direito das PME societárias» in *As pequenas e médias empresas e o direito*, Instituto Jurídico/FDUC, Coimbra, 2017, p. 397-407, 406, e, vendo nele uma manifestação da vertente individual (negativa) da liberdade de associação, Pedro Pais de Vasconcelos, A participação social (2006), p. 236 e s., e «Concertação de accionistas, exoneração e OPA obrigatória em sociedades abertas» (2010), p. 13, 25 e s.

Deduzindo uma solução do sistema, o esquema poderá ser semelhante ao da lei espanhola: não havendo uma suficiente distribuição de lucros durante um período na casa dos 5 anos, persistindo tal prática, em face da última deliberação de não distribuição (ou distribuição irrisória), o sócio terá o direito a exonerar-se. Na falta de disposição legal sobre o assunto, parece, no entanto, razoável que se permita à sociedade a demonstração da impossibilidade conjuntural de pagamento do dividendo, acompanhada da apresentação de um plano para contemplar, no futuro, o interesse dos minoritários.

Além disso, se estiver em causa um comportamento opressivo ou injustamente danoso dos maioritários, o direito deverá assumir a forma de um direito contra eles, de exercício judicial, e não contra a sociedade[70]. Mais concretamente, os minoritários deverão ter o direito a exigir-lhes a aquisição da participação, no todo ou em parte, colocando em primeiro plano o seu interesse patrimonial. A perda (voluntária) da qualidade apenas ocorrerá se quem exerce o direito ficar sem quotas ou ações que a suportem.

7. SA cotadas

Antes de concluir, justifica-se, ainda, uma breve referência às sociedades cotadas[71], em que existe um mercado regular das ações e, inclusive, um regime especial do tráfico de controlo da sociedade que assegura aos minoritários a oportunidade de alienação das suas, com participação no chamado prémio de controlo. Realçam-se dois pontos. Por um lado, funcionando o mercado acionário como principal mecanismo regulador destas sociedades e de proteção das minorias, a distribuição de lucros deve ser encarada como

[69] Nas SQ e SA profissionais, contra o que resulta do texto da Lei (L. 53/2015), que, a respeito das SQ e SA (e outras sociedades de direito mercantil) remete para o CSC, em face da liberdade profissional e da nela implicada liberdade de associação (arts. 47.1 e 46.3 da CRP), é juridicamente inconcebível a inexistência de um direito de exoneração dos sócios profissionais, *ad nutum* e por justa causa. Todavia, como se observou (*supra*, 5), o problema analisado não se tem colocado.

[70] Acerca desta forma de exoneração, cfr. Evaristo Mendes, «Exoneração de sócios» (2012), p. 68 (e ss.), 76 e ss. Qualifica também a situação prevista no art. 490.5 e 6 do CSC como uma modalidade de exoneração, Pedro Pais de Vasconcelos, «Concertação de accionistas, exoneração e OPA obrigatória em sociedades abertas» (2010), p. 17 e s.

[71] Usa-se a expressão em sentido lato. Importa é que haja um mercado acionário ativo, ainda que se trate de um sistema de negociação multilateral, distinto do comum mercado regulamentado com cotações oficiais das ações.

um assunto essencialmente de política de gestão (estratégica); não como problema jurídico. Nelas, o direito legal conferido pelo art. 294.1 não faz sentido, justificando-se o seu afastamento pelos estatutos. Mesmo um direito à distribuição periódica de lucros mais flexível é de duvidosa adequação.

Por outro lado, existe nestas sociedades uma prática corrente de distribuição de lucros. E, inclusive, está na ordem do dia a discussão sobre a possibilidade, a conveniência e as modalidades da atribuição de dividendos majorados (*dividendos de lealdade ou fidelidade*) a quem mantiver a sua participação (minoritária) durante um período de tempo razoável, promovendo desse modo a estabilidade acionária[72]. O que reforça a referida ideia de que, nas sociedades fechadas que funcionam essencialmente como estruturas de poder maioritário, sem mercado das participações e sem outra forma de acesso dos minoritários às vantagens que a sociedade está em condições de proporcionar aos seus membros, a não distribuição de dividendos é uma anomalia, económica e jurídica.

8. Observações finais

O assinalado estado insatisfatório do Direito nacional, no que respeita à tutela das minorias, tolerando de algum modo – designadamente por falta de clareza jurídica – o fenómeno anómalo, jurídica e economicamente, das sociedades que funcionam, relativamente a elas, como simples estruturas de poder com sócios minoritários prisioneiros de um investimento arriscado, entregue à gestão alheia e, simultaneamente, estéril – ou seja, organizações supostamente de colaboração na realização de um fim lucrativo comum a todos, mas ao serviço dos maioritários, não levando em devida consideração os legítimos interesses e expectativas dos minoritários enquanto investidores – merece uma análise atenta, levando em conta todas as variáveis da equação. Na verdade, por um lado, sendo aquele fenómeno conhecido, mostra-se economicamente pouco racional e, portanto, desmotivador investir em posições sociais minoritárias, o que significará a existência de um défice na canalização de recursos para a atividade produtiva, em especial a exercida de forma associada; e, havendo tal investimento, é o Direito que não cumpre uma das suas tarefas básicas – a proteção das legítimas expec-

[72] Sobre o tema, cfr., por ex., Fátima Gomes, «Dividendo de lealdade?», in *II Congresso DSR*, Almedina, Coimbra, 2012, p. 401-418, bem como João Nuno Pinto Vieira Dos Santos, «Ações de lealdade – A primazia dos interesses da estabilidade a longo prazo das sociedades anónimas», *RDS* VI (2014), 2, 445-480.

tativas de quem investe em capital de risco associado. Por outro, lado, de algum modo como reverso da medalha, também é preciso tutelar as sociedades, o investimento e o empreendedorismo dos maioritários, e respeitar a sua autonomia de gestão; criando condições para que as organizações produtivas e a economia portuguesas sejam competitivas e atrativas, não apenas para investidores locais, mas também estrangeiros.

A intervenção do Direito há de ser, portanto, clara e o mais possível eficaz e cirúrgica. No estado atual – faltando, nas SQ e SA fechadas, um direito geral de exoneração por justa causa (como comummente se entende), contra a sociedade ou, preferencialmente, contra os maioritários se o motivo é um comportamento opressivo e injusto destes, e, faltando, do mesmo passo, uma possibilidade real de os minoritários realizarem o valor do seu investimento, alienando as quotas ou ações –, a solução passa pela afirmação de um direito flexível à distribuição periódica de lucros, conciliando ou promovendo a concordância prática do fundamental direito dos sócios ao lucro (em sentido lato) e do interesse ou direito da sociedade à conservação da sua existência e prosperidade num arco temporal de longo prazo; ou, em alternativa, importa fazer intervir um substancial princípio de lealdade ou fidelidade ao fim comum, com resultados semelhantes; e, no mínimo, combater as formas mais gravosas de abuso de poder maioritário, enquanto forma qualificada de abuso do direito.

No entanto, a via mais eficaz e menos intrusiva de abordar o tema não será tanto tentar resolvê-lo desta maneira, mediante uma ingerência continuada e sem efetividade prática dos tribunais na gestão e na vida das sociedades – mormente dos assoberbados juízos comerciais –, de resto uma via de difícil acesso por parte das minorias titulares de pequenos investimentos. Mais salutar será criar mecanismos dissuasores dos comportamentos abusivos dos maioritários, prevenindo-os na medida do possível; e, paralelamente, instituir uma instância de conciliação e resolução de pequenos litígios, a custos comportáveis, a que os minoritários possam recorrer, à semelhança do que sucede, por exemplo, no setor do consumo. No quadro dos instrumentos jurídicos existentes, o principal mecanismo dissuasor da retenção e entesouramento injustificados – capaz de funcionar como efetivo mecanismo regulador da relação em causa – consiste no reconhecimento aos minoritários de um direito de desinvestimento ou exoneração: fundado na não distribuição de dividendos, mas mais destinado a pressionar esta distribuição que a ser exercido.

Notas sobre a proteção do passageiro no transporte ferroviário

Daniel de Bettencourt Rodrigues Silva Morais[*]-[**]

1. Considerações iniciais

Não vemos melhor forma de começar este estudo do que recorrendo às próprias palavras do ilustre homenageado, acompanhado por Leitão Pais de Vasconcelos[1]: "pelo contrato de transporte, o transportador obriga-se, mediante remuneração, a deslocar ou fazer deslocar pessoas ou mercadorias alheias de um lugar para outro". Por isso, podemos dizer que na base do transporte se encontra uma ideia de "movimentação de pessoas e de bens" e que, numa perspetiva técnico-jurídica, no contrato de transporte o transportador assume uma obrigação de resultado, que consiste na "deslocação voluntária (...), em termos organizados, de pessoas ou de bens, de um local para o outro"[2].

[*] Professor Auxiliar da Faculdade de Direito de Lisboa

[**] Este texto foi escrito em justa homenagem ao Professor Doutor Pedro Pais de Vasconcelos, figura incontornável no estudo e no ensino do Direito em Portugal.

[1] Pedro Pais de Vasconcelos/Pedro Leitão Pais de Vasconcelos, *Direito Comercial*, Vol. I, 2ª ed., Coimbra, Almedina, 2020, p. 295.

[2] António Menezes Cordeiro, "Introdução ao Direito dos Transportes", in M. Januário da Costa Gomes (coord.), *I Jornadas de Lisboa de Direito Marítimo. O contrato de transporte marítimo de mercadorias*, Coimbra, Almedina, 2008, pp. 7-39, em particular, p. 7.

Como é sabido, o contrato de transporte pode ser objeto de diversas classificações. Quanto à realidade a transportar, pode ser um transporte pessoas (o que engloba os passageiros e as respetivas bagagens) e de mercadorias (o que inclui, igualmente, coisas que não podem ser entendidas como mercadorias[3]), e quanto ao meio utilizado, os transportes podem ser terrestres, marítimos, fluviais (ou por canais) e aéreos. Os transportes terrestres subdividem-se em rodoviários e ferroviários. Igualmente relevante é a classificação dos transportes consoante estes se circunscrevem ao território nacional (transporte interno) ou atravessem as fronteiras de mais de um país (transporte internacional)[4].

No mundo globalizado em que vivemos, no qual a deslocação de pessoas e coisas se encontra na ordem do dia, parece-nos oportuno revisitar o regime jurídico aplicável à proteção do passageiro, em matéria de responsabilidade e não só, visto que este não tem sido objeto de particular atenção por parte da nossa doutrina[5]. O transporte ferroviário oferece muito maior segurança, quando confrontado com o transporte rodoviário, o que lhe confere um papel de particular destaque no domínio do Direito dos Transportes[6].

[3] A ideia de que o transporte de mercadorias é delimitado por "exclusão das partes", resulta claramente do artigo 46º/1 do Regulamento Geral para a Exploração e Polícia dos Caminhos de Ferro, aprovado pelo Decreto-Lei nº 39780, de 21/09/1954, e que ainda se encontra parcialmente em vigor, nomeadamente, no que se refere ao transporte ferroviário de mercadorias. Segundo o referido preceito "a expressão «mercadorias» abrange, além dos animais, todos os volumes e objetos que segundo as convenções internacionais e assinadas e ratificadas por Portugal, não devem ser classificados como bagagem".

[4] Cfr. Pedro Pais de Vasconcelos/Pedro Leitão Pais de Vasconcelos, *op. cit.*, p. 297.

[5] No entanto, tenha-se em atenção o estudo de fôlego, e em tom particularmente crítico, de Rafael Augusto de Moura Paiva: "Sobre a proteção da pessoa humana no transporte ferroviário: «linhas e linhas»", in M. Januário da Costa Gomes (coord.), *Temas de Direito dos Transportes*, Vol. II, Coimbra, Almedina, 2013, pp. 307-442. Em matéria de transporte ferroviário, mas fora do âmbito do tema que nos ocupa, acrescente-se o texto de Carlos Lacerda Barata "Contratos de transporte terrestre: formação e conclusão", in M. Januário da Costa Gomes (coord.), *Temas de Direito dos* Transportes, Vol. III, Coimbra, Almedina, 2015, pp. 201-246, em particular, pp. 230-237, em que o autor analisa a formação e conclusão do contrato de transporte ferroviário de passageiros e de mercadorias; bem como, a análise de Guilherme d'Oliveira Martins, "Direito dos transportes ferroviários em Portugal à luz do novo contrato de serviço público", in M. Januário da Costa Gomes (coord.), *Temas de Direito dos Transportes*, Vol. V, Coimbra, Almedina, 2020, pp. 329-360.

[6] Tenham-se presentes, a este propósito, os considerandos (5) e (37) da Diretiva (UE) 2016/798, do Parlamento Europeu e do Conselho de 11 de maio de 2016 relativa à segurança

Atendendo às classificações que foram referidas, importa salientar um aspeto óbvio, mas, ainda assim, não de somenos importância: o de que pessoas não são mercadorias, pelo que têm de ser tratadas de forma totalmente diferente. As pessoas devem ser transportadas com segurança e conforto, e não como carga ou como animais[7], tendo em conta que o resultado a que o transportador se obriga consiste em colocar a pessoa, ou os bens, íntegros no local de destino. Atendendo a esta obrigação de resultado assumida pelo transportador, o contrato de transporte deve ser classificado como um contrato de prestação de serviços na modalidade de empreitada.[8].

Devido ao resultado visado com este contrato, não só é certeira a afirmação de que "o Direito dos Transportes é um Direito de pessoas" – que devem ser transportadas com "segurança, conforto, higiene, tranquilidade e dignidade"[9] –, como este será o melhor ponto de partida para uma análise do transporte ferroviário de pessoas[10]. Num âmbito mais geral, que engloba, igualmente, o transporte de mercadorias, não há dúvida de que a mais importante caraterística do contrato de transporte é a existência de uma "cláusula de incolumidade"[11].

ferroviária (reformulação). Nos termos do considerando (5) "*Os níveis de segurança do sistema ferroviário da União são geralmente elevados, em especial quando comparados com os do transporte rodoviário.* A segurança ferroviária deverá ser geralmente mantida e, se possível, continuamente melhorada, tendo em conta os progressos técnicos e científicos e a evolução do direito da União e do direito internacional. Deverá ser dada prioridade à prevenção de acidentes. Deverá também ser tido em conta o impacto resultante de fatores humanos". Por outro lado, resulta do considerando (37) que "*Os acidentes ferroviários graves são raros.* Porém, podem ter consequências desastrosas e suscitar preocupações por parte do público relativamente ao desempenho do sistema ferroviário da União em termos de segurança. Consequentemente, todos esses acidentes deverão, numa perspetiva de segurança, ser objeto de inquérito para evitar a sua repetição, devendo os resultados deste ser tornados públicos. Outros acidentes e incidentes deverão ser igualmente objeto de inquéritos de segurança, se constituírem precursores importantes de acidentes graves" (o itálico é nosso).

[7] Como salientam, Pedro Pais de Vasconcelos/Pedro Leitão Pais de Vasconcelos, *op. cit.*, p. 300.

[8] António Menezes Cordeiro, *op. cit*, pp. 24 e 35.

[9] A afirmação é de António Menezes Cordeiro, *op. cit.*, p. 38.

[10] Como resulta da análise de Rafael Paiva, *op cit.*, p. 310.

[11] Cfr. Rafael Paiva, *op. cit.*, p. 311. Sobre a mesma ideia cfr. Carlos Lacerda Barata, *op. cit,*, p. 203, texto e nota 7, com diversas referências bibliográficas sobre a questão. Na doutrina italiana, Michela Comuzzo refere que a proteção do passageiro, constitui um traço particular e quase exclusivo do contrato de transporte ["La responsabilità del vettore ferroviario nel trasporto di persone", in Rocco Lobianco (a cura di) *Compendio di Diritto Ferroviario*, Milano, Giuffrè, 2012,,

Centraremos a nossa análise no regime da responsabilidade do transportador ferroviário por danos sofridos pelos passageiros, excluindo o transporte de mercadorias, de forma a não nos alongarmos demasiado, atendendo à dimensão do regime jurídico em causa. Com o mesmo intuito, também não faremos referência à responsabilidade do transportador por perda ou avaria da bagagem expedida, bem como, por atraso na sua entrega, e ainda, à sua responsabilidade por atraso no carregamento ou na entrega de veículos, ou sua perda.

Por outro lado, uma análise do problema da proteção do passageiro no transporte ferroviário ficaria incompleta sem uma referência ao regime aplicável em matéria de supressão, atraso ou perda de correspondência, tendo em conta que o transportador assume uma obrigação de resultado, não só de transportar pessoas de um local para outro, mas, igualmente, de o fazer de acordo com horários previamente publicitados. Embora a tendência possa ser a de considerar que, nestes casos, os danos causados têm menor gravidade, ainda assim poderão estar em causa danos relevantes.

Apesar do repto da nossa doutrina, relativamente à necessidade de uma maior harmonia no tratamento dos problemas jurídicos relacionados com a atividade transportadora, caminhando-se para uma unificação do Direito dos Transportes[12], a sua autonomia enquanto ramo do Direito é questionada por autores de relevo. Esse é o caso do ilustre homenageado, acompanhado por Leitão Pais de Vasconcelos, que, embora reconheçam uma certa autonomia funcional e legislativa do Direito dos Transportes no seio do Direito Comercial, concluem que, sem se manter ancorada no Direito Comercial, esta matéria não consegue "encontrar um sentido próprio e autónomo"[13].

p. 104]. Por outro lado, Antonini aponta a proteção do passageiro como uma das "obrigações instrumentais e acessórias do transportador" (Alfredo Antonini, *Corso di Diritto dei Trasporti*, terza edizione, Milano, Giuffrè, 2015, pp. 230-231). Pelo contrário, entre nós, Hugo Ramos Alves entende que o dever de proteção do passageiro "surge como decorrência natural da obrigação de deslocação, estando, pois, no mesmo plano hierárquico para efeitos de responsabilidade do transportador em caso de incumprimento, "A disciplina europeia da sobrereserva: entre o dever de proteção e a pena legal", in *Temas de Direito dos Transportes*, Vol. V, cit., pp. 361-411.em particular, pp. 367-368.

[12] Neste sentido, cfr. Januário da Costa Gomes, "Nota prévia", in *Temas de Direito dos Transportes, Vol. I*, cit., pp. 5-6.

[13] Pedro Pais de Vasconcelos/Pedro Leitão Pais de Vasconcelos, *op. cit.*, p. 33. No mesmo sentido, Menezes Cordeiro salienta que o Direito Material dos Transportes se reporta, fundamentalmente, ao Direito dos contratos de transporte e surge como um capítulo do Direito

Eis, por isso, um motivo acrescido, para além da intenção do autor em homenagear uma figura ilustre no panorama jurídico português, para proceder à publicação deste texto na *Revista de Direito Comercial*.

2. As fontes relevantes para a temática em análise e o seu âmbito de aplicação

A primeira dificuldade com que se depara aquele que se debruça sobre o contrato de transporte ferroviário de pessoas reside na identificação das fontes aplicáveis[14].

Comercial, com evidente especialidade, embora seja excessivo proclamar a sua autonomia (*op. cit.*, p. 9). Na doutrina italiana, Antonini também entende que, embora caraterizado pela especialidade, bem como pela autonomia didática e científica, o Direito dos Transportes carece de autonomia normativa, por não ter ainda atingido uma sistemática própria, mantendo-se como uma mera disciplina jurídica, mas não como ramo do Direito. No interior do Direito dos Transportes, o autor defende a autonomia do Direito da Navegação, que incluiria o Direito Aéreo e o Direito Marítimo (caraterizados por uma especialidade no âmbito do próprio Direito dos Transportes, já de si especial). Pelo contrário, os transportes rodoviário e ferroviário carecem de autonomia. Salienta Antonini que, atualmente, verifica-se uma deslocação do centro de atenção da figura do transportador para o interessado na carga, que assume a veste de utente-consumidor e detém o controlo de uma quantidade notável de mercadorias, determinando a sua deslocação no cenário mundial, e num contexto de aumento da relevância do transporte rodoviário e de difusão do transporte multimodal. Por isso, a tendência será a de uma uniformização das regras que disciplinam os transportes rodoviário, ferroviário, marítimo e aéreo. No entanto, trata-se de uma mera tendência, pois, na prática, os técnicos e especialistas continuam a separar as diversas modalidades de transporte, tanto no plano contratual, quanto no plano normativo (Antonini, *op. cit.*, pp. 34, 37, 56-57 e 60). Para uma crítica à unificação do Direito da Navegação, discutindo a autonomia do Direito Aéreo, cfr. Hugo Ramos Alves, *Direito Aéreo – Uma Introdução*, Lisboa, AAFDL, 2020, pp. 22-31. O autor defende a autonomia do Direito Aéreo enquanto disciplina jurídica, não negando a necessidade de se proceder às necessárias conexões com outras disciplinas jurídicas (*op. cit.*, pp. 22-31).

[14] Na doutrina italiana, Michela Comuzzo qualifica como "precário e caótico" o estado das fontes, no que se refere à responsabilidade do transportador ferroviário no transporte de pessoas, embora admita que a situação melhorou com a entrada em vigor do Regulamento nº 1371/2007/CE (*op. cit.*, pp. 103-120, em particular, p. 103). Por sua vez, atendendo ao regime legal aplicável em matéria de tutela dos passageiros no transporte ferroviário, Rafael Paiva reporta-se à "legalização" de um "estado de completa confusão e injustiça em relação aos lesados" (*op. cit.*, p. 318).

Em matéria de transporte ferroviário, no plano internacional[15], é de destacar a COTIF[16], ou seja, a Convenção Internacional Relativa ao Transporte de Passageiros e Mercadorias por Caminho de Ferro, de 9 de maio de 1980, aprovada para ratificação na ordem jurídica portuguesa pelo Decreto nº 50/85, de 27 de novembro. Esta inclui diversas regras uniformes, nomeadamente, as Regras Uniformes Relativas ao Contrato de Transporte Internacional Ferroviário de Passageiros (CIV) e as Regras Uniformes Relativas ao Contrato de Transporte Internacional Ferroviário de Mercadorias (CIM), respetivamente, apêndices A e B da Convenção. A COTIF foi alterada pelo Protocolo de 3 de junho de 1999, conhecido por Protocolo de Vilna, assinado por Portugal em 9 de dezembro do mesmo ano e aprovado pelo Decreto nº 3/2004. Apesar de a versão autêntica ser em francês (artigo 45º/1 COTIF), a tradução para português surge em anexo aos referidos Decretos[17].

De acordo com o artigo 1º/1 CIV, as Regras Uniformes aplicam-se a qualquer contrato de transporte ferroviário de passageiros, a título gratuito ou oneroso, se os locais de partida e de destino se situarem em dois Estados-Membros diferentes. Para este efeito, o domicílio, sede e nacionalidade das partes no contrato de transporte são irrelevantes. O facto de existirem vários títulos de transporte não exclui que possa estar em causa um único contrato, mesmo que alguns desses títulos abranjam somente um trajeto a realizar no interior de um único Estado. Por outro lado, as Regras Uniformes CIV serão automaticamente aplicadas aos contratos em que o local de partida e de destino se situam no mesmo Estado, havendo somente uma passagem pelo território de outro Estado[18].

As Regras CIV também se aplicam:

a) Ao transporte rodoviário que constitua um complemento do transporte ferroviário, se o contrato único de transporte internacional

[15] O Direito dos Transportes é caraterizado pelo internacionalismo, tendo em conta que a prestação a que o transportador se obriga tem frequentemente origem no território de um estado, terminando no território de outro estado. A isto acresce a tendência para a uniformidade normativa no cenário mundial (cfr. Alfredo Antonini, *op. cit.*, pp. 27-32 e 60).

[16] A COTIF aplica-se na Europa, no Magreb e no Médio Oriente.

[17] Os *Explanatory Reports* que se encontram disponíveis no *site* da OTIF (Organização Intergovernamental para os Transportes Internacionais Ferroviários, instituída pelo art. 1º COTIF) constituem elementos úteis para uma adequada interpretação das regras CIV e CIM. Disponíveis em: http://otif.org/en/?page_id=180 (consultados a 3 de dezembro de 2020).

[18] Cfr. *Explanatory Report CIV UR*, nº 3 e nº 1.1., respetivamente, dos comentários ao art. 1º.

incluir um segmento de transporte ferroviário transfronteiriço e o transporte rodoviário for exclusivamente interno (art. 1º/2);

b) Ao transporte fluvial que constitua um complemento do transporte ferroviário, se o contrato implicar um transporte ferroviário transfronteiriço e o transporte por via navegável interior for interno, exceto se este último for efetuado numa das linhas inscritas na lista de linhas prevista no art. 24º COTIF[19] (art. 1º/2);

c) Ao transporte marítimo e fluvial nas linhas inscritas na lista de linhas contemplada no mesmo art. 24º COTIF, mesmo que o transporte ferroviário seja meramente interno. Neste caso, o transporte marítimo poderá ser interno ou transfronteiriço e o transporte por via navegável interna será necessariamente transfronteiriço (art. 1º/3)[20].

As Regras uniformes CIV aplicam-se, igualmente, à responsabilidade do transportador em caso de morte e ferimento de passageiros, aos acompanhantes de remessas cujo transporte é realizado de acordo com as regras CIM (Art. 1º/4). Trata-se de uma situação em que o transporte de pessoas é meramente acessório do transporte de mercadorias[21].

Estando em causa transportes efetuados entre estações situadas no território de Estados limítrofes, as regras CIV não se aplicam quando a infraestrutura destas estações é gerida por um ou vários gestores de infraestrutura que pertencem ao mesmo Estado (art. 1º/5).

Finalmente, a possibilidade de alguns Estados excluírem a aplicação das regras CIV a uma parte da infraestrutura ferroviária situada no seu território – desde que tal infraestrutura se encontre definida com precisão e ligada à infraestrutura ferroviária de um Estado-Membro –, quanto tais Estados sejam parte numa convenção relativa ao transporte internacional ferroviário direto de passageiros, visou atender à situação dos Estados mais fracos, mas possuidores de uma vasta rede ferroviária, em particular os novos Estados-

[19] Resulta do art. 24º/1 COTIF que "As linhas marítimas e de navegação interior mencionadas no artigo 1º das Regras Uniformes CIV e no artigo 1º das Regras Uniformes CIM, nas quais se efectuam transportes em complemento de um transporte ferroviário abrangidos por um único contrato de transporte, são inscritas em duas listas: a) A listas das linhas marítimas e de navegação interior CIV; b) A listas das linhas marítimas e de navegação interior CIM".

[20] Cfr. *Explanatory Report CIV UR*, nºs 1.2. a 1.4. dos comentários ao art. 1º.

[21] Cfr. *Explanatory Report CIV UR*, nº 4 dos comentários ao art. 1º.

-Membros que se encontravam a aplicar o *Agreement on International Passenger Trafic by Rail (SMPS)*, de 1 de novembro de 1951[22].

No âmbito comunitário, no que se refere à proteção dos passageiros no transporte ferroviário, é de destacar o Regulamento nº 1371º/2007/CE, do Parlamento Europeu e do Conselho, de 23 de outubro de 2007[23]. Trata-se de uma fonte comunitária que vem, no âmbito da União Europeia, receber e complementar as Regras CIV, no que se refere ao transporte ferroviário de passageiros. Neste sentido, cada um dos capítulos do Regulamento complementa os diversos capítulos das Regras CIV[24]. No Anexo I do Regulamento

[22] Este acordo foi alterado pela última vez em 1 de maio de 2020, no âmbito da OSJD (*Organisation for Co-operation Between Railways*). Os Estados partes incluem, nomeadamente, os seguintes: Albânia, Azerbaijão, Afeganistão, China, Estónia, Geórgia, Lituânia, Polónia, Rússia e Ucrânia. Cfr. https://en.osjd.org/api/media/resources/1596247 (consultado a 3 de dezembro de 2020).

[23] Desde que o setor ferroviário foi aberto à concorrência, em 2001, surgiram três pacotes, denominados pacotes ferroviários, num espaço de dez anos, visando a prossecução desse objetivo. Em abril e dezembro de 2016 foi aprovado um quarto pacote, relativo, respetivamente ao pilar técnico e ao pilar de mercado, com vista a concluir o espaço ferroviário europeu único. As diretivas de 1991 e 1995 definiram os pilares no que se refere à reestruturação do setor ferroviário. O objetivo pretendido de abertura do mercado no setor dos transportes ferroviários com vista a preservar a concorrência e a liberdade de prestação de serviços só pôde ser atingido através de uma harmonização das normas técnicas, administrativas e de segurança, indispensável para a interoperabilidade dos diferentes sistemas ferroviários nacionais. A isto se somou, ainda, uma preocupação com a proteção do ambiente e a defesa dos consumidores, que levou, igualmente, a uma harmonização, com vista a evitar distorções da concorrência e a facilitar o acesso de novas empresas. Estes objetivos foram prosseguidos com os quatro pacotes ferroviários já referidos. O Regulamento nº 1371/2007/CE surge no contexto do terceiro pacote ferroviário. Sobre política europeia de transportes, cfr. a ficha temática da União Europeia, de 2020, da autoria de Esteban Coito/Benjamin Klaus Wilhelm Blaser.
Disponível em: https://www.europarl.europa.eu/factsheets/pt/sheet/130/transporte-ferroviario (consultado a 4 de dezembro de 2020). Cfr. igualmente, o excelente sumário presente no documento da Autoridade da Mobilidade e dos Transportes: *Ecossistema Ferroviário Português 2012-2016*, abril de 2018, pp. 7-9, disponível em: https://www.amt-autoridade.pt/media/1645/relatorio-ecossistema-ferroviario-portugu%C3%AAs_2012_2016.pdf (consultado a 4 de dezembro de 2020).

[24] Resulta do Considerando (6), o seguinte: "O reforço dos direitos dos passageiros dos serviços ferroviários deverá ter como base o actual sistema de legislação internacional sobre esta matéria contido no Apêndice A – Regras uniformes relativas ao Contrato de Transporte Internacional Ferroviário de Passageiros e Bagagens (CIV) da Convenção relativa aos Transportes Internacionais Ferroviários (COTIF), de 9 de Maio de 1980, com a redação que lhe foi dada pelo Protocolo de 3 de Junho de 1999 que altera a Convenção relativa aos Transportes Internacionais Ferroviários (Protocolo de 1999). No entanto, é conveniente alargar o âmbito de

consta um extrato que inclui quase a totalidade das referidas Regras Uniformes. Foi, criticamente, apontado por alguns um certo servilismo do legislador comunitário, ao tomar esta opção[25].

Em 23 de junho de 2011, a União Europeia acedeu à COTIF nos termos do art. 38º desta Convenção. Resulta do art. 2º do Acordo entre a União Europeia e a Organização Intergovernamental para os Transportes Internacionais Ferroviários (OTIF), que, nas relações entre si, os Estados Parte na COTIF, que sejam simultaneamente Estados-Membros da União Europeia, não aplicarão a Convenção, a não ser que não existam normas comunitárias na matéria. Por outro lado, embora resulte do art. 3º/1 COTIF que os Estados-Membros se comprometem a concentrar no seio da OTIF a cooperação internacional no domínio ferroviário, desde que haja coerência com as funções atribuídas a tal Organização, o nº 2 do mesmo preceito acrescenta que tais obrigações não prevalecem sobre as obrigações dos Estados enquanto membros das Comunidades Europeias ou Estados Partes no Acordo Sobre o Espaço Económico Europeu. Fica, deste modo, enquadrada e enfatizada esta complementaridade entre o Regulamento nº 1371/2007/CE e as Regras CIV.

O âmbito de aplicação do Regulamento reveste-se de algum grau de complexidade.

O art. 2º/1 determina que o Regulamento se aplica a todas as viagens e serviços ferroviários na Comunidade que sejam fornecidos por uma ou mais empresas ferroviárias titulares de uma licença. Apesar de o art. 2º/1 remeter para a Diretiva nº 95/18/CE, quanto à determinação das empresas ferroviárias que possuem uma licença, esta foi alterada e reformulada pela Diretiva nº 2012/34/UE, de 21 de novembro, do Parlamento Europeu e do Conselho, que contempla o licenciamento das empresas ferroviárias no seu Capítulo III. Resulta do seu art. 2º/2, que os Estados-Membros podem excluir diversas empresas – indicadas no preceito – da aplicação deste Capítulo, o que significa que, ao ficarem excluídas da aplicação das regras relativas ao licenciamento, não se poderão considerar possuidoras de uma "licença" para efeitos de aplicação do Regulamento nº 1371/2007/CE, não estando, por isso, sujeitas ao mesmo. Veremos, posteriormente, quais as empresas que o Decreto-Lei nº 217/2015, de 7 de outubro, que transpôs para a nossa ordem

aplicação do presente regulamento, de modo a proteger não só os passageiros dos serviços internacionais, mas também os passageiros dos serviços domésticos".

[25] Cfr. Michela Comuzzo, *op. cit.*, p. 105.

jurídica a Diretiva nº 2012/34/UE, excluiu do âmbito de aplicação das regras relativas ao licenciamento.

Estabelece, depois, o art. 2º/3 a aplicabilidade de um conjunto de preceitos a todos os serviços ferroviários de passageiros na Comunidade, sem qualquer possibilidade de isenção[26]. Pelo contrário, o art. 2º/4 permite aos Estados-Membros isentar os serviços ferroviários domésticos de passageiros de aplicação das disposições do Regulamento que não estejam incluídas no art. 2º/3, desde que o façam de uma forma transparente e não discriminatória, e por um período que não pode ser superior a cinco anos e que poderá ser renovável duas vezes, novamente por um período máximo de cinco anos de cada vez[27]. O art. 2º/5 prevê isenções sem qualquer limite temporal para os serviços ferroviários urbanos, suburbanos e regionais de passageiros[28].

[26] Trata-se dos artigos: 9º ("Disponibilidade de bilhetes, bilhetes únicos e reservas", que engloba o direito de quem pretende adquirir um bilhete para viajar de comboio poder fazê-lo sem dificuldades indevidas); 11º ("Responsabilidade em relação aos passageiros e às bagagens", que remete para os arts. 26º a 52º CIV, embora excluindo o art. 32º CIV relativo à responsabilidade em caso de supressão, atraso ou perda de correspondência, que é especificamente regulada no próprio Regulamento); 12º ("Seguro", que consagra a obrigação de a empresa ferroviária dispor de um seguro adequado, de modo a cobrir as responsabilidades que lhe cabem ao abrigo do Regulamento); 19º ("Direito ao transporte", relativo a pessoas portadoras de deficiência e a pessoas com mobilidade reduzida); art. 20º/1 ("Informação para pessoas portadoras de deficiência e pessoas com mobilidade reduzida"); e art. 26º ("Segurança pessoal dos passageiros", ou seja, a obrigação de as empresas ferroviárias tomarem as medidas adequadas para garantirem a segurança pessoal dos passageiros nas estações ferroviárias e nos comboios e para controlarem os riscos). Sobre a questão, cfr. o Considerando (25) do Regulamento.

[27] Daqui se retira, que estas isenções só podem durar por um período máximo de 15 anos [5 anos + (5 anos x 2) = 15 anos] a contar da entrada em vigor do Regulamento, em dezembro de 2009. Resulta do Considerando (25), que a referência aos "serviços ferroviários domésticos de passageiros" se reporta aos serviços de longa distância.

[28] Quanto à definição de "serviços ferroviários urbanos, suburbanos e regionais de passageiros", o Regulamento remete para a Diretiva nº 91/440/CE, que, conforme foi referido anteriormente, foi alterada e reformulada pela Diretiva nº 2012/34/UE. Resulta do art. 3º/6 de Diretiva de 2012, que se entende por "«serviços urbanos e suburbanos», serviços de transporte cujo objetivo principal é dar resposta às necessidades de um centro urbano ou de uma aglomeração, incluindo uma aglomeração transfronteiriça, bem como às necessidades de transporte entre esse centro ou essa aglomeração e os respetivos subúrbios". Por outro lado, resulta do nº 7 do mesmo artigo que se entende por "«serviços regionais», serviços de transporte cujo objetivo principal é dar resposta às necessidades de transporte de uma região, incluindo uma região transfronteiriça". O art. 2º/5 do Regulamento nº 1371º/2007/CE acrescenta ainda que "(...) ao aplicarem essas definições, os Estados-Membros devem respeitar os seguintes critérios:

Trata-se de uma opção discutível, pois introduz uma disparidade de tratamento entre os utentes do serviço ferroviário[29].

Finalmente, os Estados-Membros podem isentar certos serviços ou viagens da aplicação de todas as disposições do Regulamento, sem exceção e por um período de cinco anos, renovável, por uma parte significativa do serviço ferroviário de passageiros, que inclua pelo menos uma paragem prevista em estação, ser efetuada fora da Comunidade. Ou seja, trata-se de uma isenção relativa a "serviços em regiões em que uma parte significativa do serviço é explorada fora da Comunidade"[30].

No que se refere à ordem jurídica portuguesa, foram feitas diversas isenções, que constam do art. 4º do Decreto-Lei nº 35/2015, de 6 de março: 1) sem limite de prazo, relativamente aos serviços urbanos, suburbanos e regionais; 2) pelo prazo máximo possível, ou seja, até dezembro de 2024, em relação aos serviços domésticos de longo curso[31].

Estão em causa os seguintes artigos do Regulamento: 8º ("Informações relativas a viagens"); 10º ("Sistemas de informação e de reservas"); 13º ("Pagamentos adiantados"); 14º ("contestação da responsabilidade", ou seja, assistência ao passageiro quando pede uma indemnização a um terceiro que não a empresa ferroviária); 15º ("Responsabilidade por atrasos, perda de correspondência e anulações"); 16º ("Reembolso e reencaminhamento"); 17º ("Indemnização do preço do bilhete" em caso de atraso); 18º/2 (relativo à assistência em atraso de mais de 60 minutos"); 20º/2 (relativo à obrigação de informar por escrito a pessoa portadora de deficiência ou a pessoa de mobilidade reduzida do fundamento da recusa de reserva, emissão de bilhete ou imposição de acompanhamento se esta o solicitar); 27º ("Queixas", que engloba a existência de um mecanismo de tratamento de queixas, informações sobre os contactos das empresas ferroviárias e suas línguas de trabalho, e prazos curtos para os destinatários das queixas

a distância, a frequência dos serviços, o número de paragens previstas, o material circulante utilizado, os sistemas de venda de bilhetes, as variações no número de passageiros entre serviços nos períodos de maior e menor tráfego, os códigos dos comboios e os horários".

[29] Neste sentido, cfr. Michela Comuzzo, *op. cit.*, p. 106.

[30] Considerando (24).

[31] Um resumo da situação das isenções nos diversos Estados-Membros, em março de 2019, encontra-se disponível em:
file:///D:/DTO%20TRANSP%20TERRESTRES/TRANSPORTE%20FERROVI%C3%81RIO/TABELA%20DE%20ISEN%C3%87%C3%95ES%20AO%20REG.%201371%202007.pdf (consultado a 9 de dezembro de 2020).

responderem de forma fundamentada às mesmas); e art. 28º ("Normas de qualidade de serviço", que determina que as empresas ferroviárias devem definir normas de qualidade do serviço e aplicar um sistema de gestão da qualidade).

Na nossa ordem jurídica, foram ainda feitas isenções aos seguintes artigos dos Anexos I, II e III: arts. 6º a 14º ("Título II – Celebração e execução do contrato e transporte"); e art. 32º ("Responsabilidade em caso de supressão, atraso ou perda de correspondência"). De acordo com o art. 4º/5 do Decreto-Lei nº 35/2015, enquanto todas estas isenções vigorarem, serão aplicadas as correspondentes disposições do Decreto-Lei nº 58/2008.

No plano interno, releva o referido Decreto-Lei nº 58/2008, de 26 de março, que foi republicado com as alterações que lhe foram introduzidas pelo Decreto-Lei nº 124-A/2018, de 31 de dezembro. Trata-se o regime jurídico aplicável ao transporte ferroviário de passageiros e bagagens, volumes portáteis, animais de companhia, velocípedes e outros bens (art. 1º/1). O mesmo diploma se aplica ao transporte internacional ferroviário, na parte efetuada em território nacional naquilo que não contrarie as disposições aplicáveis das Regras Uniformes CIV (art. 1º/2). O Decreto-Lei nº 58/2008 estabelece o regime jurídico referido em "conformidade com as disposições do Regulamento (CE) nº 1371/2007, do Parlamento Europeu e do Conselho, de 23 de outubro de 2007" (art. 1º/1).

De quadro que fica descrito se retira toda a complexidade da determinação do âmbito de aplicação das diversas fontes relevantes. No plano interno, o Decreto-Lei nº 58/2008, com as suas particularidades em relação ao diploma comunitário, aplicar-se-á, em suma, a alguns serviços ferroviários de passageiros sujeitos ao Regulamento nº 1371/2007/CE, em determinadas matérias em que o mesmo admite isenções, que foram feitas por Portugal, e até ao termo do período de validade dessas isenções (nas situações em que este termo existe), e também se aplicará, sem qualquer limite temporal a certas empresas que, não estando sujeitas às regras de licenciamento da Diretiva nº 2012/34/CE, *não estão subordinadas aos preceitos do Regulamento*. De acordo com o art. 2º/3/a), do Decreto-Lei nº 217/2015 – que transpõe esta Diretiva para a ordem jurídica portuguesa –, tais empresas são aquelas que efetuem apenas serviços de transporte de passageiros em infraestruturas locais e regionais autónomas (*v.g.* serviços de transporte ferroviário de passageiros com fins exclusivamente turísticos ou históricos)[32].

[32] Neste caso, as regras relativas ao acesso e ao exercício da atividade resultam da Deliberação nº 454/2019, de 23 de abril de 2019, do Instituto da Mobilidade e dos Transportes I.P. Resulta

Pelo contrário, estas empresas estão sujeitas ao Decreto-Lei nº 58/2008, atendendo aos termos amplos em que este define o "transporte de passageiros por caminho de ferro", ou seja, como "o transporte guiado em carris que se realiza através de veículos que utilizam diversos tipos de tração (vapor, diesel, elétrica e outras), operando exclusivamente em canal próprio, e por marcha programada ou transporte ferroviário" [(art. 2º/a)]. Por outro lado, resulta do art. 38º do referido diploma que os serviços de transporte ocasionais e históricos se regem pelos termos contratualmente definidos, em tudo o que não contrarie o Decreto-Lei nº 58/2008, o que remete para a aplicabilidade deste diploma a estes serviços de transporte.

3. A proteção do passageiro em caso de supressão, atraso ou perda de correspondência

3.1. O regime aplicável de acordo com o Regulamento nº 1371/2007/CE e com as Regras CIV

Para além de um regime geral de responsabilidade do transportador, o Regulamento nº 1371/2007/CE contempla soluções específicas para alguns casos de incumprimento ou cumprimento defeituoso da prestação por parte deste. Recorde-se que se trata de um regime jurídico que não se aplica somente ao transporte internacional de passageiros, mas, igualmente, ao transporte interno, ainda que com as exceções que foram anteriormente referidas.

Em geral, resulta do art. 32º do Anexo I do Regulamento, aplicável a esta matéria por remissão do art. 15º, que o transportador será responsável perante o passageiro pelo prejuízo decorrente do facto de a viagem não prosseguir no mesmo dia, ou de a sua prossecução não ser razoavelmente exigível no mesmo dia devido às circunstâncias dadas, por motivos de supressão, atraso ou perda de correspondência. Esta indemnização somente inclui as despesas razoáveis de alojamento e as que forem ocasionadas por

do seu art. 1º que o diploma "tem por objeto a definição dos requisitos de acesso à atividade e exercício da atividade de prestação de serviços de transporte ferroviário de passageiros, realizado com fins exclusivamente turísticos ou históricos, e aplica-se às empresas que efetuem apenas serviços de transporte de passageiros em infraestruturas ferroviárias locais e regionais autónomas". Ao contrário do que resulta do Preâmbulo da Deliberação em causa, o Decreto-Lei nº 217/2015 não faz qualquer referência à exclusão do seu âmbito de aplicação dos "serviços de transporte ferroviário de passageiros, realizado com fins exclusivamente turísticos ou históricos". No entanto, tais serviços de transporte integram-se na referência a "empresas que efetuem apenas serviços de transporte de passageiros em infraestruturas ferroviárias regionais e locais autónomas".

notificação enviada às pessoas que esperam o passageiro. Trata-se de uma responsabilidade objetiva do transportador, que é atenuada pelo facto de este poder ficar dela isento, quando a supressão, o atraso ou a perda de correspondência resultem de uma das seguintes causas (art. 32º/2):

a) Circunstâncias alheias à exploração ferroviária que, não obstante a diligência requerida segundo as particularidades do caso, o transportador não pudesse evitar e a cujas consequências não pudesse obviar.
b) Uma falta do passageiro.
c) Um comportamento de um terceiro que, não obstante a diligência requerida segundo das particularidades do caso, o transportador não pudesse evitar e a cujas consequências não pudesse obviar. Nesta situação não é considerado um terceiro outra empresa que utilize a mesma infraestrutura ferroviária, embora o direito de regresso não seja afetado[33].

Um regime jurídico idêntico resulta do art. 32º CIV, e o seu caráter insatisfatório é claro, em particular no que se refere ao atraso; na medida em que, neste caso, existe um cumprimento defeituoso do contrato, poderia haver uma redução no preço do bilhete, por exemplo. Acresce que outras despesas deveriam ser mencionadas, como as que se prendem com a alimentação dos passageiros ou as despesas com as reservas de lugares que não foram ocupados devido ao atraso[34]. Por outro lado, só se a viagem não prosseguir no mesmo dia, ou se a sua prossecução não for razoavelmente exigível no mesmo dia, será o passageiro tutelado, o que constitui uma limitação muito discutível[35]. De qualquer forma, o art. 32º/3 estabelece a ressalva de que cabe ao direito nacional determinar se, e em que medida, o transportador deve indemnizar prejuízos além dos que vêm previstos no art. 32º/1.

[33] Faremos, no ponto seguinte, uma análise mais pormenorizada das causas de isenção da responsabilidade do transportador, em caso de ferimento ou morte do passageiro (art. 26º/2), que são semelhantes às que resultam do art. 32º/2 CIV.

[34] Conforme resulta do *Explanatory Report CIV UR*, nºs 2 e 3 do comentário ao art. 32º.

[35] Aspeto que é qualificado como "exagero francamente prejudicial ao passageiro" por Rafael Paiva, *op. cit.*, p. 342. Para o mesmo autor, o regime em causa é igualmente criticável, pois é possível que o passageiro desconheça o seu direito a ser indemnizado no caso de a prossecução do transporte não ser "razoavelmente exigível", devido a circunstâncias inerentes à exploração ferroviária, tendo em conta que esta expressão não é inequívoca.

Tendo em conta estas limitações das Regras Uniformes CIV, o Regulamento complementa este regime com disposições adicionais, que resultam do seu Capítulo IV (arts. 15º a 18º). Trata-se de disposições que têm um paralelo, nomeadamente, no Regulamento nº 261/2004/CE, que se refere ao transporte aéreo, por exemplo, embora com diferenças[36].

As disposições adicionais em causa referem-se, em primeiro lugar, à situação em que existem motivos para prever que o atraso à chegada ao destino final será superior a 60 minutos em relação ao previsto no contrato de transporte. Neste caso, é conferida, imediatamente, aos passageiros a possibilidade de escolha entre serem reembolsados do custo total do bilhete, nas condições previstas no art. 16º/a), ou prosseguirem a sua viagem ou serem reencaminhados para o destino final, em condições de transporte equivalentes, na primeira oportunidade, ou numa data posterior da sua conveniência [art. 16º/b) e c)]. O mesmo se aplicará, por maioria de razão, quando o transporte for anulado.

Ainda no caso de se verificar um atraso, se o passageiro não for reembolsado nos termos do art. 16º, poderá pedir uma compensação económica à empresa ferroviária, sem perder o direito ao transporte, conforme resulta do art. 17º.

Uma nota bastante importante refere-se à natureza jurídica desta compensação. É que, apesar da terminologia utilizada pelo legislador comunitário, não estão em causa verdadeiras indemnizações, não se tratando, sequer, de situações de responsabilidade em sentido estrito, pretendendo-se somente estabelecer um sistema de garantias mínimas, tal como acontece no Regulamento nº 261/2004/CE, em sede de transporte aéreo. Por isso, as sanções previstas para o não cumprimento das obrigações que decorrem dessas garantias não têm natureza jurídico-privada, mas meramente caráter administrativo, com uma função dissuasiva[37]. A propósito de ambos os Regulamentos mencionados, Antonini[38] refere que está em causa um res-

[36] Sobre a questão, cfr. Antonini, *op. cit.*, pp. 256-257.

[37] Neste sentido, relativamente ao Regulamento nº 261/2004/CE, cfr. Nuno Calaim Lourenço, "A limitação da responsabilidade do transportador aéreo internacional no transporte de pessoas – De Varsóvia a Montreal", in M. Januário da Costa Gomes (coord.), *Temas de Direito dos* Transportes, Vol. I, Coimbra, Almedina, 2010, pp. 385-534, em particular, pp. 506-507. Resulta do art. 32º do Regulamento nº 1371/2007/CE que os Estados-Membros estabelecem o regime de sanções aplicável em caso de infração das suas disposições.

[38] Antonini, *op, cit*, p. 257.

sarcimento fixo, tendo em conta um facto que se reconduz a um "ilícito contratual" e não a um "ilícito danoso". Na verdade, o passageiro nem sequer tem de demonstrar a existência de um dano, para poder beneficiar das atribuições pecuniárias previstas, resultando esta opção do legislador comunitário de uma preocupação com a garantia dos direitos dos passageiros, vistos como consumidores no domínio dos transportes[39]. No fundo, entende-se que a aplicação das regras gerais relativas ao incumprimento, nos casos frequentes de atraso ou supressão do transporte, não conferiria uma tutela adequada ao passageiro; por isso, o legislador recorre a um duplo critério, optando pela consagração de uma disciplina específica ao lado da disciplina geral sobre o incumprimento[40-41].

[39] Cfr. os Considerandos (1) a (3) do Regulamento.

[40] Cfr. Antonini, *op. cit.*, pp. 258-260; e Michela Comuzzo, *op. cit.*, p. 107.

[41] Em texto anterior, relativo à recusa de embarque injustificada, e publicado nesta mesma *Revista*, não discutimos especificamente a natureza jurídica da compensação económica prevista no art. 7º/1 do Regulamento nº 261/2004/CE em benefício do passageiro, em matéria de recusa de embarque e de cancelamento de um voo – semelhante àquela que o Regulamento nº 1371/2007/CE, agora em análise, prevê, em matéria de atraso, no art. 17º –, embora tenhamos, legitimamente, utilizado a terminologia do próprio texto legal, reportando-nos às "indemnizações" contempladas no mesmo preceito [cfr. Daniel Morais, "Recusa de embarque injustificada no transporte aéreo internacional de passageiros: (des)equilíbrio dos interesses em presença?, *Revista de Direito Comercial*, 2017, pp. 480-542]. Por outro lado, acrescentámos que estaria em causa uma situação de "responsabilidade objetiva" por parte do transportador (*op. cit.*, p. 513), com vista a salientar o contraste entre esta compensação (art. 7º) e os direitos de assistência previstos no art. 9º do Regulamento nº 261/2004/CE, que se situariam fora do âmbito da responsabilidade (*op. cit.*, pp. 517-518). No sentido de que se trata de realidades diversas, aponta o art. 5º/3 deste Regulamento, ao elencar as situações em que a transportadora aérea não é obrigada a "indemnizar" o passageiro em situações de cancelamento (que também dão lugar à atribuição das compensações previstas no art. 7º). O preceito determina que: "A transportadora aérea operadora não é obrigada a pagar uma indemnização nos termos do art. 7º, se puder provar que o cancelamento se ficou a dever a circunstâncias extraordinárias que não poderiam ter sido evitadas mesmo que tivessem sido tomadas todas as medidas razoáveis". Pelo contrário, a assistência contemplada no art. 9º, na parte aplicável à situação de cancelamento, não será excluída em situações idênticas. Por isso, o contraste é claro: o art. 7º do Regulamento nº 261/2004, contempla situações de compensação (ainda que não "indemnização" propriamente dita, embora seja essa a terminologia legal), e o art. 9º contempla uma assistência ao passageiro, que é devida, mesmo que o cancelamento se tenha ficado "a dever a circunstâncias extraordinárias que não poderiam ter sido evitadas mesmo que tivessem sido tomadas todas as medidas razoáveis". As finalidades de ambos os preceitos são, por isso, diversas. De qualquer forma, apesar da terminologia utilizada no nosso texto, e ao contrário do que

conclui Hugo Ramos Alves (*Direito Aéreo – Uma Introdução*, cit., p. 549, nota 1884), não discordamos da análise das referidas compensações, previstas no art. 7º do Regulamento nº 261/2004/CE – e também no art. 17º do Regulamento nº 1371º/2007/CE –, pelo prisma dos direitos dos consumidores, proposta por este autor. Fica, assim, meramente "na aparência" esta conclusão, como ressalva, aliás, Ramos Alves. Veja-se, ainda, que, também este autor, se reporta às situações de "exclusão de *responsabilidade*" contempladas no art. 5º/3, relativamente à compensação económica prevista no art. 7º (*op. cit.*, p. 563). Pelo contrário, subscrevemos a posição do mesmo no sentido de uma análise da situação pelo prisma consumerista mencionado (*op. cit.*, p. 545 e ss), negando que esteja em causa uma verdadeira indemnização, por se tratar de uma compensação fixa, independente da verificação do dano (*op. cit.*, 561). Por outro lado, ainda relacionado com o problema da natureza jurídica das referidas compensações, se encontra o da natureza jurídica dos direitos de assistência, em benefício do passageiro, contemplados no Regulamento nº 261/2004/CE. A este propósito, Ramos Alves critica a decisão do TJUE, no caso C-83/10, por nós igualmente analisado no referido texto, considerando "apressada a asserção de que o incumprimento do dever de assistência vertido no Regulamento possa ser arbitrado pelo juiz nacional tendo por base a CM, pois os diplomas, conquanto complementares, reportam-se a realidades diversas". Entende, ainda, este autor ser esta a nossa posição, "mas descurando a articulação entre a CM e o regime vertido no Regulamento número 261/2004" (*op. cit.*, p. 562, texto e nota 1940). Sobre esta crítica que nos é apontada, algumas notas se impõem: a) a nossa posição não é a referida pelo autor; b) não descurámos a articulação entre a Convenção de Montreal e o Regulamento em causa, pois, no nosso entendimento, o princípio da exclusividade da Convenção de Montreal em matéria de responsabilidade, contemplado no art. 29º, não releva em matéria de recusa de embarque (objeto exclusivo da nossa análise no texto em causa). Na medida em que a recusa de embarque não é contemplada na Convenção, não há qualquer articulação a fazer: na falta de aplicação da Convenção de Montreal, poder-se-á aplicar a lei nacional nesta matéria. O mesmo se verifica em matéria de cancelamento, caso analisado no acórdão. (sobre este entendimento do princípio da exclusividade da Convenção em causa, cfr. Carlos Alberto Neves de Almeida, *Do contrato de transporte aéreo e da responsabilidade civil do transportador aéreo*, Coimbra, Almedina, 2010, pp. 456-463); c) no nosso texto, salientámos que os deveres de assistência contemplados no art. 9º se situam fora no âmbito da responsabilidade; d) em suma, entendemos o seguinte: os direitos dos passageiros previstos no Regulamento nº 261/2004/CE, em caso de recusa de embarque, devem ser analisados na perspetiva consumerista referida. No entanto, se a transportadora aérea não cumprir os seus deveres de assistência, nada impede que o passageiro seja ressarcido das despesas que venha a ter em consequência da situação de recusa de embarque – que consubstancia um incumprimento contratual, disciplinado, mas ilícito, como afirmámos no nosso texto –, tendo por base a aplicação da lei nacional ao incumprimento contratual em causa, e não um incumprimento dos deveres de assistência que próprio Regulamento consagra. Como refere Ramos Alves (*op. cit.*, p. 562), tais deveres têm origem legal e não contratual. O TJUE somente excluiu uma indemnização arbitrada nesta situação do conceito de "indemnização suplementar" do art. 12º, para evitar o absurdo de serem, depois, da indemnização em causa, descontadas as outras "indemnizações" atribuídas à luz do art. 7º, pois os direitos por este previstos cumulam-se com aqueles que são contemplados nos arts. 8º e 9º (aspeto que explicámos sobejamente no nosso texto, na sequência das conclusões da Advogada Geral no Caso C- 83/10). De todo o modo, retirar da natureza de garantia mínima dos direitos dos passageiros que o Regulamento prevê a impossibilidade de o passageiro ser indemnizado por despesas em que venha a incorrer, devido à recusa de embarque, parece-nos inadmissível, à luz da ideia de "reparação integral" que subjaz ao diploma. Em coerência com esta posição, também continuamos convictos de que, apesar de os deveres de assistência contemplados nos arts. 8º e 9º, (tal como a compensação prevista no art. 7º), não terem uma natureza ressarcitória, isso não significa que os montantes atribuídos ao passageiro com base nestes preceitos não possam ser descontados na indemnização suplementar prevista no art. 12º do Regulamento nº 261/2004/CE (conforme defendemos no nosso texto, p. 527). A responsabilidade da transportadora aérea e a proteção do consumidor não são mais do que duas vias para atingir o mesmo objetivo. Se existe algum paternalismo, ele encontra-se subjacente a ambos os caminhos. Neste aspeto, como salienta Antonini (*op. cit.*, p. 257), as normas europeias não prejudicam o direito do passageiro de pedir o ressarcimento do dano se este for superior à compensação económica prevista por estas normas e, acrescentamos nós, ao montante despendido pela transportadora aérea na assistência ao passageiro, se estiverem em causa despesas em que o passageiro teria, de outra forma, incorrido, e que constituiriam, para si, um dano. *Não existe nada no Regulamento nº 261/2004/CE que exclua a possibilidade de uma ação por incumprimento contratual, em situações de recusa de embarque ou cancelamento do voo, com base na lei nacional (e não com base num incumprimento do próprio Regulamento). Os mesmos aspetos (v.g. refeições, alojamento) podem ser contemplados numa vertente assistencial e ressarcitória.* O TJUE veio, posteriormente, a afirmar com toda a clareza a posição de que nos afastamos: a de que os passageiros podem ser ressarcidos invocando diretamente a violação dos deveres de assistência, contemplados no art. 9º do Regulamento, por parte da transportadora aérea. Mais acrescenta que *não está em causa uma reparação individualizada* como a que se encontra prevista no art. 22º da Convenção de Montreal. Trata-se do acórdão no caso C-12/11, de 31 de janeiro de 2013 (cfr. em particular, os parágrafos 20 e 21). De acordo com a decisão do TJUE: "Um passageiro dos transportes aéreos só pode, contudo, obter, a título de indemnização pelo incumprimento por parte da transportadora aérea do seu dever de assistência previsto nos artigos 5º, nº 1, alínea b), e 9º do Regulamento nº 261/2004, o reembolso das quantias que, atendendo às circunstâncias próprias do caso concreto, se revelaram necessárias, adequadas e razoáveis para suprir a falha da transportadora aérea na assistência ao passageiro, o que compete ao órgão jurisdicional nacional apreciar". Para esta posição, o tribunal invocou a decisão no caso C-83/10. Esta encontra-se disponível em: http://curia.europa.eu/juris/liste.jsf?language=pt&num=C-83/10 (consultado a 8/01/2021). Por outro lado, o caso C-12/11 encontra-se disponível em: http://curia.europa.eu/juris/document/document.jsf?text=&docid=133245&pageIndex=0&doclang=pt&mode=lst&dir=&occ=first&part=1&cid=22624663 (consultado na mesma data). Não concordamos com esta fundamentação, relativamente à qual são inteiramente justificadas as críticas de Ramos Alves. No entanto, quando a tutela consumerista (assistencial) não funciona, resta a tutela ressarcitória, nos termos referidos, embora muitíssimo menos satisfatória, na perspetiva dos custos envolvidos.

O Regulamento estabelece limites mínimos para esta compensação económica, que dependem da extensão do atraso; por outro lado, tal compensação é calculada segundo uma percentagem do preço do bilhete. Ou seja, corresponde a 25% do preço do bilhete, em atrasos de 60 a 119 minutos, e de 50% desse preço, em atrasos iguais ou superiores a 120 minutos. Se se tratar de um passageiro titular de um passe ou de um título de transporte sazonal, o Regulamento remete a determinação do atraso e o cálculo da compensação económica para as disposições da empresa ferroviária (art 17º/1). O prazo para o pagamento da compensação em causa é de um mês a contar da apresentação do pedido pelo passageiro e esta pode, igualmente, ser paga em vales e/ou outros serviços se os termos do contrato forem flexíveis, em particular no que se refere ao período de validade e ao destino, embora o passageiro possa pedir que a compensação em causa lhe seja paga em dinheiro (art. 17º/2). Dois últimos aspetos merecem ser considerados, gerando, ambos, alguma perplexidade: em primeiro lugar, as empresas ferroviárias podem estabelecer um limite mínimo abaixo do qual não serão pagas quaisquer atribuições, limite esse que não poderá exceder os € 4 (art. 17º/3) – ou seja, o transportador não cumpre os termos do contrato, sem qualquer consequência –; em segundo lugar, o facto de o passageiro não ter direito a uma indemnização se for informado do atraso antes de comprar o bilhete (o que parece aceitável) ou se o atraso resultante da continuação da viagem num serviço diferente ou do reencaminhamento for inferior a 60 minutos (art. 17º/4) – ou seja, um atraso de 60 minutos será sempre inócuo (!).

Para além destas causas de isenção da responsabilidade do transportador em caso de atraso, as condições gerais de transporte não podem prever outras, *v.g.*, por motivo de força maior, ou por uma das causas previstas no art. 32º/2 das Regras Uniformes CIV. Foi este o entendimento do TJUE num acórdão de 26 de setembro de 2013 (Caso C-509/11)[42]. Nas suas conclusões, o Advogado-Geral Niilo Jääskinen entendeu que seria inadmissível a interpretação do art. 17º/1 à luz do princípio geral da União Europeia, relativo à força maior, tendo em conta os objetivos do Regulamento de proteção do consumidor. Este imperativo protecionista aponta no sentido de uma interpretação restritiva das limitações à responsabilidade do transportador e no sentido da inadmissibilidade de aplicação analógica de tais limitações, con-

[42] Disponível em: http://curia.europa.eu/juris/document/document.jsf?text=Regulamento%2B1371%252F2007&docid=142215&pageIndex=0&doclang=pt&mode=req&dir=&occ=first&part=1&cid=22440712#ctx1 (consultado a 7/01/2021).

templadas noutros Regulamentos, como aquela que se encontra prevista no art. 5º/3 do Regulamento nº 261/2004/CE, já mencionado em nota anterior. Neste sentido, aponta, igualmente, o art. 6º do Regulamento nº 1371/2007/CE, que estabelece a natureza imperativa das obrigações, para com os passageiros, nele previstas. Por isso, se o legislador tivesse pretendido limitar a aplicabilidade do art. 17º com fundamento em força maior, isso teria sido indicado no texto do Regulamento[43]. Foi este o entendimento sufragado pelo tribunal, não deixando de salientar que:

> "(37) A este respeito, importa observar que o artigo 32º das regras uniformes CIV diz respeito ao direito dos passageiros ferroviários à reparação do prejuízo consecutivo ao atraso ou à anulação de um comboio. (38) Em contrapartida, a indemnização prevista no artigo 17º do Regulamento nº 1371/2007, na medida em que é calculada com base no preço do bilhete de transporte, destinase a compensar o preço pago pelo passageiro em contrapartida de um serviço que, na prática, não foi executado em conformidade com o contrato de transporte. Tratase, além disso, de uma forma de compensação financeira forfetária e estandardizada, ao contrário do regime de responsabilidade visado no artigo 32º, nº 1, das referidas regras uniformes, que implica uma avaliação individualizada do prejuízo sofrido".

Teremos oportunidade de ver adiante, ao analisar o problema da responsabilidade do transportador ferroviário por danos causados ao passageiro, que as causas de isenção dessa responsabilidade também podem levantar algumas dificuldades de articulação com o regime interno aplicável na mesma matéria.

Avançando, e para finalizar, o regime comunitário, que complementa as Regras Uniformes CIV, termina com as disposições relativas à assistência

[43] Cfr. os parágrafos 32 a 38 das conclusões do Advogado-Geral Niilo Jääskinen, disponíveis em: http://curia.europa.eu/juris/document/document.jsf?text=Regulamento%2B1371%252F2007&docid=135004&pageIndex=0&doclang=pt&mode=req&dir=&occ=first&part=1&cid=22440712#ctx1 (consultado a 7/01/2021). Na realidade, como resulta do parágrafo 45 do acórdão: "O facto de o Conselho da União Europeia ter rejeitado a alteração adotada pelo Parlamento Europeu na segunda leitura, que visava precisar que o artigo 32º, nº 2, das referidas regras uniformes é igualmente aplicável às disposições dos artigos 16º e 17º do Regulamento nº 1371/2007, demonstra que o legislador da União recusou conscientemente prever que, nas circunstâncias visadas no referido artigo 32º, nº 2, as empresas ferroviárias estejam isentas da sua obrigação de indemnização do preço do bilhete devido a atraso". Trata-se, por isso, de uma opção discutível, mas inegável.

(art. 18º). Em caso de atraso, as disposições em causa referem-se à informação relativa à situação e à hora prevista de partida e de chegada, que deve a ser facultada aos passageiros assim que esteja disponível (art. 18º/1)[44]. Por outro lado, conforme resulta do art. 18º/2, em atrasos superiores a 60 minutos, devem ser gratuitamente oferecidos aos passageiros, refeições e bebidas, conforme for razoável em função do tempo de espera e se estiverem disponíveis no comboio ou na estação e puderem ser razoavelmente fornecidas. Se for necessária uma estadia de uma ou mais noites, ou se for necessário prolongar a estadia, devem ser fornecidos gratuitamente aos passageiros alojamento num hotel ou outro tipo de alojamento e transporte entre a estação ferroviária e o alojamento, mas só se houver, na prática, condições para tal e onde, na prática, for possível. Se o comboio ficar bloqueado na linha, aos passageiros será gratuitamente facultado o transporte do comboio para a estação ferroviária, para o ponto de partida num transporte alternativo ou para o destino final do serviço, mas só se e onde na prática houver condições para tal.

Se o serviço de transporte não puder continuar, assim que for possível as empresas de transporte devem organizar serviços de transporte alternativos (art. 18º/3). De forma a facilitar a prova da situação, a pedido do passageiro, as empresas ferroviárias devem apor no bilhete uma certificação de que o serviço ferroviário sofreu um atraso, originou uma perda de correspondência ou foi anulado, consoante a situação (art. 18º/4)[45]. Termina este regime com a consagração do dever de as empresas ferroviárias darem especial atenção às necessidades das pessoas portadoras de deficiência ou das pessoas com mobilidade reduzida e aos seus acompanhantes ao atender às situações anteriormente referidas (art. 18º/5).

Em matéria de assistência, recorde-se que se impõe a necessária articulação com o art. 32º do Anexo I do Regulamento: se, nos termos do art. 18º, o transportador ferroviário entender que não estão reunidas as condições para assegurar o alojamento aos passageiros, ao considerar que isso

[44] Note-se que resultam da Parte II do Anexo II, por remissão do art. 8º/2, as informações que as empresas ferroviárias devem facultar aos passageiros durante as viagens, e que englobam os atrasos. Por outro lado, resulta do artigo 7º uma obrigação de tornar públicas, pelos meios adequados e antes da sua aplicação, as decisões de suprimir serviços.

[45] Regime idêntico resulta do art. 11º CIV, nos termos do qual: "O transportador deve, se for caso disso, certificar no título de transporte que o comboio foi suprimido ou que se perdeu a correspondência".

não é possível por, na prática, não estarem reunidas condições para tanto, o passageiro poderá sempre ser ressarcido das despesas que venha a ter com o seu alojamento, em virtude do atraso, à luz do art. 32º referido, desde que estejam em causa despesas razoáveis. Por outro lado, poderá ser, igualmente, ressarcido, à luz deste preceito, das despesas que venha a ter devido à notificação enviada às pessoas que estavam à sua espera.

3.2. A lei nacional: o regime do Decreto-Lei nº 58/2008

Como vimos, na nossa ordem jurídica vigora uma isenção ao artigo 32º do Anexo I do Regulamento, bem como aos artigos 16º, 17º e 18º/2, do Regulamento, aplicando-se as disposições correspondentes do Decreto-Lei nº 58/2008, republicado pelo Decreto-Lei nº 124-A/2018.

Relacionada com a temática em análise, encontra-se a possibilidade, prevista no diploma interno e sem paralelo no Regulamento, de o passageiro que não utilizar o título de transporte por motivo alheio ao operador, ser reembolsado de uma parcela do preço pago pelo título de transporte, nos serviços de transporte regional, de longo curso e internacional, mediante a sua apresentação e com certa antecedência relativamente ao início da viagem, indicada no mesmo diploma (art. 16º).

Por outro lado, o restante regime aplicável em caso de supressão, atraso ou perda de correspondência segue de perto o regime do Regulamento, embora com algumas diferenças dignas de nota.

No que se refere à supressão temporária de serviços, resulta do art. 15º do diploma interno um regime semelhante ao do art. 16º do Regulamento comunitário, tendo o passageiro a opção entre ser reembolsado do valor do preço do título de transporte, bem como, se pertinente, uma viagem de regresso ao ponto de partida inicial; ou ser reencaminhado para o seu destino final, em condições de transporte equivalentes, o mais rapidamente possível. A única diferença reside no facto de não se encontrar prevista a possibilidade de o passageiro prosseguir a viagem ou reencaminhamento para o seu destino final, numa data posterior da sua conveniência[46]-[47].

[46] Conforme aponta, em tom crítico, Rafael Paiva, *op. cit.*, p. 431.

[47] A este propósito recorde-se o art. 57º CRP, em caso de exercício do direito à greve, na medida em que o operador não será obrigado a assegurar serviços alternativos, mas somente a prestação de serviços mínimos indispensáveis para ocorrer à satisfação de necessidades sociais impreteríveis, e que são fixados por um tribunal arbitral. A este propósito cfr. as *Condições Gerais de Transporte dos Serviços da CP* (III.6.3). Disponíveis em: https://www.cp.pt/StaticFiles/

Em matéria de atraso, encontra-se contemplado o direito ao reembolso de preço do título de transporte se, por razões imputáveis ao transportador, o atraso exceder 30 minutos, em viagens de duração inferior a uma hora, ou exceder 60 minutos, em viagens de duração igual ou superior a uma hora (art. 16º/3). Verifica-se, assim, que são, igualmente, contemplados atrasos inferiores a 60 minutos, ao contrário do que acontece no Regulamento. Por outro lado, o reembolso em causa deve ser solicitado no prazo de 30 dias após a verificação do atraso, limitação esta que não consta do Regulamento. Outra particularidade do diploma interno reside, ainda, em matéria de atraso, na determinação de que "não há pagamento de qualquer indemnização quando: d) O passageiro seja titular de uma assinatura, passe ou título de transporte sazonal e comprovadamente existam alternativas viáveis para a sua deslocação por estes abrangidas designadamente através de outros modos de transporte" [art. 16º-A/5/d)][48].

No entanto, mais do que os aspetos que foram referidos, a principal diferença entre o regime interno e o Regulamento prende-se com o facto de as compensações económicas atribuídas ao passageiro em caso de atraso somente o serem quando o atraso for *imputável* ao operador ou ao gestor de infraestrutura (art. 16º-A/1). Trata-se de uma opção que não protege o passageiro, na medida em que se abrem as portas a outras causas de isenção da responsabilidade dos transportadores, para além das causas de isenção expressamente previstas na lei, pela formulação do preceito. Como vimos, nesta matéria, a opção do legislador comunitário foi diferente, sendo taxativas as causas de isenção previstas no art. 17º. Surgem, por isso, na nossa ordem jurídica, cláusulas nas *Condições Gerais de Transporte*[49], com o seguinte teor:

> "Consideram-se não imputáveis ao operador, logo, não indemnizáveis, os atrasos ou supressões, devidos às seguintes situações: catástrofes naturais (tempestades, avalanches, inundações, deslizamentos de terreno, queda de pedras, entre outras); greves; alteração do itinerário por motivos de obras, anunciado

Passageiros/5_informacao/informacao_util/condicoes_gerais_transporte/condicoes-gerais-transporte.pdf (consultado a 6 de janeiro de 2021).

[48] A este propósito estabelecem as *Condições Gerais de Transporte dos Serviços da CP*, quanto aos critérios de indemnização por atraso (III.7.1.) que: "Não há pagamento de qualquer indemnização quando: (o passageiro) seja titular de uma assinatura, passe ou de outro título de transporte, com exceção do bilhete simples", embora sem qualquer referência à existência de "alternativas viáveis para a sua deslocação, por estes abrangidas".

[49] Cfr. Condições Gerais de Transporte dos Serviços da CP (III.7.3.).

atempadamente; incêndios com origem externa às instalações ou infraestruturas, mas que condicionam a circulação; ataques terroristas; sabotagem no material circulante ou instalações; manifestações ou problemas de ordem pública; interrupção do serviço por ordem judicial ou do governo; interrupção do serviço por ocupação da via por pessoas, animais, veículos ou coisas".

O legislador nacional optou pelos montantes mínimos das atribuições pecuniárias previstas no art. 17º do Regulamento em caso de atraso. Por outro lado, ao contrário do previsto no Regulamento, nos termos do qual as empresas ferroviárias *podem prever* um limiar mínimo – com um máximo de € 4 – abaixo do qual não sejam pagas quaisquer atribuições pecuniárias, no diploma interno o direito a essas atribuições *é sempre excluído*, se o seu montante for igual ou inferior a esse valor. Poder-se-á vislumbrar, por isso, uma intenção do legislador nacional em proteger da forma menos eficaz possível, à luz da legislação comunitária, o passageiro no transporte ferroviário? É que, na compensação a pagar ao passageiro em caso de atraso, optou pelo valor mínimo possível; no valor abaixo do qual não serão pagos quaisquer montantes, optou pelo valor máximo possível. Por outro lado, recorde-se a isenção ao art. 18º/2 do Regulamento, com toda a proteção que este confere ao passageiro em caso de atraso, como vimos.

Independentemente da resposta à questão que ficou em aberto no parágrafo anterior, tenha-se, igualmente, em atenção o art. 28º do Decreto-Lei nº 58/2008 que reconhece ao passageiro o direito a indemnização por outros danos que resultem direta e exclusivamente de atrasos ou supressão de serviços de transporte ferroviário, por razões imputáveis ao operador ou ao gestor de infraestrutura (possibilidade, aliás, reconhecida pelo art. 32º/3 CIV e pelo art. 32º do Anexo I do Regulamento nº 1371/2007/CE). Neste caso, encontramo-nos perante uma verdadeira indemnização, não deixando de ser curiosa a referência que o preceito faz a "outros danos", sem prejuízo do disposto no art. 16º-A, na medida em que este último preceito não prevê a necessidade de qualquer dano para a atribuição da compensação, nele contemplada, ao passageiro.

No mesmo artigo 28º, no entanto, o legislador nacional estabelece limites máximos à responsabilidade do transportador, que variam consoante esteja em causa um serviço regional superior a 50 km ou um serviço de longo curso – neste caso, a indemnização será no montante do valor do prejuízo provado, tendo como limite o correspondente a 100 vezes o valor do preço pago pelo título de transporte, mas com um limite máximo de € 250 –;

ou um serviço urbano suburbano e regional até 50 km – tendo então a indemnização um limite de 25 vezes ao valor do título pago.

Em geral, os limites ressarcitórios no que se refere à responsabilidade do transportador, são justificados pela necessidade de favorecer a indústria de transportes, visto que esta desenvolve uma atividade essencial para a economia geral. Segundo Antonini[50], a existência destes limites representa uma regra generalizada, no que se refere ao transporte de mercadorias e bagagens, embora seja, tendencialmente, excluído no transporte de pessoas, com vista a uma tutela mais eficaz dos direitos fundamentais das mesmas, como o direito à vida e à incolumidade individual. Nesta última situação, não fará sentido comprimir estes direitos em prol de um favorecimento da indústria transportadora. Esta foi a tendência na Convenção de Montreal de 1999, relativa ao transporte aéreo. Resta saber se o mesmo se verificou relativamente às Regras Uniformes CIV, aspeto que veremos de seguida.

4. A responsabilidade do transportador em caso de morte e ferimento do passageiro

4.1. O regime aplicável de acordo com o Regulamento nº 1371/2007/CE e segundo as Regras CIV

Em caso de morte e ferimento do passageiro, a responsabilidade do transportador será regulada pelos artigos 26º e ss CIV, igualmente recebidos no âmbito comunitário através do Regulamento nº 1371/2007/CE, *ex vi* do art. 11º[51]. O mesmo preceito, no entanto, ressalva as suas próprias disposições – que, novamente, assumem um caráter complementar – e a "legislação nacional aplicável que garanta aos passageiros indemnização adicional por danos". Este artigo 11º integra-se na previsão do art. 2º/3 do Regulamento, não admitindo, por isso, qualquer isenção. Consequentemente, também se aplica aos transportes internos, na nossa ordem jurídica.

As empresas de transporte a que, à partida, não se aplicaria o Regulamento, por não possuírem uma licença, tal como definida pelo diploma comunitário – ou seja, empresas que efetuem apenas serviços de transporte de passageiros em infraestruturas locais e regionais autónomas (*v.g.* serviços de transporte ferroviário de passageiros com fins exclusivamente turís-

[50] Antonini, *op. cit.*, pp. 271-272. Salienta o autor que não se trata de uma limitação da responsabilidade, mas do débito.

[51] Neste ponto faremos somente referência aos preceitos das Regras CIV, sendo que a sua numeração no Anexo I do Regulamento nº 1371/2007/CE é a mesma.

ticos ou históricos) – ficarão sujeitas a este Regulamento em matéria de responsabilidade do transportador, por remissão do art. 25º/1 do Decreto-Lei nº 58/2008, e também ao regime interno, quando este garanta uma indemnização adicional por danos, nos termos referidos.

Tais empresas estarão, ainda, sujeitas a eventuais particularidades do referido Decreto-Lei, contrárias ao Regulamento comunitário, nomeadamente, em matéria de *isenção de responsabilidade*[52]. Nesta matéria, como vermos, o Regulamento é caraterizado pela exclusividade, não podendo as empresas a ele diretamente sujeitas beneficiar de outras causas de isenção adicionais. Conforme vimos no ponto nº 3.1., esta exclusividade das causas de isenção da responsabilidade no regime comunitário (que remete para o art 26º/2 CIV) também vigora em situações de atraso, supressão, ou perda de correspondência (art. 32º/2).

Também veremos, adiante, que o âmbito de aplicação do art. 11º do Regulamento, determinante para a articulação entre o regime comunitário e o regime interno, suscita algumas dúvidas. Convém, igualmente, ter presente que as Regras Uniformes, aplicáveis *ex vi* da legislação comunitária, não são exclusivas em matéria de responsabilidade, remetendo, quanto a *outros danos* por elas não contemplados, para a lei nacional de cada um dos Estados.

Antes de entrar no regime propriamente dito, saliente-se, que, segundo o art. 2º/1 das Regras CIV, se os passageiros vítimas de acidentes forem nacionais de um Estado ou tiverem a sua residência habitual nesse Estado, e o sinistro ocorrer no seu território, o mesmo poderá declarar, em qualquer momento, que não aplica a tais passageiros os preceitos das referidas Regras relativos à responsabilidade do transportador em caso de morte e de ferimento de passageiros.

Resulta do art. 26º/1 CIV que o transportador será responsável:

a) Pelo prejuízo que resulte da morte, de ferimento ou de qualquer outro dano causado à integridade física ou psíquica de um passageiro;
b) Por motivo de acidente relacionado com a exploração ferroviária;
c) Ocorrido durante a permanência do passageiro nos veículos ferroviários, à entrada para ou à saída dos mesmos em qualquer infraestrutura utilizada.

Quanto ao primeiro aspeto mencionado, o prejuízo causado pelos danos à "integridade psíquica" do passageiro, pelos quais o transportador é

[52] A matéria será analisada no ponto nº 4.2.

responsável, também engloba os prejuízos resultantes do choque causado pelo acidente[53].

O segundo aspeto suprarreferido desdobra-se em dois. Por um lado, tem de estar em causa um acidente, ou seja, "qualquer acontecimento desfavorável, suscetível de incidir negativamente na execução do transporte, causando um dano ao objeto material do mesmo (pessoas ou coisas), ao veículo que o realiza ou a terceiros"[54].

Por outro lado, tem de se tratar de um acidente "relacionado com a exploração ferroviária". Algumas dificuldades resultam da articulação deste aspeto com o facto de o art. 26º/2/a) determinar que o transportador fica isento de responsabilidade "se o acidente for causado por circunstâncias alheias à exploração ferroviária, que não obstante a diligência requerida segundo das particularidades do caso, o transportador não pudesse evitar e a cujas consequências não pudesse obviar"[55]. Aparentemente, a referência ao acidente "relacionado com a exploração ferroviária" no art. 26º/1 constitui um mero pleonasmo; no entanto, ela poderá representar um limite adicional à responsabilidade do transportador. Assim, se não se souber a causa do acidente, ou não se conseguir determinar tal causa com alguma probabilidade, o transportador não responderá pelos danos; se se souber a causa do acidente, e esta não estiver relacionada com a exploração ferroviária, o transportador somente ficará isento da sua responsabilidade se demonstrar que agiu com a diligência requerida segundo as particularidades do caso[56]. Trata-se de uma interpretação que permite atribuir um sentido útil à referência mencionada no art. 26º/1[57]. A ser correta esta interpretação, estaremos perante um regime que contrasta com o que se consi-

[53] A designação original "integrité mentale" foi alterada para "integrité psychique" com o propósito de clarificar que o choque com o acidente também se encontra abrangido nos danos em causa (*Explanatory Report CIV UR*, comentário nº 2 ao art. 26º).

[54] Nas palavras de Antonini, *op. cit.*, p. 266 (a tradução é nossa).

[55] Estão em causa situações de caso fortuito e de força maior, como catástrofes naturais e situações de guerra, por exemplo.

[56] Para Michela Comuzzo, a diligência é aferida em função das particularidades do caso para evitar que o transportador responda em situações de culpa levíssima (*op. cit.*, p. 111, nota 15). Trata-se de um regime criticado por Rafael Paiva, que entende que a referência à diligência é despicienda e deveria ser afastada, não se devendo perquirir a culpa do transportador. Este deveria ser responsável, a não ser que o acidente resulte de circunstâncias completamente alheias à exploração ferroviária (*op. cit.*, p. 338, nota 48).

[57] Interpretação proposta por Michela Comuzzo, *op. cit.*, pp. 110-111.

dera ser o regime de responsabilidade próprio do contrato de transporte, independentemente do tipo de transporte, no qual o transportador responde pelos danos derivados de *causa ignota*[58].

Quando o acidente se relaciona com a exploração ferroviária, o transportador não pode invocar defeitos do veículo ferroviário para afastar a sua responsabilidade, mesmo que não esteja em causa a sua frota[59]. Por outro lado, recorde-se que, nos termos do art. 51º, o transportador é responsável pelos seus agentes e pelas pessoas a cujos serviços recorre para a execução do transporte, sempre que estes atuem no exercício das suas funções.

Entre as pessoas a cujos serviços o transportador recorre, encontram-se os gestores de infraestrutura por quem o transportador responde (*v.g.* por má manutenção da linha, o comboio tem um acidente ao entrar na estação). No âmbito da revisão da COTIF e respetivos apêndices, entendeu-se que as Regras Uniformes deveriam regular a totalidade das relações entre o transportador, o passageiro e o gestor da infraestrutura. De outro modo, o passageiro poderia intentar uma ação contra o gestor da infraestrutura à luz da lei nacional e tal ação não estaria sujeita às limitações de responsabilidade existentes nas Regras Uniformes. Assim se justifica esta solução resultante do art. 51º CIV[60].

Atendendo a este regime, podemos afirmar que está em causa uma responsabilidade objetiva do transportador, mas mitigada, na medida em que o acidente tem de ocorrer durante a permanência do passageiro no veículo ferroviário, à sua entrada ou à sua saída e tem de estar relacionado com a exploração ferroviária[61].

Para além da causa de isenção de responsabilidade prevista no art. 26º/2/a), são ainda de apontar as seguintes causas de isenção: a) falta do passageiro [art. 26º/2/b)]; b) ser o acidente devido ao comportamento de um terceiro, que, apesar da diligência requerida segundo as particularidades do caso, o transportador não pudesse evitar e a cujas consequências não pudesse obviar. Para este efeito não se considera terceiro outra empresa que utilize a mesma infraestrutura ferroviária, sem prejuízo do direito de

[58] Como refere Antonini, *op. cit.*, p. 269.

[59] Nas alterações à COTIF, levadas a cabo em 1999, não se entendeu que fosse necessário introduzir uma disposição neste sentido (*Explanatory Report CIV UR*, nº 1 do comentário ao art. 26).

[60] Cfr. *Explanatory Report CIV UR*, comentário único ao art, 51º, que remete para *Explanatory Report CIM UR*, nº 1 do comentário ao art. 40º CIM.

[61] Neste sentido, Michela Comuzzo, *op. cit*, pp. 109-111.

regresso[62] [art. 26º/2/c)]. Ainda quanto a esta segunda causa de isenção, resulta do art. 26º/3, que, se, apesar de o acidente se dever ao comportamento de um terceiro, o transportador não ficar totalmente isento de responsabilidade – *v.g.* porque não agiu com a devida diligência – responderá pela totalidade, dentro dos limites previstos nas Regras CIV, podendo, posteriormente, exercer o seu direito de regresso contra esse terceiro.

A "falta do passageiro" como causa de isenção de responsabilidade, exige uma análise mais detida, visto que levanta diversas dúvidas: ainda que o próprio transportador pudesse ter, de algum modo, evitado a verificação do acidente, a sua responsabilidade ficará totalmente excluída, se houver uma falta do passageiro? É que nada se determina quanto a este ponto, pois não refere se a exclusão de responsabilidade é total ou parcial. De todo o modo, não pode deixar de se entender que, havendo um concurso de culpas, o transportador também será responsabilizado[63]. Alguns exemplos serão úteis para uma melhor apreensão do alcance prático da questão (Ex[1]) e para aferir se o regime do art. 26º/2 poderá ser afastado em prol de um regime interno mais favorável (Ex[2]):

Ex[1]: Se um menor de onze anos saltar para um comboio em andamento, e, ao saltar, cair e for atingido pelo comboio, poder-se-á entender que existe uma falta do passageiro na verificação no acidente. No entanto, o transportador ferroviário também poderá ser responsabilizado se, no caso concreto, podia ter evitado a verificação do acidente: sabendo que se tratava de um trajeto frequentemente utilizado por estudantes de menor idade, mantinha, apesar disso, ao serviço carruagens cujas portas permaneciam abertas, mesmo depois da partida da composição, só se fechado após alguns metros de marcha. O transportador age culposamente nesta situação, visto que a utilização de carruagens nas condições referidas constitui um convite para as crianças saltarem para os comboios em andamento. Perante este cenário, a atuação do transportador ferroviário constitui uma concausa para a produção do dano.

62 Ao não ser regulado pelas Regras CIV, o alcance deste direito de regresso é determinado pela lei nacional, nos termos do art. 8º COTIF.

63 Na nossa doutrina, Rafael Paiva crítica o art. 26º CIV, por entender que o preceito deveria ter contemplado a situação de culpa do lesado na produção do dano. Neste caso, também este autor entende que, se a conduta do transportador contribuir para a produção desse mesmo dano, a sua responsabilidade se manterá, embora com a possibilidade de ser reduzida, na medida da contribuição da própria vítima do acidente (*op. cit.*, p. 338).

Apesar do caráter lacunoso das regras CIV, deve entender-se que a responsabilidade só será totalmente excluída se houver uma falta do passageiro que constitui a causa exclusiva do acidente. Na nossa ordem jurídica, na situação referida, o Supremo Tribunal de Justiça, num acórdão de 17 de novembro de 2005 (Procº nº 3050/05, Relator – Noronha do Nascimento)[64], entendeu que o transportador deveria ser responsabilizado em 20% do que se refere aos danos não patrimoniais resultantes das dores, tratamentos, incapacidade permanente de 60% e efeitos psicológicos. Pelo contrário, quanto aos danos futuros, o tribunal atendeu à incapacidade permanente de 60%, condenando a transportadora (CP) na totalidade do montante de rendimentos que o passageiro deixaria de auferir no futuro, devido a essa limitação da sua capacidade laboral (teve, no entanto, somente em conta anos de doze, e não de catorze meses, durante um período de vida laboral ativa de cinquenta anos e descontando um benefício de 20%, resultante da receção antecipada do capital).

Ex²: Num transporte ferroviário, o passageiro sofre o esmagamento do polegar esquerdo na sequência do fecho de uma porta; no entanto, pode ser-lhe censurado o facto de ter colocado o polegar na moldura da porta, ao lado das dobradiças, apesar das indicações de segurança repetidas pelos funcionários do transportador. Estamos, por isso, e novamente, perante uma falta do passageiro.

A situação ocorreu em França, num transporte assegurado pela SNCF (*Société Nationale des Chemins de Fer Français*). De acordo com o direito francês, então vigente, (art. 1147º *Code Civil*), a falta do passageiro somente excluía totalmente a responsabilidade do transportador se apresentasse as caraterísticas de motivo de força maior, ou seja, se fosse "irresistível e imprevisível" para o transportador. O Tribunal de Recurso de Aix-en-Provence, numa decisão de 21 de dezembro de 2017 (nº 16/16014)[65], manteve a condenação da SNCF a ressarcir a totalidade dos danos causados ao passageiro, determinada pela primeira instância – *Tribunal de Grande Instance de*

[64] Cfr. A culpa nos acidentes de viação na jurisprudência das secções cíveis do Supremo Tribunal de Justiça (sumários de acórdãos entre 1996 a setembro de 2014), pp. 41-42, disponível em: https://www.stj.pt/wp-content/uploads/2017/10/culpanosacidentesdeviao1996asetembrode2014.pdf (consultado a 18/01/2021). Note-se que esta decisão é anterior à entrada em vigor na nossa ordem jurídica, tanto do Regulamento nº 1371/2007/CE, quanto do Decreto-Lei nº 58/2008.

[65] Disponível em: http://web.lexisnexis.fr/lexisactu/caaix_21dec2017_1616014.pdf (consultado a 18 de janeiro de 2021).

Grasse – a 13 de julho de 2016 (nº 14/04312), por entender que a falta do passageiro não se revestia, para esta, de um caráter "irresistível e imprevisível". Caberia à SNCF assegurar-se de que o fecho interno da porta de uma carruagem não se traduzia num perigo para os passageiros, em particular, num dia com uma afluência considerável de passageiros. Quanto a este ponto, o tribunal entendeu que a SNCF não tinha provado que os avisos dos funcionários quanto ao fecho das portas tivessem sido ouvidos claramente por todos os passageiros, ou que tivessem sido feitos num altifalante.

A SNCF recorreu, invocando a aplicabilidade do Regulamento nº 1371/2007/CE – para o qual remete, hoje, na legislação francesa, o art. L. 2151-1, do *Code des Transports*. O problema analisado pela *Cassation* residiu na interpretação do art. 11º do Regulamento, que estabelece que o capítulo III ("Responsabilidade das empresas ferroviárias pelos passageiros e suas bagagens") será aplicável "sem prejuízo de legislação nacional aplicável que garanta aos passageiros indemnização adicional por danos". Dois problemas se colocavam: saber se estaria em causa uma remissão para a legislação nacional sempre que esta fosse mais favorável ao passageiro, e, se a resposta fosse positiva, interpretar a referência a uma "indemnização adicional por danos". Tratar-se ia de uma remissão para um regime de responsabilidade que, considerado na sua globalidade, permitiria mais facilmente responsabilizar o transportador – incluindo, por isso, causas de isenção da responsabilidade do transportador mais exigentes –, ou estaria em causa um regime que admitisse a ressarcibilidade de um leque mais amplo de danos?

A conclusão da *Cassation* foi no segundo sentido mencionado, pelo que as causas de isenção da responsabilidade seriam somente avaliadas à luz do Regulamento europeu (que remete para as regras CIV)[66]. Foi, deste modo, cassada a decisão do Tribunal de Recurso de Aix-en-Provence, não se exigindo que a falta do transportador tenha um caráter "irresistível e imprevisto" para que se verifique a isenção, total ou parcial, da sua responsabilidade. Em consequência, no caso concreto, o transportador não poderia ser responsabilizado pela totalidade dos danos causados ao passageiro. Trata-se da decisão da *Cour de Cassation (1ère chambre civile)*, de 11 de dezembro de 2019 (nº 1040)[67]. A não ser esta a decisão, o propósito uniformizador do Regula-

[66] O mesmo se verifica, aliás, em relação ao prazo prescricional que é determinado pelo Regulamento (art. 60º/1 do Anexo I), mesmo que o prazo da lei nacional seja mais favorável ao passageiro.

[67] Disponível em: https://www.courdecassation.fr/jurisprudence_2/premiere_chambre_civile_568/1040_11_44049.html (consultado a 18 de janeiro de 2021).

mento seria posto em causa, por uma remissão mais frequente para a legislação nacional[68].

Avancemos na nossa análise do art. 26º, olhando para o art. 26º/4, nos termos do qual as Regras CIV não são exclusivas nesta matéria, na medida em que não afetam a responsabilidade que possa caber ao transportador por danos que não estejam previstos no art. 26º/1 (regime seguido pelo referido art. 11º do Regulamento). Poderá estar em causa, por exemplo, o ressarcimento de danos não patrimoniais sofridos pelos familiares de uma vítima mortal[69].

Se estiverem em causa transportadores subsequentes, em caso de morte e de ferimento de passageiros será responsável o transportador a quem cabia a prestação de serviço de transporte durante a qual o acidente ocorreu, nos termos do contrato (art. 26º/5). Trata-se de uma opção criticável, pois não há responsabilidade solidária de todos os transportadores subsequentes, não se tendo conseguido um acordo nessa matéria, em 1999. Essa seria, no entanto, uma solução que melhor asseguraria a proteção, quer do passageiro, permitindo-lhe ser compensado de uma forma mais simples e célere; quer dos transportadores subsequentes, que ficariam protegidos contra riscos inquantificáveis[70].

Pelo contrário, se o transportador recorrer a um transportador substituto[71], sempre que ambos sejam responsáveis, a sua responsabilidade será solidária (art. 39º/4 *ex vi* do art. 26º/5). O transportador contratual pode

[68] Sobre este acórdão, cfr. a nota de Laura Vitale, "(R)évolution du régime de responsabilité de la SNCF", *Dalloz actualité (6 janvier 2020)*. Disponível em: https://www.dalloz-actualite.fr/flash/revolution-du-regime-de-responsabilite-de-sncf#.YAb5Luj7RRa (consultado a 19 de janeiro de 2021).

[69] A este propósito relevará o art. 496º CC na ordem jurídica portuguesa.

[70] Cfr. Cfr. *Explanatory Report CIV UR*, nº 2 dos comentários gerais ao Capítulo I do Título IV. Rafael Paiva critica fortemente este aspeto do regime das Regras Uniformes CIV, salientando que a responsabilidade solidária permitiria atender a situações de insolvência de uma das empresas que participam no transporte (*op. cit.* p. 339). Pelo contrário, após consagrar a responsabilidade solidária entre transportadores sucessivos no seu art. 34º, o art. 38º da Convenção Relativa ao Transporte Internacional de Mercadorias por Estrada (CMR), de 1956, determina que: "Se um dos transportadores for insolvente, a parte que lhe cabe e não foi paga será distribuída por todos os outros transportadores, proporcionalmente às suas remunerações".

[71] Nos termos do art. 3º/b: "Para efeitos das presentes Regras Uniformes, o termo: b) «transportador substituto» designa um transportador que não celebra o contrato de transporte com o passageiro mas a que o transportador referido na alínea a) confia, no todo ou em parte, a execução do transporte ferroviário".

sempre recorrer a um transportador substituto, ainda que tal faculdade não lhe seja reconhecida no contrato de transporte, embora não deixe de ser responsável pela totalidade do transporte (art. 39º/1). Por outro lado, o transportador substituto somente será responsável pela parcela do transporte por si efetuada[72]. O art. 56º/7 determina que o direito de o passageiro optar entre demandar vários transportadores cessa a partir o momento em que a ação for intentada contra um deles.

Se o passageiro falecer, e a morte for imediata, a indemnização inclui as despesas necessárias, posteriores ao óbito, nomeadamente, as relativas ao transporte do corpo e ao funeral (art. 27º/1)[73]. Também têm direito a indemnização as pessoas que o passageiro tinha obrigação de alimentar e que, devido à sua morte, ficaram privadas do seu sustento. A ação por perdas e danos de pessoas a quem o passageiro assegurava o sustento, sem a isso ser obrigado por lei, ficam sujeitas ao direito nacional (art. 27º/2). A este propósito, note-se que se trata da atribuição de uma indemnização e não de uma pensão de alimentos, o que é relevante para a determinação das regras nacionais aplicáveis[74]. As indemnizações atribuídas às pessoas referidas no art. 28º/2, devem ser pagas em capital, embora também o possam ser através da atribuição de uma renda, se o direito nacional o permitir e se os interessados o pedirem (art. 30º/1). Tendo em conta que se trata de pessoas a quem o passageiro assegurava o sustento, por força de uma obrigação legal de alimentos, a forma de pagamento mais adequada será a atribuição de uma renda[75]. Verifica-se que todos os danos referidos são danos patrimoniais.

Se estiver em causa um ferimento ou qualquer outro dano causado à integridade física ou psíquica (que engloba o choque com o acidente) do

[72] Resulta, ainda, do art. 39º/3 que o transportador substituto não será vinculado por acordos especiais entre o transportador contratual e o passageiro, através das quais este assume obrigações que não resultam da aplicação das Regras CIV, ou renuncia aos direitos que lhe são conferidos pelas mesmas Regras, a não ser que aceite tais acordos expressamente e por escrito. Trata-se de um regime legal potencialmente prejudicial ao passageiro, como nota Rafael Paiva, *op. cit.*, p. 346-347.

[73] Quanto ao contrato de funeral e às despesas que podem estar envolvidas, cfr. Daniel Morais, "O contrato de funeral e os direitos dos consumidores na ordem jurídica portuguesa", *Revista de Direito Comercial*, 2, 2018, pp. 291-371, disponível em www.revistadedireitocomercial.com.

[74] Cfr. *Explanatory Report CIV UR*, nº 2 dos comentários ao art. 27º.

[75] Neste sentido, cfr. Michela Comuzzo, *op. cit.*, p. 112. Veja-se que, na nossa ordem jurídica, os alimentos devem ser fixados em prestações pecuniárias mensais, de acordo com o art. 2005º/1 CC.

passageiro, a indemnização compreende as despesas necessárias, nomeadamente, relativas ao tratamento e ao transporte [art. 28º/a)], bem como a reparação do prejuízo causado pela incapacidade total ou parcial para o trabalho, ou por um acréscimo das necessidades do passageiro [art. 28º/b)]. Neste último caso, a indemnização também deverá ser paga em capital, embora possa sê-lo através da atribuição de uma renda, nos moldes previstos no art. 30º/1, já referidos. De acordo com o art. 27º/1/b), se sobrevier a morte, às despesas indicadas, acrescem àquelas que resultam do art. 27º/1/a). Mais uma vez, trata-se de danos patrimoniais.

À semelhança do que acontece no art. 26º/4, o caráter não exclusivo o regime das Regras CIV em matéria de responsabilidade, resulta, igualmente, do art. 29º CIV, que determina que caberá à lei nacional regular se, e em que medida, o transportador deve indemnizar outros danos corporais, além dos previstos nos arts. 27º e 28º. Enquanto estes últimos preceitos visam, particularmente, os *danos patrimoniais resultantes de danos físicos ou psíquicos*[76], o art. 29º visa os *danos morais.* Aparentemente, na alteração de 1999, somente se visou uma simplificação da redação do preceito[77]. Na sua versão original, o art. 29º reportava-se a "outros danos", enumerando alguns deles, tais como o *pretium doloris* pelos danos físicos e morais, bem como o dano estético[78].

As Regras Uniformes CIV não estabelecem um limite ressarcitório em caso de morte ou ferimento. No entanto, estabelecem, no art. 30º/2, um limite mínimo de 175.000 unidades de conta, quando o direito nacional prevê um limite menor. Este limite aplica-se somente ao conjunto das indemnizações a pagar por virtude de danos patrimoniais causados às pessoas que eram sustentadas pelo passageiro, devido a uma obrigação de alimentos, se este falecer, bem como devido à sua incapacidade total ou parcial para o trabalho ou a um acréscimo das necessidades do passageiro. Em caso de morte, ficam, assim, excluídas as despesas necessárias consecutivas ao óbito, como as do transporte do corpo e do funeral; e, em caso de ferimento ou

[76] Embora o art. 28º englobe o choque com o acidente na expressão "integridade psíquica", estão em causa os danos patrimoniais daí resultantes (*v.g.* incapacidade total ou parcial para o trabalho) e não os danos morais.

[77] Cfr. *Explanatory Report CIV UR*, comentário único ao art. 29º.

[78] Era a seguinte a formulação do art. 29º nas Regras CIV de 1980: "O direito nacional determinará se e em que medida o caminho de ferro deverá indemnizar outros prejuízos além dos previstos nos artigos 27º e 28º designadamente os prejuízos de ordem moral e física (*pretium doloris*) e estética". A tradução resulta do Decreto do Governo nº 50/85, de 27 de novembro, que aprova para ratificação a COTIF. A versão autêntica é em francês.

qualquer outro dano à integridade física ou psíquica, as despesas necessárias, como as que se reportam ao tratamento e ao transporte[79]. A unidade de conta prevista nos diversos apêndices à COTIF (que incluem as Regras CIV) é o Direito de Saque Especial, conforme definido pelo Fundo Monetário Internacional (art. 9º COTIF)[80]. *Se o direito nacional não contemplar qualquer limite, o limite ressarcitório previsto nas Regras CIV também não será aplicado.* É o que acontece em Portugal[81].

Resulta do art. 48º que o transportador perde o direito de invocar os limites de responsabilidade se se provar que o prejuízo resulta do ato ou omissão cometidos pelo transportador "quer com a intenção de causar o dano, quer inconsideradamente e com a consciência de que prováveis danos daí resultassem".[82] Trata-se de uma expressão que abrange tanto o dolo

[79] Tenha-se em atenção que o art. 30º/2 se reporta às "indemnizações a pagar em virtude do nº 1", e o art. 30º/1 somente se refere aos arts. 27º/2 e 28º/b).

[80] No dia 20 de janeiro de 2021, um Direito de Saque Especial valia € 1,187. Ou seja, nesta data, 175.000 unidades de conta equivaleriam a € 207.725. Para a determinação do valor do Direito de Saque Especial, cfr. https://bpstat.bportugal.pt/serie/12533639.

[81] Deste modo, não se concorda com o teor da crítica de Rafael Paiva ao facto de Portugal não ter aproveitado a oportunidade que lhe é concedida pelo art. 2º/1 CIV no sentido, já referido, de declarar que as regras relativas à responsabilidade do transportador em caso de ferimento ou morte não se aplicam aos seus nacionais ou a passageiros que tenham a sua residência habitual em território nacional, relativamente a acidentes que tenham ocorrido nesse território (*op. cit.*, p. 327, nota 27). Basta ter em conta que não teria necessidade de o fazer para evitar a aplicação dos limites de responsabilidade previstos nas Regras CIV nesta matéria. Na realidade, salvo melhor opinião, somente os Estados que consagram limites de responsabilidade, sendo tais limites inferiores aos previstos nas Regras CIV, terão interesse em proceder à declaração prevista no art. 2º/1 CIV, pois, quanto aos restantes – ou seja, aqueles cuja lei nacional não consagra quaisquer limites – o *quantum* indemnizatório dessas Regras não se aplicará. Se esta declaração não fosse possível, os Estados cuja ordem jurídica consagrasse um limite ressarcitório inferior a 175.000 unidades de conta, teriam de aumentar tais limites até esse montante (cfr. *Explanatory Report CIV UR*, nº 1 do comentário ao art. 2º).

[82] Conforme esclarece João Ricardo Branco, o legislador uniforme procura descrever as próprias condutas relevantes do transportador, evitando, assim, um trabalho de integração através de normas e institutos de direito interno, com a quebra de uniformização subjacente. Evitam-se, por isso, os conceitos de *dolo* e *culpa* [cfr. "A conduta antijurídica do transportador e a preclusão da limitação da responsabilidade", in M. Januário da Costa Gomes (coord.), *Temas de Direito dos Transportes*, Vol. I, Coimbra, Almedina, 2010, pp. 292-384, em particular, p. 333]. Uma solução diferente resulta, ainda, da CMR que dispõe no seu art. 29º que: "O transportador não tem direito de aproveitar-se das disposições do presente capítulo que excluem ou limitam a sua responsabilidade ou que transferem o encargo da prova se o dano provier *de dolo seu ou de*

eventual, quanto a negligência consciente, que são equiparadas no que se refere à preclusão da limitação da responsabilidade, tornando-se, por isso, irrelevante aferir se o agente se conformou com a verificação do resultado[83]. Em sentido crítico, Rafael Paiva[84] entende que esta possibilidade não auxilia o passageiro a de obter uma reparação integral, por lhe caber a prova do dolo ou por remeter para a discussão de questões subjetivas (de consciência e probabilidade, por exemplo), sendo certo que tal prova é algo que supera os seus conhecimentos, tendo em conta a sua fragilidade económica em comparação com a empresa ferroviária. No entanto, acrescentemos, não se pode ignorar a evolução nas Regras CIV nesta matéria, pois deixaram de fazer qualquer referência aos conceitos de "dolo" e de "culpa".

Serão os limites de responsabilidade referidos (que, como foi apontado em nota anterior, não são propriamente limites de responsabilidade, mas de débito) merecedores de crítica?

Embora, como referimos no final do ponto 3.2., a tendência seja no sentido de uma exclusão destes limites do *quantum* indemnizatório, quanto estão em causa danos causados à pessoa do passageiro, a verdade é que as Regras Uniformes CIV procuram fazer um equilíbrio entre a posição daqueles países cuja lei consagra tais limites – impondo, neste caso, um "limite mínimo para esse teto máximo", por assim dizer – e a posição de aqueloutros que não consagram tais limites. Dito isto, não se pode deixar de concordar com a crítica de que não se justifica a existência de limites do *quantum* indemnizatório, quando se trata de vida ou da integridade física e psíquica dos passageiros. Note-se, ainda, que, apesar de os danos não patrimoniais estarem sujeitos à lei nacional, os limites previstos nas Regras Uniformes somente se aplicarão se essa lei contemplar limites ressarcitórios,

falta que lhe seja equiparada e que, segundo a lei da jurisdição que julgar o caso, seja considerada equivalente ao dolo" (o itálico é nosso). Por outro lado, na sua versão originária, o art. 42º das Regras Uniformes CIV estabelecia que: "Quando o prejuízo resultar de dolo ou culpa grave imputável ao caminho de ferro, não se aplicarão as disposições dos artigos 30º, 31º e 38º a 41º das Regras uniformes ou as previstas pelo direito nacional que limitem as indemnizações a um determinado montante. Em caso de culpa grave, a indemnização por perda, avaria ou atraso na entrega das bagagens ficará, porém, limitada ao dobro dos máximos previstos nos artigos 38º a 41º".

[83] Neste sentido, cfr. Ricardo Branco, *op. cit.*, p. 352. Na doutrina italiana, Michela Comuzzo defende que o preceito abrange, não só o dolo eventual, quanto a culpa grave (*op. cit.*, pp. 114-115).

[84] Rafael Paiva, *op. cit.*, pp. 345-346.

que, a existirem, poderão abranger também estes danos[85]. Por isso, e concluindo, se existe uma crítica a fazer, esta deve ser primariamente endereçada aos regimes jurídicos nacionais que estabelecem limites de responsabilidade neste âmbito.

Ainda quanto aos limites ressarcitórios, note-se que, embora as Regras CIV sejam injuntivas, sendo nula qualquer estipulação que as derrogue, direta ou indiretamente, tal nulidade não implica que um transportador não possa assumir responsabilidades e obrigações mais exigentes (art. 5º CIV).

Fica fora da alçada das Regras Uniformes CIV a matéria da responsabilidade do transportador em caso de ferimento ou de morte do passageiro se danos ocorrerem durante a parte do transporte que, de acordo com os termos do contrato de transporte, não era ferroviário (art. 31º/1). Trata-se de uma descontinuidade na situação em que as Regras CIV se aplicam ao segmento de transporte realizado por meios não ferroviários, nos termos do contrato, tendo a função de complementar o transporte ferroviário. Neste caso, somente a responsabilidade estará sujeita a regras diversas[86].

Pelo contrário, tais Regras Uniformes aplicam-se se os veículos ferroviários forem transportados por *ferry-boat* – situação conhecida pela expressão "*roll on-roll off o ferry* ou *transroulage*[87]) e estiverem em causa danos causados

[85] Criticando os limites de responsabilidade das Regras CIV, no caso de morte e de ferimentos causados ao passageiro, Rafael Paiva vê na aplicação da lei nacional aos danos não patrimoniais causados aos familiares da vítima moral de um acidente ferroviário uma "brecha", que permitirá escapar aos referidos limites, e conseguir uma indemnização com valores mais elevados e condizentes com a dignidade da pessoa humana (*op. cit.*, pp. 340-341).

[86] Trata-se de uma descontinuidade que não tem um paralelo nas Regras Uniformes CIM, conforme resulta do *Explanatory Report CIV UR*, nº 2 do comentário ao art. 31º.

[87] De modo diverso, a expressão "*ferroutage*" reporta-se ao transporte de um veículo rodoviário num veículo ferroviário. Trata-se de situações de "transbordo" ou de transporte dito "misto" ou "sobreposto", cada vez mais frequentes, em particular no transporte de mercadorias. A expressão "transbordo" visa enfatizar que, numa determinada parte do percurso, o veículo rodoviário ou ferroviário é transportado como se fosse um mero contentor de mercadorias, carregadas "a bordo" do novo meio de transporte. Por outro lado, a expressão "transporte misto" coloca a tónica no facto de o veículo de superfície e a carga serem transportados em conjunto, ou ao mesmo tempo e com o mesmo navio, ou no mesmo veículo ferroviário, por força de um só contrato. Por último, a expressão "transporte sobreposto" aponta no sentido de que a passagem de uma das vias de transporte para outra não implica qualquer descarregamento da mercadoria, na medida em que, tanto a carga, quanto o veículo em que esta se encontra, são transportados por outro veículo. Atendendo a este aspeto, sem o descarregamento da mercadoria, o transporte será considerado unimodal e não multimodal (cfr. por exemplo,

por acidentes relacionados com a exploração ferroviária, ocorridos durante a permanência do passageiro nos veículos mencionados, ou à entrada ou saída dos mesmos (art. 31º/2). Conclui-se, por isso, que, quando o transportador ferroviário assume contratualmente um transporte de forma unitária, as Regras CIV que determinam a sua responsabilidade por danos causados ao passageiro só serão aplicáveis aos acidentes que impliquem, de alguma forma, a utilização do *meio ferroviário* pelo passageiro, mesmo nas partes do percurso que não são realizadas através de um *veículo ferroviário*[88].

As Regras Uniformes também se aplicarão se, por circunstâncias excecionais, a exploração ferroviária for provisoriamente interrompida e os passageiros forem transportados por outro meio de transporte (art. 31º/3). Nesta situação de transporte substituído, o Comité de Revisão da COTIF aceitou a aplicação das regras (mais severas) do Direito Ferroviário, para a parte do transporte realizada por outras vias, o que constitui uma evolução na perspetiva do passageiro[89].

Para além do regime das Regras CIV, analisado até aqui, o Regulamento comunitário apresenta algumas especificidades dignas de nota, tendo em conta que a remissão para as referidas Regras Uniformes é feita sob reserva das disposições do capítulo III do Regulamento.

Em primeiro lugar, é de destacar obrigatoriedade de a empresa ferroviária dispor de um seguro adequado, ou disposições equivalentes, com vista a cobrir as responsabilidades que lhe cabem ao abrigo do diploma europeu (art. 12º)[90]. Trata-se de um aspeto do regime que não admite isenções (art. 2º/3).

Por outro lado, o Regulamento determina que, em caso de ferimentos ou de morte de um passageiro, a empresa ferroviária deve – nos termos do art. 26º/5 CIV –, pagar, sem demora, e no prazo máximo de 15 dias, a contar do estabelecimento da identidade da pessoa singular com direito a indemnização, os adiantamentos que lhe permitam fazer face a necessidade

o art. 2º CMR, que determina a aplicabilidade desta Convenção, quando a mercadoria não é descarregada do veículo rodoviário). Sobre este aspeto, cfr. Silvia Russo-Andrea Polacco, "La responsabilità del vettore ferroviário nel trasporto di cose", in *Compendio di Diritto Ferroviario*, cit., pp. 121-154, em particular, p. 150.

[88] Cfr. Mauro Carretta, "I trasporti internazionali misti con tratta ferroviária", in *Compendio di diritto ferroviário*, cit., pp. 1-7, em particular, p. 5.

[89] Cfr. *Explanatory Report CIV UR*, nº 1 do comentário ao art. 31º.

[90] Obrigação igualmente prevista no art. 22º da Diretiva 2012/34/EU, que alterou e reformulou a Diretiva 95/18/CE para que remete o art. 12º do Regulamento nº 1371/2007/CE.

económicas imediatas, proporcionalmente ao dano sofrido (art. 13º/1). Os adiantamentos nunca podem ser superiores a € 21.000 por passageiro (nº 2). Este adiantamento também nunca poderá ser entendido como o reconhecimento da responsabilidade e pode ser deduzido dos montantes pagos posteriormente com base no Regulamento. Trata-se de um valor não reembolsável, a não ser nos casos em que o dano tenha sido causado por negligência ou por culpa do passageiro, ou quando a pessoa que tiver recebido o adiantamento não for a pessoa com direito a indemnização (nº 3).

Finalmente, de acordo com o art. 14º, ainda que conteste a sua responsabilidade por danos corporais causados a um passageiro, a empresa ferroviária deve fazer todos os esforços razoáveis para prestar assistência a um passageiro que peça uma indemnização a terceiros. Na nossa ordem jurídica, vigoram isenções aos artigos 13º e 14º.

4.2. Particularidades (?) da lei nacional (Decreto-Lei nº 58/2008): a responsabilidade do transportador por danos causados ao "passageiro" sem título de transporte; a responsabilidade solidária do transportador por danos resultantes de defeitos da infraestrutura ferroviária ou avaria dos seus elementos

A matéria da responsabilidade do transportador vem regulada no Capítulo V do Decreto-Lei nº 58/2008 (arts. 25º a 34º). De acordo com o art. 25º, o operador – ou seja, "qualquer empresa devidamente habilitada para a prestação de serviços de transporte ferroviário" [(art. 2º/ f)] – é responsável pelos danos causados ao passageiro e a bens por este transportados, durante a viagem, de acordo com as disposições do Decreto-Lei nº 58/2008, e do Regulamento nº 1371/2007/CE. Quanto às empresas que estão sujeitas à disciplina europeia – e que são a maioria, pois, nesta matéria, não são admitidas isenções – o diploma interno só será aplicável, em matéria de isenções de responsabilidade, naquilo em que não contrarie o Regulamento comunitário. Pelo contrário, as restantes empresas estão sujeitas ao regime interno, e ao que ele ditar, ou seja, não estarão sujeitas à *exclusividade* do Regulamento nº 1371/2007/CE em matéria da *isenção da responsabilidade do transportador* por danos causados ao passageiro. Resta saber se o diploma interno contempla causas adicionais de isenção responsabilidade, aspeto que analisaremos de seguida.

O art. 25º/2 determina que fica excluída a responsabilidade do operador quando o passageiro não tenha observado os deveres e obrigações a que está sujeito, nomeadamente a aquisição de um título de transporte e demais deveres relativos à segurança a respeitar, bem como nos casos previstos no art. 26º/2 CIV. Aparentemente, não nos encontramos perante um regime que ponha em causa a exclusividade do Regulamento europeu nesta matéria, já que a inobservância, pelo passageiro, dos direitos e obrigações, relativos à segurança, a que se encontra sujeito, poderá reconduzir-se a uma "falta do passageiro", contemplada no art. 26º/2/b) CIV, havendo como que uma concretização desta causa de exclusão da responsabilidade. Estes deveres e obrigações referidos vêm previstos no art. 6º do Decreto-Lei nº 58/2008[91].

No entanto, outra causa de isenção da responsabilidade do transportador resulta do at. 25º/2: a falta de aquisição do título de transporte. Em conformidade com este regime, determina o art. 7º/1 que o passageiro está obrigado a munir-se de título de transporte e a conservá-lo até ao fim da viagem, devendo validá-lo e apresentá-lo aos agentes do operador encarregues da fiscalização sempre que solicitado. Se o passageiro iniciar a sua viagem num local onde não se efetua a venda de títulos de transporte ou onde não seja possível obter esse título, fica obrigado a adquiri-lo, logo após o embarque, no decurso da viagem (art. 7º/4). E se não estiverem reunidas as condições para a aquisição do título de transporte após o embarque? Se o passageiro "clandestino", por assim dizer, sofrer um dano, a responsabilidade do transportador será excluída?

Mesmo que o passageiro não adquira um título de transporte válido, é defensável que a sua entrada para o comboio seja vista como um compor-

[91] O preceito (art. 6º) contempla um conjunto muito detalhado de proibições. Aos passageiros é proibido, nomeadamente: fazer uso do sinal de alarme fora do caso de perigo iminente; utilizar os dispositivos de emergência fora dos casos em que tal se justifique: entrar ou sair da carruagem quando esta esteja em movimento ou depois do sinal sonoro que anuncia o fecho das portas ou sempre que, por aviso sonoro ou equivalente, tal seja determinado; entrar ou sair da carruagem por lado que não corresponda a plataforma de serviço de passageiros; entrar nas carruagens sem que tenham saído todos os passageiros que o desejem fazer; aproximar-se da borda da plataforma aquando da aproximação de outro comboio e, em qualquer caso, ultrapassar o limite que se encontre marcado na plataforma de embarque, antes da chegada do comboio; abrir ou impedir que se fechem as portas exteriores das carruagens durante a marcha; debruçar-se das janelas durante a marcha do comboio; pendurar-se em qualquer parte das carruagens ou dos seus acessórios ou manter-se nos estribos durante a marcha. Nestas situações, em caso de incumprimento, que perturbe os outros passageiros, cause danos, ou interfira com a boa ordem do serviço de transporte, os agentes do operador encarregues da fiscalização podem determinar a sua saída do comboio, recorrendo à força de segurança pública competente em caso de incumprimento dessa determinação (art. 6º/4).

tamento concludente, verificando-se, por isso, a celebração de um contrato de transporte (embora com um incumprimento da obrigação de pagamento do mesmo). Poderia, por isso, estar em causa uma situação, não só de responsabilidade extracontratual, mas, igualmente, contratual[92]. Esta visão pressupõe, no entanto, a possibilidade de o passageiro adquirir o título de transporte a bordo do comboio. Neste sentido, analisando as Regras CIV, aplicáveis *ex vi* do art. 11º do Regulamento, quer-nos parecer acertada a posição de que, nestas Regras, será considerado um passageiro aquele que não adquire um título de transporte, com base no art. 9º/1/b) CIV, visto que este preceito prevê a possibilidade de as condições gerais de transporte contemplarem a exclusão do passageiro que recusar o pagamento imediato do preço do transporte, ou da sobretaxa prevista, quando este não apresentar um título de transporte válido. Isto significa que o *passageiro que não cumpre o contrato de transporte por pagamento do preço é sempre considerado um contraente*, a quem é concedida a possibilidade de cumprir o contrato num momento posterior ao início da prestação de transporte[93].

Resta saber se a causa de isenção de responsabilidade referida contrasta com aquilo que resulta do Regulamento. Não se retira do art. 3º do mesmo qualquer definição de "passageiro", que permita concluir que aquele que não adquire um título de transporte não será visto como tal, com a consequente ausência de responsabilidade do transportador em caso de acidente. De qualquer forma, o diploma europeu remete para as Regras CIV "sob reserva do presente capítulo", ou seja, em caso de contradição, prevalece o regime específico do Regulamento nº 1371/2007/CE. Por outro lado, estabelece o seu art. 9º/4, que "as empresas ferroviárias devem dar a possibilidade de se obterem bilhetes para o serviço respectivo a bordo do comboio, *salvo se* isso for restringido ou recusado por questões de segurança ou de política antifraude, por reserva obrigatória do comboio ou por motivos comerciais fundamentados" (o itálico é nosso). Isto significa que nem sempre as empresas ferroviárias têm de dar ao passageiro a possibilidade de obtenção do bilhete a bordo do comboio. A conclusão a que chegamos, no quadro do Regulamento nº 1371/2007/CE, é a de que, se tal aquisição for possível a bordo, ainda que o passageiro não tenha adquirido o título de

[92] Veja-se a posição de Antonini, *op. cit.*, p. 212, tendo em conta as Regras CIV.

[93] Neste sentido, cfr. Cristian Tosoratti, "Il contrato di trasporto ferroviario di persone", in *Compendio di Diritto Ferroviario*, cit., pp. 53-102, em particular, pp. 90-91. É também esta a lição de Antonini, *op. cit.*, p. 202.

transporte, o contrato se considera celebrado a partir do momento em que este entra no comboio, o que determinará a responsabilidade do transportador por danos causados a este passageiro. Pelo contrário, se não for admissível a aquisição do bilhete a bordo do comboio, o passageiro não poderá ser considerado como tal, pelo que o transportador não será responsável por danos que lhe sejam causados[94].

Entendemos, por isso, que o regime do art. 25º/2, ao ditar a exclusão da responsabilidade do transportador, se o passageiro não adquirir o bilhete, segue o espírito do Regulamento nº 1371/2007/CE, nesta matéria, desde que seja corretamente interpretado. O preceito tem de ser articulado com o art. 7º/4, que prevê a possibilidade/obrigação de o passageiro adquirir o bilhete, após o embarque, no decurso da viagem, se a iniciar num local onde não se efetua a venda de títulos de transporte ou onde não seja possível obter esse título. Neste caso, se o passageiro entrar no comboio, e não tiver oportunidade de adquirir o título de transporte antes da verificação de um acidente ferroviário, o transportador será responsabilizado pelos danos que lhe sejam causados, pelo que o art. 25º/2 não será aplicado. De qualquer modo, resulta claramente deste regime que só excecionalmente o passageiro poderá adquirir o título de transporte a bordo do comboio.

Na medida em que a responsabilidade do transportador é objetiva (art. 25º/1), embora mitigada, *caber-lhe-á o ónus da prova* de demonstrar que o indivíduo sem um título de transporte válido não embarcou num local onde não se efetua a venda de títulos de transporte ou onde não seja possível obter esses títulos, excluindo, deste modo, tal responsabilidade, se o indivíduo vier a sofrer um dano.

Antes de terminar, ainda com vista a aferir da compatibilidade entre o regime interno e o regime comunitário, atente-se no art. 26º. Este preceito do diploma interno determina que o gestor da infraestrutura ferroviária é responsável pelos danos causados aos passageiros e a bens por estes transportados, sempre que esses danos resultem de defeito de infraestrutura,

[94] Note-se que resulta do art. 7º/6 do Decreto-Lei nº 58/2008, que o passageiro sem título de transporte válido fica sujeito às sanções previstas na Lei nº 28/2006, de 4 de julho, que estabelece o regime sancionatório aplicável às transgressões ocorridas em transportes coletivos de passageiros. Resulta do seu art. 7º/8, que o pagamento da coima aplicável isenta da necessidade de pagamento do bilhete. Trata-se de um aspeto que também aponta no sentido de não considerar como passageiro, pelo qual o transportador seja responsável, aquele que entra no comboio sem um título de transporte válido e que não tem a possibilidade contratual de o adquirir no interior do comboio.

nomeadamente, em estações ou cais, ou de avaria dos respetivos elementos, a não ser que a responsabilidade da gestão das infraestruturas em causa esteja atribuída a outra entidade. Neste caso, o operador responde solidariamente, conforme resulta do art. 25º/1, *in fine,* que determina que este é responsável, "sem prejuízo do direito de regresso sobre o operador de infraestrutura ferroviária caso os danos resultem de defeito dessa infraestrutura ou avaria dos respetivos elementos". É, deste modo, respeitado o regime do art. 51º CIV, para o qual remete o Regulamento comunitário[95].

5. A responsabilidade do transportador por danos causados aos volumes de mão e animais: regime aplicável de acordo com o Regulamento nº 1371/2007/CE e com o Decreto-Lei nº 58/2008[96]

A matéria em análise vem regulada no art. 11º do Regulamento comunitário, que remete para as Regras CIV.

Antes de entrar no regime jurídico aplicável à responsabilidade do transportador por danos causados aos volumes de mão e animais, torna-se necessário esclarecer em que consistem os "volumes de mão". O art. 12º/1 CIV permite aos passageiros levar consigo objetos fáceis de transportar, designados como volumes de mão, acrescentando ainda que o mesmo poderá levar objetos que causem transtorno (*v.g.* bicicletas e pranchas de *windsurf*) nos termos das condições específicas constantes das condições gerais de transporte. Pelo contrário, serão excluídos do transporte objetos ou animais que possam importunar os passageiros ou causar danos. Verifica-se, por isso, que o conceito de "volumes de mão" é utilizado de uma forma ampla do que aquela que é comummente utilizada, englobando, igualmente, os referidos objetos que causem transtorno[97].

Visto que, na alteração de 1999 às Regras CIV, foi retirada a obrigação de transportar, no transporte ferroviário internacional, as empresas ferro-

[95] Rafael Paiva, criticando a lei interna portuguesa, afirma que esta não consagrou a responsabilidade solidária entre todos os envolvidos no transporte, pois o passageiro não tem conhecimento da divisão entre trabalho e gestão no transporte ferroviário e não é por ela responsável.

[96] Conforme referimos (nº 1), não trataremos da matéria da responsabilidade do transportador, por perda ou avaria de bagagem expedida, ou por atraso na sua entrega (arts. 36º a 43º CIV *ex vi* do art. 11º do Regulamento); bem como da sua responsabilidade por atraso no carregamento ou entrega de veículo ou pela sua perda (arts. 44º a 47º CIV *ex vi* do mesmo art. 11º).

[97] Neste sentido, cfr. *Explanatory Report CIV UR*, nº 1 do comentário ao art. 12º. Nos termos deste relatório, nada indica, no entanto, que os volumes de mão serão transportados gratuitamente (ao contrário do que acontecia com o art. 15º/1 das Regras CIV de 1980).

viárias podem recusar o transporte de certos objetos[98]. No entanto, o art. 5º do Regulamento nº 1371/2007/CE, determina que as empresas ferroviárias devem permitir aos passageiros o transporte de bicicletas nos comboios, com a possibilidade de exigir pagamento, se tais bicicletas forem facilmente manuseáveis, se isso não prejudicar o serviço ferroviário em causa e na condição de o material circulante o permitir[99].

Resulta do art. 33º/1 CIV, que, em caso de morte e de ferimento de passageiros, o transportador também responde pelo prejuízo resultante da perda total ou parcial ou da avaria dos objetos que o passageiro use ou transporte consigo como volumes de mão. Trata-se de uma situação de responsabilidade que o legislador nacional terá de respeitar, por força do caráter injuntivo do art 11º do Regulamento, que remete para as Regras CIV nesta matéria, e não admite isenções (art. 2º/3). Por isso, não nos parece correta a conclusão de que, à luz do art. 9º/2 do Decreto-Lei nº 58/2008, o transportador não responderá pela perda dos volumes de mão e animais que o passageiro transporta, porque incumbe ao passageiro o dever de os guardar e vigiar[100]. Pelo contrário, o art. 25º/1 do mesmo diploma reporta-se genericamente aos danos causados pelo transportador aos passageiros e aos bens por estes transportados durante a viagem.

Neste caso, será igualmente aplicável o art. 26º CIV por remissão. Esta remissão significa que terá de se tratar de um dano por motivo de acidente relacionado com a exploração ferroviária, ocorrido durante a permanência do passageiro nos veículos ferroviários, à entrada para, ou á saída dos mesmos (art. 26º/1)[101]. Por outro lado, a remissão abrange, igualmente, todas as causas de isenção da responsabilidade do transportador, contempladas no art. 26º/2 e anteriormente analisadas. Trata-se, mais uma vez, de uma responsabilidade objetiva do transportador, ainda que mitigada. Neste caso,

[98] *Explanatory Report CIV UR*, nº 3 do comentário ao art. 12º.

[99] Entre as informações que a empresa ferroviária deve facultar ao passageiro a seu pedido, encontra-se a acessibilidade e condições de acesso a bicicletas e as condições gerais aplicáveis ao contrato (Parte I do Anexo II *ex vi* do art. 8º). Na lei interna, as condições de transporte de volumes portáteis, velocípedes e animais nas carruagens são reguladas pelo art. 9º do Decreto-Lei nº 58/2008.

[100] Trata-se da conclusão a que chega Rafael Paiva, *op. cit.*, p. 433. O autor reporta-se à falta de condições que, por vezes existe nos comboios associada a uma impossibilidade de expedir a bagagem, o que se traduz na impossibilidade de o passageiro zelar adequadamente pela mesma.

[101] Cfr. Michela Comuzzo, *op. cit.*, p. 116.

existe um limite ressarcitório de 1.400 unidades de conta (Direito de Saque Especial), por cada passageiro[102].

Nos restantes casos, que não envolvam a morte ou um ferimento do passageiro, o transportador somente é responsável pelo prejuízo resultante da perda total ou parcial ou da avaria de objetos, volumes de mão ou animais cuja guarda cabia ao passageiro se esse prejuízo tiver sido causado por uma falta do transportador (art. 33º/2 CIV). Este regime deve ser articulado com o estatuído no art. 15º, nos termos do qual a guarda dos volumes de mão e dos animais que o passageiro transportar consigo fica a seu cargo[103].

Acresce que o transportador não é responsável pelo prejuízo resultante de incumprimento, por parte do passageiro, das disposições das alfândegas e de outras autoridades administrativas (art. 35º).

Recorde-se, ainda, a propósito da responsabilidade do transportador pelos danos causados aos volumes de mão e aos animais, o regime, analisado no nº 4.1., dos artigos 48º ("Perda do direito de invocar os limites de responsabilidade") e 51º ("Pessoas pelas quais o transportador é responsável"), sendo que o art. 48º somente se aplica nas situações contempladas no art. 33º/1, conforme estabelece o art. 33º/2.

[102] O que equivale, no dia 20 de janeiro de 2021, a € 1.661,8, atendendo a um valor do Direito de Saque Especial de € 1,187, nesta data (cfr. https://bpstat.bportugal.pt/serie/12533639).

[103] Relativamente a estes volumes e aos animais, o dever de custódia do transportador fica bastante atenuado. No entanto, não se pode dizer que seja excluído, cabendo ao transportador usar da máxima diligência, tomando todas as medidas adequadas para garantir o transporte em segurança dos volumes de mão e dos animais (Cfr. Michela Comuzzo, *op. cit.*, p. 116). Basta observar que são as condições gerais de transporte que definem as condições de transporte de animais de volumes de mão (art. 12º/1). A existência de um dever, ainda que mínimo, de custódia por parte do transportador é corroborada pelo direito que este tem de verificar se os volumes de mão e animais transportados obedecem às condições gerais de transporte, quando as leis e prescrições do Estado onde a verificação deve ter lugar não o proibirem e em caso de presunção grave de incumprimento das condições de transporte (art. 13º/1 CIV). Neste caso, o passageiro deve ser convidado a assistir à verificação e, se este não se apresentar ou não for possível contactá-lo, o transportador deve solicitar a presença de duas testemunhas independentes. De qualquer forma, cabe ao passageiro, ao ser transportado, observar as formalidades exigidas pelas alfândegas ou por outras autoridades administrativas durante o transporte de objetos – o que engloba os volumes de mão, entre outros – e de animais. O passageiro deverá assistir à verificação desses objetos, salva exceção contemplada nas leis de cada Estado (art. 14º).

6. O exercício dos direitos

O exercício dos direitos contemplados nas Regras CIV vem regulado no título VI (arts. 54º a 60º), aplicável à luz do Regulamento nº 1371º/2007/CE, em matéria de responsabilidade do transportador em relação aos passageiros, *ex vi* do art. 11º. Pelo contrário, no que se refere à responsabilidade do transportador por atrasos, perda de correspondências e anulação, o art. 15º do Regulamento não remete para o título VI das Regras CIV, mas somente para o título IV (art. 32º CIV). No entanto, este aspeto não nos parece determinante no sentido de excluir a aplicação do título VI nesta última matéria, pois o exercício dos direitos também se reporta aos direitos que o art. 32º concede ao passageiro, e desde que este invoque este preceito. De qualquer modo, tratar-se-á de uma situação pouco frequente, tendo em conta os direitos – mais benéficos – que são atribuídos aos passageiros nos arts. 15º a 18º do Regulamento europeu, que consagra, igualmente, algumas regras para o exercício desses direitos[104].

Saliente-se, ainda, que o título VI não será aplicável nas situações em que o transportador é responsável pelo prejuízo de perda total ou parcial ou da avaria de objetos, volumes de mão ou animais, cuja guarda incumbia ao passageiro, conforme regula, expressamente, o art. 33º/2[105].

As reclamações que se referem à responsabilidade do transportador em caso de morte e de ferimento de passageiros devem obedecer à forma escrita, sendo dirigidas ao transportador contra quem a ação judicial pode ser intentada. Se estiver em causa um contrato único e este for efetuado por transportadores subsequentes, as reclamações podem ser dirigidas ao primeiro e ao último transportador[106], bem como ao transportador cuja sede principal ou a sucursal, ou cujo estabelecimento que tenha celebrado o contrato de transporte estejam situados no Estado do domicílio ou da residência habitual do passageiro (art. 55º/1 CIV)[107].

[104] Talvez por isso, o legislador comunitário não tenha remetido para o título VI das Regras CIV, embora isso pareça contraditório com o facto de ter feito uma remissão para o art. 32º CIV.

[105] Exclusão esta que não existe no que se refere à responsabilidade do transportador por prejuízos decorrentes de atrasos, perdas de correspondência ou supressões (art. 32º CIV).

[106] Recorde-se que, do título de transporte, deve constar o transportador ou os transportadores [(art. 9º/1/a) CIV].

[107] Não basta que determinada entidade atue como intermediário (*v.g. Eurostar*) na conclusão do contrato de transporte, para que se inclua na referência à "sucursal ou (...) estabelecimento que tenha celebrado o contrato de transporte" (art. 55º/1 CIV) (cfr. *Explanatory Report CIV UR*, nº 2 do comentário ao art. 55º).

Por outro lado, outras reclamações relativas ao contrato de transporte, devem ser dirigidas por escrito, igualmente contra o primeiro ou último transportador, ou contra aquele que efetuava a parte do transporte durante a qual ocorreu o facto que deu origem à ação (art. 55º/2).

Os documentos que o interessado entender útil juntar à reclamação devem ser apresentados no original e, igualmente, em cópias autenticadas, se o transportador fizer essa exigência; quando a reclamação é regularizada, o transportador pode exigir a restituição do título de transporte (art. 55º/3 CIV)[108].

Embora no caso de um transporte realizado por transportadores subsequentes, o passageiro possa dirigir a sua reclamação a vários transportadores, a ação judicial fundada na responsabilidade do transportador em caso de morte e de ferimento só poderá ser movida contra o transportador a quem cabia a parcela do serviço de transporte durante a qual ocorreu o acidente, nos termos do art. 26º/5 (art. 56º/1 CIV).

De acordo com o art. 57º/1, o foro competente para julgar as ações fundadas nas Regras CIV será o da jurisdição dos Estados membros, designadas por comum acordo das partes, ou na jurisdição do Estado membro em cujo território o *réu* tenha o seu domicílio ou residência habitual, a sua sede principal ou sucursal ou o estabelecimento que tenha celebrado o contrato de transporte – e não meramente um intermediário nessa celebração[109].

As Regras CIV preveem a extinção da ação em caso de morte e de ferimento (art. 58º) e, igualmente, a sua prescrição (art. 60º). Pelo contrário, não existe qualquer previsão, relativamente a uma extinção da ação, no

[108] Aspeto criticado por Rafael Paiva, *op. cit.*, p. 347, na medida em que esta exigência de devolução do título de transporte se pode revelar difícil de cumprir se este for desmaterializado, por incêndio ou explosão, por exemplo. Por outro lado, este título serve de prova a favor do passageiro, pelo que a restituição não deveria ter lugar, pois bastaria que a reclamação fosse acompanhada de uma cópia do título de transporte. Trata-se de uma observação que nos parece pertinente.

[109] Rafael Paiva, *op. cit.*, pp. 348 e 351, critica este regime, que remete o passageiro para a jurisdição mais favorável ao réu, quando contraposto ao que sucede nas relações entre transportadores, quando vários participaram no transporte e um destes pretende exercer o seu direito de regresso contra os restantes. No entanto, salvo o devido respeito, esta crítica parece-nos traduzir-se numa leitura muito discutível do art. 63º/4, que ao remeter para a jurisdição "do Estado em cujo território *um dos transportadores* que haja participado no transporte tenha a sua sede principal ou sucursal ou o estabelecimento que tenha celebrado o contrato" (o itálico é nosso), não nos parece estar a reportar-se ao transportador que exerce o direito de regresso.

que se refere à responsabilidade por atrasos, perda de correspondência e supressão[110]. Ambas as situações se distinguem, visto que, ao contrário do que acontece na prescrição – que extingue o direito e, consequentemente, a ação –, a extinção pode incidir sobre o direito ou sobre a própria ação. Por outro lado, a extinção não se encontra sujeita a interrupção e a suspensão, nisto contrastando com a prescrição; uma vez verificada a extinção e impedida a ação, o direito é definitivamente adquirido ou salvaguardado pelo seu titular. Embora outras diferenças se possam encontrar, são estas as mais relevantes para a matéria que nos ocupa[111].

Em caso de responsabilidade do transportador fundada em morte e ferimento do passageiro, a ação extingue-se se o interessado[112] não tiver comunicado o acidente sofrido pelo passageiro, no prazo de doze meses a contar da data em que tiver tomado conhecimento do dano. Tal comunicação deve ser dirigida a um dos transportadores aos quais possa ser apresentada uma reclamação de acordo com o art. 55º/1. Se a comunicação for feita verbalmente pelo interessado ao transportador, este último deve entregar-lhe um certificado relativo a essa comunicação verbal. É o que resulta do art. 58º/2 CIV.

De qualquer forma, a extinção da ação não se verificará se, no prazo referido de doze meses, o interessado tiver apresentado uma reclamação junto de um dos transportadores mencionados no art. 55º/1 [art. 58º/2/a)]. Ou se, no mesmo prazo, o transportador responsável tiver tido conhecimento, por outra via, do acidente que o passageiro sofreu [art. 58º/2/b)]. O mesmo ainda se verifica se a comunicação do acidente, ou a sua comunicação tardia, resultar de circunstâncias não imputáveis ao interessado [art. 58º/2/c)], bem como se o interessado provar que o acidente teve como causa uma falta do transportador. Neste último caso, caberá ao passageiro o ónus de provar, não só que o acidente se relacionou com a exploração ferroviária e durante a sua permanência no comboio, mas, igualmente, que se deveu a uma imprudência, imperícia, ou negligência do transportador[113].

Apesar de a extinção da ação ser criticada nos termos em que encontra prevista nas Regras CIV, na ótica da proteção do passageiro[114], por ocasião

[110] O art. 59º refere-se somente à extinção das ações resultantes do transporte de bagagens.

[111] Cfr. Antonini, *op. cit.*, pp. 249-250.

[112] O preceito refere-se ao interessado, e não ao passageiro, por motivos óbvios: o passageiro pode ter falecido devido ao acidente.

[113] Neste sentido. cfr. Michela Comuzzo, *op. cit.*, p. 118.

[114] A este propósito, Rafael Paiva aponta que a necessidade de que seja efetuada uma comunicação prévia ao transportador no prazo de doze meses, para que a extinção da ação não se

das alterações à COTIF e seus apêndices, em 1999, o Comité de Revisão rejeitou a proposta da Alemanha no sentido da sua eliminação[115]. A favor da sua existência, se pode invocar o facto de esta permitir garantir, de uma forma mais eficaz, a celeridade e a certeza nas relações jurídicas que subjazem à própria prescrição, que analisaremos de seguida[116]. Tais aspetos afiguram-se-nos fundamentais num meio de transporte tão massificado quanto o transporte ferroviário. Também não nos parece excessiva a exigência de que o passageiro comunique o acidente ao transportador no prazo de doze meses, para evitar a extinção da ação. Este toma, assim, conhecimento da sua eventual responsabilidade por danos causados ao passageiro, ou a terceiros, ao receber a comunicação feita pelo interessado. Tendo em conta o número de passageiros que recorrem ao transporte ferroviário, parece-nos legítima esta exigência.

Apesar das vantagens referidas do regime das Regras CIV, as mesmas não deixam de remeter para a lei nacional, no que se refere à interrupção e suspensão da prescrição (art. 60º/5), que acrescem a esse regime.

Quanto à prescrição, no que se refere ao passageiro, o prazo prescricional relativamente às ações fundadas na responsabilidade do transportador em caso de morte e de ferimento de passageiros é de três anos a contar do dia seguinte àquele em que ocorreu o acidente [art. 60º/1/a) CIV]. Relativamente aos outros interessados, tal prazo é de três anos a contar do dia seguinte ao do falecimento do passageiro, sem que esse prazo possa ultra-

verifique, "afronta princípios elementares de Direito Constitucional e Processual, nomeadamente quanto ao *acesso ao direito* e principalmente à *tutela jurisdicional efetiva*". Acresce que esta exigência poderá servir de forma de pressão contra o interessado em responsabilizar o transportador, para que este opte por uma solução extrajudicial, em seu prejuízo (*Op. cit.*, pp. 349-350). Trata-se de uma crítica que nos parece excessiva, atendendo ao que referimos adiante no texto e porque não se pode retirar de uma obrigação de comunicação de um acidente a existência de pressões para que o interessado recorra a uma via extrajudicial de resolução do litígio.

[115] *Explanatory Report CIV UR*, comentário único ao art. 58º.

[116] Antonini entende que a extinção da ação, associada ao regime da suspensão da prescrição nas Regras CIV, que veremos adiante, torna irrelevante que o devedor seja constituído em mora, e evita que a interrupção da prescrição resulte de um mero ato que exprima a intenção de exercer o direito – cfr., na nossa ordem jurídica, o art. 323º/1 CC –, contra um devedor que talvez já tenha negado a subsistência do crédito, e provavelmente quase no final do prazo prescricional. Recorde-se que a interrupção inutiliza todo o tempo anteriormente decorrido para a prescrição – no direito português, cfr. art. 326º/1 (*op. cit.*, p. 254).

passar cinco anos a contar do dia seguinte ao da verificação do acidente [al. b) do mesmo preceito].

Nas outras ações que resultam do contrato de transporte, o prazo prescricional é de um ano, sendo alargado para dois anos quando está em causa uma ação baseada num "dano causado por ato ou omissão cometidos quer com a intenção de provocar o dano quer inconsideradamente e com a consciência de que prováveis danos daí resultassem" (art. 60º/2)[117]. Neste caso, o prazo de prescrição começa a correr a partir do dia do termo da validade do título de transporte [art. 60º/3/c)]. O dia em que começa a contagem do prazo de prescrição nunca é incluído no prazo.

Resulta do art. 60º/4 que, quando é feita por escrito uma reclamação, nos termos do art. 55º, acompanhada dos documentos necessários para fundar a responsabilidade do transportador, a prescrição ficará suspensa[118] até que o transportador rejeite a reclamação por escrito e devolva os documentos enviados pelo interessado. Se a aceitação da reclamação for parcial, a prescrição retomará o seu curso relativamente à parte que ficar em litígio. Caberá ao interessado provar que o transportador recebeu a reclamação, e ficará a cargo deste último a prova de que o interessado recebeu a sua resposta, bem como os documentos que lhe foram enviados. Qualquer reclamação posterior que tenha o mesmo objeto já não suspenderá a prescrição.

Se o direito de ação tiver prescrito, já não poderá ser exercido, ainda que seja sob a forma de pedido reconvencional ou de exceção (art. 60º/5). Finalmente, como ficou referido, a suspensão e interrupção da prescrição são reguladas pela lei nacional (art. 60º/6 CIV).

Deste regime resulta a importância de realização da reclamação por parte do interessado, visto que esta impede que a ação se extinga. Por outro lado, também suspende a prescrição, até ao momento em que o transportador responda à reclamação.

Para terminar, recorde-se que não se pode exigir a prestação de caução para garantia de pagamento das despesas nas ações judiciais fundadas nas Regras CIV (art. 11º COTIF), tendo em conta que as regras relativas à executoriedade das sentenças visam facilitar tal pagamento. De acordo com

[117] Recorde-se, a este propósito, o que ficou referido quanto ao art. 48º (nº 4.1.), no qual é utilizada uma expressão semelhante.

[118] Recorde-se que a suspensão só determina que o prazo prescricional deixa de correr, ao contrário da interrupção, que determina a inutilização do tempo anteriormente decorrido para a prescrição.

estas regras, quando as sentenças proferidas pelo juiz competente, devido às disposições da COTIF, se tornam executórias nesse Estado, também o são em cada um dos outros Estados-Membros, após o cumprimento das formalidades prescritas no Estado em que a execução deva ter lugar. De todo o modo, não se admite a revisão do mérito da causa (art. 12º/1 COTIF).

7. Considerações finais

Fica feita a nossa homenagem nestas linhas, em que procurámos contribuir para uma análise do regime jurídico relativo à proteção do passageiro no transporte ferroviário. Dela, resulta a particular complexidade da articulação entre as Regras CIV, o regime europeu e a nossa legislação interna na matéria. Foi longo um caminho, que se pretendia breve, mas, igualmente, profundo. E foi assim que fomos, também nós, transportados por esta "floresta virgem" do Direito Ferroviário, procurando afastar os obstáculos com que nos fomos deparando e que foram abrandando, embora nunca interrompendo, a marcha em direção ao esclarecimento de um regime tantas vezes obscuro. Fica, desta forma, a nota final de que uma regulamentação mais clara nesta matéria se impõe, tanto no plano nacional quanto comunitário, visto que, se a mesma "abranda a marcha" de um jurista estudioso da matéria, o que não fará à marcha do simples passageiro, cujo deleite reside em viagens turísticas e não tanto jurídicas!

O novo regime da insolvência e as cláusulas de cessação do contrato com fundamento em insolvência (*cláusulas ipso facto*)

Ana Perestrelo de Oliveira[*]

1. A proibição das cláusulas *ipso facto* no CIRE revisto: regime e valores e interesses em jogo

Entre as alterações introduzidas no Código da Insolvência e da Recuperação de Empresas (CIRE) pela Lei nº 9/2022, de 11 de janeiro, com vista à adaptação da legislação portuguesa à Diretiva 2019/1023, de 20 de junho de 2019 (Diretiva sobre Restruturação e Insolvência)[1], conta-se o novo nº 13 do artigo 17º-E[2] e a nova redação dada ao artigo 119º.

[*] Doutora e Agregada em Direito. Professora Associada da Faculdade de Direito da Universidade de Lisboa. Investigadora do Centro de Investigação de Direito Privado.
O texto que se publica retoma um tema que havíamos analisado antes da alteração do Código da Insolvência e da Recuperação de Empresas pela Lei nº 9/2022, de 11 de janeiro em *A desvinculação programada do contrato,* Almedina, Coimbra, 2021. Atualiza-se agora esse estudo e avalia-se o impacto das alterações legislativas entretanto ocorridas.

[1] Diretiva (UE) 2019/1023 do Parlamento Europeu e do Conselho de 20-jun.-2019 sobre os regimes de reestruturação preventiva, o perdão de dívidas e as inibições, e sobre as medidas destinadas a aumentar a eficiência dos processos relativos à reestruturação, à insolvência e ao perdão de dívidas, e que altera a Diretiva (UE) 2017/1132.

[2] Sobre o tema no âmbito do PER, cf. Higina Castelo, *Contratos executórios e cláusulas* ipso facto *no âmbito do PER*, Revista de Direito Comercial 2022-04-30, 831-860.

Estas normas redefinem as limitações à possibilidade de prever no contrato as chamadas cláusulas *ipso facto*, i.e., cláusulas que permitem a uma das partes fazer cessar o contrato (cláusula resolutiva) ou que determinam a sua resolução automática (condição resolutiva) na hipótese de a contraparte se tornar insolvente ou de ser aberto processo de insolvência ou de recuperação.

Esclareceram-se aspetos de regime fundamentais que eram controvertidos na doutrina – tal como o momento a partir do qual se aplica a proibição em causa – ao mesmo tempo que se ampliou a proibição à hipótese de processo de recuperação, antes não coberta pelo regime tutelador da lei. Eliminou-se também a exceção do anterior nº 3 do artigo 119º, o qual havia sido duramente criticado e que arriscaria bulir com o regime da Diretiva, mas em termos que fazem antever a necessidade de restrições interpretativas.

Visando a Diretiva harmonizar os processos relativos à reestruturação, à insolvência e ao perdão de dívidas, um dos principais objetivos foi naturalmente assegurar que os devedores com dificuldades financeiras possam continuar a exercer, na totalidade ou em parte, a sua atividade. É nesse contexto que se justifica a proibição das chamadas cláusulas *ipso facto*. O artigo 7º/5 da Diretiva determina o seguinte:

> "*Os Estados-Membros asseguram que os credores não sejam autorizados a recusar a cumprir, nem de resolver, antecipar ou, de qualquer outra forma, alterar contratos executórios em prejuízo do devedor, através de uma cláusula contratual que preveja tais medidas, apenas por motivo de: a) pedido de abertura de um processo de reestruturação preventiva; b) pedido de suspensão das medidas de execução; c) abertura de um processo de reestruturação preventiva; ou d) concessão de uma suspensão das medidas de execução em si*".

É suficiente, para a restruturação preventiva, que a insolvência seja provável no sentido do artigo 4º, nº 1, o que significa que nos encontramos seguramente numa fase anterior à declaração de insolvência. A Diretiva prevê, portanto, uma proibição abrangente de cláusulas de cessação no caso de procedimentos de reestruturação. O objetivo é maximizar as possibilidades de sucesso destes procedimentos. Entre nós, antes das alterações decorrentes da Lei nº 9/2022, não existiam (pelo menos expressamente) regras aplicáveis às cláusulas de insolvência no caso do processo de recuperação. Já no processo de insolvência, o artigo 119º dispunha o seguinte:

> "*1 – É nula qualquer convenção das partes que exclua ou limite a aplicação das normas anteriores do presente capítulo.*
>
> *2 – É em particular nula a cláusula que atribua à <u>situação de insolvência</u> de uma das partes o valor de uma condição resolutiva do negócio ou confira nesse caso à parte contrária*

um direito de indemnização, de resolução ou de denúncia em termos diversos dos previstos neste capítulo.

3 – O disposto nos números anteriores não obsta a que a situação de insolvência possa configurar justa causa de resolução ou de denúncia em atenção à natureza e conteúdo das prestações contratuais".

Na versão alterada do CIRE, o artigo 119º passa a ter a seguinte redação:

"1 – É nula qualquer convenção das partes que exclua ou limite a aplicação das normas anteriores do presente capítulo.

2 – É, em particular, nula a cláusula que atribua à declaração de insolvência de uma das partes o valor de uma condição resolutiva do negócio ou confira, nesse caso, à parte contrária um direito de indemnização, de resolução ou de denúncia em termos diversos dos previstos no presente capítulo.

3 – É lícito às partes atribuírem a quaisquer situações anteriores à declaração de insolvência os efeitos previstos no número anterior".

Por seu lado, o artigo 17º-E/13 quanto ao processo de recuperação determina agora o seguinte:

"É nula a cláusula contratual que atribua ao pedido de abertura de um processo especial de revitalização, à abertura de um processo especial de revitalização, ao pedido de prorrogação da suspensão das medidas de execução ou à sua concessão o valor de uma condição resolutiva do negócio ou confira, nesse caso, à parte contrária um direito de indemnização, de resolução ou de denúncia do contrato".

A utilidade das cláusulas *ipso facto* é evidente: evitam a situação de incerteza quanto ao destino do contrato em caso de abertura de um processo de insolvência e eliminam a exposição ao processo de insolvência em si. Existe um interesse óbvio na sua previsão.

Porém, os problemas que acarretam da ótica do regime insolvencial são também eles manifestos:

- As cláusulas que possibilitam a cessação (automática ou não) dos contratos prejudicam a recuperação do devedor, especialmente se forem contratos essenciais. Em contrapartida, a proibição destas cláusulas significa, na prática, que se força os credores a cooperar com o devedor.
- O potencial de abuso é grande: a ocorrência da insolvência permite à contraparte levar a cabo uma renegociação em termos excessivamente onerosos e potencialmente abusivos.

– O devedor tem facilidade em aceitar cláusulas que, numa situação de insolvência, apenas prejudicam os restantes credores, pois não arcam com as consequências da sua "generosidade"[3].

A regulação em causa choca, bem se vê, com princípios específicos do direito da insolvência, que levam a que, com maior ou menor amplitude, as cláusulas sejam proibidas na maior parte dos ordenamentos jurídicos, em especial para garantir que a decisão de resolver ou não os contratos permanece nas mãos do administrador da insolvência, guiando-se pelos interesses da generalidade dos credores, ao invés de ser uma decisão do credor, orientada naturalmente pelos seus próprios interesses. Manifesta-se, pois, a influência da lei de insolvência sobre a autonomia privada e seus limites[4].

Como se pode ler no *Uncitral Legislative Guide on Insolvency Law,* de 2005 (n°s 114 ss.), l a invalidação das cláusulas *ipso facto* "interfere nos princípios gerais dos contratos mas tal interferência pode ser crucial para o sucesso do processo. Na reorganização, por exemplo, quando o contrato é um arrendamento essencial ou envolve o uso de propriedade intelectual associada a um produtochave, a execução contínua do contrato pode aumentar o potencial de lucro do negócio; reduzir o poder de negociação de um fornecedor essencial; capturar o valor do devedor em contratos em benefício de todos os credores; e auxilia a envolver todos os credores numa reorganização. Na liquidação, os argumentos a favor de cláusulas de resolução incluem a necessidade de manter a unidade do negócio para maximizar seu valor de venda ou para aumentar seu potencial de ganhos; para capturar o valor do contrato para o benefício de todos os credores em vez de este ser perdido em favor para a contraparte; e a conveniência de envolver todas as partes na alienação final do negócio".

Além disso, pode ler-se ainda no Guia Legislativo: "qualquer impacto negativo de uma política de invalidação destes tipos de cláusulas pode ser equilibrado fornecendo uma compensação aos credores que podem demonstrar que sofreram danos ou perdas como resultado de o contrato continuar a ser executado após o início do processo de insolvência, ou

[3] Assim, BECKER, Insolvenzabhängige Vertragsbeendigungsklauseln in der neueren Rechtsprechung des BGH, ZInsO 35/2018, 1881-1887 (1885).

[4] Cf. PAULUS, Verbindungslinien zwischen Insolvenzrecht und Privatautonomie, em Insolvenzrecht in Wissenschaft und Praxis. FS für Wilhelm Uhlenbruck zum 70. Geburtstag, Köln, 2000, 33-48 (33).

incluindo exceções a uma invalidação geral destas cláusulas para certos tipos de contratos, como contratos de empréstimo de dinheiro e, em particular, contratos financeiros"[5].

Assim, as cláusulas de resolução podem favorecer a liquidação e prejudicar mudanças estruturais ao propiciar que se "retirem" contratos porventura importantes, de tal maneira que se aponta que a proibição é inerente a uma lei insolvencial que privilegie a restruturação[6]. Diz-se mesmo que nos deparamos com "cláusulas hostis à restruturação"[7], pois eliminam as bases para uma recuperação bem sucedida[8]. O objetivo é, acima de tudo, proteger a massa e evitar que o credor resolva um contrato celebrado em condições favoráveis e indispensáveis para a continuidade das operações, favorecendo a continuação da empresa[9].

Tendo em conta os efeitos das cláusulas *ipso facto*, não existem dúvidas sobre a pertinência da solução proibitiva na ótica global de um sistema orientado para a recuperação das empresas como é o português. A proibição está em linha, de resto, com a necessidade de garantir a efetividade do direito de opção do administrador da insolvência quanto ao destino dos contratos em curso, consagrado no artigo 102º do CIRE, cuja redação é a seguinte:

> *"1 – Sem prejuízo do disposto nos artigos seguintes, em qualquer contrato bilateral em que, à data da declaração de insolvência, não haja ainda total cumprimento nem pelo insolvente nem pela outra parte, o cumprimento fica suspenso até que o administrador da insolvência declare optar pela execução ou recusar o cumprimento".*

A declaração de insolvência produz, como é sabido, um conjunto de efeitos sobremaneira relevantes para o problema que nos ocupa. Para lá do impacto sobre as ações judiciais (proibição de novas ações executivas e suspensão de ações em curso e respetiva apensação ao processo de insolvência)

[5] O ranking do Banco Mundial *Doing Business* (www.doingbusiness.org), que fornece indicações objetivas sobre quais as medidas que promovem a atividade da empresa ou a perturbam, toma em conta se o enquadramento insolvencial permite a continuação dos contratos de fornecimento de bens e serviços essenciais ao negócio.

[6] Keinert, *Vertragsbeendigung in der Insolvenz, Tübingen, 2018*, 318.

[7] Becker, *Insolvenzabhängige* cit., 1887.

[8] Cf. Andres, § 119, em Andres/Leithaus/Dahl (org.), *Insolvenzordnung*, 4ª ed., München, 2018, Rn. 3.

[9] Cf. Gehrlein, Unternehmensinsolvenz in der Rechtsprechung des BGH, 2ª ed., München, 2016, 164.

e dos efeitos sobre os créditos (que deixam de poder ser cobrados fora do processo e se vencem automaticamente se não estiverem ainda vencidos), são especialmente importantes os efeitos sobre o devedor insolvente e sobre os negócios em curso. A insolvência produz a transferência dos poderes de administração e disposição para o administrador da insolvência (artigo 81º/1), o que significa que, do ponto de vista dos contratos de execução duradoura, o devedor ou os seus órgãos são, na prática, substituídos na execução do contrato, quando esta venha a ocorrer. No que respeita, em concreto, aos negócios em curso, o administrador da insolvência tem o direito potestativo de optar entre a execução ou a recusa do cumprimento (artigo 102º), o que corresponde, afinal, a optar entre exigir o cumprimento da relação de troca primária ou da relação de liquidação[10]. O cumprimento fica suspenso até ao exercício deste direito de opção (artigo 102º/1). Caso opte pela execução, os créditos decorrentes da relação que permanece em execução merecem uma especial proteção, considerando a situação de risco de incumprimento. Compreende-se, pois, a norma do artigo 51º, que determina a qualificação como dívida da massa[11].

O direito de opção do administrador da insolvência é, pois, essencial para assegurar condições para a melhor tutela dos credores. Já se disse que, por um lado, se o insolvente se visse constrangido ao cumprimento, os pagamentos a realizar poderiam alterar profundamente o tratamento igualitário dos credores[12], pois cumprir uns contratos e não outros pode pôr em causa a igualdade; por outro lado, se ele recusar cumprir a contraparte também não cumpre, o que pode ser desvantajoso.

[10] Assim, Bruns, Das Wahlrecht des Insolvenzverwalters und vertragliche Lösungsrechte, ZZP 110, 3/1997, 305-339 (337). Como escreve Maria de Lurdes Pereira, O sinalagma na insolvência, em Catarina Serra (org.), V Congresso de Direito da Insolvência, Coimbra, 2019, 31-82 (73), caso se opte pela execução não obstante o incumprimento anterior, "não se desagrega a relação de troca" nem há qualquer quebra de sinalagma porque não existe nexo sinalagmático entre as remunerações anteriores e as prestações a executar.

[11] Cf. *v.g.* Gerhardt, *Insolvenzrecht und bürgerliches Gesetzbuch*, AcP 200 (2000), 426-444 (443). Como nota Menezes Leitão, *As dívidas da massa insolvente*, em Catarina Serra (org.), *IV Congresso de direito da insolvência*, Coimbra, 2017, 25-33 (27 e 28), se não fosse a qualificação como dívida da massa o que aconteceria era que a outra parte se veria obrigada a realizar uma prestação sem qualquer garantia relativamente à realização da contraprestação.

[12] Assim, por todos, cf. Albuquerque Matos, Os efeitos da declaração de insolvência sobre os negócios em curso, em Catarina Serra (org.), IV Congresso de Direito da Insolvência, Coimbra, 2017, 35-70 (39).

Conforme se lê em acórdão do Tribunal da Relação de Guimarães[13], "tal opção resolve-se num direito potestativo (e não numa simples actuação *ad libitum)* do administrador, orientado pelo vector exclusivo do interesse da massa insolvente (e do interesse dos credores)". Como alerta, por exemplo, Menezes Leitão, "essa opção do administrador da insolvência não é absolutamente discricionária"[14]-[15]. O próprio artigo 102º/4 determina que a opção pela execução é abusiva se o cumprimento pontual das obrigações pela outra parte for manifestamente improvável[16]-[17]. A solução sempre resultaria, naturalmente, dos princípios gerais. Por outro lado, quando não exerça o direito, dispõe o artigo 102º/2 que a contraparte pode fixar um prazo (razoável) para que exerça este direito, de modo a evitar ficar numa situação de indefinição quanto ao destino do contrato.

Como nota Menezes Leitão[18], a proibição de resolução aplica-se mesmo que o incumprimento tenha ocorrido em momento anterior à declaração de insolvência e, portanto, quando o direito já se constituiu na esfera jurídica do credor. Será sempre ao administrador da insolvência que competirá avaliar o melhor interesse dos credores da insolvência e é essa a solução que resulta expressamente, quanto ao contrato de locação, do artigo 108º/4. Ou seja, o devedor fica obrigado a continuar a cumprir não obstante já ter ocorrido uma situação de incumprimento (conforme o direito francês expressamente estabelece). Neste caso, os créditos anteriores são créditos sobre a insolvência, ao contrário dos créditos surgidos após a declaração de insolvência, que serão protegidos pela qualificação como crédito sobre a massa (artigo 51º)[19].

[13] RGuim 14-dez.-2010 (Manso Raínho), Proc. 6132/08.0TBBRG.

[14] Menezes Leitão, A (in)admissibilidade da resolução como fundamento da resolução dos contratos, em Catarina Serra (org.), III Congresso de direito da insolvência, Coimbra, 2015, 89-101.cit., 89 e 90.

[15] Muito menos arbitrária. Cf. Albuquerque Matos, *Os efeitos* cit., 39.

[16] Sobre outras limitações ao poder de escolha do administrador da insolvência, cf. Albuquerque Matos, *Os efeitos* cit., 41 ss.

[17] Menezes Leitão, *A (in)admissibilidade* cit., 90. Mas mesmo neste caso não é a contraparte que tem o direito de resolução, antes é imposta a opção pela recusa do cumprimento ao administrador da insolvência.

[18] Cf. Menezes Leitão, *A (in)admissibilidade* cit., 90.

[19] Chama ainda a atenção Maria Lurdes Pereira, *O sinalagma na insolvência,* em Catarina Serra (org.), *V Congresso de Direito da Insolvência,* Coimbra, 2019, 31-82 (39, nota 13), para que o artigo 119º/2, além de visar conservar o direito de opção do administrador da insolvência

2. As cláusulas *ipso facto* nos ordenamentos jurídicos estrangeiros

A proibição da eficácia das cláusulas de resolução na insolvência tem origem americana. Nos Estados Unidos, são há muito vedadas as designadas cláusulas *ipso facto*, ainda que as fontes imediatas do CIRE sejam a lei e a jurisprudência alemãs, o que aliás explica, em parte, a indefinição que existia no regime até à sua recente alteração, considerando a incerteza vigente nessa ordem jurídica: no momento da preparação do CIRE, ainda estava longe de se encontrar estabilizada uma solução e as mais emblemáticas decisões do BGH apenas posteriormente surgiriam.

2.1. Estados Unidos da América

As chamadas cláusulas *ipso facto* têm grande tradição nos Estados Unidos, onde continuam a ser frequentemente introduzidas nos contratos comerciais, não obstante serem hoje genericamente proibidas. Até ao *Bankruptcy Code* não existia qualquer limitação específica à validade das cláusulas. Foi a grande reforma da lei insolvencial americana, de 1978, que introduziu pela primeira vez regulamentação a objetar à validade das cláusulas em sede de insolvência. Porém, não só as cláusulas *ipso facto* continuam, efetivamente, a ser introduzidas na maior parte dos contratos comerciais, como a sua proibição não é pacífica, nomeadamente em virtude dos efeitos económicos benéficos que as cláusulas em causa teriam, *maxime* ao criarem um importante incentivo aos administradores para evitarem situações de *distress* financeiro[20].

A proibição justifica-se num contexto em que a sec. 365 *Bankruptcy Code* autoriza o *trustee* da empresa insolvente (ou o *debtor in possession*) a assumir ou rejeitar os "contratos executórios" (*executory contracts*) da empresa. Um contrato é considerado "executório" se tiver sido parcialmente cumprido. Quando haja rejeição do contrato, considera-se que existe incumprimento,

quanto aos contratos em curso de execução por ambas as partes, também se aplica aos contratos que tenham sido totalmente cumpridos pela parte solvente antes da declaração de insolvência. O devedor também não pode resolver o contrato e pedir a restituição. Neste caso, o administrador não opta pelo cumprimento ou não. Surgem neste caso problemas relacionados com a tutela da parte *in bonis* pois, como escreve a autora, "a solução aplicável aos casos em que a parte *in bonis* cumpriu *parcialmente* não poderá ser diversa da solução aplicável a um cumprimento integral, pois o facto é que em ambas as hipóteses a parte *in bonis* cumpriu e nessa medida – na medida justamente do que cumpriu – deve ser tratada da mesma forma".

[20] Cf., *v.g.*, Yeon-Koo Che/Alan Schwartz, *Section 365, Mandatory bankruptcy rules and inefficient continuance*, JLEO (1999), v. 15, n.2, 441-467, que sustentam que as regras injuntivas do *Bankruptcy Code* deveriam ser revistas.

permitindo a contraparte ser indemnizada pelos danos sofridos. O Código confere-lhe prioridade no pagamento desta indemnização. A doutrina sublinha que, uma vez que o *debtor in possession* ou o *trustee* se guiam pelo interesse de maximizar a massa insolvente, aceitarão contratos que são favoráveis para a parte insolvente e desfavoráveis para a parte solvente. Por isso, até à reforma da lei, era possível as partes afastarem estas regras e, designadamente, qualificarem a insolvência como *breach of contract*, permitindo a *termination*. A sec. 365 (e) (1) vedou, contudo, esta prática e outras análogas, sendo a fundamentação apresentada pela *National Bankruptcy Review Commission* a de que a proibição favorece o património do devedor e promove a sua recuperação[21].

A norma estabelece que é vedada tanto a cessação do contrato com a sua modificação em virtude da "insolvência ou condição financeira do devedor em qualquer momento antes do fecho do processo; o início de um processo sob este título [Título 11]; ou a nomeação ou entrada em funções de um *trustee* ou custodiante previamente a esse início".

Como se vê, a proibição está consagrada com grande amplitude e os tribunais têm, com base nela, rejeitado o *enforcement* de diversas cláusulas contratuais[22]. Apesar disso, não deixam de definir os respetivos limites, como no caso *in re Lee West Enterprises, Inc.*[23], em que o tribunal clarificou que disposições semelhantes a cláusulas *ipso facto* não são inválidas à luz da sec. 365 (e). Estava aí em causa um contrato de franquia que autorizava a parte fiel a terminar a relação se a contraparte deixasse de desenvolver operações regulares durante o horário comercial normal ou deixasse de operar como uma empresa em funcionamento (*going concern*). Ora, o devedor tornou-se insolvente, apresentou-se à falência e encerrou as suas operações. O *trustee* decidiu assumir o contrato e ceder os direitos contratuais do devedor, tendo a contraparte deduzido oposição. O *trustee* argumentava que, na medida em que as disposições relativas ao encerramento se relacionavam com a insolvência ou condição financeira do devedor, representavam cláusulas *ipso facto* inválidas. O tribunal considerou, porém, que o incumprimento não se baseava na condição financeira do devedor mas sim no encerramento das operações em si. Como não tinham sido invocadas as disposições relativas à cessação do contrato antes do início do caso ou durante a pendência do

[21] Cf. Report of the National Bankruptcy Review Commission, vol. I, Chapter 2, 464.

[22] Cf., *v.g. in re Peaches Records & Tapes, Inc.*, 51 B.R. 583, 587 (B.A.P. 9th Cir. 1985).

[23] 179 B.R. 204 (Bankr. C.D. Cal. 1995).

processo, a contraparte podia fazer cessar o contrato e privar o devedor dos direitos em causa.

2.2. Reino Unido

No Reino Unido, as cláusulas *ipso facto* eram em geral autorizadas até ao *Corporate Insolvency and Governance Act 2020* (CIGA), que entrou em vigor em 26-jun.-2020, passando a considerá-las proibidas (salvo determinadas exceções) com o objetivo de permitir que as empresas em dificuldades se mantenham em funcionamento, bem como de assegurar valor para os *stakeholders*.

A nova regulamentação representa uma significativa inflexão no princípio da liberdade contratual que vigora tradicionalmente nesta área. O *Insolvency Act 1986* regulava a matéria nas *sections* 233 e 233A, considerando as cláusulas executáveis com algumas exceções que visavam, já então, manter a empresa em dificuldades em funcionamento, assegurando a preservação do fornecimento de utilidades como gás, água e eletricidade. Nestes contratos, a *section* 233A determinava que as cláusulas de cessação fundadas no processo de insolvência eram inválidas, estendendo-se a permissão, além destas utilidades básicas, a alguns serviços de tecnologia da informação incluindo *hardware* e *software* de computador ou armazenamento e processamento de dados. A impossibilidade de fazer cessar o contrato só se aplicava aos processos tendentes à recuperação e não à liquidação. Limitava-se, assim, abusos dos fornecedores e prestadores de serviços que poderiam impor condições excessivamente onerosas a empresas em dificuldades. Em relação aos bens e serviços não essenciais não vigorava qualquer proibição.

O CIGA, porém, previu uma nova sec. 233B, com a epígrafe "proteção de fornecimento de bens e serviços", que se aplica não só às empresas em recuperação mas também em liquidação. Nos termos do novo artigo, qualquer cláusula que preveja a cessação com base na insolvência do cliente não produz efeitos. Está em causa qualquer disposição que preveja a resolução automática ou permita ao fornecedor resolver o contrato com base na insolvência do cliente. Também é ineficaz qualquer outra consequência que seja desencadeada pela insolvência como, *v.g.*, o direito de recusar continuar a fornecer ou um direito de alterar as condições de fornecimentos em curso. Também não se permite ao fornecedor exercer um direito de resolução contratual em relação a incumprimento prévio à insolvência se o direito não for exercido anteriormente ao início do processo de insolvência, o que representa proteção significativa. A regra aplica-se a todos os contratos de fornecimento de bens e serviços não financeiros. Para proteger os fornecedores, as dívidas geradas recebem prioridade de pagamento, sendo tratadas como se fossem despesas do processo. Prevê-se um *carve-out* em qualquer caso, nestes contratos, sendo que, nestes casos, a proibição de cláusulas *ipso facto* apenas levaria os financiadores a antecipar os *triggers* relevantes para a cessação do contrato.

2.3. França

A reforma da lei de falências francesa de 1985 previu, pela primeira vez, a regra segundo a qual é proibida a resolução por mero motivo de abertura do processo de insolvência. Já antes, a Cour de Cassation, em sentença de 17-mar.-1975[24], tinha afirmado a inoponibilidade à massa das cláusulas de cessação ligadas à insolvência, tendo em vista a preservação do direito de opção do administrador da insolvência no que toca ao cumprimento do contrato[25]-[26].

Recorde-se que, tanto no procedimento de salvaguarda como no de liquidação, o administrador ou o devedor (artigo L627-2 Code Commerce) podem pôr termo ao contrato se considerarem que a sua preservação não tem interesse para a empresa, ou podem mantê-lo se for importante para a sua salvaguarda. O artigo L622-13 clarifica que o cocontratante deve executar as suas obrigações não obstante o incumprimento pelo devedor anterior à abertura do procedimento[27]. Além disso, nos termos do nº 2, "só o administrador tem o direito de exigir a execução dos contratos em curso, mediante a prestação do serviço prometido ao cocontratante. (...) [O] administrador garante, ao exigir a execução do contrato, que tem os recursos necessários para garantir o pagamento daí resultante. Tratando-se de um contrato de execução ou pagamento a prazo, o administrador resolvê-lo-á se lhe parecer que não terá os recursos necessários para cumprir as obrigações".

[24] Cass. com. 17-mar.-1975, nº 73-12955.

[25] Esta sentença surgiu, aliás, três anos antes da própria codificação americana, como chama a atenção KEINERT, *Vertragsbeendigung* cit., 120, e serviu de base à regulação que veio a ser instituída pelo art. 37/ 5 *da Loi n. 85-98 du 25 janvier 1985 relative au redressement et à la liquidation judiciaire des entreprises.*

[26] A norma proibitiva foi depois incluída no *Code Commerce* em 2000, por via da *Ordonnance* Nº 2000-912 de 18-set.-2000.

[27] Ou seja, mesmo sem ter recebido o pagamento das prestações anteriores, este está obrigado a prosseguir com a execução das prestações futuras.

O procedimento de salvaguarda é regulado nos artigos L. 620-1 *Code Commerce* e pressupõe que o devedor não tenha suspendido os seus pagamentos apesar de estar numa situação de dificuldade que não tem condições para ultrapassar (razão pela qual se impõe um processo destinado a facilitar a reorganização da empresa). O procedimento de *redressement judiciaire*, previsto no artigo L. 631-1, destina-se também a permitir a prossecução da atividade da empresa mas tem caráter judicial, o que acarreta diferenças de regime. Os artigos L. 640-1 e seguintes regulam o procedimento de liquidação, aplicável quando o devedor cessou os seus pagamentos e a recuperação é manifestamente impossível.

As cláusulas de cessação fundadas em insolvência são reguladas no referido artigo L. 622-13 Code de Commerce relativamente ao "procedimento de salvaguarda" (procédure de sauvegarde), mas o mesmo regime vale, nos termos do artigo L641-14, para a recuperação judicial [redressement judiciaire] e, bem assim, para a liquidação judicial, em conformidade com o L641-11-1.

O nº 1 do artigo L. 622-13, aplicável aos demais procedimentos, dispõe que "independentemente de qualquer disposição legal ou cláusula contratual, nenhuma indivisibilidade [*indivisibilité*], rescisão [*résiliation*[28]] ou resolução [*résolution*] do contrato em curso pode resultar do simples facto da instauração de procedimento de salvaguarda".

Apesar de esta redação proibir apenas cláusulas que associam a cessação do contrato à abertura do processo, a Cour de Cassation reconhece à lei uma espécie de pré-eficácia[29], como resulta do acórdão de 2-mar.-1993[30]. Assim, as cláusulas de resolução que estão ligadas meramente à incapacidade de pagar também são ineficazes. Mesmo os atrasos de pagamento no momento anterior à insolvência não permitem que a contraparte incumpra as suas obrigações contratuais após a escolha pela execução. A Cassation tem, além do mais, estendido significativamente a proibição, de modo a abranger determinadas cláusulas que se referem à deterioração do património do devedor[31]. Bem se vê que o direito francês é especialmente rígido quanto à admissibilidade das cláusulas de cessação do negócio ligadas à insolvência, alargando e antecipando a sua ineficácia.

[28] A "*résiliation*" é uma forma de cessação do contrato fundada num defeito da execução das obrigações com eficácia meramente *ex nunc* (art. 1229 Code Civil).

[29] Assim, Keinert, *Vertragsbeendigung* cit., 122.

[30] Cass. com. nº 90-21849, Bulletin 1993 IV nº 87, 60.

[31] Cass. com. 14-jan.-2014, nº 12-22909.

2.4. Alemanha

Na Alemanha, a legitimidade das cláusulas de resolução em situação de insolvência sempre foi profundamente controvertida, em particular por referência aos §§ 103 ss. InsO, que conferem ao administrador da insolvência o direito de escolha entre cumprir ou não cumprir o contrato quando a empresa seja declarada insolvente. A relevância deste direito de escolha justifica a proteção constante do § 119 InsO, nos termos do qual os acordos que excluam ou limitem antecipadamente a aplicação dos §§ 103 a 118 são inválidos. Não existia, até à transposição da Diretiva, uma norma diretamente aplicável às cláusulas resolutivas. A matéria foi alterada pela Lei de Estabilização e Reestruturação de Empresas – *Gesetz über den Stabilisierungs- und Restrukturierungsrahmen für Unternehmen (Unternehmensstabilisierungs- und -restrukturierungsgesetz – StaRUG)*, de 22 de dezembro de 2020.

O § 44 StaRUG passou a versar especificamente sobre a proibição das chamadas *Lösungsklauseln* (cláusulas de rescisão), transpondo o artigo 7º/5.

> "*§ 44 Proibição de cláusulas de rescisão*
>
> *(1) A pendência da questão da reestruturação ou a utilização de instrumentos do quadro de estabilização e reestruturação pelo devedor não é automaticamente motivo*
>
> *1. para a cessação de relações contratuais em que o devedor esteja envolvido,*
>
> *2. para a data de vencimento das prestações*
>
> *3. para um direito da outra parte de recusar a prestação que lhe incumbe ou de exigir o ajuste ou outro desenho do contrato.*
>
> *Eles também não afetam a eficácia do contrato sem mais delongas.*
>
> *(2) Acordos contrários ao parágrafo 1 são ineficazes. [...]*"[32]

A posição dominante, mesmo antes desta regra da StaRUG, ia no sentido da invalidade das *Lösungsklauseln*, apesar da intensa discussão doutrinária.

[32] O direito de fazer cessar o contrato devido à deterioração da situação financeira do devedor ou incumprimento, por exemplo, não é afetado por esta disposição, o que, aliás, também está conforme à Diretiva. Na verdade, é requisito essencial da aplicação da proibição a ligação à pendência da questão de restruturação ou utilização dos respetivos instrumentos no quadro de restruturação. A redação "sem mais delongas" deixa claro que, se houver outras razões, como o incumprimento do devedor, as cláusulas resolutivas não serão afetadas pela proibição. O mesmo vale quanto a situações de insolvência iminente, quando não tiver sido feito qualquer pedido de restruturação. O momento decisivo para se aplicar a proibição é o do pedido de restruturação: o simples fato de o devedor ter pendente a questão da reestruturação e querer fazer uso dos instrumentos deve evitar consequências negativas para as relações contratuais existentes.

Mesmo previamente à *Insolvenzordnung*, já existia, ao abrigo da *Konkurzordnung*, uma controvérsia sobre a validade das cláusulas de resolução dependentes da insolvência. Mesmo sem uma norma expressa, argumentava-se que o direito de escolha do administrador da insolvência entre executar ou não o contrato constituía uma norma injuntiva. Ainda assim, o BGH chegou a concluir pela eficácia de cláusulas resolutivas dependentes de insolvência, nomeadamente em acórdão de 26-set.-1985[33]. Porém, como o próprio tribunal viria a sublinhar em emblemático acórdão de 15-nov.-2012[34], essa sentença assentava em regulação especial aplicável, limitando-se a esclarecer que o direito de resolução concedido ao abrigo do § 649 BGB se mantinha em caso de insolvência, não se identificando nenhum desvio ao princípio geral. O BGH revelou, ademais, a tendência para considerar que um direito atribuído por causa da insolvência seria inválido, mas não um direito que continuasse a existir se não fosse a insolvência[35]. Nomeadamente, a proibição não se aplicaria quando o direito de resolução já resultasse da lei[36] (*maxime* o direito de resolução por incumprimento não seria afetado pelo § 119 InsO e continuaria a poder ser exercido após a abertura do processo de insolvência)[37]. Em princípio, a invalidade das cláusulas é decorrência de as mesmas permitirem que a contraparte do devedor insolvente faça cessar um contrato potencialmente favorável à massa apenas por causa da insolvência.

A posição dominante na Alemanha ia no sentido da invalidade das *Lösungsklauseln*. Não obstante, um setor doutrinário – sobretudo representado por HUBER[38] e JACOBY[39]-[40] – entendia que o administrador da insolvên-

[33] VII ZR 19/85, NJW 1986, 255, 256.

[34] BGHZ 195, 34, IX ZR 169/11; NZI 2013, 178.

[35] BGH 17-nov.-2005, IX ZR 162/04.

[36] Cf. DAHL, *(Un)zulässigkeit insolvenbedingter Lösungsklauseln*, NJW-Spezial 2008, 373-374. I. O autor refere os casos específicos do § 14 VVG. § 89ª HGB e § 36 Publ.

[37] Cf. *v.g.* MAROTZKE, § 119, em KAYSEER/THOLE (org.), *Insolvenzordung*, Heidelberg, 2018, Rn. 2.

[38] § 119, em *Münchener Kommentar zur Insolvenzordnung*, 4ª ed., München, 2019, Rn. 28 ss. já antes, em crítica à decisão de 2012 do BGH, HUBER, *Unwirksamkeit von insolvenzbedingten Losungsklauseln – Vertragspraxis, was nun?*, ZIP 11/2013, 493-500.

[39] JACOBY, *Lösungsklauseln in der Insolvenz*, ZIP 14/2014, 649-657 (657).

[40] Cf. ainda BLANK/MÖLLER, Der praktische Fall: Das Wahlrecht des Insolvenzverwalters in der Warenkreditversicherung: § 103 InsO im Spannungsfeld vertraglicher und "gesetzlicher" Lösungsklauseln ZInsO 10/2003, 437-448 (441), sublinhando que a visão que sustenta a invalidade das cláusulas não tem apoio na versão aprovada da lei e implicaria uma grave interferência na liberdade contratual.

cia tem o direito de opção apenas em função do conteúdo do contrato no momento da abertura do processo. No caso de contratos com cláusula de resolução fundada em insolvência, esta pertenceria ao conteúdo do contrato e teria de ser aceite pelo administrador da insolvência. Por esse motivo, as cláusulas não restringiriam o direito de opção garantido pelo § 103 InsO e, portanto, não seriam inválidas de acordo com o § 119 InsO. Como escreve WARTBERG, nesta linha, "as cláusulas de resolução são válidas de acordo com o direito civil. Nenhum argumento contra a validade ao abrigo da lei civil pode ser derivado da opção do administrador da insolvência de acordo com § 103 InsO. Nem as opções alargadas de reestruturação de empresas criadas no âmbito da reforma da lei de insolvência nem o princípio da igualdade de tratamento dos credores podem justificar a ineficácia das cláusulas de resolução"[41]. A defesa dos credores poderia resultar, isso sim, da contestação do ato ao abrigo do instituto da *Anfechtung* (correspondente à resolução em benefício da massa), previsto nos §§ 129 ss. InsO, considerando que o contrato ou resolução impõem desvantagens aos credores. A hipótese chegou a ser admitida pelo BGH em acórdão de 11-nov.-1993[42] (ainda em aplicação da *Konkursordnung*) como solução alternativa à invalidade da cláusula[43]. Porém, as alterações legislativas ocorridas em 2017[44] dificultaram significativamente esta hipótese, já antes questionada[45]. Por um lado, aponta-se que se se procurar atingir o contrato em si falha o requisito da "desvantagem imediata" exigido pelo § 133, IV; em contrapartida se se quiser contestar o próprio exercício do direito (o ato tendente à cessação do

[41] WARTBERG, *Lösungsklauseln und Insolvenz*, ZInsO 22/2003, 1032-1037 (1037).

[42] NJW 1994, 445.

[43] Sobre o tema, cf. *v.g.* KLAUS PETER BERGER, *Zur Wirksamkeit von Lösungsklauseln für den Konkursfall Anmerkungen zur Entscheidung des BGH vom 11. November 1993, ZIP 1994, 40*; ZIP 3/1994, 173-184; FRITSCHE/KILIAN, *Die Kontrolle der insolvenzbedingten Kündigung nach § 8 Nr. 2 VOB/B am Maßstab des allgemeinen Zivil- und des Insolvenzanfechtungsrechts*, DZWIR 2/2008, 45-52 (50 ss.); REUL, § 2. *Vertragliche Gestaltungsmöglichkeiten mit Rücksicht auf eine potentielle Insolvenz*, em *Insolvenzrecht in der Gestaltungspraxis*, 2ª ed., München, 2018, Rn. 176; FOERSTE, *Lösungsklauseln bei Insolvenz im Lichte der BGH-Entscheidung v.15. 11. 2012*, ZInsO 13/2015, 601-613 (611).

[44] Este foi modificado por lei de 29-mar.-2017, entrada em vigor em 5-abr.-2017.

[45] Além de outros argumentos, um obstáculo que tem sido apontado reside em a resolução em benefício da massa pressupor que um credor adquira algo às custas de outro, o que não aconteceria aqui: a resolução do contrato apenas evitaria o fornecimento de fundos adicionais para a massa, mas não tiraria nada que já pertencesse ao devedor. Cf., § 119 *InsO und die Lösungsklauseln für den Fall der Insolvenz*, DZWIR 2005, 1-6 (3).

negócio) falha o requisito da atuação do devedor[46]. Quando seja possível, a consequência da impugnação será a continuação do contrato nas condições originárias. Diferentemente, ao abrigo do regime anterior a 2017, aplicável aos contratos mais antigos, a contestação seria possível por relevar a desvantagem indireta, *maxime* aquela que só existe se se verificarem outras circunstâncias adicionais, incluindo a decisão de terminar o contrato tomada pela outra parte. Assim, a contestação poderia reportar-se à cláusula de resolução ligada à insolvência, que deixa de se aplicar permanecendo o contrato em vigor, ou ao próprio ato de resolução.

A controvérsia em torno da validade das *Insolvenzabhängige Klauseln* manteve-se em aberto, uma vez que, ao contrário da lei portuguesa, a *Insolvenzordnung* não proibia *especificamente* as cláusulas em causa, antes estabelecia, em geral, como foi dito, que os acordos que excluam ou limitem a aplicação dos §§ 103 a 118 InsO são inválidos. Na proposta do governo que antecedeu a versão do § 119 InsO que veio a ser aprovada constava uma proibição expressa. Podia encontrar-se, no § 137 II, 1 da *Regierungsentwurf*[47], referência à invalidade das cláusulas na hipótese de ser aberto um procedimento de insolvência. Esta acabou por ser eliminada pela comissão de assuntos jurídicos[48]. A doutrina, em geral, considerou que o legislador deveria ter regulado expressamente a temática[49] mas que nem por isso a cláusula é válida. Os resultados históricos e sistemáticos dificilmente sustentariam, na verdade, a tese do comité jurídico[50]. Porém, alguma doutrina – como HUBER[51] – considerou que a eliminação da proibição expressa na versão aprovada significa a admissibilidade da cláusula.

O BGH, no já referido acórdão de 15-nov.-2012, esclareceu, todavia, que a letra da lei comporta, em abstrato, qualquer das interpretações mas que a admissibilidade das cláusulas em causa contraria o § 103 InsO, por pôr em causa o direito de escolha do administrador da insolvência, o qual desem-

[46] Cf. HÜBER, § 119, em *Münchener Kommentar* cit., Rn. 52. Praticamente ficam cobertas as situações em que o direito de resolução foi acordado após o contrato original.

[47] BT-Dr 12/2443, 30.

[48] Sobre a história do § 119 InsO, cf. FRANK SCHWÖRER, *Lösungsklauseln für den Insolvenzfall*, Köln, 2002, 15 ss.

[49] Assim, BERGER, *Lösungsklauseln für den Insolvenzfall*, em *Kölner Schrift zum Insolvenzordnung*, 2ª ed., Köln, 2000, 499-530 (530).

[50] Assim, TINTELNOT, *Die gegenseitigen Verträge im neuen Insolvenzverfahren*, ZIP 8/95, 616-623 (623).

[51] § 119, em *Münchener Kommentar* cit., Rn. 28 ss.

penha um papel importante na satisfação dos credores, reforçando ainda os esforços de restruturação. No caso, o tribunal considerou inválida a cláusula de um contrato de fornecimento de energia, segundo a qual "o contrato termina automaticamente sem aviso prévio se o cliente se apresentar à insolvência ou se o processo preliminar de insolvência for iniciado ou aberto com base em pedido de credor". O BGH afirmou que o § 119 impede que o direito de escolha do administrador da insolvência seja afastado por cláusula negocial, direta ou indiretamente. Ora, o mesmo efeito é produzido pelas cláusulas que ligam a possibilidade de resolução a factos relacionados com a insolvência, como a apresentação à insolvência ou a abertura de um processo preliminar de insolvência. No entanto, duas exceções são permitidas: a situação em que a cláusula se limita a reproduzir um direito legal de resolução e a hipótese em que a cláusula associa o direito de resolução a circunstâncias que também poderiam ocorrer fora da insolvência. Ou seja, as cláusulas de resolução associadas a um evento de insolvência (*insolvenzabhängige Lösungsklauseln)* põem em causa esse direito de opção entre cumprir ou não cumprir o contrato, abrangendo quer aquelas em que já foi iniciado um processo de insolvência ou processos preliminares; já se estiver em causa incumprimento de obrigações, medidas executivas ou a deterioração significativa da situação financeira da outra parte não existe contrariedade à regulamentação legal (trata-se de cláusulas de resolução independentes da situação de insolvência: *insolvenzunabhängige Lösungsklauseln*).

Muito relevante é igualmente o acórdão do BGH de 7-abr.-2016[52], em que o tribunal foi confrontado com cláusula resolutiva aplicável no caso de suspensão dos pagamentos ou de ser desencadeado processo de insolvência, tendo considerado a cláusula válida com fundamento na circunstância de a lei admitir a resolução do contrato em causa a todo o tempo (§ 649 BGB, hoje § 648). Assim, a cláusula não conferiria mais direitos do que os que já resultavam da própria lei. Acrescentou ainda o tribunal – afastando-se, neste ponto, da sentença anterior[53] – que, em geral, não pode esperar-se que o dono da obra aguarde pelo exercício do direito de opção pelo administrador da insolvência, devendo ser-lhe concedido o direito de imediata resolução, uma vez que o administrador da insolvência não pode ser respon-

[52] VII ZR 56/15, ZInsO 2016, 1062.

[53] De tal maneira que HUBER, *Divergenzen zwischen dem IX. und dem VII. Zivilsenat des Bundesgerichtshofs zur Lösungsklausel*, ZInsO 43-44/2016, 2130-2133 (2131), qualifica uma e outra sentenças como "a água e o fogo".

sável pela execução do contrato da mesma forma. O tribunal escreve que "não se pode esperar que o cliente continue o contrato contra a sua vontade com o empreiteiro, que pediu a insolvência, ou com o administrador da insolvência. No caso de um contrato de empreitada, as características pessoais do empreiteiro (competência, desempenho e confiabilidade) são de fundamental importância para o cliente. A celebração de um contrato deste tipo é, portanto, regularmente realizada com base numa confiança especial. Essa confiança é destruída pelo devedor que faz o seu próprio pedido de insolvência. Na perspetiva do cliente, o empreiteiro manifesta com o seu pedido de insolvência que não dispõe dos meios financeiros para cumprir o contrato de construção nos termos acordados". Como a doutrina sublinhou, estas considerações aplicam-se a outros contratos que não apenas os contratos de empreitada, independentemente de se sustentar a validade da cláusula ou apenas o controlo do exercício[54].

O BGH, em acórdão de 14-set.-2017[55], decidiu que, para efeitos do (anterior) § 649 BGB, não havia um motivo importante para a resolução prematura do contrato, nomeadamente que a abertura do processo de insolvência não consubstancia tal motivo. A respeito desta sentença, Keinert[56], por exemplo, disse que se perdeu "mais uma oportunidade para resolver as questões em aberto e criar segurança jurídica". Como nota o autor, o problema da validade das cláusulas de cessação fundadas em insolvência não era objeto direto da sentença. Tratava-se, antes, da resolução por justa causa de um contrato de empreitada. O comprador insolvente, através do administrador da insolvência, exigiu do devedor o pagamento de uma remuneração, deduzida das despesas poupadas com a resolução de um contrato de empreitada. Os dois cocontratantes mantinham uma relação comercial corrente, sendo o devedor da insolvência obrigado a fabricar e entregar determinadas peças fundidas de metal. Após o devedor da insolvência ter apresentado um pedido de abertura do processo de insolvência em outubro de 2012, as partes alteraram o acordo-quadro existente em março de 2013. Uma vez que a demandada solicitou serviços ao devedor, foram celebrados contratos individuais para entrega de obras. O processo de insolvência foi aberto em 1-abr.-2013 e, em 28-mar.-2013, a ré resolveu o contrato. No entanto, a carta só foi enviada ao administrador da insolvência em 2-abr.-2013,

[54] Neste último sentido, Wagner/Klein, *Insolvenzbedingte Losungsklauseln* cit., 814.

[55] IX ZR 261/15, ZInsO 2017, 2159.

[56] *Vertragsbeendingung* cit., 283.

após a abertura do processo. Está pressuposto na decisão que o direito legal de resolução continua a poder ser exercido após a abertura do processo de insolvência, o que já resultava da sentença de 2012. O tribunal considerou que a insolvência não era motivo importante para a resolução, de tal maneira que o administrador da insolvência teve sucesso com o pedido de indemnização de acordo com § 649 versão antiga do BGB (§ 648 BGB nova versão)[57]. Em 2016, o Tribunal considerou que a apresentação à insolvência constituía um motivo importante para resolução.

Foi, pois, neste contexto de incerteza que surgiu a nova regra da StaRUG, em transposição da diretiva europeia.

3. O atual regime português

3.1. Âmbito de aplicação da proibição das cláusulas *ipso facto*

O atual artigo 119º do CIRE elimina diversos dos pontos discutidos à luz da anterior redação. Previamente às alterações do artigo 119º introduzidas por força da Diretiva, a discussão sobre se relevava, para efeitos deste artigo, a mera situação de insolvência ou apenas a declaração de insolvência dividia a doutrina.

Apontava-se, na verdade, uma acentuada margem de indefinição do quadro legal. Nas palavras de Menezes Leitão[58], "o art. 119º regula a matéria em termos bastante defeituosos, e que por isso desencadeiam justificada perplexidade, em virtude do cariz contraditório das disposições que institui". Sem prejuízo das dúvidas interpretativas em torno do nº 3, a questão central reconduzia-se, pois, a saber se as cláusulas de resolução apenas eram proibidas quando se reportassem à abertura do processo de insolvência ou também quando se referissem a uma situação de insolvência material não declarada ou a uma situação de pré-insolvência, i.e., tratava-se de identificar qual o critério relevante à luz da lei para se considerar a cláusula proibida considerando que a sua letra se reportava à "situação de insolvência".

É possível, na verdade, distinguir diferentes modalidades de cláusulas. Foram a jurisprudência e doutrina germânicas que mais aprofundaram a separação de constelações de cláusulas. Distinguiam tradicionalmente[59] entre as chamadas "cláusulas dependentes da insolvência" (*Insolvenzabhän-*

[57] Cf. este resumo do caso em Keinert, *Vertragsbeendingung* cit., 283.

[58] *A (in)admissibilidade da resolução como fundamento da resolução dos contratos*, em Catarina Serra (org.), *III Congresso de direito da insolvência*, Coimbra, 2015, 89-101 (89).

[59] Por todos, cf. *v.g.* Becker, *Insolvenzabhängige Vertragsbeendigungsklauseln* cit., 1882.

gige Klauseln) e as "cláusulas independentes da insolvência" (*Insolvenzunabhängige Klauseln*), sendo que as primeiras seriam proibidas ao contrário das segundas. No primeiro caso, estariam em causa todas as cláusulas ligadas a uma situação de insolvência propriamente dita, declarada ou não, o que abrangeria aquelas que permitem a resolução se for aberto um processo de insolvência relativo à contraparte no contrato (a pedido dos credores) ou se a contraparte se apresentar à insolvência. Mas seriam incluídas também as cláusulas de resolução por "insolvência material", nomeadamente as que permitem a resolução para o caso de sobre-endividamento da contraparte no contrato ou, mais amplamente, se se encontrar numa situação correspondente a uma situação de insolvência ainda que o processo não se tenha iniciado. As situações de suspensão dos pagamentos estariam incluídas[60]. Todas estas hipóteses seriam proibidas e as cláusulas resolutivas inválidas. Diferentemente sucederia com as cláusulas de resolução independentes da insolvência. Poderia aqui estar em jogo a generalidade das cláusulas resolutivas às quais a insolvência é alheia, *maxime* as cláusulas de resolução associadas ao incumprimento de deveres contratuais ou as cláusulas de livre cessação do contrato, i.e., cláusulas de cessação não dependentes de causa. Mas também estariam incluídas as próprias cláusulas de pré-insolvência, i.e., cláusulas de resolução em caso de deterioração dos ativos ou da situação empresarial[61].

Na doutrina e jurisprudência mais recentes, este critério da ligação à insolvência tal como formulado foi – e bem – ultrapassado[62]. Por vezes até se considera que as cláusulas ligadas à insolvência material, suspensão de pagamentos ou deterioração significativa do património nem sequer são discutíveis[63]. O próprio BGH, em sentença de 17-nov.-2005[64], afirma que a

[60] Cf., *inter alia*, BGH 27-mai.-2003, IX ZR 51/02, DNotZ 2004, 123.

[61] Na Alemanha, já se questionou se a proximidade da insolvência ou a deterioração do ativo pode determinar o direito de resolução ao abrigo do § 323 IV BGB, que determina que "a parte obrigada pode resolver o contrato antes do prazo de execução se for óbvio que os requisitos de resolução serão preenchidos". Cf., *v.g.*, Patrick Mossler, *Rücktrittsrecht vor Fälligkeit bei solvenzbedingten Zweifeln an der Leistungsfähigkeit des Schuldners* (§ 323 *Abs. 4 BGB)*, ZIP 41/2002, 1831-1938. Essa possibilidade está, porém, excluída.

[62] Keinert, *Vertragsbeendigung* cit., 318.

[63] Assim, Ringsmeister, § 119, em Karsten Schmidt (org.), *Beck'sch Kurz Kommentar*, Band 27, *Insolvenzordung*, 19ª ed., München, 2016, Rn. 12. Diferentemente, cf., porém, Sinz, § 119, em Hirte/Vallender (org.), *Uhlenbruck Insolvenzordnung Kommentar*, Band 1, 15ª ed., München, 2019, Rn. 42.

[64] BGHZ 166, 74; NZI 2006, 224.

cláusula não é inválida apenas por *efetivamente* prejudicar o direito de opção do administrador, antes pressupõe que a cláusula seja orientada para esse objetivo, i.e., pressupõe que a possibilidade de resolver o contrato seja diferente na situação de insolvência e fora dela.

A avaliação das cláusulas tem de ter em conta, isso sim, a ligação à abertura do processo ou pedido de insolvência. Ou seja, tem de se questionar autonomamente a validade das cláusulas associadas à abertura do processo e ligadas à situação de insolvência material. É esta análise que, perante o regime anteriormente em vigor, julgávamos fazer sentido entre nós, considerando que a diferença de tratamento regulatório toma como referência o momento da declaração. Considerávamos, por isso, já antes da alteração legislativa, que, *antes da declaração de insolvência*, não existia uma proteção especial aplicável aos negócios em curso, ao passo que, após esta, o artigo 119º permite ao administrador da insolvência optar por manter o contrato ou recusar o cumprimento. Assim, sem prejuízo da análise completa das diferentes constelações típicas, não podia deixar de se adotar este momento como critério relevante na interrogação sobre a validade das cláusulas.

Como bem apontava Menezes Leitão[65], a dúvida era a de saber se a "situação de insolvência" referida no artigo 119º era a insolvência já declarada ou também a insolvência não declarada. O autor[66] considerava que, se está em causa assegurar a injuntividade das normas anteriores do capítulo e se o artigo 119º apenas se aplica em situações de insolvência já declarada, "nada impede assim as partes de estabelecer cláusulas de indemnização, resolução ou denúncia para aplicação anterior à declaração de insolvência, *ainda que naturalmente percam a possibilidade de a elas recorrer se a insolvência vier a ser efetivamente declarada*"[67]. Numa linha equivalente, Ferreira Pinto[68] considerava que estava em causa a insolvência já declarada apenas. Diferentemente, Ana Prata/Jorge Morais Carvalho/Rui Simões[69] afirmavam, embora expressando dúvidas, que "o teor literal do preceito aponta no sentido de se pretender referir aqui a situação de insolvência ainda não declarada judicialmente". Catarina Serra[70] também entendia que relevava a resolução

[65] *A (in)admissibilidade* cit., 99.

[66] *A (in)admissibilidade* cit., 99.

[67] *A (in)admissibilidade* cit., 99. Itálico acrescentado.

[68] *Contratos de distribuição* cit., 336 e 337.

[69] Artigo 119º/2, em *Código da Insolvência e da Recuperação de Empresas anotado*, Coimbra, 2013, 353.

[70] *Lições de direito da insolvência*, 2ª ed., 2021, 235.

em consequência da situação de insolvência "e de outros factos anteriores à declaração de insolvência, que se relacionem diretamente com ela". No mesmo sentido, pronunciava-se ainda SOVERAL MARTINS[71].

Com as alterações introduzidas para conformar o direito português à diretiva, o quadro atual em vigor no nosso ordenamento jurídico tornou-se muito claro:

- Não podem existir cláusula ou condição resolutiva ligadas à declaração de insolvência ou pedido de abertura do PER (artigo 17º-E/13).
- A proibição aplica-se sem exceções, em virtude da revogação do anterior nº 3 do artigo 119º (sem prejuízo das situações em que a própria lei associa a cessação do contrato à insolvência[72]).
- Fora destes casos, a situação de insolvência ou pré-insolvência podem ser fundamento de resolução (o novo nº 3 deixa isto claro).

Podia perguntar-se se, em vez da declaração de insolvência, o critério para existir nulidade da cláusula deveria ser o *pedido* de declaração de insol-

[71] *Um curso de direito da insolvência*, vol. I, 3ª ed., Coimbra, 2021, 219.

[72] O novo regime não alterou um conjunto de outras hipóteses em que a própria lei considera que o prolongamento da execução não é compatível com a declaração de insolvência: insolvência do locatário (se a coisa não tiver sido entregue à data da declaração de insolvência: artigo 108º/5 CIRE); insolvência do locador, quando a coisa não foi entregue (artigo 109º/2 e 108º/5 CIRE); insolvência de membro de consórcio, sendo a resolução limitada a este (artigo 10º/2, *a)* do Decreto-Lei nº 231/81, de 28 de julho);insolvência do associante no contrato de associação em participação (artigo 27º, *g)* do Decreto-Lei nº 231/81, de 28-jul. e artigo 117º/1 CIRE); insolvência do mandante ou (por analogia) do mandatário nos contratos de mandato (artigo 110º CIRE); insolvência de uma das partes nos contratos de conta corrente (resultando a caducidade do artigo 116º CIRE); insolvência de membro de agrupamento complementar de empresas (ACE) ou de agrupamento europeu de interesse económico (AEIE) quanto a esse membro (não se dissolve o ACE nem o AEIE, nos termos do artigo 118º/1 CIRE, mas, quanto ao ACE, existe fundamento para a exclusão, como resulta do artigo 13º, *b)* do Decreto-lei nº 430/73, de 25-ag., aplicável por identidade de razão ao AEIE); insolvência do tomador do seguro ou segurado (artigo 98º/1 do Decreto-Lei nº 72/2008, de 16-abr., que determina que "salvo convenção em contrário, o seguro subsiste após a declaração de insolvência do tomador do seguro ou do segurado"); insolvência do prestador ou beneficiário no contrato de garantia financeira (artigo 18º/1 do Decreto-lei nº 105/2004, de 8-mai.: "em situação de abertura ou prossecução de um processo de liquidação ou de adopção de medidas de saneamento relativas ao prestador ou ao beneficiário da garantia, os contratos de garantia financeira produzem efeitos nas condições e segundo os termos convencionados pelas partes").

vência, *tal como, no âmbito do processo de recuperação, releva o pedido de abertura de PER*. A resposta é negativa, em coerência com a regulação dos efeitos da insolvência estabelecida pelo CIRE. Não se confere aos credores qualquer proteção reportada ao momento anterior à declaração de insolvência. O artigo 119º/2 tem como objetivo, como vimos, assegurar a efetividade do direito de opção do administrador da insolvência (artigo 102º). Ora, este direito só emerge com a declaração de insolvência e não antes. Se, antes da declaração, não há um direito de recusar o cumprimento – i.e. se o administrador da insolvência se sujeita aos contratos tal como celebrados – nenhuma razão se identifica para serem consideradas inválidas estas cláusulas.

Por isso também é tão relevante a norma do nº 13 do artigo 17º-E. As cláusulas não podem estar ligadas ao pedido de abertura do PER, o que é uma significativa antecipação da proteção dos credores. No âmbito do PER, o nº 10 do artigo 17º-E estabelece que a proibição de resolução se aplica "a partir da decisão a que se refere o nº 5 do artigo 17º-C". Os nºs 1 a 3 do artigo 17º-C regulam a apresentação do requerimento manifestando a vontade de dar início ao PER e o nº 5 estabelece que "recebido o requerimento referido no nº 3, o juiz nomeia, de imediato, por despacho, administrador judicial provisório". A partir daqui os contratos não podem "ser mexidos".

Não existe, portanto, um intervalo de tempo juridicamente relevante entre o requerimento de início do processo de insolvência e a aplicação da proibição de resolução. Faz sentido, por isso, que o pedido de início do PER não possa ser fundamento para levar a cabo a resolução, que é proibida a partir desse momento.

No caso do pedido de declaração de insolvência, só quando existe declaração de insolvência é que se produz o efeito protetor do credor, o que justifica a diferença de tratamento das situações.

Um aspeto importante é que a contraparte do devedor solvente continua a poder resolver o contrato (e pode prever-se cláusula com esse conteúdo) se o fundamento da resolução não for o pedido de abertura de PER ou a declaração de insolvência em si: ou seja, mesmo que exista abertura do processo de recuperação ou declaração de insolvência, é possível a resolução se, para além do não pagamento em si, existir outro motivo para a resolução.

Tem de se ter presente a restrição adicional que consta do artigo 17º-E/2, que *impede a resolução em prejuízo da empresa* se estiverem preenchidos dois requisitos:

- tratar-se de contratos *essenciais*
- o único fundamento da *resolução ser o não pagamento das dívidas.*

Ou seja, a resolução é permitida quanto a todos os contratos não essenciais e quando exista justa causa (que não o "simples" não pagamento).

A lógica é sempre a mesma: a resolução *só por causa do pedido de abertura de PER ou de declaração de insolvência* não é possível porque prejudica a tutela dos credores.

A solução é justa uma vez que os créditos são pagos com prioridade, em virtude de serem qualificados, como vimos, como dívidas da massa.

3.2. O desaparecimento do anterior nº 3 do artigo 119º: exceções à proibição das cláusulas *ipso facto*

O anterior artigo 119º/3 determinava que "o disposto nos números anteriores não obsta a que a situação de insolvência possa configurar justa causa de resolução ou de denúncia em atenção à natureza e conteúdo das prestações contratuais".

Reconhecia-se, em determinados casos em que a natureza e o conteúdo das prestações contratuais o exigissem ou permitissem, que a situação de insolvência poderia configurar, em termos contratuais, justa causa de resolução ou de denúncia. Como escrevia ALBUQUERQUE MATOS[73], "quando a natureza e o conteúdo das prestações contratuais não são compatíveis com a situação de insolvência, então pura e simplesmente os aludidos modos de cessação do contrato já não radicam autonomamente na declaração de insolvência. Porém, essa declaração de insolvência será de molde a provocar um desequilíbrio contratual de tal modo grave que torna insusceptível a manutenção do vínculo contratual". Ou seja, como referia o Tribunal da Relação de Guimarães, em acórdão de 10-jul.-2018[74], "o legislador pretendeu dizer, neste último preceito legal, é que, em determinados casos em que a natureza e o conteúdo das prestações contratuais pareçam exigir, no momento da celebração do contrato, a extinção deste por força da declaração de insolvência de uma das partes contraentes, pode ficar estabelecido no clausulado do contrato que 'a situação de insolvência configura uma causa de resolução do contrato'". Como se lia ainda neste acórdão, "assim, o nº 3 do art. 119º é uma norma que requer uma apreciação da cláusula contratual em função da natureza do negócio e do conteúdo das obrigações deles emergentes: podendo as partes contraentes estabelecer que a situação de insolvência de um dos contraentes poderá constituir fundamento da

[73] *Os efeitos* cit., 68.

[74] (Pedro Damião e Cunha), Proc. 1423/09.5TBVCT-Q.G1.

resolução do contrato, tal cláusula contratual estará sempre sujeita à posterior ponderação da sua validade, em função da natureza do negócio e do conteúdo das prestações contratuais estipuladas".

Ora, como explicava o tribunal, "(...) isto significa, obviamente, que na maior parte dos contratos, esta cláusula contratual não será admissível, na medida em que a situação de insolvência mostra-se plenamente enquadrada nos seus efeitos através do regime jurídico estabelecido nos arts. 102º e ss. do CIRE, que, nas suas previsões legais, já ponderou devidamente, em cada tipo contratual, os interesses em jogo (da Insolvência e dos contraentes)". Continuava ainda o Tribunal: "como se referiu, na maior parte dos contratos, esta cláusula contratual não será admissível, na medida em que a situação de insolvência nenhuma influência poderá ter no equilíbrio contratual que o legislador pretendeu manter, tendo em conta os diversos interesses em jogo (dos contraentes, do Insolvente e do processo de Insolvência). Além de que é preciso não esquecer que o objectivo do art. 119º do CIRE é, justamente, o de não permitir que possa ser estipulada uma cláusula desta natureza, que tenha por fundamento a situação de insolvência, pois que, nessa hipótese, o contrato já chegaria resolvido ao Administrador de Insolvência, precludindo, assim, o direito que se lhe mostra atribuído de optar pelo cumprimento ou pela sua recusa (art. 102º do CIRE)".

O artigo 119º/3 foi objeto de duras críticas. Considerava-se que a solução legal se apresentava "algo contraditória" e "misteriosa"[75] por se admitir que da natureza e conteúdo do contrato resulte a atribuição implícita do direito de resolução. Se é claro que a redação legal gerava uma indesejável indefinição, a verdade é que em praticamente todas as ordens jurídicas surge a necessidade de salvaguardar a legitimidade das cláusulas *ipso facto* em determinados grupos de casos, com destaque para aqueles em que o contraente não pode ser substituído sem perda da identidade da relação.

Entre nós, a doutrina entendia que estavam em causa fundamentalmente relações *intuitu personae*, na linha do que tem sido também aplicado na maior parte das ordens jurídicas estrangeiras que analisámos. Recorde-se, paradigmaticamente, a explicação de Menezes Leitão[76] segundo a qual "a melhor interpretação desta disposição é a de considerar que a mesma vigora apenas para os contratos *intuitu personae* com prestações infungíveis, que excluam a possibilidade do seu cumprimento por terceiros, neste caso o

[75] *A (in)admissibilidade* cit., 100.
[76] *A (in)admissibilidade* cit., 101.

administrador da insolvência. Nesta situaç, as partes, atendendo à natureza das prestações em causa, poderão resolver o contrato em caso de declaração de insolvência". Releva, de acordo com o autor, apenas a infungibilidade natural e não convencional, sob pena de derrogação do regime[77]. Trata-se de situações que se enquadram na exceção do artigo 119º/3[78].

Outro exemplo que era dado, entre nós por Carvalho Fernandes/João Labareda[79], era o dos contratos bancários de abertura de crédito. Porém, como referia Menezes Leitão[80] não se identificava a razão de ser da exceção à luz da lei portuguesa. É certo que este corresponde a um grupo de casos em que, noutros ordenamentos, se admite legislativamente as cláusulas *ipso facto*, como vimos ser o caso do direito inglês, ou pelo menos cuja legitimidade é discutida na doutrina e jurisprudência, como sucede nos Estados Unidos[81]. Não parece, contudo, que a lei portuguesa permita extrair essa conclusão, tanto mais que a cessação dos contratos de financiamento pode prejudicar a reorganização do devedor.

De facto, o nº 3 do artigo 119º parecia cobrir, legislativamente, um conjunto de circunstâncias em que, noutros ordenamentos jurídicos, se tem admitido exceções ao princípio da proibição das cláusulas resolutivas fundadas na abertura do processo de insolvência. São situações em que se entende que as concretas prestações não podem razoavelmente ser executadas pelo devedor insolvente, *maxime* porque eram essenciais as características pessoais do devedor, agora substituído pelo administrador da insolvência. Apesar disso, o legislador deveria ter concretizado as circunstâncias

[77] O autor ia, no entanto, mais longe e escrevia: "os termos vagos em que esta disposição está redigida podem, no entanto, conduzir a inúmeras dúvidas na sua aplicação, não se vendo razão para impedir as partes de reconhecer no contrato uma situação em que é o próprio legislador que reconhece ser a resolução o destino natural do contrato em caso de insolvência de uma das suas partes".

[78] Numa linha equivalente, Catarina Serra, *O regime português da insolvência*, 5. ª ed., Coimbra, 2012, 107, afirma que as partes não ficam impedidas de, atendendo à natureza e ao conteúdo das prestações, reconhecer que a insolvência é justa causa de resolução ou denúncia do contrato, ao abrigo do nº 3 do art. 119º". Também por isso Maria do Rosário Epifânio, *Direito da insolvência*, 7ª ed., Coimbra, 2019, 247, afirma que "estranha, e perigosamente, o nº 3, com um redacção muito dúbia, permite que, atendendo à natureza e conteúdo das prestações contratuais, a insolvência seja configurada como justa causa de resolução ou de denúncia".

[79] *Código da insolvência e da recuperação de empresas anotado*, Lisboa, 2008, 425.

[80] *A (in)admissibilidade* cit., 101.

[81] Cf. *v.g.*, Kleinhaus/Zuckerman, *The enforceability of ipso facto clauses in financing agreements: American Airlines and beyond*, Norton Journal of Bankruptcy Law and Practice, Vol. 23 No. 2, 193-211.

em que são admissíveis as referidas cláusulas, evitando ou diminuindo a referida indefinição, prejudicial para o comércio jurídico e para o próprio processo insolvencial.

O facto de, no novo regime, aparentemente deixarem de existir exceções à possibilidade de haver cláusulas ligadas à declaração de insolvência ou a abertura do processo de recuperação pode levantar dificuldades: pergunta-se se não é possível configurar situações em que seja realmente inexigível o prolongamento da relação contratual, justificando-se uma interpretação restritiva da norma.

A verdade é que mesmo nos ordenamentos mais restritivos se identificam exceções à proibição das cláusulas *ipso facto*.

Por exemplo, apesar da postura restritiva do *Bankruptcy Code* americano, essas exceções identificam-se. A sec. 365 (e) (2), conjugada com a sec. 365 (c) (1), prevê que as cláusulas *ipso facto* são possíveis:

- se a lei aplicável permitir à parte recusar a prestação por (ou realizar a prestação a) um *trustee* ou um cessionário. Estão em causa, normalmente, contratos de prestação de serviços celebrados em função das características pessoais do contraente (*personal services exception*) e em relação aos quais não é razoável esperar que o contrato seja executado por outrem.

  O alcance da exceção é, por vezes duvidoso. Os tribunais já chegaram a aplicá-la, por exemplo, à participação numa *LLC partnership*, tendo em conta que estas são empresas em que se desenvolvem relações de proximidade e os membros têm poderes de gestão e direitos de voto. Assim, o Delaware Chancery Court[82] utilizou a exceção da sec. 365 (e) (2) e considerou que o Delaware LLC Act estabelece "relações ímpares...entre os membros da LLC" que evitam que "os membros solventes sejam obrigados a estar em relações que não escolheram resultantes da insolvência de um dos seus escolhidos co-investidores". Neste caso, a confiança pessoal é decisiva. Discute-se, por exemplo, se, neste grupo de casos, se incluem também os contratos de franquia, dividindo-se a jurisprudência[83]. Abrangidos estarão, por exemplo, os contratos de licença.

[82] *Milford Power Co. v. PDC Milford Power, LLC*, 866 A.2d 738 (Del. Ch. 2004).

[83] Cf., v.g., in re Claremont Acquisition Corp., Inc., 113 F.3d 2019, 1031 (9th Cir. 1997); *in re Pioneer Ford Sales, Inc.*, 729 F.2d 27, 28 (1st Cir. 1984); *in re Van Ness Auto Plaza, Inc.*, 120 B.R. 545, 546 (Bankr. N.D. Cal. 1990).

- A sec. 365 (e) (2) prevê igualmente exceções à proibição das cláusulas *ipso facto* quando esteja em causa "um contrato para efetuar um empréstimo, ou estender outros financiamentos ou acordos financeiros" para benefício do devedor ou "para emitir um ativo do devedor". Nestes casos, as cláusulas *ipso facto* são válidas[84].
- Por seu lado, as secs. 555, 556, 559, 560 e 561 permitem as cláusulas *ipso facto* quando se trata de certos ativos e transações do mercado financeiro.

No caso português, é verdade que se compreende, em parte, a solução adotada pelo legislador de não prever exceções à proibição das cláusulas *ipso facto* considerando a abrangência da Diretiva. Noutros direitos, tem-se duvidado da compatibilidade com a Diretiva do regime estabelecido. É o caso do § 44 (3) StaRUG, que exceciona a aplicação da proibição, designadamente, a contratos financeiros abrangidos pelo § 104 (1).

A exclusão dos contratos financeiros, que se identifica em diversas legislações, explica-se pelos riscos que a proibição acarreta para o sistema financeiro e a disponibilidade do capital, pela necessidade de incentivar o credor a fornecer fundos a um custo razoável e pelo risco de que a proibição tenha como resultado a antecipação do momento relevante para a cessação do contrato, em termos que tornariam inúteis a aplicação da proibição.

Ainda assim, a exclusão destes contratos – que não se identifica na lei portuguesa – é, de facto, de duvidosa compatibilidade com o regime europeu. Diferentemente, não é possível considerar proibidas as cláusulas *ipso facto* quando se trate das situações que anteriormente se consideravam cobertas pelo nº 3 do artigo 119º, nos termos apontados: os contratos *intuitu personae* com prestações naturalmente infungíveis. Não é possível, mesmo em nome da recuperação do devedor insolvente, sacrificar-se a contraparte ao ponto de não obter através do contrato aquilo que legitimamente podia esperar, o que se torna inevitável quando contratou em função das características do devedor uma prestação que só ele pode executar, sendo este substituído na execução pelo administrador da insolvência. Trata-se de elementar tutela do princípio da autonomia privada e da máxima *pacta sunt servanda*, que pressupõe que o credor possa realizar o seu interesse por via do contrato.

[84] Cf. *in re Trump Entm't Resorts, Inc.*, 526 B.R. 116, 124 (Bankr. D. Del. 2015); *in re Catapult Entertainment, Inc.*, 165 F.ed 747, 750, 752 (9th Cir. 1999).

La disposición anticipada y liquidez de los planes y fondos de pensiones

Félix Benito Osma[1]_[2]

I. LOS PLANES DE PENSIONES

Los planes de pensiones (PP) son contratos de adhesión que deben constar por escrito, en el que forman parte un conjunto de personas que aparecen agrupadas o asociadas con el fin de efectuar unas aportaciones dinerarias para la obtención de prestaciones cuando se produzcan las contingencias previstas en la Ley y en el contrato[3] (jubilación, incapacidad laboral total y permanente para la profesión habitual y permanente para todo trabajo, la gran invalidez, la dependencia severa o gran dependencia y la muerte del partícipe)[4].

[1] Este trabajo queda dedicado a la persona y obra del prof. Dr. Pais de Vasconcelos con quien tuve el placer de conocer y participar en el Congreso Hispano-Luso de Seguros, 11 y 12 de noviembre 2010 en Lisboa, que fue organizado bajo su presidencia en la Sección Portuguesa de AIDA.

[2] Prof. Dr. Derecho Mercantil y Mercado de Seguros en la Facultad de Ciencias Jurídicas y en la Escuela de Postgrado de la Universidad Carlos III de Madrid (España). Abogado del Ilustre Colegio de Abogados de Madrid. Secretario General de SEAIDA (Sección española de la Asociación Internacional de Derecho de Seguros). Miembro del Consejo de Presidencia de AIDA Mundial. Correo electrónico felix.benito.osma@uc3m.es; https://fbenitosma.blogspot.com/

[3] Art. 8.6 TRLPFP (2002).

[4] Benito Osma, F., Los partícipes y beneficiarios en la nueva regulación de los planes y fondos de pensiones, La Ley, 2008, p. 292.

Son contratos colectivos asociativos de previsión con cierta similitud con los seguros de grupo que se hallan instrumentados organizativa y financieramente en un fondo de pensiones[5].

Surgen de la libre iniciativa privada en el marco de la previsión social voluntaria (art. 41, *in fine* CE), que responde a funciones e intereses múltiples y colectivos, entre los que cabe destacar la complementariedad del sistema público de pensiones, pero en gran medida están destinados a fortalecer las necesidades de previsión a medio y largo plazo de los potenciales partícipes y beneficiarios adscritos al plan, sea a título individual o colectivo. Como estableció la STC 206/1997, de 27 de noviembre, FJ 4º[6], los planes de pensiones consisten <<en un acuerdo contractual de estructura compleja, con la finalidad de garantizar, como causa misma del consentimiento de voluntades, la percepción por los beneficiarios de una serie de prestaciones económicas cuando se produzcan los acontecimientos previstos para su percepción>>. Posteriormente, el citado Tribunal tuvo ocasión de pronunciarse en las SSTC núms. 88[7] y 90/2009 para reconocer su condición de inversor institucional que circula en los mercados financieros como mecanismo de financiación empresarial y de la Administraciones Públicas, que contribuyen a la modernización, desarrollo y estabilidad de los mercados financieros y de las finanzas públicas, lo que justifica su carácter ilíquido e inembargable hasta el momento en que se cause el derecho a la prestación.

Los PP están regidos por los principios de capitalización, no discriminación, irrevocabilidad y atribución de derechos.

Los PP son distribuidos por los comercializadores, cuyas obligaciones van referidas al asesoramiento e información previa a la contratación, como en la gestión y tramitación de las aportaciones, movilizaciones y prestaciones[8].

[5] *Vid.* Benito Osma, F., Los partícipes y beneficiarios en la nueva regulación de los planes y fondos de pensiones, *op. cit.*, pp. 46-68.

[6] Incluso reconoce el carácter de seguro atípico de previsión colectiva de nuevo cuño, que permite distintas modalidades en la constitución de los planes, en atención a una pluralidad de objetivos sociales: carácter poliédrico de la institución.

[7] Benito Osma, F., "Incidencias y disfunciones sobre la inembargabilidad de los derechos consolidados en los Planes de Pensiones y de Previsión Asegurados a propósito de la STC núm. 88/2009, Sala segunda, de 20 de abril de 2009 (BOE núm. 111, suplemento de 9 de mayo de 2009), *Revista de Circulación, Responsabilidad y Seguro*, nº 8, 2009, pp. 18-28.

[8] Sobre la comercialización de planes de pensiones, *vid.* Benito Osma, F., "La comercialización de planes de pensiones individuales y de previsión asegurados", en Quntans Edo, R (Dir.),

Los PP deben integrarse necesariamente en un fondo de pensiones (FP), para que lleve a cabo sus fines.

Los PP se clasifican por razón de los sujetos constituyentes en planes de pensiones de empleo, asociado e individual. También, por razón de las obligaciones estipuladas en planes de aportación definida, planes de prestación definida y planes mixtos. Los planes individuales sólo pueden ser de aportación definida mientras que los de empleo y asociados pueden ser de cualquiera de las tres modalidades.

Los PP se instrumentan mediante sistemas financieros y actuariales de capitalización. Sus prestaciones se ajustan al cálculo derivado de tales sistemas que permitan establecer una equivalencia entre las aportaciones y las futuras prestaciones. La cobertura de un riesgo por el PP exige la constitución de provisiones matemáticas o fondo de capitalización, por razón de las prestaciones ofertadas y, por otro lado, la cuantificación de su coste y de las provisiones correspondientes, de acuerdo con las tablas de supervivencia, mortalidad o invalidez y, en su caso, los tipos de intereses que se especifiquen en el plan.

Los PP pueden contemplar la contratación de seguros y otras garantías para la cobertura de determinados riesgos o el aseguramiento o garantía de las prestaciones. Los PP de prestación definida que ofrezca la contingencia de dependencia deben instrumentarse a través de contratos de seguro previstos por el plan con entidades aseguradoras, el cual en ningún caso asumirá los riesgos inherentes a dichas prestaciones. Dichos contratos deben ser colectivos y en el caso de PPEm corresponderse con los colectivos fijados en las especificaciones.

Los planes de prestación definida o aquellos que garanticen un interés en la capitalización de las aportaciones o se garantice la cuantía de las prestaciones causadas deben constituir reservas patrimoniales y margen de solvencia, salvo que el plan esté totalmente asegurado.

II. LOS FONDOS DE PENSIONES

Los FP constituyen el elemento patrimonial-financiero y finalista de los PP. Responden al cumplimiento del objeto de los PP que es garantizar

Estudios sobre mediación de seguros, Aranzadi, 2013, pp. 399-437; Tapia Hermida, A.J., "La distribución de los planes de pensiones", Bataller, J, Quintáns, R y Veiga, A., *La reforma del Derecho del Seguro*, Aranzadi, 2015, pp. 515-543.

las prestaciones derivadas de la ejecución y desenvolvimiento del plan de pensiones adscrito.

Por ello, el PP y el FP constituyen una unidad institucional patrimonial, organizativa y financiera, en la cual perviven necesariamente dos compartimentos patrimoniales básicos y esenciales indisolublemente unidos[9] con caracteres distintos. No puede ser entendida la institución de forma separada e independiente. Todo ello, en cumplimiento de un principio legal básico de integración necesaria y obligatoria.

Los FP son patrimonios[10] sin personalidad jurídica[11] constituidos, previa autorización administrativa, en escritura pública que es otorgada por las entidades promotora, gestora y depositaria. Son inscritos tanto en el RM[12] como en el RAFP en el que se harán constar el plan o planes de pensiones integrados en el FP, así como las sucesivas incidencias que les afecten. Un

[9] Artículo 10 TRLPFP. Integración en el fondo de pensiones.

1. Para la instrumentación de un plan de pensiones, las contribuciones económicas a que los promotores y los partícipes del plan estuvieran obligados se integrarán inmediata y necesariamente en una cuenta de posición del plan en el fondo de pensiones, con cargo a la cual se atenderá el cumplimiento de las prestaciones derivadas de la ejecución del plan. Dicha cuenta recogerá, asimismo, los rendimientos derivados de las inversiones del fondo de pensiones que, en los términos de esta Ley, se asignen al plan.

2. Reglamentariamente se fijarán las condiciones a que se sujetarán las relaciones entre el plan y el fondo de pensiones, y en particular las referentes al traspaso de la cuenta de posición del plan desde un fondo de pensiones a otro, así como a la liquidación del plan. Reglamentariamente se podrán establecer las condiciones y requisitos en los que la comisión de control de un plan de pensiones adscrito a un fondo puede canalizar recursos de su cuenta de posición a otros fondos de pensiones o adscribirse a varios, gestionados, en su caso, por diferentes entidades gestoras.

[10] Sobre la naturaleza de fondo de pensiones, patrimonio, sociedad, comunidad de bienes, fiducia y *trust*, *vid.* Benito Osma, F., *Los partícipes y beneficiarios en la nueva regulación de los planes y fondos de pensiones*, *op. cit.*, pp. 123-192. También, Madrid Parra, A., "Una propiedad especial: la del patrimonio de los fondos de inversión", Gómez Segade, J. A y García Vidal, A., *El Derecho Mercantil en el umbral del siglo XXI. Libro homenaje al prof. Dr. Carlos Fernández-Novoa con motivo de su octogésimo cumpleaños*, Marcial Pons, 2010, pp. 695-710, quien configura el patrimonio del fondo como una propiedad especial con una estructura fiduciaria o una propiedad fiduciaria que se fundamenta en la Ley.

[11] *Vid.* Benito Osma, F., Los partícipes y beneficiarios en la nueva regulación de los planes y fondos de pensiones, *op. cit.*, pp. 99 y ss.

[12] Artículo 11 bis. Inscripción de los fondos de pensiones en el Registro Mercantil y coordinación con el Registro Administrativo de Fondos de Pensiones.

PP puede pertenecer a un único FP, mientras que un FP puede integrar uno o varios PP.

La Ley prevé la constitución de fondos de pensiones abiertos[13], previa autorización administrativa con dicha denominación – fondos de pensiones abiertos, en escritura pública junto con las normas de funcionamiento en las que se especificará su ámbito de actuación, expresando el objeto como fondo abierto, su categoría de empleo o personal.

El FP no podrá integrar PP si no se ha inscrito previamente en el RAFP. Tanto la autorización administrativa como la inscripción en el Registro administrativo habilitan la formalización de la constitución de la organización institucional y patrimonial, en cumplimiento del principio básico de los PP que es la integración obligatoria a un FP, mediante su aceptación, así como del patrimonio afecto a la satisfacción del derecho a las prestaciones de las personas afectas al propio PP que desarrolla.

Responden a entidades nuevas y separadas de la entidad promotora, con una cierta personificación, que desarrollan una actividad económica con fines sociales mediante un modelo organizativo diverso y similar a los fondos de inversión.

Los FP son al mismo tiempo instrumentos de financiación y de canalización del ahorro privado de los inversores particulares que se destinan a los inversores institucionales –los fondos–, para dar cumplimiento el compromiso suscrito en los contratos de planes de pensiones adheridos.

Son administrados necesariamente por una entidad gestora (EGFP) con el concurso de una entidad depositaria (EDFP) sin perjuicio, en su caso, de las funciones de la comisión de control del plan y del fondo de pensiones[14]. Ambas entidades autorizadas actuarán en interés del FP dentro de sus competencias de administración, representación y custodia, siendo responsables frente a los sujetos constituyentes y personales del plan por el incumplimiento de sus respectivos deberes y obligaciones.

El patrimonio de los FP no responde de las deudas de las entidades promotora, gestora y depositaria.

Los FP tienen un patrimonio independiente y autónomo tanto de la promotora, gestora y depositaria, al igual que el de los partícipes cuya res-

[13] Art. 11. Ter TRLPFP. Fondos de Pensiones abiertos. Dicho precepto se remite a los artículos 11 y 11 bis con las particularidades específicas contenidas en este precepto.

[14] Benito Osma, F., "El estatuto del administrador del fondo de pensiones en tiempos de crisis", *Revista de Derecho Mercantil*, núm. 278, 2008, pp. 1492 y ss.

ponsabilidad queda limitada exclusivamente a sus compromisos de aportación al plan adscrito. La responsabilidad es limitada, lo que supone un claro signo de su estructura asociativa finalista.

La titularidad de los recursos patrimoniales del FP corresponde a los partícipes y beneficiarios. Dichos recursos patrimoniales se integran en una cuenta de posición del plan en el fondo de pensiones, con cargo a la cual se abonarán las prestaciones.

Esa titularidad no es identificable con un derecho de propiedad[15] en el sentido de que las facultades dominicales corresponden al órgano de administración y representación[16]. Los partícipes tan sólo tienen la facultad de cambiar y trasladar sus derechos económicos de un instrumento a otro, pudiéndose convertir en ciertos momentos de una facultad de transferencia a una facultad resolutoria, sin penalización alguna, en tanto que la movilización de sus derechos consolidados sea total y no parcial.

Los activos del FP corresponden colectiva y proporcionalmente a todos los planes adscritos y a todos los partícipes y beneficiarios de estos.

La cuenta de posición representa la participación de un plan en el patrimonio del fondo de pensiones, de tal manera que la suma del saldo de cada cuenta de posición representa el patrimonio total del fondo.

III. DISPOSICIÓN ANTICIPADA Y LIQUIDEZ DE LOS PLANES DE PENSIONES

Los planes de pensiones son productos finalistas destinados a satisfacer prestaciones cuando se produzcan las contingencias y, en su caso los supuestos excepcionales de liquidez.

Los partícipes de un plan de pensiones no tienen la libre disposición de sus derechos económicos denominados consolidados, pero sí la libre facultad de movilización de los mismos entre planes y otros productos similares. Esta movilización puede ser parcial o total.

Con el ánimo de incentivar la contratación de planes se permitió en 2018 principalmente por un estancamiento de nuevos partícipes y de nuevas apor-

[15] Sobre la problemática respecto a la titularidad, la movilización y derechos políticos de los partícipes, *vid.* Benito Osma, F., *Los partícipes y beneficiarios en la nueva regulación de los planes y fondos de pensiones, op. cit.*, pp. 131-138, 272-274, 280. También, Tirado Suárez, F. J., "Derechos y deberes de los partícipes y beneficiarios (contingencias, liquidez, inembargabilidad, movilización...), *Revista Española de Seguros*, núm. 150-151, 2012, pp. 163-187.

[16] Sobre la relación entre gestora, fondo de pensiones y partícipes puede verse en Benito Osma, F., "El estatuto del administrador del fondo de pensiones en tiempos de crisis", *op.cit.*

taciones la disposición anticipada de los derechos consolidados respecto de las aportaciones con 10 años de antigüedad. Ahora bien, para el caso de planes de pensiones de empleo queda supeditado el derecho a que el compromiso por pensiones lo permita y las especificaciones del plan en su caso lo permita con las condiciones o límites establecidos en aquellas. La disposición anticipada (10 años) resulta incondicional y sin límites cuantitativos en planes individuales, es decir, basta con la solicitud y su acreditación a la gestora para se proceda al rescate total o parcial, según los casos, de los derechos consolidados de los planes de pensiones.

Con independencia de la disposición anticipada, se permite la liquidez de los derechos de los partícipes en el plan de pensiones en determinados supuestos excepcionales: enfermedad grave y de desempleo de larga duración.

Los planes de pensiones y otros productos análogos finalistas son ilíquidos por naturaleza. Dicho carácter debe ser informado y advertido antes de su contratación, así como su carácter inembargable hasta el momento del derecho a la prestación o la efectividad de la disposición anticipada o la liquidez. Las notas de la iliquidez y de la inembargabilidad responden a la propia esencia y la causa de la institución que es proveer futuras pensiones por supervivencia o fallecimiento a las personas partícipes y beneficiarias que integran los planes de pensiones.

IV. RECOMENDACIONES DE EIOPA SOBRE FONDOS DE PENSIONES (COVID19)

La Directiva IORP[17] (II) 2016 /2341, de 14 de diciembre, tiene por objeto establecer:

1) un sistema de *supervisión prudencial de riesgos*- funciones clave- y,
2) un sistema *elevado de protección de los derechos de los partícipes y de los beneficiarios, en lo que respecta a la transparencia informativa* durante todas las fases de un plan y fondo de pensiones, en especial sobre los derechos de pensión devengados, el nivel de las prestaciones de jubilación, los riesgos y garantías, y los costes[18].

[17] Directiva (UE) 2016/2341, de 14 de diciembre de 2016, relativa a las actividades y la supervisión de los fondos de pensiones. Esta Directiva – IORP II- ha sido traspuesta parcialmente por el RDL3/2020 (título II del Libro II) que modifica diversos preceptos del TRLPFP. Benito Osma, Félix., *Los partícipes y beneficiarios en la nueva regulación de los planes y fondos de pensiones*, La Ley 2008; *30 años de planes de pensiones*, Aranzadi, 2017.

[18] Artículo 10 bis. Información que debe facilitarse a los partícipes potenciales, a los partícipes y a los beneficiarios (TRLPFP).

La causa de la Directiva IORP II constituye en garantizar la seguridad jurídica en la mejora sistemática de la normativa y de las referencias europeas en los sistemas de supervisión prudencial de los riesgos y de las autoridades competentes, la protección de los partícipes y beneficiarios y la garantía de estabilidad y la solvencia de los fondos de pensiones de empleo[19].

En base a ello, EIOPA (AESPJ) ha presentado una comunicación en base a principios generales, con fecha 17 abril, dirigida a las autoridades nacionales de supervisión, para mitigar el impacto del Covid-19 en los Fondos de Pensiones de Empleo, como instituciones de previsión de jubilaciones en la legislación laboral y de estabilización en los mercados bursátiles especialmente en estos momentos tan volátiles.

Las autoridades nacionales competentes (ANC) deben adherirse a los siguientes principios generales utilizando un enfoque proporcional y basado en el riesgo. Son los siguientes:

1. Los partícipes potenciales, los partícipes y los beneficiarios de los planes de pensiones deberán disponer de información adecuada y transparente sobre los planes y fondos de pensiones que les permita fundamentar sus decisiones sobre su jubilación y conocer el contenido y evolución de sus derechos en el plan.
2. La información que se ha de facilitar a partícipes potenciales, partícipes y beneficiarios, debe cumplir con los siguientes principios:
a) Actualización periódica.
b) Claridad en la redacción, utilizando un lenguaje sucinto y comprensible, evitando jergas y el uso de términos técnicos cuando puedan emplearse en su lugar palabras de uso cotidiano.
c) No deberá ser engañosa y deberá garantizarse la coherencia en el vocabulario y contenido.
d) Tendrá una presentación que permita su fácil lectura.
e) Estará disponible, al menos, en castellano.
f) Se facilitará de forma gratuita.
3. Reglamentariamente se regularán los términos, el contenido y los medios de suministro de la información, tanto con ocasión de la incorporación al plan como con carácter periódico y en caso de movilización de derechos a otro plan y de movilización del plan a otro fondo de pensiones, así como el acceso a las especificaciones del plan, a las normas de funcionamiento, política de inversión y cuentas anuales del fondo de pensiones y cualquier información complementaria que deba facilitarse con carácter general o a solicitud del partícipe o beneficiario. En todo caso se proporcionará a los partícipes potenciales, a los partícipes y a los beneficiarios de los planes de pensiones la información relativa al tratamiento de sus datos prevista en la normativa sobre protección de datos personales.

[19] Benito Osma, F., "Autoridades y competencias supervisoras en el marco europeo de supervisión y en la futura ley de supervisión de los seguros privados", Tirant lo Blanch, Valencia, 2012; Benito Osma, F., "Supervisión garantías en los planes y fondos de pensiones", *Revista Española de Seguros*, nº 150, 2012.

1ª Business continuity and operational risks. Deben garantizar que los fondos de pensiones priorizan la continuidad de la aplicación de las funciones clave incluidas aquellas externalizadas, como la inversión oportuna de las contribuciones, la gestión y custodia de los activos y los pagos oportunos de los derechos de jubilación en aras de la continuidad del negocio y en interés de los partícipes y beneficiarios.

Los fondos de pensiones deben permitir una flexibilidad en la recaudación de las aportaciones y contribuciones de los empresarios que se encuentran en presiones de liquidez y en previsión de los ajustes y medidas salariales en que se encuentran.

Deben recomendar una gestión adecuada y eficaz a la exposición al riesgo de fraude y otras conductas delictivas, la ciberseguridad y la protección de los datos debido en general a la suspensión e interrupción de la actividad presencial y en particular de los empleados que trabajan a distancia.

Respecto a la actividad de las funciones claves, deben ser flexibles con los plazos respecto a la publicación de documentos y datos menos urgentes dada la situación actual, así como con respecto a los requisitos nacionales de presentación de informes. Los plazos de suministro de información se amplían dos semanas para la relativa al primer trimestre de 2020 y en ocho semanas para la información relativa a la presentación de informes anuales correspondientes al año 2019.

2ª Liquidity position. Deben supervisar la liquidez de los fondos de pensiones de empleo de manera cuidadosa y proporcional.

Los fondos de pensiones de empleo pueden encontrarse en presiones de liquidez significativas debido a:

- Retraso o impago de las contribuciones de empresarios y trabajadores;
- La necesidad potencial de cubrir el margen de efectivo en posiciones de cobertura de derivados;
- Cualquier moratoria en los pagos de préstamos e hipotecas;
- Cualquier reducción o supresión en los pagos de dividendos en las participaciones de capital de los fondos de pensiones de pensiones de empleo (entidades de grupos financieros).EIOPA[20] publicó dos recomendaciones institucionales que instan a las entidades aseguradoras y

[20] https://www.eiopa.europa.eu/content/eiopa-statement-dividends-distribution-and-variable-remuneration-policies-context-covid-19_e; https://www.eiopa.euro pa.eu/cont ent/eiopa-statement-actions-mitigate-impact-coronaviruscovid-19-eu-insurance-sector_en

a sus grupos consolidados a adoptar medidas al objeto de preservar su posición de capital en protección del asegurado, adoptándose la prudencia y la suspensión temporal en cuanto a las políticas de dividendo e incluso de retribución variable. En el caso de que repartan dividendos han de explicar a las autoridades de supervisión las razones subyacentes.

- Las dificultades en la venta de activos por las actuales circunstancias del mercado.

3ª Funding situation and pro-cyclicality. Deben supervisar acerca del impacto en la posición financiera de los fondos de pensiones de empleo en el marco de la evolución del mercado financiero y de cumplimiento de los planes de financiación y de beneficios.

Deben tratar de encontrar un equilibrio apropiado entre la salvaguarda de los intereses a largo plazo de los partícipes y beneficiarios con el objetivo de evitar impactos procíclicos a corto plazo en la economía real, en particular las contribuciones de los empresarios y el sistema financiero en general.

4ª Protection of members and beneficiaries. Deben fomentar la flexibilidad con arreglo a la legislación nacional, para salvaguardar los derechos de jubilación de los partícipes, especialmente en los planes de aportación definida, permitiendo a los partícipes la aplicación diferida de pagos a tanto alzado o de la anualidad obligatoria.

5ª Communication. Deben hacer que los fondos de pensiones de empleo comuniquen a los empresarios, partícipes y beneficiarios de manera comprensible sobre el impacto del COVID-19 en la continuidad del negocio y, a medida que el impacto financiero y económico comience a ser más claro, sobre el impacto en los derechos e ingresos (futuros) de jubilación de los partícipes y beneficiarios. En particular, de las aportaciones y contribuciones.

Las comunicaciones de los fondos de pensiones de empleo deben apuntar a desalentar las posibles decisiones a corto plazo de los partícipes del plan que pueden poner en peligro los resultados de las pensiones a largo plazo.

V. MEDIDAS EXCEPCIONALES POR LA PANDEMIA (COVID) *RDL 11/2020, de 1 de abril (DA20ª)15/2020, de 21 de abril y 28 de abril (art. 23)*. Disposición excepcional, temporal, limitada y restrictiva de planes de pensiones y otros productos análogos en caso de desempleo, cese o reducción de actividad ocasionada por COVID-19.

Estas disposiciones legales urgentes no modifican el régimen normativo de los planes de pensiones (TRLPFP y RPFP), a diferencia de lo que sí ocurrió tras la crisis financiera de 2008, con la Ley 1/2013, de 14 de mayo, de medidas para reforzar la protección a los deudores hipotecarios, reestructuración de deuda y alquiler social, que añadió la D.A 7ª- *disponibilidad de los planes de pensiones en caso de procedimiento de ejecución sobre la vivienda habitual*-.

Esta DA 7ª fue objeto de modificación por la Ley 25/2015 de 28 de julio, de mecanismo de última oportunidad, reducción de la carga financiera y otras medidas de orden social para ampliar el plazo de hasta 4 años desde la entrada en vigor de la Ley 1/2013. Ello significa que no se halla vigente en la actualidad.

Las medidas contempladas se estructuran en cinco apartados, de forma siguiente:

Apartado 1. Ámbito subjetivo, temporal y supuestos excepcionales de disposición

a) *Ámbito subjetivo*. Los partícipes de los planes de pensiones- con carácter *excepcional*-
b) *Ámbito temporal*. Plazo de seis meses desde la entrada en vigor del Real Decreto 463/2020, de 14 de marzo, por el que se declara el estado de alarma para la gestión de la situación de crisis sanitaria ocasionada por el COVID-19.
c) *Supuestos excepcionales*:
   1) Encontrarse en situación legal de desempleo como consecuencia de un expediente de regulación temporal de empleo derivado de la situación de crisis sanitaria ocasionada por el COVID-19.
   2) Ser empresario titular de establecimientos cuya apertura al público se haya visto suspendida como consecuencia de lo establecido en el artículo 10 del Real Decreto 463/2020, de 14 de marzo.
   3) En el caso de los trabajadores por cuenta propia que hubieran estado previamente integrados como tales en un régimen de la Seguridad Social o en mutualismo alternativo que hayan cesado

en su actividad o reducido, al menos un 75% en su facturación, como consecuencia de la situación de crisis sanitaria ocasionada por el COVID-19.

Comentario:

Este apartado no distingue entre planes de pensiones, por lo que cabe entender que lo serán todos los partícipes de planes de pensiones- *individuales, asociados y de empleo*-. La facultad de disposición excepcional reconocida a los partícipes y asegurados se extiende únicamente para 6 meses desde la declaración del estado de alarma. Por tanto, está sometida a un plazo temporal en meses, con día de inicio y de término computado de fecha a fecha.

Este apartado respecto a los supuestos excepcionales tiene un carácter *restrictivo*, en virtud de la situación subjetiva y objetiva del propio partícipe:

- trabajadores por cuenta ajena que se encuentren en situación de desempleo por un ERTE (expediente de regulación temporal de empleo) y aquellos otros trabajadores por cuenta propia- régimen especial de autónomos o alternativo- que hayan cesado en su actividad como haya reducido al menos un 75% de su facturación, como consecuencia de la situación de crisis sanitaria ocasionada por el COVID-19.
- empresario titular de establecimientos cuya apertura al público se haya visto suspendida por aplicación del RD 463/2020, de 14 de marzo.

Ese carácter restrictivo no es coherente con la facultad reconocida a los partícipes de planes de pensiones con carácter general. En este caso, imposibilita ilógicamente dicha facultad o derecho a los partícipes que no estando en situación legal de desempleo, pudieran estar en otra situación, activa, pero con reducciones- jornada, horarios, actividad, etc-. Cuando la causa que motiva el derecho no es el carácter subjetivo de la condición de partícipe sino aquello que lo provoca que no es otro que la situación de crisis sanitaria ocasionada por el COVID-19.

Este planteamiento resulta extensible para los profesionales liberales y empresarios hayan o no visto suspendidas sus actividades. Reitero, el supuesto excepcional es la situación económica y financiera derivada del COVID-19, sin distinciones en uno y otro caso, con un sentido finalista coincidente seguramente con el objeto del RDL 11/2020.

Téngase en cuenta que la Disposición Adicional 7ª del TRLPFP no realizaba distinciones entre los partícipes de planes de pensiones cuando incorporó también temporalmente el supuesto excepcional de procedimiento de ejecución sobre la vivienda habitual, pero sí la concurrencia de alguno de los requisitos fijados.

Apartado 2. Disposición limitada y acreditada a unos importes máximos de los derechos consolidados de los planes de pensiones

El importe de los derechos consolidados disponible no podrá ser superior a:

a) Los salarios dejados de percibir mientras se mantenga la vigencia del expediente de regulación temporal de empleo para el supuesto previsto en el apartado 1.c) 1).

b) Los ingresos netos estimados que se hayan dejado de percibir mientras se mantenga la suspensión de apertura al público para el supuesto recogido en el apartado 1.c) 2).

c) Los ingresos netos estimados que se hayan dejado de percibir mientras se mantenga la situación de crisis sanitaria ocasionada por el COVID-19 para el supuesto recogido en el apartado 1.c)3).

Los importes establecidos en los párrafos anteriores deberán ser acreditados por los partícipes de los planes de pensiones que soliciten la disposición anticipada de sus derechos consolidados.

Comentario:

Este mandato tiene una finalidad complementaria, cuando los planes de pensiones son privados, voluntarios, complementarios o no (art. 1 TRLPFP). El importe de los derechos consolidados a los que tendrá derecho el partícipe debe dirigirse para complementar el sueldo o ingresos que se hayan dejado de percibir por dicha circunstancia.

Este RDL tiene un objeto que no es otro que mitigar los efectos del COVID-19- arrendamientos, préstamos, créditos; entonces la disposición excepcional es más particular y restrictiva, que de ámbito general para cualquier participe, siempre que acredite la excepcionalidad y la necesidad económica derivada de la situación de crisis sanitaria ocasionada por el COVID-19. Si lo que se pretende es establecer un límite pues no es más que fijarlo como se ha hecho con el plazo de solicitud (6 meses).

La cuantía máxima de disposición será la menor de las dos cuantías siguientes para el conjunto de planes de pensiones de los que sea titular el partícipe.

La primera opción sería la siguiente:

Partícipe sujeto a ERTE: los salarios netos dejados de percibir mientras se mantenga la vigencia del ERTE, con un periodo de cómputo máximo igual a la vigencia del estado de alarma más un mes adicional, justificados con la última nómina previa a esta situación;

Partícipe empresario titular de establecimiento al público cuya actividad ha sido suspendida: los ingresos netos estimados que se hayan dejado de percibir debido a la suspensión de apertura al público, con un periodo de cómputo máximo igual a la vigencia del estado de alarma más un mes adicional, justificados mediante la presentación de la declaración anual del Impuesto sobre la Renta de las Personas Físicas correspondiente al ejercicio anterior y, en su caso, el pago fraccionado del Impuesto sobre la Renta de las Personas Físicas y las autoliquidaciones del Impuesto sobre el Valor Añadido correspondientes al último trimestre;

Deberá aportar además una *declaración responsable* en la que se cuantifique el importe mensual de reducción de ingresos.

Partícipe trabajador por cuenta propia que hubiera estado previamente integrado en un régimen de la Seguridad Social como tal, o en un régimen de mutualismo alternativo al Régimen de SS y haya cesado en su actividad durante el estado de alarma: los ingresos netos estimados que se hayan dejado de percibir como consecuencia de la situación de cese de actividad durante un periodo de cómputo máximo igual a la vigencia del estado de alarma más un mes adicional, mediante la declaración anual del Impuesto sobre la Renta de las Personas Físicas correspondiente al ejercicio anterior y, en su caso, el pago fraccionado del Impuesto sobre la Renta de las Personas Físicas y las autoliquidaciones del Impuesto sobre el Valor Añadido correspondientes al último trimestre.

Deberá aportar además una declaración responsable en la que se cuantifique el importe mensual de reducción de ingresos.

La segunda opción sería la siguiente:

El resultado de prorratear el Indicador Público de Renta de Efectos Múltiples (IPREM) anual para 12 pagas vigente para el ejercicio 2020 multiplicado por tres en la proporción que corresponda al período de duración del ERTE, al periodo de suspensión de la apertura al público del establecimiento o al periodo de cese de la actividad, según, respectivamente, corresponda a cada uno de los supuestos.

En todo caso, en los tres supuestos el periodo de tiempo máximo a computar es la vigencia del estado de alarma más un mes adicional.

El partícipe tendrá la carga y responsabilidad sobre la *veracidad* de la documentación acreditativa del supuesto de hecho y de la exactitud en la cuantía a percibir.

Apartado 3. Condiciones de reembolso de los derechos consolidados

Reglamentariamente podrán regularse las condiciones y términos en que podrán hacerse efectivos los derechos consolidados en los supuestos indicados en el apartado 1.

En todo caso, el reembolso de derechos consolidados se hará efectivo a solicitud del partícipe, sujetándose al régimen fiscal establecido para las prestaciones de los planes de pensiones. El reembolso deberá efectuarse dentro del plazo máximo de siete días hábiles desde que el partícipe presente la documentación acreditativa correspondiente.

Comentario:

Este apartado siembra más dudas en tanto que pueda condicionarse aún más por vía reglamentaria, quizás tenga oportunidad de aclarar principalmente el caso de planes de empleo en la modalidad de prestación definida y mixtos. De esto modo sólo se podrá cuando lo permita el compromiso por pensiones y lo prevean las especificaciones del plan aprobadas por la comisión de control del plan en las condiciones que se establezcan.

El reembolso de los derechos queda sujeto a la solicitud, la documentación acreditativa y al régimen fiscal establecido para las prestaciones de planes de pensiones. Nada se dice respecto al modo de percepción (pago único o sucesivos) ni al momento de toma del cálculo de los derechos consolidados desde la solicitud, desde la documentación acreditativa, etc, pero sí respecto al plazo de término del reembolso- 7 días hábiles- desde la presentación de la documentación acreditativa para cualquier plan menos los de empleo que será de 30 días.

Apartado 4. Extensión del derecho a otros productos de previsión análogos

Lo dispuesto en esta disposición será igualmente aplicable a los asegurados de los planes de previsión asegurados, planes de previsión social empresarial y mutualidades de previsión social a que se refiere el artículo 51 de la Ley 35/2006, de 28 de noviembre, del Impuesto sobre la Renta de las Personas Físicas.

Comentario:
Quedan pues excluidos los seguros colectivos que instrumenten compromisos por pensiones, a los que se refería la DA7ª del TRLPFP: "*a los seguros colectivos que instrumentan compromisos por pensiones en los que se haya transmitido a los asegurados la titularidad de los derechos derivados de las primas pagadas por la empresa, así como respecto a los derechos correspondientes a primas pagadas por aquellos*". Téngase en cuenta, a estos efectos, el art. 29 del Reglamento de Instrumentación de compromisos por pensiones y la DA 8ª del RPFP.

Apartado 5. Facultad de ampliación del plazo de disposición
El Gobierno, a propuesta de la Ministra de Asuntos Económicos y Transformación Digital, podrá ampliar el plazo previsto en el apartado 1 para solicitar el cobro de los planes de pensiones, teniendo en cuenta las necesidades de renta disponible ante la situación derivada de las circunstancias de la actividad económica provocadas como consecuencia de la situación de crisis sanitaria ocasionada por el COVID-19.

Comentario:
Esta facultad concedida al Gobierno se refiere exclusiva a la ampliación del plazo de 6 meses, pero no lo contempla en cuanto a los demás límites y restricciones, subjetivas y objetivas analizadas.

VI. REFLEXIONES FINALES

Resulta necesaria e imprescindible una interpretación objetiva, lógica, flexible, temporal y razonada de adaptación de los supuestos excepcionales de liquidez- desempleo de larga duración y enfermedad grave- al momento en que han de devengarse y de aplicarse, incluso una revisión u actualización de su propio régimen jurídico (art.8 y DA 7ª TLPFP; arts. 9, 10 y DA 8ª RPFP), dada la situación de alarma excepcional (COVID-19),- sanitaria, económica, financiera y social- por cuestiones finalistas y de necesidades sociales y económicas de los partícipes y de sus familiares. Con ello, también debe reflexionarse sobre la ampliación o revisión de la disposición anticipada por antigüedad de las aportaciones (10 años) que no responde ni respondía, por cierto, a ninguno de los criterios finalistas que se establecieron *ab initio* de su configuración legal.

La disposición anticipada (10 años) resulta incondicional y sin límites cuantitativos en planes individuales, es decir, basta con la solicitud y su acreditación a la gestora para se proceda al rescate total o parcial, según los casos, de los derechos consolidados de los planes de pensiones.

La Ley y el Reglamento de Planes y Fondos de Pensiones (art. 9.2) prevén otros supuestos excepcionales de liquidez referidos a la enfermedad grave y al desempleo de larga duración. Estas dos previsiones distan a priori un poco o bastante de la realidad a la que constituye en estos momentos el covid 19 para los trabajadores, los ahorradores e incluso emprendedores como partícipes y aportantes activos de dichos productos finalistas.

La paralización, interrupción o cese temporal de la actividad empresarial o profesional motivada por esta causa de fuerza mayor (covid 19), ya sea por cuenta propia o ajena, podrá generar en mayor o menor medida un impacto negativo en su activo patrimonial circulante por la caída de las ventas a consecuencia de la suspensión, cese o limitación de la actividad desarrollada.

Las empresas en su derecho propio podrán acogerse a los expedientes excepcionales y temporales a las que hace referencia el RDL 8/2020: la suspensión de los contratos de trabajo o reducción de la jornada de trabajo con las medidas extraordinarias respecto a la prestación por desempleo en aplicación de estos expedientes.

Esta situación que es excepcional y también social invita a la reflexión de nuevo sobre la suspensión, moratoria de las aportaciones en planes de pensiones que instrumentan compromisos por pensiones de las empresas con los trabajadores. Y, por otro lado, la disposición anticipada y la liquidez de los planes de pensiones por cuestiones finalistas sociales, más que por antigüedad de las aportaciones que no responde, por cierto, a ningún criterio finalista, aunque en gran medida aquéllas sí influenciadas o impulsadas por situaciones económicas y patrimoniales adversas o desfavorables (suspensión de trabajo, pérdida de salud por infección, impago de rentas, etc).

Por otro lado, advertirse, que a finales de mayo existían 14.000 solicitudes a las entidades gestoras que suman un capital dispuesto anticipadamente por covid-19 de 25 millones de euros.

La disposición anticipada excepcional por covid 19 supondrá consecuencias en los derechos consolidados en tales supuestos en relación con la depreciación o disminución de sus derechos, así como del tratamiento fiscal desfavorable como rendimiento del trabajo. Y, por último, su carácter embargable desde el momento en que sean disponibles y efectivos tales derechos.

Con ello, debemos estar preparados, si la situación continua o no mejora, a la posible ampliación del plazo de solicitud (6 meses) y del establecido en la DA7ª TRLPFP (ejecución hipotecaria de vivienda habitual) teniendo en cuenta las necesidades de renta disponible ante la grave situación de endeudamiento personal derivada de las circunstancias de la economía- con un carácter preventivo del supuesto "*procedimiento de ejecución sobre la vivienda habitual*" o de un nuevo supuesto incluso la propia actualización a tiempos de pandemia de los supuestos hoy contemplados- enfermedad grave y desempleo de larga duración- cuando se terminen los efectos temporales de la moratoria hipotecaria o desde el establecimiento de las medidas sociales y laborales excepcionales en cualquier caso- cese de actividad, reducción de facturación, suspensión y extinción.

Queda, por último, manifestar que el escenario económico y financiero actual no propicia solicitudes masivas por los motivos ya expresados sino más que nada por las grandes pérdidas o disminuciones patrimoniales considerables de los derechos consolidados como el tratamiento fiscal desfavorable que discrimina el ahorro y su aporte en estos productos.

Incumprimento do contrato de crédito à habitação, cessão de créditos e direitos do consumidor

Sandra Passinhas[1]

1. Crédito à habitação – uma introdução

O regime do crédito à habitação encontra-se hoje, fundamentalmente[2], regulado no Decreto-Lei nº 74-A/2017, de 23 de junho[3]. Este Decreto-Lei, que resultou da transposição da Diretiva 2014/17/UE[4], relativa a contratos de crédito aos consumidores para imóveis destinados a habitação, determina

[1] Faculdade de Direito da Universidade de Coimbra, Univ Coimbra; Investigadora do Instituto Jurídico da Faculdade de Direito da Universidade de Coimbra.

[2] O legislador manteve em vigor alguns preceitos do Decreto-Lei nº 349/98, de 11 de novembro. Sobre a (criticável) opção legislativa, vide Rui Pinto Duarte, "O Novo Regime do Crédito Imobiliário a Consumidores (Dec.-Lei 74-A/2017): Uma Apresentação", *III Congresso de Direito Bancário*, coord. por Miguel Pestana de Vasconcelos, Almedina, Coimbra, 2018, pág. 377.

[3] Com as alterações introduzidas pelas Leis 32/2018, de 18 de julho, 13/2019, de 12 de fevereiro, e 57/2020, de 28 de agosto. Sobre o regime vide o nosso, "O novo regime do crédito aos consumidores para imóveis de habitação", *Estudos de Direito do Consumidor* 14 (2018), págs. 415-487, disponível em https://www.fd.uc.pt/cdc/pdfs/rev_14_completo.pdf; Rui Pinto Duarte, *O Novo Regime do Crédito Imobiliário a Consumidores (Dec.-Lei 74-A/2017): Uma Apresentação*, Almedina, 2017, e Miguel Pestana Vasconcelos, *Direito Bancário*, 2ª ed., Almedina, Coimbra, 2019, págs. 198 e ss.

[4] Diretiva 2014/17/UE do Parlamento Europeu e do Conselho, de 4 de fevereiro de 2014, relativa aos contratos de crédito aos consumidores para imóveis de habitação, JO L 60, 28.2.2014, págs. 34-85.

um conjunto de requisitos que os mutuantes devem cumprir no desenvolvimento da sua atividade – como por exemplo, uma política de remuneração que não incentive a assunção de risco a um nível superior ao tolerado pelo mutuante, nem seja variável em função dos pedidos de crédito aprovados ou dos contratos de crédito celebrados, bem como um nível adequado de conhecimentos e competência dos seus trabalhadores –, a gratuitidade da prestação de informações genéricas e a informação e práticas prévias à celebração do contrato de crédito.

No âmbito das negociações tendentes à aprovação do crédito e à celebração do contrato, o legislador regulou, em especial, o dever de informação, inclusivamente na publicidade, e o dever de assistência ao consumidor. Aquele dever representa a exigência de um esforço acrescido à entidade bancária, no sentido de auxiliar o consumidor a refletir sobre a adequação do crédito à sua situação financeira, isto é, à sua capacidade para cumprir pontualmente as obrigações decorrentes do encargo que vai assumir. Ao contrário do dever de informação, que lida com o *momento cognitivo* da tomada de decisão pelo consumidor, pretendendo-se que lhe seja concedida toda a informação necessária e adequada a uma tomada de decisão conveniente, com o dever de assistência pretende-se intervir no *momento volitivo* da tomada de decisão pelo consumidor. Partindo da análise da informação que lhe foi disponibilizada[5], cabe agora ao consumidor, coadjuvado pela entidade bancária, avaliar se aquele produto financeiro é o adequado para si, isto é, para as suas necessidades e situação financeira[6].

Sublinhe-se que para o cumprimento desta sua obrigação, e no momento do seu cumprimento, a entidade bancária já dispõe de informação quanto

[5] Sobre esta técnica regulatória, Stephen Weatherill, *EU Consumer Law and Policy*, 2ª ed., Elgar European Law, 2013, págs. 101 e ss.

[6] Vide o artigo 14º do Decreto-Lei nº 74-A/2017, bem como o Aviso do Banco de Portugal nº 5/2017 (Diário da República nº 184/2017, 1º Suplemento, Série II de 2017-09-22). Rejeitando a existência de uma obrigação de não contratar em favor de uma obrigação de colaboração na escolha de um crédito responsável, vide, Stefano Pagliantini, "Statutto dell informazione e prestito responsabile nell diretiva 17/2014/UE (sui contratti di credito ai consumatori relativi a beni immobili residenziali", in *I mutui ipotecari nel diritto comparato ed europeo. Commentario alla direttiva 2014/17/*UE, org. por Pietro Sirena, I Quaderni della Fondazione Italiana del Notariato, 2016, pág. 36. Ainda Vanessa Mak, "Financial services and consumer protection", Christian Twigg-Flesner (ed.), *EU Consumer and Contract Law*, págs. 314 e ss, sobre os estudos comportamentalistas da (ir)racionalidade do consumidor na escolha do crédito.

à avaliação da solvabilidade do consumidor[7], bem como quanto à avaliação do imóvel[8].

Após a celebração do contrato de crédito[9], a entidade bancária fica ainda obrigada a prestar *informação regular* aos consumidores, em especial quanto a quaisquer alterações da TAN, em papel ou noutro suporte duradouro, e antes da produção de efeitos dessas alterações.

Ainda durante a vigência do contrato, pode haver lugar à sua *renegociação*, estando vedada aos mutuantes a cobrança de qualquer comissão pela análise da renegociação das condições do crédito[10], nomeadamente do *spread* ou do prazo de duração do contrato de crédito. A entidade bancária não *pode agravar os encargos* com o crédito, nomeadamente aumentando os *spreads* estipulados, se a necessidade de renegociação do crédito destinado a financiar a aquisição, realização de obras ou manutenção de direitos de propriedade sobre habitação própria permanente provier de circunstâncias atinentes à pessoa dos mutuários, designadamente pela celebração entre o consumidor e um terceiro de um contrato de arrendamento habitacional da

[7] Cfr. artigos 16º e ss. O Aviso do Banco de Portugal nº 4/2017 (Diário da República nº 184/2017, 1º Suplemento, Série II de 2017-09-22) concretiza procedimentos e critérios a observar pelas instituições na avaliação da solvabilidade dos consumidores no âmbito da concessão de contratos de crédito. Na definição dos procedimentos e critérios, o Banco de Portugal teve em consideração as Orientações sobre a avaliação da solvabilidade em contratos de crédito hipotecário que a Autoridade Bancária Europeia emitiu em agosto de 2015, no contexto da implementação da Diretiva nº 2014/17/UE. Lorenzo Mezzasoma, "La valutazione del merito creditizio del consumatore", Eugenio Llamas Pombo *et al.*, *La tutela del consumatore nella moderna realtà bancaria* (Profili Internazionali), Edizioni Scientifiche Italiane, 2020, págs. 125 e ss.

[8] Cfr. artigos 18º e 19º.

[9] Sobre a posição paritária, quer na negociação, quer na celebração, quer no desenvolver de uma relação contratual, como decorrência do personalismo ético, ver Pedro Pais de Vasconcelos, *Teoria geral do Direito Civil*, Almedina, Coimbra, 2015, pág. 22. Debatendo o papel da autonomia das partes e das normas de proteção, Stefan Grundmann, "The Future of Contract Law", ERCL (2011), págs. 490-527. Sublinhando a inexistência de um direito do consumidor ao financiamento, Raffaele di Raimo, "Antecedenti e criteri ordinati delle tutele nelle negoziazioni bancaria e finanziaria", Eugenio Llamas Pombo *et al.*, *La tutela del consumatore nella moderna realtà bancaria* (Profili Internazionali), Edizioni Scientifiche Italiane, 2020, pág. 95.

[10] Sobre a cobrança de comissões, vide a já referida Lei nº 57/2020, de 28 de agosto, que estabelece normas de proteção do consumidor de serviços financeiros no comissionamento bancário, no crédito à habitação e no crédito aos consumidores. Na doutrina, vide M. Januário da Costa Gomes, "Sobre Comissões Bancárias. '*Les Unes et les Autres*'", *III Congresso de Direito Bancário*, coord. por Miguel Pestana de Vasconcelos, Almedina, Coimbra, 2018, pág. 209 e ss.

totalidade ou de parte do imóvel[11] ou pela ocorrência superveniente de uma dissociação familiar (divórcio, separação de pessoas e bens[12], dissolução da união de facto ou falecimento de um dos cônjuges), quando o empréstimo fique titulado por um consumidor que comprove que o respetivo agregado familiar tem rendimentos que proporcionam uma taxa de esforço inferior a 55% ou 60%, no caso de agregados familiares com dois ou mais dependentes, respetivamente.

[11] Estes contratos de arrendamento devem conter, como condição de aplicabilidade da proibição de agravamento dos encargos, a menção expressa a que o imóvel se encontra hipotecado em garantia de um crédito cuja finalidade é financiar a aquisição, a realização de obras ou a manutenção de direitos de propriedade sobre habitação própria permanente do consumidor e a obrigação de o arrendatário depositar a renda na conta bancária associada ao empréstimo. Cabe ainda referir que o contrato caduca com a venda executiva ou dação em cumprimento do imóvel hipotecado fundada em incumprimento do contrato de crédito pelo consumidor, salvo se o mutuante e o consumidor tiverem, com fundamento no arrendamento, acordado na alteração das condições do crédito.

[12] Separação de pessoas e bens e não separação judicial de pessoas e bens, como refere o diploma. A separação de pessoas e bens está regulada nos artigos 1794º e ss do Código Civil, remetendo aquela norma introdutória para as disposições relativas ao divórcio. Com a aprovação da Lei nº 61/2008, de 31 de outubro, o divórcio em Portugal passou a revestir duas modalidades: o divórcio por mútuo consentimento ou o divórcio sem consentimento do outro cônjuge (cfr. artigo 1773º do Código Civil). Ao contrário deste último, que pressupõe uma ação judicial proposta por um cônjuge contra o outro, com fundamento em determinada causa, *maxime*, a rutura do casamento, o divórcio por mútuo consentimento, que pressupõe o acordo fundamental dos cônjuges quanto ao divórcio, pode seguir a via administrativa, quando além do além do acordo fundamental relativo à dissolução do casamento exista consenso relativamente aos acordos complementares elencados no artigo 1775º, sobre o destino da casa de morada de família, alimentos a ex-cônjuge, exercício das responsabilidades parentais, havendo filhos menores (ou certidão da sentença judicial que tiver regulado o exercício das responsabilidades parentais), e confiança dos animais de companhia. Havendo acordo quanto ao divórcio, mas inexistindo consenso relativamente aos acordos complementares, então o divórcio por mútuo consentimento seguirá a via judicial. O requerimento de divórcio administrativo é feito na Conservatória do Registo Civil e a decisão proferida pelo conservador produz os mesmos efeitos das decisões judiciais sobre idêntica matéria. Sendo o divórcio requerido no tribunal, o juiz fixa as consequências do divórcio, devendo não só promover mas também tomar em conta o acordo dos cônjuges, nos termos do artigo 1778º-A, nº 6.
Em síntese, tal como o divórcio, a separação de pessoas e bens, quando resulte do acordo dos cônjuges e seja acompanhada do consenso quanto aos acordos complementares, pode ser requerida na Conservatória do Registo Civil e ter, portanto, natureza administrativa. Relativamente aos bens, a separação produz os efeitos que produziria a dissolução do casamento (cfr. artigo 1795º-A).

O consumidor tem ainda o *direito de reembolsar antecipadamente*, total ou parcialmente, o contrato de crédito, com a respetiva redução do custo total do crédito, correspondente à redução dos juros e dos encargos relativos ao período remanescente do contrato. O reembolso antecipado parcial pode ser efetuado em qualquer momento da vigência do contrato, independentemente do capital a reembolsar, desde que o seja em data coincidente com o vencimento das prestações e mediante pré-aviso de sete dias úteis ao mutuante; já o reembolso antecipado total pode ser efetuado em qualquer momento da vigência do contrato mediante o pré-aviso de dez dias úteis ao mutuante[13].

O consumidor pagará no reembolso antecipado – a não ser que tenha sido convencionada entre as partes a isenção do pagamento de comissão ou o pagamento de uma comissão de montante inferior, ou no caso de reembolso por motivos de morte, desemprego[14] ou deslocação profissional[15]– uma comissão que não pode superior a 0,5% ou a 2%, a aplicar sobre o capital que é reembolsado, consoante o reembolso ocorra num período em que seja aplicável o regime de taxa variável ou o regime de taxa fixa, respetivamente.

O consumidor tem, naturalmente, ainda o direito a mudar de entidade mutuária, *id est*, extinguir por reembolso total o contrato de crédito celebrado e de celebrar um novo contrato de crédito com uma outra instituição bancária. Nesta situação, de reembolso antecipado com vista à transferência do crédito, o mutuante do consumidor deve facultar, no prazo de dez dias úteis, ao novo mutuante todas as informações e elementos necessários

[13] Sobre os interesses em causa no reembolso antecipado, vide Giulia Donadio, "Articolo 25- Estinzione anticipata", in *I mutui ipotecari nel diritto comparato ed europeo. Commentario alla direttiva 2014/17/*UE, org. por Pietro Sirena, I Quaderni della Fondazione Italiana del Notariato, 2016, págs. 449 e ss.

[14] O Decreto-Lei considera que está em situação de desemprego quem, tendo sido trabalhador por conta de outrem ou por conta própria, se encontre inscrito como tal em centro de emprego há mais de três meses, constituindo prova da situação de desemprego a exibição de declaração do Instituto do Emprego e Formação Profissional.

[15] Nos termos do artigo 23º, nº 11, considera-se como deslocação profissional a mudança do local de trabalho do consumidor ou de outro membro do agregado familiar, à exceção dos descendentes, para um local cuja distância do imóvel seja superior a 50 km em linha reta, e que implique a mudança da habitação permanente do agregado familiar, constituindo prova da deslocação profissional a exibição do respetivo contrato de trabalho ou de declaração do empregador.

à realização desta operação, designadamente o valor do capital em dívida e o período de tempo de empréstimo já decorrido[16].

A configuração legal – de proteção – do regime do crédito à habitação, não nos autoriza, contudo, a obnubilar que aquele é um contrato duradouro, estando, pois, vulnerável, entre outras, às contingências e vicissitudes pessoais do devedor[17]. O que nos propomos tratar neste texto é, em primeiro lugar, as formas de prevenção de incumprimento sancionadas pela nossa lei ou, no caso de haver já incumprimento por parte do devedor, quais são os efeitos desse incumprimento, quer junto da entidade financiadora, quer quanto ao próprio contrato. Analisaremos depois a desvalorização do crédito e a sua categorização como um *non performed loan* (NPL) e as consequências nefastas que traz à entidade bancária. Por último, concretizaremos a resposta possível à existência de NPLs, que se traduz na cessão de créditos em massa, e indagaremos quais as consequências que a cessão tem para o consumidor, mutuário de um contrato de crédito à habitação.

2. Prevenção do incumprimento do contrato de crédito

Começaremos, pois, pela prevenção do incumprimento do contrato de crédito. O artigo 26º do Decreto-Lei nº 74-A/2017, relativo ao crédito à habitação, refere-se à possibilidade de designação da prestação correspondente ao crédito. Nos termos do artigo 783º, nº 1, do Código Civil, se o devedor, por diversas dívidas da mesma espécie ao mesmo credor, efetuar uma prestação

[16] O reembolso antecipado total com vista à transferência do crédito para mutuante diverso não prejudica a validade dos contratos de seguro, sem prejuízo da substituição do beneficiário dos contratos de seguro pelo novo mutuante, em condições que não afetem os riscos abrangidos pelos seguros celebrados para garantia da obrigação de pagamento, prevalecendo o disposto no artigo 24º, nº 2, do Decreto-Lei nº 74-A/2017, sobre qualquer cláusula contratual em sentido contrário, ou que de alguma forma agrave a posição do segurado ou do consumidor em função da transferência do crédito.

[17] Sobre a evolução no tempo de situações jurídicas duradouras, Pedro Pais de Vasconcelos, *ob. cit.*, págs. 315 e ss. Para uma análise económica, vide "The Economics of Consumer Credit Demand and Supply", Nicola Jentzsch e Amparo San José Riestra, texto introdutório a *The Economics of Consumer Credit*, Giuseppe Bertola, Richard Disney e Charles Grant (eds), MIT Press, 2006, págs. 2 e ss. Discutem as soluções a adoptar, Yehuda Adar e Moshe Gelbard, "The Role of Remedies in the Relational Theory of Contract – a Preliminary Inquiry", ERCL (2011), págs. 399-424. No direito comparado, vide Geraint Howells, "Change of Circumstances in Consumer Credit Contracts – The United Kingdom Experience and a Call for Maintenance of Specific Sector Rules", in Luca Nogler e Udo Reifner (eds.), *Life term Contracts*, Eleven, 2014, págs. 451 e ss.

que não chegue para as extinguir a todas, fica à sua escolha designar as dívidas a que o cumprimento se refere. Em particular, o mutuante tem o dever de informar o consumidor, em linguagem simples e clara, das regras de imputação aplicáveis na falta da designação, e, posteriormente, interpelar o consumidor para fazer a designação.

A acompanhar esta faculdade do consumidor, e interligado com ela, o Decreto-Lei nº 227/2012, de 25 de outubro, sujeita as instituições de crédito a um conjunto de princípios e de regras no *acompanhamento e gestão de situações de risco de incumprimento* e na *regularização extrajudicial das situações de incumprimento* das obrigações e reembolso do capital ou de pagamento de juros remuneratórios por parte dos clientes bancários[18].

Determina este diploma, no seu artigo 4º, que as instituições de crédito devem proceder com diligência e lealdade, adotando as medidas adequadas à prevenção do incumprimento de contratos de crédito e, nos casos em que se registe o incumprimento das obrigações decorrentes desses contratos, envidando os esforços necessários para a regularização das situações de incumprimento em causa. Os clientes bancários (consumidores[19], na aceção dada pelo nº 1 do artigo 2º da Lei de Defesa do Consumidor[20], que intervenham como mutuários em contrato de crédito)[21], por seu lado, devem gerir

[18] Este Decreto-Lei tem um âmbito mais vasto do que o crédito à habitação. Nos termos do artigo 2º, aplica-se: aos contratos de crédito para a aquisição, construção e realização de obras em habitação própria permanente, secundária ou para arrendamento, bem como para a aquisição de terrenos para construção de habitação própria; contratos de crédito garantidos por hipoteca sobre bem imóvel; aos contratos de crédito a consumidores abrangidos pelo disposto no Decreto-Lei nº 133/2009, de 2 de junho, com exceção dos contratos de locação de bens móveis de consumo duradouro que prevejam o direito ou a obrigação de compra da coisa locada, seja no próprio contrato, seja em documento autónomo; contratos de crédito ao consumo, com exceção dos contratos em que uma das partes se obriga, contra retribuição, a conceder à outra o gozo temporário de uma coisa móvel de consumo duradouro e em que se preveja o direito do locatário a adquirir a coisa locada, num prazo convencionado, eventualmente mediante o pagamento de um preço determinado ou determinável nos termos do próprio contrato; e aos contratos de crédito sob a forma de facilidades de descoberto que estabeleçam a obrigação de reembolso do crédito no prazo de um mês.

[19] Cfr. artigo 3º, alínea a). Sobre o conceito de consumidor, vide, por todos, Jorge Morais Carvalho, "O Conceito de *Consumidor* no *Direito* Português", in *Estudos* de *Direito* do *Consumidor* 14 (2018), págs. 185-232.

[20] Lei nº 24/96, de 31 de julho (com alterações).

[21] Vide, na jurisprudência, recusando a aplicação do regime às pessoas coletivas, o Acórdão do Tribunal da Relação de Évora, de 27 de abril de 2017 [Processo: 37/15.5T8ODM-A.E1],

as suas obrigações de crédito de forma responsável e, com observância do princípio da boa fé, alertar atempadamente as instituições de crédito para o eventual risco de incumprimento de obrigações decorrentes de contratos de crédito e colaborar com estas na procura de soluções extrajudiciais para o cumprimento dessas obrigações.

Às instituições de crédito está vedada a cobrança de comissões, consideradas as prestações pecuniárias exigíveis aos clientes bancários pelas instituições de crédito como retribuição dos serviços por elas prestados, ou contratados a terceiros, no âmbito da sua atividade, pela renegociação das condições do contrato de crédito no âmbito do Decreto-Lei nº 227/2012, designadamente no que respeita à análise e à formalização dessa operação, sem prejuízo da cobrança ao cliente bancário, mediante a apresentação da respetiva justificação documental, dos encargos suportados pelas instituições de crédito perante terceiros e que as instituições de crédito possam legitimamente repercutir nos clientes bancários, tais como pagamentos a conservatórias, cartórios notariais ou encargos de natureza fiscal.

A instituição de crédito mutuante tem, ainda, um dever legal de acompanhar, ativamente, a execução dos contratos de crédito, de gestão do risco do incumprimento. Nos termos do artigo 9º, e sem prejuízo da adoção de outros atos e procedimentos adequados ao acompanhamento permanente e sistemático da execução dos contratos de crédito, as instituições de crédito estão obrigadas, em primeiro lugar, a implementar sistemas informáticos que possibilitem a identificação oportuna da ocorrência de factos que indiciem a degradação da capacidade financeira do cliente bancário para cumprir, emitindo os correspondentes alertas.

Consideram-se, de forma não taxativa, indícios de degradação da capacidade financeira do cliente bancário para cumprir a existência de incumprimentos registados na Central de Responsabilidades de Crédito do Banco de Portugal[22], a devolução e inibição do uso de cheques e correspondente inserção na lista de utilizadores de cheque que oferecem risco, a existência de dívidas fiscais e à segurança social, a sua insolvência, a existência de processos judiciais e de situações litigiosas, a penhora de contas bancárias, bem como a verificação de incumprimentos noutros contratos celebrados

e os Acórdão do Tribunal da Relação de Lisboa, de 12 de outubro de 2017 [Processo: 6776-15.3T8ALM.L1-8] e de 9 de outubro de 2018 [Processo: 5070/16.7T8ALM-C.L1-7].

[22] Vide Luís Graça Moura, "Responsabilidade de um banco por comunicações erróneas à Central de Responsabilidades de Crédito", *III Congresso de Direito Bancário*, coord. por Miguel Pestana de Vasconcelos, Almedina, Coimbra, 2018, pág. 31 e ss.

com a instituição de crédito. Tendo conhecimento de factos que indiciem a degradação da capacidade financeira do cliente bancário para cumprir, cabe à instituição financeira definir os procedimentos a observar e desenvolver as diligências necessárias para avaliar esses indícios, tendo em vista aferir da existência de risco efetivo de incumprimento e da respetiva extensão. Para este efeito, a instituição de crédito procede à avaliação da capacidade financeira do cliente bancário[23], podendo solicitar as informações e os documentos estritamente necessários e adequados para esse efeito, que devem ser prestados e disponibilizados no prazo máximo de dez dias[24].

Quando verifique, em resultado da avaliação efetuada, que o cliente bancário dispõe de capacidade financeira para cumprir as obrigações decorrentes do contrato de crédito, nomeadamente através da renegociação das condições do contrato ou da sua consolidação com outros contratos de crédito, a instituição de crédito apresenta-lhe uma ou mais propostas que se revelem adequadas à sua situação financeira, objetivos e necessidades[25].

[23] O artigo 5º do aviso do BP 17/2012 (Diário da República nº 243/2012, Série II de 2012-12-17), sobre a avaliação da capacidade financeira, determina que: *"1 – Sempre que, de acordo com o disposto no regime geral de prevenção e regularização do incumprimento de contratos de crédito, seja necessário proceder à avaliação da capacidade financeira do cliente bancário, as instituições de crédito devem, entre outros elementos que entendam relevantes, ter em consideração os seguintes fatores: a) Idade, situação familiar e profissional do cliente bancário; b) Rendimentos auferidos pelo cliente bancário, nomeadamente a título de salário, remuneração pela prestação de serviços ou prestações sociais; c) Encargos do cliente bancário, nomeadamente com obrigações decorrentes de contratos de crédito, incluindo os celebrados com outras instituições de crédito; d) Incumprimento pelo cliente bancário de contratos de crédito celebrados com outras instituições de crédito".*

[24] O artigo 5º do aviso do BP 17/2012 determina que quando seja estritamente necessário e adequado à avaliação da capacidade financeira do cliente bancário, as instituições de crédito podem solicitar a comprovação das informações prestadas, designadamente através da entrega dos seguintes documentos: a) ultima certidão de liquidação do imposto sobre o rendimento de pessoas singulares disponível; b) cópia de documentos comprovativos dos rendimentos auferidos pelo cliente bancário, nomeadamente a título de salário, remuneração pela prestação de serviços ou prestações sociais; c) declaração escrita do cliente bancário, atestando a veracidade, completude e atualidade das informações prestadas. Para além das informações obtidas junto do cliente bancário, as instituições de crédito podem procurar obter outras informações necessárias e adequadas à avaliação da capacidade financeira do cliente bancário, designadamente através da consulta a bases de dados de responsabilidades de crédito com cobertura e detalhe informativo adequados para fundamentar essa avaliação, nos termos previstos na legislação em vigor, ou através da consulta de outras bases de dados, internas ou externas, consideradas úteis para o efeito.

[25] As propostas são apresentadas ao cliente bancário através de comunicação em suporte duradouro, isto é, qualquer instrumento que permita armazenar informações durante um período

Neste contexto, as instituições de crédito estão obrigadas a elaborar e a implementar um Plano de Ação para o Risco de Incumprimento (PARI), referido expressamente no artigo 11º, que descreva detalhadamente os pro-

de tempo adequado aos fins a que as informações se destinam e que possibilite a reprodução integral e inalterada das informações armazenadas. Vide o elucidativo Acórdão do Tribunal da Relação de Évora, de 27 de abril de 2017 [37/15.5T8ODM-A.E1]: *"II – Por conseguinte, e exigindo a lei, como forma de tal declaração uma 'comunicação em suporte duradouro' ou seja a sua representação através de um instrumento que possibilitasse a sua reprodução integral e inalterada, reconduzível, portanto, à noção de documento constante do artº* 362º do Cód. Civil, não poderia a omissão de tal prova da declaração da instituição bancária/embargada ser colmatada com recurso à prova testemunhal (face à ausência de confissão expressa dos embargantes)- *cfr. artº* 364º nº 2 do Cód. Civil. IV – Além do mais, tratando-se de uma declaração *receptícia, a sua eficácia estaria também dependente da sua chegada ao conhecimento do seu destinatário (artº* 224º nº 1 – 1ª parte do Cód. Civil que consagra a teoria da *recepção), sendo sobre a instituição bancária/embargada que recaía o ónus de o provar (artº* 342º nº 1 do mesmo código". No Acórdão do Tribunal da Relação de Lisboa, de 7 de junho de 2018 [Processo: 144/13.9TCFUN-A-2] considerou-se que: *"I.– Não é prova suficiente da existência, na data que dela consta, e do envio e, muito menos, da recepção de uma declaração receptícia (art. 224/1 do CC), uma fotocópia da mesma ou o simples depoimento de um empregado bancário do departamento do banco onde a declaração devia ter sido emitida, que diz que assinou a carta correspondente, sem um único elemento objectivo que o corrobore, como por exemplo um a/r, um registo, um aviso ou uma referência posterior a essa carta numa outra não impugnada, quando aliás essa carta, segundo a própria decisão recorrida que a deu como provada, não faz sentido no contexto em causa".* No Acórdão do Tribunal da Relação do Porto, de 5 de novembro de 2018 [Processo: 3413/14.7TBVFR-A.P1], decidiu-se que: *"III – Ao exigir-se como forma da declaração uma comunicação em suporte duradouro, uma carta pode ser entendida como tal, pois, possibilita reproduzir de modo integral e inalterado o seu conteúdo. IV – Se a intenção do legislador fosse a de sujeitar as partes do procedimento extrajudicial de regularização das situações de incumprimento a comunicar através de carta registada com aviso de receção, tê-la-ia consagrado expressamente".* Em sentido divergente, o Acórdão do Tribunal da Relação de Coimbra, de 28 de novembro de 2018 [Processo: 494/14.7TBFIG-A.C1]: *"I – Nos termos do nº 4 do artigo 14º do Decreto-Lei nº 227/2012, de 25 de outubro, que instituiu o Procedimento Extrajudicial de Regularização de Situações de Incumprimento (PERSI), a instituição de crédito deve informar o cliente bancário da sua integração no PERSI, através de comunicação em suporte duradouro. II – O envio de uma carta, desacompanhada de aviso de receção, na ausência de prova sobre o efetivo recebimento da carta, é insuficiente para provar que a mencionada comunicação do banco ao cliente foi feita".* Seguindo a primeira orientação, vide o Acórdão do Tribunal da Relação de Évora [Processo: 715/16.1T8ENT-B.E1], de 21 de maio de 2020: *"As comunicações de integração dos executados no PERSI e de extinção do PERSI têm de ser feitas num suporte duradouro (que inclui uma carta ou um e-mail), conforme ressalta da leitura dos artigos 14º, nº 4 e 17º, nº 3, do DL 227/2012, de 25/10. 4. A actualização da morada é um ónus do cliente bancário e a falta de cumprimento do mesmo é da sua responsabilidade. Caso seja endereçada a correspondência para a morada que foi efectivamente disponibilizada ao banco tem de se considerar cumprida a obrigação de notificação para os termos do PERSI".*

cedimentos e as medidas adotados para o acompanhamento da execução dos contratos de crédito e a gestão de situações de risco de incumprimento.

Em particular, o PARI deve especificar:

a) os procedimentos adotados para o acompanhamento permanente e sistemático da execução dos contratos de crédito;

b) os factos que são considerados como indícios da degradação da capacidade financeira do cliente bancário para cumprir as obrigações decorrentes do contrato de crédito;

c) os procedimentos desenvolvidos para a recolha, o tratamento e a análise da informação referente a clientes bancários que estejam em risco efetivo de incumprimento;

d) os procedimentos implementados para o contacto com os clientes bancários em risco efetivo de incumprimento, incluindo, designadamente o prazo para a realização do primeiro contacto após a deteção de um dos factos a que se alude na alínea b), o qual não pode exceder 10 dias[26];

e) as soluções suscetíveis de serem propostas aos clientes bancários em risco efetivo de incumprimento;

f) as estruturas responsáveis pelo desenvolvimento dos procedimentos e ações previstas no PARI, indicando, com detalhe, as respetivas com-

[26] O Regulamento do Banco de Portugal 17/2012 (Diário da República nº 243/2012, Série II de 2012-12-17), no seu artigo 4º, sobre "Contactos com os clientes bancários em risco de incumprimento ou em mora no cumprimento de obrigações decorrentes de contratos de crédito", determina que: *"1 – Nos casos em que no regime geral de prevenção e regularização do incumprimento de contratos de crédito não se exija a comunicação em suporte duradouro, as instituições de crédito, no âmbito dos procedimentos previstos no PARI e no decurso do PERSI, podem contactar os clientes bancários de forma presencial ou através de qualquer meio de comunicação à distância. 2 – As instituições de crédito e, se for o caso, os prestadores de serviços de gestão do incumprimento, devem abster-se de efetuar contactos desleais, excessivos ou desproporcionados com os clientes bancários em risco de incumprimento ou em mora no cumprimento de obrigações decorrentes de contratos de crédito. 3 – Para os efeitos previstos no número anterior, consideram-se desleais, excessivos ou desproporcionados, entre outros, os contactos, presenciais ou realizados através de qualquer meio de comunicação à distância, que: a) transmitam ao cliente bancário informação errada, pouco rigorosa ou enganosa; b) não identifiquem com precisão a instituição de crédito ou o prestador de serviços de gestão do incumprimento ou não indiquem os respetivos elementos de contacto; c) tenham teor agressivo ou intimidatório; d) ocorram no horário compreendido entre as 22 e as 9 horas do fuso horário do cliente bancário, salvo acordo prévio e expresso do mesmo; e) sejam dirigidos a endereço, número telefónico ou outro elemento de contacto que não tenha sido disponibilizado pelo cliente bancário à instituição de crédito, salvo quando o elemento de contacto relativo ao cliente bancário esteja acessível ao público".*

petências e descrevendo os mecanismos previstos para a sua articulação com outras estruturas ou entidades potencialmente envolvidas nesses procedimentos e ações;

g) os planos de formação dos trabalhadores a quem sejam atribuídas tarefas no âmbito do PARI;

h) os prestadores de serviços de gestão do incumprimento responsáveis pelo desenvolvimento de procedimentos e ações previstos no PARI, caso existam, detalhando os serviços contratados e os mecanismos previstos para a sua articulação com as estruturas ou com outras entidades potencialmente envolvidas nesses procedimentos e ações.

3. Incumprimento do mutuário

No caso de incumprimento do devedor – e referimo-nos agora à situação de não cumprimento pontual das obrigações, a mora –, o Decreto-Lei nº 227/2012 impõe a realização de um procedimento extrajudicial de regularização de situações de incumprimento, o PERSI.

a) O procedimento extrajudicial de regularização de situações de incumprimento

Determina o artigo 13º do Decreto-Lei nº 227/2012 que, no prazo máximo de quinze dias após o vencimento da obrigação em mora, a instituição de crédito informa o cliente bancário do atraso no cumprimento e dos montantes em dívida e, bem assim, desenvolve diligências no sentido de apurar as razões subjacentes ao incumprimento registado.

Mantendo-se o incumprimento das obrigações decorrentes do contrato de crédito, dar-se-á início ao procedimento extrajudicial de regularização de situações de incumprimento[27], sendo o cliente bancário obrigatoriamente

[27] Nos termos do artigo 21º, nº 1, nos casos em que o contrato de crédito esteja garantido por fiança, a instituição de crédito deve informar o fiador, no prazo máximo de quinze dias após o vencimento da obrigação em mora, do atraso no cumprimento e dos montantes em dívida. A instituição de crédito que interpele o fiador para cumprir as obrigações decorrentes de contrato de crédito que se encontrem em mora está obrigada a iniciar o PERSI com esse fiador sempre que este o solicite através de comunicação em suporte duradouro, no prazo máximo de dez dias após a referida interpelação, considerando-se, para todos os efeitos, que o PERSI se inicia na data em que a instituição de crédito recebe a comunicação. Aquando da interpelação para o cumprimento das obrigações decorrentes do contrato de crédito que se encontrem em mora, a instituição de crédito deve informar o fiador sobre aquela faculdade, bem como sobre as condições para o seu exercício. Sem prejuízo de se tratar de um procedimento autónomo

integrado no PERSI entre o 31º dia e o 60º dia subsequentes à data de vencimento da obrigação em causa.

A instituição de crédito está ainda obrigada a iniciar o PERSI sempre que o cliente bancário se encontre em mora relativamente ao cumprimento das obrigações decorrentes do contrato de crédito e solicite, através de comunicação em suporte duradouro, a sua integração no PERSI[28], ou quando o cliente bancário, que alertou para o risco de incumprimento das obrigações decorrentes do contrato de crédito, entre em mora[29].

Quando, na pendência do PERSI, o cliente bancário entre em mora relativamente ao cumprimento de obrigações decorrentes de outros contratos de crédito celebrados com a mesma instituição, a instituição de crédito deve procurar obter a regularização do incumprimento no âmbito de um único procedimento, informando o cliente bancário desse facto, através de comunicação em suporte duradouro, no prazo máximo de cinco dias após a ocorrência daqueles eventos. Iniciado o PERSI, segue-se a fase de avaliação e proposta. Cabe, em primeiro lugar, à instituição de crédito desenvolver as diligências necessárias para apurar se o incumprimento das obrigações decorrentes do contrato de crédito se deve a circunstâncias pontuais e

relativamente ao PERSI desenvolvido com o cliente bancário, é aplicável ao PERSI iniciado por solicitação do fiador o disposto quanto ao prazo máximo de cinco dias para a informação do cliente bancário da sua integração no PERSI, através de comunicação em suporte duradouro, e nos artigos 15º a 20º do Decreto-Lei nº 227/2012, com as devidas adaptações. A este propósito cabe referir o Acórdão do Tribunal da Relação de Lisboa, de 6 de junho de 2019 [Processo: 6470/14.2T8ALM.L1-6], que decidiu que o artigo 21º "*não abrange os avalistas de títulos de crédito com função de garantia de contratos de crédito que se encontrem em situação de incumprimento*".

28 Considerando-se neste caso, para todos os efeitos, que essa integração ocorre na data em que a instituição de crédito recebe a referida comunicação. Nos termos do artigo 7º do Aviso 17/2012 do Banco de Portugal, sobre "comunicação de início do PERSI", a comunicação pela qual a instituição de crédito informa o cliente bancário do início do PERSI deve conter, em termos claros, rigorosos e facilmente legíveis, as seguintes informações: a) identificação do contrato de crédito; b) data de vencimento das obrigações em mora; c) montante total em dívida, com descrição detalhada dos montantes relativos a capital, juros e encargos associados à mora; d) data de integração do cliente bancário no PERSI; e) elementos de contacto da instituição de crédito que o cliente bancário deve utilizar para obter informações adicionais e para negociar eventuais soluções para a regularização da situação de incumprimento que lhe sejam propostas. As instituições de crédito devem fazer acompanhar a comunicação de documento informativo elaborado em conformidade com o modelo constante do Anexo II ao Aviso.

29 Nesta situação, considera-se que a integração desse cliente no PERSI ocorre na data do referido incumprimento.

momentâneas ou se, pelo contrário, esse incumprimento reflete a incapacidade do cliente bancário para cumprir, de forma continuada, essas obrigações nos termos previstos no contrato de crédito. Para tal, a instituição de crédito procede à avaliação da capacidade financeira do cliente bancário, podendo solicitar-lhe as informações e os documentos estritamente necessários e adequados, que devem, salvo motivo atendível, ser facultados pelo cliente bancário no prazo de dez dias. Até trinta dias após a integração do cliente bancário no PERSI, a instituição de crédito, através de comunicação em suporte duradouro, está obrigada a comunicar ao cliente bancário o resultado da avaliação desenvolvida, quando verifique que o mesmo não dispõe de capacidade financeira para retomar o cumprimento das obrigações decorrentes do contrato de crédito, nem para regularizar a situação de incumprimento, através, designadamente, da renegociação das condições do contrato ou da sua consolidação com outros contratos de crédito, sendo inviável a obtenção de um acordo no âmbito do PERSI.

Quando conclua que o mutuário dispõe de capacidade financeira para reembolsar o capital ou para pagar os juros vencidos e vincendos do contrato de crédito através, designadamente, da renegociação das condições do contrato ou da sua consolidação com outros contratos de crédito, cabe à instituição de crédito apresentar ao cliente bancário uma ou mais propostas de regularização adequadas à sua situação financeira, objetivos e necessidades. Após a apresentação de propostas, o cliente deve pronunciar-se dentro de quinze dias. Caso o cliente bancário recuse as propostas apresentadas, a instituição de crédito, quando considere que existem outras alternativas adequadas à situação do cliente bancário, apresenta uma nova proposta. Quando o cliente bancário proponha alterações à proposta inicial, a instituição de crédito comunica-lhe, no prazo máximo de quinze dias e em suporte duradouro, a sua aceitação ou recusa, podendo igualmente apresentar uma nova proposta.

O PERSI só se extingue quando se verifique alguma das situações elencadas no artigo 17º: a) com o pagamento integral dos montantes em mora ou com a extinção, por qualquer outra causa legalmente prevista, da obrigação em causa; b) com a obtenção de um acordo entre as partes com vista à regularização integral da situação de incumprimento; c) no 91º dia subsequente à data de integração do cliente bancário neste procedimento, salvo se as partes acordarem, por escrito, na respetiva prorrogação; ou d) com a declaração de insolvência do cliente bancário.

A instituição de crédito pode, todavia, por sua iniciativa, extinguir o PERSI sempre que:

a) seja realizada penhora ou decretado arresto a favor de terceiros sobre bens do devedor;
b) seja proferido despacho de nomeação de administrador judicial provisório, nos termos e para os efeitos do disposto na alínea a) do nº 3 do artigo 17º-C do Código da Insolvência e da Recuperação de Empresas;
c) a instituição de crédito conclua, em resultado da avaliação desenvolvida nos termos do artigo 15º, que o cliente bancário não dispõe de capacidade financeira para regularizar a situação de incumprimento, designadamente pela existência de ações executivas ou processos de execução fiscal instaurados contra o cliente bancário que afetem comprovada e significativamente a sua capacidade financeira e tornem inexigível a manutenção do PERSI;
d) o cliente bancário não colabore com a instituição de crédito, nomeadamente no que respeita à prestação de informações ou à disponibilização de documentos solicitados pela instituição de crédito ao abrigo do disposto no artigo 15º, nos prazos que aí se estabelecem, bem como na resposta atempada às propostas que lhe sejam apresentadas, nos termos definidos no artigo anterior;
e) o cliente bancário pratique atos suscetíveis de pôr em causa os direitos ou as garantias da instituição de crédito;
f) o cliente bancário recuse a proposta apresentada, sem prejuízo do disposto no nº 1 do artigo anterior; ou g) a instituição de crédito recuse as alterações sugeridas pelo cliente bancário a proposta anteriormente apresentada.

A instituição de crédito tem o dever de informar o cliente bancário, através de comunicação em suporte duradouro, da extinção do PERSI[30], descre-

[30] O artigo 8º do Aviso 17/2012, do Banco de Portugal, estabelece que a comunicação pela qual a instituição de crédito informa o cliente bancário da extinção do PERSI deve conter, em termos claros, rigorosos e facilmente legíveis, as seguintes informações: a) descrição dos factos que determinam a extinção do PERSI ou que justificam a decisão da instituição de crédito de pôr termo ao referido procedimento, com indicação do respetivo fundamento legal; b) consequências da extinção do PERSI, nos casos em que não tenha sido alcançado um acordo entre as partes, designadamente a possibilidade de resolução do contrato e de execução judicial dos créditos; c) quando esteja em causa um contrato de crédito à habitação, informação relativa-

vendo o fundamento legal para essa extinção e as razões pelas quais considera inviável a manutenção deste procedimento. Salvo quando o a razão da

mente à resolução e ao direito à retoma do contrato de crédito; d) no caso de o cliente bancário estar abrangido pelo regime extraordinário de regularização do incumprimento de contratos de crédito à habitação, referência ao direito do cliente bancário à aplicação de medidas substitutivas, bem como aos termos em que poderá solicitar a sua aplicação; e) identificação das situações em que o cliente bancário pode solicitar a intervenção do Mediador do Crédito mantendo as garantias associadas ao PERSI; f) indicação dos elementos de contacto da instituição de crédito através dos quais o cliente bancário pode obter informações adicionais ou negociar soluções para a regularização da situação de incumprimento. Cfr., a propósito, o Acórdão do Tribunal da Relação de Coimbra, de 7 de novembro de 2017 [Processo: 29358/16.8YIPRT.C1]: *"No quadro daqueles deveres de informação, esclarecimento e proteção, cabe à instituição de crédito dar oportunidade ao contacto e negociação com a contraparte (devedor/cliente/consumidor), sem o que seria ilusória a esfera de proteção estabelecida, para o que cabe ao credor dar conhecimento à contraparte da abertura e do encerramento do PERSI, impendendo sobre si o ónus da alegação e prova da respetiva notificação"*.

O Decreto-Lei nº 144/2009, de 17 de julho, criou a figura do mediador de crédito, que tem por missão a defesa e a promoção dos direitos, garantias e interesses legítimos de quaisquer pessoas ou entidades que sejam parte em relações de crédito, bem como contribuir para melhorar o acesso ao crédito junto do sistema financeiro. Determina o artigo 22º do Decreto-Lei nº 227/2012, que, nos casos em que as partes não tenham chegado a um acordo que permita regularizar a situação de incumprimento, o cliente bancário que, no prazo de cinco dias, solicite a intervenção do Mediador do Crédito mantém as garantias previstas no artigo 18º sempre que, cumulativamente: a) o PERSI tenha sido extinto com fundamento em algum dos motivos previstos na alínea c) do nº 1 do artigo 17º ou nas alíneas c), f) e g) do nº 2 do mesmo preceito; b) o PERSI tenha tido por objeto o incumprimento de obrigações decorrentes de um contrato de crédito referido na alínea a) do nº 1 do artigo 2º; c) o cliente bancário intervenha como mutuário em contratos de crédito celebrados com mais do que uma instituição de crédito. As garantias previstas no artigo 18º são aplicáveis durante os 30 dias subsequentes ao envio do processo de mediação às instituições de crédito identificadas pelo cliente bancário no pedido de mediação. O cliente bancário pode deixar de beneficiar das garantias referidas no número anterior, por iniciativa da instituição de crédito, quando: a) seja declarado insolvente; b) seja realizada penhora ou decretado arresto a favor de terceiros sobre bens do cliente bancário; c) seja proferido despacho de nomeação de administrador judicial provisório, nos termos e para os efeitos do disposto na alínea a) do nº 3 do artigo 17º-C do Código da Insolvência e da Recuperação de Empresas; ou d) tenham sido instaurados contra si ações executivas ou processos de execução fiscal que afetem comprovada e significativamente a sua capacidade financeira e tornem inexigível a manutenção da mediação. Para este efeito, a instituição de crédito informa o Mediador do Crédito, através de comunicação em suporte duradouro, da cessação das garantias do cliente bancário, descrevendo o respetivo fundamento legal e as razões pelas quais considera inviável a sua manutenção, considerando-se que o cliente bancário deixa de beneficiar das referidas garantias a partir da data dessa comunicação. Recentemente, foi aprovado o Sistema Público de Apoio à Conciliação no Sobre-Endividamento, pelo Decreto-Lei nº 105/2020, de 23 de dezembro.

extinção do PERSI for a nomeação de administrador judicial provisório, a extinção do PERSI só produz efeitos após esta comunicação.

O Decreto-Lei nº 227/2012 impõe ainda às instituições de crédito deveres procedimentais, nos termos dos artigos 19º e 20º. Estão desde logo obrigadas a elaborar um *documento interno* que descreva, em linguagem simples e clara, os procedimentos adotados no âmbito da implementação do PERSI, que deve conter, especificamente:

a) os procedimentos para o contacto com os clientes bancários nas várias fases do PERSI;
b) os procedimentos para a recolha, tratamento e análise da informação referente aos clientes bancários;
c) as soluções suscetíveis de serem propostas aos clientes bancários em incumprimento;
d) as estruturas ou, se for o caso, os prestadores de serviços de gestão do incumprimento responsáveis pelo desenvolvimento dos procedimentos e ações previstas no PERSI, indicando, com o necessário detalhe, as respetivas competências e descrevendo os mecanismos previstos para a sua articulação com outras estruturas ou entidades potencialmente envolvidas nesses procedimentos e ações;
e) os planos de formação dos trabalhadores a quem sejam atribuídas tarefas no âmbito do PERSI.

As instituições de crédito devem, ainda, criar, em suporte duradouro, *processos individuais* para os clientes bancários integrados no PERSI, os quais devem conter toda a documentação relevante no âmbito deste procedimento, nomeadamente as comunicações entre as partes, o relatório de avaliação da capacidade financeira desses clientes e as propostas apresentadas aos mesmos, e conservá-los durante os cinco anos subsequentes à extinção do PERSI.

O núcleo duro das garantias do cliente bancário[31], para o tema que agora nos ocupa, consta do artigo 18º do Decreto-Lei nº 227/2012. No período

[31] O Acórdão do Supremo Tribunal de Justiça, de 9 de fevereiro de 2017 [Processo: 94/13.5TBCMN-A.G1.S1], decidiu que: *"resultando da facticidade provada que em Maio de 2011, i.e., antes mesmo da entrada em vigor do referido diploma, a exequente havia iniciado um procedimento extrajudicial de regularização da situação de incumprimento dos executados, equiparado ao PERSI, que se prolongou até Março de 2013 e que só não se concretizou através de dação em cumprimento de um imóvel por facto imputável a estes últimos, não é de aplicar ao caso o regime previsto no DL nº 272/2012, de 25-10,*

compreendido entre a data de integração do cliente bancário no PERSI e a extinção deste procedimento, a instituição de crédito está impedida de:

a) resolver o contrato de crédito com fundamento em incumprimento;
b) intentar ações judiciais tendo em vista a satisfação do seu crédito[32];

sob pena de a pretensão dos executados/oponentes configurar abuso de direito. V – A circunstância de os executados/oponentes não terem sido formalmente integrados no PERSI não lhes retirou direitos, nem lhes reduziu expectativas legítimas, posto que a *acção executiva só foi instaurada depois de gorada a concretização da solução negociada por razões só àqueles imputáveis"*. Igualmente, o Acórdão do Supremo Tribunal de Justiça, de 10 de fevereiro de 2019 [Processo: 144/13.9TCFUN-A.L1.S1] considerou que *"I. A exigência de integração dos clientes bancários, em situação de mora há mais de um ano, à data da entrada em vigor do DL nº 227/2012, de 25-10, no regime de regularização (PERSI) ali estabelecido, depende, nos termos do respetivo art. 39º, da vigência dos contratos de crédito – o que não ocorre se estes entretanto já tiverem sido objeto de resolução com fundamento no incumprimento. II – Ademais, sob pena de se incorrer em abuso de direito, não faria sentido que, bem mais de um ano depois do início do incumprimento e depois de terem estado em curso negociações, sem sucesso (de parte a parte), fosse exigível à exequente a integração formal dos executados no regime do PERSI"*.

[32] Vide Acórdão do Tribunal da Relação de Évora, de 6 de outubro de 2016 [Processo: 4956/14.8T8ENT-A.E1]: *"A integração do cliente bancário (e, bem assim, do fiador) no PERSI, aprovado pelo Decreto-Lei nº 227/2012, de 25 de Outubro, é obrigatória, quando verificados os respectivos pressupostos, pelo que a acção executiva só pode ser intentada contra os obrigados após a extinção deste procedimento."* No Acórdão do Tribunal da Relação de Évora, de 8 de março de 2018 [Processo: 2267/15.0T8ENT-A.E1], decidiu-se que: *"Estamos, assim, perante uma exceção dilatória inominada que impedia ab initio a instauração de ação executiva para a efectiva satisfação do crédito do exequente e que implica a absolvição da instância com as consequências descritas na decisão sob censura, incluindo a comunicação ao Banco de Portugal. Em suma, no presente caso, existe uma situação de um crédito que não é exigível, por incumprimento de norma imperativa, a qual constitui, do ponto de vista adjetivo – com repercussões igualmente no domínio substantivo –, uma condição objetiva de procedibilidade. Por analogia, na busca do lugar paralelo, este vício encaixa no regime jurídico das exceções dilatórias, embora in casu seja de natureza atípica, sendo que, apelando à filosofia, intenção e objetivos legais, o mesmo não admite o respetivo suprimento da falta de pressupostos processuais, dado que se trata de uma irregularidade insanável e sujeita a disciplina diretiva e de carácter excecional. Porém, tal não obsta a que a entidade bancária venha a interpor nova ação executiva tendente à satisfação do seu crédito, uma vez cumpridas as exigências específicas contidas no diploma sub judice"*. Igualmente do Tribunal da Relação de Évora, o Acórdão de 28 de junho de 2018 [Processo: 2791/17.0T8STB-C.E1] se decidiu que: "*4 – A preterição de sujeição do devedor ao PERSI é de conhecimento oficioso, e como tal a sua invocação pela parte, ou a sua apreciação oficiosa, está subtraída ao prazo concedido para apresentação da defesa, regendo, por isso, a última parte do nº 2 do artº* 573º do CPC, que descarta a aplicação do princípio da preclusão". Igualmente no bom sentido, o Acórdão do Supremo Tribunal de Justiça, de 19 de maio de 2020 [Processo: 6023/15.8T8OER-A.L1.S1]: *"O cumprimento prévio dos deveres impostos pelo regime do PERSI constitui um pressuposto específico da ação executiva movida por uma entidade financeira contra um devedor consumidor, cuja ausência se traduz numa exceção dilatória inominada de conhecimento oficioso que conduz à absolvição da instância"*.

c) ceder a terceiro uma parte ou a totalidade do crédito;
d) transmitir a terceiro a sua posição contratual.

Sem prejuízo do disposto nas alíneas b), c) e d) do número anterior, a instituição de crédito pode:

a) fazer uso de procedimentos cautelares adequados a assegurar a efetividade do seu direito de crédito;
b) Ceder créditos para efeitos de titularização;
c) ceder créditos ou transmitir a sua posição contratual a outra instituição de crédito.

Caso a instituição de crédito ceda o crédito ou transmita a sua posição contratual nos termos previstos na alínea c) do número anterior, a instituição de crédito cessionária está obrigada a prosseguir com o PERSI, retomando este procedimento na fase em que o mesmo se encontrava à data da cessão do crédito ou da transmissão da posição contratual.

Acresce que, antes de decorrido o prazo de quinze dias a contar da comunicação da extinção do PERSI, a instituição de crédito está impedida de praticar aqueles atos, no caso de contratos de crédito para a aquisição, construção e realização de obras em habitação própria permanente, secundária ou para arrendamento, bem como para a aquisição de terrenos para construção de habitação própria, e em que a extinção do referido procedimento tenha por fundamento a alínea c) do nº 1 (contratos de crédito a consumidores abrangidos pelo disposto no Decreto-Lei nº 133/2009, de 2 de junho, com exceção dos contratos de locação de bens móveis de consumo duradouro que prevejam o direito ou a obrigação de compra da coisa locada, seja no próprio contrato, seja em documento autónomo), ou as alíneas c) (a instituição de crédito conclua, em resultado da avaliação desenvolvida nos termos do artigo 15º, que o cliente bancário não dispõe de capacidade financeira para regularizar a situação de incumprimento, designadamente pela existência de ações executivas ou processos de execução fiscal instaurados contra o cliente bancário que afetem comprovada e significativamente a sua capacidade financeira e tornem inexigível a manutenção do PERSI), f) (o cliente bancário recuse a proposta apresentada, sem prejuízo do disposto no nº 1 do artigo anterior); ou g) (a instituição de crédito recuse as alterações sugeridas pelo cliente bancário a proposta anteriormente apresentada) do nº 2 do artigo 17º.

b) Efeitos do incumprimento no contrato de crédito à habitação
Verificada a obrigatoriedade do PERSI, vejamos agora a proteção específica resultante do regime do crédito à habitação.

O artigo 27º do Decreto-Lei nº 74-A/2017 determina que em caso de incumprimento do contrato de crédito pelo consumidor, o mutuante só pode invocar a perda do *benefício do prazo*[33] ou a *resolução do contrato*[34] se cumulativamente ocorrerem a falta de pagamento de três prestações sucessivas e a concessão, pelo mutuante, de um prazo suplementar mínimo de 30 dias para que o consumidor proceda ao pagamento das prestações em atraso, com a expressa advertência dos efeitos da perda do benefício do prazo ou da resolução do contrato, sem que este o faça.

O incumprimento parcial da prestação não é considerado para estes efeitos, desde que o consumidor proceda ao pagamento do montante em falta e dos juros de mora eventualmente devidos até ao momento da prestação seguinte. Note-se que, neste momento, após o incumprimento de três prestações e o decurso do prazo suplementar concedido para regularização, já terá sido extinto o PERSI, porquanto, salvo acordo escrito na prorrogação, este termina no 91º dia subsequente à integração do cliente bancário neste procedimento, como vimos acima.

A resolução operada não é, todavia, estável até termo do prazo para a oposição à execução ou para a venda executiva[35].

O consumidor inadimplente tem ainda direito à *retoma do contrato* no prazo para a oposição à execução relativa a créditos à habitação ou até à venda executiva do imóvel sobre o qual incide a hipoteca, caso não tenha havido lugar a reclamação de créditos por outros credores, e desde que se verifique o pagamento das prestações vencidas e não pagas, bem como os juros de mora e as despesas em que o mutuante tenha incorrido, quando

[33] Relembre-se que nos termos do artigo 781º, do Código Civil, se a obrigação puder ser liquidada em duas ou mais prestações, a falta de realização de uma delas importa o vencimento de todas. O artigo 934º, também do Código Civil, estabelece que, vendida a coisa a prestações, a falta de pagamento de uma só prestação que não exceda a oitava parte do preço não importa a perda do benefício do prazo relativamente às prestações seguintes. As especificidades das relações subjacentes vão requerendo e justificando uma intensificação da proteção.

[34] Cfr. o artigo 808º do Código Civil, sobre a perda do interesse do credor ou recusa do cumprimento.

[35] Como refere Miguel Pestana Vasconcelos, *Direito Bancário*, 2ª ed., Almedina, Coimbra, 2019, pág. 210, a resolução só se consolida efetivamente depois de decorrido o prazo em que o consumidor pode gerar a sua ineficácia.

documentalmente justificadas. Trata-se de uma verdadeira retoma do contrato: considera-se sem efeito a sua resolução, mantendo-se o contrato de crédito em vigor nos exatos termos e condições iniciais, com eventuais alterações[36], não se verificando qualquer novação do contrato ou das garantias que asseguram o seu cumprimento. O mutuante apenas está obrigado a aceitar a retoma do contrato duas vezes durante a respetiva vigência.

4. Empréstimos de mau desempenho/improdutivos (*Non Performed Loans*)

Se o mutuário não conseguir cumprir as prestações devidas vencidas há mais de 90 dias ou se se concluir pela improbabilidade de que o mutuário venha a pagar o seu empréstimo, o empréstimo é classificado como empréstimo de mau desempenho ou improdutivo (*Non Performed Loans* [NPLs])[37].

Os NPLs são, pois, créditos bancários que estão sujeitos a reembolso com atraso ou que não são suscetíveis de serem reembolsados sem que se tenha de recorrer à execução de garantias, representando, nesta medida, um problema para os mutuários. Por um lado, a instituição que concedeu o empréstimo pode perder parte ou a totalidade do montante que emprestou e deixa de ter o lucro esperado com a remuneração da quantia mutuada. Por outro lado, as perdas, geradas ou esperadas, associadas a um NPL têm de ser reconhecidas nas contas da instituição, através do registo de imparidades, penalizando os resultados dos bancos e a consequente *ratio* de solvabilidade. Acresce, ainda, que os bancos têm que afetar recursos humanos e logísticos ao tratamento destes ativos, com prejuízo para as suas atividades centrais[38]. Por último, é compreensível que os bancos com elevados níveis de NPLs tenham, seguramente, mais dificuldade em aceder aos mercados financeiros para emissão de dívida e capital. Se a existência de créditos em incumprimento representa uma preocupação grave para as instituições

[36] Sobre a capitalização de juros, vide Miguel Brito Bastos, "Capitalização de juros em contratos de concessão de crédito bancário", *III Congresso de Direito Bancário*, coord. por Miguel Pestana de Vasconcelos, Almedina, Coimbra, 2018, pág. 259 e ss.

[37] Vide o Regulamento de Execução (UE) 2015/227 da Comissão, de 9 de janeiro de 2015, que altera o Regulamento de Execução (UE) 680/2014 que estabelece normas técnicas de execução no que diz respeito ao relato para fins de supervisão das instituições de acordo com o Regulamento (UE) nº 575/2013 do Parlamento Europeu e do Conselho.

[38] A propósito daquelas atividades, em 14 de março de 2018, foi apresentada uma Proposta de Diretiva do Parlamento Europeu e do Conselho relativa aos gestores de créditos, aos compradores de créditos e à recuperação de garantias reais (COM/2018/0135 final – 2018/063 (COD).

financeiras, pode igualmente gerar repercussões transfronteiras negativas e afetar a perceção do mercado do setor bancário da União Europeia (travando o investimento e, por conseguinte, a economia).

Em resposta a esta preocupação, o Regulamento (UE) nº 575/2013 do Parlamento Europeu e do Conselho, de 26 de junho de 2013, relativo aos requisitos prudenciais para as instituições de crédito e para as empresas de investimento[39], tendo em vista a salvaguarda de um ambiente bancário sustentável e diversificado na União, viria a salientar a necessidade de as autoridades competentes estarem habilitadas a impor requisitos de fundos

[39] E que altera o Regulamento (UE) nº 648/2012 do Parlamento Europeu e do Conselho, de 4 de julho de 2012, relativo aos derivados do mercado de balcão, às contrapartes centrais e aos repositórios de transações. A Declaração do G20, de 2 de abril de 2009, sobre o Reforço do Sistema Financeiro, apelou a iniciativas internacionalmente consistentes destinadas, após a recuperação económica, a reforçar a transparência, a obrigação de prestar contas e a regulação, através da melhoria da quantidade e qualidade do capital no sistema bancário. Apelou também à introdução de uma medida suplementar, não baseada no risco, para conter o crescimento da alavancagem no sistema bancário e ao desenvolvimento de um quadro de reservas prudenciais de liquidez mais robustas. Em resposta ao mandato conferido pelo G20, o Grupo de Governadores e Chefes de Supervisão acordou, em setembro de 2009, em várias medidas destinadas a reforçar a regulação do setor bancário, que foram aprovadas pelos líderes do G20 na Cimeira de Pittsburgh de 24 e 25 de setembro de 2009 e pormenorizadas em dezembro de 2009. Em julho e setembro de 2010, o GGCS emitiu dois outros comunicados relativos à estrutura e calibração dessas novas medidas e, em dezembro de 2010, o Comité de Basileia de Supervisão Bancária (CBSB) publicou as medidas finais, designadas por quadro de Basileia III. O Grupo de Alto Nível sobre a Supervisão Financeira na UE, presidido por Jacques de Larosière, convidou a União a desenvolver um conjunto mais harmonizado de medidas de regulação financeira. No contexto da futura arquitetura europeia de supervisão, o Conselho Europeu de 18 e 19 de junho de 2009 sublinhou também a necessidade de estabelecer um conjunto único de regras europeias aplicáveis a todas as instituições de crédito e empresas de investimento no mercado interno. A Diretiva 2006/48/CE do Parlamento Europeu e do Conselho, de 14 de junho de 2006, relativa ao acesso à atividade das instituições de crédito e ao seu exercício, e a Diretiva 2006/49/CE do Parlamento Europeu e do Conselho, de 14 de junho de 2006, relativa à adequação dos fundos próprios das empresas de investimento e das instituições de crédito, haviam sido por diversas vezes alteradas de forma substancial e muitas das suas disposições eram aplicáveis tanto às instituições de crédito como às empresas de investimento. Por razões de clareza e a fim de assegurar uma aplicação coerente dessas disposições, considerou-se conveniente fundi-las em novos atos legislativos aplicáveis às instituições de crédito e às empresas de investimento: o Regulamento (UE) nº 575/2013 e a Diretiva 2013/36/UE do Parlamento Europeu e do Conselho. Conjuntamente, estes instrumentos constituem o enquadramento jurídico que rege o acesso à atividade, o quadro de supervisão e as regras prudenciais aplicáveis às instituições de crédito e às empresas de investimento.

próprios mais rigorosos às instituições de importância sistémica que, devido às suas atividades comerciais, pudessem constituir uma ameaça para a economia mundial. Considerou, ainda, serem necessários requisitos financeiros equivalentes para assegurar garantias similares aos aforradores das instituições que detenham fundos ou valores mobiliários pertencentes aos seus clientes, bem como condições de concorrência equitativas entre grupos comparáveis de instituições[40].

Nos termos do artigo 178º daquele diploma, deve considerar-se que se verificou uma situação de incumprimento, no que se refere a um dado devedor, quando se verificar pelo menos uma das seguintes situações:

a) a instituição considera que, se não recorrer a medidas como o acionamento das eventuais garantias detidas, existe uma probabilidade reduzida de que o devedor cumpra na íntegra as suas obrigações de crédito perante a instituição, a empresa-mãe ou qualquer das suas filiais;
b) o devedor regista um atraso superior a 90 dias relativamente a uma obrigação de crédito significativa perante a instituição, a sua empresa-mãe ou qualquer das suas filiais[41].

Os elementos indicativos da reduzida probabilidade de pagamento incluem o seguinte:

a) a instituição atribui à obrigação de crédito o estatuto de crédito improdutivo;
b) a instituição reconhece um ajustamento de crédito específico resultante da perceção de uma importante deterioração da qualidade de crédito, desde o momento em que a instituição assumiu a posição em risco;
c) a instituição vende a obrigação de crédito, incorrendo assim numa perda económica significativa;
d) a instituição autoriza uma reestruturação urgente da obrigação de crédito, quando isso possa resultar numa obrigação financeira menor devido a uma importante remissão ou adiamento do reembolso do capital em dívida, do pagamento de juros ou, se for caso disso, comissões;

[40] Cfr. Considerandos 32 e 33.

[41] Em consonância, vide os artigos 17º, alínea c), do Decreto-Lei nº 227/2012, e 27º do Decreto-Lei nº 74-A/2017.

e) a instituição solicitou a declaração de falência do devedor ou uma ordem semelhante relativamente à obrigação de crédito desse devedor perante a referida instituição, a sua empresa-mãe ou qualquer das suas filiais;

f) o devedor solicitou uma declaração de falência ou uma situação de proteção semelhante, ou foi colocado numa dessas situações, para evitar ou protelar o reembolso da sua obrigação de crédito perante a instituição, a empresa-mãe ou qualquer das suas filiais.

De acordo com o relatório elaborado por um subgrupo do Comité dos Serviços Financeiros do Conselho, os NPLs representavam quase 1 bilião de euros no final de 2016, o que equivalia a cerca de 6,7% do PIB da UE e 5,1% do total dos créditos bancários. Consequentemente, em 11 de julho de 2017, o Conselho chegou a acordo sobre um plano de ação para fazer face ao problema dos NPLs no setor bancário[42], definindo uma combinação de medidas políticas relativamente à supervisão bancária, à reforma dos quadros de insolvência e de recuperação de dívidas, ao desenvolvimento de mercados secundários para NPLs e à reestruturação do setor bancário.

O "Plano de ação para combater os créditos não produtivos na Europa"[43] seguiu uma abordagem abrangente, centrada num conjunto de medidas políticas em quatro domínios: i) regulamentação e supervisão bancária, ii) reformas dos quadros legislativos nacionais em matéria de reestruturação, insolvência e recuperação de dívidas, iii) desenvolvimento de mercados secundários para os ativos em dificuldades, e iv) promoção da reestruturação do sistema bancário.

Algumas das medidas tomadas visavam fomentar um rápido reconhecimento e uma melhor gestão dos NPLs e/ou ainda contribuir para aumentar o valor de mercado desses mesmos NPLs. O objetivo era, assumidamente, que perante uma degradação do desempenho de empréstimos, existissem mecanismos de execução mais eficazes para os empréstimos garantidos que permitissem às instituições de crédito avançar para a execução dos NPLs, sob reserva de salvaguardas apropriadas para os devedores. Numa situação de aumento exponencial de NPLs, como se relatava acontecer em

[42] "Plano de ação para combater os créditos não produtivos na Europa", adotado, em julho de 2017, pelo Conselho para as Questões Económicas e Financeiras (ECOFIN, na sigla inglesa), sob a forma de Conclusões do Conselho.

[43] Doc. 9854/17.

alguns bancos e em alguns Estados-Membros, os bancos poderiam vender esses empréstimos a outros operadores em mercados secundários transparentes, competitivos e eficazes. Este plano exortava diferentes instituições, incluindo a Comissão[44], a tomar medidas para combater os elevados rácios de NPLs na Europa.

No âmbito da supervisão, foram emitidas orientações ao nível do Mecanismo Único de Supervisão sobre o registo de imparidades para os créditos que viessem a tornar-se não produtivos a partir de 1 de abril de 2018, existindo também iniciativas para lidar com o *stock* destes ativos (por exemplo, os planos de redução de NPLs que foram exigidos aos bancos com ratio de NPLs superior). Outras iniciativas, a nível nacional e europeu, vieram a ser implementadas, com o objetivo de facilitar a transação de NPLs em mercado, atuar de forma preventiva sobre a própria concessão de crédito e sobre a gestão "precoce" dos primeiros sinais de alerta relativos a esses créditos, de forma a mitigar o surgimento de NPLs no futuro, e melhorar o enquadramento legal e judicial, que é central em processos de recuperação destes créditos. A Autoridade Bancária Europeia (EBA, na sigla inglesa)[45] emitiu as "Orientações sobre a divulgação de exposições não produtivas e exposições reestruturadas"[46], no dia 26 de abril de 2019, com o objetivo de aumentar a transparência e divulgação da informação ao mercado por parte das instituições de crédito sobre a qualidade dos seus ativos.

Os créditos não produtivos dos bancos portugueses chegaram a ter um peso de quase 18% do crédito total, em junho de 2016. Desde esse pico, os NPLs do setor bancário nacional têm seguido uma trajetória descendente,

[44] Na sua Comunicação sobre a conclusão da União Bancária, de 11 de outubro de 2017, a Comissão anunciou que iria trabalhar num pacote abrangente de medidas de combate aos NPLs na Europa. Além disso, no pacote da Comissão relativo à UEM, de 6 de dezembro de 2017, foram estabelecidos um roteiro e apresentadas propostas concretas para o aprofundamento da União Económica e Monetária.

[45] As autoridades Europeias de Supervisão (ESAs) são a Autoridade Bancária Europeia (EBA), criada pelo Regulamento (UE) 1093/2010 do Parlamento Europeu e do Conselho, a Autoridade Europeia dos Seguros e Pensões Complementares de Reforma (EIOPA), criada pelo Regulamento (UE) 1094/2010 do Parlamento Europeu e do Conselho, e a Autoridade Europeia dos Valores Mobiliários e dos Mercados (ESMA), criada pelo Regulamento (UE) 1095/2010 do Parlamento Europeu e do Conselho.

[46] Orientações" ou "EBA/GL/2018/10". Para enquadramento, vide Paulo Câmara, "O governo dos bancos", *III Congresso de Direito Bancário*, coord. por Miguel Pestana de Vasconcelos, Almedina, Coimbra, 2018, págs. 435 e ss.

conseguida através de processos de recuperação deste tipo de ativos, que entretanto – e beneficiando também da fase positiva do ciclo económico – deixam de ser "*non performing*", do abate de empréstimos ao ativo das instituições e da venda de carteiras de NPLs[47].

A transação de NPLs em mercado implica a cessão de créditos em massa por parte das entidades financeiras, pelo que se impõe agora uma análise dos efeitos que a cessão do seu crédito pode ter para o consumidor.

5. Cessão de créditos e direitos do consumidor

O artigo 577º do Código Civil estabelece que o credor pode ceder a terceiro uma parte ou a totalidade do crédito, independentemente do consentimento do devedor, contanto que a cessão não seja interdita por determinação da lei ou convenção das partes e o crédito não esteja, pela própria natureza da prestação, ligado à pessoa do credor. O cedente transmite o seu crédito a outrem, o cessionário, que lhe vai suceder na titularidade do direito, com a consequente modificação subjetiva da relação obrigacional.

O termo cessão designa quer o contrato realizado entre o cedente e o cessionário (*Abretung*), quer o efeito fundamental do negócio (*Übertragung*)[48].

No dia 1 de julho de 2019, entrou em vigor o Decreto-Lei nº 42/2019, de 28 de março, que estabeleceu um regime simplificado para a cessão de carteiras de créditos. Considera-se, nos termos do artigo 2º, cessão de créditos em massa aquela em que o cessionário seja uma instituição de crédito, sociedade financeira ou uma sociedade de titularização de créditos sempre que o preço de alienação global dos créditos a ceder seja, no mínimo, de 50.000,00 Euros, e a carteira seja composta por, pelo menos, 50 créditos distintos.

A cessão de créditos em massa é celebrada por documento particular, que constitui título bastante para efeitos do registo da transmissão dos créditos hipotecários, ou das respetivas garantias sujeitas a registo, quando contenha o reconhecimento presencial das assinaturas do cedente e do cessionário. Estabelece o artigo 3º, nº 1, que o cessionário se considera habi-

[47] Informação do Banco de Portugal sobre os indicadores do sector bancário, disponível em https://bpstat.bportugal.pt/serie/12504544.

[48] Seguimos a distinção de ANTUNES VARELA, *Das Obrigações em Geral II*, 7ª ed., Almedina, pág. 296, nota 1, apenas por razões de exposição e por nos parecer que o legislador, no Decreto-Lei nº 42/2019, de 28 de março, também o fez. Para critica, vide MENEZES LEITÃO, *Direito das Obrigações II*, 9ª ed., Almedina, Coimbra, 2014, pág. 16, e MENEZES CORDEIRO, *Tratado de Direito Civil II*, tomo 4, pág. 217.

litado em todos os processos em que estejam em causa créditos objeto de cessão, competindo-lhe apenas juntar ao processo cópia do contrato de cessão, sem prejuízo do disposto no nº 2 do artigo 356º do Código de Processo Civil. O cedente deve informar o cessionário sobre quaisquer causas que sejam instauradas contra si respeitantes a certo crédito cedido, no prazo máximo de cinco dias após a sua citação. Os registos necessários em função das operações de cessão de créditos em massa são realizados de forma centralizada em processo unitário e expedito, mediante uma única apresentação, e dispensam a apresentação da prova da situação matricial referida no artigo 31º do Código do Registo Predial. Os termos deste registo, que tem natureza urgente, encontram-se fixados pela Portaria 228/2019, do Ministério da Justiça, de 22 de julho.

Na cessão de créditos, o crédito permanece inalterado, apenas se verificando a substituição do credor originário por um novo credor. Como a cessão dos créditos resultantes de um contrato de crédito hipotecário tem por efeito transmitir para o cessionário o (mesmo) direito de que era titular o cedente, transmitem-se para o adquirente, salvo convenção em contrário, as garantias e outros acessórios do crédito (artigo 582º) e, imperativamente, por força do artigo 35º do Decreto-Lei nº 74-A/2017, as garantias do devedor. Consequentemente, o cessionário fica, *inter alia*, obrigado aos deveres de informação e de renegociação do contrato que impendiam sobre o original mutuante[49]. *Et pour cause*, relembre-se que o artigo 586º do Código Civil estabelece que o cedente é obrigado a entregar ao cessionário os documentos e outros meios probatórios do crédito, que estejam na sua posse e em cuja conservação não tenha interesse legítimo[50]. Para além da documentação relativa ao crédito, cabem aqui necessariamente o processo individual dos clientes bancários integrados no PERSI, que a instituição de crédito deve conservar por cinco anos após a extinção do procedimento, nos termos do artigo 20º Decreto-Lei nº 227/2012, de 25 de outubro.

O devedor continua adstrito exatamente à mesma prestação a que se vinculou perante o cedente, resultante de um contrato de crédito à habi-

[49] Vide, supra, ponto 2.

[50] Por todos, vide Faculdade de Direito da UCP, *Comentário ao Código Civil*, anot. ao artigo 585º, pág. 615 (por Ana Taveira da Fonseca), p. 620, chamando a atenção para os deveres laterais ou acessórios de conduta impostos pela boa fé a ambas as partes de uma relação obrigacional incluem deveres de informação ou esclarecimento, pelo que o cedente estará vinculado a transmitir ao cessionário toda a informação relevante para o exercício do direito cedido.

tação, cuja qualificação como contrato de consumo é determinada[51] no momento da celebração do contrato, cristalizando, e importando a sua sujeição a um determinado regime legal imperativo, no caso, o Decreto-Lei nº 74-A/2017. Como estabelece o artigo 585º do Código Civil, o *debitor cessus* pode opor ao cessionário, ainda que este os ignorasse, todos os meios de defesa que lhe seria lícito invocar contra o cedente, com ressalva dos que provenham de facto posterior ao conhecimento da cessão. Resulta do regime geral que a cessão não pode colocar o devedor em pior situação do que aquela em que ele anteriormente se encontrava[52], mas a estatuição é reiterada e reforçada pelo carácter imperativo das garantias do consumidor, como resulta expresso, em especial, dos artigos 35º do Decreto-Lei nº 74-A/2017.

Relembre-se que, conforme determina o artigo 18º do Decreto-Lei nº 227/2012, no período compreendido entre a data de integração do cliente bancário no PERSI e a extinção deste procedimento, a instituição de crédito está impedida de ceder a terceiro uma parte ou a totalidade do crédito ou transmitir a terceiro a sua posição contratual. Apenas se admite que a instituição possa ceder créditos para efeitos de titularização ou ceder créditos ou transmitir a sua posição contratual a outra instituição de crédito. Neste último caso, reiteramos, a *"instituição de crédito cessionária está obrigada a prosseguir com o PERSI, retomando este procedimento na fase em que o mesmo se encontrava à data da cessão do crédito ou da transmissão da posição contratual."*

A cessão de crédito, em PERSI, a uma qualquer empresa de gestão de cobrança ou de recuperação de crédito é, pois, nula, nos termos do artigo 294º, do Código Civil, por contrariedade a norma legal imperativa[53]. Após a extinção do PERSI, a cessão já não contrariará a lei, mas os direitos do con-

[51] Sobre a categorização dos contratos de consumo, vide Carlos Ferreira de Almeida, *Direito do Consumo*, Almedina, Coimbra, 2005, pág. 87. Sublinhe-se, todavia, que mais do que contratos de consumo, o que poderá estar em causa no que à aplicação do Decreto-Lei nº 74-A/2017 diz respeito são contratos assimétricos. Vide Vincenzo Roppo "From Consumer to Asymmetric Contracts", ECRL (2009), págs. 304-349.

[52] Carlos Mota Pinto, *Cessão da Posição Contratual*, Almedina, Coimbra, 1982, pág. 165 e 486 e ss; Antunes Varela, *Direito das Obrigações II*, 7ª ed. Almedina, Coimbra, 1997, págs. 327 e ss; Mário Júlio Almeida Costa, *Direito das Obrigações*, 12ª ed., Almedina, Coimbra, 2016, págs. 818 e 819º; Luís Menezes Leitão, *ob. cit.*, pág. 29; Faculdade de Direito da UCP, *Comentário ao Código Civil*, anot. ao artigo 585, pág. 615 (por Ana Taveira da Fonseca).

[53] Sobre invalidade e desvalor do ato, Pedro Pais de Vasconcelos, *ob. cit.*, págs. 646 e ss; Carlos Mota Pinto (por António Pinto Monteiro e Paulo Mota Pinto), *Teoria Geral do Direito Civil*, 4ª ed., Coimbra Editora, 2008, págs. 615 e ss.

sumidor no contexto do incumprimento, *maxime*, quanto à informação e renegociação do contrato, permanecem inalterados, porquanto a cessão do crédito importa apenas uma modificação da contraparte negocial e em nada bole com a natureza objetiva do crédito[54].

Uma recusa de informação sobre a situação de incumprimento do devedor, ou da retoma do contrato de crédito, bem como o assédio sobre o mutuário, podem consubstanciar práticas comerciais desleais, proibidas pelo Decreto-Lei nº 57/2008, de 26 de março. São práticas comerciais, para efeitos deste diploma, qualquer ação, omissão, conduta ou afirmação de um profissional, incluindo a publicidade e a promoção comercial, em relação direta com a promoção, a venda ou o fornecimento de um bem ou serviço ao consumidor. Em geral[55], e nos termos do artigo 5º, é desleal qualquer prática comercial desconforme à diligência profissional, que distorça ou seja suscetível de distorcer de maneira substancial o comportamento económico do consumidor seu destinatário ou que o afete relativamente a certo bem ou serviço[56].

Como critério de concretização da diligência do profissional tem especial valor a orientação do Banco de Portugal, no seu Regulamento 17/2012, que determina que a*s instituições de crédito e, se for o caso, os prestadores de serviços de gestão do incumprimento, devem abster-se de efetuar contactos desleais,*

[54] Em 14 de Março de 2018 foi apresentada a já referida Proposta de Diretiva do Parlamento Europeu e do Conselho relativa aos gestores de créditos, aos compradores de créditos e à recuperação de garantias reais (COM/2018/0135 final – 2018/063 (COD). Nos termos do seu artigo 38º, à Diretiva 2014/17/UE seria aditado um artigo 28º, com a seguinte redação: *"1. Caso os direitos do credor ao abrigo de um contrato de crédito ou o próprio contrato sejam cedidos a um terceiro, o consumidor pode exercer em relação ao cessionário qualquer meio de defesa que pudesse invocar perante o credor original, incluindo o direito à compensação, desde que esta seja permitida no Estado--Membro em causa. 2.O consumidor deve ser informado da cessão referida no nº 1"*. Vide, a respeito, a Comunicação da Comissão ao Parlamento Europeu, ao Conselho e ao Banco Central Europeu – 'Segundo relatório sobre os progressos realizados na redução do crédito não produtivo na Europa' COM(2018) 133, de 14 de março de 2018.

[55] Vide o nosso "A propósito das práticas comerciais desleais: contributo para uma tutela positiva do consumidor", *Estudos de Direito do Consumidor* 13 (2017), págs. 107-211, disponível em https://www.fd.uc.pt/cdc/pdfs/rev_13_completo.pdf.

[56] O carácter leal ou desleal da prática comercial é aferido utilizando-se como referência o consumidor médio, ou o membro médio de um grupo, quando a prática comercial for destinada a um determinado grupo de consumidores. Veja-se o nosso "O lugar da vulnerabilidade no Direito do Consumidor português", *Estudos de Direito do Consumidor* 15 (2019), págs. 255-311, https://www.fd.uc.pt/cdc/pdfs/rev_15_completo.pdf.

excessivos ou desproporcionados com os clientes bancários em risco de incumprimento ou em mora no cumprimento de obrigações decorrentes de contratos de crédito, nomeadamente que transmitam ao cliente bancário informação errada, pouco rigorosa ou enganosa; não identifiquem com precisão a instituição de crédito ou o prestador de serviços de gestão do incumprimento ou não indiquem os respetivos elementos de contacto; tenham teor agressivo ou intimidatório; d) ocorram no horário compreendido entre as 22 e as 9 horas do fuso horário do cliente bancário, salvo acordo prévio e expresso do mesmo; sejam dirigidos a endereço, número telefónico ou outro elemento de contacto que não tenha sido disponibilizado pelo cliente bancário à instituição de crédito, salvo quando o elemento de contacto relativo ao cliente bancário esteja acessível ao público".

São ainda desleais, em especial, as práticas comerciais enganosas ou agressivas.

O artigo 8º daquele diploma considera como prática comercial enganosa e desleal – e portanto conduz ou é suscetível de conduzir o consumidor a tomar uma decisão de transação que não teria tomado de outro modo – a omissão que, tendo em conta todas as suas características e circunstâncias e as limitações do meio de comunicação, omite uma informação com requisitos substanciais para uma decisão negocial esclarecida do consumidor, ou em que o profissional oculte ou apresente de modo pouco claro, ininteligível ou tardio aquela informação.

Determina ainda o artigo 11º daquele diploma que é agressiva a prática comercial que, devido a assédio, coação ou influência indevida, limite ou seja suscetível de limitar significativamente a liberdade de escolha ou o comportamento do consumidor em relação a um bem ou serviço e, por conseguinte, conduz ou é suscetível de conduzir o consumidor a tomar uma decisão de transação que não teria tomado de outro modo.

Para efeito desta qualificação, atende-se ao caso concreto e a todas as suas características e circunstâncias, devendo ser considerados os seguintes aspetos:

a) momento, local, natureza e persistência da prática comercial;
b) recurso a linguagem ou comportamento ameaçadores ou injuriosos;
c) aproveitamento consciente pelo profissional de qualquer infortúnio ou circunstância específica que pela sua gravidade prejudique a capacidade de decisão do consumidor, com o objetivo de influenciar a decisão deste em relação ao bem ou serviço;
d) qualquer entrave não contratual oneroso ou desproporcionado imposto pelo profissional, quando o consumidor pretenda exercer os

seus direitos contratuais, incluindo a resolução do contrato, a troca do bem ou serviço ou a mudança de profissional;

e) qualquer ameaça de exercício de uma ação judicial que não seja legalmente possível.

O legislador define no artigo 3º, alínea j), a influência indevida como a utilização pelo profissional de uma posição de poder para pressionar o consumidor (como há-de ser inequivocamente aquela de uma empresa credora), mesmo sem recurso ou ameaça de recurso à força física, de forma que limite significativamente a capacidade de o consumidor tomar uma decisão esclarecida, e na alínea i) define decisão de transação como a decisão tomada por um consumidor sobre a questão de saber se, como e em que condições adquirir, pagar integral ou parcialmente, conservar ou alienar um produto ou exercer outro direito contratual em relação ao produto, independentemente de o consumidor decidir agir ou abster-se de agir.

Sublinhe-se que o contrato celebrado sob influência de uma prática comercial desleal é anulável, a pedido do consumidor, nos termos do artigo 287º, do Código Civil, *ex vi* artigo 14º do Decreto-Lei nº 57/2008; estando ainda sujeito a modificação segundo juízos de equidade, a requerimento do consumidor. Se a invalidade afetar apenas uma ou mais cláusulas do contrato, pode o consumidor optar pela manutenção deste, reduzido ao seu conteúdo válido. O consumidor lesado por efeito de alguma prática comercial desleal proibida é, ainda, ressarcido nos termos gerais da responsabilidade civil (artigo 15º).

Por último, qualquer pessoa, incluindo os concorrentes que tenham interesse legítimo em opor-se a práticas comerciais desleais proibidas, pode intentar a ação inibitória prevista nos artigos 10º Lei nº 24/96, de 31 de julho, com vista a prevenir, corrigir ou fazer cessar tais práticas.

Têm legitimidade para intentar as ações previstas nos artigos anteriores:

a) os consumidores diretamente lesados;
b) os consumidores e as associações de consumidores ainda que não diretamente lesados, nos termos da Lei nº 83/95, de 31 de agosto;
c) o Ministério Público e a Direção-Geral do Consumidor quando estejam em causa interesses individuais homogéneos, coletivos ou difusos.

A ação inibitória tem o valor equivalente ao da alçada da Relação mais 0.01(euro), segue os termos do processo sumário e está isenta de custas.

A decisão deve especificar o âmbito da abstenção ou correção, designadamente através da referência concreta do tipo de situações a que se reporta e pode ser acompanhada de sanção pecuniária compulsória, prevista no artigo 829º-A do Código Civil, sem prejuízo do já referido direito a indemnização a que houver lugar.

Acresce que qualquer pessoa, incluindo os profissionais concorrentes, que detenha um interesse legítimo em opor-se às práticas comerciais desleais proibidas pode submeter a questão, por qualquer meio ao seu dispor, à autoridade administrativa competente, que pode ordenar medidas cautelares de cessação temporária da prática comercial desleal ou determinar a proibição prévia de uma prática comercial desleal iminente independentemente de culpa ou da prova da ocorrência de um prejuízo real.

A adoção das medidas cautelares, a que se refere o nº 2, deve, sempre que possível, ser precedida da audição do profissional, o qual dispõe, para o efeito, de três dias úteis após ter sido notificado por qualquer meio pela autoridade administrativa competente. Não há, todavia, lugar à audição prevista no número anterior quando:

a) a decisão seja urgente;
b) seja razoavelmente de prever que a diligência possa comprometer a execução ou a utilidade da decisão;
c) o número de interessados a ouvir seja de tal forma elevado que a audiência se torne impraticável, devendo nesse caso proceder-se a consulta pública, quando possível, pela forma mais adequada.

A entidade competente, nos termos do artigo 19º, nº 2[57], parece-nos ser o Banco de Portugal, porquanto a prática comercial desleal ocorre no âmbito do seu sector de supervisão: o da concessão de crédito, *maxime*, do mútuo bancário. Nos termos do artigo 17º da Lei Orgânica do Banco de Portugal[58], compete-lhe exercer a supervisão das instituições de crédito, sociedades financeiras *e outras entidades que lhe estejam legalmente sujeitas*, nomeadamente estabelecendo diretivas para a sua atuação e para assegurar os serviços de centralização de riscos de crédito, bem como aplicando-lhes *medidas de*

[57] Com o seguinte conteúdo: "2 – *O Banco de Portugal, a Comissão do Mercado de Valores Mobiliários e o Instituto de Seguros de Portugal são considerados autoridades administrativas competentes para a aplicação do disposto neste artigo às práticas comerciais desleais que ocorram no âmbito dos respetivos sectores financeiros*".

[58] Lei 5/98, de 30 de janeiro, com alterações.

intervenção preventiva e corretiva, nos termos da legislação que rege a supervisão financeira. Ora, cremos que o artigo 19º, nº 2, do Decreto-Lei nº 57/2008, é precisamente um dos casos em que, por força da lei, outras entidades – *in casu*, entidades de cobrança de créditos e de gestão de cobranças, a quem foram cedidos créditos referentes a um contrato de crédito à habitação – ficam sujeitas a medidas de intervenção preventiva ou corretiva do Banco de Portugal. Esta extensão subjetiva justifica-se, precisamente, pela permanência substantiva do objecto, isto é, do crédito a um consumidor, que vê a sua natureza inalterada.

6. Conclusão

O atual regime do crédito à habitação, quase totalmente vertido no Decreto-Lei nº 74-A/2017, impõe à entidade mutuante vários padrões de atuação, que resultem numa concessão de crédito responsável. Todavia, este é um contrato duradouro, estando, pois, vulnerável, entre outras, às contingências e vicissitudes pessoais do devedor.

O Decreto-Lei nº 227/2012, de 25 de outubro, sujeita as instituições de crédito a um conjunto de princípios e de regras no *acompanhamento e gestão de situações de risco de incumprimento* (PARI) e na *regularização extrajudicial das situações de incumprimento* das obrigações e reembolso do capital ou de pagamento de juros remuneratórios por parte dos clientes bancários (PERSI).

A estas instituições cabe-lhes proceder com diligência e lealdade, adotando as medidas adequadas à prevenção do incumprimento de contratos de crédito e, nos casos em que se registe o incumprimento das obrigações decorrentes desses contratos, envidando os esforços necessários para a regularização das situações de incumprimento em causa. Por seu lado, os clientes bancários devem gerir as suas obrigações de crédito de forma responsável e, com observância do princípio da boa fé, alertar atempadamente as instituições de crédito para o eventual risco de incumprimento de obrigações decorrentes de contratos de crédito e colaborar com estas na procura de soluções extrajudiciais para o cumprimento dessas obrigações.

Nos termos do artigo 178º do Regulamento (UE) nº 575/2013 do Parlamento Europeu e do Conselho, de 26 de junho de 2013, relativo aos requisitos prudenciais para as instituições de crédito e para as empresas de investimento, se o mutuário não conseguir cumprir as prestações devidas vencidas há mais de 90 dias ou se se concluir pela improbabilidade de que o mutuário venha a pagar o seu empréstimo, o empréstimo é classificado como empréstimo de mau desempenho ou improdutivo (NPLs).

Estes créditos bancários constituem um problema para os mutuários, *inter alia*, porque a instituição que concedeu o empréstimo pode perder parte ou a totalidade do montante que emprestou e deixa de ter o lucro esperado com a remuneração da quantia mutuada, e porque as perdas, geradas ou esperadas, associadas a um NPL têm de ser reconhecidas nas contas da instituição, através do registo de imparidades, penalizando os resultados dos bancos e a consequente *ratio* de solvabilidade.

Uma das formas de gestão dos NPLs consiste em vender esses empréstimos a outros operadores em mercados secundários; a transação de NPLs em mercado implica a cessão de créditos em massa por parte das entidades financeiras, tendo, em Portugal, sido aprovado o Decreto-Lei nº 42/2019, de 28 de março, que estabeleceu um regime simplificado para a cessão de carteiras de créditos.

Na cessão de créditos, o crédito permanece inalterado, apenas se verificando a substituição do credor originário por um novo credor. Como a cessão dos créditos resultantes de um crédito hipotecário tem por efeito transmitir para o cessionário o (mesmo) direito de que era titular o cedente, transmitem-se para o adquirente, salvo convenção em contrário, as garantias e outros acessórios do crédito (artigo 582º) e, imperativamente, por força do artigo 35º do Decreto-Lei nº 74-A/2017, as garantias do devedor.

O devedor, por seu lado, continua adstrito exatamente à mesma prestação a que se vinculou perante o cedente, resultante de um contrato de crédito à habitação, cuja qualificação como contrato de consumo é determinada no momento da celebração do contrato, cristalizando, e importando a sua sujeição a um determinado regime legal imperativo, no caso, o Decreto-Lei nº 74-A/2017.

Uma recusa de informação sobre a situação de incumprimento do devedor, ou da retoma do contrato de crédito, bem como o assédio sobre o mutuário, podem consubstanciar práticas comerciais desleais, proibidas pelo Decreto-Lei nº 57/2008, de 26 de março. Como critério para apurar a diligência do profissional tem especial valor a orientação do Banco de Portugal, no seu Regulamento 17/2012, que determina que a*s instituições de crédito e, se for o caso, os prestadores de serviços de gestão do incumprimento, devem abster-se de efetuar contactos desleais, excessivos ou desproporcionados com os clientes bancários em risco de incumprimento ou em mora no cumprimento de obrigações decorrentes de contratos de crédito, nomeadamente que transmitam ao cliente bancário informação errada, pouco rigorosa ou enganosa; não identifiquem com precisão a instituição de crédito ou o prestador de serviços de gestão do incumprimento ou não indiquem os* *respetivos elementos de contacto; tenham teor agressivo ou intimidatório; d) ocorram no horário compreendido entre as 22 e as 9 horas do fuso horário do cliente bancário, salvo acordo prévio e expresso do mesmo; sejam dirigidos a endereço, número telefónico ou outro elemento de contacto que não tenha sido disponibilizado pelo cliente bancário à instituição de crédito, salvo quando o elemento de contacto relativo ao cliente bancário esteja acessível ao público".*

Qualquer pessoa pode denunciar a prática comercial desleal à autoridade administrativa competente, que pode ordenar medidas cautelares de cessação temporária da prática comercial desleal ou determinar a proibição prévia de uma prática comercial desleal iminente independentemente de culpa ou da prova da ocorrência de um prejuízo real. A entidade competente parece-nos ser o Banco de Portugal, porquanto a prática comercial desleal ocorre no âmbito do seu sector de supervisão: o da concessão de crédito, *maxime*, do mútuo bancário. Nos termos do artigo 17º da sua Lei Orgânica, compete ao Banco de Portugal exercer a supervisão das instituições de crédito, sociedades financeiras e *outras entidades que lhe estejam legalmente sujeitas*, nomeadamente estabelecendo diretivas para a sua atuação e para assegurar os serviços de centralização de riscos de crédito, bem como aplicando-lhes *medidas de intervenção preventiva e corretiva*, nos termos da legislação que rege a supervisão financeira. Ora, o artigo 19º, 2, do Decreto-Lei nº 57/2008 é precisamente um dos casos em que, por força da lei, se opera uma extensão do seu poder de supervisão, a entidades de cobrança de créditos e de gestão de cobranças, referentes a um contrato de crédito à habitação, que ficam deste modo sujeitas a medidas de intervenção preventiva ou corretiva do Banco de Portugal.

Disclosure nas redes de franchising: a obrigação de informação pré-contratual nos acordos de franquia

Alexandre L. Dias Pereira[*], [**]

1. Introdução

As redes de *franchising* cumprem um importante papel na vida empresarial portuguesa, que conhece diferentes tipos de acordos de franquia. O franchising tem vantagens e riscos para ambos os lados. Os franqueadores conseguem entrar em novos mercados sem os custos e os riscos de estabelecimento que de outra forma teriam que assumir. São os franqueados que devem suportar os custos de estabelecimento como, por ex., trabalhadores, segurança social, arrendamentos, seguros, etc. Ademais, baseado nos seus direitos de propriedade intelectual e industrial e segredos de negócio, os franqueadores podem exercer controle quase total sobre a atividade do franqueado. O franqueado, por sua vez, apesar da sua possível situação de dependência económica, tem a chance de explorar um negócio presumivel-

[*] Versão portuguesa, com ligeiras adaptações, do nosso estudo «Transparency in business networks – pre-contractual disclosure obligations in franchising agréments», publicado a págs. 180-2020 do volume II da obra coletiva *Temas de Direito dos Contratos* sob coordenação de António Pinto Monteiro (Rei dos Livros, Lisboa, 2016). Agradecemos a colaboração na tradução de Pedro de Perdigão Lana.

[**] Professor Associado da Faculdade de Direito da Universidade de Coimbra, Portugal.

mente bem-sucedido com uma clientela já firmada. Para participar da rede de franquia, o franqueado tem que pagar um valor inicial e *royalties* periódicos pelo uso do sistema empresarial franquiado, incluindo o *know-how*, marcas e outros direitos de propriedade intelectual.

2. Características gerais e tipos especiais de franquia

Apesar da variedade de acordos e do relevante papel desempenhado pelas redes de *franchising* na modernização da vida comercial e das redes empresariais, a legislação portuguesa não define, nem fornece uma regulação especial para os contratos de franquia.[1]

No caso *Pronuptia*, o Tribunal de Justiça da União Europeia apontou as principais características e várias espécies de acordos de *franchising*: franquias de produção, franquias de distribuição e/ou franquias de serviços[2]. Posteriormente, o Regulamento (CEE) nº 4087/88 da Comissão relativo à aplicação do nº 3 do artigo 85º do Tratado definiu os acordos de franquia como os que *consistem essencialmente em licenças de direitos de propriedade industrial ou intelectual relacionados às marcas ou sinais e know-how, que podem ser combinados com restrições relacionadas ao fornecimento ou compra de bens* (considerando 2). Este Regulamento também definiu a franquia em si mesma como "um pacote de direitos de propriedade industrial ou intelectual relacionados à marcas, nomes comerciais, insígnias, modelos de utilidades, *designs*, direito de autor, *know-how* ou patentes, para serem explorados para a revenda de bens ou a prestação de serviços para usuários finais" (art. 1/3-a).

Por outro lado, o Regulamento identificou três espécies principais de franquias em função do objeto e distinguiu os acordos de franquia simples dos acordos de franquia principal (*master franchising*). O considerando 3 desse Regulamento dizia, por um lado, que "é possível distinguir vários tipos de franquia consoante o seu objecto: franquia industrial, que diz respeito ao fabrico de bens, franquia de distribuição, relativa à venda de bens, e franquia de serviços, respeitante à prestação de serviços". Por outro lado, o acordo de franquia é definido como um acordo pelo qual uma empresa, a franqueadora, garante à outra, a franqueada, em troca de uma contrapartida financeira direta ou indireta, o direito a explorar a franquia com o propósito

[1] António Menezes Cordeiro, «Do contrato de franquia (franchising): autonomia privada versus tipicidade negocial», ROA 48 (1988), p. 63-84; António Pinto Monteiro, *Contratos de agência, de concessão e de franquia («franchising»)*, Coimbra 1989, p. 27, Id. *Direito comercial – Contratos de distribuição comercial*, Coimbra, 2009, p. 62-63.

[2] Acórdão de 28 de janeiro de 1986, proc. C-161/84, ECR 1986, p. 353.

de fazer propaganda de tipos específicos de bens e/ou serviços, incluindo pelo menos obrigações relacionadas: a) ao uso de nome em comum ou insígnia e uma apresentação uniforme de estabelecimentos contratuais e/ou meios de transporte; b) à comunicação de *know-how* do franqueador ao franqueado; c) à prestação contínua do franqueador ao franqueado de assistência técnica ou comercial durante a duração do acordo. Já o acordo de franquia principal é considerado um acordo por meio do qual uma empresa, a franqueadora, garante à outra, a franqueada-mestre, em troca de uma contrapartida financeira direta ou indireta, o direito de explorar a franquia com o propósito de concluir acordos de *franchising* com terceiros, os franqueados.[3]

Resumindo, na franquia principal (*master franchising*) o franqueador concede uma licença para o franqueado montar, gerir e controlar uma rede de *franchising* em um certo território; na franquia simples, o próprio franqueador – ou o franqueado-principal– concede licenças para franqueados-finais explorarem o sistema empresarial através da constituição de um estabelecimento de franquia em uma certa área e por determinado período de tempo.[4]

O Regulamento foi substituído pelo Regulamento 2790/1999, que por sua vez foi substituído pelo Regulamento 330/2010 relativo a acordos verticais e práticas concertadas.

Em Portugal, a doutrina e a jurisprudência consideram a franquia um método empresarial de integração vertical através do qual o franqueador integra o franqueado numa rede empresarial. Esta integração ocorre através de contratos de *franchising*, pelos quais o franqueador concede aos franqueados, em contrapartida pelo pagamento direto ou indireto (taxa inicial + *royalties*), numa determinada zona ou território e por um período de tempo estável, o direito de explorar um sistema empresarial (franquia) de produção e/ou venda de certos bens ou de prestação de serviços, sob e/ou de acordo com a imagem empresarial, know-how, assistência técnica e controle do franqueador[5].[6]

[3] Regulamento da Comissão 4087/88, artigo 1(3)(b)(c).

[4] Sobre a franquia principal ver, desenvolvidamente, Jaume Martí Miravalls, *El Contrato de Master Franquicia*, Madrid, 2009.

[5] António Pinto Monteiro, *Contratos de distribuição comercial*, cit., p. 117-125, com mais referências. Ver também L. Miguel Pestana de Vasconcelos, *O contrato de franquia (franchising)*, 2ª ed., Coimbra, 2010, pp. 23 seg., J. Engrácia Antunes, *Direito dos contratos comerciais*, Coimbra, 2009, p. 451.

[6] Como jurisprudência, disponível em www.dgsi.pt, ver nomeadamente os acórdãos do Supremo Tribunal de Justiça de 9 de janeiro de 2007 (proc. 06A4416), de 23 de janeiro de

3. Elementos principais dos acordos de franquia

Os contratos de *franchising*, reconhecidos pela jurisprudência e pela doutrina, são caracterizados por alguns elementos, tais como:

a) as partes contratantes são o franqueador e o franqueado;
b) o objeto do contrato é uma licença para explorar um sistema empresarial de produção e/ou venda de bens e/ou prestação de serviços;
c) a exploração da franquia é concedida para uma determinada zona ou território e para um período de tempo estável e geralmente em termos de exclusividade e de não concorrência;
d) obrigações de confidencialidade e de respeito pelo know-how do franqueador;
e) a franquia é explorada sob os sinais distintivos do franqueador e de acordo com o seu know-how e assistência técnica, incluindo publicidade e marketing;
f) a fim de proteger a imagem e a reputação do franqueador ou de manter a identidade e reputação comuns da rede de franquias, o franqueado pode ser obrigado a adquirir o equipamento, as instalações, os bens ou serviços a utilizar na montagem ou no funcionamento da franquia conforme estabelecido pelo franqueador;
g) o franqueado paga como remuneração uma taxa inicial (ou taxa de admissão de entrada) acrescida de royalties periódicos.

4. Obrigações das partes

Tanto os franqueadores como os franqueados assumem obrigações nos contratos de franquia. Quanto ao franqueador, a principal obrigação é permitir que o franqueado use os sinais distintivos e know-how, fornecer-lhe formação e assistência, garantir a publicidade da rede de *franchising*, suprir ou garantir o fornecimento de bens necessários para a execução da franquia, informar os franqueados de qualquer alteração no funcionamento da

2010 (proc. 589/06.OTVPRT.P1), de 19 de outubro de 2010 (proc. 2114/06.4TVPRT. P1.S1), 15 de dezembro de 2011 (proc. 1807/08.6TVLSB.L1.S1); acórdão do Tribunal da Relação de Lisboa, de 21 de janeiro de 2010 (proc. 1209/08.4TJLSB.L1-2). No seu julgamento de 14 de fevereiro de 2012 (proc. 3863/07.5TBVIS.C1), o Tribunal de Relação de Coimbra resumiu os elementos usuais dos acordos de franchising da seguinte forma: a) licenças de marcas e outros sinais distintivos do franqueador e eventualmente uma licença de patente; b) transmissão de know-how; c) assistência técnica do franqueador ao franqueado; d) controle de atividade do franqueado pelo franqueador; e) pagamentos em dinheiro pelo franqueado ao franqueador.

empresa (nomeadamente a composição e apresentação dos bens e condições de venda), e supervisionar a rede de franquia (nomeadamente controlando e verificando o desempenho, por outros franqueados, de deveres destinados a assegurar a identidade comum e a reputação da rede de *franchising*, como a obrigação de não contratar fora da rede).

Por seu turno, o franqueado tem um dever especial de cuidado em relação à identidade, imagem e reputação da franquia, incluindo obrigações de *non facere*, tais como as obrigações de confidencialidade, de não concorrência e de não fazer publicidade sem autorização prévia do franqueador. O franqueado também deve comunicar ao franqueador qualquer nova experiência adquirida com a execução da franquia que represente uma melhoria das suas condições de funcionamento e eficiência, além de autorizar o franqueador e outros membros da rede de franqueados a usarem esse *know-how*. Além disso, os franqueados têm que pagar uma remuneração previamente acordada (taxa de entrada e royalties periódicas), utilizar os objetos de propriedade intelectual do franqueador, seguir as suas instruções sobre equipamentos, apresentação uniforme das instalações e meios de transporte e cumprir as especificações objetivas de qualidade, observar os preços de revenda recomendados pelo franqueador, fornecer assistência aos clientes, permitindo ao principal inspecionar as peças de reposição e os métodos utilizados pelos seus auxiliares na prestação de assistência pós-venda, prestar todas as informações que lhe forem solicitadas (nomeadamente sobre a situação do mercado e perspetivas de evolução), participar em formação organizada pelo franqueador conforme estipulado no contrato. Os franqueados podem ainda assumir obrigações de venda mínima ou de volume mínimo de negócios.

5. Formação de contratos de franquia: estrutura geral

O direito privado português, tal como positivado no Código Civil e em leis especiais, prevê regulamentação específica para uma ampla gama de contratos, como por exemplo a compra e venda, a doação, a locação, o mútuo, os serviços, incluindo o mandato, o depósito e a empreitada.

Os contratos de franquia não são legalmente previstos e por isso são considerados contratos atípicos no direito português. A legislação lusa não nomeia nem fornece um conjunto de regras específicas para os contratos de *franchising*. Estes contratos são válidos ao abrigo do princípio da liberdade contratual consagrado no artigo 405º do Código Civil, nos termos do qual, dentro dos limites da lei, as partes têm o direito de fixar o conteúdo dos contratos, de celebrar contratos diferentes daqueles que são fornecidos neste código ou de neles inserir cláusulas conforme desejarem (contratos atípicos); além disso, as partes também podem aderir às mesmas regras contratuais de dois ou mais contratos, total ou parcialmente regulados pela lei (contratos mistos).

Para os contratos em geral, enquanto negócios jurídicos, o Código Civil fornece um conjunto de princípios gerais e de regras sobre a formação do contrato, a capacidade das partes, as declarações de vontade, o objeto, a eficácia, bem como a regulamentação de certos pactos preparatórios, tais como os contratos-promessa e os pactos de preferência, e ainda regras sobre o não cumprimento do contrato. Juntamente com os princípios e as regras gerais, certas leis especiais são aplicáveis aos contratos de franquia, no que se refere, nomeadamente, às cláusulas contratuais gerais (Decreto-Lei 446/85, com alterações), responsabilidade do produtor (Decreto-Lei 383/89, com alterações), direito da concorrência (Lei 19/2012) e propriedade industrial (Decreto-Lei 110/2018). Ademais, é entendimento geral que as disposições do regime jurídico do contrato de agência (Decreto-Lei 178/86, com alterações) podem ser aplicadas, por analogia, aos contratos de distribuição, nomeadamente à concessão comercial e ao franchising, especialmente no que respeita à cessação de contratos[7]. Este diploma não esta-

[7] Ver, por todos, António Pinto Monteiro, *Contratos de distribuição comercial*, cit., p. 63-4, 67-9. Na jurisprudência ver por ex. os acórdãos do Supremo Tribunal de Justiça de 9 de janeiro de 2007 (proc. 06A4416), de 5 de março de 2009 (proc. 09B0297), 25 de janeiro de 2011 (proc. 6350/06.5TVLSB.P1.S1), de 27 de outubro de 2011 (proc. 8559-06.2TBBRG.G1.S1) e 15 de Novembro de 2012 (proc. 1147/06.5TBCLD.L1.S1); Tribunal do de Relação de Coimbra, acórdão de 14 de fevereiro de 2012 (proc. 3863/07.5TBVIS.C1); do Tribunal de Relação de Lisboa, acórdãos de 22 de março de 2011 (proc. 1807/08.6TVLSB.L1-7) de 10 de dezembro de 2009 (proc. 6240.05.9TVLSB.L1-7), de 20 de dezembro de 2011 (proc. 303024/10.7YIPRT.P1)); do Tribunal de Relação do Porto, acórdãos de 19 de maio de 2010 (proc. 635 /06.5TVLS.P1), de 20 de dezembro de 2011 (proc. 303024/10.7YIPRT.P1).

Não obstante a aplicação analógica de disposições relevantes do diploma da agência aos contratos de franquia, estes poderiam ser assimilados pela noção de locação de empresa, como sustentámos em «Da franquia de empresa (franchising), BFD 73 (1997), p. 251-278. O Tribunal de Relação do Porto, no acórdão de 15 de Julho de 2009 (proc. 589/06.0TVPRT.P1), parece aceitar esta opinião ("*da conjugação de todos estes traços definidores e do tipo de cláusulas existentes e em presença no contrato de franchising, somos de opinião que a renda que é paga pelo franquiado tem uma natureza em tudo idêntica à do art. 1022º do CC, ou seja, trata-se de uma renda a pagar enquanto durar*

belece deveres específicos de informação pré-contratual, mas a ausência de legislação específica não significa um vazio jurídico sobre a formação dos contratos de franquia.

6. Negociações de boa-fé e *culpa in contrahendo*

Para começar, os princípios e as regras gerais do direito contratual aplicam-se aos contratos. Em particular, a doutrina da *culpa in contrahendo*, codificada no artigo 227 do Código Civil, tem um papel relevante a desempenhar no campo da franquia[8]. De acordo com esta norma, as partes contratantes agirão em conformidade com a boa-fé tanto em negociações preliminares como na redação das cláusulas, caso contrário serão responsáveis por indemnizar os danos causados culposamente à outra parte. Esta disposição legal estabelece o princípio da boa-fé (*bona fides*) em sentido objetivo, i.e., como fonte de deveres de cuidado e de lealdade entre as partes contratantes nas negociações[9], e cuja violação é considerada uma fonte de responsabilidade[10]. A obrigação das partes de negociarem de boa-fé significa a obrigação de fornecerem todas as informações pré-contratuais que sejam convenientes e justificadas para que a outra parte decida se e como o con-

o contrato e com a finalidade essencial de retribuição pelo uso e fruição da marca e dos serviços de marketing, sendo fixada logo na celebração do contrato, ainda que actualizável."). No entanto, o Supremo Tribunal de Justiça recusou esse entendimento no acórdão de 19 de outubro de 2010 (proc. 2114/06.4TVPRT.P1.S1: "*4) No contrato de franquia as rendas ('royalties') não representam, apenas, a contrapartida de utilização de um bem, como acontece no contrato de locação, mas incluem várias outras, como a assistência, a colocação no mercado de um produto com nome comercial firmado, e ainda amortização de equipamento, custos de gestão e da assistência prestada.*")." Mas a questão não está encerrada.

[8] António Menezes Cordeiro, *Manual de direito comercial*, 2ª ed., Coimbra, 2007, p. 692; L. Miguel Pestana de Vasconcelos, *O contrato de franquia*, cit., 78-80.

[9] Ver por ex. o acórdão do Supremo Tribunal de Justiça de 16 de dezembro de 2010 (proc. 4/07.1TBGDL.E1.S1).

[10] A natureza jurídica da responsabilidade por *culpa in contrahendo* é uma questão controversa. O Supremo Tribunal de Justiça já considerou que a responsabilidade por *culpa in contrahendo* é um *tertium genus* de responsabilidade entre a contratual e extracontratual – acórdãos de 20 de março de 2012 (proc. 1903/06.4TVLSB.L1.S1), 27 de setembro de 2012 (proc. 3729/04.0TVLSB.L1.S1) e 20 de outubro de 2012 (proc. 2625/09.0TVLSB.L1. S1). Na doutrina, ver, nomeadamente, Jorge Sinde Monteiro, *Responsabilidade por conselhos, recomendação e informações*, Coimbra, 1989, p. 516, Luis Manuel de Menezes Leitão, *Direito das obrigações*, I, 8ª ed., Coimbra, 2009, p. 361. Sobre o *tertium genus* da responsabilidade civil ver também e.g. Manuel Carneiro da Frada, *Teoria da confiança e responsabilidade civil*, Coimbra, 2004.

trato deve ser celebrado[11]. A relevância desta obrigação nos contratos de *franchising* já foi apontado pelos tribunais.[12]

Argumentos da ciência económica como a assimetria de informação e o caráter duradouro destes contratos podem ser utilizados para reforçar a obrigação de fornecer informações pré-contratuais na fase de formação dos acordos de franquia, mas os tribunais geralmente baseiam as suas decisões nos princípios jurídicos da boa fé e da confiança.[13]

No acórdão em 19 de outubro de 2010 (proc. 2114/06.4TVPRT.P1.S1) o Supremo Tribunal de Justiça decidiu que as partes devem cumprir os deveres de informação e de lealdade, a fim de prevenir falsas expetativas suscetíveis de causarem danos: *"Pela tutela da confiança, devem as partes cumprir todos os deveres de lealdade e de informação que ao caso caibam, de modo a evitar criar situações de crença ou de aparência das quais possam emergir danos."*

Por seu turno, no acórdão de 19 de maio de 2009 (proc. 8685/08-7), o Tribunal de Relação de Lisboa entendeu que: "O dever de lealdade integrador da boa fé que deve nortear as negociações preliminares de um contrato impõe que qualquer das partes omita afirmações, conformes às suas convicções e expectativas mas ainda não comprovadas, se as mesmas forem idóneas para reforçar a confiança já criada na viabilidade do projecto e levar a contraparte a fazer e prosseguir na realização de investimentos com vista ao negócio projectado."

O Tribunal da Relação do Porto, no acórdão de 2 de julho de 2009 (proc. 373/07.4TVPRT.P1), analisou a obrigação de prestar informação pré-contratual, sustentando que três deveres decorrem da obrigação de agir de acordo com o princípio da boa-fé na fase das negociações preliminares:

a) um dever de proteção, no sentido de que as partes devem evitar ações que possam causar danos à outra parte;

[11] Ver, por todos, Carlos Alberto da Mota Pinto, A responsabilidade pré-negocial pela não conclusão dos contratos, Coimbra, 1963, Mário Júlio de Almeida Costa, Responsabilidade Civil pela ruptura das negociações preparatórias de um contrato, Coimbra, 1994.

[12] Ver e.g. Tribunal de Relação de Lisboa, acórdão de 19 de Maio de 2009 (proc. 8685/08-7); Tribunal de Relação do Porto, acórdão de 2 de Julho de 2009 (proc. 373/07.4TVPRT.P1)

[13] Ver por ex. Supremo Tribunal de Justiça, acórdãos de 27 de setembro de 2012 (proc. 3729/04.0TVLSB.L1.S1) e 20 de outubro de 2012 (proc. 2625/09.0TVLSB.L1.S1). Os contratos de franquia celebrados devido a erro das partes, doloso ou não, são anuláveis de acordo com as disposições relevantes do Código Civil: por ex., quando a violação das informações pré-contratuais é dolosa, a consequência também é a anulabilidade do contrato (artigos 253º e 254º), sem prejuízo da responsabilidade por *culpa in contrahendo* – acórdão do Tribunal de Relação de Lisboa de 27 de setembro de 2007 (proc. Nº 6592/2007-6)

b) um dever de informação, considerando as circunstâncias possivelmente relevantes para a outra parte, em especial quando é a parte mais fraca;
c) um dever de lealdade, ou seja, a obrigação de evitar práticas desleais em relação à outra parte, incluindo a rutura injustificada das negociações de um contrato sobre o qual a outra parte tinha expectativas legítimas e fundadas quanto à sua celebração.

Por outro lado, a jurisprudência do Supremo Tribunal de Justiça salienta o valor normativo da boa-fé e da confiança nas transações comerciais. No acórdão de de 31 de março de 2011 (proc. 3682/05.3TVSLB.L1.S1), o STJ considerou que a recusa em assinar um contrato depois de chegar a um acordo sobre todos os seus termos é uma questão responsabilidade pré-contratual por *culpa in contrahendo*, não pela recusa em si, mas pela confiança e expectativas legítimas que foram criadas e depois frustradas sem adequada justificação.[14]

Mais tarde, no acórdão de 6 de novembro de 2012 (proc. 4068/06.8TBCSC.L1.S1), o Supremo Tribunal de Justiça salientou que a boa-fé impõe deveres de informação, proteção e lealdade na formação do contrato, e que o artigo 227/1 do Código Civil inclui não só a rutura das negociações, mas também a celebração de contratos ineficazes e a proteção contra contratos indesejados, i.e., a celebração de um contrato que não corresponde ao que a outra parte contratante poderia esperar baseada em informações erróneas fornecidas pela outra parte ou pela omissão de esclarecimentos adequados. No entanto, na opinião do Tribunal, para apurar a culpa das partes é necessário ter em conta não só o princípio da boa-fé, mas também outros princípios fundamentais do direito contratual privado, como a autonomia da vontade e o equilíbrio das obrigações.

Em nossa opinião, a obrigação de negociar em boa-fé também significa que, durante as negociações preliminares as partes não se envolvam em práticas de concorrência desleal, tais como declarações enganosas ou ilusórias e quebras de confidencialidade, tal como previsto atualmente no art. 311 do

[14] M.J. Almeida Costa/Henrique Sousa Antunes, «S.T.J., Acórdão de 31 de Março de 2011 – Processo nº 3682/05.3 TVSLB.L1.S1 (Responsabilidade pré-contratual: aplicação do critério do interesse contratual negativo ao cálculo da indemnização pela recusa injustificada da formalização de um contrato negociado), RLJ Ano 141 (2012), p. 309.

Código de Propriedade Industrial aprovado pelo Decreto-Lei nº 110/2018, de 10 de dezembro.[15]

7. Questões discutidas, em especial os danos ressarcíveis na responsabilidade pré-contratual

Discute-se se a responsabilidade por *culpa in contrahendo* requer culpa intencional (dolo), se só ocorre em caso de não celebração do contrato (por ex., rutura injustificada das negociações ou recusa de assinar na forma adequada um contrato cuja negociação estava terminada), e se a indemnização deverá cobrir apenas os danos negativos (por ex., despesas realizadas devido à negociações) ou também danos positivos (ou seja, lucros ou resultados razoavelmente esperados pela outra parte com a celebração e cumprimento do contrato).

A redação do Código Civil não exige dolo, mas o nível de culpa será considerado na avaliação da compensação (artigo 488). Além disso, a indemnização deve ocorrer apesar de as partes terem celebrado o contrato, por ex. no caso de serem efetuadas despesas e investimentos na expectativa legítima de um determinado resultado, mas que não encontra correspondência nos termos clausulados no contrato. Esta solução foi adotada pelo Supremo Tribunal de Justiça no acórdão de 15 de Maio de 2012 (proc. 6440/09.2TVLSB.L1.S1): "A celebração do contrato ou a sua anulação, não afastam a aplicação desta responsabilidade."[16]

Por outro lado, em princípio, apenas os danos negativos ou de confiança devem ser compensados[17]. O Supremo Tribunal de Justiça, no acórdão de 31 de março de 2011 (proc. 3682/05.3TVSLB.L1.S1), sustentou que a compensação por danos contratuais negativos (dano de confiança) mede-se pela diferença entre a situação económica atual do lesado e a situação em

[15] O atual CPI autonomiza a proteção dos segredos comerciais nos artigos 313 a 315, transpondo a Diretiva (UE) 2016/943, do Parlamento Europeu e do Conselho, de 8 de junho de 2016, relativa à proteção de *know-how* e de informações comerciais confidenciais (segredos comerciais) contra a sua aquisição, utilização e divulgação ilegais.

[16] Na doutrina ver, notavelmente, Jorge Sinde Monteiro, *Responsabilidade por conselhos, recomendações ou informações*, cit., p. 358, 360.

[17] Supremo Tribunal de Justiça, acórdão de 12 de Janeiro de 2009 (proc. 08B4052); Tribunal de Relação de Lisboa, acórdão de 22 de Março de 2011 (proc. 1807/08.6TVLSB.L1-7): "Essa indemnização abrange os lucros cessantes consistentes na medida do benefício que o lesado teria auferido se não fosse a existência e subsistência do contrato (dano negativo ou de confiança), e não aqueles medidos pelo benefício do lesado decorrentes da prestação debitória do devedor (dano positivo ou de cumprimento).").

que ele estaria se não tivesse entrado nas negociações, e portanto apenas os danos que consistem em despesas resultantes das negociações serão ressarcíveis. Já os lucros esperados com a celebração e execução do contrato não seriam indemnizáveis ao abrigo da responsabilidade por *culpa in contrahendo* devido a esta não ser responsabilidade contratual. "A indemnização pelo dano positivo destina-se a colocar o lesado na situação em que se encontraria se o contrato fosse exactamente cumprido. Reconduz-se, assim, aos prejuízos que decorrem do não cumprimento definitivo do contrato ou do seu cumprimento tardio ou defeituoso. Ao passo que a indemnização do dano negativo tende a repor o lesado na situação em que estaria se não houvesse celebrado o contrato, ou mesmo iniciado as negociações com vista à respectiva conclusão."[18]

No entanto, certos danos, como a perda de uma chance (ou de diferente oportunidade de negócios) por uma das partes deveriam ser levados em conta. O Supremo Tribunal de Justiça, nos acórdãos de 12 de jde 2009 (proc. 08B4052) e de dezembro de 2011 (proc. 1807/08.6TVLSB.L1.S1) reconhece que, excecionalmente, os danos positivos podem ser indemnizáveis, nomeadamente quando o contrato é anulado.

No acórdão de 20 de março de 2012 (proc. 1903/06.4TVLSB.L1.S1) o Supremo Tribunal de Justiça parece permitir uma abordagem menos restritiva, pois os danos positivos são colocados quase em pé de igualdade com os danos negativos para efeitos de indemnização por responsabilidade pré-contratual: "*VII – Os danos indemnizáveis, em sede responsabilidade pré-contratual, por violação dos deveres de informação e esclarecimento, conducentes à outorga de um contrato desvantajoso, abrangem quer o dano da confiança (interesse contratual negativo), quer o dano do cumprimento (interesse contratual positivo).*" De igual modo, no acórdão de 27 de setembro de 2012 (proc. 3729/04.0TVLSB.L1.S81), o Supremo Tribunal de Justiça decidiu que a responsabilidade pré-contratual pode abranger danos contratuais positivos sempre que as negociações tenham um nível que justifique a confiança positiva na celebração do contrato: "*IV. A responsabilidade pré-contratual abarca o dano contratual negativo – o dano que o lesado não teria se não tivesse encetado as negociações – e pode abarcar o dano contratual positivo – quando as negociações tiverem atingido um nível tal que justifique a confiança na celebração do negócio.*"

Mais tarde, no acórdão de 20 de Outubro de 2012 (proc. 2625/09.0TVLSB.L1.S1), o Supremo Tribunal de Justiça manteve o entendimento de que

[18] M.J. de Almeida Costa, *Direito das obrigações*, 9ª ed., Coimbra, 2008, p. 548.

os danos positivos do contrato podem ser indemnizados ao abrigo da responsabilidade pré-contratual em casos extremos e de acordo com as circunstâncias concretas do caso, se já existia um acordo global e faltava apenas a sua formalização: *"I – A responsabilidade civil pré-contratual não se confunde com a responsabilidade civil contratual, nem com a responsabilidade civil extracontratual, constituindo um tertium genus de responsabilidade civil. II – Neste tipo de responsabilidade a indemnização abrange o interesse contratual negativo, podendo, em casos limites e de acordo com as circunstâncias concretas do caso, incluir o interesse contratual positivo, se já existia um acordo global e faltava apenas a formalização do negócio."*

A doutrina apresenta o conceito de um pré-contrato informal vinculativo[19] e tem-se também defendido a indemnização por danos positivos, nomeadamente no caso de não cumprimento do dever de celebrar o contrato.[20]

No entanto, a indemnização por danos positivos na responsabilidade pré-contratual não deve ser construída de forma ampla, em particular quando uma exigência legal de formalização contratual não é cumprida. Se a lei exige uma forma especial para a validade da celebração de um contrato (por ex. escritura pública ou documento particular autenticado), a recusa em assinar o contrato na devida forma é um direito de ambas as partes. No entanto, se as partes acordarem plenamente os termos do contrato e seguirem com a sua execução, é necessário verificar se os interesses protegidos pela exigência legal de forma estão em jogo quando uma das partes argumenta a invalidade do contrato por falta de forma legal[21]. Pode ser uma situação de *venire contra factum proprium*, proibida enquanto abuso de direito (artigo 334 do Código Civil).

Note-se que os contratos de franquia são contratos atípicos ao abrigo do direito privado português, o que significa que nenhuma exigência legal de forma é exigida para a validade desses contratos, enquanto tais. Portanto, quando as partes acordarem plenamente os termos do contrato e iniciarem sua execução, parece que o contrato terá sido tacitamente celebrado (artigo 217 do Código Civil), sendo o seu não cumprimento gerador de responsabilidade contratual.

[19] Carlos Ferreira de Almeida, «Contrato formal e pré-contrato informal», *Comemorações dos 35 Anos do Código Civil e dos 25 Anos da Reforma de 1977*, vol. II, Coimbra, 2006.

[20] Ver Paulo Mota Pinto, *Interesse contratual positivo e interesse contratual negativo*, vol. II, Coimbra, 2009, p. 1347-8; Nuno M. Pinto de Oliveira, *Princípios de direito dos contratos*, Coimbra, 2011.

[21] Ver a Anotação de Almeida Costa e Sousa Antunes, cit., p. 229-30, com mais referências.

Finalmente, não há prazo específico nos acordos de franquia para reivindicar compensação por danos resultante da violação do dever de informação pré-contratual. No entanto, em caso de *culpa in contrahendo,* o Código Civil prevê um prazo de prescrição de 3 anos para requerer indemnização por perdas e danos (artigo 227/2 e artigo 498).

8. A utilização de cláusulas contratuais gerais na negociação de contratos de franquia

Geralmente os contratos de *franchising* contêm cláusulas gerais. Aplica-se-lhes, portanto, o regime das cláusulas contratuais gerais, aprovado pelo Decreto-Lei 446/85 e alterado pelos DL 220/95 e 249/99[22]. O âmbito de aplicação desta lei inclui cláusulas contratuais gerais redigidas sem negociação prévia individual que são subscritas ou aceites respetivamente por proponentes ou destinatários indeterminados, bem como cláusulas inseridas em contratos individuais cujo conteúdo não pôde ser negociado pela outra parte (artigo 1), independentemente de quem redigiu essas cláusulas (artigo 2).

Este regime estabelece uma obrigação de *disclosure* total das cláusulas contratuais gerais para que o franqueado possa conhecê-las antes de aderir ao contrato. De facto, o proponente deve comunicar integralmente as cláusulas por meios adequados e com o aviso prévio necessário, para que, considerando a importância do contrato e a extensão e complexidade das cláusulas, o seu conhecimento completo e efetivo seja possível pela outra parte usando de normal diligência (artigo 5). Por outro lado, o proponente tem a obrigação de informar e esclarecer qualquer dúvida razoável do franqueado sobre essas cláusulas gerais (artigo 6). Se as obrigações de comunicar e de informar/esclarecer não forem cumpridas, as cláusulas gerais são consideradas excluídas do contrato; o mesmo se aplica às chamadas cláusulas surpresa (artigo 8).

[22] Ver e.g. M.J. de Almeida Costa, Síntese do regime jurídico vigente das cláusulas contratuais gerais, 9ª ed., Lisboa, 2007; Idem / António Menezes Cordeiro, Cláusulas contratuais gerais. Anotação ao Decreto-Lei nº 446/85, de 25 de Outubro, Coimbra, 1990; António Pinto Monteiro, «Contratos de adesão (o regime jurídico das cláusulas contratuais gerais instituído pelo Decreto-Lei nº 446/85, de 25 de Outubro)», ROA (1986), e Id. «O novo regime jurídico dos contratos de adesão/cláusulas contratuais gerais». ROA (2002); J. Sousa Ribeiro, O problema do contrato – As cláusulas contratuais gerais e o princípio da liberdade contratual, Coimbra, 1999.

Além disso, o regime das cláusulas contratuais gerais estabelece um controlo do conteúdo do contrato proibindo as cláusulas contrárias à boa-fé (artigo 15) e prevendo uma lista de "cláusulas negras" (cláusulas consideradas absolutamente nulas) e uma lista de "cláusulas cinzentas" (cláusulas cuja validade depende do quadro negocial padronizado). Entre estas, e no que se refere aos contratos padrão entre empresas ou profissionais, incluem-se as cláusulas gerais que prevejam cláusula penal não proporcional aos danos ressarcíveis, assim como cláusulas que permitem a uma das partes, imediatamente ou sem aviso prévio suficiente e compensação adequada, cessar um contrato que tenha exigido da outra investimentos ou despesas consideráveis (artigo 19/c/f).

Apesar de serem apenas "cláusulas cinzentas", elas são especialmente relevantes nos acordos de franquia. A fim de descobrir o quadro negocial padronizado no *franchising*, alguns instrumentos jurídicos não vinculativos (*soft law*) podem ser relevantes, nomeadamente o Código Europeu de Ética para o Franchising.

9. O «Código Europeu de Ética para o Franchising» e a *Unidroit Model Franchise Disclosure Law*»

A legislação portuguesa não tem regulamentação específica para os contratos de franquia, mas os princípios gerais do direito dos contratos (como o princípio da boa-fé na negociação) e a disciplina das cláusulas contratuais gerais fornecem uma base normativa para a obrigação de fornecer informações pré-contratuais entre as partes.

A fim de preencher conceitos gerais e noções legais indeterminadas, os instrumentos de *soft law* podem ser relevantes. Em particular, o Código Europeu de Ética para o *Franchising*[23], válido em Portugal desde 1991. A Parte 3 deste Código estabelece, sobre recrutamento, publicidade e divulgação, que:

> *3.1 A publicidade para o recrutamento de Franqueados não deve conter ambiguidades e declarações enganosas.*
>
> *3.2 Qualquer recrutamento, publicidade ou material publicitário, contendo referências diretas ou indiretas a possíveis futuros resultados, números ou ganhos esperados pelos Franqueados individuais, devem ser objetivos e não devem induzir em erro.*

[23] European Franchise Federation, «European Code of Ethics for Franchising» – http://www.eff-franchise.com/.

3.3 De modo a permitir que futuros Franqueados entrem em qualquer documento vinculativo com pleno conhecimento de causa, deverão receber uma cópia do presente código de ética, assim como uma divulgação por escrito, completa e precisa de toda a informação necessária ao relacionamento de franchising, dentro de um prazo razoável antes da execução desses documentos vinculativos.

3.4 O potencial Franqueado é responsável por analisar cuidadosamente a informação necessária à relação de franchising, incluindo obter aconselhamento profissional, antes de assinar o contrato de franquia.

3.5 O potencial Franqueado tem de ser credível e transparente na sua informação sobre a experiência, as suas capacidades financeiras, a sua formação e antecedentes, assim como qualquer outro material de informação para a relação do franchising que fornece com o propósito da sua seleção pelo Franqueador.

3.6 Se um Franqueador impuser um pré-contrato a um candidato a Franqueado, deverão ser respeitados os seguintes princípios:

- *i. antes da assinatura de qualquer pré-contrato, ao candidato a Franqueado deve ser entregue informação escrita sobre a sua finalidade assim como sobre qualquer pagamento a ser efetuado ao Franqueador de despesas efetivas incorridas e respeitantes à fase pré contratual; se o acordo de Franquia for celebrado, o pagamento deverá ser reembolsado pelo Franqueador ou descontado do possível Direito de Entrada a ser pago pelo candidato a Franqueado;*
- *ii. o pré-contrato deve definir os seus termos e incluir uma clausula de rescisão;*
- *iii. o Franqueador pode impor cláusulas de não concorrência e/ou confidencialidade para proteger o seu Know-how e identidade.*

Por outro lado, o Instituto Internacional para a Unificação do Direito Privado (UNIDROIT), do qual Portugal é membro, emitiu em setembro de 2002 um instrumento sobre franquias, a *Unidroit Model Franchise Disclosure Law*, contendo disposições relativas à obrigação de entrega, formato e conteúdo do documento de *disclosure.*[24]

Apesar de não ser vinculativa, essa Lei-modelo pode ser seguida para clarificar a obrigação de fornecer informações pré-contratuais, em especial em sede de arbitragem e de decisões segundo a equidade.

[24] https://www.unidroit.org/english/modellaws/2002franchise/2002modellaw-e.pdf.

10. Prazo para submissão e conteúdo mínimo do documento de informações pré-contratuais

Não há prazo legal para apresentar o documento de informação pré-contratual. No entanto, nos termos do artigo 227 do Código Civil e tendo em conta o *Código Europeu de Ética para o Franchising* (3.3 – "dentro de um prazo razoável antes da execução") na prática dá-se frequentemente um período razoável de tempo para o franqueado estudar e decidir se quer assinar ou não o documento vinculativo. O período de tempo razoável, que depende da complexidade e/ou do estado das negociações pré-contratuais, é geralmente estipulado entre 15 dias e um mês. Não obstante, as regras do Código Civil sobre oferta e aceitação de propostas devem ser observadas (artigos 228 e seguintes).

Além disso, não há nenhuma obrigação legal específica detalhando ou especificando o conteúdo da informação pré-contratual. No entanto, de acordo com o princípio da boa-fé, o franqueador deve fornecer todas as informações relevantes e convenientes para permitir que o possível franqueado tome uma decisão devidamente fundamentada sobre a celebração do contrato e os seus termos. A informação a fornecer varia de acordo com as circunstâncias de cada caso.

No que diz respeito aos instrumentos de *soft law*, o § 3.3 do *Código Europeu de Ética sobre Franchising* estabelece que os franqueados têm direito a receber "uma divulgação por escrito completa e precisa de todo o material informativo da relação de franquia". De acordo com o parágrafo 5.4 deste Código, os termos mínimos essenciais do acordo são:

a) os direitos concedidos ao Franqueador;
b) os direitos concedidos ao Franqueado;
c) os direitos de propriedade intelectual do Franqueador nas marcas, sinais, etc. os quais deverão ser protegidos por um período de tempo, pelo menos com a duração do contrato de franchising;
d) os bens e/ou serviços que deverão ser fornecidos ao Franqueado;
e) as obrigações do Franqueador;
f) as obrigações do Franqueado;
g) as condições de pagamento por parte do Franqueado;
h) a duração do contrato que deverá ser suficientemente longa para permitir ao Franqueado a amortização do seu investimento inicial e subsequente específico ao franchising;

i) a base, incluindo o aviso que ambas as partes devem fornecer, para qualquer renovação do contrato;
j) as condições segundo as quais o Franqueado tem o direito de vender ou transferir o negócio de franchising sendo uma preocupação constante e os possíveis direitos de preferência do Franqueador a este respeito;
k) termos de utilização pelo Franqueado dos sinais distintivos, incluindo marcas, logótipos ou qualquer outra identificação distintiva do Franqueador (como será agora o nome de domínio da internet);
l) o direito do Franqueador em adaptar o sistema de franchising para métodos novos ou alterados;
m) disposições para a cessação do contrato;
n) disposições para entregar prontamente após o término do contrato qualquer propriedade tangível ou intangível pertencente ao Franqueador ou qualquer outro proprietário

11. A *franchising disclosure* no direito comparado

Nos EUA, o franqueador tem o dever de fornecer um *Franchise Disclosure Document* (Documento de Divulgação na Franquia – FDD) pelo menos quatorze dias antes de qualquer pagamento ser feito ou de um contrato de franquia ser assinado. O FDD deve, em princípio, incluir demonstrações financeiras auditadas do franqueador em um formato específico, dados de franqueados no território licenciado (nomes, endereços e números de telefone) para consulta antes de concluir a franquia, estimativa das receitas globais da rede de franquias e rentabilidade do franqueador.

Na Europa, a lei *Doubin* francesa, de 31 de dezembro de 1989, mais tarde incorporada no Código de Comércio (artigo L 330-3 *code de commerce*), é a primeira lei europeia de *disclosure* de franquias. O documento de *disclosure*, que é confidencial, deve ser entregue pelo menos 20 dias antes de qualquer pagamento ou execução do contrato. O documento de *disclosure* deve incluir a data da constituição da empresa do franqueador, um resumo do seu histórico de negócios e todas as informações necessárias para avaliar a experiência comercial do franqueador, incluindo relações bancárias, descrição do mercado local para os bens ou serviços, demonstrações financeiras do franqueador para os dois anos anteriores, uma lista de todos os outros franqueados atualmente na rede e de todos os franqueados que tenham saído da rede no ano anterior, seja por rescisão ou não renovação, as condições de renovação, cessão, rescisão e o âmbito de exclusividade da franquia.

Em relação aos países ou regiões de língua portuguesa, no Brasil a Lei 8.955/1994 ("dispõe sobre o contrato de franquia empresarial (franchising) e dá outras providências") prevê um documento de *disclosure* obrigatória antes da execução do contrato, sob pena de anulação do acordo e de restituições e perdas e danos (artigo 3). Por seu turno, no outro lado do planeta, o Código Comercial de Macau, promulgado pelo Decreto-Lei 40/99/M, de 3 de agosto de 1999[25], estabelece uma obrigação detalhada de fornecer informações e esclarecimentos pré-contratuais (artigo 680). Esta informação visa permitir ao franqueado avaliar de forma equilibrada e informada as vantagens e desvantagens do contrato. Como exemplos de informação que o franqueador deve fornecer, pode-se mencionar a sua identificação e dois últimos exercícios anuais, as especificações quanto às estimativas de investimento inicial necessário para a aquisição, instalação e entrada em funcionamento da franquia, a composição da rede de *franchising*, listas de franqueados, sub-franqueados e sub-franqueadores da rede, bem como daqueles que deixaram a rede nos últimos 12 meses, e também, por ex., quaisquer serviços que o franqueador se obriga a prestar para o franqueado durante a vigência do contrato. Caso esta obrigação não seja cumprida pelo franqueador, o franqueado tem o direito de exigir a anulação do contrato.

12. Síntese conclusiva

Não existe uma regulamentação específica para os contratos de franquia em Portugal, mas também não existe uma situação de vazio jurídico relativamente à obrigação de prestação informações pré-contratuais ao nível da formação do contrato.

[25] O Código Comercial baseia-se na tradição dos países do *civil law* Europeus e representa um importante legado do património jurídico português para esta Região Administrativa Especial da República Popular da China. Em termos sistemáticos, o Código está dividido em 4 livros. O livro I diz respeito ao exercício de atividades comerciais em geral (por exemplo, obrigações de comerciantes, proteção e negociação de empresas). O Livro II regula o exercício de uma empresa coletiva e a cooperação no exercício de empresa (direito das sociedades e entidades relacionadas). O livro III diz respeito à atividade externa de uma empresa (ou seja, contratos comerciais como, por exemplo, agência, franquia, leasing e garantias autónomas). O livro IV diz respeito a instrumentos negociáveis (por exemplo, letras de câmbio). Sobre esse Código, ver e.g. Jianhong Fan, Alexandre Dias Pereira, *Commercial and Economic Law in Macau*, 2ª ed. IEL/Kluwer, Haia, 2011.

Para começar, as partes respondem por *culpa in contrahendo*, pois têm a obrigação de agir de boa-fé nas negociações preliminares, ou seja, devem fornecer todas as informações pré-contratuais que sejam necessárias e convenientes para que a outra parte decida se e como o contrato deve ser celebrado. O valor sensível desta obrigação no campo dos contratos de franquia já foi declarado pelos tribunais.

Por outro lado, os acordos de *franchising* utilizam habitualmente cláusulas contratuais gerais. A legislação portuguesa prevê deveres especiais de comunicação, informação e esclarecimento sobre aqueles que propõem este tipo de cláusulas, e que podem revelar-se bastante importantes nos acordos de franquia. Ademais, as partes podem referir-se a instrumentos de *soft law*, como o Código Europeu de Ética para Franchising e a *Unidroit Model Franchise Disclosure Law*.

A proteção da parte mais fraca como princípio básico do direito contratual[26] e como princípio da segurança jurídica poderia justificar a adoção de normas legais específicas sobre informações pré-contratuais baseada na *Unidroit Model Franchise Disclosure Law*. Outros países já adotaram disposições especiais, notadamente os EUA, a França (*Loi Doubin* de 31 de dezembro de 1989) e a Itália (*Norme per la disciplina dell'affiliazione commerciale,* legge 6 maggio 2004, n. 129), assim como alguns países ou regiões de língua oficial portuguesa.[27]

Tendo em conta a natureza transfronteiriça das redes de franchising, seria certamente uma matéria a tratar melhor mediante um instrumento de direito da União Europeia, à semelhança do que sucedeu com a diretiva sobre os agentes comerciais, que encontrou justificação, desde logo, no facto de "as diferenças entre as legislações nacionais em matéria de representação comercial afecta[re]m sensivelmente, no interior da Comunidade, as condições de concorrência e o exercício da profissão e diminu[ír]

[26] A aplicação da lei do país de estabelecimento do franqueado, tal como previsto por Roma I sobre a lei aplicável aos contratos de franquia, parece ser influenciada por tal princípio. O Artigo 1(4)(e) do Regulamento (CE) n. 593/2008 do Parlamento Europeu e do Conselho, de 17 de Junho de 2008, sobre a lei aplicável às obrigações contratuais (Roma I), OJ L 177, 4.7.2008, p. 6–16.

[27] Curiosamente, Angola tem uma Lei específica sobre Contratos de Distribuição, incluindo franquias (Lei 18/03, de 12 de Agosto – sobre os Contratos de Distribuição, Agência, Franchising e Concessão Comercial), mas não prevê uma obrigação específica de fornecer informação pré-contratual em contratos de franquia.

em o nível de protecção dos agentes comerciais nas relações com os seus comitentes, assim como a segurança das operações comerciais; [e] que, por outro lado, essas diferenças são susceptíveis de dificultar sensivelmente o estabelecimento e o funcionamento dos contratos de representação comercial entre um comitente e um agente comercial estabelecidos em Estados-membros diferentes".[28]

[28] Directiva 86/653/CEE do Conselho de 18 de Dezembro de 1986 relativa à coordenação do direito dos Estados- membros sobre os agentes comerciais.

Responsabilidade e exoneração na venda internacional de mercadorias: primeiras reflexões

Catarina Monteiro Pires

I. Introdução

1. Pretendemos neste texto examinar algumas questões suscitadas pelos artigos 74º e 79º da Convenção das Nações Unidas sobre Contratos para Venda Internacional de Mercadorias, adotada em Viena, em 11 de abril de 1980.

2. O Decreto nº 5/2020, de 7 de agosto, aprovou, para adesão, a Convenção das Nações Unidas sobre Contratos para Venda Internacional de Mercadorias, adotada em Viena, em 11 de abril de 1980. Em anexo a este Decreto consta a versão inglesa e uma tradução para língua portuguesa do texto da Convenção que utilizaremos neste estudo, sem prejuízo das referências à versão em língua inglesa (que prevalece), sempre que necessário.

O Aviso nº 48/2020, de 10 de outubro, tornou público que a República Portuguesa depositou, em 23 de setembro de 2020, o seu instrumento de adesão à Convenção. Ainda conforme consignado no dito Aviso, de acordo com o disposto no artigo 99º, nº 2, da Convenção, esta entra em vigor para a República Portuguesa no dia 1 de outubro de 2021, sendo esta parte na mesma Convenção.

3. Com antecedentes em projetos anteriores[1], a Convenção resulta dos trabalhos desenvolvidos no seio da CNUCDI, criada em 1966, nomeada-

[1] Nos antecedentes, salientam-se as Convenções da Haia de 1964 sobre Lei Uniforme sobre a Venda Internacional de Mercadorias e Lei Uniforme sobre a Formação dos Contratos de Venda

mente da adoção em 1978 de um projeto de Convenção sobre os contratos de venda internacional de mercadorias.

Tendo principiado com a adesão inicial de 11 Estados, da Convenção são hoje parte 94 Estados e a mesma constitui uma peça essencial do comércio internacional de mercadorias. Entre esses Estados contam-se relevantes parceiros económicos internacionais de Portugal, como a maioria dos países da União europeia (exceto a Irlanda e Malta), o Brasil, a China, os Estados Unidos da América e a Rússia. Aplicada há largas décadas, por tribunais, judiciais e arbitrais, considerada um caso de sucesso de uniformização[2] e de aceitação crescente por parte dos utilizadores[3], pode hoje o sentido das suas disposições ser explorado através de um rico acervo de decisões, muitas delas publicadas.

4. Em Portugal, dentro do respetivo âmbito de aplicação, a Convenção é hoje direito aplicável por tribunais, judiciais e arbitrais. O mesmo sucede no Brasil desde 1 de abril de 2014, tendo a adesão sido também feita sem declarações ou reservas[4].

5. Como acima referimos, o presente estudo seleciona apenas um aspeto da Convenção: o do sentido e âmbito dos artigos 74º e 79º dentro do sistema próprio de reação a perturbações do cumprimento da Convenção. Antes de nos concentrarmos neste artigo propriamente dito, impõem-se algumas considerações prévias quanto à própria Convenção.

II. O âmbito da Convenção

1. A Convenção aplica-se automaticamente, uma vez preenchidas as respetivas condições, mas pode ser afastada, total ou parcialmente, mediante

Internacional. Sobre estes aspetos *vide per totum* Franco Ferrari, *Contracts for the International Sale of Goods. Applicability and applications of the 1980 United Nations Sales Convention*, Martinus Nijhoff Publishers, Leiden, Boston, 2012, p. 4 ss.

[2] Cf. Ulrich Magnus, "The Vienna Sales Convention (CISG) between Civil and Common Law: best of all worlds?", *Journal of Civil Law Studies*, 2, 2010, (pp. 67 ss), p. 71 ss, Kröll/ Mistelis /Perales Viscasillas, *Introduction CISG*, em *UN Convention on Contracts for the International Sale of Goods. A Commentary*, C.H.Beck / Hart / Nomos , 2018, 2ª ed., p. 8 ss e p. 13 ss, Franco Ferrari, *Contracts for the International Sale of Goods. Applicability and applications of the 1980 United Nations Sales Convention*, Martinus Nijhoff Publishers, Leiden / Boston, 2012, p. 24.

[3] Kröll/ Mistelis/Perales Viscasillas, *Introduction CISG*, em Kröll/ Mistelis/ Perales Viscasillas, *UN Convention on Contracts for the International Sale of Goods. A Commentary*, p. 14.

[4] *Vide* o Decreto Legislativo nº 538/2012 de 16 de outubro de 2012 e o Decreto Presidencial nº 8.327/2014 de 16 de novembro de 2014.

acordo das partes (artigo 6º), ficando ressalvada a regra do artigo 12º, aplicável à forma do contrato[5]. Afirma-se, por isso, que a Convenção tem caráter dispositivo[6]. Esta solução do artigo 6º é depois complementada pelo disposto nos artigos 30º, 35º e 53º.

2. O "opting out" pode ser direto (contratual) ou indireto (escolha de lei), expresso ou tácito (cf. artigo 8º da Convenção)[7]. Quer dizer, o acordo das partes no sentido da exclusão pode resultar de um afastamento contratual expresso, como pode resultar da escolha do direito de um Estado não contratante, como pode traduzir-se na estipulação de clausulado contratual negociado alternativo ou distinto do regime convencional ou na incorporação de modelos padronizados, nomeadamente de Incoterms, estabelecendo regras relativa às obrigações de cada uma das partes[8]. Com efeito, tem-se admitido que esta exclusão possa operar indiretamente, por exemplo (mas não exclusivamente) através da remissão feita pelas partes para a lei de um Estado não contratante ou mesmo para normas individualizadas contrárias à solução da Convenção[9].

[5] A tradução portuguesa do artigo 6º impõe alguma cautela, podendo sugerir um sentido do artigo 12º diferente do que possui (o artigo 12º estabelece uma limitação, na parte final do preceito, mas não é a norma fundamentadora da supletividade). Com efeito, na versão inglesa, determina-se "*the parties may exclude the application of this Convention or, subject to article 12, derogate from or vary the effect of any of its provisions*". Na versão portuguesa, lê-se: "*as partes podem excluir a aplicação da presente Convenção ou, nos termos do disposto do artigo 12º, derrogar ou modificar os efeitos de qualquer uma das suas disposições*".

[6] Mistelis, anotação ao artigo 6º em Kröll/ Mistelis/ Perales Viscasillas, *UN Convention on Contracts for the International Sale of Goods*, p. 103, Ingo Saenger, anotação ao artigo 1º em Ferrari, Kieninger, Mankowski, Otte, Saenger, Schulze, Staudinger, *Internationales Vertragsrecht. Rom-I, CISG, CMR, FactÜ, Kommentar*, Beck, Munique, 2018, 3ª ed., p. 571.

[7] Magnus, *Staudinger BGB, Wiener UN-Kaufrecht, CISG Sellier*, De Gruyter, 2013 (Staudinger/ Magnus), anotação ao artigo 6º, p. 169 ss. Quanto a acordo tácito, os tribunais admitem a inferência em que esta declaração se baseia, mas salientam a necessidade de o facto do qual se infere a modificação ou derrogação dever revestir clareza (com referências, Mistelis, anotação ao artigo 6º em Kröll/ Mistelis/ Perales Viscasillas, *UN Convention on Contracts for the International Sale of Goods*, p. 106.

[8] Franco Ferrari, Contracts for the International Sale of Goods, p. 155, Alexandre de Soveral Martins, Compra e Venda Internacional de Mercadorias: a CISG. Primeiros Comentários, Almedina, Coimbra, 2021, p. 54 ss.

[9] Staudinger/ Magnus, anotação ao artigo 6º, p. 171 ss. Segundo alguns Autores, nesta hipótese exigir-se-ia que as partes tivessem "consciência da alternativa entre o regime convencional e o regime interno". Assim, Luís de Lima Pinheiro, *Direito Comercial Internacional*, p. 266.

Outra hipótese exemplificativa será ainda a da remissão para uma minuta ou para um standard contratual específico incompatível com a Convenção[10].

O acordo das partes é considerado por referência à data da celebração do contrato, sendo este momento fixado nos termos da própria Convenção (artigos 14º e ss)[11].

Uma advertência importante é ainda a de que ao acordo que tenha em vista a exclusão de certas soluções da CISG aplica-se a própria CISG, no que respeita à formação do contrato[12].

A hipótese de as partes considerarem a aplicação da Convenção, mas introduzirem alterações substanciais em parte das respetivas soluções, em particular se as mesmas disserem respeito a perturbações da prestação, pode incrementar a complexidade técnica no processo de aplicação prática do direito.

Em casos mais complexos, o afastamento de determinada solução da Convenção pode suceder após a conclusão do contrato, isto é, durante a execução do programa obrigacional[13].

3. Inversamente, nada impede naturalmente que as partes incorporem regras da Convenção como cláusulas do próprio contrato ou que as partes afirmem a aplicação da Convenção a casos relativamente aos quais a aplicação das regras dos artigos 1º a 3º não conduza a uma aplicação da mesma. Tal como nada impede que as partes complementem certas soluções da Convenção com determinadas estipulações acessórias ou suplementares. Salienta-se assim, com razão, que "um dos grandes princípios da Convenção é, precisamente, o da autonomia das partes"[14].

[10] Franco Ferrari, *Contracts for the International Sale of Goods*, p. 171 ss.

[11] Peter Schlechtriem/ Ulrich G. Schroeter, *Internationales UN-Kaufrecht*, 6ª edição, Mohr Siebeck, Tubinga, 2016, p. 27.

[12] *Vide CISG-AC Opinion no 16, Exclusion of the CISG under Article* 6, 30 de maio de 2014.

[13] Sobre este aspeto e os limites de uma tal exclusão, cf. também a Opinião nº 16, *CISG-AC Opinion no 16, Exclusion of the CISG under Article 6*, 30 de maio de 2014.

[14] Franco Ferrari, *Contracts for the International Sale of Goods*, p. 151 ss, Kröll/ Mistelis / Perales Viscasillas, *Introduction CISG*, em *UN Convention on Contracts for the International Sale of Goods. A Commentary*, p. 7, Mistelis, anotação ao artigo 6º em Kröll/ Mistelis/ Perales Viscasillas, *UN Convention on Contracts for the International Sale of Goods*, p. 101 e p. 103, Staudinger/ Magnus, anotação ao artigo 6º, p. 165. Entre nós, Alexandre de Soveral Martins, *Compra e Venda Internacional*, p. 12.

III. O sistema de responsabilidade da Convenção

1. No âmbito da Convenção, uma possível consequência do incumprimento (não a única) é a indemnização pelos danos causados (cf. artigo 45º, nº 1 alínea b) e nº 2). No caso de "violação fundamental", o comprador tem ao seu dispor vários meios de reação e a indemnização é compatível com todos eles, incluindo a resolução (cf. artigos 75º e 76º). No caso de violação do contrato (fundamental ou não), a parte lesada pode pedir uma indemnização pelos danos causados, verificadas determinadas condições.

2. A indemnização em causa surge organizada em torno da disposição do artigo 74º, a qual já foi qualificada como "brief, but powerful", concentrando os elementos funcionais essenciais[15].

3. O artigo 74º não alude a "incumprimento fundamental" (ou "violação fundamental"), mas apenas a "incumprimento" (na tradução portuguesa, na versão inglesa breach of contract). Em causa está, portanto, qualquer situação de violação de um dever do vendedor. Pode estar em causa uma situação de falta de cumprimento, de entrega de bem defeituoso, de atraso na entrega, entre outras: também aqui, a perspetiva da Convenção é funcional, e não analítica e conceptual. Naturalmente que ficam de fora preterições de meros ónus ou encargos[16].

4. A responsabilidade depende de vários requisitos. Interessa notar que a Convenção difere em vários aspetos das soluções do Código Civil português.

Em primeiro lugar, no sistema da Convenção, está em causa uma indemnização pecuniária, e não a reparação natural[17].

Em segundo lugar, a Convenção não se baseia no princípio da culpa, nem a responsabilidade depende de culpa[18]. Entende-se mesmo que a Convenção se baseia num princípio de strict liability, em que a responsabilidade é afastada apenas quando verificado um impedimento imprevisível, insuperável e fora de controlo (artigo 79º)[19].

[15] Vejam-se também as alusões de MILENA DJORDJEVIC, Anotação ao artigo 74º em Kröll/ Mistelis/ Perales Viscasillas, *UN Convention on Contracts for the International Sale of Goods*, p. 957, recordando os comentários de Honnold e Flechtner.

[16] Assim também INGEBORG SCHWENZER, anotação ao artigo 74º, em Schlechtriem, Schwenzer, Schroeter, *Kommentar zum UN-Kaufrecht (CISG)*, pp. 1241-1242.

[17] Assim, MILENADJORDJEVIC, Anotação ao artigo 74º em Kröll/ Mistelis/ Perales Viscasillas, *UN Convention on ontracts for the International Sale of Goods*, p. 966.

[18] STAUDINGER/ MAGNUS, anotação ao artigo 74º, p. 848.

[19] MILENA DJORDJEVIC, Anotação ao artigo 74º em Kröll/ Mistelis/ Perales Viscasillas, *UN Convention on Contracts for the International Sale of Goods*, p. 961-962, KATIA RENER, *Rechtsmän-*

Em terceiro lugar, quanto ao nexo causal, os comentadores notam que a Convenção não elegeu uma determinada teoria de causalidade própria dos sistemas internos, renunciando a uma teorização excessiva e parecendo preferir o enquadramento da ideia de ligação causal ao serviço do princípio da compensação integral dos danos[20], limitado pela ideia de previsibilidade. Aceita-se, mesmo que a Convenção "não deixou espaço para a aplicação de teorias domésticas sobre causalidade"[21].

Em quarto lugar, não há rasto na Convenção da teoria da diferença, nem a mesma deve ser convocada, como nota Schwenzer[22].

5. A norma do artigo 74º baseia-se num princípio de reparação integral de danos[23], mas também incorpora a ideia de previsibilidade do dano[24]. Cobre o dano emergente e o lucro cessante, como resulta da própria letra do artigo 74º[25] e a doutrina salienta que à indemnização em causa preside um princípio compensatório, com exclusão de indemnizações de natureza punitiva[26]. Contudo, em causa estão apenas danos patrimoniais, e não danos morais[27].

6. Nota-se que a finalidade primária da reação prevista no artigo 74º é colocar a parte lesada "na mesma posição económica que estaria se o con-

gelhaftung in internationalen Warenkaufverträgen. Eine rechtsvergleichende Untersuchung der Regelungen im deutschen Recht, im UN- Kaufrecht sowie im Verordnungsvorschlag über ein Gemeinsames Europäisches Kaufrecht, Duncker & Humblot, Berlim, 2019, p. 160.

20 Salientando o acolhimento pela CISG do princípio da "full compensation", *CISG-AC Opinion no 6, Calculation of Damages under CISG, Article 74*, 2006. Rapporteur: Professor John Y. Gotanda, Villanova University School of Law, Villanova, Pennsylvania, U.S.

21 Milena Djordjevic, Anotação ao artigo 74º em Kröll/ Mistelis/ Perales Viscasillas, *UN Convention on Contracts for the International Sale of Goods*, p. 961. No mesmo sentido, Staudinger/ Magnus, anotação ao artigo 74º, p. 853. Em sentido análogo, Bruno Zeller, *Damages under the Convention on Contracts for the International Sale of Goods*, Oxford University Press, Oxford, 2018, p. 109.

22 Ingeborg Schwenzer, anotação ao artigo 74º, em Schlechtriem, Schwenzer, Schroeter, *Kommentar zum UN-Kaufrecht (CISG)*, p. 1240.

23 Staudinger/ Magnus, anotação ao artigo 74º, pp. 850-851, Milena Djordjevic, Anotação ao artigo 74º em Kröll/ Mistelis/ Perales Viscasillas, *UN Convention on Contracts for the International Sale of Goods*, p. 958, Katia Rener, *Rechtsmängelhaftung in internationalen Warenkaufverträgen*, p. 160.

24 Pode ver-se Franco Ferrari, *Contract Damages: domestic and international perspective*, ed. Djankhongir Saidor e R Cunnington. Oxford 2008.

25 Staudinger/ Magnus, anotação ao artigo 74º, p. 845.

26 Staudinger/ Magnus, anotação ao artigo 74º, p. 849.

27 Schlechtriem/Schroeter, *Internationales Kaufrecht*, p. 308.

trato tivesse sido cumprido"[28] e, nessa medida, nota-se que está em causa uma indemnização pelo interesse contratual positivo[29]. Não há limitação quanto ao âmbito, nem em função da "causalidade"[30].

7. Relativamente ao momento do cálculo do dano, alguma doutrina aponta para o momento mais próximo possível da decisão do tribunal[31], mas este ponto não é incontroverso, conhecendo-se posições, no caso de resolução do contrato, como ponto de referência[32].

8. A Convenção não tem uma referência expressa ao "método" (concreto ou abstrato) de cálculo do dano, parecendo que pode abranger ambos[33]. Contudo, observando a versão inglesa, diferente da tradução portuguesa ("damages for breach of contract by one party consist of a sum...") tem-se aludido a uma preferência por uma determinação concreta do dano[34].

9. Na determinação da previsibilidade do dano, importa, como ensina Schwenzer, uma determinação objetiva perante as circunstâncias do caso concreto, sendo decisivo saber se uma pessoa racional no lugar do devedor e tendo o mesmo conhecimento das circunstâncias no momento da celebração do contrato teria previsto[35]. O critério da "previsibilidade" é um critério normativo[36], podendo ser imputados danos que de acordo com as circuns-

[28] Milena Djordjevic, Anotação ao artigo 74º em Kröll/ Mistelis/ Perales Viscasillas, *UN Convention on Contracts for the International Sale of Goods*, p. 957. Em sentido análogo, Bruno Zeller, *Damages under the Convention on Contracts for the International Sale of Goods*, p. 141.

[29] Ingeborg Schwenzer, anotação ao artigo 74º, em Schlechtriem, Schwenzer, Schroeter, *Kommentar zum UN-Kaufrecht (CISG)*, p. 1239. Entre nós, Luís de Lima Pinheiro, *Direito Comercial Internacional*, Almedina, Coimbra, 2005, p. 297.

[30] Alexandre de Soveral Martins, *Compra e Venda Internacional*, p. 76.

[31] Ingeborg Schwenzer, anotação ao artigo 74º, em Schlechtriem, Schwenzer, Schroeter, *Kommentar zum UN-Kaufrecht (CISG)*, p. 1255.

[32] Bruno Zeller, Damages under the Convention on Contracts for the International Sale of Goods, pp. 262-263.

[33] Ingeborg Schwenzer, anotação ao artigo 74º, em Schlechtriem, Schwenzer, Schroeter, *Kommentar zum UN-Kaufrecht (CISG)*, pp. 1253-1254.Sobre o problema, Yesim Atamer, *Die abstrakte Schadensberechnung und ihr Verhältnis zum Anspruch auf den entgangenen Gewinn am Beispiel von Artikel 74 und 76 CISG*, FS Magnus, 2014, p. 145 ss.

[34] Bruno Zeller, Damages under the Convention on Contracts for the International Sale of Goods, p. 142.

[35] Ingeborg Schwenzer, anotação ao artigo 74º, em Schlechtriem, Schwenzer, Schroeter, *Kommentar zum UN-Kaufrecht (CISG)*, p. 1257.

[36] Staudinger/ Magnus, anotação ao artigo 74º, p. 854.

tâncias correntes ou normais do comércio internacional ocorreriam devem ser indemnizados.

10. Finalmente, apesar do silêncio da Convenção e das dúvidas sobre se a mesma deveria ter subjacente opções em matéria de ónus da prova, aceita-se que a parte que alega a aplicação tem o ónus de provar os factos relevantes para o efeito, tal como a parte que alega o impedimento resultante da falta de conhecimento tem o ónus de o provar[37].

Quanto ao standard da prova, é interessante notar que a interpretação da Convenção tem confluído no sentido do entendimento de que uma "razoável verosimilhança" é suficiente, tendo o Advisory Council emitido opinião favorável a este entendimento, na Opinião nº 6[38].

IV. Sentido e âmbito do artigo 79º

1. A disposição do artigo 79º diz respeito apenas ao afastamento da responsabilidade do devedor e, portanto, da pretensão indemnizatória do credor, não afetando outros meios de reação de que este possa dispor[39]. Subjacente ao preceito está a ideia de que o devedor não deve responder pela violação do contrato (breach of contract), se as circunstâncias que o impediram de cumprir não forem por si controláveis, nem previsíveis[40].

Ora, parece ser hoje opinião dominante a de que o artigo em apreço se aplica a qualquer situação que possamos conceber dentro da ideia de breach of contract, independentemente do dever violado[41]. Seja porque a letra da mesma não diferencia, seja porque as posições convergiram nessa direção, inclusivamente com um Parecer do Advisory Council (Opinião nº 7)[42].

[37] Milena Djordjevic, Anotação ao artigo 74º em Kröll/ Mistelis/ Perales Viscasillas, *UN Convention on Contracts for the International Sale of Goods*, p. 963 ss.

[38] CISG-AC Opinion no 6, Calculation of Damages under CISG Article 74, Spring 2006. Rapporteur: Professor John Y. Gotanda, Villanova University School of Law, Villanova, Pennsylvania, U.S. "*The aggrieved party has the burden to prove, with reasonable certainty, that it suffered loss. The aggrieved party also has the burden to prove the extent of the loss but need not do so with mathematical precision*".

[39] Esta ressalva resulta claramente do nº 5 do preceito: "*nada no presente artigo impede qualquer parte de exercer qualquer outro direito para além de pedir indemnização por perdas e danos, nos termos da presente Convenção*".

[40] Schlechtriem/Schroeter, *Internationales Kaufrecht*, p. 286.

[41] Assim, Staudinger/ Magnus, anotação ao artigo 79º, p. 911.

[42] CISG-AC Opinion no 7, Exemption of Liability for Damages under Article 79 of the CISG, 12 October 2007. Rapporteur: Professor Alejandro M. Garro, Columbia University School of Law, New York, N.Y., USA.

O problema estava sobretudo em saber se o cumprimento defeituoso também estaria abrangido, isto é, se em relação ao defeito podia operar o mesmo raciocínio de exoneração ou se quanto a este aspeto seria de acolher uma responsabilidade estritamente objetiva. O tema é interessante, porque nos remete para uma discussão sobre o sentido das warranties no mundo de civil law e no mundo de common law.

3. Pode discutir-se o artigo 79º deve ser interpretado como um verdadeiro desvio ao princípio, acolhido na Convenção, da responsabilidade do devedor independente de culpa. A doutrina tem realçado este aspeto e podemos aceitá-lo, em termos práticos[43]. Contudo, deve notar-se que o critério subjacente ao artigo 79º, enquanto causa de exoneração, não corresponde stricto sensu, em termos conceptuais, à ausência de culpa conforme prevista no direito português, dado que, neste, esta se refere a um juízo de censura ética relativa a um devedor que agiu aquém da diligência exigível de acordo com a bitola do bom pai de família[44].

Seja como for, parece ser de acolher a visão segundo a qual subjacente ao artigo 79º está a ideia de que as partes num contrato só devem responder por danos causados por riscos que razoavelmente podiam ter tido em conta e acautelado aquando da celebração do contrato[45]. Os riscos remotos são alocados ex post através de uma decisão por um tribunal[46].

4. Observemos, porém, com maior detalhe os requisitos da norma que nos ocupa, os quais revestem natureza cumulativa[47]. Preliminarmente, cabe notar que o artigo 79º não faz referência à boa-fé, não estando, pois, em causa um mecanismo de limitação de direitos imposto por esta via.

[43] Ingeborg Schwenzer, anotação ao artigo 79º, em Schlechtriem, Schwenzer, Schroeter, *Kommentar zum UN-Kaufrecht (CISG)*, p. 1313, Staudinger/ Magnus, anotação ao artigo 79º, p. 911.

[44] Uma circunstância pode estar dentro da esfera de influência do devedor, mas a sua superação pode exigir esforços além da diligência devida por um homem médio: à luz do Código Civil parece que deveria excluir-se a culpa, mas tal conclusão afigura-se já duvidosa ao abrigo da Convenção, dado que, como veremos, o conceito de bom pai de família ou de homem médio não é tomado em conta.

[45] Assim, Yesim Atamer, anotação ao artigo 79º, em Kröll/ Mistelis/ Perales Viscasillas, *UN Convention on Contracts for the International Sale of Goods. A Commentary*, p. 1041.

[46] Yesim Atamer, anotação ao artigo 79º, em Kröll/ Mistelis/ Perales Viscasillas, *UN Convention on Contracts for the International Sale of Goods. A Commentary*, p. 1041.

[47] Schlechtriem/Schroeter, *Internationales Kaufrecht*, p. 286.

O primeiro ponto a reter é que este artigo 79º, nº 1 prevê uma causa de exoneração sempre que exista um impedimento fora do controlo do devedor, que ele não podia razoavelmente esperar à data da celebração do contrato ou cujas consequências não podia evitar, nem superar. Vamos pensar na obrigação do vendedor, nomeadamente o dever de entrega da mercadoria em conformidade com o contrato. Ora, à luz do citado preceito, o vendedor não é responsável pela inexecução da obrigação se provar cumulativamente que: (i) esta se ficou a dever a um impedimento alheio à sua vontade; (ii) que não era razoável esperar que o tomasse em consideração no momento da conclusão do contrato (iii) que não era razoável esperar que prevenisse ou ultrapassasse esse impedimento ou que prevenisse ou ultrapassasse as suas consequências. Vejamos cada um dos requisitos isoladamente.

5. O conceito de impedimento é controverso. Parece albergar impedimentos absolutos, como situações de impossibilidade física absoluta, mas pode perguntar-se se um impedimento é também um acréscimo de custos ou dispêndios.

Procurando compreender melhor o critério de exoneração resultante do artigo 79º, vários Autores convocam para este domínio a ideia de esferas de risco[48]. A ideia de esferas de risco tem sido invocada em quadrantes diversos do direito civil, amiúde para resolver problemas de imputação, em casos difíceis. Com efeito, conhecem-se posições que consideram que a norma do artigo 79º teria subjacente uma divisão de esferas de atividade ou esferas de risco, de tal modo que o fundamento de exoneração do devedor corresponderia apenas a circunstâncias localizadas fora do seu âmbito de influência. Os comentários incluem vários atos de força maior, como incêndios e inundações fortuitas, guerra, revolução e mesmo epidemias[49]. A primazia pertence à interpretação do contrato e ao modo como neste se "desenham" esferas internas e esferas externas[50]. Mas há casos que podem ser mais difíceis.

[48] Schlechtriem/Schroeter, *Internationales Kaufrecht*, p. 289, aludindo a um "*domínio de influência*" do devedor e, com igual referência, Ingeborg Schwenzer, anotação ao artigo 79º, em Schlechtriem, Schwenzer, Schroeter, *Kommentar zum UN-Kaufrecht (CISG)*, p. 1317, Ingo Saenger, anotação ao artigo 79º em Ferrari, Kieninger, Mankowski, Otte, Saenger, Schulze, Staudinger, *Internationales Vertragsrecht. Rom-I, CISG, CMR, FactÜ, Kommentar*, p. 1155. Aludindo mesmo a "esferas de risco", Staudinger/ Magnus, anotação ao artigo 79º, p. 913.

[49] Schlechtriem/Schroeter, *Internationales Kaufrecht*, p. 287.

[50] Ingeborg Schwenzer, anotação ao artigo 79º, em Schlechtriem, Schwenzer, Schroeter, *Kommentar zum UN-Kaufrecht (CISG)*, p. 1317, Staudinger/ Magnus, anotação ao artigo 79º, p. 913.

Pergunta-se, pois, qual a esfera de risco, domínio ou controlo do devedor, referida à prestação debitória? Uma hipótese será a de considerar o artigo 79º, nº 1 como uma norma de exclusão da responsabilidade relativa a impedimentos da prestação situados fora do "âmbito de influência do devedor", o qual corresponderia à esfera de domínio deste sujeito no que respeita à preparação, organização e execução do cumprimento. Assim, por exemplo o devedor responderia pela sua capacidade financeira, bem como pela sua capacidade de produção no caso de produzir as mercadorias, o que incluiria materiais, fornecimentos, meios de produção, entre outras[51]. Inversamente, não estaria em condições de controlar uma guerra ou um embargo económico geral. Ou proibições de importação.

Há quem distinga entre os casos em que o vendedor produz a mercadoria e aqueles em que este é apenas um intermediário comercial[52].

6. O segundo requisito diz respeito à razoável consideração. O termo razoável consideração, embora não seja o mais comum entre juristas, parece ser o mais correto na lógica da Convenção, dado que o artigo 79º refere taking into account, diferentemente do artigo 74º, este sim utilizando a partícula foresee.

Este requisito parece trazer alguma diferenciação entre o artigo 79º e as novas tendências quanto ao conceito de força maior, dado que em relação a esta a previsibilidade parece ser neste último âmbito discutível.

Em regra, o que está na esfera de controlo da parte poderá por esta ser tomado em consideração, mas há eventos fora da sua esfera de controlo que podem também ser tomados em consideração. Por exemplo, certos fenómenos meteorológicos, podem ser extremos, mas recorrentes e, por isso, suscetíveis de ser tomados em consideração[53]. Os exemplos surgem também em outros domínios, como autorizações de importação ou exportação[54].

[51] No mesmo sentido, Ingo Saenger, anotação ao artigo 79º em Ferrari, Kieninger, Mankowski, Otte, Saenger, Schulze, Staudinger, *Internationales Vertragsrecht. Rom-I, CISG, CMR, FactÜ, Kommentar*, p. 1156.

[52] Schlechtriem/Schroeter, *Internationales Kaufrecht*, p. 289.

[53] Num caso de 2004, julgado por tribunais norte-americanos (United States District Court for the Northern District of Illinois 2004 WL 1535839 (2004), a Raw Materials demandou a alemã Manfred Forberich por incumprimento do contrato ao abrigo da CISG. A discussão em torno do artigo 79º concentrou-se em saber se o congelamento do porto de São Petersburgo era um evento fora da esfera de controlo da demandada. Esta decisão tem sido criticada porque teria interpretado a Convenção à luz do direito estado-unidense. A Demandante não teve sucesso. A Demandada convenceu que haveria "*unexpected weather conditions*".

Na lógica da Convenção, o devedor que estava em condições de "tomar em consideração" certo impedimento e não o fez aquando da conclusão do contrato, responde nos termos do contrato pelo cumprimento das suas obrigações.

De notar ainda que o artigo 79º, ao contrário do artigo 25º ou do artigo 8º, nº 2, não alude a uma referência de normalidade social, por exemplo reasonable person. Está em causa o juízo do concreto devedor, com as suas caraterísticas. O devedor que cumpre abaixo do que ele próprio é capaz, incumpre.

7. Vejamos o terceiro requisito. Suscetibilidade de evitar ou superação. Esta exigência, ao contrário da anterior, não se coloca no momento da celebração do contrato, mas no momento em que as diligências devem ser adotadas, o que pode ser no momento da celebração do contrato ou no momento da execução do contrato. Tem-se ainda entendido que, neste âmbito, a diligência exigida é a do concreto devedor, e não a de uma pessoa razoável ou de um homem médio[55].

8. Perante o exposto, é compreensível a advertência de que se trata de uma norma a ser aplicada com contenção, a casos limitados[56] e que alguma doutrina tem reservado mesmo para "casos extremos".

9. Uma distinção conhecida do domínio das obrigações contratuais – e que não é afastada pela Convenção – é a que separa obrigações genéricas e obrigações específicas. O critério diferenciador reporta-se à determinação do objeto da prestação no momento da celebração do contrato. Nas obrigações genéricas, não está definido o objeto com que o devedor cumprirá, havendo apenas uma determinação quanto ao género (sem prejuízo de limitações ou de qualidades do género). Nas específicas, há desde logo uma individualização do objeto da prestação debitória. Ora, numa obrigação genérica, a falha do fornecedor habitual é superável através da celebração de um contrato com um fornecedor alternativo. Numa obrigação específica, pode perguntar-se se o devedor está obrigado a encontrar uma mercadoria que seja um reasonable substitute da contratada. Há quem entenda que essa exigência se coloca para que o devedor possa invocar o artigo 79º,

[54] SCHLECHTRIEM/SCHROETER, *Internationales Kaufrecht*, p. 291.

[55] SCHLECHTRIEM/SCHROETER, *Internationales Kaufrecht*, p. 292.

[56] INGEBORG SCHWENZER, anotação ao artigo 79º, em Schlechtriem, Schwenzer, Schroeter, *Kommentar zum UN-Kaufrecht (CISG)*, Beck, Munique, 2019, 7ª ed., p. 1316.

embora o credor não esteja obrigado a aceitar esse aliud[57]. Quer dizer que nas obrigações genéricas em que o vendedor adquire o bem a um terceiro e é possível adquiri-lo no mercado (ainda que não ao terceiro com quem o devedor projetara contratar ou contratara) o risco é do vendedor, não havendo lugar à aplicação da causa de exoneração do artigo 79º[58].

10. O artigo 79º nº 1 pode ser afastado por regulação convencional. Como vimos, a modelação do regime aplicável pode resultar da própria autonomia privada das Partes. Com efeito, estas podem afastar, total ou parcialmente, o regime da Convenção (artigo 6º). Podem, por exemplo, afastar o regime do artigo 79º através da estipulação de uma cláusula de força maior. O clausulado pode ainda não ser tão amplo – como em regra são as cláusulas de força maior e de hardship –, mas dizer respeito a uma contingência determinada: por exemplo, a recusa de uma licença de importação ou de exportação.

Podem ainda verificar-se situações que não são propriamente de clausulado alternativo expresso. Pensamos em particular em condutas da parte da qual possa ser extraído um determinado sentido. Neste âmbito, cabe recordar o artigo 8º, nos termos do qual "as declarações e demais atos de uma parte devem ser interpretados de acordo com a sua intenção, quando a outra parte tinha conhecimento dessa intenção ou não a podia ignorar" (nº 1).

Outro ponto digno de menção diz respeito é o da relação do artigo 79º com cláusulas de exclusão ou de limitação da responsabilidade civil. Estas cláusulas tendem a ser admitidas em contratos internacionais e, naturalmente, que, havendo clausulado deste tipo, o problema da exoneração poderá não se colocar, operando antes uma exclusão do dever de indemnizar, dentro dos limites do artigo 4º e do controlo de validade pelos direitos nacionais. Segundo Lima Pinheiro, a tendência do direito nacional seria para "aceitar a validade das cláusulas limitativas da responsabilidade (que restringem o montante da indemnização ou os pressupostos da responsabilidade ou excluem a presunção legal de culpado devedor), desde que não sejam contrárias à ordem pública, não conduza a uma indemnização irrisória e não abranjam casos de dolo ou negligência grosseira"[59].

[57] Schlechtriem/Schroeter, *Internationales Kaufrecht*, p. 294.

[58] Ingeborg Schwenzer em Schechtriem/Schwenzer/ Schoeter, *Kommentar zum UN--Kaufrecht*, anotação ao artigo 79º, p. 1323, Ingo Saenger, anotação ao artigo 79º em Ferrari, Kieninger, Mankowski, Otte, Saenger, Schulze, Staudinger, *Internationales Vertragsrecht. Rom-I, CISG, CMR, FactÜ, Kommentar*, p. 1156.

[59] Luís de Lima Pinheiro, *Direito Comercial Internacional*, p. 249.

11. No nº 2 do artigo 79º estão em causa situações em que o não cumprimento é consequência do não cumprimento por terceiro a quem o devedor confiou a execução do contrato, no todo ou em parte. Ora, nestas hipóteses, a exoneração da responsabilidade depende, além dos requisitos já examinados, de que o terceiro se possa considerar também exonerado, se as disposições do artigo em apreço lhe forem aplicáveis[60]. Quer isto dizer, o devedor tem de provar as condições exigidas no número 1 quanto a si e que provar as condições relativas ao terceiro, o que implica provar que o terceiro, se fosse parte no contrato, seria exonerado devido a uma circunstância imprevisível e alheia à sua vontade. Dito de outro modo, na prática, o âmbito da responsabilidade do devedor abrange não só o seu próprio comportamento, quanto os atos de auxiliares do cumprimento[61]. Esta prova é exigida cumulativamente, o que implica, naturalmente, que a exoneração ao abrigo do nº 2 seja mais exigente. Como nota ATAMER, se o devedor o terceiro tiver previsto, ou tivesse podido prever, o impedimento, não haverá exoneração[62].

Impõe-se algumas notas adicionais sobre este mesmo número 2 do artigo 79º em análise. A primeira nota é a de que o ponto de partida da leitura da norma não poderá deixar de ser o de que o devedor de uma obrigação fungível não deverá ficar em melhores condições (isto é, com a sua responsabilidade "aligeirada") por ter incluído terceiros na execução do programa obrigacional. Naturalmente que a distribuição final do âmbito de responsabilidade de cada um dependerá em último termo, já o sabemos, de estipulações contratuais. Não obstante, vamos partir do pressuposto de que estas não existem e de que o devedor pode contratar terceiros para executar o programa obrigacional (maxime por não estar contratualmente impedido de o fazer). Este ponto de partida permite, entre outros aspetos, extrair a conclusão de que a aferição da responsabilidade do devedor não depende apenas de um juízo sobre o zelo que possa ter depositado na escolha do terceiro: não se tratará de uma responsabilidade in eligendo.

Passemos à segunda nota. O terceiro em causa, atenta a extensão do nº 1, é alguém que é alheio à esfera de controlo do devedor ou à esfera da sua organização. Por exemplo, alguém que o vendedor contratou para instalar o bem na unidade industrial do comprador, ou um transportador contra-

[60] SCHLECHTRIEM/SCHROETER, *Internationales Kaufrecht*, p. 296 ss.

[61] Nesse sentido, STAUDINGER/ MAGNUS, anotação ao artigo 79º, p. 914.

[62] Assim, YESIM ATAMER, anotação ao artigo 79º, em Kröll/ Mistelis/ Perales Viscasillas, *UN Convention on Contracts for the International Sale of Goods. A Commentary*, p.1063.

tado pelo vendedor. Inversamente, funcionários e colaboradores do devedor, ou, mais latamente, pessoas incluídas na sua esfera de organização e de controlo, não devem ser considerados terceiros. Naturalmente que quanto mais generosa for a interpretação do artigo 79º, nº 1, quanto à esfera de risco do devedor mais estreito será o âmbito de aplicação do artigo 79º, nº 2[63].

Terceira nota. O critério referido no número anterior revela alguma plasticidade e alguma indefinição em certos casos. Assim, por exemplo, a doutrina tem discutido se os fornecedores de matéria-prima e outros devem ser considerados terceiros. A Opinião nº 7 do Advisory Council já se pronunciou sobre o assunto, mas este aspeto continua a gerar alguma controvérsia, até porque se liga ao objeto da prestação debitória de cada sujeito e a ligação que entre elas se estabelece.

Quarta nota. O artigo 79º, nº 2, literalmente, não faz referência ao vendedor. Contudo, não é incomum em certos contratos internacionais a estipulação de necessidade de consentimento do credor para que o devedor possa contratar terceiros ou a estipulação de uma lista de terceiros "autorizados" pelo credor. O que se questiona é se uma tal intervenção do credor tem efeitos quanto à aplicação do artigo 79º. O problema tem de ser resolvido com recurso ao artigo 80º, que veremos em seguida.

12. Verificando-se os requisitos do artigo 79º, nº 1, a consequência é a exoneração de responsabilidade, com afastamento do dever de indemnizar. As vinculações do devedor que não tenham sido afetadas pelo impedimento e pelo mecanismo do artigo 79º mantêm-se. A Convenção não regula o caso em que o devedor, em virtude do artigo 79º, recebe uma vantagem na sua esfera, mas a doutrina dominante não rejeita a hipótese de operar uma transferência do benefício para o credor, por analogia com o disposto no artigo 84º, nº 2 alínea b)[64].

13. A exoneração pode não ser total, vigorando apenas pelo período que durar o impedimento, conforme clarifica o nº 3 do artigo 79º. Questão interessante, e que não parece ter resolução óbvia no sistema da Convenção, é a de saber até que ponto o devedor, mesmo não sofrendo os efeitos indemnizatórios, deverá ficar vinculado. Por um lado, porque a passagem do tempo pode implicar uma espécie de "retenção" da capacidade de prestar do

[63] Assim, SCHLECHTRIEM/SCHROETER, *Internationales Kaufrecht*, 6ª ed., p. 299.

[64] Nesse sentido e salientando tratar-se de visão dominante, INGEBORG SCHWENZER em SCHECHTRIEM/SCHWENZER/ SCHOETER, *Kommentar zum UN-Kaufrecht*, anotação ao artigo 79º, p. 1331.

devedor, não permitindo que se dedique a prestações alternativas. Por outro lado, porque essa mesma passagem do tempo pode implicar custos adicionais para o devedor, remetendo-nos para um problema de hardship.

14. Verificando-se um caso do artigo 79º, impõe-se deveres de comunicação, conforme previsto no nº 4 deste mesmo preceito[65].

Esta notificação deve conter elementos detalhados acerca do tipo de impedimento, dos respetivos efeitos no cumprimento do programa obrigacional e de medidas para o mitigar[66]. Não existem, porém, requisitos de forma[67]. É, contudo, duvidoso que a falha de comunicação retire ou suprima o efeito útil do artigo 79º, parecendo que este pode continuar a fundamentar uma exoneração do devedor[68]. Não obstante, o incumprimento do dever de notificação poderá, ele próprio, causar danos e, se for o caso, a parte faltosa poderá ter de responder pelos danos que a preterição da informação, ou a informação incorreta, tiverem causado na esfera do lesado.

[65] De acordo com o nº 4: "*a parte que não cumpre as suas obrigações tem que notificar a outra parte do impedimento e dos efeitos deste sobre a sua capacidade de cumprir. Se a outra parte não receber a notificação num prazo razoável após a data em que a parte em incumprimento teve ou devesse ter tido conhecimento do impedimento, esta última é responsável pelas perdas e danos decorrentes da falta de receção*".

[66] Yesim Atamer, anotação ao artigo 79º, em Kröll/ Mistelis/ Perales Viscasillas, *UN Convention on Contracts for the International Sale of Goods. A Commentary*, p. 1077.

[67] Ingeborg Schwenzer em Schechtriem/Schwenzer/ Schoeter, *Kommentar zum UN-Kaufrecht*, anotação ao artigo 79º, p. 1330.

[68] Assim, Ingo Saenger, Anotação ao artigo 79º em Ferrari, Kieninger, Mankowski, Otte, Saenger, Schulze, Staudinger, *Internationales Vertragsrecht. Rom-I, CISG, CMR, FactÜ, Kommentar*, p. 1159.

O surto de COVID-19 e a diminuição do risco seguro*

Luís Poças[1]

> [...] Nos deviam de desterrar de toda a comunicação da gente, como praga contagiosa e peçonhenta [...][2]

Prólogo

De forma súbita e imprevista, abateu-se sobre o mundo, em 2020, numa escala e com uma rapidez sem precedentes, um dos maiores surtos pandémicos de que há memória. Os graves efeitos sobre a saúde e a vida, sobretudo a dos mais vulneráveis, e a incapacidade, de alguns sistemas de saúde, de resposta à dimensão dos acontecimentos, ditaram medidas drásticas de prevenção e contenção do surto viral. O confinamento das pessoas e a suspensão de múltiplas atividades económicas teve efeitos imediatos sobre a vida das famílias e das empresas. As consequências do entorpecimento ou paralisação de numerosos setores centrais da economia fizeram-se sentir de imediato, antecipando-se uma crise económica mundial de uma grandeza incomensurável.

* O presente texto foi finalizado no início de abril de 2020. As considerações extrajurídicas tecidas no *Prólogo* e no *Epílogo* devem ser contextualizadas à luz do momento histórico em que são escritas e refletem, naturalmente, a perspetiva pessoal do autor.

1 Doutor em Direito (FDUL). Diretor Jurídico, de *Compliance* e de Recursos Humanos da Una Seguros. Vice-Presidente da AIDA-Portugal (Associação Internacional de Direito dos Seguros). Investigador Doutorado Integrado do DINÂMIA'CET (ISCTE-IUL).

2 Fernão Mendes Pinto, *Peregrinação*, Lisboa, Pedro Craesbeeck, 1614, Cap. CXV

O quadro atual, e o cenário dantesco que se adivinha, têm tido a virtualidade de suscitar amplos consensos – designadamente, políticos – na sociedade portuguesa e uma convergência solidarística de esforços de muitos "amigos improváveis". Entre exemplos de civismo espontâneo e a perceção racional de que, no plano económico, todos os atores sociais estão "no mesmo barco", desvenda-se o que pode ser designado como um *princípio de solidariedade*, ou de *tolerância*, que em parte – admitamos – é estimulado por decreto dos órgãos de soberania, mas que encontra também ressonância na comunicação social e na orientação dominante da opinião pública.

A atividade seguradora não foge a este contexto. Entre várias medidas de extensão de coberturas, assumidas transversalmente pelo setor (p. ex., a cobertura de testes de COVID-19 em contratos de seguro de saúde que previam a exclusão de pandemias), ou de agilização da regularização de sinistros, discutem-se formas de moldar a rigidez de algumas regras legais (p. ex., a resolução automática do seguro por falta de pagamento do prémio) à atual conjuntura, e de promover soluções que vão ao encontro das dificuldades do momento e do futuro próximo.

O presente texto analisa, no plano estritamente jurídico, se o instituto da diminuição do risco, nos moldes em que se encontra regulado, proporciona uma solução adequada à modificação do estado de coisas decorrente do atual surto pandémico. Esta questão central será também o mote para um excurso mais aprofundado sobre o instituto da diminuição do risco, que tão pouca atenção tem merecido à doutrina nacional.

1. O problema

O atual surto de COVID-19, ao afetar severamente a morbilidade e a mortalidade, evoca de imediato um agravamento substancial de risco nos seguros de pessoas, em particular no que respeita aos riscos associados a seguros de saúde e a seguros de vida.

Reflexamente, não obstante, o surto produz também o efeito inverso sobre riscos, à partida, insuspeitos. Na verdade, as medidas (umas voluntárias e espontâneas, outras coercivamente decorrentes da declaração do estado de emergência[3] e da sua regulamentação[4]) de confinamento, encerramento de instalações e estabelecimentos, e suspensão de atividades económicas,

[3] Decreto do Presidente da República nº 14-A/2020, de 18 de março.

[4] Decreto nº 2-A/2020, de 20 de março, da Presidência do Conselho de Ministros.

levou a que a probabilidade de verificação de determinados riscos – ou seja, de ocorrência de sinistros – se reduzisse.

Para dar alguns exemplos, quando as pessoas ficam confinadas nas suas habitações, reduz-se o risco de furto do recheio das mesmas, assim como os riscos associados à circulação de viaturas (choque, colisão e capotamento, ou responsabilidade civil automóvel). Também no período de tempo em que uma empresa suspende a sua laboração, o risco de responsabilidade civil exploração, p. ex., é meramente residual.

Os exemplos poderão multiplicar-se, em concreto, em função dos vários ramos de seguros e dependendo das circunstâncias específicas de cada caso. Face a este contexto, suscita-se a questão de saber se as atuais circunstâncias, decorrentes do surto pandémico, configuram uma diminuição do risco, nos termos e para os efeitos previstos no artigo 92º do Regime Jurídico do Contrato de Seguro, aprovado pelo Decreto-Lei nº 72/2008, de 16 de abril (Lei do Contrato de Seguro, doravante LCS).

Antes de prosseguirmos, importa clarificar que a problemática em análise não se confunde com a da extinção do risco (causa de cessação do contrato por caducidade, nos termos dos artigos 109º e 110º da LCS[5]) ou com a da alteração da natureza do risco seguro[6].

2. A fórmula legal do artigo 92º da LCS

I – Antes da LCS, a problemática da diminuição do risco não encontrava disciplina no Código Comercial (doravante, CCom), embora estivesse consagrada em vários regimes estrangeiros de referência[7] e fosse também defendida, numa perspetiva de *iure condendo*, por alguma doutrina[8].

[5] Como resulta do nº 2 do artigo 110º, considera-se que há extinção do risco, designadamente, em caso de cessação da atividade objeto do seguro.

[6] Esta situação, a verificar-se na prática, implicaria a própria reconfiguração do contrato em moldes profundos, que, nos casos mais extremados, se traduziriam na cessação do contrato original e na celebração de um outro, correspondente ao novo risco. Neste sentido, falando, a propósito, de *transformação do risco*, Margarida Lima Rego, "O risco e suas vicissitudes", *in* Margarida Lima Rego (Coord.), *Temas de Direito dos Seguros*, 2ª Ed., Coimbra, Almedina, 2016, p. 401.

[7] Cfr., p. ex., o artigo 13º da LCS espanhola; o artigo 1897º do CC italiano; o artigo L.1134 do Código dos Seguros francês; o artigo 25º da LCS belga; e o artigo 770º do Código Civil (doravante, CC) brasileiro.

[8] Cfr. José Carlos Moitinho de Almeida, *O Contrato de Seguro no Direito Português e Comparado*, Lisboa, Livraria Sá da Costa, 1971, pp. 8687; M. Costa Martins, "Contributo para a delimitação

Alguns autores defendiam ser analogicamente aplicável à diminuição do risco o regime do artigo 446º do CCom[9]. Não cremos, porém, que se verificasse a analogia, porque o preceito em causa se destinava a regular precisamente a situação simétrica (o agravamento do risco), estabelecendo um dever de declaração para o tomador do seguro (e não um ónus) e um direito de resolução a favor do segurador (e não do tomador). Por outro lado, o artigo 446º não atribuía ao segurador um direito de alteração do prémio, mas apenas de resolução do contrato (que, aliás, resultaria automaticamente da falta de cumprimento do prazo de comunicação do agravamento do risco). Por outro lado, tomado isoladamente, o artigo 446º (restrito ao seguro de incêndio) não permitia, por si só, do nosso ponto de vista, reconhecer um princípio geral de equilíbrio das prestações no contrato de seguro, que fundamentasse, por seu turno, o reajustamento do prémio por diminuição do risco.

Para outros autores, o regime da diminuição do risco podia extrair-se de regras gerais. Neste sentido, entendia José Bento[10] que a ocorrência da diminuição faria nascer o ónus da respetiva comunicação na esfera do tomador ou do segurado. Sendo relevante (isto é, correspondendo-lhe um prémio tarifário mais baixo), e caso o contrato não regulasse a matéria, a diminuição deveria conduzir à modificação do contrato na anuidade seguinte, traduzindo-se no reajustamento dos prémios futuros, sem prejuízo do pagamento dos prémios já vencidos e também sem prejuízo da faculdade de o tomador obstar à renovação do contrato caso o segurador mantivesse as mesmas condições[11].

do âmbito da boafé no contrato de seguro", *in* António Moreira e M. Costa Martins (Coords.), *III Congresso Nacional de Direito dos Seguros – Memórias*, Coimbra, Almedina, 2003, p. 193.

9 Cfr. José Vasques, *Contrato de Seguro – Notas Para Uma Teoria Geral*, Coimbra, Coimbra Ed., 1999, p. 275. No mesmo sentido, Arnaldo Oliveira, "Artigo 92º Anotação", *in* Pedro Romano Martinez *et al.*, *LCS Anotada*, 3ª Ed., Coimbra, Almedina, 2016, p. 331.

10 José Bento, *Direito de Seguros*, Lisboa, 2003 (polic.), p. 167.

11 A comunicação da diminuição do risco traduzir-se-ia, assim, numa proposta de modificação do contrato, com efeito na anuidade seguinte. O tomador do seguro poderia formular a proposta em moldes tais que a recusa do segurador determinaria a oposição à renovação do contrato. Embora o autor não desenvolva a matéria, estaria em causa a figura da *denúnciamodificação* (Änderungskündigung). Como refere Romano Martinez, «por vezes a denúncia resulta de uma proposta de alteração do contrato; se uma das partes envia à outra uma declaração, afirmando que o contrato só pode manterse se for alterado determinado aspeto, p. ex. o valor da contraprestação, a recusa do destinatário quanto a tal modificação leva a concluir que a

II – Atualmente, a matéria encontra regulação no artigo 92º da LCS, sob a epígrafe *diminuição do risco*. O respetivo nº 1 dispõe que, ocorrendo uma diminuição inequívoca e duradoura do risco com reflexo nas condições do contrato, o segurador deve, a partir do momento em que tenha conhecimento das novas circunstâncias, refletilas no prémio.

Por seu turno, o nº 2 do mesmo artigo estabelece que, na falta de acordo relativamente ao novo prémio, assiste ao tomador o direito de resolver o contrato.

III – Antes de avançarmos na análise, cumpre deixar uma advertência sobre o âmbito do instituto em análise. A noção de risco, elemento fundamental de caracterização do tipo contratual *seguro*[12] e indissociável da ideia de incerteza, é passível de assumir, mesmo em Direito dos Seguros, uma pluralidade de sentidos.

Assim, o termo pode designar o evento de que depende a prestação do segurador (*risco de morte*, p. ex.), a respetiva causa (*risco de acidente*, p. ex.); o objeto do seguro (*riscos industriais*, p. ex.); a probabilidade de ocorrência desse evento (*baixo risco, risco simples* ou *risco agravado*, p. ex.); a possível dimensão do sinistro (*seguro de grandes riscos*, p. ex.) ou o objeto da garantia do segurador (p. ex., "exclusão de risco")[13]. Ora, quando nos referimos à *variação* do risco (no caso, *diminuição*) a que se o instituto em análise se

proposta de alteração contratual vale como denúncia» Pedro Romano Martinez, *Da Cessação do Contrato*, 2ª Ed., Coimbra, Almedina, 2006, p. 117. Na verdade, a declaração de denúncia pode ser expressa ou tácita (artigo 217º do CC), podendo igualmente ser condicionada na medida em que essa condição dependa apenas da vontade do destinatário João Baptista Machado, "'DenúnciaModificação' de um contrato de agência", *Revista de Legislação e de Jurisprudência*, Ano 120º (19871988), nº 3759, p. 187. Assim, a proposta de alteração ao contrato (caso não admita contraproposta) terá ainda o sentido, expresso ou tácito, de, caso a proposta não seja aceite, fazer cessar o contrato, ou seja, tratase de uma declaração de denúncia subordinada à condição suspensiva de não aceitação da proposta de alteração (*idem*, p. 188).

[12] Cfr., p. ex., Virginia Bado Cardozo, *El Riesgo y la Reticencia en el Contrato de Seguro*, Montevideo, La Ley Uruguay, 2009, p. 6; Joaquín Garrigues, *Contrato de Seguro Terrestre*, 2ª Ed., Madrid, s. n., 1983, p. 113; Pedro Romano Martinez, *Direito dos Seguros – Apontamentos*, Cascais, Principia, 2006, p. 57; Sergio Sotgia, "Considerazioni sulla 'descrizione del rischio' nel contratto di assicurazione", *Assicurazioni – Rivista di Diritto, Economia e Finanza delle Assicurazioni Private*, Ano XXXVI (1969), Parte I, p. 93; Rodrigo Uría, *Derecho Mercantil*, 13ª Ed., Madrid, Marcial Pons, 1986, p. 584; José Vasques, *Contrato de Seguro – Notas Para Uma Teoria Geral, cit.*, pp. 127 ss.

[13] Cfr., p. ex., Bernard Beignier, *Droit du Contrat d'Assurance*, Paris, PUF, 1999, p. 87; Fritz Herrmannsdorfer, *Das Versicherungswesen*, Berlin, J. Springer, 1928 – trad. espanhola, *Seguros Pri-*

reporta, o sentido a que aludimos é o da (menor) probabilidade de ocorrência do sinistro e da (menor) dimensão potencial das suas consequências[14].

Desta forma, o instituto em análise não se confunde com a problemática da variação do valor dos bens ou do interesse seguro[15]. Sendo certo que a diminuição superveniente do valor desses bens importa uma redução do prémio, esta última não decorre de uma diminuição do risco seguro, que se mantém, *coeteris paribus*, inalterado[16]. Por outras palavras, a variação do valor dos bens ou do interesse seguro é, para efeitos do instituto em análise, irrelevante[17][18].

3. A *ratio* do preceito

I – Perante a questão suscitada, importa, antes de mais, analisar a *ratio* do artigo 92º. Este encontra-se inserido numa secção da LCS denominada

vados, Barcelona, Labor, 1933, p. 15; e Yvonne Lambert-Faivre, *Droit des Assurances*, 11ª Ed., Paris, Dalloz, 2001, pp. 239 ss.

14 Também neste sentido, p. ex., Fernando Sánchez Calero, "Artículo 13. Comunicación de la disminución del riesgo – Comentario", *in* Fernando Sánchez Calero (Dir.), *Ley de Contrato de Seguro – Comentarios a la Ley 50/1980, de 8 Octubre, y a Sus Modificaciones*, 4ª Ed., Cizur Menor, Aranzadi, 2010, p. 346.

15 Cfr., p. ex., Sergio Ferrarini, "Su una pretesa diminuzione del rischio per sucessiva assicurazione dello stesso interesse", *Assicurazioni – Rivista di Diritto, Economia e Finanza delle Assicurazioni Private*, Ano XXII (1955), Parte II, pp. 63 ss. Entre nós, Francisco Rodrigues Rocha, *Do Princípio Indemnizatório no Seguro de Danos*, Coimbra, Almedina, 2015, pp. 195-196. Cfr. também Francisco Rodrigues Rocha, "O regime convencional do artigo 131º do RJCS", *Revista de Direito e de Estudos Sociais*, Ano LX, nº 1-4 (jan.-dez. 2019), pp. 301-302.

16 O risco, como probabilidade de ocorrência do sinistro, é expresso na tarifa do segurador. Esta corresponde a uma sequência de taxas, refletindo, cada uma, uma diferente probabilidade de ocorrência do sinistro. Ora, o prémio é calculado multiplicando uma taxa (correspondente ao risco incorrido pelo segurador) pelo capital seguro (correspondente ao valor dos bens ou interesse seguro). Naturalmente que a variação deste último fator fará variar o prémio, mas o que importa para efeito do nosso objeto de análise é a variação do primeiro fator, que exprime a grandeza do risco seguro.

17 Reportando-se a uma problemática distinta, a atualização do valor dos bens ou interesse seguro não suscitará também, em regra, diferendos nem controvérsia. Tratar-se-á de uma alteração contratual, proposta pelo tomador do seguro ao segurador, e que este aceitará sem reservas. Os efeitos produzir-se-ão de imediato, se o contrato o permitir, ou na anuidade seguinte.

18 O instituto em análise não se confunde igualmente com a redução da responsabilidade do segurador por efeito da pluralidade de seguros não fraudulenta (artigo 133º da LCS). Sobre a problemática, Sergio Ferrarini, "Su una pretesa diminuzione del rischio per sucessiva assicurazione dello stesso interesse", *cit.*, pp. 63 ss.

alteração do risco – integrada no capítulo consagrado às *vicissitudes do seguro* –, onde encontramos também o dever de informação previsto no artigo 91º e o regime do agravamento do risco, previsto nos artigos 93º e 94º.

Entre estas disposições existe uma problemática e uma *ratio* comum: a da alteração superveniente do risco seguro (face à configuração do mesmo que se verificava aquando da celebração do contrato[19]) e da consequente necessidade de reposição do equilíbrio contratual entre as posições das partes, mediante um reajustamento entre o risco incorrido pelo segurador (entretanto alterado) e o prémio suportado pelo tomador[20].

II – O instituto da diminuição do risco apresenta algumas linhas de aproximação à problemática civilística da alteração das circunstâncias[21] (artigo 437º do CC), a qual resulta da superveniência de uma modificação das circunstâncias em que tenha assentado a decisão de contratar das partes, em termos tais que se tenha verificado um desequilíbrio das prestações seriamente lesivo para uma delas. Neste quadro, suscitase um conflito entre o princípio da autonomia privada, que impõe o cumprimento pontual dos negócios livremente constituídos, e o princípio da boa fé, que não permite a exigência do cumprimento da obrigação à parte lesada[22].

[19] É este, com efeito, o momento tomado como referência para determinar o caráter originário ou superveniente de uma circunstância caracterizadora do risco – Luís Poças, *O Dever de Declaração Inicial do Risco no Contrato de Seguro*, Coimbra, Almedina, 2013, pp. 331-332. No mesmo sentido, Margarida Lima Rego, "O risco e suas vicissitudes", *cit.*, p. 398.

[20] Luís Poças, *O Dever de Declaração Inicial do Risco no Contrato de Seguro, cit.*, pp. 673 ss. É esta a posição dominante na doutrina quanto à *ratio* do regime, como nota Júlio Gomes (que igualmente a subscreve) – Júlio Gomes, "Algumas notas sobre o agravamento e a diminuição do risco no contrato de seguro", *Revista de Direito e de Estudos Sociais*, Ano LVI, nº 1-3 (jan.-set. 2015), pp. 7 ss. e 40. Cfr. também, entre a doutrina estrangeira, p. ex., Emilio Dusi, "Diminuzione del rischio e tariffe assicurative nel ramo incendi", *Assicurazioni – Rivista di Diritto, Economia e Finanza delle Assicurazioni Private*, Ano XXX (1963), Parte II, pp. 92 ss.; Carlos Alberto Ghersi, *Contrato de Seguro*, Buenos Aires, Ed. Astrea, 2007, pp. 87-88; Luiza Moreira Petersen, *O Risco no Contrato de Seguro*, São Paulo, Roncarati, 2018, pp. 145 ss.; Fernando Sánchez Calero, "Artículo 13. Comunicación de la disminución del riesgo – Comentario", *cit.*, pp. 344-345.

[21] Reimer Schmidt, "L'influenza del comportamento dell'assicurato sulla garanzia prevista in contratto", *Assicurazioni – Rivista di Diritto, Economia e Finanza delle Assicurazioni Private*, Ano XXXIII (1966), Parte I, p. 474. Sobre a evolução da problemática da alteração das circunstâncias na doutrina portuguesa, cfr. António Menezes Cordeiro, *Da Boa Fé no Direito Civil*, Coimbra, Almedina, 1984 (Reimpr., 2007), pp. 903 ss.

[22] Luís Menezes Leitão, *Direito das Obrigações*, Vol. II, 8ª Ed., Coimbra, Almedina, 2011, p. 133.

O instituto da alteração das circunstâncias comporta uma solução ou remédio de equidade[23]. Em certa medida, tal é igualmente o caso quanto ao regime da diminuição do risco. Embora o contrato de seguro seja aleatório, o mesmo assenta no equilíbrio entre o risco incorrido pelo segurador (enquanto probabilidade e potencial intensidade do sinistro) e o prémio: quaisquer circunstâncias que afetem aquele equilíbrio (agravamento ou diminuição do risco) constituem modificações de contexto, em termos tais que a equidade requer uma alteração (ou cessação) do contrato de modo a repor aquele equilíbrio.

III – No âmbito do Direito dos seguros, a ideia da necessária proporcionalidade entre o risco e o prémio – que constitui também um dos fundamentos do regime da declaração précontratual do risco[24] – é igualmente o principal fundamento do regime da diminuição ou do agravamento do risco[25]. Porém, enquanto na regulação da declaração inicial do risco se evidenciam, na generalidade dos atuais ordenamentos, preocupações de diferenciação de regime em função do estado subjetivo do declarante, a regulação da diminuição ou do agravamento do risco prendese, em regra, com preocupações objetivistas quanto à manutenção do referido equilíbrio relativamente ao momento da conclusão do contrato.

[23] António Menezes Cordeiro, Da Alteração das Circunstâncias – A Concretização do Artigo 437º do Código Civil à Luz da Jurisprudência Posterior a 1974 (Separata de AAVV, Estudos em Memória do Professor Doutor Paulo Cunha), Lisboa, FDL, 1989, p. 44.

[24] Desenvolvidamente, Luís Poças, O Dever de Declaração Inicial do Risco no Contrato de Seguro, cit., pp. 96-114; e 123-143.

[25] José Carlos Moitinho de Almeida, *O Contrato de Seguro no Direito Português e Comparado, cit.*, pp. 87 ss.; Juan Bataller Grau, *El Deber de Declaración del Riesgo en el Contrato de Seguro,* Madrid, Tecnos, 1997, p. 21; Domenico Chindemi, "Il rischio assicurativo e le sue modificazioni", *Diritto ed Economia dell'Assicurazione,* Ano XXXVI (1994), nº 2, p. 459; Rafael García Villaverde, "Contenido de la notificación de las alteraciones del riesgo en los seguros de vida", *in* Evelio Verdera y Tuells (Ed.), *Comentarios a la Ley de Contrato de Seguro,* Vol. I, Madrid, Colegio Universitario de Estudios Financieros, 1982, p. 1018; e Nuria Latorre Chiner, *La Agravación del Riesgo en el Derecho de Seguros,* Granada, Editorial Comares, 2000, p. 108. Posição diversa é a subscrita por Schiavo, que fundamenta o regime na necessária manutenção do objeto do contrato (o risco) Carlos A. Schiavo, *Contrato de Seguro Reticencia y Agravación del Riesgo,* Buenos Aires, Hammurabi, 2006, pp. 268 ss. Contra esta posição poderseá argumentar que a alteração (diminuição ou agravamento) do risco não altera – pelo menos, não necessariamente – a natureza deste, mas apenas a probabilidade de verificação do mesmo ou a dimensão dos seus efeitos.

O regime da diminuição do risco visa, em suma, como referimos, sancionar a modificação do acordo inicial mediante o reequilíbrio das prestações. Este, por seu turno, traduzse no reajustamento das condições contratuais (redução do prémio), adequandoas às novas circunstâncias do risco e mantendo constante a necessária proporcionalidade entre o risco incorrido pelo segurador e o prémio pago pelo tomador. Só em situações limite, em que a redução do prémio não seja admitida pelo segurador, ou que seja proposta por este em moldes considerados insuficientes pelo tomador, a conservação do negócio se revela insustentável, caso em que a alteração do risco poderá suscitar a resolução do contrato.

O regime da diminuição do risco é expressão, desta forma, do princípio da conservação dos negócios jurídicos. Por outro lado, a necessária constância da referida proporcionalidade entre risco e prémio constitui uma exceção à regra geral da inalterabilidade do conteúdo dos contratos[26].

IV – Face à *ratio* do preceito, logo cumpre questionar quais as circunstâncias de alteração (diminuição) do risco que estão aqui em causa, ou, por outras palavras, se relevam, para efeitos do regime ali consagrado, *todas e quaisquer circunstâncias* que impliquem uma diminuição do risco seguro. É o que veremos de seguida, face aos pressupostos em que assenta o regime legal.

4. Os pressupostos do regime

I – A disciplina estabelecida na parte final do nº 1 do artigo 92º depende da verificação de três pressupostos ali identificados. Com efeito, terá de verificar-se uma diminuição do risco: (*i*) inequívoca; (*ii*) duradoura; e (*iii*) com reflexo nas condições do contrato. Analisemos de seguida cada um destes pressupostos.

II – Quanto ao primeiro pressuposto (diminuição *inequívoca*), o mesmo não coloca reservas interpretativas. Terá, assim, de ocorrer uma diminuição do risco certa, efetiva, objetiva, demonstrável, e cuja verificação não suscite dúvidas. O propósito do estabelecimento deste pressuposto (bem como o do caráter duradouro da diminuição) terá sido, segundo nota Margarida Lima Rego, o de circunscrever o leque de circunstâncias tendentes a confi-

[26] Rafael García Villaverde, "Contenido de la notificación de las alteraciones del riesgo en los seguros de vida", *cit.*, p. 1018.

gurarem diminuições de risco e, bem assim, o de conter o recurso dos tomadores a este instituto[27].

Naturalmente que este pressuposto terá de ser aferido em concreto, dependendo da modalidade de contrato de seguro em causa, dos riscos cobertos, das circunstâncias específicas do objeto seguro, do contexto próprio de cada tomador, e – quanto à questão que mais diretamente nos ocupa – da forma como o surto de COVID-19 e inerentes medidas adotadas afetem essas circunstâncias e se traduzam na inequívoca diminuição do risco.

A verificação deste pressuposto poderá surgir comprometida, designadamente, quando a configuração do risco resultante do COVID-19 comporte simultaneamente uma redução de certos riscos e o agravamento de outros. Assim, p. ex., se a suspensão da atividade de um restaurante reduz o risco de responsabilidade civil extracontratual, simultaneamente aumenta – pela falta de ocupação das instalações – o de furto do respetivo recheio, ou o de atos de vandalismo.

III – Não basta, porém, que a diminuição seja inequívoca. Ela terá de ser também *duradoura*. O regime do artigo 92º não se aplica, assim, às alterações efémeras, passageiras, momentâneas ou de curta duração, ou que não afetem de forma estável e persistente o equilíbrio das posições das partes.

Não se exige, é certo, que a diminuição do risco seja permanente ou definitiva, admitindo-se, portanto, que possa ser temporária. Haverá, no entanto, na falta de referência legal expressa, que identificar um critério quanto à duração mínima daquela diminuição para que a mesma possa ser considerada *duradoura*. Ora, atendendo à *ratio* do preceito e ao princípio da anuidade contratual (que verte, designadamente, do artigo 40º da LCS), não poderá considerar-se que *afeta duradouramente o equilíbrio das posições das partes* uma diminuição do risco que perdure, afinal, por tempo inferior à própria anuidade contratual.

Retomando, à luz deste pressuposto, a questão central suscitada, dir-se-á que, mesmo havendo incerteza quanto à duração do surto de COVID-19 e das medidas dele decorrentes, parece haver consenso no sentido de que tais medidas não deverão prolongar-se mais do que alguns meses, sendo economicamente insustentável que se mantenham por um período que se aproxime sequer de um ano. Por outras palavras, mesmo havendo, em

[27] Margarida Lima Rego, "O risco e suas vicissitudes", *cit.*, p. 403.

concreto, uma diminuição inequívoca do risco, a mesma não será qualificável, segundo o critério referido, como duradoura.

IV – Mesmo que se verificassem cumulativamente os dois pressupostos anteriores, teria ainda de constatar-se um terceiro: o de que a diminuição do risco tivesse *reflexo nas condições do contrato*. Significa isto que a diminuição do risco teria de assentar em circunstâncias essenciais para a apreciação do risco pelo segurador[28], de tal forma que, se tivessem sido conhecidas pelo segurador antes da conclusão do contrato, tivessem determinado a celebração deste em *condições (tarifárias) mais favoráveis* ao tomador do seguro[29].

Na verdade, como referimos, a *ratio* do preceito é a da manutenção (ou reposição) do equilíbrio inicial entre o risco e o prémio. Ora esse equilíbrio inicial é estabelecido, desde logo, em função das variáveis consideradas na tarifa do segurador. Adicionalmente, o prémio assim calculado poderá ser agravado em função das circunstâncias objeto da declaração inicial do risco, designadamente, das que constem do questionário fornecido pelo segurador. Em qualquer caso, nem todas essas circunstâncias concretamente declaradas pelo tomador do seguro, relevam para a determinação do prémio. Com efeito, algumas são objetivamente inócuas, e outras, comportando um acréscimo pouco expressivo do risco, não se traduzem num agravamento do prémio tarifário.

Assim, o presente pressuposto abrange duas situações distintas: a superveniência de circunstâncias do risco que correspondam, em termos tarifários, a um prémio mais reduzido do que o inicialmente estabelecido; ou o desaparecimento superveniente de circunstâncias que tenham determinado um agravamento inicial do prémio[30]. Em qualquer caso – importa

[28] Arnaldo Oliveira, "Artigo 92º Anotação", *cit.*, p. 332.

[29] Cfr. Juan Bataller Grau, El Deber de Declaración del Riesgo en el Contrato de Seguro, cit., p. 27.

[30] Em rigor, o pressuposto abrange também as situações em que o tomador do seguro ou segurado haja comunicado, na declaração inicial do risco, circunstâncias que tenham determinado um prémio mais elevado, vindo posteriormente a constatar que essa comunicação havia assentado numa representação errónea da realidade, e corrigindo, consequentemente, a caracterização do risco. Cfr. Guglielmo Leone, "La diminuzione del rischio assicurativo nell'unificazione internazionale del diritto privato", *Assicurazioni – Rivista di Diritto, Economia e Finanza delle Assicurazioni Private*, Ano XVIII (jan.-abr. 1951), Parte I, p. 47. Não se trata aqui de uma verdadeira diminuição objetiva das circunstâncias do risco, mas o recurso ao elemento lógico da interpretação (argumento de maioria de razão) não deixará de abranger as referidas

sublinhá-lo – o presente requisito implica que as circunstâncias em causa *sejam, na prática tarifária do segurador, passíveis de se refletirem numa redução do prémio*, e não apenas que as mesmas representem uma diminuição objetiva do risco ou, menos ainda, que sejam subjetivamente percecionadas pelo tomador do seguro como representando um risco inferior[31].

Desta forma, p. ex., é sabido que, em regra, as tarifas de seguro obrigatório de responsabilidade civil automóvel atendem à sinistralidade anterior, à antiguidade do veículo, à idade e antiguidade da licença do condutor habitual, mas não à frequência e tempo médio da circulação automóvel. Parece lógico, é certo, que o risco de circulação automóvel tenda a ser inferior na medida em que se reduza a frequência e o tempo dessa circulação (como sucede em virtude do confinamento decorrente do COVID-19). Mas essa valoração não é refletida na determinação do prémio nem, consequentemente, no equilíbrio das prestações das partes. Logo, essa diminuição objetiva do risco é indiferente face aos pressupostos do artigo 92º da LCS.

V – Quando tenha havido uma revisão tarifária da modalidade de seguro contratada, entre a data de conclusão do contrato e o momento da comunicação da diminuição do risco, pode suscitar-se a questão de saber se deverá tomar-se como referência a tarifa originária ou a mais recente.

Ora, o instituto em análise refere-se à modificação (diminuição) do risco, com reflexo nas condições tarifárias, e não propriamente à modificação da tarifa. Porém, não faria sentido que a variação do risco fosse apreciada relativamente a condições contratuais que não refletissem já, de acordo com a experiência e a prática do segurador, o equilíbrio das posições das partes, e que não fossem já igualmente aplicáveis à mutualidade de segurados.

Assim, quer a relevância das circunstâncias de decrescimento do risco, quer o próprio reajustamento do prémio, devem ser aferidos em função da tarifa mais recente, vigente à data de efeito da comunicação da diminuição

situações, sem necessidade de apelo à interpretação extensiva do nº 1 do artigo 92º. Com efeito, se é admissível a reposição do equilíbrio contratual em caso de alteração superveniente do risco, por maioria de razão o será quando esse equilíbrio esteve em crise desde o início. A correção de uma errada configuração inicial do risco está, portanto, claramente dentro do perímetro da *ratio* do preceito.

[31] Emilio Dusi, "Diminuzione del rischio e tariffe assicurative nel ramo incendi", *cit.*, p. 92; Guglielmo Leone, "La diminuzione del rischio assicurativo nell'unificazione internazionale del diritto privato", *cit.*, p. 49; Fernando Sánchez Calero, "Artículo 13. Comunicación de la disminución del riesgo – Comentario", *cit.*, pp. 351 e 353.

do risco, na medida em que é esta que consubstancia a mais atualizada expressão do equilíbrio entre o risco e o prémio[32].

VI – Verificados os pressupostos analisados, pode também suscitar-se a questão de saber se, face ao teor do artigo 190º (inaplicabilidade parcial do instituto do agravamento do risco aos seguros de vida)[33] e da alínea a) do artigo 215º (inaplicabilidade do agravamento do risco aos seguros de saúde, quanto às alterações do estado de saúde da pessoa segura), ambos da LCS, o regime da diminuição do risco será, ele próprio, aplicável a tais seguros.

Perante o disposto nas citadas disposições, pareceria de toda a razoabilidade e justiça que a diminuição do risco fosse, no que respeita ao estado de saúde da pessoa segura, simetricamente inaplicável aos seguros de vida e aos seguros de saúde. Porém, no silêncio da lei, e na medida em que se verifiquem todos os pressupostos de que depende o regime da diminuição do risco – os quais são, por si só, critério suficiente de exequibilidade e justiça na aplicação desse regime – não haverá razões para afastar aquela apli-

[32] Neste sentido, Emilio Dusi, "Diminuzione del rischio e tariffe assicurative nel ramo incendi", *cit.*, pp. 97-98; e Arnaldo Oliveira, "Artigo 92º Anotação", *cit.*, p. 332.

[33] Dispõe o artigo 190º da LCS que «o regime do agravamento do risco previsto nos artigos 93º e 94º não é aplicável aos seguros de vida, nem, resultando o agravamento do estado de saúde da pessoa segura, às coberturas de acidente e de invalidez por acidente ou doença complementares de um seguro de vida». Sem prejuízo de alguma falta de rigor do texto legal, o seu sentido útil (interpretado o mesmo com apoio no artigo 9º do CC) será o de que, relativamente a seguros de vida, o regime de agravamento do risco previsto nos artigos 93º e 94º é apenas aplicável às coberturas complementares de acidente e de invalidez (por acidente ou doença), mas só se o agravamento *não resultar* do estado de saúde da pessoa segura (podendo advir da alteração da profissão, local de residência, ou de determinadas práticas de consumo, desporto ou lazer). Neste sentido, Arnaldo Oliveira e Eduarda Ribeiro, "Novo regime jurídico do contrato de seguro – Aspetos mais relevantes da perspetiva do seu confronto com o regime vigente", *Fórum – Revista Semestral do ISP*, Ano XII, nº 25 (jun. 2008), p. 31; e Arnaldo Oliveira, "Artigo 190º Anotação", *in* Pedro Romano Martinez *et al.*, *LCS Anotada, cit.*, p. 515. A *ratio* da solução prende-se com considerações de vária ordem: o facto de a idade e o estado de saúde da pessoa segura constituírem agravamentos do risco *previsíveis* aquando da celebração do contrato e assumidos pelo segurador [Nuria Latorre Chiner, "El riesgo y su agravación en el seguro de vida", *Revista Española de Seguros*, nº 93 (jan.mar. 1998), p. 162]; aspetos de ordem técnica (nivelamento do prémio, em função da idade da pessoa segura); razões de política legislativa (salvaguarda dos dados de saúde da pessoa segura); articulação com o regime da incontestabilidade (Rafael García Villaverde, "Contenido de la notificación de las alteraciones del riesgo en los seguros de vida", *cit.*, p. 1023); e razões de proteção dos consumidores em seguros de tendencialmente longa duração (Arnaldo Oliveira, "Artigo 190º Anotação", *cit.*, pp. 515).

cabilidade. Em suma, verificados aqueles pressupostos, deverá o segurador proceder à redução do prémio em caso de diminuição do risco, ainda que esta se prenda apenas com razões inerentes ao estado de saúde da pessoa segura[34].

VII – A questão que acabamos de analisar prende-se com um pressuposto por vezes equacionado pela doutrina[35]: o de que a alteração (diminuição) do risco, para além de superveniente, seja, aquando da conclusão do contrato, imprevisível para o segurador (e, como tal, não refletida no prémio). Tal constituiria, precisamente, uma justificação para, em seguros de vida e de saúde, a progressiva degradação do estado de saúde da pessoa segura (normal em função do aumento da idade) não ser valorada, como vimos, no quadro do instituto do agravamento do risco.

Quanto ao instituto da diminuição do risco, porém, a imprevisibilidade da diminuição – quer para o segurador, quer para o tomador do seguro – não constitui um pressuposto legal do regime do artigo 92º. O preceito basta-se com a diminuição objetiva do risco, irrelevando, portanto, se a mesma era previsível para qualquer das partes ou para ambas.

5. A redução do prémio: trâmites a seguir

I – Como vimos, resulta do artigo 92º que, verificados os pressupostos analisados, o segurador deve, *a partir do momento em que tenha conhecimento das novas circunstâncias, refletilas no prémio do contrato*. O dever que incide sobre o segurador corresponde, portanto, a uma modificação do contrato em função do decréscimo de risco comunicado. Porém, o legislador circunscreve literalmente essa modificação a uma única vertente: a redução do prémio[36].

[34] Neste sentido, refere Arnaldo Oliveira que, «*se a tarifa do segurador* vida [...] p.e. *prevê* uma diminuição de prémio para não fumadores, o facto da pessoa segura A ter comprovadamente deixado de fumar deve dar origem à diminuição de prémio prevista no nº 1 do artigo 92º» – Arnaldo Oliveira, "Artigo 92º Anotação", *cit.*, p. 334. No mesmo sentido, Júlio Gomes, "Algumas notas sobre o agravamento e a diminuição do risco no contrato de seguro", *cit.*, p. 40.

[35] P. ex., Luiza Moreira Petersen, *O Risco no Contrato de Seguro*, *cit.*, p. 150; e, quanto ao agravamento do risco, Margarida Lima Rego, "O risco e suas vicissitudes", *cit.*, pp. 401-402.

[36] A ideia de que a medida do risco incorrido pelo segurador tem apenas expressão no prémio pago pelo tomador do seguro (e não também em outras condições, como a aplicação de exclusões, limites de cobertura, franquias, etc.) perpassa por várias disposições da LCS. É o caso da regra proporcional do prémio estabelecida na alínea a) do nº 4 do artigo 26º e na alínea b) do nº 1 do artigo 94º. Sobre a regra proporcional do prémio, cfr. Luís Poças, *O Dever de Declaração Inicial do Risco no Contrato de Seguro*, *cit.*, pp. 525 ss.

Com efeito, diversamente do que sucede com o regime do agravamento do risco, o legislador não prevê a possibilidade de modificação do contrato em termos diversos da mera alteração do prémio. Assim, o regime não prevê – embora a autonomia contratual o admita – que, p. ex., desaparecida uma circunstância agravante do risco que anteriormente determinasse uma exclusão de garantia, o segurador possa pôr fim à exclusão, mantendo o prémio inalterado. Nada impedirá, porém, no quadro da autonomia contratual, que o segurador o faça de moto próprio, sem prejuízo da faculdade resolutiva que assiste ao tomador do seguro, nos termos do nº 2 do artigo 92º, em caso de discordância quanto à alteração proposta.

II – É certo que, verificados os pressupostos do instituto da diminuição do risco, o segurador está vinculado à redução do prémio logo que tenha conhecimento da nova configuração do risco. Esta redução, portanto, não resulta da vontade negocial do segurador, nem tampouco requer uma solicitação do tomador do seguro nesse sentido, antes vertendo, tão somente, de um comando legal imperativo[37].

Porém, a redução do prémio não opera *automaticamente*[38], na medida em que a lei não estabelece, para além da orientação genérica do nº 2 do artigo 52º da LCS, um critério objetivo e certo que determine, de acordo com uma fórmula matemática, o valor do novo prémio. É certo – poder-se-á argumentar – que, devendo a diminuição do risco ter reflexo na prática tarifária do segurador, bastaria a este aplicar a tarifa às novas condições do risco, com o que o novo prémio ficaria automaticamente determinado. Porém, em regra, a própria tarifa poderá envolver alguma margem de liberdade do segurador na determinação concreta do prémio.

Se o reajustamento fosse quantitativamente determinado *ope legis* todo o processo ficaria subtraído à vontade das partes. A determinação do novo prémio prescindiria de qualquer margem de atuação discricionária do

[37] Com efeito, por força do nº 1 do artigo 92º, o dever de redução do prémio resulta diretamente do simples conhecimento da diminuição do risco.

[38] Em sentido diverso, considera Guglielmo Leone que a redução do prémio é automática quando o dever de redução nasce na esfera do segurador por efeito da lei, não dependendo de solicitação do tomador do seguro – Guglielmo Leone, "La diminuzione del rischio assicurativo nell'unificazione internazionale del diritto privato", *cit.*, p. 55. Discordamos desta perspetiva, na medida em que, para efetivação da solução, mesmo quando o dever de redução do prémio resulta diretamente da lei, sempre será necessária a intervenção colaborativa do segurador dentro de uma margem de discricionariedade.

segurador e, portanto, da vontade inerente à concretização dessa margem de liberdade de atuação lícita. Por outro lado, consubstanciando um critério legal de reposição automática do equilíbrio contratual, o novo prémio traduziria uma bitola de justiça contratual, não fazendo então sentido convocar a vontade contratual do tomador do seguro no sentido de submeter esse prémio à sua aprovação (acordo ou aceitação).

Ora, não sendo exequível operacionalizar a redução do prémio de forma automática (nem tendo a lei assumido essa opção), e sendo certo que a redução constitui uma alteração contratual, a mesma, para efetivar-se, requer um acordo de vontades que deverá seguir um processo negocial (proposta/aceitação). A referência, no nº 2 do artigo 92º, à «falta de acordo» do tomador sugere precisamente esse *iter* negocial de modificação do contrato: proposta do segurador quanto ao valor do novo prémio, seguida de aceitação (acordo), expressa ou tácita, ou, na falta de acordo, da possibilidade de resolução do contrato.

III – Quanto aos trâmites que devem seguir-se para efeito de modificação do contrato por redução do prémio, no silêncio do artigo 92º, haverá que recorrer, por analogia, ao *iter* estabelecido no nº 2 do artigo 93º, com as necessárias adaptações[39].

[39] Arnaldo Oliveira subscreve perspetiva diversa, invocando a analogia com o nº 2 do artigo 26º enquanto regimeregra da comunicação do risco ao segurador Arnaldo Oliveira, "Artigo 92º Anotação", *cit.*, p. 333 e *ibidem* n. 508. Parecenos de recusar tal entendimento, desde logo porque o nº 2 do artigo 93º regula uma situação perfeitamente simétrica da respeitante à diminuição do risco, caindo ambas na esfera, não do instituto da declaração précontratual do risco, mas no da *declaração da alteração do risco* em sede de execução do contrato (portanto, com um âmbito diverso, mais específico, e onde a analogia é mais evidente – razão, aliás, porque a matéria é regulada autonomamente numa mesma secção da LCS). Por outro lado, o nº 2 do artigo 26º reportase aos trâmites em caso de omissões ou inexatidões negligentes do tomador do seguro ou segurado, tendo por objetivo estabelecer um prazo de dilação quanto aos efeitos da cessação do contrato no sentido de permitir ao tomador a contratação atempada do risco junto de outro segurador. Ora, sendo diversa a preocupação subjacente ao nº 2 do artigo 93º – que visa conferir às partes um período de reflexão no sentido de conformarem a sua vontade à modificação do contrato – os prazos aí estabelecidos asseguram, em qualquer caso, a referida dilação. Finalmente, enquanto o nº 2 do artigo 26º confere ao silêncio do tomador o sentido de recusa (coerente com o objeto do preceito) a alínea a) do nº 2 do artigo 93º conferelhe o sentido de aceitação, mais coerente com a inserção sistemática e objeto do preceito, que visa regular a modificação do contrato de harmonia com o princípio da conservação dos negócios. Não identificamos, portanto, uma analogia com o nº 2 do artigo 26º, ou tampouco com o nº 1 do

Assim, cabe ao tomador do seguro um ónus de comunicar ao segurador a diminuição do risco. Como é evidente, e na medida em que a celeridade da comunicação é do próprio interesse do tomador, o exercício de tal ónus não está subordinado a um prazo. Em qualquer caso, como é também evidente, a comunicação deverá ser feita durante a vigência do contrato de seguro.

Face a tal comunicação, o segurador disporá de um prazo de 30 dias a contar do conhecimento da diminuição do risco para apresentar ao tomador uma proposta de alteração ao contrato (redução do prémio), que este deverá aceitar em igual prazo, findo o qual se entende aprovada a modificação proposta. Caso o segurador não tenha proposto uma diminuição do prémio no prazo de 30 dias, ou caso o tomador do seguro recuse o prémio proposto, assistelhe o direito de, no mencionado prazo de 30 dias a contar da receção da proposta de redução (ou a contar do termo do prazo de que o segurador dispunha para a apresentação da proposta de redução, quando não a tenha apresentado), resolver o contrato mediante comunicação dirigida ao segurador[40] [41].

Em qualquer dos casos, quer a comunicação da diminuição do risco pelo tomador do seguro, quer a proposta de redução do prémio pelo segurador, quer a declaração resolutiva, se a houver, devem ser efetuadas por escrito

artigo 27º (*idem*, p. 351, n. 459, e também, embora com reservas, Júlio Gomes, "Algumas notas sobre o agravamento e a diminuição do risco no contrato de seguro", *cit.*, p. 43, n. 73). Aqui, a disposição visa tutelar a confiança do segurado quanto ao momento de início de cobertura do risco, eliminando a incerteza que resultaria do silêncio do segurador. Ora, não encontramos analogia no regime da diminuição do risco (onde, aliás, o sentido do silêncio do segurador perante o conhecimento da diminuição do risco não se reporta à manutenção da cobertura, mas à eventual recusa – ou incumprimento do dever – de alteração do prémio).

[40] O regime decorre, em parte, do nº 2 do artigo 92º da LCS.

[41] Não nos parece de subscrever a perspetiva de Arnaldo Oliveira no sentido de que «o tomador do seguro que deveras não confie na hipótese de acordo, parece, sempre poderá fixar 30 dias a contar do envio da comunicação de diminuição do risco como prazolimite para, não tendo entretanto as partes chegado ao acordo previsto no nº 2 do artigo 92º, dar a resolução por eficaz» Arnaldo Oliveira, "Artigo 92º Anotação", *cit.*, p. 333. Tal implicaria uma indefinição do prazo de resposta do segurador (que não saberia, na verdade, de quanto tempo dispunha para reapreciar o risco e propor um novo prémio), mas igualmente uma incerteza para o segurador quanto à posição do tomador do seguro relativamente ao prémio proposto (30 dias após o conhecimento da diminuição do risco, o segurador não saberia se o contrato se encontrava resolvido ou se o tomador do seguro estava ainda a ponderar, ou teria até aceite, a redução do prémio entretanto proposta).

ou através de meio de que fique registo duradouro, nos termos do nº 1 do artigo 120º.

IV – Se, estando a decorrer o mencionado prazo de 30 dias para que o segurador formule uma proposta de redução do prémio, o mesmo emitir um prémio de valor idêntico aos precedentes, pode suscitar-se a questão de saber se esta emissão corresponde – ou deve ser entendida como – uma recusa tácita de redução do prémio. Alguma doutrina manifesta-se neste sentido[42].

Do nosso ponto de vista, porém, a questão merece outro entendimento. Na verdade, o processamento de prémios pelo segurador obedece a programação informática que, mercê do regime legal vigente, obriga a uma emissão antecipada do "recibo" de prémio. Neste contexto, aviso de pagamento recebido pelo tomador do seguro num dado momento, e com uma necessária antecedência de 30 dias sobre a data de vencimento do prémio ou fração (nº 1 do artigo 60º da LCS) terá sido necessariamente pré-programado com uma antecedência e com uma automaticidade incompatíveis com a gestão casuística do processo de redução do prémio por diminuição do risco.

Neste contexto, à receção, pelo tomador do seguro, do mencionado aviso de pagamento não deverá ser atribuído especial significado. Portanto, e em suma, exceto no caso de o segurador manifestar expressamente a recusa da redução do prémio antes do decurso do prazo de 30 dias mencionado, a mesma só deverá ter-se por certa, em virtude do silêncio do segurador, no termo daquele prazo.

V – Pode questionar-se se, do teor do artigo 92º da LCS, resulta um verdadeiro direito do tomador do seguro à redução do valor do prémio, de tal modo que, demonstrando a verificação dos pressupostos de que depende o regime[43], possa exigi-lo judicialmente no caso de o segurador não reduzir voluntariamente o prémio ou o fazer em moldes considerados insatisfatórios.

Analisando a questão, entende Margarida Lima Rego que, em contraste com a solução que verte do regime geral da alteração das circunstâncias, o instituto da diminuição do risco não proporciona ao tomador do seguro o direito de exigir judicialmente a redução do prémio, mas apenas o de

[42] Fernando Sánchez Calero, "Artículo 13. Comunicación de la disminución del riesgo – Comentario", *cit.*, pp. 354-355.

[43] Neste exercício teórico, teremos de abstrair da dificuldade probatória de demonstração dos referidos pressupostos.

resolver o contrato[44]. A mesma perspetiva parece ser subscrita por Menezes Cordeiro, que lamenta o facto de o regime da diminuição do risco não ter adotado os critérios de determinação do prémio previstos no nº 2 do artigo 52º da LCS, compelindo o tomador do seguro à evitável solução de resolução do contrato[45].

Que dizer? É certo que o nº 1 do artigo 437º do CC confere à parte lesada pela alteração das circunstâncias o «direito à resolução do contrato, ou à modificação dele segundo juízos de equidade». Diversamente, o nº 2 do artigo 92º apenas menciona, na falta de acordo quanto ao novo prémio, o direito de o tomador do seguro resolver o contrato. Mas comportará a diferente redação dos dois preceitos uma divergência relevante de regime?

Vejamos. O nº 1 do artigo 92º é claro quando refere que, tomando conhecimento de uma diminuição do risco o segurador *deve refleti-la no prémio* do contrato. Esta vinculação do segurador à redução do prémio constitui, como melhor veremos (*infra*, 8), um verdadeiro *dever jurídico*, em sentido técnico. Ora, o dever consiste na necessidade de agir de um modo imposto por uma norma imperativa[46], contrapondo-se ao *direito subjetivo*. O titular deste direito (no caso, o tomador do seguro), tem, portanto, uma pretensão ao cumprimento do dever, podendo fazêla valer judicialmente (ou, não sendo possível, exigir a efetivação das sanções resultantes do incumprimento)[47].

[44] Como sublinha a autora, «na eventualidade de, em resposta a um pedido de redução do prémio, o segurador entender não o reduzir ou reduzi-lo em termos considerados insuficientes pelo tomador do seguro, a lei não permite a este último fazer valer a sua posição atribuindo aos tribunais a competência para dirimir este conflito. Reconhece-se ao tomador o direito de resolver o contrato, mas não o de impor a sua posição [...]» – Margarida Lima Rego, "O risco e suas vicissitudes", *cit.*, p. 403.

[45] Como refere o autor, «o legislador poderia ter optado pela solução do artigo 52º/2. Tal como está, ela é desfavorável ao tomador, que arcará com o esforço de ir procurar outro segurador, porventura sem necessidade» – António Menezes Cordeiro, *Direito dos Seguros*, Coimbra, Almedina, 2013, p. 708.

[46] Manuel Gomes da Silva, *O Dever de Prestar e o Dever de Indemnizar*, Lisboa, FDL, 1944, p. 30. O dever repousa, portanto num juízo de obrigatoriedade que pauta a adesão ao comportamento prescrito e a reprovação da sua inobservância – *ibidem*. Cfr. igualmente Luís Carvalho Fernandes, *Teoria Geral do Direito Civil*, Vol. II, 5ª Ed., Lisboa, Universidade Católica Ed., 2010, p. 644; João Antunes Varela, *Das Obrigações em Geral*, Vol. I, 10ª Ed., Coimbra, Almedina, 2000, p. 52.

[47] Como resulta do nº 2 do artigo 2º do Código de Processo Civil, «a todo o direito, exceto quando a lei determine o contrário, corresponde a ação adequada a fazê-lo reconhecer em juízo, a prevenir ou reparar a violação dele e a realizá-lo coercivamente, bem como os procedimentos necessários para acautelar o efeito útil da ação».

Em suma, e apesar de o preceito não o referir expressamente, se o segurador tem um dever de redução do prémio, então o tomador do seguro terá um correspondente direito a exigi-la – judicialmente, se necessário. Quanto aos critérios objetivos que hão de nortear essa redução, e para além do necessário referencial que constitui a tarifa do segurador, não haverá razões para, onde a tarifa permitir uma margem de discricionariedade, excluir os critérios que vertem precisamente do nº 2 do artigo 52º[48], cujo âmbito de aplicação não se atém à determinação inicial do prémio. É certo que o recurso aos meios judiciais para a efetivação da pretensão do tomador se defronta, na prática, com dificuldades probatórias[49], mas estas não serão absolutamente intransponíveis nem inviabilizadoras, portanto, da eficácia da demanda.

VI – Quanto à data de efeito da eventual resolução do contrato, importa ponderar, ainda que brevemente e no contexto em análise, a função desta causa potestativa, de exercício tendencialmente vinculado, de extinção de um contrato[50].

Ora, a resolução surge legalmente consagrada em variadas situações, decorrendo de um facto superveniente que põe em causa uma legítima expectativa de uma das partes, quer o facto resulte da contraparte, de circunstâncias naturalísticas ou de terceiro[51]. Assim, nas palavras de Brandão

[48] Nos termos do nº 2 do artigo 52º da LCS, «na falta ou insuficiência de determinação do prémio pelas partes, atende-se a que o prémio deve ser adequado e proporcionado aos riscos a cobrir pelo segurador e calculado no respeito dos princípios da técnica seguradora, sem prejuízo de eventuais especificidades de certas categorias de seguro e de circunstâncias concretas dos riscos assumidos».

[49] Com efeito, se o tomador do seguro é o gestor material do risco, o segurador é o gestor técnico do prémio, estando, à partida, apto a justificar como a política tarifária por si adotada é consentânea com os princípios que vertem do nº 2 do artigo 52º.

[50] Esta declaração tem, assim, eficácia constitutiva João Antunes Varela, *Das Obrigações em Geral*, Vol. II, 7ª Ed., Coimbra, Almedina, 1997, p. 278.

[51] Carlos Mota Pinto, *Teoria Geral do Direito Civil*, 3ª Ed., Coimbra, Coimbra Ed., 1985, p. 619; João Antunes Varela, *Das Obrigações em Geral*, Vol. II, *cit.*, pp. 275 ss. Relativamente à resolução de base legal, é possível autonomizar os seguintes fundamentos: o incumprimento do contrato (causa subjetiva); a quebra intolerável do equilíbrio contratual, designadamente no caso da alteração das circunstâncias (causa objetiva); e outros casos de exceção (p. ex., os casos de revogação unilateral que seguem o regime da resolução, correspondendo, portanto, a uma resolução *ad nutum*, imotivada e atípica) Pedro Romano Martinez, *Da Cessação do Contrato*, *cit.*, pp. 68 ss. Traçando uma distinção clara entre a resolução por incumprimento (nas obri-

Proença, a resolução é, em regra, o modo de extinção unilateral «de uma relação contratual, total ou parcialmente "alterada" ou "perturbada"»[52], assumindo uma função de *remédio* para essa alteração ou perturbação, e sendo igualmente configurável como uma sanção[53].

Ora, no contexto do artigo 92º, a resolução surge associada a duas situações: (*i*) o incumprimento, pelo segurador, do dever legal de redução do prémio; e (*ii*) a redução do prémio, pelo segurador, em moldes considerados insatisfatórios pelo tomador do seguro (a «falta de acordo relativamente ao novo prémio» mencionada no nº 2 do artigo 92º). No primeiro caso, a resolução cumpre a função de uma sanção jurídica. No segundo, desempenha a função de solução apta a, na inviabilidade da conservação do negócio, remediar a relação contratual alterada face aos termos iniciais.

Quanto aos efeitos supletivamente definidos para a resolução (artigo 434º do CC), nos contratos de execução instantânea a resolução tem efeito retroativo (*ex tunc*) entre as partes, exceto se esse efeito contrariar a vontade das mesmas ou a finalidade concretamente associada à resolução. Diversamente, nos contratos de execução continuada – como é o caso do seguro –, a resolução tem eficácia *ex nunc*, não abrangendo as prestações já efetuadas antes da extinção do contrato[54], exceto se entre estas e a causa da resolução houver um vínculo que legitime a resolução de todas elas.

No caso em análise, quer a função sancionatória, quer a de remédio do desequilíbrio superveniente da relação contratual, impõem como solução que a resolução produza efeitos relativamente retroativos, reportados ao momento de referência para a constatação do referido desequilíbrio das posições das partes: aquele em que o segurador tenha tomado conhecimento da diminuição do risco[55].

gações instantâneas) e a resolução por justa causa (nas obrigações duradouras), João Baptista Machado, "'Denúncia Modificação' de um contrato de agência", *cit.*, nº 3759, p. 186, n. 10.

[52] José Brandão Proença, *A Resolução do Contrato no Direito Civil. Do Enquadramento e do Regime (Separata do Vol. XXII do Suplemento ao Boletim da Faculdade de Direito da Universidade de Coimbra)*, Coimbra, Faculdade de Direito de Coimbra, 1982, p. 38.

[53] José de Oliveira Ascensão, *Direito Civil – Teoria Geral*, Vol. III, Coimbra, Coimbra Editora, 2002, p. 338.

[54] Adriano Vaz Serra, "Resolução do contrato", *Boletim do Ministério da Justiça*, nº 68 (jul. 1957), pp. 211212, n. 95, e p. 213, n. 99. A solução resulta, quer da *razão de ser* da resolução (*idem*, p. 212), quer, pelo menos em parte, da dificuldade ou impossibilidade de restituição das prestações, sobretudo quando as mesmas se traduzam em prestações de facto ou no gozo de um bem Pedro Romano Martinez, *Da Cessação do Contrato, cit.*, p. 239.

[55] Neste sentido, Margarida Lima Rego, "O risco e suas vicissitudes", *cit.*, pp. 404-405.

Neste caso, portanto, se sobrevier um sinistro após tal data e o mesmo só for do conhecimento do tomador do seguro após o exercício do direito à resolução, ficando o contrato extinto com efeito reportado à comunicação da diminuição do risco, o referido sinistro não se encontrará coberto.

6. Data de efeito da redução

I – Quanto ao momento a partir do qual o reajustamento do prémio haverá de produzir efeitos, três soluções são configuráveis: (*i*) a data de vencimento do prémio seguinte; (*ii*) o momento em que o novo prémio há de ter-se por aceite pelo tomador do seguro; ou (*iii*) o momento em que o segurador toma conhecimento da diminuição do risco.

A primeira solução é a que verte, p. ex., do artigo 13º da LCS espanhola. Sendo coerente com o princípio da indivisibilidade do prémio, a mesma não encontra, porém, apoio na doutrina portuguesa nem na letra do artigo 92º.

A segunda solução atende ao *iter* negocial de modificação do contrato. Neste quadro, a modificação (redução do prémio) só haveria de produzir efeitos quando se verificasse o encontro das vontades das partes, isto é, quando, nos termos do nº 1 do artigo 224º do CC, a declaração de aceitação fosse efetivamente conhecida pelo declaratário (segurador) ou chegasse ao seu poder, ou, nada dizendo o tomador do seguro, no termo do prazo de 30 dias a contar da receção da proposta de redução do prémio (alínea a) do nº 2 do artigo 93º, por analogia)[56].

Porém, o facto de o acordo quanto ao novo prémio se ter por estabelecido num dado momento não impede que o novo prémio assuma efeito retroativo, repercutindo-se em momento anterior a tal acordo. E é esse, com efeito, o alcance da terceira solução, que parece encontrar apoio literal no nº 1 do artigo 92º: «o segurador deve, *a partir do momento em que tome conhecimento das novas circunstâncias*, refleti-la no prémio do contrato». O novo prémio, portanto, poderá tomar efeito em momento prévio ao acordo, retrotraindo-se àquele em que o segurador ficou ciente da diminuição do risco. Parece-nos ser esta a solução que mais se coaduna com a *ratio* do artigo 92º[57].

[56] Parecendo defender, embora em termos não muito claros, uma solução próxima desta (configurando um prazo de dilação da eficácia da comunicação da diminuição do risco de 30 dias após essa comunicação), cfr. Arnaldo Oliveira, "Artigo 92º Anotação", *cit.*, pp. 333.

[57] Também neste sentido, Margarida Lima Rego, "O risco e suas vicissitudes", *cit.*, p. 404.

II – Questão diferente é a de saber quando é devido o estorno *pro rata* do prémio, isto é – sabendo-se que o prémio é pago antecipadamente e que, portanto, o segurador cobrou por antecipação o prémio correspondente ao período contratual em curso –, quando deve o segurador liquidar ao tomador do seguro a diferença entre o novo e o antigo prémio, pelo tempo decorrido a partir da data de efeito da alteração.

Quanto a esta questão, entende Arnaldo Oliveira que a devolução *pro rata temporis* do sobreprémio previamente cobrado possa ocorrer apenas no vencimento do prémio seguinte. Tal entendimento assenta, quanto ao efeito imediato e ao cálculo *pro rata temporis,* na analogia com o nº 2 do artigo 26º da LCS e, quanto ao acerto no vencimento seguinte, na prática do mercado de proceder a semelhante acerto na cobrança de sobreprémios resultantes da atualização legal dos capitais mínimos obrigatórios dos seguros[58].

Por seu turno, Margarida Lima Rego considera que, por interpretação extensiva do artigo 104º da LCS, o estorno será devido, na ausência de solução contratual mais favorável ao tomador do seguro, 30 dias após o apuramento dos factos que originaram a diminuição do risco[59].

Que dizer? Naturalmente que o estorno só será possível depois de – mediante o acordo, expresso ou tácito, a que nos referimos a propósito do *iter* negocial de modificação do contrato – ser estabelecido o valor do novo prémio. Ora, definido o momento em que, conforme o apontado *iter*, o contrato se tem por modificado pela redução do prémio, será necessário permitir ao segurador a operacionalização do estorno. Para o efeito, considera-se adequado o prazo estabelecido no artigo 104º da LCS, aplicável por interpretação extensiva[60]. Estabelecido o momento em que o novo prémio (retroativa-

[58] Arnaldo Oliveira, "Artigo 92º Anotação", *cit.*, p. 332. Na verdade, não acompanhamos a analogia com o nº 2 do artigo 26º, que apenas define os trâmites e prazos de *cessação do contrato* em caso de omissões ou inexatidões negligentes. Mais correta se afiguraria a analogia com o nº 2 do artigo 93º da LCS, cuja *ratio* se encontra mais próxima da situação vertente e que é mais coerente com o princípio da conservação dos negócios jurídicos (o silêncio do tomador assume o sentido de aceitação tácita da alteração proposta, enquanto no nº 2 do artigo 26º o sentido é o da recusa tácita). Ainda que se invocasse a analogia com o nº 3 do artigo 26º, também não nos parece ser de subscrever essa perspetiva, já que este preceito define a devolução *pro rata temporis* do prémio *em caso de cessação antecipada do contrato* (como, aliás, já decorre dos nºs 1 e 2 do artigo 107º) e não em caso de alteração do mesmo.

[59] Margarida Lima Rego, "O risco e suas vicissitudes", *cit.*, p. 404.

[60] Embora a letra do artigo 104º, ao remeter para o artigo 102º, aponte para um âmbito reduzido à regularização do sinistro, cremos que a sua *ratio* e alcance (o seu *espírito*) seja, de facto,

mente aplicável desde o conhecimento da diminuição do risco pelo segurador) está assente por acordo das partes, dispõe o segurador de 30 dias para organizar o respetivo estorno (processamento e emissão do inerente "recibo"), vencendo-se a sua obrigação no termo deste prazo.

O prazo de dilação referido não tolhe o interesse do tomador do seguro, na medida em que, como referimos, o valor a estornar deverá reportar-se ao momento em que o segurador tomou conhecimento da diminuição do risco.

III – Quanto à efetiva liquidação do estorno, caso, contemporaneamente ao respetivo vencimento, o segurador seja simultaneamente credor de um prémio de seguro (quer respeitante ao mesmo contrato, quer a outro), nada obstará a que, verificados os demais requisitos da compensação (artigo 847º do CC), a mesma opere, total ou parcialmente, mediante declaração de uma das partes à outra (nº 1 do artigo 848º).

7. A imperatividade relativa da disposição

I – Questão de relevo é a do caráter de *disposição relativamente imperativa*, atribuído ao nº 1 do artigo 92º, nos termos do nº 1 do artigo 13º da LCS[61]). A imperatividade relativa – suscetibilidade de o contrato regular a matéria em condições mais favoráveis ao tomador do seguro ou segurado – pode manifestar-se em várias vertentes.

Com efeito, pode o contrato, p. ex.: (*i*) reportar os efeitos da redução do prémio a momento anterior ao do conhecimento da diminuição do risco pelo segurador (tomando como referência o momento em que comprovadamente a diminuição do risco objetivamente se tenha produzido); ou (*ii*) estabelecer um prazo mais curto para a proposta de redução do prémio pelo segurador.

II – Porém, o nº 1 do artigo 13º da LCS não qualifica como relativamente imperativo o nº 2 do artigo 92º. Perante esta aparente incongruência da lei, considera Arnaldo Oliveira que o nº 1 do artigo 13º não consagra uma enu-

mais alargado. Visa-se conceder ao segurador um prazo de dilação que lhe permita a operacionalização da prestação a seu cargo, verificados os pressupostos de que depende a mesma. Tal é o caso da situação *sub judice*, relativa ao estorno do prémio. O prazo de 30 dias é também, de resto, consentâneo com o simetricamente estabelecido a favor do tomador do seguro relativamente ao pagamento do prémio (nº 1 do artigo 60º da LCS).

[61] Exceto nos seguros de grandes riscos, em que a disposição não é imperativa (nº 2 do artigo 13º).

meração taxativa e que «também o nº 2 do artigo 92º tem de ser tido por relativamente imperativo, pois que solução diversa no caso dos contratos a longo prazo [...] constituiria claramente uma cláusula abusiva, por eternizar a não correspondência entre as prestações do sinalagma»[62].

Pensamos, porém, não ser de subscrever este entendimento[63]. Desde logo, porque se o legislador apenas incluiu o nº 1 entre as disposições relativamente imperativas, clara e expressamente manifestou intenção de excluir do elenco o nº 2. Por outro lado, porque, ainda que o contrato afaste a possibilidade de resolução prevista no nº 2 do artigo 92º, sempre fica salvaguardada a possibilidade de denúncia do mesmo (nos termos dos artigos 112º ss.), ou de resolução automática por falta de pagamento do prémio (nos termos do artigo 61º, quando aplicável), pelo que o remédio resolutivo assume um interesse prático limitado[64], não se justificando, portanto, os receios manifestados pelo autor. Desta forma, o nº 2 do artigo 92º assume o caráter de norma supletiva, podendo ser afastada por cláusula contratual em sentido diverso.

8. Natureza das vinculações das partes

I – Do artigo 92º decorrem vinculações tanto para o tomador do seguro como para o segurador, havendo que aferir, ainda que brevemente, da respetiva natureza. Desde logo, a disposição implica o estabelecimento de um claro ónus de comunicação sobre o tomador do seguro – ou segurado – que pretenda beneficiar de um prémio mais reduzido[65]. Trata-se de um ónus implícito, decorrente da lógica interna do regime, já que o nº 1 do artigo 92º não o formula expressamente.

62 Arnaldo Oliveira, "Artigo 92º Anotação", *cit.*, p. 334.

63 Também neste sentido, Júlio Gomes, "Algumas notas sobre o agravamento e a diminuição do risco no contrato de seguro", *cit.*, p. 42.

64 Fernando Sánchez Calero, "Artículo 13. Comunicación de la disminución del riesgo – Comentario", *cit.*, p. 357.

65 Também neste sentido, Margarida Lima Rego, "O risco e suas vicissitudes", *cit.*, p. 403, e Arnaldo Oliveira, "Artigo 92º Anotação", *cit.*, p. 334. Configurando a posição jurídica do tomador do seguro como uma faculdade (de solicitar a modificação do contrato), Fernando Sánchez Calero, "Artículo 13. Comunicación de la disminución del riesgo – Comentario", *cit.*, pp. 344-345. Esta perspetiva assenta no facto de, segundo o autor, o regime espanhol depender, não de uma simples comunicação da diminuição do risco, mas de uma solicitação de redução do prémio pelo tomador do seguro – Fernando Sánchez Calero, "Conclusión, documentación, contenido del contrato (arts. 5 a 24)", *in* Evelio Verdera y Tuells (Ed.), *Comentarios a la Ley de Contrato de Seguro*, Vol. I, *cit.*, p. 330.

Como é sabido, o ónus distingue-se do dever em várias vertentes. Se o ónus é um *meio* para a obtenção de uma vantagem, o dever comporta um *fim* em si mesmo. Aquele assenta, portanto, no interesse próprio do onerado, enquanto este é estabelecido no interesse alheio. O ónus corresponde a uma ação livre, instrumental, marcada pela indiferença normativa, e correspondente ao imperativo hipotético de que fala Kant. O dever, em contrapartida, traduz-se numa ação vinculada, com uma base axiológica, correspondente ao imperativo categórico de Kant. Em suma, se o ónus corresponde a uma regra técnica e a uma posição neutra do onerado, o dever decorre de um comando normativo que se traduz numa posição passiva do sujeito obrigado[66].

Para Luca Buttaro, em virtude de a comunicação da diminuição do risco servir apenas para permitir ao tomador do seguro ou segurado reclamar um prémio mais reduzido, não se poderia falar sequer de um ónus[67]. Do nosso ponto de vista, porém, não assiste razão ao autor, já que, não ficando a redução do prémio ao arbítrio do segurador, como vimos, o tomador terá um verdadeiro direito à mesma, que assume como pressuposto a observância do ónus de informação ao segurador.

II – Quanto ao segurador, a vinculação ao reajustamento do prémio assumese como um verdadeiro dever[68], de fonte legal, que decorre do *conhecimento* das novas circunstâncias, independentemente de comunicação das mesmas pelo tomador do seguro e de qualquer manifestação de vontade deste dirigida à redução do prémio[69]. Essa qualificação resulta, aliás, da própria literalidade da disposição e tem por fundamento – tal como, no institu-

[66] Sobre a distinção entre ónus e dever, cfr., desenvolvidamente, Luís Poças, *O Dever de Declaração Inicial do Risco no Contrato de Seguro, cit.*, pp. 643 ss.

[67] Luca Buttaro, "Assicurazione (contratto di)", *in* AAVV, *Enciclopedia del Diritto*, Vol. III, Varese, Giuffrè Editore, 1958, p. 488. No sentido de que o tomador do seguro tem uma faculdade de comunicação da diminuição do risco, Júlio Gomes, "Algumas notas sobre o agravamento e a diminuição do risco no contrato de seguro", *cit.*, p. 41.

[68] Neste sentido, José Engrácia Antunes, *Direito dos Contratos Comerciais*, Coimbra, Almedina, 2009, p. 719; e Júlio Gomes, "Algumas notas sobre o agravamento e a diminuição do risco no contrato de seguro", *cit.*, p. 41.

[69] Na verdade, o dever verificase mesmo quando a nova circunstância não seja comunicada pelo tomador, tanto nos casos em que o segurador tome diretamente conhecimento da mesma (p. ex., em virtude de análise direta do risco ou de a mesma respeitar a facto notório), como naqueles em que seja o segurado ou um terceiro a comunicar a nova circunstância.

to do agravamento do risco, o correspetivo dever do tomador de comunicar esse agravamento – a equivalência entre o prémio e o risco.

Nas palavras de Almeida Costa, o dever traduz-se, assim, na «necessidade de observância de determinada conduta, imposta pela ordem jurídica a uma ou a diversas pessoas para tutela de um interesse de outrem e cujo cumprimento se garante através de meios coercivos adequados»[70]. Como atrás referimos, por comparação com o ónus, o dever constitui uma posição passiva, tendo por contraponto um direito subjetivo. Embora assuma caráter relacional – é estabelecido *entre sujeitos determinados*, partes do contrato de seguro – o seu fundamento jurídico repousa na lei e não naquela relação obrigacional. Trata-se, portanto, de um dever legal, e não de uma obrigação em sentido técnico.

O incumprimento do dever de redução do prémio constitui, desta forma, um ato ilícito, cuja cominação decorre do nº 2 do artigo 92º: o direito de o tomador do seguro resolver o contrato. O direito de resolução – modo motivado de cessação unilateral dos negócios jurídicos – constitui, assim, como já atrás referimos, o remédio legal para o incumprimento, pelo segurador, do referido dever. Tendo a resolução efeito parcialmente retroativo, não se afigura haver margem para a configuração, em abstrato, de um dano do tomador do seguro que requeresse, adicionalmente, ressarcimento por via de responsabilidade civil do segurador[71].

III – No contexto que acabamos de referir, o tomador do seguro tem o direito potestativo de resolver o contrato no caso de o segurador não reduzir o prémio ou de, reduzindo-o, não haver acordo quanto ao valor do novo prémio. Como é sabido, o direito potestativo consiste no poder de, numa manifestação de vontade, produzir efeitos – neste caso, extintivos – na esfera jurídica de outrem, sem que este o possa impedir, ou, nas palavras de Menezes Cordeiro, no «poder de alterar, unilateralmente, através de uma manifestação de vontade, a ordem jurídica»[72].

[70] Mário Almeida Costa, *Direito das Obrigações*, 12ª Ed., Coimbra, Almedina, 2009, p. 66. Cfr. também Carlos Mota Pinto, *Teoria Geral do Direito Civil, cit.*, p. 169.

[71] No quadro do Direito francês, consideram Picard e Besson que a faculdade resolutiva por incumprimento do dever de redução do prémio afastará, em princípio, uma adicional pretensão indemnizatória por parte do tomador do seguro – Maurice Picard e André Besson, *Les Assurances Terrestres en Droit Français*, Tomo I, 4ª Ed., Paris, LGDJ, 1975, p. 153.

[72] António Menezes Cordeiro, *Tratado de Direito Civil Português*, I – Parte Geral, Tomo I, 3ª Ed., Coimbra, Almedina, 2007, p. 335.

Ao direito potestativo do tomador do seguro contrapõe-se uma posição passiva – de sujeição – do segurador. A *sujeição* é, assim, «a situação de necessidade em que se encontra o adversário de ver produzir-se forçosamente uma consequência na sua esfera jurídica por mero efeito do exercício do direito pelo seu titular»[73]. Assim, o segurador vê inelutavelmente repercutir-se na sua esfera a extinção do contrato por efeito do exercício do direito de resolução pelo tomador do seguro.

9. Natureza da comunicação de diminuição do risco

Em regra, o segurador tomará conhecimento da diminuição do risco seguro mediante comunicação que lhe é dirigida pelo tomador do seguro. Nessa comunicação, o tomador do seguro, ciente do regime do artigo 92º da LCS, informará o segurador do desagravamento das circunstâncias do risco, tendo a expectativa, verbalizada ou não, de que o prémio seja reajustado em baixa.

Sendo certo que, em regra, a função da referida comunicação é dupla – por um lado, o tomador transmite ao segurador uma informação factual sobre o risco e, por outro lado, manifesta ou deixa subentendida a pretensão de que o prémio seja reduzido –, cabe questionar se a dita comunicação assume a natureza de uma declaração de ciência ou de vontade.

Poder-se-á, é certo, relativizar a questão, sustentando que a natureza da declaração terá de ser aferida em concreto, de acordo com as regras de interpretação aplicáveis. Cremos, no entanto, que esta abordagem será insuficiente e não resolve a questão da função e natureza típica da declaração.

Para Margarida Lima Rego, sendo a comunicação feita por um terceiro (p. ex., o segurado) tratar-se-á de uma declaração de ciência. Porém, sendo formulada pelo tomador do seguro será já uma declaração negocial, «tendo em conta o seu propósito de conduzir a uma redução do prémio»[74].

Não partilhamos desta perspetiva. Com efeito, como vimos, a declaração é expressão de um ónus, cuja observância produz efeitos de forma automática e independente da vontade do onerado[75]. Ora, o efeito do *conhecimento* da diminuição do risco pelo segurador (quer ele provenha ou não de comunicação do tomador) é a emergência de um dever de redução do prémio e

[73] Carlos Mota Pinto, *Teoria Geral do Direito Civil, cit.*, pp. 174-175.

[74] Margarida Lima Rego, "O risco e suas vicissitudes", *cit.*, p. 404.

[75] Como assinala a doutrina, ao ónus é inerente o *automatismo* da produção dos efeitos associados à observância ou inobservância do comportamento pelo onerado. Mais desenvolvidamente, Luís Poças, *O Dever de Declaração Inicial do Risco no Contrato de Seguro, cit.*, pp. 644 ss.

de um correspondente direito do tomador a essa redução. Esse efeito produz-se, portanto, pelo simples conhecimento da informação comunicada, não relevando qualquer vontade do tomador. Por outras palavras, ainda que a declaração exteriorize uma vontade dirigida à redução do prémio, o direito à mesma é um efeito, não da vontade do tomador, mas da informação comunicada ao segurador. Por essa razão, na lógica do instituto da diminuição do risco, a comunicação do tomador do seguro apenas releva como declaração de ciência, sendo indiferente a vontade negocial do tomador.

10. Conclusões

I – Questionando-se se, perante o surto pandémico do COVID-19 e medidas decorrentes da declaração do estado de emergência, este contexto configura uma diminuição do risco, no quadro do artigo 92º da LCS, começámos por identificar a *ratio* do regime contido neste preceito.

Fundado na constância da proporcionalidade entre o risco e o prémio, o regime é um remédio para a *redução superveniente do risco seguro* (face à configuração do mesmo no início do contrato), estabelecendo um imperativo, a cargo do segurador, de, mediante a redução do prémio, assegurar a reposição do equilíbrio contratual entre as posições originais das partes.

Partindo dessa *ratio*, analisámos os três pressupostos legais do regime do artigo 92º. Quanto ao caráter *inequívoco* da diminuição, constatámos que o mesmo tem de ser aferido em concreto, dependendo, designadamente, das circunstâncias como o COVID-19 (e medidas decretadas) se refletem na diminuição do risco. Já relativamente ao caráter *duradouro* da diminuição, concluímos não ser expectável que o surto viral afete, de forma persistente e prolongada, o equilíbrio das posições das partes.

Finalmente, quanto ao *reflexo* da diminuição *nas condições do contrato*, verificámos ser necessário que as circunstâncias decorrentes do surto assumam relevância tarifária, no sentido de serem valoradas pelo segurador na determinação do prémio aplicável. Também quanto a este pressuposto, será indispensável uma aferição em concreto, quer quanto às circunstâncias invocadas pelo tomador do seguro, quer quanto à prática tarifária do segurador.

Em suma, portanto, independentemente de uma necessária aferição concreta dos pressupostos respeitantes, quer ao caráter inequívoco da diminuição do risco, quer à relevância tarifária desta, sempre parece faltar a verificação do pressuposto atinente ao caráter duradouro da diminuição do risco, a comprometer a aplicação, ao problema equacionado, da solução decorrente do instituto da diminuição do risco.

II – A verificarem-se os pressupostos do regime da diminuição do risco, segue-se um processo negocial de modificação do contrato por redução do prémio, mediante proposta do segurador e aceitação, expressa ou tácita, do tomador do seguro. O novo prémio produz efeitos à data do conhecimento da diminuição do risco pelo segurador, havendo lugar ao estorno, *pro rata temporis*, do sobreprémio antecipadamente cobrado.

Na falta de acordo quanto ao valor do novo prémio, ou na falta de apresentação de proposta de redução do prémio, cabe ao tomador do seguro o direito a resolver o contrato, retrotraindo-se a resolução à data em que foi conhecida pelo segurador a diminuição do risco.

A comunicação da diminuição do risco corresponde a um ónus do tomador do seguro, gerando, por efeito da lei, um dever jurídico do segurador de redução do prémio. Este dever, por seu turno, tem por contrapartida um direito subjetivo do tomador do seguro, passível de ser exercido judicialmente, e o respetivo incumprimento constitui um ato ilícito, tendo por cominação o direito potestativo do tomador do seguro à resolução do contrato.

Epílogo

O Direito dos seguros – e, em particular, o Direito do contrato de seguro – comportam institutos e regras cuja plasticidade proporciona soluções adequadas a, numa ou noutra vertente, corporizarem, sem perda de rigor contratual e sem riscos para a mutualidade dos segurados, o princípio da solidariedade a que fizemos referência no prólogo.

Cremos, pelas razões apontadas ao longo do texto, que o instituto da diminuição do risco não propicia uma dessas soluções. Fica manifestada a intenção do autor destas linhas de voltar ao tema na análise de soluções mais adequadas.

Smart (Legal) Contracts, Clickwrap Agreements, Cláusulas Contratuais Gerais e os Elefantes na Sala

Inês Palma Ramalho

1. Nota prévia

Não tive o privilégio de ser aluna do Senhor Professor Doutor Pedro Pais de Vasconcelos nos meus tempos idos de discente da Faculdade de Direito da Universidade de Lisboa.

Mas, mais tarde, tive a sorte de me cruzar com o Senhor Professor quando comecei a dar aulas, sob sua orientação, como assistente convidada das disciplinas de Direito Comercial I e de Direito Comercial II do curso de licenciatura da Faculdade de Direito da Universidade de Lisboa.

Se nessa altura já não tinha dúvidas sobre o seu incontornável saber do Direito – e que os anos seguintes só mo vieram confirmar – tive a honra de, durante seis anos, assistir em primeira mão à sua Pedagogia, à sua Dedicação ao Ensino, ao profundo Respeito pelos valores primordiais da Faculdade de Direito da Universidade de Lisboa e aos seus sentidos de Humanismo e Liberdade, enquanto Professor, Colega e Amigo. Foi uma honra – que agradeço profundamente – poder aprender com o Senhor Professor Doutor Pedro Pais de Vasconcelos, tantas vezes e a tantos níveis, durante todo este tempo.

Não sou digna, nem tenho estatuto, para figurar neste livro, mas não podia recusar o convite para o fazer. Por isso, agradeço também ao Senhor Professor Doutor Pedro Leitão Pais de Vasconcelos, que também conheci no mesmo contexto e que hoje tenho a sorte de ter como Amigo, o convite para aqui participar e para abordar um tema, que também a seu convite e do Senhor Professor Doutor Pedro Pais de Vasconcelos apresentei, pela primeira vez, num Seminário de Direito Comercial co-organizado com o Centro de Estudos Judiciários em finais de 2019.

2. Introdução e alguns conceitos relevantes

O mundo dos negócios – e o Direito, em particular – parece ter sido mais ou menos apanhado de surpresa pelo surgimento de figuras como os *smart contracts*, os *smart legal contracts*, a *blockchain*, os *clickwrap contracts* nos últimos anos e, sobretudo, com o *boom* destas figuras mais ainda com a pandemia[1]. Mas as figuras não são novas, nem novos são os problemas que estas trazem, em particular aquele que elegemos para tratar neste breve texto.

Para melhor compreensão do tema, torna-se importante, desde já, estabelecer alguns conceitos base.

Comecemos pela figura dos *smart contracts*. O termo foi cunhado, nos anos 90, por um engenheiro informático norte-americano chamado Nick Szabo e visava designar um programa ou protocolo de computador que permitia executar e controlar, de forma totalmente automática, uma série de eventos ou ações definidas pelas partes envolvidas.

O modelo tinha vantagens evidentes: um *smart contract* dispensaria a seleção e existência de intermediários e permitia que pessoas que nem sequer se conhecessem, mas que tivessem interesses comerciais contrapostos, pudessem transacionar entre elas, ao mesmo tempo que diminuiria substancialmente – ou assim parecia – o risco de fraude, retirando às partes a possibilidade de (não) executar a sua contrapartida.

Mas, curiosamente e pese embora ter sido batizado com um nome aparentemente tão intuitivo, o *smart contract* não foi desenhado pelo seu criador para ser um... contrato. Na verdade, o *smart contract* pretende focar-se na mera execução de promessas contidas num contrato subjacente, mas que, no entender do seu criador, não constituem, em si próprias, um contrato em sentido técnico.

[1] Sobre estes e outros temas, sugere-se a leitura do *Contrato ex machina: breves notas sobre a introdução da tecnologia Blockchain e Smart Contracts*, da autoridade de Delber Pinto Gomes e publicado na Revista Eletrónica de Direito, nº 3 (V. 17), 2018, pp. 40 e ss., o texto de Francisco Mendes Correia, *A tecnologia descentralizado de registo de dados (blockchain) no sector financeiro* integrado na coletânea *Fintech: Desafios da Tecnologia Financeira*, Almedina, 2017, pp. 69 e ss., ou ainda, o *Banca 4.0. – Revolução Digital: Fintechs, Blockchain, Criptomoedas, Robo-advisers e Crowdfunding* de Paulo Alcarva, Actual, 2019, em especial as pp. 65 e ss..

É nesse contexto que surge o conceito dos *smart legal contracts*, que incorpora a ideia original do *smart contract* (i.e. o protocolo informático que automatiza o ato *x* como consequência do ato *y*) num contrato propriamente dito e vinculativo para as partes que o celebram. Sendo vinculativo, incumprir um *smart legal contract* gera consequências legais, dando azo a tradicionais disputas judiciais (ou extrajudiciais) que já nos são bem mais familiares.

Por um lado, e se formos analisar a mecânica das figuras, parece resultar que um *smart contract* não pode ser incumprido – afinal, o processo está automatizado, o que significa que não está na disponibilidade de uma das partes incumprir um *smart contract* e, ainda assim, receber uma contrapartida (*i.e.* se o ato *x* não existe, isso também significa que o ato *y* não se chega a materializar). Já um *smart legal contract* pode ser incumprido – e esse incumprimento ser sindicável e gerar responsabilidade civil – ainda que também não dê origem a qualquer contrapartida, uma vez que o *smart contract* que o executa impede automaticamente que tal aconteça.

Por outro lado, há quem pareça defender que o *smart legal contract* é um subtipo de *smart contract* (sendo os outros dois o *Decentralized Autonomous Organizations*, também conhecido por *DAO*, e os *Applications Logic Contracts*, comumente designados por *ALC*), o que naturalmente parece redundar na conclusão de que o primeiro confere natureza contratual – ainda que eventualmente não vinculativa – ao segundo.

Confuso? Naturalmente que sim, ou não fosse esta uma área do Direito que mal saiu do berçário e começa agora a dar os seus primeiros passos no jardim de infância do Direito, o que também é um dos motivos pelos quais nos parece ser tão interessante.

Familiar ainda a estes conceitos é a figura da *blockchain*, que importa aqui igualmente abordar. A *blockchain* – também conhecida como *Distributed Ledger Technology* ou banco de dados – traduz-se numa rede pública composta e descentralizada em vários computadores (cada um correspondente a um *nó* ou um *bloco* dessa rede) que permite o registo de transações.

As principais características da *blockchain* são a imutabilidade (*i.e.* não permitindo a alteração de qualquer um dos registos efetuados sem que o resto da rede tenha conhecimento e autorize essa mesma alteração), a fiabilidade (*i.e.* a realidade demonstrada em cada nó será igual nos demais e espelhará, necessariamente, o registo efetuado e as eventuais alterações ao mesmo que tenham sido consentidas por todos), a irreversibilidade (*i.e.* não sendo consentidas alterações sem acordo, isso significa que todos os registos são irreversíveis) e autónomo (*i.e.* tornando-se inacessível a uma ou mais partes por força da sua descentralização).

E em que medida importa o conceito da *blockchain* para efeitos do presente texto? Porque foi o surgimento do conceito de *blockchain* que levou ao florescimento dos *smart* (*legal*) *contracts*. Isto é, apesar de a existência de uma *blockchain* não ser condição necessária para o aparecimento destas figuras "contratuais" foi precisamente este contexto tecnológico que as fez florescer, permitindo criar o cenário ideal para que duas ou mais partes totalmente desconhecidas entre si tivessem incentivo e se sentissem suficientemente seguras para executar, de forma totalmente automática (ou automatizada) uma transação sem medo de serem enganadas.

Foi mormente por isso que os *smart* (*legal*) *contracts* foram, num primeiro momento, tão rapidamente associados à *blockchain* e às criptomoedas, tendo rapidamente sido adotadas por outras áreas de negócio com maior ou menor pujança, como o *e-commerce*, a compra e venda de imóveis, o setor segurador, o licenciamento de *software*, as transações financeiras, o *supply chain*, etc.

Mas será que tudo isto – sobretudo os *smart* (*legal*) *contracts* – são assim tão inovadores e disruptivos? De um ponto de vista tecnológico talvez sim, mas, de um ponto de vista jurídico, esta figura é muito próxima dos chamados *clickwrap agreements* (para mantermos a gíria anglo-saxónica).

Os *clickwrap agreements* são contratos de (mera) adesão, compostos por cláusulas pré-definidas por uma das partes (aquela que dispõe de mais poder negocial) e apresentadas à outra parte (tradicionalmente um consumidor), e cuja celebração e efeitos ocorrem pelo mero facto de a parte se limitar a carregar num botãozinho ou num ícone que diga qualquer coisa como "*Eu aceito*" ou "*Concordo*" ou até numa simples caixinha com efeito equivalente.

Desta descrição é evidente que um *clickwrap agreement* é um contrato tendencialmente sujeito às regras aplicáveis às cláusulas contratuais gerais, mesmo que seja apresentado através de meios tecnológicos, remotamente e dispensando uma *assinatura* no sentido originalmente autógrafo da mesma.

Como tal, terá tendencialmente de respeitar as regras[2] plasmadas no Decreto-Lei nº 446/85, de 25 de outubro, conforme sucessivamente alte-

[2] Sem prejuízo de outras que se lhes possam aplicar, tais como Decreto-Lei nº 24/2014, de 14 de fevereiro (conforme sucessivamente alterado), e que se aplica a contratos celebrados à distância e fora do estabelecimento comercial, ou de outras que se possam aplicar em função do tipo de serviço ou bem comercializado através de um *clickwrap agreement*.

rado (doravante, o "**DL 446/85**")[3], na medida que este diploma determina, logo no número 1 do seu artigo 1º, que «[a]*s cláusulas contratuais gerais elaboradas sem prévia negociação individual, que proponentes ou destinatários indeterminados se limitem, respetivamente, a subscrever ou aceitar, regem-se pelo presente diploma*» e não se enquadra em nenhuma das exceções que o artigo 3º deste regime jurídico entendeu consagrar.

Nessa linha, parece-nos igualmente incontornável que as mesmas regras previstas em matéria de cláusulas contratuais gerais também sejam aplicadas e aplicáveis a *smart (legal) contracts*, na medida em que os mesmos também comungam da natureza generalista, não negociada e generalizada dos *clickwrap agreements*.

De facto, a diferença entre os primeiros e os segundos prende-se, sobretudo, com o contexto em que surgem e a sua ligação a ou enquadramento em *blockchains* (e, por conseguinte, a sua tendencial imutabilidade e a ligação umbilical à rede em que estão registados). Mas, tal como os segundos, os *smart (legal) contracts* não deixam margem a negociação, e a sua celebração assenta numa mera aceitação dos respetivos termos... tal e qual os contratos de (mera) adesão celebrados com recurso a cláusulas contratuais gerais.

Portanto, as questões que se impõem – e que selecionámos para tratar de seguida – prendem-se com uma das grandes exigências do regime jurídico das cláusulas contratuais gerais. Se os *clickwrap agreements* e os *smart (legal) contracts* estão sujeitos a esta disciplina, como é que se assegura o cumprimento dos deveres de informação tão exigentes neste contexto contratual? E como opera o respetivo ónus da prova em matéria de informação? E como são assegurados o direito à informação e à obtenção de esclarecimentos do proponente?

3. O Elefante na Sala: comunicação e ónus da prova à luz do regime das cláusulas contratuais gerais

Determina o artigo 5º do DL 446/85, que as cláusulas contratuais gerais devem ser comunicadas, na íntegra, à contraparte que a estas irá aderir (no seu número 1) e essa comunicação deve ser feita com a antecedência e de forma a garantir o conhecimento e compreensão integral e efetiva, por

[3] Sobre as origens do diploma e a sua articulação com o Código Civil, sugerimos a leitura de Almeida Costa, Mário Júlio de, em *Síntese do Regime Jurídico Vigente das Cláusulas Contratuais Gerais*, 2ª edição revista e atualizada, 1999, Universidade Católica Portuguesa, pp. 13 e ss.

parte desse aderente, do conteúdo do contrato que se propõe subscrever (no subsequente número 2).

O racional desta norma é profundamente intuitivo. A parte que irá aderir a um contrato desta natureza não dispõe de poder ou autonomia negocial, não se encontrando em posição de alterar, por pouco que seja[4], as regras do jogo contratual em que estás prestes a entrar. Por isso, o legislador português fez prever uma regra geral – aplicável a todos os contratos abrangidos pelo DL 446/85 – que obriga a parte que tem a maior força – e benefício – contratual de comunicar todas as cláusulas do contrato de forma clara, transparente, exaustiva e, mais importante, assegurando que o aderente compreende, efetivamente, o que lhe é pedido[5].

A preocupação do legislador é tão premente, que o número 3 do artigo 5º prevê que «[o] *ónus da prova da comunicação adequada e efetiva cabe ao contratante que submeta a outrem as cláusulas contratuais gerais*», colocando a parte mais forte na posição desconfortável – mas evidentemente necessária – de organizar o processo contratual de forma a assegurar que cumpriu com as suas obrigações de comunicação de informação nos precisos termos que a lei a instrui.

Este problema é relevante e, nesse contexto, deu origem a múltiplas discussões doutrinárias e jurisprudenciais, em qualquer tipo de contrato sujeito ao DL 446/85. Mas parece-nos que a discussão ganha contornos distintos – verdadeiramente paquidérmicos – no caso dos *clickwrap agreements* e dos *smart* (*legal*) *contracts*.

Neste novo tipo de contratos, o aderente tem normalmente acesso às cláusulas contratuais no ecrã do seu computador ou *smartphone* (caso mais comum nos *clickwrap agreements*) ou, nalguns casos, tem de carregar num *link* que o direciona para as regras do protocolo contratual alojadas num

[4] Como dizem Pedro Pais de Vasconcelos e Pedro Leitão Pais de Vasconcelos, e muito bem, no seu *Teoria Geral do Direito Civil*, 9ª edição, Edições Almedina, p. 558, «[n]*a contratação padronizada, a parte proponente ou oferente impõe aos seus clientes estipulações já pré-constituídas e sem possibilidade de negociação pela outra parte; não negoceia: impõe à contraparte estas cláusulas*».

[5] Veja-se o Acórdão da Relação de Lisboa de 7 de abril de 2005 (Proc. 840/05-8; Salazar Casanova) que, a propósito de um contrato de crédito ao consumo, veio considerar que certas cláusulas referentes ao custo do crédito não tinham sido apresentadas pelo Banco com o mesmo realce de outras cláusulas do mesmo contrato e, por conseguinte, não permitia à parte proponente comprovar o cumprimento do dever de comunicação previsto no artigo 5º do DL 446/85 *apud* João Botelho, no seu *Cláusulas Contratuais Gerais – Notas de Jurisprudência*, Livraria Petrony, 2010, pp. 25-26.

outro *website* de repositório mais generalista (caso mais corrente nos *smart (legal) contracts*).

Em ambos os casos, o aderente consegue, com pouco esforço e muito incentivo – sobretudo atendendo a que vivemos num mundo onde estamos sempre atrasados para qualquer coisa e em que todos parecem ter muita pressa de chegar ao momento seguinte – fazer um rápido *scroll down* no ecrã e poupar o trabalho de ler cada uma daquelas aborrecidas e longas cláusulas que regem o contrato a que vamos aderir.

Ora, essa circunstância, decorrente do melhor conforto tecnológico, levanta, desde logo, uma primeira questão jurídica sobre se esta forma de disponibilização destas cláusulas consubstancia uma efetiva comunicação.

Será a mera apresentação das cláusulas de forma corrida, que não impede o sobredito *scroll down* e feita em contexto remoto, rápido e aparentemente indolor – mesmo que num formato que permita respeitar o tamanho e espaçamento de letra recentemente exigidos com a nova redação da alínea i) do artigo 21º do DL 446/85[6] e que até permita um *zoom* eficaz para quem efetivamente queira ler as cláusulas que vai subscrever – bastante para dar cumprimento às exigências legais de comunicação? E, em caso de resposta afirmativa, o facto de ser necessário consultar um *link* de redireccionamento, não obsta à comunicação efetiva?

A segunda questão que se coloca prende-se com os contornos da comunicação e, em particular, com o fator *tempo*. Conforme acima se indicou, a comunicação – que, para os presentes efeitos, vamos presumir como existindo – deve ser feita de forma a permitir o *conhecimento completo e efetivo* da parte aderente e com a antecedência necessária para atingir esse mesmo conhecimento.

Ora, a legislação até nos faz o favor de densificar o que entende como *antecedência necessária*, indicando, no seu artigo 5º, nº 2, do DL 446/85, que a parte proponente terá de ter em consideração a importância do contrato e a extensão e complexidade das cláusulas para definir o número de minutos, horas, dias ou meses que serão suficientes para garantir que consegue comprovar – recorde-se, o número 3 do artigo 5º do DL 446/85 faz recair o ónus desta prova sobre a parte proponente – que a parte aderente recebeu

[6] Que, com a alteração da Lei nº 32/2021, de 27 de maio, passou a exigir que as cláusulas se encontrem redigidas com um tamanho de letra igual ou superior a 11 ou com, pelo menos, 2,5 milímetros, e com um espaçamento entre linhas não inferior a 1,15, sob pena de as cláusulas que não o façam serem consideradas absolutamente proibidas.

a informação com tempo e prazo suficiente para a ler, interiorizar e, ainda assim, avançar com a adesão contratual.

De igual modo, o artigo 5º, nº 2, do DL 446/85, dá também simpaticamente orientações quanto à bitola de julgamento a considerar, ao indicar que o objetivo da comunicação é tornar «*possível o (...) conhecimento completo e efetivo* [das cláusulas contratuais] *por quem use de comum diligência*».

Ou seja, um contrato muito simples – p.e., com muito poucas cláusulas, num setor ou área de negócios fácil, comum e intuitivo, sem condições relevantes ou obrigações adicionais, com uma linguagem clara e com termos linguísticos facilmente percetíveis pelo homem (ou mulher) médio(a) e apresentado de forma transparente – pode, naturalmente, ser comunicado de forma efetiva em menos tempo que um contrato mais complexo – *p.e.* com muitas cláusulas ou cláusulas muito longas, amplo uso de termos técnicos, uma linguagem complexa e termos científicos e com muitas obrigações ou condições – que muito provavelmente irá aconselhar um tempo alargado de reflexão para garantir a comunicação pelo proponente e posterior decisão informada do aderente.

Contudo, tanto os *clickwrap agreements*, com os *smart* (*legal*) *contracts* caracterizam-se por ser contratos de fácil e intuitivo acesso, *maxime* totalmente imediatistas, fruto do avanço tecnológico e das maravilhas do acesso remoto de que beneficiam, o que potencia uma maior rapidez na disponibilidade e na formalização de uma contratação por adesão.

Só que, da mesma forma que essa rapidez facilita a contratação e poupa tempo precioso aos intervenientes, a dita velocidade não vai privilegiar seguramente o esclarecimento da parte aderente. Na verdade, dificilmente o mais sabedor dos juristas se pode declarar totalmente esclarecido quando faz *scroll down* num contrato de adesão e dispensa a leitura das cláusulas do mesmo.

Talvez antecipando estas dúvidas – ou melhor, o tipo de problemas que estas dúvidas podem levantar à parte proponente – tanto os *clickwrap agreements*, com os *smart* (*legal*) *contracts* recorrem habitualmente a certas ferramentas, como um *pop-up* confirmatório ou um *email* subsequente com o mesmo efeito, que são utilizados para confirmar a comunicação ao aderente e pedir que este declare que recebeu, leu e tomou conhecimento das cláusulas contratuais do contrato que vai subscrever e que as aceita na íntegra.

Esse tipo de ferramentas são normalmente passos incontornáveis da contratação (*i.e.* se a parte aderente não carregar no botão do "*Concordo*" ou equivalente ou se não carregar no *link* que lhe foi disponibilizado no *email* confirmatório a transação entre as partes não se chega a formalizar e fica por ali) e permitem à parte proponente comprovar que a parte aderente declarou que recebeu a comunicação nos termos estipulados no artigo 5º do DL 446/85, dessa feita não só resolvendo o risco de responsabilidade contratual que a inversão do ónus da prova necessariamente trazia ao proponente no âmbito deste regime mas também o risco de exclusão de uma determinada cláusula por falta de comunicação, por comunicação irregular ou por violação do dever de comunicação[7], consequências determinadas pelo artigo 8º do DL 446/85 e que teriam, necessariamente, um peso incontornável sobre a parte proponente, por mais forte que seja[8].

Como acima se disse, este problema não é novo e o artigo 5º do DL 446/85 tem dado origem à sua quota-parte de discussões sobre a sua relevância e eficácia. Mas é inegável que este artigo e todos os mecanismos de proteção nele contidos e previstos, aliás, em várias outras normas do DL 446/85, não foram pensados e legislados tendo como referência estes novos tipos contratuais, mas sim uma realidade em que a massificação de contratos aparecia em setor específicos – p.e. *utilities*, produtos financeiros, etc – e ainda vivia num formato papel e tendencialmente presencial, o que muda substancialmente a configuração do risco que a realidade remota e tecnológica hoje nos traz.

4. Um Elefante nunca vem só: o tema da informação e esclarecimentos luz do regime das cláusulas contratuais gerais

O artigo 6º do DL 446/85 determina que a parte proponente deve informar a parte aderente dos aspetos que careçam de eventual aclaração (número 1), bem como prestar todos os esclarecimentos razoáveis que lhe tenham sido solicitados (número 2).

O preceito vai no sentido de permitir não só à parte aderente receber informações ou elementos adicionais relativamente a todos os pontos que precise de ver clarificados ou que lhe levantem dúvidas (respeitando um critério de razoabilidade), mas também permite à parte proponente subli-

[7] E, como dizem Mário Júlio de Almeida Costa e António Menezes Cordeiro, no seu *Cláusulas Contratuais Gerais – Anotação ao Decreto-Lei nº 446/85, de 25 de outubro*, estamos perante uma «*obrigação de meios: não se trata de fazer com que o aderente conheça efetivamente as cláusulas, mas, apenas de desenvolver, para tanto, uma atividade razoável*» (p. 25).

[8] Sobre este efeito, veja-se Pedro Pais de Vasconcelos e Pedro Leitão Pais de Vasconcelos, *Teoria Geral...cit.*, pp. 655 e ss.

nhar ou destacar aspetos-chave do contrato ou questões que entenda ser aconselhável esclarecer com particular cuidado junto da parte aderente, por serem, nomeadamente, mais difíceis de entender, por envolverem aspetos mais técnicos do modelo contratual ou até por corresponderem aos pontos principais do contrato relativamente às quais a parte proponente, a parte aderente ou ambas têm especial interesse, mesmo que por motivos distintos, em interiorizar ou ver interiorizados.

Num modelo de cláusulas contratuais gerais dito *tradicional*, estes momentos de aclaração e de prestação de esclarecimentos podem ser cumpridos através da entrega de documentação complementar, tais como folhetos, brochuras ou panfletos com áreas de destaque mas, mais comummente, pela interação física e pessoal entre a parte aderente e a parte proponente.

Contudo, o contexto remoto próprio dos *clickwrap agreements*, com os *smart (legal) contracts* parece ser de difícil compaginação com uma articulação contínua entre as partes.

O acesso a um destes tipos contratuais é normalmente feito através de um *website* ou de uma *app* para telemóvel e de forma totalmente automatizada, pelo que a parte proponente não está propriamente a aguardar sentada do outro lado do ecrã para responder a questões ou dúvidas que o aderente possa eventualmente vir a ter.

Mesmo no caso de existir algum robô ou ferramenta informática destinado a responder a dúvidas ou questões dos aderentes, a verdade é que esses esclarecimentos serão dados na medida da respetiva programação dessa ferramenta e sujeito às respetivas limitações da mesma, *i.e.* a ferramenta só vai responder às perguntas dentro do guião sobre o qual foi programada e isso obriga o aderente a fazer as perguntas certas (sendo que nada garante que todas as perguntas serão adequadamente respondidas, seja porque possam ter sido inadvertidamente mal formuladas pela parte aderente, seja porque a parte proponente não as quer, simplesmente, responder, e não programou a ferramenta de suporte para o fazer).

A verdade é que, mais uma vez, o artigo 6º do DL 446/85 não foi desenhado a pensar nestes novos tipos contratuais, e assumia que a comercialização de produtos ou serviços sob a égide das cláusulas contratuais gerais seria feita de forma tendencialmente presencial e não com recurso a meios tecnológicos, de utilização remota e robotizados, em que a parte proponente pode até não ter qualquer interação humana no processo.

5. Conclusão

O DL 446/85 é um daqueles diplomas que resiste, qual Gaulês, à passagem do tempo. Apesar de alterações pontuais desde a sua criação, tem sido um dos poucos regimes jurídicos a passar quase incólume às alterações e frenesim legislativos a que se tem assistido em Portugal.

Sendo um diploma sólido, atravessa talvez agora um dos seus períodos mais desafiantes. A realidade da contratualização massificada é, hoje, muito, mas muito diferente, da que existia à data da conceção e definição das regras referentes às cláusulas contratuais gerais. E, talvez até mais importante que isso, o que mudou, nesta área, nos últimos cinco anos, mudou seguramente muito mais depressa do que em qualquer uma das décadas anteriores.

Enquanto jurista, tenho poucas dúvidas que o DL 446/85 irá resistir à passagem do tempo e a mais esta prova de vida. Mas também tenho poucas dúvidas que, mais tarde ou mais cedo, este diploma precisará de uma adaptação significativa para permitir continuar a acautelar as preocupações subjacentes ao diploma atual, mas já neste contexto de *clickwrap agreements*, com os *smart* (*legal*) *contracts*, sob pena de esse papel ter de caber a outro diploma ou regime especial.

É certo que as obrigações que expusemos aqui hoje – os nossos Elefantes na Sala e que são apenas alguns da grande manada de outras obrigações contratuais previstas no DL 446/85 que obrigam a exercícios de difícil aplicação num contexto de *clickwrap agreements* e de *smart* (*legal*) *contracts* – não deixam de ser cumpridas por estes novos tipos contratuais, nem que seja de um ponto de vista formal.

Ao assinalar, numa *app* ou num *website*, que um aderente quer comprar aquele bem ou serviço e que concorda com as condições contratuais que recebeu, este aderente está a declarar, para todos os efeitos, que lhe foram comunicadas as cláusulas contratuais a que se propõe aderir e que as analisou, compreendeu, colocou (ou não colocou) as dúvidas que bem entendeu, e decidiu avançar com a contratação no final desse caminho. E a parte proponente, para efeitos probatórios, seguramente guardará registo desse assentimento, eximindo-se de eventuais responsabilidades civis que resultem do eventual desconhecimento ou incompreensão das regras contratuais aplicáveis.

Mas será que isto basta? Em tempos, este tema foi tão preocupante para o legislador, que a opção do artigo 5º, nº 3, do DL 446/85 foi inverter o ónus da prova da comunicação deste tipo de cláusulas nos termos deste diploma e, nos termos do artigo 8º do mesmo diploma, excluir cláusulas não comunicadas ou indevidamente comunicadas que não respeitassem estes cânones. Será que o mesmo legislador consideraria que a lei hoje é capaz de conferir o mesmo grau de proteção aos sujeitos que inicialmente dela beneficiavam? E nos mesmos termos?

Cabe ao legislador, na sua capacidade de cientista e empreendedor jurídico, ver para além do cumprimento formal destas regras de modo a conseguir alcançar aquele que é o grande objetivo do DL 446/85: proteger a parte aderente, enquanto parte mais fraca, da desproporcionada força da parte proponente definindo as melhores regras do jogo.

Enquanto isto não acontecer estes – e outros Elefantes – continuarão a deslocar-se na Sala até que todos os possamos ver.

D&O Insurance
Um estrangeirado entre a tipicidade social e a atipicidade legal

Maria Elisabete Ramos[1]

1. Cultura de litigância e *D&O Insurance*

É conhecido que nos EUA a prática empresarial e as decisões jurisprudenciais rodeiam os administradores de vários mecanismos de proteção que constituem ou "portos seguros" (pense-se, por exemplo, na *business judgment rule*) ou afastam/limitam a responsabilidade (as cláusulas de limitação ou de exclusão da responsabilidade dos administradores) ou, ainda, transferem os encargos financeiros da responsabilização para outras entidades[2] (*corporate indemnification* e *D&O Insurance*)[3].

[1] Univ Coimbra, CeBER, Faculty of Economics, Av Dias da Silva 165, 3004-512 Coimbra. Professora Auxiliar da Faculdade de Economia de Coimbra. Doutorada em Direito pela Faculdade de Direito da Universidade de Coimbra. Investigadora do *Centre for Business and Economics Research* (CeBER). Vice-Presidente de AIDA Portugal. Correio eletrónico: mgramos@fe.uc.pt. Endereço postal: Faculdade de Economia da Universidade de Coimbra, Av. Dias da Silva, 165, 3004-512 Coimbra.

[2] J. Bishop Jr., "New problems in indemnifying and insuring directors: protection against liability under the federal securities laws", *DLJ*, 1972, p. 1153.

[3] Maria Elisabete Gomes Ramos, O seguro de responsabilidade civil dos administradores – Entre a exposição ao risco e a delimitação da cobertura, Coimbra: Almedina, 2010, p. 243.

Simultaneamente, é necessário acautelar os *interesses dos lesados* na reparação dos danos causados por "wrongful acts" ou por "erros de gestão". A conjugação destes interesses contraditórios – por um lado, o interesse do administrador em não sofrer diminuições patrimoniais causadas, designadamente, pelo pagamento da indemnização, e, por outro, o interesse do lesado em ser reparado do prejuízo causado pelo administrador – é conseguida pela intervenção do *seguro de responsabilidade civil dos administradores e altos cargos*, internacionalmente conhecido como *D&O Insurance*[4].

Este seguro foi criado para responder a necessidades dos administradores de sociedades dos EUA. Na sequência do *crash* da bolsa ocorrido em 1929 e do endurecimento das regras jurídicas sobre valores mobiliários (*securities*) – estamos a considerar o *Securities Act* (1933) e o *Securities Exchange Act* (1934)[5] –, os gestores de sociedades sentiram a necessidade de ver reforçada a proteção do seu património pessoal contra os prejuízos económicos da responsabilização. As sociedades procuraram o *Lloyd's* londrino que desenvolveu a primeira apólice de *D&O Insurance* para o mercado estadunidense[6].

Embora timidamente, a proteção do património dos administradores vai entrando nas ordens jurídicas de *civil law*. Recorde-se que em setembro de 2014, o 70º Congresso Alemão de Juristas (Secção de Direito Económico) (que teve lugar Hannover) debruçou-se especificamente sobre a reforma do regime da responsabilidade civil dos administradores[7]. Neste Congresso

[4] A expressão "D&O Insurance" corresponde a *Directors's and Officers' Liability Insurance*. É interessante notar que, apesar do nome (*Directors's and Officers' Liability Insurance*), as apólices de *D&O Insurane* "are often written as indemnity rather than liability policies" – R. W. Westling./ M. M. Bell., Directors' and Officers' insurance and its role in Government Investigations", *New Appleman on Insurance: Current critical issues in Insurance Law*, LexisNexis, 2013, p. 49. W. E. Knepper / D. Bailey. A. *Liability of corporate officers and directors*, 7th edition, vol. 2, LexisNexis, 2006, 23-15, explicam que "D&O insurance policies are labelled "directors and officers liability policies" because they provide indemnification for directors' and directors' liability. They are and always have been intended to be "indemnity" or reimbursement policies. They are not liability policies in the sense that term is ordinarily used in the insurance context".

[5] V. P. Pais de Vasconcelos, D&O Insurance: o seguro de responsabilidade civil dos administradores e outros dirigentes da sociedade anónima, Coimbra: Almedina, 2006, p. 13, ss..

[6] Maria Elisabete Ramos, O seguro de responsabilidade civil dos administradores, cit., p. 253.

[7] Cfr. Gregor Bachmann, "Reform der Organhaftung? – Materielles Haftungsrecht und seine Durchsetzung in privaten und öffentlichen Unternehmen", em Verhandlungen des 70. Deutschen Juristentages • Hannover 2014, Band I: Gutachten / Teile A – F: Gesamtband, C.H.BECK, 2014, E 1 – E 124.

foram aprovadas, entre outras, as propostas de: *a*) poderem ser introduzidas limitações estatutárias da responsabilidade dos administradores, desde que satisfeitos os legítimos interesses de informação; *b*) ser lícita a exclusão da responsabilidade por negligência leve; *c*) ser lícita a previsão de limites máximos (estatutários) de indemnização; *d*) ser excluída a franquia do *D&O Insurance*, atualmente prevista no § 93 da Lei de Sociedades Anónimas Alemã (*AktG*).

Perguntar-se-á: na Europa os administradores necessitam de ver protegido o seu património pessoal ou, ao invés, é urgente intensificar a responsabilização, tendo em conta o défice de casos de responsabilidade ("infra-litigância")? O "under-enforcement"[8] dos deveres dos administradores torna menos premente a necessidade de proteger os administradores dos prejuízos patrimoniais causados pela litigância, mas não a elimina. É o que se retira do "Study on directors' duties and liability"[9] quando este identifica na União Europeia cinco medidas de proteção dos administradores: "Exclusion of liability in the articles; *ex ante* authorization of certain types of conduct by the shareholders, i.e. before the conduct that gives rise to liability occurs; *ex post* ratification of breaches of duty or waiver of the company's claim; indemnification of the director against liability incurred not to the company, but to a third party, or against the costs of third party lawsuits; and directors and officers liability insurance (D&O insurance)"[10].

O discurso em torno da responsabilização dos administradores privilegia a prevenção de *práticas ilícitas e culposas*, a *reparação dos danos* e o interesse em geral em que os gestores de sociedades adotem práticas saudáveis de *corporate governance*. Pelo seu lado, a ideia de proteção do património pessoal dos administradores é justificada pelo interesse da sociedade em recrutar os melhores gestores[11], pela necessidade em preservar a discricionariedade empresarial destes e pela conveniência em reduzir a aversão ao risco[12].

[8] O *Study on directors' duties and liability*, prepared for the European Commission for DG Market by Carsten Gerner –Beurle, Philipp Paech, Edmund Philip Schuster, Department of Law, London School of Economics, April 2013, disponível em http://eprints.lse.ac.uk/50438/1/__Libfile_repository_Content_Gerner-Beuerle,%20C_Study%20on%20directors%E2%80%99%20duties%20and%20liability(lsero).pdf (acesso em 5 de julho de 2020).

[9] Study on directors' duties and liability, cit., xvi.

[10] Study on directors' duties and liability, cit., 212.

[11] M. M Pitkowitz, Praxishandbuch Vorstands- und Aufsichtsratshaftung. Pflichten, Haftung, Ermessen und Versicherung in der Aktiengesellschaft ; Deutschland und Österreich,

O estudo analisa o *D&O insurance* enquanto instrumento de proteção do património pessoal dos administradores. O processo de expansão internacional do *D&O Insurance* implicou uma certa *padronização*, resultante de certas caraterísticas negocialmente típicas, como sejam o caráter *claims made*, tendencialmente de grandes riscos, financiado pela sociedade e *tailor made*[13]. *Padronização* que resulta, não de uma harmonização legislativa (que não existe nesta matéria), mas sim das práticas negociais adotadas por seguradores e resseguradores.

A reflexão desenvolvida pelo presente artigo condensa-se nas seguintes questões: *a*) qual é a receção do *D&O Insurance* nas ordens jurídicas europeias; *b*) que mecanismos são usados para incentivar os administradores segurados pelo *D&O Insurance* a manter altos níveis de diligência e de cuidado no cumprimento das suas funções; *c*) que efeitos têm as cláusulas *claims made*, tipicamente usadas pelas apólices de *D&O Insurance*, na efetiva proteção do património dos administradores segurados; *d*) como mitigar os designados "vazios de cobertura" dos administradores segurados por apólices de *D&O Insurance* que adotam o critério do *claims made*.

2. Do *Lloyd's* para os EUA e, daí, para o mundo

Conhecer o *D&O Insurance* implica situá-lo no seu *habitat* estadunidense[14] e isso significa, por um lado, integrá-lo no ambiente intensamente litigioso em que atuam os administradores nos EUA e, por outro, estabelecer as relações que este seguro mantém com outros mecanismos de proteção dos gestores de sociedades[15]. Convém não esquecer que, como já foi sublinhado pela doutrina alemã, nos EUA, o litígio e as ações judiciais (também contra os administradores) são vistas como uma forma de *regulação*[16], desig-

München: Beck, 2014, p. 170, refere que o D&O Insurance é um instrumento para recrutar administradores qualificados, a que acresce que melhora a reputação da sociedade, tendo em conta as cláusulas de reembolso da companhia ("Company-reimbursement").

[12] Maria Elisabete Ramos, O seguro de responsabilidade civil dos administradores..., cit., p. 242, ss..

[13] Maria Elisabete Ramos, O seguro de responsabilidade civil dos administradores..., cit., p. 303, ss..

[14] Maria Elisabete Ramos, O seguro de responsabilidade civil dos administradores..., cit., p. 241.

[15] Cfr. J. Bishop, Jr., "New cure for an old ailment: Insurance against directors' and officers' liability", *BL*, 22 (1966), p. 96.

[16] Cfr. K. Hopt./R. Kulms, / J. von Hein, Rechtshilfe und Rechtsstaat: die Zustellung einer US-amerikanischen class action in Deutschland, Tübingen: Mohr Siebeck, 2006, p. 12, ss.

nadamente do exercício da atividade económica. Numa sociedade estruturalmente litigiosa[17], cultora da atitude "file first and think later", imbuída do "deep pocket thinking", não será de estranhar que os administradores e altos funcionários de sociedades – especialmente de sociedades abertas cotadas (*public held corporations*) – sejam escolhidos como alvos privilegiados de ações judiciais[18]. Os instrumentos processuais disponíveis facilitam, em geral, o escrutínio da atividade dos administradores. Destacam-se na experiência jurídica dos EUA: *a*) a generosidade das regras sobre a legitimidade do(s) sócio(s) para a responsabilização dos administradores (a legitimidade daqueles não está necessariamente indexada a um determinado valor da participação social); *b*) a variedade dos procedimentos judiciais disponíveis e a cultura da "regulation through litigation" (*shareholder derivative suit, direct action, class action*)[19]; *c*) as particularidades das regras de distribuição de custas processuais (*american rule*)[20] que, ligadas à indexação dos honorários dos advogados ao sucesso do processo (*contingent fees*)[21], facilitam significativamente a efetivação de responsabilidade; *d*) a licitude de condenação no

[17] Pergunta C. Baxter, Demystifying D&O Insurance", *OJLS*, 15 (1995/4), p. 557, "why was D&O invented?". Segundo este Autor, a necessidade do seguro advém, em significativa medida, da "american litigation culture".

[18] Maria Elisabete Ramos, O seguro de responsabilidade civil dos administradores..., cit., p. 240, s.. E. F. Pérez Carrillo, Aseguramiento de la responsabilidad de los administradores y altos ejecutivos sociales. El seguro D&O en EEUU, Madrid / Barcelona: Marcial Pons, 2005, p. 15, apresenta estatísticas (com início em 1973) relativas à prevalência de ações de responsabilidade civil intentadas contra os administradores nos EUA.

[19] D. R. Fischel/ M. Bradley, "The role of liability rules and the derivative suit in corporate law: a theoretical and empirical analysis", *CorLR*, 71 (1986), pp. 261, ss., consideram infundado o pensamento muito divulgado de que as normas sobre a responsabilidade civil, efetivadas por intermédio da *derivative action*, promovem o alinhamento da atuação dos administradores com os interesses dos investidores. Sobre o D&O Insurance e a regulação exercida pelas ações propostas pelos sócios, v. T. Baker/S. J. Griffith, *Ensuring corporate misconduct. How liability insurance undermines shareholder litigation*, Chicago and London: The University of Chicago Press, 2010, *passim*.

[20] Significa esta que cada parte litigante há de satisfazer os seus próprios gastos, independentemente do ganho de causa que obtenha. Como se percebe, esta regra de distribuição de custas põe o demandado em situação desfavorável, porquanto ainda que a defesa deste seja bem-sucedida (e, portanto, a demanda não vingue), deverá, apesar disso, suportar os encargos da sua defesa. Sobre este sistema v. R. Charles Clark, *Corporate Law*, Boston / Toronto: Little, Brown and Company, 1986, pp. 659, ss.

[21] A. D. Youngwood, "The contigent fee – a reasonable alternative?", *MLR*, 28 (1965), p. 330, refere que com esta forma de remunerar os advogados pretende-se assegurar o acesso aos ser-

pagamento de indemnizações em montante superior ao dos danos (*punitive damages*)[22].

Acresce que o administrador que desempenha as suas funções com diligência e lealdade continua, apesar do seu desempenho, exposto de forma substancial ao risco de responsabilidade. Ainda que a demanda seja desprovida de fundamento – as chamadas *strike suits* intentadas para extorquir uma transação (*settlement*) favorável ao demandante – e o administrador demandado venha a ser absolvido, ela implicará, de imediato, a necessidade de satisfazer os elevados custos da defesa e, eventualmente, das transações[23].

Neste quadro, é impensável exercer o cargo de administrador sem a assistência de mecanismos de proteção[24]. Nos EUA, a prática empresarial rodeia os administradores de vários mecanismos de proteção que ou constituem "portos seguros" (pense-se, por exemplo, na *business judgment rule*), ou afastam/limitam a responsabilidade (as cláusulas de limitação ou de exclusão da responsabilidade dos administradores ou, ainda, transferem os encargos financeiros da responsabilidade civil para outras entidades[25] (*corporate indemnification* e *D&O Insurance*).

É correto afirmar que a *necessidade* de um seguro que proteja os administradores contra os riscos de responsabilização (e despesas inerentes) começou por ser sentida nos EUA[26] e é neste ambiente legal e empresarial que o *D&O Insurance* encontra o caldo de cultura que fomentará a sua prosperidade[27]. No entanto, as raízes deste seguro estão na Europa porque, por um lado, é neste lado do Atlântico que se inicia a discussão em torno da licitude

viços jurídicos por parte de pessoas que, não tendo recursos económicos, querem fazer valer uma pretensão juridicamente fundada.

[22] Maria Elisabete Ramos, O seguro de responsabilidade civil dos administradores..., cit., p. 242.

[23] Cfr. W. E. Knepper, "Officers and directors: indemnification and liability insurance – an update", *BL*, 30 (1975), p. 951; B. L. Ross, "Protecting corporate directors and officers: Insurance and other alternatives", *VLR*, 40 (1987), p. 787.

[24] Maria Elisabete Ramos, O seguro de responsabilidade civil dos administradores..., cit., p. 242.

[25] J. Bishop, "New problems in indemnifying and insuring directors: protection against liability under the federal securities laws", *DLJ*, 1972, p. 1153.

[26] V. M. M. Pitkowitz, Praxishandbuch Vorstands- und Aufsichtsratshaftung. Pflichten..., cit., p. 166.

[27] Sobre a origem e evolução do *D&O Insurance* nos EUA, v. P. Pais de Vasconcelos, *D&O Insurance*..., cit., p. 13, ss.

ou ilicitude de proteção do património dos administradores através de um seguro e, por outro, é londrino o primeiro segurador que elaborou a apólice de *D&O Insurance*.

Quanto ao primeiro aspeto, documenta a doutrina alemã que nos finais do séc. XIX (1895) a *Allgemeine Deutsche Versicherungsverein*, como reação à aprovação das novas leis sobre sociedades anónimas (1884), cooperativas (1889) e sociedades de responsabilidade limitada (1892), acordou propor o denominado "Haftpflichtversicherung für Verwaltungs- und Aufsichträthe, Directoren u.S.w. von Aktien-Gesellschaften, Erwerbs- und Wirtschaftsgenossenchaften und sonstigen Personenvereinen"[28]. Este projeto não chegou a vingar. Em 1905, uma nova proposta de seguro foi apresentada perante o *Kaiserliches Amt für Privatversicherung*[29]. A imprensa da época falou em "Versicherungsutopie" e "Bequemlichkeitsversicherung" e vincou o carácter "imoral", porque um tal seguro provocaria o efeito de "systematischen Demoralisierung" na atuação dos segurados[30]. Apesar do empenho e entusiasmo com que a doutrina analisou estes projetos[31], eles não tiveram seguimento[32].

Em 1934, o *Lloyd's* londrino elaborou a primeira apólice *D&O* para as sociedades norte-americanas *Flinkote Corporation* e *Federated Department Stores*[33].

[28] Cfr. P. Wollny, Die Directors' and Officers' Liability Insurance in den Vereinigten Staaten von Amerika (D&O-Versicherung): Vorbild für eine Aufsichtsratshaftpflichtversicherung in Deutschland?, Frankfurt a.M.: Peter Lang, 1993, pp. 382, ss; H. Ihlas, Organhaftung und Haftpflichtversicherung, Berlin: Duncker und Humbolt, 1997, pp. 47, s.; K. Kästner, "Aktienrechtliche Probleme der D&O Versicherung", AG, 2000 (3), p. 114.; M. M. Pikowitz, Praxishandbuch Vorstands- und Aufsichtsratshaftung. Pflichten..., cit., p. 170.

[29] Cfr. H. Ihlas, *Organhaftung*..., cit., p. 47.

[30] Cfr. H. Ihlas, *Organhaftung*..., cit., pp. 47, ss. Foi melhor o acolhimento pela doutrina, segundo relata P. Wollny, *Die Directors'*..., cit., pp. 382, s.

[31] J. Gierke, "Die Haftplichtversicherung und Ihre Zukunft", *ZHR*, 1907, p. 62, considerava que a questão do seguro de responsabilidade civil estava em plena atualidade na Alemanha. Para uma súmula das opiniões expressadas pela doutrina no volume VIII dos *Veröffentlichungen des Deutschen Vereins für Versicherungs-Wissenschaft*, dedicado integralmente ao seguro dos membros do conselho de vigilância (*Die Versicherung der Aufsichtsrathaftpflicht*), v. M. Iribarren Blanco, M., *El seguro de responsabilidad civil de los administradores y altos directivos de sociedades de capital (D&O)*, Cizur Menor: Aranzadi, 2005, pp. 64, ss.

[32] Cfr. P. Wollny, *Die Directors'*..., cit., pp. 1-4 e, em especial, 382 a 389; H. Ihlas, *Organhaftung*..., cit., pp. 47, s.

[33] Cfr. R. Cavallaro, "Corporate buyer beware: deficiencies in directors' and officers' Insurance for employment practices liability", *HoLR*, 26 (1997-1998), p. 221; M. Iribarren Blanco, *El seguro*..., cit., p. 39.

O *Securities Act* de 1933 e o *Securities and Exchange Act* de 1934 estimularam a procura de um seguro que protegesse os administradores da responsabilidade resultante da violação daquelas leis[34].

Ter-se-á, no entanto, de esperar aproximadamente trinta anos para que se assista ao desenvolvimento do *D&O Insurance* nos EUA[35]. Nos anos sessenta, fosse pelas limitações da *corporate indemnification*[36], fosse pela dramatização publicitária das seguradoras[37], fosse pelas insuficiências de outros seguros contratados pela sociedade[38], a doutrina norte-americana regista o incremento da procura de seguros *D&O*. As apólices primeiramente oferecidas no mercado[39] levantaram dúvidas por, segundo a doutrina estadunidense, integrarem coberturas que violavam os limites impostos pela *public*

[34] Cfr. R. Romano, "What went wrong with directors' and officers' liability Insurance?", *DJCL*, 14 (1989), p. 2. M. M. Pitkowitz, *Praxishandbuch Vorstands- und Aufsichtsratshaftung. Pflichten...*, cit., p. 166, salienta que, na sequência da designada "sexta-feira negra", foram endurecidas as regras sobre responsabilidade dos administradores. O que determinou a necessidade de reforçar a sua proteção e de ter sido procurado o *Lloyd's of London* para desenvolver o primeiro *D&O Insurance*.

[35] Sobre a tímida receção que estas apólices mereceram na primeira etapa, v. M. Iribarren Blanco, M., *El seguro...*, cit., p. 42. Para a fraca implantação contribuíram, entre outros fatores, a onerosidade das apólices, a sua complexidade, assim como a proibição de que as sociedades as subscrevessem (devendo ser os administradores).

[36] Sobre esta figura e a sua intromissão na ordem jurídica portuguesa, através das apólices de *D&O Insurance*, v. Maria Elisabete Ramos, *O seguro de responsabilidade civil dos administradores. ...*, cit., p. 243, ss.; ID., "Reembolso societário", in: *II Congresso de Direito das Sociedades em Revista*, Coimbra: Almedina, 2012, p. 377, s. Pese embora a circunstância de a lei do *Delaware* (e dos Estados que a seguiram) sobre *corporate indemnification* ser permissiva, a existência de disposições estaduais, *bylaws* ou jurisprudência mais restritiva repuseram o problema da proteção dos administradores. Sobre este aspecto, v. Note, "Liability Insurance for corporate executives", *HLR*, 80 (1966-1967), p. 649.

[37] J. Bishop, Jr., "Sitting ducks and decoy ducks: new trends in the indemnification of corporate directors and officers", *YLJ*, 77 (1967-1968), p. 1078, reproduz o seguinte *slogan* de uma companhia de seguros retirado do *Wall Street Journal* de 21 de março de 1968: "As a corporate director or officer, you may be a sitting duck for a shareholder or third party liability suit". V. tb. J. J. Bisceglia, "Practical aspects of directors' and officers' liability insurance – allocating and advancing legal fees and the duty to defend", *UCLALR*, 32 (1985), p. 690.

[38] Cfr. Note, "Liability insurance...", cit., p. 649.

[39] Para a descrição das "paleolithic policies", v. J. Bishop, Jr., "New cure for an old ailment: insurance against directors' and officers' liability", *BL*, 22 (1966), pp. 103-106. Sobre as dúvidas suscitadas pelas primeiras apólices, v. Note, "Public policy and director's liability insurance", *CLR*, 67 (1967), p. 716; Note, "Liability insurance...", cit., pp. 648, ss.

policy. Discutia-se se as coberturas *D&O* diluíam o efeito preventivo da responsabilidade civil, designadamente ao cobrirem os danos decorrentes de *violações intencionais* dos deveres dos administradores, insuscetíveis de serem objeto de *corporate indemnification*[40]. O carácter intencional (portanto, não fortuito) dos atos cobertos pelo *D&O* levantava o problema de saber se não estava em causa a própria sustentabilidade do sistema de seguros[41].

Narra a literatura sobre a matéria que, em 1 de agosto de 1966, começou a vigorar a apólice "*Lloyd's* of London Directors and Officers", na sua variante britânica "Open Market Form" e, em outubro do mesmo ano, ficou disponível a variante norte-americana designada "Stewart, Smith"[42]. Foram suscitadas dúvidas quanto à conformidade de várias coberturas com as exigências de *public policy*[43], fosse aquele seguro contratado pelo administrador ou pela sociedade. Suscitavam dúvidas, nas apólices contratadas pelos administradores[44], as previsões de cobertura de "any breach of duty"[45], dos *punitive damages* (que normalmente reagem a uma conduta deliberada e particularmente censurável) e de despesas provocadas por atos ilícitos dolosos. Quanto às apólices contratadas pela sociedade (já nos anos sessenta adotava-se esta prática negocial), as interrogações centravam-se quer no indesejável afrouxamento do grau de diligência a observar pelos administradores, quer no desvantajoso efeito de nas *derivative actions* a sociedade (porque pagava o prémio do seguro) não conseguir a efetiva reparação do dano provocado pelos administradores[46]. Em 1964, *St. Paul Insurance Company* foi o primeiro segurador norte-americano a oferecer o *D&O Insurance*, tendo sido seguido pelo *American Home Assurance Company*[47].

[40] Sobre esta figura e a sua intromissão na ordem jurídica portuguesa, através das apólices de *D&O Insurance*, v. Maria Elisabete Ramos., *O seguro de responsabilidade civil dos administradores. ...*, cit., p. 253, ss.

[41] Cfr. Note, "Liability insurance...", cit., p. 653.

[42] Cfr. Note, "Liability insurance...", cit., p. 648.

[43] Cfr. J. W. Bishop, Jr. "Sitting ducks...", cit., pp. 1078 e 1091.

[44] P. Pais de Vasconcelos, D&O *Insurance...*, cit., p. 14, refere que no início o *D&O Insurance* era contratado diretamente pelo administrador com o segurador; numa segunda fase, a sociedade passou a custeá-lo a título de *fringe benefit*, tendo depois evoluído para a contratação pela sociedade com um único segurador cobrindo a responsabilidade de todos os seus administradores.

[45] Cfr. Note, "Liability insurance...", cit., p. 656.

[46] Objeção formulada por Note, "Liability Insurance...", cit., p. 667, que, contudo, a considera improcedente.

[47] Cfr. J. Johnston, "Corporate indemnification...", cit., p. 2012; Wollny, P., *Die Directors'...*, cit., p. 150.

É nos meados dos anos setenta do século passado que começa a florescer o mercado do *D&O Insurance*, em parte impulsionado pela intensificação dos litígios precipitados pela recessão económica que nessa altura se fez sentir[48]. Até esta altura a procura do seguro era escassa, certamente porque as ações contra os administradores eram raras e só esporadicamente bem-sucedidas[49].

Para a expansão do seguro também contribuiu o movimento legislativo a permitir expressamente que as sociedades pagassem o prémio de seguro. A partir dos finais dos anos sessenta, leis dos Estados de Nova Iorque, Delaware e Califórnia foram alteradas no sentido de permitir que o seguro *D&O* fosse contratado pela sociedade[50]. Embora se tenha escrito que esta reforma trouxe "[the] validation of corporate purchase for directors' and officers' liability Insurance"[51], é certo que não desaparecem as interrogações em torno dos limites de *public policy*[52]. Atualmente, a generalidade das legislações estaduais norte-americanas integra normas reguladoras deste seguro[53].

Hoje quer a section 7.20 dos Principles of Corporate Governance, elaborados pela American Law Institute[54] quer o § 8.57 do Model Business of

[48] Refere ROMANO, R., "What went wrong...", cit., p. 21, que dados fiáveis mostram que em 1965 menos de 10% das sociedades contratavam o seguro, enquanto em 1971 entre 70% a 80% das maiores sociedades tinham-no adquirido.

[49] Cfr. J. Bishop, Jr. "Sitting ducks...", cit., pp. 1078 e 1099.

[50] Cfr. W. E KNEPPER, "Officers...", cit., pp. 959, s.

[51] Neste sentido, v. J. J. HANKS /L.P. SCRIGGINS, "Protecting directors and officers from liability – the influence of the Model Business Corporation Act", *BL*, 56 (2000), p. 18, sobre a *section* 5 (h) do *MBCA* de 1967.

[52] Em 1968, BISHOP, J. W. JR., "Sitting ducks...", cit., p. 1086, não deixava de continuar a expressar dúvidas sobre a validade do seguro, embora admitisse que o *DGCL* e o *MBCA* "essay to lay at rest, by one grand, Napoleonic stroke, all the doubts about the propriety and validity of directors' and officers' liability Insurance which have been expressed since the introduction of such Insurance.".

[53] V. The American Law Institute, Principles of Corporate Governance: Analysis and Recommendations, vol. 2, Part VII, §§ 7.01-7.25, Tables and Index, As adopted and promulgated by American Law Institute at Washington, D. C., May 13, 1992, St. Paul, Minn.: American Law Institute Publishers, 1994, p. 275; J. R. MACEY, Macey on Corporation Law, vol. 2 (2004-1 Supplement prepared by Aspen Editorial Staff), New York: Aspen Publishers, 2004, p. 16-205 (este último com informação sobre os diversos direitos estaduais); R. W. HAMILTON, R. W./ R, D. FREER, The law of corporations in a nutshell, 6th edition, St. Paul: West Publishing Co., 2011, p. 377.

[54] V. The American Law Institute, *Principles of Corporate Governance: Analysis and Recommendations*, vol. 2, Part VII, cit., p. 261, ss..

Corporation Act, da autoria da American Bar Association, expressamente permitem que a sociedade contrate o D&O Insurance a favor dos administradores, quer os factos cobertos pelo seguro possam ou não ser objeto de corporate indemnification[55].

A ordem jurídica portuguesa não prevê especificamente o seguro de responsabilidade civil dos administradores. Ao contrário do que acontece em outras ordens jurídicas, o direito societário português não contempla normas que, direta ou indiretamente, autorizem a contratação do seguro pela sociedade (e o pagamento do prémio)[56] ou que imponham a contratação de

[55] V. Maria Elisabete Ramos, "Reembolso societário", in: *II Congresso de Direito das Sociedades em Revista*, Coimbra: Almedina, 2012, p. 377, ss. ;"Corporate indemnification. Experiences in USA and developments in Germany, Italy and Portugal", *European Company and Financial Law Review*, 4, 2017, p. 723, ss.; "Quem paga a conta? Notas sobre a corporate indeminification", *Revista Eletrónica de Direito*, 2017, I, p. 1, ss..

[56] Veja-se o disposto no § 93 *Abs.* 2 S. 3 *AktG* que pressupõe ser lícita a contratação do seguro pela sociedade e, consequentemente, é lícito o pagamento do prémio pela sociedade. Dispõe esta norma "Caso a sociedade tenha contratado um seguro para proteger um membro do conselho de administração contra riscos decorrentes das suas atividades profissionais para a sociedade, o seguro deve prever uma franquia de pelo menos dez (10) por cento dos danos, até um mínimo de cento e cinquenta (150) por cento da remuneração fixa anual do membro do conselho de administração" (tradução não oficial). No Reino Unido, a *section* 233 do *Companies Act* de 2006 determina que "Section 232(2) (voidness of provisions for indemnifying directors) does not prevent a company from purchasing and maintaining for a director of the company, or of an associated company, insurance against any such liability as is mentioned in that subsection". Nos Estados Unidos da América, veja-se, no âmbito do *direito recomendatório*, o disposto no § 8.57 do *Model Business Corporation Act* e a *section* 7.20 dos *Principles of Corporate Governance*. Wolfgang Voit, "255. Allgemeine Versicherungsbedingungen für die Vermögensschaden-Haftpflichtversicherung von Aufsichtsräten, Vorständen und Geschäftsführern (AVB-AVG) (D&O-Versicherung)", en Prölss/Martin, *Versicherungsvertragsgesetz: VVG*, 29. Auflage, C. H. Beck, 2015, Rdn. 2, reconhece que o seguro *D&O* é compatível com o regime jurídico-societário da responsabilidade civil do órgão de gestão e de representação perante a sociedade. A contratação do *D&O Insurance* não configura uma renúncia da sociedade à indemnização devida pelos titulares do órgão de administração e de representação (§ 93, 4 *AktG*, § 43, 3 *GmbHG*). Este autor refere que são infundadas as dúvidas suscitadas por alguma doutrina alemã quanto à licitude do contrato de seguro de responsabilidade civil dos administradores por pôr em causa o princípio da responsabilidade do órgão de gestão ao abrigo da lei da responsabilidade (Peter Ulmer, "Strikte aktienrechtliche Organhaftung und D&O-Versicherung – zwei getrennte Welten?, FS Canaris, Bd. 2, 2007, p. 451, 462 e seguintes). Justamente, a disposição do § 93 § 2 *AktG*,que torna obrigatória uma franquia para o conselho de administração de sociedade anónima, confirma a licitude fundamental de tal seguro, também do ponto de vista do direito das sociedades anónimas.

uma franquia[57], fixando os seus limites mínimo e máximo. Quer o Código das Sociedades Comerciais[58] quer o Código dos Valores mobiliários (que regula especificamente aspetos relativos às sociedades abertas) são silentes quanto a este seguro[59].

[57] Veja-se o disposto no § 93 Abs. 2 S. 3 *AktG*. Às sociedades cotadas e às sociedades com acesso ao mercado de capitais aplica-se o *Deutscher Corporate Governance – Kodex*, no sentido do §161 (1), frase 2, da *AktG*. As restantes sociedades podem, se assim o entenderem, aplicar o disposto no *Kodex*. Na versão de 2017 do *Kodex*, o ponto 3.8. recomendava: "If the corporation takes out a D&O (directors' and officers' liability insurance) policy for the Management Board, a deductible of at least 10% of the loss up to at least the amount of one and a half times the fixed annual remuneration of the Management Board member must be agreed. A similar deductible shall be agreed in any D&O policy for the Supervisory Board". A versão de dezembro de 2019 de *Kodex* eliminou a recomendação relativa à franquia. Para as diversas versões do *Kodex*, consultar https://www.dcgk.de/en/code.html.

[58] O art. 396º, 2, do Código das Sociedades Comerciais (daqui em diante, CSC) permite que a obrigação de prestar caução seja cumprida através de um "contrato de seguro, a favor dos titulares de indemnizações, cujos encargos não podem ser suportados pela sociedade". A indústria seguradora desenvolveu o chamado "seguro substitutivo da caução" que, embora construído a partir das apólices de *D&O Insurance*, não se confunde com estas. Portanto, o art. 396º, 2, CSC não prevê o *D&O Insurance*. Margarida Lima Rego, *Contrato de seguro e terceiros. Estudo de direito civil*, Coimbra: Coimbra Editora, 2010, p. 160, defende que, embora o seguro que substitui a caução não seja um seguro obrigatório, deve aplicar-se-lhe, na parte destinada a cumprir a imposição legal do art. 396º, 2, do CSC, o regime dos seguros obrigatórios de responsabilidade civil, constante dos arts. 146º a 148º do Regime Jurídico do Contrato de Seguro (daqui em diante, RJCS). Sobre estes temas, v. Maria Elisabete Ramos, *Seguro de responsabilidade civil dos administradores*, cit., p. 323, ss.; "Artigo 396º. Caução", *Código das Sociedades Comerciais em comentário*, coord. de J. M. Coutinho de Abreu, 2ª ed., Coimbra: Almedina, 2019, p. 318, ss.; "El seguro D&O y el "seguro sustitutivo da caução" previsto en la legislación portuguesa", *Revista Española de Seguros*, 162 (abril-junho), 2015, p. 211-243; "El deber de afianzar la responsabilidad civil de los administradores. Praxis empresarial portuguesa y la influencia del D&O Insurance (seguro de responsabilidad de administradores", in Ángel Fernández-Albor Baltar/Elena Pérez Carrillo (dirs), *Actores, actuaciones y controles del buen gobierno societario y financiero*, Madrid/Barcelona/Buenos Aires/São Paulo: Marcial Pons, 2018, p. 387-403. V. também Alexandre de Soveral Martins, *Administração de sociedades anónimas e responsabilidade dos administradores*, Coimbra: Almedina, 2020, p. 290, ss.; Margarida Lima Rego, "A quem aproveita o seguro de responsabilidade civil de administradores celebrado para os efeitos do art. 396º CSC?", *I Congresso Direito das Sociedades em Revista*, Coimbra: Almedina, 2011, p. 415-446.

[59] No sentido de que a ordem jurídica brasileira não apresenta normas específicas sobre o *D&O Insurance*, v. C. Portugal Gouvêa/M. Pargendler, "Directors' and Officers' Liability in Brazil", Simon Deakin/Helmut Koziol/Olaf Riss (eds), *Directors' & Officers' (D&O) Liability*, Berlin/Boston: De Gruyter, 2018, p. 104.

Este silêncio normativo abrange também as recomendações de boas práticas de governo societário (aplicáveis principalmente às sociedades abertas) vertidas no Código de Governo das Sociedades (2018), elaborado pelo *Instituto Português de Corporate Governance*[60].

Por outro lado, não são conhecidas normas regulamentares ou outras determinações da Autoridade de Supervisão de Seguros e Fundos de Pensões dedicadas ao *D&O Insurance*[61].

A ordem jurídica portuguesa não conhece *condições-modelo* aplicáveis ao seguro de responsabilidade civil dos administradores, elaboradas pela indústria seguradora. Na experiência alemã, a *Gesamtverband der Deutschen Versicherungswirtschaft* (GDV) proporciona um modelo de "Condições Gerais de Seguro para o seguro de responsabilidade civil por perdas financeiras dos conselhos de supervisão, de administração e de direcção (AVB-AVG) (seguro D&O)"[62].

Não existindo jurisprudência conhecida sobre este seguro, a experiência portuguesa de *D&O Insurance* pode ser recolhida em duas *fontes principais.* Por um lado, há que considerar os *contratos* de seguro de responsabilidade civil dos administradores, celebrados entre a sociedade tomadora do seguro

[60] Disponível em https://cgov.pt/base-de-dados/codigos-de-governo (consulta em 24 de junho de 2020)

[61] Veja-se, no Brasil, a Circular Superintendência de seguros privados (SUSEP) nº 553 de 23 de maio de 2017, que "estabelece as diretrizes gerais aplicáveis aos seguros de responsabilidade civil de diretores e administradores de pessoas jurídicas (seguro de RC D & O), e dá outras providências". Nos termos do art. 2º desta Circular, "após a publicação desta circular, as sociedades seguradoras que desejarem iniciar a operar com o seguro de RC D&O, deverão submeter, à Susep, para fins de análise e arquivamento, plano de seguro específico, cujas condições contratuais e respetiva nota técnica atuarial deverão estar em conformidade comas presentes disposições e a legislação em vigor".

[62] Na versão original "Allgemeine Versicherungsbedingungen für die Vermögensschaden--Haftpflichtversicherung von Aufsichtsräten, Vorständen und Geschäftsführern (AVB-AVG) (D&O-Versicherung)", conhecidas na prática como "D&O-Vers", disponíveis em https://www.gdv.de/service/suche/de/4422?query=AVB-AVG%29+%28D%26O#more. A versão mais recente destas condições-modelo data de maio de 2020. Trata-se de condições modelo, organizadas pela associação representativa dos seguros da Alemanha (GDV), de caráter não vinculativo. Algumas das condições utilizadas na prática divergem significativamente das condições-modelo. V. Wolfgang Voit, "255. Allgemeine Versicherungsbedingungen für die Vermögensschaden-Haftpflichtversicherung von Aufsichtsräten, Vorständen und Geschäftsführern (AVB-AVG) (D&O-Versicherung)", cit., Rdn. 1-5.

e o segurador e, por outro, há que atender às *normas legais aplicáveis, sejam elas de natureza societária ou de natureza seguradora.*

3. Modelos negociais padronizados recebidos na Europa

O "Study on directors' duties and liability"[63] documenta que o *D&O Insurance* está disponível em todos os estados membros da União Europeia[64], tendo sido ultrapassadas as dúvidas sobre a licitude da contratação pela sociedade. Este seguro serve, também, os interesses da sociedade porque permite que ela atraia gestores qualificados e limita a exposição dos administradores ao risco de ter de pagar a indemnização cujos montantes, não raras vezes, excederão as suas capacidades financeiras. A contratação deste seguro não corresponde a uma causa de exclusão da responsabilidade civil dos administradores, pois as consequências económicas da responsabilização não são transferidas para a sociedade, credores sociais, sócios. O que acontece é que, de acordo com as coberturas contratadas, as consequências económicas da responsabilização são transferidas para o segurador.

Quanto à difusão do *D&O Insurance*, o Estudo mostra que ele é comum em países com elevado número de sociedades cotadas; na maior parte dos países não está divulgado entre as pequenas e as médias empresas[65].

Nos países de *civil law*, a expressão *D&O Insurance* tende a ser traduzida por *seguro de responsabilidade civil dos administradores*, embora haja dúvidas, tendo em conta a heterogeneidade das coberturas que tipicamente integram as apólices de *D&O Insurance*, de que este seja um genuíno seguro de responsabilidade civil[66]. As dúvidas resultam da dificuldade em conjugar, por um lado, a caraterização legal de seguro de responsabilidade civil e, por outro, a heterogeneidade das coberturas que tipicamente são abrangidas nas apólices de *D&O Insurance*[67].

[63] Disponível em http://eprints.lse.ac.uk/50438/1/__Libfile_repository_Content_Gerner-Beuerle,%20C_Study%20on%20directors%E2%80%99%20duties%20and%20liability(lsero).pdf (consultado em 1 de julho de 2020).

[64] Cf. Study on directors' duties and liability, cit., p. 214.

[65] Seguimos o Study on directors' duties and liability, p. 214.

[66] Sobre estas questões, v. Maria Elisabete Ramos, *O seguro de responsabilidade civil dos administradores*, cit., p. 306, ss

[67] Sobre estas dificuldades, v. J. Morgado, "Administradores de sociedades comerciais", RES, 136 (2008), p. 787, ss; Maria Elisabete Ramos, *O seguro de responsabilidade civil dos administradores. ...*, cit., p. 306, ss..

Na verdade, a expansão internacional do *D&O Insurance*, transportado pelos seguradores e pelas empresas multinacionais, implicou que, por força das práticas empresariais, se tenha consolidado um *standard* internacional[68] que se manifesta por exemplo, na tipicidade das coberturas e exclusões previstas nas condições gerais das apólices de *D&O Insurance*, na linguagem utilizada, na caraterização do sinistro, na identificação da sociedade como tomadora do seguro[69]. Numa palavra, a prática empresarial relativa ao *D&O Insurance* (e não a lei) moldou-lhe as caraterísticas típicas que se mantêm, apesar a diversidade das ordens jurídicas à luz das quais este seguro é contratado.

E, por isso, não se estranha o fenómeno do *mimetismo* já diagnosticado pela doutrina espanhola[70] – em mercados menos desenvolvidos, os seguradores tendem a traduzir as condições gerais aplicadas em mercados mais desenvolvidos. Correndo-se, assim, o risco de as condições gerais resultantes da tradução não se mostrarem adequadas às especificidades da ordem jurídica onde são contratadas e à luz da qual é regulado, por exemplo, o regime da responsabilidade civil dos administradores[71], seja perante a sociedade, credores sociais, sócios e terceiros[72].

Quando surgiu nos anos trinta do século passado nos EUA, o *D&O* apresentava-se como um instrumento de proteção do *património dos administradores* contra os danos causados por "potential securities liability"[73].

[68] Para esta característica na experiência dos EUA, v. M. M. Pitkowitz, M. M., *Praxishandbuch Vorstands- und Aufsichtsratshaftung. Pflichten...*, cit., p. 166. No sentido de que o D&O Insurance "é atualmente um produto fortemente *standartizado*", v. Margarida Lima Rego, "Adiantamento de custos de defesa nos seguros D&O", *Colóquio internacional Governação das sociedades, responsabilidade civil e proteção dos administradores*, coord. de Maria João Antunes e Alexandre de Soveral Martins, Coimbra: Instituto Jurídico/IDET, 2018, p. 73.

[69] Sobre os tipos sociais de contratos, v. Pedro Pais de Vasconcelos, *Contratos atípicos*, 2ª ed., Coimbra: Almedina, 2009, p. 61, ss.

[70] A. Roncero Sánchez, *El seguro de responsabilidad civil de los administradores*, 2ª ed., *Indret*, 272, 2005 (www.indret.com, visitado em junho de 2020), p. 6.

[71] Cfr., por exemplo, J. W. Bishop, Jr., "New cure...", cit., pp. 103, ss; Note, "Liability Insurance...", cit., pp. 649, s.; Note, "Indemnification...", cit., p. 683.

[72] M. Iribarren Blanco, *El seguro...*, cit., p. 78, denuncia a existência de cláusulas insertas em apólices *D&O* que são claramente ilegais à luz da *LeyCS:* cláusulas que impedem que o segurado informe os prejudicados sobre a existência do seguro; ou as *no action clauses* que impedem a reclamação direta contra o segurador.

[73] R. W. Westling/M. M. Bell, "Directors' and Officers' insurance and its role in Government Investigations", cit., p. 44, 45.

Pretendia ser um mecanismo que permitisse que pessoas competentes e qualificadas pudessem integrar o *board of directors* sem que essa decisão significasse a ruína pessoal sobrevinda aos custos dos litígios causados pelo exercício das suas funções[74].

No entanto, a história do *D&O Insurance* mostra que, sucessivamente, foram sendo agregadas diferenciadas coberturas, tendo evoluído até à cobertura de riscos da própria sociedade[75]. Assim, uma das caraterísticas mais notadas deste seguro é a *heterogeneidade das coberturas*[76] e, simultaneamente, a diversidade de segurados.

Tradicionalmente, no *D&O Insurance* são individualizadas as coberturas designadas como *Side A, Side B* e *Side C*[77]. A chamada *Side A* "cobre diretamente a responsabilidade dos *administradores,* quando a sociedade não o faça, ou porque não quer, ou porque não tem meios para tanto, ou porque a lei não lhe permite. É normalmente custeada pela sociedade"[78] e pode não estar sujeita a franquia[79]. Nos EUA, a *Side A* cobre os casos em que a sociedade não está autorizada ou não está em condições financeiras de prestar a *corporate indemnification* ou *corporate reimbursement* [80]. Trata-se da cobertura que garante o "non-indemnifiable loss"[81]. Por isso, é, por vezes, designada como "catastrophe" ou "sleep insurance"[82].

A *Side B* "cobre a sociedade da responsabilidade que esta tenha para com os seus administradores, pela satisfação das responsabilidades que lhes

[74] R. W. Westling /M. M. Bell, "Directors' and Officers' insurance and its role in Government Investigations", p. 45.

[75] P. Pais de Vasconcelos, *D&O Insurance...*, cit., p. 15; p. 306, s.

[76] Maria Elisabete Ramos, O seguro de responsabilidade civil dos administradores. ..., cit., p. 306.

[77] V. P. Pais de Vasconcelos, *D&O Insurance...*, cit., p. 21, s.

[78] P. Pais de Vasconcelos, *D&O Insurance..., cit.*, p. 21. V. tb. William E. Knepper/Dan A. Bailey, *Liability of corporate officers and directors*, 7th edition, vol. 2, LexisNexis, 2006, 23.01.

[79] Cfr. William E. Knepper/Dan A. Bailey, *Liability of corporate officers and directors*, cit., p. 24-3. O § 93, 2, *AktG*, prevê obrigatoriamente que seja aplicada uma franquia. A franquia é um dos instrumentos usados para mitigar o "moral hazard".

[80] W. E Knepper / D. A. Bailey, Liability of corporate officers and directors, cit., 24.3.

[81] V. W. E Knepper / D. A. Bailey, *Liability of corporate officers and directors*, cit., 24.11, que identificam os casos em que o *corporate reimbursement* é considerado inadequado e, por isso, não pode ser prestado pela sociedade (*derivative suits, claims* por violação das normas de registo e de antifraude envolvendo valores mobiliários, razões de *public policy, etc*).

[82] Cfr. L. J. Taumann/ K Altenbaumer-Price, "D&O Insurance: A Primer", *The American University Business Law Review*, 2012, p. 14.

sejam imputadas por actos praticados no exercício do cargo"[83]; em particular, cobre o risco de esta ter de prestar a *corporate indemnification.*[84]

Ainda nos EUA, a partir de 1993, alguns seguradores, com o objetivo de solucionarem "allocation issues"[85], passaram a incorporar na apólice de *D&O Insurance* a chamada *Side C* que cobre responsabilidades imputadas à sociedade perante terceiros[86].

Qualquer uma destas coberturas é, tipicamente, *financiada pela sociedade*, mas só no caso da *Side A* é que o administrador é *segurado* (embora não seja tomador do seguro)[87]. Nas coberturas designadas *Side B* e *Side C*, é a *sociedade* que assume a qualidade de segurado e, simultaneamente, a de tomador do seguro. Por conseguinte, *tipicamente, a sociedade é o tomador do seguro*; na *Side A* o administrador é o segurado; nas coberturas *Side B* e *Side C* a sociedade é a segurada.

Esta distinção entre *Side A* e *Side B* é visível, com outras designações, em condições gerais comercializadas em Portugal. No *D&O Insurance*, a dissociação entre o tomador do seguro e segurados[88], no que diz respeito à

[83] P. Pais de Vasconcelos, *D&O Insurance...*, cit., p. 21, s.; Maria Elisabete Ramos, *O seguro de responsabilidade civil dos administradores. ...*, cit., p. 308; R. W. Westling./ M. M. Bell, "Directors' and Officers' insurance and its role in Government Investigations", cit., p. 45, s..

[84] W. E Knepper / D. A. Bailey, Liability of corporate officers and directors, cit., 24.9.

[85] W. E Knepper / D. A. Bailey, Liability of corporate officers and directors, cit., 24.9.

[86] W. E Knepper / D. A. Bailey, *Liability of corporate officers and directors*, cit., 2006, 24-9.

[87] Efetivamente, uma das notas típicas do *D&O Insurance* (seja a nível internacional seja na ordem jurídica portuguesa) é a circunstância de o prémio de seguro ser pago pela sociedade (v. a este propósito, P. Pais de Vasconcelos, *D&O Insurance...* cit., p. 21; Maria Elisabete Ramos, *O seguro de responsabilidade civil dos administradores. ...*, cit., p. 311). T. Wansleben, "Vermeidung und Überlagerung zwingenden Rechts durch Versicherungen Vorstandsbinnenhaftung und D&O-Versicherung", Max Planck Institute for Comparative and International Private Law Research Paper Series, No. 15/25, p. 1, ss., desenvolve a tese de que o *D&O Insurance* pode ser usado como um instrumento para evitar e superar as normas imperativas reguladoras da responsabilidade civil dos administradores e, por consequência, da distribuição do risco que essas normas imperativas operam. Na opinião do Autor, este efeito é particularmente evidente nos casos em que: *a*) há um compromisso contratual entre a sociedade e os membros do órgão de administração e de representação mediante o qual a primeira financia o *D&O Insurance* que protege os últimos; *b*) é negociada a transferência do crédito da sociedade à indemnização (devida por titulares do órgão de administração) para um segurador de D&O *Insurance* que, em momento posterior, celebra uma transação com os membros do órgão de administração responsáveis.

[88] Sobre o sentido jurídico de segurado, na ordem jurídica portuguesa, v. Margarida Lima Rego, *Contrato de seguro e terceiros. Estudo de direito civil*, Coimbra: Coimbra Editora, 2010,p. 48,

cobertura "Side A"[89], constitui uma prática internacional com alguma consistência[90]. A sociedade é a *tomadora do seguro* e os administradores assumem a qualidade de segurados[91]. Por isso se diz na doutrina alemã que "uma característica especial do seguro *D&O* é que é geralmente o segurado que celebra o contrato em nome do tomador do seguro e pode, portanto, determinar o âmbito da sua própria cobertura de seguro tomando decisões sobre o montante do prémio às custas da empresa"[92]. A sociedade-tomadora assume a *obrigação de pagar o prémio*[93] devido pelo seguro e os administradores beneficiam da(s) cobertura(s), mas não suportam os respetivos encargos.

para quem "o segurado é a pessoa em cuja esfera se buscam os danos; nos seguros de capitais, o segurado é a pessoa em cuja esfera se buscam os beneficiários". Sobre os segurados, à luz das *AVB D&O*, v. Wolfgang Voit, "255. Allgemeine Versicherungsbedingungen für die Vermögensschaden-Haftpflichtversicherung von Aufsichtsräten, Vorständen und Geschäftsführern (AVB-AVG) (D&O-Versicherung)", § 1 Rn. 12. Sobre o conceito de filial, de acordo com as *AVB D&O*, v. ob. cit., loc.cit, Rn. 15.

[89] A cobertura "*Side A*" protege diretamente os *directors* e *officers* de despesas em que incorram com o litígio, indemnizações em que sejam condenados ou de transações que convencionem celebrar. Sobre esta cobertura, Maria Elisabete Ramos, *O seguro de responsabilidade civil dos administradores*, cit., p. 264, ss.

[90] V. Maria Elisabete Ramos, *O seguro de responsabilidade civil dos administradores*, cit., p. 415, ss. São os próprios seguradores que impõem esta forma de contratação e que, em regra, não consentem na contratação individual por cada um dos administradores. Razões de economia de escala na contratação do seguro e de regularização dos sinistros (prevenção de litígios entre seguradoras na hora de gerir um sinistro provocado por administradores que são solidariamente responsáveis, dificuldades no exercício do direito de regresso entre administradores segurados e não segurados) explicam a divulgação desta prática negocial. Sobre estas razões, v. A. Campins Vargas, "Seguro de responsabilidad civil de administradores y altos cargos. Especial referencia al ámbito de cobertura del seguro", *Revista de Derecho Mercantil*, 249 (2003), pp. 997, s.

[91] Na doutrina alemã, v. Beckmann, "§ 28. D&O-Versicherung", em Beckmann/Matusche-Beckmann, Versicherungsrechts-Handbuch, 3. Auflage 2. Teil. Einzelne Versicherungszweige 1. Abschnitt. Haftpflichtversicherung, C.H. Beck, 2015, Rn. 48. Sobre a evolução da contratação individual pelos administradores para a contratação pela sociedade, v. Pedro Pais de Vasconcelos, *D&O Insurance...*, cit., p. 14.

[92] Wolfgang Voit, "255. Allgemeine Versicherungsbedingungen für die Vermögensschaden-Haftpflichtversicherung von Aufsichtsräten, Vorständen und Geschäftsführern (AVB-AVG) (D&O-Versicherung)", § 1, cit, Rn. 7.

[93] Tendencialmente, o *D&O Insurance* é um seguro de grandes riscos, conforme a caraterização que resulta da Lei 147/2015. O "regime comum" de pagamento do prémio, à luz da lei portuguesa, está consagrado nos arts. 58º e ss. do RJCS (apesar de o título da Subsecção se designar "Regime especial"). O regime comum, de natureza injuntiva, determina que o pagamento do

4. Deveres de cuidado dos administradores e D&O Insurance

O Código Alemão de *Corporate Governance* (*Deutscher Corporate Governance Kodex*[94]) reúne as orientações essenciais em matéria de gestão e fiscalização de sociedades cotadas alemãs e apresenta, na forma de *recomendações* e *sugestões*, uma lista de boas práticas de *corporate governance*, reconhecidas nacional e internacionalmente[95].

Até 2019, a *recomendação* de boas práticas de *corporate governance* em matéria de contratação do seguro de responsabilidade civil dos administradores pela sociedade incluía no ponto 3.8. do Código Alemão de Corporate Governance, dedicado às *relações entre o órgão de administração e de representação da sociedade (Vorstand) e o órgão de fiscalização* (Aufsichsrat), orientações sobre a *franquia* a cargo do administrador. A recomendação começava por afirmar que os membros do órgão de administração e do órgão de fiscalização devem cumprir as normas relativas à *corporate governance*. Se houver violação de dever de cuidado de um gestor criterioso e ordenado, eles são responsáveis perante a sociedade pelos danos a esta causados. No caso de decisões empresariais, não haverá a violação do dever, se o membro do órgão de administração e de fiscalização poderia razoavelmente acreditar, baseado em informação apropriada, que ele ou ela estava a atuar no melhor interesse da sociedade (*Business Judgment Rule*)[96].

Na parte relativa ao seguro, a recomendação referia tão-só à situação em que a *sociedade abrangida pelo Kodex contratava o D&O*[97]. Neste caso, recomen-

prémio é uma condição de eficácia do contrato de seguro; sem pagamento de prémio não há seguro e não se constitui obrigação na esfera jurídica do tomador do seguro (neste sentido, v. Margarida Lima Rego, "O prémio", *Temas de direito dos seguros*, coord. de Margarida Lima Rego, 2ª ed., Coimbra: Almedina, 2016, p. 268. Em sentido divergente, v. J. Engrácia Antunes, *Direito dos contratos comerciais*, Coimbra: Almedina, 2009, p. 712). Recentemente, o DL 20-F/2020, de modo transitório e excecional, determinou a imperatividade relativa das normas dos arts. 59º e 61º do RJCS. Nos termos do art. 58º do RJCS, os seguros de grandes não estão abrangidos pelo regime comum de natureza imperativa e, de facto, pode constituir-se na esfera jurídica do tomador do seguro a obrigação de pagar o prémio. Desenvolvidamente, v. Margarida Lima Rego, "O prémio", cit., p. 265, ss.

[94] Cfr. http://www.dcgk.de/en/. A última versão do *Kodex* data de dezembro de 2019.

[95] Cfr. http://www.dcgk.de/en/code.html.

[96] Atualmente, o Princípio 1 do *Kodex* recomenda que: "The Management Board is responsible for managing the enterprise in the enterprise's best interests. Its members are jointly accountable for managing the enterprise.".

[97] A parte da recomendação 3.8 relativa *ao D&O Insurance* propõe o seguinte: "If the company takes out a D&O (directors' and officers' liability insurance) policy for the Management Board,

dava que fosse contratada uma *franquia,* para a qual fixa ao limite mínimo e um limite máximo. Atualmente, o *Kodex* não comtempla recomendações sobre o *D&O Insurance* nem sobre a franquia a suportar pelos administradores.

Como já vimos, o § 93 *AktG* prevê a *obrigatoriedade de franquia*, estabelecendo os limites mínimo e máximo de tal franquia[98]. De acordo com a sua posição sistemática, a norma sobre a franquia abrange inicialmente as reclamações decorrentes da responsabilidade interna perante a sociedade anónima, nos termos do § 93, 2, *AktG*. No entanto, a doutrina sublinha que o significado e finalidade da franquia exigem que os casos de responsabilidade externa também sejam incluídos[99].

Esta franquia está prevista para a cobertura da responsabilidade civil dos administradores-segurados, sendo certo que o *D&O Insurance* pode garantir outros segurados (serão co-segurados). Quanto a esses, o § 93 *AktG* nada diz. Mas o parágrafo A-6.5 das condições modelo elaboradas pela indústria seguradora alemã (*AVB D&O*), na sua versão de maio de 2020, acautelam esta situação, no parágrafo A-6.5, prevendo uma franquia (prevista na apólice) para todos os segurados que reclamam uma indemnização ao segurador.

Como vimos, a versão em vigor do Código de Corporate Governance alemão deixou de prever a franquia a cargo dos administradores. De facto, a doutrina alemã documenta que as empresas se desviaram frequentemente desta recomendação. Mais recentemente, a taxa de conformidade era

a deductible of at least 10 % of the loss up to at least the amount of one and a half times the fixed annual compensation of the Management Board member must be agreed upon. A similar deductible shall be agreed upon in any D&O policy for the Supervisory Board.". Cfr. *German Corporate Governance Code*, na versão de maio de 2017, disponível em https://www.dcgk.de/en/code/archive.html.

[98] Spindler, "AktG § 93 Sorgfaltspflicht und Verantwortlichkeit der Vorstandsmitglieder," *Münchener Kommentar zum Aktiengesetz*, 5. Auflage 2019, C. H. Beck, 2019, Rn. 224ª, considera que as franquias, a exclusão de actos intencionais, a limitação a certos riscos, as revisões pela companhia de seguros, bem como os ajustamentos dos prémios e os limites de cobertura podem contribuir para encorajar os membros do conselho a comportarem-se com o devido cuidado, uma vez que ainda estão ameaçados com sanções por comportamento excessivamente descuidado, pelo menos em algumas áreas. As próprias seguradoras têm interesse em acordar tais restrições a fim de evitar comportamentos colusivos entre o tomador do seguro (AG) e o segurado, por um lado, e descuido excessivo na sequência do seguro, por outro.

[99] Fleischer, "AktG § 93 Sorgfaltspflicht und Verantwortlichkeit der Vorstandsmitglieder", beck-online.Grosskommentar GesamtHrsg: Henssler Hrsg: Spindler/Stilz. Stand: 15.01.2020, Rn 293.

apenas de cerca de 50%[100]. Na doutrina, opõem-se as posições a favor da franquia e as posições contra a franquia. Também se questionou a constitucionalidade do § 93.2 frase 3 do ponto de vista do tratamento desigual ou de uma violação da liberdade contratual[101].

As (*AVB D&O*) são claras na afirmação de que a franquia não se aplica aos custos defesa. Na doutrina alemã, a opinião predominante, mas não incontestada, é no sentido de que a franquia não se aplica às despesas de defesa[102]. Argumenta-se que a finalidade preventiva prosseguida pelo legislador *não exige* que a franquia seja devida até que a responsabilidade de um membro do conselho de administração tenha sido finalmente determinada[103]. Acrescenta-se que a redação da lei, que utiliza o termo "dano", também sugere a interpretação de que as despesas de defesa não estão sujeitas a franquia[104]. Convoca-se, ainda, o § 101 *VVG*, segundo o qual as despesas de defesa jurídica custeadas pela seguradora não estão incluídas no montante segurado[105].

Hoje não restam dúvidas de que as normas jurídico-societárias permitem que a sociedade financie integralmente o seguro, pagando a totalidade do prémio. No entanto, a circunstância de o seguro proteger os administradores-segurados contra as consequências económicas da responsabilidade

[100] Fleischer, "AktG § 93 Sorgfaltspflicht und Verantwortlichkeit der Vorstandsmitglieder", beck-online.Grosskommentar GesamtHrsg: Henssler Hrsg: Spindler/Stilz. Stand: 15.01.2020, Rn, 288. As normas do § 161 AktG são obrigatórias ao imporem a divulgação da chamada "declaração de conformidade" – ou seja, as sociedades em causa não são obrigadas a seguir a recomendação relativa à franquia aplicada no D&O Insurance que contrataram para os seus administradores, mas são, por força do §161 AktG, obrigadas a divulgar se a cumprem ou não. E, portanto, remete-se para o mercado a avaliação sobre as práticas de corporate governance seguidas por cada uma das sociedades cotadas em matéria de contratação do D&O Insurance. Para consultar as chamadas declarações de conformidade, v. http://www.dcgk.de/en/declarations-of-conformity.html

[101] Fleischer, "AktG § 93 Sorgfaltspflicht und Verantwortlichkeit der Vorstandsmitglieder", cit., Rn 288., considera infundadas estas dúvidas constitucionais.

[102] Fleischer, "AktG § 93 Sorgfaltspflicht und Verantwortlichkeit der Vorstandsmitglieder", Rn. 294.

[103] Fleischer, "AktG § 93 Sorgfaltspflicht und Verantwortlichkeit der Vorstandsmitglieder", Rn. 294.

[104] Fleischer, "AktG § 93 Sorgfaltspflicht und Verantwortlichkeit der Vorstandsmitglieder", Rn. 294.

[105] Fleischer, "AktG § 93 Sorgfaltspflicht und Verantwortlichkeit der Vorstandsmitglieder", Rn. 294.

pode significar um menor incentivo económico a que mantenham elevados graus de diligência e pode propiciar comportamentos negligentes e incumpridores das normas de *corporate governance*. Está aqui presente o efeito conhecido como *risco moral* ou "moral hazard"[106].

Contratado o *D&O Insurance*, o tomador do seguro ou segurado deixa de ter o incentivo económico a um comportamento diligente, pois a contratação do seguro liberta-o do prejuízo económico causado pela indemnização. Este risco de ter de pagar a indemnização é, por força do contrato de seguro, transferido para o segurador. O risco moral refere "os problemas de desalinhamento de incentivos em que os sujeitos, não suportando a totalidade das consequências dos seus actos, prosseguem o seu interesse próprio com detrimento para os interesses alheios"[107].

Ora, é justamente para minorar as consequências do "risco moral" – que se traduz no menor incentivo económico a que o administrador segurado observe e cumpra os deveres funcionais – que a recomendação do Código Alemão de Corporate Governance propunha que, caso a sociedade contratasse o seguro devia ser estipulada *uma franquia* para a qual estabelece os limites mínimo e máximo – "a deductible of at least 10 % of the loss up to at least the amount of one and a half times the fixed annual compensation of the Management Board member must be agreed upon"[108].

No direito dos seguros, a franquia constitui um dos "mecanismos de cobertura incompleta"[109], porquanto impõe uma partilha de riscos entre o segurador e o administrador-segurado, porquanto a franquia refere "o montante fixo de perdas que o segurador não cobrirá, apenas cobrindo o eventual excesso"[110]. Através da estipulação de franquia, haverá uma parte das consequências danosas das atuações ilícitas e culposas dos administra-

[106] Sobre o "moral hazard" ou risco moral, v. Maria Elisabete Ramos, *O seguro de responsabilidade civil dos administradores. ...*, cit., p. 39, ss.; Maria Inês Oliveira Martins, "Risco moral e contrato de seguro", *Estudos em homenagem ao Prof. Doutor Aníbal de Almeida*, Coimbra: Coimbra Editora, 2012, p.637, ss. O risco moral foi descrito por Adam Smith na sua *obra Inquérito sobre a Natureza e as Causas da Riqueza das Nações* e desenvolvido por K. J. Arrow, "Uncertainty and Welfare Economics of Medical Care", *The American Economic Review*, 5 (1963), pp. 941-973.

[107] Maria Inês Oliveira Martins, "Risco moral e contrato de seguro", cit., p. 645.

[108] As recomendações do Código Alemão de *Corporate Governance* nada dizem sobre outras medidas contratuais destinadas, também elas, a mitigar o risco moral – por exemplo, a exclusão da cobertura do dolo do administrador segurado.

[109] Maria Inês Oliveira Martins, "Risco moral e contrato de seguro", cit., p. 657.

[110] Maria Inês Oliveira Martins, "Risco moral e contrato de seguro", cit., p. 657.

dores que não serão transferidas para os seguradores, onerando o património do administrador. A doutrina alemã, contudo, expressa algumas dúvidas sobre os exatos efeitos desta franquia, porque admite que seja segurável o risco de ter de pagar os danos correspondentes à franquia[111].

Para as *sociedades anónimas não cotadas* vale o disposto no § 93, 2, 3ª frase, AktG: "If the company takes out an insurance covering the risks of a member of the managing board arising from his work for the company, such insurance should provide for a deductible of no less than 10 per cent of the damage up to at least an amount equal to 1.5 times the fixed annual compensation of the managing board member".

No Reino Unido, a *section* 232 do *Companies Act* de 2006 determina a nulidade de quaisquer cláusulas que limitem a responsabilidade dos administradores[112]. É igualmente considerada nula qualquer estipulação que tenha o efeito de a sociedade indemnizar os administradores pelas perdas causadas pela responsabilidade civil dos administradores perante a sociedade. É o que resulta da *section* 232, 2, da Companies Act de 2006: "Any provision by which a company directly or indirectly provides an indemnity (to any extent) for a director of the company, or of an associated company, against any liability attaching to him in connection with any negligence, default, breach of duty or breach of trust in relation to the company of which he is a director is void".

No entanto, o *Companies Act* exclui desta nulidade a contratação do *D&O Insurance* pela sociedade. É o que resulta da *section* 233 do *Companies Act* de 2006: "Section 232(2) (voidness of provisions for indemnifying directors) does not prevent a company from purchasing and maintaining for a director of the company, or of an associated company, insurance against any such liability as is mentioned in that subsection."

As *sections* 232 e 233 do *Companies Act* estão integradas no Capítulo VII dedicado à proteção dos administradores e neste capítulo são identificados os instrumentos considerados permitidos e os instrumentos considerados proibidos. De modo a esclarecer possíveis dúvidas, a *Companies Act* de 2006

[111] Sobre o D&O Selbsbehaltsversicherung, v. M. M. Pitkowitz, *Praxishandbuch Vorstands- und Aufsichtsratshaftung Pflichten, Haftung, Ermessen und Versicherung in der Aktiengesellschaf* ..., cit., p. 188.

[112] "Any provision that purports to exempt a director of a company (to any extent) from any liability that would otherwise attach to him in connection with any negligence, default, breach of duty or breach of trust in relation to the company is void."

permite que a sociedade contrate o *D&O Insurance*. Ao contrário do que acontece na legislação alemã, não são contempladas quaisquer regras relativas à franquia.

Na ordem jurídica portuguesa, o art. 64º, 1, *a*), do CSC prevê os *deveres de cuidado dos administradores* – "os administradores hão-de aplicar nas atividades de organização, decisão e controlo societários o tempo, esforço e conhecimento requeridos pela natureza das funções, as competências específicas e as circunstâncias"[113]. Não há qualquer previsão legal, regulamentar ou recomendatória sobre a franquia a ser estipulada em caso de a sociedade contratar o seguro por conta dos administradores.

5. Os long tail risks e as cláusulas claims made

5.1. História das cláusulas claims made

Nos EUA, onde o *D&O Insurance* se consolidou e donde irradiou para outras experiências legislativas, a *American Bar Association* recomenda no *Corporate Director's Guide Book*[114] que a pessoa convidada a integrar o *board of directors* se interesse pelo teor do *D&O Insurance* contratado pela sociedade. A mesma *American Bar Association* alerta os candidatos a membros do *board of directors* para a circunstância de que tipicamente o *D&O Insurance* é um seguro *claims made*[115]. Fá-lo porque a esta nota típica das apólices *D&O Insurance* está associado o efeito conhecido como "vazios de cobertura"[116].

[113] J. M. Coutinho de Abreu, ***Responsabilidade civil dos administradores de sociedades***, 2ª ed., Coimbra: Almedina, 2010, p. 18. Sobre os deveres de cuidado, v. Ricardo Costa/Gabriela Figueiredo Dias, "Artigo 64º", *Código das Sociedades Comerciais em comentário*, coord, de J. M. Coutinho de Abreu, vol. I, 2ª ed., Coimbra: Almedina, 2017, p. 757, ss. e bibliografia aí citada. V. tb. Pedro Pais de Vasconcelos, Responsabilidade civil dos gestores das sociedades comerciais", *DSR*, vol. 1,2009, p. 11, ss; "*Business Judgement Rule*, deveres de cuidado e de lealdade, ilicitude e culpa e o artigo 64º do Código das Sociedades Comerciais", *DSR*, 2009, vol. 2, p. 41, ss.

[114] American Bar Association. Committee on Corporate Laws, *Corporate director's guidebook*, 5th edition, 2007, p. 8.

[115] Lê-se no *Corporate Director's Guidebook* que "Insurance coverage in not available in every case. Most policies are written on "claims made" (as compared to an "occurrence") basis, covering only defined claims lodged against directors during a specified period". American Bar Association. Committee on Corporate Laws, *Corporate director's guidebook*, cit., p. 110. V. tb. R. W. Westling /M. M. Bell, "Directors' and Officers' insurance and its role in Government Investigations", cit., 2013, p. 49. Também é assim na Alemanha, conforme o que resulta das AVB-AVG -D&O-Versicherung que alertam "Dieser Versicherungsvertrag ist eine auf dem Anspruchserhebungsprinzip (Claims-made-Prinzip) basierende Versicherung (...)".

As cláusulas *claims made* surgiram nos EUA, nos anos oitenta do século XX[117], e visam responder ao problema sentido pela indústria seguradora, vulgarmente designado por I. B. N. R. (*Incurred but not reported*) [118], ou seja, a reclamação acontece muito depois de verificado o sinistro[119]. O problema suscitado pelos I. B. N. R. está na dificuldade de a indústria seguradora estimar o valor de um conjunto de indemnizações que ocorrerão no futuro, em consequência de sinistros ocorridos no passado, mas só reclamados muito tempo depois da sua verificação. Esta "latência prolongada"[120] manifestou-se com muita acuidade nos casos dos *asbestos* que, tendo origem nos anos

[116] V. 2015 JLT *Specialty US Directors' and Officers' (D&O) Liability survey sobre o estado do mercado do D&O Insurance* no ano de 2015.

[117] Luís Portugal, *O "claims made" nas apólices de RC geral*, Documentos de Trabalho nº 13, agosto de 1988, p. 9, parece situar a génese do *claims made* na Apólice *Commercial General Liability*, de Insurance Services Office, Inc. 1982.1986. C. L. Lessa Mendes /C. Faria Zettel/M. B. Ferro Costa, "As apólices à base de reclamações no Brasil", *Revista Brasileira Risco e Seguro*, v. 3, nº 6, p. 146, sublinham que a introdução das cláusulas *claims made* visou "não só (...) tentar resolver o problema do seguro de poluição ambiental, como também (...) moderar a onda de pedidos de indenizações que assolava aquele país envolvendo ações relativas a danos ambientais e também aos causados por produtos defeituosos e perigosos para a saúde humana".

[118] Por meio desta sigla, referenciam-se na linguagem seguradora os sinistros ocorridos, mas que não são conhecidos do segurador – cfr. Fundación Mapfre Estudios, *Manual del seguro de responsabilidad civil*, Madrid: Editorial Mapfre, 2004, p. 264. F. Sánchez Calero, (director) / F. J. Tirado Suárez / A. J. Tapia Hermida / J. C. Fernández Rozas / V. Fuentes Camacho, Ley *de contrato de seguro. Comentario a la Ley 50/1980, de 8 de octubre, y a sus modificaciones*, 3ª ed., Cizur Menor: Aranzadi, 2005, p. 1324, distingue entre danos *continuados ou em série* e *danos diferidos*. Os primeiros são os que se produzem quando uma mesma causa provoca dívidas de responsabilidade a pessoas distintas e em datas diferenciadas; os segundos são aqueles em que os efeitos do facto danoso só são conhecidos depois de decorrido um largo período de tempo, sem que se tenha produzido a prescrição do direito de crédito do prejudicado. Uns e outros têm exigido respostas dos seguradores. Nos primeiros (danos continuados ou em série) o segurador tentará minimizar a sua responsabilidade estabelecendo cláusulas que indicam que tais danos produzidos durante um determinado período se devem a um mesmo sinistro. Quanto aos *danos diferidos*, os seguradores tentarão excluí-los da cobertura mediante cláusulas contratuais em que se estipule a irresponsabilidade do segurador por reclamações de terceiros apresentadas depois de decorrido um determinado período de tempo sobre a cessação do contrato de seguro.

[119] V. Maria Elisabete Ramos, "O acionamento de seguros de responsabilidade civil por administradores: as cláusulas *claims made*", *Congresso IV Direito das Sociedades em Revista*, (2016), p. 97, ss.

[120] C. L. Lessa Mendes /C. Faria Zettel/M. B. Ferro Costa, "As apólices à base de reclamações no Brasil", cit., p. 145.

40 do século passado, só muitos anos mais tarde começaram a ser reclamadas as indemnizações pelos danos causados por aquele produto nocivo para a saúde humana[121]. Ora, a referida "latência prolongada"[122] verifica-se em vários seguros como sejam os de responsabilidade civil profissional, o *D&O Insurance*, o de responsabilidade civil de produtos e de responsabilidade civil de riscos ambientais.

A indústria seguradora considera que o critério do "occurrence basis (a ocorrência do sinistro deu-se durante o período de vigência da apólice) não responde cabalmente às especificidades destes seguros que propiciam os sinistros tardios[123]. Invoca-se que o afastamento temporal entre, por um lado, os momentos em que a ação e o dano ocorrem e, por outro, a reclamação (e subsequente pagamento da indemnização) determina que as provisões sejam mal calculadas ou até de cálculo impossível. O que implica incerteza, aumento dos prémios, escassez ou inexistência de oferta do seguro de determinados riscos. Acresce que, por vezes, o «profilo eziologico non risulta facilmente identificable»[124], o que pode prejudicar também os segurados e terceiros, porquanto podem subsistir dificuldades na identificação do segurador obrigado[125]. Daí que os seguradores tenham feito coincidir o sinistro com a reclamação.

No sistema *claims made basis* verifica-se a dissociação entre a garantia do seguro e a responsabilidade civil do segurado – o *sinistro é a reclamação*. Não existindo *reclamação* do terceiro lesado no tempo contratualmente estabelecido, o administrador/segurado continua responsável pelo facto danoso

[121] V. Final Report of the Commission Expert Group on European Insurance Contract Law, Directorate-General for Justice, 2014, p. 78, disponível em http://ec.europa.eu/justice/contract/insurance/expert-group/index_en.htm.

[122] Lessa Mendes, C. L./ Faria Zettel, C./ Ferro Costa, M. B., "As apólices à base de reclamações no Brasil", cit., p. 145.

[123] Cfr. F. Mansilla Garcia (com a colaboração de Oscar Azcona Lucio), *Ambito temporal de la cobertura aseguradora en el seguro de responsabilidad civil, en relación con el momento de producción del siniestro*, in: Sánchez Calero, F., (dirigidos por), *Estudios sobre el aseguramiento de la responsabilidad en la gran empresa*, Madrid: Musini, 1994, p. 226; Luís Portugal, O "claims made"..., cit., p. 5.

[124] Cfr S. Landini, "La clausola *claims made* è vessatoria?", *Ass.*, 73 (2006), p. 5.

[125] F. Mansilla Garcia, Ámbito..., cit., pp. 115, ss.; M. A. Calzada Conde, M. A., "La delimitación del riesgo en el seguro de responsabilidad civil: el nuevo párrafo segundo del artículo 73 de la Ley de Contrato de Seguro", *RES*, 89 (1997), p. 47. Luís Portugal, *O* "claims made"..., cit., p. 6, refere também "problemas de articulação das várias somas seguras dos diferentes contratos que se estabelecem ao longo do tempo".

ocorrido durante a vigência do contrato de seguro (na hipótese de a obrigação de indemnizar ainda não ter prescrito), mas já não beneficia da cobertura do seguro[126].

Das múltiplas definições encontradas na vasta doutrina dos EUA sobre *claims made* podemos escolher a que se segue por bem caraterizar as principais notas destas cláusulas de delimitação do âmbito temporal da cobertura: "a "claims made" insurance is one in which an insurer agrees to assume liability for any acts or omissions, including those prior to the inception of the policy, as long as a claim is first made during the policy period"[127].

Apesar da diversidade de formulações e de variantes que podem assumir, podemos dizer que, essencialmente, as cláusulas *claims made* delimitam o âmbito temporal da cobertura[128], atendendo ao momento da *reclamação feita ao segurado – fazem coincidir o sinistro com a reclamação* (daí a sua designação *claims made*). Deste modo, "o sinistro é definido como a notificação/ apresentação, ao segurado, de uma reclamação de danos efetuada por terceiro prejudicado, durante a vigência da apólice, respeitadas as suas demais disposições"[129].

[126] V. Maria Elisabete Ramos, *O seguro de responsabilidade civil dos administradores. ...*, cit., p. 461.

[127] W. E. Knepper / D. A. Bailey, *Liability of corporate officers and directors*, cit., 23-10.

[128] O âmbito temporal de cobertura não pode ser confundido com o prazo de vigência do contrato de seguro. O RJCS é claro na distinção quando, por exemplo, no art. 37º, relativo ao "texto da apólice", distingue entre "o âmbito (....) temporal do contrato" (alínea *e*)) e o "início de vigência do contrato com indicação de dia e hora, e a sua duração" (alínea *i*)). A vigência do contrato tem a ver com a duração do contrato que, "na falta de estipulação das partes, o contrato de seguro vigora pelo período de um ano" (art. 40º do RJCS). Nos termos do art. 108º do RJCS, "da natureza e das condições do seguro pode resultar que terceiros beneficiem da cobertura de sinistro reclamado depois da cessação do contrato". Margarida Lima Rego. *Contrato de seguro e terceiros*, cit., p. 849, nota 2358, refere que a redação do art. 108º, 2, "explica-se porque, em determinados casos, as condições do seguro exigem que a reclamação ocorra também na vigência da cobertura. É a cláusula *claims made*". V. t. Margarida Lima Rego, Margarida Lima Rego, "Adiantamento de custos de defesa nos seguros D&O", cit., p. 73, ss.

[129] C. L. Lessa Mendes/ C. Faria Zettel/M. B. Ferro Costa, "As apólices à base de reclamações no Brasil", cit., p. 153. Veja-se a seguinte condição geral: "O segurador pagará o valor dos Danos que, em conformidade com a lei, deva satisfazer o Segurado em razão de uma Reclamação coberta por esta Apólice formulada contra o mesmo, pela primeira vez, durante o Período do Seguro, por Actos Ilícitos praticados no exercício do cargo" – Markel Internacional. Seguro de responsabilidade civil substitutivo da caução legal de administradores, membros do conselho fiscal ou do Conselho Geral e de Supervisão, II. 1.

Conexionam, por conseguinte, a prestação do segurador à reclamação do terceiro formulada na vigência da apólice[130]. Consequentemente, o segurador não é obrigado a realizar a sua prestação, se a reclamação (*claim*) não é formulada durante a vigência da apólice ou dentro do prazo posterior (a chamada "cobertura posterior").

As condições gerais integradas em apólices de *D&O Insurance* comercializadas em Portugal estão em sintonia com esta caraterização. É disso exemplo, a seguinte condição geral: "Entende-se e acorda-se que a cobertura de seguro indicada na presente apólice se concederá unicamente a respeito daquelas reclamações apresentadas pela primeira vez contra si durante o período de seguro (ou, se for esse o caso, durante o período informativo), por qualquer erro de gestão e/ou prática de emprego indevida ocorrido durante o período de seguro ou anteriormente ao mesmo (....)"[131].

Na verdade, o risco de os administradores serem responsabilizados pela sociedade, credores sociais, sócios e terceiros é, não há dúvidas, um *long tail risk* – pode interpor-se um longo período entre o facto gerador da responsabilidade (por exemplo, a deliberação ilícita do conselho de administração) ou a ocorrência do dano e a reclamação do dano pelo lesado. Assim, usando a linguagem de que se servem as condições gerais do *D&O insurance* em Portugal, responsabilidade pessoal direta dos administradores pelos "erros de gestão" e as "perdas" por estes causados aos administradores (coberturas correspondentes à "Side A") podem configurar-se como sinistros tardios, uma vez que a reclamação do lesado pode ocorrer muito tempo após quer o facto gerador do dano quer a ocorrência deste[132].

5.2. As coberturas retroativa e posterior

Numa apólice *claims made* tanto a *cobertura posterior* como a *cobertura retroativa* (esta última é designada na prática francesa como cláusula de "reprise

[130] V. Sánchez Calero, Fernando (director) / F. J. Tirado Suárez / A. J. Tapia Hermida /J. C. Fernández Rozas/ V. Fuentes Camacho, *Ley de contrato de seguro*, cit., p. 1331; M. A. Calzada Conde, "La delimitación del riesgo en el seguro de responsabilidad civil: el nuevo párrafo segundo del artículo 73 de la Ley de Contrato de Seguro (LCS)", *RES*, 89 (1997), p. 47.

[131] Fonte: ©2011AIG, Business Guard D&O, 8.1.

[132] Maria Elisabete Ramos, "*D&O insurance* e cláusulas *claims made*», *Colóquio Internacional Governação das Sociedades, Responsabilidade civil e proteção dos administradores*, coord. de Maria João Antunes e Alexandre de Soveral Martins, Coimbra: Instituto Jurídico/IDET, 2018, p.

du passé inconnu"), são partes essenciais, sem as quais "a "claims made" perderia bastante a sua eficácia"[133]-[134].

A prática seguradora relativa ao *claims made* desenvolveu três tipos de coberturas, "sendo a primeira aquela que consigna a teoria da reclamação pura e as restantes os desvios necessários para evitar as dificuldades (...) desta teoria. Assim, surge a "cobertura de base" que "garante as reclamações de responsabilidade decorrentes de sinistros ocorridos e reclamações efetuadas durante o período de vigência da apólice"[135]. "A cobertura retroativa garante as reclamações de responsabilidades decorrentes de sinistros ocorridos antes do período de vigência da apólice, mas reclamados durante este. Estas coberturas apenas são concedidas após a renovação do primeiro contrato e é imposto um limite temporal à retroatividade que, geralmente, coincide com o início dos efeitos do primeiro contrato"[136].

Há situações em que esta cobertura é oferecida *sem encargos para o tomador do seguro*. A doutrina individualiza três casos que referimos por comodidade, mas não nos devemos esquecer que esta é uma das matérias remetidas para o *wording* das apólices. Assim, surgem reportados na doutrina os seguintes casos[137]: *a*) quando a apólice "claims made" termina os seus efeitos e não é renovada; quando se substitui a apólice por outra baseada na ocorrência; *b*) quando se substitui a apólice por outra baseada na ocorrência[138];

[133] C. L. Lessa Mendes/C. Faria Zettel/ M. B. Ferro Costa, "As apólices à base de reclamações no Brasil", cit., p. 148.

[134] Sobre estas, v. Maria Elisabete Ramos, *O seguro de responsabilidade civil dos administradores. ...*, cit., p. 455, ss. F. Sánchez Calero, Fernando (director) / F. J. Tirado Suárez/ A. J. Tapia Hermida /J. C. Fernández Rozas/ V. Fuentes Camacho, *Ley de contrato de seguro*, cit.,, cit., p. 1339, salienta que as cláusulas de cobertura retroativa ampliam a delimitação temporal do risco. Ao invés, as cláusulas de cobertura posterior operam uma restrição da delimitação temporal do risco. E isto porque, formulada a reclamação depois de expirada a cobertura posterior, o segurado já não beneficiará da cobertura do seguro, ainda que o facto danoso tenha ocorrido durante a vigência daquele. No entanto, há também quem considere que a cobertura retroativa funciona como uma exclusão porque impede a cobertura de sinistros que ocorram antes do início do período retroativo – neste sentido, v. P. K. Haughawout./S. Berkowitz, *Claims made issues*, Willis North America, 5/10, p. 3, disponível em http://www.willis.com/documents/publications/industries/healthcare/HC_ClaimsMadeWhitePaper.pdf.

[135] Luís Portugal, O "claims made"..., cit., p. 9.

[136] Luís Portugal, O "claims made"..., cit., p. 9.

[137] Acompanhamos Luís Portugal, O "claims made"..., cit., p. 9.

[138] Sobre os vazios de cobertura provocados pela mudança de uma apólice *claims made* para uma apólice *occurrence basis*, v. *infra*.

c) ou quando se substitui esta apólice por outra do mesmo tipo mas com uma data de retroatividade mais recente[139].

Atualmente, na ordem jurídica portuguesa, o art. 139º, 2, do RJCS proclama a *validade* das cláusulas que delimitam o período de cobertura tendo em conta a "reclamação do dano"[140]. E o art. 139º, 3, do RJCS, norma dotada de *imperatividade relativa* para os seguros de massa[141], determina que o seguro de responsabilidade civil garante o pagamento de indemnizações resultantes de eventos danosos desconhecidos das partes e ocorridos durante o período de vigência do contrato, ainda que a reclamação seja apresentada no ano seguinte ao temo do contrato. Esta "cobertura posterior" de fonte legal existe tão-só nos *seguros de massa* e nas situações em que foi ajustada uma cláusula de delimitação temporal da cobertura, atendendo à data da reclamação, e o risco não se encontra coberto por um contrato de seguro posterior.

5.3. A sobrevivência das cláusulas claims made aos ataques doutrinais e jurisprudenciais

As cláusulas *claims made* resolvem o problema da indústria seguradora em matéria de IBNR, mas simultaneamente, parecem ter fragilizado a proteção do tomador do seguro/segurado, ao ter criado (e, segundo alguns, fomentado) os "vazios de cobertura" (*gaps in cover*). Na verdade, a circunstância de uma pessoa ter contratado um seguro de responsabilidade civil para um determinado período, isso não equivale que esteja protegido contra factos praticados durante a vigência do seguro ou nela manifestados. Para esta fragilização do tomador do seguro/segurado basta que a reclamação do terceiro seja apresentada pela primeira vez fora da vigência do seguro ou do período posterior.

[139] Luís Portugal, O "claims made"..., cit., p. 9 e 10.

[140] V. Maria Elisabete Ramos, "O acionamento de seguros de responsabilidade civil por administradores: as cláusulas claims made", *IV Congresso Direito das Sociedades em Revista*, Coimbra: Almedina, 2016, p. 97, ss.; "D&O insurance e cláusulas claims made", *Colóquio Internacional Governação das Sociedades, Responsabilidade civil e proteção dos administradores*, coord. de Maria João Antunes e Alexandre de Soveral Martins, Co-imbra: Instituto Jurídico/IDET, 2018, 125, ss.

141 V. art. 13º, 1, do RJCS. Sobre a imperatividade relativa, v. Joana Galvão Teles, "Liberdade contratual e seus limites – imperatividade absoluta e imperatividade relativa", *Temas de direito dos seguros*, coord. de Margarida Lima Rego, 2ª ed., Coimbra: Almedina, 2016, p. 103, ss.

Em várias ordens jurídicas europeias, as cláusulas *claims made* enfrentaram a vigorosa contestação da jurisprudência e da doutrina[142]. Em várias sentenças de 19 de dezembro de 1990, a *Cour de Cassation* declararou nulas as cláusulas de "réclamation de la victime" [143].

Em Espanha, no início dos anos noventa o Supremo Tribunal declarou a nulidade de cláusulas insertas no seguro de responsabilidade civil de médicos que exigiam que a reclamação do terceiro se produzisse na vigência do contrato[144].

[142] Acompanhamos, nesta parte do texto, o que escrevemos em Maria Elisabete Ramos, *O seguro...*, cit., p. 459, s..

[143] A reação da jurisprudência francesa às cláusulas de reclamação fez-se em várias etapas. Começou em 1985 quando um acórdão da *Cour de Cassation* de 22 de janeiro decidiu a inopobilidade de tais cláusulas às vítimas. Em 1990, sete acórdãos da *Première Chambre Civile de la Cour de Cassation* declararam a nulidade das cláusulas de reclamação. Esta jurisprudência foi reafirmada em um acórdão da *Cour de Cassation* de 16 de dezembro de 1997. Entretanto, o poder regulamentar acolhia as cláusulas de reclamação, na regulação de específicos seguros de responsabilidade civil (ex. agências de viagens). O *Conseil d'*État, no acórdão *Beule* de 29 de dezembro de 2000, anulou as cláusulas de reclamação elaboradas pelo poder regulamentar. Depois de uma condenação forte da jurisprudência, os seguradores manifestaram a sua preocupação e até a intenção de abandonar o mercado francês (ex. seguros de responsabilidade civil para determinadas especialidades médicas). Em termos genéricos, o art. 80 da Lei de 1 de agosto de 2003 (*Loi de Sécurité Financière*) trouxe normas gerais sobre as cláusulas de reclamação no seguro de responsabilidade civil (arts. L. 124-1-1 e L. 124-5 do *Code des Assurances*). Especificamente sobre as alterações introduzidas pela *Loi de Sécurité Financière*, v. L. Mayaux, "La durée de la garantie en assurances de responsabilité depuis la loi de securité financière du 1º août 2003: les rayons et les ombres ", *RGDA*, 4 (2003), pp. 649, ss.

[144] Sobre a jurisprudência do Supremo Tribunal em Espanha que declarou nulas cláusulas *claims made*, v. E. Verdera y Tuells, *La cláusula claims made ante la jurisprudencia del T.S: una primera revisión crítica*, in: F. Sánchez Calero (dirigidos por), *Estudios sobre el aseguramiento de la responsabilidad en la gran empresa*, Madrid: Musini, 1994, p. 95, ss. A orientação jurisprudencial contrária à licitude das cláusulas *claims made* encontrou uma forte oposição no sector segurador (impulsionada, em particular, pelos resseguradores). O art. 73 da *LeyCS* foi alterado em 1995, tendo sido admitidas, sob certos limites, as cláusulas *claims made*. Para uma apreciação muito crítica à alteração introduzida no art. 73, 2, da *LeyCS*, v. M. A. Calzada Conde, M. A., "La delimitación...", cit., p. 26, que considera inadmissível a forma como foram privilegiados os interesses dos seguradores em detrimento dos interesses dos segurados e dos lesados. F. Sánchez Calero, "La delimitación temporal del riesgo en el seguro de responsabilidad civil tras la modificación del artículo 73 de la Ley de Contrato de Seguro", *RES*, 89 (1997), p. 32, sustenta que o parágrafo 2 do art. 73 da *LeyCS* é lesivo para os segurados dado que deixa fora da cobertura as dívidas indemnizatórias constituídas durante a vigência do contrato e reclamadas um ano após a extinção deste. Sobre os inconvenientes das cláusulas *claims made* nos seguros

Em 2005, a *Corte di Cassazione* considerou que o contrato de seguro de responsabilidade civil com cláusulas "a richiesta fatta" não é um contrato de seguro, tal como se encontra definido no art. 1917 do *Codice Civile,* mas sim um contrato atípico que, ao abrigo do art. 1322 do *Codice Civile,* é, em geral, lícito[145].

A hostilidade dedicada às cláusulas *claims made* repousa nos argumentos de que elas: *a*) provocam vazios temporais de cobertura[146]; *b*) potenciam um desequilíbrio contratual desfavorável ao segurado – ao pagamento do prémio não corresponde a certeza da cobertura do risco (tudo dependendo do momento em que o terceiro prejudicado formula a reclamação); *c*) enredam-se em um paradoxo – a existência de um seguro durante um determinado tempo não significa que o segurado esteja coberto durante esse tempo e a ausência de seguro não implica a ausência de cobertura durante esse tempo (porque poderá ser coberto através de uma cobertura retroativa fornecida por contratos celebrados posteriormente); *d*) por intermédio da cobertura retroativa, propiciam fraudes (por parte do segurado)[147].

A defesa das cláusulas *claims made* assenta nos seguintes argumentos: *a*) elas contribuem para a sustentabilidade financeira da indústria seguradora; *b*) elas são lícitas porque fundam-se nas escolhas da autonomia da vontade quanto à delimitação do risco coberto ou quanto à identificação do sinistro (sendo este a reclamação, em vez do facto causal); *c*) o sistema *claims made* constitui uma explícita extensão de garantia em favor do segurado (de responsabilidade civil profissional), pois cobre todas as reclamações dirigidas contra este na vigência da apólice; *d*) propiciam uma maior clareza na relação contratual; *e*) elas proporcionam uma certa adequação entre o capital seguro e o valor da reclamação; *f*) elas promovem a imediata identificação do segurador competente para proceder à liquidação da indemnização; *g*) podem incorporar a assunção do risco de atividade profissional anterior à estipulação da apólice[148].

obrigatórios, v. J. I. Hebrero Álvarez, "La validez de las cláusulas "claim made" en el mercado español de responsabilidad civil", *RES*, 56 (1988), p. 89, ss.

[145] V. *Corte Suprema di Cassazione*, Sez. III – 15 marzo 2005, n. 5624, *Ass.*, 73 (2006), pp. 3, ss.

[146] M. A. Calzada Conde, "La delimitación...", cit., p. 53.

[147] Para estas objeções, veja-se por todos M. A. Calzada Conde, "La delimitación...", cit., p. 53, ss.

[148] Os argumentos sub *c*), *d*), *e*), *f*), *g*) e *h*) foram colhidos na argumentação apresentada por *Axa Assicurazioni S.p.A*, reproduzida em *Corte Suprema di Cassazione,* Sez. III – 15 marzo 2005, n. 5624, cit., pp. 15, ss. Estava em causa um pedido de indemnização formulado por um ter-

No sistema de *occurrence basis*, a reclamação constitui uma forma de o terceiro lesado manifestar a exigência da indemnização. Se este não formula a reclamação, o seu direito não se extingue até que ocorra a prescrição. No sistema *claims made basis*, há uma dissociação entre a garantia do seguro e a responsabilidade civil do segurado – o *sinistro* é a reclamação. Não existindo *reclamação do terceiro prejudicado* no tempo contratualmente estabelecido, o segurado continua responsável pelo facto danoso ocorrido durante a vigência do contrato de seguro (porque a responsabilidade ainda não prescreveu), mas já não beneficia da cobertura do seguro.

Também na Bélgica, o art. 78 da lei do contrato de seguro começou por proibir os seguros *claims made*. Mas os protestos por parte da indústria seguradora foram de tal monta que, pouco depois da sua entrada em vigor, foi acrescentado um nº 2. A nova disposição admite os seguros *claims made* nos seguros de responsabilidade civil geral, exigindo, no entanto, que se cubram os designados "risques de posteriorité" durante um período de 36 meses após a cessação do contrato – a chamada *sunset clause* – se não estiverem já cobertos por um outro contrato de seguro ou se os factos que lhes estivessem na base tiverem ocorrido e sido declarados ao segurador na pendência do contrato. No entanto, esta admissão limitada não inclui os seguros de responsabilidade civil automóvel, de responsabilidade civil familiar, e de responsabilidade civil em caso de incêndio[149].

ceiro depois de ter cessado o contrato de seguro, mas relativo a factos ocorridos na vigência do seguro. O segurador, invocando a cláusula *claims made*, recusou pagar a indemnização com o fundamento de que a reclamação ocorreu depois de cessado o contrato de seguro. A *Corte di Cassazione* considera que o sinistro para efeitos do seguro de responsabilidade civil é o *facto ilícito* que dá origem à reclamação (e não a própria reclamação, como argumentava o segurador) e sustenta que as cláusulas *claims made* derrogam o art. 1917 do *Codice Civile*, limitando a responsabilidade do segurador e agravando a posição do segurado. À argumentação desenvolvida pela *Axa Assicurazioni S.p.A*, a *Corte di Cassazione* respondeu que "il contratto di assicurazione della responsabilità civile con clausola claims made non rientra nella fattispecie astratta tipica prevista dall'art. 1917 c.c., ma costituisce un contratto atipico (da ritenersi in linea generale lecito ex art. 1322 c.c.)" –*Corte Suprema di Cassazione*, Sez. III – 15 marzo 2005, n. 5624, cit., p. 19. Na doutrina espanhola para a defesa das virtualidades das cláusulas *claims made*, v. E. Verdera y Tuells, *La cláusula* claims made..., cit., p. 97, ss. Na doutrina portuguesa, J. C. Moitinho de Almeida, *Contrato de seguro. Estudos*, Coimbra: Coimbra Editora, 2009, p. 105, s., salienta que as cláusulas *claims made* correspondem à necessidade de a indústria seguradora conhecer, com razoável precisão, o âmbito das suas responsabilidades.

149 Margarida Lima Rego, *Contrato de seguro...*, cit., p. 127.

A condenação jurisprudencial e a resistência de alguns sectores da doutrina não travaram a ampla difusão internacional das cláusulas de *claims made* na delimitação temporal da cobertura[150] e, em particular, no seguro de responsabilidade civil dos administradores[151].

6. As cláusulas claims made e os Principles of European Insurance Contract Law

Não sendo uma iniciativa da União Europeia – resultam, antes, de um projeto desenvolvido por um grupo alargado de académicos[152] –, os *Principles of European Insurance Contract Law* (PEICL)[153] merecem, neste contexto, um especial destaque porque: *a*) regulam as cláusulas *claims made* no art. 14.107 (2), dedicado ao "Insured event"; *b*) ambicionam tornar-se na segunda legislação do contrato de seguro, no contexto da União Europeia[154].

[150] Sobre o uso generalizado pela indústria resseguradora de cláusulas claims made, v. F. Mansilla Garcia, Ambito temporal de la cobertura aseguradora en el seguro de responsabilidad civil, en relación con el momento de producción del siniestro, in: F. Sánchez Calero (dirigidos por), Estudios sobre el aseguramiento de la responsabilidad en la gran empresa, Madrid: Musini, 1994, p. 220, ss.

[151] Para a realidade estadunidense, v. por todos W. E. Knepper /D. A. Bayley, *Liability...*, cit., pp. 23-08, ss.; P. Wollny, *Die Directors'...*, cit., pp. 250, ss.; E. F. Pérez Carrillo, *Aseguramiento de la responsabilidad de los administradores y altos ejecutivos sociales. El seguro D&O en EEUU*, Madrid / Barcelona: Marcial Pons, 2005, p. 240. Quanto à realidade espanhola, v. Sánchez Calero, F., "El seguro de responsabilidad civil para administradores, directores y gerentes de sociedades mercantiles", *RES*, 107 (2001), p. 411; A. Roncero Sánchez, *El seguro de responsabilidad civil de administradores de una sociedad anónima (sujetos, interés y riesgo)*, Cizur Menor: Aranzadi, 2002, p. 305; M. Iribarren Blanco, *El seguro...*, cit., p. 201; M. J. Guerrero Lébron, *El seguro de responsabilidad civil de administradores y directivos*, Madrid: La Ley, 2004, p. 205.

[152] Pode ser encontrada informação relevante sobre este projeto em http://www.restatement.info/. Sobre os PEICL (*Principles of European Insurance Contract Law*), v. Helmut Heiss, *Introduction*, in: Jürgen Basedow /John Birds / Malcolm Clarke / Herman Cousy / Helmut Heiss (edited by), *Principles of European Insurance Contract Law* (PEICL), prepared by the Project Group Restatement of European Insurance Contract Law: Sellier European Law Publishers, 2009, p. 1, s.; Maria Elisabete Ramos, *O seguro...*, cit., p. 386, s.; Id, "*D&O Insurance* e o projeto dos Princípios do Direito Europeu do Contrato de Seguro", *DSR*, 7 (2012), p. 175, s.; J. Basedow / J. Birds/M. Clarke /H. Cousy /H. Heiss, /L. Loacker, *Principles of European Insurance Contract Law* (PEICL), second edition, Sellier. European Law Publishers, 2014.

[153] O Senhor Doutor Pedro Pais de Vasconcelos faz parte do Project Group "Restatement of European Insurance Contract Law".

[154] Helmut Heiss, *Introduction*, cit., p. xv.

O art. 14.107 (2) dos *Principles of European Insurance Contract Law* prescreve que "when the contracting parties define the insured event with reference to the claim made by the victim, cover shall be granted in respect of claims made within the liability period or within a subsequent period of no less than five years and which are based on a fact occurred before the end of the liability period".[155]-[156]

Os PEICL reconhecem que as cláusulas *claims made* provocam a fragilização na proteção do segurado, porque saber se este vai beneficiar da cobertura depende de um facto fortuito que ele não domina – a reclamação do lesado no período de vigência da apólice ou fora dele. Na hipótese de o período de vigência da apólice já ter expirado no momento em que o lesado apresenta a reclamação, o segurado não beneficiará da cobertura e, eventualmente, não poderá beneficiar de um outro contrato de seguro, celebrado com outro segurador. Ainda que o segurado consiga encontrar outro segurador, é de prever que o contrato celebrado exclua factos anteriores conhecidos do segurado. "Gaps in cover will emerge between the contracts"[157]

O art. 14.107 (2) dos PEICL não deve, todavia, ser reduzido à admissão de cláusulas *claims made*[158], porquanto é bem mais rico o seu conteúdo. Na verdade, ele distingue entre, por um lado, "consumer liability insurance" e, por outro, "commercial and professional risks", considerando que são diferentes as necessidades dos contratantes. Na primeira hipótese (em que estão em causa riscos de atividades não profissionais), raramente há "tail risks" e, por isso, o art. 14.107 dos PEICL consagra a regra imperativa do *occurrence basis*. Para os riscos comerciais e profissionais esta regra pode ser afastada pelas partes – torna-se, por conseguinte, meramente supletiva – e, porque são frequentes os *long tail risks*, permite-se que as partes escolham outro *trigger*, como seja o *claims made* ou até combinem diferentes *triggers*.

[155] Jürgen Basedow /John Birds / Malcolm Clarke / Herman Cousy / Helmut Heiss/ Leander Loacker, *Principles of European Insurance Contract Law* (PEICL), second edition, comentário C5.

[156] O Final Report of the Commission Expert Group on European Insurance Contract Law, Directorate-General for Justice, 2014, cit., p. 78, identifica a diversidade de regimes jurídicos relativos à disciplina das cláusulas claims made.

[157] Jürgen Basedow /John Birds / Malcolm Clarke / Herman Cousy / Helmut Heiss/ Leander Loacker, *Principles of European Insurance Contract Law* (PEICL), second edition, comentário C.5.

[158] Para as observações que se seguem, v. Jürgen Basedow /John Birds / Malcolm Clarke / Herman Cousy / Helmut Heiss/ Leander Loacker, *Principles of European Insurance Contract Law* (PEICL), second edition, comentários C14 a C22.

Por conseguinte, o *claims made* não é obrigatório em nenhuma das situações. Os redatores dos PEICL consideraram, todavia, conveniente dedicar uma norma aos casos em que as *claims made clauses* sejam convencionadas entre as partes. Se esta for a escolha das partes, os PEICL impõem o período suplementar de cobertura com a duração mínima de cinco anos, contados a partir do fim do contrato. Esta "posterior cover" abrange factos que decorram no período de vigência do contrato de seguro ou até antes deste, mas admite-se que o segurador exclua da cobertura factos anteriores, ou limite a cobertura aos factos que eram desconhecidos do candidato a segurado[159].

Admitindo que um dia os PEICL se tornam a "2ª lei" do contrato de seguro na União Europeia[160], significará, por referência ao regime português em vigor para os seguros de massa uma melhoria na proteção do segurado. E se nos cingirmos aos seguros que cobrem riscos profissionais (universo onde se situa o *D&O Insurance*), verificamos que a "posterior cover" fixada pelos PEICL é mais generosa (5 anos) do que a atualmente prevista no art. 139º, 3, do RJCS.

7. Que soluções negociais para mitigar os "vazios de cobertura"?

As cláusulas *claims made* impuseram-se na prática seguradora e, a partir daí, alcançaram consagração legislativa, mesmo em ordens jurídicas onde sofreram contestação veemente. Aquela inovação seguradora serve, em primeira linha, os interesses dos seguradores. Certamente que estes alegam que também serve os interesses dos tomadores do seguro/segurados porque os prémios pagos pelas apólices *claims made* são mais baixos, promovem a sustentabilidade financeira do sistema e garantem a oferta de seguros que cobrem os sinistros tardios. No entanto, tem sido repetidamente sublinhado que as *claims made*, vistas pelo lado do administrador-segurado, fragilizam a posição deste sujeito porque propiciam o efeito conhecido como "vazios de cobertura" (*gaps in cover*)[161].

[159] Jürgen Basedow /John Birds / Malcolm Clarke / Herman Cousy / Helmut Heiss/ Leander Loacker, *Principles of European Insurance Contract Law* (PEICL), second edition, cit, comentários C 19 e s..

[160] Sobre esta possibilidade, v. Helmut Heiss, *Introduction*, cit., p.xv.

[161] Muito recentemente, este aspeto foi sublinhado pela importante proposta dos Princípios de Direito Europeu do Contrato de Seguro – v. Jürgen Basedow /John Birds / Malcolm Clarke / Herman Cousy / Helmut Heiss/ Leander Loacker, *Principles of European Insurance Contract Law* (PEICL), second edition, Sellier. European Law Publishers, 2014, comentário C.5.

Os potenciais segurados pelo *D&O Insurance* devem estar conscientes de que os "vazios temporais de cobertura"[162], "trous de garantie" ou "gaps in cover" são conaturais às *claims made*. A indústria também conhece este efeito – aliás, eu diria que é um efeito desejado e procurado pela indústria seguradora. Percebe-se, pois, que a questão não seja tanto a de saber se as *claims made* provocam ou não vazios de cobertura, mas antes se é possível mitigar este efeito. Questão muito importante em seguros (como é o caso do *D&O Insurance*) onde o mercado segue maioritária ou mesmo exclusivamente o *claims made* como critério de delimitação temporal da cobertura[163].

Nos EUA, doutrina alerta para a circunstância de, em caso de *claims made policies*, ser decisivo que as sociedades continuem a renovar as apólices de *D&O Insurance*[164], mesmo depois da cessação de funções por parte dos administradores. Esta recomendação também é válida à luz da realidade portuguesa. Recorde-se que é de 5 anos o prazo de prescrição da responsabilidade civil dos administradores, conforme o disposto no art. 174º do CSC[165]; prazo que se conta a partir dos factos identificados neste preceito. No entanto, enquanto os administradores se mantiverem em funções o prazo de prescrição não começa nem corre, conforme o disposto no art. 318º, *d*), do Código Civil.

[162] Cfr. por todos E. Verdera y Tuells, *La cláusula claims made ante la jurisprudencia del T.S: una primera revisión crítica*, in: F. Sánchez Calero (dirigidos por), *Estudios sobre el aseguramiento de la responsabilidad en la gran empresa*, Madrid: Musini, 1994, p. 207.

[163] Em Espanha, para este problema de vazios temporais de cobertura, têm sido propostas várias soluções: *a*) acordos entre seguradoras que evitem que entre o contrato antecedente (cuja vigência já terminou) e o contrato posterior (em vigor) se produzam vazios de cobertura; *b*) fundos de garantia; *c*) constituição de um consórcio de compensação de seguros (como acontece nos riscos extraordinários). Para uma súmula das várias propostas, v. por todos M. J. Guerrero Lebrón, *El seguro de responsabilidad civil de administradores y directivos*, Madrid: La Ley, 2004, pp. 207, s. M. A. Calzada Conde, "La delimitación...", cit., p. 64, ss. Sobre algumas destas soluções aplicáveis ao seguro de responsabilidade civil dos auditores, v. M. Pacheco Cañete, "El seguro de responsabilidad civil de los auditores y cláusulas de reclamación. La reforma del artículo 35.1 del Reglamento de auditoría de cuentas", *RES*, 132 (2007), pp. 472, s.

[164] W. E. Knepper /D. A. Bailey, *Liability of corporate officers and Directors*, cit. p. 23-15.

[165] Sobre a prescrição da responsabilidade civil dos administradores, v. R. Ventura/ L. Brito Correia, *Responsabilidade civil dos administradores de sociedades anónimas e dos gerentes de sociedades por quotas*, Lisboa, 1970, p. 421, s.; J. M. Coutinho de Abreu, *Responsabilidade civil dos administradores de sociedades*, 2ª ed., Coimbra: Almedina, 2015, p. 95; Carolina Cunha, "Artigo 174º", *Código das Sociedades Comerciais em comentário*, vol. II, coord. de J. M. Coutinho de Abreu, 2ª ed., Coimbra: Almedina, 2015, p. 813, s.

A simples manutenção de uma série sucessiva de apólices não é, em si mesma, suficiente para mitigar os vazios de cobertura; ao invés, até pode ser indutor de tal efeito. Considerem-se as situações em que há uma série ininterrupta de apólices, mas contratadas com seguradores distintos. Vejamos alguns exemplos.

Imaginemos que na vigência do contrato de seguro se verifica o facto gerador da responsabilidade civil – ou, na linguagem das condições gerais, o "acto culposo", o "evento danoso", o "acto incorrecto" ou a "falta de gestão" –, mas a reclamação do terceiro tem lugar depois de expirada a cobertura posterior. Neste caso, o segurado não beneficia da cobertura do seguro, ainda que o facto danoso se tenha verificado na vigência do contrato de seguro.

Consideremos a cláusula que delimita temporalmente a cobertura do risco por referência à verificação do facto gerador da responsabilidade civil na vigência do contrato de seguro, conjugada com uma outra que determina que a reclamação do terceiro tem de ser apresentada na vigência deste ou no prazo de um ano após a cessação. O vazio temporal de cobertura acontecerá – ainda que o segurado esteja ininterruptamente garantido por diferentes contratos de seguro estipulados com diferentes seguradores – quando o facto gerador do dano acontecer na vigência de um dos contratos e a reclamação do terceiro ocorrer fora do prazo estipulado para o efeito, ainda que na vigência de outro contrato de seguro. Em virtude desta cláusula, nenhum dos seguradores está obrigado a cobrir o sinistro: não está o primeiro porque a reclamação foi apresentada fora do prazo; não o está o segundo porque o facto gerador de responsabilidade não teve lugar durante a vigência do "seu" contrato[166].

Na verdade, várias situações podem justificar/determinar a mudança de segurador. Desde logo, são de considerar os casos em que o segurador *não aceita manter/renovar* a relação de seguro com a sociedade tomadora do *D&O Insurance*, por razões como sejam a falta de pagamento de prémio[167] do seguro

[166] Luís Portugal, O *"claims made"...*, cit., pp. 11, s., R. Ferreira da Silva, *Do contrato e seguro de responsabilidade civil geral. Seu enquadramento e aspetos jurídicos essenciais*, Coimbra. Coimbra Editora, 2007, p. 211, parecem defender que quando os vários contratos sucessivos são *claims made*, o funcionamento de cláusulas de cobertura retroativa ou posterior é suficiente para proteger o segurado contra os riscos de vazio de cobertura.

[167] Sobre o regime do pagamento do prémio no RJCS, v. Margarida Lima Rego, *O prémio*, em *Temas de direito dos seguros*,coord. de Margarida Lima Rego, 2ª ed., Coimbra: Almedina, 2016, p. 265, ss..

ou "alterações significativas"[168] que implicam a alteração do risco. Podem ser consideradas "alterações significativas" a fusão da sociedade tomadora da apólice com outra entidade distinta de uma filial, mudanças duradouras de controlo da sociedade tomadora do seguro por, por exemplo, a aquisição de mais de 50% do capital social e dos votos na assembleia geral, constituição de direitos especiais que permitam a sócios/categorias de ações a nomeação de mais de metade de membros do órgão de administração da sociedade tomadora do seguro, a insolvência da sociedade tomadora do seguro, ou ainda a alteração da composição do órgão de administração da sociedade tomadora do seguro por imposição de uma entidade reguladora[169].

Mas também podemos considerar situações em que *a sociedade tomadora do seguro decide mudar de segurador*, porque, por exemplo, os seguradores concorrentes estão a oferecer melhores condições, como sejam coberturas mais generosas e prémios mais baixos. Perante estas situações, gestores criteriosos, ordenados (e informados) devem ponderar a mudança de segurador porque essa decisão serve os interesses da sociedade (enquanto tomadora do seguro e segurada) e dos administradores-segurados.

A mudança de segurador no *D&O Insurance* é uma decisão que tem efeitos na proteção dos administradores segurados e que deve ser estudada por corretores especializados nos meandros deste seguro, habituados a identificar as situações potenciadoras de vazios de cobertura e a gizar soluções contratuais que, através da negociação com os seguradores, possam mitigar este efeito. Separemos duas situações, elencadas pela doutrina estadunidense.

Na primeira, há a mudança de segurador e, com ela, muda-se de uma apólice *claims made* para uma apólice *occurrence basis*. Trata-se, no contexto do *D&O Insurance*, de uma situação hipotética, tendo em conta que a oferta deste seguro se faz maioritariamente (ou mesmo exclusivamente) na modalidade *claims made*. Alguma doutrina norte-americana considera que, ainda aqui, é possível evitar os *gaps in cover*, desde que sejam tomadas algumas precauções, para conseguir a cobertura dos IBNR[170]. As propostas apresentadas consistem em o tomador do seguro/segurado contratar com o anterior

[168] *Wording* usado pelas condições gerais da AIG Business Guard. 3.2. Sobre as alterações de risco, v. . Margarida Lima Rego, *O risco e suas vicissitudes*, em *Temas de direito dos seguros*, coord. de Margarida Lima Rego, 2ª ed., Coimbra: Almedina, 2016, p. 389, ss, s.

[169] Continuamos a apresentar exemplos colhidos nas condições gerais da AIG Business Guard 3.2.

[170] Cfr. P. K. Haughawout/S. Berkowitz, *Claims made issues*, Willis North America, 5/10, p. 3.

segurador *claims made* um "Extended reporting period" (Tail) e negociar com o segurador *occurrence basis* a cobertura de reclamações que tenham ocorrido antes do início de vigência, mas apresentadas na vigência do novo contrato (*Nose*) [171]. Em Portugal, Margarida Lima Rego sustenta que a alternativa não é celebrar um novo contrato de seguro (com outro segurador), moldado este contrato à luz do modelo do *occurrence basis.* Para efeitos de sucessão de contratos de seguro, se o primeiro é *claims made,* o segundo não pode ser *occurrence basis,* pois o segurado ficará desprovido de qualquer seguro quanto aos factos lesivos ocorridos, mas não reclamados até à data do novo seguro[172]. A alternativa será celebrar um novo contrato de seguro com período retroativo, por exemplo, até ao início de funções de administração. A disponibilidade dos seguradores para celebrarem contratos com generosas coberturas retroativas dependerá, em muito, das condições do mercado segurador.

Consideremos, agora, que há a mudança de um segurador *claims made* para outro segurador *claims made*[173]. Nesta situação, teoricamente, há duas alternativas para evitar os vazios de cobertura em matéria dos IBNR: o novo segurador pode concordar honrar a mesma data retroativa do segurador anterior (nose coverage); o tomador do seguro/ segurado consegue negociar com o anterior segurador um "Extended reporting period" (tail). No entanto, como já vimos, esta cobertura pode ser muito dispendiosa e, por outro lado, muitos seguradores oferecem, tão-só, um "tail" de um ou dois anos. A menos que um "tail" ilimitado esteja disponível (e poderá não estar), continua a haver potenciais reclamações não cobertas se apresentadas depois de expirado o "tail".

Mas também a contratação de uma data retroativa pode não ser suficiente, porque, como já vimos, não podem ser cobertos factos conhecidos do segurado – estamos a falar da "Known prior acts exclusion"[174]. Esta exclusão também se encontra na versão portuguesa das apólices de *D&O Insurance.* Considere-se este exemplo: "Nós não responderemos perante nenhum prejuízo correspondente a uma reclamação que alegue, derive ou se baseie em: i) qualquer facto ou circunstância, real ou suposta, que,

[171] Cfr. P. K. Haughawout/S. Berkowitz, *Claims made issues,* Willis North America, 5/10, p. 3.

[172] Margarida Lima Rego, *Contrato de seguro...*, cit., p. 127, nota. 259.

[173] P. K. Haughawout/S. Berkowitz, *Claims made issues,* Willis North America, 5/10, p.

[174] Trata-se de uma das exclusões típicas do *D&O Insurance.* Sobre ela, v. P. Pais de Vasconcelos, *D&O Insurance,* cit., p. 24.

anteriormente à data de início de vigência desta apólice, um segurado tenha notificado sob qualquer apólice de seguro ou tenha podido razoavelmente prever que daria lugar a uma reclamação; ii) qualquer procedimento ou reclamação iniciados ou apresentados anteriormente à data de continuidade desta apólice ou que estivessem pendentes à dita data, ou as quais derivem de ou nas quais se alegue, em todo ou em parte, factos já alegados no dito procedimento ou reclamação anterior ou pendente".[175]

Por isso, há quem considere que o segurado só poderá confiar que se encontra protegido quando os sucessivos contratos de *D&O Insurance* forem estipulados com o mesmo segurador e abrangerem todo o tempo em que ele possa incorrer na responsabilidade[176]. Neste caso, uma reclamação relativa a um *wrondoing* ocorrido depois da data do início da apólice (ou de data retroativa, se tiver sido negociada) vai dizer respeito a uma das apólices (da série sucessiva de apólices).

No caso de haver mudança de segurador e de apólice (e agora só consideramos a hipótese de mudança de uma apólice *claims made* para outra *claims made*), há que prestar atenção a aos seguintes aspetos que são relevantes para evitar os "gaps in cover": o teor da "Know prior acts exclusion"; a condição sobre a notificação de reclamação ao segurador, as coberturas retroativas, a definição de reclamação ou de potencial reclamação, as *extended reporting provisions*.[177] Na verdade, não é suficiente assegurar que a nova apólice tem a mesma data retroativa a anterior; além disso deve ser feita uma análise detalhada da situação e, em particular, das condições da nova apólice, de modo ser evitados os *gaps in cover*.

Conclusão

O "Study on directors' duties and liability" mostra que o tema da proteção dos administradores, de matriz estadunidense, foi recebido nas ordens jurídicas da Europa. De entre os vários instrumentos destinados a evitar que o património pessoal dos administradores seja consumido por despesas causadas pela sua responsabilização destaca-se o seguro de responsabilidade civil dos administradores, internacionalmente conhecido como "D&O Insurance". As notas típicas que o *D&O Insurance* apresenta não resultam de qualquer esforço de harmonização legislativa, ao invés, radicam numa sedi-

[175] AIG Business Guard 4.2. Não reproduzimos os negritos que constavam do original.

[176] A. Calzada Conde, *El seguro...*, cit., p. 66.

[177] Haughawout, P. K., / Berkowitz, S., *Claims made issues*, Willis North America, 5/10, p.7.

mentada prática negocial de seguradores e e resseguradores. O *D&O Insurance* é um seguro voluntário, tipicamente *claims made*, tendencialmente de grandes riscos e contratado pela sociedade no interesse desta e dos administradores.

A estabilizada tipicidade social manifesta-se, também, nas coberturas *Side A* e *Side B*, replicadas, com outras designações, na prática europeia. A primeira protege os administradores e altos cargos de despesas que incorram com o litígio, de indemnizações em que sejam condenados ou de transações que convencionem celebrar. Já a *Side B* garante os pagamentos feitos pela sociedade ao cobri aqueles custos dos administradores.

Ainda que a contratação do *D&O Insurance* não equivalha à desresponsabilização, pode induzir condutas menos diligentes por parte dos administradores-segurados. De modo a mitigar os efeitos nocivos do "risco moral", a regulação societária alemã recorre à figura da franquia. Trata-se de uma conhecida figura do direito dos seguros que implica que parte do prejuízo fique sempre a cargo dos administradores.

Os "vazios de cobertura" são um dos efeitos conhecidos das cláusulas *claims made* a que tomador do seguro e segurados devem estar atentos. Designa esta expressão zonas de *não cobertura do segurado*, ainda que o facto que deu origem ao sinistro ou a manifestação do dano tenha ocorrido na vigência do contrato de seguro. E este aspeto é especialmente relevante se se considerar, por um lado, as regras de prescrição da responsabilidade civil dos administradores e, por outro, que o mercado do *D&O Insurance* oferece maioritária (ou até exclusivamente) apólices *claims made*.

Assim, no processo de contratação do *D&O Insurance* devem ser ponderadas estipulações contratuais que mitiguem os "vazios de cobertura". O que pode ser conseguido pela escolha de o tomador do seguro/segurado manter uma continuada e ininterrupta relação de cobertura com o mesmo segurador, mantendo também a data de retroatividade. Havendo mudança de segurador, a situação deve ser cuidadosamente estudada, prestando-se especial atenção a aspetos relevantes para evitar os "gaps in cover", como sejam: *a*) a sucessão *claims made/claims made*, *b*) o teor da "know prior acts exclusion", *c*) as convenções sobre a notificação de reclamação ao segurador, *d*) a cobertura retroativa e a cobertura posterior, *e*) a definição de reclamação ou de potencial reclamação.

Franquia a cargo do administrador e os vazios de cobertura conaturais às clausulas *claims made*, apesar da especificidade de cada um, convergem no efeito jurídico e económico de onerarem o património do administrador segurado com as despesas provocadas pelo litígio. Divergem, no entanto, na *razão de ser*. No D&O Insurance, as franquias (e as exclusões) do D&O são mecanismos seguradores que visam reduzir o "risco moral" e, portanto, procuram induzir saudáveis práticas de *corporate governance*. As cláusulas *claims made* são uma invenção da indústria seguradora para lidar com os problemas específicos dos "long tail risks". Os "vazios de cobertura" próprios das cláusulas *claims made* servem, em primeira linha, o interesse da indústria seguradora, sendo-lhes estranha a vocação de melhoria das práticas de *corporate governance*.

ÍNDICE GERAL